金融科技系列

基于Python的金融分析与风险管理 第2版

Python for Financial Analysis and Risk Management
(2nd Edition)

斯文 著

人民邮电出版社
北京

图书在版编目（CIP）数据

基于Python的金融分析与风险管理 / 斯文著. -- 2版. -- 北京：人民邮电出版社，2021.10（2021.12重印）
（金融科技系列）
ISBN 978-7-115-57185-4

Ⅰ. ①基… Ⅱ. ①斯… Ⅲ. ①金融－分析－应用软件 ②金融管理－风险管理－应用软件 Ⅳ. ①F83-33

中国版本图书馆CIP数据核字(2021)第169715号

内 容 提 要

Python 是一门开源的高级计算机编程语言，凭借其易学、灵活、高效等特点，得到了越来越多人的认可和青睐。金融科技日新月异，金融行业的数字化、科技化和智慧化快速推进，Python 在金融领域有着很好的应用现状和前景。

本书在上一版的基础上进行了全面的内容升级，持续聚焦 Python 在金融分析与风险管理的应用，第 2 版从原先的 12 章扩充至 15 章，并依次划分为基础篇（共 5 章）、中阶篇（共 5 章）以及高阶篇（共 5 章），基础篇结合金融场景演示了 Python 语言以及 NumPy、pandas、Matplotlib、SciPy 以及 statsmodel 等金融领域常用的第三方模块的编程方法；中阶篇通过 Python 编程结合金融实例，依次探讨利率、汇率、债券、股票、互换合约、期货合约等产品的定价、风险测度以及风险管控等内容；高阶篇则融合 Python 与金融案例，探究了期权的定价、希腊字母、动态对冲、隐含波动率、交易策略及其他延伸知识点，此外，高阶篇还涉及投资组合风险价值建模等具有较强技术性的内容。

本书旨在通过更丰富的金融产品、更广泛的量化模型、更完备的金融示例、更高级的软件版本，为读者提供更加高效、便捷的 Python 金融实战体验与解决方案。

本书适合想要掌握 Python 应用的金融学习者、金融从业者阅读，也适合想要转行到金融领域的程序员以及对 Python 在金融领域的实践应用感兴趣的人士阅读，并且不要求读者具有 Python 编程基础和金融基础。

◆ 著　　　斯　文
　责任编辑　胡俊英
　责任印制　王　郁　焦志炜

◆ 人民邮电出版社出版发行　北京市丰台区成寿寺路 11 号
邮编 100164　电子邮件 315@ptpress.com.cn
网址 https://www.ptpress.com.cn
固安县铭成印刷有限公司印刷

◆ 开本：800×1000　1/16
印张：40　　　2021 年 10 月第 2 版
字数：960 千字　2021 年 12 月河北第 2 次印刷

定价：168.00 元

读者服务热线：(010)81055410　印装质量热线：(010)81055316
反盗版热线：(010)81055315
广告经营许可证：京东市监广登字 20170147 号

谨以本书献给为实现金融强国而不懈奋斗的人们!

作者简介

斯文,浙江湖州人,经济学博士,中国注册会计师(CPA)、特许金融分析师(CFA)、金融风险管理师(FRM)。目前在一家交易所担任风险管理部总经理,拥有在中、外资银行及证券公司、信托公司、金融控股集团等机构超过16年的金融与风险管理从业经历。

斯文博士创办了在风险管理领域具有影响力的期刊——《上财风险管理论坛》并担任主编,创建了在金融领域拥有广泛受众的微信公众号"风控博士沙龙"并担任负责人;在中国人民大学、中南财经政法大学、华东政法大学等高校担任金融硕士研究生合作导师或业界导师;公开发表学术论文50余篇,出版了《基于Python的金融分析与风险管理》《Python金融实战案例精粹》等多部著作,用笔名"华尔街先生"创作了金融与风险管理的科普性文章百余篇。

斯文博士依托互联网并历时3年多时间推出《期权、期货及其他衍生产品(原书第9版)》视频讲解系列共计360讲,观看人次超过200万;为中国工商银行、中国人民保险集团等金融机构以及浙江大学、上海财经大学、中南财经政法大学、上海大学、华东政法大学、上海师范大学等高校讲授Python在金融领域的实战,广受好评;参与发起了"上财杯"风险管理与Python编程实战大赛,致力于推广Python在金融领域的运用。

业界和学界的点评

斯文博士的新书——《基于 Python 的金融分析与风险管理（第 2 版）》绝对是金融与 Python 交叉领域的一部殿堂级作品，它为读者开启了一扇成功通向"数字金融科学家"的大门。

——李刘阳　全球知名的外汇分析师

相比第 1 版，第 2 版又增添了诸多精彩之处，比如针对市场上广泛交易的利率、汇率和信用类衍生产品进行讲解。本书结合 Python 演示了许多案例，使读者可以将书中知识迅速运用于日常金融工作，从而增强 Python 编程的实操性。本书其他的精彩之处就有待读者自己去发现了。

——胡其浩　法国兴业银行（中国）有限公司首席风险官

伴随着中国保险业迈入"偿二代"的新阶段，无论是偿付能力管理、资产负债管理还是投资风险管理，都涉及越来越多的量化工具，这也使从业者切实感受到掌握编程语言的必要性和紧迫性。本书不仅让我与 Python 亲密接触，而且解决了长期以来如何将金融理论与实务工作相结合的困惑。

——徐李敏　上海人寿保险股份有限公司首席财务官、董事会秘书

本书从金融场景下所需的 Python 知识开始讲解，陆续对利率、汇率、债券、股票、互换、期货和期权等进行探讨，最后对风险价值的测量进行了介绍。全书囊括了金融市场的主要产品，并对其中的原理和影响因素进行了详尽的描述，引入了大量的金融示例，并介绍了丰富的交易策略。本书最大的特色是结合数学模型、编程语言、数据和实例于一体，为读者打通从理论到实践的无障碍畅通之路，是一本难得的好书。

——王勇　天风证券股份有限公司首席风险官、首席信息官

Python 由于其免费开源、简单易学和模块化特点，已经成为金融领域广泛应用的编程语言。斯文博士基于十多年的从业经验以及 Python 应用和教学经验撰写了本书。本书行文流畅、通俗易懂，通过丰富的案例让读者可以快速掌握 Python 在各类金融产品中的应用场景，是一本不可多得的从入门到精通的优秀教材。

——吴泽智　某上市证券公司固定收益业务总部总经理
兼金融衍生品业务总部总经理

这是一部干货满满、成色十足的作品。斯文博士以诚意为砧、以专业为锤，为国内金融量化分析及风险管理人员铸造了一件 Python 超级装备。如果想踏上金融科技的征途，请带上它，你会更有力量！

——王几高　公募基金行业资深从业者

近年来 Python 已经成为应用最为广泛的数据分析语言之一，且被风险经理广泛应用。现代投资和风险经理们都说，"你无法管理不能度量的风险"。本书详细介绍了 Python 应用于金融资产定价、风险管理所需掌握的基本技能，以及 Python 在资产定价、风险管理领域的具体应用，适合有志于从事金融资产定价、量化分析和风险管理的人士使用。

——陈忠阳　中国金融机构风险管理学科创建者，中国人民大学教授、博士生导师

推荐序一

喜闻斯文博士的新书——《基于 Python 的金融分析与风险管理（第 2 版）》即将与读者见面，在这里表示由衷祝贺。同时，非常高兴在为第 1 版撰写推荐序的时隔两年以后，继续推荐这本全新的第 2 版。

人类社会已经步入了数字经济高速发展的阶段，这也是金融数字化、智慧化发展的黄金时期，金融与大数据紧密结合，金融与科技交相辉映。正是在这样的背景下，Python 凭借简单易用、可扩展性强以及拥有海量工具包等优势，在众多计算机编程语言中迅速脱颖而出。Python 代码的易读性和语义的直白性，使其成为广大金融科研人员与从业者的首选编程语言，近年来更是成为了金融量化建模与风险管理领域不可缺少的重要工具。伴随着 Python 与金融的日益融合，"Python 金融学"正在演变为一门新兴的交叉学科，斯文博士的这本新书可以说明，中国在这一学科领域的探索已经走在世界的前列。

第 1 版于 2019 年 10 月由人民邮电出版社出版发行，得到了广泛欢迎与好评，第 2 版延续了第 1 版的风格和特色。首先，全书从基础篇起步，结合金融场景演示了 Python 以及常用第三方模块的基本编程，然后再到中阶篇和高阶篇的金融领域编程实战，循序渐进，环环相扣。其次，本书尽可能将产品定价、交易策略以及风险管理等理论知识与中国金融实践相融合，不仅让读者学习金融会变得更加有趣，而且使读者对中国金融的宏观架构与微观结构的理解也会变得更加全面。最后，本书将金融领域复杂甚至是有点高深的数学模型用 Python 语言生动地演示出来，并且手把手指导读者对利率、汇率、债券、股票、互换、期货、期权等金融产品开展定量分析，对风险价值进行建模和测度，即使是金融和 Python 零基础的读者，也能够轻松、自信地学习。

需要进一步强调的是，相比第 1 版，第 2 版增加了许多新的内容，涵盖了更广泛的金融产品，包含了更丰富的量化模型，全书新增约 60% 的篇幅，从第 1 版的 12 章扩展至第 2 版的 15 章，示例数量从第 1 版的 224 个增加至第 2 版的 318 个。此外，第 2 版紧跟 Python 不断迭代的脚步，运用了 Python 以及第三方模块的新版本，对原有的代码也做了大量的更新与优化，示例中的数据也更新至 2020 年。全书结构清晰、行文流畅，内容由易到难、由浅入深，确实是一本用"专注""专心"与"专业"写成的书。相信当读者学习完这本书以后，会和我一样能够真切地感受到作者为第 2 版的精心筹划与细心写作付出的大量心血与努力。

最后，我衷心希望这本书能够成为国内各大高校金融专业本科和研究生的教材，成为广大金融从业者学习 Python 的案头之书，同时也期待这本书能够走出国门、迈向世界。

以此为序！

王树勋

南方科技大学金融系主任、讲席教授

原南洋理工大学保险与金融研究中心主任

2021 年 8 月

推荐序二

听闻斯文博士的新书《基于 Python 的金融分析与风险管理（第 2 版）》即将出版发行，我的反应是又惊又喜，"惊"是因为一本书的版本更新迭代周期通常是 3~5 年甚至更长的时间，但是斯文博士的第 2 版新书与第 1 版（2019 年 10 月出版）仅相隔两年时间，确实有些出人意料；"喜"则是因为同类主题的著作迄今并不多见，这本书在高等教育和金融实践之间架起了沟通的桥梁，充分体现了金融业务与信息技术结合的最佳成果，我为上财校友斯文博士即将出版他的新书而感到由衷的高兴。

斯文博士是一位敢于创新又勤奋实干的金融从业者。他发起创立了上海财经大学风险管理校友俱乐部（以下简称"俱乐部"）并担任理事长，创办了国内有影响力的风险管理期刊——《上财风险管理论坛》并担任主编。他领导的俱乐部与上海财经大学金融学院多次联合开展以风险管理为主题的活动，包括设立"上海财经大学风险管理奖学金"，举行"上海财经大学金融风险管理峰会"，举办"'上财杯'风险管理与 Python 编程实战大赛"等。可以说，斯文博士既是一位传播风险管理知识、推广 Python 编程技能的资深人士，又是一位情系母校发展、心系学生培养的优秀校友。

目前，金融业已经步入了数智时代，金融行业是高度依赖信息的行业，受信息技术发展冲击非常显著，这本书的出版可谓是恰逢其时。该书加强与数学、统计学、信息科学等的深度融合，通过 Python 语言结合实践中通行的金融解决方案，对金融工具的定价、交易策略、风险管理等金融学的核心问题进行了解析。全书具有以下四大特色。

特色之一：**Python 与金融充分融合**。Python 作为当今全球几大主流计算机编程语言之一，在金融领域的运用越来越广泛，为金融分析创造了无尽的价值。在这本书中，金融是灵魂，是内核，Python 是技术手段，是实现路径，Python 与金融的无缝衔接在本书中得到了淋漓尽致的体现。

特色之二：**内容由浅入深、循序渐进**。全书分为基础篇、中阶篇和高阶篇，从 Python 的基础编程起步，然后过渡至利率、汇率、债券、股票等基础性金融产品，再推进至互换、期货、期权等衍生性金融合约，最后以风险价值模型收尾，书中的内容由浅至深、由易到难、由简入繁，层次感分明，逻辑性很强，有利于不同程度的读者高效掌握相关知识。

特色之三：**涵盖丰富的金融产品与模型**。本书探讨的金融产品囊括了当前金融市场上的主流产品，同时也包含了各类产品的定价模型，交易策略模型以及风险量化模型。书中的 318 个示例大多是来源于我国金融市场与金融行业，使读者在学习 Python 编程的同时也大大加深了对中国金融体系的理解与认知，无论对于金融从业者还是希望将来从事相关工作的人士，都有很大的助益。

特色之四：对数学的处理恰到好处。金融从诞生之日起，就与数学结下了不解之缘。在现代金融学领域，无论是产品定价还是风险量化，都会涉及数学的内容，数学与金融的结合甚至演化出一门新学科——数学金融。在斯文博士的新书中，作者比较巧妙地处理了金融与数学的关系，并将数学作为联通金融与 Python 编程的一座桥梁，既保持了金融的严谨性，又使读者能够轻松读懂全书。

最后，我向每位金融专业学生、金融从业者以及立志从事金融工作的朋友推荐这本新书，相信通过本书的学习，读者可以更好地融入"数字经济"，自信地拥抱"金融科技"。也期待能在不久的将来可以读到第 3 版！

柳永明

上海财经大学金融学院常务副院长、教授、博士生导师

2021 年 8 月

前言

我国是一个金融大国,但还不是一个金融强国。要实现金融强国,需要走金融与科技融合发展的道路,加快金融科技的发展步伐。自 2019 年 10 月《基于 Python 的金融分析与风险管理》(以下简称"第 1 版")问世以来,金融科技日新月异,金融行业的数字化、科技化和智慧化快速推进,Python 在金融领域的运用也更加广泛和深入。基于此,有必要对第 1 版的内容进行扩充和更新,更好地满足"金融科技时代"新的发展要求,让读者更全面地掌握 Python 在金融领域最新、最前沿、最激动人心的实战成果。

一、本书(第 2 版)的特点

相比第 1 版,第 2 版新增约 60%的篇幅,从原先的 12 章扩充至 15 章,并依次划分为基础篇(共 5 章)、中阶篇(共 5 章)以及高阶篇(共 5 章)。第 2 版呈现以下 4 个方面的特点。

一是更丰富的金融产品。 在保留第 1 版全部金融产品的前提下,第 2 版新增了即期汇率、远期汇率以及远期外汇合约等汇率产品,利率互换、货币互换以及信用违约互换等互换合约,黄金期货在内的商品期货,可提前行权的美式期权,兼有债性、股性和期权特性的可转换债券,利率上限期权、利率下限期权以及利率双限期权等利率期权,以期货合约作为基础资产的期货期权等,进一步完善"金融知识图谱"。

二是更广泛的量化模型。 在完整保留第 1 版的金融量化模型基础上,第 2 版新增了现金流模型、汇率套利模型、基于股利的股票定价模型、评估投资组合绩效的卡玛指数、基于现货价格的期货定价模型、用于期权及可转换债券定价的二叉树模型、测度信用风险的模型(债券价差模型和默顿模型)、欧式期货期权定价的布莱克模型以及信用风险价值模型等,使读者能掌握更全面的金融量化分析工具。

三是更完备的金融示例。 第 2 版的示例数量从第 1 版的 224 个增加至 318 个,以此全面涵盖新增的金融产品与量化模型;同时,对第 1 版的示例做了适当调整,涉及的数据更新至 2020 年,以此体现金融行业和市场的新变化;还针对示例的部分代码做了优化,有利于读者更好地理解,并且提升代码的运行效率。

四是更高级的系统版本。 自从第 1 版推出以来,无论是 Python 还是在金融领域常用的第三方模块,版本都有了一定的迭代。为此,第 2 版与时俱进地运用 Python 以及第三方模块较新的版本,从而提升代码的性能。表 0-1 对比了第 2 版与第 1 版运用 Python 以及第三方模块的版本信息。

表 0-1 第 2 版与第 1 版运用 Python 以及第三方模块的版本信息的对比

名称	第 2 版使用的版本	第 1 版使用的版本
Python	3.8.3	3.7.0
IPython	7.16.0	6.5.0
NumPy	1.18.5	1.15.1
Numpy_financial	1.0.0	未使用
pandas	1.0.5	0.23.4
Matplotlib	3.2.2	2.2.3
mplfinance	0.12.7a0	未使用
SciPy	1.5.0	1.1.0
statsmodels	0.11.1	0.9.0
arch	4.15.0	4.7.0

此外，第 2 版针对第 1 版的一些提法和描述做出了及时的更新，并且对第 1 版中出现的差错进行了更正。

二、本书的结构安排

下面以第 1 版作为参照系，梳理出第 2 版在内容上的重大变化以及每章概要（见表 0-2）。

表 0-2 第 2 版与第 1 版的对比以及第 2 版的每章概要

第 2 版	对应第 1 版	第 2 版的重大变化	第 2 版的每章概要
第 1 章	第 1 章、第 2 章	将第 1 版的第 1 章和第 2 章整合并且内容更精练，同时更新示例、数据和代码	简要介绍 Python，并结合金融场景和 59 个示例，讲解 Python 的数据类型、数据结构、常用函数、自定义函数、语法结构、模块导入以及 math 模块等
第 2 章	第 3 章	新增数组的合并以及现金流模型，并更新示例、数据和代码	结合金融场景和 44 个示例，讲解 NumPy 模块的 N 维数组结构，数组索引、切片、排序与合并，数组和矩阵运算，随机抽样以及构建现金流模型等
第 3 章	第 4 章	新增用于创建时间数列的 date_range 函数，并更新示例、数据和代码	结合金融时间序列和 28 个示例，介绍 pandas 模块的序列和数据框的结构与可视化、数据框内部操作和拼接，以及统计分析等
第 4 章	第 5 章	新增双轴图、雷达图和 K 线图，并更新示例、数据和代码	结合金融场景和 12 个示例，演示 Matplotlib 模块绘制曲线图、直方图、条形图（含双轴图）、饼图、雷达图和 K 线图等可视化操作
第 5 章	第 6 章	更新示例、数据和代码	结合金融场景和 16 个示例，介绍 SciPy 模块的积分运算、解方程组、最优化和统计分析等，statsmodels 模块的线性回归模型，arch 模块的 ARCH 模型和 GARCH 模型，以及 datetime 模块的时间对象等
第 6 章	第 7 章	新增汇率的内容，并更新示例、数据和代码	运用 Python 并结合 13 个示例，探讨利率的计量、远期利率的测算与远期利率协议的定价，分析汇率的兑换、汇率套利策略、远期汇率的测算及远期汇率协议的定价等

续表

第 2 版	对应第 1 版	第 2 版的重大变化	第 2 版的每章概要
第 7 章	第 7 章	新增债券的信用风险,并更新示例、数据和代码	运用 Python 并结合 16 个示例,讨论债券定价、债券到期收益率、债券利率风险的指标——久期和凸性,以及评估债券信用风险的违约概率等
第 8 章	第 8 章	新增股息贴现模型以及投资组合绩效评估指标——卡玛比率,并更新示例、数据和代码	运用 Python 并结合 20 个示例,分析股息贴现模型、模拟股价随机过程、构建股票最优投资组合、建立资本资产定价模型以及评估投资组合绩效等
第 9 章	无	全新的一章	运用 Python 并结合 11 个示例,剖析利率互换、货币互换以及信用违约互换等常见的互换合约,侧重分析合约的运作机理、期间现金流以及定价等
第 10 章	第 9 章	新增期货价格与现货价格的关系以及滚动套期保值,并更新示例、数据和代码	运用 Python 并结合 18 个示例,探讨期货价格与现货价格的关系,运用股指期货分析套期保值类型、追加保证金风险、基差风险、最优套期保值和滚动套期保值,运用国债期货探讨转换因子、最廉价交割以及基于久期的套期保值等
第 11 章	第 10 章	新增二叉树模型和美式期权,并更新示例、数据和代码	运用 Python 并结合 17 个示例,讨论期权到期盈亏和看跌-看涨平价关系式,欧式期权定价的布莱克-斯科尔斯-默顿模型和二叉树模型,美式期权定价的二叉树模型等
第 12 章	第 10 章	新增美式期权的希腊字母和动态对冲,并更新示例、数据和代码	运用 Python 并结合 27 个示例,讲解欧式期权和美式期权的 Delta、Gamma、Theta、Vega 和 Rho 等希腊字母,基于 Delta 的动态对冲以及隐含波动率等
第 13 章	第 11 章	新增日历价差策略,并更新示例、数据和代码	运用 Python 并结合 22 个示例,介绍保本票据、由单一期权与单一基础资产构成的交易策略、价差交易策略以及组合策略等
第 14 章	无	全新的一章	运用 Python 并结合 9 个示例,分析测度信用风险的默顿模型、可转换债券的定价、期货期权的定价以及利率期权的定价等
第 15 章	第 12 章	新增信用风险价值模型,并更新示例、数据和代码	运用 Python 并结合 6 个示例,探讨测度风险价值的 3 种常用模型、压力风险价值模型和信用风险价值模型,也涉及模型的回溯检验

三、如何高效学习本书

由于第 2 版的内容是在第 1 版的基础上迭代而成的,因此读者可以被划分为两个群体:一是尚未学习第 1 版的读者,二是已经学习过第 1 版的读者。

针对尚未学习第 1 版的读者,基于循序渐进的原则,这里建议分如下 3 步完成相关学习。

第 1 步,从基础篇起步,筑牢 Python 编程的基石。基础篇的内容均以代码和编程为主,以金融场景为辅。通过对基础篇的全面学习和反复训练,读者应能扎实掌握 Python 的基本编程技能,以及 NumPy、pandas、Matplotlib、SciPy、statsmodels 等常用第三方模块的主要函数及参数的用法,为后续的进阶学习奠定坚实基础。

第 2 步,征服中阶篇,先技术细节,后 Python 编程。相比基础篇,中阶篇的显著特点就是以探讨金融产品为主,Python 编程仅作为实现手段。因此在中阶篇,读者需要首先理解利率、汇率、债券、股票、互换、期货等金融产品的概念、特征、定价、交易策略、风险计量与管控等核心技术细节,然后思考并掌握如何运用 Python 编程实现金融产品的定价、交易策略和风控等量化建模。

第 3 步,决战高阶篇,以期权为先,用风险价值收官。高阶篇重点探讨了期权产品以及风险价值模型,是本书挑战性最大、技术性最强的部分。建议读者从期权的定价和希腊字母等相对基础的内容展开学习,然后突破关于期权交易策略以及延伸性运用等更复杂的知识点,最后攻克综合性最强的风险价值模型,实现对本书学习的"完美收官"。

针对已经学习过第 1 版的读者,在学习时间的分配上,可以适当向第 2 版新增的内容做一些倾斜,从而实现"知新";当然其他内容也依然值得花费时间去"温故"。

四、金融数据的获取

在运用 Python 开展金融分析与风险管理时,金融数据是不可或缺的原材料。就目前而言,金融行业常用的金融数据终端主要包括 Wind 金融终端、同花顺 iFinD 金融数据终端以及 Choice 金融终端等,它们提供的数据涵盖了债券、股票、基金、外汇、金融衍生品、宏观经济、财经新闻等领域,这些金融数据终端的详情和软件下载可以分别访问其对应的网站。本书的部分金融数据就来源于上述金融数据终端。

需要提醒的是,上述金融数据终端均需要收费,用户可以申请短期(如 1 个月)的免费试用账号进行体验。同时,这些金融数据终端开发了针对 Python 的应用程序接口,方便用户直接通过 Python 调用数据。

此外,中国外汇交易中心、沪深证券交易所、各家期货交易所等金融交易所也免费提供包括利率、汇率、股票(股指)、期货、期权等交易数据,本书的大量交易数据就来源于这些交易所,具体会在书中结合相关知识点进行介绍。

五、向读者提供的资料

为了让读者的学习效果最大化,阅读体验最优化,本书提供以下三类资料供免费下载。

一是 52 张 Excel 表格。这些 Excel 表格是本书部分示例的基础数据,数据来源于各大证券交易所、期货交易所以及 Wind、同花顺 iFinD 等金融数据终端,这些数据均是市场的公开数据。

二是 130 张用 Python 绘制的彩图。在本书示例中,为了分析的可视化,运用 Python 生成共计 130 张彩图。纸质图书受黑白印刷所限,为了给读者带来最优的阅读体验,提供全部彩图供下载。

三是关于代码运行的演示视频。为了增强 Python 代码运行的可视化效果,使读者充分领略 Python 在金融领域的强大功能,针对本书第 4 章例 4-1 相关代码的运行过程,本书提供了一段约 2 分钟的 mp4 格式视频。选择该示例是考虑到相关的代码内容比较丰富、难易程度适中并且具有一定的代表性。

以上资料均已上传至人民邮电出版社异步社区,读者可以到异步社区的本书页面下载。

六、本书的约定

Python 代码的排版。Python 作为一门计算机编程语言,它的呈现方式是代码,因此 Python 的代码也是本书的重要组成部分。为了将代码与书中的其他内容区分,凡是涉及代码输入与输出的部分均用灰色标亮;同时,为了提升读者的阅读体验,在不改变内容的前提下,优化了部分代码输出结果的排版格式。举例如下。

```
In [8]: share=20000         #持股数量

In [9]: type(share)         #显示数据类型
Out[9]: int
```

关于数学的运用。在大约 5000 年前的美索不达米亚平原,出现了人类社会有记载以来最早的金融活动,金融自诞生之日起就与数学结下了不解之缘。在当代,无论是开展金融研究,还是进行金融实战,都需要运用大量的数学知识;与此同时,数学也为金融与 Python 之间的连通搭建了一座"桥梁"。因此,本书在讨论金融产品定价、交易策略以及风险管理的过程中,将不可避免地运用到数学符号和表达式。为确保本书的可读性,本书遵循"简洁、易懂、实用"的原则处理相关数学的表述,读者仅需要拥有微积分、线性代数和数理统计的基础知识,就可以无障碍地阅读和理解本书,充分体会数学是如何使金融变得富有逻辑又无比优美的。

七、高效掌握 Python 的建议

许多读者都会遇到一个共同的问题:如何才能高效地掌握 Python?如果将 Python 的学习比喻为一场"战役",那么基于本人的学习经历,我总结出了"战略层面"的四大定律和"战术层面"的三多法则。

(一)"战略层面"的四大定律

一是洛克定律(Rock's law)。洛克定律是指当设定的目标是明确的且富有一定挑战性的时候,它往往是最有效的。在学习 Python 时,需要结合自身的实际情况,设定一个合理的学习目标,这个学习目标绝对不能好高骛远、不切实际,但也一定不能毫不费力、轻松实现。同时,为了实现学习目标,每位读者还应该制订一个比较切实可行的 Python 学习计划,并且严格按照计划推进学习。

二是帕累托定律(Pareto's law)。Python 以及第三方模块所涉及的内容可以说是浩

如烟海，但根据帕累托定律（也称"二八定律"），日常学习与工作真正需要运用的内容其实仅占20%甚至更少。因此，对广大的金融学习者和从业者而言，首先应学习最重要的内容，打好坚实的基础后，再寻求从横向去拓宽、从纵向去深化。切记不能一开始就求多、求全、求深，否则"捡了芝麻"却"丢了西瓜"，学习自信心也会严重受挫。

三是相关性定律（correlation law）。目前，Python运用于金融领域实质上是要实现两大目标：一是更有效率、更加精确地对金融进行分析与运算，二是更高效、更科学地进行风险决策。因此，需要将Python的学习与金融的学习进行关联，将Python的运用与金融的实战进行并轨，这样既能掌握Python编程又能深化对金融的理解，两者相得益彰。

四是基利定律（Gill's law）。在学习Python的过程中，一定要拥有面对失败坦然自如的积极心态，尤其是针对Python零基础和金融零基础的读者而言，千万不可遭遇挫折就丧失信心，遇到困难就怀疑自己。否则，将无法成功地在金融领域驾驭Python。

（二）"战术层面"的三多法则

一是多动手（more practices）。针对类似于Python等计算机编程语言的学习，除了看书以外，在计算机上的操作练习是必需的。针对Python零基础的读者，建议上机练习分3个步骤：第1步是简单模仿，也就是将本书的代码逐一在计算机中输入并运行；第2步是创新设计，根据本书的示例，自己设计新的Python代码，查看是否能获得一致的结果；第3步是向外拓展，寻找本书以外的金融数据与示例并且编写代码，查看能否通过Python实现。

二是多搜索（more searches）。随着互联网的日益普及，众多学习者已经将互联网作为一个重要的学习平台。针对Python的学习，我已梳理出部分比较优质的免费互联网学习资源作为学习的辅助工具（见表0-3）。

表0-3 Python的互联网学习资源

网站名称	简介
CSDN	成立于1999年，关于Python的内容比较丰富和全面
脚本之家	建立于2006年，有丰富的Python代码以及疑难问题的解答
Python官网	提供从初学者到专业人士所需的大量Python参考文档，也提供可在线讨论的社区论坛
Google's Python Class	提供Python的在线课程、视频以及测验

三是多总结（more summaries）。一名高效的学习者应该是一位善于总结的能手。因此，在学习Python的过程中一定要学会多总结、多归纳。下面是我总结的Python注意事项：（1）正确运用括号，要区分圆括号、中括号、花括号的运用，并且括号内可能还会有括号；（2）区分函数的英文大小写，比如DataFrame、Series等函数中，一些字母是需要大写的，否则会报错；（3）在语法结构中，需要正确运用缩进；（4）正确使用引号、逗号、冒号等标点符号；等等。

八、致谢

在第 1 版推出之后,许多读者通过邮件或者微信的方式对书中的内容提出了宝贵意见和建议,他们是鲍廷、蔡万造、陈侃、戴鹏飞、党亮亮、丁涛、董振磊、高海英、高天波、顾洪晟、郝松、胡坤、黄文婕、金珉杰、姜禄彬、江彩云、康苏茂、蓝森华、李晨乐、李炜、林巍巍、林小冲、刘长郅、刘东利、刘辉辉、刘裕彬、陆朝阳、景涛、茆国华、么峥、欧晨、秦方敏、屈金磊、陶格、王杰、王艺霖、吴雷、星晴、徐李敏、夏宏波、熊逸飞、徐迎、尹丽斌、袁霄、詹卫康、张琳、张墨华、志昊、止蒙等,在此向这些读者表示衷心的感谢!

在撰写第 2 版的过程中,针对部分金融的实务问题,我咨询了相关业界人士的意见,他们是中信银行国际(中国)有限公司行长助理、风险管理部总经理徐其瑞先生,苏黎世财产保险(中国)有限公司总经理助理、首席风险官唐虞先生,光大期货有限公司首席风险官沈长征先生,天风(上海)证券资产管理有限公司首席风险官钱守中先生,金信基金管理有限公司督察长王几高先生,东方证券股份有限公司固定收益业务总部总经理兼金融衍生产品业务总部总经理吴泽智先生,上海黄金交易所会员管理部总经理助理年四五先生,上海触锐信息技术有限公司产品经理张元昊先生等,在此表示由衷的谢意。

感谢中国工商银行莫文扬先生、中国人民财产保险股份有限公司刘霞女士、上海财经大学金融学院副院长陈选娟教授、中南财经政法大学金融学院原院长宋清华教授、浙江大学经济学院金融系副主任俞洁芳副教授、华东政法大学商学院院长高汉教授与副院长贾彩彦教授、上海大学经济学院金融系主任倪中新教授、上海师范大学金融工程研究中心主任张震副教授,是他们提供机会并支持我,通过讲座方式将 Python 在金融领域的实战分享给广大的从业者和高校师生,使更多的人有机会领略 Python 出众的便捷性、非凡的实用性以及卓越的功能,有效地激发起大家学习、运用 Python 的兴趣和热情。

同时,感谢人民邮电出版社以高标准、严要求审核本书,感谢编辑胡俊英女士的热心、用心与尽心。此外,感谢深智数位股份有限公司(DeepMind Co.)在 2020 年 7 月将第 1 版的繁体中文版在我国台湾地区出版发行(繁体中文版的书名是《Python 再进化:系统化金融分析与风险管理》),使台湾同胞能及时了解祖国大陆在金融科技领域的发展近况。

受我本人的能力所限,书中的内容难免会有考虑不周全的地方,诚恳地希望得到广大读者的批评指正,欢迎大家将意见、建议和想法发送至我的电子邮箱 siwen1980@126.com 或者添加我的个人微信号 MrWallStreet 并留言。

最后,衷心祝愿每一位读者通过本书的学习,在金融数字化、科技化和智慧化的滚滚潮流中,成功站上浪潮之巅!

斯文于上海
2021 年 3 月

提交勘误

作者和编辑尽最大努力来确保书中内容的准确性，但难免会存在疏漏。欢迎您将发现的问题反馈给我们，帮助我们提升图书的质量。

当您发现错误时，请登录异步社区，按书名搜索，进入本书页面，点击"提交勘误"，输入勘误信息，点击"提交"按钮即可。本书的作者和编辑会对您提交的勘误进行审核，确认并接受后，您将获赠异步社区的 100 积分。积分可用于在异步社区兑换优惠券、样书或奖品。

扫码关注本书

扫描下方二维码，您将会在异步社区微信服务号中看到本书信息及相关的服务提示。

与我们联系

我们的联系邮箱是 contact@epubit.com.cn。

如果您对本书有任何疑问或建议，请您发邮件给我们，并请在邮件标题中注明本书书名，以便我们更高效地做出反馈。

如果您有兴趣出版图书、录制教学视频，或者参与图书翻译、技术审校等工作，可以发邮件给我们；有意出版图书的作者也可以到异步社区在线投稿（直接访问 www.epubit.com/selfpublish/

submission 即可）。

如果您所在的学校、培训机构或企业，想批量购买本书或异步社区出版的其他图书，也可以发邮件给我们。

如果您在网上发现有针对异步社区出品图书的各种形式的盗版行为，包括对图书全部或部分内容的非授权传播，请您将怀疑有侵权行为的链接发邮件给我们。您的这一举动是对作者权益的保护，也是我们持续为您提供有价值的内容的动力之源。

关于异步社区和异步图书

"异步社区"是人民邮电出版社旗下 IT 专业图书社区，致力于出版精品 IT 技术图书和相关学习产品，为作译者提供优质出版服务。异步社区创办于 2015 年 8 月，提供大量精品 IT 技术图书和电子书，以及高品质技术文章和视频课程。更多详情请访问异步社区官网 https://www.epubit.com。

"异步图书"是由异步社区编辑团队策划出版的精品 IT 专业图书的品牌，依托于人民邮电出版社近 40 年的计算机图书出版积累和专业编辑团队，相关图书在封面上印有异步图书的 LOGO。异步图书的出版领域包括软件开发、大数据、人工智能、测试、前端、网络技术等。

异步社区

微信服务号

目录

第1篇 基础篇

第1章 结合金融场景演示 Python 基本编程········ 2

- 1.1 关于 Python 的简要介绍········ 3
  - 1.1.1 Python 是什么········ 3
  - 1.1.2 Python 的比较优势········ 4
  - 1.1.3 Python 的版本迭代········ 4
  - 1.1.4 Python 的系统部署········ 5
  - 1.1.5 Spyder 及其操作界面········ 6
- 1.2 Python 的变量赋值与数据类型········ 7
  - 1.2.1 变量赋值········ 7
  - 1.2.2 整型········ 8
  - 1.2.3 浮点型········ 9
  - 1.2.4 复数········ 9
  - 1.2.5 字符串········ 10
- 1.3 Python 的数据结构········ 12
  - 1.3.1 元组········ 12
  - 1.3.2 列表········ 13
  - 1.3.3 集合········ 16
  - 1.3.4 字典········ 17
- 1.4 Python 的运算符号········ 19
  - 1.4.1 基本算术运算符号········ 19
  - 1.4.2 关系运算符号········ 22
  - 1.4.3 赋值运算符号········ 23
  - 1.4.4 成员运算符号········ 24
- 1.5 Python 的内置函数与自定义函数········ 25
  - 1.5.1 内置函数········ 25
  - 1.5.2 自定义函数········ 28
- 1.6 Python 的句型········ 29
  - 1.6.1 条件语句········ 30
  - 1.6.2 循环语句········ 31
  - 1.6.3 条件语句和循环语句结合········ 32
- 1.7 模块的导入与 math 模块········ 34
  - 1.7.1 模块导入的若干种方法········ 35
  - 1.7.2 math 模块········ 35
- 1.8 本章小结········ 37
- 1.9 拓展阅读········ 37

第2章 结合金融场景演示 NumPy 模块编程········ 38

- 2.1 从一个投资案例讲起········ 38
- 2.2 N 维数组········ 40
  - 2.2.1 数组的结构········ 40
  - 2.2.2 一些特殊的数组········ 42
- 2.3 数组的相关功能········ 44
  - 2.3.1 索引········ 44
  - 2.3.2 切片········ 45
  - 2.3.3 排序········ 45
  - 2.3.4 合并········ 46
- 2.4 数组的相关运算········ 47
  - 2.4.1 数组内的运算········ 47
  - 2.4.2 数组间的运算········ 51
  - 2.4.3 矩阵的处理········ 54
- 2.5 基于特定统计分布的随机抽样········ 56
  - 2.5.1 主要的统计分布········ 56
  - 2.5.2 主要函数及参数········ 60
  - 2.5.3 随机抽样的示例········ 62

2.6 现金流模型 ································ 65
　2.6.1 现金流终值 ······················ 65
　2.6.2 现金流现值 ······················ 66
　2.6.3 净现值与内含报酬率 ······ 68
　2.6.4 住房按揭贷款的等额本息
　　　　还款 ·································· 70
2.7 本章小结 ································ 72
2.8 拓展阅读 ································ 73

第 3 章　结合金融时间序列演示 pandas 模块编程 ················ 74

3.1 pandas 的数据结构 ··············· 74
　3.1.1 序列 ·································· 75
　3.1.2 数据框 ······························ 76
　3.1.3 外部数据的直接导入 ······ 77
　3.1.4 创建序列或数据框的时间数列 ··· 79
3.2 数据框的可视化 ···················· 81
　3.2.1 中文字体的显示 ·············· 81
　3.2.2 数据框可视化的函数与参数 ··· 81
3.3 数据框内部的操作 ················ 84
　3.3.1 查看数据框的基本性质 ·· 84
　3.3.2 数据框的索引与截取 ······ 85
　3.3.3 数据框的排序 ·················· 87
　3.3.4 数据框的更改 ·················· 88
3.4 数据框之间的合并 ················ 92
　3.4.1 创建两个新数据框 ·········· 93
　3.4.2 concat 函数的运用 ·········· 94
　3.4.3 merge 函数的运用 ·········· 95
　3.4.4 join 函数的运用 ············· 95
3.5 数据框的主要统计函数 ········ 96
　3.5.1 静态统计函数 ·················· 96
　3.5.2 移动窗口与动态统计函数 ··· 100
3.6 本章小结 ······························ 103
3.7 拓展阅读 ······························ 103

第 4 章　结合金融场景演示 Matplotlib 模块编程 ··················· 104

4.1 基本函数 ······························ 104

4.2 曲线图 ·································· 108
　4.2.1 单一曲线图 ···················· 108
　4.2.2 多图绘制 ························ 111
4.3 直方图 ·································· 113
　4.3.1 单一样本的直方图 ········ 113
　4.3.2 多个样本的直方图 ········ 115
4.4 条形图 ·································· 117
　4.4.1 垂直条形图 ···················· 118
　4.4.2 水平条形图 ···················· 119
　4.4.3 综合条形图与折线图的
　　　　双轴图 ···························· 120
4.5 散点图 ·································· 122
4.6 饼图 ······································ 124
4.7 雷达图 ·································· 125
4.8 K 线图 ································· 127
4.9 本章小结 ······························ 130
4.10 拓展阅读 ···························· 130

第 5 章　结合金融场景演示 SciPy 等模块编程 ······················· 131

5.1 SciPy 模块 ··························· 131
　5.1.1 求积分 ···························· 132
　5.1.2 插值法 ···························· 133
　5.1.3 求解方程组 ···················· 135
　5.1.4 最优化方法 ···················· 137
　5.1.5 统计功能 ························ 140
5.2 statsmodels 模块 ·················· 146
5.3 波动率模型与 arch 模块 ····· 150
　5.3.1 估计波动率 ···················· 150
　5.3.2 ARCH 模型 ···················· 151
　5.3.3 GARCH 模型 ················· 152
　5.3.4 arch 模块 ························ 152
5.4 datetime 模块 ······················· 157
　5.4.1 创建时间对象 ················ 157
　5.4.2 访问时间对象的属性 ···· 158
　5.4.3 时间对象的运算 ············ 159
5.5 本章小结 ······························ 160
5.6 拓展阅读 ······························ 160

第2篇　中阶篇

第6章　运用Python分析利率与汇率······162
- 6.1 人民币利率体系······162
  - 6.1.1 中央银行利率······163
  - 6.1.2 金融机构利率······165
  - 6.1.3 金融市场利率······166
- 6.2 人民币汇率体系······169
  - 6.2.1 人民币汇率制度的演变······169
  - 6.2.2 人民币汇率相关产品······171
  - 6.2.3 人民币汇率指数······173
- 6.3 利率的度量······174
  - 6.3.1 利率的相对性······175
  - 6.3.2 利率的等价性······178
  - 6.3.3 零息利率······180
- 6.4 远期利率与远期利率协议······181
  - 6.4.1 远期利率的测算······181
  - 6.4.2 远期利率协议的现金流与定价······183
- 6.5 汇率报价与套利······188
  - 6.5.1 汇率报价······188
  - 6.5.2 三角套利······190
- 6.6 远期汇率与远期外汇合约······193
  - 6.6.1 远期汇率的测算······194
  - 6.6.2 抵补套利······195
  - 6.6.3 远期外汇合约的定价······199
- 6.7 本章小结······203
- 6.8 拓展阅读······203

第7章　运用Python分析债券······204
- 7.1 债券市场概览······204
  - 7.1.1 债券交易场所······205
  - 7.1.2 债券品种······207
  - 7.1.3 债券数据的服务机构······210
- 7.2 债券定价与债券收益率······211
  - 7.2.1 债券的核心要素······211
  - 7.2.2 基于单一贴现率的债券定价······211
  - 7.2.3 债券到期收益率······213
  - 7.2.4 基于不同期限贴现率的债券定价······215
  - 7.2.5 通过票息剥离法计算零息利率······216
  - 7.2.6 运用零息利率对债券定价······219
- 7.3 衡量债券利率风险的线性指标——久期······220
  - 7.3.1 麦考利久期······220
  - 7.3.2 修正久期······225
  - 7.3.3 美元久期······228
- 7.4 衡量债券利率风险的非线性指标——凸性······229
  - 7.4.1 凸性的表达式······230
  - 7.4.2 凸性的作用······231
- 7.5 测度债券的信用风险······234
  - 7.5.1 信用评级······234
  - 7.5.2 违约概率与违约回收率······236
  - 7.5.3 通过债券价格测度违约概率······237
- 7.6 本章小结······241
- 7.7 拓展阅读······241

第8章　运用Python分析股票······242
- 8.1 股票市场简介······243
  - 8.1.1 多层次股票市场······243
  - 8.1.2 主要的股票指数······245
- 8.2 股票内在价值······249
  - 8.2.1 股息贴现模型······249
  - 8.2.2 零增长模型······250
  - 8.2.3 不变增长模型······251
  - 8.2.4 二阶段增长模型······252
  - 8.2.5 三阶段增长模型······255
- 8.3 股票价格服从的随机过程······259
  - 8.3.1 马尔可夫过程与有效市场假说······260
  - 8.3.2 维纳过程与广义维纳过程······262
  - 8.3.3 几何布朗运动······263
- 8.4 构建股票最优投资组合······267

8.4.1 投资组合的主要变量 ……………267
　　8.4.2 投资组合的可行集与有效
　　　　 前沿 ………………………………272
　　8.4.3 资本市场线 ………………………276
8.5 资本资产定价模型 …………………………279
　　8.5.1 系统风险与非系统风险 ……………279
　　8.5.2 模型数学表达式及运用 ……………282
　　8.5.3 证券市场线 ………………………284
8.6 投资组合的绩效评估 ………………………285
　　8.6.1 夏普比率 …………………………286
　　8.6.2 索提诺比率 ………………………289
　　8.6.3 特雷诺比率 ………………………290
　　8.6.4 卡玛比率 …………………………293
　　8.6.5 信息比率 …………………………295
8.7 本章小结 ……………………………………298
8.8 拓展阅读 ……………………………………298

第9章　运用 Python 分析互换 ………………299

9.1 互换市场的概况 ……………………………299
　　9.1.1 利率互换市场 ……………………300
　　9.1.2 货币互换市场 ……………………302
　　9.1.3 信用违约互换市场 …………………303
9.2 利率互换 ……………………………………305
　　9.2.1 利率互换的运作机理 ………………306
　　9.2.2 利率互换的期间现金流 ……………307
　　9.2.3 利率互换的等价性 …………………308
　　9.2.4 互换利率的计算 ……………………310
　　9.2.5 利率互换的定价 ……………………312
9.3 货币互换 ……………………………………315
　　9.3.1 货币互换的运作机理 ………………316
　　9.3.2 双固定利率货币互换的期间
　　　　 现金流 …………………………317
　　9.3.3 固定对浮动货币互换的期间
　　　　 现金流 …………………………319
　　9.3.4 双浮动利率货币互换的期间
　　　　 现金流 …………………………321
　　9.3.5 货币互换的等价性与定价 …………325
9.4 信用违约互换 ………………………………331

　　9.4.1 信用违约互换的运作机理 …………331
　　9.4.2 信用违约互换的期间现
　　　　 金流 ……………………………332
　　9.4.3 累积违约概率、边际违约概率
　　　　 与存活率 ………………………335
　　9.4.4 信用违约互换价差 …………………337
9.5 本章小结 ……………………………………341
9.6 拓展阅读 ……………………………………341

第10章　运用 Python 分析期货 ………………342

10.1 期货市场概览 ……………………………342
　　10.1.1 期货交易所及期货合约
　　　　　品种 …………………………343
　　10.1.2 商品期货合约的介绍 ……………347
　　10.1.3 股指期货合约的介绍 ……………349
　　10.1.4 国债期货合约的介绍 ……………350
　　10.1.5 期货交易的头寸方向与
　　　　　动机 …………………………352
10.2 期货价格与现货价格的关系 ……………353
　　10.2.1 导致期货价格与现货价格存在
　　　　　差异的因素 …………………353
　　10.2.2 期货价格与现货价格的
　　　　　关系式 …………………………355
　　10.2.3 期货价格的收敛性 ………………358
10.3 股指期货的套期保值 ……………………360
　　10.3.1 套期保值的类型 …………………361
　　10.3.2 追加保证金的风险 ………………363
　　10.3.3 基差风险 …………………………366
　　10.3.4 交叉套期保值 ……………………368
　　10.3.5 滚动套期保值与移仓风险 ………375
10.4 国债期货的套期保值 ……………………380
　　10.4.1 计息天数规则 ……………………380
　　10.4.2 国债的报价 ………………………382
　　10.4.3 国债期货最终价格 ………………384
　　10.4.4 国债期货的最廉价交割 …………386
　　10.4.5 基于久期的套期保值策略 ………389
10.5 本章小结 …………………………………391
10.6 拓展阅读 …………………………………392

第 3 篇　高阶篇

第 11 章　运用 Python 分析期权定价……394

- 11.1　A 股期权市场简介……394
  - 11.1.1　权证市场……395
  - 11.1.2　股票期权合约……395
  - 11.1.3　股指期权合约……398
- 11.2　期权类型与到期盈亏……400
  - 11.2.1　期权的类型和要素……400
  - 11.2.2　看涨期权的到期盈亏……400
  - 11.2.3　看跌期权的到期盈亏……402
  - 11.2.4　看跌-看涨平价关系式……404
- 11.3　欧式期权定价——布莱克-斯科尔斯-默顿模型……407
  - 11.3.1　模型介绍……407
  - 11.3.2　期权价格与基础资产价格的关系……409
  - 11.3.3　期权价格与行权价格的关系……410
  - 11.3.4　期权价格与波动率的关系……411
  - 11.3.5　期权价格与无风险收益率的关系……412
  - 11.3.6　期权价格与期权期限的关系……413
  - 11.3.7　内在价值与时间价值……414
- 11.4　欧式期权定价——二叉树模型……415
  - 11.4.1　一步二叉树模型……416
  - 11.4.2　两步二叉树模型……420
  - 11.4.3　N 步二叉树模型……423
- 11.5　美式期权定价……430
  - 11.5.1　定价的基本思路……430
  - 11.5.2　推广的数学表达式……432
  - 11.5.3　运用矩阵运算……433
  - 11.5.4　美式期权与欧式期权的关系……436
- 11.6　本章小结……440
- 11.7　拓展阅读……441

第 12 章　运用 Python 测度期权希腊字母与隐含波动率……442

- 12.1　期权的 Delta……443
  - 12.1.1　欧式期权的 Delta……443
  - 12.1.2　基础资产价格、期权期限与期权 Delta 的关系……446
  - 12.1.3　基于 Delta 的对冲……449
  - 12.1.4　美式期权的 Delta……451
- 12.2　期权的 Gamma……454
  - 12.2.1　欧式期权的 Gamma……454
  - 12.2.2　基础资产价格、期权期限与期权 Gamma 的关系……456
  - 12.2.3　美式期权的 Gamma……458
- 12.3　期权的 Theta……461
  - 12.3.1　欧式期权的 Theta……461
  - 12.3.2　基础资产价格、期权期限与期权 Theta 的关系……463
  - 12.3.3　美式期权的 Theta……465
- 12.4　期权的 Vega……468
  - 12.4.1　欧式期权的 Vega……468
  - 12.4.2　基础资产价格、期权期限与期权 Vega 的关系……469
  - 12.4.3　美式期权的 Vega……471
- 12.5　期权的 Rho……474
  - 12.5.1　欧式期权的 Rho……474
  - 12.5.2　基础资产价格、期权期限与期权 Rho 的关系……475
  - 12.5.3　美式期权的 Rho……477
- 12.6　期权的隐含波动率……480
  - 12.6.1　计算隐含波动率的牛顿迭代法……480
  - 12.6.2　计算隐含波动率的二分查找法……482
  - 12.6.3　波动率微笑……485
  - 12.6.4　波动率斜偏……487
- 12.7　本章小结……489
- 12.8　拓展阅读……490

第 13 章　运用 Python 构建期权交易策略……491

- 13.1　合成保本票据的策略……491

13.1.1 抽象金融市场的策略运用 ……… 492
13.1.2 现实金融市场的策略运用 ……… 493
13.2 单一期权与单一基础资产的策略 … 496
13.2.1 买入备兑看涨期权 …………… 497
13.2.2 卖出备兑看涨期权 …………… 499
13.2.3 买入保护看跌期权 …………… 501
13.2.4 卖出保护看跌期权 …………… 502
13.2.5 策略的期间收益 ……………… 504
13.3 价差交易策略 …………………… 506
13.3.1 牛市价差策略 ………………… 507
13.3.2 熊市价差策略 ………………… 511
13.3.3 盒式价差策略 ………………… 514
13.3.4 蝶式价差策略 ………………… 517
13.3.5 日历价差策略 ………………… 521
13.4 组合策略 ………………………… 526
13.4.1 跨式组合策略 ………………… 526
13.4.2 序列组合策略与带式组合策略 …………………………… 529
13.4.3 宽跨式组合策略 ……………… 531
13.5 本章小结 ………………………… 539
13.6 拓展阅读 ………………………… 539

第 14 章 运用 Python 分析期权延伸性应用 …………………………… 540

14.1 测度企业的违约风险——默顿模型 …………………………… 540
14.1.1 模型的引出 …………………… 541
14.1.2 模型的相关细节 ……………… 541
14.1.3 测度首只违约债券——超日债的违约概率 ………………………… 543
14.2 可转换债券 ……………………… 545
14.2.1 可转换债券的概况 …………… 546
14.2.2 可转换债券的定价 …………… 549
14.3 期货期权 ………………………… 554
14.3.1 期货期权的概况 ……………… 554
14.3.2 欧式期货期权的定价——布莱克模型 ……………………… 556
14.3.3 美式期货期权的定价——二叉树模型 …………………… 559
14.4 利率期权 ………………………… 563
14.4.1 利率期权简介 ………………… 563
14.4.2 利率上限期权 ………………… 564
14.4.3 利率下限期权与利率双限期权 …………………………… 568
14.4.4 利率互换期权 ………………… 571
14.5 本章小结 ………………………… 576
14.6 拓展阅读 ………………………… 577

第 15 章 运用 Python 测量风险价值 … 578

15.1 风险价值概述 …………………… 578
15.1.1 风险价值的定义 ……………… 579
15.1.2 风险价值的可视化 …………… 580
15.1.3 风险价值的优势与局限 ……… 581
15.2 方差-协方差法 ………………… 582
15.2.1 方差-协方差法的细节 ……… 582
15.2.2 方差-协方差法的应用 ……… 583
15.3 历史模拟法 ……………………… 586
15.3.1 历史模拟法的细节 …………… 586
15.3.2 历史模拟法的运用 …………… 588
15.4 蒙特卡罗模拟法 ………………… 590
15.4.1 蒙特卡罗模拟法的细节 ……… 590
15.4.2 蒙特卡罗模拟法的运用 ……… 591
15.5 回溯检验、压力测试与压力风险价值 …………………………… 595
15.5.1 回溯检验 ……………………… 595
15.5.2 压力测试 ……………………… 598
15.5.3 压力风险价值 ………………… 600
15.5.4 比较不同方法测量的风险价值 …………………………… 602
15.6 信用风险价值 …………………… 603
15.6.1 违约相关性 …………………… 603
15.6.2 违约时间的高斯 copula 模型 … 604
15.6.3 基于因子的相关性结构 ……… 605
15.6.4 测度信用风险价值 …………… 606
15.7 本章小结 ………………………… 610
15.8 拓展阅读 ………………………… 611

Part 01

第1篇 基础篇

第1章　结合金融场景演示 Python 基本编程

第2章　结合金融场景演示 NumPy 模块编程

第3章　结合金融时间序列演示 pandas 模块编程

第4章　结合金融场景演示 Matplotlib 模块编程

第5章　结合金融场景演示 SciPy 等模块编程

第 1 章 结合金融场景演示 Python 基本编程

本章导读

第一台计算机于 1946 年 2 月在美国宾夕法尼亚大学诞生，从此计算机与金融就变得密不可分。随着计算机编程语言在金融领域的广泛运用，不仅金融行业的运行效率显著提升，而且金融日益走进普罗大众。当人类社会步入金融科技时代，掌握一门计算机编程语言已经成为必备的"硬核"技能。在众多计算机编程语言中，Python 凭借简洁、灵活、高效以及可扩展性强等特征，成为金融科技时代的主流编程语言之一。作为本书首章，本章结合读者熟悉的金融场景重点演示 Python 的基本编程操作。本章的内容涵盖以下几个主题。

- 简要介绍 Python 的定义、比较优势、版本迭代、系统部署以及 Spyder 的操作界面。
- 讨论如何通过 Python 对变量赋值，以及包括整型、浮点型、复数以及字符串等主要的数据类型。
- 探讨 Python 的主要数据结构，包括元组、列表、集合、字典等。
- 讲解 Python 的运算符号，包括算术运算、关系运算、赋值运算和成员运算符号等。
- 分析 Python 的主要内置函数，重点聚焦于金融领域比较常用的函数。
- 剖析 Python 自定义函数的方法，主要是运用 def 语法和运用 lambda 函数构建自定义函数。
- 讨论 Python 的句型，包括条件语句、循环语句以及两者结合的方式。
- 介绍导入模块（module）的不同方法以及 math 模块中金融领域常用的函数。

1.1 关于 Python 的简要介绍

1.1.1 Python 是什么

Python 官网给出了如下定义：Python 是一种具有动态语义的、解释型、面向对象的高级编程语言。Python 的高级内置数据结构，结合动态类型和动态绑定，使其在快速应用程序开发方面非常具有吸引力，并且可用作脚本或黏合语言（glue language，也译为胶水语言）将现有组件连接在一起。

如果读者没有计算机专业背景，可能会对以上这段描述感到费解，其实大可不必为此而感到沮丧，因为是否理解 Python 的定义丝毫不会影响学习与使用 Python，正如芸芸众生每天都会运用 Windows 操作系统，却很少有人真正知晓它的定义。图 1-1 所示是 Python 官网首页。

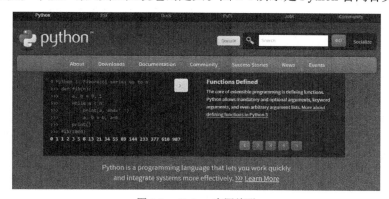

图 1-1　Python 官网首页

目前，Python 已经成为全球最流行的三大编程语言之一。表 1-1 显示了截至 2020 年 12 月全球排名前 10 位的计算机编程语言，并且对比了 2019 年 12 月的排名。

表 1-1　计算机编程语言的全球排名

2020 年 12 月排名	2019 年 12 月排名	编程语言
1	2	C
2	1	Java
3	3	Python
4	4	C++
5	5	C#
6	6	Visual Basic
7	7	JavaScript
8	8	PHP
9	16	R
10	9	SQL

数据来源：TIOBE 榜单。

1.1.2 Python 的比较优势

目前，人们学习和运用 Python 的热潮方兴未艾。2020 年 12 月 31 日，通过百度搜索 Python 关键字发现，相关结果约 1 亿个。结合 Python 官方网站的宣传以及广大用户的体验，相比其他的编程语言，Python 具有 4 个方面的比较优势。

一是极简的代码规则。600 余年前诞生且至今依然广为流传的**奥卡姆剃刀定律**（Occam's razor law）就指出：如果有多个理论都能解释同一件事，则可取的总是最简单、假设最少的那一个理论。同样，为了完成编程任务，在众多可行的编程语言中，用户往往考虑使用最简单的编程语言去实现。Python 有相对较少的关键字，语法结构简单、直接，不仅让使用者编程更加便捷，也让阅读者更加容易理解。Python 的设计完全符合奥卡姆剃刀定律。

二是完全免费与开源。"天下没有免费的午餐"，这个世界上免费的东西通常不会是很好的，但 Python 绝对是一个例外，它是一门真正"精品"的编程语言。Python 是在开放源代码促进会（Open Source Initiative，OSI）批准的开源许可下开发的，Python 的许可证由 Python 软件基金会（Python Software Foundation，PSF）负责管理，这使 Python 可以自由使用和分发，并且能商业化运用。

三是强大的外部模块。截至 2020 年 12 月末，PyPI 发布的 Python 第三方模块数量已经超过 28 万，从而构建起了庞大并且完整的 Python 语言生态系统。目前，无论是统计分析、数据处理以及图形可视化等常用的分析功能，还是机器学习（machine learning）、深度学习（deep learning）、联盟学习（federated learning，也译为联邦学习）等人工智能算法都大量运用了 Python。

四是与金融深度结合。在信息技术领域，有一个著名的**梅特卡夫定律**（Metcalfe's law），该定律指出一个网络的价值与联网用户数的平方成正比。这个定律同样适用于计算机编程语言，适用于 Python 在金融领域的运用。近年来，无论是海外顶尖的跨国金融机构还是国内商业银行、保险、证券、基金等金融领域的头部企业，都正在越来越多地运用 Python 开发涉及产品估值、投资策略以及风险管理等量化模型，Python 在金融领域的价值迅速提高。

表 1-2 比较了 Python 与金融领域其他常用数据分析软件（包括 MATLAB、R、SPSS、SAS、Excel）。除了免费以外，无论是代码编写的便利性还是运用场景的广泛性，Python 都具备相当程度的优越性。

表 1-2 Python 与金融领域其他常用数据分析软件的比较

名称	费用	处理逻辑	版本更新	编程难度	运用场景
Python	免费	内存计算	快	易	广
MATLAB	收费	内存计算	中	中	广
R	免费	内存计算	快	难	中
SPSS	收费	内存计算	中	易	窄
SAS	收费	非内存计算	慢	中	窄
Excel	收费	内存计算	中	难	窄

1.1.3 Python 的版本迭代

Python 从 1990 年对外正式发布首个版本至今仅短短 30 余年的时光，却已经经过了 10 余次的版本迭代。截至 2020 年 12 月末，Python 最新的版本是 3.9。目前国内外有关 Python 在金融领域运用的图书，较常用的版本是 2.7、3.7 及以上版本。需要提醒的是，Python 2 与 Python 3 以上版本并非完全兼容，而 3.7 及以上版本之间的差异性则不明显。

值得注意的是，Python 创始人吉多·范罗苏姆（Guido van Rossum）在 2018 年 3 月 10 日对外宣布 Python 核心团队从 2020 年 1 月 1 日开始终止对 Python 2.7 的支持，此后使用 Python 2.7 的用户如果想要继续得到与该版本有关的支持，则需要付费给相关的商业供应商。

本书运用 Python 3.8（具体是 Python 3.8.3）编写并运行代码。表 1-3 列出了部分 Python 的版本号以及首次发布日期。

表 1-3　部分 Python 的版本号以及首次发布日期

版本号	首次发布日期
0.1.0（第 1 版）	1990 年
0.9.5	1992 年 1 月
1.0	1994 年 1 月
1.1	1994 年 1 月
1.2	1995 年 4 月
1.3	1995 年 10 月
1.4	1996 年 10 月
1.5	1998 年 1 月
1.6	2000 年 9 月
2.0	2000 年 10 月
2.7	2010 年 7 月
3.0	2008 年 12 月
3.6	2016 年 12 月
3.7	2018 年 6 月
3.8	2019 年 10 月
3.9	2020 年 10 月

数据来源：Python 官网。

1.1.4　Python 的系统部署

由于目前绝大多数的计算机操作系统并没有自带 Python，因此在使用 Python 之前，第一步就是安装 Python。安装 Python 有两种方法，一种是单独安装，另一种是集成安装。

1. 单独安装

用户可以直接登录 Python 官网的下载专区下载 Python 安装包，然后进行安装。这里需要注意以下两点。

一是选择匹配的操作系统。根据用户的计算机操作系统（如 Windows、Linux/UNIX、macOS X 等），选择相应的 Python 安装包。比如，计算机安装的是 Windows 操作系统，则需要对应下载能够在 Windows 操作系统上运行的 Python 安装包。

二是区分计算机中央处理器（Central Processing Unit，CPU）位数。目前，CPU 位数分为 32

位和 64 位，32 位的 CPU 只能安装适合 32 位的 Python 安装包，但是 64 位的 CPU 可以兼容 32 位和 64 位的 Python 安装包。

单独安装的优势就是灵活和硬盘占用容量小。但是，针对需要的 Python 第三方模块，用户必须自行下载并安装，往往会费时、费力。

2. 集成安装

集成安装就是下载并安装一个集成 Python 以及 Python 常用第三方模块的程序，较流行的就是 Anaconda。集成安装最大的优点就是一劳永逸；当然集成安装也有缺点，就是集成的第三方模块通常会非常多。对普通用户而言，大量第三方模块并非都能用到，那些不被使用的第三方模块就白白占用了计算机的空间，造成资源的闲置与浪费。

虽然集成安装有一定的缺陷，但从便利性的角度出发，依然建议用户尤其是初学者选择集成安装的方式安装 Python 以及相关的第三方模块。本书通过下载并安装 Anaconda 来实现对 Python 的调用。

3. 安装 Anaconda

Anaconda 是全球流行的 Python 和 R 语言的数据科学软件集成平台，拥有超过 2000 万用户。集成 Python 的 Anaconda 包含超过 320 个数据科学相关的工具包（第三方模块），比如实现数据科学分析的 NumPy、pandas、Scipy、Numba、Dask 等，实现数据可视化的 Matplotlib、Bokeh、Datashader、HoloViews 等，开发与训练机器学习、深度学习模型的 scikit-learn、TensorFlow、Theano 等，基本可满足金融领域对 Python 的使用需要。此外，深度学习模块（如 TensorFlow、PyTorch）也可以通过 Anaconda 实现快速安装。

个人用户可以登录 Anaconda 下载页面下载 Anaconda 安装包。注意，下载页面提供了分别匹配 Windows、macOS 以及 Linux 等不同操作系统的 Anaconda 安装包，与此同时，下载时还需要考虑计算机 CPU 位数是 32 位还是 64 位的（见图 1-2）。本书运用的 Anaconda 是 2020 年 7 月发布的版本，操作系统是 Windows 10。

图 1-2 Anaconda 官网下载页面

1.1.5 Spyder 及其操作界面

Spyder 是一个交互式的 Python 开发环境，提供了代码编辑、分析、调试等强大功能。本书的 Python 代码编写与运行就是通过 Spyder 完成的。

安装 Anaconda 以后，在计算机的开始菜单可以找到 Spyder 并单击打开（见图 1-3）。这里简单提一下，图 1-3 中的 Anaconda Prompt 可以执行包括安装第三方模块在内的相关操作，Anaconda Prompt 在本书 2.6 节、4.8 节以及 5.3.4 节将有具体应用。

图 1-3 通过计算机的开始菜单快速打开 Spyder

Spyder 的操作界面类似于 MATLAB，由若干窗口构成，用户可以根据自己的喜好调整窗口的布局。图 1-4 展示了笔者日常使用的 Spyder 操作界面（两栏式）。

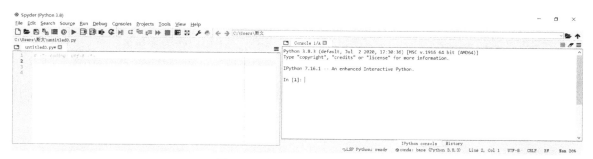

图 1-4　两栏式的 Spyder 操作界面

在图 1-4 中，左栏是用于编写 Python 代码的代码编辑窗口，拥有对代码的错误提示功能。通过单击上方菜单栏 File 中的 New File 可以创建用于编写代码的新文件，单击 Save 可以保存相应的代码文件，单击 Open 可以打开已保存的代码文件。

右栏是 IPython console/History 窗口。其中，IPython console 是控制台，用于运行相关代码，在代码编辑窗口选择相关代码并且单击上方工具栏中的图标▇▶或者按快捷键 F9，就可以在 IPython console 中运行相应的代码；如果需要运行整个代码文件，则直接单击上方工具栏中的图标▶或者按快捷键 F5。History 用于记录之前在 IPython console 中输入的代码。

需要注意的是，如果关闭 Spyder，则在 IPython console 中的代码运行结果将全部被清空。

关于 Python 的基本情况就介绍到这里，从 1.2 节开始将具体讲解并演示 Python 的基本编程。

1.2　Python 的变量赋值与数据类型

在 Python 的世界中有一句名言——一切皆为对象（everything is object），在金融的世界中也有类似的一句名言——一切皆为变量（everything is variable），所以本节将首先探讨如何通过 Python 对变量进行赋值。此外，金融领域还流传着这样一句话——金融就是数据，数据就是金融（finance is data, data is finance），因此本节也会讨论 Python 的数据类型。

1.2.1　变量赋值

当打开一张财经报纸时，映入眼帘的往往是金融市场各种指数或资产的价格与涨跌幅信息。比如 2020 年 4 月 20 日上证综指涨跌幅为 1.12%，这条信息转换成 Python 的语言就是一个典型的赋值。其中，用变量代表上证综指涨跌幅，赋予该变量的数值就是 0.0112。

在 Python 中，每个变量在使用前都必须赋值，赋值以后该变量才会被创建，并且是运用等号（=）来给变量赋值。"="左边是一个变量名，右边是存储在该变量中的值，即：

变量 = 值

Python 的变量名可以由英文字母、数字和下画线构成，但是必须记住以下 4 点注意事项。

一是英文字母和下画线可单独用。可以单独用英文字母或者下画线作为变量名，同时英文字母需要注意区分大小写。

二是数字不能单独用。单纯的数字不能作为变量名，比如 3 不能作为变量名。

三是开头不能用数字。比如 1a 不能作为变量名。相反，a1 可以作为变量名。

四是名称应简洁、易懂。在金融领域，对于变量的命名应尽可能运用该变量的英文名、英文缩写或者是英文名的首字母。

【例 1-1】假定利率是 6%，需要在 Python 中赋值，可以采用如下 Python 代码对利率变量进行赋值：

```
In [1]: rate=0.06          #利率等于6%
```

或者也可以写为：

```
In [2]: r=0.06             #变量命名更简单
```

这里请注意，在一行代码中"#"之后的内容，Python 是不会读取的。因此，编程者会用这种方式写注释，便于让阅读者更好地理解代码的含义。

需要提醒读者的是，在 Python 中，6%必须用 0.06 表示，因为"%"在 Python 中有特殊的含义，这将在本章 1.4.1 节进行具体介绍。

此外，在变量赋值过程中，也需要关注下面两种情形。

情形 1：同一变量多次赋值。如果针对同一个变量进行了多次不同的赋值，则每一次新的赋值都会覆盖前一次的赋值，最终在 Python 中该变量保存的是最后一次的赋值结果。以例 1-1 作为示例，针对同一个利率变量 rate，用户此后又赋值两次，分别是 5%和 4%，查看最终变量赋值的结果，具体的代码如下：

```
In [3]: rate=0.05          #利率等于5%（第2次赋值）

In [4]: rate               #输出赋值结果
Out[4]: 0.05

In [5]: rate=0.04          #利率等于4%（第3次赋值）

In [6]: rate               #输出赋值结果
Out[6]: 0.04
```

从以上的输出结果不难看到，每一次新的赋值均覆盖了前一次的赋值，最终保存在 Python 中的 rate 变量值是最后一次的赋值结果，即 0.04（4%）。

情形 2：重新登录 Python。在变量完成赋值之后，只要是在退出 Python 之前，该变量都可以被反复调用；但是，一旦用户退出 Python，代码的运行结果将会被全部清空。重新登录 Python 以后，用户需要对变量重新赋值才可调用。

1.2.2 整型

整型（integer），也称为整数，是 Python 的基础数据类型之一，在 Python 中显示为 int（integer 的缩写），类似于 −100、0、9、369 这样的数被称为整型。在数学中，整数可细分为正整数、零和负整数，并且有无穷多个，这一规则同样适用于 Python 的整型。整型也是金融领域经常用到的数据类型，比如上市公司的数量、投资者人数、股票数量、债券面值、交易日天数等都需要运用到整型。

【例 1-2】假定 A 投资者持有一家上市公司 20000 股股票,通过 Python 进行赋值,并且通过 type 函数显示数据类型,具体的代码如下:

```
In [7]: share=20000        #持股数量

In [8]: type(share)        #显示数据类型
Out[8]: int
```

注意,在 Python 中,整型有以下特征:一是必须为数字,二是不能出现小数点。如果出现小数点,就是接下来要讨论的浮点型。

1.2.3 浮点型

在金融领域运用 Python 时,**浮点型**(float),也称为**浮点数**,是最常用的数据类型之一,包括利率、汇率、股价、财务比率、收益率、波动率等变量都是浮点型。浮点型是由整数、小数点和小数(非必须)构成的。在 1.2.1 节的例 1-1 中利率就是一个浮点型,可以通过以下的代码进行验证:

```
In [9]: type(rate)
Out[9]: float
```

需要注意的是,在 Python 中,如果数字后面带有小数点,无论其实质上是否为整数,Python 均会将其视作浮点型。

【例 1-3】运用例 1-2 中的相关信息,在 Python 中输入时,用户在整数 20000 后面如果增加了一个小数点,则数据类型就是浮点型而不是整型,具体的代码如下:

```
In [10]: share1=20000.     #增加了一个小数点

In [11]: type(share1)
Out[11]: float
```

此外,20000 可以用科学计数法表示为 2×10^4,在 Python 中就可以通过如下的代码输入:

```
In [12]: share2=2e4        #用科学计数法输入 20000

In [13]: type(share2)
Out[13]: float
```

根据以上的代码,$a\times10^n$ 在 Python 中的代码格式是 aen。比如,4×10^6 转换为 Python 的代码就是 4e6;7.86×10^9 转换为 Python 的代码就是 7.86e9;10^7 转换为 Python 的代码则是 1e7(注意开头的 1 必须要输入)。此外,Python 中此类数据的数据类型是浮点型。

1.2.4 复数

在数学中,当 a、b 均为实数时,$z=a+bi$ 就被称为**复数**(complex number),其中 a 被称为实部,b 被称为虚部,i 被称为虚数单位。复数是由意大利学者杰尔姆·卡当(Jerome Cardan)在 16 世纪首次引入的。复数在金融领域的运用范围相对较窄,主要运用于金融的时间序列分析、美式期权定价涉及的傅里叶变换等。注意,在 Python 中,虚数单位用小写的英文字母 j 替代。

【例 1-4】一个变量 x 等于复数 2+3i,在 Python 中进行输入,并且判断其数据类型,具体的代码如下:

```
In [14]: x=2+3j          #一个复数
In [15]: type(x)
Out[15]: complex
```

1.2.5 字符串

在金融领域，经常会遇到包括公司名称、金融产品要素等非数字的文本信息，在 Python 中表示文本的基本数据类型就是**字符串**（string）。同时，关于字符串有四大特征：引号标识、可索引性、可截取性以及可替换性。下面依次对其进行讨论并演示。

特征之一：引号标识。在 Python 中，用英文的单引号（' '）、双引号（" "）以及三引号（""" """）来标识字符串。其中，三引号往往用于标识多行文本。此外，引号内无论是中文、英文字母、符号、数字还是空格，均被视为字符串。需要说明的是，在 Python 中，字符串的类型是用 str 显示（string 的缩写）。

【例 1-5】 在 Python 中，以字符串格式依次输入 finance、risk management、金融风险管理、888、1+1，具体的代码如下：

```
In [16]: a='finance'            #以字符串格式输入英文单词并且用单引号
    ...: type(a)
Out[16]: str

In [17]: b="risk management"    #用双引号
    ...: type(b)
Out[17]: str

In [18]: c='金融风险管理'         #以字符串格式输入中文
    ...: type(c)
Out[18]: str

In [19]: d='888'                #以字符串格式输入数字
    ...: type(d)
Out[19]: str

In [20]: e='1+1'                #以字符串格式输入式子
    ...: type(e)
Out[20]: str
```

注意，risk 与 management 之间的空格也要占据一个字符。

特征之二：可索引性。字符串是可以被索引（index）的，如果针对字符串是从左向右的索引，则默认是从 0 开始的，并且需要用到方括号；相反，从右向左的索引，默认是从 –1 开始的。以上的索引规则也适用于 Python 数据结构的索引，具体将在 1.3 节讨论。

【例 1-6】 运用例 1-5 中输入的字符串 finance，依次索引 finance 这个单词的首字母 f、第 4 个字母 a 以及最后一个字母 e，具体的代码如下：

```
In [21]: a[0]           #索引首字母
Out[21]: 'f'

In [22]: a[3]           #索引第4个字母
Out[22]: 'a'

In [23]: a[-1]          #索引最后一个字母
Out[23]: 'e'
```

需要注意的是，针对字符串索引得到的结果依然是一个字符串。

特征之三：可截取性。假如用户要从字符串 I hate risk 中截取子字符串 risk，就需要运用到字符串的截取功能。截取也称为切片（slice），是从一个字符串中截取子字符串（也就是字符串的一部分）的操作，需要使用方括号、起始索引值（start）、终止索引值（end）以及可选的步长（step）来定义。在 Python 中，截取字符串的输入格式如下：

```
字符串[start: end: step]
```

下面，就结合 Python 的演示讲解具体的字符串截取操作方法。

【例 1-7】假定用户在 Python 中输入字符串 I hate risk，并且从该字符串中截取子字符串 hate，具体的代码如下：

```
In [24]: y='I hate risk'

In [25]: y[2:6]        #截取子字符串hate
Out[25]: 'hate'
```

在例 1-7 中，字符串和索引位置之间的对应关系如下：

```
字符串      I hate risk
索引位置    012345678910
```

需要注意两点：一是截取操作中，截取的子字符串是截至输入的终止索引值的前一位；二是不输入步长的参数时，默认的步长是 1（也就是逐个截取）。

如果仅输入起始索引值但不输入终止索引值，则表示截取从起始索引值一直到字符串末尾的子字符串。

【例 1-8】沿用例 1-7 的信息，假定用户希望从 I hate risk 字符串中截取 risk，具体的代码如下：

```
In [26]: y[7:]         #从第8位开始一直到最后一位
Out[26]: 'risk'
```

如果不输入起始索引值但输入终止索引值，则表示截取从字符串的首位一直到终止索引值前一位的子字符串。

【例 1-9】沿用例 1-7 的信息，假定用户希望从 I hate risk 字符串中截取 I hate，具体的代码如下：

```
In [27]: y[:6]         #从首位开始直到第6位
Out[27]: 'I hate'
```

前面 3 个示例中演示的是截取步长都是 1 的情况，接着通过一个示例演示截取步长大于 1 的情况。

【例 1-10】假定用户在 Python 中输入字符串 I love risk management，并且希望从该字符串中截取从第 3 位至第 20 位并且步长为 5（也就是跳 4 格截取）的子字符串，具体的代码如下：

```
In [28]: z='I love risk management'

In [29]: z[2:20:5]     #截取从第3位至第20位并且步长为5的子字符串
Out[29]: 'lrme'
```

特征之四：可替换性。如果用户发现在 Python 输入字符串中的部分子字符串出现错误，就可以运用 replace 函数实现修正和替换。下面通过一个示例进行演示。

【例 1-11】假定用户在事后检查中发现，原本希望在 Python 中输入 I hate risk，但是却误写成了 I love risk，运用 replace 函数进行修正，具体的代码如下：

```
In [30]: w='I love rsik'              #错误的输入

In [31]: w.replace('love','hate')     #进行修正
Out[31]: 'I hate rsik'
```

注意，在 replace 函数中，第一个引号中应输入原有的内容，第二个引号中应输入修正后的内容。

1.3 Python 的数据结构

在前文讲解 Python 数据类型的基础上，本节将介绍数据结构。到目前为止，Python 共包括元组、列表、集合、字典、数组、序列和数据框等 7 种数据结构，具体见表 1-4。

表 1-4 不同数据结构的对比

数据结构类型	简介和特征	特征性标识	金融领域运用
元组	一种高级的数据结构，可索引，但不可修改	用圆括号标识	很少运用
列表	与元组类似，除了可索引以外，更重要的是可修改，可以理解为元组的升级版，而元组则是稳定版的列表	用方括号标识	经常运用
集合	类似于数学中的集合，每个集合中的元素具有无序性、无重复性的特征	用花括号标识	很少运用
字典	与日常生活中的字典用法很类似，通过"名称（键）→内容（值）"来构建	用花括号标识	较少运用
数组	科学计算和代数运算常用的数据类型，类似于线性代数中的向量和矩阵	用 array、圆括号、方括号共同标识	经常运用
序列	类似于一维数组的数据结构，并由标签（label）或者索引以及对应数值等部分构成	用 Series、圆括号、方括号共同标识	较少运用
数据框	数据分析常用的数据类型，带有索引和列名（column），类似于 Excel 的工作表	用 DataFrame、圆括号、方括号共同标识	经常运用

注：数组的内容将在第 2 章讨论 NumPy 模块时具体讲解，序列和数据框的内容则会在第 3 章讨论 pandas 模块过程中详细探讨。

1.3.1 元组

虽然**元组**（tuple）是一种高级的数据结构，但在金融领域的运用仍然比较有限，其创建方式比较简单，具体如下：

变量 = (元素1, 元素2, 元素3, …)

1. 元组的创建

【例 1-12】 在 Python 中，创建一个空元组，具体的代码如下：

```
In [32]: tup1=( )

In [33]: type(tup1)
Out[33]: tuple
```

需要注意的是，如果元组中只包含一个元素，则需要在该元素后面添加一个逗号，否则无法构成一个元组。

【例 1-13】 在 Python 中，创建仅包含一个元素 3 的元组，具体的代码如下：

```
In [34]: tup2=(3,)         #在元素后面加一个逗号

In [35]: type(tup2)
Out[35]: tuple
```

【例 1-14】在 Python 中创建一个元组,该元组的元素包括 finance、风险管理、2021、88.88,具体的代码如下:

```
In [38]: tup4=('finance', '风险管理', 2021, 88.88)

In [39]: type(tup4)
Out[39]: tuple
```

2. 元组的访问

元组一旦被创建以后,其中的元素是不可修改的,只能进行访问。访问的方式与 1.2.5 节中介绍的字符串索引是非常类似的。

【例 1-15】沿用例 1-14 的信息,分别访问元组的第 1 个元素、最后一个元素以及第 2 个至第 3 个元素,具体的代码如下:

```
In [40]: tup4[0]           #访问元组的第 1 个元素
Out[40]: 'finance'

In [41]: tup4[-1]          #访问元组的最后一个元素
Out[41]: 88.88

In [42]: tup4[1:3]         #访问元组的第 2 个至第 3 个元素
Out[42]: ('风险管理', 2021)
```

1.3.2 列表

列表(list)是金融领域最常用的 Python 数据结构之一。因此,本书将用一定的篇幅对其进行讨论。列表的创建方式与元组的是比较相似的,只不过是运用方括号,具体如下:

> 变量=[元素 1, 元素 2, 元素 3, …]

表 1-5 梳理了元组与列表之间的不同点和相同点。

表 1-5 元组与列表之间的不同点和相同点

数据结构类型	不同点	相同点
元组	每个元素是不可修改的,用圆括号标识	1. 可以容纳 Python 的任何对象;
列表	每个元素是可修改的,用方括号标识	2. 元素是有序的,即每个元素都有一个索引值

1. 列表的创建

【例 1-16】在 Python 中创建一个空列表,具体的代码如下:

```
In [43]: list1=[ ]         #创建一个空列表

In [44]: type(list1)
Out[44]: list
```

需要注意的是,在金融建模过程中,经常会创建一个空列表,用于存放后续程序运行所得到的结果,这种方法会在本书的中阶篇和高阶篇广泛运用。

【例 1-17】在 Python 中创建一个列表,该列表的元素包括 finance、risk management、金融风险

管理、2021、6.66，具体的代码如下：

```
In [45]: list2=['finance', 'risk management','金融风险管理', 2021, 6.66]
    ...: type(list2)
Out[45]: list
```

2. 列表的访问及索引

访问列表与访问元组的方式是类似的，下面通过一个示例进行演示。

【例1-18】对例1-17中创建的列表进行访问，分别访问该列表的第1个元素、最后一个元素以及第3个至第4个元素，具体的代码如下：

```
In [46]: list2[0]          #访问列表的第1个元素
Out[46]: 'finance'

In [47]: list2[-1]         #访问列表的最后一个元素
Out[47]: 6.66

In [48]: list2[2:4]        #访问列表的第3个至第4个元素
Out[48]: ['金融风险管理', 2021]
```

【例1-19】对例1-17中创建的列表，查找元素2021在列表中的索引值，这时就需要运用index函数，具体的代码如下：

```
In [49]: list2.index(2021)     #查找列表中2021元素的索引值
Out[49]: 3
```

注意，索引值等于3代表的是第4个元素，因为0代表的是第1个元素。

3. 列表的修改——添加

对于已有列表，新增元素可以运用append函数，并且新元素是添加到列表的末尾的。

【例1-20】对例1-16中创建的空列表，依次添加新的元素，具体是2020年4月20日至24日这一个交易周A股上证综指每日的涨跌幅，分别是0.4953%、−0.8953%、0.6002%、−0.1927%和−1.0558%，具体的代码如下：

```
In [50]: list1.append(0.004953)     #输入2020年4月20日上证综指的涨跌幅

In [51]: list1.append(-0.008953)    #输入2020年4月21日上证综指的涨跌幅

In [52]: list1.append(0.006002)     #输入2020年4月22日上证综指的涨跌幅

In [53]: list1.append(-0.001927)    #输入2020年4月23日上证综指的涨跌幅

In [54]: list1.append(-0.010558)    #输入2020年4月24日上证综指的涨跌幅

In [55]: list1                      #输出列表的结果
Out[55]: [0.004953, -0.008953, 0.006002, -0.001927, -0.010558]
```

4. 列表的修改——删除

对列表中元素的删除可以分为两类：第一类是删除指定的元素，运用remove函数；第二类是删除列表中的全部元素，也就是清空列表，运用clear函数。

【例1-21】对例1-20中的列表list1，删除列表中2020年4月22日上证综指的日涨跌幅数据（第3个元素0.006002），具体的代码如下：

```
In [56]: list1.remove(0.006002)     #删除列表的第3个元素

In [57]: list1                      #输出元素删除后的列表
Out[57]: [0.004953, -0.008953, -0.001927, -0.010558]
```

需要注意的是,如果在一个列表中有多个值为 x 的元素,则 remove(x)是删除列表中值为 x 的第 1 个元素,而非全部值为 x 的元素。具体来看下面的例 1-22。

【例 1-22】针对包括 2、4、6、8、10、2、4、2 元素的列表,删除列表中数字为 2 的第 1 个元素,具体的代码如下:

```
In [58]: list3=[2,4,6,8,10,2,4,2]      #创建一个存在相同元素的列表

In [59]: list3.remove(2)               #删除列表中数字为 2 的第 1 个元素

In [60]: list3                          #输出元素删除后的列表
Out[60]: [4, 6, 8, 10, 2, 4, 2]
```

【例 1-23】对例 1-22 中的列表 list3,将列表的全部元素进行清空处理,返回一个空列表,具体的代码如下:

```
In [61]: list3.clear()                 #清空列表的全部元素
    ...: list3
Out[61]: []
```

5. 列表的修改——插入

在列表的指定位置插入元素,就需要运用 insert 函数,该函数需要输入两个参数:第 1 个参数是位置参数,相当于索引值;第 2 个参数是需要插入的元素值。

【例 1-24】针对例 1-21 中的列表 list1,在列表第 3 个元素的位置重新插入 2020 年 4 月 22 日上证综指的日涨跌幅数据(元素 0.006002),具体的代码如下:

```
In [62]: list1.insert(2, 0.006002)     #在列表第 3 个元素的位置插入新元素
    ...: list1
Out[62]: [0.004953, -0.008953, 0.006002, -0.001927, -0.010558]
```

6. 列表的排序

证券交易所在每个交易日都会公布股票的涨跌幅排行榜,投资者会定期对过往投资的单只证券和投资组合的盈亏情况进行分析,因此这就涉及排序问题。针对列表中数字的排序,分为由小到大、由大到小这两种排序方式。其中,由小到大排序需要运用 sort 函数,由大到小排序则需要运用 reverse 函数。

【例 1-25】针对例 1-24 中的列表 list1,分别按照由小到大、由大到小的顺序进行排序,具体的代码如下:

```
In [63]: list1.sort()                  #由小到大排序
    ...: list1
Out[63]: [-0.010558, -0.008953, -0.001927, 0.004953, 0.006002]

In [64]: list1.reverse()               #由大到小排序
    ...: list1
Out[64]: [0.006002, 0.004953, -0.001927, -0.008953, -0.010558]
```

7. 列表中元素的计数

在一个证券投资组合中,往往会出现某只证券被反复交易(买入、卖出),这就需要计算该证券的交易次数。同样,在一个列表中,假定某一个元素多次出现,就需要计算该元素出现的次数,需要用到 count 函数。

【例 1-26】假定创建了一个包含四大国有银行简称的列表['工行','建行','中行','农行','中行','工行','农行','工行','中行','工行','建行'],需要计算该列表中,元素"工行""中行"出现的次数,具体的代码如下:

```
In [65]: list4=['工行','建行','中行','农行','中行','工行','农行','工行','中行','工行','建行']   #创建一个列表

In [66]: list4.count('工行')                              # "工行"出现的次数
Out[66]: 4

In [67]: list4.count('中行')                              # "中行"出现的次数
Out[67]: 3
```

以上的输出结果表明,在列表中元素"工行"出现 4 次,元素"中行"则出现 3 次。

1.3.3 集合

假定将发行 A 股的上市公司看成一个集合,将发行 H 股的上市公司(在香港证券交易所上市)看成另一个集合,这两个集合的交集就是既发行 A 股又发行 H 股的上市公司,并集则是发行 A 股或发行 H 股的上市公司,差集就是只发行 A 股(或者只发行 H 股)的上市公司。Python 中的**集合**(set)类似数学上的集合。每个集合中的元素是无序且不重复的,因此可以通过集合去判断元素的从属关系,有时还可以通过集合把数据结构中重复的元素过滤。

集合的创建方式与元组、列表的是比较相似的,只不过是运用花括号,具体如下:

变量 = {元素 1, 元素 2, 元素 3, ...}

但是需要注意的是,集合不能被截取,也不能被索引,只能进行包括并集、差集、交集等集合运算。同时,集合元素可以被添加和删除。

下面,通过构建包括全球主要股指的两个集合来演示在 Python 中集合的运用。

1. 集合的创建

【例 1-27】分别创建两个集合,一个集合包含上证综指、深圳成指、恒生指数、日经 225 指数、道琼斯指数等 5 个元素,另一个集合则包含标普 500 指数、道琼斯指数、日经 225 指数、法国 CAC40 指数、德国 DAX 指数等 5 个元素,具体的代码如下:

```
In [68]: set1={'上证综指','深圳成指','恒生指数','日经225指数','道琼斯指数'}   #创建第 1 个集合

In [69]: type(set1)
Out[69]: set

In [70]: set2={'标普500指数','道琼斯指数','日经225指数','法国CAC40指数','德国DAX指数'}   #创建第 2 个集合

In [71]: type(set2)
Out[71]: set
```

2. 集合的并集运算

针对集合求并集时,需要运用符号"|",并且不同的集合需放置于符号"|"的两侧。

【例 1-28】针对例 1-27 中创建的两个集合,求这两个集合的并集,具体的代码如下:

```
In [72]: set1|set2                          #两个集合的并集
Out[72]: {'上证综指', '德国DAX指数', '恒生指数', '日经225指数', '标普500指数', '法国CAC40指数', '深圳成指', '道琼斯指数'}
```

3. 集合的交集运算

针对集合求交集时,可以有两种方法,一是运用符号"&",二是运用 intersection 函数。

【例 1-29】针对例 1-27 中创建的两个集合,求这两个集合的交集,具体的代码如下:

```
In [73]: set1&set2                    #两个集合的交集
Out[73]: {'日经225指数', '道琼斯指数'}

In [74]: set1.intersection(set2)      #两个集合的交集
Out[74]: {'日经225指数', '道琼斯指数'}
```

4. 集合的差集运算

针对集合求差集时,需要运用数学中的减号(-)。值得注意的是,两个集合在减号两侧的顺序不同会得到不同的结果。

【例1-30】针对例1-27中创建的两个集合,分别求set1对set2的差集、set2对set1的差集,具体的代码如下:

```
In [75]: set1-set2                    #set1对set2的差集
Out[75]: {'上证综指', '恒生指数', '深圳成指'}

In [76]: set2-set1                    #set2对set1的差集
Out[76]: {'德国DAX指数', '标普500指数', '法国CAC40指数'}
```

5. 集合的元素添加

用户可以在已经创建的集合中添加新的元素,需要运用add函数,并且输出的结果可能会自行排列。

【例1-31】针对例1-27中创建的集合set1,在集合中增加元素"德国DAX指数",具体的代码如下:

```
In [77]: set1.add('德国DAX指数')       #集合中增加一个元素
   ...: set1
Out[77]: {'上证综指', '德国DAX指数', '恒生指数', '日经225指数', '深圳成指', '道琼斯指数'}
```

6. 集合的元素删除

对集合删除元素时,需要运用discard函数,并且输出的结果也可能会自行排列。

【例1-32】针对例1-27中创建的集合set2,删除集合中的元素"日经225指数",具体的代码如下:

```
In [78]: set2.discard('日经225指数')   #集合中删除一个元素
   ...: set2
Out[78]: {'德国DAX指数', '标普500指数', '法国CAC40指数', '道琼斯指数'}
```

1.3.4 字典

假定需要将表1-6中的沪深300指数信息输入Python中,就需要运用到数据结构——**字典**(dict,英文单词dictionary的前4个字母)。

表1-6 沪深300指数信息

指数名称	证券代码	交易日期	涨跌幅
沪深300	000300	2020-03-05	2.23%

字典的格式如下:

```
变量 = {键1: 值1, 键2: 值2, 键3: 值3, …}
```

需要注意的是,字典有3个特征:一是字典中的元素必须以**键**(key)和**值**(value)的形式成对出现,也就是所谓键-值并行存储;二是键不可以重复,但是值可以重复;三是键不可以修改,但是值可以修改,并且值可以是任意的数据类型。

1. 字典的创建

字典的创建可以采用两种不同的方法：一是直接法，就是一次输入全部的键与值；二是间接法，也就是先创建一个空字典，然后逐对输入键与值。

【例1-33】将表1-6中的信息以字典的形式在Python中输入，并且分别运用直接法和间接法，具体的代码如下：

```
In [79]: dict1={'指数名称':'沪深 300','证券代码':'000300','交易日期':'2020-03-05','涨跌幅': 0.0223}    #运用直接法创建字典

In [80]: dict1
Out[80]: {'指数名称': '沪深 300', '证券代码': '000300', '交易日期': '2020-03-05', '涨跌幅': 0.0223}

In [81]: type(dict1)
Out[81]: dict

In [82]: dict2={}    #运用间接法创建字典

In [83]: dict2['指数名称']='沪深 300'
    ...: dict2['证券代码']='000300'
    ...: dict2['交易日期']='2020-03-05'
    ...: dict2['涨跌幅']=0.0223

In [84]: dict2
Out[84]: {'指数名称': '沪深 300', '证券代码': '000300', '交易日期': '2020-03-05', '涨跌幅': 0.0223}

In [85]: type(dict2)
Out[85]: dict
```

2. 字典的访问

通过keys函数访问并输出字典中的全部键，通过values函数访问并输出全部值。

【例1-34】针对例1-33中创建的字典，访问并输出字典中的全部键和值，具体的代码如下：

```
In [86]: dict1.keys()              #输出全部键
Out[86]: dict_keys(['指数名称', '证券代码', '交易日期', '涨跌幅'])

In [87]: dict1.values()            #输出全部值
Out[87]: dict_values(['沪深 300', '000300', '2020-03-05', 0.0223])
```

此外，可以通过items函数遍历字典的全部元素，也就是将字典中的每个元素（每对键与值）组成单个元组并放在列表中输出。

【例1-35】针对例1-33中创建的字典，遍历字典的全部元素，具体的代码如下：

```
In [88]: dict1.items()             #遍历字典的全部元素
Out[88]: dict_items([('指数名称', '沪深 300'), ('证券代码', '000300'), ('交易日期', '2020-03-05'), ('涨跌幅', 0.0223)])
```

如果仅仅是查询某个键对应的值，可以直接通过在方括号内输入键的方式完成。

【例1-36】针对例1-33中创建的字典，查找并输出涨跌幅对应的具体金额，具体的代码如下：

```
In [89]: dict1['涨跌幅']            #注意是用方括号
Out[89]: 0.0223
```

3. 字典的修改

【例1-37】针对例1-33中创建的字典，用户希望将字典中交易日期对应的2020-03-05修改为2020-03-06，涨跌幅对应的2.23%相应修改为−1.62%，具体的代码如下：

```
In [90]: dict1['交易日期']='2020-03-06'     #修改交易日期
   ...: dict1['涨跌幅']=-0.0162            #修改涨跌幅

In [91]: dict1                              #输出修改后的字典
Out[91]: {'指数名称': '沪深300', '证券代码': '000300', '交易日期': '2020-03-06', '涨跌幅': -0.0162}
```

如果在已经创建的字典中,新增键与值,可以运用 update 函数。

【例 1-38】针对例 1-33 中创建的字典,增加当日(2020 年 3 月 6 日)的收盘价 4138.51 以及成交额 2531.69 亿元的信息,具体的代码如下:

```
In [92]: dict1.update({'收盘价':4138.51,'成交额(亿元)':2531.69})   #注意外面是圆括号,里面是花括号

In [93]: dict1                              #查看更新后的字典
Out[93]:
{'指数名称': '沪深300',
 '证券代码': '000300',
 '交易日期': '2020-03-06',
 '涨跌幅': -0.0162,
 '收盘价': 4138.51,
 '成交额(亿元)': 2531.69}
```

如果在已经创建的字典中,删除相应的键与值,需要运用 del 命令。

【例 1-39】针对例 1-33 中创建的字典,用户希望删除字典中的证券代码,具体的代码如下:

```
In [94]: del dict1['证券代码']              #删除字典中的证券代码

In [95]: dict1                              #查看删除后的字典
Out[95]:
{'指数名称': '沪深300',
 '交易日期': '2020-03-06',
 '涨跌幅': -0.0162,
 '收盘价': 4138.51,
 '成交额(亿元)': 2531.69}
```

1.4 Python 的运算符号

本节进入 Python 的运算环节,具体包括基本算术运算、关系运算、赋值运算、成员运算,这些运算在金融领域是经常使用的。既然是运算就需要有对应的运算符号,下面就逐一介绍与演示。

1.4.1 基本算术运算符号

本节从最简单的"加、减、乘、除、幂、模、整除"等基本算术运算讲起,这些也是金融领域最基本的运算。表 1-7 列出了 Python 中的算术运算符号。

表 1-7 Python 中的算术运算符号

运算符号	描述	举例	金融领域的使用情况
+	加法	1+1→2	经常使用
-	减法	1-1→0	
*	乘法	1*2→2	
/	除法	1/2→0.5	

续表

运算符号	描述	举例	金融领域的使用情况
**	幂运算	2**3→8	经常使用
%	模运算（取余数）	3%2→1	较少使用
//	整除（商的整数部分）	9//4→2	

需要注意的是，在"加、减、乘、幂、模以及整除"运算中，存在以下3个规律：一是整型与整型之间的运算，得到的结果是整型；二是整型与浮点型之间的运算，得到的结果是浮点型；三是浮点型与浮点型之间的运算，得到的结果依然是浮点型。

1. 加法运算

【例 1-40】在 Python 中依次输入整型 2 和 5，浮点型 1.、3.8 以及 6.95，并且进行相应的加法运算，具体的代码如下：

```
In [96]: a=2         #整型

In [97]: b=5         #整型

In [98]: c=1.        #浮点型

In [99]: d=3.8       #浮点型

In [100]: e=6.95     #浮点型

In [101]: a+b        #整型与整型相加
Out[101]: 7

In [102]: a+c        #整型与浮点型相加
Out[102]: 3.0

In [103]: d+e        #浮点型与浮点型相加
Out[103]: 10.75
```

2. 减法运算

【例 1-41】对例 1-40 中输入的整型和浮点型，进行相应的减法运算，具体的代码如下：

```
In [104]: a-b        #整型与整型相减
Out[104]: -3

In [105]: a-c        #整型与浮点型相减
Out[105]: 1.0

In [106]: a-e        #整型与浮点型相减
Out[106]: -4.95

In [107]: d-e        #浮点型与浮点型相减
Out[107]: -3.1500000000000004
```

注意，输出-3.1500000000000004 是因为浮点型在计算机内存中是以二进制形式表示的，通常这不会影响计算。

此外，如果需要控制小数点以后的位数，可以运用 round 函数，函数中的第 1 个参数代表需要输出的结果，第 2 个参数代表输出结果的小数位位数。

【例1-42】针对例1-41中，d-e输出结果在显示时保留至小数点后2位，具体的代码如下：
```
In [108]: round(d-e,2)      #显示的结果保留至小数点后2位
Out[108]: -3.15
```

3. 乘法运算
【例1-43】对例1-40中输入的整型和浮点型，进行相应的乘法运算，具体的代码如下：
```
In [109]: a*b      #整型与整型相乘
Out[109]: 10

In [110]: a*c      #整型与浮点型相乘
Out[110]: 2.0

In [111]: d*e      #浮点型与浮点型相乘
Out[111]: 26.41
```

4. 除法运算
需要注意的是，对于除法而言，无论除数和被除数是否为整型，运算的结果始终是浮点型。

【例1-44】对例1-40中输入的整型和浮点型，进行相应的除法运算，具体的代码如下：
```
In [112]: f=4      #输入一个新的整型

In [113]: f/a      #整型与整型相除
Out[113]: 2.0

In [114]: b/a      #整型与整型相除
Out[114]: 2.5

In [115]: a/c      #整型与浮点型相除
Out[115]: 2.0

In [116]: e/d      #浮点型与浮点型相除
Out[116]: 1.8289473684210527
```

请注意，在Python 2.x中，整型除以整型，只能得出整型。如果要得到小数部分，需要把其中一个数改成浮点型。

5. 幂运算
【例1-45】对例1-40中输入的整型和浮点型，进行相应的幂运算，具体的代码如下：
```
In [117]: a**b      #整型与整型的幂运算
Out[117]: 32

In [118]: b**a      #整型与整型的幂运算
Out[118]: 25

In [119]: a**c      #整型与浮点型的幂运算
Out[119]: 2.0

In [120]: d**e      #浮点型与浮点型的幂运算
Out[120]: 10702.765165970346
```

6. 模运算
模运算就是计算余数，并且在Python中用符号"%"表示。因此这里再次重申对于百分比的输入切记要转化为具有小数位的浮点型，否则会"失之毫厘，谬以千里"。

【例1-46】对例1-40、例1-44中输入的整型和浮点型，进行相应的模运算，具体的代码如下：

```
In [121]: f%a            #整型与整型的模运算
Out[121]: 0

In [122]: b%a            #整型与整型的模运算
Out[122]: 1

In [123]: d%a            #浮点型与整型的模运算
Out[123]: 1.7999999999999998

In [124]: d%e            #浮点型与浮点型的模运算
Out[124]: 3.8

In [125]: e%d            #浮点型与浮点型的模运算
Out[125]: 3.1500000000000004
```

7. 整除运算

整除就是只输出商的整数部分，并且是向下取整（或者是在数轴上向左取整）之后的结果。比如 $11 \div 4 = 2.75$，如果是整除，则得到的结果是2。因此，整除不适用"四舍五入"的运算法则。

【例1-47】对例1-40中输入的整型和浮点型，进行相应的整除运算，具体的代码如下：

```
In [126]: b//a           #整型与整型的整除
Out[126]: 2

In [127]: b//d           #整型与浮点型的整除
Out[127]: 1.0

In [128]: e//a           #浮点型与整型的整除
Out[128]: 3.0

In [129]: e//d           #浮点型与浮点型的整除
Out[129]: 1.0
```

1.4.2 关系运算符号

在基金投资中，基金经理需要根据基金投资者的风险偏好和投资策略配置相应的证券资产，比如要求基金配置的股票必须是盈利的上市公司且不能是产能过剩的行业、股价波动率低于30%、上市公司股息分配率超过 3%等投资的限制性条件。这就涉及数学中的关系运算，具体包括"等于、不等于、大于、大于等于、小于、小于等于"这六大类，这也是金融领域最主要的关系运算。Python 中的关系运算符号如表1-8 所示。

表 1-8 Python 中的关系运算符号

运算符号	描述	Python 的示例	金融领域的使用情况
==	等于	In [130]: 2==2 Out[130]: True In [131]: 2==3 Out[131]: False	经常使用
!=	不等于	In [132]: 2!=3 Out[132]: True In [133]: 2!=2 Out[133]: False	

续表

运算符号	描述	Python 的示例	金融领域的使用情况
>	大于	In [134]: 2>1 Out[134]: True In [135]: 2>3 Out[135]: False	经常使用
>=	大于等于	In [136]: 2>=1 Out[136]: True In [137]: 2>=3 Out[137]: False	
<	小于	In [138]: 2<3 Out[138]: True In [139]: 2<1 Out[139]: False	
<=	小于等于	In [140]: 2<=3 Out[140]: True In [141]: 2<=1 Out[141]: False	

注：表中的输出结果 True 表示正确，False 则表示错误。

需要注意的是，数学中的等于符号，在 Python 中是用双等号"=="表示的，而单等号"="则是赋值符号，切记这两个符号不能混淆。

1.4.3 赋值运算符号

在 1.2.1 节已经介绍了 Python 最基础的赋值方法，也就是基本赋值运算符号"="。此外，Python 还有将不同的算术运算符号与基本赋值运算符号组合在一起而形成的高级赋值运算符号，具体见表 1-9。

表 1-9 Python 中的高级赋值运算符号

运算符号	举例	描述	Python 的示例	金融领域的使用情况
+=	y+=x	加法赋值运算符号，等价于 y = y + x 注：相当于对基本赋值运算符号左边的变量 y 进行重新赋值（下同）	In [142]: x1=3 ...: y1=10 In [143]: y1+=x1 In [144]: y1 Out[144]: 13	经常使用
-=	y-=x	减法赋值运算符号，等价于 y = y-x	In [145]: x2=5 ...: y2=12 In [146]: y2-=x2 In [147]: y2 Out[147]: 7	
*=	y*=x	乘法赋值运算符号，等价于 y = y * x	In [148]: x3=4 ...: y3=6 In [149]: y3*=x3 In [150]: y3 Out[150]: 24	有时使用

续表

运算符号	举例	描述	Python 的示例	金融领域的使用情况
/=	y/=x	除法赋值运算符号，等价于 y = y / x	In [151]: x4=8 　...: y4=16 In [152]: y4/=x4 In [153]: y4 Out[153]: 2.0	有时使用
**=	y**=x	幂赋值运算符号，等价于 y=y**x	In [154]: x5=3 　...: y5=5 In [155]: y5**=x5 In [156]: y5 Out[156]: 125	
%=	y%=x	模赋值运算符号，等价于 y = y%x	In [157]: x6=4 　...: y6=9 In [158]: y6%=x6 In [159]: y6 Out[159]: 1	较少使用
//=	y//=x	整除赋值运算符号，等价于 y = y//x	In [160]: y7=10 　...: x7=4 In [161]: y7//=x7 In [162]: y7 Out[162]: 2	

1.4.4 成员运算符号

假定需要从 A 股全部上市公司中找出若干只符合一定投资标准（比如市值、市盈率、换手率等）的股票，并且运用 Python 编写相应的程序，就会使用成员运算符号。成员运算符号可以用于判断一个元素是否在某一个列表中，并且经常与后面 1.6 节讲解的条件语句、循环语句结合在一起使用。表 1-10 归纳了 Python 中的成员运算符号。

表 1-10　Python 中的成员运算符号

运算符号	具体描述
in	如果一个变量在指定的另一个变量（如列表、元组、字符串等）中找到相应的值，则返回 True，否则返回 False
not in	如果一个变量在指定的另一个变量中没有找到相应的值，则返回 True，否则返回 False

下面通过数字和字符串两个示例演示在 Python 中成员运算符号的运用。

【例 1-48】2020 年 4 月 13 日至 17 日这个交易周，深证成指的日收盘价依次为 10223.16、10475.71、10417.37、10470.79 以及 10527.99，通过 Python 考察 10475.71 和 10470.97 这两个数字是否属于以上 5 个日收盘价，具体的代码如下：

```
In [163]: index_list=[10223.16,10475.71,10417.37,10470.79,10527.99]   #创建2020年4月13日至17日深证成指日收盘价列表

In [164]: index1=10475.71
    ...: index2=10470.97
```

```
In [165]: index1 in index_list      #判断数字是否在列表中
Out[165]: True

In [166]: index2 in index_list      #判断数字是否在列表中
Out[166]: False
```

【例 1-49】通过 Python 考察"金融""风险管理"这两个字符串是否属于列表['finance','风险管理','收益率']中的元素,具体的代码如下:

```
In [167]: a='金融'
     ...: b='风险管理'
     ...: c=['finance','风险管理','收益率']

In [168]: a in c
Out[168]: False

In [169]: b in c
Out[169]: True
```

1.5　Python 的内置函数与自定义函数

1.5.1　内置函数

Python 的内置函数是 Python 自带的函数,在不需要模块导入的情况下就能直接调用。关于模块导入的内容会在 1.7 节详细介绍。Python 的内置函数有许多,可以运用 dir(__builtins__)查看,需要注意圆括号中的"__"是由两条下画线"_"组成的,具体的代码输入和输出结果如下:

```
In [170]: dir(__builtins__)
Out[170]:
['ArithmeticError','AssertionError','AttributeError','BaseException', 'BlockingIOError',
'BrokenPipeError','BufferError','BytesWarning','ChildProcessError','ConnectionAbortedError',
'ConnectionError', 'ConnectionRefusedError','ConnectionResetError','DeprecationWarning', 'EOFError',
'Ellipsis','EnvironmentError','Exception','False','FileExistsError', 'FileNotFoundError',
'FloatingPointError','FutureWarning','GeneratorExit','IOError','ImportError','ImportWarning',
'IndentationError','IndexError','InterruptedError','IsADirectoryError','KeyError','KeyboardInterrupt',
'LookupError','MemoryError','ModuleNotFoundError','NameError','None','NotADirectoryError',
'NotImplemented','NotImplementedError','OSError','OverflowError','PendingDeprecationWarning',
'PermissionError','ProcessLookupError','RecursionError','ReferenceError','ResourceWarning', 'RuntimeError',
'RuntimeWarning','StopAsyncIteration','StopIteration','SyntaxError','SyntaxWarning','SystemError',
'SystemExit','TabError','TimeoutError','True', 'TypeError','UnboundLocalError','UnicodeDecodeError',
'UnicodeEncodeError','UnicodeError','UnicodeTranslateError','UnicodeWarning','UserWarning',
'ValueError','Warning','WindowsError','ZeroDivisionError','__IPYTHON__','__build_class__','__
debug__','__doc__','__import__','__loader__','__name__','__package__','__spec__','abs','all',
'any','ascii','bin','bool','breakpoint','bytearray', 'bytes','callable','cell_count','chr',
'classmethod','compile','complex','copyright','credits','debugcell','debugfile','delattr','dict',
'dir','display','divmod','enumerate','eval','exec','filter','float','format','frozenset','get_
ipython','getattr','globals','hasattr','hash','help','hex','id','input','int','isinstance',
'issubclass','iter','len','license','list','locals','map','max','memoryview','min','next','object',
'oct','open','ord','pow','print','property','range','repr','reversed','round','runcell','runfile',
'set','setattr','slice','sorted','staticmethod','str','sum','super','tuple','type','vars','zip']
```

Python 的内置函数具体是从 abs 开始一直到 zip 结束,共计 78 个。表 1-11 梳理了在金融领域中，经常运用到的 Python 内置函数及功能。

表 1-11 金融领域常用的 Python 内置函数及功能

函数名称	功能	Python 代码示例
| abs | 求绝对值（abs 是绝对英文单词 absolute 的缩写） | ```
In [171]: a=-5
     ...: abs(a)
Out[171]: 5
``` |
| enumerate | 将对象（如列表、元组或字符串）组合为一个带有索引的序列 | ```
In [172]: stock=['A股','B股','H股','N股']
     ...: list(enumerate(stock,start=1))
Out[172]: [(1, 'A股'), (2, 'B股'), (3, 'H股'), (4, 'N股')]
```<br>注：要输出结果需要用 list 函数，参数 start=1 代表索引起始值为 1，用户也可以任意设定索引起始值，默认以 0 作为索引起始值 |
| float | 整型或字符串转换为浮点型 | 整型转换为浮点型的举例<br>```
In [173]: b=6
     ...: float(6)
Out[173]: 6.0
```<br>字符串转换为浮点型的举例<br>```
In [174]: c='28'
     ...: float(c)
Out[174]: 28.0
``` |
| int | 浮点型或字符串转换为整型 | 浮点型转换为整型的举例（注意是向下取整）<br>```
In [175]: d=4.6
     ...: int(d)
Out[175]: 4
```<br>字符串转换为整型的举例<br>```
In [176]: e='12'
     ...: int(e)
Out[176]: 12
``` |
| len | 输出对象（包括字符串、列表、元组等）长度或元素个数（len 是长度英文单词 length 的缩写） | 输出字符串长度的举例<br>```
In [177]: f='finance'
     ...: len(f)
Out[177]: 7
In [178]: g='金融风险管理'
     ...: len(g)
Out[178]: 6
```<br>输出列表中元素个数的举例<br>```
In [179]: list1=['finance', 'risk management','金融风险管理', 2020, 88.8]
     ...: len(list1)
Out[179]: 5
``` |
| max | 求最大值（max 是最大值英文单词 maximun 的缩写） | 以输出 2020 年 4 月 7 日至 10 日上证综指每日涨跌幅的最大值举例<br>```
In [180]: list2=[0.0205,-0.0019,0.0037,-0.0104]
     ...: max(list2)
Out[180]: 0.0205
``` |
| min | 求最小值（min 是最小值英文单词 minimun 的缩写） | 以输出 2020 年 4 月 7 日至 10 日上证综指每日涨跌幅的最小值举例<br>```
In [181]: min(list2)
Out[181]: -0.0104
``` |

函数名称	功能	Python 代码示例

pow	幂函数（pow 是幂英文单词 power 的缩写）	pow(x,y)是输出 x^y 的值，也就是 x 的 y 次方的运算结果
		`In [182]: pow(2,5)`
		`Out[182]: 32`
		`In [183]: pow(5,2)`
		`Out[183]: 25`

print	输出字符串、变量等	`In [184]:print('2020年4月7日至10日上证综指日涨跌幅:',list2)` 2020 年 4 月 7 日至 10 日上证综指日涨跌幅：[0.0205, -0.0019, 0.0037, -0.0104] 注：字符串与变量之间需要用逗号隔开

range	输出一个整数数列，经常用于 for 循环语句	函数语法结构：range(x, y, z)。
		参数 x：计数的起始值，默认（不填）从 0 开始。
		参数 y：计数的终止值，取值是 y−1。
		参数 z：步长，默认（不填）为 1
		`In [185]: list(range(0,8))`
		`Out[185]: [0, 1, 2, 3, 4, 5, 6, 7]`
		`In [186]: list(range(9))`
		`Out[186]: [0, 1, 2, 3, 4, 5, 6, 7, 8]`
		`In [187]: list(range(2,18,3))`
		`Out[187]: [2, 5, 8, 11, 14, 17]`
		`In [188]: list(range(3,24,5))`
		`Out[188]: [3, 8, 13, 18, 23]`
		注：在 Python 3.x 中，输出结果需要用 list 函数

reversed	输出一个由小到大排列的数列（比如列表等）	`In [189]: list2=[0.0205,-0.0019,0.0037,-0.0104]`
		`In [190]: list2_reversed=reversed(list2)`
		`     ...: list(list2_reversed)`
		`Out[190]: [-0.0104, 0.0037, -0.0019, 0.0205]`

sorted	输出一个由大到小排列的数列（比如列表等）	`In [191]: list2_sorted=sorted(list2)`
		`     ...: list(list2_sorted)`
		`Out[191]: [-0.0104, -0.0019, 0.0037, 0.0205]`

sum	求和	`In [192]: sum(list2)`
		`Out[192]: 0.0119`
		输出结果表明 2020 年 4 月 7 日至 10 日期间上证综指日涨跌幅的合计数为1.19%

zip	将对象中对应的元素打包成一个个元组，并返回由这些元组组成的列表	`In [193]: code=['600000','600004','600006','600007']`
		`     ...: stock=['浦发银行','白云机场','东风汽车','中国国贸']`
		`In [194]: list(zip(code,stock))`
		`Out[194]:`
		`[('600000', '浦发银行'),`
		` ('600004', '白云机场'),`
		` ('600006', '东风汽车'),`
		` ('600007', '中国国贸')]`

此外，可以通过 help 函数查询各函数的具体用法。help 函数的使用非常便捷，输入的格式如下：

```
help(查询的函数名称)
```

下面，以查询函数 bin 的用法作为例子进行演示，具体的代码如下：

```
In [195]: help(bin)          #查询函数bin的用法
Help on built-in function bin in module builtins:

bin(number, /)
    Return the binary representation of an integer.

    >>> bin(2796202)
    '0b1010101010101010101010'
```

1.5.2 自定义函数

以上的 Python 内置函数是无法完全满足金融日常工作需要的，用户可以通过 Python 自定义一个函数。自定义函数有两种方式：一种是运用 def 语法定义新的函数，另一种是直接运用 lambda 函数定义新的函数。下面依次进行讨论。

1. 运用 def 语法

运用 def 语法时，函数的基本框架如下：

```
def 函数名(参数):
    '''函数说明文档'''
    函数主体
    return 返回对象
```

注意，函数说明文档是为了让代码阅读者了解该自定义函数的用途以及参数的含义。此外，要注意缩进，具体就是在函数主体以及 return 的前面要缩进。在 Python 中缩进运用 Tab 键，如果运用 Spyder 编程则会自动进行缩进。

下面，通过 def 语法定义计算平均收益率的函数举例。需要注意的是，平均收益率分为算术平均（arithmetic mean）收益率与几何平均（geometric mean）收益率。首先定义计算算术平均收益率的函数，而针对计算几何平均收益率的函数，会在 1.6.2 节中结合 for 语句进行介绍。

算术平均收益率的表达式如下：

$$\overline{R} = \frac{\sum_{i=1}^{n} R_i}{n} \tag{1-1}$$

其中，$\overline{R}$ 表示算术平均收益率，R_i 表示观察到的第 i 个收益率，i 是值为 $1 \sim n$ 的自然数。

【例 1-50】通过 Python 自定义一个计算算术平均收益率的函数，具体的代码如下：

```
In [196]: def A_mean(r):
     ...:     '''定义一个计算算术平均收益率的函数
     ...:     r:代表包含每期收益率的一个列表'''
     ...:     total=sum(r)        #每期收益率合计数
     ...:     n=len(r)            #列表中元素的个数
     ...:     mean=total/n        #计算算术平均值
     ...:     return mean         #输出结果
```

这样就把计算算术平均收益率的函数 A_mean 在 Python 中做了定义，后续就可以直接调用该函数进行相关的运算。

【例 1-51】表 1-12 列出了 2020 年 4 月 20 日至 30 日上证综指每日涨跌幅（收益率）的数据（保留至小数点后 2 位）。

表 1-12　2020 年 4 月 20 日至 30 日上证综指每日涨跌幅的数据

日期	上证综指
2020-4-20	0.50%
2020-4-21	−0.90%
2020-4-22	0.60%
2020-4-23	−0.19%
2020-4-24	−1.06%
2020-4-27	0.25%
2020-4-28	−0.19%
2020-4-29	0.44%
2020-4-30	1.33%

数据来源：上海证券交易所。

需要运用在例 1-50 中自定义的函数 A_mean 计算该期间内每日涨跌幅的算术平均值（均值），具体的代码如下：

```
In [197]: index=[0.005,-0.009,0.006,-0.0019,-0.0106,0.0025,-0.0019,0.0044,0.0133]   #创建2020年
4月20日至30日上证综指每日涨跌幅的列表

In [198]: mean1=A_mean(r=index)                    #运用自定义函数计算算术平均值

In [199]: print('上证综指平均日收益率（算术平均值）', round(mean1,6))   #保留至小数点后6位
上证综指平均日收益率（算术平均值）0.000867
```

通过以上的计算得到 2020 年 4 月 20 日至 30 日期间上证综指算术平均收益率是 0.0867%。此外，可以通过另一种方法验算该结果是否正确，具体的代码如下：

```
In [200]: round(sum(index)/9,6)
Out[200]: 0.000867
```

显然，两种不同方法计算的结果是完全一致的。

2. 运用 lambda 函数

lambda 函数在 Python 中被称为匿名函数，具体的函数基本格式如下：

```
函数名 = lambda 参数: 表达式
```

运用 lambda 函数自定义的函数通常控制在一行，可以用 lambda 函数写相对简单的自定义函数，或者是作为复杂自定义函数的一个组成部分。

【例 1-52】用 lambda 函数定义计算算术平均收益率的函数，并且依然用新定义的函数求解 2020 年 4 月 20 日至 30 日上证综指每日涨跌幅的算术平均值，具体的代码如下：

```
In [201]: A_mean_lambda=lambda x: sum(x)/len(x)    #用lambda函数自定义函数

In [202]: mean2=A_mean_lambda(x=index)             #用自定义函数计算算术平均值
     ...: print('上证综指平均日收益率（算术平均值）', round(mean2,6))
上证综指平均日收益率（算术平均值） 0.000867
```

显然，无论用 lambda 函数自定义的函数还是用 def 语法自定义的函数，运算结果是完全吻合的。

1.6　Python 的句型

在 Python 中，编程的句型分为条件语句和循环语句两大类，可以单独使用，也可以结合在一

起使用。

1.6.1 条件语句

条件语句是通过一条或多条语句的执行结果（True 或者 False）来决定执行的代码块。条件语句的基本语法框架分为以下 3 种类型。

第 1 种类型是只有一个判断条件，基本的语法框架如下：

```
if 判断语句：
    执行语句 1
else:
    执行语句 2
```

第 2 种类型是有两个判断条件，基本的语法框架如下：

```
if 判断语句 1:
    执行语句 1
elif 判断语句 2:
    执行语句 2
else:
    执行语句 3
```

第 3 种类型是有 3 个或者 3 个以上的判断条件，基本的语法框架如下：

```
if 判断语句 1:
    执行语句 1
elif 判断语句 2:
    执行语句 2
elif 判断语句 3:
    执行语句 3
...
elif 判断语句 n:
    执行语句 n
else:
    执行语句 n+1
```

需要注意的是，在执行语句前面需要缩进，缩进依然是运用 Tab 键，如果运用 Spyder 编程则会自动完成缩进。

【例 1-53】2020 年 4 月 30 日，深圳成指上涨了 1.97%，需要通过 Python 的条件语句并设定一个判断条件，判断其是否为正收益，具体的代码如下：

```
In [203]: r1=0.0197          #输入 2020 年 4 月 30 日深证成指收盘的涨跌幅

In [204]: if r1>0:           #当收益率为正
     ...:     print('正收益: ', r1)
     ...: else:               #当收益率不为正
     ...:     print('不是正收益: ', r1)
正收益： 0.0197
```

【例 1-54】2020 年 4 月 24 日，深证成指下跌了 1.33%，需要设定两个判断条件，判断其是正收益、零收益还是负收益，具体的代码如下：

```
In [205]: r2=-0.0133         #2020 年 4 月 24 日深证成指的涨跌幅

In [206]: if r2>0:           #正收益
     ...:     print('正收益: ', r2)
```

```
...: elif r2==0:              #零收益
...:     print('零收益: ', r2)
...: else:                    #负收益
...:     print('负收益: ', r2)
负收益: -0.0133
```

1.6.2 循环语句

在 Python 中，循环语句包括 for 循环与 while 循环。在金融领域中，比较常用的是 for 循环。

1. for 循环

for 循环可以遍历某个数据结构或字符串中的每一个元素。for 循环的语法结构如下：

```
for 迭代变量（iterating_var） in 某个数据结构（如列表等）或字符串：
    陈述（statements）
```

迭代变量通常可以用小写字母表示，并且在陈述前面需要缩进，缩进还是运用 Tab 键，如果通过 Spyder 编程则依然会自动完成缩进。

下面，通过讨论几何平均收益率演示 for 循环。几何平均收益率的表达式如下：

$$\bar{R} = \sqrt[n]{\prod_{i=1}^{n}(1+R_i)} - 1 \qquad (1\text{-}2)$$

其中，这里的 $\bar{R}$ 表示几何平均收益率，R_i 依然表示观察到的第 i 个收益率，$i=1,\cdots,n$。

【例 1-55】 通过 Python 定义一个计算几何平均收益率的函数，具体的代码如下：

```
In [207]: def G_mean(r):
     ...:     '''定义一个计算几何平均收益率的函数
     ...:     r: 代表包括收益率的一个列表'''
     ...:     total=1                    #设置一个初始值
     ...:     n=len(r)                   #列表中的元素数量
     ...:     for i in r:                #运用 for 语句
     ...:         total=total*(1+i)      #将每个（1+收益率）相乘
     ...:     mean=pow(total,1/n)-1      #几何平均值的计算公式
     ...:     return mean
```

【例 1-56】 沿用例 1-51 关于上证综指每日涨跌幅的数据，同时运用在例 1-55 中定义的函数 G_mean 计算 2020 年 4 月 20 日至 30 日期间上涨综指的几何平均收益率，具体的代码如下：

```
In [208]: mean3=G_mean(r=index)    #运用自定义函数计算几何平均收益率
     ...: print('上证综指平均日收益率（几何平均值）',round(mean3,6))
上证综指平均日收益率（几何平均值） 0.000841
```

通过以上的计算得到几何平均收益率是 0.0841%，显然略低于例 1-51 中计算得到的算术平均收益率 0.0867%。

2. while 循环

while 循环用于在某一条件下，循环执行某段程序，以处理需要重复开展的相同任务。While 循环基本的语法结构如下：

```
while 判断条件：
    执行语句
```

注意，在执行语句前面需要缩进，缩进依然是运用 Tab 键，如果运用 Spyder 编程则可以自动完成缩进。

【例 1-57】 假定需要依次输出 0～8 的数字，并且运用 while 循环编写，具体的代码如下：

```
In [209]: n=0                      #输入初始值 0
```

```
In [210]: while n<=8:              #控制最大值等于8
     ...:     print('输出数字是:', n)
     ...:     n+=1                 #每次循环均加上1
     ...: print('完')
输出数字是: 0
输出数字是: 1
输出数字是: 2
输出数字是: 3
输出数字是: 4
输出数字是: 5
输出数字是: 6
输出数字是: 7
输出数字是: 8
完
```

【例 1-58】在 Python 中，可以通过 range 函数生成列表格式的整数数列。同时，可以通过 while 循环生成同样的整数数列。下面，通过 while 循环生成 0~8 的整数数列，具体的代码如下：

```
In [211]: n=0                        #数列的初始值

In [212]: list_range=[]              #创建一个空的列表

In [213]: while n<9:                 #运用 while 循环
     ...:     list_range.append(n)   #每次循环都在列表末尾增加一个数字
     ...:     n+=1                   #每次循环均加上1

In [214]: print(list_range)          #输出最终结果
[0, 1, 2, 3, 4, 5, 6, 7, 8]
```

3. 循环控制命令

在 Python 中，循环控制命令包括 break、continue 和 pass，表 1-13 列出了这些命令的名称以及相关的功能。

表 1-13 Python 的循环控制命令名称与功能

命令名称	具体功能
break	终止当前循环，且跳出整个循环
continue	终止本次循环，跳出该次循环，直接执行下一次循环
pass	不执行任何操作，一般用于占据一个位置

通常而言，循环控制命令是嵌入在条件语句和循环语句相结合的代码中。下面的小节通过一个示例具体讲解如何将条件语句、循环语句以及循环控制命令结合使用。

1.6.3 条件语句和循环语句结合

【例 1-59】表 1-14 列出了 2020 年 4 月 20 日至 30 日 A 股创业板指数的日涨跌幅数据。

表 1-14 2020 年 4 月 20 日至 30 日 A 股创业板指数的日涨跌幅数据

日期	创业板指数
2020-4-20	1.92%
2020-4-21	−0.01%
2020-4-22	0.60%

日期	创业板指数
2020-4-23	0.74%
2020-4-24	−1.27%
2020-4-27	−0.67%
2020-4-28	0.95%
2020-4-29	−0.95%
2020-4-30	1.12%

数据来源：深圳证券交易所。

对此，分别完成以下4项编程任务。

任务1：在依次访问表1-14的日涨跌幅数据时，一旦首次访问到跌幅大于1%，就终止整个程序，并且输出已经访问的数据。需要运用for、if和break搭配的语句，具体的代码如下：

```
In [215]: r_list=[0.0192,-0.0001,0.0060,0.0074,-0.0127,-0.0067,0.0095,-0.0095,0.0112]    #输入A股创业板指数的日涨跌幅数据

In [216]: for i in r_list:                #运用for语句
    ...:     if i<-0.01:                  #运用if语句
    ...:         break                    #终止并跳出整个循环
    ...:     print('涨跌幅数据:',i)
涨跌幅数据: 0.0192
涨跌幅数据: -0.0001
涨跌幅数据: 0.0060
涨跌幅数据: 0.0074
```

任务2：将任务1稍作修改，具体是在依次访问表1-14的日涨跌幅数据时，一旦首次访问到跌幅大于1%，就终止整个程序并且仅输出跌幅超过1%的这个数据。也是运用for、if和break搭配的语句，具体的代码如下：

```
In [217]: for i in r_list:                #运用for语句
    ...:     if i<-0.01:                  #运用if语句
    ...:         break                    #终止并跳出整个循环
    ...: print('跌幅超过1%的首个数据:',i)
跌幅超过1%的首个数据: -0.0127
```

仔细对比一下任务1和任务2的代码，唯一的区别就在于函数print的开头是否需要缩进，即任务1需要缩进，任务2则无须缩进。因此，代码的细微差别很可能会输出完全不同的结果，"魔鬼"就隐藏在细节之中。

任务3：在依次访问表1-14的日涨跌幅数据时，一旦访问到涨跌幅为正数（上涨），就跳过这些数据，并且输出全部为负数（下跌）的数据。这时，可以有两种不同的代码写法。

第1种为运用for、if和continue搭配的语句结构，具体的代码如下：

```
In [218]: for i in r_list:                #运用for语句
    ...:     if  i>0:                     #当数据为正时
    ...:         continue                 #终止并跳出本次循环而执行下一次循环
    ...:     print('下跌数据:', i)
下跌数据: -0.0001
下跌数据: -0.0127
下跌数据: -0.0067
下跌数据: -0.0095
```

第 2 种为运用 for、if、pass 和 else 搭配的语句结构，具体的代码如下：

```
In [219]: for i in r_list:              #运用 for 语句
     ...:     if   i>0:                 #当访问的数据为正时
     ...:         pass                  #不执行任何操作
     ...:     else:                     #当访问的数据为负时
     ...:         print('下跌数据：', i)
下跌数据： -0.0001
下跌数据： -0.0127
下跌数据： -0.0067
下跌数据： -0.0095
```

任务 4：在依次访问表 1-14 的日涨跌幅数据时，按照以下 3 类标准依次筛选出相应的数据并且以数列的方式输出。（1）涨幅超过 0.8%；（2）跌幅超过 0.8%；（3）涨跌幅处于[−0.8%,0.8%]区间。这就需要运用 for、if、elif 和 else 搭配的语句结构，以下是具体的代码：

```
In [220]: r3=[]                         #创建用于存放涨幅超过 0.8%数据的初始空列表
     ...: r4=[]                         #创建用于存放跌幅超过 0.8%数据的初始空列表
     ...: r5=[]                         #创建用于存放涨跌幅处于[-0.8%,0.8%]区间数据的初始空列表

In [221]: for i in r_list:              #运用 for 语句
     ...:     if i>0.008:               #当数据大于 0.8%时
     ...:         r3.append(i)          #在列表末尾增加一个元素
     ...:     elif i<-0.008:            #当数据小于 0.8%时
     ...:         r4.append(i)
     ...:     else:                     #当数据处于[-0.8%,0.8%]区间时
     ...:         r5.append(i)

In [222]: print('涨幅超过 0.8%的数据列表：', r3)
     ...: print('跌幅超过 0.8%的数据列表：', r4)
     ...: print('涨跌幅处于-0.8%至 0.8%区间的数据列表：', r5)
涨幅超过 0.8%的数据列表： [0.0192, 0.0095, 0.0112]
跌幅超过 0.8%的数据列表： [-0.0127, -0.0095]
涨跌幅处于-0.8%至 0.8%区间的数据列表： [-0.0001, 0.006, 0.0074, -0.0067]
```

1.7 模块的导入与 math 模块

在金融领域，除了加、减、乘、除等基本的数学运算之外，还需要涉及比较复杂的数学运算、统计分析等，这时就需要用到大量的模块[1]。此外，需要注意的是，当安装好 Python 之后，有一些模块就默认安装了，这些模块被称为"内置模块"。内置模块无须另行安装，就可以直接调用。比如下面要讨论的 math 模块、5.4 节中介绍的 datetime 模块就属于内置模块，而其他的如 NumPy、pandas、Matplotlib、SciPy 等外部模块则需要安装后才能调用。当运用 Anaconda 时，大量的外部模块就已经集成安装完毕了，关于这一点已经在 1.1.4 节讨论过。

---

[1] 模块在 Python 中扮演非常重要的角色，可以理解为 Python 的扩展工具。换言之，虽然 Python 在默认情况下提供了包括函数在内的一些可用工具，但是还远远无法满足复杂编程的需要。于是就有人专门制作了另外一些工具以弥补 Python 的不足，此类工具被称为"模块"。

1.7.1 模块导入的若干种方法

在 Python 中，模块不能直接使用，在每次启动 Python 以后如果要调用相关模块，则需要导入该模块。对于模块的导入存在若干种方法，具体如表 1-15 所示。

表 1-15 在 Python 中导入模块的不同方法

Python 的代码格式	具体说明与示例
import 模块名	直接导入整个模块，这种导入方法比较占用内存。示例如下： `In [223]: import math    #导入 math 模块`
import 模块名 as 名称缩写	导入整个模块的同时给该模块取一个别名，往往是用于模块名字比较长的情况下，这样能提升调用该模块时的代码书写效率。示例如下： `In [224]: import matplotlib as mp    #导入 Matplotlib 模块并缩写为 mp`
import 模块名.子模块名 as 名称缩写	导入某个模块的子模块，并且给该子模块取一个别名，当然是否取别名是一个可选项，这样占用的内存会比较少。示例如下： `In [225]: import matplotlib.pyplot as plt #导入 Matplotlib 的子模块 pyplot 并缩写为 plt`

from 模块名 import 函数	从特定模块中导入某个或者某几个函数，不同函数之间用逗号隔开，这样不仅占用的内存比较少，而且这些函数可以直接以函数名字的方式使用。示例如下：
	`In [226]: from math import exp, log, sqrt    #从 math 模块中导入函数 exp、log 和 sqrt`
	`In [227]: log(20)    #直接可以用函数 log 运算`
	`Out[227]: 2.995732273553991`
	`In [228]: exp(2)    #直接可以用函数 exp 运算`
	`Out[228]: 7.38905609893065`

from 模块名.子模块名 import 函数	与方法 4 很相似，只不过是从特定模块的子模块中导入某个或者某几个函数。示例如下： `In [229]: from matplotlib.pyplot import figure, plot #从 Matplotlib 的子模块 pyplot 导入函数 figure、plot`

1.7.2 math 模块

针对比较复杂的数学运算，比如求解正弦、余弦以及对数运算等，就会用到 Python 的内置数学模块 math。依然可以通过 dir 函数查看 math 模块包含哪些函数和数学符号，具体的代码如下：

```
In [230]: dir(math)    #查看 math 模块的函数等信息
Out[230]:
['__doc__','__loader__','__name__','__package__','__spec__','acos','acosh','asin','asinh',
'atan','atan2','atanh','ceil','comb','copysign','cos','cosh','degrees','dist','e','erf','erfc',
'exp','expm1','fabs','factorial','floor','fmod','frexp','fsum','gamma','gcd','hypot','inf',
'isclose','isfinite','isinf','isnan','isqrt','ldexp','lgamma','log','log10','log1p','log2','modf',
'nan','perm','pi','pow','prod','radians','remainder','sin','sinh','sqrt','tan','tanh','tau',
'trunc']
```

从 acos 开始一直到 trunc 共计 55 个函数或符号。表 1-16 梳理了针对 math 模块中，金融领域常用的数学运算函数和符号。

关于 Python 的基本编程就讨论完毕了，从第 2 章开始将进入对 Python 第三方模块的讨论，主要选取了在金融领域常用的 NumPy、pandas、Matplotlib、SciPy 等模块，并且同样会结合金融场景进行演示。

表 1-16　math 模块中金融领域常用的数字运算函数和符号
（如无特别说明，函数中的变量统一设为 x）

函数或符号	用途	Python 中的演示
ceil	取大于等于变量 x 的最小整数值，如果变量 x 是一个整数，则直接输出 x	In [231]: import math In [232]: x1=5.7 　　...: math.ceil(x1) Out[232]: 6
cos	求变量 x 的余弦值，注意 x 必须是弧度	In [233]: x2=69 　　...: math.cos(x2) Out[233]: 0.9933903797222716
e	表示数学中的一个常量 e，它是自然对数的底数，并且是一个无限不循环小数，具体等于 2.71828…	In [234]: math.e Out[234]: 2.718281828459045
exp	表示变量 x 的 e^x 运算结果	In [235]: x3=4 　　...: math.exp(x3) Out[235]: 54.598150033144236 也可以用 Python 的内置函数 pow 得到相同的结果 In [236]: pow(math.e,x3) Out[236]: 54.59815003314423
fabs	求变量 x 的绝对值，等价于 Python 的内置函数 abs	In [237]: x4=-8.8 　　...: math.fabs(x4) Out[237]: 8.8 可以用 Python 的内置函数 abs 得到相同的结果 In [238]: abs(x4) Out[238]: 8.8
factorial	求变量 x 的阶乘，也就是 $x! = x(x-1)(x-2)\cdots 1$	In [239]: x5=8 　　...: math.factorial(x5) Out[239]: 40320
floor	求小于等于变量 x 的最大整数值，如果 x 是一个整数，则直接输出 x	In [240]: x6=5.8 　　...: math.floor(x6) Out[240]: 5
fsum	求和，等价于 Python 的内置函数 sum	运用例 1-59 中的 A 股创业板指数的数据作为示例，具体的代码如下： In [241]: math.fsum(r_list) Out[241]: 0.0243
log	函数形式是 log(x,y)，表示计算以变量 y 为底的变量 x 的对数，即 $\log_y x$；此外，如果不输入 y，则输出 x 的自然对数，即 $\ln x$	In [242]: x=8 　　...: y=4 In [243]: math.log(x,y) Out[243]: 1.5 In [244]: math.log(x) Out[244]: 2.0794415416798357
log10	求以 10 为底的变量 x 的对数	In [245]: x7=1000 　　...: math.log10(x7) Out[245]: 3.0
log1p	计算 1+x 的自然对数，即 $\ln(1+x)$	In [246]: x8=0.5 In [247]: math.log1p(x8) Out[247]: 0.4054651081081644 In [248]: math.log(1+x8) #用 log 函数验证 Out[248]: 0.4054651081081644

续表

函数或符号	用途	Python 中的演示
| log2 | 计算以 2 为底的变量 $x$ 的对数 | ```
In [249]: x9=16
     ...: math.log2(x9)
Out[249]: 4.0
``` |
| pi | 表示圆周率 π | ```
In [250]: math.pi
Out[250]: 3.141592653589793
``` |
| pow | 函数形式是 pow($x,y$)，也就是得到 $x$ 的 $y$ 次方（$x^y$），等价于 Python 的内置函数 pow | ```
In [251]: x=2
     ...: y=6
In [252]: math.pow(x,y)
Out[252]: 64.0
``` |
| sin | 求变量 $x$ 的正弦值，注意 $x$ 也必须是弧度 | ```
In [253]: x10=2
     ...: math.sin(x10)
Out[253]: 0.9092974268256817
``` |
| sqrt | 求变量 $x$ 的平方根 | ```
In [254]: x11=36
     ...: math.sqrt(x11)
Out[254]: 6.0
``` |
| tan | 求变量 $x$ 的正切值，注意 $x$ 也必须是弧度 | ```
In [255]: x12=28
     ...: math.tan(x12)
Out[255]: -0.28142960456426525
``` |
| trunc | 取变量 $x$ 的整数部分（trunc 是截断英文 truncate 的缩写） | ```
In [256]: x13=11.5
     ...: math.trunc(x13)
Out[256]: 11
``` |

1.8 本章小结

本章结合金融对 Python 的基本编程展开讲解和演示。首先，对 Python 做了概览性介绍，包括什么是 Python、相比其他计算机编程语言的优势、历史演进与版本信息以及如何进行系统部署等内容；其次，讨论了如何通过 Python 对变量进行赋值，并探讨了包括整型、浮点型、复数以及字符串这 4 种数据类型；接着，逐一剖析了元组、列表、集合和字典等数据结构；然后，分析了基本算术运算、关系运算、赋值运算和成员运算等运算的符号；之后，重点讲解了在金融领域比较常用的 Python 内置函数，并介绍了自定义函数的两种方法；随后，详细论述了循环语句、条件语句以及两者的结合在编程中的运用；最后，阐述了模块导入的不同方法以及 math 模块。

1.9 拓展阅读

本章的内容参考了以下资料。

[1]《Python 金融大数据分析（第 2 版）》（作者是伊夫·希尔皮斯科），该书是讨论 Python 用于金融数据分析领域很有影响力的一部著作，内容比较全面，层次比较清晰，同时对 Python 技术性的内容涉及较多。

[2]《Python 金融实战》（作者是严玉星），该书也是一部有影响力的介绍 Python 金融实战的著作，内容深入浅出，主题比较侧重于金融投资。
```

第 2 章 结合金融场景演示 NumPy 模块编程

本章导读

金融领域需要涉及大量的矩阵运算,但是第 1 章介绍的 Python 列表在处理多维数据以及矩阵运算方面显得力不从心。与此同时,金融变量在统计上会服从某种分布,在金融量化分析与风险管理过程中,就会涉及基于某种分布的随机抽样;此外,测算现金流终值、现值、内含报酬率等也是金融不可分割的组成部分。NumPy 是 Python 的一种开源数值计算扩展模块,可以用来存储多维数据、处理大型矩阵、开展随机抽样等复杂的运算。因此,本章结合金融场景有的放矢地对 NumPy 的操作进行讲解和演示。

本章的内容涵盖以下几个主题。
- 引出一个常见的投资案例,该案例将贯穿于本章前 4 节的内容。
- 分析 NumPy 的数据结构——N 维数组,以及创建数组的不同方法。
- 探讨针对数组的索引、切片、排序以及合并等功能。
- 讲解数组的运算,包括数组内的运算、数组间的运算以及矩阵的处理。
- 讨论金融领域常用的统计分布类型以及通过 NumPy 从不同分布函数中进行随机抽样。
- 运用脱胎于 NumPy 的全新 numpy_financial 模块构建现金流模型,其功能包括测算现金流终值、现值、净现值、内含报酬率以及等额本息还款等。

2.1 从一个投资案例讲起

【例 2-1】假定 A 投资者拥有一个投资组合,该组合的初始投资金额是 1 亿元,组合中配置了 4 只在 A 股市场上市的股票,分别是中国卫星(CAST)、中国软件(CSS)、中国银行(BOC)以及上汽集团(SAIC),配置权重分别是 15%、20%、25% 以及 40%。表 2-1 整理了 2020 年 5 月 25 日至 29 日每个交易日相关股票的日涨跌幅情况,投资者希望通过 Python 快速计算这 5 个交易日整体投资组合的收益率。

表 2-1　2020 年 5 月 25 日至 29 日 4 只 A 股股票的日涨跌幅和配置权重

股票简称	2020-05-25	2020-05-26	2020-05-27	2020-05-28	2020-05-29	配置权重
中国卫星	−3.5099%	1.7230%	−0.3450%	−2.4551%	3.9368%	15%
中国软件	−1.3892%	2.4334%	−3.3758%	1.4622%	0.0128%	20%
中国银行	0.5848%	−0.2907%	0.5831%	0.5797%	−0.5764%	25%
上汽集团	2.1242%	0.2133%	−2.9803%	−0.2743%	−1.4301%	40%

数据来源（不包含配置权重）：上海证券交易所。

对此，投资者可以运用 1.3.2 节中介绍的列表进行计算。下面，就以计算 2020 年 5 月 25 日投资组合的收益率作为示例，具体的代码如下：

```
In [1]: return_May25=[-0.035099,-0.013892,0.005848,0.021242]    #2020年5月25日4只股票的日涨幅
   ...: weight_list=[0.15,0.20,0.25,0.40]                        #4只股票的配置权重
   ...: n=len(weight_list)                                       #股票数量

In [2]: return_weight=[]      #创建存放每只股票收益率与配置权重数乘积的空列表

In [3]: for i in range(n):                      #运用for循环
   ...:     return_weight.append(return_May25[i]*weight_list[i])   #将计算结果存放在列表末尾

In [4]: return_port_May25=sum(return_weight)    #计算2020年5月25日投资组合的收益率
   ...: print('2020年5月25日投资组合的收益率',round(return_port_May25,6))
2020年5月25日投资组合的收益率 0.001916
```

通过以上多行代码，也仅仅计算得到了一个交易日投资组合的收益率，如果需要计算多个交易日投资组合的收益率，则运用列表的运算效率显然是很低的。相反，如果能够运用线性代数中的向量和矩阵进行计算，就能大大提升运算效率。基于这样的考虑，开发人员就设计出了可以有效进行向量和矩阵运算的 NumPy。

NumPy 的前身 Numeric 最早是由吉姆·胡格尼尔（Jim Hugunin）与其他协作者共同开发的。2005 年，特拉维斯·奥利芬特（Travis Oliphant）在 Numeric 中结合了另一个同性质的程序库 Numarray 的特色，并加入了其他扩展程序而开发了 NumPy。NumPy 是开放源代码的并且由许多协作者共同进行开发并维护。

根据 NumPy 官网的介绍，NumPy 是运用 Python 进行科学计算的第三方模块，可以定义任意数据类型，它的功能包括：（1）可以创建强大的 N 维数组对象，以此作为通用数据的高效多维容器（multi-dimensional container），具体将在 2.2 节讨论；（2）拥有独特的广播（broadcasting）机制，比如针对相同形状的两个数组之间的运算，就可以实现不同数组对应位置元素之间的运算，从而弥补列表运算的不足，具体详见 2.4.2 节；（3）拥有实用的线性代数运算、随机抽样等功能，具体会在 2.4 节和 2.5 节详细讨论。

此外，由于 NumPy 是 Python 的外部模块，因此在使用前需要导入模块，并且应该查看相应的版本信息，具体的代码如下：

```
In [5]: import numpy as np      #导入NumPy模块

In [6]: np.__version__           #查看NumPy的版本信息
Out[6]: '1.18.5'
```

注意，由于笔者导入 NumPy 模块时，以缩写 np 对该模块进行了命名，因此后续使用该模块相

关功能（比如调用该模块的函数）时是用 np 而不是 numpy。此外，本书运用的 NumPy 版本是 1.18.5，不同版本之间的代码会存在细微的差异。

2.2 N 维数组

2.2.1 数组的结构

NumPy 最显著的特征在于它的数据结构运用了数组。**数组**和 1.3.2 节中介绍的列表有相似之处，但是数组是可以定义维度的，因此数组的全称是 **N 维数组**，且数组适合开展线性代数运算。

数组的结构如下：

| 一维数组 | np.array(一个列表) |
| 二维数组 | np.array([列表1,列表2,…,列表m]) |

注意，圆括号中的列表可以是一个由 n 个元素构成的列表（相当于 $1×n$ 的向量），也可以是由 m 个列表（每个列表均包括 n 个元素）作为元素所组成的列表（相当于 $m×n$ 的矩阵），因此数组可以理解为列表的升级版。当然，也可以有三维甚至是更高维度的数组，但是在金融领域中最常用的是一维数组和二维数组。因此，本书涉及的数组维度不会超过二维。

下面，运用本章开头的例 2-1 演示如何通过 Python 创建 N 维数组。

1. 直接输入法

【例 2-2】沿用例 2-1 的信息，将 4 只股票的配置权重以一维数组格式直接在 Python 中进行输入，具体的代码如下：

```
In [7]: weight_array1=np.array([0.15, 0.2, 0.25, 0.4])    #4只股票在投资组合中的配置权重

In [8]: type(weight_array1)                                #查看数据结构的类型
Out[8]: numpy.ndarray

In [9]: weight_array1.shape                                #查看数组的形状
Out[9]: (4,)
```

用 shape 函数查看数组的形状，可知该变量是一维数组，相当于是由 4 个元素构成的向量。

【例 2-3】沿用例 2-1 的信息，将 4 只股票的日涨跌幅以数组格式在 Python 中进行输入，具体的代码如下：

```
In [10]: return_array1=np.array([[-0.035099,0.017230,-0.003450,-0.024551,0.039368],[-0.013892,
0.024334,-0.033758,0.014622,0.000128],[0.005848,-0.002907,0.005831,0.005797,-0.005764],[0.021242,
0.002133,-0.029803,-0.002743,-0.014301]])    #输入日涨跌幅数据

In [11]: return_array1                                     #查看输出结果
Out[11]:
array([[-0.035099,  0.01723 , -0.00345 , -0.024551,  0.039368],
       [-0.013892,  0.024334, -0.033758,  0.014622,  0.000128],
       [ 0.005848, -0.002907,  0.005831,  0.005797, -0.005764],
       [ 0.021242,  0.002133, -0.029803, -0.002743, -0.014301]])

In [12]: return_array1.shape                               #查看数组的形状
Out[12]: (4, 5)
```

用 shape 函数查看数组的形状，可知该变量是一个二维数组，相当于是一个 4×5（4 行 5 列）的矩阵。

2. 将列表转换为数组

【例 2-4】沿用例 2-1 的信息，针对已经创建的存放 4 只股票配置权重的列表，用 array 函数将该列表转换为一维数组，具体的代码如下：

```
In [13]: weight_array2=np.array(weight_list)    #将列表转换为一维数组

In [14]: weight_array2                          #查看结果
Out[14]: array([0.15, 0.2 , 0.25, 0.4 ])
```

【例 2-5】沿用例 2-1 的信息，将 4 只股票的日涨跌幅先以列表格式在 Python 中输入，然后用 array 函数和 reshape 函数将列表转换为二维数组，具体的代码如下：

```
In [15]: return_list=[-0.035099,0.017230,-0.003450,-0.024551,0.039368,-0.013892,0.024334,
-0.033758,0.014622,0.000128,0.005848,-0.002907,0.005831,0.005797,-0.005764,0.021242,0.002133,
-0.029803,-0.002743,-0.014301]    #以列表格式输入日涨跌幅数据

In [16]: return_array2=np.array(return_list)    #转换为一维数组

In [17]: return_array2=return_array2.reshape(4,5)  #转换为 4 行 5 列的二维数组

In [18]: return_array2                          #查看输出结果
Out[18]:
array([[-0.035099,  0.01723 , -0.00345 , -0.024551,  0.039368],
       [-0.013892,  0.024334, -0.033758,  0.014622,  0.000128],
       [ 0.005848, -0.002907,  0.005831,  0.005797, -0.005764],
       [ 0.021242,  0.002133, -0.029803, -0.002743, -0.014301]])
```

以上输出的二维数组与例 2-3 中得到的二维数组是完全一致的。此外，还可以用 ravel 函数将多维数组降维至一维数组，具体的代码如下：

```
In [19]: return_array3=return_array2.ravel()   #将二维数组降维至一维数组

In [20]: return_array3                         #查看输出结果
Out[20]:
array([-0.035099,  0.01723 , -0.00345 , -0.024551,  0.039368, -0.013892,
        0.024334, -0.033758,  0.014622,  0.000128,  0.005848, -0.002907,
        0.005831,  0.005797, -0.005764,  0.021242,  0.002133, -0.029803,
       -0.002743, -0.014301])
```

3. 查看数组的属性

除了前文介绍的 shape 函数以外，还有其他的函数可以进一步查看数组的相关属性，具体如表 2-2 所示。

表 2-2 查看数组相关属性的函数
（以例 2-2、例 2-3 中创建的数组作为示例）

函数名	功能	Python 的演示

ndim	查看数组的维度	`In [21]: weight_array1.ndim`
		`Out[21]: 1`
		`In [22]: return_array1.ndim`
		`Out[22]: 2`
		以上输出的数字 1 代表一维数组，数字 2 代表二维数组，以此类推

续表

函数名	功能	Python 的演示
size	查看数组中的元素数量	In [23]: weight_array1.size Out[23]: 4 In [24]: return_array1.size Out[24]: 20 以上输出的数字 4 表示数组中有 4 个元素，数字 20 表示数组由 20 个元素组成
dtype	查看数组中的元素类型	In [25]: weight_array1.dtype Out[25]: dtype('float64') In [26]: return_array1.dtype Out[26]: dtype('float64') 输出的结果表明元素是占用 64 位的浮点型数据类型

2.2.2 一些特殊的数组

1. 整数数列的数组

在 NumPy 中，存在功能与 Python 内置函数 range 相似的函数 arange，两者在参数设置方面比较相似（参见 1.5 节的表 1-11），主要的区别就是 range 输出的是一个列表，而 arange 输出的是一个数组。

【例 2-6】通过 NumPy 快速创建 0~9 的整数数列，以及 1~18 且步长为 3 的整数数列，具体的代码如下：

```
In [27]: a=np.arange(10)                    #创建0~9的整数数列
    ...: a                                  #查看结果
Out[27]: array([0, 1, 2, 3, 4, 5, 6, 7, 8, 9])

In [28]: b=np.arange(1,18,3)                #创建1~18且步长为3的整数数列
    ...: b                                  #查看结果
Out[28]: array([ 1,  4,  7, 10, 13, 16])
```

2. 等差数列的数组

在 NumPy 中，有一个快速创建等差数列的函数 linspace，该函数在金融领域的模拟分析中经常被运用。该函数有 3 个参数需要输入：第 1 个参数是数列的起始值，第 2 个参数是数列的终止值，第 3 个参数是数列中元素的个数。

【例 2-7】通过 NumPy 创建一个 0~100、元素个数为 51 的等差数列并且以数组格式存放，具体的代码如下：

```
In [29]: c=np.linspace(0,100,51)            #创建等差数列的数组
    ...: c                                  #查看结果
Out[29]:
array([  0.,   2.,   4.,   6.,   8.,  10.,  12.,  14.,  16.,  18.,  20.,
        22.,  24.,  26.,  28.,  30.,  32.,  34.,  36.,  38.,  40.,  42.,
        44.,  46.,  48.,  50.,  52.,  54.,  56.,  58.,  60.,  62.,  64.,
        66.,  68.,  70.,  72.,  74.,  76.,  78.,  80.,  82.,  84.,  86.,
        88.,  90.,  92.,  94.,  96.,  98., 100.])

In [30]: len(c)                             #查看元素的个数
Out[30]: 51
```

3. 元素为 0 的数组

在金融建模中，经常会设定一些初始的数组，比如元素为 0 或者为 1 的数组，便于后续的运算。

在创建元素为 0 的数组（简称"零数组"）时，需要运用到 zeros 函数，该函数的相关形状参数用于区分是创建一维数组还是多维数组，具体见如下两个示例。

【例 2-8】创建一个一维的零数组，数组的元素个数为 8，具体的代码如下：

```
In [31]: zero_array1=np.zeros(8)          #8 代表形状参数
    ...: zero_array1                       #查看结果
Out[31]: array([0., 0., 0., 0., 0., 0., 0., 0.])
```

如果需要创建一个二维的零数组，并且是 $n\times m$ 的数组，则需要使用两个形状参数。其中，第一个参数代表行的数量 n，第二个参数代表列的数量 m，并且两个参数之间用逗号分开，同时需要用圆括号括起来，相当于一个元组。

【例 2-9】创建一个二维的零数组，并且是 5×7 的数组，具体的代码如下：

```
In [32]: zero_array2=np.zeros((5,7))      #5 代表行数，7 代表列数
    ...: zero_array2                       #查看结果
Out[32]:
array([[0., 0., 0., 0., 0., 0., 0.],
       [0., 0., 0., 0., 0., 0., 0.],
       [0., 0., 0., 0., 0., 0., 0.],
       [0., 0., 0., 0., 0., 0., 0.],
       [0., 0., 0., 0., 0., 0., 0.]])
```

此外，如果已经有一个或若干个数组，同时希望创建与已有数组相同形状的零数组，可以运用 zeros_like 函数。

【例 2-10】创建与例 2-2、例 2-3 中已经创建完成的 weight_array1、return_array1 相同形状的零数组，具体的代码如下：

```
In [33]: zero_weight=np.zeros_like(weight_array1)   #创建与 weight_array1 相同形状的零数组
    ...: zero_weight                                 #查看结果
Out[33]: array([0., 0., 0., 0.])

In [34]: zero_return=np.zeros_like(return_array1)   #创建与 return_array1 相同形状的零数组
    ...: zero_return                                 #查看结果
Out[34]:
array([[0., 0., 0., 0., 0.],
       [0., 0., 0., 0., 0.],
       [0., 0., 0., 0., 0.],
       [0., 0., 0., 0., 0.]])
```

4. 元素为 1 的数组

创建元素为 1 的数组时，需要运用到 ones、ones_like 函数，具体的输入方式与 zeros、zeros_like 函数类似。

【例 2-11】创建与例 2-2、例 2-3 中已经创建完成的 weight_array1、return_array1 相同形状并且元素均为 1 的数组，具体的代码如下：

```
In [35]: one_weight=np.ones_like(weight_array1)     #创建与 weight_array1 相同形状且元素为 1 的数组
    ...: one_weight                                  #查看结果
Out[35]: array([1., 1., 1., 1.])

In [36]: one_return=np.ones_like(return_array1)     #创建与 return_array1 相同形状且元素为 1 的数组
    ...: one_return                                  #查看结果
```

```
Out[36]:
array([[1., 1., 1., 1., 1.],
       [1., 1., 1., 1., 1.],
       [1., 1., 1., 1., 1.],
       [1., 1., 1., 1., 1.]])
```

5. 单位矩阵的数组

NumPy 的一个很重要的运用就是矩阵运算，除了上面提到的 zeros、ones 等函数可以非常便捷地创建元素为 0 或 1 的矩阵以外，在涉及金融的矩阵运算中还会运用到单位矩阵（identity matrix）。单位矩阵就是对角线上的元素等于 1，其他的元素等于 0 的矩阵。在 NumPy 中可以运用 eye 函数创建单位矩阵。

【例 2-12】在 NumPy 中，快速创建一个 6×6 的单位矩阵，具体的代码如下：

```
In [37]: d=np.eye(6)                              #创建单位矩阵
   ...: d                                         #查看结果
Out[37]:
array([[1., 0., 0., 0., 0., 0.],
       [0., 1., 0., 0., 0., 0.],
       [0., 0., 1., 0., 0., 0.],
       [0., 0., 0., 1., 0., 0.],
       [0., 0., 0., 0., 1., 0.],
       [0., 0., 0., 0., 0., 1.]])
```

此外，需要注意的是，针对 NumPy 中的一维数组，1×n 的数组和 n×1 的数组展现方式是完全相同的。

2.3 数组的相关功能

依然运用本章开头的例 2-1，假定投资者希望了解自己的投资组合中某只股票在某个交易日的日涨跌幅情况，这时就会用到数组的索引功能；如果希望查找某只股票在若干个交易日或者若干只股票在某个交易日抑或是若干只股票在若干个交易日的日涨跌幅情况，就需要用到数组的切片功能。此外，还可以对数组进行排序，甚至当增加新的交易日数据或增加新的股票数据时会用到数组的合并功能。下面进行具体的讨论和演示。

2.3.1 索引

【例 2-13】沿用例 2-1 的信息，投资者希望找到中国软件这只股票在 2020 年 5 月 28 日的日涨跌幅，对应于数组中第 2 行、第 4 列，具体的代码如下：

```
In [38]: return_array1[1,3]                       #索引第 2 行、第 4 列的元素
Out[38]: 0.014622
```

注意，在方括号内，第 1 个参数代表第几行，第 2 个参数代表第几列，并且依然是从 0 开始的。如果用户希望按照一定的规则找到元素在数组中的索引值，则需要运用到 where 函数。

【例 2-14】沿用例 2-1 的信息，投资者希望找出涨幅超过 1.4% 的元素在数组中的索引值，具体的代码如下：

```
In [39]: np.where(return_array1>0.014)            #涨幅超过 1.4%的元素的索引值
Out[39]: (array([0, 0, 1, 1, 3], dtype=int64), array([1, 4, 1, 3, 0], dtype=int64))
```

这里需要说明一下，由于数组 return_array1 是一个二维数组，因此对应的索引值必然对应着两个数值，一个代表第几行，另一个代表第几列。因此，输出结果中，第 1 个数组代表行的索引值，第 2 个数组代表列的索引值。比如，输出结果中，第 1 个数组中第 1 个元素是 0，第 2 个数组中第 1 个元素是 1，这就表明涨幅超过 1.4%的第 1 个元素是在第 1 行、第 2 列；再比如，第 1 个数组中第 4 个元素是 1，第 2 个数组中第 4 个元素是 3，这就表明涨幅超过 1.4%的第 4 个元素是在第 2 行、第 4 列，以此类推。

2.3.2 切片

【例 2-15】沿用例 2-1 的信息，投资者希望提取中国软件、中国银行在 2020 年 5 月 26 日至 28 日的日涨跌幅数据，也就是提取第 2、3 行中第 2 至 4 列的数据，具体的代码如下：

```
In [40]: return_array1[1:3,1:4]                    #提取第 2、3 行中第 2 至 4 列的数据
Out[40]:
array([[ 0.024334, -0.033758,  0.014622],
       [-0.002907,  0.005831,  0.005797]])
```

注意，在方括号内，1:3 代表选择第 2 行至第 3 行，1:4 代表选择第 2 列至第 4 列。

【例 2-16】沿用例 2-1 的信息，投资者希望分别提取第 2 行的全部数据（中国软件的日涨跌幅），以及第 3 列的全部数据（2020 年 5 月 27 日 4 只股票的日涨跌幅），具体的代码如下：

```
In [41]: return_array1[1]                          #提取第 2 行的全部数据
Out[41]: array([-0.013892, 0.024334, -0.033758, 0.014622, 0.000128])

In [42]: return_array1[:,2]                        #提取第 3 列的全部数据
Out[42]: array([-0.00345 , -0.033758, 0.005831, -0.029803])
```

2.3.3 排序

理性的投资者通常会非常关心股票涨跌幅的大小情况。为了区分大小，一种便捷的方式就是将元素按照由小到大的顺序进行排序,因此就会运用到 sort 函数,并且该函数有参数 axis=0 或者 axis=1 可以输入。其中，axis=0 代表按列对元素排序，axis=1 则代表按行对元素排序。如果不输入参数，则默认按行对元素排序。

【例 2-17】沿用例 2-1 的信息，投资者希望针对股票按照日涨跌幅进行排序，具体的代码如下：

```
In [43]: np.sort(return_array1,axis=0)             #按列对元素由小到大排序
Out[43]:
array([[-0.035099, -0.002907, -0.033758, -0.024551, -0.014301],
       [-0.013892,  0.002133, -0.029803, -0.002743, -0.005764],
       [ 0.005848,  0.01723 , -0.00345 ,  0.005797,  0.000128],
       [ 0.021242,  0.024334,  0.005831,  0.014622,  0.039368]])

In [44]: np.sort(return_array1,axis=1)             #按行对元素由小到大排序
Out[44]:
array([[-0.035099, -0.024551, -0.00345 ,  0.01723 ,  0.039368],
       [-0.033758, -0.013892,  0.000128,  0.014622,  0.024334],
       [-0.005764, -0.002907,  0.005797,  0.005831,  0.005848],
       [-0.029803, -0.014301, -0.002743,  0.002133,  0.021242]])

In [45]: np.sort(return_array1)                    #按行对元素由小到大排序（默认情况）
Out[45]:
```

```
array([[-0.035099, -0.024551, -0.00345 ,  0.01723 ,  0.039368],
       [-0.033758, -0.013892,  0.000128,  0.014622,  0.024334],
       [-0.005764, -0.002907,  0.005797,  0.005831,  0.005848],
       [-0.029803, -0.014301, -0.002743,  0.002133,  0.021242]])
```

2.3.4 合并

在 NumPy 中,将若干个数组合并或者拼接成为一个数组,最常见的就是运用 append 函数和 concatenate 函数。当然这两个函数在运用时会存在差异,下面就结合示例进行讨论。

1. 运用 append 函数合并数组

在 NumPy 中,append 函数可以将两个数组进行合并,但是针对两个以上的数组则无法直接用 append 函数。此外,append 函数有参数 axis=0 或者 axis=1 可以输入。其中,axis=0 代表按列对数组进行合并,axis=1 则代表按行对数组进行合并。如果不输入参数 axis,则合并后的数组将退化为一维数组。

【例 2-18】沿用例 2-1 的信息,投资者希望依次以数组格式创建中国银行、上汽集团这两只股票在 2020 年 5 月 25 日至 29 日期间的日涨跌幅数据,然后将两个数组进行合并,具体的代码如下:

```
In [46]: return_BOC=np.array([0.005848,-0.002907,0.005831,0.005797,-0.005764])   #中国银行的日涨跌幅数据
   ...: return_SAIC=np.array([0.021242,0.002133,-0.029803,-0.002743,-0.014301])  #上汽集团的日涨跌幅数据

In [47]: return_2stock=np.append([return_BOC],[return_SAIC],axis=0)   #按列合并
   ...: return_2stock                                                  #查看数组合并后的结果
Out[47]:
array([[ 0.005848, -0.002907,  0.005831,  0.005797, -0.005764],
       [ 0.021242,  0.002133, -0.029803, -0.002743, -0.014301]])

In [48]: return_2stock_new1=np.append([return_BOC],[return_SAIC],axis=1)  #按行合并
   ...: return_2stock_new1                                                 #查看数组合并后的结果
Out[48]:
array([[ 0.005848, -0.002907,  0.005831,  0.005797, -0.005764,  0.021242,
         0.002133, -0.029803, -0.002743, -0.014301]])

In [49]: return_2stock_new2=np.append([return_BOC],[return_SAIC])   #不输入 axis 参数
   ...: return_2stock_new2                                           #查看数组合并后的结果
Out[49]:
array([ 0.005848, -0.002907,  0.005831,  0.005797, -0.005764,  0.021242,
        0.002133, -0.029803, -0.002743, -0.014301])
```

需要注意的是,运用 append 函数时,需要将合并的两个数组均放在方括号内,即以列表格式存放。此外,按列合并时,两个数组的列数必须相同;按行合并时,两个数组的行数必须相同。

2. 运用 concatenate 函数合并数组

在 NumPy 中,concatenate 函数可以有效克服 append 函数只能合并两个数组的局限性,该函数也有参数 axis=0 或者 axis=1 可以输入。其中,axis=0 代表按列对数组进行合并,axis=1 则代表按行对数组进行合并。如果不输入参数 axis,则默认为按列合并。

【例 2-19】沿用例 2-1 的信息,投资者希望依次创建中国卫星、中国软件在 2020 年 5 月 25 日至 29 日期间日涨跌幅数据的两个数组,同时结合例 2-18 中已经创建的中国银行、上汽集团这两只股票日涨跌幅数据的数组,将 4 个数组合并为一个新数组,具体的代码如下:

```
In [50]: return_CAST=np.array([-0.035099,0.017230,-0.003450,-0.024551,0.039368])   #中国卫星的日涨跌幅数据
   ...: return_CSS=np.array([-0.013892,0.024334,-0.033758,0.014622,0.000128])      #中国软件的日涨跌幅数据
```

```
In [51]: return_4stock=np.concatenate(([return_CAST],[return_CSS],[return_BOC],[return_
SAIC]), axis=0)         #按列合并
    ...: return_4stock                  #查看数组合并后的结果
Out[51]:
array([[-0.035099,  0.01723 , -0.00345 , -0.024551,  0.039368],
       [-0.013892,  0.024334, -0.033758,  0.014622,  0.000128],
       [ 0.005848, -0.002907,  0.005831,  0.005797, -0.005764],
       [ 0.021242,  0.002133, -0.029803, -0.002743, -0.014301]])

In [52]: return_4stock_new1=np.concatenate(([return_CAST],[return_CSS],[return_BOC],
[return_SAIC]),axis=1)   #按行合并
    ...: return_4stock_new1             #查看数组合并后的结果
Out[52]:
array([[-0.035099,  0.01723 , -0.00345 , -0.024551,  0.039368, -0.013892,
         0.024334, -0.033758,  0.014622,  0.000128,  0.005848, -0.002907,
         0.005831,  0.005797, -0.005764,  0.021242,  0.002133, -0.029803,
        -0.002743, -0.014301]])

In [53]: return_4stock_new2=np.concatenate(([return_CAST],[return_CSS],[return_BOC],
[return_SAIC]))    #不输入 axis 参数
    ...: return_4stock_new2             #查看数组合并后的结果
Out[53]:
array([[-0.035099,  0.01723 , -0.00345 , -0.024551,  0.039368],
       [-0.013892,  0.024334, -0.033758,  0.014622,  0.000128],
       [ 0.005848, -0.002907,  0.005831,  0.005797, -0.005764],
       [ 0.021242,  0.002133, -0.029803, -0.002743, -0.014301]])
```

需要注意的是，合并的若干个数组在运用 concatenate 函数合并时，每个数组也均需要放在方括号内以列表格式输入。

2.4 数组的相关运算

数组的运算可以分为数组内部不同元素之间的运算、数组与数组之间的运算以及矩阵的运算，下面依然以本章开头的例 2-1 作为示例进行讲解。

2.4.1 数组内的运算

假定投资者希望计算 2020 年 5 月 25 日至 29 日期间，相关股票的平均涨跌幅、累积涨跌幅、最大或者最小涨跌幅等指标，就可以通过例 2-3 中创建的数组 return_array1 的内部元素之间的运算实现。

1. 求和

针对数组内部元素求和，需要运用 sum 函数，并且该函数有参数 axis=0 或者 axis=1 可以输入。其中，axis=0 代表按列求和，axis=1 则代表按行求和。如果不输入参数，默认是对所有元素求和。

【例 2-20】沿用例 2-1 的信息，同时针对例 2-3 中创建的数组 return_array1，依次对数组每列的元素、每行的元素以及全部元素求和，具体的代码如下：

```
In [54]: return_array1.sum(axis=0)      #按列求和
Out[54]: array([-0.021901,  0.04079 , -0.06118 , -0.006875,  0.019431])
```

```
In [55]: return_array1.sum(axis=1)            #按行求和
Out[55]: array([-0.006502, -0.008566,  0.008805, -0.023472])

In [56]: return_array1.sum()                  #全部元素之和
Out[56]: -0.029734999999999998
```

2. 求乘积

针对数组内部元素求乘积，需要运用 prod 函数（prod 是乘积英文 product 的缩写）。同时，输入参数 axis=0 代表按列求乘积，axis=1 则代表按行求乘积。如果不输入参数，表示对所有元素求乘积。

【例 2-21】针对例 2-3 中创建的数组 return_array1，依次对数组每列的元素、每行的元素以及全部元素求乘积，具体的代码如下：

```
In [57]: return_array1.prod(axis=0)           #按列求乘积
Out[57]:
array([ 6.05706573e-08, -2.59976845e-09, -2.02394557e-08,  5.70827745e-09,
        4.15378200e-10])

In [58]: return_array1.prod(axis=1)           #按行求乘积
Out[58]: array([-2.01656235e-09,  2.13585486e-11,  3.31224696e-12, -5.29710348e-11])

In [59]: return_array1.prod()                 #全部元素之积
Out[59]: 7.556915345169367e-42
```

注意，输出结果中的 e-08 代表 10^{-8}，e-09 代表 10^{-9}，以此类推。

3. 求最值

针对数组内部元素求最值，需要运用 max 函数求最大值，运用 min 函数求最小值。同时，输入参数 axis=0 代表按列求最值，axis=1 则代表按行求最值。如果不输入参数，默认是对所有元素求最值。

【例 2-22】针对例 2-3 中创建的数组 return_array1，依次对数组每列的元素、每行的元素以及全部元素求最大值和最小值，具体的代码如下：

```
In [60]: return_array1.max(axis=0)            #按列求最大值
Out[60]: array([0.021242, 0.024334, 0.005831, 0.014622, 0.039368])

In [61]: return_array1.max(axis=1)            #按行求最大值
Out[61]: array([0.039368, 0.024334, 0.005848, 0.021242])

In [62]: return_array1.max()                  #求全部元素的最大值
Out[62]: 0.039368

In [63]: return_array1.min(axis=0)            #按列求最小值
Out[63]: array([-0.035099, -0.002907, -0.033758, -0.024551, -0.014301])

In [64]: return_array1.min(axis=1)            #按行求最小值
Out[64]: array([-0.035099, -0.033758, -0.005764, -0.029803])

In [65]: return_array1.min()                  #求全部元素的最小值
Out[65]: -0.035099
```

4. 求均值

针对数组内部元素求均值，需要运用 mean 函数。同时，输入参数 axis=0 代表按列求均值，axis=1 则代表按行求均值。如果不输入参数，默认是对所有元素求均值。

【例 2-23】针对例 2-3 中创建的数组 return_array1，依次对数组每列的元素、每行的元素以及全部元素求均值，具体的代码如下：

```
In [66]: return_array1.mean(axis=0)        #按列求均值
Out[66]: array([-0.00547525,  0.0101975 , -0.015295  , -0.00171875,  0.00485775])

In [67]: return_array1.mean(axis=1)        #按行求均值
Out[67]: array([-0.0013004, -0.0017132,  0.001761 , -0.0046944])

In [68]: return_array1.mean()              #求全部元素的均值
Out[68]: -0.0014867499999999998
```

5. 求方差和标准差

针对数组内部元素求方差和标准差，需要分别运用 var、std 函数（其中，var 是方差英文 variance 的缩写，std 是标准差英文 standard deviation 的缩写）。同时，输入参数 axis=0 代表按列求方差或标准差，axis=1 则代表按行求方差或标准差。如果不输入参数，默认是对所有元素求方差或标准差。

【例 2-24】针对例 2-3 中创建的数组 return_array1，依次对数组每列的元素、每行的元素以及全部元素求方差和标准差，具体的代码如下：

```
In [69]: return_array1.var(axis=0)         #按列求方差
Out[69]: array([0.00044761, 0.00012152, 0.00028449, 0.00021147, 0.0004233 ])

In [70]: return_array1.var(axis=1)         #按行求方差
Out[70]: array([7.36970205e-04, 4.24775556e-04, 2.55947228e-05, 2.89169351e-04])

In [71]: return_array1.var()               #求全部元素的方差
Out[71]: 0.0003743581848875

In [72]: return_array1.std(axis=0)         #按列求标准差
Out[72]: array([0.02115677, 0.01102339, 0.01686695, 0.0145419 , 0.0205743 ])

In [73]: return_array1.std(axis=1)         #按行求标准差
Out[73]: array([0.0271472 , 0.02061008, 0.00505912, 0.01700498])

In [74]: return_array1.std()               #求全部元素的标准差
Out[74]: 0.019348338039415686
```

6. 幂运算

对数组内的每个元素计算开方（开平方）、平方以及以 e 为底的指数次方，需要分别运用函数 sqrt、square 和 exp。

【例 2-25】针对例 2-3 中创建的数组 return_array1，依次计算数组中每个元素的开方（开平方）、平方以及以 e 为底的指数次方，具体的代码如下：

```
In [75]: np.sqrt(return_array1)            #对每个元素计算开方
Out[75]:
array([[       nan, 0.13126309,        nan,        nan, 0.19841371],
       [       nan, 0.15599359,        nan, 0.12092146, 0.01131371],
       [0.07647222,        nan, 0.07636098, 0.07613803,        nan],
       [0.14574636, 0.04618441,        nan,        nan,        nan]])
In [76]: np.square(return_array1)          #对每个元素计算平方
Out[76]:
array([[1.23193980e-03, 2.96872900e-04, 1.19025000e-05, 6.02751601e-04,
        1.54983942e-03],
```

```
       [1.92987664e-04, 5.92143556e-04, 1.13960256e-03, 2.13802884e-04,
        1.63840000e-08],
       [3.41991040e-05, 8.45064900e-06, 3.40005610e-05, 3.36052090e-05,
        3.32236960e-05],
       [4.51222564e-04, 4.54968900e-06, 8.88218809e-04, 7.52404900e-06,
        2.04518601e-04]])

In [77]: np.exp(return_array1)          #对每个元素计算以e为底的指数次方
Out[77]:
array([[0.96550983, 1.01737929, 0.99655594, 0.97574792, 1.04015319],
       [0.98620405, 1.02463249, 0.96680544, 1.01472942, 1.00012801],
       [1.00586513, 0.99709722, 1.00584803, 1.00581384, 0.99425258],
       [1.02146922, 1.00213528, 0.97063673, 0.99726076, 0.98580077]])
```

注意，由于开平方仅适用于正数，因此负数的开方在 Python 中显示为 nan，表示无解。

7. 对数运算

对数组内的每个元素计算自然对数、底数为 2 的对数、底数为 10 的对数以及每个元素加 1 后再求自然对数，需要分别运用函数 log、log2、log10 和 log1p，这与 1.7 节用 math 模块求对数的函数名称是一致的（见表 1-16）。

【例 2-26】 针对例 2-3 中创建的数组 return_array1，依次计算数组中每个元素的自然对数、底数为 10 的对数、底数为 2 的对数以及加 1 后再求自然对数，具体的代码如下：

```
In [78]: np.log(return_array1)          #对每个元素计算自然对数
Out[78]:
array([[       nan, -4.06110323,        nan,        nan, -3.23480198],
       [       nan, -3.71588073,        nan, -4.22522804, -8.96348029],
       [-5.14165556,        nan, -5.14456677, -5.15041474,        nan],
       [-3.85177493, -6.15022584,        nan,        nan,        nan]])

In [79]: np.log2(return_array1)         #对每个元素计算底数为2的对数
Out[79]:
array([[       nan, -5.85893349,        nan,        nan,
        -4.66683277],
       [       nan, -5.3608827 ,        nan, -6.09571553,
        -12.93156857],
       [-7.41784097,        nan, -7.42204096, -7.4304778 ,
               nan],
       [-5.55693658, -8.87290032,        nan,        nan,
               nan]])

In [80]: np.log10(return_array1)        #对每个元素计算底数为10的对数
Out[80]:
array([[       nan, -1.76371472,        nan,        nan, -1.40485665],
       [       nan, -1.6137865 ,        nan, -1.83499322, -3.89279003],
       [-2.23299264,        nan, -2.23425696, -2.2367967 ,        nan],
       [-1.6728046 , -2.67100914,        nan,        nan,        nan]])
In [81]: np.log1p(return_array1)        #对(1+每个元素)计算自然对数
Out[81]:
array([[-0.03572977,  0.01708325, -0.00345596, -0.0248574 ,  0.03861284],
       [-0.0139894 ,  0.02404265, -0.03434096,  0.01451613,  0.00012799],
       [ 0.00583097, -0.00291123,  0.00581407,  0.00578026, -0.00578068],
       [ 0.02101953,  0.00213073, -0.03025614, -0.00274677, -0.01440424]])
```

注意，由于对数仅适用于正数，因此负数和 0 的对数在 Python 中显示为 nan，表示无解。

2.4.2 数组间的运算

数组间的运算，也就是 2.1 节提到的广播，依然包括加、减、乘、除、幂等，并且是对数组的全部元素进行运算。需要注意的是，数组间的运算需要遵循以下 3 个规律。

（1）若干个二维数组之间的运算，这些数组应当具有相同行数和相同列数（相同的形状）。

（2）二维数组与一维数组之间的运算，一维数组的元素个数应当等于二维数组的列数。

（3）若干个一维数组之间的运算，这些数组应当具有相同的元素数量。

【例 2-27】针对例 2-3 中创建的数组 return_array1 和例 2-11 中创建的元素等于 1 的数组 one_return，首先对这两个二维数组进行加法、减法运算，然后对两个新的二维数组进行乘法、除法和幂运算，此外，开展二维数组与一维数组之间的加法运算，具体的代码如下：

```
In [82]: new_array1=return_array1+one_return    #两个二维数组相加
    ...: new_array1                              #查看结果
Out[82]:
array([[0.964901, 1.01723 , 0.99655 , 0.975449, 1.039368],
       [0.986108, 1.024334, 0.966242, 1.014622, 1.000128],
       [1.005848, 0.997093, 1.005831, 1.005797, 0.994236],
       [1.021242, 1.002133, 0.970197, 0.997257, 0.985699]])

In [83]: new_array2=return_array1-one_return    #两个二维数组相减
    ...: new_array2                              #查看结果
Out[83]:
array([[-1.035099, -0.98277 , -1.00345 , -1.024551, -0.960632],
       [-1.013892, -0.975666, -1.033758, -0.985378, -0.999872],
       [-0.994152, -1.002907, -0.994169, -0.994203, -1.005764],
       [-0.978758, -0.997867, -1.029803, -1.002743, -1.014301]])

In [84]: new_array3=new_array1*new_array2       #两个新的二维数组相乘
    ...: new_array3                              #查看结果
Out[84]:
array([[-0.99876806, -0.99970313, -0.9999881 , -0.99939725, -0.99845016],
       [-0.99980701, -0.99940786, -0.9988604 , -0.9997862 , -0.99999998],
       [-0.9999658 , -0.99999155, -0.999966  , -0.99996639, -0.99996678],
       [-0.99954878, -0.99999545, -0.99911178, -0.99999248, -0.99979548]])

In [85]: new_array4=new_array1/new_array2       #两个新的二维数组相除
    ...: new_array4                              #查看结果
Out[85]:
array([[-0.93218233, -1.03506416, -0.99312372, -0.95207462, -1.08196271],
       [-0.97259669, -1.04988182, -0.93468878, -1.02967795, -1.00025603],
       [-1.0117648 , -0.99420285, -1.0117304 , -1.0116616 , -0.98853807],
       [-1.04340603, -1.00427512, -0.94211903, -0.99452901, -0.97180127]])

In [86]: new_array5=new_array1**new_array2      #两个新的二维数组进行幂运算
    ...: new_array5                              #查看结果
Out[86]:
array([[1.03767627, 0.98335125, 1.00347391, 1.02579475, 0.96358678],
       [1.0142848 , 0.9768154 , 1.0361379 , 0.98579794, 0.99987203],
       [0.9942199 , 1.00292396, 0.99423651, 0.99426973, 1.00583093],
       [0.97963714, 0.99787608, 1.03164835, 1.0027581 , 1.01471749]])
```

```
In [87]: new_array6=pow(new_array1,new_array2)    #两个数组之间的幂运算并用 pow 函数
    ...: new_array6                               #查看结果
Out[87]:
array([[1.03767627, 0.98335125, 1.00347391, 1.02579475, 0.96358678],
       [1.0142848 , 0.9768154 , 1.0361379 , 0.98579794, 0.99987203],
       [0.9942199 , 1.00292396, 0.99423651, 0.99426973, 1.00583093],
       [0.97963714, 0.99787608, 1.03164835, 1.0027581 , 1.01471749]])

In [88]: new_array7=new_array6+np.array([1,0,1,0,1])   #二维数组与一维数组相加
    ...: new_array7
Out[88]:
array([[2.03767627, 0.98335125, 2.00347391, 1.02579475, 1.96358678],
       [2.0142848 , 0.9768154 , 2.0361379 , 0.98579794, 1.99987203],
       [1.9942199 , 1.00292396, 1.99423651, 0.99426973, 2.00583093],
       [1.97963714, 0.99787608, 2.03164835, 1.0027581 , 2.01471749]])
```

从输出结果来看,当二维数组与一维数组相加时,一维数组的第 1 个元素均与二维数组的第 1 列元素相加,一维数组的第 2 个元素均与二维数组的第 2 列元素相加,以此类推。这样的运算规则也适用于二维数组与一维数组之间的其他运算(减、乘、除、幂等)。

同时,一个数字可以与数组进行运算,但是输出的结果是该数字与数组中的每个元素进行运算的结果。

【例 2-28】 针对例 2-3 中创建的数组 return_array1,对该数组的每个元素依次加上 1、减去 1、乘 2、除以 2 以及进行平方,具体的代码如下:

```
In [89]: new_array8=return_array1+1     #数组的每个元素均加上 1
    ...: new_array8                     #查看结果
Out[89]:
array([[0.964901, 1.01723 , 0.99655 , 0.975449, 1.039368],
       [0.986108, 1.024334, 0.966242, 1.014622, 1.000128],
       [1.005848, 0.997093, 1.005831, 1.005797, 0.994236],
       [1.021242, 1.002133, 0.970197, 0.997257, 0.985699]])

In [90]: new_array9=return_array1-1     #数组的每个元素均减去 1
    ...: new_array9                     #查看结果
Out[90]:
array([[-1.035099, -0.98277 , -1.00345 , -1.024551, -0.960632],
       [-1.013892, -0.975666, -1.033758, -0.985378, -0.999872],
       [-0.994152, -1.002907, -0.994169, -0.994203, -1.005764],
       [-0.978758, -0.997867, -1.029803, -1.002743, -1.014301]])

In [91]: new_array10=return_array1*2    #数组的每个元素均乘 2
    ...: new_array10                    #查看结果
Out[91]:
array([[-0.070198,  0.03446 , -0.0069  , -0.049102,  0.078736],
       [-0.027784,  0.048668, -0.067516,  0.029244,  0.000256],
       [ 0.011696, -0.005814,  0.011662,  0.011594, -0.011528],
       [ 0.042484,  0.004266, -0.059606, -0.005486, -0.028602]])

In [92]: new_array11=return_array1/2    #数组的每个元素均除以 2
    ...: new_array11                    #查看结果
Out[92]:
```

```
array([[-1.75495e-02,  8.61500e-03, -1.72500e-03, -1.22755e-02,
         1.96840e-02],
       [-6.94600e-03,  1.21670e-02, -1.68790e-02,  7.31100e-03,
         6.40000e-05],
       [ 2.92400e-03, -1.45350e-03,  2.91550e-03,  2.89850e-03,
        -2.88200e-03],
       [ 1.06210e-02,  1.06650e-03, -1.49015e-02, -1.37150e-03,
        -7.15050e-03]])

In [93]: new_array12=return_array1**2      #数组的每个元素均进行平方
    ...: new_array12                       #查看结果
Out[93]:
array([[1.23193980e-03, 2.96872900e-04, 1.19025000e-05, 6.02751601e-04,
        1.54983942e-03],
       [1.92987664e-04, 5.92143556e-04, 1.13960256e-03, 2.13802884e-04,
        1.63840000e-08],
       [3.41991040e-05, 8.45064900e-06, 3.40005610e-05, 3.36052090e-05,
        3.32236960e-05],
       [4.51222564e-04, 4.54968900e-06, 8.88218809e-04, 7.52404900e-06,
        2.04518601e-04]])

In [94]: new_array13=pow(return_array1,2)  #数组的每个元素均进行平方并运用pow函数
    ...: new_array13                       #查看结果
Out[94]:
array([[1.23193980e-03, 2.96872900e-04, 1.19025000e-05, 6.02751601e-04,
        1.54983942e-03],
       [1.92987664e-04, 5.92143556e-04, 1.13960256e-03, 2.13802884e-04,
        1.63840000e-08],
       [3.41991040e-05, 8.45064900e-06, 3.40005610e-05, 3.36052090e-05,
        3.32236960e-05],
       [4.51222564e-04, 4.54968900e-06, 8.88218809e-04, 7.52404900e-06,
        2.04518601e-04]])
```

此外，在金融分析中（如11.2节中讨论的期权到期收益），经常会要求比较两个或者多个形状相同的数组之间对应元素的大小关系，并且由此生成包含最大值元素或者最小值元素的新数组，这就需要运用函数 maximum 和函数 minimum。

【例 2-29】 针对例 2-3 中创建的数组 return_array1 以及例 2-10 中创建的数组 zero_return，依次创建以这两个数组之间对应元素的最大值、最小值作为元素的两个新数组，具体的代码如下：

```
In [95]: return_max=np.maximum(return_array1,zero_return)  #创建以两个数组对应元素的最大值作为元素的新数组
    ...: return_max                                         #查看结果
Out[95]:
array([[0.      , 0.01723 , 0.      , 0.      , 0.039368],
       [0.      , 0.024334, 0.      , 0.014622, 0.000128],
       [0.005848, 0.      , 0.005831, 0.005797, 0.      ],
       [0.021242, 0.002133, 0.      , 0.      , 0.      ]])

In [96]: return_min=np.minimum(return_array1,zero_return)  #创建以两个数组对应元素的最小值作为元素的新数组
    ...: return_min                                         #查看结果
Out[96]:
array([[-0.035099,  0.      , -0.00345 , -0.024551,  0.      ],
       [-0.013892,  0.      , -0.033758,  0.      ,  0.      ],
       [ 0.      , -0.002907,  0.      ,  0.      , -0.005764],
       [ 0.      ,  0.      , -0.029803, -0.002743, -0.014301]])
```

2.4.3 矩阵的处理

为了提升海量金融数据分析和处理效率，金融领域需要运用到矩阵，而 NumPy 的一个重要功能就是对矩阵的高效处理，这也是 NumPy 在金融领域被广泛运用的根本原因。针对矩阵的处理，可以分为计算矩阵的性质与矩阵的运算这两个部分。

1. 计算矩阵的性质

【例 2-30】针对例 2-3 中创建的数组 return_array1，计算 4 只股票日涨跌幅的相关系数矩阵，运用 corrcoef 函数（corrcoef 是相关系数英文 correlation coefficient 的缩写）可以直接得到计算结果，具体的代码如下：

```
In [97]: corr_return=np.corrcoef(return_array1)      #计算相关系数
    ...: corr_return                                 #查看结果
Out[97]:
array([[ 1.        ,  0.235297  , -0.92216137, -0.49050709],
       [ 0.235297  ,  1.        , -0.47897595,  0.38847344],
       [-0.92216137, -0.47897595,  1.        ,  0.12113241],
       [-0.49050709,  0.38847344,  0.12113241,  1.        ]])
```

针对输出的结果，数值为正表示正相关，数值为负表示负相关。此外，相关系数的绝对值越大，说明两只股票日涨跌幅的相关性就越高，反之则越低。

表 2-3 以例 2-30 中计算得到的相关系数矩阵以及例 2-3 中创建的收益率数组作为示例探讨运用 NumPy 计算矩阵的部分函数。

表 2-3 计算矩阵的部分函数及示例

函数名称	函数功能	在 Python 中的代码
diag	矩阵的对角线 （diag 是对角线英文 diagonal line 的缩写）	`In [98]: np.diag(corr_return)   #查看矩阵的对角线` `Out[98]: array([1., 1., 1., 1.])`

triu	矩阵的上三角
	（triu 是上三角英文 upper triangular 的缩写）
		`In [99]: np.triu(corr_return)   #查看矩阵的上三角`
		`Out[99]:`
		`array([[ 1.        ,  0.235297  , -0.92216137, -0.49050709],`
		`       [ 0.        ,  1.        , -0.47897595,  0.38847344],`
		`       [ 0.        ,  0.        ,  1.        ,  0.12113241],`
		`       [ 0.        ,  0.        ,  0.        ,  1.        ]])`

tril	矩阵的下三角
	（tril 是下三角英文 lower triangular 的缩写）
		`In [100]: np.tril(corr_return)   #查看矩阵的下三角`
		`Out[100]:`
		`array([[ 1.        ,  0.        ,  0.        ,  0.        ],`
		`       [ 0.235297  ,  1.        ,  0.        ,  0.        ],`
		`       [-0.92216137, -0.47897595,  1.        ,  0.        ],`
		`       [-0.49050709,  0.38847344,  0.12113241,  1.        ]])`

trace	矩阵的迹 （一个矩阵对角线上各元素的总和）	`In [101]: np.trace(corr_return)   #计算矩阵的迹` `Out[101]: 4.0`

续表

函数名称	函数功能	在 Python 中的代码

transpose 或数组.T	矩阵的转置（将矩阵的行与列进行互换）	In [102]: np.transpose(return_array1) #将矩阵进行转置
		Out[102]:
		array([[-0.035099, -0.013892, 0.005848, 0.021242],
		       [0.01723 , 0.024334, -0.002907, 0.002133],
		       [-0.00345 , -0.033758, 0.005831, -0.029803],
		       [-0.024551, 0.014622, 0.005797, -0.002743],
		       [0.039368, 0.000128, -0.005764, -0.014301]])
		In [103]: return_array1.T #将矩阵进行转置
		Out[103]:
		array([[-0.035099, -0.013892, 0.005848, 0.021242],
		       [0.01723 , 0.024334, -0.002907, 0.002133],
		       [-0.00345 , -0.033758, 0.005831, -0.029803],
		       [-0.024551, 0.014622, 0.005797, -0.002743],
		       [0.039368, 0.000128, -0.005764, -0.014301]])

2. 矩阵的运算

金融领域比较常用的矩阵运算包括求内积、矩阵的行列式、逆矩阵、特征值分解以及奇异值分解等，这些矩阵运算可以通过 NumPy 十分方便地完成。这里依然运用本章开头的例 2-1 进行演示。

【例 2-31】沿用例 2-1 的信息，按照每只股票在投资组合中的配置权重以及每日涨跌幅计算每个交易日投资组合的收益率，也就相当于求矩阵之间的内积，需要运用函数 dot，并且要运用例 2-2 和例 2-3 中创建的数组 weight_array1、return_array1，具体的代码如下：

```
In [104]: return_daily=np.dot(weight_array1,return_array1)   #计算投资组合的日收益率

In [105]: return_daily                                        #查看结果
Out[105]: array([ 0.00191555,  0.00757775, -0.01773255, -0.0004062 , -0.0012306 ])
```

同时，NumPy 拥有一个重要的子模块 linalg，这是一个专门用于线性代数运算的工具包。为了能够方便地调用该子模块的函数，直接导入该子模块，具体的代码如下：

```
In [106]: import numpy.linalg as la     #导入 NumPy 的子模块 linalg 并缩写为 la
```

表 2-4 以例 2-30 中计算得到的相关系数矩阵作为示例讨论 linalg 子模块的主要函数。

表 2-4   linalg 子模块的主要函数及示例

函数名称	函数功能	以例 2-30 中计算得到的相关系数矩阵作为示例
det	矩阵的行列式（det 是行列式英文 determinant 的缩写）	In [106]: la.det(corr_return) #计算矩阵的行列式 Out[106]: 0.0010443476095573822

inv	逆矩阵（inv 是逆矩阵英文 inverse matrix 的缩写）	In [107]: la.inv(corr_return) #计算矩阵的逆矩阵
		Out[107]:
		array([[536.14264022, 32.78083187, 486.94315285, 191.26268821],
		       [32.78083187, 3.76405157, 30.71215642, 10.89675899],
		       [486.94315285, 30.71215642, 443.77493714, 173.16268611],
		       [191.26268821, 10.89675899, 173.16268611, 69.60699042]])
		In [108]: I=np.dot(la.inv(corr_return),corr_return) #原矩阵与逆矩阵的内积
		In [109]: I.round(4) #每个元素保留至小数点后 4 位

函数名称	函数功能	以例 2-30 中计算得到的相关系数矩阵作为示例
| inv | 逆矩阵<br>（inv 是逆矩阵英文 inverse matrix 的缩写） | ```
Out[109]:
array([[ 1., 0., -0., 0.],
       [-0., 1., -0., 0.],
       [-0., 0., 1., 0.],
       [-0., 0., 0., 1.]])
```<br>从以上输出结果可以看到，原矩阵与逆矩阵的内积是一个单位矩阵 |
| eig | 特征值分解<br>（eig 是特征值英文 eigenvalue 的缩写） | ```
In [110]: la.eig(corr_return)        #矩阵的特征值分解
Out[110]:
(array([2.20179755e+00, 1.45527819e+00, 9.53086174e-04, 3.41971177e-01]),
 array([[ 0.65379828,  0.182798  , -0.71463557,  0.16860816],
        [ 0.31198733, -0.65501986, -0.0441565 , -0.68677732],
        [-0.64934186,  0.12672681, -0.64990211, -0.37406244],
        [-0.23144518, -0.7221317 , -0.25489892,  0.5999879 ]]))
```<br>在输出的结果中，第 1 个数组代表特征值，第 2 个数组代表特征向量。需要注意的是，只有方阵（$m \times m$ 矩阵）才可以实施特征值分解 |
| svd | 奇异值分解<br>（svd 是奇异值分解英文 singular value decomposition 的缩写） | ```
In [111]: la.svd(corr_return)        #矩阵的奇异值分解
Out[111]:
(array([[-0.65379828,  0.182798  ,  0.16860816,  0.71463557],
        [-0.31198733, -0.65501986, -0.68677732,  0.0441565 ],
        [ 0.64934186,  0.12672681, -0.37406244,  0.64990211],
        [ 0.23144518, -0.7221317 ,  0.5999879 ,  0.25489892]]),
 array([2.20179755e+00, 1.45527819e+00, 3.41971177e-01, 9.53086174e-04]),
 array([[-0.65379828, -0.31198733,  0.64934186,  0.23144518],
        [ 0.182798  , -0.65501986,  0.12672681, -0.7221317 ],
        [ 0.16860816, -0.68677732, -0.37406244,  0.5999879 ],
        [ 0.71463557,  0.0441565 ,  0.64990211,  0.25489892]]))
```<br>在以上的输出结果中，第 1 个和第 3 个数组是酉矩阵（unitary matrix），第 2 个数组就是奇异值 |

2.5 基于特定统计分布的随机抽样

在金融产品定价、风险管理建模等领域，需要大量运用到模拟，而模拟的核心就是针对金融变量生成随机数，也就是随机抽样。一般而言，随机数并非真正随机，它是来自某种统计分布。NumPy 提供了基于各种统计分布函数的随机数，可以很方便地根据需要开展随机抽样。因此，本节将讨论金融领域比较常用的统计分布并且演示随机抽样。

2.5.1 主要的统计分布

在金融领域，主要运用的分布函数包括二项分布、几何分布、超几何分布、泊松分布等离散型概率分布，均匀分布、正态分布、对数正态分布、卡方分布、学生 t 分布、F 分布、贝塔分布、伽马分布以及指数分布等连续型概率分布。
```

1. 二项分布

二项分布（binomial distribution），表示重复 n 次的**伯努利试验**（Bernoulli experiment）。如果用 X 表示随机试验的次数，事件发生的概率是 p，不发生的概率是 $1-p$，则 n 次独立重复试验中发生 k 次事件的概率如下：

$$P(X=k) = C_n^k p^k (1-p)^{n-k} \tag{2-1}$$

其中，$C_n^k = \dfrac{n!}{k!(n-k)!}$，这时称 X 服从二项分布，记作 $X \sim B(n,p)$。二项分布的期望值 $E(X)=np$，方差 $D(X)=np(1-p)$。

二项分布在保险领域有很广泛的运用，比如保险的赔付就假设服从二项分布。

2. 几何分布

几何分布（geometric distribution）是二项分布的一种延伸，表示在 n 次伯努利试验中，试验 k 次才得到第 1 次成功的概率，也就是之前的 $k-1$ 次试验均失败、到第 k 次试验才成功的概率。

假设进行的试验次数用 X 表示，并且在每次试验中，成功的概率是 p，失败的概率是 $1-p$，则 $X=k$ 的概率如下：

$$P(X=k) = (1-p)^{k-1} p \tag{2-2}$$

这时称 X 服从几何分布，记作 $X \sim GE(p)$。几何分布的期望值 $E(X)=(1-p)/p$，方差 $D(X)=(1-p)/p^2$。

在保险精算领域，几何分布被广泛运用，比如保险的索赔间隔时间就可以假设服从几何分布。

3. 超几何分布

超几何分布（hypergeometric distribution）是源于产品抽样检查中遇到的一类实际问题。假设在拟检查的 N 件产品中，有 N_1 件不合格产品，有 $N-N_1$ 件合格产品。假定在产品中随机抽取 n 件做检查，发现的不合格产品数量用 X 表示，则不合格产品数量等于 k 的概率如下：

$$P(X=k) = \dfrac{C_{N_1}^k C_{N-N_1}^{n-k}}{C_N^n} \tag{2-3}$$

这时称 X 服从超几何分布，记作 $X \sim H(n, N_1, N)$，决定超几何分布的参数是 n、N_1 和 N。

超几何分布的期望值 $E(X) = nN_1/N$，方差 $D(X) = nN_1(N-N_1)(N-n)/[N^2(N-1)]$。

4. 泊松分布

泊松分布（Poisson distribution）是一种常用的离散型概率分布，适合描述单位时间内随机事件发生的次数。假设随机事件发生的次数用 X 表示，则发生次数等于 k 的概率如下：

$$P(X=k) = \dfrac{\lambda^k}{k!} e^{-\lambda} \tag{2-4}$$

泊松分布的参数 λ 是单位时间内随机事件的平均发生次数。此外，泊松分布的期望值和方差均为 λ。

目前，有学者正在尝试运用泊松分布研究信用风险以及股票价格的波动率等问题。

5. 均匀分布

均匀分布（uniform distribution），也称为**矩形分布**，是一种对称概率分布，也就是相同长度间隔的分布概率是相等的。

假设变量 x 服从均匀分布,则概率密度函数(probability density function)如下:

$$f(x) = \frac{1}{b-a} \quad (a < x < b) \qquad (2\text{-}5)$$

需要注意,均匀分布由两个参数 a 和 b 定义,a 代表数轴上的最小值,b 代表数轴上的最大值。均匀分布的期望值 $E(x) = (a+b)/2$,方差 $D(x) = (b-a)^2/12$。

均匀分布在金融产品定价中作用非常大,比如在衍生产品定价、信用风险管理中发挥重要作用的 copula 函数,该函数的边缘分布就服从 0 到 1 的均匀分布,本书 15.6.2 节将会对 copula 函数进行讨论。

6. 正态分布

正态分布(normal distribution),又名**高斯分布**(Gaussian distribution),是金融领域中运用非常广泛的一种分布。正态分布虽然备受争议,但至今依然是金融产品定价和风险管理建模的基准分布。

假设 x 服从正态分布,则概率密度函数如下:

$$f(x) = \frac{1}{\sqrt{2\pi}\sigma} e^{-\frac{(x-\mu)^2}{2\sigma^2}} \qquad (2\text{-}6)$$

其中,μ 是变量的期望值(也称为均值),σ 是变量的标准差,σ^2 是变量的方差。正态分布通常记作 $x \sim N(\mu, \sigma^2)$。

如果期望值 $\mu = 0$ 并且方差 $\sigma^2 = 1$,则此时的正态分布就是**标准正态分布**(standard normal distribution),记作 $x \sim N(0,1)$。

7. 对数正态分布

对数正态分布(logarithmic normal distribution)就是指当一个随机变量的自然对数服从正态分布时,该随机变量就服从对数正态分布。

假设 x 服从对数正态分布,并且 x 的自然对数 $\ln x$ 服从期望值为 μ、方差为 σ^2 的正态分布,则对数正态分布的概率密度函数如下:

$$f(x) = \begin{cases} \dfrac{1}{\sqrt{2\pi}x\sigma} e^{-\frac{(\ln x - \mu)^2}{2\sigma^2}} & x > 0 \\ 0 & x \leq 0 \end{cases} \qquad (2\text{-}7)$$

对数正态分布通常记作 $\ln x \sim N(\mu, \sigma^2)$。对数正态分布的期望值 $E(x) = e^{\mu + \sigma^2/2}$,方差 $D(x) = (e^{\sigma^2} - 1)e^{2\mu + \sigma^2}$。

对数正态分布和正态分布一样,在金融领域运用非常广泛,比如股票价格通常就假设服从对数正态分布。

8. 卡方分布

卡方分布(Chi-squared distribution)是指由 k 个独立的、服从标准正态分布的随机变量之和所构造的分布。这里的 k 就是卡方分布的自由度并且取正整数,同时 k 是卡方分布唯一的参数。

假设 x 服从卡方分布,则概率密度函数如下:

$$f(x) = \begin{cases} \dfrac{x^{\left(\frac{k}{2}-1\right)} e^{-x/2}}{2^{k/2}\Gamma\left(\dfrac{k}{2}\right)} & x > 0 \\ 0 & x \leqslant 0 \end{cases} \tag{2-8}$$

其中，$\Gamma\left(\dfrac{k}{2}\right)$ 代表一个**伽马函数**（也写为 **Γ 函数**），该函数在后文讲到的学生 t 分布、F 分布、贝塔分布以及伽马分布中也会用到，该函数具体的表达式如下：

$$\Gamma(\alpha) = \int_0^{+\infty} x^{\alpha-1} e^{-x} dx \quad (\alpha > 0) \tag{2-9}$$

卡方分布记作 $x \sim \chi^2(k)$。卡方分布在保险领域运用很广泛，比如保险公司的保单索赔金额通常假设服从卡方分布；并且，卡方分布是后文将要讨论的 F 分布的基础。

9. 学生 t 分布

假设 X 服从标准正态分布 $N(0,1)$，Y 服从分布自由度为 n 的卡方分布 $\chi^2(n)$，设定如下的变量 Z：

$$Z = \dfrac{X}{\sqrt{Y/n}} \tag{2-10}$$

Z 的分布称为服从自由度为 n 的**学生 t 分布**（student t distribution），简称 **t 分布**，并且记作 $Z \sim t(n)$。假设 x 服从 t 分布，则概率密度函数如下：

$$f(x) = \dfrac{\Gamma\left(\dfrac{n+1}{2}\right)}{\sqrt{n\pi}\,\Gamma\left(\dfrac{n}{2}\right)} \left(1 + \dfrac{x^2}{n}\right)^{-\frac{n+1}{2}} \tag{2-11}$$

此外，随着自由度 n 逐渐增大，t 分布将逐渐接近标准正态分布。

t 分布有着非常广泛的运用，尤其是在置信区间估计、显著性检验等方面发挥着不可替代的作用；此外，在测度风险价值的蒙特卡罗模拟法中，t 分布也占有一席之地，具体参见 15.4 节。

10. F 分布

假定两个随机变量 x_1 和 x_2 相互独立，并且分别服从自由度是 n_1 和 n_2 的卡方分布，即 $x_1 \sim \chi^2(n_1)$ 和 $x_2 \sim \chi^2(n_2)$。

如果有如下的统计量 F：

$$F = \dfrac{x_1/n_1}{x_2/n_2} \tag{2-12}$$

统计量 F 就服从自由度是 n_1 和 n_2 的 **F 分布**，记作 $F \sim F(n_1, n_2)$。

假设 x 服从 F 分布，则概率密度函数如下：

$$f(x) = \begin{cases} \dfrac{\Gamma\left(\dfrac{n_1+n_2}{2}\right)}{\Gamma\left(\dfrac{n_1}{2}\right)\Gamma\left(\dfrac{n_2}{2}\right)} \left(\dfrac{n_1}{n_2}\right)^{\frac{n_1}{2}} x^{\frac{n_1}{2}-1} \left(1 + \dfrac{n_1}{n_2} x\right)^{-\frac{n_1+n_2}{2}} & x > 0 \\ 0 & x \leqslant 0 \end{cases} \tag{2-13}$$

F 分布有着非常广泛的运用，比如在方差分析、回归方程的显著性检验中都扮演了极其重要的角色。

11. 贝塔分布

贝塔分布（Beta distribution），也称 **B 分布**，是指一组定义在 (0,1) 上的连续型概率分布，有两个参数 $\alpha > 0$ 和 $\beta > 0$。

假设 x 服从贝塔分布，则概率密度函数如下：

$$f(x) = \frac{\Gamma(\alpha+\beta)}{\Gamma(\alpha)\Gamma(\beta)} x^{\alpha-1}(1-x)^{\beta-1} \quad (0 < x < 1) \tag{2-14}$$

贝塔分布记作 $x \sim Be(\alpha, \beta)$。贝塔分布的期望值 $E(x) = \alpha/(\alpha+\beta)$，方差 $D(x) = \alpha\beta / [(\alpha+\beta)^2(\alpha+\beta+1)]$。

贝塔分布在风险管理中运用比较广泛，比如可以用于刻画银行贷款违约回收率等；此外，贝塔分布在机器学习中也有重要的运用。

12. 伽马分布与指数分布

伽马分布（Gamma distribution），也称伽马分布或 **Γ 分布**，是一种连续型概率分布，指数分布和卡方分布都是伽马分布的特例。伽马分布中有两个重要的参数，分别是 α 和 β，α 称为**形状参数**（shape parameter），β 称为**尺度参数**（scale parameter）。

假设 x 服从伽马分布，则概率密度函数如下：

$$f(x) = \begin{cases} \dfrac{\beta^\alpha}{\Gamma(\alpha)} x^{\alpha-1} e^{-\beta x} & x > 0 \\ 0 & x \leqslant 0 \end{cases} \tag{2-15}$$

伽马分布的期望值 $E(x) = \alpha\beta^{-1}$，方差 $D(x) = \alpha\beta^{-2}$。

此外，当形状参数 $\alpha = 1$ 时，伽马分布就是**指数分布**（exponential distribution）。如果 x 服从指数分布，则概率密度函数如下：

$$f(x) = \begin{cases} \beta e^{-\beta x} & x > 0 \\ 0 & x \leqslant 0 \end{cases} \tag{2-16}$$

指数分布的期望值 $E(x) = \beta^{-1}$，方差 $D(x) = \beta^{-2}$。

伽马分布和指数分布在风险管理中运用比较广泛，比如可以用于刻画银行贷款违约金额等。

2.5.2 主要函数及参数

NumPy 中的 random 子模块提供了随机抽样的强大功能，同时针对 2.5.1 节所探讨的统计分布类型，该子模块提供的分布函数和参数如表 2-5 所示。

表 2-5 random 子模块的相关分布函数和参数
（仅针对 2.5.1 节所探讨的统计分布类型）

函数名称	抽取样本的统计分布类型	主要参数
beta	贝塔分布	a：表示贝塔分布的 α 参数。 b：表示贝塔分布的 β 参数。 size：表示随机抽样的次数

续表

函数名称	抽取样本的统计分布类型	主要参数
binomial	二项分布	n：表示二项分布中，重复的伯努利试验次数。 p：表示二项分布中，事件发生的概率。 size：表示随机抽样的次数
chisquare	卡方分布	df：表示卡方分布的自由度。 size：表示随机抽样的次数
exponential	指数分布	scale：表示指数分布的尺度参数 β。 size：表示随机抽样的次数
f	F 分布	dfnum：表示 F 分布的自由度 n_1。 dfden：表示 F 分布的自由度 n_2。 size：表示随机抽样的次数
gamma	伽马分布	shape：表示伽马分布的形状参数 α。 scale：表示伽马分布的尺度参数 β。 size：表示随机抽样的次数
geometric	几何分布	p：表示伯努利试验中，试验成功的概率。 size：表示随机抽样的次数
hypergeometric	超几何分布	ngood：表示拟检查全部产品中，合格产品数量（$N-N_1$ 件）。 nbad：表示拟检查全部产品中，不合格产品数量（N_1 件）。 nsample：表示抽取 n 件做检查。 size：表示随机抽样的次数
lognormal	对数正态分布	mean：表示变量的自然对数所服从正态分布的期望值。 sigma：表示变量的自然对数所服从正态分布的标准差。 size：表示随机抽样的次数
normal	正态分布	loc：表示正态分布的期望值。 scale：表示正态分布的标准差。 size：表示随机抽样的次数
poisson	泊松分布	lam：表示泊松分布的参数 λ。 size：表示随机抽样的次数
power	指数分布	a：表示指数分布的参数 β。 size：表示随机抽样的次数
standard_normal	标准正态分布	size：表示随机抽样的次数
standard_t	学生 t 分布	df：表示学生 t 分布的自由度 n。 size：表示随机抽样的次数
rand	标准均匀分布	d0, d1, ⋯, dn：表示输出的随机数组形状为(d0, d1, ⋯, dn)
randint	在给定区间内随机抽取整数	low：表示区间的下限值。 high：表示区间的上限值。 size：表示随机抽样的次数
randn	标准正态分布	d0, d1, ⋯, dn：表示输出的数组形状为(d0, d1, ⋯, dn)

续表

函数名称	抽取样本的统计分布类型	主要参数
uniform	任意区间的均匀分布	low：表示区间的下限值。 high：表示区间的上限值。 size：表示随机抽样的次数

注：针对 random 子模块的其他分布函数，可以通过 Python 的 dir 函数查询；同时，由于篇幅所限，表 2-5 无法列出每个函数的所有参数，如需了解更全面的参数信息，可以运用 help 函数查看。

2.5.3 随机抽样的示例

由于篇幅所限，下面通过 random 子模块仅演示基于正态分布、对数正态分布、卡方分布、学生 t 分布、F 分布、贝塔分布以及伽马分布的随机抽样，其他分布的随机抽样请读者自行完成。

首先，需要导入 NumPy 的 random 子模块，具体的代码如下：

```
In [112]: import numpy.random as npr    #导入 NumPy 的 random 子模块并缩写为 npr
```

1. 基于正态分布的随机抽样

【例 2-32】假定从均值为 1.5、标准差为 2.5 的正态分布中抽取随机数，同时设定抽取随机数的次数为 10 万次，具体的代码如下：

```
In [113]: I=100000                                     #随机抽样的次数
     ...: mean1=1.5                                    #均值
     ...: std1=2.5                                     #标准差

In [114]: x_norm=npr.normal(loc=mean1,scale=std1,size=I)    #从正态分布中随机抽样

In [115]: print('从正态分布中随机抽样的均值',x_norm.mean())
     ...: print('从正态分布中抽样的标准差',x_norm.std())
从正态分布中随机抽样的均值 1.503399012005701
从正态分布中抽样的标准差  2.496493918531903
```

需要强调的是，由于是随机抽样，因此不同组抽样所得到的结果之间会存在一定的差异。比如第 1 组的 10 万次抽样结果与第 2 组的 10 万次抽样结果之间将存在差异，当然差异不会很大。本书中凡是涉及随机抽样的示例均会存在这种现象。

【例 2-33】假定从标准正态分布中抽取随机数，抽取随机数的次数依然是 10 万次，有 3 个函数可供选择，分别是 randn、standard_normal 以及 normal 函数，具体的代码如下：

```
In [116]: x_snorm1=npr.randn(I)                            #运用 randn 函数

In [117]: x_snorm2=npr.standard_normal(size=I)             #运用 standard_normal 函数

In [118]: mean2=0                                          #均值
     ...: std2=1                                           #标准差

In [119]: x_snorm3=npr.normal(loc=mean2,scale=std2,size=I)    #运用 normal 函数

In [120]: print('运用 randn 函数从标准正态分布中抽样的均值',x_snorm1.mean())
     ...: print('运用 randn 函数从标准正态分布中抽样的标准差',x_snorm1.std())
     ...: print('运用 standard_normal 函数从标准正态分布中抽样的均值',x_snorm2.mean())
     ...: print('运用 standard_normal 函数从标准正态分布中抽样的标准差',x_snorm2.std())
     ...: print('运用 normal 函数从标准正态分布中抽样的均值',x_snorm3.mean())
```

```
        ...: print('运用normal函数从标准正态分布中抽样的标准差',x_snorm3.std())
运用randn函数从标准正态分布中抽样的均值      -0.0008759636322790838
运用randn函数从标准正态分布中抽样的标准差    1.000581995681223
运用standard_normal函数从标准正态分布中抽样的均值   -0.0006441210550511292
运用standard_normal函数从标准正态分布中抽样的标准差 1.00365457803587
运用normal函数从标准正态分布中抽样的均值     0.0050554524318686365
运用normal函数从标准正态分布中抽样的标准差   1.0022726018593724
```

从以上的输出结果不难发现,运用不同的函数从标准正态分布中抽取随机数,所得到的结果比较类似。

2. 基于对数正态分布的随机抽样

【例2-34】假定随机变量 x 的自然对数服从均值为 0.4、标准差为 1.2 的正态分布,对变量 x 进行随机抽样,抽取随机数的次数依然是 10 万次,具体的代码如下:

```
In [121]: mean3=0.4                                           #均值
     ...: std3=1.2                                            #标准差

In [122]: x_logn=npr.lognormal(mean=mean3,sigma=std3,size=I)  #从对数正态分布中随机抽样

In [123]: print('从对数正态分布中抽样的均值', x_logn.mean())
     ...: print('从对数正态分布中抽样的标准差', x_logn.std())
从对数正态分布中抽样的均值  3.0630362605737558
从对数正态分布中抽样的标准差  5.521531770950523
```

需要注意的是,针对均值和标准差,输入与输出存在很大的差异。原因就在于输入的均值和标准差服从正态分布,但是输出的均值和标准差服从对数正态分布。

3. 基于卡方分布的随机抽样

【例2-35】假定从自由度分别是 6 和 98 的卡方分布中抽取随机数,并且抽取随机数的次数依然是 10 万次,具体的代码如下:

```
In [124]: freedom1=6                                        #设置自由度
     ...: freedom2=98

In [125]: x_chi1=npr.chisquare(df=freedom1,size=I)          #从自由度是6的卡方分布中随机抽样
     ...: x_chi2=npr.chisquare(df=freedom2,size=I)          #从自由度是98的卡方分布中随机抽样

In [126]: print('从自由度是6的卡方分布中抽样的均值',x_chi1.mean())
     ...: print('从自由度是6的卡方分布中抽样的标准差',x_chi1.std())
     ...: print('从自由度是98的卡方分布中抽样的均值',x_chi2.mean())
     ...: print('从自由度是98的卡方分布中抽样的标准差',x_chi2.std())
从自由度是6的卡方分布中抽样的均值    6.0151637609638495
从自由度是6的卡方分布中抽样的标准差  3.464189185771493
从自由度是98的卡方分布中抽样的均值   97.98169414158016
从自由度是98的卡方分布中抽样的标准差 13.980426510301022
```

根据以上的输出结果不难发现,随着自由度增大,抽取随机数的均值和标准差也会增大。

4. 基于学生 t 分布的随机抽样

【例2-36】假定分别从自由度是 3 和 130 的学生 t 分布中抽取随机数,抽取随机数的次数依然是 10 万次,具体的代码如下:

```
In [127]: freedom3=3                                        #设置自由度
     ...: freedom4=130
```

```
In [128]: x_t1=npr.standard_t(df=freedom3,size=I)     #从自由度是 3 的学生 t 分布中随机抽样
     ...: x_t2=npr.standard_t(df=freedom4,size=I)     #从自由度是 130 的学生 t 分布中随机抽样

In [129]: print('从自由度是 3 的学生 t 分布中抽样的均值',x_t1.mean())
     ...: print('从自由度是 3 的学生 t 分布中抽样的标准差',x_t1.std())
     ...: print('从自由度是 130 的学生 t 分布中抽样的均值',x_t2.mean())
     ...: print('从自由度是 130 的学生 t 分布中抽样的标准差',x_t2.std())
从自由度是 3 的学生 t 分布中抽样的均值     -0.004399203459150088
从自由度是 3 的学生 t 分布中抽样的标准差    1.7853884014918802
从自由度是 130 的学生 t 分布中抽样的均值   0.002297202366658664
从自由度是 130 的学生 t 分布中抽样的标准差 1.0042805550973328
```

从以上的输出结果不难发现,随着自由度的不断提升,学生 t 分布不断接近于标准正态分布。

5. 基于 F 分布的随机抽样

【例 2-37】假定从自由度 $n_1 = 4$ 和 $n_2 = 10$ 的 F 分布中抽取随机数,抽取随机数的次数依然是 10 万次,具体的代码如下:

```
In [130]: freedom5=4                                  #设置自由度
     ...: freedom6=10

In [131]: x_f=npr.f(dfnum=freedom5,dfden=freedom6,size=I)   #从 F 分布中抽取随机数

In [132]: print('从 F 分布中抽样的均值',x_f.mean())
     ...: print('从 F 分布中抽样的标准差',x_f.std())
从 F 分布中抽样的均值   1.244889192399976
从 F 分布中抽样的标准差 1.245151763818775
```

6. 基于贝塔分布的随机抽样

【例 2-38】假定从 $\alpha = 3$、$\beta = 7$ 的贝塔分布中抽取随机数,抽取随机数的次数依然是 10 万次,具体的代码如下:

```
In [133]: a1=3                                        #贝塔分布的第 1 个参数
     ...: b1=7                                        #贝塔分布的第 2 个参数

In [134]: x_beta=npr.beta(a=a1,b=b1,size=I)           #从贝塔分布中抽取随机数

In [135]: print('从贝塔分布中抽样的均值',x_beta.mean())
     ...: print('从贝塔分布中抽样的标准差',x_beta.std())
从贝塔分布中抽样的均值   0.29994401475947274
从贝塔分布中抽样的标准差 0.13849175378214557
```

7. 基于伽马分布的随机抽样

【例 2-39】假定从 $\alpha = 2$、$\beta = 8$ 的伽马分布中抽取随机数,抽取随机数的次数依然是 10 万次,具体的代码如下:

```
In [136]: a2=2                                        #形状参数
     ...: b2=8                                        #尺度参数

In [137]: x_gamma=npr.gamma(shape=a2,scale=b2,size=I)  #从伽马分布中抽取随机数

In [138]: print('从伽马分布中抽样的均值',x_gamma.mean())
     ...: print('从伽马分布中抽样的标准差',x_gamma.std())
从伽马分布中抽样的均值   15.991495876532555
从伽马分布中抽样的标准差 11.318830567444024
```

2.6 现金流模型

针对金融产品的定价有 3 种方法：一是基于现金流贴现的定价方法，二是基于风险与收益的定价方法，三是基于无风险收益的无套利定价方法。其中，现金流贴现方法最容易理解，运用也非常广泛。因此，掌握现金流的计算逻辑与方法是开展金融分析与风险管理的必备技能。

虽然 NumPy 目前提供了计算现金流的相关函数，但必须强调的是，这些函数将从 NumPy 中彻底删除，由独立第三方模块 numpy_financial 承接原 NumPy 中的现金流函数，从而更加便捷、高效地完成相应的运算工作。

本节将会运用 numpy_financial 模块，考虑到目前该模块并未集成在 Anaconda 中，因此需要自行安装。在已经安装 Anaconda 的前提下，读者可以单击计算机开始菜单中的 Anaconda Prompt（参见 1.1.5 节的图 1-3），进入 Anaconda Prompt 界面以后通过输入以下命令完成在线安装最新版本的 numpy_financial 模块。

```
pip install numpy-financial
```

在写作本书时，numpy_financial 模块的最新版本是 1.0.0。如果读者希望在线安装其他的版本，比如 0.2.0 版本，则可以输入以下命令。

```
pip install numpy-financial==0.2.0
```

同样，由于 numpy_financial 是第三方模块，因此需要导入并且查看模块的版本信息，具体的代码如下：

```
In [139]: import numpy_financial as npf    #导入numpy_financial 模块

In [140]: npf.__version__                  #查看版本信息
Out[140]: '1.0.0'
```

下面，结合 numpy_financial 模块重点讲解计算现金流终值、现金流现值、净现值、内含报酬率以及等额本息还款等方面的内容。同时，需要强调的是，现金流模型依托于一个简单而又关键的原理：资金都存在**时间价值**（time value）。

2.6.1 现金流终值

为了便于理解，本节借助一个现实案例来讨论计算现金流**终值**（future value）的数学模型以及 Python 编程。

【例 2-40】 在 2021 年年初，B 公司计划开展一项初始投入资金为 2000 万元、期限为 5 年的投资项目，在项目期限内，公司在每年年末还需要追加投入 300 万元，年化投资回报率是 8%并且按年复利[1]，需要计算该项目在到期日（2025 年年末）的终值。此外，为了进行对比，假定每年追加投入的 300 万元发生在每年年初，在其他条件不变的情况下，重新计算该项目的终值。

针对项目的终值，假定 FV 代表终值，r 代表年化投资回报率（按年复利），T 代表项目的投资期限（年），V_0 代表项目的期初投资，V_1 代表项目在存续期间每年需要追加的固定金额投资，t 代表项目期初至每年固定金额投资发生时的期限（年）。根据期间追加固定金额投资发生在每年年

---

[1] 关于复利的具体内容，参见本书 6.3.1 节。

初还是年末的不同情景,计算项目终值有如下两个不同的表达式。

情景 1:期间追加固定金额投资发生在每年年初,相关公式如下:

$$FV = V_0(1+r)^T + \sum_{t=0}^{T-1} V_1(1+r)^{T-t} \qquad (2\text{-}17)$$

情景 2:期间追加固定金额投资发生在每年年末,相关公式如下:

$$FV = V_0(1+r)^T + \sum_{t=1}^{T} V_1(1+r)^{T-t} \qquad (2\text{-}18)$$

用 Python 计算项目终值时,可以运用 numpy_financial 模块的函数 fv,该函数的参数设置如下:

```
fv(rate, nper, pmt, pv, when)
```

关于函数 fv 中不同参数的含义以及输入的要求,详见表 2-6。

表 2-6 函数 fv 的相关参数、含义及输入要求

参数	含义及输入要求
rate	投资的回报率
nper	投资的整体期限
pmt	投资期间发生的固定金额现金流,如果是现金流入(表示收到现金)则用正数表示;相反,如果是现金流出(表示支付现金)则用负数表示
pv	投资期初的现金流,如果是现金流入(表示收到现金)则用正数表示;相反,如果是现金流出(表示支付现金)则用负数表示
when	投资期间固定金额现金流的发生时点,如果在每期期初发生,则输入 when='begin'或者 when=1;相反,如果在每期期末发生,则输入 when='end'或者 when=0

下面,运用函数 fv 计算例 2-40 的项目终值,具体的代码如下:

```
In [141]: V0=2e7                    #初始投资金额
     ...: V1=3e6                    #每年固定金额投资
     ...: T=5                       #投资期限(年)
     ...: r=0.08                    #年化投资回报率

In [142]: FV1=npf.fv(rate=r,nper=T,pmt=-V1,pv=-V0,when='end')    #计算项目终值并且期间追加投资发生在每年年末
     ...: print('计算得到项目终值(期间追加投资发生在每年年末)',round(FV1,2))
计算得到项目终值(期间追加投资发生在每年年末) 46986364.42

In [143]: FV2=npf.fv(rate=r,nper=T,pmt=-V1,pv=-V0,when='begin')  #计算项目终值并且期间追加投资发生在每年年初
     ...: print('计算得到项目终值(期间追加投资发生在每年年初)',round(FV2,2))
计算得到项目终值(期间追加投资发生在每年年初) 48394348.65

In [144]: FV_diff=FV2-FV1           #期间追加投资发生时点不同而导致项目终值的差异
     ...: print('期间追加投资发生时点不同而导致项目终值的差异',round(FV_diff,2))
期间追加投资发生时点不同而导致项目终值的差异 1407984.23
```

从以上输出的结果可以看到,期间追加投资发生的时点不同对于项目终值存在一定的影响。在以上案例中,相比发生在每年年末而言,期间现金流发生在每年年初的项目终值将增加约 140.8 万元。

2.6.2 现金流现值

前面介绍的终值是项目的现金流按照一定的收益率折算至投资期末时点而得到的金额;相反,

如果将现金流按照一定的收益率贴现至投资期初时点而得出的金额就是**现值**（present value）。依然结合一个现实案例具体讨论计算现金流现值的数学模型以及 Python 编程。

【例 2-41】在 2021 年年初，C 公司正在考虑一项期限为 6 年的投资项目，在该项目期限内，公司在每年年末均可以收回资金 200 万元，在项目的到期日（2026 年年末）还能额外一次性收回资金 2500 万元（不包括每年年末的 200 万元），年化投资回报率是 6%并且按年复利，同时 C 公司需要在该项目期初（2021 年年初）一次性投入 2800 万元，试问该项目是否值得投资？此外，为了进行对比，假定每年收回的 200 万元资金发生在每年年初，在其他条件不变的情况下，重新评估该项目投资的可行性。

本案例的实质就是测算该项目未来现金流的现值。假定 PV 代表现值，r 代表年化投资回报率（按年复利），T 代表项目的投资期限（年），V_T 代表项目到期日的现金流，V_1 代表项目在存续期间每年产生的固定金额现金流，t 代表项目期初至每年固定金额现金流发生时的期限（年）。根据期间固定金额现金流发生在每年年初还是年末的不同情景，计算项目现值有如下两个不同的表达式。

情景 1：期间固定金额现金流发生在每年年初，相关公式如下：

$$PV = \frac{V_T}{(1+r)^T} + \sum_{t=0}^{T-1} \frac{V_1}{(1+r)^t} \quad (2\text{-}19)$$

情景 2：期间固定金额现金流发生在每年年末，相关公式如下：

$$PV = \frac{V_T}{(1+r)^T} + \sum_{t=1}^{T} \frac{V_1}{(1+r)^t} \quad (2\text{-}20)$$

用 Python 计算项目现值时，可以采用 numpy_financial 模块的函数 pv，该函数的参数设置如下：
```
pv(rate, nper, pmt, fv, when)
```
关于函数 pv 中不同参数的含义以及输入要求，详见表 2-7。

表 2-7 函数 pv 的相关参数、含义及输入要求

参数	含义及输入要求
rate	投资回报率
nper	投资的整体期限
pmt	投资期间发生的固定金额现金流，如果是现金流入（表示收到现金）则用正数表示；相反，如果是现金流出（表示支付现金）则用负数表示
fv	投资期末的现金流，如果是现金流入（表示收到现金）则用正数表示；相反，如果是现金流出（表示支付现金）则用负数表示
when	投资期间固定金额现金流的发生时点，如果在每期期初发生，则输入 when='begin'或者 when=1；相反，如果在每期期末发生，则输入 when='end'或者 when=0

下面，针对例 2-41 并运用函数 fv 计算项目现值，具体的代码如下：

```
In [145]: V1=2e6              #期间每年产生的现金流入
   ...: Vt=2.5e7              #期末一次性现金流入
   ...: T=6                   #投资期限（年）
   ...: R=0.06                #投资回报率

In [146]: PV1=npf.pv(rate=R,nper=T,pmt=V1,fv=Vt,when=0)   #计算项目现值并且期间现金流发生在每年年末
   ...: print('计算得到项目现值（期间现金流发生在每年年末）',round(PV1,2))
计算得到项目现值（期间现金流发生在每年年末） -27458662.16
```

```
In [147]: PV2=npf.pv(rate=R,nper=T,pmt=V1,fv=Vt,when=1)    #计算项目现值并且期间现金流发生在每年年初
     ...: print('计算得到项目现值（期间现金流发生在每年年初）',round(PV2,2))
计算得到项目现值（期间现金流发生在每年年初） -28048741.08

In [148]: PV_diff=PV2-PV1       #期间现金流发生时点不同而导致项目现值的差异
     ...: print('期间现金流发生时点不同而导致项目现值的差异',round(PV_diff,2))
期间现金流发生时点不同而导致项目现值的差异 -590078.72
```

以上输出的现值结果为负数表示现金支付（发生对外投资），并且从输出的结果可以做出如下判断：当项目的期间固定金额现金流入发生在每年年末时，项目的现值（取绝对值）低于 2800 万元，显然不值得 C 公司期初用 2800 万元进行投资；相反，当项目的期间固定金额现金流入发生在每年年初时，项目的现值就高于 2800 万元，此时对 C 公司而言，期初花费 2800 万元就是一笔划算的投资。此外，期间现金流发生时点的不同，将导致项目现值的差异约为 59 万元。

2.6.3 净现值与内含报酬率

前面的例 2-41 已经引出了一个关键问题：如何判断一个投资项目的可行性？净现值和内含报酬率就是用于评估项目可行性的常用量化指标。

1. 净现值

【例 2-42】在 2021 年年初，D 公司正在决策是否应该投资如下的项目：项目的初始投入资金为 2800 万元并且投资发生在期初，整个项目的期限为 4 年，在项目存续期内，每年年末均有现金净流入（见表 2-8），同时该项目的年化投资回报率是 9%并且按年复利[1]。此外，为了进行对比，假定该项目的年化投资回报率下降至 6%并且按年复利，在其他条件不变的情况下，重新评估该项目投资的可行性。

表 2-8 D 公司正在决策的项目期间现金流情况

时间点	金额/万元	现金流方向
第 1 年年初（2021 年年初）	−2800	现金净流出
第 1 年年末（2021 年年末）	700	现金净流入
第 2 年年末（2022 年年末）	800	
第 3 年年末（2023 年年末）	900	
第 4 年年末（2024 年年末）	1000	

本案例的关键就是测算出该项目的净现值。假定 NPV 代表项目的**净现值**（net present value），NCF_0 代表期初的现金流净额（现金流入减去现金流出，下同）并且通常为负数，NCF_t 代表在项目存续期内每年年末的现金流净额，r 代表年化投资回报率（按年复利），T 代表项目的投资期限（年），t 代表项目期初至每年年末净现金流发生时的期限（年）。则项目净现值的数学表达式如下：

$$NPV = NCF_0 + \sum_{t=1}^{T} \frac{NCF_t}{(1+r)^t} \tag{2-21}$$

---

[1] 本例中涉及的投资回报率也称为**必要回报率**（required return，也译为**必要报酬率**），可以理解为投资一个项目必须获得的最低回报率。

当净现值大于 0（$NPV>0$）时，表明该项目具有财务上的可行性；相反，当净现值小于 0（$NPV<0$）时，表明该项目在财务上是不具备可行性的。

运用 Python 计算项目净现值时，可以运用 numpy_financial 模块的函数 npv，该函数的参数设置如下：

```
npv(rate, values)
```

其中，参数 rate 代表项目的投资回报率或者贴现率；参数 values 代表以数组格式输入的期初和存续期每年年末的净现金流，其中正数代表净流入，负数代表净流出。

下面，针对例 2-42 并运用函数 npv 计算项目的净现值，具体的代码如下：

```
In [149]: R1=0.09                                              #投资回报率
     ...: cashflow=np.array([-2.8e7,7e6,8e6,9e6,1e7])          #项目的净现金流（数组格式）

In [150]: NPV1=npf.npv(rate=R1,values=cashflow)                #计算项目的净现值
     ...: print('计算得到项目净现值',round(NPV1,2))
计算得到项目净现值 -810638.27

In [151]: R2=0.06                                              #新的投资回报率

In [152]: NPV2=npf.npv(rate=R2,values=cashflow)                #计算项目新的净现值
     ...: print('计算得到项目新的净现值',round(NPV2,2))
计算得到项目新的净现值 1201255.28
```

从以上的输出结果不难发现，当投资回报率为 9%时，该项目净现值为负数，因此 D 公司不应该投资该项目；当投资回报率下降至 6%时，项目净现值为正数，在这种情况下，投资该项目就具备了可行性。

2. 内含报酬率

在分析例 2-42 时，读者可能会有这样的思考：当投资回报率为多少时，项目的净现值恰好等于 0。这就引出了评估投资项目可行性的一种重要收益率参考指标——**内含报酬率**（Internal Rate of Return，IRR）。

假定内含报酬率用 R 表示，其他变量的含义与式（2-21）相同，计算内含报酬率 R 就是求解如下的数学等式：

$$NCF_0 + \sum_{t=1}^{T} \frac{NCF_t}{(1+R)^t} = 0 \tag{2-22}$$

当项目的内含报酬率高于预期收益率时，表明该项目在财务上具有可行性；相反，当项目的内含报酬率低于预期收益率时，表明该项目在财务上不具备可行性。

运用 Python 计算内含报酬率时，可以运用 numpy_financial 模块的函数 irr，该函数的参数只有一个，具体如下：

```
irr(values)
```

参数 values 代表以数组格式输入的期初和存续期每年年末的净现金流，同样，正数代表净流入，负数代表净流出。

【例 2-43】 沿用例 2-42 中的项目信息和数据，计算该项目的内含报酬率，具体的代码如下：

```
In [153]: IRR=npf.irr(values=cashflow)                         #计算项目的内含报酬率
     ...: print('计算得到项目的内含报酬率',round(IRR,6))         #保留至小数点后 6 位
计算得到项目的内含报酬率 0.077503
```

根据以上的输出结果可以得出以下结论：当项目的投资回报率高于内含报酬率 7.7503% 时，计算得到的净现值为负数，表明项目不可行，这对应例 2-42 中投资回报率为 9% 的情形；相反，当项目的投资回报率低于内含报酬率 7.7503% 时，计算得到的净现值为正数，说明项目是值得投资的，这对应例 2-42 中投资回报率为 6% 的情形。

2.6.4 住房按揭贷款的等额本息还款

对于银行发放的住房按揭贷款，购房者通常会选择等额本息还款规则进行逐月还款。具体就是把住房按揭贷款的本金总额与利息总额相加，然后平均分摊至还款期间的每个月，每月的还款金额是固定的，但每月还款金额中的本金比重逐月递增、利息比重逐月递减。下面结合一个现实案例进行讲解。

【例 2-44】在 2021 年年初，E 购房者向 F 银行申请金额为 500 万元、期限为 5 年的住房按揭贷款[1]，并采用等额本息还款规则进行逐月还款，住房按揭贷款的年利率是化 6%，依次计算每月还款的总金额、每月偿还的利息金额、每月偿还的本金金额。

假定住房按揭贷款本金总额为 X，贷款年利率为 R，贷款的月利率则为 $\dfrac{R}{12}$，贷款总期限为 T 年（$12T$ 个月），每月还款金额为 Y，则每个月末尚未偿还的贷款本金金额如下。

第 1 个月末：
$$X_1 = \left(1 + \frac{R}{12}\right)X - Y \tag{2-23}$$

第 2 个月末：
$$X_2 = \left(1 + \frac{R}{12}\right)X_1 - Y \tag{2-24}$$

第 3 个月末：
$$X_3 = \left(1 + \frac{R}{12}\right)X_2 - Y \tag{2-25}$$

……

第 $12T$ 个月末（最后一个月末）：
$$X_{12T} = \left(1 + \frac{R}{12}\right)X_{12T-1} - Y \tag{2-26}$$

将式（2-23）代入式（2-24），然后将式（2-24）代入式（2-25），以此类推，最终代入至式（2-26）并经过整理后，可以得到每月还款金额 Y 满足如下等式：

$$Y = \dfrac{\dfrac{R}{12}\left(1 + \dfrac{R}{12}\right)^{12T}}{\left(1 + \dfrac{R}{12}\right)^{12T} - 1} X \tag{2-27}$$

运用 Python 计算等额本息还款金额时，可以运用 numpy_financial 模块的函数 pmt，该函数的参数设置如下：

```
pmt(rate, nper, pv, fv, when)
```

关于函数 pmt 中不同参数的含义以及输入要求，详见表 2-9。

---

[1] 一般的住房按揭贷款最长期限为 30 年，普通的购房者通常偏好于选择较长的贷款期限（比如不低于 20 年），本案例设定 5 年的贷款期限仅仅是为了后续 Python 代码输出的结果控制在较短的篇幅内。

表 2-9　函数 pmt 的相关参数、含义及输入要求

参数	含义及输入要求
rate	住房按揭贷款月利率
nper	贷款的整体期限（月）
pv	住房按揭贷款的本金金额
fv	期末的现金流（通常为 0），默认值是 0
when	每月还款的发生时点，如果在每月期初发生，则输入 when='begin'或者 when=1；相反，如果在每月期末发生，则输入 when='end'或者 when=0

此外，还可以运用 numpy_financial 模块的函数 ipmt 和函数 ppmt，依次计算在等额本息还款规则下住房按揭贷款每月还款金额中的利息部分与本金部分，这两个函数的参数设置如下：

```
ipmt(rate, per, nper, pv, fv, when)
ppmt(rate, per, nper, pv, fv, when)
```

在这两个函数中均需要输入一个参数 per，该参数表示逐次还款的期限并且用数组表示，其他参数与函数 pmt 的参数相同。

下面，就运用函数 pmt、ipmt 和 ppmt 计算例 2-44 中的每月还款总金额、每月偿还的利息金额、每月偿还的本金金额，具体的代码如下：

```
In [154]: prin_loan=5e6                    #住房按揭贷款本金
     ...: tenor_loan=5*12                  #贷款期限（月）
     ...: rate_loan=0.06/12                #贷款月利率

In [155]: payment=npf.pmt(rate=rate_loan,nper=tenor_loan, pv=prin_loan,fv=0,when='end')
#计算住房按揭贷款每月还款总金额
     ...: print('计算得到住房按揭贷款每月还款总金额',round(payment,2))
计算得到住房按揭贷款每月还款总金额 -96664.01

In [156]: tenor_list=np.arange(tenor_loan)+1   #创建包含每次还款期限的数组

In [157]: payment_interest=npf.ipmt(rate=rate_loan,per=tenor_list,nper=tenor_loan, pv=prin_loan,fv=0,when='end')    #计算住房按揭贷款每月偿还的利息金额
     ...: payment_interest                     #查看结果
Out[157]:
array([-25000.       , -24641.67996176, -24281.56832334, -23919.65612672,
       -23555.93436912, -23190.39400273, -22823.0259345 , -22453.82102594,
       -22082.77009283, -21709.86390506, -21335.09318635, -20958.44861405,
       -20579.92081888, -20199.50038474, -19817.17784843, -19432.94369944,
       -19046.7883797 , -18658.70228336, -18268.67575654, -17876.69909709,
       -17482.76255434, -17086.85632887, -16688.97057228, -16289.09538691,
       -15887.22082561, -15483.3368915 , -15077.43353772, -14669.50066718,
       -14259.52813223, -13847.5057347 , -13433.42322514, -13017.27030303,
       -12599.03661631, -12178.71176115, -11756.28528172, -11331.7466699 ,
       -10905.08536501, -10476.2907536 , -10045.35216913,  -9612.25889174,
        -9177.00014797,  -8739.56511047,  -8299.94289779,  -7858.12257404,
        -7414.09314867,  -6967.84357618,  -6519.36275583,  -6068.63953137,
        -5615.66269073,  -5160.42096601,  -4702.9030326 ,  -4243.09750953,
        -3780.99295884,  -3316.5778854 ,  -2849.84073659,  -2380.76990204,
        -1909.35371332,  -1435.58044365,   -959.43830763,   -480.91546093])
```

```
In [158]: payment_principle=npf.ppmt(rate=rate_loan,per=tenor_list,nper=tenor_loan, pv=pr
in_loan,fv=0,when='end')       #计算住房按揭贷款每月偿还的本金金额
     ...: payment_principle                         #查看结果
Out[158]:
array([-71664.00764714, -72022.32768538, -72382.4393238 , -72744.35152042,
       -73108.07327803, -73473.61364442, -73840.98171264, -74210.1866212 ,
       -74581.23755431, -74954.14374208, -75328.91446079, -75705.55903309,
       -76084.08682826, -76464.5072624 , -76846.82979871, -77231.0639477 ,
       -77617.21926744, -78005.30536378, -78395.3318906 , -78787.30855005,
       -79181.2450928 , -79577.15131827, -79975.03707486, -80374.91226023,
       -80776.78682153, -81180.67075564, -81586.57410942, -81994.50697997,
       -82404.47951487, -82816.50191244, -83230.584422  , -83646.73734411,
       -84064.97103083, -84485.29588599, -84907.72236542, -85332.26097724,
       -85758.92228213, -86187.71689354, -86618.65547801, -87051.7487554 ,
       -87487.00749918, -87924.44253667, -88364.06474935, -88805.8850731 ,
       -89249.91449847, -89696.16407096, -90144.64489131, -90595.36811577,
       -91048.34495635, -91503.58668113, -91961.10461454, -92420.91013761,
       -92883.0146883 , -93347.42976174, -93814.16691055, -94283.2377451 ,
       -94754.65393383, -95228.4272035 , -95704.56933951, -96183.09218621])

In [159]: (payment_interest+payment_principle).round(2)      #验证是否与每月还款总金额保持一致并且
小数点后保留2位
Out[159]:
array([-96664.01, -96664.01, -96664.01, -96664.01, -96664.01, -96664.01,
       -96664.01, -96664.01, -96664.01, -96664.01, -96664.01, -96664.01,
       -96664.01, -96664.01, -96664.01, -96664.01, -96664.01, -96664.01,
       -96664.01, -96664.01, -96664.01, -96664.01, -96664.01, -96664.01,
       -96664.01, -96664.01, -96664.01, -96664.01, -96664.01, -96664.01,
       -96664.01, -96664.01, -96664.01, -96664.01, -96664.01, -96664.01,
       -96664.01, -96664.01, -96664.01, -96664.01, -96664.01, -96664.01,
       -96664.01, -96664.01, -96664.01, -96664.01, -96664.01, -96664.01,
       -96664.01, -96664.01, -96664.01, -96664.01, -96664.01, -96664.01,
       -96664.01, -96664.01, -96664.01, -96664.01, -96664.01, -96664.01])
```

从以上的输出结果不难看到，该住房按揭贷款的每月还款总金额是 96664.01 元，同时，每月偿还的利息金额逐月递减，每月偿还的本金金额逐月递增。

到这里，对 NumPy 的讲解与演示完毕，第 3 章将介绍 pandas。

2.7 本章小结

NumPy 是 Python 在金融领域运用的必备第三方模块，该模块在处理包括多维数据、矩阵运算、随机抽样以及现金流测算等方面有着不可替代的功能。本章首先介绍了一个配置 4 只 A 股股票投资组合的案例，该案例作为一根"红线"串联起本章前 4 节的内容；随后，讨论了 NumPy 的数据结构——N 维数组以及创建数组的不同方法；接着，探讨了针对数组的索引、切片、排序与合并等功能；然后，剖析了数组内的运算、数组间的运算以及矩阵的处理；之后，介绍了金融领域常用的统计分布，并演示从不同的统计分布函数中抽取随机数；最后，运用 numpy_financial 模块，讨论了现金流终值、现金流现值、净现值、内含报酬率以及等额本息还款等现金流模型的内容。

2.8 拓展阅读

本章的内容参考了以下资料。

[1] NumPy 的官方网站提供了关于 NumPy 的介绍、示例以及功能文档。

[2] numpy_financial 模块所在的网站提供了关于该模块的介绍、安装、示例以及功能文档。

[3]《Python 数据分析基础教程：NumPy 学习指南（第 2 版）》（作者是伊万·伊德里斯），这本书介绍了 NumPy 以及相关的 Python 科学计算库，书中也有部分涉及金融的示例。

[4]《公司理财（精要版·原书第 12 版）》，这本书由金融学家斯蒂芬·罗斯（Stephen Ross）领衔编写，是公司金融领域经典的入门级教材。本书第 4 章和第 5 章针对包括终值、现值、年金、分期偿还贷款等常见的现金流模型进行了系统介绍。

第 3 章 结合金融时间序列演示 pandas 模块编程

本章导读

金融分析与风险管理中很重要的一项任务就是对金融时间序列进行分析,时间序列就是以时间作为索引的数据集合。然而,通过第 2 章的学习,读者会发现 NumPy 的数组是无法满足时间序列要求的。因此,需要能够高效处理时间序列的 Python 第三方模块,从而弥补 NumPy 的短板。幸运的是,AQR 资本管理(AQR Capital Management)公司于 2008 年 4 月着手开发并在 2009 年年底发布了 pandas,该模块开发的初衷就是作为金融数据分析工具,因此 pandas 天然包含金融时间序列的各种"基因"。pandas 一词源于面板数据(panel data)与数据分析(data analysis)的结合。本章就结合金融时间序列讨论并演示 pandas 的基本编程。

本章的内容涵盖以下几个主题。

- 介绍 pandas 的序列和数据框这两类数据结构,重点讲解如何创建序列和数据框。
- 讨论数据框的可视化,包括绘图过程中如何显示中文字体的技巧以及函数 plot 的具体用法。
- 探讨数据框内部的操作,包括数据框的基本性质查询、索引、截取、排序和更改等内容。
- 讲解数据框之间的合并操作,主要涉及 concat、merge 和 join 这 3 个函数的具体运用。
- 剖析数据框的主要统计函数,包括静态统计函数以及基于移动窗口的动态统计函数。

3.1 pandas 的数据结构

pandas 的数据结构可以分为两大类,一类是序列,另一类是数据框。这两者有相同之处,也存在着一定的差异。此外,大多数 NumPy 的函数可以直接应用于这两类数据结构的运算。下面依次对 pandas 的数据结构展开介绍。

3.1.1 序列

序列（series）是一个类似于一维数组的数据结构，不过它由两部分构成：第一部分是索引，也称为标签；第二部分是对应的数值。注意，这两部分的长度必须一致。

创建序列可以运用 Series 函数，并且主要参数有两个：一是参数 data，用于输入相关的数据或者变量；二是参数 index，用于输入索引。此外，可以通过 2.2 节讨论的数组快速创建序列。

【例 3-1】沿用 2.1 节例 2-1 的信息，表 3-1 整理了 2020 年 5 月 25 日至 29 日每个交易日相关股票的日涨跌幅情况，演示生成包括交易日和涨跌幅的序列，分为 4 个步骤。

表 3-1 2020 年 5 月 25 日至 29 日 4 只 A 股股票的日涨跌幅

股票简称	2020-05-25	2020-05-26	2020-05-27	2020-05-28	2020-05-29
中国卫星	−3.5099%	1.7230%	−0.3450%	−2.4551%	3.9368%
中国软件	−1.3892%	2.4334%	−3.3758%	1.4622%	0.0128%
中国银行	0.5848%	−0.2907%	0.5831%	0.5797%	−0.5764%
上汽集团	2.1242%	0.2133%	−2.9803%	−0.2743%	−1.4301%

数据来源：上海证券交易所。

注：表 3-1 的内容与表 2-1 的相关内容一致。

第 1 步：由于 pandas 是 Python 的外部第三方模块，因此在调用前需要导入模块，并且查询模块的版本信息。具体的代码如下：

```
In [1]: import pandas as pd                              #导入pandas模块并且缩写为pd

In [2]: pd.__version__                                   #查询pandas的版本信息
Out[2]: '1.0.5'
```

第 2 步：针对表 3-1 中 2020 年 5 月 25 日的日涨跌幅数据创建序列。具体的代码如下：

```
In [3]: name=['中国卫星','中国软件','中国银行','上汽集团']      #输入股票名称
   ...: list_May25=[-0.035099,-0.013892,0.005848,0.021242]   #输入2020年5月25日的日涨跌幅数据

In [4]: series_Mar25=pd.Series(data=list_May25,index=name)   #创建序列
   ...: series_Mar25                                         #查看结果
Out[4]:
中国卫星   -0.035099
中国软件   -0.013892
中国银行    0.005848
上汽集团    0.021242
dtype: float64
```

第 3 步：针对第 2 章例 2-3 中创建的数组 return_array1，通过该数组创建 2020 年 5 月 27 日的日涨跌幅数据的序列。具体的代码如下：

```
In [5]: import numpy as np                               #导入NumPy模块

In [6]: return_array1=np.array([[-0.035099,0.017230,-0.003450,-0.024551,0.039368],[-0.013892,
0.024334,-0.033758,0.014622,0.000128],[0.005848,-0.002907,0.005831,0.005797,-0.005764],[0.021242,
0.002133,-0.029803,-0.002743,-0.014301]])   #创建数组

In [7]: series_Mar27=pd.Series(data=return_array1[:,2],index=name)   #通过数组创建序列
```

```
       ...: series_Mar27                                              #查看输出结果
Out[7]:
中国卫星    -0.003450
中国软件    -0.033758
中国银行     0.005831
上汽集团    -0.029803
dtype: float64
```

第 4 步：运用日期作为索引，并且以中国银行在 2020 年 5 月 25 日至 29 日期间的日涨跌幅数据作为对象创建序列。具体的代码如下：

```
In [8]: date=['2020-05-25','2020-05-26','2020-05-27','2020-05-28','2020-05-29']  #输入交易日

In [9]: series_BOC=pd.Series(data=return_array1[2,:],index=date)  #创建中国银行的序列
   ...: series_BOC                                                  #查看输出结果
Out[9]:
2020-05-25    0.005848
2020-05-26   -0.002907
2020-05-27    0.005831
2020-05-28    0.005797
2020-05-29   -0.005764
dtype: float64
```

通过例 3-1 可以发现，序列存在一个"致命"的缺点——只能有两列，一列是索引列，另一列是数值列。如果希望有更多的数值列，就需要运用接下来讨论的数据框存放数据。

3.1.2 数据框

数据框（dataframe）是一个类似于 Excel 表格的数据结构，设计的初衷就是将序列从原先的一维扩展至多维。数据框由 3 部分构成：第 1 部分是行索引，第 2 部分是列名，第 3 部分是数值。

创建数据框可以运用 DataFrame 函数，该函数的参数主要有 3 个：第 1 个参数 data 是输入相关的数据或者变量，第 2 个参数 index 是输入行索引，第 3 个参数 columns 是输入列名。

【例 3-2】沿用本章例 3-1 的信息，将日期作为行索引，将股票名称作为列名，运用 DataFrame 函数创建数据框，具体的代码如下：

```
In [10]: return_dataframe=pd.DataFrame(data=return_array1.T, index=date, columns=name)
#创建数据框

In [11]: return_dataframe          #查看输出结果
Out[11]:
              中国卫星      中国软件      中国银行      上汽集团
2020-05-25  -0.035099  -0.013892   0.005848   0.021242
2020-05-26   0.017230   0.024334  -0.002907   0.002133
2020-05-27  -0.003450  -0.033758   0.005831  -0.029803
2020-05-28  -0.024551   0.014622   0.005797  -0.002743
2020-05-29   0.039368   0.000128  -0.005764  -0.014301
```

通过以上的输出结果不难发现，数据框的结果与 Excel 表格是非常相似的。同时，可以将创建的数据框以 Excel、CSV（逗号分隔值）、TXT 等格式导出，具体运用导出函数 to_excel 和 to_csv，并且需要在函数中添加导出文件存放的路径和带格式的文件名。

【例 3-3】针对例 3-2 中创建的数据框 return_dataframe，依次以 Excel、CSV 和 TXT 格式导出并存放在计算机的桌面，具体的代码如下：

```
In [12]: return_dataframe.to_excel('C:/Desktop/四只股票涨跌幅数据.xls')    #以 Excel 格式导出

In [13]: return_dataframe.to_csv('C:/Desktop/四只股票涨跌幅数据.csv')      #以 CSV 格式导出

In [14]: return_dataframe.to_csv('C:/ Desktop/四只股票涨跌幅数据.txt')     #以 TXT 格式导出
```

图 3-1 所示是例 3-2 中的数据框以 Excel 格式导出后的 Excel 表格。

	A	B	C	D	E	F
1		中国卫星	中国软件	中国银行	上汽集团	
2	2020-05-25	-0.035099	-0.013892	0.005848	0.021242	
3	2020-05-26	0.01723	0.024334	-0.002907	0.002133	
4	2020-05-27	-0.00345	-0.033758	0.005831	-0.029803	
5	2020-05-28	-0.024551	0.014622	0.005797	-0.002743	
6	2020-05-29	0.039368	0.000128	-0.005764	-0.014301	
7						

图 3-1 导出的 Excel 表格

3.1.3 外部数据的直接导入

由于金融时间序列往往涉及比较多的数据，因此通常情况下不会直接输入，而是通过外部数据直接导入的方式完成。外部数据的直接导入主要分为两类，一类是通过外部文件（如 Excel、CSV、TXT 等格式的文件）导入 Python，另一类则是借助外部金融数据终端（如 Wind、同花顺等）与 Python 的应用程序接口（Application Program Interface，API）导入数据。

1. 从外部文件导入数据

包括 Excel、CSV 和 TXT 等格式的文件均可以导入 Python，具体的函数及参数如表 3-2 所示。

表 3-2 导入外部文件的函数

函数名和主要参数	函数功能	参数的具体说明
read_excel('文件的路径', sheetname, header,index_col)	导入 Excel 文件	文件的路径是必须输入的，它代表拟导入的外部文件所存放的计算机位置。 sheetname：表示需要从 Excel 表格中导入的工作表名称，比如 sheetname='Sheet1'表示导入工作表 Sheet1。 header：指定某一行作为列名行，比如 header=0 就表示取工作表第 1 行作为指定列名行。 index_col：指定某一列作为索引列，比如 index_col=0 就表示将第 1 列作为索引列
read_csv('文件的路径或网址', sep，delimiter, header, index_col)	导入 CSV 文件	文件的路径或网址是必须输入的。 sep：指定分隔符，如果不指定参数，则会尝试使用逗号分隔。 delimiter：表示定界符，是备选分隔符。注意，如果指定该参数，则 sep 参数失效。 header：用法与导入 Excel 表格是一致的。 index_col：用法与导入 Excel 表格是一致的
read_table('文件的路径',index_col, delimiter')	导入 TXT 文件	文件的路径是必须输入的。 index_col：指定某一列作为索引列，比如 index_col=0 就表示将文件第 1 列作为索引列。 delimiter：指定数据间的分隔符，分隔符可以是空格、制表符等

【例 3-4】外部 Excel 文件存放了上证综指 2020 年每个交易日的开盘价、最高价、最低价以及收盘价数据，在 Python 中导入该 Excel 文件并且创建数据框。图 3-2 所示是拟导入 Excel 文件。具体的代码如下：

	A	B	C	D	E
1	日期	开盘价	最高价	最低价	收盘价
2	2020-01-02	3,066.3357	3,098.1001	3,066.3357	3,085.1976
3	2020-01-03	3,089.0220	3,093.8192	3,074.5178	3,083.7858
4	2020-01-06	3,070.9088	3,107.2032	3,065.3088	3,083.4083
5	2020-01-07	3,085.4882	3,105.4507	3,084.3290	3,104.8015
6	2020-01-08	3,094.2389	3,094.2389	3,059.1313	3,066.8925
7	2020-01-09	3,082.6398	3,097.3291	3,080.1313	3,094.8819

图 3-2 拟导入 Excel 文件

```
In [15]: SH_Index=pd.read_excel('C:/Desktop/上证综指每个交易日价格数据（2020 年）.xlsx',sheet_name=
"Sheet1",header=0,index_col=0)    #导入外部数据

In [16]: SH_Index.head()      #显示开头 5 行
Out[16]:
              开盘价       最高价       最低价       收盘价
日期
2020-01-02   3066.3357  3098.1001  3066.3357  3085.1976
2020-01-03   3089.0220  3093.8192  3074.5178  3083.7858
2020-01-06   3070.9088  3107.2032  3065.3088  3083.4083
2020-01-07   3085.4882  3105.4507  3084.3290  3104.8015
2020-01-08   3094.2389  3094.2389  3059.1313  3066.8925

In [17]: SH_Index.tail()      #显示末尾 5 行
Out[17]:
              开盘价       最高价       最低价       收盘价
日期
2020-12-25   3351.7901  3397.0066  3348.3453  3396.5626
2020-12-28   3396.3590  3412.5193  3383.6540  3397.2854
2020-12-29   3399.2939  3407.0884  3376.0876  3379.0362
2020-12-30   3375.0086  3414.4539  3374.4156  3414.4527
2020-12-31   3419.7267  3474.9182  3419.7267  3473.0693
```

注意，可以运用函数 head、tail 分别查看数据框的头部（开头 5 行）和尾部（末尾 5 行）的数据。

此外，需要提醒的是，本书后续内容凡涉及导入 Excel 文件，文件均存放于个人计算机 C 盘的桌面，因此在代码中 Excel 文件导入的路径显示为 "C:/Desktop/文件名称.xlsx"。当然，读者可以选择个人偏好的计算机位置存放 Excel 文件，只需要导入文件时输入正确的路径即可。

2. 从外部金融数据终端与 Python 的 API 导入数据

借助外部金融数据终端（如 Wind、同花顺等）与 Python 的 API 导入数据时，前提是已经拥有了相应的金融数据终端账号，这里仅以同花顺的 iFinD 金融数据终端作为示例。用户拥有 iFinD 金融数据终端账号以后，登录终端并下载 Python 的数据 API（也就是第三方模块 iFinDPy）以及《同花顺数据接口用户手册-windows》，iFinDPy 模块的安装可以参考该用户手册。

【例 3-5】通过同花顺 iFinDPy 模块演示如何通过 API 在 Python 中导入上证综指 2020 年每个交易日的开盘价、最高价、最低价以及收盘价，具体的代码如下：

```
In [18]: from iFinDPy import *               #导入 iFinDPy 模块的全部函数

In [19]: THS_iFinDLogin('siwen002','XXXXXX')   #用户登录（需要输入用户名和密码）
```

```
Out[19]: 0

In [20]: SH_Index_iFin=THS_HistoryQuotes('000001.SH','open,high,low,close','Interval:D,CPS:1,
baseDate:1900-01-01,Currency:YSHB,fill:Omit','2020-01-01','2020-04-30',True)   #获取上证综指的日
交易价格数据

In [21]: SH_Index_iFin=THS_Trans2DataFrame(SH_Index_iFin)   #转换为数据框的格式

In [22]: SH_Index_iFin                                      #查看输出结果
Out[22]:
         time        thscode      open        high        low         close
0    2020-01-02     000001.SH   3066.3357   3098.1001   3066.3357   3085.1976
1    2020-01-03     000001.SH   3089.0220   3093.8192   3074.5178   3083.7858
2    2020-01-06     000001.SH   3070.9088   3107.2032   3065.3088   3083.4083
3    2020-01-07     000001.SH   3085.4882   3105.4507   3084.3290   3104.8015
4    2020-01-08     000001.SH   3094.2389   3094.2389   3059.1313   3066.8925
..       ...            ...         ...         ...         ...         ...
238  2020-12-25     000001.SH   3351.7901   3397.0066   3348.3453   3396.5626
239  2020-12-28     000001.SH   3396.3590   3412.5193   3383.6540   3397.2854
240  2020-12-29     000001.SH   3399.2939   3407.0884   3376.0876   3379.0362
241  2020-12-30     000001.SH   3375.0086   3414.4539   3374.4156   3414.4527
242  2020-12-31     000001.SH   3419.7267   3474.9182   3419.7267   3473.0693

[243 rows x 6 columns]
```

3.1.4 创建序列或数据框的时间数列

在金融变量模拟过程中,比如 2020 年 12 月 31 日股市收盘后需要模拟出 2021 年每个交易日的股价走势,此时首先创建一个时间数列用于对应每日的股价数据。pandas 可以通过 date_range 函数高效地创建一个时间数列,该函数的主要参数如下。

(1)参数 start 表示时间数列的起始时间,并且以字符串的格式输入,比如以 2021 年 1 月 1 日作为起始时间,就输入 start='2021-01-01'。

(2)参数 end 表示时间数列的终止时间,输入的格式与起始时间的相同。

(3)参数 periods 表示时间数列包含的时间个数(期数),比如输入 periods=100 就表示时间数列包含 100 个不同的时间。

(4)参数 freq 表示时间的频次。表 3-3 列出了常用的时间频次类型参数可供选择。

表 3-3 时间频次类型参数及说明

参数	说明
D	以自然日作为频次
B	以工作日作为频次(仅是不包含双休日的自然日)
H	以小时作为频次
T 或 min	以分钟作为频次
S	以秒作为频次
L 或 ms	以毫秒作为频次
U	以微秒作为频次

续表

参数	说明
M	以月作为频次,并且以每月最后一个自然日作为观测时点
BM	以月作为频次,并且以每月最后一个工作日作为观测时点
MS	以月作为频次,并且以每月第一个自然日作为观测时点
BMS	以月作为频次,并且以每月第一个工作日作为观测时点

此外,针对参数 freq 进行输入时,也可以选择不输入参数 periods。下面,通过两个具体的示例讲解如何运用 date_range 函数创建时间数列。

【例 3-6】以 2021 年 1 月 1 日作为起始时间,运用 date_range 函数创建 2021 年至 2022 年每个工作日的时间数列,具体的代码如下:

```
In [23]: time1=pd.date_range(start='2021-01-01',end='2022-12-31',freq='B')    #创建 2021 年至
2022 年每个工作日的时间数列(选择不输入参数 periods)
   ...: time1        #查看结果
Out[23]:
DatetimeIndex(['2021-01-01', '2021-01-04', '2021-01-05', '2021-01-06',
               '2021-01-07', '2021-01-08', '2021-01-11', '2021-01-12',
               '2021-01-13', '2021-01-14',
               ...
               '2022-12-19', '2022-12-20', '2022-12-21', '2022-12-22',
               '2022-12-23', '2022-12-26', '2022-12-27', '2022-12-28',
               '2022-12-29', '2022-12-30'],
              dtype='datetime64[ns]', length=521, freq='B')
```

需要注意的是,通过 date_range 函数创建以工作日作为频次的时间数列时,数列中的工作日仅仅是剔除了双休日以后的自然日,但是会包含元旦(1月1日)、劳动节(5月1日)等其他公众节假日。因此,以上的输出结果中,第一个时间元素就是 2021 年 1 月 1 日。此外,整个时间数列共包含 521 个工作日。

【例 3-7】在国内 A 股市场,每个交易日上午的交易时间是从 9 点 30 分(不含集合竞价时间)至 11 点 30 分。需要运用 date_range 函数创建 2021 年 1 月 4 日这个交易日上午 9 点 30 分开始以秒作为频次并且包含 7200 个时间元素的时间数列,具体的代码如下:

```
In [24]: time2=pd.date_range(start='2021-01-04 09:30:00',periods=7200,freq='S')    #创建2021 年 1
月 4 日上午 9 点 30 分开始以秒作为频次并且包含 7200 个时间元素的时间数列(选择输入参数 periods)
   ...: time2        #查看结果
Out[24]:
DatetimeIndex(['2021-01-04 09:30:00', '2021-01-04 09:30:01',
               '2021-01-04 09:30:02', '2021-01-04 09:30:03',
               '2021-01-04 09:30:04', '2021-01-04 09:30:05',
               '2021-01-04 09:30:06', '2021-01-04 09:30:07',
               '2021-01-04 09:30:08', '2021-01-04 09:30:09',
               ...
               '2021-01-04 11:29:50', '2021-01-04 11:29:51',
               '2021-01-04 11:29:52', '2021-01-04 11:29:53',
               '2021-01-04 11:29:54', '2021-01-04 11:29:55',
               '2021-01-04 11:29:56', '2021-01-04 11:29:57',
               '2021-01-04 11:29:58', '2021-01-04 11:29:59'],
              dtype='datetime64[ns]', length=7200, freq='S')
```

3.2 数据框的可视化

通常而言，金融时间序列的数据量会比较大，因此用户首先可以选择以可视化的方式了解数据的大致情况。pandas 的 plot 函数可以实现数据框的可视化功能。

3.2.1 中文字体的显示

在国内的金融领域，数据框的索引、列名通常会运用中文字体，并且在可视化的图形中需要以中文字体显示。对此，通过输入以下代码让 Python 调出中文模块：

```
In [25]: from pylab import mpl                                    #从pylab导入子模块mpl
    ...: mpl.rcParams['font.sans-serif']=['FangSong']             #以仿宋字体显示中文
    ...: mpl.rcParams['axes.unicode_minus']=False                 #在图像中正常显示负号"-"
```

表 3-4 梳理了 Windows 的字体名称对应于 Python 的字体名称，用户可以根据需要自行切换中文字体的输出格式。为了保持图形显示的一致性，本书统一用仿宋字体显示图中的中文。

表 3-4　Windows 的字体名称对应于 Python 的字体名称

Windows 的字体名称	Python 对应的字体名称
黑体	SimHei
微软雅黑	Microsoft YaHei
微软正黑体	Microsoft JhengHei
新宋体	NSimSun
新细明体	PMingLiU
细明体	MingLiU
标楷体	DFKai-SB
仿宋	FangSong
楷体	KaiTi
仿宋_GB2312	FangSong_GB2312
楷体_GB2312	KaiTi_GB2312

需要注意的是，每次重新启动 Python（本书是重新启动 Spyder）后，都需要将上面的 3 行代码重新输入，否则无法在可视化的图形中显示中文字体。

3.2.2 数据框可视化的函数与参数

数据框的可视化主要运用函数 plot，以下是该函数需要输入的常用参数。

（1）参数 kind：表示需要显示的图形类型，表 3-5 整理的图形类型参数可供选择。

表 3-5　图形类型参数及说明

参数	说明
line	折线图（line plot），默认情况下就选择这类图形
bar	条形图（vertical bar plot）

续表

参数	说明
box	箱线图（boxplot）
barh	横向条形图（horizontal bar plot）
hist	柱状图（histogram）
kde	核密度估计图（kernel density estimation plot）
density	与 kde 相同
area	区域图（area plot）
pie	饼图（pie plot）
scatter	散点图（scatter plot）
hexbin	六边形箱图（hexagonal binning plot）

（2）参数 subplots：用于判断图形是否存在子图，如果输入 subplots=True 就表示是，不输入（默认情况）就表示否。

（3）参数 sharex：表示存在子图的情况下，判断子图是否共用 x 轴刻度及标签，如果输入 sharex=True 就表示是，不输入（默认情况）就表示否。

（4）参数 sharey：表示存在子图的情况下，判断子图是否共用 y 轴刻度及标签，如果输入 sharey=True 就表示是，不输入（默认情况）就表示否。

（5）参数 layout：表示存在子图的情况下，子图的行列布局情况，按照(行数,列数)的方式进行输入。比如输入 layout=(2,1)就表示子图的布局是占用 2 行、1 列，即 2×1 的子图模式。

（6）参数 figsize：表示输出图形的尺寸大小，比如输入 figsize=(10,8)就表示图形长 10 英寸、宽 8 英寸（1 英寸约为 2.5 厘米）。

（7）参数 title：用于生成图形的标题，并且用字符串表示。

（8）参数 grid：表示图形中是否需要网格，如果输入 grid=True 就表示是，不输入（默认情况）就表示否。

（9）参数 fontsize：表示设置图形轴刻度的字体大小，比如输入 fontsize=13 就表示轴刻度字体大小是 13 磅。

【例 3-8】沿用例 3-4 中创建的数据框 SH_Index，运用 plot 函数对该数据框进行可视化（见图 3-3），具体的代码如下：

```
In [26]: SH_Index.plot(kind='line',subplots=True,sharex=True,sharey=True,layout=(2,2),
figsize=(11,9),title=u'2020 年上证综指每个交易日价格走势图', grid=True, fontsize=13) #可视化
Out[26]:
```

图 3-3 包含 4 个子图，并且子图的布局是占用 2 行、2 列，也就是每一行有 2 个子图，同时每一列有 2 个子图。此外，需要注意的是，由于图形的标题是以中文字体显示的，因此在输入代码时，除了将中文标题以字符串格式输入以外，还需要在字符串前面加上小写英文字母 u，这样的处理方式在本书后面的可视化编程中会反复用到。

同时，读者需要注意的是，在 Spyder 4.0 及以上版本中，绘制的图形已经无法在代码运行界面中显示，对此可以通过如下的设置实现绘制的图形在弹出窗口显示。

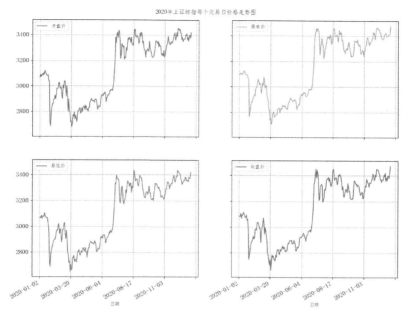

图 3-3　2020 年上证综指每个交易日价格走势图

第 1 步：单击 Spyder 界面最上方菜单栏中的 Tools（工具），并进入 Preferences（偏好设置）界面。

第 2 步：选择左边栏的 IPython console（IPython 控制台），单击右上方的 Graphics（绘图）。

第 3 步：在中间位置的 Graphics backend（后台）选择下拉列表中的 Automatic（自动）。

第 4 步：重启 Spyder 就可以实现刚才设置的功能了。针对第 2 步和第 3 步的设置，如图 3-4 所示。

图 3-4　在 Spyder 4.0 及以上版本中设置将绘制的图形在弹出窗口显示

此外，在显示出图形的弹出窗口左上方，单击 ☰ 图标并在新弹出窗口中单击 Tight layout（紧凑型布局）可以自动实现图形的更优化布局；依然在显示出图形的弹出窗口左上方，单击 💾 图标可以将图形保存至指定的文件夹，便于后续的使用。具体细节可观看本书配套的代码演示视频。

本书通过 Python 生成的可视化图形就采用以上的方式进行绘制和保存。

3.3 数据框内部的操作

3.3.1 查看数据框的基本性质

可视化是让用户对数据框存放的数据有比较形象的了解，但这仅仅迈出了分析的第一步，接下来就要对数据框的基本性质做进一步的掌握。下面就介绍除了例 3-4 中已经演示的 head、tail 函数之外的其他常用函数，使用这些函数可以从不同视角观察数据框。

1. index 函数与 columns 函数

对用户而言，往往需要查看数据框的行索引名和列名，这时就可以运用 index 函数查看行索引名、columns 函数查看列名。

【例 3-9】沿用例 3-4 中创建的数据框 SH_Index，分别查看该数据框的行索引名和列名，具体的代码如下：

```
In [27]: SH_Index.index         #查看数据框的行索引名
Out[27]:
Index(['2020-01-02', '2020-01-03', '2020-01-06', '2020-01-07', '2020-01-08',
       '2020-01-09', '2020-01-10', '2020-01-13', '2020-01-14', '2020-01-15',
       ...
       '2020-12-18', '2020-12-21', '2020-12-22', '2020-12-23', '2020-12-24',
       '2020-12-25', '2020-12-28', '2020-12-29', '2020-12-30', '2020-12-31'],
      dtype='object', name='日期', length=243)

In [28]: SH_Index.columns       #查看数据框的列名
Out[28]: Index(['开盘价', '最高价', '最低价', '收盘价'], dtype='object')
```

2. shape 函数与 describe 函数

如果用户希望知道一个数据框由多少行、多少列构成，可以运用 shape 函数进行查询。

【例 3-10】沿用例 3-4 中创建的数据框 SH_Index，查看该数据框的行数和列数，具体的代码如下：

```
In [29]: SH_Index.shape         #查看数据框的行数和列数
Out[29]: (243, 4)
```

以上输出的结果是一个元组，元组中的第 1 个元素代表数据框的行数（不包括列名共有 243 行），第 2 个元素代表数据框的列数（不包括行索引共有 4 列）。

此外，对于金融时间序列而言，用户往往更加关心包括样本量、均值、标准差、最大值、最小值、分位数等统计指标，可以使用 describe 函数很方便地获取这些基本统计指标。

【例 3-11】沿用例 3-4 中创建的数据框 SH_Index，查看样本量、均值、标准差、最大值、最小值、分位数等涉及时间序列的统计指标，具体的代码如下：

```
In [30]: SH_Index.describe()    #查看数据框的基本统计指标
Out[30]:
               开盘价          最高价          最低价          收盘价
count    243.000000   243.000000   243.000000   243.000000
mean    3124.836704  3147.046959  3103.769595  3128.419278
std      234.232034   234.577414   231.352397   232.806139
min     2677.591000  2703.329500  2646.804800  2660.167400
```

```
25%      2898.498350    2924.447600    2885.978700    2903.873950
50%      3210.386300    3238.182500    3181.274500    3205.226800
75%      3348.025050    3369.665400    3328.990150    3348.708100
max      3453.518100    3474.918200    3435.871200    3473.069300
```

对于以上的输出结果简单做一个说明：count 代表有多少个样本（本例中共有 243 个样本），mean 代表均值，std 代表标准差，min 代表最小值，25%、50%、75%分别代表 25%、50%和 75%的分位数，max 则代表最大值。

此外，需要注意的是，以上输出的结果也是一个数据框，其中的行索引名是相关统计指标，列名则与数据框 SH_Index 的列名一致。

3.3.2 数据框的索引与截取

1. 索引

对于数据框而言，loc 函数和 iloc 函数均具有索引功能。表 3-6 给出了这两个函数的具体用法，并且以例 3-4 中创建的数据框 SH_Index 作为示例。

表 3-6 数据框的索引函数与示例

函数名	功能	以数据框 SH_Index 作为示例
loc	通过输入行索引的方式输出对应的数据 注：loc 是定位英文 locate 的缩写	``` In [31]: SH_Index.loc['2020-02-18'] #查看 2020 年 2 月 18 日的数据 Out[31]: 开盘价 2981.4097 最高价 2990.6003 最低价 2960.7751 收盘价 2984.9716 Name: 2020-02-18, dtype: float64 ```
iloc	通过输入行号（具体第几行）的方式输出对应的数据，并且行号 0 代表第 1 行，以此类推 注：iloc 是索引定位英文 index locate 的缩写	``` In [32]: SH_Index.iloc[7] #查看第 8 行的数据 Out[32]: 开盘价 3091.4930 最高价 3115.5696 最低价 3075.3837 收盘价 3115.5696 Name: 2020-01-13, dtype: float64 ``` 以上的输出结果显示，该行的数据是 2020 年 1 月 13 日的交易数据

2. 一般性截取

针对金融时间序列，用户有时会希望截取某个时间区间内相关变量的取值情况，这就类似于 2.3.2 节讨论的 NumPy 的数组切片操作。

【例 3-12】沿用例 3-4 中创建的数据框 SH_Index，进行一般性截取的演示，具体的代码如下：

```
In [33]: SH_Index[:5]                    #截取数据框前 5 行的数据
Out[33]:
                开盘价        最高价        最低价        收盘价
日期
2020-01-02    3066.3357    3098.1001    3066.3357    3085.1976
2020-01-03    3089.0220    3093.8192    3074.5178    3083.7858
```

```
2020-01-06    3070.9088    3107.2032    3065.3088    3083.4083
2020-01-07    3085.4882    3105.4507    3084.3290    3104.8015
2020-01-08    3094.2389    3094.2389    3059.1313    3066.8925

In [34]: SH_Index[7:12]                        #截取数据框第8行至第12行的数据
Out[34]:
              开盘价        最高价        最低价        收盘价
日期
2020-01-13    3091.4930    3115.5696    3075.3837    3115.5696
2020-01-14    3120.6669    3127.1692    3105.6049    3106.8204
2020-01-15    3103.1749    3107.9426    3082.0425    3090.0379
2020-01-16    3095.7342    3096.3717    3070.8840    3074.0814
2020-01-17    3081.4641    3091.9516    3067.2525    3075.4955

In [35]: SH_Index.iloc[16:19,1:3]              #截取第17行至第19行以及第2、3列（不包括行索引）的数据
Out[35]:
              最高价        最低价
日期
2020-02-03    2766.5773    2716.6978
2020-02-04    2786.1624    2685.2693
2020-02-05    2842.7426    2778.8641

In [36]: SH_Index.loc['2020-05-18':'2020-05-22']    #截取2020年5月18日至22日的数据
Out[36]:
              开盘价        最高价        最低价        收盘价
日期
2020-05-18    2872.5244    2889.9795    2862.2709    2875.4176
2020-05-19    2897.6867    2900.2187    2887.5768    2898.5760
2020-05-20    2896.4657    2896.4657    2876.1766    2883.7378
2020-05-21    2890.7213    2891.5177    2864.2073    2867.9237
2020-05-22    2863.0462    2863.0462    2808.0177    2813.7654
```

3. 条件性截取

有些时候，用户希望设定某些条件来截取相关的数据，比如针对某个列名找出大于或小于某个数值的数据。

【例3-13】 沿用例3-4中创建的数据框SH_Index，截取收盘价超过3450点的相关数据，具体的代码如下：

```
In [37]: SH_Index[SH_Index['收盘价']>=3450]    #截取收盘价超过3450点的数据
Out[37]:
              开盘价        最高价        最低价        收盘价
日期
2020-07-09    3403.4832    3456.9721    3393.6379    3450.5935
2020-08-18    3441.9337    3456.7206    3432.6402    3451.0894
2020-12-01    3388.9867    3457.6354    3386.9113    3451.9384
2020-12-31    3419.7267    3474.9182    3419.7267    3473.0693
```

上面的例3-13中仅设定了一个选取条件，用户还可以设定多个选取条件。

【例3-14】 沿用例3-4中创建的数据框SH_Index，截取最高价超过3440点但是最低价低于3380点的相关数据，具体的代码如下：

```
In [38]: SH_Index[(SH_Index['最高价']>=3440)&(SH_Index['最低价']<=3380)]    #截取最高价超过3440点但是最低价低于3380点的数据
Out[38]:
```

```
              开盘价       最高价       最低价      收盘价
日期
2020-07-13   3379.3867   3458.7914   3369.0378   3443.2863
2020-07-14   3435.0237   3451.2224   3366.0828   3414.6186
2020-08-17   3373.9018   3450.8987   3369.3742   3438.8010
```

注意，不同的选取条件需要用英文的圆括号括起来，并且不同选取条件之间要用"&"相连接。

3.3.3 数据框的排序

1. 按行索引的大小排序

如果用户希望按照行索引的大小排序，比如最常见的就是针对金融时间序列按照时间由近到远（由大到小）或由远到近（由小到大）进行排序，就需要运用 sort_index 函数。该函数需要输入一个重要参数 ascending，若 ascending=True（默认情况）则表示由小到大排序，若 ascending=False 则表示由大到小排序。

【例 3-15】沿用例 3-4 中创建的数据框 SH_Index，分别输出按照交易日由远到近、由近到远排序的结果，具体的代码如下：

```
In [39]: SH_Index.sort_index(ascending=True)      #按照交易日由远到近排序
Out[39]:
              开盘价       最高价       最低价      收盘价
日期
2020-01-02   3066.3357   3098.1001   3066.3357   3085.1976
2020-01-03   3089.0220   3093.8192   3074.5178   3083.7858
2020-01-06   3070.9088   3107.2032   3065.3088   3083.4083
2020-01-07   3085.4882   3105.4507   3084.3290   3104.8015
2020-01-08   3094.2389   3094.2389   3059.1313   3066.8925
...            ...         ...         ...         ...
2020-12-25   3351.7901   3397.0066   3348.3453   3396.5626
2020-12-28   3396.3590   3412.5193   3383.6540   3397.2854
2020-12-29   3399.2939   3407.0884   3376.0876   3379.0362
2020-12-30   3375.0086   3414.4539   3374.4156   3414.4527
2020-12-31   3419.7267   3474.9182   3419.7267   3473.0693

[243 rows x 4 columns]

In [40]: SH_Index.sort_index(ascending=False)     #按照交易日由近到远排序
Out[40]:
              开盘价       最高价       最低价      收盘价
日期
2020-12-31   3419.7267   3474.9182   3419.7267   3473.0693
2020-12-30   3375.0086   3414.4539   3374.4156   3414.4527
2020-12-29   3399.2939   3407.0884   3376.0876   3379.0362
2020-12-28   3396.3590   3412.5193   3383.6540   3397.2854
2020-12-25   3351.7901   3397.0066   3348.3453   3396.5626
...            ...         ...         ...         ...
2020-01-08   3094.2389   3094.2389   3059.1313   3066.8925
2020-01-07   3085.4882   3105.4507   3084.3290   3104.8015
2020-01-06   3070.9088   3107.2032   3065.3088   3083.4083
2020-01-03   3089.0220   3093.8192   3074.5178   3083.7858
2020-01-02   3066.3357   3098.1001   3066.3357   3085.1976

[243 rows x 4 columns]
```

2. 按列名对应的数值大小排序

用户也可以针对数据框，按照某个列名对应的数值大小进行排序，这时需要运用 sort_values 函数，并且重点运用参数 by='列名'以及 ascending=True（默认情况，由小到大排序）或者 ascending=False（由大到小排序）。

【例 3-16】沿用例 3-4 中创建的数据框 SH_Index，分别输出按照开盘价由小到大排序、按照收盘价由大到小排序的结果，具体的代码如下：

```
In [41]: SH_Index.sort_values(by='开盘价',ascending=True)    #按照开盘价由小到大排序
Out[41]:
                开盘价        最高价        最低价        收盘价
日期
2020-03-23   2677.5910   2703.3295   2656.5008   2660.1674
2020-02-04   2685.2693   2786.1642   2685.2693   2783.2875
2020-03-24   2703.0193   2723.4066   2667.1333   2722.4381
2020-02-03   2716.6978   2766.5773   2716.6978   2746.6056
2020-03-19   2719.4063   2736.8200   2646.8048   2702.1296
...              ...         ...         ...         ...
2020-08-18   3441.9337   3456.7206   3432.6402   3451.0894
2020-08-19   3444.5646   3454.4613   3406.1642   3408.1288
2020-12-07   3446.6478   3449.5782   3414.3142   3416.6037
2020-12-03   3448.5403   3452.1612   3428.8044   3442.1359
2020-12-02   3453.5181   3465.7288   3435.8712   3449.3805

[243 rows x 4 columns]

In [42]: SH_Index.sort_values(by='收盘价',ascending=False)   #按照收盘价由大到小排序
Out[42]:
                开盘价        最高价        最低价        收盘价
日期
2020-12-31   3419.7267   3474.9182   3419.7267   3473.0693
2020-12-01   3388.9867   3457.6354   3386.9113   3451.9384
2020-08-18   3441.9337   3456.7206   3432.6402   3451.0894
2020-07-09   3403.4832   3456.9721   3393.6379   3450.5935
2020-12-02   3453.5181   3465.7288   3435.8712   3449.3805
...              ...         ...         ...         ...
2020-04-01   2743.5409   2773.3641   2731.0794   2734.5215
2020-03-18   2792.3221   2815.8737   2728.7563   2728.7563
2020-03-24   2703.0193   2723.4066   2667.1333   2722.4381
2020-03-19   2719.4063   2736.8200   2646.8048   2702.1296
2020-03-23   2677.5910   2703.3295   2656.5008   2660.1674

[243 rows x 4 columns]
```

3.3.4 数据框的更改

1. 修改行索引与列名

修改行索引或列名都需要运用 rename 函数。其中，针对行索引的修改，需要输入参数 index={'原名称':'新名称'}；针对列名的修改，则需要输入参数 columns={'原名称':'新名称'}。

【例 3-17】沿用例 3-4 中创建的数据框 SH_Index，将行索引中的交易日"2020-01-02"修改为"2020 年 1 月 2 日"，将其中一个列名"收盘价"修改为"收盘点位"，具体的代码如下：

```
In [43]: SH_Index_new=SH_Index.rename(index={'2020-01-02':'2020年1月2日'})  #修改行索引

In [44]: SH_Index_new=SH_Index_new.rename(columns={'收盘价':'收盘点位'})    #修改列名

In [45]: SH_Index_new.head()    #显示列名修改后的前5行
Out[45]:
                开盘价        最高价        最低价        收盘点位
日期
2020年1月2日    3066.3357    3098.1001    3066.3357    3085.1976
2020-01-03   3089.0220    3093.8192    3074.5178    3083.7858
2020-01-06   3070.9088    3107.2032    3065.3088    3083.4083
2020-01-07   3085.4882    3105.4507    3084.3290    3104.8015
2020-01-08   3094.2389    3094.2389    3059.1313    3066.8925
```

2. 缺失值的查找

不同的资本市场由于公众节假日安排的差异而导致市场有不同的休市日，上市公司的股票往往因为某些特殊的原因（比如重大资产重组等）而出现停牌，因此在金融时间序列中可能存在缺失值。在 pandas 中，可以运用 isnull 函数或者 isna 函数查找数据框中每一列是否存在缺失值，并且分为两步：第一步是查找每一列是否存在缺失值，如有则进入第二步精准找出缺失值所在行。下面通过一个示例讨论如何查找缺失值。

【例 3-18】 导入 2020 年 4 月上证综指、道琼斯指数、富时 100 指数以及日经 225 指数这 4 只股指日收盘价的数据并且创建数据框，需要查找该数据框中是否存在缺失值，具体的代码如下：

```
In [46]: Index_global=pd.read_excel('C:/Desktop/全球主要股指2020年4月日收盘价数据.xlsx',
sheet_name="Sheet1",header=0,index_col=0)    #导入外部数据

In [47]: Index_global.isnull().any()    #用isnull函数查找每一列是否存在缺失值
Out[47]:
上证综指         True
道琼斯指数       True
富时100指数     True
日经225指数     True
dtype: bool

In [48]: Index_global.isna().any()    #用isna函数查找每一列是否存在缺失值
Out[48]:
上证综指         True
道琼斯指数       True
富时100指数     True
日经225指数     True
dtype: bool
```

上面的输出结果中 True 表示相关的列存在缺失值，这意味着 4 只股指均存在缺失值，并且输出结果的数据类型属于布尔型（bool）。

```
In [49]: Index_global[Index_global.isnull().values==True]    #用isnull函数查找缺失值所在行
Out[49]:
              上证综指      道琼斯指数      富时100指数    日经225指数
日期
2020-04-06     NaN      22679.9902    5582.39    18576.3
2020-04-10   2796.6312    NaN           NaN      19498.5
2020-04-10   2796.6312    NaN           NaN      19498.5
2020-04-13   2783.0476  23390.7695      NaN      19043.4
```

```
2020-04-29    2822.4424      24633.8594       6115.25              NaN
In [50]: Index_global[Index_global.isna().values==True]    #用isna函数查找缺失值所在行
Out[50]:
               上证综指        道琼斯指数         富时100指数       日经225指数
日期
2020-04-06       NaN        22679.9902       5582.39         18576.3
2020-04-10     2796.6312       NaN             NaN           19498.5
2020-04-10     2796.6312       NaN             NaN           19498.5
2020-04-13     2783.0476    23390.7695         NaN           19043.4
2020-04-29     2822.4424    24633.8594       6115.25           NaN
```

在以上的输出结果中,缺失值用 NaN 表示。需要注意的是,由于道琼斯指数和富时 100 指数均在 4 月 10 日休市一天,也就意味着该交易日这两个指数均存在缺失值,因此在输出的结果中重复输出了相同的一行。此外,纵观整个 4 月,上证综指、道琼斯指数和日经 225 指数各只有 1 个缺失值,富时 100 指数则有 2 个缺失值。

3. 缺失值的处理

对于数据框存在的缺失值,可以采用以下 4 种方法进行处理。

(1)**直接删除法**,也就是运用 dropna 函数直接将存在缺失值的整行数据进行删除。

(2)**零值补齐法**,就是将缺失值赋值为 0,可以运用 fillna 函数并输入参数 value=0。

(3)**前值补齐法**,同样运用 fillna 函数但输入参数 method='ffill',表示用缺失值所在列的前一个非缺失值进行补齐,即**向前填充**(front fill)。

(4)**后值补齐法**,同样运用 fillna 函数但输入参数 method='bfill',表示用缺失值所在列的后一个非缺失值进行补齐,即**向后填充**(back fill)。

【例 3-19】沿用例 3-18 中创建的数据框 Index_global,依次采用直接删除法、零值补齐法、前值补齐法以及后值补齐法对涉及的缺失值进行处理,具体的代码如下:

```
In [51]: Index_dropna=Index_global.dropna()         #直接删除法
    ...: Index_dropna                                #查看结果
Out[51]:
               上证综指        道琼斯指数         富时100指数       日经225指数
日期
2020-04-01     2734.5215    20943.5098        5454.57         18065.41
2020-04-02     2780.6379    21413.4395        5480.22         17818.72
2020-04-03     2763.9874    21052.5293        5415.50         17820.19
2020-04-07     2820.7634    22653.8594        5704.25         18950.18
2020-04-08     2815.3686    23433.5703        5677.73         19353.24
2020-04-09     2825.9036    23719.3691        5842.71         19345.77
2020-04-14     2827.2830    23949.7598        5791.31         19638.81
2020-04-15     2811.1741    23504.3496        5597.88         19550.09
2020-04-16     2819.9350    23537.6797        5628.43         19290.20
2020-04-17     2838.4945    24242.4902        5786.96         19897.26
2020-04-20     2852.5528    23650.4395        5812.83         19669.12
2020-04-21     2827.0133    23018.8809        5641.03         19280.78
2020-04-22     2843.9804    23475.8203        5770.63         19137.95
2020-04-23     2838.4994    23515.2598        5826.61         19429.44
2020-04-24     2808.5293    23775.2695        5752.23         19262.00
2020-04-27     2815.4947    24133.7793        5846.79         19783.22
2020-04-28     2810.0243    24101.5508        5958.50         19771.19
2020-04-30     2860.0822    24345.7207        5901.21         20193.69
```

通过观察以上的输出结果可以发现，在采用直接删除法之后，原先存在缺失值的 2020 年 4 月 6 日、10 日、13 日和 29 日这 4 个交易日的整行均被删除。

```
In [52]: Index_fillzero=Index_global.fillna(value=0)    #零值补齐法
    ...: Index_fillzero                                 #查看结果
Out[52]:
              上证综指      道琼斯指数      富时100指数    日经225指数
日期
2020-04-01   2734.5215   20943.5098    5454.57     18065.41
2020-04-02   2780.6379   21413.4395    5480.22     17818.72
2020-04-03   2763.9874   21052.5293    5415.50     17820.19
2020-04-06      0.0000   22679.9902    5582.39     18576.30
2020-04-07   2820.7634   22653.8594    5704.25     18950.18
2020-04-08   2815.3686   23433.5703    5677.73     19353.24
2020-04-09   2825.9036   23719.3691    5842.71     19345.77
2020-04-10   2796.6312       0.0000       0.00     19498.50
2020-04-13   2783.0476   23390.7695       0.00     19043.40
2020-04-14   2827.2830   23949.7598    5791.31     19638.81
2020-04-15   2811.1741   23504.3496    5597.88     19550.09
2020-04-16   2819.9350   23537.6797    5628.43     19290.20
2020-04-17   2838.4945   24242.4902    5786.96     19897.26
2020-04-20   2852.5528   23650.4395    5812.83     19669.12
2020-04-21   2827.0133   23018.8809    5641.03     19280.78
2020-04-22   2843.9804   23475.8203    5770.63     19137.95
2020-04-23   2838.4994   23515.2598    5826.61     19429.44
2020-04-24   2808.5293   23775.2695    5752.23     19262.00
2020-04-27   2815.4947   24133.7793    5846.79     19783.22
2020-04-28   2810.0243   24101.5508    5958.50     19771.19
2020-04-29   2822.4424   24633.8594    6115.25         0.00
2020-04-30   2860.0822   24345.7207    5901.21     20193.69
```

可以看到，在采用零值补齐法之后，原先的缺失值均显示为 0。

```
In [53]: Index_ffill=Index_global.fillna(method='ffill')  #前值补齐法
    ...: Index_ffill                                      #查看结果
Out[53]:
              上证综指      道琼斯指数      富时100指数    日经225指数
日期
2020-04-01   2734.5215   20943.5098    5454.57     18065.41
2020-04-02   2780.6379   21413.4395    5480.22     17818.72
2020-04-03   2763.9874   21052.5293    5415.50     17820.19
2020-04-06   2763.9874   22679.9902    5582.39     18576.30
2020-04-07   2820.7634   22653.8594    5704.25     18950.18
2020-04-08   2815.3686   23433.5703    5677.73     19353.24
2020-04-09   2825.9036   23719.3691    5842.71     19345.77
2020-04-10   2796.6312   23719.3691    5842.71     19498.50
2020-04-13   2783.0476   23390.7695    5842.71     19043.40
2020-04-14   2827.2830   23949.7598    5791.31     19638.81
2020-04-15   2811.1741   23504.3496    5597.88     19550.09
2020-04-16   2819.9350   23537.6797    5628.43     19290.20
2020-04-17   2838.4945   24242.4902    5786.96     19897.26
2020-04-20   2852.5528   23650.4395    5812.83     19669.12
2020-04-21   2827.0133   23018.8809    5641.03     19280.78
2020-04-22   2843.9804   23475.8203    5770.63     19137.95
2020-04-23   2838.4994   23515.2598    5826.61     19429.44
```

```
2020-04-24    2808.5293    23775.2695    5752.23    19262.00
2020-04-27    2815.4947    24133.7793    5846.79    19783.22
2020-04-28    2810.0243    24101.5508    5958.50    19771.19
2020-04-29    2822.4424    24633.8594    6115.25    19771.19
2020-04-30    2860.0822    24345.7207    5901.21    20193.69
```

可以看到，在采用前值补齐法以后，原先的缺失值就等于所在列的前一个非缺失值。比如上证综指 4 月 6 日的收盘价（缺失值）等于前一个交易日（4 月 3 日）的收盘价，其他股指的缺失值也按照这样的逻辑进行补齐。在金融领域中，前值补齐法的运用最常见。

```
In [54]: Index_bfill=Index_global.fillna(method='bfill')  #后值补齐法
    ...: Index_bfill                                        #查看结果
Out[54]:
              上证综指    道琼斯指数    富时100指数    日经225指数
日期
2020-04-01    2734.5215    20943.5098    5454.57    18065.41
2020-04-02    2780.6379    21413.4395    5480.22    17818.72
2020-04-03    2763.9874    21052.5293    5415.50    17820.19
2020-04-06    2820.7634    22679.9902    5582.39    18576.30
2020-04-07    2820.7634    22653.8594    5704.25    18950.18
2020-04-08    2815.3686    23433.5703    5677.73    19353.24
2020-04-09    2825.9036    23719.3691    5842.71    19345.77
2020-04-10    2796.6312    23390.7695    5791.31    19498.50
2020-04-13    2783.0476    23390.7695    5791.31    19043.40
2020-04-14    2827.2830    23949.7598    5791.31    19638.81
2020-04-15    2811.1741    23504.3496    5597.88    19550.09
2020-04-16    2819.9350    23537.6797    5628.43    19290.20
2020-04-17    2838.4945    24242.4902    5786.96    19897.26
2020-04-20    2852.5528    23650.4395    5812.83    19669.12
2020-04-21    2827.0133    23018.8809    5641.03    19280.78
2020-04-22    2843.9804    23475.8203    5770.63    19137.95
2020-04-23    2838.4994    23515.2598    5826.61    19429.44
2020-04-24    2808.5293    23775.2695    5752.23    19262.00
2020-04-27    2815.4947    24133.7793    5846.79    19783.22
2020-04-28    2810.0243    24101.5508    5958.50    19771.19
2020-04-29    2822.4424    24633.8594    6115.25    20193.69
2020-04-30    2860.0822    24345.7207    5901.21    20193.69
```

可以看到，在采用后值补齐法以后，原先的缺失值就等于所在列的后一个非缺失值。比如道琼斯指数 4 月 10 日的收盘价（缺失值）等于后一个交易日（4 月 13 日）的收盘价，其他股指的缺失值补齐也以此类推。

3.4 数据框之间的合并

对金融数据开展分析的时候往往会同时需要若干个数据框。为了便于分析，可以将不同的数据框进行合并（也称为拼接）。合并分为两类：一类是上下结构，即按行合并；另一类是左右结构，即按列合并。

在 pandas 中，关于数据框的合并涉及 3 个函数，分别是 concat、merge 和 join。其中，concat 函数可以运用于按行、按列合并，merge 函数和 join 函数则主要运用于按列合并。本节就依次进行介绍并演示，同时需要先创建两个用于合并的新数据框。

3.4.1 创建两个新数据框

【例3-20】从外部导入2019年上证综指每日交易价格的数据并且创建一个新的数据框，该数据框后续将用于按行合并，具体的代码如下：

```
In [55]: SH_Index_2019=pd.read_excel('C:/Desktop/上证综指每日交易价格数据（2019年）.xlsx',
sheet_name="Sheet1",header=0,index_col=0)    #导入外部数据

In [56]: SH_Index_2019.head()          #显示开头5行
Out[56]:
              开盘价        最高价        最低价        收盘价
日期
2019-01-02   2497.8805   2500.2783   2456.4233   2465.2910
2019-01-03   2461.7829   2488.4790   2455.9256   2464.3628
2019-01-04   2446.0193   2515.3160   2440.9066   2514.8682
2019-01-07   2528.6987   2536.9775   2515.5083   2533.0887
2019-01-08   2530.3001   2531.3450   2520.1648   2526.4622

In [57]: SH_Index_2019.tail()          #显示末尾5行
Out[57]:
              开盘价        最高价        最低价        收盘价
日期
2019-12-25   2980.4276   2988.2924   2970.6572   2981.8805
2019-12-26   2981.2485   3007.3546   2980.3966   3007.3546
2019-12-27   3006.8517   3036.1127   3003.6309   3005.0355
2019-12-30   2998.1689   3041.3969   2983.3436   3040.0239
2019-12-31   3036.3858   3051.6770   3030.5122   3050.1240
```

【例3-21】从外部导入2020年上证综指每个交易日的成交额、总市值数据，并且创建另一个新的数据框，该数据框将用于按列合并，具体的代码如下：

```
In [58]: SH_Index_volume=pd.read_excel('C:/Desktop/上证综指每个交易日成交额与总市值数据（2020
年）.xlsx',sheet_name="Sheet1",header=0,index_col=0)    #导入外部数据

In [59]: SH_Index_volume.head()        #显示开头5行
Out[59]:
              成交额(亿元)    总市值(万亿元)
日期
2020-01-02   3271.97      41.30
2020-01-03   2899.92      41.30
2020-01-06   3311.83      41.28
2020-01-07   2881.59      41.54
2020-01-08   3065.17      41.04

In [60]: SH_Index_volume.tail()        #显示末尾5行
Out[60]:
              成交额(亿元)    总市值(万亿元)
日期
2020-12-25   3590.94      47.58
2020-12-28   3981.60      47.60
2020-12-29   3821.03      47.38
2020-12-30   3775.42      47.83
2020-12-31   4504.82      48.63
```

3.4.2 concat 函数的运用

下面介绍 concat 函数的具体用法，主要如下：

concat([数据框 1,数据框 2,…,数据框 n],axis=0 或 1)

注意，如果输入 axis=0 则表示数据框是按行合并的，如果输入 axis=1 则表示数据框是按列合并的。

1. 按行合并

【例 3-22】沿用例 3-4 和例 3-20 中创建的两个上证综指每日交易价格的数据框，将这两个数据框按行合并，从而最终创建 2019 年至 2020 年期间上证综指每日交易价格的数据框，具体的代码如下：

```
In [61]: SH_Index_new1=pd.concat([SH_Index_2019,SH_Index],axis=0)    #按行合并

In [62]: SH_Index_new1.head()           #显示开头 5 行
Out[62]:
              开盘价         最高价        最低价         收盘价
日期
2019-01-02    2497.8805   2500.2783   2456.4233   2465.2910
2019-01-03    2461.7829   2488.4790   2455.9256   2464.3628
2019-01-04    2446.0193   2515.3160   2440.9066   2514.8682
2019-01-07    2528.6987   2536.9775   2515.5083   2533.0887
2019-01-08    2530.3001   2531.3450   2520.1648   2526.4622

In [63]: SH_Index_new1.tail()           #显示末尾 5 行
Out[63]:
              开盘价         最高价        最低价         收盘价
日期
2020-12-25    3351.7901   3397.0066   3348.3453   3396.5626
2020-12-28    3396.3590   3412.5193   3383.6540   3397.2854
2020-12-29    3399.2939   3407.0884   3376.0876   3379.0362
2020-12-30    3375.0086   3414.4539   3374.4156   3414.4527
2020-12-31    3419.7267   3474.9182   3419.7267   3473.0693
```

2. 按列合并

【例 3-23】沿用例 3-4 和例 3-21 中分别创建的 2020 年上证综指每日交易价格的数据框、成交额和总市值的数据框，将这两个数据框按列合并，最终创建 2020 年期间包含上证综指每日交易价格、成交额和总市值的数据框，具体的代码如下：

```
In [64]: SH_Index_new2=pd.concat([SH_Index,SH_Index_volume],axis=1)    #按列合并

In [65]: SH_Index_new2.head()           #显示开头 5 行
Out[65]:
              开盘价         最高价        最低价         收盘价       成交额(亿元)    总市值(万亿元)
日期
2020-01-02    3066.3357   3098.1001   3066.3357   3085.1976   3271.97      41.30
2020-01-03    3089.0220   3093.8192   3074.5178   3083.7858   2899.92      41.30
2020-01-06    3070.9088   3107.2032   3065.3088   3083.4083   3311.83      41.28
2020-01-07    3085.4882   3105.4507   3084.3290   3104.8015   2881.59      41.54
2020-01-08    3094.2389   3094.2389   3059.1313   3066.8925   3065.17      41.04

In [66]: SH_Index_new2.tail()           #显示末尾 5 行
Out[66]:
              开盘价         最高价        最低价         收盘价       成交额(亿元)    总市值(万亿元)
```

```
             日期
2020-12-25   3351.7901   3397.0066   3348.3453   3396.5626   3590.94    47.58
2020-12-28   3396.3590   3412.5193   3383.6540   3397.2854   3981.60    47.60
2020-12-29   3399.2939   3407.0884   3376.0876   3379.0362   3821.03    47.38
2020-12-30   3375.0086   3414.4539   3374.4156   3414.4527   3775.42    47.83
2020-12-31   3419.7267   3474.9182   3419.7267   3473.0693   4504.82    48.63
```

3.4.3 merge 函数的运用

用户也可以运用 merge 函数对不同数据框按列进行合并。注意，在使用 merge 函数时，需要明确放置在左侧（left）与右侧（right）的数据框。

【例 3-24】沿用例 3-4 和例 3-21 中分别创建的两个数据框，运用 merge 函数按列合并，具体的代码如下：

```
In [67]: SH_Index_new3=pd.merge(left=SH_Index,right=SH_Index_volume,left_index=True, right_index=True)   #按列合并

In [68]: SH_Index_new3.head()         #显示开头5行
Out[68]:
             开盘价       最高价       最低价       收盘价     成交额(亿元)  总市值(万亿元)
日期
2020-01-02   3066.3357   3098.1001   3066.3357   3085.1976   3271.97    41.30
2020-01-03   3089.0220   3093.8192   3074.5178   3083.7858   2899.92    41.30
2020-01-06   3070.9088   3107.2032   3065.3088   3083.4083   3311.83    41.28
2020-01-07   3085.4882   3105.4507   3084.3290   3104.8015   2881.59    41.54
2020-01-08   3094.2389   3094.2389   3059.1313   3066.8925   3065.17    41.04

In [69]: SH_Index_new3.tail()         #显示末尾5行
Out[69]:
             开盘价       最高价       最低价       收盘价     成交额(亿元)  总市值(万亿元)
日期
2020-12-25   3351.7901   3397.0066   3348.3453   3396.5626   3590.94    47.58
2020-12-28   3396.3590   3412.5193   3383.6540   3397.2854   3981.60    47.60
2020-12-29   3399.2939   3407.0884   3376.0876   3379.0362   3821.03    47.38
2020-12-30   3375.0086   3414.4539   3374.4156   3414.4527   3775.42    47.83
2020-12-31   3419.7267   3474.9182   3419.7267   3473.0693   4504.82    48.63
```

merge 函数中的参数 left_index 表示是否按照左侧数据框的行索引合并，输入 True 代表是、False 代表否；参数 right_index 则表示是否按照右侧数据框的行索引合并，用法与 left_index 一致。由于在本例中，两个数据框的行索引完全相同，因此采用了同时按照两个数据框的行索引进行合并。

3.4.4 join 函数的运用

当然，还可以用 join 函数对不同数据框按列进行合并，输入的格式如下：

```
数据框1.join(数据框2,参数)
```

【例 3-25】沿用例 3-4 和例 3-21 中分别创建的两个数据框，运用 join 函数按列合并，具体的代码如下：

```
In [70]: SH_Index_new4=SH_Index.join(SH_Index_volume, on='日期')   #按列合并

In [71]: SH_Index_new4.head()         #显示开头5行
Out[71]:
             开盘价       最高价       最低价       收盘价     成交额(亿元)  总市值(万亿元)
```

```
               日期
          2020-01-02  3066.3357  3098.1001  3066.3357  3085.1976  3271.97   41.30
          2020-01-03  3089.0220  3093.8192  3074.5178  3083.7858  2899.92   41.30
          2020-01-06  3070.9088  3107.2032  3065.3088  3083.4083  3311.83   41.28
          2020-01-07  3085.4882  3105.4507  3084.3290  3104.8015  2881.59   41.54
          2020-01-08  3094.2389  3094.2389  3059.1313  3066.8925  3065.17   41.04

In [72]: SH_Index_new4.tail()              #显示末尾5行
Out[72]:
                开盘价       最高价       最低价       收盘价     成交额(亿元)   总市值(万亿元)
日期
2020-12-25  3351.7901  3397.0066  3348.3453  3396.5626  3590.94   47.58
2020-12-28  3396.3590  3412.5193  3383.6540  3397.2854  3981.60   47.60
2020-12-29  3399.2939  3407.0884  3376.0876  3379.0362  3821.03   47.38
2020-12-30  3375.0086  3414.4539  3374.4156  3414.4527  3775.42   47.83
2020-12-31  3419.7267  3474.9182  3419.7267  3473.0693  4504.82   48.63
```

注意,join 函数中的参数 on 表示按照某个或某几个索引进行合并,默认情况是依据两个数据框的行索引进行合并。在本例中就是按照行索引的日期进行数据框合并。

3.5 数据框的主要统计函数

金融时间序列分析很重要的一点就是掌握数据的统计特征,在 3.3.1 节提到过 describe 函数,它可以用于简要地了解数据框的统计特征。本节将通过多个常用的统计函数帮助读者全面掌握数据框的统计特征。

3.5.1 静态统计函数

表 3-7 以例 3-22 中创建的数据框 SH_Index_new1 作为对象演示 pandas 的常用静态统计函数。同时,表中的函数都是通过"数据框.函数名(参数设置)"格式进行调用的。一般的参数是输入 axis=0 或 axis=1,输入 axis=0 表示按行实现函数(默认值),输入 axis=1 则表示按列实现函数。

表 3-7 pandas 的常用静态统计函数及演示(以数据框 SH_Index_new1 作为对象)

函数	函数含义	Python 的代码
min	最小值	```In [73]: SH_Index_new1.min() #查看最小值 Out[73]: 开盘价 2446.0193 最高价 2488.4790 最低价 2440.9066 收盘价 2464.3628 dtype: float64```
idxmin	最小值的行索引值 (idxmin 是英文 index minimum 的缩写)	```In [74]: SH_Index_new1.idxmin() #查看最小值的行索引值 Out[74]: 开盘价 2019-01-04 最高价 2019-01-03 最低价 2019-01-04 收盘价 2019-01-03 dtype: object```

续表

函数	函数含义	Python 的代码
| max | 最大值 | ```
In [75]: SH_Index_new1.max()          #查看最大值
Out[75]:
开盘价      3453.5181
最高价      3474.9182
最低价      3435.8712
收盘价      3473.0693
dtype: float64
``` |
| idxmax | 最大值的行索引值（idxmax 是英文 index maximum 的缩写） | ```
In [76]: SH_Index_new1.idxmax()        #查看最大值的行索引值
Out[76]:
开盘价      2020-12-02
最高价      2020-12-31
最低价      2020-12-02
收盘价      2020-12-31
dtype: object
``` |
| median | 中位数 | ```
In [77]: SH_Index_new1.median()        #查看中位数
Out[77]:
开盘价      2972.6619
最高价      2988.2924
最低价      2955.3460
收盘价      2975.4019
dtype: float64
``` |
| quantile | 分位数（函数中需要设定参数 q= 分位数值，默认 q=0.5，也就是 50% 的分位数，即中位数） | ```
In [78]: SH_Index_new1.quantile(q=0.05) #计算5%的分位数
Out[78]:
开盘价   2660.18037
最高价   2683.13331
最低价   2647.41221
收盘价   2663.68529
Name: 0.05, dtype: float64
In [79]: SH_Index_new1.quantile(q=0.5) #计算50%的分位数（中位数）
Out[79]:
开盘价   2972.6619
最高价   2988.2924
最低价   2955.3460
收盘价   2975.4019
Name: 0.5, dtype: float64
```
注意，计算 50% 的分位数的输出结果与中位数的结果完全相同 |
| mean | 均值（一阶矩） | ```
In [80]: SH_Index_new1.mean()          #计算均值
Out[80]:
开盘价      3020.698824
最高价      3041.504863
最低价      3001.388096
收盘价      3023.763759
dtype: float64
``` |
| var | 方差（二阶矩） | ```
In [81]: SH_Index_new1.var()           #计算样本方差
Out[81]:
开盘价      50812.240197
最高价      51293.254132
最低价      49154.692788
收盘价      50295.116108
dtype: float64
``` |

续表

函数	函数含义	Python 的代码
| std | 标准差（方差的平方根） | ```
In [82]: SH_Index_new1.std()        #计算样本标准差
Out[82]:
开盘价      225.415705
最高价      226.480141
最低价      221.708576
收盘价      224.265727
dtype: float64
``` |
| skew | 偏度（三阶矩）（skew 是偏度英文 skewness 的缩写） | ```
In [83]: SH_Index_new1.skew()       #计算偏度
Out[83]:
开盘价      0.170734
最高价      0.183417
最低价      0.163176
收盘价      0.178648
dtype: float64
```<br>以上输出结果表明偏度大于 0，表示上证综指的价格分布具有正偏态（也称右偏态）。如果偏度小于 0，则表示数据分布具有负偏态（也称左偏态） |
| kurt | 峰度（四阶矩）（kurt 是峰度英文 kurtosis 的缩写） | ```
In [84]: SH_Index_new1.kurt()       #计算峰度
Out[84]:
开盘价     -0.586700
最高价     -0.607334
最低价     -0.564876
收盘价     -0.578805
dtype: float64
```<br>以上输出结果表明峰度小于 0，表示相比正态分布，上证综指的价格分布更加扁平。如果峰度大于 0，则表示数据分布相比正态分布更加陡峭 |
| shift | 数据框移动（shift(1)表示数据框的每一行均向下移动一行，shift(2)表示数据框的每一行均向下移动两行，以此类推） | ```
In [85]: SH_Index_shift1=SH_Index_new1.shift(1)  #每行均向下移动一行
   ...: SH_Index_shift1.head()                   #查看前5行
Out[85]:
                开盘价        最高价        最低价        收盘价
日期
2019-01-02      NaN        NaN        NaN        NaN
2019-01-03   2497.8805   2500.2783   2456.4233   2465.2910
2019-01-04   2461.7829   2488.4790   2455.9256   2464.3628
2019-01-07   2446.0193   2515.3160   2440.9066   2514.8682
2019-01-08   2528.6987   2536.9775   2515.5083   2533.0887
```<br>在以上输出结果中，原数据框（SH_Index_new1）2019 年 1 月 2 日的数据移至新数据框（SH_Index_shift1）2019 年 1 月 3 日这一行，原数据框 2019 年 1 月 3 日的数据移至新数据框 2019 年 1 月 4 日这一行，以此类推；同时，由于原数据框没有早于 2019 年 1 月 2 日的数据，因此新数据框第一行显示为缺失值 NaN |
| diff | 一阶差分（diff 是差分英文 difference 的缩写） | ```
In [86]: SH_Index_diff=SH_Index_new1.diff()    #计算一阶差分
   ...: SH_Index_diff.head()                   #查看前5行
Out[86]:
``` |
```

续表

函数	函数含义	Python 的代码
| diff | 一阶差分（diff 是差分英文 difference 的缩写） | ```
              开盘价      最高价      最低价      收盘价
日期
2019-01-02      NaN        NaN        NaN        NaN
2019-01-03  -36.0976   -11.7993    -0.4977    -0.9282
2019-01-04  -15.7636    26.8370   -15.0190    50.5054
2019-01-07   82.6794    21.6615    74.6017    18.2205
2019-01-08    1.6014    -5.6325     4.6565    -6.6265
```<br>在以上输出结果中，新数据框（SH_Index_diff）2019 年 1 月 3 日的数据等于原数据框（SH_Index_new1）2019 年 1 月 3 日的数据减去 2019 年 1 月 2 日的数据，新数据框 2019 年 1 月 4 日的数据等于原数据框 2019 年 1 月 4 日的数据减去 2019 年 1 月 3 日的数据，以此类推；同样，由于原数据框没有早于 2019 年 1 月 2 日的数据，因此新数据框第一行显示为缺失值 NaN |
| pct_change | 百分比变化（pct_change 是百分比变化英文 percentage change 的缩写） | ```
In [87]: SH_Index_perc=SH_Index_new1.pct_change()   #计算百分比变化
   ...: SH_Index_perc.head()                         #查看前 5 行
Out[87]:
              开盘价       最高价       最低价       收盘价
日期
2019-01-02       NaN        NaN        NaN        NaN
2019-01-03  -0.014451  -0.004719  -0.000203  -0.000377
2019-01-04  -0.006403   0.010784  -0.006115   0.020494
2019-01-07   0.033802   0.008612   0.030563   0.007245
2019-01-08   0.000633  -0.002220   0.001851  -0.002616
``` |
| sum | 求和 | ```
In [88]: SH_Index_perc=SH_Index_perc.dropna()  #删除存在缺失值的行

In [89]: SH_Index_perc.sum()                   #对百分比变化的数据框求和
Out[89]:
开盘价      0.354764
最高价      0.358177
最低价      0.364909
收盘价      0.379434
dtype: float64
``` |
| cumsum | 累积求和（cumsum 是累积求和英文 cumulative sum 的缩写） | ```
In [90]: SH_Index_cumsum=SH_Index_perc.cumsum()   #对百分比变化的数据框累积求和
   ...: SH_Index_cumsum.head()                    #查看前 5 行
Out[90]:
              开盘价       最高价       最低价       收盘价
日期
2019-01-03  -0.014451  -0.004719  -0.000203  -0.000377
2019-01-04  -0.020855   0.006065  -0.006318   0.020118
2019-01-07   0.012947   0.014677   0.024245   0.027363
2019-01-08   0.013580   0.012457   0.026096   0.024747
2019-01-09   0.015998   0.029469   0.032442   0.031825
```<br>在以上的输出结果中，新数据框（SH_Index_cumsum）2019 年 1 月 3 日的数据就是原数据框（SH_Index_perc）该交易日的数据，新数据框 2019 年 1 月 4 日的数据则等于原数据框该交易日的数据加上该交易日之前的数据，以此类推。归纳而言，通过 cumsum 函数就可以依次求出原数据框前 1,2,⋯,n 个数的和 |

续表

函数	函数含义	Python 的代码
| cumprod | 累积求积<br>（cumprod 是累积求积英文 cumulative product 的缩写） | ```
In [91]: SH_Index_chag=SH_Index_perc+1    #百分比变化的数据框每个元素均加上 1
In [92]: SH_Index_cumchag=SH_Index_chag.cumprod()    #对新数据框累积求积
   ...: SH_Index_cumchag.head()    #查看前 5 行
Out[92]:
              开盘价      最高价      最低价      收盘价
日期
2019-01-03   0.985549  0.995281  0.999797  0.999623
2019-01-04   0.979238  1.006014  0.993683  1.020110
2019-01-07   1.012338  1.014678  1.024053  1.027501
2019-01-08   1.012979  1.012425  1.025949  1.024813
2019-01-09   1.015428  1.029649  1.032459  1.032067
```<br>cumprod 函数与刚才讨论的 cumsum 函数比较类似，差异就在于 cumprod 函数是依次求出前 1,2,…,n 个数的积 |
| cov | 协方差<br>（cov 是协方差英文 covariance 的缩写） | ```
In [93]: SH_Index_perc.cov()    #计算协方差
Out[93]:
          开盘价      最高价      最低价      收盘价
开盘价   0.000166  0.000102  0.000121  0.000051
最高价   0.000102  0.000118  0.000095  0.000096
最低价   0.000121  0.000095  0.000139  0.000093
收盘价   0.000051  0.000096  0.000093  0.000150
``` |
| corr | 相关系数<br>（corr 是相关系数英文 correlation coefficient 的缩写） | ```
In [94]: SH_Index_perc.corr()    #计算相关系数
Out[94]:
          开盘价      最高价      最低价      收盘价
开盘价   1.000000  0.725282  0.793240  0.324608
最高价   0.725282  1.000000  0.741324  0.718196
最低价   0.793240  0.741324  1.000000  0.645041
收盘价   0.324608  0.718196  0.645041  1.000000
```<br>从以上的输出结果不难发现，开盘价与最低价之间的相关性最强，相关系数接近 0.8；相比之下，开盘价与收盘价之间的相关性最弱，相关系数约为 0.32 |

3.5.2 移动窗口与动态统计函数

时点的数据往往波动较大，因此某一时点的数据通常不能很好表现数据本身的特性，于是需要采用某一时间区间的数据进行描述。因此，引出一个新的概念——**移动窗口**（rolling window），也称为**滑动窗口**或者**滚动窗口**。

简而言之，为了提升数据的可靠性，将某个点的取值扩大到包含这个点的区间取值，并且用区间进行判断，这个区间就是**窗口**（window）。在 pandas 中，有一个动态统计函数 rolling，它可以方便地计算带有移动窗口的数据框统计量，具体的函数形式以及主要的参数如下：

```
数据框或序列.rolling(window=窗口长度, axis=0 或 1).统计量函数(axis=0 或 1)
```

注意，函数 rolling 中的参数 axis=0 或 axis=1 的含义依然是：axis=0 表示按行实现函数（默认值），axis=1 则表示按列实现函数。

下面就结合示例，主要介绍金融时间序列中很重要的 3 个移动统计量，分别是移动平均、移动
```

波动率（移动标准差）、移动相关系数。

1. 移动平均

在针对股票的技术分析中，一个很重要的分析指标就是均线指标，比如股指或者股价的 5 日均值（MA5）、10 日均值（MA10）、20 日均值（MA20）、30 日均值（MA30）以及 60 日均值（MA60）等。在 pandas 中，运用 rolling 函数可以方便地生成均线指标。

【例 3-26】以例 3-22 中创建的数据框 SH_Index_new1 作为分析对象，创建收盘价 10 日均值的序列，并将其变成数据框，将 10 日均值收盘价与每日收盘价进行可视化（见图 3-5），具体的代码如下：

```
In [95]: SH_Index_MA10=SH_Index_new1['收盘价'].rolling(window=10).mean()  #创建10日均值收盘价的序列

In [96]: SH_Index_MA10=SH_Index_MA10.to_frame()    #将序列变成数据框

In [97]: SH_Index_MA10=SH_Index_MA10.rename(columns={'收盘价':'10日平均收盘价（MA10）'})   #修改数据框列名

In [98]: SH_Index_close=SH_Index_new1['收盘价'].to_frame()    #创建一个每日收盘价的数据框

In [99]: SH_Index_new5=pd.concat([SH_Index_close,SH_Index_MA10],axis=1)   #合并成一个包括每日收盘价、10日均值收盘价的数据框

In [100]: SH_Index_new5.plot(figsize=(9,6),title=u'2019-2020年上证综指走势', grid=True,fontsize=13)
Out[100]:
```

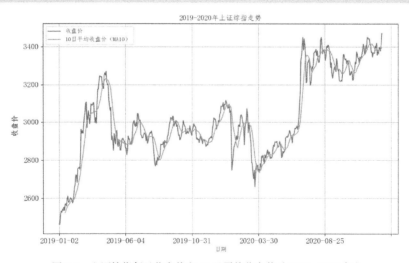

图 3-5　上证综指每日收盘价和 10 日平均收盘价（2019—2020 年）

从图 3-5 可以明显看到，相比每日收盘价，10 日均值收盘价的走势显得更加平滑。

2. 移动波动率

在金融时间序列分析中，波动率是一个很重要的指标，并且动态的资产价格波动率（标准差）在衍生产品定价、风险管理等领域均具有重要的价值。

【例 3-27】以例 3-22 中创建的数据框 SH_Index_new1 作为分析对象，创建 30 天时间窗口的上证综指收盘价的移动波动率，并且进行可视化（见图 3-6），具体的代码如下：

```
In [101]: SH_Index_rollstd=SH_Index_new1['收盘价'].rolling(window=30).std()    #创建30日移动波
动率的序列

In [102]: SH_Index_rollstd=SH_Index_rollstd.to_frame()    #将序列变成数据框

In [103]: SH_Index_rollstd=SH_Index_rollstd.rename(columns={'收盘价':'30日收盘价的移动波动率'})
#修改数据框列名

In [104]: SH_Index_rollstd.plot(figsize=(9,6),title=u'2019-2020年上证综指移动波动率的走势',grid=
True, fontsize=12)
Out[104]:
```

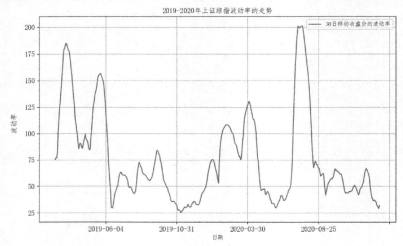

图 3-6　上证综指收盘价 30 天时间窗口的移动波动率

从图 3-6 中可以非常清楚地看到，上证综指的移动波动率本身存在较大的波动，最高波动率触及 200，最低波动率则仅为 25。

3. 移动相关系数

此外，变量之间的相关系数也会随着时间的变化而变化，特别是在金融危机期间，许多原本相关性很低的变量呈现出较高的相关性。因此，为了更加准确地捕捉相关系数的变化，需要计算不同变量之间的移动相关系数。

【例 3-28】以例 3-22 中创建的数据框 SH_Index_new1 作为分析对象，计算 60 天时间窗口的上证综指开盘价、最高价、最低价以及收盘价之间的移动相关系数，具体的代码如下：

```
In [105]: SH_Index_rollcorr=SH_Index_new1.rolling(window=60).corr()    #计算移动相关系数

In [106]: SH_Index_rollcorr=SH_Index_rollcorr.dropna()    #删除缺失值

In [107]: SH_Index_rollcorr.head()    #查看前5行
Out[107]:
                          开盘价       最高价       最低价       收盘价
日期
2019-04-02   开盘价    1.000000  0.994834  0.997857  0.989092
             最高价    0.994834  1.000000  0.996283  0.996274
```

```
                最低价    0.997857  0.996283  1.000000  0.994036
                收盘价    0.989092  0.996274  0.994036  1.000000
2019-04-03  开盘价    1.000000  0.994885  0.997998  0.989194

In [108]: SH_Index_rollcorr.tail()    #查看末尾5行
Out[108]:
                        开盘价       最高价       最低价       收盘价
日期
2020-12-30  收盘价    0.888195  0.954886  0.960627  1.000000
2020-12-31  开盘价    1.000000  0.952138  0.963207  0.878388
            最高价    0.952138  1.000000  0.968343  0.953713
            最低价    0.963207  0.968343  1.000000  0.956902
            收盘价    0.878388  0.953713  0.956902  1.000000
```

从以上的输出结果不难看出，针对 60 天时间窗口的移动相关系数，该数据框是从 2019 年 4 月 2 日开始的。

到这里，本章的内容就全部讲解完毕了，第 4 章将讨论专门用于可视化的 Python 第三方模块 Matplotlib。

3.6 本章小结

金融时间序列在金融分析与风险管理中占据十分重要的地位，pandas 就是为金融时间序列量身定制的。本章首先介绍了 pandas 的序列和数据框这两大数据结构，重点讲解了如何从外部导入数据并创建数据框以及高效创建时间数列的方法。随后，讨论了如何将数据框可视化，主要聚焦于可视化常用的 plot 函数；同时国内的金融数据在可视化过程中会涉及中文字体的显示问题，对此也给出了相应的解决方案。接着，探讨了数据框的基本性质、索引、截取、排序、更改以及缺失值的查询和处理等内容。此外，数据框之间的合并也经常在金融实战中遇到，具体涉及 concat、merge 和 join 这 3 个函数的运用。最后，为了更好地开展金融时间序列分析，讲解了数据框的静态统计函数以及基于移动窗口的动态统计函数。

3.7 拓展阅读

本章的内容参考了以下资料。

[1] pandas 的官方网站提供了关于 pandas 的介绍以及完整文档。

[2] *Mastering Pandas for Finance*，作者迈克尔·海特在书中主要运用 pandas 分析包括市场风险、期权估值、期货计算以及算法交易策略等内容，书中也涉及较多的案例，目前本书尚未推出中文版。

第 4 章 结合金融场景演示 Matplotlib 模块编程

本章导读

俗话说,"一图胜千言"。数据可视化是金融分析与风险管理的一项重要工作。在第 3 章讨论 pandas 时,针对序列和数据框有内置的可视化函数 plot,但是该函数仅限于特定的数据结构,无法扩展至如列表、数组等其他类型的数据结构。本章将讨论应用更加广泛的 Python 可视化模块——Matplotlib,该模块是受到 MATLAB 的启发而被创建的,并且是基于 Python 的开源项目,旨在为 Python 用户提供一个专业的数据绘图工具包。同时,金融领域常用的是该模块的 pyplot 子模块。

本章的内容涵盖以下几个主题。
- 介绍 pyplot 子模块中的常用绘图函数及其参数,并且兼顾颜色、样式和标记等参数。
- 讨论运用 plot 函数绘制单一曲线图以及运用 subplot 函数进行多图绘制。
- 探讨运用 hist 函数绘制单一样本的直方图和多个样本的直方图。
- 比较直方图与条形图的差异,探究运用 bar 函数绘制垂直条形图、barh 函数绘制水平条形图以及绘制双轴图的技巧。
- 依次讲解运用 scatter 函数绘制散点图、运用 pie 函数绘制饼图以及如何绘制出雷达图的特定方法。
- 借助原先是 Matplotlib 的一个子模块但目前已是独立模块的 mplfinance,具体演示 K 线图(蜡烛图)的绘制技巧。

4.1 基本函数

由于 Matplotlib 是第三方模块,因此在调用之前需要导入模块,并且查看相关的版本信息,具体的代码如下:

```
In [1]: import matplotlib                    #导入 Matplotlib 模块

In [2]: matplotlib.__version__               #查看版本信息
Out[2]: '3.2.2'
```

此外,由于金融领域针对 Matplotlib 运用最多的就是 pyplot 子模块,因此为了编程的便利,直接导入 pyplot 子模块以便于后续的调用,具体的代码如下:

```
In [3]: import matplotlib.pyplot as plt      #导入子模块 pyplot 并且缩写为 plt
```

在 Matplotlib 中,图形可视化是通过输入函数并且在函数中设定参数的方式完成的。表 4-1 梳理了在 pyplot 子模块中,常用的绘图函数以及相关的参数说明。

表 4-1 pyplot 子模块中的常用绘图函数与参数

函数	函数功能	主要参数的说明
figure	定义画面大小	figsize:用于设定画面的宽和高,单位是英寸,比如输入 figsize=(9,6)代表宽是 9 英寸、高是 6 英寸。 dpi:代表画面的分辨率,即每英寸多少个像素,默认值是 80。 facecolor:用于设定画面的背景颜色,关于颜色的参数详见表 4-2。 edgecolor:用于设定画面的边框颜色。 frameon:代表画面是否显示边框,frameon=True 代表显示边框,frameon=False 代表不显示边框,默认是显示边框
plot	曲线图	x:代表对应于 x 轴的数据。 y:代表对应于 y 轴的数据。 label:代表曲线的标签。 format_string:代表控制曲线的格式,包括设定颜色、样式(具体见表 4-3)、宽度(lw,比如输入 lw=2.0 表示曲线的宽是 2 磅)等
subplot	子图	nrows:代表子图的行数。 ncols:代表子图的列数。 index:代表子图的序号,最大序号等于行数与列数的乘积
hist	直方图	x:代表每个矩形分布所对应的数据,对应图中的 x 轴。 bins:代表图中的矩形数量,比如输入 bins=20 表示有 20 个矩形。 facecolor:用于设定矩形的背景颜色。 edgecolor:用于设定矩形的边框颜色
bar	垂直条形图	x:代表对应条形图 x 坐标的相关数据。 height:代表每个条形图案的高度。 width:代表每个条形图案的宽度(可选)
barh	水平条形图	y:代表对应条形图 y 坐标的相关数据。 width:代表每个条形图案的宽度。 height:代表每个条形图案的高度(可选)
scatter	散点图	x:代表对应于 x 变量的数据。 y:代表对应于 y 变量的数据。 c:代表散点的颜色,默认为蓝色。 marker:代表散点的样式

续表

函数	函数功能	主要参数的说明
pie	饼图	x：代表饼图中每块饼的占比。 labels：代表饼图中每块饼的标签文字。 colors：代表饼图中每块饼的颜色
axis	坐标轴	xmin：用于设置 x 轴刻度的最小值。 xmax：用于设置 x 轴刻度的最大值。 ymin：用于设置 y 轴刻度的最小值。 ymax：用于设置 y 轴刻度的最大值。 此外，通过输入以下的字符串实现对坐标轴的控制。 off：关闭坐标轴的轴线和标签。 equal：使用等刻度的坐标轴。 scaled：通过尺寸变化平衡坐标轴的刻度。 tight：设置限值使所有数据可见。 image：使刻度的限值等于数据的限值。 square：与 scaled 相似，但强制要求 xmax-xmin = ymax-ymin
xticks	x 轴的刻度	ticks：代表 x 轴刻度的列表，如果放置一个空列表就表示禁用 xticks。 labels：代表在给定 x 轴刻度位置的标签
xlabel	x 轴的坐标标签	输入字符串以输出 x 轴的坐标标签； 可通过输入 fontsize=数字，控制标签字体的大小，比如输入 fontsize=13 就表示标签字体是 13 磅； 可通过输入 rotation=数字，控制标签的角度，比如输入 rotation=30 就表示标签逆时针旋转 30°
xlim	x 轴刻度范围	xmin：用于设置 x 轴刻度的最小值。 xmax：用于设置 x 轴刻度的最大值
yticks	y 轴的刻度	与 xticks 的用法相同
ylabel	y 轴的坐标标签	与 xlabel 的用法相同
ylim	y 轴刻度范围	与 xlim 的用法相同
title	图形的标题	输入字符串以输出图形的标题； 可通过输入 fontsize=数字，控制标题字体的大小
legend	显示图例	可通过输入 loc=数字，控制图例的位置，具体的数字可选范围及含义如下： 0 表示最佳，1 表示右上，2 表示左上，3 表示左下，4 表示右下，5 表示右，6 表示中左，7 表示中右，8 表示中下，9 表示中上，10 表示中，空白表示自动
annotate	添加注释	s：代表注释的内容，以字符串的格式输入。 xy：代表标注的位置，以 xy=(数字 1,数字 2)的元组格式输入。其中，数字 1 对应 x 轴刻度，数字 2 对应 y 轴刻度。 xytext：代表文本的位置，依然以 xy=(数字 1,数字 2)的元组格式输入，数字 1、数字 2 的含义与前面的参数 xy 一致。 arrowprops：用于设置箭头的特征，以字典格式输入，参数包括 width（箭头宽度并且以磅为单位）、frac（箭头头部所占的比例）、headwidth（箭头底部的宽度并且以磅为单位）、headlength（箭头头部的长度并且以磅为单位）以及 shrink（箭头收缩程度）等

续表

函数	函数功能	主要参数的说明
grid	网格	通常不用输入参数,仅输入 grid()即可;如果确有需要,则有以下的主要参数可以选择。 axis:绘制哪一组网格线,axis ='x'表示仅绘制 x 轴的网格线,axis ='y'表示仅绘制 y 轴的网格线,axis ='both'表示绘制 x、y 轴的网格线(默认情况)。 color:设置网格线的颜色。 linestyle:设置网格线的样式。 linewidth:设置网格线的宽度
show	显示图形	通常不用添加参数,只需输入 show()

注:由于篇幅所限,因此无法穷尽每个函数的全部参数,如需了解更全面的参数信息,可以运用 help(plt.函数名)查看。

同时,在绘制图形的过程中经常需要选择不同的颜色,因此 pyplot 子模块也有一些常用的颜色参数可供选择,具体的参数如表 4-2 所示。

表 4-2 pyplot 子模块的常用颜色参数

参数	对应的颜色
b	蓝色
g	绿色
r	红色
c	青色
m	品红色
y	黄色
k	黑色
w	白色

此外,在 pyplot 子模块中,关于样式或者标记也有许多参数可选择,具体如表 4-3 所示。

表 4-3 pyplot 子模块的样式或标记参数

参数	显示的样式
-	实线
--	短画线
-.	点实线
:	虚线
.	点
o	圆
v	向下三角
^	向上三角
<	向左三角
>	向右三角

续表

参数	显示的样式
1	倒三角
2	正三角
3	左三角
4	右三角
s	方形
p	五边形
*	星号
h	六角星标记1
H	六角星标记2
+	加号
x	×型
D	菱形
d	细菱形
l	垂直标记

在 3.2 节讨论 pandas 的可视化时，讲述过如何在图形中输出中文字体。如果 Matplotlib 输出的图形需要显示中文字体，依然需要输入以下的 3 行代码：

```
In [4]: from pylab import mpl                              #从pylab导入子模块mpl
   ...: mpl.rcParams['font.sans-serif']=['FangSong']       #以仿宋字体显示中文
   ...: mpl.rcParams['axes.unicode_minus']=False           #在图像中正常显示负号
```

考虑到在本章中也需要调用第 2 章的 NumPy 模块以及第 3 章的 Pandas 模块，因此需要导入这两个模块以便于后续的编程，具体的代码如下：

```
In [5]: import numpy as np        #导入NumPy模块
   ...: import pandas as pd       #导入pandas模块
```

需要注意的是，在较新版本的 pandas 中，还需要输入以下两行代码才能成功注册日期时间转换器（datetime converter）并用于 Matplotlib 的可视化编程，具体的代码如下：

```
In [6]: from pandas.plotting import register_matplotlib_converters   #导入注册日期时间转换器的函数
   ...: register_matplotlib_converters()                             #注册日期时间转换器
```

4.2 曲线图

在金融领域，最常用的图形是曲线图，包括证券价格、利率、汇率等主要金融市场变量的走势图都可以归属于曲线图的范畴。通过 pyplot 子模块可以轻松实现单图绘制与多图绘制（子图模式），下面就结合示例依次进行介绍。

4.2.1 单一曲线图

在 2.6.4 节介绍过针对住房按揭贷款，根据等额本息还款规则，可以计算得到每月还款的金额以及每月还款金额中包含的本金与利息。下面就通过绘制曲线图将相关的每月还款金额进行可视化。

【例4-1】A购房者（借款人）向B银行（贷款人）申请本金为800万元、期限为30年的住房按揭贷款，采用等额本息还款规则进行逐月还款，住房按揭贷款的年利率是5%，将计算得到的每月偿还金额、每月偿还本金金额以及每月偿还利息金额进行可视化（见图4-1），具体的代码如下：

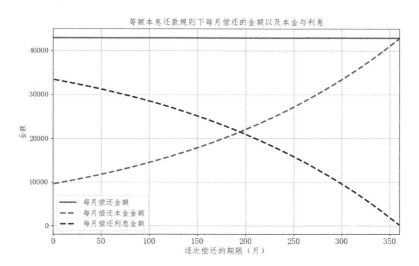

图4-1　住房按揭贷款在等额本息还款规则下每月偿还的金额以及本金与利息

```
In [7]: import numpy_financial as npf    #导入numpy_financial模块

In [8]: r=0.05                           #贷款的年利率
   ...: n=30                             #贷款的期限（年）
   ...: principle=8e6                    #贷款的本金

In [9]: pay_month=npf.pmt(rate=r/12,nper=n*12,pv=principle,fv=0,when='end')     #计算每月支付的本息之和
   ...: print('每月偿还的金额',round(pay_month,2))
每月偿还的金额 -42945.73

In [10]: T_list=np.arange(n*12)+1        #生成一个包含每次还款期限的数组

In [11]: prin_month=npf.ppmt(rate=r/12,per=T_list,nper=n*12,pv=principle,fv=0,when='end')
#计算每月偿还的本金金额
    ...: inte_month=npf.ipmt(rate=r/12,per=T_list,nper=n*12,pv=principle,fv=0,when='end')
#计算每月偿还的利息金额

In [12]: pay_month_list=pay_month*np.ones_like(prin_month)    #创建每月偿还金额的数组

In [13]: plt.figure(figsize=(9,6),frameon=False)
    ...: plt.plot(T_list,-pay_month_list,'r-',label=u'每月偿还金额',lw=2.5)
    ...: plt.plot(T_list,-prin_month,'m--',label=u'每月偿还本金金额',lw=2.5)
    ...: plt.plot(T_list,-inte_month,'b--',label=u'每月偿还利息金额',lw=2.5)
    ...: plt.xticks(fontsize=14)
    ...: plt.xlim(0,360)
```

```
   ...: plt.xlabel(u'逐次偿还的期限(月)',fontsize=14)
   ...: plt.yticks(fontsize=13)
   ...: plt.ylabel(u'金额',fontsize=13)
   ...: plt.title(u'等额本息还款规则下每月偿还的金额以及本金与利息', fontsize=14)
   ...: plt.legend(loc=0, fontsize=13)
   ...: plt.grid()
   ...: plt.show()
```

从图 4-1 中可以非常清晰地看到,在等额本息还款规则下,借款人每月偿还的本金金额是逐月递增的,每月偿还的利息金额则是逐月递减的。此外,通过目测可以发现,在贷款还款靠近第 200 个月(约第 16 年)时,每月偿还的本金与利息金额是最接近的。

此外,通过模拟不同的贷款利率,即利率在[3%,7%]区间进行等差取值,计算对应的每月偿还金额,并且将结果进行可视化(见图 4-2),具体的代码如下:

```
In [14]: r_list=np.linspace(0.03,0.07,100)    #模拟不同的贷款利率

In [15]: pay_month_list=npf.pmt(rate=r_list/12,nper=n*12,pv=principle,fv=0,when='end')
#计算不同贷款利率条件下的每月偿还本息之和

In [16]: plt.figure(figsize=(9,6))
   ...: plt.plot(r_list,-pay_month_list,'r-',label=u'每月偿还金额',lw=2.5)
   ...: plt.plot(r,-pay_month,'o',label=u'贷款利率5%对应的每月偿还金额',lw=2.5)
   ...: plt.xticks(fontsize=14)
   ...: plt.xlabel(u'贷款利率',fontsize=14)
   ...: plt.yticks(fontsize=14)
   ...: plt.ylabel(u'金额',fontsize=14)
   ...: plt.annotate(u'贷款利率等于5%',fontsize=14,xy=(0.05,43000),xytext=(0.045,48000),arrowprops = dict(facecolor='m',shrink=0.05))
   ...: plt.title(u'不同贷款利率与每月偿还金额之间的关系', fontsize=14)
   ...: plt.legend(loc=0, fontsize=14)
   ...: plt.grid()
   ...: plt.show()
```

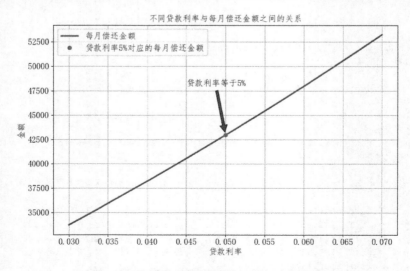

图 4-2 不同贷款利率与每月偿还金额之间的关系

从图 4-2 可以明显看到，贷款利率与每月偿还金额之间呈现一种线性的递增关系。当贷款利率达到 7%时，每月偿还金额超过了 5.25 万元；相反，当贷款利率下降至 3%时，每月偿还金额低于 3.5 万元。

4.2.2 多图绘制

前面的例 4-1 中，在绘制图形时，将多条曲线放置在一张图中；但有时候，在涉及多个变量时，为了更加清晰地展示不同变量的趋势特征，往往需要绘制多张图并且每张图以子图形式显示和排布，这时就需要运用 subplot 函数。下面以深证成指作为对象进行演示。

【例 4-2】从外部导入 2018 年至 2020 年期间深证成指（证券代码 399001）每日开盘价、最高价、最低价、收盘价的数据并创建数据框。表 4-4 列出了部分数据。运用 subplot 函数绘制相应的 2×2 子图，也就是每一行排布 2 张子图、每一列也排布 2 张子图（见图 4-3）。

表 4-4 2018 年至 2020 年期间深证成指每日开盘价、最高价、最低价和收盘价的部分数据

日期	开盘价	最高价	最低价	收盘价
2018-01-02	11079.6410	11178.0520	11072.8680	11178.0520
2018-01-03	11181.1840	11316.4600	11171.1180	11280.2960
2018-01-04	11270.9140	11341.3460	11259.4580	11341.3460
……	……	……	……	……
2020-12-29	14042.7946	14082.4967	13915.8854	13970.2105
2020-12-30	13970.4455	14208.6815	13968.0894	14201.5654
2020-12-31	14226.2842	14476.5477	14226.2842	14470.6832

数据来源：深圳证券交易所。

这里需要提醒的是，直接将 Excel 格式的文件导入并创建以日期作为行索引的数据框时，行索引通常是 object 格式（字符串格式）。为了能够实现 pyplot 子模块的可视化效果最优，需要将行索引的 object 格式转换为 Datetime 格式（时间戳格式），可以运用 pandas 的 DatetimeIndex 函数实现转换，该函数在本书后面的其他相关示例中也会使用到。

下面是具体的代码演示：

```
In [17]: SZ_Index=pd.read_excel('C:/Desktop/深证成指每日价格数据（2018-2020 年）.xlsx', sheet_name=
"Sheet1", header=0, index_col=0)         #从外部导入数据

In [18]: SZ_Index.index                 #显示行索引的格式
Out[18]:
Index(['2018-01-02', '2018-01-03', '2018-01-04', '2018-01-05', '2018-01-08',
       '2018-01-09', '2018-01-10', '2018-01-11', '2018-01-12', '2018-01-15',
       ...
       '2020-12-18', '2020-12-21', '2020-12-22', '2020-12-23', '2020-12-24',
       '2020-12-25', '2020-12-28', '2020-12-29', '2020-12-30', '2020-12-31'],
      dtype='object', name='日期', length=730)

In [19]: SZ_Index.index=pd.DatetimeIndex(SZ_Index.index)   #将数据框的行索引转换为 Datetime 格式
```

```
In [20]: SZ_Index.index            #显示更新后的行索引格式
Out[20]:
DatetimeIndex(['2018-01-02', '2018-01-03', '2018-01-04', '2018-01-05',
               '2018-01-08', '2018-01-09', '2018-01-10', '2018-01-11',
               '2018-01-12', '2018-01-15',
               ...
               '2020-12-18', '2020-12-21', '2020-12-22', '2020-12-23',
               '2020-12-24', '2020-12-25', '2020-12-28', '2020-12-29',
               '2020-12-30', '2020-12-31'],
              dtype='datetime64[ns]', name='日期', length=730, freq=None)
```

从以上的输出结果可以看到，数据框行索引的最初格式是 object，通过 DatetimeIndex 函数就完成了 Datetime 格式的转换。

```
In [21]: plt.figure(figsize=(11,9))
    ...: plt.subplot(2,2,1)          #第1张子图
    ...: plt.plot(SZ_Index['开盘价'],'r-',label=u'深证成指开盘价',lw=2.0)
    ...: plt.xticks(fontsize=13,rotation=30)
    ...: plt.xlabel(u'日期',fontsize=13)
    ...: plt.yticks(fontsize=13)
    ...: plt.ylabel(u'价格',fontsize=13)
    ...: plt.legend(loc=0, fontsize=13)
    ...: plt.grid()
    ...: plt.subplot(2,2,2)          #第2张子图
    ...: plt.plot(SZ_Index['最高价'],'b-',label=u'深证成指最高价',lw=2.0)
    ...: plt.xticks(fontsize=13,rotation=30)
    ...: plt.xlabel(u'日期',fontsize=13)
    ...: plt.yticks(fontsize=13)
    ...: plt.ylabel(u'价格',fontsize=13)
    ...: plt.legend(loc=0, fontsize=13)
    ...: plt.grid()
    ...: plt.subplot(2,2,3)          #第3张子图
    ...: plt.plot(SZ_Index['最低价'],'c-',label=u'深证成指最低价',lw=2.0)
    ...: plt.xticks(fontsize=13,rotation=30)
    ...: plt.xlabel(u'日期',fontsize=13)
    ...: plt.yticks(fontsize=13)
    ...: plt.ylabel(u'价格',fontsize=13)
    ...: plt.legend(loc=0, fontsize=13)
    ...: plt.grid()
    ...: plt.subplot(2,2,4)          #第4张子图
    ...: plt.plot(SZ_Index['收盘价'],'k-',label=u'深证成指收盘价',lw=2.0)
    ...: plt.xticks(fontsize=13,rotation=30)
    ...: plt.xlabel(u'日期',fontsize=13)
    ...: plt.yticks(fontsize=13)
    ...: plt.ylabel(u'价格',fontsize=13)
    ...: plt.legend(loc=0, fontsize=13)
    ...: plt.grid()
    ...: plt.show()
```

对比图 4-3 中的 4 张子图，不难发现深证成指的 4 种价格在走势上存在很强的同步性，并且仅凭借目测是较难辨别出差异的。

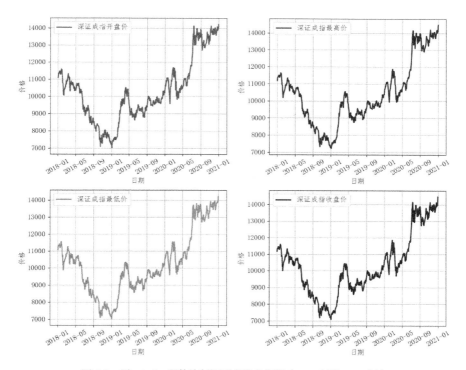

图 4-3　用 subplot 函数绘制深证成指走势图（2018 年至 2020 年）

4.3　直方图

直方图（histogram），也称为**柱状图**，是变量的样本数据分布的图形展示，主要用于估计变量的概率分布，最早由卡尔·皮尔逊（Karl Pearson）引入。目前，直方图被广泛运用于金融统计和量化分析。

绘制直方图的第一步就是将变量的全部样本数据按照不同的区间范围划分成若干个组，组的个数被称为**组数**，而每一组两个端点的距离就是**组距**。直方图的横坐标表示变量的样本数据的连续可取数值，纵坐标表示频数，每个矩形（柱子）的高度代表对应的频数，宽度代表组距；此外，间隔的矩形必须相邻，并且通常每个矩形具有相同的宽度，矩形的个数就等于组数。绘制直方图将运用到 hist 函数。

4.3.1　单一样本的直方图

【例 4-3】通过 2.5 节讨论的 NumPy 获取基于不同统计分布的随机数，作为绘制直方图的数据源，并且选择正态分布、对数正态分布、卡方分布以及贝塔分布，依次从每个分布中随机抽取 10000 个样本值，最后以 2×2 子图的方式呈现（见图 4-4），具体的代码如下：

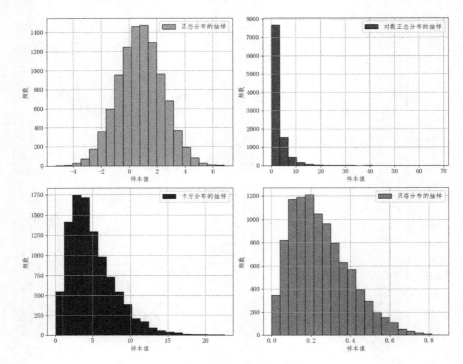

图 4-4 从不同分布中随机抽样的直方图

```
In [22]: import numpy.random as npr                    #导入NumPy的random子模块

In [23]: I=10000                                        #随机抽样的次数

In [24]: x_norm=npr.normal(loc=0.8,scale=1.6,size=I)    #从均值等于0.8、标准差等于1.6的正态分布中随机抽样

In [25]: x_logn=npr.lognormal(mean=0.5,sigma=1.0,size=I) #从均值等于0.5、标准差等于1.0的对数
正态分布中随机抽样

In [26]: x_chi=npr.chisquare(df=5,size=I)               #从自由度等于5的卡方分布中随机抽样

In [27]: x_beta=npr.beta(a=2,b=6,size=I)                #从α等于2、β等于6的贝塔分布中随机抽样

In [28]: plt.figure(figsize=(12,10))
   ...: plt.subplot(2,2,1)
   ...: plt.hist(x_norm,label=u'正态分布的抽样',bins=20,facecolor='y',edgecolor='k')
   ...: plt.xticks(fontsize=13)
   ...: plt.xlabel(u'样本值',fontsize=13)
   ...: plt.yticks(fontsize=13)
   ...: plt.ylabel(u'频数',fontsize=13)
   ...: plt.legend(loc=0,fontsize=13)
   ...: plt.grid()
   ...: plt.subplot(2,2,2)
   ...: plt.hist(x_logn,label=u'对数正态分布的抽样',bins=20,facecolor='r',edgecolor='k')
   ...: plt.xticks(fontsize=13)
```

```
   ...: plt.xlabel(u'样本值',fontsize=13)
   ...: plt.yticks(fontsize=13)
   ...: plt.ylabel(u'频数',fontsize=13)
   ...: plt.legend(loc=0,fontsize=13)
   ...: plt.grid()
   ...: plt.subplot(2,2,3)
   ...: plt.hist(x_chi,label=u'卡方分布的抽样',bins=20,facecolor='b',edgecolor='k')
   ...: plt.xticks(fontsize=13)
   ...: plt.xlabel(u'样本值',fontsize=13)
   ...: plt.yticks(fontsize=13)
   ...: plt.ylabel(u'频数',fontsize=13)
   ...: plt.legend(loc=0,fontsize=13)
   ...: plt.grid()
   ...: plt.subplot(2,2,4)
   ...: plt.hist(x_beta,label=u'贝塔分布的抽样',bins=20,facecolor='c',edgecolor='k')
   ...: plt.xticks(fontsize=13)
   ...: plt.xlabel(u'样本值',fontsize=13)
   ...: plt.yticks(fontsize=13)
   ...: plt.ylabel(u'频数',fontsize=13)
   ...: plt.legend(loc=0,fontsize=13)
   ...: plt.grid()
   ...: plt.show()
```

这里需要再次强调的是，正如 2.5.3 节的例 2-32 中提到的，由于是随机抽样，因此不同组抽样所得到的结果之间会存在一定的差异。图 4-4 与读者自行编程所得到的图形之间会存在比较细微的差异。

4.3.2 多个样本的直方图

此外，有时为了更加形象地展示并且比较若干组样本值的分布情况，也会将不同组的样本值放置在一张直方图中进行对比和展示，展示方式有两种：一是堆叠（stacked）展示，即在直方图中，不同组的样本值堆叠在一起；二是并排展示，即在直方图中，不同组的样本值并排放置。下面就以上证综指和深证成指作为对象进行演示。

1. 堆叠展示

【例 4-4】从外部导入 2019 年至 2020 年期间上证综指、深证成指的日涨跌幅数据。表 4-5 列出了部分数据。

表 4-5　2019 年至 2020 年期间上证综指、深证成指日涨跌幅的部分数据

日期	上证综指（证券代码 000001）	深证成指（证券代码 399001）
2019-01-02	−1.1470%	−1.2503%
2019-01-03	−0.0377%	−0.8368%
2019-01-04	2.0494%	2.7562%
……	……	……
2020-12-29	−0.5372%	−0.5261%
2020-12-30	1.0481%	1.6561%
2020-12-31	1.7167%	1.8950%

数据来源：上海证券交易所、深圳证券交易所。

将以上两个指数的数据通过直方图并且以堆叠方式展示（见图4-5），具体的代码如下：

```
In [29]: SH_SZ_Index=pd.read_excel('C:/Desktop/上证综指和深证成指的日涨跌幅数据(2019-2020年).xlsx',
sheet_name="Sheet1", header=0, index_col=0)        #从外部导入指数日涨跌幅数据

In [30]: SH_SZ_Index=np.array(SH_SZ_Index)         #将数据框格式转为数组格式

In [31]: plt.figure(figsize=(9,6))
    ...: plt.hist(SH_SZ_Index,label=[u'上证综指日涨跌幅',u'深证成指日涨跌幅'], stacked=True,
edgecolor='k',bins=30)   #两组样本值堆叠展示
    ...: plt.xticks(fontsize=13)
    ...: plt.xlabel(u'日涨跌幅',fontsize=13)
    ...: plt.yticks(fontsize=13)
    ...: plt.ylabel(u'频数',fontsize=13)
    ...: plt.title(u'上证综指和深证成指日涨跌幅堆叠的直方图',fontsize=13)
    ...: plt.legend(loc=0,fontsize=13)
    ...: plt.grid()
    ...: plt.show()
```

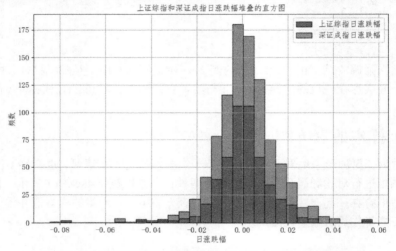

图4-5　上证综指和深证成指日涨跌幅以堆叠方式展示的直方图

从图4-5中可以看到，在堆叠展示的直方图中，第1组数据（上证综指）在下方，第2组数据（深证成指）在上方。通过目测可以发现，无论是上证综指还是深证成指，日涨跌幅数据都集中处于[-4%,4%]区间。同时，最大的日跌幅在-8%附近，而最大的日涨幅则未能超过6%。

2. 并排展示

【例4-5】沿用例4-4中的两组样本值，通过直方图并且以并排方式展示（见图4-6），具体的代码如下：

```
In [32]: plt.figure(figsize=(9,6))
    ...: plt.hist(SH_SZ_Index,label=[u'上证综指日涨跌幅',u'深证成指日涨跌幅'], edgecolor='k',
bins=30)   #两组样本值并排展示
    ...: plt.xticks(fontsize=13)
    ...: plt.xlabel(u'日涨跌幅',fontsize=13)
    ...: plt.yticks(fontsize=13)
    ...: plt.ylabel(u'频数',fontsize=13)
```

```
...:  plt.title(u'上证综指和深证成指日涨跌幅并排的直方图',fontsize=13)
...:  plt.legend(loc=0,fontsize=13)
...:  plt.grid()
...:  plt.show()
```

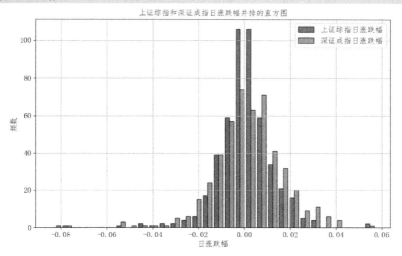

图 4-6 上证综指和深证成指日涨跌幅以并排方式展示的直方图

图 4-6 所示是以并排方式展示的直方图，图中相邻的两个矩形均来自不同的数据组，因此可以很方便地观察并比较不同数据组的分布情况。通过目测可以发现，在日涨跌幅为 0 附近，上证综指的样本数据量明显多于深证成指，同时伴随着日涨跌幅逐渐远离 0，深证成指的样本数据量多于上证综指。因此，相比上证综指，深证成指的样本数据在分布上更加离散，这也说明深证成指的风险会更高。

4.4 条形图

在金融市场中，比较不同金融资产的收益率、对比不同时期的交易量通常需要用**条形图**（bar chart）。

条形图是用相同宽度条形图案的高度或长短表示数据大小。条形图可以分为**垂直条形图**和**水平条形图**两类。其中，垂直条形图也称为**柱形图**（column chart）。然而，直方图与垂直条形图很容易混淆。表 4-6 列出了直方图与垂直条形图的异同。

表 4-6 直方图与垂直条形图的异同

	直方图	垂直条形图
相同点	样本数据通常均以矩形的方式展示	
不同点	仅仅涉及一个变量	需要关联两个变量，一个变量对应横坐标，另一个变量对应纵坐标
	用于直观呈现变量的分布	用于直观呈现变量的变化
	变量的样本数据按照一定的区间进行分组	变量的样本数据按照一定标准进行分类
	不同柱子不能重新排序	不同条形可以任意重新排序

4.4.1 垂直条形图

【例 4-6】沿用 2.1 节例 2-1（或 3.1 节例 3-1）的信息，针对表 4-7 描述的 2020 年 5 月 25 日至 29 日期间 4 只 A 股股票的日涨跌幅数据，创建 2020 年 5 月 25 日、26 日、28 日和 29 日这 4 只股票涨跌幅的垂直条形图，并且以 2×2 子图的方式呈现（见图 4-7），需要运用创建垂直条形图的函数 bar，具体的代码如下：

表 4-7　2020 年 5 月 25 日至 29 日 4 只 A 股股票的日涨跌幅

股票简称	2020-05-25	2020-05-26	2020-05-27	2020-05-28	2020-05-29
中国卫星	−3.5099%	1.7230%	−0.3450%	−2.4551%	3.9368%
中国软件	−1.3892%	2.4334%	−3.3758%	1.4622%	0.0128%
中国银行	0.5848%	−0.2907%	0.5831%	0.5797%	−0.5764%
上汽集团	2.1242%	0.2133%	−2.9803%	−0.2743%	−1.4301%

注：表 4-7 的内容与表 2-1、表 3-1 的相关内容一致。
数据来源：上海证券交易所。

```
In [33]: R_array=np.array([[-0.035099,0.017230,-0.003450,-0.024551,0.039368],[-0.013892,
0.024334,-0.033758,0.014622,0.000128],[0.005848,-0.002907,0.005831,0.005797,-0.005764],[0.021
242,0.002133,-0.029803,-0.002743,-0.014301]])      #创建数组

In [34]: date=['2020-05-25','2020-05-26','2020-05-27','2020-05-28','2020-05-29'] #输入交易日
    ...: name=['中国卫星','中国软件','中国银行','上汽集团']                    #输入股票名称

In [35]: R_dataframe=pd.DataFrame(data=R_array.T,index=date,columns=name) #创建数据框

In [36]: plt.figure(figsize=(12,10))
    ...: plt.subplot(2,2,1)
    ...: plt.bar(x=R_dataframe.columns,height=R_dataframe.iloc[0],width=0.5,label=u'2020
年5月25日涨跌幅',facecolor='y')
    ...: plt.xticks(fontsize=13)
    ...: plt.yticks(fontsize=13)
    ...: plt.ylabel(u'涨跌幅',fontsize=13)
    ...: plt.legend(loc=0,fontsize=13)
    ...: plt.grid()
    ...: plt.subplot(2,2,2,sharex=plt.subplot(2,2,1),sharey=plt.subplot(2,2,1))       #与第1
个子图的x轴和y轴相同
    ...: plt.bar(x=R_dataframe.columns,height=R_dataframe.iloc[1],width=0.5,label=u'2020
年5月26日涨跌幅',facecolor='c')
    ...: plt.xticks(fontsize=13)
    ...: plt.yticks(fontsize=13)
    ...: plt.legend(loc=0,fontsize=13)
    ...: plt.grid()
    ...: plt.subplot(2,2,3,sharex=plt.subplot(2,2,1),sharey=plt.subplot(2,2,1))       #与第1
个子图的x轴和y轴相同
    ...: plt.bar(x=R_dataframe.columns,height=R_dataframe.iloc[3],width=0.5,label=u'2020
年5月28日涨跌幅',facecolor='b')
    ...: plt.xticks(fontsize=13)
    ...: plt.yticks(fontsize=13)
```

```
    ...: plt.ylabel(u'涨跌幅',fontsize=13)
    ...: plt.legend(loc=0,fontsize=13)
    ...: plt.grid()
    ...: plt.subplot(2,2,4,sharex=plt.subplot(2,2,1),sharey=plt.subplot(2,2,1))      #与第1
个子图的x轴和y轴相同
    ...: plt.bar(x=R_dataframe.columns,height=R_dataframe.iloc[4],width=0.5,label=u'2020
年5月29日涨跌幅',facecolor='g')
    ...: plt.xticks(fontsize=13)
    ...: plt.yticks(fontsize=13)
    ...: plt.legend(loc=0,fontsize=13)
    ...: plt.grid()
    ...: plt.show()
```

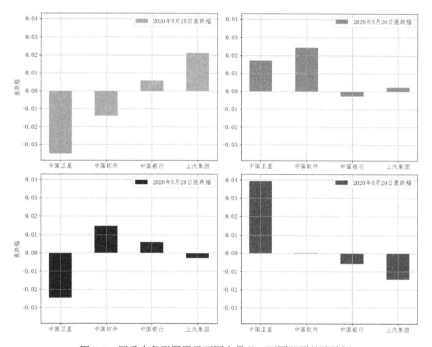

图 4-7 用垂直条形图展示不同交易日、不同股票的涨跌幅

通过图 4-7 就可以非常直观地对比同一个交易日、不同股票的涨跌幅情况以及不同交易日、同一只股票的涨跌幅情况。比如，在 2020 年 5 月 25 日，在这 4 只股票中，上汽集团表现最好，中国卫星则表现最差；针对中国软件，在 4 个交易日中，5 月 26 日的表现最好，5 月 25 日的表现最差。

4.4.2 水平条形图

此外，有时为了更好地比较不同股票在不同交易日的涨跌幅情况，可以将若干个交易日的涨跌幅放置在一张水平条形图中进行集中展示。

【例 4-7】沿用例 4-6 中的相关信息，将 2020 年 5 月 26 日与 27 日这两个交易日 4 只股票的涨跌幅放置在一张水平条形图中进行展示（见图 4-8），需要运用创建水平条形图的函数 barh，具体的代码如下：

```
In [37]: plt.figure(figsize=(9,6))
   ...: plt.barh(y=R_dataframe.columns,width=R_dataframe.iloc[1],height=0.5,label=u'2020
年5月26日涨跌幅')
   ...: plt.barh(y=R_dataframe.columns,width=R_dataframe.iloc[2],height=0.5,label=u'2020
年5月27日涨跌幅')
   ...: plt.xticks(fontsize=13)
   ...: plt.xlabel(u'涨跌幅',fontsize=13)
   ...: plt.yticks(fontsize=13)
   ...: plt.title(u'水平条形图可视化股票的涨跌幅',fontsize=13)
   ...: plt.legend(loc=1,fontsize=13)
   ...: plt.grid()
   ...: plt.show()
```

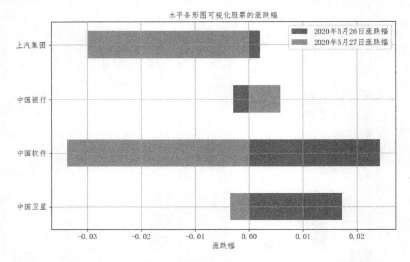

图 4-8 将不同交易日、不同股票的涨跌幅放置在一张水平条形图中

从图 4-8 中可以十分直观地看到，4 只股票在 2020 年 5 月 26 日与 27 日这两个交易日的涨跌幅恰好相反。

4.4.3 综合条形图与折线图的双轴图

在金融领域中，会经常看到同时绘制条形图与折线图的**双轴图**。其中，条形图往往用于描述变量的金额，并且对应左侧的 y 轴；折线图则用于刻画变量的变化情况（如增长率），并且对应右侧的 y 轴。这类图也称为**双 y 轴图**。

绘制双 y 轴图需要运用以下的两个函数：一是通过 subplots 函数创建一个包含 figure（图案）、axes（轴域）对象的元组；二是通过 twinx 函数创建一个右侧纵坐标（右侧 y 轴），进而用于绘制双 y 轴图。下面，以广义货币供应量 M2 作为对象进行演示。

【例 4-8】 广义货币供应量 M2 是衡量一国货币政策松紧状况的重要指标。从外部导入 2019 年至 2020 年我国广义货币供应量 M2 每月余额和每月同比增长率的数据，并且创建一个数据框。表 4-8 列出了相关的部分数据。

表 4-8 2019 年至 2020 年我国广义货币供应量 M2 每月余额和每月同比增长率的部分数据

日期	M2 每月余额/万亿元	M2 每月同比增长率
2019-01-31	186.59	8.40%
2019-02-28	186.74	8.00%
2019-03-31	188.94	8.60%
……	……	……
2020-10-31	214.97	10.50%
2020-11-30	217.20	10.70%
2020-12-31	218.68	10.10%

数据来源：中国人民银行。

下面，用垂直条形图刻画 M2 的每月余额变量，用折线图刻画 M2 的每月同比增长率变量，并将垂直条形图和折线图放置在一张双 y 轴图中（见图 4-9），具体的代码如下：

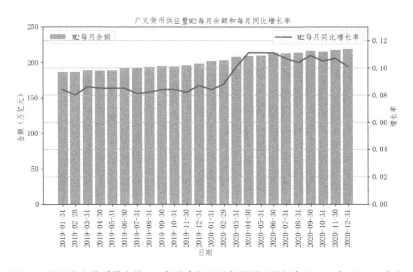

图 4-9 我国广义货币供应量 M2 每月余额以及每月同比增长率（2019 年至 2020 年）

```
In [38]: M2=pd.read_excel('C:/Desktop/我国广义货币供应量M2的数据（2019—2020年）.xlsx', sheet_name=
"Sheet1", header=0, index_col=0)    #从外部导入 M2 的数据

In [39]: fig, ax1=plt.subplots(figsize=(9,6))        #运用左侧纵坐标绘制图形
   ...: plt.bar(x=M2.index,height=M2.iloc[:,0],color='y',label=u'M2 每月余额')
   ...: plt.xticks(fontsize=13,rotation=90)
   ...: plt.xlabel(u'日期',fontsize=13)
   ...: plt.yticks(fontsize=13)
   ...: plt.ylim(0,250)
   ...: plt.ylabel(u'金额（万亿元）',fontsize=13)
   ...: plt.legend(loc=2,fontsize=13)                #图例的位置设置在左上方
   ...: ax2=ax1.twinx()                              #运用右侧纵坐标绘制图形
   ...: plt.plot(M2.iloc[:,-1],label=u'M2 每月同比增长率',lw=2.5)
   ...: plt.yticks(fontsize=13)
   ...: plt.ylim(0,0.13)
```

```
...: plt.ylabel(u'增长率',fontsize=13)
...: plt.title(u'广义货币供应量M2每月余额和每月同比增长率',fontsize=13)
...: plt.legend(loc=1,fontsize=13)              #图例的位置设置在右上方
...: plt.grid()
...: plt.show()
```

图 4-9 中左侧的 y 轴对应 M2 每月余额的刻度，右侧的 y 轴对应 M2 每月同比增长率的刻度。此外，从图 4-9 中不难发现，我国广义货币供应量 M2 每月余额基本是逐月增长的，并且相比 2019 年，2020 年 M2 每月同比增长率明显提高。

4.5 散点图

金融分析的起点通常是考察两个或多个不同变量之间是否具有线性关系，通过绘制出两个变量的**散点图**（scatter plot）进行目测是判断线性关系非常便捷、有效的方法。

散点图就是将两个变量的样本值显示为一组点，样本值由点在图中的位置表示。散点图常用于识别两个变量之间的线性相关性或用于观察它们的关系，从而发现某种趋势，比如线性关系、指数关系等。同时，散点图对于查找异常值或理解数据分布有一定的帮助。如果图中的散点越向一条直线靠拢，就说明两个变量之间的线性相关性越高，反之则越低。绘制散点图需要运用 scatter 函数。下面以 A 股市场的两只银行股票作为示例进行演示。

【例 4-9】 分析 2016 年至 2020 年期间中国工商银行（简称"工商银行"）与中国建设银行（简称"建设银行"）这两只 A 股股票的周涨跌幅。表 4-9 列出了部分数据。

表 4-9　2016 年至 2020 年期间工商银行与建设银行周涨跌幅的部分数据

日期	工商银行（证券代码 601398）	建设银行（证券代码 601939）
2016-01-08	−2.6201%	−4.1522%
2016-01-15	−5.1570%	−8.1227%
2016-01-22	−0.2364%	−0.7859%
……	……	……
2020-12-18	−1.5748%	−1.2327%
2020-12-25	−0.6000%	−2.1841%
2020-12-31	0.4024%	0.1595%

数据来源：上海证券交易所。

下面，运用散点图展示这两只股票的周涨跌幅，具体分为两个步骤。

第 1 步：从外部导入相关数据并创建数据框，查看数据框的描述性统计并计算两个时间序列的相关系数。具体的代码如下：

```
In [40]: ICBC_CCB=pd.read_excel('C:/Desktop/工商银行与建设银行A股周涨跌幅数据（2016-2020年）.xlsx',
sheet_name="Sheet1",header=0,index_col=0)    #从外部导入工商银行和建设银行的周涨跌幅数据

In [41]: ICBC_CCB.describe()     #查看数据框的描述性统计
Out[41]:
             工商银行         建设银行
count    261.000000   261.000000
mean       0.000656     0.000786
```

```
std            0.025698      0.030681
min           -0.121053     -0.124607
25%           -0.011494     -0.014925
50%            0.000000      0.000000
75%            0.013514      0.014862
max            0.139200      0.152091

In [42]: ICBC_CCB.corr()         #工商银行与建设银行周涨跌幅的相关系数
Out[42]:
              工商银行       建设银行
工商银行    1.000000      0.852011
建设银行    0.852011      1.000000
```

根据以上的输出结果可以看出，就数据的描述性统计而言，工商银行与建设银行的周涨跌幅，无论是均值、标准差，还是主要的分位数都比较接近，同时相关系数也超过 0.85，可以初步判断出两只股票在周涨跌幅上具有高度的线性相关性，并且可以推测出在散点图中的散点是比较靠近于一条直线的。

第 2 步：绘制工商银行与建设银行周涨跌幅的散点图（见图 4-10），具体的代码如下：

```
In [43]: plt.figure(figsize=(9,6))
    ...: plt.scatter(x=ICBC_CCB['工商银行'],y=ICBC_CCB['建设银行'],c='r',marker='o')
    ...: plt.xticks(fontsize=13)
    ...: plt.xlabel(u'工商银行周涨跌幅',fontsize=13)
    ...: plt.yticks(fontsize=13)
    ...: plt.ylabel(u'建设银行周涨跌幅',fontsize=13)
    ...: plt.title(u'工商银行与建设银行周涨跌幅的散点图', fontsize=13)
    ...: plt.grid()
    ...: plt.show()
```

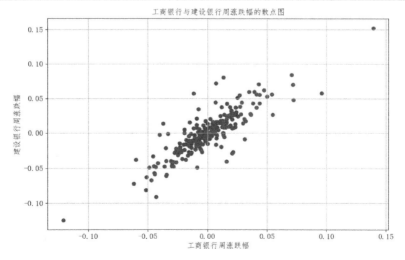

图 4-10　2016 年至 2020 年期间工商银行与建设银行周涨跌幅的散点图

图 4-10 印证了前面运用相关系数推测出来的结果，也就是工商银行与建设银行的周涨跌幅基本处于一条直线的附近。

但是需要注意，相关关系绝对不等同于因果关系。因为，相关关系仅仅表示两个变量的同时变化，但是因果关系则是指一个变量的变化会导致另一个变量的变化。以图 4-10 为例，虽然可以认为工商银行与建设银行之间存在着线性相关关系，但是无法推测出这两只股票的涨跌幅之间是否存在因果关系，也就是仅仅从散点图中无法判断工商银行的涨跌是否会导致建设银行的涨跌，相反也无法判断建设银行的涨跌是否会导致工商银行的涨跌。所以，散点图只是一种初步的数据分析工具，仅能直观地观察两个变量之间是否存在相关关系，如果需要进一步确认变量之间是否存在因果关系，还必须借助其他的统计分析工具。

4.6 饼图

在金融领域中，经常需要计算变量的若干个样本值占总样本值的比重，并且希望将这些比重进行图形化展示，这时通过**饼图**（pie chart）就能对各组成部分所占的比重进行直观描述。

饼图是一种圆形的统计图，它被划分成不同的切片以表示比重。饼图的运用通常归功于苏格兰工程师、经济学家威廉·普莱费尔（William Playfair），他在 1801 年最先提出并运用饼图进行统计分析。绘制饼图需要运用 pie 函数。下面以国际货币基金组织特别提款权中不同币种的权重作为示例演示饼图的绘制。

【例 4-10】**特别提款权**（Special Drawing Right，SDR）是国际货币基金组织于 1969 年创设的一种国际储备资产，被称为"纸黄金"。特别提款权的价值最初确定为相当于 0.888671 克纯金，当时也相当于 1 美元。在布雷顿森林体系解体后，特别提款权的价值被重新定义为一篮子货币。2015 年 11 月 30 日，国际货币基金组织正式宣布人民币获准加入特别提款权货币篮子并成为第三大货币，从 2016 年 10 月 1 日起正式实施[1]。因此，目前特别提款权的价值是由美元、欧元、人民币、日元、英镑等一篮子储备货币所决定的。2016 年 10 月 1 日至今，这 5 种货币在特别提款权中的权重如表 4-10 所示。

表 4-10　国际货币基金组织特别提款权中不同币种的权重

币种	权重
美元（U.S. Dollar）	41.73%
欧元（Euro）	30.93%
人民币（Chinese Yuan）	10.92%
日元（Japanese Yen）	8.33%
英镑（Pound Sterling）	8.09%

数据来源：国际货币基金组织。

下面用饼图展示表 4-10 中不同币种的权重（见图 4-11），具体的代码如下：

```
In [44]: currency=['美元','欧元','人民币','日元','英镑']    #创建存放币种名称的列表

In [45]: perc=[0.4173, 0.3093, 0.1092, 0.0833, 0.0809]    #创建存放不同币种权重的列表

In [46]: plt.figure(figsize=(9,7))
```

---

[1] 关于特别提款权的演进历史、价值、分配、交易等细节内容，可以访问国际货币基金组织的官方网站。

```
...: plt.pie(x=perc,labels=currency,textprops={'fontsize':13})
...: plt.axis('equal')                                    #使饼图是一个圆形
...: plt.title(u'特别提款权中不同币种的权重',fontsize=13)
...: plt.legend(loc=2,fontsize=13)                        #图例在左上方
...: plt.show()
```

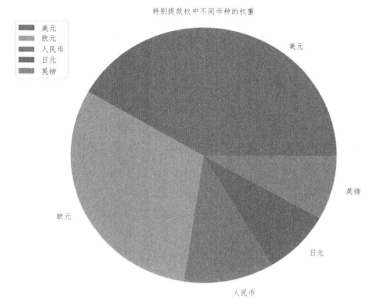

图 4-11　特别提款权中不同币种的权重

需要注意的是，在上面的代码中，参数 textprops 用于控制饼图中标签的字体大小，比如输入 textprops={'fontsize':13}就表示设置的字体大小是 13 磅。

4.7　雷达图

雷达图（radar chart）也称为戴布拉图、网络图、蜘蛛图、星图，是以二维图的形式在从中心点开始向外延伸的数轴上表示 3 个或更多个变量数据的图形。此类图形最早由日本企业界发明并运用于综合评估企业的财务状况，由于绘制得到的图形酷似雷达，因此取名雷达图。

运用 Matplotlib 绘制雷达图时，通常需要分两个步骤完成。

（1）输入准备好的参数数据，除了指标和排名的数据以外，还需要运用 NumPy 的 linspace 函数将整个圆形按照需要显示的指标数量进行均匀切分，比如需要显示 4 个指标，则将圆形均匀切分为 4 个部分；同时，运用 NumPy 的另一个函数 concatenate 将相关数组进行首尾拼接以实现图形的闭合。

（2）运用 Matplotlib 的子模块 pyplot 的 polar 函数和 thetagrids 函数完成绘制。其中，polar 函数用于绘制雷达图的坐标系，thetagrids 函数则用于输入图形中涉及的指标名称。

下面，以国内 A 股上市保险公司相关财务指标作为对象具体演示雷达图的绘制过程。

【例4-11】目前，在国内A股市场上市的保险公司一共5家，分别是中国人寿、中国人保、中国太保、中国平安以及新华保险。根据这些公司对外披露的2019年年度报告，这里整理了包括当年营业收入增长率、净利润增长率、净资产收益率以及偿付能力充足率等指标，具体详见表4-11，并且该表列出了中国太保的相关指标在这5家上市保险公司中的排名情况。

表4-11 国内A股上市保险公司2019年相关财务和监管指标

证券代码	证券简称	营业收入增长率	净利润增长率	净资产收益率	偿付能力充足率
601318	中国平安	19.6590%	36.4568%	24.3500%	229.8000%
601628	中国人寿	15.8706%	394.4202%	16.4700%	276.5300%
601319	中国人保	10.2652%	62.5468%	13.4400%	300.0000%
601336	新华保险	13.2318%	83.7688%	19.4100%	283.6400%
601601	中国太保	8.7836%	53.8136%	16.9200%	295.0000%
		排名第5位	排名第4位	排名第3位	排名第2位

注：以上5家上市保险公司的2019年年度报告依次于2020年2月、3月完成对外披露。
数据来源：相关公司对外披露的2019年年度报告。

下面，结合表4-11运用雷达图展示中国太保在这些指标中的排名情况（见图4-12），具体的代码如下：

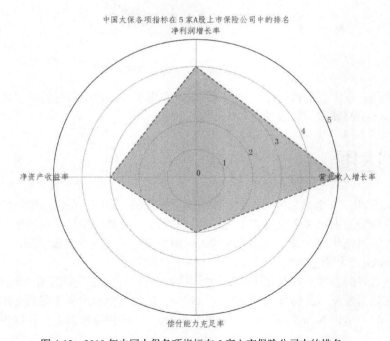

图4-12 2019年中国太保各项指标在5家上市保险公司中的排名

```
In [47]: company=['中国人寿','中国人保','中国太保','中国平安','新华保险']  #创建存放公司名称的列表
    ...: indicator=['营业收入增长率','净利润增长率','净资产收益率','偿付能力充足率']  #创建存放指标名称的列表
    ...: ranking=np.array([5,4,3,2])          #创建存放中国太保各指标排名的数组
```

```
In [48]: N_company=len(company)              #公司的数量
    ...: N_indicator=len(indicator)          #指标的数量

In [49]: ranking_new=np.concatenate([ranking, [ranking[0]]])        #在中国太保各项指标排名的数组
末尾增加一个该数组的首位数字，以实现绘图的闭合

In [50]: angles=np.linspace(0, 2*np.pi,N_indicator,endpoint=False)  #将圆形按照指标数量进行均匀切分

In [51]: angles_new=np.concatenate([angles, [angles[0]]])           #在已创建的 angles 数组的末尾
增加一个该数组的首位数字，以实现绘图的闭合

In [52]: plt.figure(figsize=(8,8))
    ...: plt.polar(angles_new,ranking_new,'--')                     #绘制雷达图
    ...: plt.thetagrids(angles_new*180/np.pi,indicator,fontsize=13) #绘制圆形的指标名称
    ...: plt.ylim(0,5)
    ...: plt.yticks(range(N_company+1),fontsize=13)                 #刻度按照公司数量设置
    ...: plt.fill(angles_new, ranking_new, facecolor='r',alpha=0.3) #对图中相关部分用颜色填充
    ...: plt.title(u'中国太保各项指标在 5 家 A 股上市保险公司中的排名',fontsize=13)
    ...: plt.show()
```

从图 4-12 可以清楚地看到，越靠近雷达图的圆心位置，就代表指标的排名越高；相反，越远离雷达图的圆心位置，就代表指标的排名越低。

4.8　K 线图

在证券、期货等投资领域，经常运用 **K 线图** 来表示价格的走势情况。K 线图最早起源于日本德川幕府时代（公元 1603 年—1867 年），是当时日本米市商人用于记录米市的行情与价格波动的图形。由于所绘制出来的图表形状非常类似于一根根蜡烛，因此 K 线图也被称为**蜡烛图**（candlestick chart）。

在绘制 K 线时，都是围绕着开盘价、最高价、最低价、收盘价这 4 个数据展开的，反映大势的状况和价格信息。当收盘价高于开盘价时，K 线就称为**阳线**；相反，当收盘价低于开盘价时，K 线就称为**阴线**。在我国 A 股市场，用红色表示阳线，绿色表示阴线。需要注意的是，在欧美金融市场，通常用绿色表示阳线，红色表示阴线，这与 A 股市场的习惯恰好相反。此外，将每日的 K 线放在一张图上，就能得到日 K 线图，根据同样的逻辑也可以绘制出周 K 线图、月 K 线图等。

需要注意的是，在 Matplotlib 2.0 之前存在一个子模块 finance 可以用于绘制 K 线图。但是，在 Matplotlib 2.0 及更高版本中，该子模块已经独立出来并形成了新的第三方模块 mplfinance。

由于本书使用的是 Matplotlib 3.2.2，因此在绘制 K 线图时需要运用 mplfinance。考虑到该模块需要另行安装，同时本书是在 Anaconda 环境中运行 Python 的，所以通过打开 Anaconda Prompt，并且输入如下命令就能在线安装该模块的最新版本：

```
pip install mplfinance
```

在写作本书时，mplfinance 的最新版本是 0.12.7a0。如果用户希望在线安装其他的版本，比如 0.12.6a0 版本，则可以输入如下命令：

```
pip install mplfinance==0.12.6a0
```

同样，由于 mplfinance 是第三方模块，因此需要导入模块并且查看版本信息，具体的代码如下：

```
In [53]: import mplfinance as mpf          #导入mplfinance

In [54]: mpf.__version__                    #查看版本信息
Out[54]: '0.12.7a0'
```

在该模块中，函数 plot 就可以用于绘制 K 线图，该函数的主要参数及输入方式如表 4-12 所示。

表 4-12　函数 plot 的主要参数及输入方式

参数名称	参数含义及输入方式
data	表示输入绘制图形的数据，数据需要以数据框格式存放。同时，数据框需要满足以下两个要求： 一是行索引必须是 Datetime 格式，关于如何转换为该格式详见 4.2.2 节的例 4-2； 二是列名必须依次用 Open、High、Low、Close、Volume 等英文字母表示，分别代表开盘价、最高价、最低价、收盘价、交易量等
type	表示图形的类型，一共有 5 种图形可供用户选择： ohlc 表示条形图，并且默认为此图； candle 表示蜡烛图； line 表示折线图； renko 表示砖型图； pnf 表示 OX 图或点数图（point and figure chart）
mav	表示均线，并且可以生成一条或若干条均线，如果输入 mav=5 就表示生成 5 日均线（以日 K 线为例），如果输入 mav=(5,10) 就表示分别生成 5 日均线和 10 日均线
volume	用于绘制交易量，如果输入 volume=True 就表示绘制交易量，如果不输入或者输入 volume=False 就表示不绘制交易量
figratio	用于定义画面的尺寸，比如输入 figratio=(9,6) 就代表宽是 9 英寸、高是 6 英寸
style	用于设定 K 线图的图案风格，有 9 种风格可供选择，通常输入 style='classic' 表示采用经典风格，也就是阳线用白色表示，阴线用黑色表示；此外，可以调用 mplfinance 的函数 make_marketcolors 和 make_mpf_style 自定义阳线、阴线等图案的颜色
ylabel	y 轴的坐标标签
ylabel_lower	对应绘制交易量图形的 y 轴坐标标签

下面，以上证综指为对象并运用 mplfinance 演示绘制 K 线图的过程。

【例 4-12】表 4-13 列出了 2020 年第 3 季度上证综指每个交易日价格和成交额的部分数据。运用 mplfinance 绘制 K 线图时，分两个步骤完成。

表 4-13　2020 年第 3 季度上证综指每个交易日价格和成交额的部分数据

日期	开盘价	最高价	最低价	收盘价	成交额/万亿元
2020-07-01	2991.1813	3026.1862	2984.9841	3025.9810	0.3699
2020-07-02	3023.7189	3092.4432	3021.6736	3090.5693	0.4782
2020-07-03	3103.9952	3152.8126	3103.9952	3152.8126	0.5355
……	……	……	……	……	……
2020-09-28	3224.9769	3238.1825	3210.8925	3217.5346	0.2097
2020-09-29	3231.8551	3242.7937	3219.7902	3224.3593	0.2073
2020-09-30	3232.7104	3244.9134	3202.3435	3218.0521	0.2058

数据来源：上海证券交易所。

第1步：绘制K线图并且采用经典的图案风格，同时需要在图形中绘制5日均线（见图4-13）。具体的代码如下：

```
In [55]: SH_Index=pd.read_excel('C:/Desktop/2020年第3季度上证综指的日交易数据.xlsx', sheet_name="Sheet1",header=0,index_col=0)   #从外部导入上证综指的数据

In [56]: SH_Index.index = pd.DatetimeIndex(SH_Index.index)   #数据框的行索引转换为Datetime格式

In [57]: SH_Index.columns                             #显示数据框的列名
Out[57]: Index(['开盘价', '最高价', '最低价', '收盘价', '成交额(万亿元)'], dtype='object')

In [58]: SH_Index=SH_Index.rename(columns={'开盘价':'Open','最高价':'High','最低价':'Low','收盘价':'Close','收盘价':'Close','成交额(万亿元)':'Volume'})        #将数据框的列名调整为英文

In [59]: mpf.plot(data=SH_Index,type='candle',mav=5,volume=True,figratio=(9,7),style='classic',ylabel='price',ylabel_lower='volume(trillion)')        #绘制经典风格的K线图
```

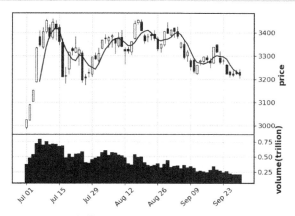

图4-13　2020年第3季度上证综指的日K线图（经典风格）

图4-13所示是经典风格的上证综指日K线图并且分为两个部分，同时y轴的刻度和标签默认是在右侧。图形上半部分为价格走势图，其中阳线用白色表示，阴线用黑色表示，曲线代表5日均线；图形下半部分则刻画了每日的交易情况。此外，由于x轴（时间轴）的标签用英文显示，因此为了保持统一，y轴的标签也用英文显示。

第2步：绘制K线图并且采用阳线用红色表示、阴线用绿色表示的图案风格，同时需要在图形中绘制5日均线和10日均线（见图4-14）。具体的代码如下：

```
In [60]: color=mpf.make_marketcolors(up='r',down='g')        #设置阳线用红色表示、阴线用绿色表示

In [61]: style_color=mpf.make_mpf_style(marketcolors=color)  #运用make_mpf_style函数

In [62]: mpf.plot(data=SH_Index,type='candle',mav=(5,10),volume=True,figratio=(9,6), style=style_color,ylabel='price',ylabel_lower='volume(trillion)')        #绘制自定义的K线图
```

通过图4-14不难看到，该K线图的色彩风格非常符合国内A股市场的特征：阳线采用红色表示，阴线则采用绿色表示。同时，仔细观察图4-14的上半部分（价格走势）和下半部分（成交额），不难发现上证综指的涨跌与成交额之间存在一定的内在关系，即价格上涨时会伴随着成交额的放大（价涨量升），价格下跌时则伴随着成交额的萎缩（价跌量降）。

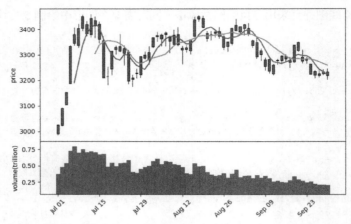

图 4-14 2020 年第 3 季度上证综指的日 K 线图（阳线用红色表示、阴线用绿色表示，详见下载版彩图）

到这里，第 4 章的内容就全部讲解完毕了，第 5 章将讨论包括 SciPy、statsmodels、arch 以及 datetime 等模块的编程。

4.9 本章小结

数据可视化是金融分析与风险管理的有机组成部分。在 Python 中，常用的可视化工具就是 Matplotlib 的子模块 pyplot。本章首先介绍了 pyplot 子模块中的常用绘图函数与参数；在此基础上，分别讨论了运用 plot 函数绘制单一曲线图以及运用 subplot 函数进行多图绘制；随后，探讨了运用 hist 函数绘制单一样本的直方图和多个样本的直方图；接着，依次介绍了运用 bar 函数绘制垂直条形图、运用 barh 函数绘制水平条形图以及融合了曲线与条形图案的双轴图；之后，分别演示了运用 scatter 函数绘制散点图、运用 pie 函数绘制饼图以及绘制雷达图的核心方法；最后，运用原先属于 Matplotlib 的子模块但现在已独立出来的第三方模块 mplfinance，演示了绘制 K 线图的过程。

4.10 拓展阅读

本章的内容参考了以下资料。

[1] Matplotlib 的官方网站提供了关于 Matplotlib 的介绍以及完整文档；此外，Matplotlib 的官方网站还提供了各类图案的"展厅"（gallery），"展厅"中不仅有丰富的海量图案，并且提供了绘制这些图案的 Python 代码。

[2] mplfinance 网站提供了关于 mplfinance 的介绍、安装、示例以及功能文档。

[3] *Matplotlib 3.0 Cookbook: Over 150 recipes to create highly detailed interactive visualizations using Python*，这本书运用的 Matplotlib 版本匹配 Python 3.7，并且借助超过 150 张图的演示详细介绍与商业智能、数据科学和工程学科等主题相关的图表。

第 5 章 结合金融场景演示 SciPy 等模块编程

本章导读

在金融领域中,除了第 2 章至第 4 章依次介绍的 NumPy、pandas 以及 Matplotlib 这 3 个常用模块之外,还有 4 个模块也时常会被调用,它们分别是 SciPy、statsmodels、arch 和 datetime。其中,SciPy 拥有微积分、优化、插值、统计等十分丰富的高级科学计算功能,statsmodels 具备强大的统计分析与建模功能,arch 可以运用于波动率建模等时间序列分析,datetime 则是 Python 内置的一个专门处理时间对象的模块。本章将围绕这 4 个模块并结合金融场景展开讲解和演示。

本章的内容涵盖以下几个主题。
- 讨论 SciPy 的积分运算、插值法、方程组求解、最优化方法以及统计分析等功能。
- 探讨 statsmodels 的子模块 api 如何用于构建线性回归模型。
- 论述包括 ARCH 模型、GARCH 模型在内的波动率模型,并且演示 arch 中的相应功能。
- 介绍专门处理时间对象的模块 datetime,包括时间对象的创建、时间对象属性的访问以及相关的运算等内容。

5.1 SciPy 模块

SciPy 是一款集数学与工程于一体的开源工具包,并且与 NumPy、pandas、Matplotlib 以及 SymPy 等模块一起搭建起了基于 Python 的数学、科学和工程的开源软件生态系统。因此,SciPy 可以与 NumPy 的数组、pandas 的序列和数据框一起使用,并提供包括积分、优化等许多高效的数值运算。SciPy 不仅易于使用,而且功能强大,许多科学家和工程师都在运用 SciPy,目前金融领域也比较依赖该模块。下面导入 SciPy 模块并查看版本信息,具体的代码如下:

```
In [1]: import scipy              #导入SciPy模块
   ...: scipy.__version__         #查看版本信息
Out[1]: '1.5.0'
```

表5-1列出了SciPy的子模块及功能，从中我们足以领略其强大的科学计算功能。值得注意的是，为了使用的高效与便利，使用时通常无须导入整个模块，而是根据用户的需要有针对性地导入相应的SciPy子模块。

表5-1 SciPy的子模块及功能

子模块名称	功能
cluster	聚类算法
constants	物理数学常数
fftpack	快速傅里叶变换
integrate	积分和常微分方程求解
interpolate	插值处理
io	输入输出
linalg	线性代数
odr	正交距离回归
optimize	优化和求根
ndimage	多维图像处理模块
signal	信号处理
sparse	稀疏矩阵
spatial	空间数据结构和算法
special	特殊函数模块
stats	统计分布和函数
weave	调用C/C++

在金融领域中，SciPy最常用的子模块分别是integrate、interpolate、linalg、optimize和stats这5个子模块，下面结合在金融领域的具体运用依次对这5个子模块进行介绍和演示。

5.1.1 求积分

在对复杂的金融产品进行估值时，经常会用到积分。下面，就以金融领域常用的标准正态分布作为示例介绍如何通过SciPy求积分。在2.5.1节介绍过，如果随机变量x服从标准正态分布，则它的概率密度函数如下：

$$f(x) = \frac{1}{\sqrt{2\pi}} e^{-\frac{x^2}{2}} \tag{5-1}$$

假定需要计算变量x处于$[a,b]$区间的概率，具体就是对式（5-1）求以下积分：

$$\int_a^b f(x)dx = \int_a^b \frac{1}{\sqrt{2\pi}} e^{-\frac{x^2}{2}} dx \tag{5-2}$$

【例5-1】假定变量服从标准正态分布，需要计算当该变量处于[−2,2]区间的概率，通过SciPy

求解，具体的计算分为两个步骤。

第 1 步：导入 SciPy 的子模块 integrate，并且在 Python 中自定义一个标准正态分布的概率密度函数；同时，为了满足本章后续的编程需要，在这里导入其他常用模块（如 NumPy、pandas 等）并输入包括图形可视化中显示中文字体等常用的代码。具体的代码如下：

```
In [2]: import numpy as np                                    #导入 NumPy 模块
   ...: import pandas as pd                                   #导入 pandas 模块
   ...: import matplotlib.pyplot as plt                       #导入 Matplotlib 的子模块 pyplot

In [3]: from pylab import mpl                                 #从 pylab 导入子模块 mpl
   ...: mpl.rcParams['font.sans-serif']=['FangSong']          #以仿宋字体显示中文
   ...: mpl.rcParams['axes.unicode_minus']=False              #在图像中正常显示负号"-"
   ...: from pandas.plotting import register_matplotlib_converters  #导入注册日期时间转换器的函数
   ...: register_matplotlib_converters()                      #注册日期时间转换器

In [4]: import scipy.integrate as sci                         #导入 SciPy 的子模块 integrate 并缩写为 sci

In [5]: def f(x):                                             #自定义一个标准正态分布的概率密度函数
   ...:     equation=np.exp(-0.5*x**2)/pow(2*np.pi,0.5)       #标准正态分布的概率密度函数的公式
   ...:     return equation
```

第 2 步：在 integrate 子模块中，有多个求解积分的函数，函数形式及主要参数如下。

```
函数名(func, a, b)
```

其中，参数 func 代表被积函数，a 代表区间的下限，b 代表区间的上限。具体的积分函数及针对例 5-1 的运用见表 5-2。

表 5-2 integrate 子模块中的积分函数与运用

函数	功能	针对例 5-1 的具体运用
quad	自适应求积分	In [6]: sci.quad(func=f,a=-2.0,b=2.0) Out[6]: (0.9544997361036417, 1.8403560456416157e-11) 输出的结果依次是积分值和最大误差，下同
fixed_quad	固定高斯求积分	In [7]: sci.fixed_quad(func=f,a=-2.0,b=2.0) Out[7]: (0.9547606259052617, None)
quadrature	自适应高斯求积分	In [8]: sci.quadrature(func=f,a=-2.0,b=2.0) Out[8]: (0.954499735843967, 5.476699982409627e-09)
romberg	自适应龙贝格求积分	In [9]: sci.romberg(function=f,a=-2.0,b=2.0) Out[9]: 0.9544997361036475 需要注意的是，在 romberg 函数中，表示被积函数的参数是 function 而非 func。同时，输出的结果仅有积分值而不包含最大误差

从表 5-2 不难发现，不同的积分函数计算得到的结果会存在细微的差异。其中，函数 quad、quadrature 和 romberg 得到的结果之间的差异至少发生在小数点后的第 9 位；但是，函数 fixed_quad 与其他 3 个函数计算结果之间的差异在小数点后的第 4 位就出现了。

5.1.2 插值法

金融领域经常运用到插值法，比如针对利率曲线的拟合，有关利率曲线的内容将在本书 7.2.5 节进行详细讨论。通过导入 SciPy 的子模块 interpolate 可以进行插值运算，并且最常用的是一维数

据的插值运算，需要通过函数 interp1d 完成，注意函数中的 1 是阿拉伯数字 1 而不是英文小写字母 l。该函数的主要格式和参数如下：

```
interp1d(x, y, kind)
```

其中，x 和 y 是一系列已知的数据点，并且有 $y=f(x)$ 的函数关系式；kind 表示求插值的具体方法，常用的方法见表 5-3。

表 5-3　函数 interp1d 的常用插值法

参数名称	对应的插值法
nearest	最邻近插值法
zero	阶梯插值法，也就是 0 阶样条曲线插值法
slinear	线性插值法，也就是 1 阶样条曲线插值法
quadratic	2 阶样条曲线插值法
cubic	3 阶样条曲线插值法

【例 5-2】以 2020 年 5 月 21 日我国国债即期到期收益率作为示例，关于债券到期收益率的具体内容详见 7.2.3 节。2020 年 5 月 21 日国债即期到期收益率数据如表 5-4 所示。考虑到表中缺少 4 年期的到期收益率，因此需要通过插值法得到相关的收益率并可视化（见图 5-1）。具体的代码如下：

表 5-4　2020 年 5 月 21 日国债即期到期收益率数据

期限/年	到期收益率
0.25	1.1032%
0.5	1.2465%
0.75	1.3460%
1	1.3328%
2	1.6431%
3	1.6716%
5	2.1576%

数据来源：中国债券信息网。

```
In [10]: from scipy import interpolate                          #导入 SciPy 的子模块 interpolate

In [11]: rates=np.array([0.011032,0.012465,0.013460,0.013328,0.016431,0.016716,0.021576])
#创建已有利率的数组
    ...: t=np.array([0.25,0.5,0.75,1.0,2.0,3.0,5.0])            #创建已有期限的数组
    ...: t_new=np.array([0.25,0.5,0.75,1.0,2.0,3.0,4.0,5.0])    #创建包括 4 年的新数组

In [12]: types=["nearest","zero","slinear","quadratic","cubic"] #创建具体插值法的列表

In [13]: plt.figure(figsize=(9,6))
    ...: for i in types:                                        #运用 for 语句
    ...:     f=interpolate.interp1d(x=t,y=rates,kind=i)         #运用插值法
    ...:     rates_new=f(t_new)                                 #计算插值后的利率数组
    ...:     print(i,'4 年期国债到期收益率',rates_new[-2])
    ...:     plt.plot(t_new,rates_new,'o')
    ...:     plt.plot(t_new,rates_new,'-', label=i)
    ...: plt.xticks(fontsize=13)
    ...: plt.xlabel(u'期限',fontsize=13)
```

```
   ...: plt.yticks(fontsize=13)
   ...: plt.ylabel(u'收益率',fontsize=13)
   ...: plt.legend(loc=0,fontsize=13)
   ...: plt.grid()
   ...: plt.title(u'运用插值法之后的国债到期收益率', fontsize=13)
   ...: plt.show()
nearest 4 年期国债到期收益率    0.016716
zero 4 年期国债到期收益率       0.016716
slinear 4 年期国债到期收益率    0.019146000000000003
quadratic 4 年期国债到期收益率  0.018095917912822147
cubic 4 年期国债到期收益率     0.016151964941569282
```

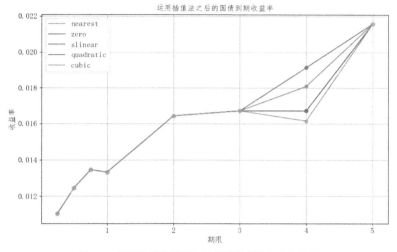

图 5-1　运用插值法得到的国债即期到期收益率曲线

结合以上的分析和图 5-1，可以发现运用最邻近插值法和阶梯插值法得到的 4 年期国债到期收益率是相同的。相比之下，运用线性插值法、2 阶样条曲线插值法、3 阶样条曲线插值法所得到的结果则均不相同。

5.1.3　求解方程组

【例 5-3】沿用 2.1 节例 2-1 中的相关股票信息和数据，表 5-5 给出了在 2020 年 5 月 25 日至 28 日期间每只股票的涨跌幅，还提供了整个投资组合的日收益率（表的最后一列）。假定在这些交易日，投资组合中每只股票的权重保持不变，根据这些已知的信息求解这 4 只股票在整个投资组合中所占的权重。

表 5-5　股票的涨跌幅以及投资组合收益率

日期	中国卫星	中国软件	中国银行	上汽集团	投资组合收益率
2020-05-25	−3.5099%	−1.3892%	0.5848%	2.1242%	0.191555%
2020-05-26	1.7230%	2.4334%	−0.2907%	0.2133%	0.757775%
2020-05-27	−0.3450%	−3.3758%	0.5831%	−2.9803%	−1.773255%
2020-05-28	−2.4551%	1.4622%	0.5797%	−0.2743%	−0.040620%

数据来源（除投资组合收益率以外）：上海证券交易所。

在这里可以设中国卫星、中国软件、中国银行、上汽集团这 4 只股票的权重分别是 w_1、w_2、w_3 以及 w_4。需要求解以下的方程组：

$$\begin{cases} -3.5099\% \times w_1 - 1.3892\% \times w_2 + 0.5848\% \times w_3 + 2.1242\% \times w_4 = 0.191555\% \\ 1.7230\% \times w_1 + 2.4334\% \times w_2 - 0.2907\% \times w_3 + 0.2133\% \times w_4 = 0.757775\% \\ -0.3450\% \times w_1 - 3.3758\% \times w_2 + 0.5831\% \times w_3 - 2.9803\% \times w_4 = -1.773255\% \\ -2.4551\% \times w_1 + 1.4622\% \times w_2 + 0.5797\% \times w_3 - 0.2743\% \times w_4 = -0.040620\% \end{cases}$$

该方程组用矩阵的形式可以表示如下：

$$\begin{bmatrix} -3.5099\% & -1.3892\% & 0.5848\% & 2.1242\% \\ 1.7230\% & 2.4334\% & -0.2907\% & 0.2133\% \\ -0.3450\% & -3.3758\% & 0.5831\% & -2.9803\% \\ -2.4551\% & 1.4622\% & 0.5797\% & -0.2743\% \end{bmatrix} \begin{bmatrix} w_1 \\ w_2 \\ w_3 \\ w_4 \end{bmatrix} = \begin{bmatrix} 0.191555\% \\ 0.757775\% \\ -1.773255\% \\ -0.040620\% \end{bmatrix}$$

1. 运用 solve 函数求解

求解方程组是一项比较烦琐的工作，但是运用 SciPy 子模块 linalg 就可以轻松求解方程组，具体是运用函数 solve，该函数的格式和参数如下：

```
solve(a, b)
```

其中，参数 a 必须是 N 行、N 列的数组，相当于方程组等号左边的系数矩阵；b 是包括 N 个元素的一维数组，相当于方程组等号右边的向量。

下面，就运用 solve 函数求解例 5-3 中的 4 只股票权重，具体的代码如下：

```
In [14]: from scipy import linalg                              #导入 SciPy 的子模块 linalg

In [15]: R_stock=np.array([[-0.035099,-0.013892,0.005848,0.021242],[0.017230,0.024334,
-0.002907,0.002133],[-0.003450,-0.033758,0.005831,-0.029803],[-0.024551,0.014622,0.005797,
-0.002743]])   #创建股票日涨跌幅数组

In [16]: R_portfolio=np.array([0.00191555,0.00757775,-0.01773255,-0.00040620])
                                                               #投资组合日收益率数组

In [17]: name=np.array(['中国卫星','中国软件','中国银行','上汽集团'])   #股票名称数组

In [18]: weight=linalg.solve(a=R_stock,b=R_portfolio)           #计算股票权重

In [19]: for i in range(len(name)):
    ...:         print(name[i],round(weight[i],4))
中国卫星 0.15
中国软件 0.2
中国银行 0.25
上汽集团 0.4
```

根据以上的计算结果，在该投资组合中，中国卫星的权重最低并且是 15%，中国软件的权重是 20%，中国银行的权重是 25%，上汽集团的权重最高并达到 40%。

2. 运用 fsolve 函数求解

同时，对于例 5-3 也可以运用 SciPy 的子模块 optimize 中的 fsolve 函数求解，该函数的格式如下：

```
fsolve(func, x0)
```

其中，func 代表求解的方程式，需要通过 def 语法自定义一个函数；x0 表示初始猜测的解。该函数在 7.2.5 节讨论债券零息利率曲线时将会发挥很大的作用。

下面针对例 5-3，运用 fsolve 函数演示具体的求解过程，具体的代码如下：

```
In [20]: import scipy.optimize as sco        #导入 SciPy 的子模块 optimize 并缩写为 sco

In [21]: def g(w):                           #定义求解每只股票权重的方程组
    ...:     w1,w2,w3,w4 = w
    ...:     eq1=-0.035099*w1-0.013892*w2+0.005848*w3+0.021242*w4-0.00191555  #第1个等于0的方程式
    ...:     eq2=0.017230*w1+0.024334*w2-0.002907*w3+0.002133*w4-0.00757775   #第2个等于0的方程式
    ...:     eq3=-0.003450*w1-0.033758*w2+0.005831*w3-0.029803*w4+0.01773255  #第3个等于0的方程式
    ...:     eq4=-0.024551*w1+0.014622*w2+0.005797*w3-0.002743*w4+0.00040620  #第4个等于0的方程式
    ...:     return [eq1,eq2,eq3,eq4]

In [22]: w0=[0.1,0.1,0.1,0.1]                #初始猜测的各股票权重

In [23]: result=sco.fsolve(func=g,x0=w0)     #计算投资组合中每只股票权重

In [24]: for i in range(len(name)):
    ...:     print(name[i],round(result[i],4))
中国卫星 0.15
中国软件 0.2
中国银行 0.25
上汽集团 0.4
```

运用 fsolve 函数得出的结果与运行 solve 函数得出的结果完全一致。

5.1.4 最优化方法

在金融领域，无论是定价还是资产配置，求解最优值都是一项最基础的工作。同时，在求解最优值的过程中，需要面临诸多的约束条件，包括资金的约束、权重的约束、风险暴露的约束等。所以，许多金融问题抽象而言就是求解带约束条件的最大值或最小值。

1. 一个案例

【例 5-4】假定一家投资机构拟配置 5 只 A 股股票，分别是工商银行、中国国航、长江电力、上海医药以及永辉超市，表 5-6 列出了 2020 年 12 月 31 日这 5 只股票的相关信息。

表 5-6 2020 年 12 月 31 日 5 只股票的相关信息

证券代码	证券简称	2019 年至 2020 年平均年化收益率	2020 年 12 月 31 日收盘价/(元/股)	2020 年 12 月 31 日市盈率
601398	工商银行	5.4703%	4.99	5.6961
601111	中国国航	5.3580%	7.49	16.9758
600900	长江电力	21.6717%	19.16	20.2258
601607	上海医药	4.9761%	19.20	13.3713
601933	永辉超市	8.6041%	7.18	43.6949

数据来源：同花顺。

该投资机构的资金为 1 亿元，以 2020 年 12 月 31 日的收盘价投资，希望实现投资组合收益率的最大化，同时要求整个投资组合的平均市盈率不超过 15 倍。此外，每只股票不允许卖空，需计

算应该配置的每只股票权重和股数。

对于这个示例,假设第 i 只股票的股价用 P_i 表示,年化收益率用 R_i 表示,市盈率用 γ_i 表示,在投资组合中的权重用 w_i 表示,$i=1,2,\cdots,5$。用数学表达式表述以上的最优问题,具体如下:

$$\max_{w_i} f(w_i) = \max_{w_i}\left(\sum_{i=1}^{5} R_i w_i\right) \tag{5-3}$$

式(5-3)中的 $f(w_i)$ 称为**目标函数**。同时,约束条件一共有 3 个,分别如下:

$$\sum_{i=1}^{5} w_i = 1$$
$$\sum_{i=1}^{5} \gamma_i w_i \leqslant 15$$
$$w_i \geqslant 0$$

此外,对应购买的最优股票数量等于 $10^7 w_i / P_i$。

对于求最优解,需要分以下 3 步完成。

第 1 步:通过 def 语法自定义一个求解最大值或最小值的函数(目标函数)。

第 2 步:将约束条件以字典的格式输入,变量的边界值则以元组的格式输入,具体如下:

```
cons(或其他英文字母)=({'type': 'eq', 'fun': lambda x: 约束条件之一}, {'type': 'ineq', 'fun': lambda x: 约束条件之二}, …)
```

注意,'eq'代表约束条件是一个等于 0 的等式,'ineq'代表约束条件是一个大于 0 的不等式。

```
bnds(或其他英文字母)= 以元组格式输入变量的边界值
```

注意,变量的边界值就是猜测的可能的最小值与最大值。

第 3 步:运用 SciPy 的子模块 optimize 中的 minimize 函数求最优值。需要注意的是,在子模块 optimize 中只有求最小值的函数 minimize,因此如果要求最大值则需在定义函数时加上负号进而转换为求最大值。函数 minimize 的格式以及主要参数如下:

```
minimize(fun, x0, method, bounds, constraints)
```

相关参数的含义及输入法如下。

fun:输入在第 1 步中自定义的函数。

x0:表示初始的猜测值,并且以数组格式输入。

method:代表最优化的方法,通常是输入'SLSQP',具体是指序贯最小二乘规划(sequential Least squares programming)。

bounds:输入在第 2 步中设定的边界值。

constraints:输入在第 2 步中设定的约束条件。

2. 具体的 Python 演示

下面,就以例 5-4 作为示例演示如何运用 SciPy 求解最优值,一共分为 3 个步骤。

第 1 步:计算每只股票的最优配置权重。具体的代码如下:

```
In [25]: R=np.array([0.054703,0.053580,0.216717,0.049761,0.086041])    #股票平均年化收益率
   ...: P=np.array([4.99,7.49,19.16,19.20,7.18])                        #股票收盘价
   ...: PE=np.array([5.6961,16.9758,20.2258,13.3713,43.6949])           #股票市盈率

In [26]: def f(w):                                                      #定义求最优值的函数
   ...:     w=np.array(w)
   ...:     return -np.sum(R*w)                                         #需要加负号

In [27]: cons= ({'type': 'eq', 'fun': lambda w: np.sum(w)-1}, {'type': 'ineq', 'fun': lambda w:
```

```
15-np.sum(w*PE)})            #以字典格式输入约束条件

In [28]: bnds= ((0, 1), (0, 1), (0, 1), (0, 1),(0, 1))    #以元组格式输入边界值

In [29]: W0=[0.25,0.25,0.25,0.25,0.25]         #针对股票权重的初始猜测值

In [30]: result=sco.minimize(fun=f,x0=W0,method='SLSQP',bounds=bnds,constraints=cons)    #计算最优解

In [31]: result                          #直接输出结果查看
Out[31]:
     fun: -0.15844650841821595
     jac: array([-0.054703, -0.05358 , -0.216717, -0.049761, -0.086041])
 message: 'Optimization terminated successfully'
    nfev: 30
     nit: 5
    njev: 5
  status: 0
 success: True
       x: array([3.59663310e-01, 1.42247325e-16, 6.40336690e-01, 3.46944695e-17,
       0.00000000e+00])
```

注意,最优化结果的输出主要是"x:"后面的一个数组,该数组就是最终得到的投资组合中每只股票的最优配置权重。为了更加清晰地查看结果,可以用如下的代码:

```
In [32]: result['x'].round(4)                 #直接输出每只股票的权重
Out[32]: array([0.3597, 0.    , 0.6403, 0.    , 0.    ])
```

根据结果可知,工商银行的权重是 35.97%,长江电力的权重则是 64.03%,其余 3 只股票均不配置。

第 2 步:根据每只股票的最优配置权重,计算得到该投资组合的最高期望收益率。具体的代码如下:

```
In [33]: -f(result['x']).round(4)            #计算投资组合的最高期望收益率
Out[33]: 0.1584
```

通过以上的计算,可以得到该投资组合的最高期望收益率是 15.84%。

第 3 步:当投资组合的期望收益率最高时,计算对应购买每只股票的股票数量。注意,计算股票数量时需要向下取整,也就是运用 1.5.1 节介绍的 int 函数(见表 1-11)。具体的代码如下:

```
In [34]: fund=1e7                    #投资的总资金

In [35]: shares=fund*result['x']/P    #计算每只股票的购买数量
    ...: print('工商银行的股数(向下取整数)',int(shares[0]))
    ...: print('中国国航的股数(向下取整数)',int(shares[1]))
    ...: print('长江电力的股数(向下取整数)',int(shares[2]))
    ...: print('上海医药的股数(向下取整数)',int(shares[3]))
    ...: print('永辉超市的股数(向下取整数)',int(shares[-1]))
工商银行的股数(向下取整数) 720768
中国国航的股数(向下取整数) 0
长江电力的股数(向下取整数) 334204
上海医药的股数(向下取整数) 0
永辉超市的股数(向下取整数) 0
```

注意,以上的计算结果暂未考虑 A 股市场的交易规则,即购买的股票数量必须是 100 的整数倍。

3. 变更的案例

【例 5-5】沿用例 5-4 的信息，但是由于该投资机构看好未来 A 股市场，导致风险的偏好有所提升，因此需要改变一个约束条件，即把原先的整体投资组合的平均市盈率"不超过 15 倍"变更为"不超过 20 倍"，其他的条件都不变，需要重新计算投资组合中每只股票配置的最优权重和股数，具体分为两个步骤。

第 1 步：计算在新的约束条件下，每只股票配置的最优权重以及投资组合的收益率。具体的代码如下：

```
In [36]: cons_new= ({'type': 'eq', 'fun': lambda w: np.sum(w)-1}, {'type': 'ineq', 'fun':
lambda w: 20-np.sum(w*PE)})    #设置新的约束条件

In [37]: result_new=sco.minimize(fun=f,x0=W0,method='SLSQP',bounds=bnds, constraints=cons_new)
#计算新的最优解

In [38]: result_new['x'].round(4)                          #输出每只股票的权重
Out[38]: array([0.0155, 0.    , 0.9845, 0.    , 0.    ])

In [39]: -f(result_new['x']).round(4)                      #计算投资组合新的期望收益率
Out[39]: 0.2142
```

以上的结果表明，变更了约束条件以后，相比原先的权重数据，中国国航、上海医药以及永辉超市的权重依然为 0；同时，工商银行的权重下降至 1.55%，长江电力的权重则上升至 98.45%。同时，由于风险偏好提升，因此整个投资组合的最高期望收益率同步上升至 21.42%，这也说明了投资机构如要承担更高的风险则需要更高的预期回报率给予补偿。

第 2 步：计算在新的约束条件下，每只股票配置的最优股票数量。具体的代码如下：

```
In [40]: shares_new=fund*result_new['x']/P      #计算每只股票新的购买数量

In [41]: print('新的工商银行股数（向下取整数）',int(shares_new[0]))
    ...: print('新的中国国航股数（向下取整数）',int(shares_new[1]))
    ...: print('新的长江电力股数（向下取整数）',int(shares_new[2]))
    ...: print('新的上海医药股数（向下取整数）',int(shares_new[3]))
    ...: print('新的永辉超市股数（向下取整数）',int(shares_new[-1]))
新的工商银行股数（向下取整数） 31143
新的中国国航股数（向下取整数） 0
新的长江电力股数（向下取整数） 513809
新的上海医药股数（向下取整数） 0
新的永辉超市股数（向下取整数） 0
```

当然，以上计算的股票数量依然未考虑 A 股市场的交易规则。

5.1.5 统计功能

在 SciPy 中，也有一个专门的统计分析子模块 stats，其相关功能包括描述性统计、概率分析和正态性统计检验等，下面依次介绍。

1. 描述性统计

由于在第 2 章和第 3 章中，针对 NumPy 和 pandas 已经介绍了较多用于计算变量样本值的描述性统计量函数，因此在这里仅仅介绍子模块 stats 中比较有特色的统计函数，同时结合一个示例展开。

【例 5-6】以 A 股市场的中小板指数和创业板指数 2018 年至 2020 年的日涨跌幅数据作为分

析对象，表5-7列出了部分数据。下面，就运用SciPy子模块stats的统计函数进行演示，分为两个步骤。

表5-7 2018年至2020年期间中小板指数和创业板指数的部分日涨跌幅数据

日期	中小板指数	创业板指数
2018-01-02	1.0294%	0.9711%
2018-01-03	1.2452%	1.4529%
2018-01-04	0.5060%	−0.0431%
……	……	……
2020-12-29	−0.3738%	−1.0487%
2020-12-30	1.1993%	3.1120%
2020-12-31	1.8479%	2.2657%

数据来源：深圳证券交易所。

第1步：导入外部数据并创建数据框，查看数据框的描述性统计。具体的代码如下：

```
In [42]: import scipy.stats as st          #导入子模块stats

In [43]: index=pd.read_excel('C:/Desktop/A股中小板指数和创业板指数日涨跌幅（2018年至2020年）.xlsx',
sheet_name= "Sheet1", header=0, index_col=0)     #从外部导入指数日涨跌幅数据

In [44]: index.describe()                  #查看描述性统计
Out[44]:
            中小板指数       创业板指数
count    730.000000    730.000000
mean       0.000454      0.000883
std        0.016304      0.017965
min       -0.086207     -0.079380
25%       -0.008929     -0.009473
50%        0.000252      0.000976
75%        0.009582      0.011471
max        0.052106      0.054983
```

第2步：梳理stats子模块中的统计函数并且以上述两个指数作为对象演示，如表5-8所示。

表5-8 stats子模块中的统计函数及演示

函数名称	描述	针对例5-6的代码演示
describe	描述性统计信息 注：与pandas的describe函数有部分相似之处	In [45]: st.describe(index) #查看描述性统计信息 Out[45]: DescribeResult(nobs=730, minmax=(array([-0.086207, -0.07938]), array([0.052106, 0.054983])), mean=array([0.00045371, 0.00088273]), variance=array([0.00026581, 0.00032275]), skewness=array([-0.4085689 , -0.30464443]), kurtosis=array([2.2975402, 1.4567604])) 以上输出的结果依次是样本数量、最小与最大值、均值、方差、偏度以及峰度。其中，偏度和峰度在pandas的describe函数的输出结果中是没有的
kurtosis	峰度	In [46]: st.kurtosis(index) #计算峰度 Out[46]: array([2.2975402, 1.4567604]) 以上输出的结果与运用describe函数所输出的最后一个数组是一致的

续表

函数名称	描述	针对例 5-6 的代码演示
moment	n 阶矩	In [47]: st.moment(index,moment=3) #计算 3 阶矩 Out[47]: array([-1.76696493e-06, -1.76281270e-06]) 输入的参数 moment=3 代表 3 阶矩，以此类推
mode	众数	In [48]: st.mode(index) #计算众数 Out[48]: ModeResult(mode=array([[-0.02041 , -0.005323]]), count=array([[2, 2]])) 输出的结果中，count=array([[2, 2]])代表两个变量的样本中众数各有两个
skew	偏度	In [49]: st.skew(index) #计算偏度 Out[49]: array([-0.4085689 , -0.30464443]) 以上输出的结果与运用 describe 函数所输出的倒数第二个数组是一致的

需要提醒的是，由于分析对象包括中小板指数和创业板指数这两个变量，因此在表 5-8 输出结果的每个数组中均包含两个元素：第一个元素对应中小板指数，第二个元素对应创业板指数。

2. 概率分析

在子模块 stats 中，也有与 NumPy 类似的分布函数。表 5-9 整理了金融领域比较常用的分布函数。

表 5-9 子模块 stats 中金融领域常用的分布函数

函数名称	对应的分布类型
beta	贝塔分布
binom	二项分布
chi2	卡方分布
expon	指数分布
f	F 分布
gamma	伽马分布
geom	几何分布
hypergeom	超几何分布
lognorm	对数正态分布
norm	正态分布
poisson	泊松分布
t	学生 t 分布
uniform	均匀分布

注：关于表中分布类型的详细介绍参见 2.5.1 节。

同时，针对每个分布函数，都具有表 5-10 所列的通用用法。

表 5-10 子模块 stats 中分布函数的通用用法

函数名称	具体功能
rvs	生成服从指定分布的随机数
pdf	概率密度函数

续表

函数名称	具体功能
cdf	累积分布函数（cumulative distribution function）
sf	残存函数或生存函数（survivor function），也就是 1-cdf
ppf	分位点函数（percent point function），也就是 cdf 的逆函数
isf	残存函数的逆函数
fit	对样本拟合，用最大似然估计法得出最适合的概率密度函数系数

下面，就通过若干个示例演示表 5-10 的部分函数用法。

【例 5-7】假定某一个市场利率变量服从均值为 4%、标准差为 1%的正态分布，需要生成该变量随机抽取 10 万次的随机数并且用直方图展示（见图 5-2），随机抽样就需要运用表 5-10 中的 rvs 函数，具体的代码如下：

```
In [50]: I=100000                              #设定随机抽样的次数
   ...: r_mean=0.04                            #利率的均值
   ...: r_std=0.01                             #利率的标准差

In [51]: rand_norm=st.norm.rvs(loc=r_mean,scale=r_std,size=I)   #从均值为 4%、标准差为 1%的正态分布中抽取样本
```

注意，函数 rvs 中的参数 loc 用于输入变量的均值，参数 scale 则用于输入变量的标准差。

```
In [52]: plt.figure(figsize=(9,6))
   ...: plt.hist(rand_norm,bins=30,facecolor='y',edgecolor='k')
   ...: plt.xticks(fontsize=13)
   ...: plt.xlabel(u'样本值',fontsize=13)
   ...: plt.yticks(fontsize=13)
   ...: plt.ylabel(u'频数',fontsize=13)
   ...: plt.title(u'正态分布的抽样',fontsize=13)
   ...: plt.grid()
   ...: plt.show()
```

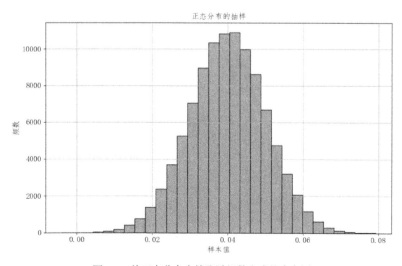

图 5-2　从正态分布中抽取随机数生成的直方图

【例5-8】沿用例5-7的信息，计算该利率变量小于3%的概率，需要运用表5-10中的cdf函数，具体的代码如下：

```
In [53]: r1=0.03                                              #利率变量等于3%

In [54]: prob=st.norm.cdf(x=r1,loc=r_mean,scale=r_std)        #利率变量小于3%的概率
    ...: print('利率变量小于3%的概率',round(prob,6))
利率变量小于3%的概率 0.158655
```

cdf函数中的参数x用于输入变量的临界值（本例是3%）。通过以上的计算可以得到，利率变量小于3%的概率等于15.8655%。

【例5-9】沿用例5-7的信息，计算该利率变量等于5%时对应的概率密度函数值，相当于计算2.5.1节的式（2-6），需要运用表5-10中的pdf函数，具体的代码如下：

```
In [55]: r2=0.05                                              #利率变量等于5%

In [56]: value_pdf=st.norm.pdf(x=r2,loc=r_mean,scale=r_std)   #利率变量等于5%时对应的概率密度函数值
    ...: print('利率变量等于5%时对应的概率密度函数值',round(value_pdf,6))
利率变量等于5%时对应的概率密度函数值 24.197072
```

通过以上的计算可以得到，利率变量等于5%时对应的概率密度函数值等于24.197072。

【例5-10】沿用例5-7的信息，计算概率等于90%时对应的利率变量临界值，需要运用表5-10中的ppf函数，具体的代码如下：

```
In [57]: prob=0.9                                             #概率等于90%

In [58]: value_ppf=st.norm.ppf(q=prob,loc=r_mean,scale=r_std) #概率等于90%时对应的利率变量临界值
    ...: print('概率等于90%时对应的利率变量临界值',round(value_ppf,6))
概率等于90%时对应的利率变量临界值 0.052816
```

ppf函数中的参数q用于输入概率值（本例是90%）。通过以上的计算可以得到，当利率变量临界值小于等于5.2816%时，概率等于90%，因此0.052816作为临界值相当于变量分布中90%的分位数。

3. 正态性统计检验

在金融领域，许多模型首先会假定变量的样本值是服从正态分布的，因此在构建金融模型之前，需要对样本数据开展正态性检验，根据检验结果确定下一步的分析与建模方案。子模块stats提供了检验变量分布的多种函数，具体的函数如表5-11所示。

表5-11 子模块stats中的统计检验函数

序号	函数	描述	相关参数
1	kstest	Kolmogorov-Smirnov检验（简称"KS检验"）	rvs：代表待检验的数据样本。 cdf：设定检验的分布类型（见表5-9的分布函数），比如cdf='norm'，表示检验是否服从正态分布。 args：输入分布函数中的相关参数，以元组格式输入。 alternative：默认为双尾检验，也可以设置为'less'或'greater'做单尾检验
2	anderson	Anderson-Darling检验，相当于KS检验的增强版	x：代表待检验的数据样本。 dist：设定检验的分布类型，可以输入'norm'、'expon'、'logistic'、'gumbel'、'gumbel_l'、'gumbel_r'、'extreme1'等分布类型
3	shapiro	Shapiro-Wilk检验，仅用于检验是否服从正态分布	x：代表待检验的数据样本

序号	函数	描述	相关参数
4	normaltest	仅用于检验是否服从正态分布	a：代表待检验的数据样本。 axis：设定按照行还是列检验，如果输入 axis=0 表示按行检验，axis=1 表示按列检验

【例 5-11】沿用例 5-6 的信息，检验中小板指数和创业板指数 2018 年至 2020 年的日涨跌幅数据是否服从正态分布，并且依次运用 KS 检验、Anderson-Darling 检验、Shapiro-Wilk 检验等方法进行检验，相关的检验共分为 4 个步骤。

第 1 步：开展 KS 检验。KS 检验的原假设是"样本值服从的分布等于给定的分布"，备择假设是"样本值服从的分布不等于给定的分布"。下面就检验样本值是否服从均值为 0、标准差为 1.7% 的正态分布，具体的代码如下：

```
In [59]: st.kstest(rvs=index.iloc[:,0],cdf='norm',args=(0,0.017))    #对中小板指数日涨跌幅进行正态性检验
Out[59]: KstestResult(statistic=0.06557472211410709, pvalue=0.003578599840387124)

In [60]: st.kstest(rvs=index.iloc[:,-1],cdf='norm',args=(0,0.017))   #对创业板指数日涨跌幅进行正态性检验
Out[60]: KstestResult(statistic=0.051210519958520856, pvalue=0.04196299572232809)
```

注意，在输出的结果中，第 1 个是统计量，第 2 个是 P 值。由于 P 值均小于 5%，因此 KS 检验的结果表明在 5% 的显著性水平上拒绝中小板指数、创业板指数的日涨跌幅服从正态分布的假设。

第 2 步：开展 Anderson-Darling 检验。该检验的原假设与第 1 步的 KS 检验的原假设保持一致，具体的代码如下：

```
In [61]: st.anderson(x=index.iloc[:,0],dist='norm')      #对中小板指数日涨跌幅进行正态性检验
Out[61]: AndersonResult(statistic=2.8108208330825164, critical_values=array([0.573, 0.652, 0.783, 0.913, 1.086]), significance_level=array([15. , 10. , 5. , 2.5, 1. ]))

In [62]: st.anderson(x=index.iloc[:,-1],dist='norm')     #对创业板指数日涨跌幅进行正态性检验
Out[62]: AndersonResult(statistic=2.589462384982653, critical_values=array([0.573, 0.652, 0.783, 0.913, 1.086]), significance_level=array([15. , 10. , 5. , 2.5, 1. ]))
```

注意，结果中有 3 个输出值：第 1 个是统计量，第 2 个是临界值的统计量，第 3 个是对应临界值的显著性水平（15%、10%、5%、2.5% 和 1%）。从 Anderson-Darling 检验的结果中可以得出结论，在 1% 的显著性水平上拒绝中小板指数、创业板指数的日涨跌幅服从正态分布的假设。

第 3 步：开展 Shapiro-Wilk 检验。与前面两个检验所不同的是，Shapiro-Wilk 检验仅用于正态性检验，并且如果样本数量超过 5000，Shapiro-Wilk 检验结果可能会不准确。具体的代码如下：

```
In [63]: st.shapiro(index.iloc[:,0])                     #对中小板指数日涨跌幅进行正态性检验
Out[63]: ShapiroResult(statistic=0.9740028977394104, pvalue=4.2133802002908283e-10)

In [64]: st.shapiro(index.iloc[:,-1])                    #对创业板指数日涨跌幅进行正态性检验
Out[64]: ShapiroResult(statistic=0.9800363779067993, pvalue=1.9954351060391673e-08)
```

注意，在输出的结果中，第 1 个是统计量，第 2 个是 P 值。显然，Shapiro-Wilk 检验结果表明在 1% 的显著性水平上拒绝中小板指数、创业板指数的日涨跌幅服从正态分布的假设。

第 4 步：运用 normaltest 函数进行正态性检验。normaltest 函数也是专门用于正态性检验的，并且可以支持多变量的样本值。具体的代码如下：

```
In [65]: st.normaltest(index,axis=0)                     #同步检验中小板指数和创业板指数
Out[65]: NormaltestResult(statistic=array([62.51131179, 36.75872221]), pvalue=array([2.66588319e-14, 1.04218517e-08]))
```

注意，在输出的结果中，第 1 个数组代表统计量，第 2 个数组代表 P 值。显然，normaltest 函数的结果依然表明在 1% 的显著性水平上拒绝中小板指数、创业板指数的日涨跌幅服从正态分布的假设。

综合以上的 4 种检验方法，可以得出中小板指数、创业板指数的日涨跌幅均不服从正态分布的结论。

5.2　statsmodels 模块

虽然，在前文讲解 NumPy、pandas 以及 SciPy 这些模块时，提到了一些统计分析功能，但是这些统计分析功能还无法有效满足金融领域的需要。因此本节将介绍一个专注于统计分析与建模的模块 statsmodels。

statsmodels 最早起源于 SciPy 子模块 stats 中的 models 工具包，最初由乔纳森·泰勒（Jonathan Taylor）编写，但后来从 SciPy 中被移除了。在 2009 年的谷歌代码夏季峰会（Google Summer of Code）期间，其经过修正、测试、改进并最终以全新的独立模块 statsmodels 对外发布。此后，statsmodels 的开发团队不断添加新模型、绘图工具和统计方法，使得它最终成为一款功能强大的统计分析工具包，其详细的功能介绍可以访问官方网站进行查询。

在使用该模块之前依然需要导入并且查看版本信息，具体的代码如下：

```
In [66]: import statsmodels                    #导入 statsmodels 模块

In [67]: statsmodels.__version__               #查看版本信息
Out[67]: '0.11.1'
```

由于在本书中，运用 statsmodels 主要是解决线性回归的问题，因此本节的讨论侧重于如何运用该模块构建线性回归模型，具体可以分为以下若干步骤。

第 1 步：导入 statsmodels 的子模块 api。

第 2 步：除了导入相关的因变量（被解释变量）、自变量（解释变量）的数据以外，还需要对自变量的数据增加一列常数项。

第 3 步：构建相关的线性回归模型。在这一步中，可以根据需要运用不同的线性回归模型，具体的模型类型和对应的函数如表 5-12 所示。

表 5-12　statsmodels 子模块 api 中常用的线性回归模型类型和对应的函数

序号	函数	模型的类型
1	OLS	普通最小二乘法回归（ordinary least square regression）
2	GLS	广义最小二乘法回归（generalized least square regression）
3	WLS	加权最小二乘法回归（weighted least square regression）
4	GLASAR	带有自相关误差模型的广义最小二乘法回归（GLS with autoregressive error model）
5	GLM	广义线性模型（generalized linear model）
6	RLM	使用 M 个估计量的鲁棒线性模型（robust linear model using M estimators）
7	mixed	混合效应模型（mixed effects model）
8	gam	广义加性模型（generalized additive model）

由于普通最小二乘法回归最基础并且运用最广泛，同时本书的线性回归分析是运用普通最小二乘法回归进行处理的，因此就侧重于对该线性回归模型的函数格式与参数含义进行介绍，具体如下：

```
OLS(endog, exog)
```

其中，参数 endog 表示因变量的样本值，exog 则表示自变量的样本值（可以由多个自变量构成）。

第 4 步：用 fit 函数创建一个线性回归的结果对象，结果对象包含线性回归模型的结果参数和模型诊断信息。

下面就通过交通银行 A 股与 H 股的案例具体演示如何运用 statsmodels 构建普通最小二乘法回归模型。

【例 5-12】随着沪港通、深港通的推出，A 股市场和 H 股（港股）市场的联动效应越来越强。同时，每个交易日 A 股收盘时间是下午 3 点，而 H 股收盘时间则是下午 4 点，比 A 股推迟了 1 个小时收盘。因此，为了考察 A 股走势对 H 股走势的影响，以 2018 年至 2020 年期间交通银行 H 股的日收益率作为因变量，交通银行 A 股的日收益率作为自变量，构建普通最小二乘法回归模型。表 5-13 列出了 2018 年至 2020 年期间交通银行 A 股和 H 股日收盘价的部分数据。

表 5-13 2018 年至 2020 年期间交通银行 A 股和 H 股日收盘价的部分数据

日期	交通银行 A 股/（元/股）	交通银行 H 股/（港元/股）
2018-01-02	6.28	5.90
2018-01-03	6.30	5.89
2018-01-04	6.29	5.93
……	……	……
2020-12-29	4.46	4.16
2020-12-30	4.46	4.12
2020-12-31	4.48	4.10

数据来源：上海证券交易所、香港交易所。

下面，就通过子模块 api 的函数 OLS 完成普通最小二乘法回归模型的构建，具体分为 3 个步骤。

第 1 步：导入外部数据并可视化（见图 5-3），计算股票的日收益率（采用对数收益率形式），关于对数收益率的表达式参见 5.3.1 节的式（5-4）。具体的代码如下：

```
In [68]: P_BoComm=pd.read_excel('C:/Desktop/交通银行A股和H股每日收盘价数据（2018年至2020年）.xlsx',sheet_name="Sheet1",header=0,index_col=0)    #从外部导入交通银行股价数据

In [69]: P_BoComm.plot(figsize=(9,6),grid=True, fontsize=13)    #股价可视化
Out[69]:
```

从图 5-3 中可以目测得到，交通银行 A 股和 H 股的每日收盘价在走势上存在一定的同步性，这也为后续构建线性回归模型奠定了基础。

```
In [70]: R_BoComm=np.log(P_BoComm/P_BoComm.shift(1))    #计算交通银行股票的对数收益率
    ...: R_BoComm=R_BoComm.dropna()                     #删除缺失值

In [71]: R_BoComm.describe()                            #查看描述性统计
Out[71]:
            交通银行A股    交通银行H股
count     709.000000    709.000000
mean       -0.000476     -0.000513
std         0.011261      0.014506
```

```
min     -0.078359    -0.091483
25%     -0.005268    -0.008084
50%      0.000000     0.000000
75%      0.004906     0.007582
max      0.058093     0.063226
```

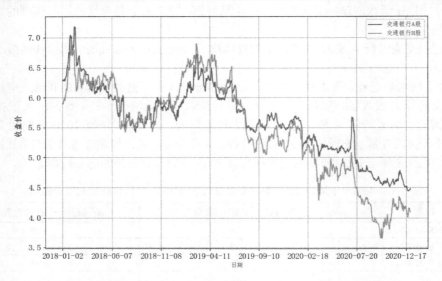

图 5-3　交通银行 A 股和 H 股每日收盘价走势图（2018 年至 2020 年）

从以上的描述性统计可以看到，无论是交通银行 A 股还是 H 股，日平均收益率均为负数，并且 H 股收益率的标准差略高于 A 股，这在一定程度上说明 H 股的风险会略高于 A 股。

第 2 步：导入 statsmodels 的子模块 api；同时，以交通银行 H 股日收益率作为因变量，A 股日收益率作为自变量，构建普通最小二乘法回归模型。具体的代码如下：

```
In [72]: import statsmodels.api as sma    #导入 statsmodels 的子模块 api 并缩写为 sma

In [73]: Y=R_BoComm.iloc[:,-1]            #设定因变量的样本值（交通银行 H 股日收益率）

In [74]: X=R_BoComm.iloc[:,0]             #设定自变量的样本值（交通银行 A 股日收益率）

In [75]: X_addcons=sma.add_constant(X)    #对自变量的样本值增加一列常数项

In [76]: model=sma.OLS(endog=Y,exog=X_addcons)   #构建普通最小二乘法回归模型

In [77]: result=model.fit()               #生成一个线性回归的结果对象
   ...: result.summary()                  #输出完成的线性回归结果信息
Out[77]:
"""
                            OLS Regression Results
==============================================================================
Dep. Variable:             交通银行 H 股   R-squared:                       0.246
Model:                            OLS   Adj. R-squared:                  0.245
Method:                 Least Squares   F-statistic:                     230.6
Date:                Wed, 13 Jan 2021   Prob (F-statistic):           2.77e-45
```

```
Time:                    16:44:23   Log-Likelihood:              2095.9
No. Observations:              709   AIC:                         -4188.
Df Residuals:                  707   BIC:                         -4179.
Df Model:                        1
Covariance Type:          nonrobust
==============================================================================
                 coef    std err          t      P>|t|      [0.025      0.975]
------------------------------------------------------------------------------
const         -0.0002      0.000     -0.441      0.659      -0.001       0.001
交通银行A股     0.6388      0.042     15.185      0.000       0.556       0.721
==============================================================================
Omnibus:                     127.567   Durbin-Watson:                  2.237
Prob(Omnibus):                 0.000   Jarque-Bera (JB):            1036.312
Skew:                         -0.545   Prob(JB):                    9.29e-226
Kurtosis:                      8.821   Cond. No.                        88.9
==============================================================================
"""

In [78]: result.params                    #输出截距项和系数
Out[78]:
const         -0.000209
交通银行A股      0.638844
dtype: float64
```

在以上的输出结果中，R-squared 代表线性回归模型的判定系数，Adj.R-squared 代表矫正的判定系数（适用于有多个自变量的多元回归模型）。本例的判定系数等于 0.246 表明交通银行 H 股收益率有 24.6%可以通过交通银行 A 股收益率进行解释；自变量的 P 值等于 0.00 表明交通银行 A 股作为解释变量在 1%的显著性水平下是显著的，这意味着交通银行 A 股确实是影响交通银行 H 股收益率的一个重要因子；同时，自变量的系数 coef 等于 0.6388 表明当交通银行 A 股收益率变化 1%时，可以导致交通银行 H 股收益率变化 0.6388×1%=0.6388%。

第 3 步：结合散点图对线性回归模型进行可视化（见图 5-4）。具体的代码如下：

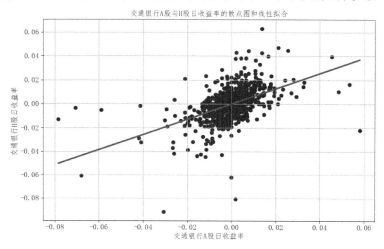

图 5-4　交通银行 A 股与 H 股日收益率的散点图和线性拟合

```
In [79]: plt.figure(figsize=(9,6))
    ...: plt.scatter(X,Y,c='b',marker='o')                                #散点图
    ...: plt.plot(X,result.params[0]+result.params[1]*X,'r-',lw=2.5)      #拟合一条直线
    ...: plt.xticks(fontsize=13)
    ...: plt.xlabel(u'交通银行A股日收益率',fontsize=13)
    ...: plt.yticks(fontsize=13)
    ...: plt.ylabel(u'交通银行H股日收益率',fontsize=13)
    ...: plt.title(u'交通银行A股与H股日收益率的散点图和线性拟合', fontsize=13)
    ...: plt.grid()
    ...: plt.show()
```

图 5-4 中的直线就是基于图中的散点同时运用普通最小二乘法回归模型拟合得到的线性结果。通过对图 5-4 仔细观察可以发现，图中的大多数散点是集中在直线附近的，也有少数散点是远离直线的。

5.3 波动率模型与 arch 模块

在衍生产品定价和风险管理中，我们对当前波动率是很感兴趣的，这是因为需要对单一金融资产或者投资组合在一个较短时间内的价值变化进行估计；同时，在对衍生产品定价时，往往需要对衍生产品整个期限内的波动率进行预测，这就需要用到波动率模型。波动率模型的一个显著特点是假设波动率不是常数，具体而言就是在某些期间波动率可能相对较低，而在其他期间波动率可能相对较高，以跟踪波动率随时间的变化。

最常用的波动率模型主要有两个：一个是**自回归条件异方差**（Auto-Regressive Conditional Heteroscedasticity，ARCH）模型，另一个是**广义自回归条件异方差**（Generalized Auto-Regressive Conditional Heteroscedasticity，GARCH）模型。本节将重点讨论估计波动率的方法、主要的波动率模型以及用于波动率建模的第三方模块 arch。

5.3.1 估计波动率

假定市场变量在第 i 个交易日的取值为 S_i，在第 $i-1$ 个交易日的取值为 S_{i-1}，变量 u_i 被定义为在第 i 个交易日的连续复利收益率，具体的表达式如下：

$$u_i = \ln \frac{S_i}{S_{i-1}} \tag{5-4}$$

同时，σ_n 被定义为在第 $n-1$ 个交易日估计变量在第 n 个交易日的波动率，估计得到的第 n 个交易日的波动率平方 σ_n^2 称为**方差率**（variance rate）。

利用 u_i 在最近 m 个交易日的观测数据推算出的方差率 σ_n^2 的无偏估计如下：

$$\sigma_n^2 = \frac{1}{m-1} \sum_{i=1}^{m} (u_{n-i} - \bar{u})^2 \tag{5-5}$$

其中 $\bar{u}$ 是 u_i 的均值，如下：

$$\bar{u} = \frac{1}{m} \sum_{i=1}^{m} u_{n-i} \tag{5-6}$$

为有效跟踪方差率 σ_n^2 的变化，对式（5-5）中的参数做些变化，主要的变化体现在以下 3 个

方面。

（1） u_i 被定义为变量在第 $i-1$ 个交易日至第 i 个交易日的百分比变化，类似于涨跌幅比例，具体如下：

$$u_i = \frac{S_i - S_{i-1}}{S_{i-1}} \qquad (5\text{-}7)$$

（2） $\bar{u}$ 假设等于 0。这样的处理在金融领域比较常见，比如股票收益率的均值就可以假设等于 0。
（3） 用 m 来代替 $m-1$。

以上 3 个变化对最终计算的结果影响并不大，同时最重要的是式（5-5）可以简化如下：

$$\sigma_n^2 = \frac{1}{m} \sum_{i=1}^{m} u_{n-i}^2 \qquad (5\text{-}8)$$

其中 u_{n-i} 由式（5-7）给出，具体如下：

$$u_{n-i} = \frac{S_{n-i} - S_{n-i-1}}{S_{n-i-1}} \qquad (5\text{-}9)$$

5.3.2 ARCH 模型

在前面的式（5-8）中，由于 i 的取值是 $1 \sim m$，因此在计算 σ_n^2 时，$u_{n-1}^2, u_{n-2}^2, \cdots, u_{n-m}^2$ 等各项都具有相同的权重 $1/m$。然而，这样的等权重处理方法虽然简单，却过于理想化。

由于是估计当前波动率 σ_n，因此对于距离估计日较近的数据（比如 u_{n-1}^2、u_{n-2}^2 等）应该给予较大的权重，而对于比较久远的数据（比如 u_{n-m}^2、u_{n-m-1}^2 等）应该给予较小的权重，这样或许更符合实际情况。

设想出以下的一个模型：

$$\sigma_n^2 = \sum_{i=1}^{m} \alpha_i u_{n-i}^2 \qquad (5\text{-}10)$$

其中，变量 α_i 是从现在往前推算的第 i 天（交易日）观察值 u_{n-i}^2 所对应的权重，并且有 3 个特征——一是 α_i 均取正数，即 $\alpha_i > 0$；二是如果 $i > j$，则 $\alpha_i < \alpha_j$，也就是对于较久远的数据赋予较小的权重；三是权重之和等于 1，如下：

$$\sum_{i=1}^{m} \alpha_i = 1 \qquad (5\text{-}11)$$

对于式（5-10）做进一步的推广。假定存在某一个长期平均方差率 V_L，并给予该长期平均方差率一定权重 γ，式（5-10）就变为如下等式：

$$\sigma_n^2 = \gamma V_L + \sum_{i=1}^{m} \alpha_i u_{n-i}^2 \qquad (5\text{-}12)$$

由于所有的权重之和依然等于 1，因此就有如下等式：

$$\gamma + \sum_{i=1}^{m} \alpha_i = 1 \qquad (5\text{-}13)$$

式（5-12）和式（5-13）所构成的模型就是由罗伯特·恩格尔（Robert Engle）最先提出的 ARCH(m) 模型（简称"ARCH 模型"），这里的 m 就对应观测到的最近 m 个交易日。

根据式（5-12）可以发现，方差率 σ_n^2 的估计值是基于长期平均方差率以及最近的 m 个交易日观测到的 u_{n-i}^2 得到的，并且观测的数据越靠近估计日所对应的权重就越大。

下面，令 $\omega = \gamma V_L$，则可以将式（5-12）改写为如下等式：

$$\sigma_n^2 = \omega + \sum_{i=1}^m \alpha_i u_{n-i}^2 \qquad (5\text{-}14)$$

可以说，ARCH 模型是过去数十年里金融计量学领域最重大的创新之一。在所有的波动率模型中，基于 ARCH 模型而衍生出来的模型无论是理论研究的深度还是实际运用的广度都是独一无二的。

5.3.3　GARCH 模型

在 ARCH 模型的基础上，波勒斯勒夫（Bollerslev）提出了 GARCH 模型，并且最基础的模型就是 GARCH(1, 1)模型，GARCH(1,1)模型的表达式如下：

$$\sigma_n^2 = \gamma V_L + \alpha u_{n-1}^2 + \beta \sigma_{n-1}^2 \qquad (5\text{-}15)$$

其中，V_L 依然表示长期平均方差率，γ 依然表示对应于 V_L 的权重，α 是对应于 u_{n-1}^2 的权重，β 是对应于 σ_{n-1}^2 的权重。所有的权重之和依然等于 1，也就是：

$$\gamma + \alpha + \beta = 1 \qquad (5\text{-}16)$$

通过式（5-15）不难发现，在 GARCH(1, 1)模型中，σ_n^2 是由长期平均方差率 V_L、在最近一个交易日（第 $n-1$ 个交易日）变量的百分比变动 u_{n-1} 以及波动率估计值 σ_{n-1} 共同确定的。

此外，GARCH(1,1)模型中的第一个 1 代表模型中变量的百分比变动 u_{n-1} 选择最近一个交易日（第 $n-1$ 个交易日），第二个 1 代表模型中变量波动率估计值 σ_{n-1} 也是选择最近一个交易日。

GARCH 模型的一般表达式是 GARCH(p,q)模型，具体的公式如下：

$$\sigma_n^2 = \gamma V_L + \sum_{i=1}^p \alpha_i u_{n-i}^2 + \sum_{j=1}^q \beta_j \sigma_{n-j}^2 \qquad (5\text{-}17)$$

通过式（5-17）可以比较清楚地看到 GARCH(p,q)模型中 p 和 q 的含义。其中，p 代表了确定 u_{n-i}^2 观测值的最近 p 个交易日，q 代表了最新的 q 个方差估计值 σ_{n-j}^2，其中 $1 \leq i \leq p$ 以及 $1 \leq j \leq q$。

此外，对于 GARCH(1,1)模型而言，如果设定 $\gamma = 0$、$\alpha = 1-\lambda$、$\beta = \lambda$，这时的 GARCH(1,1)模型就退化为指数加权移动平均（EWMA）模型。因此，EWMA 模型是 GARCH(1,1)模型的一个特例。

当然，也有学者提出了非对称信息的 GARCH 模型。在这些模型中，σ_n 的取值与 u_{n-1} 的符号有关。下面，参照 ARCH 模型的做法，令 $\omega = \gamma V_L$，则式（5-15）就改写为如下等式：

$$\sigma_n^2 = \omega + \alpha u_{n-1}^2 + \beta \sigma_{n-1}^2 \qquad (5\text{-}18)$$

在估计 GARCH(1,1)模型的参数时，通常会采用式（5-18）。

一旦估计出 ω、α 和 β 以后，就可以通过等式 $\gamma = 1 - \alpha - \beta$ 计算出 γ；然后，可以计算得到长期平均方差率 $V_L = \omega / \gamma = \omega / (1-\alpha-\beta)$，对应的长期波动率等于 $\sqrt{V_L} = \sqrt{\omega/(1-\alpha-\beta)}$。

此外，为了保证 GARCH(1,1)模型是稳定的，需要令 $\alpha + \beta < 1$，也就是对应于长期平均方差率的权重 $\gamma > 0$。

5.3.4　arch 模块

arch 模块是用于构建波动率模型和其他金融计量模型的 Python 第三方模块，目前主要功能包括单变量波动率模型、拔靴法或自举法（bootstrapping）、多对比分析过程以及单位根检验。

由于该模块未能集成在 Anaconda 中，因此可以通过打开 Anaconda Prompt，并且输入以下命令在线安装该模块的最新版本：
```
pip install arch
```
在写作本书时，该模块的最新版本是4.15。如果希望在线安装其他的版本，比如4.14版本，则可以输入如下命令：
```
pip install arch==4.14
```
同样，由于arch模块是第三方模块，因此在调用前需要导入模块并且查看版本信息，具体的代码如下：
```
In [80]: import arch              #导入arch模块

In [81]: arch.__version__          #查看版本信息
Out[81]: '4.15'
```
在arch模块中，构建ARCH模型和GARCH模型需要运用arch_model函数，该函数的格式及常用参数如下：
```
arch_model(y, x, mean, lags, vol, p, o, q, dist)
```
arch_model函数的主要参数及其含义如表5-14所示。

表5-14 arch_model函数的主要参数及其含义

参数名称	含义
y	代表因变量，也就是拟分析的波动率变量的样本值
x	代表外生回归因子（exogenous regressors），如果未输入则模型自动省略
mean	表示均值模型的类型，具体可选类型如下。 Constant：表示平均方差是一个常数，并且适用于大多数流动性较好的金融资产。 Zero：表示平均方差是0。 LS：表示仅带有外生回归因子（exogenous regressors only）。 AR：表示自回归（autoregression）模型。 ARX：表示含可选外生回归因子的自回归（autoregressive with optional exogenous regressors）模型。 HAR：表示异构自回归（heterogeneous autoregression）模型。 HARX：表示含可选外生回归因子的异构自回归（heterogeneous autoregression with optional exogenous regressors）模型
lags	表示滞后项的阶数，默认值为0
vol	表示波动率模型的类型，具体可选的类型包括GARCH（默认）、ARCH、EGARCH、FIARCH以及HARCH
p	表示对称随机数的滞后项阶数，默认值为1
o	表示非对称数据的滞后项阶数，默认值为0
q	表示波动率或对应变量的滞后项阶数，默认值为1
dist	表示误差项服从的分布类型，可选类型如下。 normal或者gaussian：代表正态分布，并且是默认值。 t或studentst：代表学生t分布。 skewstudent或skewt：代表偏态学生t分布。 ged或generalized error：代表通用误差分布

需要注意的是，arch_model函数返回的结果是一个结果类的对象，需要针对结果运用fit函数

进行拟合并得到拟合结果的对象,然后针对拟合结果的对象运用 summary 函数输出最终的模型参数和统计量,该代码处理方式与 5.2 节构建线性回归模型是非常类似的。下面就通过 A 股市场中小板指数的案例进行演示。

【例 5-13】 沿用例 5-6 中的相关信息,对 2018 年至 2020 年中小板指数的日涨跌幅构建波动率模型,选用的模型是 ARCH(1)模型和 GARCH(1,1)模型,具体分为 4 个步骤。

第 1 步:从 arch 模块中导入 arch_model 函数,构建 ARCH(1)模型并输出相关模型的结果。具体的代码如下:

```
In [82]: from arch import arch_model    #从 arch 模块中导入 arch_model 函数

In [83]: MS_Index=index.iloc[:,0]       #从例 5-6 创建的数据框中提取中小板指数的数据
   ...: MS_Index.index=pd.DatetimeIndex(MS_Index.index)    #将行索引转化为 Datetime 格式

In [84]: model_arch=arch_model(y=MS_Index,mean='Constant',lags=0,vol='ARCH',p=1,o=0,q=0,
dist='normal')   #构建 ARCH(1)模型

In [85]: result_arch=model_arch.fit()   #拟合 ARCH(1)模型
   ...: result_arch.summary()            #输出拟合结果
Out[85]:
"""
                    Constant Mean - ARCH Model Results
==============================================================================
Dep. Variable:              中小板指数   R-squared:                      -0.000
Mean Model:             Constant Mean   Adj. R-squared:                 -0.000
Vol Model:                       ARCH   Log-Likelihood:                 1972.01
Distribution:                  Normal   AIC:                           -3938.01
Method:            Maximum Likelihood   BIC:                           -3924.23
                                        No. Observations:                   730
Date:                Wed, Jan 13 2021   Df Residuals:                       727
Time:                        17:37:06   Df Model:                             3
                              Mean Model
==============================================================================
                 coef    std err      t      P>|t|       95.0% Conf. Int.
------------------------------------------------------------------------------
mu          4.2541e-04  5.883e-04   0.723    0.470   [-7.276e-04,1.578e-03]
                           Volatility Model
==============================================================================
                 coef    std err      t      P>|t|       95.0% Conf. Int.
------------------------------------------------------------------------------
omega       2.4618e-04  2.206e-05  11.160  6.422e-29   [2.029e-04,2.894e-04]
alpha[1]        0.0741  7.645e-02   0.970    0.332   [-7.572e-02,  0.224]
==============================================================================

Covariance estimator: robust
"""
```

从以上模型输出的结果可以看到,ARCH(1)模型的参数 $\omega = 0.00024618$、$\alpha = 0.0741$,因此得到的模型数值表达式如下:

$$\sigma_n^2 = 0.00024618 + 0.0741 u_{n-1}^2$$

此外,需要注意的是,由于代码输出的结果较多,考虑到篇幅所限,因此对相关结果做了一定

的删减,仅列出相对重要的输出结果。下面的 GARCH(1,1)模型的代码输出结果也做了相似的处理。

第 2 步:构建 GARCH(1,1)模型并输出相关模型的结果。具体的代码如下:

```
In [86]: model_garch=arch_model(y=MS_Index,mean='Constant',lags=0,vol='GARCH',p=1,o=0, q=1,dist='normal')  #构建GARCH(1,1)模型

In [87]: result_garch=model_garch.fit()      #拟合GARCH(1,1)模型
   ...: result_garch.summary()               #输出拟合结果
Out[87]:
"""
                  Constant Mean - GARCH Model Results
==============================================================================
Dep. Variable:              中小板指数   R-squared:                      -0.000
Mean Model:              Constant Mean   Adj. R-squared:                 -0.000
Vol Model:                      GARCH   Log-Likelihood:                 1990.37
Distribution:                  Normal   AIC:                           -3972.74
Method:            Maximum Likelihood   BIC:                           -3954.37
                                        No. Observations:                   730
Date:                Wed, Jan 13 2021   Df Residuals:                       726
Time:                        17:43:39   Df Model:                             4
                               Mean Model
==============================================================================
                coef     std err       t      P>|t|      95.0% Conf. Int.
------------------------------------------------------------------------------
mu           7.1791e-04  5.440e-04    1.320    0.187   [-3.484e-04,1.784e-03]
                             Volatility Model
==============================================================================
                coef     std err       t      P>|t|      95.0% Conf. Int.
------------------------------------------------------------------------------
omega        2.6545e-05  1.408e-06   18.857  2.576e-79  [2.379e-05,2.930e-05]
alpha[1]        0.1000  3.471e-02    2.881  3.967e-03  [3.196e-02,   0.168]
beta[1]         0.8000  2.499e-02   32.009  8.140e-225 [   0.751,   0.849]
==============================================================================

Covariance estimator: robust
"""
```

从以上模型输出的结果可以看到,GARCH(1,1)模型的参数 $\omega = 0.000026545$、$\alpha = 0.1$、$\beta = 0.8$,因此得到的模型数值表达式如下:

$$\sigma_n^2 = 0.000026545 + 0.1 u_{n-1}^2 + 0.8 \sigma_{n-1}^2$$

同时,可得到中小板指数的涨跌幅长期波动率是 $\sqrt{V_L} = \sqrt{\dfrac{0.000026545}{1 - 0.1 - 0.8}} = 0.0163$,也就是平均的每日波动率等于 1.63%。下面就运用 Python 直接计算长期波动率。

第 3 步:可以通过 params 函数输出模型的相关参数并且对参数进行运算。具体的代码如下:

```
In [88]: result_garch.params              #输出模型的相关参数
Out[88]:
mu             0.000718
omega          0.000027
alpha[1]       0.100000
beta[1]        0.800000
Name: params, dtype: float64
```

```
In [89]: vol=np.sqrt(result_garch.params[1]/(1-result_garch.params[2]-result_garch.params[3]))
   ...: print('利用GARCH(1,1)模型得到的长期波动率(每日)',round(vol,4))
利用GARCH(1,1)模型得到的长期波动率(每日) 0.0163
```

第4步:将结果进行可视化。运用内置的plot函数将标准化残差和条件波动率通过图形方式显示出来(见图5-5、图5-6)。具体的代码如下:

```
In [90]: result_arch.plot()          #ARCH(1)模型结果可视化
Out[90]:
```

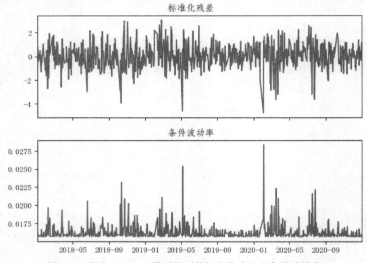

图5-5 通过ARCH(1)模型得到的标准化残差和条件波动率

```
In [91]: result_garch.plot()         #GARCH(1,1)模型结果可视化
Out[91]:
```

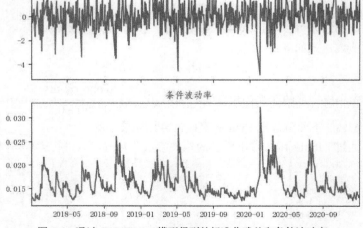

图5-6 通过GARCH(1,1)模型得到的标准化残差和条件波动率

通过对图5-5和图5-6的目测可以发现,ARCH(1)模型和GARCH(1,1)模型的标准化残差时间序

列是比较相似的；相反，这两个模型的条件波动率时间序列则存在着一定的差异。

5.4 datetime 模块

金融变量的取值往往与时间是密不可分的。Python 拥有一个内置的处理时间对象的 datetime 模块，该模块以简单的方式提供日期和时间，它不仅支持日期和时间的算法，而且能实现属性的提取以及格式的输出与操作。

datetime 模块主要包含六大时间类型，具体见表 5-15。

表 5-15　datetime 模块的主要时间类型

时间类型名称	具体说明
date	以日期作为对象，常用的属性包括 year（年）、month（月）、day（日）
time	以时间作为对象，常用的属性包括 hour（小时）、minute（分钟）、second（秒）、microsecond（微秒）和 tzinfo（时区）
datetime	以日期和时间作为对象，是 date 和 time 的结合
datetime_CAPI	也是以日期和时间作为对象，不过是 C 语言的接口
timedelta	时间间隔，也就是两个不同时点之间的长度
tzinfo	时区信息对象

由于金融领域最常用的是 datetime 模块中的 datetime 类型，因此本节主要围绕 datetime 类型展开。

首先依然需要导入 datetime 模块，具体的代码如下：

```
In [92]: import datetime as dt          #导入 datetime 模块并缩写为 dt
```

5.4.1 创建时间对象

datetime 类型的主要格式以及参数如下：

```
datetime(year, month, day, hour, minute, second, microsecond, tzinfo)
```

其中，参数 year、month、day 为必填项，其余为选填项。下面通过若干个示例演示如何创建时间对象。

【例 5-14】 在 Python 中输入 2020 年 5 月 28 日，具体的代码如下：

```
In [93]: T1=dt.datetime(2020,5,28)       #输入 2020 年 5 月 28 日

In [94]: T1                              #输出结果
Out[94]: datetime.datetime(2020, 5, 28, 0, 0)
```

需要注意的是，输出的结果中有两个 0，第一个 0 代表小时（几点）、第二个 0 代表分钟（几分）。

【例 5-15】 在 Python 中输入 2020 年 4 月 18 日 17 点 28 分 58 秒 678 微秒，具体的代码如下：

```
In [95]: T2=dt.datetime(2020,4,18,17,28,58,678)   #输入 2020 年 4 月 18 日 17 点 28 分 58 秒 678 微秒

In [96]: T2                              #输出结果
Out[96]: datetime.datetime(2020, 4, 18, 17, 28, 58, 678)
```

此外，可以用 now 和 today 函数创建当前的时间对象。

【例 5-16】在 Python 中创建当前的时间对象，具体的代码如下：

```
In [97]: now=dt.datetime.now()              #创建现在时间点的时间对象
    ...: now                                 #输出结果
Out[97]: datetime.datetime(2020, 5, 29, 16, 8, 27, 185939)

In [98]: today=dt.datetime.today()          #创建今天时间点的时间对象
    ...: today                               #输出结果
Out[98]: datetime.datetime(2020, 5, 29, 16, 8, 33, 752315)
```

需要注意的是，由于 1 秒等于 100 万微秒，因此微秒的取值是 0~1000000。

5.4.2 访问时间对象的属性

时间对象的属性包括年（year）、月（month）、日（day）、时（hour）、分（minute）、秒（second）、微秒（microsecond）等。以例 5-15 中创建的时间对象 T2 为例，演示访问时间对象的具体属性和相关代码，具体见表 5-16。

表 5-16 访问时间对象的属性以及代码

属性	说明	以时间对象 T2 为例的代码
year	时间对象的年份	In [99]: T2.year #查看时间对象的年份 Out[99]: 2020
month	时间对象的月份	In [100]: T2.month #查看时间对象的月份 Out[100]: 4
weekday	时间对象处于星期几	In [101]: T2.weekday() #查看时间对象处于星期几 Out[101]: 5 结果显示是星期六。注意，0 代表星期一，1 代表星期二，以此类推
day	时间对象处于当月的第几日	In [102]: T2.day #查看时间对象处于当月的第几日 Out[102]: 18
isocalendar	时间对象以 ISO 标准化日期格式显示，格式是年份、当年的第几周以及星期几	In [103]: T2.isocalendar() #以 ISO 标准化日期格式显示 Out[103]: (2020, 16, 6) 结果显示是 2020 年第 16 周的星期六
date	时间对象以年份、月份以及日期数形式显示	In [104]: T2.date() #以年份、月份以及日期数形式显示 Out[104]: datetime.date(2020, 4, 18)
hour	时间对象的小时	In [105]: T2.hour #查看时间对象的小时（几点） Out[105]: 17
minute	时间对象的分钟	In [106]: T2.minute #查看时间对象的分钟（几分） Out[106]: 28
second	时间对象的秒	In [107]: T2.second #查看时间对象的秒（几秒） Out[107]: 58
microsecond	时间对象的微秒	In [108]: T2.microsecond #查看时间对象的微秒 Out[108]: 678
ctime	时间对象以字符串格式输出，输出的内容依次是星期几、月份、日期数、时\分\秒、年份	In [109]: T2.ctime() #以字符串格式输出 Out[109]: 'Sat Apr 18 17:28:58 2020' In [110]: now.ctime() #以字符串格式输出 Out[110]: 'Fri May 29 16:08:27 2020'

5.4.3 时间对象的运算

1. 时间对象的比较

在金融领域，有时需要比较两个时间的大小关系。在 Python 中关于时间对象的比较有两种处理方式：一种是运用 datetime 模块的内置函数，另一种是直接运用 Python 的关系运算符号（参见 1.4.2 节的表 1-8）。结合例 5-14 至例 5-16 中创建的时间对象，表 5-17 归纳了这两种比较的处理方式以及相关代码的演示。

表 5-17 时间对象的比较以及代码

datetime 模块的内置函数	Python 关系运算符号	含义	Python 的代码
__eq__() 注：字母每一边的下画线均是两条（下同）	==	等于	In [111]: T1.__eq__(T2) Out[111]: False In [112]: T1==T2 Out[112]: False
__ge__()	>=	大于等于	In [113]: T1.__ge__(T2) Out[113]: True In [114]: T1>=T2 Out[114]: True
__gt__()	>	大于	In [115]: T1.__gt__(T2) Out[115]: True In [116]: T1>T2 Out[116]: True
__le__()	<=	小于等于	In [117]: T2.__le__(today) Out[117]: True In [118]: T2<=today Out[118]: True
__lt__()	<	小于	In [119]: T2.__lt__(today) Out[119]: True In [120]: T2<today Out[120]: True
__ne__()	!=	不等于	In [121]: T2.__ne__(today) Out[121]: True In [122]: T2 !=today Out[122]: True

2. 时间间隔的计算

在对金融产品定价的过程中，需要计算不同时间之间的间隔长度，比如金融产品的定价日距离到期日的剩余天数。在 datetime 模块中，可以方便地计算不同时间对象之间的间隔长度，主要运用 days、seconds 和 microseconds 等函数，其中 seconds 函数和 microseconds 函数在金融高频交易中被广泛运用。结合例 5-14 至例 5-16 中创建的时间对象，表 5-18 列出了相关函数的功能以及代码的演示。

表 5-18 时间间隔的计算函数与代码

函数	说明	Python 的代码
days	计算间隔天数	In [123]: T_delta1=T1-T2 #计算时间间隔 ...: T_delta1.days #查看时间间隔的天数 Out[123]: 39 该结果显示两个时间对象相差 39 天

续表

函数	说明	Python 的代码
seconds	计算间隔秒数，输出结果的取值范围是大于 0 且小于 86400（1 天对应的秒数）	```In [124]: T_delta2=today-T2 ...: T_delta2.seconds #查看时间间隔的秒数 Out[124]: 81575``` 该结果显示的是时间对象 today 中的 16 点 08 分 33 秒与时间对象 T2 中的 17 点 28 分 58 秒之间的间隔秒数，具体的计算规则是 T 日的 17 点 28 分 58 秒与 T+1 日的 16 点 08 分 33 秒之间隔的秒数
microseconds	计算间隔微秒数，输出结果的取值范围是大于 0 且小于 1000000（1 秒对应的微秒数）	```In [125]: T_delta2.microseconds #查看时间间隔的微秒数 Out[125]: 751637``` 该结果显示的是时间对象 today 中的第 752315 微秒与时间对象 T2 中的第 678 微秒之间的间隔微秒数

到这里，基础篇的内容就全部讲解完毕了。开篇的 5 章（第 1 章至第 5 章）主要以 Python 为主、金融为辅，后面的 10 章（第 6 章至第 15 章）将以金融为主、Python 为辅。通过前面的学习，读者应该已经具备了 Python 以及常用第三方模块的编程技能。在随后的学习中，请读者运用 Python 这把锋利的"手术刀"，全面剖析金融产品和市场；通过 Python 这台高倍的"显微镜"，深刻洞察金融风险与收益，最终将真切地体会到金融的精彩与优美。

5.5　本章小结

在金融领域，SciPy、statsmodels、arch 和 datetime 等模块也经常会被使用，本章结合金融场景有针对性地论述了这 4 个模块的相关功能。首先，讨论了 SciPy 的积分运算、插值法、方程组求解、最优化方法、统计分析等功能；接着，重点探讨了专注于统计建模的 statsmodels 如何用于构建线性回归模型；然后，讲解了建立变量波动率模型的常用工具——ARCH 模型和 GARCH 模型，以及演示了 arch 模块的相关功能；最后，介绍了处理时间对象的 datetime 模块，主要涉及创建时间对象、访问时间对象属性以及时间对象的比较与运算等内容。

5.6　拓展阅读

本章的内容参考了以下资料。

[1] SciPy 的官方网站提供了关于 SciPy 的介绍以及完整功能文档。

[2] statsmodels 的官方网站提供了关于 statsmodels 的介绍以及完整功能文档。

[3] arch 网站提供了关于 arch 的介绍、安装、示例以及功能文档。

[4] 在 "Autoregressive Conditional Heteroscedasticity with Estimates of the Variance of UK Inflation" 一文中，作者罗伯特·恩格尔提出了经典的 ARCH 模型，该论文也是作者荣获 2003 年诺贝尔经济学奖的重要依据之一。

[5] Generalized Autoregressive Conditional Heteroscedasticity[D]. Journal of Econometrics，在本文中，作者波勒斯勒夫（Bollerslev）提出了目前在金融领域广泛运用的 GARCH 模型。

Part 02

第 2 篇

中阶篇

第 6 章　运用 Python 分析利率与汇率

第 7 章　运用 Python 分析债券

第 8 章　运用 Python 分析股票

第 9 章　运用 Python 分析互换

第 10 章　运用 Python 分析期货

第 6 章 运用 Python 分析利率与汇率

本章导读

利率（interest rate）表示一定期限内利息与本金的比率，决定了在一定情况下借入方承诺支付给借出方的资金数额，代表了资金的价格，用百分比表示。按年计算的利率称为年利率，并且利率通常是按照年利率对外报价的。汇率（foreign exchange rate，简称 FX rate）在名义上是一种货币与另一种货币的兑换比例，其实质是两种货币的相对价格，也就是以一种货币表示另一种货币的价格。无论是利率还是汇率，一直以来都是金融市场的关键变量和风险因子，是决定包括债券、股票、衍生产品等金融产品价格的核心因素，也是影响一国宏观经济状况的重要金融变量。本章将结合我国金融市场的案例讨论如何运用 Python 分析利率与汇率。

本章的内容涵盖以下几个主题。
- 介绍我国人民币利率体系、人民币汇率制度演变以及汇率产品概况，并对利率、汇率的走势进行可视化。
- 探讨利率的度量，包括利率的复利频次、连续复利和零息利率等内容。
- 分析远期利率的形成机制以及远期利率协议的现金流和定价。
- 讨论汇率报价以及利用不同币种之间的汇率报价开展三角套利。
- 剖析远期汇率的形成机制、运用即期和远期汇率开展抵补套利以及远期外汇合约的定价。

6.1 人民币利率体系

现行的人民币利率体系是以中央银行（简称"央行"）利率为基础、金融机构利率为主体以及金融市场利率并存的一种利率体系，下面就依次展开介绍。

6.1.1 中央银行利率

1. 再贷款利率

再贷款利率是指中央银行向金融机构发放再贷款时所采用的利率。其中,中央银行对金融机构的贷款称为**再贷款**。自 1984 年中国人民银行专门行使中央银行职能以来,再贷款一直是重要的货币政策工具。目前,再贷款主要用于金融机构支持扩大涉农信贷投放("支农")、支持小微企业融资("支小")以及防范和处置金融风险("金融稳定")等用途。根据中国人民银行公布的信息,其从 2020 年 7 月 1 日起调整了再贷款利率,具体用途、期限和利率如表 6-1 所示。

表 6-1 中国人民银行的再贷款利率表(自 2020 年 7 月 1 日起执行)

再贷款用途	期限	利率
支农、支小再贷款	3 个月	1.95%
	6 个月	2.15%
	1 年	2.25%
金融稳定再贷款	未规定	1.75%
金融稳定再贷款(延期期间)	未规定	3.77%

数据来源:中国人民银行官方网站。

2. 再贴现利率

再贴现利率是指金融机构用所持有的已贴现票据向中央银行办理再贴现时所采用的利率。其中,**贴现**是指票据的持票人在票据到期日前,为了取得资金而贴付一定利息将票据权利转让给商业银行的行为;**再贴现**则是中央银行通过购入商业银行持有的已贴现但尚未到期的票据,向商业银行提供融资支持的行为。自 1986 年中国人民银行在上海等中心城市开始试办再贴现业务以来,中国人民银行通过适时调整再贴现总量及利率,明确再贴现票据选择,达到了吞吐基础货币和实施金融宏观调控的目的,同时发挥了调整信贷结构的作用。中国人民银行从 2020 年 7 月 1 日起,对金融机构的再贴现利率从 2.25% 下调至 2%。

3. 存款准备金利率

存款准备金分为**法定存款准备金**和**超额存款准备金**,中央银行需要对这两类存款准备金支付利息。**法定存款准备金利率**是中央银行对金融机构交存的法定存款准备金支付利息的依据,**超额存款准备金利率**则仅限于计算中央银行对金融机构交存的准备金中超出法定存款准备金水平的部分所支付的利息。从 2008 年 12 月 27 日至今,中国人民银行对金融机构的法定存款准备金利率一直维持在 1.62%,超额存款准备金利率则维持在 0.72% 并且明显低于法定存款准备金利率。

4. 央行回购利率

央行回购利率是指中央银行在开展回购业务过程中形成的利率。所谓**回购**(repurchase agreement, repo)是指拥有证券的金融机构同意将证券出售给交易对方,并在未来约定时间以更高的价格将证券买回,出售证券的金融机构得到资金,所支付的利息等于证券卖出与买入之间的差价,相应的利率称为**回购利率**(repo rate)。

回购是中国人民银行的一项公开市场业务,按照方向不同分为正回购和逆回购两种。**正回购**是中国人民银行向一级交易商卖出有价证券，并约定在未来特定日期买回有价证券的交易行为。**逆回购**是中国人民银行向一级交易商购买有价证券，并约定在未来特定日期将有价证券卖给一级交易商的交易行为。

2013年1月，中国人民银行在公开市场推出了**短期流动性调节工具**（Short-term Liquidity Operation，SLO）。短期流动性调节工具以7天期以内短期回购为主，采用市场化利率招标方式开展操作。截至2020年末，最近一次操作的短期流动性调节工具是2020年12月31日中国人民银行以利率招标方式开展的900亿元7天期逆回购操作，中标利率为2.2%。

5. 央票利率

央票利率是中央银行在公开市场操作时发行票据的票面利率。**中央银行票据**（简称"央票"）是中央银行为调节商业银行超额存款准备金而向商业银行发行的短期债务凭证，其实质是中央银行债券。央票是重要的公开市场操作手段，同时被视为提供市场基准利率的重要手段。

我国首次发行央票是在2002年6月，发行了期限为6个月、金额为50亿元、发行利率为1.9624%的央票。2015年10月，中国人民银行在伦敦发行了金额为50亿元、期限为1年、票面利率为3.1%的首只离岸央票。此外，自2018年11月以来，中国人民银行逐步建立了在香港发行人民币央行票据的常态机制，最近发行的一期是2020年12月23日在香港成功发行了100亿元、6个月期人民币央行票据，中标利率为2.70%。

6. 新型货币政策工具的利率

从2013年至今，除了前面介绍的短期流动性调节工具以外，中国人民银行先后创设了常备借贷便利、抵押补充贷款、中期借贷便利等新型货币政策工具，而这些工具本身就有支付利率和引导市场利率的要求。

2013年1月，中国人民银行创设**常备借贷便利**（Standing Lending Facility，SLF）。常备借贷便利是中国人民银行正常的流动性供给渠道，主要功能是满足金融机构期限较长的大额流动性需求，以抵押方式发放，合格抵押品包括高信用评级的债券类资产及优质信贷资产等。2020年年末，常备借贷便利利率分别是隔夜3.05%、7天期3.2%、1个月期3.55%，常备借贷便利余额为198.4亿元。

2014年4月，中国人民银行创设**抵押补充贷款**（Pledged Supplementary Lending，PSL），主要功能是为支持国民经济重点领域、薄弱环节和社会事业发展而对金融机构提供的期限较长、金额较大的融资，采取质押方式发放。2015年11月，中国人民银行向国家开发银行、中国农业发展银行、中国进出口银行这3家政策性银行提供的抵押补充贷款利率为2.75%，但此后中国人民银行未披露具体利率水平，仅披露抵押补充贷款的发生额及余额。截至2020年年末，抵押补充贷款余额为3.235万亿元。

2014年9月，中国人民银行创设**中期借贷便利**（Medium-term Lending Facility，MLF），对象是符合宏观审慎管理要求的商业银行、政策性银行，采取质押方式发放。根据中国人民银行公布的信息，2020年12月，中国人民银行对金融机构开展中期借贷便利操作共计0.95万亿元，期限为1年，利率为2.95%，2020年12月末的中期借贷便利余额为5.15万亿元。

2018年12月，中国人民银行创设**定向中期借贷便利**（Targeted Medium-term Lending Facility，TMLF），为金融机构提供长期稳定资金来源，定向支持其扩大对小微企业、民营企业的信贷投放。在2020年，中国人民银行分别于第1季度和第2季度开展了定向中期借贷便利的操作，其中第1

季度是 2405 亿元、利率为 3.15%，第 2 季度是 561 亿元、利率为 2.95%，期限均为 1 年，到期可根据金融机构需求续做两次，实际使用期限最长可达 3 年；在第 3 季度针对当季到期的定向中期借贷便利以中期借贷便利的形式进行续做，第 4 季度未开展操作，2020 年年末定向中期借贷便利余额 2966 亿元。

6.1.2 金融机构利率

1. 金融机构存贷款利率

2013 年 7 月 20 日，中国人民银行宣布全面放开金融机构贷款利率管制，取消金融机构贷款利率 0.7 倍的下限，人民币贷款利率完全市场化。2015 年 10 月 23 日，中国人民银行进一步宣布不再设置商业银行和农村合作金融机构存款利率浮动上限，人民币存款利率也完全市场化。目前，商业银行吸收人民币存款、发放人民币贷款的利率均在参考中国人民银行设定的基准利率基础上自行设置。表 6-2 所示是 2015 年 10 月 24 日最近一次调整后的金融机构人民币存贷款基准利率表。

表 6-2　金融机构人民币存贷款基准利率表

项目	期限	基准利率水平
金融机构人民币存款	活期存款	0.35%
	3 个月	1.10%
	半年	1.30%
	1 年	1.50%
	2 年	2.10%
	3 年	2.75%
金融机构人民币贷款	1 年以内（含 1 年）	4.35%
	1 至 5 年（含 5 年）	4.75%
	5 年以上	4.90%

注：自 2014 年 11 月 22 日起，中国人民银行不再公布金融机构人民币 5 年期定期存款的基准利率。
数据来源：中国人民银行官方网站。

2. 贷款市场报价利率

贷款市场报价利率（Loan Prime Rate，LPR）由各报价银行按公开市场操作利率（主要指中期借贷便利利率）加点形成的方式报价，由全国银行间同业拆借中心计算得出，为银行贷款提供定价参考。LPR 包括 1 年期和 5 年期以上这两个品种。

目前，LPR 报价银行包括 18 家银行，每月 20 日（遇节假日顺延）上午 9 点前，各报价银行向全国银行间同业拆借中心提交报价，全国银行间同业拆借中心按去掉最高报价和最低报价后算术平均，并向 0.05% 的整数倍就近取整计算得出 LPR。LPR 于当日 9 点 30 分公布，公众可在全国银行间同业拆借中心和中国人民银行网站查询。2020 年 12 月 21 日，1 年期 LPR 为 3.85%，5 年期以上 LPR 为 4.65%。

需要指出的是，目前的 LPR 报价形成机制依据 2019 年 8 月 16 日发布的《中国人民银行公告〔2019〕第 15 号》，并且从 2019 年 8 月 20 日起正式实施。

中国货币网提供了相关的数据下载。通过下载得到 2019 年 8 月至 2020 年 12 月期间的贷款市场报价利率数据，并且运用 Python 进行可视化（见图 6-1），具体的代码如下：

```
In [1]: import numpy as np
   ...: import pandas as pd
   ...: import matplotlib.pyplot as plt
   ...: from pylab import mpl
   ...: mpl.rcParams['font.sans-serif']=['FangSong']
   ...: mpl.rcParams['axes.unicode_minus'] = False
   ...: from pandas.plotting import register_matplotlib_converters
   ...: register_matplotlib_converters()

In [2]: LPR=pd.read_excel('C:/Desktop/贷款市场报价利率（LPR）数据.xlsx', sheet_name="Sheet1", header=0,index_col=0)          #从外部导入 LPR 数据

In [3]: LPR.plot(figsize=(9,6),grid=True,fontsize=13)      #数据可视化
   ...: plt.ylabel(u'利率', fontsize=11)                   #增加纵坐标的标签
Out[3]:
```

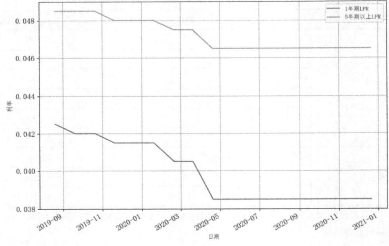

图 6-1　运用 Python 绘制的贷款市场报价利率走势图（2019 年 8 月至 2020 年 12 月）

从图 6-1 可以看到，无论是 1 年期还是 5 年期以上的 LPR，在 2020 年前 5 个月的降幅都十分明显，根本的原因就是为了有效对冲 2020 年初突如其来的"新冠"疫情对经济的负面影响，运用货币政策强化逆周期调节，在引导货币市场利率中枢下移的同时，通过 LPR 传导进一步降低实体经济的融资成本。

6.1.3　金融市场利率

1. 银行间同业拆借利率

　　同业拆借（interbank lending）是金融机构同业之间发生的短期、无担保资金融通行为，目的在于调剂头寸和临时性资金余缺。**同业拆借利率**就是基于同业拆借行为而产生的利率。目前，金融机构之间的同业拆借需要通过全国银行间同业拆借中心的交易系统才能完成，拆借期限最短为 1 天，

最长为1年，交易期限包括1天、7天、14天、21天、1个月、2个月、3个月、4个月、6个月、9个月和1年共11个品种。

全国银行间同业拆借中心提供了银行间同业拆借利率的相关数据下载。通过下载得到2019年至2020年的1天期、7天期和14天期这3个常用期限的银行间同业拆借利率数据，并运用Python绘制走势图（见图6-2），具体的代码如下：

```
In [4]: IBL=pd.read_excel('C:/Desktop/银行间同业拆借利率（2019年-2020年）.xlsx', sheet_name=
        "Sheet1",header=0,index_col=0)              #导入外部数据

In [5]: IBL.plot(figsize=(9,6),grid=True,fontsize=13)    #数据可视化
   ...: plt.ylabel(u'利率', fontsize=11)                  #增加纵坐标的标签
Out[5]:
```

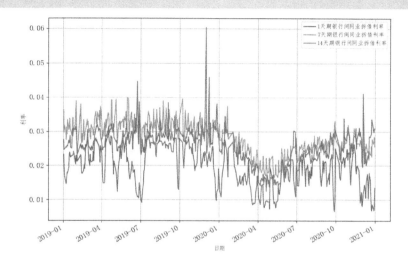

图6-2　运用Python绘制的银行间同业拆借利率走势图（2019年至2020年）

通过图6-2比较这3个不同期限的银行间同业拆借利率，可以发现1天期和14天期的利率波动较大，而7天期的利率波动则较小。

2. 回购利率

目前，货币市场的回购交易分为质押式回购与买断式回购两类，这两类回购均有各自不同的利率。

质押式回购是交易双方进行的以债券为权利质押的一种短期资金融通业务，具体是指资金融入方（正回购方）在将债券出质给资金融出方（逆回购方）融入资金的同时，双方约定在将来某一日期由正回购方按约定回购利率计算的资金数额向逆回购方返还资金，逆回购解除出质债券上质权的融资行为。同时，根据交易场所的不同，质押式回购可以分为银行间质押式回购、上海证券交易所质押式回购、深圳证券交易所质押式回购。交易期限与银行间同业拆借的期限一致，共11个品种，其中最具有参考价值的是1天期、7天期和14天期这3个品种。

买断式回购指债券持有人（正回购方）将债券卖给债券购买方（逆回购方）的同时，交易双方约定在未来某一日期，正回购方再以约定价格从逆回购方买回相等数量同种债券的交易行为。目前，买断式回购仅限于银行间市场，交易期限与质押式回购、银行间同业拆借的期限保持一致，也是共计11个品种，最具有参考价值的也是1天期、7天期和14天期这3个品种。

通常而言，运用 1 天期、7 天期、14 天期的回购定盘利率作为回购市场的基准性利率指标[1]，并且代码依次是 FR001、FR007 和 FR014。全国银行间同业拆借中心提供了银行间回购利率的相关数据下载。通过下载得到 2019 年至 2020 年的 1 天期、7 天期和 14 天期的回购定盘利率数据并且运用 Python 绘制相关的走势图（见图 6-3），具体的代码如下：

```
In [6]: FR=pd.read_excel('C:/Desktop/银行间回购定盘利率（2019年-2020年）.xlsx', sheet_name=
"Sheet1",header=0,index_col=0)        #导入外部数据

In [7]: FR.plot(figsize=(9,6),grid=True,fontsize=13)   #数据可视化
   ...: plt.ylabel(u'利率', fontsize=11)               #增加纵坐标的标签
Out[7]:
```

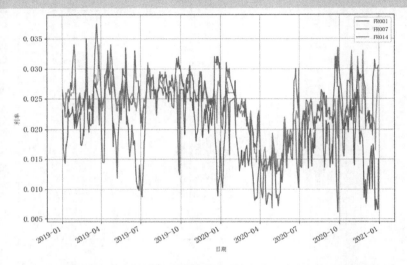

图 6-3　运用 Python 绘制的银行间回购定盘利率走势图（2019 年至 2020 年）

从图 6-3 可以观察到，1 天期和 14 天期的回购定盘利率波动较大，7 天期的回购定盘利率波动则相对较小。

3. 上海银行间同业拆放利率

上海银行间同业拆放利率（Shanghai Interbank Offered Rate，Shibor）以位于上海的全国银行间同业拆借中心为技术平台计算、发布并命名，从 2007 年 1 月 4 日开始正式运行。Shibor 是由信用等级较高、货币市场上人民币交易相对活跃、信息披露比较充分的银行组成报价团，自主报出人民币同业拆出利率并经过计算确定的算术平均利率，是单利、无担保、批发性利率。

目前，Shibor 期限品种包括隔夜（O/N）、1 周（1W）、2 周（2W）、1 个月（1M）、3 个月（3M）、6 个月（6M）、9 个月（9M）及 1 年（1Y）。其中，最具有参考价值的是 3 个月期报价。

上海银行间同业拆放利率网站提供了 Shibor 的相关数据下载。通过下载得到 2019 年至 2020 年的 1 个月期、3 个月期和 6 个月期的 Shibor 数据，并且运用 Python 绘制走势图（见图 6-4），

---

[1] **回购定盘利率**（fixing repo rate）是以银行间市场每个交易日上午 9 点至 11 点回购交易利率为基础，借鉴国际经验编制而成的基准性利率指标。回购定盘利率为银行间市场开展利率互换、远期利率协议等利率衍生品提供了重要的参考。

具体的代码如下：

```
In [8]: Shibor=pd.read_excel('C:/Desktop/Shibor（2019年至2020年）.xlsx', sheet_name=
"Sheet1",header=0,index_col=0)                #导入外部数据

In [9]: Shibor.plot(figsize=(9,6),grid=True,fontsize=13)    #数据可视化
   ...: plt.ylabel(u'利率', fontsize=11)                     #增加纵坐标的标签
Out[9]:
```

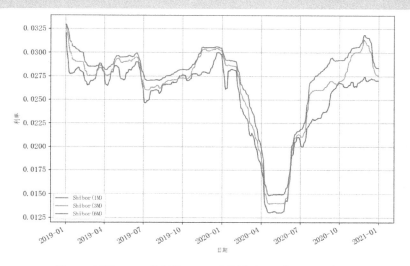

图 6-4　运用 Python 绘制的 Shibor 走势图（2019 年至 2020 年）

通过图 6-4 可以比较明显地看到，Shibor 呈现典型的 V 形走势。需要强调的是，在 2020 年第 1 季度 Shibor 出现了较大幅度的下降，具体的原因就是为了应对"新冠"疫情对经济的负面冲击，中央银行推出了比较宽松的货币政策，进而使得市场利率出现了比较明显的下降。

在这里需要重点说明的是，**无风险利率**（risk-free interest rate），也称为**无风险收益率**（risk-free return rate），是最重要的金融变量之一，广泛用于金融产品定价、交易策略构建以及风险量化建模。根据金融领域的惯例，无风险利率或者无风险收益率通常可以选取前文提到的商业银行存款基准利率、贷款市场报价利率、上海银行间同业拆放利率以及在 7.2 节将讨论的国债到期收益率和国债零息收益率，本书后文将给出具体的运用。

6.2　人民币汇率体系

人民币是我国的法定货币，人民币汇率代表了人民币与外币之间的比价关系，是我国宏观经济中处于核心地位的金融变量。本节将概览性地介绍人民币汇率制度的演变、与人民币汇率相关的产品以及人民币汇率指数等内容。

6.2.1　人民币汇率制度的演变

人民币汇率制度是我国经济开放程度和自信程度的集中体现。然而，"罗马不是一日建成的"，

人民币汇率制度也经历了一个长期、复杂的演变过程。

改革开放之初的1981年至1984年，为适应外贸管理体制的改革，人民币从单一的官方汇率调整为实行官方汇率与贸易外汇内部结算价并行的双重汇率制度（"汇率双轨制"）。其中，1981年至1984年期间，人民币官方牌价为1美元=1.5元，贸易外汇内部结算价是1美元=2.80元。然而，由于严重的财政补贴负担，加之国际货币基金组织和外国生产商对双重汇率提出异议，1985年1月1日取消了贸易外汇内部结算价。1985年至1993年，采取的是官方汇率与外汇调剂市场汇率并行的双重汇率制度。实行双重汇率制度的原因在于改革开放初期，外汇是一种稀缺的金融资源，为鼓励出口创汇，允许出口企业拥有一定数量的外汇留成，并且可以通过调剂市场以高于官方汇率的外汇调剂市场汇率进行交易结算，从而使出口企业通过汇率差价获取一些收益。然而，随着经济开放程度的不断加深和市场改革的逐步深入，双重汇率制度已经无法适应开放的需要。

此后，人民币汇率制度经历了3次重大的跨越式改革，分别发生在1993年年末、2005年7月21日和2015年8月11日，下面就依次介绍。

1. 1993年年末人民币汇率制度的改革

1993年11月14日，中共十四届三中全会通过的《中共中央关于建立社会主义市场经济体制若干问题的决定》明确了市场化改革方向。在此背景下，1993年12月25日，中华人民共和国国务院（简称"国务院"）发布了《国务院关于金融体制改革的决定》（国发〔1993〕91号），明确提出："外汇管理是中央银行实施货币政策的重要组成部分。我国外汇管理体制改革的长期目标是实现人民币可兑换。"

相应的改革措施主要包括：（1）从1994年实现汇率并轨，建立以市场汇率为基础的、单一的、有管理的人民币浮动汇率制度；（2）取消外汇留成，实行结汇和售汇制度；（3）实现经常项目下人民币有条件可兑换；（4）严格管理和审批资本项下的外汇流出和流入；（5）建立全国统一的外汇交易市场，外汇指定银行为市场的交易主体，中国人民银行根据宏观经济调控的要求，适时吞吐外汇，平抑汇价；（6）停止发行并逐步收回外汇兑换券。严格禁止外币标价、结算和流通；（7）中国人民银行集中管理国家外汇储备，根据外汇储备的安全性、流动性和盈利性的原则，完善外汇储备的经营机制。

1994年1月1日，人民币官方汇率与外汇调剂市场汇率正式并轨，开始实行以市场汇率为基础的、单一的、有管理的人民币浮动汇率制度。当天，美元兑人民币汇率的中间价是1美元=8.7元。

2. 2005年7月21日人民币汇率制度的改革

2005年7月21日，中国人民银行发布了《中国人民银行关于完善人民币汇率形成机制改革的公告》（中国人民银行公告〔2005〕第16号），这是人民币汇率制度的又一次重大改革，也被称为"7·21"汇改。

此次汇改的主要内容包括4个方面：（1）自2005年7月21日起，我国开始实行以市场供求为基础、参考一篮子货币进行调节、有管理的浮动汇率制度，人民币汇率不再盯住单一美元，形成更富弹性的人民币汇率机制；（2）中国人民银行于每个工作日闭市后公布当日银行间外汇市场美元等交易货币对人民币汇率的收盘价，作为下一个工作日该货币对人民币交易的中间价格；（3）2005年7月21日19:00时，美元对人民币交易价格调整为1美元兑8.11元，作为次日银行间外汇市场上外汇指定银行之间交易的中间价；（4）每日银行间外汇市场美元对人民币的交易价仍在中国人民银行公布的美元交易中间价上下千分之三的幅度内浮动，非美元货币对人民币的交易价在中国人民银行公布的该货币交易中间价上下一定幅度内浮动，同时明确了中国人民银行可以根据市场发育状况和经济金融形势，适时调整汇率浮动区间。

这次汇改意义相当重大。首先，汇改使得人民币汇率形成机制更加贴近"自由浮动的汇率制度"；其次，汇改在应对我国加入世界贸易组织（World Trade Organization，WTO）后所面临的挑战方面发挥了积极作用，促进经济更加开放，增强了综合国力；最后，更加灵活的汇率机制为我国应对国际金融危机找到了重要支撑，提升了人民币的国际地位，为经济结构调整提供了重要工具。

3. 2015年8月11日人民币汇率制度的改革

为增强人民币兑美元汇率中间价的市场化程度和基准性，中国人民银行决定完善人民币兑美元汇率中间价的报价。具体是在2015年8月11日，中国人民银行发布了《中国人民银行关于完善人民币兑美元汇率中间价报价的声明》，明确自2015年8月11日起，在每日银行间外汇市场开盘前，参考前一日银行间外汇市场收盘汇率，并综合考虑外汇供求情况以及国际主要货币汇率变化的基础上，做市商向中国外汇交易中心提供中间价报价。金融界将本次中国人民银行的声明称为"8·11"汇改。

本次汇改的成效显著，主要表现在以下三大方面。一是市场供求对汇率的影响加大。从改革后的市场表现来看，中间价与前一日收盘价价差较汇改前明显缩小，中间价更加能够体现市场的供求变化，是人民币向着自由浮动汇率转变的一次有益尝试。二是人民币汇率有升有贬，基本实现双向波动。在2005年"7·21"汇改后，人民币经历了大约10年的升值周期，市场对汇率预期呈现单边走势；而在2015年"8·11"汇改后，人民币波动性明显提高，有升有贬，市场预期出现分化（参见图6-5）。三是政府对汇率波动容忍度更高，调控手段由之前的直接入市干预转变为主要采取市场化手段，包括增加逆周期调控因子、隔夜拆借利率调整、外汇风险准备金等市场化手段和窗口指导。

本次汇改也产生了另一个重大成果，就是人民币于2015年11月底被国际货币基金组织批准成为特别提款权（SDR）第三大权重的篮子货币，并于2016年10月1日起正式生效。针对特别提款权已经在4.6节的例4-10中进行了介绍。

6.2.2 人民币汇率相关产品

目前，金融机构之间的外汇交易均是通过银行间外汇市场（中国外汇交易中心）完成的。中国外汇交易中心（China Foreign Exchange Trade System，CFETS）提供了与人民币汇率相关的产品，具体包括人民币外汇即期、人民币外汇远期、人民币外汇掉期、人民币外汇货币掉期、人民币外汇期权等。由于本章后面的内容将涉及汇率即期和远期交易，因此这里重点介绍人民币外汇即期和人民币外汇远期这两类产品，关于人民币外汇货币掉期将在9.1.2节做介绍。关于这两类产品的相关要素见表6-3。

表6-3 中国外汇交易中心开展的人民币外汇即期、远期产品的要素

项目	人民币外汇即期	人民币外汇远期
产品定义	交易双方以约定的外汇币种、金额、汇率，在成交日后第2个营业日或第2个营业日以内交割的人民币外汇交易	交易双方以约定的外汇币种、金额、汇率，在成交日后两个营业日以上的约定日期交割的人民币外汇交易
交易方式	竞价交易、询价交易和撮合交易	双边询价交易和撮合交易

续表

项目	人民币外汇即期	人民币外汇远期
交易品种	美元兑人民币（USD/CNY）、欧元兑人民币（EUR/CNY）、日元兑人民币（JPY/CNY）、港元兑人民币（HKD/CNY）、英镑兑人民币（GBP/CNY）等27种汇率	USD/CNY、EUR/CNY、JPY/CNY、HKD/CNY、GBP/CNY 等24种汇率
清算方式	竞价交易为集中清算，询价交易和撮合交易为双边清算或净额清算	双边清算或净额清算
交易时间	北京时间 9:30—23:30（周六、周日及国家法定节假日不开市）	

资料来源：中国货币网。

中国外汇交易中心提供了人民币汇率的相关数据下载。通过下载得到2005年7月21日（"7·21"汇改发生日）至2020年末的美元兑人民币、欧元兑人民币、100日元兑人民币以及港元兑人民币这4个主要交易品种的日汇率中间价数据，并且运用Python以2×2子图的方式绘制汇率走势图（见图6-5），具体的代码如下：

```
In [10]: exchange=pd.read_excel('C:/Desktop/人民币汇率每日中间价（2005年7月21日至2020年年末）.
xlsx',sheet_name="Sheet1",header=0,index_col=0)        #导入外部数据

In [11]: exchange.plot(subplots=True,sharex=True,layout=(2,2),figsize=(11,9),grid=True,f
ontsize=13)        #可视化
    ...: plt.subplot(2,2,1)                            #第1张子图
    ...: plt.ylabel(u'汇率', fontsize=11, position=(0,0))      #增加第1张子图的纵坐标标签
Out[11]:
```

图6-5 运用Python绘制的人民币汇率走势图（2015年7月21日至2020年12月）

从图 6-5 中可以清楚地看到，从 2005 年 7 月 21 日汇改至 2015 年 10 月末，人民币对于美元而言是处于单边升值的通道中的；而在 2015 年 10 月以后，人民币对美元是出现了有贬值也有升值的双向波动的。此外，由于港元采取了盯住美元的联系汇率制度，因此港元兑人民币的走势与美元兑人民币的走势是非常相似的。此外，在 2005 年 7 月 21 日至 2020 年 12 月期间，无论是欧元还是日元，均与人民币实现了有升值也有贬值的双向波动。

6.2.3 人民币汇率指数

长期以来，金融市场观察人民币汇率主要是以人民币对美元的双边汇率作为切入点的。考虑到汇率浮动旨在调节多个贸易伙伴的贸易和投资，因此仅关注人民币对美元的双边汇率无法全面反映商品的国际比价，也就是说人民币汇率不应仅仅以美元为参考，还需要参考一篮子货币。

汇率指数作为一种加权平均汇率，主要用于综合计算一国货币对一篮子外国货币加权平均汇率的变动，能够更加全面地反映一国货币的价值变化。相比参考单一货币（美元），参考一篮子货币能够更加全面和准确地反映人民币汇率的市场变化情况，更能反映我国商品和服务的综合竞争力，更能发挥人民币汇率调节进出口、投资及国际收支的作用。

2015 年 12 月 11 日，中国外汇交易中心正式发布 CFETS 人民币汇率指数，同时列出了参考国际清算银行（Bank for International Settlements，BIS）货币篮子、SDR 货币篮子计算的人民币汇率指数，这些指数的相关介绍见表 6-4。

表 6-4　中国外汇交易中心发布的人民币汇率指数介绍

项目	CFETS 人民币汇率指数	BIS 货币篮子人民币汇率指数	SDR 货币篮子人民币汇率指数
指数定义	参考 CFETS 货币篮子，具体包括中国外汇交易中心挂牌的各类人民币对外汇交易币种，样本货币权重采用考虑转口贸易因素的贸易权重法计算得出	主要参考 BIS 货币篮子，样本货币权重采用 BIS 货币篮子权重	主要参考 SDR 货币篮子，样本货币权重由各样本货币在 SDR 货币篮子的相对权重计算得出
样本货币取价	当日人民币外汇汇率中间价和交易参考价	对于中国外汇交易中心挂牌交易的人民币外汇币种，取价是当日人民币外汇汇率中间价和交易参考价；对于非中国外汇交易中心挂牌交易的人民币外汇币种，取价则是根据当日人民币对美元汇率中间价和该币种对美元汇率套算形成的	当日人民币外汇汇率中间价
指数基期	2014 年 12 月 31 日		
基期指数	100 点		

注：针对不同的人民币汇率指数，所参考一篮子的具体外汇交易币种以及币种的最新权重可以访问中国货币网进行查询。
资料来源：中国货币网。

以上这些人民币汇率指数的推出与定期公布，为市场观察人民币汇率提供了更加综合的量化指标，将有助于引导市场改变过去主要关注人民币对美元的双边汇率的习惯，逐渐把参考一篮子货币计算的有效汇率作为人民币汇率水平的主要参照系，有利于保持人民币汇率在合理均衡水平上的基本稳定。

中国外汇交易中心提供了人民币汇率指数的相关数据下载。通过下载得到 2015 年 11 月 30 日（指数的起始日）至 2020 年末的 CFETS 人民币汇率指数、BIS 货币篮子人民币汇率指数以及 SDR 货币篮子人民币汇率指数等数据，并且运用 Python 绘制汇率指数走势图（见图 6-6），具体的代码如下：

```
In [12]: index_RMB=pd.read_excel('C:/Desktop/人民币汇率指数(2015年11月30日至2020年末).xlsx',
sheet_name="Sheet1",header=0,index_col=0)         #导入外部数据

In [13]: index_RMB.plot(figsize=(9,6),grid=True,fontsize=13)    #数据可视化
    ...: plt.ylabel(u'利率', fontsize=11)                        #增加纵坐标轴的标签
Out[13]:
```

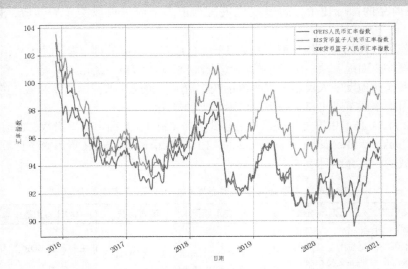

图 6-6　运用 Python 绘制的人民币汇率指数走势图（2015 年 11 月 30 日至 2020 年）

从图 6-6 可以看到，一方面这 3 个人民币汇率指数在走势上具有一定的趋同性，另一方面由于不同的人民币汇率指数所参考的一篮子外汇交易币种以及币种的权重是存在差异的，因此不同指数之间在走势上存在着一定的分化，尤其是在 2018 年以后 BIS 货币篮子人民币汇率指数与其他两个指数的分化很明显。

6.3　利率的度量

有了前面关于利率体系的知识储备，本节将围绕利率的度量问题展开。通过利率计算得到的利息可以分为单利和复利。其中，单利是仅针对本金计算的利息，而复利则是根据本金与前期利息之和计算的利息，因此复利也俗称"利滚利"。而在金融市场中，单利和复利都会被运用，因此在看到利率时需要仔细一些，看清楚是单利还是复利。如果是复利则需要看清复利频次是多少，每半年复利还是每季度复利抑或是连续复利。

6.3.1 利率的相对性

1. 一个案例

【例 6-1】假定有 A 银行、B 银行、C 银行、D 银行、E 银行、F 银行共 6 家商业银行在 2020 年末均对外发布"1 年期存款利率为 2%"的信息，这句话表面上感觉非常直接、含义清楚并且一致，但是事实上这句话的含义会伴随着利率的计算方式（利率的复利频次）变化而变化，具体如下。

A 银行。利率的计算方式是 1 年复利 1 次，在 A 银行存入 1 万元，1 年后（2021 年年末）得到的本息和如下：

$$10000 \times (1 + 2\%) = 10200(元)$$

B 银行。利率的计算方式是每半年复利 1 次，这表示每 6 个月能获取"本金 $\times \frac{2\%}{2}$"的利息，利息被用于再投资，在 B 银行存入 1 万元，1 年后得到的本息和如下：

$$10000 \times \left(1 + \frac{2\%}{2}\right)^2 = 10201(元)$$

C 银行。利率的计算方式是每季度复利 1 次，这表示每季度能获取"本金 $\times \frac{2\%}{4}$"的利息，利息被用于再投资，在 C 银行存入 1 万元，1 年后得到的本息和（保留至小数点后 2 位，下同）如下：

$$10000 \times \left(1 + \frac{2\%}{4}\right)^4 = 10201.51(元)$$

D 银行。利率的计算方式是每月复利 1 次，这表示每月能获取"本金 $\times \frac{2\%}{12}$"的利息，利息被用于再投资，在 D 银行存入 1 万元，1 年后得到的本息和如下：

$$10000 \times \left(1 + \frac{2\%}{12}\right)^{12} = 10201.84(元)$$

E 银行。利率的计算方式是每周复利 1 次，并且假定 1 年有 52 周，这表示每周能获取"本金 $\times \frac{2\%}{52}$"的利息，利息被用于再投资，在 E 银行存入 1 万元，1 年后得到的本息和如下：

$$10000 \times \left(1 + \frac{2\%}{52}\right)^{52} = 10201.97(元)$$

F 银行。利率的计算方式是每天复利 1 次，并且假定 1 年有 365 天，这表示每天能获取"本金 $\times \frac{2\%}{365}$"的利息，利息被用于再投资，在 F 银行存入 1 万元，1 年后得到的本息和如下：

$$10000 \times \left(1 + \frac{2\%}{365}\right)^{365} = 10202.01(元)$$

从以上的计算不难发现，随着复利频次的不断提高，1 年后得到的本息和也不断提高。

以上的这个案例就充分揭示了利率的相对性特征，即单纯的利率数字是缺乏现实意义的，只有将利率与复利频次结合在一起才能准确地理解利率并计算利息。

2. Python 的演示

针对例 6-1,可以通过 Python 十分高效地计算出相关的结果,在运算时需要用 for 循环语句。具体的代码如下:

```
In [14]: par=1e4                    #本金为 1 万元
    ...: r=0.02                      #2%的 1 年期利率
    ...: M=[1,2,4,12,52,365]         #不同的复利频次
    ...: name=['每年复利1次','每半年复利1次','每季度复利1次','每月复利1次','每周复利1次','每天复利1次']

In [15]: value=[]                   #建立存放 1 年后本息合计金额的初始数列
    ...: i=0                         #设置一个标量,用于后续的 for 循环语句

In [16]: for m in M:                #通过 for 循环语句快速计算不同复利频次的本息合计金额
    ...:     value.append(par*(1+r/m)**m)    #将每次计算的结果存放于数列尾部
    ...:     print(name[i],'本息合计金额',round(value[i],2))
    ...:     i=i+1
每年复利1次   本息合计金额 10200.0
每半年复利1次  本息合计金额 10201.0
每季度复利1次  本息合计金额 10201.51
每月复利1次   本息合计金额 10201.84
每周复利1次   本息合计金额 10201.97
每天复利1次   本息合计金额 10202.01
```

从以上输出的结果可以发现,运用 Python 计算得到的结果不仅与手动计算的结果相同,而且会更加高效。

3. 结论的推广

现在将例 6-1 的结论进行推广,并且用数学符号给出统一的数学表达式。假设初始的投资本金用 A 表示,投资期限为 n 年,利率 R 是按年复利的年利率,每年复利频次用 m 表示,到期的本息和(投资终值)FV 的公式如下:

$$FV = A\left(1+\frac{R}{m}\right)^{mn} \tag{6-1}$$

其中,式(6-1)中的幂指数 mn 表示 $m \times n$。

下面,通过 Python 自定义一个用于计算不同复利频次条件下本息和的函数,具体的代码如下:

```
In [17]: def FV(A, n, R, m):
    ...:     '''定义一个用于计算不同复利频次本息和的函数
    ...:     A: 表示初始的投资本金。
    ...:     n: 表示投资期限(年)。
    ...:     R: 表示年利率。
    ...:     m: 表示每年复利频次,输入 m='Y'代表每年复利1次,m='S'代表每半年复利1次,m='Q'代表每季度复利1次,m='M'代表每月复利1次,m='W'代表每周复利1次,输入其他则表示每天复利1次'''
    ...:     if m=='Y':                       #每年复利1次
    ...:         value=A*pow(1+R,n)           #计算本息和
    ...:     elif m=='S':                     #每半年复利1次
    ...:         value=A*pow(1+R/2,n*2)
    ...:     elif m=='Q':                     #每季度复利1次
    ...:         value=A*pow(1+R/4,n*4)
    ...:     elif m=='M':                     #每月复利1次
    ...:         value=A*pow(1+R/12,n*12)
    ...:     elif m=='W':                     #每周复利1次
```

```
        ...:            value=A*pow(1+R/52,n*52)
        ...:        else:                                           #每天复利1次
        ...:            value=A*pow(1+R/365,n*365)
        ...:    return value
```

在以上自定义的函数 FV 中,只需要输入初始的投资本金、投资期限、年利率以及复利频次等参数,就可以快速计算得到对应的本息和。

下面,通过例 6-1 中每周复利 1 次的情形验证自定义函数 FV 的正确性,具体的代码如下:

```
In [18]: N=1                                                       #投资期限(年)

In [19]: FV_week=FV(A=par,n=N, R=r, m='W')                         #计算每周复利1次的本息和
    ...: print('每周复利1次得到的本息和', round(FV_week,2))
每周复利1次得到的本息和 10201.97
```

通过以上的计算结果不难发现,通过自定义函数 FV 计算得到的结果与之前通过 for 循环语句计算得到的结果是相同的。

4. 复利频次与本息和的关系

刚才通过例 6-1 已经可以得出复利频次与本息和之间存在正向的关系。下面就通过 Python 将复利频次与本息和的关系进行可视化。假定初始投资本金是 100 元,每年复利 1 次的年利率是 2%,投资期限是 1 年,考察每年复利频次从 1 至 200 所对应的 1 年后到期本息和。可视化结果如图 6-7 所示。具体的代码如下:

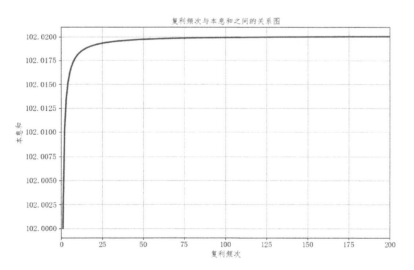

图 6-7 复利频次与本息和之间的关系图

```
In [20]: par_new=100                                               #投资本金是100元
    ...: M_list=np.arange(1,201)                                   #生成从1至200自然数的数组

In [21]: Value_list=par_new*pow(1+r/M_list,M_list)                 #计算到期时本息和的数组

In [22]: plt.figure(figsize=(9,6))
    ...: plt.plot(M_list,Value_list,'r-',lw=2.5)
    ...: plt.xlabel(u'复利频次',fontsize=13)
```

```
...:  plt.xlim(0,200)
...:  plt.ylabel(u'本息和',fontsize=13)
...:  plt.xticks(fontsize=13)
...:  plt.yticks(fontsize=13)
...:  plt.title(u'复利频次与本息和之间的关系图', fontsize=13)
...:  plt.grid()
...:  plt.show()
```

从图 6-7 不难发现，复利频次增加对于本息和的边际正效应是不断衰减的。通过目测可以发现，当复利频次超过 75 以后，这种边际正效应就变得非常微弱。当复利频次不断增加并且最终趋于无穷大时，就引出下面要讨论的连续复利。

5. 连续复利

根据式（6-1），当 $m=1$ 时所对应的利率有时被称为**等值年利率**（equivalent annual interest rate）。当 m 趋于正无穷大（ $m \to +\infty$ ）时，就称为**连续复利**（continuous compounding），对应的利率则称为**连续复利利率**（continuously compounded rate）。

在连续复利条件下，运用数学的极限定理，式（6-1）可以写成如下形式：

$$FV = \lim_{m \to +\infty} A\left(1+\frac{R}{m}\right)^{mn} = Ae^{Rn} \qquad (6\text{-}2)$$

其中，e 是自然对数的底数，是一个无限不循环小数，近似等于 2.71828。Python 的 math 模块、NumPy 模块都有计算幂函数 e^x 的函数，具体详见 1.7.2 节的表 1-16 和 2.4.1 节。

6.3.2 利率的等价性

讲到这里，读者也许已经得出了一个结论：不同复利频次的利率之间存在着一种等价关系。比如，每半年复利 1 次的利率 3% 与每月复利 1 次的利率 2.9814%（保留至小数点后 4 位）可以计算得到相同金额的利息。下面，就依次考察两组等价关系。

1. 等价关系之一

首先，考察每年复利 m_1 次的利率 R_1 与每年复利 m_2 次的利率 R_2 之间的等价关系式，其中 $m_1 \neq m_2$。根据式（6-1）就可以得到如下等式：

$$R_2 = m_2\left[\left(1+\frac{R_1}{m_1}\right)^{\frac{m_1}{m_2}} - 1\right] \qquad (6\text{-}3)$$

根据式（6-3），已知每年复利频次 m_1 对应的利率 R_1，就可以计算得到等价的每年复利频次 m_2 对应的利率 R_2。

为了计算的方便，针对式（6-3），通过 Python 自定义一个函数，该函数可以通过复利频次 m_1、对应的利率 R_1 计算出等价的新复利频次 m_2 所对应的利率 R_2，具体的代码如下：

```
In [23]: def R_m2(R_m1,m1,m2):
    ...:     '''定义一个已知复利频次 m1 的利率，计算等价的新复利频次 m2 的利率的函数
    ...:     R_m1: 代表对应复利频次 m1 的利率。
    ...:     m1: 代表对应利率 R1 的复利频次。
    ...:     m2: 代表新的复利频次'''
    ...:     r=m2*(pow(1+R_m1/m1,m1/m2)-1)          #计算对应于复利频次 m2 的利率
    ...:     return r
```

通过以上的函数 R_m2，输入利率和复利频次，就可以计算得到等价的新复利频次所对应的利率。下面，通过一个示例进行演示。

【例 6-2】假定 G 银行对外的利率报价是 3%，按半年复利，计算等价的按月复利的利率。由于 $R_1 = 3\%$、$m_1 = 2$ 和 $m_2 = 12$，根据式（6-3），等价的按月复利的利率（保留至小数点后 4 位）如下：

$$12\left[\left(1+\frac{3\%}{2}\right)^{\frac{2}{12}}-1\right] = 2.9814\%$$

下面，直接运用自定义函数 R_m2 进行求解，具体的代码如下：

```
In [24]: R_semiannual=0.03                                          #按半年复利的利率
   ...: m_semiannual=2                                              #按半年复利的频次
   ...: m_month=12                                                  #按月复利的频次

In [25]: R_month=R_m2(R_m1=R_semiannual,m1=m_semiannual,m2=m_month) #等价的按月复利的利率
   ...: print('计算等价的按月复利对应的利率',round(R_month,6))       #保留至小数点后 6 位
计算等价的按月复利对应的利率 0.029814
```

通过 Python 计算得到的结果与前面手动计算的结果是完全吻合的。

2. 等价关系之二

接着，考察连续复利利率与每年复利 m 次的利率之间的等价关系式。假设 R_c 代表连续复利利率，R_m 是与连续复利利率等价的每年复利 m 次的利率，根据式（6-1）和式（6-2）就可以得到如下等式：

$$R_c = m \times \ln\left(1+\frac{R_m}{m}\right) \qquad (6-4)$$

$$R_m = m(e^{R_c/m} - 1) \qquad (6-5)$$

其中，式（6-4）中的 ln 表示自然对数。

根据式（6-4），已知每年复利频次 m、利率 R_m，就可以计算得到等价的连续复利利率 R_c。同样，根据式（6-5），已知每年复利频次 m、连续复利利率 R_c，就可以计算出与连续复利利率等价的每年复利 m 次的利率 R_m。

为了计算的方便，针对式（6-4），通过 Python 自定义一个已知复利频次和对应的利率，计算等价的连续复利利率的函数，具体的代码如下：

```
In [26]: def Rc(Rm,m):
   ...:     '''定义一个已知复利频次和对应的利率，计算等价的连续复利利率的函数
   ...:     Rm: 代表复利频次 m 的利率。
   ...:     m: 代表复利频次'''
   ...:     r=m*np.log(1+Rm/m)              #计算等价的连续复利利率
   ...:     return r
```

通过以上的函数 Rc，输入利率和复利频次，就可以计算得到等价的连续复利利率。

同样，针对式（6-5），通过 Python 自定义一个已知复利频次和连续复利利率，计算对应复利频次的利率的函数，具体的代码如下：

```
In [27]: def Rm(Rc,m):
   ...:     '''定义一个已知复利频次和连续复利利率，计算对应复利频次的利率的函数
   ...:     Rc: 代表连续复利利率。
```

```
    ...:         m: 代表复利频次'''
    ...:     r=m*(np.exp(Rc/m)-1)              #计算复利频次m的利率
    ...:     return r
```

通过以上的函数 Rm，输入连续复利利率和复利频次，就可以计算得到对应复利频次的利率。下面就通过两个示例进行演示。

【例 6-3】 假定 H 银行对外的利率报价是 4%，按季度复利，计算等价的连续复利利率。由于 $m = 4$、$R_m = 4\%$，根据式（6-4），等价的连续复利利率（保留至小数点后 4 位）如下：

$$4\ln\left(1+\frac{4\%}{4}\right) = 3.9801\%$$

下面，直接运用自定义函数 Rc 进行求解，具体的代码如下：

```
In [28]: R1=0.04                              #按季度复利的利率
    ...: M1=4                                 #按季度复利的频次

In [29]: R_c=Rc(Rm=R1,m=M1)                   #计算等价的连续复利利率
    ...: print('等价的连续复利利率',round(R_c,6))
等价的连续复利利率 0.039801
```

【例 6-4】 假设 H 银行对外的利率报价是 5%，该利率是连续复利，计算等价的按月复利的利率。由于 $m = 12$、$R_m = 5\%$，根据式（6-5），等价的按月复利的利率（保留至小数点后 4 位）如下：

$$12\times(e^{0.05/12}-1) = 5.0104\%$$

下面，通过自定义函数 Rm 直接求解，具体的代码如下：

```
In [30]: R2=0.05                              #连续复利的利率
    ...: M2=12                                #按月复利的频次

In [31]: R_m=Rm(Rc=R2,m=M2)                   #计算等价的按月复利的利率
    ...: print('等价的按月复利的利率',round(R_m,6))
等价的按月复利的利率 0.050104
```

6.3.3 零息利率

零息利率（zero-coupon interest rate），也称**即期利率**（spot rate）或**零息率**，具体指如果一笔投资在到期前不会有现金流，仅在到期时才有现金流，则该笔投资的到期收益率就是零息利率。

如果在零息利率前加上一个期限 T，则 T 年期零息利率就是指在某一时点投入资金并持有 T 年可获得的利率，也就是指所有的利息和本金都在 T 年年末才支付给投资者，在到期前不支付任何利息收益。

【例 6-5】 假如期限为 3 年、每年复利 1 次的零息利率是 3%，这意味着今天的 1 万元按照该零息利率投资并且只能在 3 年后得到的本息和等于 $10000\times(1+3\%)^3 = 10927.27$（元）。

运用 6.3.1 节的自定义函数 FV 进行验证，具体的代码如下：

```
In [32]: R3=0.03                              #年利率为3%
    ...: T=3                                  #期限为3年

In [33]: value_3y=FV(A=par,n=T,R=R3,m='Y')    #计算3年后到期时的本息和
    ...: print('3年后到期的本息和',round(value_3y,2))
3年后到期的本息和 10927.27
```

但不巧的是，在金融市场上直接观察到的利率（如债券的票面利率）往往不是一个零息利率，

6.4 远期利率与远期利率协议

前面讨论的利率都是基于当前的时点,换言之就是1年期的利率是基于当前投资一定金额在1年后获得的收益,2年期的利率是基于当前投资一定金额在2年后获得的收益。但是在金融市场中,经常会遇到这样的问题,如果一家企业根据财务预算安排,在1年后才会有借款需求,借款期限是3年,这就意味着企业的借款初始日是1年后,借款到期日则是4年后,这种发生在未来而非当前的交易被称为"远期交易"。针对远期交易,当前的利率还适用吗?如果不适用,采用怎样的利率才合理呢?这个问题的答案就是本节要讨论的远期利率以及由此衍生而来的远期利率协议。

6.4.1 远期利率的测算

远期利率(forward interest rate)是由当前零息利率所隐含的对应于将来某一时间区间的利率,当确定了不同期限的零息利率后,相应的远期利率都可以根据零息利率计算得出。为了说明远期利率的计算方法,结合下面一个案例进行讨论。

1. 一个案例

【例6-6】假定在某一个交易日,金融市场上对应于不同期限的零息利率报价如表6-5所示,同时假定零息利率均是连续复利。

表6-5 不同期限的零息利率以及到期本息和

项目	利率及到期本息之和				
期限	1年	2年	3年	4年	5年
零息利率(连续复利)	2.0%	2.2%	2.5%	2.8%	3.0%
初始本金100元在到期日的本息和	102.0201	104.4982	107.7884	111.8513	116.1834

假定当天投资100元,表6-5中针对到期的本息和计算如下。

1年期的零息利率为2.0%意味着在1年后投资者得到$100e^{2\%\times 1}=102.0201$(元)。

2年期的零息利率为2.2%意味着在2年后投资者得到$100e^{2.2\%\times 2}=104.4982$(元)。

3年期的零息利率为2.5%意味着在3年后投资者得到$100e^{2.5\%\times 3}=107.7884$(元)。

4年期的零息利率为2.8%意味着在4年后投资者得到$100e^{2.8\%\times 4}=111.8513$(元)。

5年期的零息利率为3.0%意味着在5年后投资者得到$100e^{3\%\times 5}=116.1834$(元)。

第2年的远期利率可以通过1年期的零息利率与2年期的零息利率计算得出。假设第2年的远期利率用R_{F2}表示,就有如下的等式:

$$100e^{2\%\times 1}e^{R_{F2}\times 1}=100e^{2.2\%\times 2}$$

计算得到第2年的远期利率$R_{F2}=2.4\%$。

利用相同的计算规则,就可以得到不同的远期利率,具体如下。

第3年的远期利率可以通过2年期的零息利率与3年期的零息利率计算得出。假设第3年的远

期利率用 R_{F3} 表示，就有如下的等式：

$$100e^{2.2\%\times 2}e^{R_{F3}\times 1}=100e^{2.5\%\times 3}$$

计算得到第 3 年的远期利率 $R_{F3}=3.1\%$。

第 4 年的远期利率可以通过 3 年期的零息利率与 4 年期的零息利率计算得出。假设第 4 年的远期利率用 R_{F4} 表示，就有如下的等式：

$$100e^{2.5\%\times 3}e^{R_{F4}\times 1}=100e^{2.8\%\times 4}$$

计算得到第 4 年的远期利率 $R_{F4}=3.7\%$。

第 5 年的远期利率可以通过 4 年期的零息利率与 5 年期的零息利率计算得出。假设第 5 年的远期利率用 R_{F5} 表示，就有如下的等式：

$$100e^{2.8\%\times 4}e^{R_{F5}\times 1}=100e^{3\%\times 5}$$

最终，计算得到第 5 年的远期利率 $R_{F5}=3.8\%$。

2. Python 的演示

针对例 6-6 的计算可以通过 Python 很方便地完成，具体分为如下的两个步骤。

第 1 步：输入不同期限的零息利率数据，同时通过 Python 自定义一个包含联立方程组的函数。具体的代码如下：

```
In [34]: par=100                                              #本金为100元
    ...: zero_rate=np.array([0.02,0.022,0.025,0.028,0.03])   #创建一个包含零息利率的数组
    ...: T_list=np.array([1,2,3,4,5])                         #创建一个包含期限的数组

In [35]: import scipy.optimize as sco                         #导入SciPy的子模块optimize

In [36]: def f(Rf):                                           #通过定义一个函数计算远期利率
    ...:     from numpy import exp                            #从NumPy导入exp函数
    ...:     R2,R3,R4,R5=Rf                                   #设置不同的远期利率
    ...:     year2=par*exp(zero_rate[0]*T_list[0])*exp(R2*T_list[0])- par*exp(zero_rate[1]*T_list[1])   #计算第2年远期利率的等式
    ...:     year3=par*exp(zero_rate[1]*T_list[1])*exp(R3*T_list[0])- par*exp(zero_rate[2]*T_list[2])   #计算第3年远期利率的等式
    ...:     year4=par*exp(zero_rate[2]*T_list[2])*exp(R4*T_list[0])- par*exp(zero_rate[3]*T_list[3])   #计算第4年远期利率的等式
    ...:     year5=par*exp(zero_rate[3]*T_list[3])*exp(R5*T_list[0])- par*exp(zero_rate[-1]*T_list[-1]) #计算第5年远期利率的等式
    ...:     return np.array([year2,year3,year4,year5])
```

第 2 步：利用在 5.1.3 节所介绍的 SciPy 子模块 optimize 中的 fsolve 函数，计算具体的数值结果。具体的代码如下：

```
In [37]: R0=[0.1,0.1,0.1,0.1]                                 #创建一个包含猜测的初始远期利率的数组

In [38]: forward_rates=sco.fsolve(func=f,x0=R0)               #计算远期利率

In [39]: print('第2年远期利率',round(forward_rates[0],6))
    ...: print('第3年远期利率',round(forward_rates[1],6))
    ...: print('第4年远期利率',round(forward_rates[2],6))
    ...: print('第5年远期利率',round(forward_rates[3],6))
第2年远期利率 0.024
第3年远期利率 0.031
第4年远期利率 0.037
第5年远期利率 0.038
```

以上输出的结果与手动计算的结果是完全吻合的。此外，需要说明的是，第 1 年的远期利率与 1 年期的零息利率是完全相同的。

3. 数学表达式

结合例 6-6，给出计算远期利率的数学表达式。不失一般性，如果 R_1 和 R_2 分别对应期限为 T_1 和 T_2 的零息利率并且是连续复利，其中 $T_1 < T_2$，R_F 表示从 T_1 至 T_2 期间的远期利率，则可以得到：

$$e^{R_1 T_1} e^{R_F(T_2 - T_1)} = e^{R_2 T_2} \tag{6-6}$$

经过整理后得到：

$$R_F = R_2 + (R_2 - R_1) T_1 / (T_2 - T_1) \tag{6-7}$$

式（6-7）就是计算远期利率的表达式。

为了更加方便地计算远期利率，可以用 Python 自定义一个计算远期利率的函数，具体的代码如下：

```
In [40]: def Rf(R1,R2,T1,T2):
    ...:     '''定义一个计算远期利率的函数
    ...:     R1: 表示对应期限为 T1 的零息利率（连续复利）。
    ...:     R2: 表示对应期限为 T2 的零息利率（连续复利）。
    ...:     T1: 表示对应于零息利率 R1 的期限（年）。
    ...:     T2: 表示对应于零息利率 R2 的期限（年）'''
    ...:     forward_rate=R2+(R2-R1)*T1/(T2-T1)      #计算远期利率
    ...:     return forward_rate
```

在以上的自定义函数 Rf 中，输入相应的零息利率和期限等参数，就可以快速地计算对应的远期利率。下面，利用该自定义函数验证例 6-6 计算的结果，具体的代码如下：

```
In [41]: Rf_result=Rf(R1=zero_rate[:4],R2=zero_rate[1:],T1=T_list[:4],T2=T_list[1:])   #计算远期利率

In [42]: print('第 2 年远期利率',round(Rf_result[0],6))
    ...: print('第 3 年远期利率',round(Rf_result[1],6))
    ...: print('第 4 年远期利率',round(Rf_result[2],6))
    ...: print('第 5 年远期利率',round(Rf_result[-1],6))
第 2 年远期利率 0.024
第 3 年远期利率 0.031
第 4 年远期利率 0.037
第 5 年远期利率 0.038
```

从以上的计算中不难发现，计算得到的结果与前面的结果保持一致。

6.4.2 远期利率协议的现金流与定价

2007 年 9 月 29 日，中国人民银行发布了《远期利率协议业务管理规定》，从 2007 年 11 月开始允许金融机构在全国银行间同业拆借中心开展远期利率协议的相关业务。下面就讨论远期利率协议的概念、现金流以及定价问题。

1. 基本概念

远期利率协议（Forward Rate Agreement，FRA）是一种衍生产品合约[1]，合约的交易双方约定

---

[1] 包括远期利率协议和 6.6 节讨论的远期外汇合约等远期合约均属于衍生产品。**衍生产品**是一种金融合约，其价值取决于一种或多种基础资产或指数，合约的基本种类包括远期、掉期（互换）、期货、期权以及具有前述一种或多种合约特征的结构化金融工具。衍生产品依赖的基础资产包括利率、汇率、股票、债券、信贷资产、大宗商品等，依赖的指数包括股票指数、债券指数、外汇指数、商品指数等。

在未来某一时间（比如合约到期日），按照合约本金分别以**固定利率**（fixed rate）和参考利率计算的利息进行一次性支付。其中，远期利率协议的买入方（多头）支付以固定利率计算的利息，卖出方（空头）则支付以参考利率计算的利息。其中，参考利率是经中国人民银行授权的全国银行间同业拆借中心等机构发布的银行间市场具有基准性质的市场利率或中国人民银行公布的基准利率，具体由交易双方共同约定，常见的参考利率是 3 个月期 Shibor 等**浮动利率**（floating rate）。

为了降低支付风险，通常当固定利率大于参考利率时，远期利率协议的多头最终支付给空头的金额等于固定利率与参考利率的差乘本金；相反，当参考利率大于固定利率时，空头最终支付给多头的金额等于参考利率与固定利率的差乘本金，具体见表 6-6。

表 6-6 不同利率情形下的远期利率协议的收支情况

情形	多头	空头	金额
固定利率 > 参考利率	支付	收取	(固定利率 − 参考利率)×本金
固定利率 < 参考利率	收取	支付	(参考利率 − 固定利率)×本金

2. 远期利率协议现金流的公式与 Python 自定义函数

下面，讨论远期利率协议的现金流计算，需要设定如下的变量。

R_K：表示远期利率协议中约定的固定利率。

R_M：表示在 T_1 时点观察到的 $[T_1, T_2]$ 的参考利率（例如 Shibor）。

L：表示远期利率协议的面值或本金。

通常在远期利率协议中，不采用连续复利，而是约定 R_K 和 R_M 的复利频次均与这些利率所对应的 $T_2 - T_1$ 的时间区间保持一致，比如 $T_2 - T_1$ 的时间区间是 3 个月，则意味着复利频次是按季度复利。

此外，需要注意的是，R_M 是在 T_1 时点确定并在 T_2 时点支付的，因此对远期利率协议的多头而言，在 T_2 时点的现金流如下：

$$L(R_M - R_K)(T_2 - T_1) \tag{6-8}$$

对远期利率协议的空头而言，在 T_2 时点的现金流如下：

$$L(R_K - R_M)(T_2 - T_1) \tag{6-9}$$

但在实践中通常会在 $[T_1, T_2]$ 的期初（在 T_1 时点）就支付经贴现后的利差现值，并且贴现利率就是 R_M，贴现的期限是 $T_2 - T_1$。

因此，对远期利率协议的多头而言，在 T_1 时点的现金流如下：

$$\frac{L(R_M - R_K)(T_2 - T_1)}{1 + (T_2 - T_1)R_M} \tag{6-10}$$

对远期利率协议的空头而言，在 T_1 时点的现金流如下：

$$\frac{L(R_K - R_M)(T_2 - T_1)}{1 + (T_2 - T_1)R_M} \tag{6-11}$$

表 6-7 归纳了远期利率协议在不同时点、不同协议方的现金流情况。

表 6-7 远期利率协议在不同时点、不同协议方的现金流情况

	多头	空头
在 T_1 时点	$\dfrac{L(R_M - R_K)(T_2 - T_1)}{1+(T_2-T_1)R_M}$	$\dfrac{L(R_K - R_M)(T_2 - T_1)}{1+(T_2-T_1)R_M}$
在 T_2 时点	$L(R_M - R_K)(T_2 - T_1)$	$L(R_K - R_M)(T_2 - T_1)$

下面，利用 Python 自定义一个计算远期利率协议现金流的函数，具体的代码如下：

```
In [43]: def Cashflow_FRA(Rk,Rm,L,T1,T2,position,when):
    ...:     '''定义一个计算远期利率协议现金流的函数
    ...:     Rk：表示远期利率协议中约定的固定利率。
    ...:     Rm：表示在T1时点观察到的[T1,T2]的参考利率。
    ...:     L：表示远期利率协议的本金。
    ...:     T1：表示期限。
    ...:     T2：表示期限，T2大于T1。
    ...:     position：表示远期利率协议多头或空头，输入position='long'表示多头，输入其他则表示空头。
    ...:     when：表示现金流发生的具体时点，输入when='begin'表示在T1时点发生现金流，输入其他则表示在T2时点发生现金流'''
    ...:     if position=='long':                                    #针对远期利率协议多头
    ...:         if when=='begin':                                   #当现金流发生在T1时点
    ...:             cashflow=((Rm-Rk)*(T2-T1)*L)/(1+(T2-T1)*Rm)     #计算现金流
    ...:         else:                                               #当现金流发生在T2时点
    ...:             cashflow=(Rm-Rk)*(T2-T1)*L
    ...:     else:                                                   #针对远期利率协议空头
    ...:         if when=='begin':
    ...:             cashflow=((Rk-Rm)*(T2-T1)*L)/(1+(T2-T1)*Rm)
    ...:         else:
    ...:             cashflow=(Rk-Rm)*(T2-T1)*L
    ...:     return cashflow
```

在以上自定义函数 Cashflow_FRA 中，输入固定利率、参考利率、本金、相关期限、头寸方向以及现金流发生时点等参数，就可以非常便捷地计算出远期利率协议的现金流。

3. 计算远期利率协议现金流的案例

【例 6-7】假定 I 公司在 2019 年 12 月 31 日预期在 1 年后（2020 年 12 月 31 日）将向 J 银行贷款 1 亿元，贷款期限是 3 个月（贷款到期日为 2021 年 3 月 31 日）。为了防范利率上涨的风险，I 公司与 J 银行签订了一份远期利率协议，协议的要素如下。

（1）相关日期。该协议的签署日是 2019 年 12 月 31 日并且该协议的生效日也是当天，此外，该协议的到期日是 2021 年 3 月 31 日。

（2）合约双方。I 公司是协议的多头，J 银行则是协议的空头，也就是 I 公司向 J 银行支付以固定利率计算的利息，J 银行则向 I 公司支付以参考利率计算的利息。

（3）合约本金。该协议的本金是 1 亿元，因此相关利息的计算以该本金作为基础。

（4）利率约定。协议约定固定利率是 2%/年，参考利率是 3 个月期 Shibor，并且确定该参考利率的时点是 2020 年 12 月 31 日。

在 2020 年 12 月 31 日（协议签署日的第 1 年年末），3 个月期 Shibor 对外报价是 2.756%。针对合约双方支付的现金流，根据现金流发生的不同时点，分为以下两种情形。

情形 1：远期利率协议的现金流发生在 2021 年 3 月 31 日，即协议到期日，也就是协议签署日

的第 1.25 年年末。

I 公司针对远期利率协议的现金流如下：
$$100000000 \times (2.756\% - 2\%) \times 0.25 = 189000(元)$$

J 银行针对远期利率协议的现金流如下：
$$100000000 \times (2\% - 2.756\%) \times 0.25 = -189000(元)$$

情形 2：远期利率协议的现金流发生在 2020 年 12 月 31 日（即在协议签署日的第 1 年年末）。在计算协议的现金流时，需要以第 1 年末的 3 个月期 Shibor 2.756%作为贴现利率，将第 1.25 年年末的现金流贴现至第 1 年年末。

I 公司在 2020 年 12 月 31 日的现金流（保留至小数点后 2 位，下同）如下：
$$\frac{189000}{1+2.756\% \times 0.25} = 187706.70(元)$$

J 银行在 2020 年 12 月 31 日的现金流如下：
$$\frac{-189000}{1+2.756\% \times 0.25} = -187706.70(元)$$

在以上的现金流计算结果中，现金流为正代表收取，现金流为负则代表支付。

下面，就运用 Python 自定义函数 Cashflow_FRA 计算例 6-7 中的远期利率协议现金流，具体的代码如下：

```
In [44]: par_FRA=1e8               #远期利率协议的本金为 1 亿元
   ...: R_fix=0.02                 #远期利率协议中约定的固定利率
   ...: Shibor_3M=0.02756          #2020 年 12 月 31 日的 3 个月期 Shibor
   ...: tenor1=1                   #设置期限 1 年（T1）
   ...: tenor2=1.25                #设置期限 1.25 年（T2）

In [45]: FRA_long_end=Cashflow_FRA(Rk=R_fix,Rm=Shibor_3M,L=par_FRA,T1=tenor1,T2=tenor2,
position='long',when='end')    #远期利率协议多头（I 公司）在第 1.25 年年末的现金流
   ...: FRA_short_end=Cashflow_FRA(Rk=R_fix,Rm=Shibor_3M,L=par_FRA,T1=tenor1,T2=tenor2,
position='short',when='end')   #远期利率协议空头（J 银行）在第 1.25 年年末的现金流
   ...: FRA_long_begin=Cashflow_FRA(Rk=R_fix,Rm=Shibor_3M,L=par_FRA,T1=tenor1,T2=tenor2,
position='long',when='begin')  #远期利率协议多头（I 公司）在第 1 年年末的现金流
   ...: FRA_short_begin=Cashflow_FRA(Rk=R_fix,Rm=Shibor_3M,L=par_FRA,T1=tenor1, T2=tenor2
,position='short',when='begin') #远期利率协议空头（J 银行）在第 1 年年末的现金流
   ...: print('I 企业现金流发生在 2021 年 3 月 31 日的金额', round(FRA_long_end,2))
   ...: print('J 银行现金流发生在 2021 年 3 月 31 日的金额', round(FRA_short_end,2))
   ...: print('I 企业现金流发生在 2020 年 12 月 31 日的金额', round(FRA_long_begin,2))
   ...: print('J 银行现金流发生在 2020 年 12 月 31 日的金额', round(FRA_short_begin,2))
I 企业现金流发生在 2021 年 3 月 31 日的金额    189000.0
J 银行现金流发生在 2021 年 3 月 31 日的金额    -189000.0
I 企业现金流发生在 2020 年 12 月 31 日的金额   187706.7
J 银行现金流发生在 2020 年 12 月 31 日的金额   -187706.7
```

以上输出的数值结果与手动计算的结果是完全吻合的。

4. 远期利率协议定价的公式与 Python 自定义函数

在运用远期利率协议的过程中，一个不能回避的问题就是对协议应该如何进行定价。针对定价就需要引入一个新的变量 R_F，该变量就表示在协议定价日计算得到的介于未来时点 $[T_1, T_2]$ 的远期参考利率。为了对远期利率协议定价，需要注意的是，当 $R_K = R_F$ 时，协议的价值是 0。此外，

在定价过程中，需要假定在远期参考利率会被实现的前提下计算收益，也就是 $R_M = R_F$。

对于远期利率协议的多头，协议的价值如下：

$$V_{FRA} = L(R_F - R_K)(T_2 - T_1)e^{-RT_2} \tag{6-12}$$

对于远期利率协议的空头，协议的价值如下：

$$V_{FRA} = L(R_K - R_F)(T_2 - T_1)e^{-RT_2} \tag{6-13}$$

其中，V_{FRA} 表示远期利率协议的价值；R 是期限为 T_2 的无风险利率，也就是贴现利率，注意这里的贴现利率 R 是连续复利；其他变量的含义与式（6-8）、式（6-9）保持一致。此外，R_K、R_F 的复利频次均与 $T_2 - T_1$ 的时间区间保持一致。

下面，通过 Python 自定义一个计算远期利率协议价值的函数，具体的代码如下：

```
In [46]: def Value_FRA(Rk,Rf,R,L,T1,T2,position):
    ...:     '''定义一个计算远期利率协议价值的函数
    ...:     Rk: 表示远期利率协议中约定的固定利率。
    ...:     Rf: 表示定价日观察到的未来[T1,T2]的远期参考利率。
    ...:     R: 表示期限为 T2 的无风险利率，并且是连续复利。
    ...:     L: 表示远期利率协议的本金。
    ...:     T1: 表示期限。
    ...:     T2: 表示期限，T2 大于 T1。
    ...:     position:表示远期利率协议多头或空头，输入position='long'表示多头，输入其他则表示空头'''
    ...:     if position=='long':                          #对于远期利率协议的多头
    ...:         value=L*(Rf-Rk)*(T2-T1)*np.exp(-R*T2)     #计算远期利率协议的价值
    ...:     else:                                         #对于远期利率协议的空头
    ...:         value=L*(Rk-Rf)*(T2-T1)*np.exp(-R*T2)
    ...:     return value
```

在以上自定义函数 Value_FRA 中，输入固定利率、远期参考利率、无风险利率、本金、相关期限、头寸方向等参数，就可以非常便捷地计算出远期利率协议的价值。下面，就通过一个具体案例进行演示。

5. 远期利率协议定价的案例

【例 6-8】M 公司与 N 银行于 2018 年 9 月 30 日达成一份远期利率协议，约定 M 公司在第 2.75 年年末至第 3 年年末期间（2021 年 7 月 1 日至 9 月 30 日）将收取固定利率 3%（每季度复利 1 次），同时在该期间以 3 个月期 Shibor 作为参考利率，远期利率协议的本金为 2 亿元。因此 M 公司是协议的空头，N 银行是协议的多头。

在 2020 年 12 月 31 日需要计算该远期利率协议的价值，当天 9 个月期、连续复利的无风险利率为 2.4477%[1]，当天 6 个月期 Shibor 为 2.838%、9 个月期 Shibor 为 2.939%，根据式（6-7）可以计算得到当天处于 2021 年 7 月 1 日至 2021 年 9 月 30 日期间远期的 3 个月期 Shibor 为 3.141%。

对 M 公司（远期利率协议的空头）而言，由式（6-13）得到 2020 年 12 月 31 日远期利率协议的价值如下：

$$200000000 \times 0.25 \times (3\% - 3.141\%)e^{-2.4477\% \times 0.75} = -69217.59 （元）$$

对 N 银行（远期利率协议的多头）而言，由式（6-12）得到 2020 年 12 月 31 日远期利率协议的价值如下：

$$200000000 \times 0.25 \times (3.141\% - 3\%)e^{-2.4477\% \times 0.75} = 69217.59 （元）$$

---

[1] 本例的无风险利率运用了 9 个月期的国债到期收益率，关于债券到期收益率的内容详见 7.2.3 节。

接下来，就运用 Python 高效计算远期利率协议的价值，并且分为以下两个步骤。

第 1 步：利用 6.4.1 节的自定义函数 Rf，计算在 2020 年 12 月 31 日当天处于 2021 年 7 月 1 日至 9 月 30 日期间的远期的 3 个月期 Shibor。具体的代码如下：

```
In [47]: Shibor_6M=0.02838              #6个月期Shibor
    ...: Shibor_9M=0.02939              #9个月期Shibor
    ...: Tenor1=0.5                     #设置期限0.5年（T1）
    ...: Tenor2=0.75                    #设置期限0.75年（T2）

In [48]: FR_Shibor=Rf(R1=Shibor_6M,R2=Shibor_9M,T1=Tenor1,T2=Tenor2)    #计算远期的3个月期Shibor
    ...: print('计算得到2020年12月31日远期的3个月期Shibor',round(FR_Shibor,6))
计算得到2020年12月31日远期的3个月期Shibor 0.03141
```

第 2 步：运用前面的自定义函数 Value_FRA 计算远期利率协议的价值。具体的代码如下：

```
In [49]: Par_FRA=2e8                    #远期利率协议的面值
    ...: R_fix=0.03                     #远期利率协议中约定的固定利率
    ...: R_riskfree=0.024477            #9个月期的无风险利率

In [50]: FRA_short=Value_FRA(Rk=R_fix,Rf=FR_Shibor,R=R_riskfree,L=Par_FRA,T1=Tenor1, T2=Tenor2,position='short')   #计算远期利率协议空头（M公司）的协议价值
    ...: FRA_long=Value_FRA(Rk=R_fix,Rf=FR_Shibor,R=R_riskfree,L=Par_FRA,T1=Tenor1, T2=Tenor2,position='long')    #计算远期利率协议多头（N银行）的协议价值
    ...: print('2020年12月31日M企业的远期利率协议价值',round(FRA_short,2))
    ...: print('2020年12月31日N银行的远期利率协议价值',round(FRA_long,2))
2020年12月31日M企业的远期利率协议价值 -69217.59
2020年12月31日N银行的远期利率协议价值 69217.59
```

从以上计算的结果可以看到，由于远期 Shibor（远期参考利率）高于固定利率，因此对协议空头 M 公司而言，该远期利率协议带来了浮亏；相比之下，对于协议多头 N 银行则该远期利率协议带来了浮盈。

6.5 汇率报价与套利

从本节开始，讨论的内容将从利率转移至汇率。本节将借助 Python 讨论汇率报价以及如何利用不同币种之间的汇率报价实现套利。

6.5.1 汇率报价

在本章导读部分就已经提到汇率代表了一种货币与另一种货币的兑换比例。由于两种货币的相对价格可用这两种货币互相表示，即以**本国货币**（local currency，简称"**本币**"）表示**外国货币**（foreign currency，简称"**外币**"）的价格，或以外币表示本币的价格，因此汇率有两种不同的标价方法——直接标价法和间接标价法。

1. 直接标价法

直接标价法（direct quotation）就是以若干个单位的本币表示 1 个单位的外币的标价方法。假定 E_{dq} 代表运用直接标价法的汇率，具体的汇率表达式如下：

$$E_{dq} = \frac{X 单位本币}{1 单位外币} \qquad (6\text{-}14)$$

同时，假定需要将 M 单位的外币兑换为本币（也就是**汇兑**），在直接标价法下，根据式（6-14）就得到可兑换本币金额如下：

$$可兑换本币金额 = ME_{dq} = MX 单位本币 \quad (6-15)$$

注意，式（6-15）最右边的 MX 代表 M 乘 X。

同理，假定需要将 N 单位的本币兑换为外币，在直接标价法下，根据式（6-14）就得到可兑换外币金额如下：

$$可兑换外币金额 = \frac{N}{E_{dq}} = \frac{N}{X} 单位外币 \quad (6-16)$$

在直接标价法下，当一定单位外币折算的本币数量增大时，意味着外币币值上升，本币币值下降，称为**外币升值**或**本币贬值**；反之，当一定单位外币折算的本币数量减少时，则称为**外币贬值**或**本币升值**。

2. 间接标价法

相比之下，**间接标价法**（indirect quotation）是以若干个单位的外币表示 1 个单位的本币的标价方法。假定 E_{iq} 代表运用间接标价法的汇率，具体的汇率表达式如下：

$$E_{iq} = \frac{Y 单位外币}{1 单位本币} \quad (6-17)$$

同时，假定需要将 M 单位的外币兑换为本币，在间接标价法下，根据式（6-17）就得到可兑换本币金额如下：

$$可兑换本币金额 = \frac{M}{E_{iq}} = \frac{M}{Y} 单位本币 \quad (6-18)$$

同理，假定需要将 N 单位的本币兑换为外币，在间接标价法下，根据式（6-17）就得到可兑换外币金额如下：

$$可兑换外币金额 = NE_{iq} = NY 单位外币 \quad (6-19)$$

在间接标价法下，当一定单位本币折算的外币数量增大时，就意味着本币升值或外币贬值；反之，则表示本币贬值或外币升值。

下面就通过美元兑人民币、英镑兑欧元这两种汇率的案例，帮助读者更好地理解汇率的不同报价以及相应的汇兑计算。

3. 案例与 Python 代码演示

【例 6-9】P 企业是注册在中国的一家企业，本币是人民币；Q 企业是注册在英国的一家企业，本币则是英镑。在 2020 年 5 月 28 日，这两家企业持有的外币以及相应的汇率报价见表 6-8。这两家企业均需要将所持有的外币兑换成本币。

表 6-8 两家企业持有的外币以及相应的汇率报价

企业	所属国家	持有的外币	汇率类型	汇率报价（2020年5月28日）	汇率标价方法
P 企业	中国	600 万美元	美元兑人民币汇率	7.1277	直接标价法
Q 企业	英国	800 万欧元	英镑兑欧元汇率	1.1135	间接标价法

数据来源（仅针对汇率报价）：中国外汇交易中心、汇捷。

针对 P 企业而言，600 万美元按照 2020 年 5 月 28 日美元兑人民币汇率可以得到如下金额的人民币：

$$6000000 \times 7.1277 = 42766200(元)$$

针对 Q 企业而言，800 万欧元按照当天英镑兑欧元汇率可以得到如下金额的英镑（保留至小数点后 2 位）：

$$8000000 / 1.1135 = 7184553.21(英镑)$$

下面，通过 Python 演示这个案例，一共分为两个步骤。

第 1 步：通过 Python 自定义一个通过汇率计算汇兑金额的函数。具体的代码如下：

```
In [51]: def exchange(E,LC,FC,quote):
    ...:     '''定义一个通过汇率计算汇兑金额的函数
    ...:     E: 代表汇率报价。
    ...:     LC: 代表用于兑换的以本币计价的币种金额，输入 LC='Na' 表示未已知相关金额。
    ...:     FC: 代表用于兑换的以外币计价的币种金额，输入 FC='Na' 表示未已知相关金额。
    ...:     quote: 代表汇率标价方法，输入 quote='direct' 表示直接标价法，输入其他则表示间接标价法'''
    ...:     if LC=='Na':                    #将外币兑换为本币
    ...:         if quote=='direct':        #汇率标价方法是直接标价法
    ...:             value=FC*E             #计算兑换得到本币的金额
    ...:         else:                      #汇率标价方法是间接标价法
    ...:             value=FC/E             #计算兑换得到本币的金额
    ...:     else:                          #将本币兑换为外币
    ...:         if quote=='direct':
    ...:             value=LC/E             #计算兑换得到外币的金额
    ...:         else:
    ...:             value=LC*E             #计算兑换得到外币的金额
    ...:     return value
```

通过以上自定义的用于计算汇兑金额的函数 exchange，在函数中输入汇率报价、以本币计价的币种金额（如需）、以外币计价的币种金额（如需）以及汇率标价方法等参数，就可以快速计算得到将一定金额的本币兑换为外币或者将一定金额的外币兑换为本币的数值结果。

第 2 步：通过上一步自定义的函数分别计算 P 企业和 Q 企业将外币兑换成本币的金额。具体的代码如下：

```
In [52]: USD_RMB=7.1277              #美元兑人民币的汇率
    ...: GBP_EUR=1.1135              #英镑兑欧元的汇率
    ...: Amount_USD=6e6              #P 企业（中国企业）持有的美元金额
    ...: Amount_EUR=8e6              #Q 企业（英国企业）持有的欧元金额

In [53]: Amount_RMB=exchange(E=USD_RMB,LC='Na',FC=Amount_USD,quote='direct')   #兑换为人民币的金额
    ...: Amount_GBP=exchange(E=GBP_EUR,LC='Na',FC=Amount_EUR,quote='indirect') #兑换为英镑的金额
    ...: print('P 企业将 600 万美元兑换成人民币的金额（单位：元）',round(Amount_RMB,2))
    ...: print('Q 企业将 800 万欧元兑换成英镑的金额（单位：英镑）',round(Amount_GBP,2))
P 企业将 600 万美元兑换成人民币的金额（单位：元） 42766200.0
Q 企业将 800 万欧元兑换成英镑的金额（单位：英镑） 7184553.21
```

以上运用 Python 计算得到的金额与前面手动计算的金额是完全一致的。

6.5.2 三角套利

在全球外汇市场上，几乎所有的货币与美元都存在一个汇率。两个非美元货币之间的汇率就可以从它们各自与美元之间的汇率中套算出来，这种套算的汇率称为**交叉汇率**（cross exchange rate）。

举一个简单的例子,美元与人民币之间有一个汇率,美元与俄罗斯卢布之间也有一个汇率,从而可以套算出人民币与俄罗斯卢布之间的交叉汇率;与此同时,在外汇市场也存在着人民币与俄罗斯卢布之间直接的汇率报价。

因此,当直接的汇率报价与交叉汇率出现偏差时,就会带来套利机会,由此而形成的套利交易就称为**三角套利**(triangular arbitrage)。下面,结合一个具体案例剖析外汇市场的三角套利。

1. 一个案例

【例 6-10】假定 R 公司是中国一家从事国际贸易的企业,并且与俄罗斯有长期的贸易往来,该公司在国内的 S 银行和俄罗斯的 T 银行均开立了资金账户。表 6-9 列出了在 2020 年 6 月 5 日由 S 银行公布的美元兑人民币汇率、人民币兑卢布汇率以及由 T 银行公布的美元兑卢布汇率的信息。

表6-9 2020 年 6 月 5 日不同汇率的报价情况

项目	汇率报价		
汇率类型	美元兑人民币汇率	美元兑卢布汇率	人民币兑卢布汇率
汇率报价	7.0965	68.4562	9.7150
报价银行	S 银行(中国)	T 银行(俄罗斯)	S 银行(中国)
汇率标价方法	直接标价法	直接标价法	间接标价法

数据来源:中国外汇交易中心、汇捷。

基于表 6-9 的汇率信息,可以计算得到人民币兑卢布的交叉汇率(保留至小数点后 4 位)如下:

$$人民币兑卢布的交叉汇率 = \frac{美元兑卢布汇率}{美元兑人民币汇率} = \frac{68.4562}{7.0965} = 9.6465$$

显然,交叉汇率 9.6465 并不等于直接的汇率报价 9.7150,因此就存在着三角套利机会。假定 R 公司运用人民币 1 亿元进行套利,套利存在着两条可能的路径,具体如下。

套利路径 1:人民币→美元→卢布→人民币。

具体而言,首先将人民币 1 亿元通过 S 银行公布的美元兑人民币汇率兑换为美元,然后将美元通过 T 银行公布的美元兑卢布汇率兑换为卢布,最后将卢布通过 S 银行公布的人民币兑卢布汇率重新兑换为人民币[1],将最终的人民币金额与最初的人民币金额进行比较,如果最终的人民币金额更大,则表示套利成功,相反则表明套利失败。具体的计算如下:

$$\frac{\frac{人民币1亿元}{7.0965} \times 68.4562}{9.7150} = 人民币 99294633.18 元 < 人民币 1 亿元$$

从以上的表达式可以明显看到,套利路径 1 的套利是失败的,因此 R 公司不应该采用套利路径 1 进行套利。

套利路径 2:人民币→卢布→美元→人民币。

具体而言,首先将人民币 1 亿元通过 S 银行公布的人民币兑卢布汇率兑换为卢布,然后将卢布通过 T 银行公布的美元兑卢布汇率兑换为美元,最后将美元通过 S 银行公布的美元兑人民币汇率兑

---

[1] 在严格意义上,需要区分汇率的买入价(银行向客户买入外汇所适用的汇率)和卖出价(银行向客户卖出外汇所适用的汇率),在该案例以及本书后续的内容中,为了简化分析而暂不区分汇率的买入价与卖出价。

换为人民币，比较最终的人民币金额与最初的人民币金额之间的大小。具体的计算如下：

$$\frac{人民币1亿元 \times 9.7150}{68.4562} \times 7.0965 = 人民币100710377.58元 > 人民币1亿元$$

显然，套利路径 2 的套利是成功的。因此，R 公司应该选择该套利路径开展汇率的三角套利，并且套利收益等于 710377.58 元。

2. 三角套利的数学表达式

结合例 6-10，针对三角套利抽象出相应的数学表达式。假定 E_1 表示 A 货币兑 B 货币的汇率，并且汇率以若干个单位的 A 货币表示 1 个单位的 B 货币进行标价；E_2 表示 B 货币兑 C 货币的汇率，并且汇率以若干个单位的 B 货币表示 1 个单位的 C 货币进行标价；E_3 表示 A 货币兑 C 货币的直接报价汇率，并且该汇率以若干个单位的 A 货币表示 1 个单位的 C 货币进行标价；$\tilde{E}_3$ 表示 A 货币兑 C 货币的交叉汇率，即 $\tilde{E}_3 = E_1 E_2$。此外，套利者拥有以 A 货币计价的初始本金 M。下面，分 3 种情形讨论三角套利的路径与套利收益。

情形 1：交叉汇率高于直接的汇率报价，即 $\tilde{E}_3 > E_3$，也就是 $E_1 E_2 > E_3$。在此种情形下，成功的套利路径应当如下：

$$A 货币 \rightarrow C 货币 \rightarrow B 货币 \rightarrow A 货币$$

通过该套利路径，最终得到以 A 货币计价的金额等于 $\frac{M}{E_3} E_2 E_1$。根据情形 1 的条件，可以得出 $\frac{M}{E_3} E_2 E_1 > M$，套利者获得的套利收益就等于 $M\left(\frac{E_2 E_1}{E_3} - 1\right)$。

情形 2：交叉汇率低于直接的汇率报价，即 $\tilde{E}_3 < E_3$，也就是 $E_1 E_2 < E_3$。在此种情形下，成功的套利路径应当如下：

$$A 货币 \rightarrow B 货币 \rightarrow C 货币 \rightarrow A 货币$$

通过这样的套利路径，最终得到以 A 货币计价的金额等于 $\frac{M}{E_1 E_2} E_3$。根据情形 2 的条件，可以得出 $\frac{M}{E_1 E_2} E_3 > M$，套利者获得的套利收益就等于 $M\left(\frac{E_3}{E_1 E_2} - 1\right)$。

情形 3：交叉汇率等于直接的汇率报价，即 $\tilde{E}_3 = E_3$，也就是 $E_1 E_2 = E_3$。在此种情形下，不存在套利机会。

3. Python 的演示与代码

根据以上关于汇率的三角套利的数学表达式，运用 Python 自定义一个计算三角套利收益并显示套利路径的函数，具体的代码如下：

```
In [54]: def tri_arbitrage(E1,E2,E3,M,A,B,C):
    ...:     '''定义一个计算三角套利收益并显示套利路径的函数
    ...:     E1:代表A货币兑B货币的汇率，以若干个单位的A货币表示1个单位的B货币。
    ...:     E2:代表B货币兑C货币的汇率，以若干个单位的B货币表示1个单位的C货币。
    ...:     E3:代表A货币兑C货币的汇率，以若干个单位的A货币表示1个单位的C货币。
    ...:     M:代表以A货币计价的初始本金。
    ...:     A:代表A货币的名称，例如输入A='人民币'就表示A货币是人民币。
```

```
    ...:        B: 代表B货币的名称，例如输入B='美元'就表示B货币是美元。
    ...:        C: 代表C货币的名称，例如输入C='欧元'就表示C货币是欧元'''
    ...:    E3_new=E1*E2                           #计算A货币兑C货币的交叉汇率
    ...:    if E3_new>E3:                          #当交叉汇率高于直接的汇率报价
    ...:        profit=M*(E3_new/E3-1)             #套利收益
    ...:        sequence=['三角套利的路径: ',A,'→',C,'→',B,'→',A]    #设定套利的路径
    ...:    elif E3_new<E3:                        #当交叉汇率低于直接的汇率报价
    ...:        profit=M*(E3/E3_new-1)
    ...:        sequence=['三角套利的路径: ',A,'→',B,'→',C,'→',A]
    ...:    else:                                  #当交叉汇率等于直接的汇率报价
    ...:        profit=0
    ...:        sequence=['三角套利的路径: 不存在']
    ...:    return [profit,sequence]               #输出包含套利收益和套利路径的列表
```

在以上自定义的函数 tri_arbitrage 中，输入3个汇率、初始本金以及相应的3个币种名称等参数，就可以快速计算得到套利收益并且给出套利实施的路径。

需要注意的是，3个汇率参数 E1、E2 和 E3 有其特定的标价输入规则，因此当拟输入的汇率的标价规则与自定义函数中需要输入的标价规则不一致时，就要对拟输入的汇率做相应的调整（取倒数）以后再输入。

下面，就运用该自定义函数计算例6-10中的套利收益并找出相应的套利路径，具体的代码如下：

```
In [55]: USD_RMB=7.0965                            #美元兑人民币的汇率
    ...: USD_RUB=68.4562                           #美元兑卢布的汇率
    ...: RMB_RUB=9.7150                            #人民币兑卢布的汇率
    ...: value_RMB=1e8                             #R公司拥有的以人民币计价的初始本金

In [56]: arbitrage=tri_arbitrage(E1=USD_RMB,E2=1/USD_RUB,E3=1/RMB_RUB,M=value_RMB,A='人民
币',B='美元',C='卢布')    #测算套利收益和套利路径

In [57]: print('三角套利的收益',round(arbitrage[0],2))
    ...: print(arbitrage[1])
三角套利的收益 710377.58
['三角套利的路径: ', '人民币', '→', '卢布', '→', '美元', '→', '人民币']
```

以上通过 Python 输出的套利收益和套利路径的结果，与前面案例中的计算结果是完全相同的。需要注意的是，在自定义函数 tri_arbitrage 中，输入美元兑卢布汇率、人民币对卢布汇率时，由于这两个汇率的标价规则与汇率参数 E2、E3 的标价规则不一致，因此需要对这两个汇率取倒数后再输入。

6.6　远期汇率与远期外汇合约

6.5节讨论的汇率其实质是**即期汇率**（spot exchange rate），也称**现汇汇率**，通常是交易双方成交后在两个营业日内办理交割所使用的汇率。即期汇率主要是满足企业和金融机构对当前汇兑的需要。然而，许多企业也会遇到数天甚至是数月以后才会有需要外汇兑换的情况。比如，国内某家企业在2020年6月就预见在当年的12月将会有一笔大额美元资金到账，并且需要兑换为人民币，为了规避在随后半年内美元兑人民币的汇率波动风险，该企业就可以与银行签订一份远期外汇合约以提前锁定汇率，这时就会涉及远期汇率。本节就围绕远期汇率和远期外汇合约的内容展开。

6.6.1 远期汇率的测算

远期汇率（forward exchange rate），也称**期汇汇率**，是指买卖双方成交时，约定在未来某个日期进行交割时所使用的汇率。在中国外汇交易中心交易的远期汇率，主要的期限包括 1 周、1 个月、3 个月、6 个月和 1 年。类似于远期利率，远期汇率需要通过计算才能得到。

1. 数学表达式

假定有两种货币，分别是 A 货币和 B 货币，其中，A 货币的无风险利率用 r_A 表示，B 货币的无风险利率用 r_B 表示，并且这两个利率均是每年复利 1 次；E_s 表示即期汇率，标价方式是以若干个单位的 A 货币表示 1 个单位的 B 货币；E_f 则表示期限为 T 的远期汇率，远期汇率的标价方式与即期汇率的一致，期限 T 以年为单位以及 $T \leq 1$。接着，考虑以下两种情形。

情形 1：将 M 金额的 A 货币通过即期汇率兑换为 B 货币，并投资以 B 货币计价、期限为 T 的无风险资产（如国债），投资到期日收回以 B 货币计价的本金与收益之和等于 $(1+r_B T)M/E_s$。

情形 2：将 M 金额的 A 货币直接购买以 A 货币计价、期限为 T 的无风险资产，同时通过远期外汇合约约定按照当前期限 T 的远期汇率将到期日的投资本金和收益全部兑换为 B 货币，则以 B 货币计价的本金与收益之和等于 $(1+r_A T)M/E_f$。

根据金融市场的无套利原理，无论是情形 1 还是情形 2，最终获得的以 B 货币计价的本金和收益之和应当相同，即存在如下的等式：

$$(1+r_B T)M/E_s = (1+r_A T)M/E_f \quad (6\text{-}20)$$

将式（6-20）经过整理以后，得到远期汇率如下：

$$E_f = E_s \frac{1+r_A T}{1+r_B T} \quad (6\text{-}21)$$

通过式（6-21）可以看到，远期汇率是以即期汇率为基础的，但其又与即期汇率存在一定的差异；影响远期汇率的主要变量分别是即期汇率以及两种货币的无风险利率。

此外，在式（6-21）的两边同时减去 E_s，可以得出远期汇率与即期汇率之间的价差表达式：

$$E_f - E_s = E_s \frac{(r_A - r_B)T}{1+r_B T} \quad (6\text{-}22)$$

根据式（6-22），当 $r_A > r_B$ 时，远期汇率高于即期汇率（$E_f > E_s$），此时称为**升水**（premium）；当 $r_A < r_B$ 时，远期汇率低于即期汇率（$E_f < E_s$），此时称为**贴水**（discount）；当 $r_A = r_B$ 时，远期汇率与即期汇率相等（$E_f = E_s$），此时称为**平价**（parity）。

为了高效计算远期汇率，通过 Python 自定义一个计算远期汇率的函数，具体的代码如下：

```
In [58]: def FX_forward(spot,r_A,r_B,T):
    ...:     '''定义一个计算远期汇率的函数，并且两种货币分别是A货币和B货币
    ...:     spot: 代表即期汇率，标价方式是以若干个单位的A货币表示1个单位的B货币。
    ...:     r_A: 代表A货币的无风险利率，并且每年复利1次。
    ...:     r_B: 代表B货币的无风险利率，并且每年复利1次。
    ...:     T: 代表远期汇率的期限，并且以年为单位'''
    ...:     forward=spot*(1+r_A*T)/(1+r_B*T)          #计算远期汇率
    ...:     return forward
```

在以上自定义函数 FX_forward 中，只需要输入即期汇率、两种货币的无风险利率以及期限等

参数，就可以很方便地计算出相应期限的远期汇率。下面，通过美元兑人民币远期汇率的案例进行演示。

2. 一个案例

【例6-11】假定U银行需要在2020年6月5日计算期限分别是1个月、3个月、6个月和1年的美元兑人民币远期汇率，当天的即期汇率是7.0965。同时，用Shibor代表人民币的无风险利率，用美元Libor代表美元的无风险利率。表6-10列出了在该交易日相关期限的Shibor和Libor。

表6-10　2020年6月5日相关期限的Shibor和美元Libor

利率类型	1个月期	3个月期	6个月期	1年期
Shibor（每年复利1次）	1.5820%	1.5940%	1.6680%	1.9030%
美元Libor（每年复利1次）	0.1801%	0.3129%	0.4813%	0.6340%

数据来源：Wind。

直接通过自定义函数FX_forward计算2020年6月5日各期限的美元兑人民币远期汇率，具体的代码如下：

```
In [59]: FX_spot=7.0965                                      #即期汇率
    ...: Tenor=np.array([1/12,3/12,6/12,1.0])                #4个不同期限的数据
    ...: Shibor=np.array([0.015820,0.015940,0.016680,0.019030])  #Shibor
    ...: Libor=np.array([0.001801,0.003129,0.004813,0.006340])   #Libor利率

In [60]: FX_forward_list=np.zeros_like(Tenor)                #与期限数组形状相同的初始远期汇率数组

In [61]: for i in range(len(Tenor)):                         #运用for语句快速计算不同期限的远期汇率
    ...:     FX_forward_list[i]=FX_forward(spot=FX_spot,r_A=Shibor[i],r_B=Libor[i],T=Tenor[i])  #计算不同期限的远期汇率

In [62]: print('1个月期的美元兑人民币远期汇率',round(FX_forward_list[0],4))
    ...: print('3个月期的美元兑人民币远期汇率',round(FX_forward_list[1],4))
    ...: print('6个月期的美元兑人民币远期汇率',round(FX_forward_list[2],4))
    ...: print('1年期的美元兑人民币远期汇率',round(FX_forward_list[-1],4))
1个月期的美元兑人民币远期汇率 7.1048
3个月期的美元兑人民币远期汇率 7.1192
6个月期的美元兑人民币远期汇率 7.1385
1年期的美元兑人民币远期汇率   7.186
```

通过以上的输出结果，不仅可以得到相应期限的远期汇率，而且可以判断出远期汇率对于即期汇率是处于升水的状态，原因在于人民币的无风险利率高于美元的无风险利率。

6.6.2　抵补套利

针对前面的例6-11，当计算得到的远期汇率（均衡的远期汇率）与实际报价的远期汇率之间有差异时，就产生了**抵补套利**（covered interest arbitrage）的机会。下面，结合一个具体案例讨论抵补套利的运作机制。

1. 一个案例

【例6-12】沿用例6-11中的相关信息，U银行计算得到在2020年6月5日，3个月期的美元兑

人民币远期汇率是7.1192。但是，外汇市场当天针对该远期汇率的报价是7.1094。显然这两个远期汇率之间存在着一定的差异，因此U银行就存在着套利的机会。此外，当天的即期汇率是7.0965，3个月期Shibor是1.5940%，3个月期美元Libor是0.3129%。可能的套利路径有以下两条。

套利路径1：U银行当天（2020年6月5日）按照3个月期Shibor在银行间市场拆入（借入）人民币1亿元，按照美元兑人民币的即期汇率全部兑换为美元，并按照3个月期美元Libor将美元资金在银行间市场拆出（借出美元），同时按照当天市场报价的3个月期美元兑人民币远期汇率，在3个月后将美元兑换为人民币，并且偿还拆入的人民币本金和利息。最终得到的套利收益计算如下：

$$套利收益 = 借出美元的本息之和 \times 远期汇率 - 借入人民币的本息之和$$

$$借入人民币的本息之和 = 人民币1亿元 \times (1+1.5940\% \times 0.25) = 100398500(元)$$

$$借出美元的本息之和 = \frac{人民币1亿元}{7.0965} \times (1+0.3129\% \times 0.25) = 14102476.57(美元)$$

$$套利收益 = 14102476.57 \times 7.1094 - 100398500 = -138353.05(元)$$

套利路径2：U银行当天按照3个月期Libor利率在银行间市场拆入（借入）1400万美元，按照美元兑人民币的即期汇率全部兑换为人民币，并按照3个月期Shibor将人民币资金在银行间市场拆出（借出人民币），同时按照当天市场报价的3个月期美元兑人民币远期汇率，在3个月后将人民币兑换为美元，并且偿还拆入的美元本金和利息。最终得到的套利收益计算如下：

$$套利收益 = \frac{借出人民币的本息之和}{远期汇率} - 借入美元的本息之和$$

$$借入美元的本息之和 = 1400万美元 \times (1+0.3129\% \times 0.25) = 14010951.50(美元)$$

$$借出人民币的本息之和 = 1400万美元 \times 7.0965 \times (1+1.5940\% \times 0.25) = 99746913.74(元)$$

$$套利收益 = \frac{99746913.74}{7.1094} - 14010951.50 = 19334.28(美元)$$

通过以上的分析不难发现，套利路径1是不可行的，而套利路径2则是可行的。因此，U银行应该选择套利路径2开展抵补套利。此外，通过例6-12可以发现，抵补套利就是结合即期汇率和远期汇率开展的套利交易。

2. 数学表达式

基于前面的例6-12，可以抽象出针对抵补套利的数学表达式。依然假定A货币和B货币这两种不同的币种，其中，A货币的无风险利率用r_A表示，B货币的无风险利率用r_B表示，并且这两个利率均是每年复利1次；E_s表示即期汇率，标价方式是以若干个单位的A货币表示1个单位的B货币；E_f则表示期限为T的均衡远期汇率，该远期汇率的标价方式与即期汇率的一致，并且通过前面的式（6-21）计算得出，期限T依然以年为单位以及$T \leq 1$；外汇市场上期限为T的实际远期汇率用$\tilde{E}_f$表示。下面，根据均衡远期汇率与实际远期汇率的大小关系，分以下3种情形讨论抵补套利的路径以及对应的套利收益。

情形1：均衡远期汇率小于实际远期汇率（$E_f < \tilde{E}_f$）。结合前面的式（6-21），可以得到关于情形1的如下表达式：

$$E_s \frac{1+r_A T}{1+r_B T} < \tilde{E}_f \qquad (6-23)$$

同时，假定以 A 货币计价且本金为 M，在式（6-23）的两边同时乘 M 并且经过整理以后，可以得到如下的套利收益表达式：

$$\frac{M}{E_s}(1+r_BT)\tilde{E}_f - M(1+r_AT) > 0 \tag{6-24}$$

式（6-24）的左边就蕴含了套利的路径，具体的套利路径分为以下 4 步：

第 1 步，在期初按照利率 r_A 借入期限为 T、以 A 货币计价且本金等于 M 的资金；

第 2 步，按照即期汇率 E_s 将 A 货币兑换为 B 货币，并且投资利率为 r_B、期限为 T 的资产；

第 3 步，签订一份远期外汇合约，合约中约定期限为 T 的远期汇率 $\tilde{E}_f$；

第 4 步，在投资到期日（也等于第 1 步借款的到期日），将 B 货币的本金和利息按照远期汇率 $\tilde{E}_f$ 兑换为 A 货币，并且偿还期初借入 A 货币的本金和利息，剩余的金额 $\frac{M}{E_s}(1+r_BT)\tilde{E}_f - M(1+r_AT)$ 就是套利收益。

情形 2：均衡远期汇率大于实际远期汇率（$E_f > \tilde{E}_f$）。结合前面的式（6-21），可以得到关于情形 2 的如下表达式：

$$E_s\frac{1+r_AT}{1+r_BT} > \tilde{E}_f \tag{6-25}$$

同时，假定以 B 货币计价且本金为 N，在式（6-25）的两边同时乘 N 并且经过整理以后，可以得到如下的套利收益表达式：

$$\frac{NE_s(1+r_AT)}{\tilde{E}_f} - N(1+r_BT) > 0 \tag{6-26}$$

同样，式（6-26）的左边也给出了套利的路径，具体分为以下 4 步：

第 1 步，在期初按照利率 r_B 借入期限为 T、以 B 货币计价且本金等于 N 的资金；

第 2 步，按照即期汇率 E_s 将 B 货币兑换为 A 货币，并且投资利率为 r_A、期限为 T 的资产；

第 3 步，签订一份远期外汇合约，合约中约定期限为 T 的远期汇率 $\tilde{E}_f$；

第 4 步，在投资到期日，将 A 货币的本金和利息按照远期汇率 $\tilde{E}_f$ 兑换为 B 货币，并且偿还期初借入 B 货币的本金和利息，剩余的金额 $\frac{NE_s(1+r_AT)}{\tilde{E}_f} - N(1+r_BT)$ 就是套利收益。

情形 3：均衡远期汇率等于实际远期汇率（$E_f = \tilde{E}_f$）。在这种情形下，不存在抵补套利的任何机会。

3. Python 的代码

下面，通过 Python 自定义一个计算抵补套利收益并显示套利路径的函数，具体的代码如下：

```
In [63]: def cov_arbitrage(S,F,M_A,M_B,r_A,r_B,T,A,B):
    ...:     '''定义一个计算抵补套利收益并显示套利路径的函数，并且两种货币分别是A货币和B货币
    ...:     spot：代表即期汇率，以若干个单位的A货币表示1个单位的B货币。
    ...:     forward：代表外汇市场报价的远期汇率，标价方式与即期汇率的一致。
    ...:     M_A：代表借入A货币的本金，输入M_A='Na'表示未知相关金额。
    ...:     M_B：代表借入B货币的本金，输入M_B='Na'表示未知相关金额。
    ...:     r_A：代表A货币的无风险利率，并且每年复利1次。
```

```python
   ...:         r_B: 代表B货币的无风险利率,并且每年复利1次。
   ...:         T: 代表远期汇率的期限,并且以年为单位。
   ...:         A: 代表A货币的名称,例如输入A='人民币'表示A货币是人民币。
   ...:         B: 代表B货币的名称,例如输入B='美元'表示B货币是美元'''
   ...:         #为了能够更好地理解以下代码,分3个步骤
   ...:         #第1步:计算均衡远期汇率并且当均衡远期汇率小于实际远期汇率时
   ...:         F_new=S*(1+r_A*T)/(1+r_B*T)                                #计算均衡远期汇率
   ...:         if F_new<F:                                                #均衡远期汇率小于实际远期汇率
   ...:             if M_B=='Na':                                          #借入A货币的本金
   ...:                 profit=M_A*(1+T*r_B)*F/S-M_A*(1+T*r_A)              #计算初始借入A货币抵补套利的套利收益
   ...:                 if profit>0:                                       #套利收益大于0
   ...:                     sequence=['套利路径如下',
   ...:                              '(1)初始时刻借入的货币名称:',A,
   ...:                              '(2)按照即期汇率兑换后并投资的货币名称:',B,
   ...:                              '(3)按照远期汇率在投资结束时兑换后的货币名称:',A,
   ...:                              '(4)偿还初始时刻的借入资金']
   ...:                 else:                                              #套利收益小于0
   ...:                     sequence=['不存在套利机会']
   ...:             else:                                                  #借入B货币的本金
   ...:                 profit=M_B*S*(1+T*r_A)/F-M_B*(1+T*r_B)              #计算初始借入B货币抵补套利的套利收益
   ...:                 if profit>0:                                       #套利收益大于0
   ...:                     sequence=['套利路径如下',
   ...:                              '(1)初始时刻借入的货币名称:',B,
   ...:                              '(2)按照即期汇率兑换后并投资的货币名称:',A,
   ...:                              '(3)按照远期汇率在投资结束时兑换后的货币名称:',B,
   ...:                              '(4)偿还初始时刻的借入资金']
   ...:                 else:
   ...:                     sequence=['不存在套利机会']
   ...:         #第2步:当均衡远期汇率大于实际远期汇率时
   ...:         elif F_new>F:                                              #均衡远期汇率大于实际远期汇率
   ...:             if M_B=='Na':                                          #借入A货币的本金
   ...:                 profit=M_A*(1+T*r_B)*F/S-M_A*(1+T*r_A)              #计算初始借入A货币抵补套利的套利收益
   ...:                 if profit>0:                                       #套利收益大于0
   ...:                     sequence=['套利路径如下',
   ...:                              '(1)初始时刻借入的货币名称:',A,
   ...:                              '(2)按照即期汇率兑换后并投资的货币名称:',B,
   ...:                              '(3)按照远期汇率在投资结束时兑换后的货币名称:',A,
   ...:                              '(4)偿还初始时刻的借入资金']
   ...:                 else:                                              #套利收益小于0
   ...:                     sequence=['不存在套利机会']
   ...:             else:                                                  #借入B货币的本金
   ...:                 profit=M_B*S*(1+T*r_A)/F-M_B*(1+T*r_B)              #计算初始借入B货币抵补套利的套利收益
   ...:                 if profit>0:                                       #套利收益大于0
   ...:                     sequence=['套利路径如下',
   ...:                              '(1)初始时刻借入的货币名称:',B,
   ...:                              '(2)按照即期汇率兑换后并投资的货币名称:',A,
   ...:                              '(3)按照远期汇率在投资结束时兑换后的货币名称:',B,
   ...:                              '(4)偿还初始时刻的借入资金']
   ...:                 else:                                              #套利收益小于0
   ...:                     sequence=['不存在套利机会']
   ...:         #第3步:当均衡远期汇率等于实际远期汇率时
   ...:         else:                                                      #均衡远期汇率等于实际远期汇率
   ...:             if M_B=='Na':                                          #借入A货币的本金
   ...:                 profit=0
```

```
    ...:             sequence=['不存在套利机会']
    ...:         else:                               #借入B货币的本金
    ...:             profit=0
    ...:             sequence=['不存在套利机会']
    ...:     return [profit,sequence]                #输出套利收益和套利路径
```

通过以上自定义函数 cov_arbitrage，在函数中输入即期汇率、实际远期汇率、不同币种的利率、初始时刻借入的金额、期限以及相关币种等参数，就可以计算得到套利的收益以及找出套利的路径。

下面，就运用该自定义函数，计算前面例 6-12 中的套利收益并找出相应的套利路径，具体的代码如下：

```
In [64]: value_RMB=1e8                  #拆入人民币金额
    ...: value_USD=1.4e7                #拆入美元金额
    ...: Shibor_3M=0.01594              #3个月期Shibor
    ...: Libor_3M=0.003129              #3个月期Libor
    ...: tenor=3/12                     #3个月的期限（以年为单位）
    ...: FX_spot=7.0965                 #2020年6月5日美元兑人民币的即期汇率
    ...: FX_forward=7.1094              #2020年6月5日报价的美元兑人民币远期汇率

In [65]: arbitrage_RMB=cov_arbitrage(S=FX_spot,F=FX_forward,M_A=value_RMB,M_B='Na', r_A=
Shibor_3M,r_B=Libor_3M,T=tenor,A='人民币',B='美元')  #初始时刻通过借入人民币开展抵补套利
    ...: print('借入人民币1亿元开展抵补套利的收益（元）',round(arbitrage_RMB[0],2))
    ...: print(arbitrage_RMB[1])        #输出套利路径
借入人民币1亿元开展抵补套利的收益（元） -138353.05
['不存在套利机会']

In [66]: arbitrage_USD=cov_arbitrage(S=FX_spot,F=FX_forward,M_A='Na',M_B=value_USD, r_A=
Shibor_3M,r_B=Libor_3M,T=tenor,A='人民币',B='美元')   #初始时刻通过借入美元开展抵补套利
    ...: print('借入1400万美元开展抵补套利的收益（美元）',round(arbitrage_USD[0],2))
    ...: print(arbitrage_USD[1])        #输出套利路径
借入1400万美元开展抵补套利的收益（美元） 19334.28
['套利路径如下', '(1)初始时刻借入的货币名称：', '美元', '(2)按照即期汇率兑换后并投资的货币名称：', '人民币', '(3)按照远期汇率在投资结束时兑换后的货币名称：', '美元', '(4)最后偿还初始时刻的借入资金']
```

以上计算得到的套利收益以及路径情况与前面手动计算的结果均保持一致。

6.6.3 远期外汇合约的定价

在前面讨论远期汇率的时候，就已经多次提到远期外汇合约，这里给出该合约的具体定义。**远期外汇合约**（foreign exchange forward contract）是一种衍生产品合约，合约的买卖双方通过合约约定买卖外汇的币种、金额、远期汇率以及未来交割外汇的时间，在交割日双方依据合约最终完成货币的收付。在合约到期日，以约定的远期汇率买入约定金额货币的一方称为多头，以约定的远期汇率卖出约定金额货币的一方称为空头。

与远期利率协议相似的是，在远期外汇合约的订立日（初始日），对合约双方而言，合约价值均等于 0；但是，此后伴随着即期汇率与不同币种利率的变化，远期外汇合约的价值就会发生变化。下面，依然结合一个具体案例讨论远期外汇合约的运作机制以及合约的定价。

1. 一个案例

【例 6-13】假定在 2020 年 2 月 28 日，我国 V 公司与美国 W 银行签订了一份期限为 6 个月的远期外汇合约，在合约中约定如下的要素信息：

一是在合约到期日（2020 年 8 月 28 日），V 公司用人民币 1 亿元向 W 银行兑换美元，即合约

的本金是人民币 1 亿元，V 公司是合约的空头，W 银行则是合约的多头；

二是按照合约初始日（2020 年 2 月 28 日）的美元兑人民币远期汇率进行兑换；

三是根据式（6-21）并结合表 6-11 中 2020 年 2 月 28 日即期汇率、6 个月期 Shibor（人民币无风险利率）以及 6 个月期 Libor（美元无风险利率），计算得到 6 个月期远期汇率是 7.0066×(1+0.5×2.56%)/(1+0.5×1.3973%) = 7.0470502633，这里将计算结果保留至小数点后 10 位，是为了能使手动计算的结果与 Python 运算结果保持一致，否则容易出现偏差。

表 6-11　即期汇率、Shibior 与 Libor 的信息

日期	即期汇率	6 个月期 Shibor	6 个月期 Libor	3 个月期 Shibor	3 个月期 Libor
2020-02-28	7.0066	2.5600%	1.3973%	—	—
2020-05-28	7.1277	—	—	1.4300%	0.3500%

注：表中的利率均是每年复利 1 次。
数据来源：Wind。

在 2020 年 5 月 28 日也就是合约剩余期限为 3 个月之际，V 公司与 W 银行需要对该远期外汇合约按照各自所在国的本币币种进行估值。

为了能够更好地理解远期外汇合约的定价逻辑，假定在定价日（2020 年 5 月 28 日）V 公司与 W 银行又签订了一份期限为 3 个月的远期外汇合约，这份新合约的要素如下：

一是在合约到期日（也是 2020 年 8 月 28 日），W 银行用人民币 1 亿元向 V 公司兑换美元，即合约的本金依然是人民币 1 亿元，但是合约到期日的人民币现金流方向恰好与 2020 年 2 月 28 日签订的远期外汇合约相反；

二是按照新合约初始日（2020 年 5 月 28 日）3 个月期的美元兑人民币远期汇率进行兑换。此外，这份新合约在合约初始日的价值依然等于 0。

将 2020 年 2 月 28 日和 2020 年 5 月 28 日分别签订的两份远期外汇合约结合在一起，可以发现无论是 V 公司还是 W 银行，在合约到期日人民币的净现金流均为 0。但是，由于这两份远期外汇合约约定的远期汇率是不同的，因此会导致合约到期日美元的净现金流不等于 0，将美元的净现金流进行贴现就可以得出 2020 年 2 月 28 日签订的远期外汇合约在当年 5 月 28 日的美元价值，当天合约的人民币价值就等于合约的美元价值乘当天的即期汇率。

下面，就对 2020 年 2 月 28 日签订的远期外汇合约进行定价，定价日是 2020 年 5 月 28 日，可以分为以下 3 个步骤展开计算。

第 1 步，计算在 2020 年 5 月 28 日期限为 3 个月的美元兑人民币远期汇率。计算时需要结合表 6-11 中 2020 年 5 月 28 日的即期汇率、3 个月期 Shibor 和 3 个月期 Libor 数据，可以得到 3 个月期远期汇率是 7.1277×(1+0.25×1.43%)/(1+0.25×0.35%) = 7.1469279655，计算结果保留至小数点后 10 位的理由同上。

第 2 步，计算针对 V 公司并且按照人民币计价的远期外汇合约价值，同时 2020 年 5 月 28 日美元 3 个月期连续复利的无风险利率是 0.3494%（可以通过 6.3.2 节的自定义函数 Rc 快速计算得出），当天的即期汇率等于 7.1277，则可以得到远期外汇合约的价值如下：

$$7.1277 \times \left(\frac{人民币1亿元}{7.0470502633} - \frac{人民币1亿元}{7.1469279655} \right) e^{-0.25 \times 0.3494\%} = 1412250.78(元)$$

第 3 步，计算针对 W 银行并且按照美元计价的远期外汇合约价值，可以得出如下的结果：

$$\left(\frac{人民币1亿元}{7.1469279655} - \frac{人民币1亿元}{7.0470502633}\right) e^{-0.25 \times 0.3494\%} = -198135.55(美元)$$

从以上的计算可以看到，在 2020 年 5 月 28 日，远期外汇合约给 V 公司带来了一定金额的浮盈；相比之下，对于 V 银行则合约带来的是浮亏。

2. 数学表达式

基于以上的例 6-13，可以提炼出针对远期外汇合约价值的数学表达式，并且需要按照合约本金计价币种的不同分为以下两种情形。

情形 1：假定一份远期外汇合约包含 A 货币和 B 货币这两种不同的币种，在合约初始日约定了期限为 T 的远期汇率 E_{fT}，汇率标价方式是以若干个单位的 A 货币表示 1 个单位的 B 货币，同时合约的本金用 M 表示并且以 A 货币计价，这就意味着合约的多头在合约到期日需要按照远期汇率 E_{fT} 向合约空头买入 M 金额的 A 货币并且支付相应金额的 B 货币；在合约的定价日，合约的剩余期限是 τ，并且当天期限为 τ 的远期汇率用 $E_{f\tau}$ 表示，当天的即期汇率用 E_s 表示，B 货币的无风险利率（连续复利）用 R_B 表示，合约的价值用 V 表示。表 6-12 梳理了当合约本金以 A 货币计价时，针对不同合约方并且按照不同货币计价的合约价值表达式。

表 6-12　合约本金以 A 货币计价情形下针对不同合约方、不同货币计价的合约价值表达式

合约方	合约价值的计价货币	合约价值的表达式
多头	A 货币	$V = E_s \left(\dfrac{M}{E_{f\tau}} - \dfrac{M}{E_{fT}}\right) e^{-R_B \tau}$
多头	B 货币	$V = \left(\dfrac{M}{E_{f\tau}} - \dfrac{M}{E_{fT}}\right) e^{-R_B \tau}$
空头	A 货币	$V = E_s \left(\dfrac{M}{E_{fT}} - \dfrac{M}{E_{f\tau}}\right) e^{-R_B \tau}$
空头	B 货币	$V = \left(\dfrac{M}{E_{fT}} - \dfrac{M}{E_{f\tau}}\right) e^{-R_B \tau}$

情形 2：假定在一份远期外汇合约中，合约本金以 B 货币计价并且金额用 N 表示，在合约的定价日，A 货币的无风险利率用 R_A 表示，其余的变量与情形 1 保持一致。表 6-13 梳理了当合约本金以 B 货币计价时，针对不同合约方并且按照不同货币计价的合约价值表达式。

表 6-13　合约本金以 B 货币计价情形下针对不同合约方、不同货币计价的合约价值表达式

合约方	合约价值的计价货币	合约价值表达式
多头	A 货币	$V = (NE_{f\tau} - NE_{fT}) e^{-R_A \tau}$
多头	B 货币	$V = \dfrac{(NE_{f\tau} - NE_{fT}) e^{-R_A \tau}}{E_s}$
空头	A 货币	$V = (NE_{fT} - NE_{f\tau}) e^{-R_A \tau}$
空头	B 货币	$V = \dfrac{(NE_{fT} - NE_{f\tau}) e^{-R_A \tau}}{E_s}$

3. 运用 Python 编程

下面，就通过 Python 自定义一个计算远期外汇合约价值的函数，具体的代码如下：

```
In [67]: def Value_FX_Forward(F1,F2,S,par,R,t,pc,vc,position):
    ...:     '''定义一个计算远期外汇合约价值的函数，并且两种货币分别是A货币和B货币。
    ...:     F1: 代表合约初始日约定的远期汇率，以若干个单位的A货币表示1个单位的B货币。
    ...:     F2: 代表合约定价日的远期汇率，标价方式与F1相同。
    ...:     S: 代表合约定价日的即期汇率，标价方式与F1相同。
    ...:     par: 代表合约本金，并且本金的计价货币需要与确定币种参数pc保持一致。
    ...:     R: 代表非合约本金计价货币的无风险利率（连续复利），比如本金是A货币，则该利率就是B货币的无风险利率。
    ...:     t: 代表合约的剩余期限，并且以年为单位。
    ...:     pc: 代表合约本金的币种，输入pc='A'表示选择A货币，输入其他则表示选择B货币。
    ...:     vc: 代表合约价值的币种，输入vc='A'表示选择A货币，输入其他则表示选择B货币。
    ...:     position: 代表合约的头寸方向，输入position='long'表示合约多头，输入其他则表示合约空头'''
    ...:     from numpy import exp                    #从NumPy导入exp函数
    ...:     if pc=='A':                              #合约本金以A货币计价
    ...:         if position=='long':                 #针对合约多头
    ...:             if vc=='A':                      #合约价值用A货币计价
    ...:                 value=S*(par/F2-par/F1)*exp(-R*t)    #计算合约价值
    ...:             else:                            #合约价值用B货币计价
    ...:                 value=(par/F2-par/F1)*exp(-R*t)
    ...:         else:                                #针对合约空头
    ...:             if vc=='A':
    ...:                 value=S*(par/F1-par/F2)*exp(-R*t)
    ...:             else:
    ...:                 value=(par/F1-par/F2)*exp(-R*t)
    ...:     else:                                    #合约本金以B货币计价
    ...:         if position=='long':
    ...:             if vc=='A':
    ...:                 value=(par*F2-par*F1)*exp(-R*t)
    ...:             else:
    ...:                 value=(par*F2-par*F1)*exp(-R*t)/S
    ...:         else:
    ...:             if vc=='A':
    ...:                 value=(par*F1-par*F2)*exp(-R*t)
    ...:             else:
    ...:                 value=(par*F1-par*F2)*exp(-R*t)/S
    ...:     return value
```

在以上自定义函数 Value_FX_Forward 中，输入远期汇率、即期汇率、本金、利率、期限以及货币币种等参数，就可以得到在定价日远期外汇合约的价值。

下面，就通过该自定义函数，计算前面例 6-13 中的远期外汇合约价值，具体分为两个步骤。

第 1 步：计算合约初始日（2020 年 2 月 28 日）以及合约定价日（2020 年 5 月 28 日）的远期汇率。具体的代码如下：

```
In [68]: par_RMB=1e8                      #远期外汇合约的本金（人民币）
    ...: FX_spot_Feb28=7.0066             #2020年2月28日的即期汇率
    ...: Shibor_6M_Feb28=0.0256           #2020年2月28日的6个月期Shibior利率
    ...: Libor_6M_Feb28=0.013973          #2020年2月28日的6个月期Libior利率
    ...: T1=6/12                          #远期外汇合约的整个期限（年）

In [69]: FX_forward_Feb28=FX_forward(spot=FX_spot_Feb28,r_A=Shibor_6M_Feb28, r_B=Libor_6M_
Feb28,T=T1)   #计算2020年2月28日的6个月期远期汇率
    ...: print('2020年2月28日的6个月期美元兑人民币远期汇率',FX_forward_Feb28)
```

2020 年 2 月 28 日的 6 个月期美元兑人民币远期汇率 7.047050263335208

```
In [70]: FX_spot_May28=7.1277              #2020 年 5 月 28 日的即期汇率
    ...: Shibor_3M_May28=0.0143            #2020 年 5 月 28 日的 3 个月期 Shibior 利率
    ...: Libor_3M_May28=0.0035             #2020 年 5 月 28 日的 3 个月期 Libior 利率
    ...: rate_USD=0.003494                 #2020 年 5 月 28 日连续复利的美元无风险利率
    ...: T2=3/12                           #远期外汇合约的剩余期限（年）

In [71]: FX_forward_May28=FX_forward(spot=FX_spot_May28,r_A=Shibor_3M_May28, r_B=Libor_3M_
May28,T=T2)   #计算 2020 年 5 月 28 日的 3 个月期远期汇率
    ...: print('2020 年 5 月 28 日的 3 个月期美元兑人民币远期汇率',(FX_forward_May28))
2020 年 5 月 28 日的 3 个月期美元兑人民币远期汇率 7.146927965530162
```

第 2 步：计算合约定价日远期外汇合约的价值。具体的代码如下：

```
In [72]: value_short=Value_FX_Forward(F1=FX_forward_Feb28,F2=FX_forward_May28, S=FX_spot_
May28,par=par_RMB,R=rate_USD,t=T2,pc='A',vc='A',position='short')   #合约空头的价值
    ...: value_long=Value_FX_Forward(F1=FX_forward_Feb28,F2=FX_forward_May28, S=FX_spot_
May28,par=par_RMB,R=rate_USD,t=T2,pc='A',vc='B',position='long')    #合约多头的价值
    ...: print('合约空头（V 公司）在 2020 年 5 月 28 日的远期外汇合约价值（元）', round(value_short,2))
    ...: print('合约多头（W 银行）在 2020 年 5 月 28 日的远期外汇合约价值（美元）', round(value_long,2))
合约空头（V 公司）在 2020 年 5 月 28 日的远期外汇合约价值（元）   1412250.78
合约多头（W 银行）在 2020 年 5 月 28 日的远期外汇合约价值（美元）   -198135.55
```

根据以上输出的结果可以发现，通过 Python 计算得到的结果与前面手动计算的结果是一致的。需要再次强调的是，如果在手动计算时，远期汇率的数值结果没有保留至小数点后 10 位（如只保留至小数点后 4 位），则手动计算的远期外汇合约价值就会与 Python 的运算结果产生一定的差异，读者可以尝试验证一下。

到这里，第 6 章的内容就全部讲解完毕了，第 7 章将讨论与利率存在紧密关联的债券。

6.7 本章小结

利率和汇率是金融市场极为重要的两个关键变量和风险因子。本章在介绍人民币利率体系与人民币汇率体系的基础上，运用 Python 并结合国内金融市场的众多案例，首先讨论了利率的度量，包括每年复利 m 次利率、连续复利利率、不同复利频次的利率之间的等价关系以及零息利率；然后，探讨了远期利率的形成机制和测算方法，远期利率协议的现金流以及定价；接着，分析了汇率报价、不同币种之间的汇兑以及利用不同汇率开展三角套利；最后，剖析了远期汇率的形成机制、抵补套利的逻辑以及远期外汇合约定价。

6.8 拓展阅读

本章的内容参考了以下资料。

[1] 中国人民银行的官方网站提供了关于人民币利率体系、人民币汇率制度等官方权威资料。

[2]《货币金融学（第十一版）》（作者是弗雷德里克·S·米什金），这本书是金融领域的一本经典入门级教材，书中的第 4 章至第 6 章对利率做了详尽的阐述，第 17 章针对外汇市场以及汇率也有一定篇幅的论述。

第 7 章 运用 Python 分析债券

本章导读

债券（bond）是一种金融合约和有价证券，具体是指政府、金融机构、工商企业等主体直接向社会借债筹集资金时，向投资者发行并承诺在一定期限内按一定利率支付利息同时按约定条件偿还本金的债权债务凭证。在人类社会发展的进程中，债券有着悠久的历史，最早的债券诞生于公元前 4 世纪的希腊和罗马。在现代金融体系中，债券是一种非常重要的债务融资工具，债券市场也是金融市场重要的组成部分。债券价值是每一位债券持有人非常关心的问题，同时利率风险和信用风险是债券面临的两大主要风险。本章将结合国内的债券市场案例，讨论如何运用 Python 分析债券的定价、收益率以及风险。

本章的内容涵盖以下几个主题。
- 描述交易场所、品种等债券市场的概况，并且针对债券规模趋势和分布结构进行可视化。
- 讨论债券定价模型、债券到期收益率以及通过票息剥离法和插值法获取零息利率曲线。
- 探讨衡量债券利率风险的线性指标——久期，包括麦考利久期、修正久期与美元久期，以及通过久期评估利率变动对债券价格的影响。
- 剖析衡量债券利率风险的非线性指标——凸性，并且结合久期和凸性评估利率变动对债券价格的影响。
- 论述评估债券信用风险的信用评级、违约概率和违约回收率，以及分析如何运用债券价格测度违约概率。

7.1 债券市场概览

从 1981 年中华人民共和国财政部（简称"财政部"）恢复发行国债至今，债券市场经历了曲折的探索和发展。1996 年末建立债券中央托管机构以后，债券市场翻开了崭新的一页，从此步入了快速发展的新阶段。截至 2020 年年末，债券的存量规模达到 114.52 万亿元。

通过导入外部数据并且运用 Python 绘制 2010 年至 2020 年债券存量与国内生产总值（Gross Domestic Product，GDP）对比的走势图（见图 7-1），具体的代码如下：

```
In [1]: import numpy as np
   ...: import pandas as pd
   ...: import matplotlib.pyplot as plt
   ...: from pylab import mpl
   ...: mpl.rcParams['font.sans-serif']=['FangSong']
   ...: mpl.rcParams['axes.unicode_minus'] = False
   ...: from pandas.plotting import register_matplotlib_converters
   ...: register_matplotlib_converters()

In [2]: bond_GDP=pd.read_excel('C:/Desktop/债券存量规模与GDP（2010-2020年）.xlsx',
sheet_name="Sheet1",header=0,index_col=0)          #导入外部数据

In [3]: bond_GDP.plot(kind='bar',figsize=(9,6),fontsize=13,grid=True)    #可视化
   ...: plt.ylabel (u'金额', fontsize=11)                    #增加纵坐标标签
Out[3]:
```

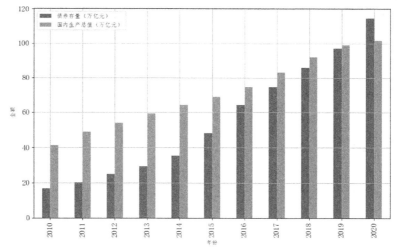

图 7-1　运用 Python 绘制的债券存量与国内生产总值对比的走势图（2010—2020 年）

从图 7-1 中不难发现，债券存量规模不断追赶 GDP 规模，并且最终在 2020 年成功超越 GDP，这在一定程度上体现出债券市场的重要性日益凸显。

7.1.1　债券交易场所

目前，债券市场形成了银行间市场、交易所市场和商业银行柜台市场等 3 个子市场在内的统一分层的市场体系。其中，交易所市场是债券交易的场内市场，银行间市场和商业银行柜台市场则属于场外市场。债券市场的参与者既有机构投资者也有个人投资者。

1. 银行间市场

银行间市场是债券市场的主体，市场参与者是各类机构投资者，实行双边谈判成交，属于场外批发市场。中央国债登记结算有限责任公司（简称"中央结算公司"）作为债券中央托管机构，为

债券实行集中统一托管,为银行间市场投资者开立证券账户,并且为市场的交易结算提供服务。银行间市场的交易主体除了境内的金融机构以外,也向境外央行或货币当局、国际金融组织和主权财富基金开放。银行间市场的交易品种包括现券交易、质押式回购、买断式回购、远期交易以及债券借贷等。

2. 交易所市场

交易所市场是债券市场的重要组成部分,目前开展债券交易的证券交易所包括上海证券交易所和深圳证券交易所。交易所市场由包括个人在内的各类社会投资者参与,属于集中撮合交易的零售市场。交易所市场实行两级托管体制,中央结算公司是债券一级托管人,负责为交易所开立代理总账户;中国证券登记结算有限责任公司(简称"中证登")是债券二级托管人,负责对交易所投资者账户的交易进行记录。目前,交易所市场的交易品种包括现券交易、质押式回购等。

3. 柜台市场

柜台市场是银行间市场的延伸,参与者限定为个人投资者,属于场外零售市场。商业银行柜台市场实行两级托管体制,中央结算公司是债券一级托管人,负责为承办银行开立债券自营账户和代理总账户;承办银行是债券二级托管人。目前,商业银行柜台市场的交易品种仅为现券交易。

此外,部分债券也会选择在上述3个市场中的两个甚至是全部市场同时挂牌交易。表7-1整理了2020年年末存量债券的市场分布情况。

表7-1 2020年年末存量债券的市场分布情况

市场名称	债券余额/亿元	余额占比
银行间市场	447211.61	39.68%
交易所市场	137394.00	12.19%
银行间和交易所市场	264837.13	23.50%
银行间和商业银行柜台市场	120271.60	10.67%
银行间、交易所和商业银行柜台市场	157293.03	13.96%
合计	1127007.37	100.00%

注:有少量的债券通过"机构间私募产品报价与服务系统"进行发行和交易,这些债券规模未统计在表中。

数据来源:Wind。

为了更形象地展示债券的分布情况,通过导入外部数据,用Python绘制出2020年年末存量债券在不同交易市场分布情况的饼图(见图7-2),具体的代码如下:

```
In [4]: bond=pd.read_excel('C:/Desktop/2020年年末存量债券的市场分布情况.xlsx', sheet_name=
"Sheet1",header=0,index_col=0)    #导入外部数据

In [5]: plt.figure(figsize=(9,6))
   ...: plt.pie(x=bond['债券余额(亿元)'],labels=bond.index)
   ...: plt.axis('equal')                       #使饼图是一个圆形
   ...: plt.legend(loc=2,fontsize=13)           #图例放在左上方
   ...: plt.title(u'2020年末存量债券的市场分布图',fontsize=13)
   ...: plt.show()
```

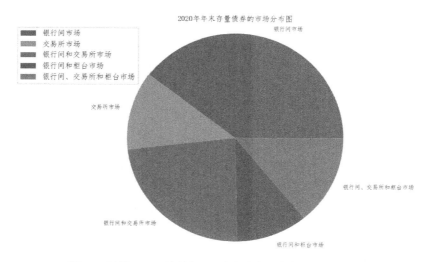

图 7-2 运用 Python 绘制的 2020 年年末存量债券的市场分布图

7.1.2 债券品种

债券按照发行主体和审批机构的不同可以划分为政府债、政府支持机构债、央行票据、金融债、同业存单、企业债、公司债、中期票据、短期融资券、非公开定向债务融资工具、资产支持证券、可转换公司债券、可交换公司债券、国际机构债、项目收益票据以及标准化票据等债券品种。表 7-2 统计了截至 2020 年年末按照债券品种划分的债券余额情况。

表 7-2 2020 年年末按照债券品种划分的债券余额及占比情况

债券品种	债券余额/亿元	余额占比
政府债		
国债	206858.65	18.06%
地方政府债	254867.55	22.26%
政府支持机构债	17225.00	1.50%
央行票据	150.00	0.01%
金融债		
政策性银行债	181668.60	15.86%
商业银行债	60162.03	5.25%
非银行金融机构债	28732.40	2.51%
同业存单	111601.60	9.75%
企业债		
一般企业债	22461.57	1.96%
集合企业债	119.50	0.01%
公司债		

续表

债券品种	债券余额/亿元	余额占比
一般公司债	46272.18	4.04%
私募债	42741.17	3.73%
中期票据	74578.74	6.51%
短期融资券		
一般短期融资券	6243.78	0.55%
超短期融资券	16244.05	1.42%
非公开定向债务融资工具	21808.69	1.90%
资产支持证券		
信贷资产支持证券	15959.76	1.39%
企业资产支持证券	22799.09	1.99%
资产支持票据	7090.77	0.62%
可转换公司债券	5356.86	0.47%
可交换公司债券	1795.66	0.16%
国际机构债	329.60	0.03%
项目收益票据	108.60	0.01%
标准化票据	28.92	0.00%
合计	1145204.77	100.00%

数据来源：同花顺。

1. 政府债

政府债包括国债和地方政府债。**国债**（treasury bond）的发行主体是财政部，主要品种有记账式国债和储蓄国债。储蓄国债分为传统凭证式和电子式两类，传统凭证式储蓄国债通过商业银行柜台发行并分散托管，电子式储蓄国债则在中央结算公司集中登记。

地方政府债包括由中央财政代理发行的地方政府债和由地方政府自主发行的地方政府债。对于由中央财政代理发行的地方政府债，如果地方财政部门未按时足额向中央财政专户缴纳还本付息资金，则财政部采取中央财政垫付方式代为办理地方债还本付息；对于由地方政府自主发行的地方政府债，则由地方政府负责偿还。

2. 政府支持机构债

政府支持机构债是指由政府支持的公司或金融机构发行并由政府提供担保的债券。中央汇金投资有限责任公司于 2010 年在全国银行间债券市场成功发行了两期共计 1090 亿元的人民币债券，该债券就属于政府支持机构债。此外，2013 年 3 月 14 日中国铁路总公司正式挂牌成立，承担原中华人民共和国铁道部的企业职责，中国人民银行于 2013 年 7 月正式同意将原中华人民共和国铁道部发行的铁路建设债券、短期融资券、中期票据等铁路各类债券融资工具统一归入政府支持机构债，以此增强投资者对中国铁路总公司的信心，推动铁路投融资体系改革。

3. 金融债

金融债包括政策性银行债、商业银行债、非银行金融机构债等。其中，规模最大的是政策性银行债，它是由国家开发银行、中国农业发展银行和中国进出口银行等政策性银行发行的债券；商业银行债包括由商业银行发行的普通债、次级债、混合资本债、二级资本工具以及其他一级资本工具等；非银行金融机构债包括保险公司债、证券公司债以及其他非银行金融机构债等。

4. **同业存单**

同业存单是指由银行业存款类金融机构法人在全国银行间市场上发行的记账式定期存款凭证，目的是拓展银行业存款类金融机构的融资渠道，同时作为一种货币市场工具有效促进货币市场的发展。2013年12月12日，在全国银行间市场，中国工商银行、中国农业银行、中国银行、中国建设银行以及国家开发银行发行了首批同业存单，合计规模是190亿元。

5. **企业债**

企业债特指1993年8月国务院发布的《企业债券管理条例》（2011年1月修订）所规范的企业债券，它是指中华人民共和国境内具有法人资格的企业在境内依照法定程序发行、约定在一定期限内还本付息的有价证券。企业债包括一般企业债、集合企业债。目前企业债的发行审批权限归属于中华人民共和国国家发展和改革委员会（简称"国家发展改革委"），企业债发行采用公开发行方式。

6. **公司债**

公司债特指由《中华人民共和国证券法》规范和约束的公司债券。目前，公司债的发行、上市、交易等环节的监管归属于中国证券监督管理委员会（简称"中国证监会"）。根据中国证监会于2015年1月15日发布的《公司债券发行与交易管理办法》，公司债是指公司依照法定程序发行、约定在一定期限内还本付息的有价证券。此外，根据上述的《公司债券发行与交易管理办法》，公司债发行可以采用公开发行（一般公司债）方式和非公开发行（私募债）方式。

7. **短期融资券**

短期融资券是指在银行间债券市场发行的、期限在一年期以内的短期融资工具。按照期限的不同短期融资券可划分为一般短期融资券和超短期融资券。其中，超短期融资券是期限在270天以内的短期融资券。

8. **中期票据**

中期票据是指在银行间债券市场按照计划分期发行的、期限在一年以上的融资工具。中期票据以及前述提到的短期融资券均需要在中国银行间市场交易商协会注册后方可发行。

9. **非公开定向债务融资工具**

非公开定向债务融资工具（简称**"定向工具"**）是指有法人资格的非金融企业，向银行间市场特定机构投资者发行并在特定机构投资者范围内流通转让的债务融资工具。定向工具是由中国银行间市场交易商协会于2011年4月推出的。

10. **资产支持证券**

资产支持证券是指由工商企业或金融机构作为发起机构，将具有稳定现金流的资产（如信贷资产）信托给受托机构（通常是金融机构），由受托机构发行的、以该资产所产生的现金支付其收益的收益证券。目前，资产支持证券可以进一步细分为信贷资产支持证券、企业资产支持证券以及资产支持票据（ABN）三大类。

11. 可转换公司债券

可转换公司债券（简称"可转债"）是指债券持有者可以在一定时期内按一定比例或价格将其转换成一定数量的另一种证券（如股票）的债券。关于可转换公司债券将在 14.2 节进行详细介绍。

12. 可交换公司债券

可交换公司债券（简称"可交债"）是指上市公司的股东依法发行、在一定期限内依据约定的条件可以交换成该股东所持有的上市公司股份的公司债券。

13. 国际机构债

国际机构债是指包括国际开发性金融机构在内的国际机构所发行的债券。2005 年 10 月，国际金融公司和亚洲开发银行在银行间债券市场分别发行了以人民币计价的债券 11.3 亿元和 10 亿元，这是债券市场首次引入国际机构作为债券发行主体。

14. 项目收益票据

2014 年 7 月 11 日，中国银行间市场交易商协会发布《银行间债券市场非金融企业项目收益票据业务指引》并正式推出项目收益票据。**项目收益票据**（Project Revenue Note，PRN）是指非金融企业在银行间债券市场发行的、募集资金用于项目建设且以项目产生的经营性现金流为主要偿债来源的债务融资工具。

15. 标准化票据

根据中国人民银行 2020 年 6 月 28 日公布的《标准化票据管理办法》，**标准化票据**是指存托机构归集核心信用要素相似、期限相近的商业汇票组建基础资产池，以基础资产池产生的现金流为偿付支持而创设的等分化受益凭证，属于货币市场工具。标准化票据的推出，一方面是支持中小金融机构的流动性，另一方面是更好地服务中小企业融资和供应链金融发展。

此外，关于央行票据已经在 6.1.1 节讨论过，这里就不赘述。

7.1.3 债券数据的服务机构

目前提供债券估值等数据的专业服务机构主要有 4 家，分别是中债金融估值中心有限公司、中证指数有限公司、中国外汇交易中心以及银行间市场清算所股份有限公司。

中债金融估值中心有限公司（简称"中债估值中心"）是中央国债登记结算有限责任公司的全资子公司，该公司目前已经打造成为一个基准定价平台，其提供的债券估值数据在债券市场中有较高的权威性和较强的影响力，是债券交易重要的参考依据。相关数据和公告是通过中国债券信息网对外发布的。

中证指数有限公司（简称"中证指数公司"）于 2005 年 8 月由上海证券交易所和深圳证券交易所共同出资成立，公司自 2006 年起开始研究债券收益率曲线和债券估值，已经构建完成涉及债券定价等多个品牌产品。

中国外汇交易中心已经在 6.2 节多次提及，该中心于 1994 年 4 月 18 日成立，是中国人民银行总行直属事业单位，为银行间外汇市场、货币市场、债券市场等提供发行、交易、交易后处理以及信息等服务，该中心通过其主办的中国货币网对外发布相关的数据和公告。

银行间市场清算所股份有限公司（简称"上海清算所"）于 2009 年 11 月 28 日成立，是公司信用债券登记托管结算中心，为公司信用债和货币市场工具等近 20 种创新金融产品提供登记、托管、估值、清算及结算等服务。

7.2 债券定价与债券收益率

对债券市场有了框架性的认知以后，本节将侧重于讨论债券定价以及债券收益率等核心内容。

7.2.1 债券的核心要素

债券有几个核心要素，具体包括面值、期限、票面利率以及债券价格等。

面值（par value），也称**本金**（principle），是债券发行人承诺偿还给债券持有人的货币总额，一张债券的面值通常约定为 100 元。

期限（term）是指债券发行日至债券到期日之间的时间间隔；此外，在债券定价时也会涉及**剩余期限**（time to maturity），也就是债券定价日至债券到期日之间的时间间隔。

票面利率（coupon rate）是指债券利息与债券面值的比率，是债券发行人承诺在债券存续期内支付给债券持有人利息的计算标准。票面利率乘债券面值就得到了票面利息（简称"票息"），票面利息的支付频次可以每年支付一次，也可以每半年甚至每季度支付一次。票面利率为 0 的债券被称为**零息债券**（zero-coupon bond），比如期限不超过一年的国债通常就是零息债券。

债券价格是债券进行市场交易的价格，价格按照面值的百分数报出，债券价格的面值基数是 100 元。债券价格分为净价和全价。其中，**净价**（clean price）是债券买卖的价格，也是债券市场的报价；净价加上应计利息就等于债券的**全价**（dirty price），也称为**发票价**，其中**应计利息**就是对两个相邻票息支付日之间的票息进行摊销的金额。如无明确说明，本章的债券价格均指全价。

7.2.2 基于单一贴现率的债券定价

由于债券在发行时，面值、票面利率、票息支付频次、期限等要素均已确定，因此在债券的存续期间，债券持有人获得的现金流是可以事前确定的，债券的理论价格就应当等于将债券持有人在债券存续期间所收取的现金流（票息和本金）进行贴现后的总和，这就是**债券定价模型**。最简单的债券定价模型就是假定不同期限的贴现利率均相同，也就是基于单一贴现率的债券定价。此外，针对债券是否支付票息，债券定价模型的数学表达式也会存在一定的差异。

1. **定价模型与 Python 代码**

定价模型之一：零息债券的定价模型。

假定 B 代表债券价格，M 代表债券本金，y 代表贴现利率并且是连续复利，T 代表债券期限或剩余期限并且用年表示。零息债券的定价公式如下：

$$B = Me^{-yT} \tag{7-1}$$

定价模型之二：带票息债券的定价模型。

假定债券的票息是每年支付 m 次（$m \geq 1$），C 代表票面利率，B 代表债券价格，M 代表债券本金，y 代表贴现利率（连续复利），同时假定 0 时刻（初始时刻）代表债券的定价日，债券第 i 期票息的支付发生在 t_i 时刻（票息支付日），其中 $i=1,2,\cdots,N$。同时，t_i 也代表从 0 时刻至第 i 期票息支付日的期限长度[1]，最后一期的票息与本金同时支付，因此 t_N 代表债券期限或剩余期限（用年表示）。带票息债券的定价公式如下：

$$B = \frac{C}{m} \times M \times \sum_{i=1}^{N} e^{-yt_i} + Me^{-yt_N} = \left(\frac{C}{m}\sum_{i=1}^{N} e^{-yt_i} + e^{-yt_N}\right)M \qquad (7\text{-}2)$$

下面，通过 Python 自定义一个基于单一贴现率计算债券价格的函数，具体的代码如下：

```
In [6]: def Bondprice_onediscount(C,M,m,y,t):
   ...:     '''定义一个基于单一贴现率计算债券价格的函数
   ...:     C：代表债券的票面利率，如果输入0则表示零息债券。
   ...:     M：代表债券的本金（面值）。
   ...:     m：代表债券票息每年支付的频次。
   ...:     y：代表单一贴现率。
   ...:     t：代表定价日至后续每一期票息支付日的期限长度，用数组格式输入；零息债券可直接输入数字'''
   ...:     if C==0:                                    #针对零息债券
   ...:         price=np.exp(-y*t)*M                    #计算零息债券的价格
   ...:     else:                                       #针对带票息债券
   ...:         coupon=np.ones_like(t)*M*C/m            #创建每一期息金额的数组
   ...:         NPV_coupon=np.sum(coupon*np.exp(-y*t))  #计算每一期票息在定价日的现值之和
   ...:         NPV_par=M*np.exp(-y*t[-1])              #计算本金在定价日的现值
   ...:         price=NPV_coupon+NPV_par                #计算定价日的债券价格
   ...:     return price
```

在以上自定义的函数 Bondprice_onediscount 中，输入票面利率、债券本金、票息支付频次、贴现利率以及每期票息支付的期限等参数，就可以很便捷地计算得到债券的价格。下面，就通过两个案例演示单一贴现率的债券定价模型。

2. 两个案例

【例 7-1】2020 年 6 月 5 日财政部发行了"20 贴现国债 27"（债券代码为 209927），该债券面值为 100 元，期限为 0.5 年，到期一次支付本金（零息债券），起息日为 2020 年 6 月 8 日，到期日为 2020 年 12 月 7 日。假设定价日是 2020 年 6 月 8 日，贴现率是 1.954%并且是连续复利，根据式（7-1）并结合前面的参数，定价日该债券的价格计算如下（保留到小数点后 4 位，下同）：

$$B = 100 \times e^{-1.954\% \times 0.5} = 99.0278 (\text{元})$$

通过计算可以得到在 2020 年 6 月 8 日，"20 贴现国债 27"债券的价格是 99.0278 元。

下面，运用自定义函数 Bondprice_onediscount 计算债券价格，具体的代码如下：

```
In [7]: C_TB2027=0                #20 贴现国债 27 的票面利率
   ...: par=100                   #债券本金（本章后续案例涉及的本金将直接调用该变量）
   ...: T_TB2027=0.5              #20 贴现国债 27 的期限
   ...: m_TB2027=0                #20 贴现国债 27 每年支付票息的频次
   ...: y_TB2027=0.01954          #20 贴现国债 27 的贴现率

In [8]: value_TB2027=Bondprice_onediscount(C=C_TB2027,M=par,m=m_TB2027,y=y_TB2027, t=T_TB2027)
#计算债券价格
   ...: print('2020 年 6 月 8 日 20 贴现国债 27 的价格',round(value_TB2027,4))
2020 年 6 月 8 日 20 贴现国债 27 的价格 99.0278
```

以上输出的结果与前面手动计算的结果是完全一致的。

---

[1] 如果 t_i 代表的是某一个时刻（时点），则可以将 t_i 理解为时间坐标轴上的某一个点；如果 t_i 代表的是期限长度（时长），则可以将 t_i 理解为时间坐标轴上的某一个线段长度。

【例7-2】2020年5月20日财政部发行了"20附息国债06"（债券代码为200006），该债券面值为100元，期限为10年，票面利率为2.68%（带票息债券），每年付息2次，起息日为2020年5月21日，到期日为2030年5月20日。假设定价日是2020年5月21日，贴现率是2.634%（连续复利），债券存续期内将有共计20期的票息支付，并且定价日至第i期票息支付日的期限长度可以写成$t_i = 0.5i$，其中$i = 1,2,\cdots,20$。根据式（7-2）并结合前面的参数，定价日该债券的价格计算如下：

$$B = 100 \times \left(\frac{2.68\%}{2} \sum_{i=1}^{20} e^{-2.634\% \times 0.5i} + e^{-2.634\% \times 10} \right) = 100.2496(元)$$

通过计算可以得到在2020年5月21日，"20附息国债06"的价格是100.2496元。

下面，依然运用计算债券价格的函数Bondprice_onediscount进行验证，具体的代码如下：

```
In [9]: C_TB2006=0.0268          #20附息国债06的票面利率
   ...: m_TB2006=2               #20附息国债06每年支付票息的频次
   ...: y_TB2006=0.02634         #20附息国债06的贴现利率
   ...: T_TB2006=10              #20附息国债06的期限

In [10]: Tlist_TB2006=np.arange(1,m_TB2006*T_TB2006+1)/m_TB2006  #定价日至每期票息支付日的期限数组
   ...: Tlist_TB2006              #查看输出的结果
Out[10]:
array([ 0.5,  1. ,  1.5,  2. ,  2.5,  3. ,  3.5,  4. ,  4.5,  5. ,  5.5,
        6. ,  6.5,  7. ,  7.5,  8. ,  8.5,  9. ,  9.5, 10. ])

In [11]: value_TB2006=Bondprice_onediscount(C=C_TB2006,M=par,m=m_TB2006,y=y_TB2006, t=Tlist_TB2006)    #计算债券价格
   ...: print('2020年5月21日20附息国债06的价格',round(value_TB2006,4))
2020年5月21日20附息国债06的价格 100.2496
```

以上输出的结果与前面手动计算的结果也是完全一致的。

7.2.3 债券到期收益率

在前面讨论的式（7-1）和式（7-2）中，贴现利率y其实就是连续复利的债券到期收益率。

到期收益率（Yield to Maturity，YTM），也称**债券收益率**（bond yield），是指将该收益率用于对债券的全部现金流贴现时，所得到的数值结果恰好等于债券市场价格。通常而言，债券市场价格是可以观察到的，所以投资者需要通过观察到的债券市场价格反推出债券的到期收益率。

对于零息债券而言，计算到期收益率比较简单，直接在式（7-1）的两边取自然对数并整理后就能得到零息债券的到期收益率，具体如下：

$$y = \frac{1}{T} \ln \frac{M}{B} \tag{7-3}$$

相比之下，计算带票息债券的到期收益率则复杂许多，这里就通过一个案例讨论如何计算带票息债券的到期收益率。

【例7-3】2009年6月10日财政部发行了期限为15年、面值为100元的"09附息国债11"（债券代码为090011），票面利率为3.69%，每半年付息1次。在2020年6月11日该债券的市场价格是104.802元，剩余期限为4年。则剩余期限内有共计8期的票息支付，定价日至第i期票息支付日的期限长度依然可以写成$t_i = 0.5i$，其中$i = 1,2,\cdots,8$。根据式（7-2），可以得到如下的等式：

$$100 \times \left(\frac{3.69\%}{2} \sum_{i=1}^{8} e^{-y \times 0.5i} + e^{-4y} \right) = 104.802$$

但是通过这个等式求解 y 不是一件容易的事情，通常需要运用迭代的方式计算。而运用 Python 可以很方便地得到结果，需要运用在 5.1.3 节所介绍的 SciPy 子模块 optimize 中的 fsolve 函数，具体的计算过程分为 3 个步骤。

第 1 步：通过 Python 自定义一个计算债券到期收益率（连续复利）的函数。具体的代码如下：

```
In [12]: def YTM(P,C,M,m,t):
    ...:     '''定义一个计算债券到期收益率的函数
    ...:     P: 代表观察到的债券市场价格。
    ...:     C: 代表债券的票面利率。
    ...:     M: 代表债券的本金。
    ...:     m: 代表债券票息每年支付的频次。
    ...:     t: 代表定价日至后续每一期票息支付日的期限长度，用数组格式输入；零息债券可直接输入数字'''
    ...:     import scipy.optimize as so              #导入 SciPy 的子模块 optimize
    ...:     def f(y):                                 #需要再自定义一个函数
    ...:         coupon=np.ones_like(t)*M*C/m         #创建每一期票息金额的数组
    ...:         NPV_coupon=np.sum(coupon*np.exp(-y*t)) #计算每一期票息在定价日的现值之和
    ...:         NPV_par=M*np.exp(-y*t[-1])           #计算本金在定价日的现值
    ...:         value=NPV_coupon+NPV_par             #定价日的债券现金流现值之和
    ...:         return value-P                       #债券现金流现值之和减去债券市场价格
    ...:     if C==0:                                  #针对零息债券
    ...:         y=(np.log(M/P))/t                    #计算零息债券的到期收益率
    ...:     else:                                     #针对带息债券
    ...:         y=so.fsolve(func=f,x0=0.1)           #第 2 个参数是任意输入的初始值
    ...:     return y
```

在以上自定义的函数 YTM 中，输入债券市场价格、票面利率、本金、票息支付频次以及每期票息支付的期限等参数，就可以便捷地计算得到债券的到期收益率。

第 2 步：运用第 1 步中自定义的计算债券到期收益率（连续复利）的函数 YTM，求解出例 7-3 的到期收益率。具体的代码如下：

```
In [13]: P_TB0911=104.802                    #09 附息国债 11 的市场价格
    ...: C_TB0911=0.0369                     #09 附息国债 11 的票面利率
    ...: m_TB0911=2                          #09 附息国债 11 票息支付的频次
    ...: T_TB0911=4                          #09 附息国债 11 的剩余期限

In [14]: Tlist_TB0911=np.arange(1,m_TB0911*T_TB0911+1)/m_TB0911  #定价日至每期票息支付日的期限数组

In [15]: Bond_yield=YTM(P=P_TB0911,C=C_TB0911,M=par,m=m_TB0911,t=Tlist_TB0911)   #计算到期收益率（数组格式）
    ...: Bond_yield=float(Bond_yield)        #转换为单一的浮点型
    ...: print('2020 年 6 月 11 日 09 附息国债 11 的到期收益率',round(Bond_yield,6))
2020 年 6 月 11 日 09 附息国债 11 的到期收益率 0.024086
```

通过以上的计算，最终得到了 2020 年 6 月 11 日 "09 附息国债 11" 的到期收益率等于 2.4086%。

第 3 步：对计算结果进行验证，也就是运用第 2 步计算得到的债券到期收益率并结合 7.2.2 节的自定义函数 Bondprice_onediscount，计算 "09 附息国债 11" 的债券价格。具体的代码如下：

```
In [16]: price=Bondprice_onediscount(C=C_TB0911,M=par,m=m_TB0911,y=Bond_yield, t=Tlist_TB0911) #计算债券价格
    ...: print('09 附息国债 11 的债券价格（用于验证）',round(price,4))
09 附息国债 11 的债券价格（用于验证） 104.802
```

以上输出的数值结果 104.802 与在债券市场观察到的 2020 年 6 月 11 日 "09 附息国债 11" 的债券价格完全吻合，这就充分验证了第 2 步计算结果的正确性。

7.2.4 基于不同期限贴现率的债券定价

前面的讨论其实都在假定用一个贴现利率对不同期限的现金流进行贴现，这样的处理虽然简单、易懂，但是忽视了一个很重要的因素——利率的**期限结构**，也就是利率与期限存在一定关联性。在正常的市场条件下，期限越长，利率往往会越高。因此，如果针对不同期限的现金流运用不同的零息利率作为贴现率进行贴现，则债券的定价将更加精确，这就需要对 7.2.2 节所讨论的债券定价模型做出必要的修正。

定价模型之一：零息债券的定价模型（基于不同期限贴现率）。

假定 B 代表债券价格，M 代表债券本金，T 代表债券期限或剩余期限（用年表示），y_T 代表期限为 T 年的贴现利率（连续复利）。基于不同期限贴现率的零息债券定价公式如下：

$$B = Me^{-y_T T} \tag{7-4}$$

定价模型之二：带票息债券的定价模型（基于不同期限贴现率）。

假定债券的票息是每年支付 m 次（$m \geq 1$），C 代表票面利率，B 代表债券价格，M 代表债券本金，y_i 代表对应不同期限 t_i 的贴现利率并且是连续复利，期限 t_i 是定价日至第 i 期票息支付日的期限长度，并且依然是 $i = 1, 2, \cdots, N$。基于不同期限贴现率的带票息债券定价公式如下：

$$B = \left(\frac{C}{m}\sum_{i=1}^{N} e^{-y_i t_i} + e^{-y_N t_N}\right)M \tag{7-5}$$

下面，通过 Python 自定义一个基于不同期限贴现利率计算债券价格的函数，具体的代码如下：

```
In [17]: def Bondprice_diffdiscount(C,M,m,y,t):
    ...:     '''定义一个基于不同期限贴现利率计算债券价格的函数
    ...:     C: 代表债券的票面利率，如果输入0则表示零息债券。
    ...:     M: 代表债券的本金。
    ...:     m: 代表债券票息每年支付的频次。
    ...:     y: 代表不同期限的贴现利率，用数组格式输入；零息债券可直接输入数字。
    ...:     t: 代表定价日至后每一期票息支付日的期限长度，用数组格式输入；零息债券可直接输入数字'''
    ...:     if C==0:                                        #针对零息债券
    ...:         price=np.exp(-y*t)*M                        #计算零息债券的价格
    ...:     else:                                           #针对带票息债券
    ...:         coupon=np.ones_like(y)*M*C/m                #创建每一期票息金额的数组
    ...:         NPV_coupon=np.sum(coupon*np.exp(-y*t))      #计算每一期票息在定价日的现值之和
    ...:         NPV_par=M*np.exp(-y[-1]*t[-1])              #计算本金在定价日的现值
    ...:         price=NPV_coupon+NPV_par                    #计算定价日的债券价格
    ...:     return price
```

在以上自定义的函数 Bondprice_diffdiscount 中，输入债券票面利率、本金、票息支付频次、不同期限的贴现利率以及期限等参数，就可以方便地计算得到债券价格。

需要注意的是，对于债券定价公式［式（7-5）］，最核心的变量就是不同期限的贴现利率 y_i，并且通常对应于不同期限的零息利率。可随之而来的问题是，这些利率并不能直接在金融市场上观察到，相应的解决方案就是运用债券的市场价格推算出不同期限的零息利率。

7.2.5 通过票息剥离法计算零息利率

计算零息利率较流行的方法就是**票息剥离法**（bootstrap method），下面通过国债的案例具体讨论这种方法。需要注意的是，在国内债券市场中，期限在 1 年期以内（不含 1 年）的短期国债通常是不带票息的零息债券，1 年期及 1 年期以上的中长期国债则是带票息债券。

1. 一个案例

【例 7-4】假定在 2020 年 6 月 8 日，债券市场上分别有期限为 0.25 年（3 个月）、0.5 年（半年）、1 年、1.5 年和 2 年的 5 只国债，具体债券的票面利率和债券价格见表 7-3。基于这 5 只债券的要素信息并运用票息剥离法计算对应期限的零息利率。

表 7-3　不同期限国债的要素信息

债券	期限/年	票面利率	债券价格/元	本金/元
第 1 只债券	0.25	0	99.5508	100
第 2 只债券	0.5	0	99.0276	100
第 3 只债券	1.0	2.58%（每年付息 1 次）	100.8104	100
第 4 只债券	1.5	3.57%（每年付息 2 次）	102.1440	100
第 5 只债券	2	3.36%（每年付息 2 次）	102.2541	100

由于期限为 0.25 年、0.5 年的国债无票息，因此很容易计算对应于这两只债券期限的零息利率。

第 1 只债券的实质是 99.5508 元的投资在 3 个月后变成 100 元，3 个月期的连续复利利率 R_1 满足等式 $100 = 99.5508e^{R_1 \times 0.25}$，得到 $R_1 = 1.8008\%$。

第 2 只债券的实质是 99.0276 元的投资在 6 个月后变成 100 元，6 个月期的连续复利利率 R_2 满足等式 $100 = 99.0276e^{R_2 \times 0.5}$，得到 $R_2 = 1.9543\%$。

对于第 3 只债券（期限为 1 年的国债），因为有票息，并且该票息将于 1 年后在债券到期日随本金一起支付，因此也比较容易计算对应于债券期限的零息利率。第 3 只债券的实质是 100.8104 元的投资在 1 年后变成 102.58 元（本金和票息），1 年期的连续复利利率 R_3 满足等式 $100(1+2.58\%) = 100.8104e^{R_3}$，得到 $R_3 = 1.7401\%$。

针对第 4 只债券（期限为 1.5 年的国债），计算会稍复杂一些，因为债券有 3.57% 的票面利率，并且票息是每年付息 2 次，这就意味着在第 0.5 年年末和第 1 年年末分别收到 $0.5 \times 3.57\% \times 100 = 1.785$ 元的票息，在第 1.5 年年末债券到期时会收到 $100 \times (1+0.5 \times 3.57\%) = 101.785$ 元的本金和利息。因此，1.5 年期的连续复利利率 R_4 满足等式

$$100 \times \left[0.5 \times 3.57\% e^{-R_2 \times 0.5} + 0.5 \times 3.57\% e^{-R_3} + (1+0.5 \times 3.57\%) e^{-R_4 \times 1.5} \right] = 102.1440$$

其中，前面已经计算得到了 R_2、R_3 的具体金额，所以可以得到 $R_4 = 2.1045\%$。

针对第 5 只债券（期限为 2 年的国债），计算与期限为 1.5 年的国债很类似，因为债券有 3.36% 的票面利率，并且票息是每年付息 2 次，这就意味着在第 0.5 年年末、第 1 年年末和第 1.5 年年末分别收到 $0.5 \times 3.36\% \times 100 = 1.68$ 元的票息，最后在债券到期的第 2 年年末会收到 $100 \times (1+0.5 \times 3.36\%) = 101.68$ 元的本金和利息。因此，2 年期的连续复利利率 R_5 满足等式

$$100\times\left[0.5\times3.36\%\mathrm{e}^{-R_2\times0.5}+0.5\times3.36\%\mathrm{e}^{-R_3}+0.5\times3.36\%\mathrm{e}^{-R_4\times1.5}+(1+0.5\times3.36\%)\mathrm{e}^{-R_5\times2}\right]=102.2541$$

最终可以得到 $R_5=2.1774\%$。

下面，就通过 Python 计算以上 5 只债券的零息利率，具体分为 3 个步骤。

第 1 步：输入相关已知的参数并通过 Python 自定义一个包含联立方程组的函数。具体的代码如下：

```
In [18]: P=np.array([99.5508,99.0276,100.8104,102.1440,102.2541])   #不同期限债券价格
    ...: T=np.array([0.25,0.5,1.0,1.5,2.0])                          #债券的期限结构
    ...: C=np.array([0,0,0.0258,0.0357,0.0336])                      #债券票面利率数组
    ...: m=2                                                          #第 4 只和第 5 只债券的付息频次

In [19]: def f(R):                                                   #通过自定义函数求解零息利率
    ...:     from numpy import exp                                   #从 NumPy 中导入 exp 函数
    ...:     R1,R2,R3,R4,R5=R                                        #不同期限的零息利率
    ...:     B1=P[0]*exp(R1*T[0])-par                                #用第 1 只债券计算零息利率的公式
    ...:     B2=P[1]*exp(R2*T[1])-par                                #用第 2 只债券计算零息利率的公式
    ...:     B3=P[2]*exp(R3*T[2])-par*(1+C[2])                       #用第 3 只债券计算零息利率的公式
    ...:     B4=par*(C[3]*exp(-R2*T[1])/m+C[3]*exp(-R3*T[2])/m+(1+C[3]/m)*exp(-R4*T[3])) -P[3]   #用第 4 只债券计算零息利率的公式
    ...:     B5=par*(C[-1]*exp(-R2*T[1])/m+C[-1]*exp(-R3*T[2])/m+C[-1]*exp(-C[3]*T[3])/m+(1+C[-1]/m)*exp(-R5*T[-1]))-P[-1]    #用第 5 只债券计算零息利率的公式
    ...:     return np.array([B1,B2,B3,B4,B5])
```

第 2 步：运用 SciPy 的子模块 optimize 中的函数 fsolve，求解第 1 步中的联立方程组。具体的代码如下：

```
In [20]: import scipy.optimize as so                                 #导入 SciPy 的子模块 optimize

In [21]: r0=[0.1,0.1,0.1,0.1,0.1]                                    #初始猜测的零息利率

In [22]: rates=so.fsolve(func=f,x0=r0)                               #计算不同期限的零息利率

In [23]: print('0.25 年期的零息利率（连续复利）', round(rates[0],6))
    ...: print('0.5 年期的零息利率（连续复利）', round(rates[1],6))
    ...: print('1 年期的零息利率（连续复利）', round(rates[2],6))
    ...: print('1.5 年期的零息利率（连续复利）', round(rates[3],6))
    ...: print('2 年期的零息利率（连续复利）', round(rates[4],6))
0.25 年期的零息利率（连续复利） 0.018008
0.5 年期的零息利率（连续复利） 0.019543
1 年期的零息利率（连续复利） 0.017401
1.5 年期的零息利率（连续复利） 0.021045
2 年期的零息利率（连续复利） 0.021774
```

第 3 步：对计算得到的零息利率进行可视化（见图 7-3）。具体的代码如下：

```
In [24]: plt.figure(figsize=(9,6))
    ...: plt.plot(T,rates,'b-')
    ...: plt.plot(T,rates,'ro')
    ...: plt.xlabel(u'期限（年）', fontsize=13)
    ...: plt.xticks(fontsize=13)
    ...: plt.ylabel(u'利率',fontsize=13)
    ...: plt.yticks(fontsize=13)
    ...: plt.title(u'运用票息剥离法得到的零息曲线',fontsize=13)
    ...: plt.grid()
    ...: plt.show()
```

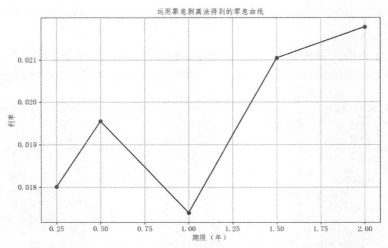

图 7-3 运用票息剥离法得到的零息曲线

图 7-3 中的点就是通过票息剥离法并结合市场上的国债交易价格推算得到的零息利率,将这些点用直线连接起来所形成的曲线就称为**零息曲线**或**零息收益率曲线**。

2. 插值处理

当解决了一个问题以后,另一个问题却又接踵而来。从图 7-3 中不难发现,对应于期限 0.75 年、1.25 年和 1.75 年的零息利率是缺失的,当债券市场上缺少恰好等于这些期限的债券时,通常的替代做法就是基于已有的零息利率数据进行插值处理。Python 可以非常方便地进行插值处理,具体需要运用到在 5.1.2 节介绍的 SciPy 子模块 interpolate 中的 interp1d 函数。

【例 7-5】沿用例 7-4 中计算得到的 2020 年 6 月 8 日的零息利率,运用 3 阶样条曲线插值法计算期限为 0.75 年、1.25 年和 1.75 年的零息利率,并且绘制相应的零息曲线。具体分两个步骤展开。

第 1 步:选择插值的具体方法并且进行相应的计算。具体的代码如下:

```
In [25]: import scipy.interpolate as si          #导入 SciPy 的子模块 interpolate

In [26]: func=si.interp1d(x=T,y=rates,kind="cubic")   #运用已有数据构建插值函数并且运用 3 阶样条曲线插值法

In [27]: T_new=np.array([0.25,0.5,0.75,1.0,1.25,1.5,1.75,2.0])  #创建包含 0.75 年、1.25 年和 1.75 年期限的数组

In [28]: rates_new=func(T_new)                    #计算基于插值法的零息利率

In [29]: for i in range(len(T_new)):              #运用 for 语句快速输出相关结果
   ...:     print(T_new[i],'年期限的零息利率',round(rates_new[i],6))
0.25 年期限的零息利率 0.018008
0.5 年期限的零息利率 0.019543
0.75 年期限的零息利率 0.018389
1.0 年期限的零息利率 0.017401
1.25 年期限的零息利率 0.018649
1.5 年期限的零息利率 0.021045
1.75 年期限的零息利率 0.022712
2.0 年期限的零息利率 0.021774
```

通过插值法，就得到了期限为 0.75 年、1.25 年以及 1.75 年的零息利率分别是 1.8389%、1.8649% 以及 2.2712%。

第 2 步：对计算得到的结果进行可视化（见图 7-4）。具体的代码如下：

```
In [30]: plt.figure(figsize=(9,6))
   ...: plt.plot(T_new,rates_new,'o')
   ...: plt.plot(T_new,rates_new,'-')
   ...: plt.xlabel(u'期限（年）',fontsize=13)
   ...: plt.xticks(fontsize=13)
   ...: plt.ylabel(u'利率',fontsize=13)
   ...: plt.yticks(fontsize=13)
   ...: plt.title(u'基于3阶样条曲线插值方法得到的零息曲线',fontsize=13)
   ...: plt.grid()
   ...: plt.show()
```

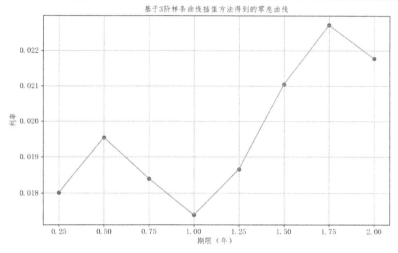

图 7-4　基于 3 阶样条曲线插值法得到的零息曲线

图 7-4 就是基于 3 阶样条曲线插值法得到的零息曲线，与前面的图 7-3 相比，图 7-4 的零息曲线显得更加丰富和饱满，并且可以更好地运用于债券定价。

7.2.6　运用零息利率对债券定价

结合前面的讲解，直接通过一个案例具体演示如何运用不同期限的零息利率作为贴现利率，并基于不同期限贴现率的债券定价模型计算债券价格。

【例 7-6】假定在 2020 年 6 月 8 日，国内债券市场有一只债券，本金为 100 元，票面利率为 3.6%，每年支付票息 4 次，也就是每季度支付的票息是 $100 \times 3.6\%/4 = 0.9$ 元，剩余期限为 2 年，运用例 7-5 中计算得到的零息利率（见表 7-4）对该债券进行定价。

表 7-4　2020 年 6 月 8 日国内债券市场连续复利的零息利率

期限/年	零息利率
0.25	1.8008%
0.5	1.9543%

续表

期限/年	零息利率
0.75	1.8389%
1.0	1.7401%
1.25	1.8649%
1.5	2.1045%
1.75	2.2712%
2.0	2.1774%

根据表 7-4 的信息，计算第 0.25 年末支付票息的现值，就运用第 0.25 年期的零息利率 1.8008% 进行贴现；计算第 0.5 年末支付票息的现值，就运用第 0.5 年期的零息利率 1.9543% 进行贴现，以此类推。因此，根据 7.2.4 节讨论的式（7-5），债券的价格计算如下：

$$0.9e^{-1.8008\%\times0.25} + 0.9e^{-1.9543\%\times0.5} + 0.9e^{-1.8389\%\times0.75} + 0.9e^{-1.7401\%\times1} + 0.9e^{-1.8649\%\times1.25}$$
$$+ 0.9e^{-2.1045\%\times1.5} + 0.9e^{-2.2712\%\times1.75} + (100+0.9)e^{-2.1774\%\times2} = 102.7758 （元）$$

下面，运用 7.2.4 节的自定义函数 Bondprice_diffdiscount 直接计算该债券的价格，具体的代码如下：

```
In [31]: C_new=0.036                          #债券的票面利率
    ...: m_new=4                              #债券票息支付频次

In [32]: price_new=Bondprice_diffdiscount(C=C_new,M=par,m=m_new,y=rates_new,t=T_new)   #计算债券价格
    ...: print('基于不同期限的贴现利率计算债券价格',round(price_new,4))
基于不同期限的贴现利率计算债券价格 102.7758
```

通过 Python 计算得出的结果与手动计算的结果也是完全吻合的。

7.3 衡量债券利率风险的线性指标——久期

根据以上的分析，不难得出这样一个结论：在不考虑发债主体偿还能力的前提下，债券面临的最大风险就是利率风险。那么，哪些因素会影响到债券的利率风险呢？对此，在 1938 年，美国经济学家弗雷德里克·麦考利（Frederick Macaulay）研究发现，除了债券的剩余期限以外，债券的票面利率、票息支付频次、市场利率等因素都会影响到债券的利率风险，将这些因素综合在一起，麦考利提出了衡量债券利率风险的线性指标——久期。久期（duration），简而言之就是债券持有人收到债券所有现金流（票息和本金）需要等待的平均时间。同时，久期可以分为麦考利久期[1]、修正久期和美元久期。

7.3.1 麦考利久期

1. 数学表达式与 Python 自定义函数

首先讨论麦考利久期的数学表达式。假定初始 0 时刻代表债券的定价日，债券在 t_i 时刻提供给债券持有人的现金流用 c_i 表示，其中 $i=1,2,\cdots,N$。注意，对于带票息债券，最后一期的现金流包

---

[1] 国内的一些书籍也有将 Macaulay 译为"麦考林"，因此也就相应称为"麦考林久期"。

括票息和本金，其他各期的现金流仅包括票息。债券价格 B 与连续复利的到期收益率 y 之间的表达式如下：

$$B = \sum_{i=1}^{N} c_i e^{-yt_i} \tag{7-6}$$

式（7-6）就意味着债券价格等于所有将来支付的现金流现值之和。

接着，将债券价格 B 的倒数乘债券价格对到期收益率 y 的一阶导数，加入负号并利用式（7-6）就可以得到**麦考利久期** D 的表达式如下：

$$D = -\frac{1}{B}\frac{dB}{dy} = \frac{\sum_{i=1}^{N} t_i c_i e^{-yt_i}}{B} = \sum_{i=1}^{N} t_i \left(\frac{c_i e^{-yt_i}}{B}\right) \tag{7-7}$$

其中，$c_i e^{-yt_i}/B$ 这一项表示在 t_i 时刻债券支付的现金流现值与债券价格的比率，在计算麦考利久期时，该比率就是时刻 t_i 的权重。注意，在定义麦考利久期时，运用的贴现率是债券到期收益率 y。

根据式（7-7），可以得到麦考利久期的一些重要结论（在其他条件相同的情况下）：（1）当债券的期限拉长时，麦考利久期会增加，这一点是比较容易理解的；（2）当票面利率下降时，麦考利久期也会增加。对此就以两只典型债券作为例子加以说明：第 1 只债券是 T 年期零息债券，该债券的麦考利久期就等于债券期限 T；第 2 只债券是 T 年期带票息债券，该债券的麦考利久期显然是小于 T 的。

接着，用 Python 自定义一个计算债券麦考利久期的函数，具体的代码如下：

```
In [33]: def Mac_Duration(C,M,m,y,t):
    ...:     '''定义一个计算债券麦考利久期的函数
    ...:     C: 代表债券的票面利率。
    ...:     M: 代表债券的面值。
    ...:     m: 代表债券票息每年支付的频次。
    ...:     y: 代表债券的到期收益率（连续复利）。
    ...:     t: 代表定价日至后续每一期现金流支付日的期限长度，用数组格式输入；零息债券可直接输入数字'''
    ...:     if C==0:                                                #针对零息债券
    ...:         duration=t                                          #计算零息债券的麦考利久期
    ...:     else:                                                   #针对带票息债券
    ...:         coupon=np.ones_like(t)*M*C/m                        #创建每一期票息金额的数组
    ...:         NPV_coupon=np.sum(coupon*np.exp(-y*t))              #计算每一期票息在定价日的现值之和
    ...:         NPV_par=M*np.exp(-y*t[-1])                          #计算本金在定价日的现值
    ...:         Bond_value=NPV_coupon+NPV_par                       #计算定价日的债券价格
    ...:         cashflow=coupon                                     #现金流数组并初始设定等于票息
    ...:         cashflow[-1]=M*(1+C/m)                              #现金流数组最后的元素调整为票息与本金之和
    ...:         weight=cashflow*np.exp(-y*t)/Bond_value             #计算时间的权重
    ...:         duration=np.sum(t*weight)                           #计算带票息债券的麦考利久期
    ...:     return duration
```

在以上自定义的函数 Mac_Duration 中，输入债券的票面利率、面值、票息支付频次、到期收益率以及现金流支付期限等参数，就可以非常便捷地计算得到债券的麦考利久期。下面，通过一个国债的案例进行演示。

2. 一个案例

【例 7-7】在 2020 年 6 月 12 日，"09 附息国债 11"的剩余期限为 4 年，到期日是 2024 年 6 月 11 日，面值为 100 元，票面利率为 3.69%，票息是每年支付 2 次（半年 1 次），到期收益率为 2.4%（连续复利）。利用式（7-7），计算该债券的麦考利久期。

表 7-5 列出了"09 附息国债 11"麦考利久期的计算过程。

表 7-5 "09 附息国债 11" 麦考利久期的计算过程

期限/年	现金流/元	现金流现值/元	权重	期限×权重（经四舍五入）
0.5	1.845	$1.845e^{-0.5\times2.4\%}=1.8230$	$\dfrac{1.8230}{104.8358}=1.7389\%$	0.0087
1.0	1.845	$1.845e^{-1.0\times2.4\%}=1.8012$	$\dfrac{1.8012}{104.8358}=1.7182\%$	0.0172
1.5	1.845	$1.845e^{-1.5\times2.4\%}=1.7798$	$\dfrac{1.7798}{104.8358}=1.6977\%$	0.0255
2.0	1.845	$1.845e^{-2.0\times2.4\%}=1.7585$	$\dfrac{1.7585}{104.8358}=1.6774\%$	0.0335
2.5	1.845	$1.845e^{-2.5\times2.4\%}=1.7376$	$\dfrac{1.7376}{104.8358}=1.6574\%$	0.0414
3.0	1.845	$1.845e^{-3.0\times2.4\%}=1.7168$	$\dfrac{1.7168}{104.8358}=1.6376\%$	0.0491
3.5	1.845	$1.845e^{-3.5\times2.4\%}=1.6964$	$\dfrac{1.6964}{104.8358}=1.6181\%$	0.0566
4.0	101.845	$101.845e^{-4.0\times2.4\%}=92.5225$	$\dfrac{92.5225}{104.8358}=88.2547\%$	3.5302
合计		104.8358（债券价格）	100%	3.7623

根据表 7-5，可以得到 2020 年 6 月 12 日 "09 附息国债 11" 的债券价格等于 104.8358 元，麦考利久期是 3.7623。

下面，运用 Python 自定义函数 Mac_Duration 计算该债券的麦考利久期，具体的代码如下：

```
In [34]: C_TB0911=0.0369          #09附息国债11的票面利率
   ...: m_TB0911=2                #09附息国债11的票息支付频次
   ...: y_TB0911=0.024            #09附息国债11的到期收益率
   ...: T_TB0911=4                #09附息国债11的剩余期限（年）

In [35]: Tlist_TB0911=np.arange(1,m_TB0911*T_TB0911+1)/m_TB0911  #09附息国债11现金流支付期限数组
   ...: Tlist_TB0911              #查看输出结果
Out[35]: array([0.5, 1. , 1.5, 2. , 2.5, 3. , 3.5, 4. ])

In [36]: D1_TB0911=Mac_Duration(C=C_TB0911,M=par,m=m_TB0911,y=y_TB0911, t=Tlist_TB0911)
#计算麦考利久期
   ...: print('2020年6月12日09附息国债11的麦考利久期',round(D1_TB0911,4))
2020年6月12日09附息国债11的麦考利久期 3.7623
```

运用 Python 输出的麦考利久期数值与表 7-5 的计算结果是完全一致的。

3. 麦考利久期的其他重要公式

如果债券到期收益率 y 存在微小的变化 Δy，利用数学的泰勒展开式[1]，并结合式（7-7），可以

---

[1] 泰勒展开式在金融产品定价中有着极其广泛的运用。若函数 $f(x)$ 在 $x=x_0$ 处具有 n 阶导数，则泰勒展开式如下：

$$f(x) = f(x_0) + \frac{f'(x_0)}{1!}(x-x_0) + \frac{f''(x_0)}{2!}(x-x_0)^2 + \cdots + \frac{f^{(n)}(x_0)}{n!}(x-x_0)^n$$

其中，$f'(x_0)$ 代表 1 阶导数，$f''(x_0)$ 代表 2 阶导数，$f^{(n)}(x_0)$ 代表 n 阶导数。

得到如下的近似等式：

$$\Delta B \approx \frac{\mathrm{d}B}{\mathrm{d}y}\Delta y = -BD\Delta y \qquad (7\text{-}8)$$

注意，由于 Δy 非常小，因此可以忽略泰勒展开式中的 2 阶及更高阶项。此外，式（7-8）的中 ΔB 表示债券价格的变化，$\frac{\mathrm{d}B}{\mathrm{d}y}$ 代表债券价格 B 对到期收益率 y 的一阶导数并且等于 $-BD$，其他参数的含义与式（7-7）一致。

式（7-8）的含义是，当债券到期收益率发生微小变化时，债券价格变化金额近似等于到期收益率变化前的债券价格与麦考利久期以及到期收益率变化金额的乘积。

如果式（7-8）的两边同时除债券价格 B，则有如下近似等式：

$$\Delta B / B \approx -D\Delta y \qquad (7\text{-}9)$$

式（7-9）的含义就是，当债券到期收益率出现微小变化 Δy 时，债券价格的百分比变化 $\Delta B / B$ 近似等于麦考利久期与到期收益率变化金额的乘积。

下面，就通过一个国债市场的案例验证式（7-8）的精确性。

【例 7-8】沿用前面例 7-7 中讨论的"09 附息国债 11"的债券信息，假定 2020 年 6 月 12 日的债券到期收益率（连续复利）从 2.4%增加至 2.45%，也就是上升 5 个基点（$\Delta y = 0.05\%$），分别运用麦考利久期和债券定价公式两种方法计算债券价格的变化金额。

方法 1：运用麦考利久期计算。结合式（7-8）以及表 7-5 可以得到债券价格变化金额的近似结果如下：

$$\Delta B = -104.8358 \times 3.7623 \times 0.05\% = -0.1972 \text{（元）}$$

这就意味着债券价格将从原来的 104.8358 元下降到 $104.8358 - 0.1972 = 104.6386$（元）。

针对方法 1，运用 Python 进行验算，并且需要运用到在 7.2.2 节通过 Python 自定义的基于单一贴现率计算债券价格的函数 Bondprice_onediscount，具体的代码如下：

```
In [37]: price_before=Bondprice_onediscount(C=C_TB0911,M=par,m=m_TB0911,y=y_TB0911, t=Tlist_TB0911)    #计算到期收益率变化前的债券价格
    ...: print('2020年6月12日到期收益率变化前的09附息国债11价格',round(price_before,4))
2020年6月12日到期收益率变化前的09附息国债11价格  104.8358

In [38]: y_change=0.0005                    #债券到期收益率变化金额（在例7-10也会运用到）

In [39]: price_change1=-D1_TB0911*price_before*y_change    #用麦考利久期计算债券价格变化金额
    ...: print('用麦考利久期计算09附息国债11的价格变化金额',round(price_change1,4))
用麦考利久期计算09附息国债11的价格变化金额  -0.1972

In [40]: price_new1=price_before+price_change1    #用麦考利久期近似计算到期收益率变化后的债券价格
    ...: print('用麦考利久期近似计算到期收益率变化后的09附息国债11价格',round(price_new1,4))
用麦考利久期近似计算到期收益率变化后的09附息国债11价格  104.6386
```

方法 2：运用债券定价公式，即式（7-2），计算精确的债券价格。对此，直接借助 Python 并且依然运用自定义函数 Bondprice_onediscount，具体的代码如下：

```
In [41]: price_new2=Bondprice_onediscount(C=C_TB0911,M=par,m=m_TB0911, y=y_TB0911+y_change, t=Tlist_TB0911)    #精确计算到期收益率变化后的债券价格
    ...: print('精确计算2020年6月12日到期收益率变化后的09附息国债11价格', round(price_new2,4))
精确计算2020年6月12日到期收益率变化后的09附息国债11价格  104.6388
```

通过债券定价公式可以得到,当债券到期收益率上升5个基点时,最新的债券价格是104.6388元,这一结果与运用麦考利久期的重要关系式(7-8)计算得到的结果是非常接近的,两者仅相差0.0002元。

4. 票面利率、到期收益率与麦考利久期之间的关系

下面,考察票面利率、到期收益率如何影响债券的麦考利久期。为了能够更形象地说明这个问题,通过一个案例进行讲解。

【例7-9】沿用前面例7-7的"09附息国债11"债券信息,并且分为以下两种情形进行考察。

情形1:当09附息国债11的票面利率是在[2%,6%]区间进行等差取值,同时保持其他参数不变时,计算不同票面利率对应的麦考利久期,并且将票面利率与麦考利久期的关系可视化。

情形2:当09附息国债11的到期收益率是在[1%,5%]区间进行等差取值,同时保持其他参数不变时,计算不同到期收益率对应的麦考利久期,并且将到期收益率与麦考利久期的关系可视化。

下面,直接运用Python进行编程,具体分为两个步骤。

第1步:依次计算不同票面利率、不同到期收益率对应的麦考利久期。具体的代码如下:

```
In [42]: C_list=np.linspace(0.02,0.06,200)       #票面利率在[2%, 6%]区间进行等差取值
   ...: y_list=np.linspace(0.01,0.05,200)        #到期收益率在[1%, 5%]区间进行等差取值

In [43]: D_list1=np.ones_like(C_list)            #创建存放对应不同票面利率的麦考利久期初始数组
   ...: D_list2=np.ones_like(y_list)             #创建存放对应不同到期收益率的麦考利久期初始数组

In [44]: for i in range(len(C_list)):            #用for语句计算对应不同票面利率的麦考利久期
   ...:     D_list1[i]=Mac_Duration(C=C_list[i],M=par,m=m_TB0911,y=y_TB0911,t=Tlist_TB0911)

In [45]: for i in range(len(y_list)):            #用for语句计算对应不同到期收益率的麦考利久期
   ...:     D_list2[i]=Mac_Duration(C=C_TB0911,M=par,m=m_TB0911,y=y_list[i],t=Tlist_TB0911)
```

第2步:将票面利率、到期收益率与麦考利久期的关系进行可视化并且用1×2子图模式展示(见图7-5)。具体的代码如下:

```
In [46]: plt.figure(figsize=(11,6))
   ...: plt.subplot(1,2,1)                       #第1行第1列的子图
   ...: plt.plot(C_list,D_list1,'r-',lw=2.5)
   ...: plt.xticks(fontsize=13)
   ...: plt.xlabel(u'票面利率',fontsize=13)
   ...: plt.yticks(fontsize=13)
   ...: plt.ylabel(u'麦考利久期',fontsize=13)
   ...: plt.title(u'票面利率与麦考利久期的关系图', fontsize=14)
   ...: plt.grid()
   ...: plt.subplot(1,2,2,sharey=plt.subplot(1,2,1))   #与第1个子图的y轴同刻度
   ...: plt.plot(y_list,D_list2,'b-',lw=2.5)
   ...: plt.xticks(fontsize=13)
   ...: plt.xlabel(u'到期收益率',fontsize=13)
   ...: plt.yticks(fontsize=13)
   ...: plt.title(u'到期收益率与麦考利久期的关系图', fontsize=14)
   ...: plt.grid()
   ...: plt.show()
```

从图7-5可以清楚地看到,无论是票面利率还是到期收益率,均与麦考利久期呈现反向关系;此外,相比到期收益率,麦考利久期对票面利率显得更加敏感。

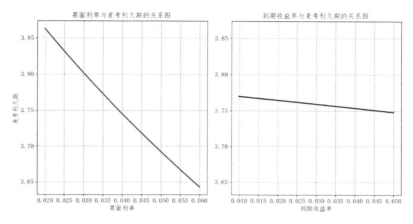

图 7-5　票面利率、到期收益率与麦考利久期的关系图

7.3.2　修正久期

1. 数学表达式与 Python 自定义函数

在前面探讨麦考利久期的时候，一个很重要的前提条件是债券的到期收益率 y 是连续复利。而在本节的讨论中，将首先对到期收益率的复利频次做一些调整。

假定债券到期收益率 y 是每年复利 1 次，式（7-8）就变为：

$$\Delta B \approx -\frac{BD\Delta y}{1+y} \quad (7\text{-}10)$$

与式（7-8）相比，式（7-10）中多了一个分母 $1+y$。

进一步而言，如果债券到期收益率 y 是每年复利 m 次，式（7-10）就变为：

$$\Delta B \approx -\frac{BD\Delta y}{1+y/m} \quad (7\text{-}11)$$

如果债券到期收益率 y 是连续复利，也就是复利频次 m 趋于正无穷大，式（7-11）就退化为式（7-8）。

下面，定义一个新变量 D^*，该变量的表达式如下：

$$D^* = \frac{D}{1+y/m} \quad (7\text{-}12)$$

其中，D 就是麦考利久期，y 代表每年复利 m 次的债券到期收益率，新变量 D^* 就被称为债券的**修正久期**（modified duration）。

结合式（7-11）和式（7-12），就得到如下的近似关系式：

$$\Delta B \approx -BD^*\Delta y \quad (7\text{-}13)$$

此外，需要注意的是，式（7-12）中的债券到期收益率 y 是每年复利 m 次的收益率，但是计算麦考利久期时的债券到期收益率则是连续复利。因此，就需要运用 6.3.2 节提到的每年复利 m 次利率与连续复利利率之间的等价关系式（6-4），如下：

$$R_c = m \times \ln\left(1 + \frac{R_m}{m}\right)$$

一般而言，计算修正久期用到的债券到期收益率复利频次与该债券票息每年支付的频次是保持一致的。

接着，运用 Python 自定义一个计算债券修正久期的函数，需要运用 7.3.1 节计算债券麦考利久期的自定义函数 Mac_Duration 的相关代码。具体的代码如下：

```
In [47]: def Mod_Duration(C,M,m1,m2,y,t):
    ...:     '''定义一个计算债券修正久期的函数
    ...:     C: 代表债券的票面利率。
    ...:     M: 代表债券的面值。
    ...:     m1: 代表债券票息每年支付的频次。
    ...:     m2: 代表债券到期收益率每年复利频次，通常 m2 等于 m1。
    ...:     y: 代表每年复利 m2 次的到期收益率。
    ...:     t: 代表定价日至后续每一期现金流支付日的期限长度，用数组格式输入；零息债券可直接输入数字'''
    ...:     if C==0:                                          #针对零息债券
    ...:         Macaulay_duration=t                           #计算零息债券的麦考利久期
    ...:     else:                                             #针对带票息债券
    ...:         r=m2*np.log(1+y/m2)                           #计算等价的连续复利到期收益率
    ...:         coupon=np.ones_like(t)*M*C/m1                 #创建每一期票息金额的数组
    ...:         NPV_coupon=np.sum(coupon*np.exp(-r*t))        #计算每一期票息在定价日的现值之和
    ...:         NPV_par=M*np.exp(-r*t[-1])                    #计算本金在定价日的现值
    ...:         price=NPV_coupon+NPV_par                      #计算定价日的债券价格
    ...:         cashflow=coupon                               #先将现金流设定等于票息
    ...:         cashflow[-1]=M*(1+C/m1)                       #数组最后的元素等于票息与本金之和
    ...:         weight=cashflow*np.exp(-r*t)/price            #计算时间的权重
    ...:         Macaulay_duration=np.sum(t*weight)            #计算带票息债券的麦考利久期
    ...:     Modified_duration=Macaulay_duration/(1+y/m2)      #计算债券的修正久期
    ...:     return Modified_duration
```

在以上自定义的函数 Mod_Duration 中，输入债券的票面利率、面值、票息支付频次、到期收益率及其复利频次、现金流支付期限等参数，就可以非常便捷地计算得到债券的修正久期。下面，通过一个国债市场的案例进行演示。

2. 一个案例

【例 7-10】沿用前面例 7-7 的 "09 附息国债 11" 债券信息，计算 2020 年 6 月 12 日该债券的修正久期。同时，假定每年复利 2 次的债券到期收益率上升 5 个基点，分别运用债券的修正久期和债券定价公式计算债券的最新价格，具体分为 3 个步骤。

第 1 步，计算债券的修正久期。由于例 7-7 已知的债券到期收益率 2.4% 是连续复利，因此需要运用 6.3.2 节提到的等价关系式（6-4）将连续复利转换为每年复利 2 次，可以得到每年复利 2 次的到期收益率是 2.4145%。同时已经得到麦考利久期是 3.7623，根据式（7-12）就可以得到修正久期，如下：

$$D^* = \frac{3.7623}{1+2.4145\%/2} = 3.7174$$

下面，利用 Python 自定义函数 Mod_Duration 计算债券修正久期，同时需要先运用 6.3.2 节的自定义函数 Rm，将连续复利的到期收益率 2.4% 转换为每年复利 2 次的到期收益率。具体的代码如下：

```
In [48]: def Rm(Rc,m):                                    #6.3.2节的自定义函数
    ...:     '''定义一个已知复利频次和连续复利利率,计算等价的复利利率的函数
    ...:     Rc: 代表连续复利利率。
    ...:     m: 代表复利频次'''
    ...:     r=m*(np.exp(Rc/m)-1)                         #计算等价的复利频次为m的利率
    ...:     return r

In [49]: y1_TB0911=Rm(Rc=y_TB0911,m=m_TB0911)             #计算等价的每年复利2次的到期收益率
    ...: print('计算09附息国债11每年复利2次的到期收益率',round(y1_TB0911,6))
计算09附息国债11每年复利2次的到期收益率 0.024145

In [50]: D2_TB0911=Mod_Duration(C=C_TB0911,M=par,m1=m_TB0911,m2=m_TB0911, y=y1_TB0911,t=Tlist_TB0911)   #计算修正久期
    ...: print('2020年6月12日09附息国债11的修正久期',round(D2_TB0911,4))
2020年6月12日09附息国债11的修正久期 3.7174
```

第2步,运用式(7-13)计算当每年复利2次的到期收益率上升5个基点,也就是从2.4145%增加至2.4150%时,债券价格的变化金额,如下:

$$\Delta B = -104.8358 \times 3.7174 \times 0.0005 = -0.1949 \text{(元)}$$

因此,债券价格下降至 $104.8358 - 0.1949 = 104.6409$(元)。

下面,利用Python进行验证,具体的代码如下:

```
In [51]: price_change2=-D2_TB0911*price_before*y_change   #用修正久期计算债券价格变化
    ...: print('用修正久期计算09附息国债11价格变化',round(price_change2,4))
用修正久期计算09附息国债11价格变化 -0.1949

In [52]: price_new3=price_before+price_change2            #用修正久期近似计算到期收益率变化后的债券价格
    ...: print('用修正久期近似计算到期收益率变化后的09附息国债11价格',round(price_new3,4))
用修正久期近似计算到期收益率变化后的09附息国债11价格 104.6409
```

第3步,运用债券定价公式计算精确的结果。依然是直接运用7.2.2节的自定义函数Bondprice_onediscount。注意,该函数只有当债券到期收益率是连续复利时才能运用。所以,需要先运用6.3.2节的自定义函数Rc,将每年复利2次的利率转换为连续复利的利率。具体的代码如下:

```
In [53]: def Rc(Rm,m):                                    #6.3.2节的自定义函数
    ...:     '''定义一个已知复利频次和对应的利率,计算等价的连续复利利率的函数
    ...:     Rm: 代表复利频次为m的利率。
    ...:     m: 代表复利频次'''
    ...:     r=m*np.log(1+Rm/m)                           #计算等价的连续复利利率
    ...:     return r

In [54]: yc_TB0911=Rc(Rm=y1_TB0911+y_change,m=m_TB0911) #计算等价的连续复利到期收益率
    ...: print('计算09附息国债11新的连续复利到期收益率',round(yc_TB0911,6))
计算09附息国债11新的连续复利到期收益率 0.024494

In [55]: price_new4=Bondprice_onediscount(C=C_TB0911,M=par,m=m_TB0911,y=yc_TB0911, t=Tlist_TB0911)   #精确计算到期收益率(每年复利2次)变化后的债券价格
    ...: print('精确计算每年复利2次的到期收益率变化后的09附息国债11价格', round(price_new4,4))
精确计算每年复利2次的到期收益率变化后的09附息国债11价格 104.6411
```

根据以上输出的结果,每年复利2次的到期收益率2.4145%在上升5个基点后得到的新的到期收益率是2.4150%,该收益率等价于连续复利到期收益率2.4494%。然后,运用债券定价公式,计算得到最新的精确债券价格是104.6411元,这一结果与运用修正久期的重要关系式(7-13)计算得

到的结果依然十分接近，两者也仅相差 0.0002 元。

7.3.3 美元久期

1. 数学表达式与 Python 自定义函数

美元久期（dollar duration），也称**绝对额久期**，是指债券价格与修正久期的乘积。假定美元久期用 D_s 表示，则具体的数学表达式如下：

$$D_s = BD^* \quad (7\text{-}14)$$

将式（7-14）代入式（7-13）中，就可以得到：

$$\Delta B \approx -D_s \Delta y \quad (7\text{-}15)$$

式（7-15）的含义比较直接，也就是债券到期收益率发生微小变化而导致的债券价格变化的金额，近似等于美元久期与到期收益率变化金额的乘积。

接着，运用 Python 自定义一个计算债券美元久期的函数，需要运用 7.3.2 节计算债券修正久期的自定义函数 Mod_Duration 的相关代码。具体的代码如下：

```
In [56]: def Dollar_Duration(C,M,m1,m2,y,t):
   ...:     '''定义一个计算债券美元久期的函数
   ...:     C：代表债券的票面利率。
   ...:     M：代表债券的面值。
   ...:     m1：代表债券票息每年支付的频次。
   ...:     m2：代表债券到期收益率每年复利频次，通常 m2 等于 m1。
   ...:     y：代表每年复利 m2 次的债券到期收益率。
   ...:     t：代表定价日至后续每一期现金流支付日的期限长度，用数组格式输入；零息债券可直接输入数字'''
   ...:     r=m2*np.log(1+y/m2)                        #计算等价的连续复利到期收益率
   ...:     if C==0:                                    #针对零息债券
   ...:         price=M*np.exp(-r*t)                    #计算零息债券的价格
   ...:         Macaulay_D=t                            #计算零息债券的麦考利久期
   ...:     else:                                       #针对带票息债券
   ...:         coupon=np.ones_like(t)*M*C/m1           #创建每一期票息金额的数组
   ...:         NPV_coupon=np.sum(coupon*np.exp(-r*t))  #计算每一期票息在定价日的现值之和
   ...:         NPV_par=M*np.exp(-r*t[-1])              #计算本金在定价日的现值
   ...:         price=NPV_coupon+NPV_par                #计算定价日的债券价格
   ...:         cashflow=coupon                         #先将现金流设定等于票息
   ...:         cashflow[-1]=M*(1+C/m1)                 #数组最后的元素等于票息与本金之和
   ...:         weight=cashflow*np.exp(-r*t)/price      #计算时间的权重
   ...:         Macaulay_D=np.sum(t*weight)             #计算带票息债券的麦考利久期
   ...:     Modified_D=Macaulay_D/(1+y/m2)              #计算债券的修正久期
   ...:     Dollar_D=price*Modified_D                   #计算债券的美元久期
   ...:     return Dollar_D
```

在以上自定义的函数 Dollar_Duration 中，输入债券的票面利率、面值、票息支付频次、到期收益率及其复利频次、现金流支付期限等参数，就可以非常便捷地计算得到债券的美元久期。下面，通过一个国债市场的案例进行演示。

2. 一个案例

【例 7-11】沿用前面例 7-7 的"09 附息国债 11"债券信息，计算 2020 年 6 月 12 日该债券的美元久期。根据在例 7-10 中已经计算得到的修正久期 3.7174 以及表 7-5 的债券价格 104.8358 元，运用式（7-14）就可以计算得到该债券的美元久期，如下：

$$D_s = 104.8358 \times 3.7174 = 389.72$$

下面，运用 Python 自定义函数 Dollar_Duration 直接计算 "09 附息国债 11" 的美元久期，具体的代码如下：

```
In [57]: D3_TB0911=Dollar_Duration(C=C_TB0911,M=par,m1=m_TB0911,m2=m_TB0911, y=y1_TB0911,
t=Tlist_TB0911)    #计算美元久期
    ...: print('2020年6月12日09附息国债11的美元久期',round(D3_TB0911,2))
2020年6月12日09附息国债11的美元久期 389.72
```

以上输出的数值结果与手动计算的结果是一致的。此外，通过美元久期可以快速计算得到债券的基点价值。**基点价值**是指当债券到期收益率变动 1 个基点（或者 0.01%）时债券价格的变化金额，是债券投资领域中广泛运用的衡量债券价格弹性的一个指标。在本例中，"09 付息国债 11" 的基点价值等于 389.72×0.01% = 0.038972（元）。

7.4 衡量债券利率风险的非线性指标——凸性

需要注意的是，债券的久期（无论是麦考利久期还是修正久期）仅仅适用于收益率变化很小的情形，这一结论也可以根据泰勒展开式比较直观地得出。但是，如果收益率出现比较大的变化（比如变动 100 个基点），利用久期得到的近似债券价格与实际债券价格之间的差异有多大呢？针对这个问题的答案，首先来看一个案例。

【例 7-12】沿用前面例 7-7 的 "09 附息国债 11" 债券信息，假定在 2020 年 6 月 12 日连续复利的债券到期收益率上升 100 个基点，即从 2.4%增加至 3.4%[1]，需要计算债券的最新价格。

首先，运用麦考利久期近似计算债券价格的变化。由式（7-8）可以得到债券价格变化的近似结果如下：

$$\Delta B = -104.8358 \times 3.7623 \times 1\% = -3.9442（元）$$

这就意味着债券价格将从原来的 104.8358 元下降到 104.8358 − 3.9442 = 100.8916（元）。

作为对比，运用债券定价公式，即式（7-5），计算到期收益率变化后精确的债券价格。为此，直接运用 7.2.2 节的自定义函数 Bondprice_onediscount 进行计算，具体的代码如下：

```
In [58]: y_newchange=0.01                      #债券到期收益率变化100个基点
    ...: y_new=y_TB0911+y_newchange            #上升100个基点后的债券到期收益率

In [59]: price_new5=Bondprice_onediscount(C=C_TB0911,M=par,m=m_TB0911,y=y_new, t=Tlist_
TB0911)    #精确计算到期收益率变化后的债券价格
    ...: print('精确计算到期收益率上升100个基点后的09附息国债11价格', round(price_new5,4))
精确计算到期收益率上升100个基点后的09附息国债11价格 100.9676
```

运用债券定价公式计算得到的精确债券价格是 100.9676 元，与运用麦考利久期计算得到的结果相差了 0.076 元，差异显然非常大，该结果也印证了债券久期仅仅适用于收益率变化很小的情形。为了弥补久期的不足，同时为了更精确地测度债券的利率风险，就需要引入衡量债券利率风险的非线性指标——凸性。

---

[1] 通常而言，在一个交易日内，国债到期收益率变动超过 50 个基点已经属于极端波动行情了，本例中设定到期收益率变动 100 个基点仅仅是为了分析需要，在现实债券市场上几乎不存在。

7.4.1 凸性的表达式

凸性（convexity），也称**凸度**或**曲率**，用于衡量债券价格对债券到期收益率变化的非线性关系，由斯坦利·迪勒（Stanley Diller）于 1984 年最先引入债券分析。

将债券价格 B 的倒数乘债券价格对到期收益率 y 的二阶导数，并利用式（7-7）就可以得到凸性的数学表达式如下：

$$C = \frac{1}{B}\frac{d^2 B}{dy^2} = \frac{\sum_{i=1}^{N} c_i t_i^2 e^{-yt_i}}{B} = \sum_{i=1}^{N} t_i^2 \left(\frac{c_i e^{-yt_i}}{B} \right) \quad (7\text{-}16)$$

其中，C 代表债券的凸性，并且到期收益率 y 是连续复利，其他变量的含义与麦考利久期的式（7-7）相同。

从式（7-16）不难发现，凸性的实质就是债券支付现金流时刻 t_i 平方的加权平均值，而权重与计算久期的权重一致，即在 t_i 时刻债券支付的现金流现值与债券价格的比率。

接着，运用 Python 自定义一个计算债券凸性的函数，需要运用 7.3.1 节计算债券麦考利久期的自定义函数 Mac_Duration 的部分代码。具体的代码如下：

```
In [60]: def Convexity(C,M,m,y,t):
    ...:     '''定义一个计算债券凸性的函数
    ...:     C: 代表债券的票面利率。
    ...:     M: 代表债券的面值。
    ...:     m: 代表债券票息每年支付的频次。
    ...:     y: 代表债券的到期收益率（连续复利）。
    ...:     t: 代表定价日至后续每一期现金流支付日的期限长度, 用数组格式输入；零息债券可直接输入数字'''
    ...:     if C==0:                                         #针对零息债券
    ...:         convexity=pow(t,2)                           #计算零息债券的凸性
    ...:     else:                                            #针对带票息债券
    ...:         coupon=np.ones_like(t)*M*C/m                 #创建每一期票息金额的数组
    ...:         NPV_coupon=np.sum(coupon*np.exp(-y*t))       #计算每一期票息在定价日的现值之和
    ...:         NPV_par=M*np.exp(-y*t[-1])                   #计算本金在定价日的现值
    ...:         price=NPV_coupon+NPV_par                     #计算定价日的债券价格
    ...:         cashflow=coupon                              #先将现金流设定等于票息
    ...:         cashflow[-1]=M*(1+C/m)                       #数组最后的元素等于票息与本金之和
    ...:         weight=cashflow*np.exp(-y*t)/price           #计算每期现金流时间的权重
    ...:         convexity=np.sum(pow(t,2)*weight)            #计算带票息债券的凸性
    ...:     return convexity
```

在以上自定义的函数 Convexity 中，输入债券的票面利率、面值、票息支付频次、到期收益率以及现金流支付期限等参数，就可以非常便捷地计算得到债券的凸性。下面，通过一个国债市场的案例进行演示。

【例 7-13】依然沿用前面例 7-7 的 "09 附息国债 11" 债券信息，计算 2020 年 6 月 12 日该债券的凸性。表 7-6 列出了 "09 附息国债 11" 凸性的计算过程。

表 7-6 "09 附息国债 11" 凸性的计算过程

期限/年	现金流/元	现金流现值/元	权重	期限的平方×权重
0.5	1.845	1.8230	1.7389%	0.0043
1.0	1.845	1.8012	1.7182%	0.0172
1.5	1.845	1.7798	1.6977%	0.0382

7.4 衡量债券利率风险的非线性指标——凸性

续表

期限/年	现金流/元	现金流现值/元	权重	期限的平方×权重
2.0	1.845	1.7585	1.6774%	0.0671
2.5	1.845	1.7376	1.6574%	0.1036
3.0	1.845	1.7168	1.6376%	0.1474
3.5	1.845	1.6964	1.6181%	0.1982
4.0	101.845	92.5225	88.2547%	14.1208
合计		104.8358（债券价格）	100%	14.6968

注：表7-6中的第1列至第4列与表7-5完全一致，差异仅在最后一列。

从表7-6可以得到该债券的凸性是14.6968。下面，运用Python自定义函数Convexity计算该债券的凸性，具体的代码如下：

```
In [61]: Convexity_TB0911=Convexity(C=C_TB0911,M=par,m=m_TB0911,y=y_TB0911, t=Tlist_TB0911)
#计算债券凸性
    ...: print('2020年6月12日09附息国债11的凸性',round(Convexity_TB0911,4))
2020年6月12日09附息国债11的凸性 14.6968
```

以上输出的数值结果与表7-6中计算的结果是完全一致的。

7.4.2 凸性的作用

1. 重要的关系式

利用泰勒展开式，同时忽略展开式中的3阶以及更高阶项，针对债券价格变化与债券到期收益率变化，存在如下近似关系式：

$$\Delta B \approx \frac{dB}{dy}\Delta y + \frac{1}{2}\frac{d^2 B}{dy^2}(\Delta y)^2 \quad (7-17)$$

结合式（7-7）和式（7-16），可以得到：

$$\frac{\Delta B}{B} \approx -D\Delta y + \frac{1}{2}C(\Delta y)^2 \quad (7-18)$$

经过调整后得到：

$$\Delta B \approx -DB\Delta y + \frac{1}{2}CB(\Delta y)^2 \quad (7-19)$$

显然，式（7-19）比式（7-8）能更精确地衡量债券到期收益率变化对债券价格的影响，这就是凸性的核心作用。

【例7-14】 依然沿用前面例7-7的"09附息国债11"债券信息，同时假定2020年6月12日"09附息国债11"连续复利的债券到期收益率上升100个基点（从2.4%增加至3.4%），利用式（7-19）计算债券的最新价格。其中，麦考利久期是3.7623，凸性是14.6968，债券原先的价格是104.8358元。具体计算如下：

$$\Delta B = -3.7623 \times 104.8358 \times 0.01 + 0.5 \times 14.6968 \times 104.8358 \times 0.01^2 = -3.8672 \text{（元）}$$

因此，可以得到当债券到期收益率上升100个基点时，债券的最新价格为104.8358−3.8672＝100.9686（元）。这一价格与利用债券定价公式计算得到的最新价格100.9676元仅仅相差了0.001元，说明引入了债券凸性以后，债券定价明显改善了。

下面，运用 Python 进行计算，考虑到计算的便利性，通过 Python 自定义一个运用麦考利久期和凸性计算债券价格变化金额的函数。具体的代码如下：

```
In [62]: def Bondprice_change(B,D,C,y_chg):
    ...:     '''定义一个运用麦考利久期和凸性计算债券价格变化金额的函数
    ...:     B: 代表到期收益率变化之前的债券价格。
    ...:     D: 代表债券的麦考利久期。
    ...:     C: 代表债券的凸性。
    ...:     y_chg: 代表债券到期收益率的变化金额'''
    ...:     price_change1=-D*B*y_chg                        #根据麦考利久期计算债券价格变化金额
    ...:     price_change2=0.5*C*B*pow(y_chg,2)              #根据凸性计算债券价格变化金额
    ...:     price_change=price_change1+price_change2        #考虑麦考利久期和凸性的债券价格变化金额
    ...:     return price_change
```

在以上自定义函数 Bondprice_change 中，输入原先的债券价格、麦考利久期、凸性以及到期收益率变化金额等参数，就可以快速输出由于到期收益率变化而导致债券价格变化的近似金额。然后，将该自定义函数用于计算，具体的代码如下：

```
In [63]: price_change3=Bondprice_change(B=price_before,D=D1_TB0911,C=Convexity_TB0911,
y_chg=y_newchange)       #计算债券价格变化金额
    ...: print('考虑麦考利久期和凸性之后的09附息国债11价格变化',round(price_change3,4))
考虑麦考利久期和凸性之后的09附息国债11价格变化金额 -3.8672

In [64]: price_new6=price_before+price_change3              #考虑麦考利久期和凸性的债券新价格
    ...: print('考虑麦考利久期和凸性之后的09附息国债11最新价格',round(price_new6,4))
考虑麦考利久期和凸性之后的09附息国债11最新价格 100.9686
```

2. 凸性对债券价格修正效应的可视化

下面，通过一个案例并借助可视化的方法，刻画当引入债券凸性以后对近似债券价格的修正效应，从而更形象地理解式（7-19）的重要价值。

【例 7-15】沿用前面例 7-7 的"09 附息国债 11"债券信息，同时假定 2020 年 6 月 12 日连续复利的债券到期收益率变化金额是在[-1.5%,1.5%]区间取等差数列，分别计算仅考虑麦考利久期、考虑麦考利久期和凸性所对应债券的新价格，并且对比债券定价模型所得到的价格，测算相关的差异结果并且可视化。直接运用 Python 进行计算，具体分为两个步骤。

第 1 步：基于不同的债券到期收益率，依次计算仅考虑麦考利久期［式（7-8）］、考虑麦考利久期和凸性［式（7-19）］以及债券定价模型［式（7-2）］所对应债券的新价格。具体的代码如下：

```
In [65]: y_change_list=np.linspace(-0.015,0.015,200)        #创建到期收益率变化金额的等差数列
    ...: y_new_list=y_TB0911+y_change_list                  #变化后的到期收益率

In [66]: price_change_list1=-D1_TB0911*price_before*y_change_list   #仅用麦考利久期计算债券价格变化金额
    ...: price_new_list1=price_change_list1+price_before            #仅用麦考利久期计算债券的新价格

In [67]: price_change_list2=Bondprice_change(B=price_before,D=D1_TB0911, C=Convexity_TB0911,
y_chg=y_change_list)       #用麦考利久期和凸性计算债券价格变化金额
    ...: price_new_list2=price_change_list2+price_before            #用麦考利久期和凸性计算债券的新价格

In [68]: price_new_list3=np.ones_like(y_new_list)           #创建存放债券定价模型计算的债券新价格初始数组

In [69]: for i in range(len(y_new_list)):                   #运用 for 语句
    ...:     price_new_list3[i]=Bondprice_onediscount(C=C_TB0911,M=par,m=m_TB0911, y=y_new_
list[i],t=Tlist_TB0911)    #债券定价模型计算债券新价格
```

第 2 步：以债券定价模型计算得到的债券新价格作为基准价格，测算仅用麦考利久期计算得到的债券新价格与基准价格之间的差异，同时测算用麦考利久期和凸性计算得到的债券新价格与基准价格之间的差异，并且绘制相应的图形（见图 7-6）。具体的代码如下：

```
In [70]: price_diff_list1=price_new_list1-price_new_list3    #仅用麦考利久期计算得到的债券新价格
与债券定价模型得到的债券新价格之间的差异

In [71]: price_diff_list2=price_new_list2-price_new_list3    #用麦考利久期和凸性计算得到的债券新
价格与债券定价模型得到的债券新价格之间的差异

In [72]: plt.figure(figsize=(9,6))
   ...: plt.plot(y_change_list,price_diff_list1,'b-',label=u'仅考虑麦考利久期',lw=2.5)
   ...: plt.plot(y_change_list,price_diff_list2,'m-',label=u'考虑麦考利久期和凸性',lw=2.5)
   ...: plt.xticks(fontsize=13)
   ...: plt.xlabel(u'债券到期收益率的变化',fontsize=13)
   ...: plt.yticks(fontsize=13)
   ...: plt.ylabel(u'与债券定价模型之间的债券价格差异',fontsize=13)
   ...: plt.title(u'凸性对债券价格的修正效应', fontsize=13)
   ...: plt.legend(fontsize=13)
   ...: plt.grid()
   ...: plt.show()
```

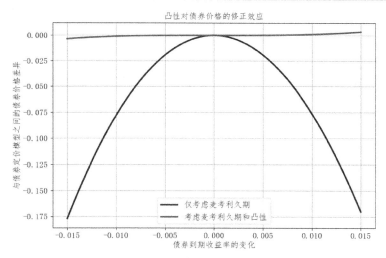

图 7-6　凸性对债券价格的修正效应

通过图 7-6 可以得到 3 个明显的结论。（1）麦考利久期仅仅适用于债券到期收益率变化很小的情形，同时计算得出的近似债券价格低于真实债券价格，并且随着到期收益率变化的扩大，价格低估效应会快速增大。（2）在引入凸性以后，即使债券到期收益率出现了比较大的变化（例如变化 150 个基点），所得到的近似债券价格依然很接近于债券定价模型所得到的价格，因此凸性对债券价格的修正效应非常明显。（3）在引入凸性以后，如果债券到期收益率出现了负的变化（到期收益率下降），则得到的近似债券价格略低于真实债券价格；相反，如果债券到期收益率出现了正的变化（到期收益率上升），则得到的近似债券价格略高于真实债券价格，说明凸性对债券价格的修正效应存在着非对称性。

7.5 测度债券的信用风险

根据 Wind 数据统计,自 2014 年"11 超日债"作为首只违约债券出现以来,截至 2020 年年末,共有 178 家债券发行人出现了违约。对债券持有人而言,除了由于到期收益率的变化而引发的利率风险以外,另一个重要的风险就是债券发行人违约而引发的信用风险。因此,本节将集中讨论债券的信用风险。

7.5.1 信用评级

信用评级(credit rating),是指专业的评级机构对影响经济主体(如国家、企业等)或者债务融资工具的信用风险因素进行分析,就其偿债能力和偿债意愿做出综合评价,并通过预先定义的信用等级符号进行表示。这里的债务融资工具包括银行贷款、债券、资产支持证券以及其他债务类融资产品。

信用评级最早诞生于 20 世纪初期的美国,1902 年穆迪公司的创始人约翰·穆迪(John Moody)开始对当时发行的铁路债券进行评级,从而开创了信用评级的先河。1975 年,美国证券交易委员会将美国标准普尔公司(简称"标普")、穆迪投资服务公司(简称"穆迪")、惠誉国际信用评级有限公司(简称"惠誉")作为全国认定的评级组织,从此这三大评级机构就几乎垄断了全球的信用评级行业。

1. 评级符号与含义

不同的评级机构拥有各自的评级符号,并且通常按照短期债务(期限不超过 1 年)和长期债务(期限超过 1 年)分别进行评级。表 7-7、表 7-8 分别梳理了国际三大评级机构针对短期、长期债务的信用评级符号。

表 7-7 国际三大评级机构的短期债务信用评级符号

标普	穆迪	惠誉
A-1	P-1	F1
A-2	P-2	F2
A-3	P-3	F3
B		B
C	NP	C
D		RD
		D

数据来源:三大评级机构的官方网站。

表 7-8 国际三大评级机构的长期债务信用评级符号

标普	穆迪	惠誉	级别
AAA	Aaa	AAA	投资级别
AA	Aa	AA	
A	A	A	
BBB	Baa	BBB	

续表

标普	穆迪	惠誉	级别
BB	Ba	BB	投机级别
B	B	B	
CCC	Caa	CCC	
CC	Ca	CC	
C	C	C	
		RD	
		D	

数据来源：三大评级机构的官方网站。

此外，为了产生更细的信用等级，评级机构通常会针对评级符号添加数字或加（+）、减（-）作为后缀。比如，穆迪在 Aa 等级后面增加数字后缀从而进一步细分为 Aa1、Aa2 和 Aa3，其中，Aa1 信用等级高于 Aa2，Aa2 又高于 Aa3；类似地，标普和惠誉将等级分为 AA+、AA 和 AA-，同样，AA+信用等级高于 AA，AA 又高于 AA-。

需要注意的是，穆迪对最高评级 Aaa 不再通过后缀加以细分了，这一规则也适用于标普和惠誉。

由于不同评级机构对于评级符号的定义存在一些细微的差异，下面就以标普信用评级符号的定义作为示例进行介绍，并且区分短期债务和长期债务，具体见表 7-9。

表 7-9 标普信用评级符号的定义

债务期限	评级符号	评级定义
短期债务	A-1	最高级短期债券，其还本付息能力最强，安全性最高
	A-2	还本付息能力较强，安全性较高
	A-3	还本付息能力一般，安全性易受不良环境的影响
	B	还本付息能力较低，有一定的违约风险
	C	还本付息能力很低，违约风险较高
	D	不能按期还本付息
长期债务	AAA	偿还债务的能力极强，基本不受不利经济环境的影响，违约风险极低
	AA	偿还债务的能力很强，受不利经济环境的影响不大，违约风险很低
	A	偿还债务的能力较强，较易受不利经济环境的影响，违约风险较低
	BBB	偿还债务的能力一般，受不利经济环境的影响较大，违约风险一般
	BB	偿还债务的能力较弱，受不利经济环境的影响很大，有较高违约风险
	B	偿还债务的能力较大地依赖于良好的经济环境，违约风险很高
	CCC	偿还债务的能力极度依赖于良好的经济环境，违约风险极高
	CC	在破产或重组时可获得的保护较小，基本不能保证偿还债务
	C	不能偿还债务

资料来源：标准普尔公司的官方网站。

2. 我国信用评级行业的发展概况

我国信用评级行业产生于 1987 年。在这一年，为了规范企业债券的发行，中国人民银行和国家发展改革委牵头组建了首家信用评级机构——吉林省资信评估公司，此后信用评级公司在全国各地纷纷"落地开花"。2005 年以后，随着债券市场的发展，信用评级行业也开始加速发展。

然而，长期以来我国信用评级行业在发展中存在着两大问题：一是整个信用评级行业存在过度保护，评级机构缺乏有效约束，忽视声誉积累；二是评级机构独立性不强，过度迎合市场主体高评级需求。

2019 年 11 月 26 日，中国人民银行、国家发展改革委、财政部、中国证监会联合发布了《信用评级业管理暂行办法》，并于 2019 年 12 月 26 日起正式施行，其明确了信用评级行业规范发展的政策导向，建立健全统一监管的制度框架，未来信用评级行业的发展值得期待。

此外，目前国内具有一定影响力的评级机构包括中诚信国际信用评级有限责任公司（简称"中诚信"）、联合资信评估股份有限公司（简称"联合资信"）、上海新世纪资信评估投资服务有限公司（简称"新世纪"）、大公国际资信评估有限公司（简称"大公国际"）、东方金诚国际信用评估有限公司（简称"东方金诚"）以及中证鹏元资信评估股份有限公司（简称"中证鹏元"）等。

7.5.2 违约概率与违约回收率

1. 累积违约概率

首先观察表 7-10，其中的数据是由穆迪对外公布的基于 1970 年至 2016 年全球债券市场统计得出的关于不同评级的债券违约概率数据，这些数据显示了在最初为某个级别的债券在随后 20 年内的违约变迁情况。

表 7-10　1970 年至 2016 年平均累积违约概率

初始信用评级	1 年	2 年	3 年	4 年	5 年	10 年	15 年	20 年
Aaa	0.000%	0.011%	0.011%	0.031%	0.085%	0.386%	0.705%	0.824%
Aa	0.021%	0.060%	0.110%	0.192%	0.298%	0.778%	1.336%	2.151%
A	0.055%	0.165%	0.345%	0.536%	0.766%	2.224%	3.876%	5.793%
Baa	0.177%	0.461%	0.804%	1.216%	1.628%	3.925%	7.006%	10.236%
Ba	0.945%	2.583%	4.492%	6.518%	8.392%	16.283%	23.576%	29.733%
B	3.573%	8.436%	13.377%	17.828%	21.908%	36.177%	43.658%	48.644%
Caa-C	10.624%	18.670%	25.443%	30.974%	35.543%	50.258%	53.377%	53.930%

数据来源：穆迪发布的《年度违约研究：1920—2016 年企业违约率与回收率》（Annual Default Study: Corporate Default and Recovery Rates, 1920-2016）。

为了便于理解表 7-10 中相关数据的含义，假定观察日是 2017 年 1 月 1 日，并且以观察到的初始信用评级为 Baa 的债券（2017 年 1 月 1 日信用评级为 Baa）作为分析对象。根据表 7-10 的数据，债券分析师可以认为该评级的债券有 0.177% 的概率在随后的 1 年内违约，即在 2017 年发生违约的概率是 0.177%；有 0.461% 的概率在随后的 2 年内违约，即在 2017 年至 2018 年期间的累积违约概率是 0.461%；有 0.804% 的概率在随后的 3 年内违约，即在 2017 年至 2019 年期间的累积违约概率是 0.804%，以此类推。

据此，表 7-10 中的每个数据就是对应于某个初始信用评级债券、期限为 n 年的累积违约概率。

2. 回收率

回收率（recovery rate）定义为当债务人违约时，债务融资工具（比如贷款、债券）的本金和应计利息被收回的程度,以债务融资工具面值的百分比来表示。比如,回收率是 10%,就意味着收回债权金额的 10%。常见的回收率计算方法主要有以下两种。

第一种是以最终的回收金额计算回收率。例如,某笔贷款的本金和利息合计 1 亿元,违约后贷款银行最终仅收回 8000 万元,则回收率为 80%。

第二种则是以违约后若干个交易日内(通常是 30 个交易日或者自然日)债务融资工具的市场价格估算回收率。当计算债券的回收率时,就普遍采用这种方法,原因是众多债券持有人在债券出现违约后的短时间内倾向于将所持债券进行变现。例如,某只债券在 2020 年 9 月 1 日出现了违约,在 9 月 30 日该债券价格下跌至 60 元,则该债券的回收率为 60%。

表 7-11 列出了穆迪基于 1983 年至 2016 年全球债券市场统计得出的按违约前年份衡量的高级无抵押债券平均回收率(根据不同信用评级进行展示)。从表中不难发现,信用评级越高,平均回收率基本上也越高。

表 7-11　1983 年至 2016 年高级无抵押债券平均回收率

信用评级	第 1 年	第 2 年	第 3 年	第 4 年	第 5 年
Aaa	未提供	3.3%	3.3%	61.9%	69.6%
Aa	37.2%	39.0%	38.1%	44.0%	43.2%
A	30.4%	42.6%	45.0%	44.5%	44.2%
Baa	42.9%	44.2%	44.0%	43.8%	43.5%
Ba	44.1%	42.8%	41.6%	41.2%	41.2%
B	37.7%	36.6%	36.9%	37.3%	37.9%
Caa-C	36.8%	37.1%	37.1%	37.4%	37.5%

注:Aaa 的回收率基于 5 个样本,其中 3 个样本来自冰岛的银行,因此统计得出的结果存在小样本的统计偏差。
数据来源:穆迪发布的《年度违约研究:1920—2016 年企业违约率与回收率》(Annual Default Study: Corporate Default and Recovery Rates, 1920-2016)。

此外,研究表明债券回收率的主要影响因素可以归纳为四大类:一是宏观经济环境,二是债务人所处行业的环境,三是债务人的特征,四是债券自身的特征。

7.5.3　通过债券价格测度违约概率

债券利差(bond yield spreads),也称**债券收益率价差**或**债券收益率溢差**,是指债券到期收益率高于无风险利率的差额部分。通常,为了分析的便捷性,假设这部分差额就是对所承受违约风险的一种经济补偿,因此可以将债券利差理解为债券的年平均损失率[1]。这样就可以通过债券价格推算出债券发行主体的违约概率。

需要注意的是,运用债券价格推算违约概率的过程中,将运用到**风险中性**(risk neutral)原理。为了更好地理解该原理,举一个简单的例子:假定存在 2 笔期限均为 1 年的投资,第 1 笔投资是无风险投资,投资者在 1 年后可以获得 5% 的确定性收益;第 2 笔投资则存在风险,投资者在 1 年后有 50% 的概率获得 10% 的回报,同样有 50% 的概率获得零回报,第 2 笔投资的预期收益率也是 5%。

---

[1] 这样的假设其实并不完整,毕竟在现实债券市场中,债券价格还会受流动性的影响。债券流动性越差,债券价格越低,债券到期收益率越高,反之则反。这里为了简化分析,做出了这样相对宽松的假设。

显然，这2笔投资的预期收益率相同，但是就风险而言，第2笔投资的风险显然高于第1笔投资。然而在风险中性的状态下，这2笔投资对投资者而言都是无差异的。因此，当预期收益率相同时，投资者不会在意投资的风险，影响投资者决策的仅仅是预期收益率的高低，这就是风险中性原理。

1. 数学表达式

有了前面的这些知识铺垫，接着就讨论基于债券价格的违约概率模型。为了简化分析，假设一个期限为 T 年的零息公司债券，该债券是一只有信用风险的债券，债券本金用 M 表示，该债券连续复利的到期收益率用 y^* 表示，相同期限的无风险零息利率则用 y 表示，并且 $y^* > y$，$y^* - y$ 就表示债券利差，λ 表示连续复利的年化违约概率[1]，$e^{-\lambda T}$ 表示 T 年内债券不违约的概率，$1-e^{-\lambda T}$ 则表示 T 年内债券违约的概率，债券的违约回收率用 R 表示，P^* 表示观察到的该债券市场价格。针对该债券价格可以通过两种方式表达。

第1种是按照7.2.2节的债券定价公式［式（7-1）］，具体如下：

$$P^* = Me^{-y^*T} \tag{7-20}$$

第2种是运用风险中性原理进行定价，具体如下：

$$P^* = Me^{-yT}e^{-\lambda T} + RMe^{-yT}(1-e^{-\lambda T}) \tag{7-21}$$

需要说明的是，式（7-21）等号右边的第1项 $Me^{-yT}e^{-\lambda T}$ 表示不发生违约情况下的期望现金流贴现值，第2项 $RMe^{-yT}(1-e^{-\lambda T})$ 表示发生违约情况下的期望现金流贴现值。因此，根据风险中性原理，债券价格的实质就是考虑了违约因素的期望现金流的现值。

结合式（7-20）和式（7-21）并且经过整理之后，就可以得到连续复利的违约概率 λ 的表达式如下：

$$\lambda = -\frac{1}{T}\ln\left(\frac{e^{-y^*T} - Re^{-yT}}{1-R}\right) - y \tag{7-22}$$

从式（7-22）可以看到，对于违约概率而言，影响它的重要变量有3个，分别是债券到期收益率、无风险零息利率以及违约回收率。此外，虽然式（7-22）是通过零息债券推导出的，但是该式也可以近似运用于带票息债券。

需要强调的是，一些教材将式（7-22）简化为如下的近似表达式：

$$\lambda \approx \frac{y^* - y}{1-R} \tag{7-23}$$

式（7-23）的优点就是表达式非常简洁，但是缺点也显而易见，即降低了违约概率的测算精度。为了能够精确地计算违约概率，同时依托 Python 的强大运算能力，因此本书统一采用式（7-22）。

2. 运用 Python 自定义函数

下面，就直接运用 Python 自定义一个通过债券的到期收益率计算得到债券违约概率（连续复利）的函数。具体的代码如下：

```
In [73]: def default_prob(y1,y2,R,T):
    ...:     '''定义通过债券到期收益率计算连续复利违约概率的函数
    ...:     y1: 代表无风险零息利率，并且是连续复利。
    ...:     y2: 代表存在信用风险的债券到期收益率，并且是连续复利。
    ...:     R: 代表债券的违约回收率。
    ...:     T: 代表债券的期限（年）'''
```

---

[1] 关于连续复利的违约概率与累积违约概率之间的数学关系，参见9.4.3节。

```
   ...:     A=(np.exp(-y2*T)-R*np.exp(-y1*T))/(1-R)    #式(7-22)中的圆括号内的表达式
   ...:     prob=-np.log(A)/T-y1                        #计算连续复利的违约概率
   ...:     return prob
```

通过以上的自定义函数 default_prob，只需要输入无风险零息利率、债券到期收益率、债券违约回收率以及债券期限等参数，就可以便捷地计算得到连续复利的违约概率。

3. 一个案例

【例 7-16】假定在 2020 年 9 月 1 日，一家金融机构需要根据表 7-12 中的信息计算两只不同信用评级债券连续复利的违约概率，同时，无风险零息利率是参考国债的到期收益率，当天 3 年期和 5 年期的无风险零息利率（连续复利）分别是 2.922%和 2.9811%。

表 7-12 两只不同信用评级债券的相关信息

债券简称	发行主体	剩余期限/年	债项评级	到期收益率（连续复利）	违约回收率
16 宜章养老债	宜章县兴宜建设投资有限责任公司	3	AA	7.3611%	38.1%
14 冀建投	河北建设投资集团有限责任公司	5	AAA	4.2471%	69.9%

注：表中的违约回收率的数据参考了表 7-11 的数据，其他数据则来源于同花顺。

下面，直接运用前面通过 Python 自定义的计算债券连续复利的违约概率的函数进行计算，具体的代码如下：

```
In [74]: T_yz=3                                         #16宜章养老债的剩余期限
   ...: T_jj=5                                          #14冀建投的剩余期限
   ...: y_yz=0.073611                                   #16宜章养老债的到期收益率
   ...: y_jj=0.042471                                   #14冀建投的到期收益率
   ...: R_yz=0.381                                      #16宜章养老债的违约回收率
   ...: R_jj=0.696                                      #14冀建投的违约回收率
   ...: rate_3y=0.02922                                 #3年期无风险零息利率
   ...: rate_5y=0.029811                                #5年期无风险零息利率

In [75]: default_yz=default_prob(y1=rate_3y,y2=y_yz,R=R_yz,T=T_yz)   #16宜章养老债的违约概率
   ...: default_jj=default_prob(y1=rate_5y,y2=y_jj,R=R_jj,T=T_jj)   #14冀建投的违约概率
   ...: print('16宜章养老债连续复利的违约概率',round(default_yz,4))
   ...: print('14冀建投连续复利的违约概率',round(default_jj,4))
16宜章养老债连续复利的违约概率 0.075
14冀建投连续复利的违约概率 0.0451
```

从以上的输出结果可以看到，针对 16 宜章养老债，债券连续复利的违约概率高达 7.5%；相比之下，由于 14 冀建投的信用评级更高，因此该债券连续复利的违约概率为 4.51%，低于 16 宜章养老债。

下面为了考察债券到期收益率和债券违约回收率对违约概率的影响，就以 14 冀建投作为分析对象。运用 Python 并分为以下两步开展敏感性分析。

第 1 步：对 14 冀建投的到期收益率取[3%,6%]区间的等差数列，同时其他变量保持不变，计算相应的违约概率；然后，对该债券的违约回收率取[40%,80%]区间的等差数列，同时其他变量保持不变，计算相应的违约概率。具体的代码如下：

```
In [76]: y_jj_list=np.linspace(0.03,0.06,100)  #14冀建投到期收益率的数组

In [77]: default_jj_list1=default_prob(y1=rate_5y,y2=y_jj_list,R=R_jj,T=T_jj)   #计算不同的
```

到期收益率对应的违约概率

```
In [78]: R_jj_list=np.linspace(0.4,0.8,100)    #14 冀建投违约回收率的数组

In [79]: default_jj_list2=default_prob(y1=rate_5y,y2=y_jj,R=R_jj_list,T=T_jj)    #计算不同的
违约回收率对应的违约概率
```

第 2 步：为了能够形象地展示债券到期收益率、债券违约回收率这两个变量对违约概率的影响，将第 1 步计算的结果进行可视化（见图 7-7）。具体的代码如下：

```
In [80]: plt.figure(figsize=(11,6))
    ...: plt.subplot(1,2,1)                         #第1行第1列的子图
    ...: plt.plot(y_jj_list,default_jj_list1,'r-',lw=2.5)
    ...: plt.xticks(fontsize=13)
    ...: plt.xlabel(u'债券到期收益率',fontsize=13)
    ...: plt.yticks(fontsize=13)
    ...: plt.ylabel(u'违约概率',fontsize=13,rotation=90)
    ...: plt.title(u'债券到期收益率与违约概率的关系图', fontsize=14)
    ...: plt.grid()
    ...: plt.subplot(1,2,2)                         #第1行第2列的子图
    ...: plt.plot(R_jj_list,default_jj_list2,'b-',lw=2.5)
    ...: plt.xticks(fontsize=13)
    ...: plt.xlabel(u'债券违约回收率',fontsize=13)
    ...: plt.yticks(fontsize=13)
    ...: plt.title(u'债券违约回收率与违约概率的关系图', fontsize=14)
    ...: plt.grid()
    ...: plt.show()
```

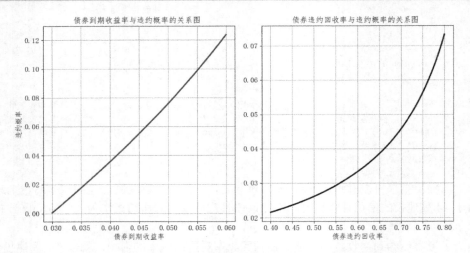

图 7-7　债券到期收益率、债券违约回收率与违约概率的关系图

从图 7-7 可以得到两个结论：一是违约概率是债券到期收益率、债券违约回收率的递增函数；二是违约概率与债券违约回收率之间是一种非线性关系，相比之下，违约概率与债券到期收益率之间则比较接近于线性关系。

到这里，本章的内容就讨论完毕了，第 8 章将聚焦股票，探讨如何运用 Python 对股票投资进行分析。

7.6 本章小结

债券市场是现代金融市场极为重要的组成部分。本章在介绍债券交易场所和债券品种的基础上，运用 Python 并结合债券市场的现实案例，首先探讨了基于单一贴现率和不同期限贴现率的两种债券定价模型，其中也涉及债券到期收益率以及通过票息剥离法计算零息利率；接着，剖析了用于衡量债券利率风险的线性指标久期，包括麦考利久期、修正久期和美元久期；然后，为了弥补久期的缺陷与不足，引入衡量债券利率风险的非线性指标凸性，从而显著改善了对债券价格的近似估计；除了利率风险外，债券也面临信用风险，测度债券信用风险主要依托信用评级这一定性工具以及包括违约概率、回收率在内的定量分析工具，因此本章最后一节针对这些分析工具展开了详细阐述。

7.7 拓展阅读

本章的内容参考了以下的资料。

[1] 中国债券信息网是中央结算公司的官方网站，提供了各类债券的交易要素、即时报价以及市场交易规则等信息。

[2] 在 "The Movements of Interest Rates, Bond Yields and Stock Prices in the United States since 1856" 这篇文章中，作者弗雷德里克·麦考利首次提出债券久期概念。从此，久期逐步发展成为衡量债券利率风险的一个关键量化指标，同时奠定了作者在债券分析领域 "一代宗师" 的地位。

[3] The Parametric Analysis of Fixed Income Securities，在这篇文章中，作者斯坦利·迪勒首次运用凸性的工具衡量了债券的非线性利率风险，进一步深化了人们对债券定价与债券风险的认知。

[4]《固定收益证券手册（第八版）》（作者是弗兰克·J.法博齐），这本书是包括债券在内固定收益领域的一部经典之作，从 1983 年第一版推出至今的几十年里经久不衰。

08

第 8 章

运用 Python 分析股票

本章导读

股票（stock）是股份公司为筹集资金而发行给各股东作为持股凭证并借此取得股息和红利的一种有价证券。1606 年 9 月 9 日荷兰东印度公司（Dutch East India Company）发行了人类历史上第一张股票，此后股票逐步发展成为重要的投资工具和金融产品，并且日益走进普通民众的生活。2021 年 1 月，美国纽约证券交易所的上市公司游戏驿站（GME）从默默无闻到人尽皆知，原因是公司股价从月初的 17.25 美元/股飙升到月末的 347.51 美元/股，涨幅达 20 倍。在随后的 2 月的最初 4 个交易日，股价却跌至 53.5 美元/股，大跌 84.6%，这一股价走势将股票的风险演绎得淋漓尽致。在现代金融学中，对股票投资的分析也是一个极其重要的研究领域。本章结合国内股票市场的案例，讲解如何运用 Python 对股票展开分析。

本章的内容涵盖以下几个主题。

- 介绍多层次股票市场以及常用的股票指数，并且绘制部分股指走势图。
- 讨论测算股票内在价值的股息贴现模型，包括零增长模型、不变增长模型、二阶段增长模型以及三阶段增长模型。
- 探究股票价格服从的随机过程，涵盖马尔可夫过程、有效市场假说、维纳过程、广义维纳过程以及几何布朗运动。
- 探讨投资组合理论，涵盖投资组合的主要变量、可行集、有效前沿以及资本市场线等内容。
- 剖析资本资产定价模型，包括系统风险与非系统风险、贝塔值以及证券市场线的运用等知识点。
- 分析投资组合的绩效评估，包括夏普比率、索提诺比率、特雷诺比率、卡玛比率和信息比率等常用绩效评估指标。

8.1 股票市场简介

1990年上海证券交易所和深圳证券交易所开业标志着具有中国特色的股票市场正式诞生。本节将概览性介绍多层次股票市场的构成、不同层次股票市场的上市标准以及目前反映股票市场走势的常用股票指数。

8.1.1 多层次股票市场

多层次股票市场包括主板、中小板、创业板、科创板、新三板和四板市场，下面逐一进行介绍。

1. 主板市场

1990年股票市场的正式起步，也标志着主板市场的成功建立。相关部门对申请主板上市的公司有着比较严格的财务指标要求，根据中国证监会发布的《首次公开发行股票并上市管理办法（2018年修订）》规定，主要财务指标要求如下：

（1）最近3个会计年度净利润均为正数且累计超过人民币3000万元，净利润以扣除非经常性损益前后较低者为计算依据；

（2）最近3个会计年度经营活动产生的现金流量净额累计超过人民币5000万元；或者最近3个会计年度营业收入累计超过人民币3亿元；

（3）发行前股本总额不少于人民币3000万元；

（4）最近一期末无形资产（扣除土地使用权、水面养殖权和采矿权等后）占净资产的比例不高于20%；

（5）最近一期末不存在未弥补亏损。

截至2020年年末，在主板上市的公司共计2039家。

2. 中小板市场

2004年5月，经国务院批准，中国证监会批复同意深圳证券交易所在主板市场内设立中小企业板块（简称"中小板"）。2004年6月2日，首只中小板股票发行。中小板上市公司的证券代码以002开头。中小板的推出标志着多层次股票市场正式启动，有助于拓宽中小企业的直接融资渠道。申请在中小板上市的公司的财务指标要求与主板市场相同。

截至2020年年末，在中小板上市的公司共计994家。此外，2021年2月5日我国证监会在例行新闻发布会上宣布，已批准深圳证券交易所主板与中小板正式合并。

3. 创业板市场

2009年10月，深圳证券交易所正式推出了创业板，首批上市共28家创业板公司。创业板设立的初衷是为高科技企业提供融资渠道，促进知识与资本的结合，推动知识经济的发展，创业板上市公司的证券代码以300开头。

中国证监会于2020年6月12日发布了《创业板首次公开发行股票注册管理办法（试行）》等一系列规定，明确创业板首次公开发行股票（IPO）试点注册制；根据同一日发布的《深圳证券交易所创业板股票发行上市审核规则》相关规定，发行人申请股票首次发行上市，在市值和财务指标方面应当至少符合下列标准中的一项：

（1）最近两年净利润均为正，且累计净利润不低于人民币 5000 万元；

（2）预计市值不低于人民币 10 亿元，最近一年净利润为正且营业收入不低于人民币 1 亿元；

（3）预计市值不低于人民币 50 亿元，且最近一年营业收入不低于人民币 3 亿元。

此外，针对营业收入快速增长，或拥有自主研发、国际领先技术，或同行业竞争中处于相对优势地位的尚未在境外上市的红筹企业，以及存在表决权差异安排的发行人，申请在创业板上市，市值及财务指标应当至少符合以下标准中的一项：

（1）预计市值不低于人民币 100 亿元，且最近一年净利润为正；

（2）预计市值不低于人民币 50 亿元，最近一年净利润为正且营业收入不低于人民币 5 亿元。

其中，营业收入快速增长是指符合以下标准之一：

（1）最近一年营业收入不低于 5 亿元的，最近三年营业收入复合增长率 10%以上；

（2）最近一年营业收入低于 5 亿元的，最近三年营业收入复合增长率 20%以上；

（3）受行业周期性波动等因素影响，行业整体处于下行周期的，发行人最近三年营业收入复合增长率高于同行业可比公司同期平均增长水平。

但是，针对处于研发阶段的红筹企业和对国家创新驱动发展战略有重要意义的红筹企业，可以不适用"营业收入快速增长"的规定。

截至 2020 年末，在创业板上市的公司共计 892 家。其中，通过注册制上市的公司共计 63 家。

4. 科创板市场

2019 年 6 月 13 日上海证券交易所科创板正式开板，同年 7 月 22 日首批 25 家公司股票在科创板挂牌交易。科创板服务于符合国家战略、突破关键核心技术、市场认可度高的科技创新企业，重点支持高新技术产业和战略性新兴产业。根据 2020 年 12 月发布的《上海证券交易所科创板股票发行上市审核规则（2020 年修订）》，发行人申请在科创板上市，市值及财务指标需要符合下列标准中的一项：

（1）预计市值不低于人民币 10 亿元，最近两年净利润均为正且累计净利润不低于人民币 5000 万元，或者预计市值不低于人民币 10 亿元，最近一年净利润为正且营业收入不低于人民币 1 亿元；

（2）预计市值不低于人民币 15 亿元，最近一年营业收入不低于人民币 2 亿元，且最近三年累计研发投入占最近三年累计营业收入的比例不低于 15%；

（3）预计市值不低于人民币 20 亿元，最近一年营业收入不低于人民币 3 亿元，且最近三年经营活动产生的现金流量净额累计不低于人民币 1 亿元；

（4）预计市值不低于人民币 30 亿元，且最近一年营业收入不低于人民币 3 亿元；

（5）预计市值不低于人民币 40 亿元，主要业务或产品需经国家有关部门批准，市场空间大，目前已取得阶段性成果；医药行业企业需至少有一项核心产品获准开展二期临床试验，其他符合科创板定位的企业需具备明显的技术优势并满足相应条件。

营业收入快速增长，拥有自主研发、国际领先技术，同行业竞争中处于相对优势地位的尚未在境外上市的红筹企业，以及存在表决权差异安排的发行人，申请发行股票或存托凭证并在科创板上市，市值及财务指标应当至少符合下列标准中的一项：

（1）预计市值不低于人民币 100 亿元；

（2）预计市值不低于人民币 50 亿元，且最近一年营业收入不低于人民币 5 亿元。

截至 2020 年年末，在科创板上市的公司共计 215 家。

5. 新三板市场

2013 年 12 月 13 日，国务院发布《国务院关于全国中小企业股份转让系统有关问题的决定》，明确全国中小企业股份转让系统（俗称"新三板市场"）是经国务院批准，依据证券法设立的全国性证券交易场所，主要为创新型、创业型、成长型中小微企业发展服务。2017 年 11 月 1 日生效实施的《全国中小企业股份转让系统股票挂牌条件适用基本标准指引》，规定了在新三板申请挂牌的公司的财务标准如下。

（1）收入要求：最近两个完整会计年度的营业收入累计不低于 1000 万元；因研发周期较长导致营业收入少于 1000 万元，但最近一期末净资产不少于 3000 万元的除外。

（2）股本要求：报告期末股本不少于 500 万元。

（3）净资产要求：报告期末每股净资产不低于 1 元/股。

截至 2020 年年末，在新三板市场挂牌的公司共计 8264 家。

6. 四板市场

2012 年 8 月，中国证监会发布了《关于规范证券公司参与区域性股权交易市场的指导意见（试行）》，从政策层面首次确认了多层次股票市场包括区域性股权交易市场（俗称"四板市场"）。

目前，全国建成并初具规模的区域性股权交易市场包括上海股权托管交易中心、天津股权交易所、前海股权交易中心、广州股权交易中心、浙江股权交易中心、江苏股权交易中心等十几家股权交易市场。同时，不同的股权交易市场对挂牌公司的财务指标要求存在差异，例如，上海股权托管交易中心对挂牌公司就没有提出具体的财务指标要求。

截至 2020 年年末，在四板市场挂牌的公司共计 32404 家。

7. A 股、B 股以及中国存托凭证

此外，股票按照交易币种的不同分为 A 股和 B 股。其中，**A 股**的正式名称是**人民币普通股票**，以人民币标明面值，以人民币认购和买卖。**B 股**的正式名称是**人民币特种股票**，以人民币标明面值，但以外币认购和买卖，也称为**境内上市外资股**。

B 股市场于 1991 年诞生，其初衷一方面是吸引海外投资者参与股票市场，活跃整个市场的交易；另一方面是通过制度设计以阻断国际资本的投机风险传递给 A 股，充分保护尚处婴儿期的 A 股市场。然而，伴随着 2003 年**合格境外机构投资者**（QFII）制度的正式实施，大量境外机构可以通过 QFII 直接投资 A 股市场，B 股的历史使命逐渐走向终结。截至 2020 年年末，B 股股票仅剩下 93 只。

存托凭证（Depository Receipt，DR）是指由存托人签发、以境外证券（如股票）为基础在本国境内证券市场、代表境外基础证券权益的一种证券类型。2018 年 3 月 30 日，国务院办公厅转发《证监会关于开展创新企业境内发行股票或存托凭证试点若干意见的通知》，允许开展创新企业发行存托凭证的试点，从而有效加大了资本市场对实施创新驱动发展战略的支持力度。2020 年 10 月 29 日，九号有限公司存托凭证在科创板成功上市交易，证券简称是"九号公司"，证券代码是 689009，存托人是中国工商银行，这是 A 股市场发行的首只存托凭证。

8.1.2 主要的股票指数

目前，主要的**股票指数**（简称**"股指"**）按照涵盖不同证券交易所上市的股票样本，可以划分为上证综合指数、上证 180 指数、上证 50 指数、上证科创板 50 指数、深证成分股指数、中小企业板指数、创业板指数、沪深 300 指数、中证 500 指数以及中证 800 指数。

1. 上证综合指数

上证综合指数（简称"**上证综指**"）是由上海证券交易所编制的股票指数，于 1991 年 7 月 15 日起编制并正式对外发布。该股票指数的样本是所有在上海证券交易所挂牌上市的股票（包括 A 股和 B 股）。上证综指的基准日定为 1990 年 12 月 19 日，基准日的指数定为 100 点，该指数的权重以股票的市值（股票价格×发行数量）为依据，证券代码为 000001。

根据 2020 年 6 月 19 日发布的《关于修订上证综合指数编制方案的公告》，从 2020 年 7 月 22 日起修订上证综指的编制方案，修订内容如下。（1）针对被实施风险警示（如 ST、*ST）的股票，从被实施风险警示措施次月的第二个星期五的下一交易日起将其从指数样本中剔除；被撤销风险警示措施的股票，从被撤销风险警示措施次月的第二个星期五的下一交易日起将其计入指数。（2）日均总市值排名在沪市前 10 位的新上市股票，于上市满三个月后计入指数，其他新上市股票则在上市满一年后计入指数。（3）上海证券交易所上市的红筹企业发行的存托凭证、科创板上市证券（股票、存托凭证等）将依据修订后的编制方案计入指数。

上证综指还细分成一系列的指数，具体包括 A 股指数、B 股指数、工业类指数、商业指数、地产类指数、公用事业类指数、综合类指数、中型综指以及上证流通指数等。上证综指是研判股市变化趋势极为重要的参考依据。

2. 上证 180 指数

上证 180 指数，又称**上证成分指数**，是上海证券交易所对原上证 30 指数进行调整并更名而成的，其样本股是从该交易所全部 A 股股票中选取的最具市场代表性的 180 种样本股票。上证 180 指数的基准日定为 2002 年 6 月 28 日，基准日的指数定为 3299 点，证券代码为 000010。编制上证 180 指数的目的在于建立一个反映上海证券交易所市场的概貌和运行状况、具有可操作性和投资性、能够作为投资评价尺度及金融衍生产品基础的基准指数。

与上证综指最大的区别在于，上证 180 指数是成分指数，而不是综合指数。依据样本稳定性和动态跟踪相结合的原则，上证 180 指数每半年调整一次成分股，每次调整比例一般不超过 10%，特殊情况下也可对样本进行临时调整。

3. 上证 50 指数

上证 50 指数是上海证券交易所根据流通市值、成交金额对上证 180 指数样本股进行综合排名，从中挑选出规模大、流动性好的 50 只股票组成样本股，以综合反映上海证券交易所市场的一批"龙头"企业的整体状况。上证 50 指数的基准日定为 2003 年 12 月 31 日，基准日的指数定为 1000 点，证券代码为 000016。

与上证 180 指数相同的是，上证 50 指数每半年调整一次成分股，每次调整比例一般不超过 10%，特殊情况下也可以对样本进行临时调整。

4. 上证科创板 50 指数

上海证券交易所和中证指数有限公司于 2020 年 7 月 22 日收盘后发布**上证科创板 50 指数**（简称"**科创 50 指数**"）历史行情，7 月 23 日正式发布实时行情。该指数以 2019 年 12 月 31 日为基准日，基准日的指数定为 1000 点，证券代码为 000688。该指数的成分股样本由科创板挂牌的市值大、流动性好的 50 只证券组成，反映具有市场代表性的一批科创企业的整体表现。

科创 50 指数的样本股票每季度调整一次，调整实施时间为每年 3 月、6 月、9 月和 12 月的第二个星期五的下一交易日。

5. **深证成分股指数**

深证成分股指数（简称"深证成指"）是深圳证券交易所编制的一种成分股指数，是从深圳证券交易所上市的所有股票中选取具有市场代表性的 40 家上市公司股票作为计算对象，以流通股市值为依据计算得出的加权股价指数，综合反映深圳证券交易所上市 A 股、B 股的股价走势。深圳成分股指数的基准日定为 1994 年 7 月 20 日，基准日的指数定为 1000 点，证券代码为 399001。

深圳成指的编制起因于深圳综合指数的缺陷，因为深圳综合指数以股票的总股本作为编制依据。由于在 1994 年以前国内股市只是个人股市场，国家股和法人股皆不能上市流通，因此如果用总股本作权数就容易产生偏差，通过编制深圳成指则可以有效避免这种偏差。

6. **中小企业板指数**

中小企业板指数（简称"中小板指"）是从深圳证券交易所中小板上市交易的 A 股中选取具有代表性的股票，选取时参考了公司治理结构、经营状况、发展潜力、行业代表性等因素，成分股共计 100 只。该指数的基准日定为 2005 年 6 月 7 日，基准日的指数定为 1000 点，证券代码为 399005。

7. **创业板指数**

创业板指数（简称"创业板指"）由具有代表性的 100 家深圳证券交易所创业板上市企业股票组成，反映创业板市场的运行情况。在创业板指数成分股中，高新技术企业的占比超过 9 成，战略新兴产业的占比超过 8 成。该指数的基准日定为 2010 年 5 月 31 日，基准日的指数定为 1000 点，证券代码为 399006。

8. **沪深 300 指数**

沪深 300 指数（简称"沪深 300"）是由上海证券交易所、深圳证券交易所（可以合称"沪深证券交易所"）于 2005 年 4 月 8 日联合发布的反映 A 股市场整体趋势的指数，选取了在这两家交易所挂牌交易的 300 只流动性强和规模大的代表性股票作为样本编制而成，并以流通股市值为依据计算得出。该指数的基准日定为 2004 年 12 月 31 日，基准日的指数定为 1000 点，证券代码为 000300。

沪深 300 指数样本覆盖了沪深市场六成左右的市值，具有良好的市场代表性，有利于投资者全面把握市场运行状况，并能够作为投资业绩的评价标准，为指数化投资和指数衍生产品创新提供基础条件。

9. **中证 500 指数**

中证 500 指数由中证指数有限公司编制，挑选了沪深证券交易所具有代表性的中小市值公司组成样本股，以便综合反映沪深证券市场中小市值公司的整体状况。

该指数的样本股票是扣除了沪深 300 指数样本股以及最近一年来日均总市值排名前 300 名的股票，剩余股票按照最近一年（新股为上市以来）的日均成交金额由高到低排名，剔除排名后 20%的股票，然后将剩余股票按照日均总市值由高到低排名，选取排名在前 500 名的股票作为中证 500 指数样本股。该指数的基准日定为 2004 年 12 月 31 日，基准日的指数定为 1000 点，证券代码为 000905 或 399905。该指数的计算方式以及样本股调整方式与沪深 300 指数基本相同。

10. 中证 800 指数

中证 800 指数也由中证指数有限公司编制，其成分股由中证 500 指数和沪深 300 指数的成分股共同构成。中证 800 指数综合反映沪深证券市场内大中小市值公司的整体状况。当沪深 300 指数、中证 500 指数调整样本股时，中证 800 指数随之进行相应的调整。中证 800 指数的基准日定为 2004 年 12 月 31 日，基准日的指数定为 1000 点，证券代码为 000906。

11. 指数数据的下载与可视化

中证指数有限公司的官方网站提供了关于股指历史走势数据的下载服务。下面，通过导入已下载的上证综指、深圳成指、中小板指和创业板指在 2018 年至 2020 年的日收盘价数据并且通过 Python 进行可视化（见图 8-1），具体的代码如下：

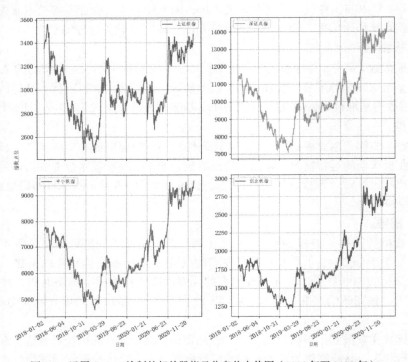

图 8-1　运用 Python 绘制的相关股指日收盘价走势图（2018 年至 2020 年）

```
In [1]: import numpy as np
   ...: import pandas as pd
   ...: import matplotlib.pyplot as plt
   ...: from pylab import mpl
   ...: mpl.rcParams['font.sans-serif']=['FangSong']
   ...: mpl.rcParams['axes.unicode_minus'] = False
   ...: from pandas.plotting import register_matplotlib_converters
   ...: register_matplotlib_converters()

In [2]: index_data=pd.read_excel('C:/Desktop/四只A股市场股指的日收盘价数据（2018-2020）.xlsx',
sheet_name="Sheet1",header=0,index_col=0)    #从外部导入数据
   ...: index_data.plot(subplots=True,layout=(2,2),figsize=(10,10),fontsize=13,grid=True
```

```
#数据可视化
   ...: plt.subplot (2,2,1)      #第1张子图
   ...: plt.ylabel (u'指数点位', fontsize=11, position (0,0))    #增加第1张子图的纵坐标标签
Out[2]:
```

从图 8-1 中可以看到，4 只股指的走势形态上是比较趋同的，并且存在比较明显的"深市强、沪市弱"的局面。此外，由于注册制红利的持续释放，因此创业板指更是独领风骚。

8.2 股票内在价值

股票**内在价值**（intrinsic value）是指股票本身应该具有的价值，这不同于股票的**市场价格**（market price）。由于股票是一种金融资产，因此股票的内在价值可以通过**收入资本化法**（capitalization of income method）[1]进行计算，也就是以对股票存续期内的未来预期现金流进行贴现的方式计算股票的内在价值。

对于股票而言，未来预期现金流就是股票发行人向投资者发放的**股息**（dividend），也称**股利**或**红利**。因此，计算股票内在价值最基本也是最常用的方法就是**股息贴现模型**（Dividend Discount Model，DDM）。

8.2.1 股息贴现模型

假定一家企业满足持续经营假设[2]，同时假定该企业的股息派发日均是发生在年末并且用 t 表示（$t=1,2,\cdots,\infty$），D_t 代表在 t 时刻支付的每股股息，r 代表与该企业的风险相匹配的贴现利率并且复利频次是每年 1 次[3]，V 代表每股股票的内在价值。股息贴现模型可以表达如下：

$$V = \frac{D_1}{1+r} + \frac{D_2}{(1+r)^2} + \frac{D_3}{(1+r)^3} + \cdots = \sum_{t=1}^{\infty} \frac{D_t}{(1+r)^t} \quad (8\text{-}1)$$

从式（8-1）可以看到，股票的内在价值与股息呈正向关系，与贴现率呈反向关系。

式（8-1）看似简单，然而运用于实际却困难重重。因为它需要投资者对未来的每一期股息都进行预测，对于股票而言这是一个几乎不可能完成的任务，毕竟股票不是债券。

当然，如果针对式（8-1）增加一些假设条件，那么式（8-1）就将真正变得切实可行，而假设条件就聚焦于股息增长率。

假定 g_t 表示从 $t-1$ 时刻至 t 时刻的股息增长率，有如下的等式：

$$D_{t-1}(1+g_t) = D_t \quad (8\text{-}2)$$

或者：

$$g_t = \frac{D_t - D_{t-1}}{D_{t-1}} \quad (8\text{-}3)$$

---

[1] 收入资本化法也称为**现金流贴现法**（discount cash flow approach），与 7.2 节讨论的债券定价模型在逻辑上是一脉相承的。

[2] 持续经营假设（going concern assumption）是指企业的经营活动在可预见的将来会继续下去，而不会终止经营或破产清算。这一假设也是企业会计核算的一个重要原则和前提条件。

[3] 该贴现利率就是公司股票要求的收益率，该收益率由 8.5 节的资本资产定价模型计算得出。

基于股息增长率 g_t 的不同假设，股息贴现模型可以划分为零增长模型、不变增长模型、二阶段增长模型以及三阶段增长模型。下面，就依次介绍这些模型的技术细节以及运用 Python 实现的技术路线。

8.2.2 零增长模型

1. 含义与表达式

当假设企业未来的每股股息是一个固定的常数时，也就是意味着股息增长率 $g_t=0$，此时的股息贴现模型就称为**零增长模型**（Zero-Growth Model，ZGM），也称为**无增长模型**（no-growth model）。

假定 D_0 表示企业已支付的最近一期每股股息金额，并且未来企业每一期的股息都等于 D_0，也就是：

$$D_0 = D_1 = D_2 = D_3 = \cdots = D_\infty \tag{8-4}$$

将式（8-4）代入式（8-1）中，并且利用数学中无穷级数的性质[1]，可以得到如下等式：

$$V = \sum_{t=1}^{\infty} \frac{D_0}{(1+r)^t} = D_0 \sum_{t=1}^{\infty} \frac{1}{(1+r)^t} = \frac{D_0}{r} \tag{8-5}$$

从式（8-5）可以看到，在零增长模型中，股票内在价值仅仅取决于两个变量：一是固定的股息，二是贴现率。

通过 Python 自定义一个运用零增长模型计算股票内在价值的函数，具体的代码如下：

```
In [3]: def value_ZGM(D,r):
   ...:     '''定义一个运用零增长模型计算股票内在价值的函数
   ...:     D:代表企业已支付的最近一期每股股息金额。
   ...:     r:代表与企业的风险相匹配的贴现利率（每年复利1次）'''
   ...:     value=D/r                    #计算股票的内在价值
   ...:     return value
```

在以上自定义的函数 value_ZGM 中，输入每股股息和贴现利率这两个参数，就可以得到零增长模型的股票内在价值。

2. 一个案例

【例 8-1】在 2020 年 12 月 31 日，A 金融机构的一位证券分析师希望计算招商银行 A 股股票的内在价值，并且希望运用零增长模型进行计算。招商银行最近一期支付的股息是在 2020 年 7 月 10 日，派发了股息 1.2 元/股。因此，在计算时证券分析师假设招商银行未来每年支付的股息均是 1.2 元/股；此外，计算所运用的贴现利率等于 11.18%[2]。

根据式（8-5），就可以运用零增长模型计算得出招商银行股票内在价值如下：

$$V = \frac{D_0}{r} = \frac{1.2}{11.18\%} = 10.7335（元）$$

下面，运用 Python 自定义函数 value_ZGM 进行计算，具体的代码如下：

```
In [4]: Div=1.2                          #招商银行A股的固定股息
   ...: rate=0.1118                      #贴现利率
```

---

[1] 由于 $r>0$，因此根据数学无穷级数的性质就可以得到 $\sum_{t=1}^{\infty} \frac{1}{(1+r)^t} = \frac{1}{r}$。

[2] 针对如何计算得到该贴现利率的金额，完整的过程详见 8.5.2 节的例 8-13。

```
In [5]: value=value_ZGM(D=Div,r=rate)        #计算股票内在价值
   ...: print('运用零增长模型计算招商银行A股股票内在价值',round(value,4))
运用零增长模型计算招商银行A股股票内在价值 10.7335
```

无论是手动计算还是运用 Python 计算，运用零增长模型计算得到的招商银行 A 股股票内在价值均等于 10.7335 元/股，该数值远低于股票在 2020 年 12 月 31 日的收盘价 43.95 元/股。

8.2.3 不变增长模型

1. 含义与表达式

零增长模型对于股息金额固定不变的假设过于严苛，尤其是针对成长性突出的企业，运用零增长模型将会显著低估其真实的内在价值。因此，一种可选的替代方案是将股息的假设条件调整为"在未来每股股息将保持一个固定且为正的增长率，即 $g_t = g > 0$"，此时的股息贴现模型就称为**不变增长模型**（Constant Growth Model，CGM）。

在不变增长模型中，可以得到关于未来股息的如下等式：

$$D_1 = D_0(1+g) \tag{8-6}$$

$$D_2 = D_1(1+g) = D_0(1+g)^2 \tag{8-7}$$

$$\cdots$$

$$D_t = D_{t-1}(1+g) = D_0(1+g)^t \tag{8-8}$$

将以上的股息表达式（8-8）代入式（8-1）中，并且运用等比数列的求和公式[1]，可以得到运用不变增长模型计算股票内在价值的表达式如下：

$$V = \sum_{t=1}^{\infty} \frac{D_0(1+g)^t}{(1+r)^t} = D_0 \sum_{t=1}^{\infty} \frac{(1+g)^t}{(1+r)^t} = D_0 \frac{1+g}{r-g} \tag{8-9}$$

需要注意的是，运用式（8-9）有一个隐含的限定条件，就是贴现利率必须大于股息增长率，即 $r > g$，否则得到的结果为负数（当 $r < g$ 时）或者不存在（当 $r = g$ 时）。

此外，从式（8-9）中可以看到，在不变增长模型中，影响股票内在价值的变量中增加了一个股息增长率变量，并且该变量与股票内在价值保持正向关系。

通过 Python 自定义一个运用不变增长模型计算股票内在价值的函数，具体的代码如下：

```
In [6]: def value_CGM(D,g,r):
   ...:     '''定义一个运用不变增长模型计算股票内在价值的函数
   ...:     D: 代表企业已支付的最近一期每股股息金额。
   ...:     g: 代表企业的股息增长率，并且数值要小于贴现利率。
   ...:     r: 代表与企业的风险相匹配的贴现利率（每年复利1次）'''
   ...:     if r>g:                                    #当贴现利率大于股息增长率
   ...:         value=D*(1+g)/(r-g)                    #计算股票内在价值
   ...:     else:                                      #当贴现利率小于或等于股息增长率
   ...:         value='输入的贴现利率小于或等于股息增长率而导致结果不存在'
   ...:     return value
```

通过以上自定义的函数 value_CGM，仅需要输入每股股息、股息增长率以及贴现利率等参数，

---

[1] 根据等比数列的求和公式，可以得到 $\sum_{t=1}^{\infty} \frac{(1+g)^t}{(1+r)^t} = \frac{1+g}{r-g}$。

就可以运用不变增长模型计算股票内在价值。

2. 一个案例

【例 8-2】沿用例 8-1 的信息，A 金融机构的证券分析师希望运用不变增长模型重新计算招商银行 A 股股票的内在价值。在估计股息增长率的过程中，证券分析师依据最近 5 年（2016 年至 2020 年）招商银行股息支付情况，同时结合对该银行未来经营情况的预测，将每年股息增长率确定为 10%，其他变量的取值与例 8-1 保持一致。

根据式（8-9），可以得到运用不变增长模型计算的招商银行 A 股股票内在价值如下：

$$V = D_0 \frac{1+g}{r-g} = 1.2 \times \frac{1+10\%}{11.18\%-10\%} = 111.8644 \text{（元）}$$

下面，通过 Python 自定义函数 value_CGM 直接计算，具体的代码如下：

```
In [7]: growth=0.1                                          #招商银行股息增长率

In [8]: value_new=value_CGM(D=Div,g=growth,r=rate)          #计算股票内在价值
   ...: print('运用不变增长模型计算招商银行A股股票的内在价值',round(value_new,4))
运用不变增长模型计算招商银行A股股票的内在价值 111.8644
```

从以上输出的结果可以看到，运用不变增长模型计算得到的招商银行 A 股股票的内在价值为 111.8644 元/股，该数值又显著高于股票在 2020 年 12 月 31 日的收盘价 43.95 元/股。

8.2.4 二阶段增长模型

1. 含义与表达式

将企业的股息增长率设定为一个常数依然有些理想化，毕竟企业在发展过程中往往会经历"先快后慢"的阶梯式增长过程。为了能够使股息贴现模型更加符合企业的实际情况，二阶段增长模型就浮出水面。

二阶段增长模型（Two Stage Growth Model，2SGM）就是假设企业的发展呈现出两个截然不同的阶段：第 1 个阶段是超常增长阶段，处于该阶段的企业，业绩增长率高于正常水平，因而在股息增长率的表现上也会处于超常的状态；第 2 个阶段是永续增长阶段，处于该阶段的企业，业绩增长率处于均衡水平，股息增长率也将回归常态。

假设企业的第 1 个阶段处于未来 $[0,T]$ 期间，该阶段的股息增长率用 g_1 表示；第 2 个阶段则处于未来 $[T,\infty)$ 期间，该阶段的股息增长率用 g_2 表示，并且 $g_1 > g_2$。因此，在二阶段增长模型中，关于未来股息存在如下等式：

第 1 个阶段的股息
$$\begin{cases} D_1 = D_0(1+g_1) & (8\text{-}10) \\ D_2 = D_1(1+g_1) = D_0(1+g_1)^2 & (8\text{-}11) \\ \cdots \\ D_T = D_{T-1}(1+g_1) = D_0(1+g_1)^T & (8\text{-}12) \end{cases}$$

第 2 个阶段的股息
$$\begin{cases} D_{T+1} = D_T(1+g_2) = D_0(1+g_1)^T(1+g_2) & (8\text{-}13) \\ D_{T+2} = D_{T+1}(1+g_2) = D_0(1+g_1)^T(1+g_2)^2 & (8\text{-}14) \\ \cdots \\ D_{T+N} = D_{T+N-1}(1+g_2) = D_0(1+g_1)^T(1+g_2)^N & (8\text{-}15) \\ \cdots \end{cases}$$

同时，假定第 1 个阶段的股息贴现之和用 V_1 表示，第 2 个阶段的股息贴现之和用 V_2 表示。

将第 1 个阶段的每期股息表达式代入式（8-1）中，可以得到 V_1 的表达式如下：

$$V_1 = D_0 \sum_{t=1}^{T} \frac{(1+g_1)^t}{(1+r)^t} \tag{8-16}$$

将第 2 个阶段的每期股息表达式代入（8-1）中，并且运用等比数列的求和公式，可以得到 V_2 的表达式如下：

$$V_2 = \frac{D_0(1+g_1)^T}{(1+r)^T} \sum_{t=1}^{\infty} \frac{(1+g_2)^t}{(1+r)^t} = D_0 \frac{(1+g_1)^T}{(1+r)^T} \left(\frac{1+g_2}{r-g_2} \right) \tag{8-17}$$

将式（8-16）和式（8-17）相结合，就可以得到运用二阶段增长模型计算股票内在价值的表达式如下：

$$V = V_1 + V_2 = D_0 \left[\sum_{t=1}^{T} \frac{(1+g_1)^t}{(1+r)^t} + \frac{(1+g_1)^T}{(1+r)^T} \left(\frac{1+g_2}{r-g_2} \right) \right] \tag{8-18}$$

需要注意的是，运用式（8-18）依然有一个隐含的限定条件，就是贴现利率必须大于第 2 个阶段的股息增长率，即 $r > g_2$，否则会出现错误。

此外，观察式（8-18）可以发现，在二阶段增长模型中，影响股票内在价值的变量增加为 4 个：已支付的最近一期股息 D_0、贴现利率 r、第 1 个阶段的股息增长率 g_1 和第 2 个阶段的股息增长率 g_2。

下面，通过 Python 自定义一个运用二阶段增长模型计算股票内在价值的函数，具体的代码如下：

```python
In [9]: def value_2SGM(D,g1,g2,T,r):
   ...:     '''定义一个运用二阶段增长模型计算股票内在价值的函数
   ...:     D: 代表企业已支付的最近一期每股股息金额。
   ...:     g1: 代表企业在第 1 个阶段的股息增长率。
   ...:     g2: 代表企业在第 2 个阶段的股息增长率，并且数值要小于贴现利率。
   ...:     T: 代表企业第 1 个阶段的期限，单位是年。
   ...:     r: 代表与企业的风险相匹配的贴现利率（每年复利 1 次）'''
   ...:     if r>g2:                                          #贴现利率大于第 2 个阶段的股息增长率
   ...:         T_list=np.arange(1,T+1)                       #创建从 1 到 T 的整数数列
   ...:         V1=D*np.sum(pow(1+g1,T_list)/pow(1+r,T_list)) #计算第 1 个阶段股息贴现之和
   ...:         V2=D*pow(1+g1,T)*(1+g2)/(pow(1+r,T)*(r-g2))   #计算第 2 个阶段股息贴现之和
   ...:         value=V1+V2                                   #计算股票的内在价值
   ...:     else:                                             #贴现利率小于或等于第 2 个阶段的股息增长率
   ...:         value='输入的贴现利率小于或等于第 2 个阶段的股息增长率而导致结果不存在'
   ...:     return value
```

在以上自定义的函数 value_2SGM 中，只需要输入每股股息、两个阶段不同的股息增长率、第 1 个阶段的期限以及贴现利率等参数，就可以计算出二阶段增长模型的股票内在价值。

2. 一个案例

【例 8-3】沿用例 8-1 的信息，A 金融机构的证券分析师为了能够更加合理地计算招商银行 A 股股票的内在价值，将运用二阶段增长模型进行计算。结合招商银行过去已支付的股息，证券分析师设定了如下的变量：第 1 个阶段的股息增长率为 11%，第 2 个阶段的股息增长率为 8%，并且第 1 个阶段的期限是 10 年，其他变量的取值与例 8-1 保持一致。

根据式（8-18），可以得到运用二阶段增长模型计算的招商银行 A 股股票内在价值如下：

$$V = D_0 \left[\sum_{t=1}^{T} \frac{(1+g_1)^t}{(1+r)^t} + \frac{(1+g_1)^T}{(1+r)^T} \left(\frac{1+g_2}{r-g_2} \right) \right] =$$

$$1.2 \times \left[\sum_{t=1}^{10} \frac{(1+11\%)^t}{(1+11.18\%)^t} + \frac{(1+11\%)^{10}}{(1+11.18\%)^{10}} \left(\frac{1+8\%}{11.18\%-8\%} \right) \right] = 51.9933(元)$$

下面，直接通过自定义函数 value_2SGM 计算招商银行 A 股股票的内在价值，具体的代码如下：

```
In [10]: g_stage1=0.11           #第1个阶段的股息增长率
   ...: g_stage2=0.08            #第2个阶段的股息增长率
   ...: T_stage1=10              #第1个阶段的期限（年）

In [11]: value_2stages=value_2SGM(D=Div,g1=g_stage1,g2=g_stage2,T=T_stage1,r=rate) #计算股票内在价值
   ...: print('运用二阶段增长模型计算招商银行A股股票内在价值',round(value_2stages,4))
运用二阶段增长模型计算招商银行A股股票内在价值 51.9933
```

通过以上的计算，可以得到运用二阶段增长模型计算的招商银行 A 股股票的内在价值是 51.9933 元/股，该数值虽然还是高于股票在 2020 年 12 月 31 日的收盘价 43.95 元/股，却已经比较接近了。

下面，通过敏感性分析并借助 Python 分析不同阶段的股息增长率与股票内在价值之间的关系（见图 8-2）。同时，第 1 个阶段股息增长率的取值是处于[6%,11%]区间的等差数列，第 2 个阶段股息增长率的取值则是处于[3%,8%]区间的等差数列。具体的代码如下：

```
In [12]: g1_list=np.linspace(0.06,0.11,100)  #第1个阶段股息增长率的数组
   ...: g2_list=np.linspace(0.03,0.08,100)  #第2个阶段股息增长率的数组

In [13]: value_list1=np.zeros_like(g1_list)  #创建存放对应第1个阶段股息增长率变化的股票内在价值初始数组

In [14]: for i in range(len(g1_list)):       #运用for语句
   ...:     value_list1[i]=value_2SGM(D=Div,g1=g1_list[i],g2=g_stage2,T=T_stage1,r=rate)
#计算股票内在价值

In [15]: value_list2=np.zeros_like(g2_list)  #创建存放对应第2个阶段股息增长率变化的股票内在价值初始数组

In [16]: for i in range(len(g2_list)):       #运用for语句
   ...:     value_list2[i]=value_2SGM(D=Div,g1=g_stage1,g2=g2_list[i],T=T_stage1,r=rate)
#计算股票内在价值

In [17]: plt.figure(figsize=(11,6))
   ...: plt.subplot(1,2,1)                   #第1行第1列的子图
   ...: plt.plot(g1_list,value_list1,'r-',lw=2.5)
   ...: plt.xticks(fontsize=13)
   ...: plt.xlabel(u'第1个阶段股息增长率',fontsize=13)
   ...: plt.yticks(fontsize=13)
   ...: plt.ylabel(u'股票内在价值',fontsize=13,rotation=90)
   ...: plt.title(u'第1个阶段股息增长率与股票内在价值的关系图', fontsize=14)
   ...: plt.grid()
   ...: plt.subplot(1,2,2,sharey=plt.subplot(1,2,1))  #第1行第2列的子图
   ...: plt.plot(g2_list,value_list2,'b-',lw=2.5)
   ...: plt.xticks(fontsize=13)
   ...: plt.xlabel(u'第2个阶段股息增长率',fontsize=13)
```

```
...: plt.yticks(fontsize=13)
...: plt.title(u'第2个阶段股息增长率与股票内在价值的关系图', fontsize=14)
...: plt.grid()
...: plt.show()
```

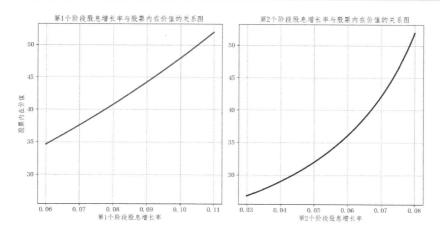

图 8-2 在二阶段增长模型中不同阶段的股息增长率与股票内在价值的关系

从图 8-2 可以看到，在二阶段增长模型中，无论是第 1 个阶段股息增长率还是第 2 个阶段股息增长率，都对股票内在价值产生了正效应；此外，也可以发现，相比第 1 个阶段股息增长率，股票内在价值对第 2 个阶段股息增长率更加敏感。

8.2.5 三阶段增长模型

然而，将企业的未来股息支付划分为两个阶段还是略显粗糙。为了能够使股票内在价值计算更加精细化，三阶段增长模型便孕育而生了。

1. 含义与表达式

三阶段增长模型（Three-Stage Growth Model，3SGM）是基于企业的生命周期将企业的未来发展划分为 3 个阶段——成长阶段、过渡阶段和成熟阶段。在**成长阶段**，企业取得快速的业绩增长，股息增长率通常较高，并且假定是一个固定值；在**过渡阶段**，企业的经营开始趋向成熟，业绩增长缓慢，因此这一阶段的股息增长率开始出现线性下降；当企业迈入**成熟阶段**后，企业的业绩增速与整体经济的增速保持同步，企业的股息增长率就是一个永续的固定增长率，并且通常低于第 1 个阶段（成长阶段）。

在三阶段增长模型中，假设企业的第 1 个阶段处于 $[0, T_a]$ 期间，该阶段的股息增长率用 g_a 表示并且是一个常数；第 2 个阶段处于 $[T_a, T_b]$ 期间，该阶段的股息增长率用 g_t 表示，并且 $t = T_a+1, T_a+2, \cdots, T_b$；第 3 个阶段处于 $[T_b, \infty)$ 期间，该阶段的股息增长率用 g_b 表示并且依然是一个常数。此外，在第 2 个阶段中，还假设股息增长率 g_t 是以线性的方式从 g_a 下降至 g_b，因此有如下的表达式：

$$g_t = g_a - (g_a - g_b)\frac{t - T_a}{T_b - T_a} \quad (8\text{-}19)$$

基于以上 3 个不同阶段的股息增长率，可以得到关于未来股息的如下一系列等式：

第 1 个阶段的股息 $\begin{cases} D_1 = D_0(1+g_a) & (8\text{-}20) \\ D_2 = D_0(1+g_a)^2 & (8\text{-}21) \\ \cdots \\ D_{T_a} = D_0(1+g_a)^{T_a} & (8\text{-}22) \end{cases}$

第 2 个阶段的股息 $\begin{cases} D_{T_a+1} = D_{T_a}(1+g_{T_a+1}) & (8\text{-}23) \\ D_{T_a+2} = D_{T_a}(1+g_{T_a+1})(1+g_{T_a+2}) & (8\text{-}24) \\ \cdots \\ D_{T_b} = D_{T_a}(1+g_{T_a+1})(1+g_{T_a+2})\cdots(1+g_{T_b}) & (8\text{-}25) \end{cases}$

第 3 个阶段的股息 $\begin{cases} D_{T_b+1} = D_{T_b}(1+g_b) & (8\text{-}26) \\ D_{T_b+2} = D_{T_b}(1+g_b)^2 & (8\text{-}27) \\ \cdots \\ D_{T_b+N} = D_{T_b}(1+g_b)^N & (8\text{-}28) \end{cases}$

基于式（8-20）至式（8-22），可以得到企业在第 1 个阶段每期股息现值之和 V_1 的表达式如下：

$$V_1 = D_0 \sum_{t=1}^{T_a} \frac{(1+g_a)^t}{(1+r)^t} \quad (8\text{-}29)$$

基于式（8-23）至式（8-25），可以得到企业在第 2 个阶段每期股息现值之和 V_2 的表达式如下：

$$V_2 = \sum_{t=T_a+1}^{T_b} \frac{D_{t-1}(1+g_t)}{(1+r)^t} \quad (8\text{-}30)$$

基于式（8-26）至式（8-28），并且运用等比数列的求和公式，可以得到企业在第 3 个阶段每期股息现值之和 V_3 的表达式如下：

$$V_3 = \frac{D_{T_b}(1+g_b)}{(1+r)^{T_b}(r-g_b)} \quad (8\text{-}31)$$

结合式（8-29）至式（8-31），就可以运用三阶段增长模型计算得出股票内在价值 V 的表达式如下：

$$V = V_1 + V_2 + V_3 = D_0 \sum_{t=1}^{T_a} \frac{(1+g_a)^t}{(1+r)^t} + \sum_{t=T_a+1}^{T_b} \frac{D_{t-1}(1+g_t)}{(1+r)^t} + \frac{D_{T_b}(1+g_b)}{(1+r)^{T_b}(r-g_b)} \quad (8\text{-}32)$$

在式（8-32）中，第 2 个阶段的股息增长率 g_t 是按照式（8-19）表示的。

此外，与不变增长模型和二阶段增长模型相同的是，在三阶段增长模型中，贴现利率应当大于第 3 个阶段的股息增长率（$r > g_b$），否则计算的结果会出现差错。

2. Python 的自定义函数

式（8-32）确实有些复杂，因此为了便于运算，需要通过 Python 自定义一个运用三阶段增长模型计算股票内在价值的函数，具体的代码如下：

```
In [18]: def value_3SGM(D,ga,gb,Ta,Tb,r):
    ...:     '''定义一个运用三阶段增长模型计算股票内在价值的函数
    ...:     D: 代表企业已支付的最近一期每股股息金额。
```

```python
   ...:         ga: 代表企业在第1个阶段的股息增长率。
   ...:         gb: 代表企业在第3个阶段的股息增长率，并且数值要小于贴现利率。
   ...:         Ta: 代表企业第1个阶段的期限（年）。
   ...:         Tb: 代表企业第1个阶段与第2个阶段的期限之和（年）。
   ...:         r: 代表与企业的风险相匹配的贴现利率（每年复利1次）'''
   ...:     #为了更好理解代码的编写逻辑，分为以下4个步骤
   ...:     #第1步：计算第1个阶段股息贴现之和
   ...:     if r>gb:                                    #贴现利率大于第3个阶段的股息增长率
   ...:         Ta_list=np.arange(1,Ta+1)               #创建从1到Ta的自然数数组
   ...:         D_stage1=D*pow((1+ga),Ta_list)          #计算第1个阶段每期股息金额的数组
   ...:         V1=np.sum(D_stage1/pow(1+r,Ta_list))    #计算第1个阶段股息贴现之和
   ...:     #第2步：计算第2个阶段股息贴现之和
   ...:         Tb_list=np.arange(Ta+1,Tb+1)            #创建从Ta+1到Tb的自然数数组
   ...:         D_t=D_stage1[-1]                        #第1个阶段最后一期股息
   ...:         D_stage2=[]                             #创建存放第2个阶段每期股息的空列表
   ...:         for i in range(len(Tb_list)):
   ...:             gt=ga-(ga-gb)*(Tb_list[i]-Ta)/(Tb-Ta)  #依次计算第2个阶段每期股息增长率
   ...:             D_t=D_t*(1+gt)                      #依次计算第2个阶段的每期股息金额
   ...:             D_stage2.append(D_t)                #将计算得到的每期股息添加至列表尾部
   ...:         D_stage2=np.array(D_stage2)             #将列表转换为数组格式
   ...:         V2=np.sum(D_stage2/pow(1+r,Tb_list))    #计算第2个阶段股息贴现之和
   ...:     #第3步：计算第3个阶段股息贴现之和
   ...:         D_Tb=D_stage2[-1]                       #第2个阶段最后一期股息
   ...:         V3=D_Tb*(1+gb)/(pow(1+r,Tb)*(r-gb))     #计算第3个阶段股息贴现之和
   ...:     #第4步：计算股票的内在价值
   ...:         value=V1+V2+V3                          #计算股票的内在价值
   ...:     else:                                       #贴现利率小于或等于第3个阶段的股息增长率
   ...:         value='输入的贴现利率小于或等于第3个阶段的股息增长率而导致结果不存在'
   ...:     return value
```

在以上自定义的函数 value_3SGM 中，只需要输入股息金额、第1个阶段和第3个阶段的股息增长率、第1个阶段的期限、第1个阶段与第2个阶段的期限之和以及贴现利率等参数，就可以快速计算得到股票内在价值。

3. 一个案例

【例8-4】依然沿用例8-1的信息，A金融机构的证券分析师将采用三阶段增长模型，从而提高招商银行A股股票内在价值计算结果的精确性。结合招商银行过去已支付的股息情况，证券分析师设定了如下的一组变量：

（1）第1个阶段的股息增长率设定为11%，同时第1个阶段的期限是6年；
（2）第2个阶段的股息增长率以线性的方式从11%下降至7.5%，并且第2个阶段的期限为4年；
（3）第3个阶段的股息增长率设定为7.5%，其他变量的取值与例8-1保持一致。

下面，直接运用自定义函数 value_3SGM 计算招商银行A股股票的内在价值，具体的代码如下：

```
In [19]: g_stage1=0.11     #第1个阶段的股息增长率
   ...:  g_stage3=0.075    #第3个阶段的股息增长率
   ...:  T_stage1=6        #第1个阶段的年限
   ...:  T_stage2=4        #第2个阶段的年限

In [20]: value_3stages=value_3SGM(D=Div,ga=g_stage1,gb=g_stage3,Ta=T_stage1, Tb=T_stage1+
T_stage2,r=rate)   #计算股票内在价值
   ...: print('运用三阶段增长模型计算招商银行A股股票内在价值',round(value_3stages,4))
运用三阶段增长模型计算招商银行A股股票内在价值 43.557
```

根据以上的计算,运用三阶段增长模型计算得到的招商银行 A 股股票内在价值是 43.557 元/股,显然该结果非常接近于股票在 2020 年 12 月 31 日的收盘价 43.95 元/股。

下面,借助 Python 并运用敏感性分析考察最近一期已支付的股息金额、贴现利率、第 1 个阶段股息增长率和第 3 个阶段股息增长率这 4 个重要变量对股票内在价值的影响,并且进行可视化。在分析过程中,相关变量的取值设定如下:最近一期已支付的股息金额的取值是处于[0.8,1.6]区间的等差数列,贴现利率的取值是处于[8%,12%]区间的等差数列,第 1 个阶段股息增长率的取值是处于[7%,11%]区间的等差数列,第 3 个阶段股息增长率的取值则是处于[4%,8%]区间的等差数列。整个分析过程分为两个步骤。

第 1 步:计算对应每个变量不同取值的股票内在价值。具体的代码如下:

```
In [21]: Div_list=np.linspace(0.8,1.6,100)       #最近一期已支付的股息金额的数组
    ...: rate_list=np.linspace(0.08,0.12,100)    #贴现利率的数组
    ...: ga_list=np.linspace(0.07,0.11,100)      #第 1 个阶段股息增长率的数组
    ...: gb_list=np.linspace(0.04,0.08,100)      #第 3 个阶段股息增长率的数组

In [22]: value_list1=np.zeros_like(Div_list)     #创建对应不同股息金额的股票内在价值初始数组
    ...: for i in range(len(Div_list)):         #运用 for 语句
    ...:     value_list1[i]=value_3SGM(D=Div_list[i],ga=g_stage1,gb=g_stage3,Ta=T_stage1,
Tb=T_stage1+T_stage2,r=rate)    #计算股票内在价值

In [23]: value_list2=np.zeros_like(rate_list)    #创建对应不同贴现利率的股票内在价值初始数组
    ...: for i in range(len(rate_list)):
    ...:     value_list2[i]=value_3SGM(D=Div,ga=g_stage1,gb=g_stage3,Ta=T_stage1, Tb=T_stage1+
T_stage2,r=rate_list[i])

In [24]: value_list3=np.zeros_like(ga_list)      #创建对应第 1 个阶段不同股息增长率的股票内在价值初始数组
    ...: for i in range(len(ga_list)):
    ...:     value_list3[i]=value_3SGM(D=Div,ga=ga_list[i],gb=g_stage3,Ta=T_stage1, Tb=
T_stage1+T_stage2,r=rate)

In [25]: value_list4=np.zeros_like(gb_list)      #创建对应第 3 个阶段不同股息增长率的股票内在价值初始数组
    ...: for i in range(len(gb_list)):
    ...:     value_list4[i]=value_3SGM(D=Div,ga=g_stage1,gb=gb_list[i],Ta=T_stage1, Tb=
T_stage1+T_stage2,r=rate)
```

第 2 步:将以上的结果可视化并且以 2×2 的子图形式进行展示(见图 8-3)。具体的代码如下:

```
In [26]: plt.figure(figsize=(10,11))
    ...: plt.subplot(2,2,1)                      #第 1 行第 1 列的子图
    ...: plt.plot(Div_list,value_list1,'r-',lw=2.5)
    ...: plt.xticks(fontsize=13)
    ...: plt.xlabel(u'最近一期已支付的股息金额',fontsize=13)
    ...: plt.yticks(fontsize=13)
    ...: plt.ylabel(u'股票内在价值',fontsize=13,rotation=90)
    ...: plt.grid()
    ...: plt.subplot(2,2,2)                      #第 1 行第 2 列的子图
    ...: plt.plot(rate_list,value_list2,'b-',lw=2.5)
    ...: plt.xticks(fontsize=13)
    ...: plt.xlabel(u'贴现利率',fontsize=13)
    ...: plt.yticks(fontsize=13)
    ...: plt.grid()
    ...: plt.subplot(2,2,3)                      #第 2 行第 1 列的子图
    ...: plt.plot(ga_list,value_list3,'r-',lw=2.5)
```

```
...: plt.xticks(fontsize=13)
...: plt.xlabel(u'第1个阶段股息增长率',fontsize=13)
...: plt.yticks(fontsize=13)
...: plt.ylabel(u'股票内在价值',fontsize=13,rotation=90)
...: plt.grid()
...: plt.subplot(2,2,4)                    #第2行第2列的子图
...: plt.plot(gb_list,value_list4,'b-',lw=2.5)
...: plt.xticks(fontsize=13)
...: plt.xlabel(u'第3个阶段股息增长率',fontsize=13)
...: plt.yticks(fontsize=13)
...: plt.grid()
...: plt.show()
```

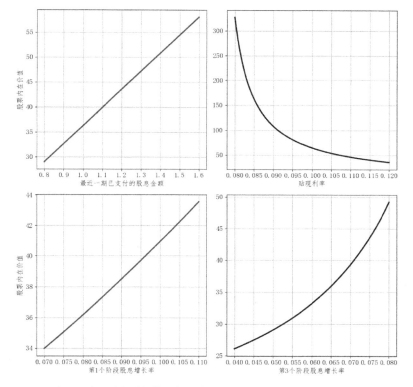

图 8-3 在三阶段增长模型中不同变量与股票内在价值之间的关系图

从图 8-3 中可以看到，在三阶段增长模型中，最近一期已支付的股息金额、第 1 个阶段股息增长率这两个变量与股票内在价值之间呈现正向的线性关系，第 3 个阶段股息增长率与股票内在价值之间呈现正向的非线性关系，贴现利率与股票内在价值之间则呈现反向的非线性关系。

8.3 股票价格服从的随机过程

在 8.2 节讨论的股票内在价值，通常其变化频次较低，往往当上市公司基本面发生变化时才会

出现波动。然而，当观察股票价格（简称"股价"）的行情走势就会发现，在交易时段内，股价几乎每时每刻都在发生着变化。股价到底遵循着怎样的一种变化规律，这是萦绕在无数投资者心中的一个难解之谜，也是现代金融领域最富争议的话题之一。本章将尝试从随机过程的视角刻画股价的动态变化。

如果一个变量的值以某种不确定的形式随时间变化，就称该变量服从某种**随机过程**（stochastic process）。因此，随机过程就是对一连串随机事件动态关系的定量描述。众多投资者都热衷于对股价的预测，希望实现财富效应的最大化。但是由于股价受许多随机因素的影响，它本身具有随机性，因此股价服从一个随机过程，对股价短期预测的努力往往是一种徒劳。类似地，森林中某种动物的数量、百货公司每天的顾客数等，都随时间变化而形成随机过程。在严格意义上，现实中的大多数过程都具有不同程度的随机性。

随机过程可以分为**离散时间**（discrete time）和**连续时间**（continuous time）两类。一个离散时间随机过程是指变量值只能在某些确定的时刻上变化，一个连续时间随机过程是指变量值可以在任何时刻上变化。随机过程也可以划分为**连续变量**（continuous variable）和**离散变量**（discrete variable）两类。在连续变量随机过程中，变量可以取某一范围内的任何值；在离散变量随机过程中，变量只能取某些离散值。对于股价而言，根据量化建模的不同需要，分析师会将股价归入连续时间、连续变量的随机过程，或者归入离散时间、离散变量的随机过程，并且还需要从马尔可夫过程与有效市场假说讲起。

8.3.1 马尔可夫过程与有效市场假说

1. 马尔可夫过程

马尔可夫过程（Markov process）是由俄罗斯数学家安德雷·马尔可夫（Андрей Марко）提出的，该过程是一个特殊类型的随机过程，核心思想就是对变量未来的预测仅仅与变量的当前值有关，变量的历史值以及变量从过去到现在的演变方式与未来的预测均无关。举一个简单的例子，一只没有记忆的白鼠在若干个洞穴间的蹿动就构成一个马尔可夫过程，因为这只白鼠已没有了记忆，瞬间而生的念头决定了它从一个洞穴蹿到另一个洞穴；当其所在位置确定时，下一步蹿往何处与以往经过的路径无关。

这种在已知"现在"的条件下，"未来"与"过去"彼此独立的特性就被称为**马尔可夫性质**，具有这种性质的随机过程就被称为马尔可夫过程，其最原始的模型就是**马尔可夫链**。

这里就以股票市场为例。假定今天是 2020 年 8 月 18 日，招商银行 A 股的收盘价为 38.85 元/股，如果股价服从马尔可夫过程，过去股票价格（比如最近 3 个月的股价）不会影响明天（2020 年 8 月 19 日）股票价格的走势，而唯一需要考虑的信息就是今天的收盘价 38.85 元/股。在这里需要指出的是，在确定股票价格所服从的随机过程特性时，其历史数据的统计特性（例如波动率）也许有用，而在这里仅仅是说明股票的未来价格与过往价格无关。

由于对将来的预测存在着不确定性，因此预测必须以概率分布的形式表达。马尔可夫性质就意味着股票价格在将来的概率分布不依赖于股票价格在过去所遵循的特定路径。

2. 有效市场假说

有效市场假说（Efficient Market Hypothesis，EMH），又称**有效市场理论**（efficient market theory）。该假说起源于一位名叫路易斯·巴舍利耶（Louis Bachelier）的法国数学家，他在 1900 年发表的博

士论文《投机理论》（Théorie de la spéculation）中，首次尝试将概率论应用于股票价格的分析，并发现股票价格的变动是完全随机的，具有不可预知性。

该假说正式的提出者是美国经济学家尤金·法马（Eugene Fama，也译为尤金·法玛）。在总结了前人的理论和实证的基础上，法马于 1970 年系统性地提出了有效市场假说，该假说包含以下几个要点。

（1）市场上的每个投资者都是理性的经济人，每只股票所代表的公司都处于这些理性经济人的严格监视之下。这些理性经济人每天都在进行基本面的分析，用公司未来的盈利能力去评估公司的股票价格，把未来价格折算成今天的现值，并谨慎地在风险与收益之间进行权衡与取舍。

（2）股票价格反映了这些理性经济人的供求平衡。想买入的人数正好等于想卖出的人数，也就是认为股价被高估的人数与认为股价被低估的人数正好相等。假如有人发现这两者不等（存在套利的可能），投资者立即会用买入或卖出股票的办法使股价迅速变动到能够使供求相等为止。

（3）股票价格也能充分反映该资产的所有可获得的信息（信息有效），当信息变动时，股票价格就一定会随之变动。一个利好消息或利空消息刚刚传出时，股票价格就开始异动；当它已经路人皆知时，股票价格也已经上涨或下跌至合理的价位。

有效市场假说实际上意味着"天下没有免费的午餐"，在一个正常的有效率市场中，花时间去分析股票价格是毫无意义的。因为有效市场假说认为，股票价格已经充分反映了所有相关的信息，资本市场相对于这个信息集是有效的，任何人根据这个信息集进行交易都无法获得超额利润。

在金融理论中，根据信息集的大小，有效市场假说可以进一步分为 3 种。

第 1 种：**弱式有效市场假说**（weak-form market efficiency）。该假说认为在弱式有效的情况下，股票价格已充分反映了所有过去的价格信息，包括股票的成交价、成交量、卖空金额、融资金额等。得到的推论是，如果弱式有效市场假说成立，则股票的技术分析将失去用武之地，但基本面分析仍可能帮助投资者获得超额收益。

第 2 种：**半强式有效市场假说**（semi-strong-form market efficiency）。该假说认为股票价格已充分反映出所有已公开的有关公司营运前景的信息。这些信息除了过去的价格信息以外，还包括财务信息、盈利预测、公司管理状况及其他公开披露的信息等。假如投资者能迅速获得这些信息，股票价格会迅速做出反应。得到的推论是，如果半强式有效市场假说成立，则股票的技术分析和基本面分析都失去了作用，除非掌握了内幕消息才有可能获得超额收益。

第 3 种：**强式有效市场假说**（strong-form market efficiency）。强式有效市场假说认为股票价格已充分反映了关于公司的一切信息，包括已公开的信息和内部尚未公开的信息。得到的推论是，在强式有效市场中，没有任何方法能帮助投资者获得超额收益，即使拥有内幕消息也是徒劳的。

表 8-1 归纳了有效市场假说的相关要点。

表 8-1 有效市场假说的相关要点

市场有效性程度	技术分析	基本面分析	组合管理
无效	有效	有效	积极进取
弱式有效	无效	有效	积极进取
半强式有效	无效	无效	积极进取
强式有效	无效	无效	消极保守

此外，需要注意的是，股价的马尔可夫性质与弱式有效市场假说是一致的。

8.3.2 维纳过程与广义维纳过程

前面描述的关于随机过程的内容比较偏重于概念，接下来就结合数学知识探讨随机过程的表达式。同时，维纳过程与广义维纳过程是最基本的随机过程，也是讨论股票价格所服从的随机过程的起点。

1. 维纳过程

维纳过程（Wiener process）由美国数学家、控制论创始人诺伯特·维纳（Norbert Wiener）提出。维纳过程是期望值（均值）为 0、方差为 1 的特殊马尔可夫过程。维纳过程曾在物理学中用来描述一个粒子受到大量小分子碰撞后所产生的运动，该现象最早是由苏格兰植物学家罗伯特·布朗（Robert Brown）在观察花粉以及其他悬浮微小颗粒在水中不停地做不规则的曲线运动时发现的，这种运动也被命名为**布朗运动**（Brownian motion）。下面就采用正规的数学表达方式描述维纳过程。

当具有以下两个性质时，随机变量 x 被认为服从维纳过程。

性质 1：变量 x 在瞬时（极短时间）Δt 的变化量 Δx 满足如下等式。

$$\Delta x = \varepsilon \sqrt{\Delta t} \tag{8-33}$$

其中，ε 服从标准正态分布，也就是期望值为 0、方差为 1 的正态分布，同时 Δt 可以视为一个常数。因此 Δx 服从期望值为 0、标准差为 $\sqrt{\Delta t}$ 的正态分布。

性质 2：在任何两个不相重叠的 Δt 时间区间内，变化量 Δx 之间是相互独立的。这个性质就说明变量 x 服从马尔可夫过程。

接着考虑在一段相对较长时间区间 T 内变量 x 的变化量，将变化量表述为 $x_T - x_0$。该变化量可以看成 N 个区间长度为 Δt 的 x 变化量的总和，具体如下：

$$x_T - x_0 = \sum_{i=1}^{N} \varepsilon_i \sqrt{\Delta t} \tag{8-34}$$

其中，$N = T / \Delta t$，ε_i 依然服从标准正态分布。

通过维纳过程的性质 2 可以得出不同 ε_i 之间是相互独立的，进而得到 $x_T - x_0$ 的期望值为 0、标准差为 $\sqrt{N\Delta t} = \sqrt{T}$ 以及方差为 T。因此，$x_T - x_0$ 是一个服从期望值为 0、标准差为 $\sqrt{T}$ 的正态分布。

在随机过程中，每个单位时间 Δt 内的变量变化的期望值称为变量的**漂移率**（drift rate），变化的方差称为变量的**方差率**（variance rate）。因此，维纳过程的漂移率就是 0，方差率就是 1。漂移率为 0 意味着在将来任意时刻变量 x 的期望值等于其当前值；方差率为 1 意味着在任意长度为 T 的时间区间内，x 变化的方差等于 T。

2. 广义维纳过程

如果变量 y 服从**广义维纳过程**（generalized Wiener process），则 y 可以通过维纳过程 dx 定义，具体如下：

$$dy = adt + bdx \tag{8-35}$$

其中，a 和 b 都是常数。

首先，讨论式（8-35）等号右边的第 1 项 adt。这一项说明变量 y 在单位时间 Δt 内的漂移率为 a。如果忽略后面的 bdx，则式（8-35）就退化为 $dy = adt$，即 $dy/dt = a$。对 t 进行积分，就可以得出：
$$y = y_0 + at \tag{8-36}$$

其中，y_0 是 y 在 $t=0$ 时刻的值（变量 y 的初始值），at 说明经过了时间 T 以后变量 y 的增量就是 aT。

接着，讨论式（8-35）等号右边的第 2 项 bdx。这一项可以被视为附加在变量 y 路径上的**噪声**（noise），幅度为维纳过程的 b 倍。由于维纳过程的方差为 1，因此 b 倍维纳过程在单位时间内的方差率就等于 b^2。因此，广义维纳过程的漂移率为 a、方差率为 b^2。

运用离散化的表达方式并且结合式（8-33），在单位时间 Δt 内，可以得到 y 变化量 Δy 的数学表达式如下：
$$\Delta y = a\Delta t + b\varepsilon\sqrt{\Delta t} \tag{8-37}$$

其中，ε 依然服从标准正态分布。因此，可以得到 Δy 的期望值是 $a\Delta t$、标准差是 $b\sqrt{\Delta t}$、方差是 $b^2\Delta t$，并且 Δy 服从期望值为 $a\Delta t$、标准差为 $b\sqrt{\Delta t}$ 的正态分布。

此外，根据前面讨论的维纳过程的性质 2，可以得到在任意时间区间 T，变化量 Δy 服从正态分布，并且 Δy 的期望值是 aT、标准差是 $b\sqrt{T}$ 以及方差是 b^2T。

8.3.3 几何布朗运动

有了前面的随机过程知识作为铺垫，现在就要引出股票价格服从怎样的随机过程这个核心问题。维纳过程肯定不适合，那么股票价格是否能假设服从广义维纳过程，也就是股票价格是否具有不变的漂移率 a 和不变的方差率 b^2。显然，广义维纳过程违背了投资者要求的预期收益率与股票价格无关这一事实。举一个简单的例子，假定投资者对招商银行股票的预期收益率是 10%/年，无论股票价格是 50 元/股还是 10 元/股，投资者的预期收益率都不会改变。因此，当股票价格为 50 元/股时，股票价格的漂移率 $a=5$ 元/股；当股票价格为 10 元/股时，股票价格的漂移率 $a=1$ 元/股，显然与具有不变的漂移率 a 产生矛盾了。

因此，假定股票收益率的期望值是一个常数就显得更加合理，运用到随机过程中就表示如下：
$$\text{股票价格的漂移率} \div \text{股票价格} = \text{常数}$$

如果股票价格为 S，则股票价格的漂移率可以是 μS，其中 μ 是股票收益率的期望值并且是常数。根据前面讨论的广义维纳过程的相关结论，"股票收益率的期望值是常数"的假设就意味着在单位时间 Δt 内，股票价格 S 的期望增量为 $\mu S\Delta t$。

同时，在股票市场中，由于股票价格存在不确定性，因此一个相对合理的假设是无论股票价格是多少，在一个较短时间 Δt 内股票收益率的波动率（简称"收益波动率"或"波动率"）是相同的。例如，无论招商银行股票价格是 50 元/股还是 10 元/股，投资者对该股票收益波动率（不确定性）持有相同的预期。进而，可以推断出在极短时间 Δt 以后，股票价格的标准差应与股票价格成正比。通过一个例子加以说明。假定招商银行股票收益波动率是 20%，当股票价格为 50 元/股的时候，股票价格的标准差就是 10 元（50×20%）；而当股票价格为 10 元/股的时候，股票价格的标准差就下降至 2 元（10×20%）。

据此，就可以得出股票价格服从的随机过程模型，具体如下：
$$dS = \mu Sdt + \sigma Sdx \tag{8-38}$$

等式两边同时除 S，可以得到：

$$\frac{\mathrm{d}S}{S} = \mu \mathrm{d}t + \sigma \mathrm{d}x \tag{8-39}$$

其中，参数 μ 是股票收益率的期望值，参数 σ 是股票收益波动率。这个式是用于描述股票价格最常用的一种随机模型，该模型称为**几何布朗运动**（Geometric Brownian Motion，GBM）。

1. 离散形式

通常，在金融实践中，由于变量往往是离散而非连续形式的，因此需要将式（8-39）用离散时间形式进行重新表述，具体如下：

$$\frac{\Delta S}{S} = \mu \Delta t + \sigma \Delta x \tag{8-40}$$

根据式（8-33），可以得到：

$$\frac{\Delta S}{S} = \mu \Delta t + \sigma \varepsilon \sqrt{\Delta t} \tag{8-41}$$

或者：

$$\Delta S = \mu S \Delta t + \sigma S \varepsilon \sqrt{\Delta t} \tag{8-42}$$

其中，ΔS 是股票价格在很小时间区间 Δt 内的变化。

针对式（8-41），$\Delta S/S$ 表示在单位时间 Δt 内的股票收益率，$\mu \Delta t$ 是股票收益率的期望值（非随机部分），$\sigma \varepsilon \sqrt{\Delta t}$ 是股票收益率的随机部分。由于非随机部分的方差是 0，因此股票收益率中随机部分的方差 $\sigma^2 \Delta t$ 就是股票收益率的整体方差，$\sigma \sqrt{\Delta t}$ 是在单位时间 Δt 内的股票收益率的标准差（股票收益波动率）。

最终，股票收益率 $\Delta S/S$ 就服从期望值为 $\mu \Delta t$、标准差为 $\sigma \sqrt{\Delta t}$ 的正态分布。

2. 模拟服从几何布朗运动的股价

下面就以 A 股市场单只股票的股价为例进行演示。由于几何布朗运动的离散形式无法直接运用 Python 进行处理，因此需要运用欧拉离散方法将其变换为如下的差分方程[1]：

$$S_t = S_{t-\Delta t} \mathrm{e}^{\left(\mu - \frac{1}{2}\sigma^2\right)\Delta t + \sigma \varepsilon_t \sqrt{\Delta t}} \tag{8-43}$$

【例 8-5】B 金融机构的证券分析师尝试运用招商银行 A 股 2018 年至 2020 年的日收盘价数据，模拟未来 3 年（2021 年至 2023 年）该股票的每日价格走势，模拟路径共 500 条。同时，在模拟过程中，将 S_0 设定为 2021 年 1 月 4 日（2021 年首个交易日）的收盘价 43.17 元/股。下面就运用 Python 对股价进行模拟，具体分为 4 个步骤。

第 1 步：导入数据并且计算得到招商银行 A 股的平均年化收益率和年化波动率。具体的代码如下：

```
In [27]: S=pd.read_excel('C:/Desktop/招商银行A股日收盘价数据（2018—2020年）.xlsx', sheet_name=
"Sheet1",header=0,index_col=0)    #导入外部数据

In [28]: R=np.log(S/S.shift(1))         #计算招商银行A股日收益率。利用8.4.1节的式（8-45）计算
```

---

[1] 可以参考由伊夫·希尔皮斯科（Yves Hilpsch）撰写的《Python 金融大数据分析》。

```
In [29]: mu=R.mean()*252              #股票的平均年化收益率
   ...: mu=float(mu)                  #转换为浮点型数据类型
   ...: print('招商银行A股平均年化收益率',round(mu,6))
招商银行A股平均年化收益率 0.136406

In [30]: sigma=R.std()*np.sqrt(252)   #股票收益的年化波动率
   ...: sigma=float(sigma)
   ...: print('招商银行A股年化波动率',round(sigma,6))
招商银行A股年化波动率 0.285664
```

通过以上的输出结果可以发现，招商银行 A 股的平均年化收益率达到 13.64%（保留至小数点后两位），年化波动率高达 28.57%。

第 2 步：输入需要进行模拟的相关参数，并运用 3.1.4 节讨论的函数 date_range，通过该函数创建从 2021 年 1 月 4 日至 2023 年 12 月末并且是工作日的时间数列。具体的代码如下：

```
In [31]: import numpy.random as npr   #导入 NumPy 的子模块 random

In [32]: date=pd.date_range(start='2021-01-04',end='2023-12-31',freq='B')  #创建 2021 年至 2023 年的工作日数列

In [33]: N=len(date)                  #计算 date 的元素个数
   ...: I=500                         #设定模拟的路径数量（随机抽样的次数）

In [34]: dt=1.0/252                   #单位时间的长度（1 天）

In [35]: S_GBM=np.zeros((N,I))        #创建存放模拟服从几何布朗运动的未来股价初始数组
   ...: S_GBM[0]=43.17                #模拟的起点设为 2021 年 1 月 4 日的收盘价
```

第 3 步：运用 for 语句创建模拟的未来股价时间序列。具体的代码如下：

```
In [36]: for t in range(1,N):
   ...:     epsilon=npr.standard_normal(I)    #基于标准正态分布的随机抽样
   ...:     S_GBM[t]=S_GBM[t-1]*np.exp((mu-0.5*sigma**2)*dt+sigma*epsilon*np.sqrt(dt))
#计算未来每个工作日的股价

In [37]: S_GBM=pd.DataFrame(S_GBM,index=date)    #转换为带有时间索引的数据框

In [38]: S_GBM.head()                 #显示数据框的开头 5 行
Out[38]:
                    0          1          2     ...        497        498        499
2021-01-04  43.170000  43.170000  43.170000    ...   43.170000  43.170000  43.170000
2021-01-05  42.939752  42.794172  42.898749    ...   42.641265  42.785695  43.836569
2021-01-06  44.148528  42.852460  42.807662    ...   42.796250  42.175857  44.285001
2021-01-07  43.872661  42.604101  42.940531    ...   44.009245  42.754073  44.639509
2021-01-08  42.894358  43.468010  42.315534    ...   43.520846  43.690653  44.097079

[5 rows x 500 columns]

In [39]: S_GBM.tail()                 #显示数据框的末尾 5 行
Out[39]:
                    0          1          2     ...        497        498        499
2023-12-25  35.544984  56.084683  70.567665    ...   96.723409  39.503511  133.397854
2023-12-26  35.074373  56.536259  70.281530    ...   95.776383  40.275916  135.825883
2023-12-27  34.083418  56.654968  71.441046    ...   99.674585  39.479959  132.763847
2023-12-28  35.294047  55.915721  71.162239    ...   98.068148  39.942950  133.873159
```

```
2023-12-29    34.907987    54.765304    70.424714  ...   95.878850    39.472948    130.410987

[5 rows x 500 columns]

In [40]: S_GBM.describe()                            #显示数据框的描述性统计指标
Out[40]:
                0            1            2       ...         497         498          499
count   780.000000   780.000000   780.000000     ...  780.000000  780.000000   780.000000
mean     32.300067    55.618948    40.802835     ...   59.518845   51.933385    68.751330
std       3.758964     9.896226    19.394138     ...   10.757920    7.160789    24.879857
min      25.748224    35.120402    21.310365     ...   38.996620   38.450755    37.701147
25%      28.938641    48.468295    25.271935     ...   53.874145   46.651900    49.891500
50%      32.107638    58.391134    33.907210     ...   58.356921   52.644657    58.797827
75%      34.974149    63.312831    49.055671     ...   64.761778   57.810968    83.858286
max      44.148528    74.745796    84.568292     ...   99.674585   66.519405   137.449955

[8 rows x 500 columns]
```

需要再次强调的是，由于是随机抽样，因此每次模拟出的 500 条路径是存在一定差异的。

第 4 步：将招商银行 A 股模拟股价的结果进行可视化（见图 8-4）。具体的代码如下：

```
In [41]: plt.figure(figsize=(9,6))
   ...: plt.plot(S_GBM)
   ...: plt.xlabel(u'日期',fontsize=13)
   ...: plt.ylabel(u'招商银行股价',fontsize=13)
   ...: plt.xticks(fontsize=13)
   ...: plt.yticks(fontsize=13)
   ...: plt.title(u'2021-2023年服从几何布朗运动的股价模拟路径', fontsize=13)
   ...: plt.grid()
   ...: plt.show()
```

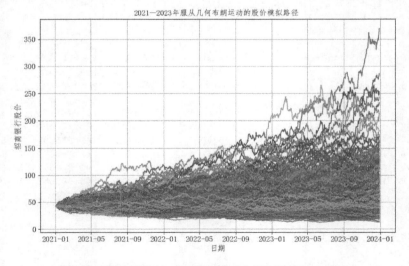

图 8-4　模拟招商银行 A 股未来股价的全部路径（共 500 条）

从图 8-5 中不难发现，未来 3 年的股价绝大多数为 20 元/股到 150 元/股。为了能够更加清晰地展示模拟路径，下面就将本次模拟的前 20 条路径进行可视化（见图 8-5），具体的代码如下：

```
In [42]: plt.figure(figsize=(9,6))
   ...: plt.plot(S_GBM.iloc[:,0:20])              #将本次模拟的前20条路径可视化
   ...: plt.xlabel(u'日期',fontsize=13)
   ...: plt.ylabel(u'招商银行股价',fontsize=13)
   ...: plt.xticks(fontsize=13)
   ...: plt.yticks(fontsize=13)
   ...: plt.title(u'2021-2023年服从几何布朗运动的股价的前20条模拟路径', fontsize=13)
   ...: plt.grid()
   ...: plt.show()
```

图 8-5　模拟招商银行 A 股未来股价的前 20 条路径

从图 8-5 可以看到，在模拟的前 20 条路径中，第 3 年末（2023 年年末）的股价最低接近 20 元/股，最高则接近 120 元/股。

8.4　构建股票最优投资组合

8.2 节和 8.3 节均聚焦于单只股票。然而在现实的投资活动中，无论是个人投资者还是机构投资者，往往通过配置若干只股票而构建一个投资组合（portfolio）的方式开展投资。在现代金融学中，投资组合理论占据极其重要的地位，该理论的开山鼻祖是哈里·马科维茨（Harry Markowitz），并于 20 世纪 50 年代最早提出。时至今日，在涉及投资组合的研究与实践中依然广泛运用该理论。本节就结合投资组合理论，探讨如何运用 Python 构建最优的股票投资组合。

8.4.1　投资组合的主要变量

假设存在一个投资组合，它由 N 只股票构成，描述一个投资组合需要运用包括投资组合的预期收益率以及投资组合的波动率这两个重要变量。

1. 投资组合的预期收益率

关于组合收益率的计算，曾经在第 2 章讨论 NumPy 的时候简单提到过，参见 2.4.3 节的例 2-31。现在，针对投资组合的预期收益率，给出一般化的表达式，具体如下：

$$E(R_P) = E\left(\sum_{i=1}^{N} w_i R_i\right) = \sum_{i=1}^{N} w_i E(R_i) = [w_1, w_2, \cdots, w_N][E(R_1), E(R_2), \cdots, E(R_N)]^T \quad (8\text{-}44)$$

其中，$E(R_P)$ 代表投资组合的预期收益率；

w_i 代表投资组合中第 i 只股票的权重，通常是股票的市值占投资组合总市值的比例，同时满足 $\sum_{i=1}^{N} w_i = 1$；

$E(R_i)$ 代表投资组合中第 i 只股票的预期收益率，通常用该股票过去收益率的均值代替；

$[w_1, w_2, \cdots, w_N]$ 代表每只股票权重的向量，并且是行向量；

$[E(R_1), E(R_2), \cdots, E(R_N)]^T$ 代表每只股票预期收益率的向量并且是列向量，这里的上标 T 表示转置。

在计算股票收益率的时候，针对第 i 只股票在第 t 个交易日的收益率用如下式（8-45）表示，从而将收益率变为连续复利的收益率：

$$R_{it} = \ln \frac{P_{it}}{P_{it-1}} \quad (8\text{-}45)$$

其中，P_{it} 表示第 i 只股票在第 t 个交易日的价格，P_{it-1} 表示第 i 只股票在第 $t-1$ 个交易日的价格。

此外，在 Python 中，可以创建投资组合中每只股票的随机权重并确保权重合计数等于 1，需要运用 2.5.2 节讨论的 NumPy 子模块 random 中的函数 rand（见表 2-5），具体的代码如下：

```
In [43]: x=npr.rand(5)           #从均匀分布中随机抽取 5 个随机数
    ...: weight=x/np.sum(x)      #创建权重数组
    ...: weight                   #输出结果
Out[43]: array([0.22135924, 0.09830037, 0.20325347, 0.25201193, 0.22507499])

In [44]: round(sum(weight),2)    #验证权重随机数之和是否等于1
Out[44]: 1.0
```

需要注意的是，由于权重数是随机抽取的，因此每次抽取所得到的权重数组会存在差异。

2. 投资组合的波动率（风险）

在计算投资组合的波动率之前，需要首先计算得到每只股票收益率之间的协方差和相关系数。为了便于理解，首先考虑由两只股票构建的投资组合波动率，具体的表达式如下：

$$\begin{aligned}\sigma_P^2 &= w_1^2 \sigma_1^2 + w_2^2 \sigma_2^2 + 2w_1 w_2 Cov(R_1, R_2) \\ &= w_1^2 \sigma_1^2 + w_2^2 \sigma_2^2 + 2w_1 w_2 \rho_{12} \sigma_1 \sigma_2\end{aligned} \quad (8\text{-}46)$$

式（8-46）的两边开根号就得到：

$$\begin{aligned}\sigma_P &= \sqrt{w_1^2 \sigma_1^2 + w_2^2 \sigma_2^2 + 2w_1 w_2 Cov(R_1, R_2)} \\ &= \sqrt{w_1^2 \sigma_1^2 + w_2^2 \sigma_2^2 + 2w_1 w_2 \rho_{12} \sigma_1 \sigma_2}\end{aligned} \quad (8\text{-}47)$$

其中，σ_P 表示投资组合的波动率，也代表投资组合的风险；

σ_1 和 σ_2 分别表示第 1 只股票、第 2 只股票的波动率；

$Cov(R_1, R_2)$ 表示第 1 只股票收益率与第 2 只股票收益率之间的协方差；

ρ_{12} 表示第 1 只股票收益率与第 2 只股票收益率之间的相关系数，并且 ρ_{12} 与 $Cov(R_1,R_2)$ 之间有如下的等式关系：

$$\rho_{12}=\frac{Cov(R_1,R_2)}{\sigma_1\sigma_2} \quad (8\text{-}48)$$

从式（8-47）不难发现，投资组合的波动率会受到相关系数的影响。当 $\rho_{12}=1$ 时（完全线性正相关），$\sigma_P=w_1\sigma_1+w_2\sigma_2$，此时的投资组合波动率就是两只股票波动率的加权平均值；当 $\rho_{12}=-1$ 时（完全线性负相关），$\sigma_P=|w_1\sigma_1-w_2\sigma_2|$，此时的投资组合波动率就是两只股票加权波动率之差并取绝对值。

接着，将以上的结论推广至由 N 只股票构建的投资组合，存在如下的表达式：

$$\begin{aligned}\sigma_P^2 &= \sum_{i=1}^{N}\sum_{j=1}^{N}w_iw_j Cov(R_i,R_j) \\ &= \sum_{i=1}^{N}\sum_{j=1}^{N}w_iw_j\rho_{ij}\sigma_i\sigma_j\end{aligned} \quad (8\text{-}49)$$

两边开根号就可以得到：

$$\begin{aligned}\sigma_P &= \sqrt{\sum_{i=1}^{N}\sum_{j=1}^{N}w_iw_j Cov(R_i,R_j)} \\ &= \sqrt{\sum_{i=1}^{N}\sum_{j=1}^{N}\rho_{ij}w_iw_j\sigma_i\sigma_j}\end{aligned} \quad (8\text{-}50)$$

其中，σ_i 表示第 i 只股票的波动率，σ_j 表示第 j 只股票的波动率；
$Cov(R_i,R_j)$ 表示第 i 只股票收益率与第 j 只股票收益率之间的协方差；
ρ_{ij} 表示第 i 只股票收益率与第 j 只股票收益率之间的相关系数，并且有如下的等式关系：

$$\rho_{ij}=\frac{Cov(R_i,R_j)}{\sigma_i\sigma_j} \quad (8\text{-}51)$$

当 $i=j$ 时，$Cov(R_i,R_j)=\sigma_i^2=\sigma_j^2$，$\rho_{ij}=1$；当 $i\neq j$ 时，$Cov(R_i,R_j)=Cov(R_j,R_i)$，$\rho_{ij}=\rho_{ji}$。

由于会涉及大量的计算，因此可以运用矩阵，设定如下的向量和矩阵：

$$\boldsymbol{w}=[w_1,w_2,\cdots,w_N],\ \boldsymbol{\Sigma}=\begin{bmatrix}\sigma_1^2 & \sigma_{12} & \cdots & \sigma_{1N} \\ \sigma_{21} & \sigma_2^2 & \cdots & \sigma_{2N} \\ \vdots & \vdots & & \vdots \\ \sigma_{N1} & \sigma_{N2} & \cdots & \sigma_N^2\end{bmatrix},\ \text{其中}\ \sigma_{ij}=Cov(R_i,R_j)$$

因此，投资组合波动率的表达式（8-50）可以写成非常简洁的矩阵形式：

$$\sigma_P=\sqrt{\boldsymbol{w\Sigma w}^\mathrm{T}} \quad (8\text{-}52)$$

此外，根据 8.3.3 节所讨论的几何布朗运动，波动率大致遵循平方根法则，并且按照交易日的天数计算，具体如下：

$$\text{周波动率}=\sqrt{5}\times\text{日波动率}$$
$$\text{月波动率}=\sqrt{22}\times\text{日波动率}$$
$$\text{年波动率}=\sqrt{252}\times\text{日波动率}$$

下面，通过基于 A 股市场股票的案例并结合 Python 演示如何计算一个投资组合的预期收益率和波动率。

3. 一个案例

【例8-6】假定C金融机构管理的股票投资组合配置了5只A股股票,具体是长江电力、平安银行、上海机场、中信证券以及顺丰控股,选取的股价数据是2018年至2020年期间每个交易日的收盘价。同时,假定在投资组合中,每只股票配置的权重均为20%。下面就通过Python计算投资组合年化的预期收益率以及波动率,具体分为4个步骤。

第1步:导入股票的收盘价数据并且进行可视化(见图8-6)。具体的代码如下:

```
In [45]: data_stocks=pd.read_excel('C:/Desktop/5只A股股票的收盘价(2018年至2020年).xlsx',
sheet_name="Sheet1",header=0,index_col=0)    #从外部导入数据

In [46]: (data_stocks/data_stocks.iloc[0]).plot(figsize=(9,6),grid=True)    #将股价按照首个交易日进行归一化处理并且可视化
Out[46]:
```

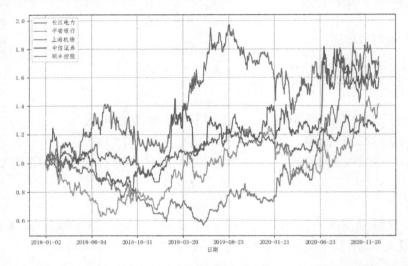

图8-6 2018年至2020年期间投资组合中5只股票收盘价走势图(首个交易日价格归一化处理)

从图8-6中可以发现,投资组合配置的5只股票在2018年至2020年期间都收获了一定的涨幅,产生了财富效应。

第2步:按照式(8-45)构建这5只股票日收益率的时间序列,同时进行可视化(见图8-7)。具体的代码如下:

```
In [47]: R=np.log(data_stocks/data_stocks.shift(1))    #计算股票的对数收益率

In [48]: R.describe()                                   #输出描述性统计指标
Out[48]:
            长江电力       平安银行       上海机场       中信证券       顺丰控股
count   729.000000  729.000000  729.000000  729.000000  729.000000
mean      0.000278    0.000473    0.000731    0.000640    0.000763
std       0.011384    0.020981    0.022290    0.023273    0.020070
min      -0.060731   -0.105075   -0.105361   -0.105527   -0.072259
25%      -0.005946   -0.011458   -0.012341   -0.010551   -0.011087
50%       0.000000   -0.000616   -0.000357    0.000000   -0.000595
```

```
75%      0.006942    0.011988    0.011941    0.011643    0.009734
max      0.042845    0.095629    0.088763    0.095450    0.095287

In [49]: R.hist(bins=40,figsize=(9,11))            #将股票收益率用直方图展示
Out[49]:
```

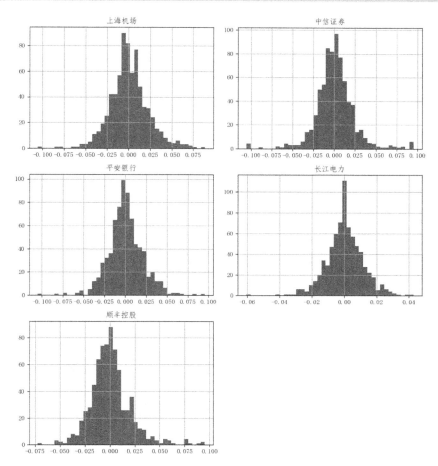

图 8-7　投资组合中 5 只股票日收益率的直方图

通过对图 8-7 的目测可以发现，5 只股票的日收益率均不满足正态分布。同时，相比其他 3 只股票，中信证券和顺丰控股在日收益率分布的两端拥有更多数量的样本，这表明极端的风险偏高。

第 3 步：计算每只股票年化的平均收益率、波动率以及协方差等，由于运用的基础数据是日频数据，因此计算结果需要进行年化处理。具体的代码如下：

```
In [50]: R_mean=R.mean()*252                        #计算股票的年化平均收益率
    ...: print(R_mean)
长江电力      0.070170
平安银行      0.119183
上海机场      0.184250
中信证券      0.161250
```

```
顺丰控股      0.192401
dtype: float64

In [51]: R_vol=R.std()*np.sqrt(252)          #计算股票收益率的年化波动率
   ...: print(R_vol)
长江电力      0.180715
平安银行      0.333064
上海机场      0.353851
中信证券      0.369450
顺丰控股      0.318603
dtype: float64

In [52]: R_cov=R.cov()*252                    #计算股票的协方差矩阵并且进行年化处理
   ...: print(R_cov)
           长江电力      平安银行      上海机场      中信证券      顺丰控股
长江电力    0.032658   0.014852   0.015852   0.015621   0.008261
平安银行    0.014852   0.110932   0.041887   0.075536   0.026004
上海机场    0.015852   0.041887   0.125210   0.045684   0.029763
中信证券    0.015621   0.075536   0.045684   0.136494   0.038219
顺丰控股    0.008261   0.026004   0.029763   0.038219   0.101508

In [53]: R_corr=R.corr()                       #计算股票的相关系数矩阵
   ...: print(R_corr)
           长江电力      平安银行      上海机场      中信证券      顺丰控股
长江电力    1.000000   0.246752   0.247891   0.233967   0.143479
平安银行    0.246752   1.000000   0.355408   0.613862   0.245055
上海机场    0.247891   0.355408   1.000000   0.349454   0.264003
中信证券    0.233967   0.613862   0.349454   1.000000   0.324695
顺丰控股    0.143479   0.245055   0.264003   0.324695   1.000000
```

通过以上的相关系数矩阵可以看到,这 5 只股票之间的相关性并不高,因此整个组合的分散化效果会比较好。

第 4 步:根据每只股票配置权重 20%计算投资组合年化的预期收益率和波动率。其中,计算波动率时需要运用 2.4.3 节提到的求矩阵之间内积的函数 dot。具体的代码如下:

```
In [54]: n=5                                   #投资组合中的个股数量
   ...: w=np.ones(n)/n                         #投资组合中每只股票相同权重的权重数组
   ...: w                                      #查看输出结果
Out[54]: array([0.2, 0.2, 0.2, 0.2, 0.2])

In [55]: R_port=np.sum(w*R_mean)               #计算投资组合年化的预期收益率
   ...: print('投资组合年化的预期收益率',round(R_port,4))
投资组合年化的预期收益率 0.1455

In [56]: vol_port=np.sqrt(np.dot(w,np.dot(R_cov,w.T)))   #计算投资组合年化的波动率
   ...: print('投资组合年化的波动率',round(vol_port,4))
投资组合年化的波动率 0.2126
```

根据以上的输出结果可以得到,在每只股票权重相同的情况下,该投资组合年化的预期收益率是 14.55%,波动率达到 21.26%。

8.4.2 投资组合的可行集与有效前沿

根据以上的分析不难发现,通过投资组合中的权重变量可以实现投资组合的预期收益率与波动

率之间的映射。在投资组合理论中,所有可能的投资组合被称为**可行集**(feasible set)。**有效前沿**(efficient frontier)是可行集的一条包络线,它表示在不同风险条件下能够给投资者带来的最高预期收益率,或者在不同预期收益率条件下能够给投资者带来的最低波动率(风险)。

1. 通过 Python 绘制可行集

在前面的 8.4.1 节已提到,Python 可以非常方便地生成投资组合的权重随机数,因此根据权重随机数计算相对应的投资组合预期收益率、波动率以及进行可视化也就显得十分便捷。

【例 8-7】沿用前面例 8-6 的信息,针对投资组合配置的 5 只股票,运用 Python 随机创建 2000 个不同的权重数组,并且绘制投资组合的可行集(见图 8-8),具体的代码如下:

```
In [57]: I=2000                                    #需要创建权重数组的数量
    ...: Rp_list=np.ones(I)                        #创建存放投资组合年化预期收益率的初始数组
    ...: Vp_list=np.ones(I)                        #创建存放投资组合年化波动率的初始数组

In [58]: for i in np.arange(I):                    #通过 for 语句创建 2000 个随机权重数组
    ...:     x=np.random.rand(n)                   #从均匀分布中随机抽取 0~1 的 5 个随机数
    ...:     weights=x/sum(x)                      #创建投资组合的随机权重数组
    ...:     Rp_list[i]=np.sum(weights*R_mean)     #计算投资组合年化的预期收益率
    ...:     Vp_list[i]=np.sqrt(np.dot(weights,np.dot(R_cov,weights.T)))  #计算投资组合年化的波动率

In [59]: plt.figure(figsize=(9,6))
    ...: plt.scatter(Vp_list,Rp_list)
    ...: plt.xlabel(u'波动率',fontsize=13)
    ...: plt.ylabel(u'预期收益率',fontsize=13)
    ...: plt.xticks(fontsize=13)
    ...: plt.yticks(fontsize=13)
    ...: plt.title(u'投资组合预期收益率与波动率的关系图', fontsize=13)
    ...: plt.grid()
    ...: plt.show()
```

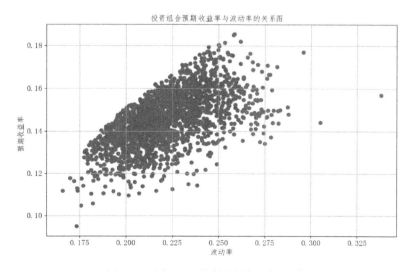

图 8-8 运用 Python 绘制的投资组合可行集

图 8-8 中的散点就构成投资组合的可行集。在可行集内部,在波动率一定的情况下,理性投资

者会选择可行集最上方的点所对应的投资组合,因为可以实现预期收益率的最大化;同样,在预期收益率一定的情况下,理性投资者会选择可行集最左侧的点所对应的投资组合,因为可以实现波动率的最小化,也就是风险最小化。综上,理性投资者会选择可行集的包络线所对应的投资组合进行投资,这条包络线就是下面重点讨论的有效前沿。

2. 通过 Python 构建有效前沿

其实,有效前沿就是求解以下这个最优方程:

$$\min_{w_i} \sigma_P = \min_{w_i} \sqrt{\sum_{i=1}^{N}\sum_{j=1}^{N} w_i w_j Cov(R_i, R_j)} \qquad (8\text{-}53)$$

约束条件分别如下:

$$\sum_{i=1}^{N} w_i = 1$$
$$w_i > 0$$
$$E(R_P) = E\left(\sum_{i=1}^{N} w_i R_i\right) = 给定常数$$

注意,选择 $w_i > 0$ 作为约束条件之一就表明股票不允许卖空,即投资者不允许融券。

在构建有效前沿的过程中,需要运用 5.1.4 节所介绍的 SciPy 子模块 optimize 中的 minimize 函数。下面就依次通过 3 个示例循序渐进地完成有效前沿的构建。

【例 8-8】沿用前面例 8-6 的信息,同时给定投资组合年化的预期收益率等于 15%,运用 Python 计算使投资组合波动率最小的每只股票配置权重,具体的代码如下:

```
In [60]: import scipy.optimize as sco          #导入 SciPy 的子模块 optimize

In [61]: def f(w):                              #定义一个求最优值的函数
   ...:     w=np.array(w)                       #设置投资组合中每只股票的权重
   ...:     Rp_opt=np.sum(w*R_mean)             #计算投资组合的预期收益率
   ...:     Vp_opt=np.sqrt(np.dot(w,np.dot(R_cov,w.T)))  #计算投资组合的波动率
   ...:     return np.array([Rp_opt,Vp_opt])    #以数组格式输出结果

In [62]: def Vmin_f(w):                         #定义一个计算最小波动率所对应权重的函数
   ...:     return f(w)[1]                      #输出结果是投资组合的波动率

In [63]: cons=({'type':'eq','fun':lambda x: np.sum(x)-1},{'type':'eq','fun':lambda x: f(x)
[0]-0.15})    #权重的约束条件(以字典格式输入)

In [64]: bnds=((0,1),(0,1),(0,1),(0,1),(0,1))   #权重的边界条件(以元组格式输入)

In [65]: w0=np.array([0.2,0.2,0.2,0.2,0.2])     #创建权重相等的数组作为迭代运算的初始值

In [66]: result=sco.minimize(fun=Vmin_f,x0=w0,method='SLSQP',bounds=bnds,constraints=cons)
#得到计算的结果

In [67]: print('投资组合预期收益率15%对应投资组合的波动率',round(result['fun'],4))
   ...: print('投资组合预期收益率15%对应长江电力的权重',round(result['x'][0],4))
   ...: print('投资组合预期收益率15%对应平安银行的权重',round(result['x'][1],4))
   ...: print('投资组合预期收益率15%对应上海机场的权重',round(result['x'][2],4))
   ...: print('投资组合预期收益率15%对应中信证券的权重',round(result['x'][3],4))
   ...: print('投资组合预期收益率15%对应顺丰控股的权重',round(result['x'][-1],4))
投资组合预期收益率15%对应投资组合的波动率 0.1984
```

```
投资组合预期收益率 15%对应长江电力的权重    0.3054
投资组合预期收益率 15%对应平安银行的权重    0.0045
投资组合预期收益率 15%对应上海机场的权重    0.2232
投资组合预期收益率 15%对应中信证券的权重    0.0938
投资组合预期收益率 15%对应顺丰控股的权重    0.3731
```

通过以上的输出结果可以得到，当投资组合的预期收益率等于 15%时，对应投资组合的最小波动率是 19.84%，同时，投资组合最优的配置权重分别是：顺丰控股的权重最高，达到 37.31%；长江电力排第二，权重是 30.54%；上海机场和中信证券的权重则分别为 22.32%和 9.38%；平安银行的权重最低，仅为 0.45%。

例 8-8 中计算得到的投资组合仅仅是有效前沿的某一个点。接着，讨论有效前沿的起点，该点是处于可行集边界上的投资组合波动率全局最小值以及与之对应的投资组合预期收益率的点。

【例 8-9】依然沿用例 8-6 的信息，计算该投资组合波动率的全局最小值、与该最小波动率相对应的预期收益率以及股票的权重，具体的代码如下：

```
In [68]: cons_vmin=({'type':'eq','fun':lambda x: np.sum(x)-1})   #设置波动率是全局最小值的约束条件

In [69]: result_vmin=sco.minimize(fun=Vmin_f,x0=w0,method='SLSQP',bounds=bnds, constraints=
cons_vmin)   #计算波动率是全局最小值的相关结果

In [70]: Vp_vmin=result_vmin['fun']              #计算全局最小值的波动率
    ...: print('在可行集上属于全局最小值的波动率',round(Vp_vmin,4))
在可行集上属于全局最小值的波动率  0.162

In [71]: Rp_vmin=np.sum(R_mean*result_vmin['x'])   #计算相应的投资组合预期收益率

In [72]: print('全局最小值的波动率对应投资组合的预期收益率',round(Rp_vmin,4))
    ...: print('全局最小值的波动率对应长江电力的权重',round(result_vmin['x'][0],4))
    ...: print('全局最小值的波动率对应平安银行的权重',round(result_vmin['x'][1],4))
    ...: print('全局最小值的波动率对应上海机场的权重',round(result_vmin['x'][2],4))
    ...: print('全局最小值的波动率对应中信证券的权重',round(result_vmin['x'][3],4))
    ...: print('全局最小值的波动率对应顺丰控股的权重',round(result_vmin['x'][-1],4))
全局最小值的波动率对应投资组合的预期收益率  0.1007
全局最小值的波动率对应长江电力的权重    0.6968
全局最小值的波动率对应平安银行的权重    0.082
全局最小值的波动率对应上海机场的权重    0.054
全局最小值的波动率对应中信证券的权重    0.0034
全局最小值的波动率对应顺丰控股的权重    0.1637
```

从以上的输出结果可以得到，投资组合波动率的全局最小值等于 16.2%，对应的预期收益率是 10.07%，投资组合中 5 只股票依然都获得了配置。但是，相比例 8-8，权重最低的股票变成了中信证券，长江电力获得最高的权重并且权重上升至 69.68%，其他 3 只股票的权重都有变化。

最后，当投资组合的预期收益率是一个数组时，就可以得到在投资组合波动率最小的情况下，投资组合中每只股票的权重以及对应的投资组合波动率，这些预期收益率和波动率的集合就构成了有效前沿。

【例 8-10】依然沿用例 8-6 的信息，创建一个以对应波动率全局最小值的投资组合预期收益率作为区间下限、以 30%作为区间上限的目标预期收益率等差数组，并计算相对应的波动率数组，从而完成对有效前沿的构建并可视化（见图 8-9），具体的代码如下：

```
In [73]: Rp_target=np.linspace(Rp_vmin,0.3,200)    #创建投资组合的目标预期收益率数组
   ...: Vp_target=[]                               #创建存放对应波动率的初始空列表

In [74]: for r in Rp_target:
   ...:         cons_new=({'type':'eq','fun':lambda x: np.sum(x)-1},{'type':'eq','fun':
lambda x: f(x)[0]-r})    #预期收益率等于目标收益率的约束条件以及股票权重的约束条件
   ...:         result_new=sco.minimize(fun=Vmin_f,x0=w0,method='SLSQP', bounds=bnds,
constraints=cons_new)
   ...:         Vp_target.append(result_new['fun'])       #存放每一次计算得到波动率

In [75]: plt.figure(figsize=(9,6))
   ...: plt.scatter(Vp_list,Rp_list)
   ...: plt.plot(Vp_target,Rp_target,'r-',label=u'有效前沿',lw=2.5)
   ...: plt.plot(Vp_vmin,Rp_vmin,'g*',label=u'全局最小波动率',markersize=13)
   ...: plt.xlabel(u'波动率',fontsize=13)
   ...: plt.ylabel(u'预期收益率',fontsize=13)
   ...: plt.xticks(fontsize=13)
   ...: plt.yticks(fontsize=13)
   ...: plt.xlim(0.15,0.3)
   ...: plt.ylim(0.06,0.2)
   ...: plt.title(u'投资组合的有效前沿', fontsize=13)
   ...: plt.legend(fontsize=13)
   ...: plt.grid()
   ...: plt.show()
```

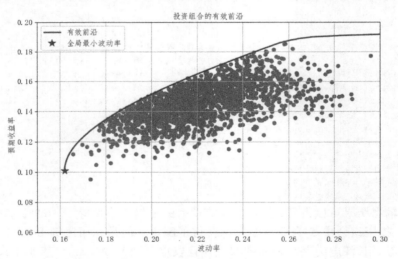

图 8-9　运用 Python 绘制的投资组合有效前沿

从图 8-9 可以明显看到，投资组合的有效前沿就是可行集的一条包络线，并且起点就是处于可行集最左端的投资组合波动率全局最小值和与之相对应的投资组合预期收益率的点。

8.4.3　资本市场线

本节到目前为止，讨论构建投资组合所运用到的资产均是风险资产。现在将无风险资产引入投

资组合，也就意味着投资者可以按照无风险利率借入或借出资金，其中借入的资金将用于股票投资，这样就引出了一条重要的曲线——资本市场线。

资本市场线（Capital Market Line，CML）是一条从无风险利率引出的与有效前沿相切的一条切线，并且该切线有且仅有一条，切点对应的投资组合称为**市场组合**（market portfolio），也称**切点组合**（tangency portfolio）。资本市场线的数学表达式如下：

$$E(R_P) = R_F + \left[\frac{E(R_M) - R_F}{\sigma_M}\right]\sigma_P \tag{8-54}$$

其中，$E(R_P)$ 和 σ_P 依然表示投资组合的预期收益率和波动率，R_F 表示无风险利率，$E(R_M)$ 和 σ_M 分别表示市场组合的预期收益率和波动率。$\dfrac{E(R_M) - R_F}{\sigma_M}$ 就是资本市场线的斜率，并且在 8.6.1 节会提到该斜率就是夏普比率。

由于无风险利率是已知的，因此计算资本市场线的斜率就是求解如下的最大值方程式：

$$\max_{w_i} \frac{E(R_P) - R_F}{\sigma_P} \tag{8-55}$$

约束条件分别如下：

$$\sum_{i=1}^{N} w_i = 1$$
$$w_i > 0$$

【例 8-11】依然沿用例 8-6 的信息，同时无风险利率运用 1 年期 LPR 利率，并且中国人民银行在 2020 年 12 月 21 日公布的该利率报价为 3.85%。关于 LPR 利率的介绍，详见 6.1.2 节。通过 Python 测算资本市场线并且可视化，具体分为两个步骤。

第 1 步：计算资本市场线的斜率、市场组合的预期收益率和波动率。具体的代码如下：

```
In [76]: Rf=0.0385                                      #1年期LPR利率（无风险利率）

In [77]: def F(w):                                      #定义一个求最优值的新函数
   ...:     w=np.array(w)                               #股票的权重
   ...:     Rp_opt=np.sum(w*R_mean)                     #计算投资组合的预期收益率
   ...:     Vp_opt=np.sqrt(np.dot(w,np.dot(R_cov,w.T))) #计算投资组合的波动率
   ...:     Slope=(Rp_opt-Rf)/Vp_opt                    #计算资本市场线的斜率
   ...:     return np.array([Rp_opt,Vp_opt,Slope])      #以数组格式输出结果

In [78]: def Slope_F(w):                                #定义使负的资本市场线斜率最小化的函数
   ...:     return -F(w)[-1]                            #输出结果是负的资本市场线斜率

In [79]: cons_Slope=({'type':'eq','fun':lambda x: np.sum(x)-1})    #权重的约束条件

In [80]: result_Slope=sco.minimize(fun=Slope_F,x0=w0,method='SLSQP',bounds=bnds, constraints=cons_Slope)

In [81]: Slope=-result_Slope['fun']                     #计算资本市场线的斜率
   ...: print('资本市场线的斜率',round(Slope,4))
资本市场线的斜率 0.5762

In [82]: Wm=result_Slope['x']                           #市场组合的每只股票配置权重
```

```
          ...: print('市场组合配置的长江电力的权重',round(Wm[0],4))
          ...: print('市场组合配置的平安银行的权重',round(Wm[1],4))
          ...: print('市场组合配置的上海机场的权重',round(Wm[2],4))
          ...: print('市场组合配置的中信证券的权重',round(Wm[3],4))
          ...: print('市场组合配置的顺丰控股的权重',round(Wm[-1],4))
市场组合配置的长江电力的权重 0.0682
市场组合配置的平安银行的权重 0.0
市场组合配置的上海机场的权重 0.3166
市场组合配置的中信证券的权重 0.1261
市场组合配置的顺丰控股的权重 0.4891

In [83]: Rm=np.sum(R_mean*Wm)              #市场组合的预期收益率
   ...:  Vm=(Rm-Rf)/Slope                  #利用式(8-54)计算出市场组合的波动率
   ...:  print('市场组合的预期收益率',round(Rm,4))
   ...:  print('市场组合的波动率',round(Vm,4))
市场组合的预期收益率 0.1776
市场组合的波动率       0.2413
```

在市场组合中,顺丰控股和上海机场成为绝对的重仓股。相比之下,平安银行则与市场组合无缘。此外,市场组合的预期收益率达到17.76%,波动率也随之提高至24.13%。

第2步:测算资本市场线并且进行可视化(见图8-10)。具体的代码如下:

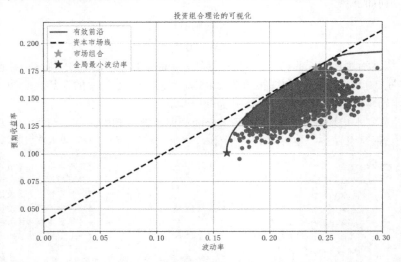

图8-10 运用Python绘制的资本市场线

```
In [84]: Rp_CML=np.linspace(Rf,0.25,200)   #资本市场线的投资组合预期收益率数组
   ...:  Vp_CML=(Rp_CML-Rf)/Slope          #资本市场线的投资组合波动率数组

In [85]: plt.figure(figsize=(9,6))
   ...:  plt.scatter(Vp_list,Rp_list)
   ...:  plt.plot(Vp_target,Rp_target,'r-',label=u'有效前沿',lw=2.5)
   ...:  plt.plot(Vp_CML,Rp_CML,'b--',label=u'资本市场线',lw=2.5)
   ...:  plt.plot(Vm,Rm,'y*',label=u'市场组合',markersize=14)
   ...:  plt.plot(Vp_vmin,Rp_vmin,'g*',label=u'全局最小波动率',markersize=14)
   ...:  plt.xlabel(u'波动率',fontsize=13)
   ...:  plt.ylabel(u'预期收益率',fontsize=13)
```

```
    ...: plt.xticks(fontsize=13)
    ...: plt.yticks(fontsize=13)
    ...: plt.xlim(0.0,0.3)
    ...: plt.ylim(0.03,0.22)
    ...: plt.title(u'投资组合理论的可视化', fontsize=13)
    ...: plt.legend(fontsize=13)
    ...: plt.grid()
    ...: plt.show()
```

从图 8-10 中不难看到，资本市场线上的任意一点都可以由无风险资产与市场组合构建的一个投资组合来表示。此外，在位于市场组合左侧的资本市场线上，投资组合表示投资者将自有资金按照一定比例配置了无风险资产，剩余比例配置了市场组合；在位于市场组合右侧的资本市场线上，投资组合则表示除了投资者的自有资金以外，投资者还按照无风险利率融资并将其全部投资于市场组合，即运用了杠杆投资。

8.5 资本资产定价模型

资本资产定价模型（Capital Asset Pricing Model，CAPM）是由美国经济学家威廉·夏普（William Sharpe）于 20 世纪 60 年代基于马科维茨的投资组合理论率先提出的，后来经过约翰·林特纳（John Lintner）、杰克·特雷诺（Jack Treynor）以及简·莫辛（Jan Mossin）等人的发展，逐步形成的研究股票等证券资产预期收益与风险之间关系的理论体系。该模型是现代金融理论的重要支柱，广泛应用于投资决策和公司财务等领域。

8.5.1 系统风险与非系统风险

在理论上，股票面临的风险可以抽象地划分为系统风险和非系统风险，这也是资本资产定价模型的逻辑起点，下面依次介绍这两类风险。

1. 系统风险

系统风险（systematic risk），也称**不可分散的风险**（undiversifiable risk），是所有股票共同承担的风险（市场风险），一般是指由于上市公司外部、不为公司所预计和控制的因素造成的风险。这些风险因素通常表现为全球性或区域性的恐慌或者贸易争端、国民经济严重衰退或不景气、政府出台紧缩的宏观经济调控政策等。

这些因素单个或综合发生，导致整个资本市场的价格都发生波动。该风险与资本市场的整体回报有关，并且该风险断裂层大、涉及面广，投资者往往无法事先采取针对性措施加以规避或利用，尤其无法通过分散投资的方式进行消除。

2. 非系统风险

非系统风险（nonsystematic risk），也称**特殊风险**（idiosyncratic risk）或者**可分散风险**（diversifiable risk），是指由发生于公司内部的特定事件所造成的风险，纯粹由公司自身的因素引发，与整个证券市场不存在系统性的、全面的联系。

非系统风险包括公司的财务风险、经营风险、信用风险、偶然事件风险等。《中华人民共和国证券法》（2019 年 12 月 28 日第二次修订）第八十条规定的对上市公司股票交易价格产生较大影响的重大事件,在一定程度上列举了非系统风险的各种情形[1]。非系统风险是股票的特定性风险,这一部分风险可以通过选取一个由不同投票构成的、充分分散化的投资组合进行消除。

下面,通过一个关于上证 180 指数成分股的案例演示投资组合的系统风险与非系统风险。

3. 一个案例

【例 8-12】D 金融机构希望运用上证 180 指数的成分股模拟投资组合,考察投资组合中不同股票数量与整个投资组合波动率(风险)之间的关系。假定选择 2018 年至 2020 年作为观测期间,按照交易日进行观测。鉴于成分股中的少数上市公司是在观测期内才上市的,因此将观测期内上市的公司股票剔除,最终保留 160 只股票。

在投资组合中逐次增加成分股股票数量(N)并且确保投资组合中的不同股票有相同权重($1/N$)。比如,第 1 次仅配置 1 只股票,权重为 100%;第 2 次配置 2 只股票,每只股票权重降至 50%;第 3 次配置 3 只股票,每只股票权重降至 1/3,以此类推,一直到最后第 160 次配置全部 160 只股票,每只股票权重为 1/160。整个模拟的过程运用 Python 完成,并且分为 3 个步骤。

第 1 步:从外部导入 160 只股票 2018 年至 2020 年的收盘价数据。具体的代码如下:

```
In [86]: price_stocks=pd.read_excel('C:/Desktop/上证180指数成分股日收盘价(2018-2020年).xlsx',
sheet_name="Sheet1",header=0,index_col=0)    #从外部导入数据

In [87]: price_stocks.columns                    #查看数据框的列名
Out[87]:
Index(['王府井', '中国软件', '大智慧', '中航沈飞', '闻泰科技', '北京银行', '中国建筑', '大秦铁路',
'长江电力', '万华化学',
       ...
       '中国核电', '工商银行', '陕西煤业', '保利地产', '招商银行', '光大证券', '南京银行', '国投电力',
'中国中冶', '中国神华'],
      dtype='object', length=160)

In [88]: price_stocks.index                      #查看数据框的行索引
Out[88]:
Index(['2018-01-02', '2018-01-03', '2018-01-04', '2018-01-05', '2018-01-08',
       '2018-01-09', '2018-01-10', '2018-01-11', '2018-01-12', '2018-01-15',
       ...
       '2020-12-18', '2020-12-21', '2020-12-22', '2020-12-23', '2020-12-24',
```

---

[1] 重大事件主要包括:(1)公司的经营方针和经营范围的重大变化;(2)公司的重大投资行为,公司在一年内购买、出售重大资产超过公司资产总额百分之三十,或者公司营业用主要资产的抵押、质押、出售或者报废一次超过该资产的百分之三十;(3)公司订立重要合同、提供重大担保或者从事关联交易,可能对公司的资产、负债、权益和经营成果产生重要影响;(4)公司发生重大债务和未能清偿到期重大债务的违约情况;(5)公司发生重大亏损或者重大损失;(6)公司生产经营的外部条件发生的重大变化;(7)公司的董事、三分之一以上监事或者经理发生变动,董事长或者经理无法履行职责;(8)持有公司百分之五以上股份的股东或者实际控制人持有股份或者控制公司的情况发生较大变化,公司的实际控制人及其控制的其他企业从事与公司相同或者相似业务的情况发生较大变化;(9)公司分配股利、增资的计划,公司股权结构的重要变化,公司减资、合并、分立、解散及申请破产的决定,或者依法进入破产程序、被责令关闭;(10)涉及公司的重大诉讼、仲裁,股东大会、董事会决议被依法撤销或者宣告无效;(11)公司涉嫌犯罪被依法立案调查,公司的控股股东、实际控制人、董事、监事、高级管理人员涉嫌犯罪被依法采取强制措施;(12)国务院证券监督管理机构规定的其他事项。

```
'2020-12-25', '2020-12-28', '2020-12-29', '2020-12-30', '2020-12-31'],
dtype='object', name='日期', length=730)
```

通过以上输出的结果,可以看到一共有 160 只股票以及 730 个交易日的收盘价数据。

第 2 步:计算每只股票的日收益率数据,并且运用 for 语句快速计算不同股票数量对应的投资组合波动率。具体的代码如下:

```
In [89]: return_stocks=np.log(price_stocks/price_stocks.shift(1))   #建立股票的日收益率时间序列

In [90]: n=len(return_stocks.columns)                               #计算得到股票的数量
    ...: vol_port=np.zeros(n)                                       #创建存放投资组合波动率的初始数组

In [91]: for i in range(1,n+1):
    ...:     w=np.ones(i)/i                                         #逐次计算股票的等权重数组
    ...:     cov=252*return_stocks.iloc[:,:i].cov()                 #逐次计算不同股票之间的年化协方差
    ...:     vol_port[i-1]=np.sqrt(np.dot(w,np.dot(cov,w.T)))       #逐次计算投资组合的年化波动率
```

利用式(8-52)

第 3 步:运用在第 2 步计算得到的针对不同股票数量所对应的投资组合波动率,可视化股票数量与投资组合波动率之间的关系(见图 8-11)。具体的代码如下:

```
In [92]: N_list=np.arange(n)+1                                      #创建1~160的整数数组

In [93]: plt.figure(figsize=(9,6))
    ...: plt.plot(N_list,vol_port,'r-',lw=2.0)
    ...: plt.xlabel(u'投资组合中的股票数量',fontsize=13)
    ...: plt.ylabel(u'投资组合波动率',fontsize=13)
    ...: plt.xticks(fontsize=13)
    ...: plt.yticks(fontsize=13)
    ...: plt.title(u'投资组合中的股票数量与投资组合波动率之间的关系图',fontsize=13)
    ...: plt.grid()
    ...: plt.show()
```

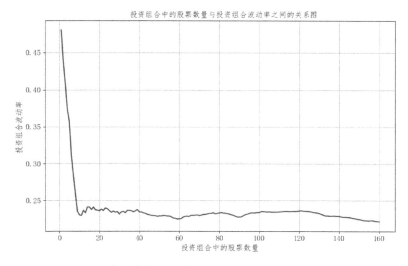

图 8-11 投资组合中的股票数量与投资组合波动率之间的关系图

从图 8-11 不难发现,随着投资组合配置的股票数量 N 不断增加,投资组合波动率刚开始的时

候是迅速下降，但是当整个投资组合配置的股票超过 40 只的时候，整体的投资组合波动率开始趋于稳定，并且基本保持在 23%的水平。因此，从以上的模拟中可以得出两个重要结论：一是当投资组合配置的股票超过 40 只时，投资组合的风险很接近系统风险；二是波动率 23%可以视作系统风险，单只股票的波动率超过 23%就属于非系统风险。

因此，从理论上讲，理性投资者不应承担任何非系统风险，只有承担系统风险才应该得到补偿。基于这个逻辑，就引出了下面这个资本资产定价模型的核心数学表达式。

8.5.2 模型数学表达式及运用

1. 模型数学表达式与 Python 自定义函数

资本资产定价模型的数学表达式如下：

$$E(R_i) = R_F + \beta_i \left[E(R_M) - R_F \right] \qquad (8\text{-}56)$$

也可以写成：

$$E(R_i) - R_F = \beta_i \left[E(R_M) - R_F \right] \qquad (8\text{-}57)$$

其中，$E(R_i)$ 是第 i 只股票的预期收益率，R_F 是无风险利率，$E(R_M)$ 是 8.4.3 节所提到的市场组合的预期收益率，也称**市场收益率**（return on the market），代表系统风险的价格，在 A 股市场通常以沪深 300 指数的收益率作为近似。

$E(R_M) - R_F$ 为市场收益率与无风险利率的差额，称为**市场溢价**（market premium）；$E(R_i) - R_F$ 为第 i 只股票的预期收益率与无风险利率的差额，称为**风险溢价**（risk premium）。

β_i 是对第 i 只股票承担系统风险的一种度量，用于衡量股票的预期收益率对市场收益率的敏感程度。

下面，通过 Python 自定义一个运用资本资产定价模型计算股票预期收益率的函数，具体的代码如下：

```
In [94]: def Ri_CAPM(beta,Rm,Rf):
    ...:     '''定义一个运用资本资产定价模型计算股票预期收益率的函数
    ...:     beta: 代表股票的贝塔值。
    ...:     Rm: 代表市场收益率。
    ...:     Rf: 代表无风险利率'''
    ...:     Ri=Rf+beta*(Rm-Rf)              #资本资产定价模型的表达式
    ...:     return Ri
```

在以上的自定义函数 Ri_CAPM 中，只需要输入贝塔值、市场收益率以及无风险利率，就可以非常方便地计算得到股票的预期收益率。

当然，资本资产定价模型除了适用于单只股票以外，还可以推广至投资组合。

2. 计算贝塔值和预期收益率

在资本资产定价模型中，需要求解的核心变量是贝塔值（β），通常利用历史数据进行估计，并且会将式（8-56）调整为如下的线性回归方程式：

$$R_{it} = \alpha_i + \beta_i R_{Mt} \qquad (8\text{-}58)$$

其中，R_{it} 代表过去的 t 时刻第 i 只股票的收益率，R_{Mt} 代表过去的 t 时刻市场组合（股票指数）的收益率，α_i 和 β_i 可以运用统计学中的线性回归拟合得到。下面，以招商银行 A 股作为分析对象具体演示如何计算贝塔值，并最终计算得到该股票的预期收益率。

8.5 资本资产定价模型

【例 8-13】 E 金融机构的证券分析师希望计算招商银行 A 股的贝塔值，并且以沪深 300 指数作为市场组合，基于 2017 年至 2020 年的日收盘价数据计算股票的贝塔值。此外，无风险利率依然运用 2020 年 12 月 21 日中国人民银行公布的 1 年期 LPR 利率，该利率为 3.85%。下面，直接运用 Python 进行相应的计算，具体分为 3 个步骤。

第 1 步：导入招商银行 A 股和沪深 300 指数 2017 年至 2020 年期间的日收盘价数据，并且计算日收益率的时间序列。具体的代码如下：

```
In [95]: P_bank_index=pd.read_excel('C:/Desktop/招商银行A股与沪深300指数日收盘价数据（2017—2020年）.xlsx',sheet_name="Sheet1",header=0,index_col=0)    #导入外部数据

In [96]: R_bank_index=np.log(P_bank_index/P_bank_index.shift(1))  #按照对数收益率的计算公式得到日收益率的数据框
    ...: R_bank_index=R_bank_index.dropna()                       #删除默认的数据

In [97]: R_bank_index.describe()                                  #查看描述性统计
Out[97]:
            招商银行     沪深300指数
count   973.000000  973.000000
mean      0.000920    0.000457
std       0.017569    0.012141
min      -0.068975   -0.082088
25%      -0.009076   -0.005306
50%       0.000000    0.000446
75%       0.010596    0.006646
max       0.095211    0.057775
```

从以上运算结果可以看到，观测期内一共有 973 个交易日；无论是招商银行 A 股还是沪深 300 指数，平均日收益率均为正，并且招商银行 A 股收益率是沪深 300 指数的两倍。

第 2 步：计算招商银行 A 股的贝塔值，需要运用 5.2 节介绍的 statsmodels 的子模块 api。具体的代码如下：

```
In [98]: import statsmodels.api as sm              #导入statsmodels的子模块api

In [99]: R_bank=R_bank_index['招商银行']            #取招商银行A股的日收益率序列（因变量）
    ...: R_index=R_bank_index['沪深300指数']        #取沪深300指数的日收益率序列（自变量）

In [100]: R_index_addcons=sm.add_constant(R_index) #对自变量的样本值增加一列常数项

In [101]: model=sm.OLS(endog=R_bank,exog=R_index_addcons)  #构建普通最小二乘法的线性回归模型

In [102]: result=model.fit()                       #拟合线性回归模型

In [103]: result.summary()
Out[103]:
"""
                            OLS Regression Results
==============================================================================
Dep. Variable:             招商银行   R-squared:                       0.438
Model:                        OLS   Adj. R-squared:                  0.438
Method:             Least Squares   F-statistic:                     757.7
Date:            Mon, 04 Jan 2021   Prob (F-statistic):           9.39e-124
Time:                    15:49:09   Log-Likelihood:                 2832.9
```

```
No. Observations:                  973    AIC:                        -5662.
Df Residuals:                      971    BIC:                        -5652.
Df Model:                            1
Covariance Type:            nonrobust
=================================================================================
                 coef     std err          t      P>|t|      [0.025      0.975]
---------------------------------------------------------------------------------
const          0.0005       0.000      1.141      0.254      -0.000       0.001
沪深300指数    0.9580       0.035     27.526      0.000       0.890       1.026
=================================================================================
Omnibus:                       64.762   Durbin-Watson:                   1.979
Prob(Omnibus):                  0.000   Jarque-Bera (JB):              157.725
Skew:                           0.367   Prob(JB):                     5.63e-35
Kurtosis:                       4.830   Cond. No.                         82.4
=================================================================================
"""

In [104]: result.params
Out[104]:
const          0.000482
沪深300指数     0.958032
dtype: float64
```

从以上的第 2 步中可以得到，招商银行 A 股的贝塔值是 0.958032，阿尔法值（α）是 0.000482。

第 3 步：利用前面的自定义函数 Ri_CAPM，计算招商银行 A 股的预期收益率。具体的代码如下：

```
In [105]: LPR_1Y=0.0385                                    #1年期LPR利率（无风险利率）
     ...: R_market=252*R_index.mean()                      #计算沪深300指数的年化收益率

In [106]: R_stock=Ri_CAPM(beta=result.params[-1],Rm=R_market,Rf=LPR_1Y)    #计算招商银行A股的
预期收益率（年化）
     ...: print('招商银行A股的年化预期收益率',round(R_stock,6))
招商银行A股的年化预期收益率 0.11183
```

根据以上的输出结果，可以得到招商银行 A 股的年化预期收益率等于 11.183%。该收益率就是在 8.2 节通过股息贴现模型计算招商银行股票内在价值时所运用的贴现利率。

8.5.3 证券市场线

如果仔细观察 8.5.2 节的式（8-56），可以发现股票预期收益率与贝塔值之间存在着一种线性关系，将这种线性关系进行可视化就引出了**证券市场线**（Security Market Line，SML）。需要注意的是，在绘制证券市场线的过程中，贝塔值作为自变量，也就是对应于横轴（x 轴）；股票预期收益率作为因变量，也就是对应于纵轴（y 轴）。下面，就以招商银行 A 股作为示例演示证券市场线的绘制过程。

【例 8-14】 沿用前面例 8-13 的信息和计算结果，同时对招商银行 A 股的贝塔值取 [0,2.0] 区间的等差数列，计算对应于不同贝塔值的股票预期收益率，并且进行可视化（见图 8-12）。具体的代码如下：

```
In [107]: beta_list=np.linspace(0,2.0,100)                            #设定一个贝塔值的数组

In [108]: R_stock_list=Ri_CAPM(beta=beta_list,Rm=R_market,Rf=LPR_1Y)   #计算招商银行A股预期收益率
```

```
In [109]: plt.figure(figsize=(9,6))
     ...: plt.plot(beta_list,R_stock_list,'r-',label=u'证券市场线',lw=2.0)
     ...: plt.plot(result.params[-1],R_stock,'o',lw=2.5)
     ...: plt.axis('tight')
     ...: plt.xticks(fontsize=13)
     ...: plt.xlabel(u'贝塔值',fontsize=13)
     ...: plt.xlim(0,2.0)
     ...: plt.yticks(fontsize=13)
     ...: plt.ylabel(u'股票预期收益率',fontsize=13)
     ...: plt.ylim(0,0.2)
     ...: plt.title(u'资本资产定价模型（以招商银行A股为例)', fontsize=13)
     ...: plt.annotate(u'贝塔值等于0.958对应的收益率',fontsize=14,xy=(0.96,0.1115), xytext=(1.0,0.06),arrowprops = dict(facecolor='b',shrink=0.05))
     ...: plt.legend(fontsize=13)
     ...: plt.grid()
     ...: plt.show()
```

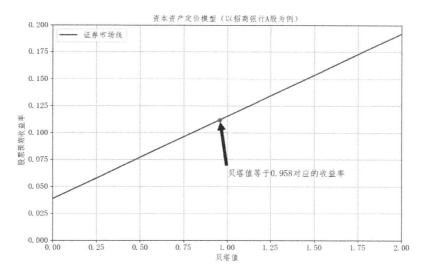

图 8-12　以招商银行 A 股为例绘制的证券市场线

在图 8-12 中，证券市场线的截距就是无风险利率，而斜率就是 8.6.3 节将要讲解的特雷诺比率。此外，需要强调的是，不要混淆证券市场线与 8.4.3 节介绍的资本市场线。

8.6　投资组合的绩效评估

衡量投资组合的管理是否成熟和规范的核心标准，就是考察投资组合实际承担的风险与获取的收益之间是否匹配。首先，通过一个关于 A 股市场 4 只开放式股票型基金的案例引出评估基金绩效的指标。

【例 8-15】F 金融机构配置了 4 只投资 A 股市场的开放式股票型基金，分别是中海量化策略混合基金、南方潜力新蓝筹混合基金、交银精选混合基金以及天弘惠利灵活配置混合基金，表 8-2 列出了这 4 只开放式股票型基金 2018 年至 2020 年期间的累计收益率。

表 8-2　2018 年至 2020 年期间 4 只投资 A 股市场的开放式股票型基金的累计收益率

基金名称	基金代码	期间累计收益率	按照累计收益率进行排名
中海量化策略混合基金	398041.OF	96.63%	第 2 位
南方潜力新蓝筹混合基金	000327.OF	97.39%	第 1 位
交银精选混合基金	519688.OF	76.49%	第 3 位
天弘惠利灵活配置混合基金	001447.OF	42.63%	第 4 位

数据来源：同花顺。

从表 8-2 可以明显看到，如果单纯按照累计收益率进行排名，在这 4 只基金中，南方潜力新蓝筹混合基金是当之无愧的收益冠军，天弘惠利灵活配置混合基金则垫底。但是仅仅关注收益率会忽视基金投资的风险。如果将收益率与风险综合进行考量，南方潜力新蓝筹混合基金还会是最好的基金吗？天弘惠利灵活配置混合基金还会是最差的基金吗？

要回答这个问题，就需要通过绩效评估指标对基金进行量化评估并进行排名。目前比较常用的绩效评估指标包括夏普比率、索提诺比率、特雷诺比率、卡玛比率和信息比率等指标，下面就依次讨论并结合例 8-15 和 Python 进行演示。

8.6.1　夏普比率

夏普比率（Sharpe Ratio，SR），也称**夏普指数**，由美国经济学家威廉·夏普提出，是当前评估公募基金、私募基金和资管产品等投资组合绩效的核心指标之一。夏普比率具体是指在某一时间区间内，投资组合的收益率高于无风险利率的部分并除以投资组合波动率之后所得到的比值，反映了投资组合承担每一单位风险所带来的超额收益，这里的超额收益以无风险利率作为比较基准。此外，在 8.4.3 节曾提到过夏普比率实际就是资本市场线的斜率。

1. 数学表达式与 Python 自定义函数

夏普比率的数学表达式如下：

$$SR = \frac{E(R_P) - R_F}{\sigma_P} \qquad (8\text{-}59)$$

其中，SR 表示夏普比率；$E(R_P)$ 表示投资组合的预期收益率，通常用过往年化收益率替代；R_F 表示无风险利率；σ_P 表示投资组合波动率。

下面，通过 Python 自定义一个计算夏普比率的函数，具体的代码如下：

```
In [110]: def SR(Rp,Rf,Vp):
     ...:     '''定义一个计算夏普比率的函数
     ...:     Rp: 代表投资组合的年化收益率。
     ...:     Rf: 代表无风险利率。
     ...:     Vp: 代表投资组合的年化波动率'''
     ...:     sharp_ratio=(Rp-Rf)/Vp    #计算夏普比率的公式
     ...:     return sharp_ratio
```

在以上自定义函数 SR 中，只需要输入投资组合的年化收益率、无风险利率以及投资组合的年化波动率，就可以很方便地计算得到投资组合的夏普比率。

2. 一个案例

【例8-16】沿用例8-15的信息和数据,同时无风险利率选择商业银行1年期存款的基准利率并且等于1.5%,计算中海量化策略混合基金、南方潜力新蓝筹混合基金、交银精选混合基金以及天弘惠利灵活配置混合基金这4只基金的夏普比率,具体的计算分3个步骤完成。

第1步:导入外部数据并且绘制每只基金净值的日走势图(见图8-13)。具体的代码如下:

```
In [111]: fund=pd.read_excel('C:/Desktop/国内4只开放式股票型基金净值数据(2018-2020).xlsx',
sheet_name="Sheet1",header=0,index_col=0)    #导入外部数据

In [112]: fund.plot(figsize=(9,6),grid=True)    #基金净值可视化
Out[112]:
```

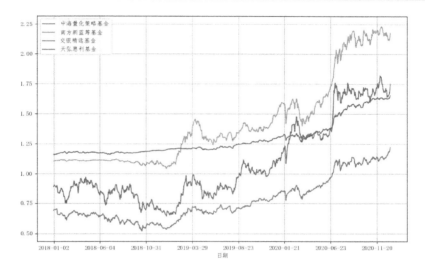

图8-13 4只基金的净值走势图(2018—2020年)

从图8-13中不难发现,天弘惠利灵活配置混合基金的净值走势比较稳健,其他3只基金的净值波动较大并且在走势上存在趋同性。此外,在导入的外部数据中,考虑到显示的简洁性,基金名称采用了简称。

第2步:计算2018年至2020年基金的年化收益率和波动率,同时,运用前面的自定义函数SR计算这4只基金的夏普比率。具体的代码如下:

```
In [113]: R_fund=np.log(fund/fund.shift(1))        #创建基金日收益率的时间序列
     ...: R_fund=R_fund.dropna()                   #删除缺失值

In [114]: R_mean=R_fund.mean()*252                 #计算全部3年的平均年化收益率
     ...: Sigma=R_fund.std()*np.sqrt(252)          #计算全部3年的年化波动率

In [115]: R_f=0.015                                #1年期银行存款基准利率作为无风险利率

In [116]: SR_3years=SR(Rp=R_mean,Rf=R_f,Vp=Sigma)
     ...: print('2018年至2020年3年平均的夏普比率\n',round(SR_3years,4))
2018年至2020年3年平均的夏普比率
中海量化策略基金      0.6399
```

```
南方新蓝筹基金      1.2620
交银精选基金        0.8433
天弘惠利基金        1.9951
dtype: float64
```

以上关于夏普比率的输出结果，与单纯仅关注收益率的结果有很大的差异。按照夏普比率进行排名，天弘惠利灵活配置混合基金排名第一，中海量化策略混合基金则排名倒数第一。因此，无论是投资者还是基金管理人，单纯追求收益率都是非常片面甚至是很危险的，应该综合考量收益率与风险，保持收益率与风险之间的平衡。

第3步：计算2018年至2020年期间每年的夏普比率。具体的代码如下：

```
In [117]: R_fund2018=R_fund.loc['2018-01-01':'2018-12-31']    #获取2018年的日收益率
     ...: R_fund2019=R_fund.loc['2019-01-01':'2019-12-31']    #获取2019年的日收益率
     ...: R_fund2020=R_fund.loc['2020-01-01':'2020-12-31']    #获取2020年的日收益率

In [118]: R_mean_2018=R_fund2018.mean()*252                   #计算2018年的年化收益率
     ...: R_mean_2019=R_fund2019.mean()*252                   #计算2019年的年化收益率
     ...: R_mean_2020=R_fund2020.mean()*252                   #计算2020年的年化收益率

In [119]: Sigma_2018=R_fund2018.std()*np.sqrt(252)            #计算2018年的年化波动率
     ...: Sigma_2019=R_fund2019.std()*np.sqrt(252)            #计算2019年的年化波动率
     ...: Sigma_2020=R_fund2020.std()*np.sqrt(252)            #计算2020年的年化波动率

In [120]: SR_2018=SR(Rp=R_mean_2018,Rf=R_f,Vp=Sigma_2018)     #计算2018年的夏普比率
     ...: SR_2019=SR(Rp=R_mean_2019,Rf=R_f,Vp=Sigma_2019)     #计算2019年的夏普比率
     ...: SR_2020=SR(Rp=R_mean_2020,Rf=R_f,Vp=Sigma_2020)     #计算2020年的夏普比率

In [121]: SR_2018=SR(Rp=R_mean_2018,Rf=R_f,Vp=Sigma_2018)     #计算2018年的夏普比率
     ...: print('2018年的夏普比率\n',round(SR_2018,4))
2018年的夏普比率
中海量化策略基金     -0.8801
南方新蓝筹基金       -0.9357
交银精选基金        -1.0842
天弘惠利基金         0.7611
dtype: float64

In [122]: SR_2019=SR(Rp=R_mean_2019,Rf=R_f,Vp=Sigma_2019)     #计算2019年的夏普比率
     ...: print('2019年的夏普比率\n',round(SR_2019,4))
2019年的夏普比率
中海量化策略基金      1.5363
南方新蓝筹基金        1.9726
交银精选基金         2.3041
天弘惠利基金         2.0285
dtype: float64

In [123]: SR_2020=SR(Rp=R_mean_2020,Rf=R_f,Vp=Sigma_2020)     #计算2020年的夏普比率
     ...: print('2020年的夏普比率\n',round(SR_2020,4))
2020年的夏普比率
中海量化策略基金      1.5170
南方新蓝筹基金        1.5383
交银精选基金         1.8470
天弘惠利基金         2.7960
dtype: float64
```

根据第 3 步的计算不难发现，2018 年的夏普比率最低，2020 年与 2019 年则互有高低，并且不同年份的夏普比率差异较大。此外，在不同的年份，按照夏普比率对基金的投资绩效进行评估，在 2018 年天弘惠利灵活配置混合基金表现最好，交银精选混合基金表现最差；但是在 2019 年交银精选混合基金却是表现最好的，表现最差的基金变成了中海量化策略混合基金；到了 2020 年，天弘惠利灵活配置混合基金再度夺魁，中海量化策略混合基金继续垫底。因此，按照夏普比率进行绩效排名，每年得到的排名结果可能会存在差异。

此外，在使用夏普比率的时候，需要关注以下三大问题：一是夏普比率不存在基准值，因此其大小本身没有什么意义，只有在与其他投资组合的比较中才有实际价值；二是夏普比率与其他很多指标一样，衡量的是基金的历史表现，但是过往绩效并不能代表未来绩效；三是夏普比率的稳定性问题，也就是计算结果与时间跨度、收益计算频次（比如日频、月频）等因素有密切关联，例 8-16 中第 3 步的计算结果恰好说明这个问题。

8.6.2 索提诺比率

投资者对于收益的波动可谓是爱恨交加。当波动带来收益时，人人都爱它；相反，当波动带来亏损时，人人都恨它。因此，投资者通常会将引起亏损的波动视为风险。基于这样的逻辑，弗兰克·索提诺（Frank A. Sortino）提出了用于评估投资组合绩效的一个新指标——**索提诺比率**（Sortino Ratio，SOR）。

1. 数学表达式和 Python 自定义函数

索提诺比率的分子与夏普比率相同，都是投资组合的预期收益率减去无风险利率，差异则在于分母。索提诺比率的分母是运用**下行标准差**（downside deviation）而不是总标准差，下行标准差只考虑亏损而不考虑盈利，隐含条件就是投资组合的上涨（正回报率）符合投资者的需求而不应计入风险调整。该比率反映了投资组合承担每一单位**下行风险**（downside risk）所带来的超额收益（以无风险利率作为比较基准）。

索提诺比率的数学表达式如下：

$$SOR = \frac{E(R_P) - R_F}{\sigma_D} \quad (8\text{-}60)$$

其中，SOR 代表索提诺比率，σ_D 代表投资组合收益率的下行标准差，其他的参数与夏普比率一致。σ_D 的计算公式如下：

$$\sigma_D = \sqrt{\frac{1}{N_D} \sum_{i=1}^{N} \left[\min(R_{Pi}, 0) \right]^2} \quad (8\text{-}61)$$

式（8-61）中的 N 代表全部样本数量，N_D 代表发生亏损的样本数量。

下面，通过 Python 自定义一个计算索提诺比率的函数，具体的代码如下：

```
In [124]: def SOR(Rp,Rf,Vd):
     ...:     '''定义一个计算索提诺比率的函数
     ...:     Rp: 表示投资组合的年化收益率。
     ...:     Rf: 表示无风险利率。
     ...:     Vd: 表示投资组合收益率的年化下行标准差'''
     ...:     sortino_ratio=(Rp-Rf)/Vd    #索提诺比率的数学表达式
     ...:     return sortino_ratio
```

在以上自定义函数 SOR 中，只需要输入投资组合的年化收益率、无风险利率以及投资组合收益率的年化下行标准差，就可以很方便地计算得到投资组合的索提诺比率。

2. 一个案例

【例 8-17】依然沿用例 8-15 的信息和数据，同时无风险利率依然选择商业银行 1 年期存款基准利率 1.5%，计算中海量化策略混合基金、南方潜力新蓝筹混合基金、交银精选混合基金以及天弘惠利灵活配置混合基金这 4 只基金的索提诺比率，具体分为两个步骤。

第 1 步：计算每只基金收益率的下行标准差。具体的代码如下：

```
In [125]: V_down=np.zeros_like(R_mean)         #创建放置基金收益率下行标准差的初始数组

In [126]: for i in range(len(V_down)):
    ...:     R_neg=R_fund.iloc[:,i][R_fund.iloc[:,i]<0]    #生成基金收益率为负的时间序列
    ...:     N_down=len(R_neg)                             #计算亏损的交易日天数
    ...:     V_down[i]=np.sqrt(252)*np.sqrt(np.sum(R_neg**2)/N_down)   #计算年化下行标准差
    ...:     print(R_fund.columns[i],'年化下行标准差',round(V_down[i],4))
中海量化策略基金 年化下行标准差 0.3243
南方新蓝筹基金 年化下行标准差 0.1797
交银精选基金 年化下行标准差 0.2212
天弘惠利基金 年化下行标准差 0.0537
```

从以上的输出结果不难看到，中海量化策略混合基金的下行风险最高，天弘惠利灵活配置混合基金的下行风险最低。

第 2 步：运用前面的自定义函数 SOR 计算每只基金 2018 年至 2020 年 3 年平均的索提诺比率。具体的代码如下：

```
In [127]: SOR_3years=SOR(Rp=R_mean,Rf=R_f,Vd=V_down)    #计算索提诺比率
    ...: print('2018年至2020年3年平均的索提诺比率\n',round(SOR_3years,4))
2018年至2020年3年平均的索提诺比率
中海量化策略基金    0.6746
南方新蓝筹基金      1.2246
交银精选基金        0.8199
天弘惠利基金        2.0059
```

从以上的输出结果不难发现，这 4 只基金 3 年平均的索提诺比率在排名方面与夏普比率是一致的。其中，天弘惠利灵活配置混合基金表现最好，中海量化策略混合基金表现最糟糕。读者也可以自行运用 Python 计算 2018 年至 2020 年期间每年不同基金的索提诺比率。

通常而言，如果收益率的分布是左偏的，也就是出现亏损的样本数量多于盈利的样本数量，则相对于夏普比率，索提诺比率会更加适合。但是，对于索提诺比率，在日常运用过程中，除了需要关注与夏普比率相类似的问题以外，还需要特别注意的是，如果在某个观测期内投资组合收益率为负数的样本数量很少甚至没有，则会影响索提诺比率的使用。

8.6.3 特雷诺比率

无论是夏普比率还是索提诺比率，分母都是标准差，但是标准差很难有效衡量投资组合面临的系统风险。为了解决这一现实问题，美国经济学家杰克·特雷诺提出了用于评估投资组合绩效的一个新指标——**特雷诺比率**（Treynor Ratio，TR）。

1. 数学表达式和 Python 自定义函数

特雷诺比率与夏普比率、索提诺比率相比，比率的分子均相同，但是分母调整为投资组合的贝

塔值。该比率表示当投资组合每承受一单位系统风险时，会产生多少的风险溢价（以无风险利率作为比较基准），该比率其实就是在 8.5.3 节所介绍的证券市场线的斜率。

特雷诺比率的数学表达式如下：

$$TR = \frac{E(R_P) - R_F}{\beta_P} \qquad (8\text{-}62)$$

其中，TR 代表特雷诺比率，β_P 代表投资组合的贝塔值，其他的参数与夏普比率一致。当投资组合的非系统风险已被有效分散时，只需要考虑系统风险，特雷诺比率就相对更加合适。

下面，通过 Python 自定义一个计算特雷诺比率的函数，具体的代码如下：

```
In [128]: def TR(Rp,Rf,beta):
     ...:     '''定义一个计算特雷诺比率的函数
     ...:     Rp: 表示投资组合的年化收益率。
     ...:     Rf: 表示无风险利率。
     ...:     beta: 表示投资组合的贝塔值'''
     ...:     treynor_ratio=(Rp-Rf)/beta     #特雷诺比率的数学表达式
     ...:     return treynor_ratio
```

在以上自定义函数 TR 中，只需要输入投资组合的年化收益率、无风险利率以及投资组合的贝塔值，就可以很方便地计算出投资组合的特雷诺比率。

2. 一个案例

【例 8-18】依然沿用例 8-15 的信息和数据，同时将沪深 300 指数作为市场组合，依次计算中海量化策略混合基金、南方潜力新蓝筹混合基金、交银精选混合基金以及天弘惠利灵活配置混合基金这 4 只基金的贝塔值，并最终计算基金的特雷诺比率，具体分为 3 个步骤。

第 1 步：导入沪深 300 指数的数据，同时为了计算的高效，运用 for 语句快速计算每只基金的贝塔值。具体的代码如下：

```
In [129]: HS300=pd.read_excel('C:/Desktop/沪深300指数日收盘价（2018-2020年）.xlsx', sheet_name=
"Sheet1",header=0,index_col=0)     #导入沪深300指数的数据
     ...: R_HS300=np.log(HS300/HS300.shift(1))#创建沪深300指数的日收益率序列
     ...: R_HS300=R_HS300.dropna()            #删除缺失值

In [130]: X_addcons=sm.add_constant(R_HS300)  #沪深300指数日收益率序列（自变量）增加一列常数项

In [131]: betas=np.zeros_like(R_mean)         #创建放置基金贝塔值的初始数组
     ...: cons=np.zeros_like(R_mean)          #创建放置线性回归方程常数项的初始数组

In [132]: for i in range(len(R_mean)):
     ...:     Y=R_fund.iloc[:,i]                       #设定因变量的样本值
     ...:     model=sm.OLS(endog=Y,exog=X_addcons)     #构建普通最小二乘法的线性回归模型
     ...:     result=model.fit()                       #创建一个线性回归的结果对象
     ...:     cons[i]=result.params[0]                 #逐一存放线性回归方程常数项
     ...:     betas[i]=result.params[1]                #逐一存放基金的贝塔值
     ...:     print(R_fund.columns[i],'贝塔值',round(betas[i],4))
中海量化策略基金 贝塔值 1.1423
南方新蓝筹基金 贝塔值 0.6654
交银精选基金 贝塔值 0.8665
天弘惠利基金 贝塔值 0.1803
```

从以上的计算结果可以看出，这 4 只基金的贝塔值差异较大，最低仅为 0.1803，最高则为 1.1423。

第 2 步：将线性回归的结果进行可视化（见图 8-14）。具体的代码如下：

```
In [133]: X_list=np.linspace(np.min(R_HS300),np.max(R_HS300),200)   #创建对应x轴的数组

In [134]: plt.figure(figsize=(11,10))
     ...: for i in range(len(R_mean)):   #逐一绘制基金与指数的散点图和拟合的线性回归
     ...:     plt.subplot(2,2,i+1)
     ...:     plt.scatter(R_HS300,R_fund.iloc[:,i])
     ...:     plt.plot(X_list,cons[i]+ betas[i]*X_list,'r-',label=u'线性回归拟合',lw=2.0)
     ...:     plt.xlabel(u'沪深300指数',fontsize=13)
     ...:     plt.ylabel(R_fund.columns[i],fontsize=13)
     ...:     plt.xticks(fontsize=13)
     ...:     plt.yticks(fontsize=13)
     ...:     plt.legend(fontsize=13)
     ...:     plt.grid()
     ...: plt.show()
```

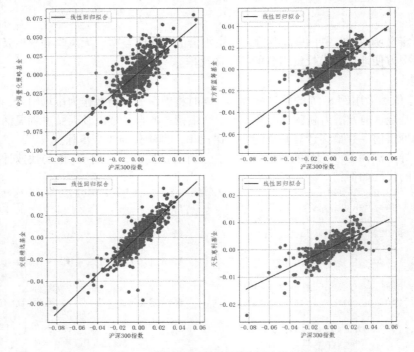

图 8-14　沪深 300 指数与 4 只基金的散点图及拟合的线性回归

从以上的 4 张散点图可以目测得出，针对每只基金的收益率而言，将沪深 300 指数作为市场组合所得到的线性回归拟合程度是比较高的。

第 3 步：根据前面的自定义函数 TR，计算每只基金 2018 年至 2020 年 3 年平均的特雷诺比率。具体的代码如下：

```
In [135]: TR_3years=TR(Rp=R_mean,Rf=R_f,beta=betas)   #计算特雷诺比率
     ...: print('2018年至2020年3年平均的特雷诺比率\n',round(TR_3years,4))
2018年至2020年3年平均的特雷诺比率
中海量化策略基金      0.1915
```

```
南方新蓝筹基金        0.3307
交银精选基金          0.2093
天弘惠利基金          0.5974
dtype: float64
```

根据以上的输出结果，按照特雷诺比率进行评估，天弘惠利灵活配置混合基金表现最好，中海量化策略混合基金表现最差。排名结果与前面通过夏普比率、索提诺比率得到的排名结果保持一致。

8.6.4 卡玛比率

在描述投资组合（基金）的风险时，也会运用到最大回撤率。**最大回撤率**（Maximum Drawdown，MDD）是指在选定的交易期内，任一交易时点往后推算，投资组合市值或者基金净值触及最低点时的收益率回撤幅度的最大值。最大回撤率通常用于描述投资组合可能出现的最糟糕情况。

基于最大回撤率，美国加利福尼亚州的基金经理特里·杨（Terry Young）于 1991 年提出了评估投资组合绩效的指标——卡玛比率。**卡玛比率**（Calmar Ratio，CR）描述的是收益率和最大回撤率之间的关系，计算结果就是年化收益率与历史最大回撤率的比值。

1. 数学表达式

卡玛比率的数学表达式如下：

$$CR = \frac{E(R_P)}{MDD} \quad (8\text{-}63)$$

其中，CR 代表卡玛比率，MDD 代表投资组合的最大回撤率，其他的参数与夏普比率一致。卡玛比率的含义是承担每一个单位的回撤风险，可以获得多少绝对收益的补偿。计算卡玛比率的关键是计算最大回撤率。下面，就以基金为例，讨论如何计算基金的最大回撤率。

假定观测的交易期间共有 N 个交易日，其中，第 i 个交易日的基金净值用 P_i 表示，$i=1,2,3,\cdots,N-1$；第 j 个交易日是第 i 个交易日之后的某个交易日，该交易日的基金净值用 P_j 表示，$j=i+1,i+2,\cdots,N$。比如，当 $i=1$ 时，j 的取值是 $2,3,\cdots,N$；当 $i=3$ 时，j 的取值是 $4,5,\cdots,N$。此外，从第 i 个交易日至第 j 个交易日期间，基金的期间回撤率用 DD_{ij} 表示，并且数学表达式如下：

$$DD_{ij} = \frac{P_i - P_j}{P_i} \quad (8\text{-}64)$$

在整个观测的交易期间，基金的最大回撤率用 MDD 表示，并且数学表达式如下：

$$MDD = \max(DD_{ij}) = \max\left(\frac{P_i - P_j}{P_i}\right) \quad (8\text{-}65)$$

式（8-65）就表示基金的最大回撤率就是全部的期间回撤率数据中的最大值。

为了能够更清晰地展示计算基金净值的最大回撤率，并且为了提升运用 Python 编程的效率，下面就运用矩阵的方式计算最大回撤率。具体就是，将基金净值的每个期间回撤率放置在一个 $N-1$ 行、$N-1$ 列的矩阵中，即 $(N-1)\times(N-1)$ 的方阵中，将该矩阵标记为 **DD**，该矩阵的表达式如下：

$$\boldsymbol{DD} = \begin{bmatrix} DD_{12} & DD_{13} & \cdots & DD_{1N-1} & DD_{1N} \\ 0 & DD_{23} & \cdots & DD_{2N-1} & DD_{2N} \\ \vdots & \vdots & \vdots & \vdots \\ 0 & 0 & \cdots & 0 & DD_{N-1N} \end{bmatrix} \quad (8\text{-}66)$$

在式（8-66）中，矩阵的第 1 行元素代表在观测期间以第 1 个交易日作为基准日，依次计算出到第 2 个交易日的期间回撤率 DD_{12}，到第 3 个交易日的期间回撤率 DD_{13}，以此类推，到第 $N-1$ 个交易日的期间回撤率 DD_{1N-1} 以及到第 N 个交易日的期间回撤率 DD_{1N}。

矩阵的第 2 行从第 2 个元素开始代表在观测期间以第 2 个交易日作为基准日，依次计算出到第 3 个交易日的期间回撤率 DD_{23}，到第 4 个交易日的期间回撤率 DD_{24}，以此类推，到第 $N-1$ 个交易日的期间回撤率 DD_{2N-1} 以及到第 N 个交易日的期间回撤率 DD_{2N}。

矩阵的第 3 行直至第 $N-1$ 行的相关元素也按照以上的规则进行计算。

在整个观测的交易期间，基金净值的最大回撤率 MDD 就是矩阵 ***DD*** 中数值最大的一个元素。

2. Python 自定义函数

下面，通过 Python 自定义一个计算卡玛比率的函数，具体的代码如下：

```
In [136]: def CR(Rp,MDD):
     ...:     '''定义一个计算卡玛比率的函数
     ...:     Rp: 表示投资组合的年化收益率。
     ...:     MDD: 表示投资组合的最大回撤率'''
     ...:     calmar_ratio=Rp/MDD           #卡玛比率的数学表达式
     ...:     return calmar_ratio
```

在以上自定义函数 CR 中，只需要输入投资组合的年化收益率以及最大回撤率这两个参数，就可以方便地计算得到投资组合的卡玛比率。

接着，通过 Python 自定义一个计算投资组合最大回撤率的函数，在代码中需要运用前面提到的式（8-66）以及两个嵌套的 for 语句，具体的代码如下：

```
In [137]: def MDD(data):
     ...:     '''定义一个计算投资组合（以基金为例）最大回撤率的函数
     ...:     data: 代表某只基金的净值数据，以序列或者数据框格式输入'''
     ...:     N=len(data)                          #计算期间的交易日天数
     ...:     DD=np.zeros((N-1,N-1))               #创建元素为0的N-1行、N-1列数组，用于存放回撤率数据
     ...:     for i in range(N-1):                 #第1个for语句
     ...:         Pi=data.iloc[i]                  #第i个交易日的基金净值
     ...:         for j in range(i+1,N):           #嵌套的第2个for语句
     ...:             Pj=data.iloc[j]              #第j个交易日的基金净值
     ...:             DD[i,j-1]=(Pi-Pj)/Pi         #依次计算并存放期间的每个回撤率数据
     ...:     Max_DD=np.max(DD)                    #计算基金净值的最大回撤率
     ...:     return Max_DD
```

在以上自定义函数 MDD 中，仅需要输入单只基金的净值时间序列，就可以快速计算得到最大回撤率。

3. 一个案例

【例 8-19】依然沿用例 8-15 的信息和数据，计算中海量化策略混合基金、南方潜力新蓝筹混合基金、交银精选混合基金以及天弘惠利灵活配置混合基金这 4 只基金在 2018 年至 2020 年期间的最大回撤率，并最终计算基金的卡玛比率，具体分为两个步骤。

第 1 步：根据自定义函数 MDD，依次计算 4 只基金的最大回撤率。具体的代码如下：

```
In [138]: fund_zhonghai=fund['中海量化策略基金']     #选取中海量化策略基金净值的时间序列
     ...: fund_nanfang=fund['南方新蓝筹基金']        #选取南方新蓝筹基金净值的时间序列
     ...: fund_jiaoyin=fund['交银精选基金']          #选取交银精选基金净值的时间序列
     ...: fund_tianhong=fund['天弘惠利基金']         #选取天弘惠利基金净值的时间序列
```

```
In [139]: MDD_zhonghai=MDD(data=fund_zhonghai) #计算中海量化策略基金的最大回撤率
     ...: MDD_nanfang=MDD(data=fund_nanfang)   #计算南方新蓝筹基金的最大回撤率
     ...: MDD_jiaoyin=MDD(data=fund_jiaoyin)   #计算交银精选基金的最大回撤率
     ...: MDD_tianhong=MDD(data=fund_tianhong) #计算天弘惠利基金的最大回撤率

In [140]: print('2018年至2020年中海量化策略基金的最大回撤率',round(MDD_zhonghai,4))
     ...: print('2018年至2020年南方新蓝筹基金的最大回撤率',round(MDD_nanfang,4))
     ...: print('2018年至2020年交银精选基金的最大回撤率',round(MDD_jiaoyin,4))
     ...: print('2018年至2020年天弘惠利基金的最大回撤率',round(MDD_tianhong,4))
2018年至2020年中海量化策略基金的最大回撤率 0.3375
2018年至2020年南方新蓝筹基金的最大回撤率 0.1473
2018年至2020年交银精选基金的最大回撤率 0.2623
2018年至2020年天弘惠利基金的最大回撤率 0.054
```

从以上的输出结果可以看到，天弘惠利灵活配置混合基金的最大回撤率最低，表明该基金的回撤风险最小；中海量化策略混合基金的最大回撤率最高，表明该基金的回撤风险最大。

第2步：根据自定义函数CR，依次计算4只基金的卡玛比率。具体的代码如下：

```
In [141]: CR_zhonghai=CR(Rp=R_mean['中海量化策略基金'],MDD=MDD_zhonghai) #计算中海量化策略基金的卡玛比率
     ...: CR_nanfang=CR(Rp=R_mean['南方新蓝筹基金'],MDD=MDD_nanfang)   #计算南方新蓝筹基金的卡玛比率
     ...: CR_jiaoyin=CR(Rp=R_mean['交银精选基金'],MDD=MDD_jiaoyin)    #计算交银精选基金的卡玛比率
     ...: CR_tianhong=CR(Rp=R_mean['天弘惠利基金'],MDD=MDD_tianhong)  #计算天弘惠利基金的卡玛比率

In [142]: print('2018年至2020年中海量化策略基金的卡玛比率',round(CR_zhonghai,4))
     ...: print('2018年至2020年南方新蓝筹基金的卡玛比率',round(CR_nanfang,4))
     ...: print('2018年至2020年交银精选基金的卡玛比率',round(CR_jiaoyin,4))
     ...: print('2018年至2020年天弘惠利基金的卡玛比率',round(CR_tianhong,4))
2018年至2020年中海量化策略基金的卡玛比率 0.6926
2018年至2020年南方新蓝筹基金的卡玛比率 1.5963
2018年至2020年交银精选基金的卡玛比率 0.7485
2018年至2020年天弘惠利基金的卡玛比率 2.2728
```

通过以上的计算可以得到，按照卡玛比率进行评估，天弘惠利灵活配置混合基金表现最好，交银精选混合基金表现依然最差。这一排名结果也与前面通过其他绩效评估指标得到的排名结果保持一致。

由于卡玛比率用最大回撤率评估风险，因此相比其他更加抽象的绩效评估指标，该指标更便于投资者理解。当然，用最大回撤率评估风险也存在一定的局限性，比如忽略了投资组合的总体波动性。

8.6.5 信息比率

在评估投资组合的绩效时，为了能够使绩效评估更加公允，需要引入一个用于对比的参照系或者比较基准，这个参照系就是**基准组合**（benchmark porfolio），并且通常以证券市场广泛使用的股票指数作为基准组合，在A股市场往往会以上证50指数、沪深300指数、中证500指数等指数作为基准组合。基于这样的考虑，证券投资领域推出了信息比率。

1. 跟踪偏离度与跟踪误差

在介绍信息比率之前，需要引入两个新的概念——跟踪偏离度和跟踪误差。

投资组合收益率与基准组合收益率之间的差异就称为**跟踪偏离度**（Tracking Difference，TD）。具体的数学表达式如下：

$$TD = E(R_P) - E(R_B) \qquad (8\text{-}67)$$

其中，TD 表示跟踪偏离度，$E(R_P)$ 的含义与前面一致，都是表示投资组合的预期收益率，$E(R_B)$ 表示基准组合的预期收益率。同样，预期收益率可以用过往平均收益率替代。跟踪偏离度也称为**相对收益率**（relative return rate），与此相对应的就是**绝对收益率**（absolute return rate）[1]。

跟踪误差（Tracking Error，TE）是指投资组合收益率与基准组合收益率之间差异的标准差，其实质就是跟踪偏离度的标准差，用于衡量投资组合的主动管理风险。跟踪误差的数学表达式如下：

$$TE = \sqrt{\frac{1}{N-1}\sum_{t=1}^{N}\left(TD_t - \overline{TD}\right)^2} \qquad (8\text{-}68)$$

其中，TE 表示跟踪误差，$\overline{TD}$ 表示跟踪偏离度的均值，TD_t 表示第 t 时刻的跟踪偏离度，即 $TD_t = R_{Pt} - R_{Bt}$，R_{Pt} 和 R_{Bt} 分别是投资组合、基准组合在第 t 时刻的收益率。

2. 信息比率的数学表达式及 Python 自定义函数

信息比率（Information Ratio，IR）就是跟踪偏离度与跟踪误差的比率，该比率是从主动管理的角度描述投资组合风险调整后的收益，这也是该比率与前面所介绍的 4 个比率之间最根本的差别。信息比率用于衡量投资组合承担主动管理风险所带来的超额收益（相对于基准组合），它表示承担每一单位主动管理风险所带来的超额收益率，该比率越高就说明每一单位主动管理风险所带来的超额收益越大。因此，信息比率较大的基金的绩效要优于信息比率较小的基金。

信息比率的数学表达式如下：

$$IR = \frac{TD}{TE} = \frac{E(R_P) - E(R_B)}{TE} \qquad (8\text{-}69)$$

其中，IR 表示信息比率，TD 和 TE 则是前面所讨论的跟踪偏离度和跟踪误差。

下面，通过 Python 自定义一个计算信息比率的函数，具体的代码如下：

```
In [143]: def IR(Rp,Rb,TE):
     ...:     '''定义一个计算信息比率的函数
     ...:     Rp: 表示投资组合的年化收益率。
     ...:     Rb: 表示基准组合的年化收益率。
     ...:     TE: 表示跟踪误差'''
     ...:     information_ratio=(Rp-Rb)/TE          #信息比率的数学表达式
     ...:     return information_ratio
```

在以上自定义函数 IR 中，只需要输入投资组合的年化收益率、基准组合的年化收益率以及跟踪误差，就可以很方便地计算得到投资组合的信息比率。

3. 一个案例

【例 8-20】依然沿用例 8-15 的信息和数据，同时以沪深 300 指数作为基准组合，计算中海量化策略混合基金、南方潜力新蓝筹混合基金、交银精选混合基金以及天弘惠利灵活配置混合基金这 4 只基金在 2018 年至 2020 年期间的信息比率，具体分为两个步骤。

第 1 步：计算每只基金的跟踪误差，为了提高计算效率，需要运用 for 语句。具体的代码如下：

---

[1] 绝对收益率与相对收益率的区别就在于衡量投资组合收益率时选择的参照系不同，绝对收益率以 0 作为参照系，相对收益率则以某一个特定的收益率（比如无风险利率、指数收益率）作为参照系。绝对收益率可以认为是相对收益率的一种特例。

```
In [144]: TE_fund=np.zeros_like(R_mean)         #创建存放基金跟踪误差的初始数组

In [145]: for i in range(len(R_mean)):
     ...:     TD=np.array(R_fund.iloc[:,i])-np.array(R_HS300.iloc[:,0])   #计算基金跟踪偏
离度并以数组格式存放
     ...:     TE_fund[i]=TD.std()*np.sqrt(252)   #计算并存放每只基金的年化跟踪误差
     ...:     print(R_fund.columns[i],'跟踪误差',round(TE_fund[i],4))
中海量化策略基金 跟踪误差 0.2398
南方新蓝筹基金 跟踪误差 0.123
交银精选基金 跟踪误差 0.1115
天弘惠利基金 跟踪误差 0.1799
```

从以上输出的结果中可以看到,中海量化策略混合基金的跟踪误差最高,交银精选混合基金的跟踪误差最低。

第 2 步:利用自定义函数 IR 计算每只基金的信息比率。具体的代码如下:

```
In [146]: R_mean_HS300=R_HS300.mean()*252    #计算沪深 300 指数的年化收益率
     ...: R_mean_HS300=float(R_mean_HS300)    #转换成浮点型

In [147]: IR_3years=IR(Rp=R_mean,Rb=R_mean_HS300,TE=TE_fund)
     ...: print('2018 年至 2020 年 3 年平均的信息比率\n',round(IR_3years,4))
2018 年至 2020 年 3 年平均的信息比率
中海量化策略基金    0.6244
南方新蓝筹基金      1.2281
交银精选基金        1.0076
天弘惠利基金        0.2155
dtype: float64
```

基于以上的计算结果,南方潜力新蓝筹混合基金的信息比率最高,天弘惠利灵活配置混合基金的信息比率最低。按照信息比率排名的结果,与前面 4 个指标得到的排名结果完全不相同,并且与表 8-2 中按照期间累计收益率排名的结果也不完全一致。

最后,为了能够清晰地展示并且比较每只基金每个绩效评估指标的数据,表 8-3 整理了例 8-16 至例 8-20 中计算得到的 4 只基金 5 个绩效评估指标的数值结果和相关排名情况。

表 8-3 2018 年至 2020 年期间 4 只基金绩效评估指标及排名

指标的数值与排名		中海量化策略混合基金	南方潜力新蓝筹混合基金	交银精选混合基金	天弘惠利灵活配置混合基金
夏普比率	数值	0.6399	1.2620	0.8433	1.9951
	排名	4	2	3	1
索提诺比率	数值	0.6746	1.2246	0.8199	2.0059
	排名	4	2	3	1
特雷诺比率	数值	0.1915	0.3307	0.2093	0.5974
	排名	4	2	3	1
卡玛比率	数值	0.6926	1.5963	0.7485	2.2728
	排名	4	2	3	1
信息比率	数值	0.6244	1.2281	1.0076	0.2155
	排名	3	1	2	4

8.7 本章小结

股票是金融领域一个永恒的话题，有中国特色的股票市场经历了从无到有、从小到大的发展过程。本章结合股票市场的案例，围绕如何运用 Python 分析股票这一主题展开。首先，讨论了计算股票内在价值的股息贴现模型，包括零增长模型、不变增长模型、二阶段增长模型以及三阶段增长模型；接着，探讨了股票价格服从的随机过程，涉及马尔可夫过程、有效市场假说、维纳过程、广义维纳过程以及几何布朗运动等内容；然后，探究了投资组合的主要变量、可行集、有效前沿以及资本市场线等现代投资组合理论的核心要点；随后，剖析了资本资产定价模型，涵盖系统风险、非系统风险以及模型在实际中的运用等内容；最后，聚焦投资组合的绩效评估，讨论了夏普比率、索提诺比率、特雷诺比率、卡玛比率和信息比率等 5 个常用绩效评估指标。

8.8 拓展阅读

本章的内容参考了以下资料。

[1] Portfolio Selection，作者哈里·马科维茨在该论文中，开创性地提出了投资组合理论，该理论是作者荣获 1990 年诺贝尔经济学奖的主要依据。该理论在金融学中的地位相当于爱因斯坦的"相对论"在物理学中的地位，已经成为现代金融的基石。此外，作者在撰写该论文时，还只是美国芝加哥大学的一位大学生，这实在是让人啧啧称奇。

[2] 作者威廉·夏普在论文 "Capital Asset Prices-A Theory of Market Equilibrium under Conditions of Risk" 中，基于他的老师马科维茨提出的投资组合理论，大胆设想并构建了资本资产定价模型。但极具讽刺意味的是，该论文最初竟然被杂志社退稿，使一个伟大的理论险些"夭折"。该论文也是作者获得 1990 年诺贝尔经济学奖的重要依据之一。

[3] 作者尤金·法马在 "Efficient Capital Markets: A Review of Theory and Empirical Work" 一文中，富有远见并系统性地提出了对整个金融市场影响深远的有效市场假说，以此摘取了 2013 年诺贝尔经济学奖的桂冠。

[4] 《投资学（第六版）》（作者威廉·夏普等），这本书是证券投资领域的扛鼎之作，书中的内容几乎涵盖了整个证券投资领域。其中，关于股票定价、投资组合理论以及资本资产定价模型等经典内容在书中都有全面和翔实的描述。

第 9 章 运用 Python 分析互换

本章导读

互换（swap）是指在两个交易主体之间针对将来交换现金流而达成的金融合约。在合约中，双方约定现金流的交换时点以及现金流金额的计算方法。通常对于现金流的计算会涉及利率、汇率、信用违约、股票价格、股票指数等市场变量。互换合约的诞生可以追溯至 1981 年国际商业机器（IBM）公司与世界银行（World Bank）开展的货币互换合约。从此，互换市场迅猛发展，并且在全球金融市场中发挥了至关重要的作用。依据国际清算银行的统计，截至 2020 年年末，基础资产涉及利率、货币以及信用违约的互换合约合计规模就高达 391.96 万亿美元，已经成为衍生产品市场的中坚力量。本章结合互换市场的案例，讲解如何运用 Python 对互换展开分析。

本章的内容涵盖以下几个主题。

- 介绍利率互换市场、货币互换市场以及信用违约互换市场的概况，并且针对市场的交易分布结构进行可视化。
- 讨论利率互换的运作机理、期间现金流测算、互换利率的确定以及定价。
- 剖析货币互换的不同类型、运作机理、期间现金流以及定价。
- 分析信用违约互换的运作机理、期间现金流以及价差，同时探讨累积违约概率、边际违约概率与存活率等影响价差的因素。

9.1 互换市场的概况

互换本质上是一种风险管理工具，根据合约对应的基础资产不同，交易主体双方通过互换可以改变利率风险、汇率风险、信用风险、股价风险、商品价格风险等不同类型的风险敞口。同时，互换的历史虽然不长，但是凭借其强大的金融创新能力，互换合约品种不断丰富，除了 20 世纪 80 年代诞生的利率互换、货币互换，在 20 世纪 90 年代还创设了信用违约互换,此后又创设了股票互换、远期互换等互换合约,并且互换合约与第 6 章讨论的远期利率协议、远期外汇合约一样,均属于场外衍生产品[1]。

9.1.1 利率互换市场

利率互换(Interest Rate Swap,IRS)是指合约的双方基于同一种货币进行利息现金流的交换,一方支付固定利率的利息,另一方支付固定利率或浮动利率的利息,而用于计算利息的本金则不用交换。在利率互换中用于计算利息的本金也称为**名义本金**(notional amount)或**合约面值**。1982 年,德意志银行(Deutsche Bank)开展了第一笔利率互换交易,从而开启了全球的利率互换市场。根据国际清算银行的统计,截至 2020 年年末,全球利率互换合约名义本金达到 355.79 万亿美元,在互换市场上独领风骚。

2006 年 1 月 24 日,中国人民银行对外发布了《中国人民银行关于开展人民币利率互换交易试点有关事宜的通知》,标志着利率互换市场扬帆起航。同年的 2 月,国家开发银行与中国光大银行完成了首笔人民币利率互换交易,合约的名义本金为 50 亿元、期限为 10 年。其中,中国光大银行支付固定利率的利息,国家开发银行支付浮动利率的利息。在推进市场利率化的进程中,推出利率互换合约,对于提升金融市场的效率和金融机构利率风险管理水平,进而提高整个金融体系的利率风险承受能力和金融稳定都具有重要的现实意义。

目前,金融机构之间的利率互换交易均通过全国银行间同业拆借中心完成,该中心提供的人民币利率互换合约要素见表 9-1。

表 9-1 全国银行间同业拆借中心提供的人民币利率互换合约要素

要素	具体说明
名称	人民币利率互换
定义	交易双方约定在未来的一定期限内,根据约定的人民币本金和利率计算利息并进行利息交换的金融合约
交易方式	询价交易和点击成交。可以通过全国银行间同业拆借中心的交易系统达成合约;未通过交易系统达成合约的,交易双方应在合约达成后的第二个工作日 12:00 前将交易情况上报交易中心备案
参考利率	中国人民银行公布的基准利率或者经中国人民银行授权全国银行间同业拆借中心发布的银行间市场具有基准性质的市场利率
交易时间	北京时间上午 9:00—12:00,下午 13:30—17:00(国家法定节假日不开市)

资料来源:中国货币网。

此外,按照 2020 年人民币利率互换的月度成交金额排名,3 月的成交金额最高并且达到 21951.18 亿元。表 9-2 按照参考利率类型,梳理出 2020 年 3 月全国银行间同业拆借中心涉及利率互换交易的名义本金成交规模。

---

[1] 按照交易场所不同对衍生产品进行划分,可以分为场内衍生产品和场外衍生产品两类。**场内衍生产品**,也称**交易所衍生产品**,是指经过交易所标准化之后的衍生产品合约并且在交易所挂牌交易,这里的标准化通常是指对应的基础资产数量、质量、合约期限、合约面值等要素的标准化规定和表述。**场外衍生产品**是指在交易所之外的场外交易市场进行交易的衍生品,**场外交易市场**(Over-The-Counter Market,OTC)是一个分散的、无形的市场,没有固定的交易场所,往往是通过电话、电子邮件等方式将交易员联系在一起的网络系统,并且以协商议价的形式完成相关的交易。

表9-2 2020年3月全国银行间同业拆借中心按照参考利率类型划分的名义本金成交规模

参考利率类型	名义本金/亿元
7天期银行间回购定盘利率（FR007）	17 848.80
3个月期上海银行间同业拆放利率（Shibor3M）	3434.38
1年期贷款市场报价利率（LPR1Y）	349.50
其他参考利率	318.50
合计	21 951.18

注：其他参考利率包括10年期国债收益率（GB10）、10年期国家开发银行债券（国开债）收益率（CDB10）、10年期国债与国开债基差（D10/G10）、5年期以上贷款市场报价利率（LPR5Y）以及隔夜上海银行间同业拆放利率（Shibor_O/N）。
数据来源：中国货币网。

下面，就将表9-2中的参考利率类型和相应成交的名义本金运用Python绘制成饼图，以便于可视化展示（见图9-1），具体的代码如下：

```
In [1]: import numpy as np
   ...: import pandas as pd
   ...: import matplotlib.pyplot as plt
   ...: from pylab import mpl
   ...: mpl.rcParams['font.sans-serif']=['FangSong']
   ...: mpl.rcParams['axes.unicode_minus'] = False
   ...: from pandas.plotting import register_matplotlib_converters
   ...: register_matplotlib_converters()

In [2]: IRS_data=pd.read_excel('C:/Desktop/利率互换交易规模.xls',sheet_name="Sheet1", header=0, index_col=0)    #从外部导入数据

In [3]: name=IRS_data.index                      #获取数据框关于参考利率类型的利率名称
   ...: volume=(np.array(IRS_data)).ravel()      #将数据框涉及名义本金的数值转为一维数组

In [4]: plt.figure(figsize=(9,7))
   ...: plt.pie(x=volume,labels=name,textprops={'fontsize':13})
   ...: plt.axis('equal')                        #使饼图是一个圆形
   ...: plt.show()
```

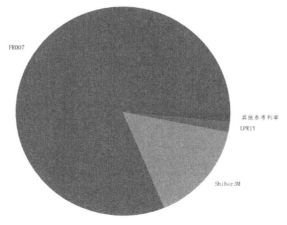

图9-1 2020年3月全国银行间同业拆借中心按照参考利率类型划分的名义本金成交规模

无论是从表9-2还是图9-1，都可以看到在全国银行间同业拆借中心开展的利率互换交易，参考利率以7天期银行间回购定盘利率（FR007）和3个月期上海银行间同业拆放利率（Shibor3M）为主导。

9.1.2 货币互换市场

货币互换（Cross Currency Swap，CCS），也称**货币掉期**，是指两笔金额约定、期限相同、计价货币不同的债务资金之间的交换，同时进行不同货币利息额的交换。1981年IBM公司与世界银行开展的货币互换合约，是全球金融市场上的首份货币互换合约。根据国际清算银行的统计，截至2020年年末，全球货币互换合约的规模达到27.81万亿美元。

2007年8月，中国人民银行发布了《中国人民银行关于在银行间外汇市场开办人民币外汇货币掉期业务有关问题的通知》，允许开展人民币外汇货币掉期交易。从此，中国人民银行依托银行间外汇市场逐步建立了货币互换市场。表9-3梳理了银行间外汇市场货币互换合约的要素信息。

表9-3 银行间外汇市场货币互换合约的要素信息

要素	具体说明
名称	人民币外汇货币掉期
定义	在约定期限内交换约定数量的两种货币本金，同时定期交换两种货币利息的金融合约。 本金交换的形式可以选择以下的一种： 1. 在协议生效日双方按约定汇率交换两种货币的本金，在协议终止日双方再以相同的汇率、相同金额进行一次本金的反向交换； 2. 在协议生效日或终止日仅进行一次两种货币的本金交换； 3. 在协议生效日和终止日均不实际交换两种货币的本金。 利息交换是指交易双方定期向对方支付以换入货币计算的利息，双方可以协商选择按照固定利率或浮动利率计算利息
汇率类型（交换货币）	美元兑人民币（USD/CNY）、欧元兑人民币（EUR/CNY）、日元兑人民币（JPY/CNY）、港元兑人民币（HKD/CNY）、英镑兑人民币（GBP/CNY）以及澳元对人民币（AUD/CNY）这6种人民币汇率
交易方式	双边询价交易
清算方式	双边清算
交易时间	北京时间9:30—23:30（周六、周日及国家法定节假日不开市）

资料来源：中国货币网。

此外，按照2020年人民币外汇货币掉期的月度成交金额排名，7月的成交金额最高并且达到169.12亿元。表9-4按照交换币种和期限这两个不同的维度梳理出2020年7月银行间外汇市场人民币外汇货币掉期成交金额情况。

表9-4 2020年7月银行间外汇市场人民币外汇货币掉期成交金额情况
（按照交换币种和期限进行划分）

人民币外汇货币掉期	交换币种		期限		合计
	美元与人民币	非美元外币与人民币	不超过1年	超过1年	
成交金额/亿元	158.45	10.67	141.29	27.83	169.12

数据来源：中国货币网。

下面，就将表9-4中的数据运用Python绘制成饼图，并且以1×2的子图模式展示（见图9-2），具体的代码如下：

```
In [5]: currency=['美元与人民币','非美元外币与人民币']   #不同交换币种名称
   ...: volume1=[158.45,10.67]                    #对应不同交换币种的人民币外汇货币掉期成交金额（亿元）

In [6]: tenor=['不超过1年','超过1年']               #不同期限名称
   ...: volume2=[141.29,27.83]                    #对应不同期限的人民币外汇货币掉期成交金额（亿元）

In [7]: plt.figure(figsize=(11,7))
   ...: plt.subplot(1,2,1)                        #第1张子图
   ...: plt.pie(x=volume1,labels=currency,textprops={'fontsize':13})
   ...: plt.axis('equal')                         #使饼图是一个圆形
   ...: plt.title(u'不同交换币种', fontsize=14)
   ...: plt.subplot(1,2,2)                        #第2张子图
   ...: plt.pie(x=volume2,labels=tenor,textprops={'fontsize':13})
   ...: plt.axis('equal')
   ...: plt.title(u'不同期限', fontsize=14)
   ...: plt.show()
```

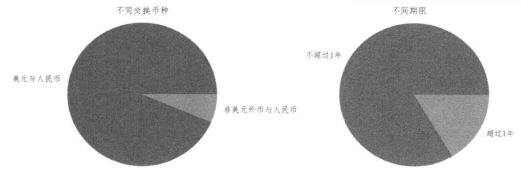

图 9-2　2020 年 7 月银行间外汇市场人民币外汇货币掉期成交金额的分布结构图

无论是从表 9-4 还是图 9-2，都可以看到美元与人民币作为交换币种以及期限不超过 1 年的货币掉期合约均是市场交易的主力合约。

9.1.3　信用违约互换市场

信用违约互换（Credit Default Swap，CDS）是指交易双方达成的，约定在未来一定期限内，信用保护买方按照约定的标准和方式向信用保护卖方支付信用保护费用，由信用保护卖方就约定的一个或多个参考实体向信用保护买方提供信用风险保护的金融合约。合约中的**参考实体**（reference entity）包括公司、主权国家或国际多边机构（比如世界银行）等；同时，参考实体的信用风险取决于**信用事件**（credit event）是否发生，信用事件包括参考实体支付违约、破产、债务加速到期、债务潜在加速到期以及债务重组等事件。信用违约互换其实质就是对参考实体信用风险所提供的一种保险。

1995 年，摩根大通银行（J.P. Morgan Chase）率先推出了信用违约互换。随后，国际互换和衍生产品协会[1]在 1999 年出台了第 1 版的《ISDA 信用衍生产品定义》，2002 年又颁布了《ISDA 主协

---

[1] 国际互换和衍生产品协会（International Swaps and Derivatives Association，ISDA）成立于 1985 年，是一家全球性的非营利性组织，在衍生品开发、ISDA 主协议、净额结算和担保品以及场外衍生品市场风险管理方面做出了积极贡献，其主导编制的《ISDA 主协议》已经成为全球市场上使用最普遍的场外衍生品交易合同文件。

议》，2003年颁布了《ISDA信用衍生产品定义（2003版）》。这一系列标准交易文本的出台，使得包括信用违约互换在内的信用衍生产品交易规则逐步完善，市场出现了"爆发式"增长。根据国际清算银行的统计，2000年信用违约互换合约的规模还不足0.9万亿美元；但是到了美国次贷危机爆发前的2007年年末，合约规模已经大幅攀升至惊人的61.24万亿美元；随后出现回落，截至2020年6月末已下降至8.36万亿美元[1]。

为更好地发挥债券市场融资功能、化解债券市场的信用风险，2010年10月中国银行间市场交易商协会发布了《银行间市场信用风险缓释工具试点业务指引》，引入**信用风险缓释**（Credit Risk Mitigation，CRM）**工具**，当时的信用风险缓释工具实质上是单一参考实体的信用违约互换。此外，信用风险缓释工具又分为**信用风险缓释合约**（Credit Risk Mitigation Agreement，**CRMA**）和**信用风险缓释凭证**（Credit Risk Mitigation Warrant，**CRMW**）。这两类合约最大的区别在于，CRMA是由参考实体自己创设的，CRMW则是由参考实体以外的第三方机构创设的。2010年11月，中债信用增进投资股份有限公司（简称"中债信用增进公司"）与中国工商银行达成CRMA，以银行贷款为基础资产，名义本金共5亿元，合计7笔贷款，期限不超过1年，这是首只CRMA；在同一个月，中债信用增进公司等金融机构创设了首批CRMW，名义本金共4.8亿元。

为了尽可能地防范风险，监管机构也是煞费苦心，在机制上做出了较多的限制性安排。例如，为避免风险向不具备风险管理和承担能力的机构转移，在开展信用风险缓释工具业务时区分核心交易商、交易商、非交易商，从而进行分层管理。其中，核心交易商可以与所有参与者交易，交易商可以与其他交易商进行基于自身需求的交易，非交易商只能与核心交易商开展套期保值目的的交易。此外，还从市场主体、客体、规模等方面设置分层控制指标。这一系列限制措施一方面降低了交易风险，另一方面则打击了市场主体开展信用风险缓释工具业务的积极性。截至2015年年底，仅有16家机构达成47笔CRMA交易，名义本金为40.4亿元，其中2014年仅达成1笔交易，名义本金为1亿元；CRMW交易累计仅有7笔，名义本金为2.5亿元，其中2010年达成6笔，2011年达成1笔，此后便再无交易。

为了适应金融市场发展的新趋势，进一步发挥信用风险缓释工具的风险管理功能，2016年9月中国银行间市场交易商协会修改并发布了《银行间市场信用风险缓释工具试点业务规则》，并且发布了信用违约互换、信用风险缓释合约、信用风险缓释凭证、信用联结票据等4份具体的信用风险缓释工具业务指引，从此包括信用违约互换在内的信用风险缓释工具市场进入了一个全新的发展阶段。

在新的业务规则下，首批包括信用违约互换在内的信用风险缓释工具于2016年10月31日达成交易，中国工商银行、中国农业银行、中国银行、中国建设银行、中国交通银行等10家金融机构开展了15笔信用违约互换合约交易，名义本金总计3亿元，交易期限为1年至2年不等。

截至2020年年末，未到期的信用风险缓释工具合约面值共计170.28亿元，表9-5整理了按照不同创设机构类型划分的未到期信用风险缓释工具合约面值情况。

---

[1] 无论是学术界还是业界，都将包括信用违约互换在内的信用衍生产品视为引发2008年美国次贷危机和全球金融危机的罪魁祸首，此后，相关部门对此类金融产品出台了各种强制监管措施，导致合约规模不断被压缩。

表9-5　2020年年末按照不同创设机构类型划分的未到期信用风险缓释工具合约面值情况

创设机构类型	合约面值/亿元
商业银行	106.75
证券公司	29.53
中债信用增进公司	34.00
合计	170.28

数据来源：同花顺。

下面，就将表9-5中的数据运用Python绘制成饼图，便于可视化展示（见图9-3），具体的代码如下：

```
In [8]: CRM_data=pd.read_excel('C:/Desktop/未到期信用风险缓释工具合约面值（2020年年末）.xlsx',
sheet_name="Sheet1",header=0,index_col=0)         #从外部导入数据

In [9]: type_CRM=CRM_data.index                   #获取数据框中关于合约创设机构类型
   ...: par_CRM=(np.array(CRM_data)).ravel()      #将数据框涉及合约面值的数值转为一维数组

In [10]: plt.figure(figsize=(9,7))
   ...: plt.pie(x=par_CRM,labels=type_CRM,textprops={'fontsize':13})
   ...: plt.axis('equal')                         #使饼图是一个圆形
   ...: plt.show()
```

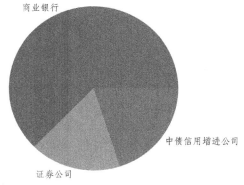

图9-3　按照不同创设机构类型划分的未到期信用风险缓释工具合约面值（2020年年末）

无论是从表9-5还是图9-3，都可以看到商业银行作为创设机构发行的信用风险缓释工具合约面值规模超过了一半，其次是中债信用增进公司，证券公司的合约面值最少。

此外，在2019年1月，上海证券交易所、深圳证券交易所与中国证券登记结算有限责任公司共同发布了《信用保护工具业务管理试点办法》，沪深证券交易所也推出包括信用违约互换在内的信用保护工具，但是并未对外具体披露创设机构、交易规模等信息。

9.2　利率互换

9.1节是关于三大类互换市场的概览性描述，从本节开始将具体探讨每一类互换合约的技术细节。

本节聚焦利率互换,并且以常见的浮动利率(如 Shibor 等)与固定利率进行交换的合约作为分析对象。需要提前强调的是,利率互换与 6.4.2 节讨论的远期利率协议在一定程度上具有相似性。

9.2.1 利率互换的运作机理

由于利率互换存在两个交易主体,为了便于分析与理解,将交易主体分别设定为 A 银行和 B 银行。

在利率互换中,假定 A 银行同意在合约约定的未来若干年内,向 B 银行支付以约定的名义本金和固定利率为依据计算的现金流;作为回报,A 银行则在相同时间内,从 B 银行收取以相同名义本金并按浮动利率计算的现金流。下面,就通过一个现实案例说明利率互换的运作机理。

【例 9-1】考虑一份在 2015 年 6 月 1 日达成、期限为 5 年的利率互换合约,假定达成该互换合约的双方是 A 银行与 B 银行,名义本金是 1 亿元。

同时,在合约中约定,双方每 6 个月互相交换利息现金流。其中,A 银行向 B 银行支付年利率为 3.7% 的利息(每半年 185 万元);B 银行向 A 银行支付 6 个月期 Shibor 的利息(该利息是变化的)。在该合约中,A 银行称为**固定利息支付方**(fixed-rate payer,也译为固定利率支付方)或者多头,B 银行称为**浮动利息支付方**(floating-rate payer,也译为浮动利率支付方)或者空头。该利率互换合约的期间现金流如图 9-4 所示。

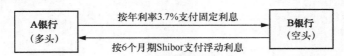

图 9-4 A 银行与 B 银行达成的利率互换合约的期间现金流

下面,根据以上利率互换合约的约定,依次考察合约存续期间内每期的利息交换情况。

第 1 期利息交换的现金流发生在 2015 年 12 月 1 日(合约达成的 6 个月后),A 银行向 B 银行支付 185 万元(0.5×3.7%×1 亿元);同时 B 银行向 A 银行支付浮动利息,需要注意的是,该浮动利息金额是由 2015 年 6 月 1 日(合约初始日)报价的 6 个月期 Shibor 计算得到的,该利率等于 3.197%,因此 2015 年 12 月 1 日 B 银行向 A 银行支付的浮动利息等于 0.5×3.197%×1 亿元=159.85 万元。在现实交易中,为了降低支付风险,通常只需要某一方支付现金流交换的净额,也就是**净额结算**(netting settlement)规则。据此,2015 年 12 月 1 日 A 银行只需向 B 银行支付 185–159.85=25.15(万元),B 银行则无须支付。通过以上计算可以看到,首期交换的利息在合约初始日就已确定,因为支付的利息金额是由利率互换合约初始日的 Shibor 所决定的。

第 2 期利息交换的现金流发生在 2016 年 6 月 1 日(合约达成的 1 年后),A 银行依然向 B 银行支付 185 万元;同时 B 银行向 A 银行支付的浮动利息由 2015 年 12 月 1 日的 6 个月期 Shibor 决定,该利率等于 3.2%,因此 2016 年 6 月 1 日 B 银行向 A 银行支付的浮动利息等于 0.5×3.2%×1 亿元=160 万元。同样,依据净额结算规则,2016 年 6 月 1 日 A 银行只需向 B 银行支付 185–160=25(万元)。

以此类推,该利率互换合约总共包括 10 期利息的交换,其中每期支付的固定利息均是 185 万元,而浮动利息是变化的并且按照每期利息交换日 6 个月前报价的 6 个月期 Shibor 进行计算。

表 9-6 梳理了本例中的利率互换合约的每期现金流情况。同时,需要注意的是,仅仅在计算利息时才会用到名义本金 1 亿元,并且本金自始至终没有进行交换,因为在合约到期日(2020 年 6 月 1 日)交换 1 亿元本金对于 A 银行和 B 银行都不会产生额外的经济价值,这也是利率互换合约的

本金被称为名义本金的根本原因。

表 9-6　利率互换合约的每期现金流情况　　　　　　　　　　（单位：元）

日期	Shibor （6个月期）	第 N 期 交换利息	A银行收取浮动利息 （B银行支付浮动利息）	A银行支付固定利息 （B银行收取固定利息）	A银行 现金流净额	B银行 现金流净额
2015-06-01	3.1970%	—	—	—	—	—
2015-12-01	3.2000%	第1期	1598500	1850000	−251500	251500
2016-06-01	2.9823%	第2期	1600000	1850000	−250000	250000
2016-12-01	3.0771%	第3期	1491150	1850000	−358850	358850
2017-06-01	4.4510%	第4期	1538550	1850000	−311450	311450
2017-12-01	4.7093%	第5期	2225500	1850000	375500	−375500
2018-06-01	4.3040%	第6期	2354650	1850000	504650	−504650
2018-12-01	3.2750%	第7期	2152000	1850000	302000	−302000
2019-06-01	2.9630%	第8期	1637500	1850000	−212500	212500
2019-12-01	1.5660%	第9期	1481500	1850000	−368500	368500
2020-06-01	—	第10期	783000	1850000	−1067000	1067000
合计			16862350	18500000	−1637650	1637650

注：表中的 Shibor 数据来源于 Shibor 官方网站，如遇节假日则沿用最近一个交易日的 Shibor 报价。此外，现金流净额为正数表示现金流入（利息收取大于支付），负数则表示现金流出（利息支付大于收取）。

9.2.2　利率互换的期间现金流

1. 数学表达式

根据前面的例 9-1，可以抽象得出在合约存续期内各交易方利息交换净额的表达式。

假定针对一份利率互换合约，L 代表合约的名义本金；T 代表合约的期限（年）；m 代表在合约存续期内每年交易双方交换利息的频次并且 $m \geq 1$；t_0 代表利率互换合约达成的时刻，也就是合约初始日；t_i 代表在合约存续期内第 i 期利息交换发生的时刻，也就是利息交换日，并且 $i = 1, 2, \cdots, N$，其中 $N = mT$；R 代表固定利率；R_{i-1} 代表在 t_{i-1} 时刻确定的浮动利率并且在 t_i 时刻支付；在 t_i 时刻发生的第 i 期利息交换净额用 f_i 表示。

针对利率互换的多头（支付固定利息并收取浮动利息），在 t_i 时刻发生的利息交换净额的数学表达式如下：

$$f_i = \frac{1}{m}(R_{i-1} - R)L \qquad (9-1)$$

针对利率互换的空头（收取固定利息并支付浮动利息），在 t_i 时刻发生的利息交换净额的数学表达式如下：

$$f_i = \frac{1}{m}(R - R_{i-1})L \qquad (9-2)$$

2. Python 自定义函数

为了计算的便利，通过 Python 自定义一个计算利率互换合约存续期内各交易方支付利息净额的函数，具体的代码如下：

```
In [11]: def IRS_cashflow(R_flt,R_fix,L,m,position):
    ...:     '''定义一个计算利率互换合约存续期内每期支付利息净额的函数
    ...:     R_flt: 代表利率互换的每期浮动利率，以数组格式输入；
    ...:     R_fix: 代表利率互换的固定利率。
    ...:     L: 代表利率互换的本金。
    ...:     m: 代表利率互换存续期内每年交换利息的频次。
    ...:     position: 代表头寸方向，输入position='long'代表多头（支付固定利息、收取浮动利息），输入其他则代表空头（支付浮动利息、收取固定利息）'''
    ...:     if position=='long':                #当交易方是合约多头
    ...:         cashflow=(R_flt-R_fix)*L/m      #计算利率互换多头每期的净现金流
    ...:     else:                               #当交易方是合约空头
    ...:         cashflow=(R_fix-R_flt)*L/m      #计算利率互换空头每期的净现金流
    ...:     return cashflow
```

在以上自定义函数 IRS_cashflow 中，只需要输入每期浮动利率、固定利率、本金、每年交换利息的频次以及合约头寸方向，就可以快速计算得到合约相关交易方的每期利息支付净额。下面，就用该自定义函数，计算例 9-1 中在利率互换合约存续期内 A 银行和 B 银行每期利息支付净额，具体的代码如下：

```
In [12]: rate_float=np.array([0.031970,0.032000,0.029823,0.030771,0.044510,0.047093,
0.043040,0.032750,0.029630,0.015660])            #以数组格式输入 Shibor

In [13]: rate_fixed=0.037                        #利率互换的固定利率
    ...: par=1e8                                 #利率互换的本金
    ...: M=2                                     #利率互换每年交换利息的频次

In [14]: Netpay_A=IRS_cashflow(R_flt=rate_float,R_fix=rate_fixed,L=par,m=M,position='long')
#A 银行（多头）的每期利息支付净额
    ...: Netpay_A
Out[14]:
array([ -251500.,  -250000.,  -358850.,  -311450.,   375500.,   504650.,
        302000.,  -212500.,  -368500., -1067000.])

In [15]: Netpay_B=IRS_cashflow(R_flt=rate_float,R_fix=rate_fixed,L=par,m=M,position='short')
#B 银行（空头）的每期利息支付净额
    ...: Netpay_B
Out[15]:
array([ 251500.,   250000.,   358850.,   311450.,  -375500.,  -504650.,
       -302000.,   212500.,   368500.,  1067000.])

In [16]: Totalpay_A=np.sum(Netpay_A)             #计算 A 银行利息支付净额的合计数
    ...: Totalpay_B=np.sum(Netpay_B)             #计算 B 银行利息支付净额的合计数
    ...: print('利率互换合约存续期内 A 银行利息支付净额的合计数',round(Totalpay_A,2))
    ...: print('利率互换合约存续期内 B 银行利息支付净额的合计数',round(Totalpay_B,2))
利率互换合约存续期内 A 银行利息支付净额的合计数 -1637650.0
利率互换合约存续期内 B 银行利息支付净额的合计数 1637650.0
```

以上的输出结果与表 9-6 中利率互换合约存续期内 A 银行、B 银行的利息支付净额是完全一致的。

9.2.3 利率互换的等价性

为了更好地理解利率互换，同时便于对利率互换进行定价，针对例 9-1 做出如下调整：在利率互换合约到期日（2020 年 6 月 1 日）交易双方需要进行本金的交换。表 9-7 展示了在利率互换合约到期日增加本金交换以后的每期现金流情况。

表 9-7 在利率互换合约到期日增加本金交换以后的每期现金流情况 （单位：元）

日期	Shibor（6个月期）	A银行收取浮动利息（B银行支付浮动利息）	A银行支付固定利息（B银行收取固定利息）	A银行现金流净额	B银行现金流净额
2015-06-01	3.1970%	—	—	—	—
2015-12-01	3.2000%	1598500	1850000	−251500	251500
2016-06-01	2.9823%	1600000	1850000	−250000	250000
2016-12-01	3.0771%	1491150	1850000	−358850	358850
2017-06-01	4.4510%	1538550	1850000	−311450	311450
2017-12-01	4.7093%	2225500	1850000	375500	−375500
2018-06-01	4.3040%	2354650	1850000	504650	−504650
2018-12-01	3.2750%	2152000	1850000	302000	−302000
2019-06-01	2.9630%	1637500	1850000	−212500	212500
2019-12-01	1.5660%	1481500	1850000	−368500	368500
2020-06-01	—	100783000	101850000	−1067000	1067000
合计		116862350	118500000	−1637650	1637650

从表 9-7 可以看到，即使在合约到期日增加本金交换以后，交易双方每期现金流净额也与表 9-6 完全一致，这说明利率互换不受本金是否交换的影响。

与此同时，仔细观察表 9-7 不难发现，表中第 3 列的现金流等价于 A 银行持有一个浮动利率债券多头头寸的现金流或者 B 银行持有一个浮动利率债券空头头寸的现金流，表中第 4 列的现金流则等价于 A 银行持有一个固定利率债券空头头寸的现金流或者 B 银行持有一个固定利率债券多头头寸的现金流。

这说明利率互换在现金流方面可以等价于固定利率债券与浮动利率债券的组合。具体而言，在利率互换中，A 银行的头寸等价于浮动利率债券的多头头寸和固定利率债券的空头头寸所构建的一个组合；B 银行的头寸等价于浮动利率债券的空头头寸和固定利率债券的多头头寸所构建的一个组合[1]。表 9-8 梳理了利率互换不同的头寸方向与对应的等价债券投资组合。

表 9-8 利率互换不同的头寸方向与对应的等价债券投资组合

利率互换的头寸方向	利息的支付	等价的债券投资组合
多头（A银行）	支付固定利息 收取浮动利息	浮动利率债券多头头寸+固定利率债券空头头寸
空头（B银行）	收取固定利息 支付浮动利息	浮动利率债券空头头寸+固定利率债券多头头寸

根据以上的分析，可以得到利率互换的定价公式。假定 B_{fix} 代表利率互换合约对应的固定利率债券价值，B_{fl} 代表利率互换合约对应的浮动利率债券价值，V_{IRS} 代表利率互换合约的价值。

对于利率互换合约的多头，利率互换合约的价值就等于浮动利率债券价值减去固定利率债券价值，表达式如下：

---

[1] A 银行的头寸也可以理解为发行了固定利率债券同时购买了浮动利率债券，B 银行的头寸同样可以理解为发行了浮动利率债券同时购买了固定利率债券。

$$V_{IRS} = B_{flt} - B_{fix} \tag{9-3}$$

对于利率互换合约的空头,利率互换合约的价值就等于固定利率债券价值减去浮动利率债券价值,表达式如下:

$$V_{IRS} = B_{fix} - B_{flt} \tag{9-4}$$

此外,需要注意的是,利率互换合约的初始价值等于 0。因此,在利率互换合约达成时就有如下的等式:

$$B_{fix} = B_{flt} \tag{9-5}$$

通过式(9-5)可以看到,在利率互换合约达成时,利率互换合约对应的固定利率债券价值等于对应的浮动利率债券价值。因此,通过式(9-5)就可以计算得到利率互换合约的固定利率,该利率也称为**互换利率**(swap rate)。

在前面的例 9-1 中,为了便于理解利率互换的运作机理,其中的固定利率也就是互换利率是已知的。但是在金融实战中,开展利率互换的第一步就是通过计算确定互换利率,这也是达成利率互换合约的关键要素。

9.2.4 互换利率的计算

1. 数学表达式

假定针对一份利率互换合约,L 代表合约的名义本金;T 代表合约的期限(年);m 代表在合约存续期内每年交易双方交换利息的频次并且 $m \geq 1$;t_i 代表合约初始日距离第 i 期利息交换日的期限长度并且 $i=1,2,\cdots,N$,其中 $N=mT$;R 代表固定利率(互换利率)。同时,在合约初始日 t_0,对应于不同利息交换期限 t_i、连续复利的零息利率(贴现率)用 y_i 表示。

基于以上的变量并参考 7.2.4 节的债券定价公式(7-5),在合约初始日 t_0,利率互换合约对应的固定利率债券价值的表达式如下:

$$B_{fix} = \left(\frac{R}{m}\sum_{i=1}^{N} e^{-y_i t_i} + e^{-y_N T}\right)L \tag{9-6}$$

为了简化式(9-6),假定期限 t_i 的贴现因子用 q_i 表示,并且 $q_i = e^{-y_i t_i}$,$i=1,2,\cdots,N$。因此,式(9-6)就简化如下:

$$B_{fix} = \left(\frac{R}{m}\sum_{i=1}^{N} q_i + q_N\right)L \tag{9-7}$$

此外,浮动利率债券在合约初始日 t_0 的定价相对简单。由于在合约初始日以及随后的每期利息支付日(交换日),浮动利率债券价值均等于债券面值,因此在合约初始日和每期利息支付日,利率互换合约对应的浮动利率债券价值的表达式如下:

$$B_{flt} = L \tag{9-8}$$

结合式(9-5)、式(9-7)和式(9-8),可以得到互换利率 R 的表达式如下:

$$R = \frac{m(1-q_N)}{\sum_{i=1}^{N} q_i} \tag{9-9}$$

2. Python 自定义函数

根据式（9-9），通过 Python 自定义一个计算互换利率的函数，具体的代码如下：

```
In [17]: def swap_rate(m,y,T):
    ...:     '''定义一个计算互换利率的函数
    ...:     m: 代表利率互换合约存续期内每年交换利息的频次。
    ...:     y: 代表合约初始日对应于每期利息交换期限、连续复利的零息利率（贴现利率），用数组格式输入。
    ...:     T: 代表利率互换的期限（年）'''
    ...:     n_list=np.arange(1,m*T+1)       #创建1~mT的整数数组
    ...:     t=n_list/m                      #计算合约初始日距离每期利息交换日的期限数组
    ...:     q=np.exp(-y*t)                  #计算针对不同期限的贴现因子（数组格式）
    ...:     rate=m*(1-q[-1])/np.sum(q)      #计算互换利率
    ...:     return rate
```

在以上自定义函数 swap_rate 中，只需要输入每年交换利息的频次、对应于不同利息交换期限的零息利率以及合约期限等参数，就可以快速计算得到互换利率。

3. 计算互换利率的案例

【例 9-2】C 银行准备与交易对手 D 银行开展一笔利率互换业务，该利率互换合约的期限是 3 年，合约初始日是 2020 年 7 月 1 日，到期日是 2023 年 7 月 1 日，利率互换合约的本金是 1 亿元。同时，在合约中约定，双方每 6 个月交换一次利息。其中，C 银行支付固定利息并且收取按照 6 个月期 Shibor 计算的浮动利息，D 银行收取固定利息并且支付浮动利息。C 银行和 D 银行都需要计算该利率互换合约的互换利率。表 9-9 整理了 2020 年 7 月 1 日相关期限的零息利率（根据国债到期收益率得出）[1]。

表 9-9　2020 年 7 月 1 日相关期限的零息利率

期限	1 个月	2 个月	3 个月	6 个月	9 个月	1 年	1.5 年	2 年	2.5 年	3 年
零息利率	1.7086%	1.7116%	1.7067%	2.0579%	2.1107%	2.1276%	2.2080%	2.2853%	2.3527%	2.4036%

注：1.5 年期和 2.5 年期的零息利率是根据表中其他期限的零息利率并运用 3 阶样条曲线插值法计算得到的。
数据来源：中国债券信息网。

下面，直接通过 Python 计算该利率互换合约的互换利率。这里需要注意的是，在输入对应于不同利息交换期限的零息利率时，仅仅用到表 9-9 中的 6 个月期、1 年期、1.5 年期、2 年期、2.5 年期和 3 年期的零息利率。具体的代码如下：

```
In [18]: freq=2                             #利率互换合约每年交换利息的频次
    ...: tenor=3                            #利率互换合约的期限

In [19]: r_list=np.array([0.020579,0.021276,0.022080,0.022853,0.023527,0.024036])
#输入对应于不同利息交换期限的零息利率

In [20]: R_July1=swap_rate(m=freq,y=r_list,T=tenor)    #计算互换利率
    ...: print('2020年7月1日利率互换合约的互换利率',round(R_July1,4))
2020年7月1日利率互换合约的互换利率 0.0241
```

通过以上的计算可以得出，该利率互换合约的互换利率是 2.41%[2]。

---

[1] 由于市场没有给出 6 个月期 Shibor 利率互换曲线，因此本案例采用国债到期收益率曲线作为替代。
[2] 根据目前全国银行间同业拆借中心的交易规则，互换利率报价保留至小数点后 2 位。

9.2.5 利率互换的定价

9.2.3 节已经提到过，在合约初始日利率互换合约的价值等于 0，然而价值等于 0 是暂时的。在合约存续期内，不同期限的零息利率会发生变化，加上利息交换的发生，进而导致利率互换合约的价值会出现变动。但是"万变不离其宗"，对于利率互换合约的多头，利率互换合约的价值始终等于浮动利率债券价值减去固定利率债券价值；对于利率互换合约的空头，利率互换合约的价值就等于固定利率债券价值减去浮动利率债券价值。

1. 数学表达式

假定针对一份利率互换合约，合约定价日设定为 $\tilde{t}_0$，并且该日期既不是合约初始日，也不是利息交换日；L 代表合约的名义本金；$\tilde{T}$ 代表合约的剩余期限并且以年为单位；m 代表每年交易双方交换利息的频次并且 $m \geq 1$；$\tilde{t}_i$ 代表合约定价日距离剩余第 i 期利息交换日的期限长度并且以年为单位，$i = 1, 2, \cdots, N$，同时 $\tilde{t}_N = \tilde{T}$；R_{fix} 代表固定利率（互换利率）；R_{flt} 代表距离合约定价日最近的下一期利息交换的浮动利率。此外，y_i 代表期限为 $\tilde{t}_i$、连续复利的零息利率（贴现利率）。

基于以上的变量并同样参考 7.2.4 节的债券定价公式（7-5），在合约定价日 $\tilde{t}_0$，利率互换合约对应的固定利率债券价值的表达式如下：

$$B_{fix} = \left(\frac{R_{fix}}{m} \sum_{i=1}^{N} e^{-y_i \tilde{t}_i} + e^{-y_N \tilde{T}} \right) L \quad (9\text{-}10)$$

此外，在计算利率互换合约对应的浮动利率债券价值时，需要注意在票息支付日（利率互换合约每期的利息交换日）债券价格将回归至债券本金。因此基于以上的变量，在合约定价日 $\tilde{t}_0$，利率互换合约对应的浮动利率债券价值的表达式如下：

$$B_{flt} = \left(\frac{R_{flt}}{m} + 1 \right) L e^{-y_1 \tilde{t}_1} \quad (9\text{-}11)$$

因此，根据式（9-10）和式（9-11），并结合式（9-3）和式（9-4）可以计算得到针对交易双方，在合约定价日的利率互换合约价值。

2. Python 自定义函数

为了便于快速计算得到利率互换合约的价值，通过 Python 自定义一个函数，具体的代码如下：

```
In [21]: def swap_value(R_fix,R_flt,t,y,m,L,position):
    ...:     '''定义一个计算合约存续期内利率互换合约价值的函数
    ...:     R_fix: 代表利率互换合约的固定利率（互换利率）。
    ...:     R_flt: 代表距离合约定价日最近的下一期利息交换的浮动利率。
    ...:     t: 代表合约定价日距离每期利息交换日的期限（年），用数组格式输入。
    ...:     y: 代表期限为 t 并且连续复利的零息利率（贴现利率），用数组格式输入。
    ...:     m: 代表利率互换合约每年交换利息的频次。
    ...:     L: 代表利率互换合约的本金。
    ...:     position: 代表头寸方向，输入 position='long'代表多头（支付固定利息、收取浮动利息），输入其他则代表空头（支付浮动利息、收取固定利息）'''
    ...:     from numpy import exp                                    #从NumPy模块导入exp函数
    ...:     B_fix=(R_fix*sum(exp(-y*t))/m+exp(-y[-1]*t[-1]))*L       #计算固定利率债券价值
    ...:     B_flt=(R_flt/m+1)*L*exp(-y[0]*t[0])                      #计算浮动利率债券价值
    ...:     if position=='long':                                      #针对合约多头
    ...:         value=B_flt-B_fix                                     #计算互换利率合约多头的价值
```

```
            ...:         else:                                    #针对合约空头
            ...:             value=B_fix-B_flt                    #计算互换利率合约空头的价值
            ...:     return value
```

在以上自定义函数 swap_value 中，只需要输入固定利率、最近一期浮动利率、合约定价日距离每期利息交换日的期限、对应期限的零息利率、每年交换利息的频次、合约本金以及合约头寸方向等参数，就可以方便地计算得到利率互换合约的价值。下面，通过一个案例演示如何计算利率互换合约的价值。

3. 一个案例

【例 9-3】沿用前面例 9-2 的信息，也就是 C 银行在 2020 年 7 月 1 日与 D 银行开展了本金为 1 亿元、期限为 3 年的利率互换合约，每 6 个月交换一次利息，C 银行支付固定利息，D 银行支付基于 6 个月期 Shibor 的浮动利息，固定利率设定为 2.41%，2020 年 7 月 1 日的 6 个月期 Shibor 等于 2.178%。表 9-10 列出了 2020 年 7 月 10 日和 7 月 20 日相关期限的零息利率（依然参考国债到期收益率）。

表 9-10 2020 年 7 月 10 日和 7 月 20 日相关期限的零息利率

日期	1 个月期	2 个月期	3 个月期	6 个月期	9 个月期	1 年期	2 年期	3 年期
2020-07-10	1.7219%	1.7526%	2.1012%	2.1100%	2.1764%	2.2165%	2.5040%	2.6894%
2020-07-20	1.6730%	1.8373%	1.9934%	2.0439%	2.1621%	2.2540%	2.4251%	2.5256%

数据来源：中国债券信息网。

需要依次计算在这两个交易日针对 C 银行和 D 银行而言，该利率互换合约的价值。下面，直接通过 Python 计算并且分 3 个步骤完成。

第 1 步：通过表 9-10 中已知的零息利率，运用 3 阶样条曲线插值法计算 1.5 年期和 2.5 年期的零息利率，需要运用 5.1.2 节所介绍的 SciPy 子模块 interpolate 中的 interp1d 函数。具体的代码如下：

```
In [22]: import scipy.interpolate as si                          #导入 SciPy 的模块 interpolate

In [23]: T=np.array([1/12,2/12,0.25,0.5,0.75,1.0,2.0,3.0])       #输入表 9-10 中的相关期限

In [24]: R_July10=np.array([0.017219,0.017526,0.021012,0.021100,0.021764,0.022165,
0.025040, 0.026894])    #2020 年 7 月 10 日已知的零息利率
    ...: R_July20=np.array([0.016730,0.018373,0.019934,0.020439,0.021621,0.022540,0.024251,
0.025256])    #2020 年 7 月 20 日已知的零息利率

In [25]: func_July10=si.interp1d(x=T,y=R_July10,kind="cubic")    #运用 2020 年 7 月 10 日的零息利率
数据和 3 阶样条曲线插值法构建插值函数
    ...: func_July20=si.interp1d(x=T,y=R_July20,kind="cubic")    #运用 2020 年 7 月 20 日的零息利率
数据和 3 阶样条曲线插值法构建插值函数

In [26]: T_new=np.array([1/12,2/12,0.25,0.5,0.75,1.0,1.5,2.0,2.5,3.0])   #输入包含 1.5 年和
2.5 年的新期限数组

In [27]: R_new_July10=func_July10(T_new)    #用插值法计算 2020 年 7 月 10 日的新零息利率
    ...: R_new_July10                        #查看输出结果
Out[27]:
array([0.017219 , 0.017526 , 0.021012 , 0.0211   , 0.021764 ,
       0.022165 , 0.0231695, 0.02504  , 0.02665525, 0.026894 ])

In [28]: R_new_July20=func_July20(T_new)    #用插值法计算 2020 年 7 月 20 日的新零息利率
```

```
        ...: R_new_July20
Out[28]:
array([0.01673  , 0.018373 , 0.019934 , 0.020439 , 0.021621 ,
       0.02254  , 0.02357906, 0.024251 , 0.02474644, 0.025256  ])
```

通过以上的插值计算，可以得到在 2020 年 7 月 10 日，1.5 年期和 2.5 年期的零息利率分别是 2.31695% 和 2.665525%；在 2020 年 7 月 20 日，1.5 年期和 2.5 年期的零息利率则分别是 2.357906% 和 2.474644%。

第 2 步：计算合约定价日距离每期利息交换日的期限，需要运用 5.4 节的时间对象模块 datetime。同时，距离合约定价日最近的下一期利息交换日是 2021 年 1 月 1 日[1]。具体的代码如下：

```
In [29]: import datetime as dt              #导入 datetime 模块

In [30]: T1=dt.datetime(2020,7,10)          #输入 2020 年 7 月 10 日
    ...: T2=dt.datetime(2020,7,20)          #输入 2020 年 7 月 20 日
    ...: T3=dt.datetime(2021,1,1)           #输入下一期利息交换日

In [31]: tenor1=(T3-T1).days/365            #计算 2020 年 7 月 10 日至 2021 年 1 月 1 日的期限（年）
    ...: tenor2=(T3-T2).days/365            #计算 2020 年 7 月 20 日至 2021 年 1 月 1 日的期限（年）

In [32]: T=3                                #利率互换的总期限
    ...: M=2                                #每年交换利息的频次

In [33]: T_list1=np.arange(T*M)/M           #创建存放 2020 年 7 月 10 日距离每期利息交换日期限的初始数组
    ...: T_list1=T_list1+tenor1             #计算相关期限
    ...: T_list1
Out[33]:
array([0.47945205, 0.97945205, 1.47945205, 1.97945205, 2.47945205,
       2.97945205])

In [34]: T_list2=np.arange(T*M)/M           #创建存放 2020 年 7 月 20 日距离每期利息交换日期限的初始数组
    ...: T_list2=T_list2+tenor2             #计算相关期限
    ...: T_list2
Out[34]:
array([0.45205479, 0.95205479, 1.45205479, 1.95205479, 2.45205479,
       2.95205479])
```

针对以上输出的两个期限数组，第 1 个元素代表合约定价日距离第 1 期利息交换日的期限长度，第 2 个元素代表合约定价日距离第 2 期利息交换日的期限长度，以此类推。

第 3 步：运用自定义函数 swap_value，计算两个不同交易日的合约价值。具体的代码如下：

```
In [35]: yield_July10=np.zeros_like(T_list1)    #创建存放 2020 年 7 月 10 日对应每期利息交换期限的零息利率初始数组

In [36]: yield_July10[0]=R_new_July10[3]        #存放 2020 年 7 月 10 日 6 个月期零息利率
    ...: yield_July10[1:]=R_new_July10[5:]      #存放 2020 年 7 月 10 日 1 年期、1.5 年期、2 年期、2.5 年期和 3 年期零息利率

In [37]: yield_July20=np.zeros_like(T_list2)    #创建存放 2020 年 7 月 20 日对应每期利息交换期限的零息利率初始数组

In [38]: yield_July20[0]=R_new_July20[3]        #存放 2020 年 7 月 20 日 6 个月期零息利率
    ...: yield_July20[1:]=R_new_July20[5:]      #存放 2020 年 7 月 20 日 1 年期、1.5 年期、2 年期、2.5
```

---

[1] 为了便于分析，这里暂不考虑节假日休市的因素。

年期和 3 年期零息利率

```
In [39]: rate_fix=0.0241                       #互换利率（固定利率）
    ...: rate_float=0.02178                    #第 1 期利息交换的浮动利率
    ...: par=1e8                               #利率互换的名义本金

In [40]: value_July10_long=swap_value(R_fix=rate_fix,R_flt=rate_float,t=T_list1,y=yield_
July10, m=M,L=par,position='long')   #2020 年 7 月 10 日对于 C 银行的利率互换合约价值
    ...: value_July10_short=swap_value(R_fix=rate_fix,R_flt=rate_float,t=T_list1,y=yield_
July10, m=M,L=par,position='short')  #2020 年 7 月 10 日对于 D 银行的利率互换合约价值
    ...: print('2020 年 7 月 10 日 C 银行（多头）的利率互换合约价值',round(value_July10_long,2))
    ...: print('2020 年 7 月 10 日 D 银行（空头）的利率互换合约价值',round(value_July10_short,2))
2020 年 7 月 10 日 C 银行（多头）的利率互换合约价值 848538.61
2020 年 7 月 10 日 D 银行（空头）的利率互换合约价值 -848538.61

In [41]: value_July20_long=swap_value(R_fix=rate_fix,R_flt=rate_float,t=T_list2,y=yield_
July20, m=M,L=par,position='long')   #2020 年 7 月 20 日对于 C 银行的利率互换合约价值
    ...: value_July20_short=swap_value(R_fix=rate_fix,R_flt=rate_float,t=T_list2,y=yield_
July20, m=M,L=par,position='short')  #2020 年 7 月 20 日对于 D 银行的利率互换合约价值
    ...: print('2020 年 7 月 20 日 C 银行（多头）的利率互换合约价值',round(value_July20_long,2))
    ...: print('2020 年 7 月 20 日 D 银行（空头）的利率互换合约价值',round(value_July20_short,2))
2020 年 7 月 20 日 C 银行（多头）的利率互换合约价值 404294.41
2020 年 7 月 20 日 D 银行（空头）的利率互换合约价值 -404294.41
```

从以上的输出结果不难看到，在不同的交易日由于零息利率的变动以及合约定价日距离利息交换日期限长度的变化，导致合约价值发生变动。比如，在 2020 年 7 月 10 日，对于 C 银行（多头），利率互换带来 84.85 万元的浮盈；但是好景不长，仅过了 10 天，也就是在 7 月 20 日，合约价值就大幅收窄超过 50%，浮盈也下降至 40.43 万元。此外，合约空头的价值恰好是合约多头的价值的相反数，这表明利率互换合约实质是**零和博弈**（zero-sum game）。

9.3 货币互换

9.2 节讨论的利率互换是仅仅交换利息而不涉及本金交换，现在对利率互换合约做一些改造，具体就是在合约初始日以及到期日都进行本金的交换，并且用于交换的本金按照两种不同的币种（比如人民币和美元）计价，经过改造后的合约就变成了货币互换。货币互换根据合约期间交换利率的特征可划分为三大类。具体类型及特征见表 9-11。

表 9-11 货币互换的类型及特征

货币互换类型	特征
双固定利率货币互换 （fixed-for-fixed currency swap）	将一种货币下的固定利息及本金与另一种货币下的固定利息及本金进行交换
固定对浮动货币互换 （fixed-for-float currency swap）	将一种货币下的固定利息及本金与另一种货币下的浮动利息及本金进行交换
双浮动利率货币互换 （float-for-float currency swap）	将一种货币下的浮动利息及本金与另一种货币下的浮动利息及本金进行交换

注：表中的固定对浮动货币互换也称为**交叉货币利率互换**（cross-currency interest swap），为了避免该术语与利率互换发生混淆，本书不采用交叉货币利率互换这一术语。

9.3.1 货币互换的运作机理

首先,结合一个具体的案例描述货币互换的运作机理,并且以相对易于理解的双固定利率货币互换作为分析对象。

【例9-4】国内的E银行与美国的F银行达成了一份期限为5年的货币互换合约,合约初始日是2015年9月1日,到期日是2020年9月1日,并且针对货币互换合约做出如下的约定。

(1)合约初始日的本金交换。在合约初始日,E银行与F银行交换本金。其中,E银行向F银行支付6.4亿元,F银行向E银行支付1亿美元。

(2)合约存续期内(合约到期日)的利息交换。在合约存续期内,E银行与F银行每半年交换一次利息。其中,约定美元利率为1%/年,人民币利率为2%/年,E银行向F银行支付基于美元利率的利息,F银行向E银行支付基于人民币利率的利息。因此,E银行每半年支付给F银行的利息是50万美元(0.5×1%×1亿美元),F银行每半年支付给E银行的利息是640万元(0.5×2%×6.4亿元)。

(3)合约到期日的本金交换。在合约到期日,E银行与F银行除了交换最后一期利息以外,还需要换回本金。其中,E银行向F银行支付1亿美元,F银行向E银行支付6.4亿元。

图9-5展示了货币互换合约中E银行与F银行的本金和利息交换情况。

同时,表9-12列出了针对该货币互换合约,E银行和F银行的现金流情况。需要注意的是,由于货币互换在合约初始日就交换本金,因此合约在整个存续期内,共计开展11期现金流的交换。此外,E银行的现金流与F银行的现金流恰好相反。

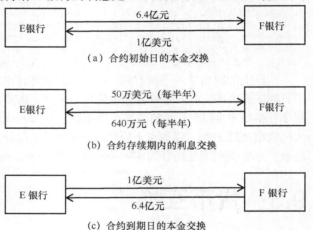

图9-5 货币互换合约中E银行与F银行的本金和利息交换情况

表9-12 货币互换合约的现金流情况

日期	第N期交换现金流	E银行		F银行	
		人民币现金流/元	美元现金流/美元	人民币现金流/元	美元现金流/美元
2015-09-01	第1期	-640000000	100000000	640000000	-100000000
2016-03-01	第2期	6400000	-500000	-6400000	500000
2016-09-01	第3期	6400000	-500000	-6400000	500000
2017-03-01	第4期	6400000	-500000	-6400000	500000
2017-09-01	第5期	6400000	-500000	-6400000	500000
2018-03-01	第6期	6400000	-500000	-6400000	500000
2018-09-01	第7期	6400000	-500000	-6400000	500000
2019-03-01	第8期	6400000	-500000	-6400000	500000
2019-09-01	第9期	6400000	-500000	-6400000	500000
2020-03-01	第10期	6400000	-500000	-6400000	500000
2020-09-01	第11期	646400000	-100500000	-646400000	100500000

注:表中的数字前面带负号(-)表示现金流出(支付),不带负号就表示现金流入(收取),同时需要注意现金流的不同货币计价。

9.3.2 双固定利率货币互换的期间现金流

根据例 9-4 并且按照不同的货币互换类型，可以抽象得出货币互换合约在存续期内各交易方交换现金流（包含本金和利息）的表达式。首先，考察双固定利率货币互换的期间现金流。

1. 数学表达式

假定合约双方分别是 A 交易方和 B 交易方，L_A 代表在合约初始日 A 交易方支付的一种货币本金，也就是合约到期日 A 交易方收回的本金；L_B 代表在合约初始日 B 交易方支付的另一种货币本金，也是合约到期日 B 交易方收回的本金；T 代表合约的期限（年）；m 代表在合约存续期内每年交易双方交换利息的频次并且 $m \geq 1$；t_i 代表第 i 期现金流交换所发生的时刻并且 $i = 0,1,2,\cdots,N$，其中 $N = mT$；R_A 代表针对 L_A 的固定利率，R_B 代表针对 L_B 的固定利率；在 t_i 时刻发生并基于 L_A 的现金流用 f_i^A 表示，基于 L_B 的现金流用 f_i^B 表示。

涉及的数学表达式比较多，表 9-13 整理了双固定利率货币互换在合约期间的现金流表达式。

表 9-13 双固定利率货币互换在合约期间的现金流表达式

交易方	基于的本金	现金流发生的时刻	现金流表达式
A 交易方	L_A	t_0	$f_0^A = -L_A$
		$t_1, t_2, \cdots, t_{N-1}$	$f_i^A = \dfrac{R_A}{m} L_A, \quad i = 1, 2, \cdots, N-1$
		t_N	$f_N^A = \left(\dfrac{R_A}{m} + 1\right) L_A$
	L_B	t_0	$f_0^B = L_B$
		$t_1, t_2, \cdots, t_{N-1}$	$f_i^B = -\dfrac{R_B}{m} L_B, \quad i = 1, 2, \cdots, N-1$
		t_N	$f_N^B = -\left(\dfrac{R_B}{m} + 1\right) L_B$
B 交易方	L_A	t_0	$f_0^A = L_A$
		$t_1, t_2, \cdots, t_{N-1}$	$f_i^A = -\dfrac{R_A}{m} L_A, \quad i = 1, 2, \cdots, N-1$
		t_N	$f_N^A = -\left(\dfrac{R_A}{m} + 1\right) L_A$
	L_B	t_0	$f_0^B = -L_B$
		$t_1, t_2, \cdots, t_{N-1}$	$f_i^B = \dfrac{R_B}{m} L_B, \quad i = 1, 2, \cdots, N-1$
		t_N	$f_N^B = \left(\dfrac{R_B}{m} + 1\right) L_B$

2. Python 自定义函数

基于表 9-13 的现金流表达式，通过 Python 自定义一个计算双固定利率货币互换在存续期间每期现金流的函数，具体的代码如下：

```
In [42]: def CCS_fixed_cashflow(La,Lb,Ra_fix,Rb_fix,m,T,trader,par):
    ...:     '''定义一个计算双固定利率货币互换在存续期间每期现金流的函数
    ...:     合约的交易双方分别用 A 交易方和 B 交易方表示
```

```
   ...:     La：代表在合约初始日 A 交易方支付的一种货币本金（合约到期日 A 交易方收回的货币本金）。
   ...:     Lb：代表在合约初始日 B 交易方支付的另一种货币本金（合约到期日 B 交易方收回的货币本金）。
   ...:     Ra_fix：代表基于本金 La 的固定利率。
   ...:     Rb_fix：代表基于本金 Lb 的固定利率。
   ...:     m：代表每年交换利息的频次。
   ...:     T：代表货币互换合约的期限（年）。
   ...:     trader：代表合约的交易方，输入 trader='A'表示计算 A 交易方发生的期间现金流，输入其他则表示
计算 B 交易方发生的期间现金流。
   ...:     par：代表计算现金流所依据的本金，输入 par='La'表示计算的现金流基于本金 La，输入其他则表示计
算的现金流基于本金 Lb '''
   ...:     cashflow=np.zeros(m*T+1)                #创建存放每期现金流的初始数组
   ...:     if par=='La':                           #依据本金 La 计算现金流
   ...:         cashflow[0]=-La                     #计算 A 交易方第 1 期的现金流
   ...:         cashflow[1:-1]=Ra_fix*La/m          #计算 A 交易方第 2 期至倒数第 2 期的现金流
   ...:         cashflow[-1]=(Ra_fix/m+1)*La        #计算 A 交易方最后一期的现金流
   ...:         if trader=='A':                     #针对 A 交易方
   ...:             return cashflow
   ...:         else:                               #针对 B 交易方
   ...:             return -cashflow
   ...:     else:                                   #依据本金 Lb 计算现金流
   ...:         cashflow[0]=Lb                      #计算 A 交易方第 1 期的现金流
   ...:         cashflow[1:-1]=-Rb_fix*Lb/m         #计算 A 交易方第 2 期至倒数第 2 期的现金流
   ...:         cashflow[-1]=-(Rb_fix/m+1)*Lb       #计算 A 交易方最后一期的现金流
   ...:         if trader=='A':                     #针对 A 交易方
   ...:             return cashflow
   ...:         else:                               #针对 B 交易方
   ...:             return -cashflow
```

针对以上自定义的函数 CCS_fixed_cashflow，只需要在函数中输入不同币种的本金、固定利率、每年交换利息的频次、合约期限、交易方以及依据的本金类型等参数，就可以迅速计算得到针对不同交易方并依据不同币种本金的期间现金流。

3. 结合案例的 Python 编程

下面，就运用 Python 自定义函数计算例 9-4 中的每期现金流数据，具体分为两个步骤。

第 1 步：在 Python 中输入相关的合约参数。具体的代码如下：

```
In [43]: par_RMB=6.4e8              #E 银行在货币互换合约初始日支付的人民币本金
    ...: par_USD=1e8                #F 银行在货币互换合约初始日支付的美元本金

In [44]: rate_RMB=0.02              #人民币本金的利率
    ...: rate_USD=0.01              #美元本金的利率

In [45]: M=2                        #货币互换合约每年交换利息的频次
    ...: tenor=5                    #货币互换合约的期限（年）
```

第 2 步：运用自定义函数 CCS_fixed_cashflow，计算针对不同交易方并依据不同币种本金得到的每期现金流。具体的代码如下：

```
In [46]: cashflow_Ebank_RMB=CCS_fixed_cashflow(La=par_RMB,Lb=par_USD,Ra_fix=rate_RMB,
Rb_fix=rate_USD,m=M,T=tenor,trader='A',par='La')    #计算 E 银行基于人民币本金的每期现金流
    ...: cashflow_Ebank_USD=CCS_fixed_cashflow(La=par_RMB,Lb=par_USD,Ra_fix=rate_RMB,
Rb_fix=rate_USD,m=M,T=tenor,trader='A',par='Lb')    #计算 E 银行基于美元本金的每期现金流
    ...: print('E 银行基于人民币本金的每期现金流（人民币）\n',cashflow_Ebank_RMB)
    ...: print('E 银行基于美元本金的每期现金流（美元）\n',cashflow_Ebank_USD)
E 银行基于人民币本金的每期现金流（人民币）
 [-6.400e+08  6.400e+06  6.400e+06  6.400e+06  6.400e+06  6.400e+06
```

```
      6.400e+06  6.400e+06  6.400e+06  6.400e+06  6.464e+08]
 E银行基于美元本金的每期现金流(美元)
 [ 1.000e+08 -5.000e+05 -5.000e+05 -5.000e+05 -5.000e+05 -5.000e+05
  -5.000e+05 -5.000e+05 -5.000e+05 -5.000e+05 -1.005e+08]

In [47]: cashflow_Fbank_RMB=CCS_fixed_cashflow(La=par_RMB,Lb=par_USD,Ra_fix=rate_RMB,
Rb_fix=rate_USD,m=M,T=tenor,trader='B',par='La')     #计算F银行基于人民币本金的每期现金流
    ...: cashflow_Fbank_USD=CCS_fixed_cashflow(La=par_RMB,Lb=par_USD,Ra_fix=rate_RMB,
Rb_fix=rate_USD,m=M,T=tenor,trader='B',par='Lb')     #计算F银行基于美元本金的每期现金流
    ...: print('F银行基于人民币本金的每期现金流(人民币)\n',cashflow_Fbank_RMB)
    ...: print('F银行基于美元本金的每期现金流(美元)\n',cashflow_Fbank_USD)
F银行基于人民币本金的每期现金流(人民币)
 [ 6.400e+08 -6.400e+06 -6.400e+06 -6.400e+06 -6.400e+06 -6.400e+06
  -6.400e+06 -6.400e+06 -6.400e+06 -6.400e+06 -6.464e+08]
F银行基于美元本金的每期现金流(美元)
 [-1.000e+08  5.000e+05  5.000e+05  5.000e+05  5.000e+05  5.000e+05
   5.000e+05  5.000e+05  5.000e+05  5.000e+05  1.005e+08]
```

以上输出的数值结果与表9-12中的数值是完全相同的。需要注意的是，通过print函数输出现金流结果时，以列表的数据结构展示。

9.3.3 固定对浮动货币互换的期间现金流

接着，考察固定对浮动货币互换的期间现金流。需要注意的是，针对固定对浮动货币互换，其中的一种货币本金采用浮动利率，因此现金流的计算会比双固定利率货币互换更复杂一些。

1. 数学表达式

假定合约双方依然是A交易方和B交易方，变量L_A、L_B、T、m、t_i、f_i^A、f_i^B的含义与9.3.2节讨论双固定利率货币互换的现金流计算保持一致；同时，约定在合约存续期内针对本金L_A支付固定利息并且固定利率为R_A，针对本金L_B支付浮动利息并且R_{i-1}^B代表在t_{i-1}时刻确定并且在t_i时刻支付的浮动利率，确定浮动利率的规则与利率互换合约是相同的。

由于涉及的数学表达式比较多，我们通过表9-14整理了固定对浮动货币互换在合约期间的现金流表达式。

表9-14 固定对浮动货币互换在合约期间的现金流表达式

交易方	基于的本金	现金流发生的时刻	现金流的表达式
A交易方	L_A	t_0	$f_0^A = -L_A$
		$t_1, t_2, \cdots, t_{N-1}$	$f_i^A = \dfrac{R_A}{m} L_A$，$i=1,2,\cdots,N-1$
		t_N	$f_N^A = \left(\dfrac{R_A}{m}+1\right) L_A$
	L_B	t_0	$f_0^B = L_B$
		$t_1, t_2, \cdots, t_{N-1}$	$f_i^B = -\dfrac{R_{i-1}^B}{m} L_B$，$i=1,2,\cdots,N-1$
		t_N	$f_N^B = -\left(\dfrac{R_{N-1}^B}{m}+1\right) L_B$
B交易方	L_A	t_0	$f_0^A = L_A$

续表

交易方	基于的本金	现金流发生的时刻	现金流的表达式
B 交易方	L_A	$t_1, t_2, \cdots, t_{N-1}$	$f_i^A = -\dfrac{R_A}{m} L_A$, $i=1,2,\cdots,N-1$
		t_N	$f_N^A = -\left(\dfrac{R_A}{m}+1\right) L_A$
	L_B	t_0	$f_0^B = -L_B$
		$t_1, t_2, \cdots, t_{N-1}$	$f_i^B = \dfrac{R_{i-1}^B}{m} L_B$, $i=1,2,\cdots,N-1$
		t_N	$f_N^B = \left(\dfrac{R_{N-1}^B}{m}+1\right) L_B$

注：表 9-14 中基于本金 L_A 的现金流与表 9-13 是完全相同的。

2. Python 自定义函数

基于表 9-14 的现金流表达式，通过 Python 自定义一个计算固定对浮动货币互换在存续期间每期现金流的函数，具体的代码如下：

```
In [48]: def CCS_fixflt_cashflow(La,Lb,Ra_fix,Rb_flt,m,T,trader,par):
    ...:     '''定义一个计算固定对浮动货币互换在存续期间每期现金流的函数
    ...:     合约的交易双方依然分别用 A 交易方和 B 交易方表示
    ...:     La: 代表在合约初始日 A 交易方支付的一种货币本金（合约到期日 A 交易方收回的货币本金）。
    ...:     Lb: 代表在合约初始日 B 交易方支付的另一种货币本金（合约到期日 B 交易方收回的货币本金）。
    ...:     Ra_fix: 代表基于本金 La 的固定利率。
    ...:     Rb_flt: 代表基于本金 Lb 的浮动利率，并且以数组格式输入。
    ...:     m: 代表每年交换利息的频次。
    ...:     T: 代表货币互换合约的期限（年）。
    ...:     trader: 代表合约的交易方，输入 trader='A'表示计算A 交易方发生的期间现金流，输入其他则表示计算B 交易方发生的期间现金流。
    ...:     par: 代表计算现金流所依据的本金，输入 par='La'表示计算的现金流基于本金 La，输入其他则表示计算的现金流基于本金 Lb '''
    ...:     cashflow=np.zeros(m*T+1)                    #创建存放每期现金流的初始数组
    ...:     if par=='La':                               #依据本金 La 计算现金流
    ...:         cashflow[0]=-La                         #A 交易方第 1 期交换的现金流
    ...:         cashflow[1:-1]=Ra_fix*La/m              #A 交易方第 2 期至倒数第 2 期的现金流
    ...:         cashflow[-1]=(Ra_fix/m+1)*La            #A 交易方最后一期的现金流
    ...:         if trader=='A':                         #针对A 交易方
    ...:             return cashflow
    ...:         else:                                   #针对B 交易方
    ...:             return -cashflow
    ...:     else:                                       #依据本金 Lb 计算现金流
    ...:         cashflow[0]=Lb                          #A 交易方第 1 期交换的现金流
    ...:         cashflow[1:-1]=-Rb_flt[:-1]*Lb/m        #A 交易方第 2 期至倒数第 2 期的现金流
    ...:         cashflow[-1]=-(Rb_flt[-1]/m+1)*Lb       #A 交易方最后一期的现金流
    ...:         if trader=='A':                         #针对A 交易方
    ...:             return cashflow
    ...:         else:                                   #针对B 交易方
    ...:             return -cashflow
```

在以上自定义的函数 CCS_fixflt_cashflow 中，只需要输入不同币种的本金、固定利率、浮动利率、每年交换利息的频次、合约期限、交易方以及依据的本金类型等参数，就可以快速计算得到固定对浮动货币互换在存续期间的现金流。针对该类型货币互换合约期间现金流计算的案例，将与下面的双浮动利率货币互换放在一起进行演示。

9.3.4 双浮动利率货币互换的期间现金流

下面,考察双浮动利率货币互换的期间现金流。针对双浮动利率货币互换,基于两类不同货币本金的利率均采用浮动利率,因此现金流的计算相比前面的双固定利率货币互换和固定对浮动货币互换会更复杂。

1. 数学表达式

假定合约双方依然分别是 A 交易方和 B 交易方,变量 L_A、L_B、T、m、t_i、f_i^A、f_i^B 的含义与 9.3.2 节讨论双固定利率货币互换的现金流计算保持一致;同时,约定在合约存续期内针对本金 L_A 支付浮动利息,R_{i-1}^A 代表在 t_{i-1} 时刻确定并且在 t_i 时刻支付基于本金 L_A 的浮动利率;针对本金 L_B 也支付浮动利息,R_{i-1}^B 代表在 t_{i-1} 时刻确定并且在 t_i 时刻支付基于本金 L_B 的浮动利率。

同样,由于涉及的数学表达式比较多,我们通过表 9-15 整理了双浮动利率货币互换在合约期间的现金流表达式。

表 9-15 双浮动利率货币互换在合约期间的现金流表达式

交易方	基于的本金	现金流发生的时刻	现金流表达式
A 交易方	L_A	t_0	$f_0^A = -L_A$
		$t_1, t_2, \cdots, t_{N-1}$	$f_i^A = \dfrac{R_{i-1}^A}{m} L_A$,$i = 1, 2, \cdots, N-1$
		t_N	$f_N^A = \left(\dfrac{R_{N-1}^A}{m} + 1\right) L_A$
	L_B	t_0	$f_0^B = L_B$
		$t_1, t_2, \cdots, t_{N-1}$	$f_i^B = -\dfrac{R_{i-1}^B}{m} L_B$,$i = 1, 2, \cdots, N-1$
		t_N	$f_N^B = -\left(\dfrac{R_{N-1}^B}{m} + 1\right) L_B$
B 交易方	L_A	t_0	$f_0^A = L_A$
		$t_1, t_2, \cdots, t_{N-1}$	$f_i^A = -\dfrac{R_{i-1}^A}{m} L_A$,$i = 1, 2, \cdots, N-1$
		t_N	$f_N^A = -\left(\dfrac{R_{N-1}^A}{m} + 1\right) L_A$
	L_B	t_0	$f_0^B = -L_B$
		$t_1, t_2, \cdots, t_{N-1}$	$f_i^B = \dfrac{R_{i-1}^B}{m} L_B$,$i = 1, 2, \cdots, N-1$
		t_N	$f_N^B = \left(\dfrac{R_{N-1}^B}{m} + 1\right) L_B$

注:表 9-15 中基于本金 L_B 的现金流与表 9-14 是完全相同的。

2. Python 自定义函数

下面,基于表 9-15 的现金流表达式,通过 Python 自定义一个计算双浮动利率货币互换在存续

期间每期现金流的函数,具体的代码如下:

```python
In [49]: def CCS_float_cashflow(La,Lb,Ra_flt,Rb_flt,m,T,trader,par):
    ...:     '''定义一个计算双浮动利率货币互换在存续期间每期现金流的函数
    ...:     合约的交易双方分别用A交易方和B交易方表示
    ...:     La: 代表在合约初始日A交易方支付的一种货币本金(合约到期日收到的货币本金)。
    ...:     Lb: 代表在合约初始日B交易方支付的另一种货币本金(合约到期日收到的货币本金)。
    ...:     Ra_flt: 代表基于本金La的浮动利率,以数组格式输入。
    ...:     Rb_flt: 代表基于本金Lb的浮动利率,以数组格式输入。
    ...:     m: 代表每年交换利息的频次。
    ...:     T: 代表货币互换合约的期限(年)。
    ...:     trader: 代表合约的交易方,输入trader='A'就表示计算A交易方发生的期间现金流,输入其他则表示计算B交易方发生的期间现金流。
    ...:     par: 代表计算现金流所依据的本金,输入par='La'表示计算的现金流基于本金La,输入其他则表示计算的现金流基于本金Lb '''
    ...:     cashflow=np.zeros(m*T+1)                       #创建存放每期现金流的初始数组
    ...:     if par=='La':                                  #依据本金La计算现金流
    ...:         cashflow[0]=-La                            #A交易方第1期的现金流
    ...:         cashflow[1:-1]=Ra_flt[:-1]*La/m            #A交易方第2期至倒数第2期的现金流
    ...:         cashflow[-1]=(Ra_flt[-1]/m+1)*La           #A交易方最后一期的现金流
    ...:         if trader=='A':
    ...:             return cashflow                        #针对A交易方
    ...:         else:                                      #针对B交易方
    ...:             return -cashflow
    ...:     else:                                          #依据本金Lb计算现金流
    ...:         cashflow[0]=Lb                             #A交易方第1期的现金流
    ...:         cashflow[1:-1]=-Rb_flt[:-1]*Lb/m           #A交易方第2期至倒数第2期的现金流
    ...:         cashflow[-1]=-(Rb_flt[-1]/m+1)*Lb          #A交易方最后一期的现金流
    ...:         if trader=='A':
    ...:             return cashflow                        #针对A交易方
    ...:         else:                                      #针对B交易方
    ...:             return -cashflow
```

在以上自定义的函数 CCS_float_cashflow 中,只需要输入不同币种的本金、浮动利率、每年交换利息的频次、合约期限、交易方以及依据的本金类型等参数,就可以快速计算得到针对双浮动利率货币互换不同交易方的期间现金流。

3. 结合案例的 Python 编程

下面,通过一个案例并结合 Python 演示如何计算固定对浮动货币互换、双浮动利率货币互换这两类货币互换合约的期间现金流。

【例 9-5】2016 年 12 月 1 日,G 银行分别与 H 银行、I 银行达成了两份货币互换合约,一份是固定对浮动货币互换,另一份是双浮动利率货币互换。具体的互换合约情况如下。

第 1 份货币互换合约是固定对浮动货币互换。合约交易方分别是 G 银行和 H 银行,合约期限是 3 年,在合约初始日,G 银行支付给 H 银行 6.9 亿元,H 银行支付给 G 银行 1 亿美元;在合约到期日,G 银行收回 6.9 亿元,H 银行收回 1 亿美元;在合约存续期内,G 银行与 H 银行每半年交换一次利息,其中,针对人民币本金采用 3%/年的固定利率,针对美元本金则采用 6 个月期美元 Libor(浮动利率)。

第 2 份货币互换合约是双浮动利率货币互换。合约交易方分别是 G 银行和 I 银行,合约期限是 4 年,在合约初始日,G 银行支付给 I 银行 1.8 亿元,I 银行支付给 G 银行 2 亿港元;在合约到期日,G 银行收回 1.8 亿元,I 银行收回 2 亿港元;在合约存续期内,G 银行与 I 银行每年交换一次利息,其中，针对人民币本金采用 1 年期 Shibor（浮动利率），针对港元本金采用 1 年期港元 Hibor（浮动利率）。

此外，表 9-16 列出了在合约存续期内，不同浮动利率的报价数据，这些数据将用于计算货币互换合约的期间现金流。

表 9-16　合约存续期内美元 Libor、Shibor 和港元 Hibor 的数据

日期	6 个月期美元 Libor	1 年期 Shibor	1 年期港元 Hibor
2016-12-01	1.2910%	3.1600%	1.3295%
2017-06-01	1.4224%	—	—
2017-12-01	1.6743%	4.6329%	1.5057%
2018-06-01	2.4744%	—	—
2018-12-01	2.8946%	3.5270%	2.6593%
2019-06-01	2.5166%	—	—
2019-12-01	—	3.1220%	2.3743%

注：由于第 1 份货币互换合约的期限是 3 年并且是每半年交换一次利息，因此表中对应的浮动利率（6 个月期美元 Libor）一共有 6 个；由于第 2 份货币互换合约的期限是 4 年并且是每年交换一次利息，因此表中对应的浮动利率（1 年期 Shibor、1 年期港元 Hibor）均为 4 个。此外，表中的日期如遇节假日则沿用前一个交易日的利率报价。
数据来源：Wind。

下面，直接运用前面的 Python 自定义函数计算这两份货币互换合约在存续期内的现金流，具体分为以下 3 个步骤。

第 1 步：根据案例提供的信息，输入相关的合约参数。具体的代码如下：

```
In [50]: par_RMB1=6.9e8            #第1份货币互换合约的人民币本金
   ...: par_USD=1e8                #第1份货币互换合约的美元本金
   ...: par_RMB2=1.8e8             #第2份货币互换合约的人民币本金
   ...: par_HKD=2e8                #第2份货币互换合约的港元本金

In [51]: M1=2                      #第1份货币互换合约每年交换利息的次数
   ...: M2=1                       #第2份货币互换合约每年交换利息的次数

In [52]: T1=3                      #第1份货币互换合约的期限（年）
   ...: T2=4                       #第2份货币互换合约的期限（年）

In [53]: rate_fix=0.03             #第1份货币互换合约基于人民币本金的固定利率
   ...: Libor=np.array([0.012910,0.014224,0.016743,0.024744,0.028946,0.025166])   #第1份货币互换合约基于美元本金的浮动利率
   ...: Shibor=np.array([0.031600,0.046329,0.035270,0.031220])   #第2份货币互换合约基于人民币本金的浮动利率
   ...: Hibor=np.array([0.013295,0.015057,0.026593,0.023743])    #第2份货币互换合约基于港元本金的浮动利率
```

第 2 步：根据自定义函数 CCS_fixflt_cashflow 以及第 1 步输入的参数，计算第 1 份货币互换合约在存续期内不同交易方的现金流。具体的代码如下：

```
In [54]: cashflow_Gbank_RMB1=CCS_fixflt_cashflow(La=par_RMB1,Lb=par_USD,Ra_fix=rate_fix,Rb_flt=Libor,m=M1,T=T1,trader='A',par='La')   #第1份货币互换合约在存续期内G银行的人民币现金流
   ...: cashflow_Gbank_USD=CCS_fixflt_cashflow(La=par_RMB1,Lb=par_USD,Ra_fix=rate_fix,Rb_flt=Libor,m=M1,T=T1,trader='A',par='Lb')     #第1份货币互换合约在存续期内G银行的美元现金流
```

```
   ...: print('第1份货币互换合约在存续期内G银行的人民币现金流\n',cashflow_Gbank_RMB1)
   ...: print('第1份货币互换合约在存续期内G银行的美元现金流\n',cashflow_Gbank_USD)
第1份货币互换合约在存续期内G银行的人民币现金流
 [-6.9000e+08  1.0350e+07  1.0350e+07  1.0350e+07  1.0350e+07  1.0350e+07
  7.0035e+08]
第1份货币互换合约在存续期内G银行的美元现金流
 [ 1.000000e+08 -6.455000e+05 -7.112000e+05 -8.371500e+05 -1.237200e+06
  -1.447300e+06 -1.012583e+08]

In [55]: cashflow_Hbank_RMB=CCS_fixflt_cashflow(La=par_RMB1,Lb=par_USD,Ra_fix=rate_fix,
   Rb_flt=Libor,m=M1,T=T1,trader='B',par='La')     #第1份货币互换合约在存续期内H银行的人民币现金流
   ...: cashflow_Hbank_USD=CCS_fixflt_cashflow(La=par_RMB1,Lb=par_USD,Ra_fix=rate_fix,
   Rb_flt=Libor,m=M1,T=T1,trader='B',par='Lb')     #第1份货币互换合约在存续期内H银行的美元现金流
   ...: print('第1份货币互换合约在存续期内H银行的人民币现金流\n',cashflow_Hbank_RMB)
   ...: print('第1份货币互换合约在存续期内H银行的美元现金流\n',cashflow_Hbank_USD)
第1份货币互换合约在存续期内H银行的人民币现金流
 [ 6.9000e+08 -1.0350e+07 -1.0350e+07 -1.0350e+07 -1.0350e+07 -1.0350e+07
  -7.0035e+08]
第1份货币互换合约在存续期内H银行的美元现金流
 [-1.000000e+08  6.455000e+05  7.112000e+05  8.371500e+05  1.237200e+06
  1.447300e+06  1.012583e+08]
```

根据以上的输出结果,就得到第1份货币互换合约在存续期内不同交易方的现金流。为了更清楚地展示期间的现金流交换情况,将以上代码输出的结果整理在表9-17中。

表9-17 第1份货币互换合约在存续期内不同交易方的现金流

日期	G银行		H银行	
	人民币现金流/元	美元现金流/美元	人民币现金流/元	美元现金流/美元
2016-12-01	−690000000	100000000	690000000	−100000000
2017-06-01	10350000	−645500	−10350000	645500
2017-12-01	10350000	−711200	−10350000	711200
2018-06-01	10350000	−837150	−10350000	837150
2018-12-01	10350000	−1237200	−10350000	1237200
2019-06-01	10350000	−1447300	−10350000	1447300
2019-12-01	700350000	−101258300	−700350000	101258300

第3步:根据前面自定义函数CCS_float_cashflow以及第1步输入的参数,计算第2份货币互换合约在存续期内不同交易方的现金流。具体的代码如下:

```
In [56]: cashflow_Gbank_RMB2=CCS_float_cashflow(La=par_RMB2,Lb=par_HKD,Ra_flt=Shibor,
   Rb_flt=Hibor,m=M2,T=T2,trader='A',par='La')     #第2份货币互换合约在存续期内G银行的人民币现金流
   ...: cashflow_Gbank_HKD=CCS_float_cashflow(La=par_RMB2,Lb=par_HKD,Ra_flt=Shibor,
   Rb_flt=Hibor,m=M2,T=T2,trader='A',par='Lb')     #第2份货币互换合约在存续期内G银行的港元现金流
   ...: print('第2份货币互换合约在存续期内G银行的人民币现金流\n',cashflow_Gbank_RMB2)
   ...: print('第2份货币互换合约在存续期内G银行的港元现金流\n',cashflow_Gbank_HKD)
第2份货币互换合约在存续期内G银行的人民币现金流
 [-1.800000e+08  5.688000e+06  8.339220e+06  6.348600e+06  1.856196e+08]
第2份货币互换合约在存续期内G银行的港元现金流
 [ 2.000000e+08 -2.659000e+06 -3.011400e+06 -5.318600e+06 -2.047486e+08]

In [57]: cashflow_Ibank_RMB=CCS_float_cashflow(La=par_RMB2,Lb=par_HKD,Ra_flt=Shibor,
```

```
Rb_flt=Hibor,m=M2,T=T2,trader='B',par='La')   #第2份货币互换合约在存续期内I银行的人民币现金流
   ...: cashflow_Ibank_HKD=CCS_float_cashflow(La=par_RMB2,Lb=par_HKD,Ra_flt=Shibor,
Rb_flt=Hibor,m=M2,T=T2,trader='B',par='Lb')   #第2份货币互换合约在存续期内I银行的港元现金流
   ...: print('第2份货币互换合约在存续期内I银行的人民币现金流\n',cashflow_Ibank_RMB)
   ...: print('第2份货币互换合约在存续期内I银行的港元现金流\n',cashflow_Ibank_HKD)
第2份货币互换合约在存续期内I银行的人民币现金流
 [ 1.800000e+08 -5.688000e+06 -8.339220e+06 -6.348600e+06 -1.856196e+08]
第2份货币互换合约在存续期内I银行的港元现金流
 [-2.000000e+08  2.659000e+06  3.011400e+06  5.318600e+06  2.047486e+08]
```

根据以上的输出结果,就得到第2份货币互换合约在存续期内不同交易方的现金流。为了更清楚地展示期间的现金流交换情况,将以上代码输出的结果整理在表9-18中。

表9-18 第2份货币互换合约在存续期内不同交易方的现金流

日期	G银行		I银行	
	人民币现金流/元	港元现金流/港元	人民币现金流/元	港元现金流/港元
2016-12-01	−180000000	200000000	180000000	−200000000
2017-12-01	5688000	2659000	−5688000	2659000
2018-12-01	8339220	3011400	−8339220	3011400
2019-12-01	6348600	5318600	−6348600	5318600
2020-12-01	185619600	−204748600	−185619600	204748600

9.3.5 货币互换的等价性与定价

与利率互换类似,货币互换的现金流等价于包含两只债券的投资组合,并且这两只债券的计价货币不同。下面,就详细讨论货币互换的等价性以及由此推导出的合约定价。

1. 货币互换等价性的数学表达式

假定货币互换双方依然是A交易方和B交易方,具体的约定如下。

针对A交易方,在合约初始日支付以A货币计价的本金,A货币的现金流包括在合约初始日支付的本金、在合约存续期内收到的利息以及在合约到期日收回的本金,该现金流等价于以该货币计价的债券多头头寸,用B_A代表该债券的价值。

针对B交易方,在合约初始日支付以B货币计价的本金,B货币的现金流等价于以该货币计价的债券多头头寸,用B_B代表该债券的价值。

此外,A货币兑换B货币的即期汇率用E表示,汇率的标价方式是用1单位的B货币表示若干单位的A货币。比如A货币是人民币,B货币是美元,则E就代表1单位的美元对应的人民币数量。关于汇率标价,详见6.5.1节。

根据以上的分析,对A交易方而言,货币互换就等价于以A货币计价的债券多头头寸和以B货币计价的债券空头头寸所构造的投资组合。因此,针对A交易方,以A货币计价的货币互换合约价值V_{CS}的表达式如下:

$$V_{CS} = B_A - B_B E \qquad (9-12)$$

同理,对B交易方而言,货币互换就等价于以B货币计价的债券多头头寸和以A货币计价的债券空头头寸所构造的投资组合。因此,针对B交易方,以B货币计价的货币互换合约价值V_{CS}的表达式如下:

$$V_{CS} = B_B - \frac{B_A}{E} \tag{9-13}$$

需要强调的是,在货币互换中,通常 A 交易方以 A 货币作为计价货币,货币互换价值需要用 A 货币进行计价,同样 B 交易方往往用 B 货币对货币互换计价。因此,以上的货币互换定价式(9-12)、式(9-13)均考虑了汇率变量。

此外,与利率互换类似,货币互换在合约初始日,合约价值通常等于 0。这是因为合约达成时会参考当天的即期汇率,货币互换对应两种货币的债券在价值上是相等的。

下面,结合 7.2.4 节讨论的债券定价公式,依次给出不同类型的货币互换定价表达式。

2. 双固定利率货币互换的定价公式

合约双方分别是 A 交易方和 B 交易方,L_A 代表在合约初始日支付的以 A 货币计价的本金,L_B 代表在合约初始日支付的以 B 货币计价的本金;$\tilde{T}$ 代表合约的剩余期限并且以年为单位,m 代表在合约存续期内每年交换利息的频次并且 $m \geq 1$,$\tilde{t}_i$ 代表合约定价日距离剩余第 i 期利息交换日的期限长度(以年为单位),并且 $i = 1, 2, \cdots, N$,同时 $\tilde{t}_N = \tilde{T}$;R_A 代表针对本金 L_A 的固定利率,R_B 代表针对本金 L_B 的固定利率;y_i^A 代表在合约定价日针对 A 货币本金且期限为 $\tilde{t}_i$、连续复利的零息利率,y_i^B 代表在合约定价日针对 B 货币本金、期限为 $\tilde{t}_i$ 且连续复利的零息利率。

基于以上设定的变量,在合约定价日,货币互换合约对应的以 A 货币计价的固定利率债券价值的表达式如下:

$$B_A = \left(\frac{R_A}{m} \sum_{i=1}^{N} e^{-y_i^A \tilde{t}_i} + e^{-y_N^A \tilde{T}} \right) L_A \tag{9-14}$$

同理,对应的以 B 货币计价的固定利率债券价值的表达式如下:

$$B_B = \left(\frac{R_B}{m} \sum_{i=1}^{N} e^{-y_i^B \tilde{t}_i} + e^{-y_N^B \tilde{T}} \right) L_B \tag{9-15}$$

结合式(9-12)、式(9-14)和式(9-15),对于 A 交易方,以 A 货币计价的货币互换合约价值的表达式如下:

$$V_{CS} = B_A - B_B E = \left(\frac{R_A}{m} \sum_{i=1}^{N} e^{-y_i^A \tilde{t}_i} + e^{-y_N^A \tilde{T}} \right) L_A - \left(\frac{R_B}{m} \sum_{i=1}^{N} e^{-y_i^B \tilde{t}_i} + e^{-y_N^B \tilde{T}} \right) L_B E \tag{9-16}$$

结合式(9-13)、式(9-14)和式(9-15),对于 B 交易方,以 B 货币计价的货币互换合约价值的表达式如下:

$$V_{CS} = B_B - \frac{B_A}{E} = \left(\frac{R_B}{m} \sum_{i=1}^{N} e^{-y_i^B \tilde{t}_i} + e^{-y_N^B \tilde{T}} \right) L_B - \left(\frac{R_A}{m} \sum_{i=1}^{N} e^{-y_i^A \tilde{t}_i} + e^{-y_N^A \tilde{T}} \right) \frac{L_A}{E} \tag{9-17}$$

其中,式(9-16)和式(9-17)中的 E 表示在合约定价日的即期汇率。

3. 固定对浮动货币互换的定价公式

合约双方依然是 A 交易方和 B 交易方,同时约定针对本金 L_A 支付固定利率、针对本金 L_B 则支付浮动利率;变量 L_A、L_B、R_A、$\tilde{t}_i$、m、y_i^A、y_i^B、$\tilde{T}$ 和 E 的含义与前述关于双固定利率货币互换定价的计算公式保持一致;此外,R_B 表示距离合约定价日最近的下一期(剩余第 1 期)利息交换日针对本金 L_B 支付的浮动利率。

基于以上的变量，在合约定价日，货币互换合约对应的以 A 货币计价的固定利率债券价值的表达式依然是式（9-14）。

参考 9.2.5 节介绍的浮动利率债券价值公式（9-11），对应的以 B 货币计价的浮动利率债券价值的表达式如下：

$$B_B = \left(\frac{R_B}{m} + 1\right) e^{-y_1^B \tilde{t}_1} L_B \qquad (9\text{-}18)$$

其中，式（9-18）中的 $\tilde{t}_1$ 表示合约定价日距离剩余第 1 期利息交换日的期限长度，y_1^B 表示针对 B 货币期限为 $\tilde{t}_1$ 并且是连续复利的零息利率。

结合式（9-12）、式（9-14）和式（9-18），对于 A 交易方，以 A 货币计价的货币互换合约价值的表达式如下：

$$V_{CS} = B_A - B_B E = \left(\frac{R_A}{m}\sum_{i=1}^{N} e^{-y_i^A \tilde{t}_i} + e^{-y_N^A \tilde{T}}\right) L_A - \left(\frac{R_B}{m} + 1\right) e^{-y_1^B \tilde{t}_1} L_B E \qquad (9\text{-}19)$$

结合式（9-13）、式（9-14）和式（9-18），对于 B 交易方，以 B 货币计价的货币互换合约价值的表达式如下：

$$V_{CS} = B_B - \frac{B_A}{E} = \left(\frac{R_B}{m} + 1\right) e^{-y_1^B \tilde{t}_1} L_B - \left(\frac{R_A}{m}\sum_{i=1}^{N} e^{-y_i^A \tilde{t}_i} + e^{-y_N^A \tilde{T}}\right) \frac{L_A}{E} \qquad (9\text{-}20)$$

4. 双浮动利率货币互换的定价公式

合约双方依然是 A 交易方和 B 交易方，变量 L_A、L_B、$\tilde{t}_1$、m、y_1^B 和 E 的含义与前述关于固定对浮动货币互换定价的计算公式保持一致；同时，R_A 表示在剩余第 1 期利息交换日针对本金 L_A 支付的浮动利率，R_B 表示在剩余第 1 期利息交换日针对本金 L_B 支付的浮动利率。

基于以上的变量并参照浮动利率债券价值公式（9-11），对于 A 交易方，以 A 货币计价的货币互换合约价值的表达式如下：

$$V_{CS} = B_A - B_B E = \left(\frac{R_A}{m} + 1\right) e^{-y_1^A \tilde{t}_1} L_A - \left(\frac{R_B}{m} + 1\right) e^{-y_1^B \tilde{t}_1} L_B E \qquad (9\text{-}21)$$

对于 B 交易方，以 B 货币计价的货币互换合约价值的表达式如下：

$$V_{CS} = B_B - \frac{B_A}{E} = \left(\frac{R_B}{m} + 1\right) e^{-y_1^B \tilde{t}_1} L_B - \left(\frac{R_A}{m} + 1\right) e^{-y_1^A \tilde{t}_1} \frac{L_A}{E} \qquad (9\text{-}22)$$

其中，在式（9-21）和式（9-22）中，变量 y_1^A 表示针对 A 货币期限为 $\tilde{t}_1$ 并且是连续复利的零息利率。

5. 确定货币互换的利率

与利率互换类似，在货币互换合约初始日，需要首先确定货币互换合约双方的利率。下面结合不同的货币互换类型并按照由易到难的顺序进行论述。

针对双浮动利率货币互换，在合约初始日通常按照各自货币最常见的浮动利率进行设定，比如一份货币互换涉及的两种货币分别是人民币和美元，则浮动利率通常就是 Shibor（针对人民币）和 Libor（针对美元）。因此针对此类货币互换，确定利率是最容易的。

针对固定对浮动货币互换，浮动利率的确定方式与双浮动利率货币互换确定浮动利率的方式一致；针对固定利率，则可以运用 9.2.4 节针对互换利率的确定方式，即式（9-9），具体表

达式如下:

$$R = \frac{m(1-q_N)}{\sum_{i=1}^{N} q_i} \qquad (9\text{-}23)$$

其中,式(9-23)中的 q_i 代表对应期限 t_i 的贴现因子,并且贴现因子涉及的贴现利率由对应货币币种的零息利率曲线确定。比如,在一份货币互换中,固定利率对应于人民币本金,贴现利率就需要运用人民币的零息利率曲线(例如国债的到期收益率曲线)。

最后,固定对浮动货币互换确定固定利率的方式也适用于双固定利率货币互换。

6. Python 自定义函数

结合货币互换定价数学表达式,通过 Python 自定义一个计算在合约存续期内货币互换合约价值的函数,具体的代码如下:

```
In [58]: def CCS_value(types,La,Lb,Ra,Rb,ya,yb,E,m,t,trader):
    ...:     '''定义一个计算在合约存续期内货币互换合约价值的函数,交易双方是A交易方和B交易方,同时约定
A交易方在合约初始日支付A货币本金,B交易方在合约初始日支付B货币本金
    ...:     types: 代表货币互换类型,输入 types='双固定利率货币互换'表示计算双固定利率货币互换,输入
types='双浮动利率货币互换'表示计算双浮动利率货币互换,输入其他则表示计算固定对浮动货币互换;并约定针对固定对浮动
货币互换,固定利率针对A货币本金,浮动利率针对B货币本金。
    ...:     La: 代表A货币本金。
    ...:     Lb: 代表B货币本金。
    ...:     Ra: 代表针对A货币本金的利率。
    ...:     Rb: 代表针对B货币本金的利率。
    ...:     ya: 代表在合约定价日针对A货币本金并对应不同期限、连续复利的零息利率,用数组格式输入。
    ...:     yb: 代表在合约定价日针对B货币本金并对应不同期限、连续复利的零息利率,用数组格式输入。
    ...:     E: 代表在合约定价日的即期汇率,标价方式是1单位B货币对应的A货币数量。
    ...:     m: 代表每年交换利息的频次。
    ...:     t: 代表合约定价日距离剩余每期利息交换日的期限长度,用数组格式输入。
    ...:     trader: 代表交易方,输入 trader='A'表示A交易方,输入其他则表示B交易方'''
    ...:     from numpy import exp                              #从NumPy模块导入exp函数
    ...:     if types=='双固定利率货币互换':                      #当货币互换类型是双固定利率货币互换时
    ...:         Bond_A=(Ra*sum(exp(-ya*t))/m+exp(-ya[-1]*t[-1]))*La    #计算对应A货币本金的
固定利率债券价值
    ...:         Bond_B=(Rb*sum(exp(-yb*t))/m+exp(-yb[-1]*t[-1]))*Lb    #计算对应B货币本金的
固定利率债券价值
    ...:         if trader=='A':                                 #针对A交易方
    ...:             swap_value=Bond_A-Bond_B*E                  #计算货币互换合约的价值(以A货币计价)
    ...:         else:                                           #针对B交易方
    ...:             swap_value=Bond_B-Bond_A/E                  #计算货币互换合约的价值(以B货币计价)
    ...:     elif types=='双浮动利率货币互换':                    #当货币互换类型是双浮动利率货币互换时
    ...:         Bond_A=(Ra/m+1)*exp(-ya[0]*t[0])*La             #计算对应A货币本金的浮动利率债券价值
    ...:         Bond_B=(Rb/m+1)*exp(-yb[0]*t[0])*Lb             #计算对应B货币本金的浮动利率债券价值
    ...:         if trader=='A':
    ...:             swap_value=Bond_A-Bond_B*E
    ...:         else:
    ...:             swap_value=Bond_B-Bond_A/E
    ...:     else:                                               #当货币互换类型是固定对浮动货币互换时
    ...:         Bond_A=(Ra*sum(exp(-ya*t))/m+exp(-ya[-1]*t[-1]))*La    #计算对应A货币本金的
固定利率债券价值
    ...:         Bond_B=(Rb/m+1)*exp(-yb[0]*t[0])*Lb             #计算对应B货币本金的浮动利率债券价值
    ...:         if trader=='A':
    ...:             swap_value=Bond_A-Bond_B*E
```

```
   ...:             else:
   ...:                 swap_value=Bond_B-Bond_A/E
   ...:     return swap_value
```

通过以上自定义的函数 CCS_value，只需要在函数中输入货币互换类型、互换合约的本金、交换的利率、零息利率、汇率、每年交换利息的频次、利息交换日距离定价日的期限、交易方等参数，就可以很便捷地计算出货币互换合约的价值。

7. 一个案例

【例 9-6】2020 年 4 月 1 日，国内的 J 银行与美国的 K 银行达成了一笔期限为 3 年的固定对浮动货币互换业务，具体的合约要素如下。

（1）本金的约定。K 银行在合约初始日（2020 年 4 月 1 日）向 J 银行支付 1 亿美元本金，并且在合约到期日（2023 年 4 月 1 日）收回该本金；J 银行在合约初始日按照当天美元兑人民币汇率中间价 7.0771 向 K 银行支付 7.0771 亿元本金，同样在合约到期日收回该本金。

（2）利率的约定。交换利息的频次是每年一次。其中，针对美元本金按照 12 个月期美元 Libor 利率计算利息，并且 2020 年 4 月 1 日该利率是 1.0024%；针对人民币本金则支付固定利息。

对于 J 银行需要确定在货币互换中基于人民币本金的固定利率金额。此外，在 2020 年 6 月 18 日和 2020 年 7 月 20 日这两个交易日针对不同交易方计算货币互换合约的价值。表 9-19 列出了相关的人民币、美元零息利率和汇率信息。

表 9-19 人民币、美元零息利率和汇率

变量名称	人民币零息利率（连续复利）			美元零息利率（连续复利）			美元兑人民币汇率（中间价）
期限	1 年期	2 年期	3 年期	1 年期	2 年期	3 年期	
2020-04-01	1.6778%	1.9062%	1.9821%	—	—	—	7.0771
2020-06-18	2.1156%	2.3294%	2.3811%	0.19%	0.19%	0.22%	7.0903
2020-07-20	2.2540%	2.4251%	2.5256%	0.14%	0.16%	0.18%	6.9928

数据来源：中国债券信息网、美联储、中国人民银行。

下面，直接通过 Python 并且分 3 个步骤进行计算，具体如下。

第 1 步：通过在 9.2.4 节自定义的函数 swap_rate 计算针对人民币本金对应的固定利率。具体的代码如下：

```
In [59]: y_RMB_Apr1=np.array([0.016778,0.019062,0.019821])    #2020 年 4 月 1 日人民币零息利率
   ...: M=1                                                    #每年交换利息的频次
   ...: tenor=3                                                #合约的期限

In [60]: rate_RMB=swap_rate(m=M,y=y_RMB_Apr1,T=tenor)          #计算固定利率
   ...: print('货币互换合约针对人民币本金的固定利率',round(rate_RMB,4))
货币互换合约针对人民币本金的固定利率 0.02
```

根据以上输出的结果，J 银行在该货币互换合约中设定针对人民币本金的固定利率是 2.00%。

第 2 步：在 Python 中输入计算货币互换合约价值的相关参数。具体的代码如下：

```
In [61]: FX_Apr1=7.0771                    #2020 年 4 月 1 日美元兑人民币汇率
   ...: par_USD=1e8                        #货币互换合约的美元本金金额
   ...: par_RMB=par_USD*FX_Apr1            #货币互换合约的人民币本金金额

In [62]: Libor_Apr1=0.010024               #2020 年 4 月 1 日 12 个月期美元 Libor
```

```
In [63]: y_RMB_Jun18=np.array([0.021156,0.023294,0.023811])   #2020年6月18日人民币零息利率
   ...: y_USD_Jun18=np.array([0.0019,0.0019,0.0022])          #2020年6月18日美元零息利率
   ...: FX_Jun18=7.0903                                       #2020年6月18日美元兑人民币汇率

In [64]: y_RMB_Jul20=np.array([0.022540,0.024251,0.025256])   #2020年7月20日人民币零息利率
   ...: y_USD_Jul20=np.array([0.0014,0.0016,0.0018])          #2020年7月20日美元零息利率
   ...: FX_Jul20=6.9928                                       #2020年7月20日美元兑人民币汇率

In [65]: t0=dt.datetime(2020,4,1)    #货币互换合约初始日（9.2.5节已导入datetime模块并缩写为dt）
   ...: t1=dt.datetime(2020,6,18)    #货币互换合约定价日2020年6月18日
   ...: t2=dt.datetime(2020,7,20)    #货币互换合约定价日2020年7月20日

In [66]: t1_list=np.arange(1,tenor+1)-(t1-t0).days/365    #2020年6月18日（定价日）距离每期利
息交换日的期限数组
   ...: t1_list                                          #查看结果
Out[66]: array([0.78630137, 1.78630137, 2.78630137])

In [67]: t2_list=np.arange(1,tenor+1)-(t2-t0).days/365  #2020年7月20日（定价日）距离每期利息
交换日的期限数组
   ...: t2_list
Out[67]: array([0.69863014, 1.69863014, 2.69863014])
```

第3步：根据第1步计算得到的人民币本金固定利率，同时运用自定义函数CCS_value以及表9-19中的信息，计算2020年6月18日和2020年7月20日这两个交易日货币互换合约的价值。具体的代码如下：

```
In [68]: value_RMB_Jun18=CCS_value(types='固定对浮动货币互换',La=par_RMB,Lb=par_USD, Ra=rate_
RMB,Rb=Libor_Apr1,ya=y_RMB_Jun18,yb=y_USD_Jun18,E=FX_Jun18,m=M,t=t1_list,trader='A')   #2020年
6月18日J银行的货币互换合约价值
   ...: value_USD_Jun18=CCS_value(types='固定对浮动货币互换',La=par_RMB,Lb=par_USD, Ra=rate_
RMB,Rb=Libor_Apr1,ya=y_RMB_Jun18,yb=y_USD_Jun18,E=FX_Jun18,m=M,t=t1_list,trader='B')   #2020年
6月18日K银行的货币互换合约价值
   ...: value_RMB_Jul20=CCS_value(types='固定对浮动货币互换',La=par_RMB,Lb=par_USD, Ra=rate_
RMB,Rb=Libor_Apr1,ya=y_RMB_Jul20,yb=y_USD_Jul20,E=FX_Jul20,m=M,t=t2_list,trader='A')   #2020年
7月20日J银行的货币互换合约价值
   ...: value_USD_Jul20=CCS_value(types='固定对浮动货币互换',La=par_RMB,Lb=par_USD, Ra=rate_
RMB,Rb=Libor_Apr1,ya=y_RMB_Jul20,yb=y_USD_Jul20,E=FX_Jul20,m=M,t=t2_list,trader='B')   #2020年
7月20日K银行的货币互换合约价值
   ...: print('2020年6月18日J银行的货币互换合约价值（人民币）', round(value_RMB_Jun18,2))
   ...: print('2020年6月18日K银行的货币互换合约价值（美元）',round(value_USD_Jun18,2))
   ...: print('2020年7月20日J银行的货币互换合约价值（人民币）', round(value_RMB_Jul20,2))
   ...: print('2020年7月20日K银行的货币互换合约价值（美元）',round(value_USD_Jul20,2))
2020年6月18日J银行的货币互换合约价值（人民币）   -12068317.38
2020年6月18日K银行的货币互换合约价值（美元）    1702088.4
2020年7月20日J银行的货币互换合约价值（人民币）   -3804108.71
2020年7月20日K银行的货币互换合约价值（美元）    544003.65
```

从以上的输出结果可以看到，由于人民币的零息利率上升，加上美元兑人民币汇率上行（人民币贬值、美元升值），在2020年6月18日货币互换给J银行带来了浮亏、给K银行带来了浮盈；到了2020年7月20日，由于美元兑人民币汇率出现下行（人民币升值、美元贬值），浮亏和浮盈均大幅收窄。

通过这个案例可以得到，货币互换合约的价值受到两种货币的利率曲线以及即期汇率的影响。在本节的结尾部分，梳理出利率互换合约与货币互换合约的相同点和不同点，具体见表9-20。

表 9-20 利率互换合约与货币互换合约的相同点和不同点

要素	利率互换合约	货币互换合约
合约初始日交换本金	否	是
合约存续期内交换利息	是	是
合约到期日交换本金	否	是
合约面临利率风险	是	是
合约面临汇率风险	否	是

值得注意的是，如果将固定对浮动货币互换中的两种不同币种的本金调整为相同币种的本金并且本金不参与交换，则该货币互换就退化为利率互换。因此，从逻辑上讲，利率互换实质上是货币互换的一种特例。

9.4 信用违约互换

本节将探讨信用违约互换的运作机理以及定价等核心问题与技术细节。在这里需要强调的是，前面讨论的利率互换、货币互换所依赖的变量是利率、汇率等市场因子，全体市场参与者掌握的此类信息具有一致性，也就是很难有一部分市场参与者比其他市场参与者拥有更多的信息；然而，信用违约互换则不然，合约价值依赖于参考实体的违约概率，有理由认为一些市场参与者比其他市场参与者拥有更多关于参考实体信用状况的信息。比如，为参考实体 A 公司提供贷款融资、证券承销的金融机构，往往比另一家与 A 公司毫无业务往来的金融机构更了解该公司的真实信用状况，这就产生了信息不一致问题。

9.4.1 信用违约互换的运作机理

为了便于理解，借助一个实际的案例讲解信用违约互换的运作机理。

【例 9-7】假如 L 银行与 M 银行在 2018 年 8 月 1 日签订了一份 3 年期、本金为 1 亿元的信用违约互换合约，在合约中约定了如下的要素。

（1）合约双方。L 银行是合约的买方，也就是信用保护的买方；M 银行是合约的卖方，也就是信用保护的卖方。

（2）参考实体。合约约定的参考实体是一家主体信用评级为 AA+ 的 N 公司；在合约存续期内，一旦发生 N 公司债券违约等信用事件，L 银行有权将违约的 N 公司债券按面值卖给 M 银行，M 银行必须同意按面值买入该债券。为了降低结算风险和成本，信用事件发生时双方可以用现金差额结算并需要考虑债券违约时的回收率。

（3）合约费用。在合约存续期内，L 银行每年向 M 银行支付合约本金的 1.2%作为信用保护费用，1.2%就是年化的**信用违约互换价差**（CDS spread），支付频次是每年一次，并且在每期期末支付直到合约到期或者信用事件发生为止。

（4）合约到期。如果在合约存续期内未发生约定的信用事件，则合约到期日是 2021 年 8 月 1 日，即合约正常到期；一旦在合约存续期内发生了信用事件，则合约到期日就是信用事件发生日，即合约非正常终止。

针对该合约在存续期内的现金流情况，需要区分以下两种情形进行讨论。

情形1：合约存续期内参考实体未发生信用事件。L银行需要每年向M银行支付信用保护费用120万元，3年共计360万元；M银行则无须向L银行支付。

情形2：合约存续期内参考实体发生信用事件。假如在2020年12月1日（合约存续期内）N公司债券出现违约，此时按照合约的约定，M银行必须按面值从L银行买入该债券共计本金1亿元，同时假定N公司债券违约的回收率是35%，因此M银行在信用事件发生时赔偿性支付1亿元×(1−35%)=6500万元；此外，合约初始日（2018年8月1日）至信用事件发生日（2020年12月1日）期间，L银行需要按照合约存续时间支付1.2%/年的信用保护费用；需要注意的是，2020年8月1日至2020年12月1日期间一共是4个月，因此L银行需要支付该期间的信用保护费用 $1.2\% \times \dfrac{4}{12} \times 1$ 亿元 = 40万元。

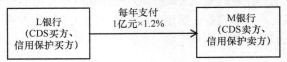

(a) 合约存续期内未发生信用事件（情形1）

图9-6展示了信用违约互换的运作机理并且按照合约存续期内是否发生信用事件依次展示。

表9-21列出了该信用违约互换在合约存续期内的现金流情况，并且依然区分合约存续期内是否发生信用事件。

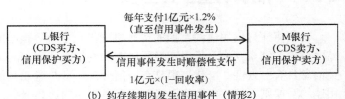

(b) 约存续期内发生信用事件（情形2）

图9-6　信用违约互换的运作机理

表9-21　信用违约互换在合约存续期内的现金流情况　　　　　　　　（单位：万元）

日期	情形1：合约存续期内未发生信用事件		情形2：合约存续期内发生信用事件	
	L银行	M银行	L银行	M银行
2018-08-01（合约初始日）	—	—	—	—
2019-08-01	−120	120	−120	120
2020-08-01	−120	120	−120	120
2020-12-01（信用事件发生日）	—	—	6460（−40+6500）	−6460（40−6500）
2021-08-01（合约正常到期日）	−120	120	—	—
合计	−360	360	6220	−6220

注：针对表中的信用事件发生日是计算交易方的现金流净额，即同时考虑信用保护费用与赔偿性支付。

9.4.2　信用违约互换的期间现金流

1. 数学表达式

根据例9-7，可以抽象得出信用违约互换在合约存续期内各交易方现金流的表达式。

假定针对一份信用违约互换合约，L 代表合约的名义本金（面值），T 代表合约的期限并且以年为单位，s 代表用于计算信用保护费用的年化信用违约互换价差并且用百分比表示，m 代表在合约存续期内买方每年支付信用保护费用的频次并且 $m \geq 1$，t_0 代表合约初始日，t_i 代表在合约存续期内支付信用保护费用的时刻也就是信用保护费用支付日（但不含信用事件发生日），$i = 1, 2, \cdots, N$，

其中 $N = mT$。

此外，假定信用事件发生在 $\tilde{t}$ 时刻并且处于 $[t_{j-1}, t_j]$ 的时间区间内，$j = 1, 2, \cdots, N$，R 表示信用事件发生时的回收率，在 t_i 时刻发生的现金流用 f_i 表示，在 $\tilde{t}$ 时刻发生的现金流净额用 $\tilde{f}$ 表示。

下面，依然分两种情形讨论合约存续期内的现金流情况。

情形1：合约存续期内参考实体未发生信用事件。对合约买方也就是信用保护买方而言，期间的现金流表达式如下：

$$f_i = -\frac{s \times L}{m} \quad (9\text{-}24)$$

对合约卖方也就是信用保护卖方而言，期间的现金流表达式恰好相反，如下：

$$f_i = \frac{s \times L}{m} \quad (9\text{-}25)$$

情形2：合约存续期内参考实体发生信用事件。需要将合约存续期（从合约初始日至信用事件发生日）划分为两类时刻，一是信用事件发生之前的现金流支付时刻，二是信用事件发生时的现金流支付时刻。表9-22整理了期间现金流的相关表达式。

表9-22 在信用违约互换合约存续期内发生信用事件的期间现金流表达式

现金流支付的时刻	交易方	期间现金流表达式
$t_1, t_2, \cdots, t_{j-1}$（未发生信用事件的时刻）	合约买方（信用保护买方）	$f_i = -\dfrac{s \times L}{m}$ 其中，$i = 1, 2, \cdots, j-1$
	合约卖方（信用保护卖方）	$f_i = \dfrac{s \times L}{m}$
$\tilde{t}$（发生信用事件的时刻）	合约买方（信用保护买方）	$\tilde{f} = -s \times L \times (\tilde{t} - t_{j-1}) + (1 - R) \times L$ 注：这里是计算现金流净额（下同）
	合约卖方（信用保护卖方）	$\tilde{f} = s \times L \times (\tilde{t} - t_{j-1}) - (1 - R) \times L$

2. Python自定义函数

下面，通过Python自定义一个计算信用违约互换期间现金流的函数，具体的代码如下：

```
In [69]: def CDS_cashflow(S,m,T1,T2,L,recovery,trader,event):
    ...:     '''定义一个计算信用违约互换期间现金流的函数
    ...:     S: 代表信用违约互换价差（信用保护费用）。
    ...:     m: 代表信用违约互换价差每年支付的频次，并且不超过2次。
    ...:     T1: 代表合约期限（年）。
    ...:     T2: 代表合约初始日距离信用事件发生日的期限长度（年），信用事件未发生则输入T2='Na'。
    ...:     L: 代表合约的本金。
    ...:     recovery: 代表信用事件发生时的回收率，信用事件未发生则输入recovery='Na'。
    ...:     trader: 代表交易方，输入trader='buyer'表示买方，输入其他则表示卖方。
    ...:     event: 代表信用事件，输入event='N'表示合约存续期内信用事件未发生，输入其他则表示合约存续期内信用事件发生'''
    ...:     #为了便于理解代码的编写逻辑，分为以下3个步骤
    ...:     #第1步：合约存续期内未发生信用事件时计算现金流
    ...:     if event=='N':                          #当合约存续期内信用事件未发生
    ...:         n=m*T1                              #计算期间现金流支付的次数
```

```
   ...:         cashflow=S*L*np.ones(n)/m          #合约期间支付信用保护费用金额的现金流
   ...:         if trader=='buyer':                #针对信用保护买方
   ...:             CF=-cashflow                   #计算信用保护买方的期间现金流
   ...:         else:                              #针对信用保护卖方
   ...:             CF=cashflow                    #计算信用保护卖方的期间现金流
   ...:     #第2步：合约存续期内发生信用事件并且信用保护费用每年支付1次时计算现金流
   ...:     else:                                  #当合约存续期内信用事件发生
   ...:         default_pay=(1-recovery)*L         #信用事件发生时合约卖方针对本金的赔偿性支付
   ...:         if m==1:                           #信用违约互换价差每年支付的频次等于1
   ...:             n=int(T2)*m+1                  #计算期间现金流支付的次数
   ...:             cashflow=S*L*np.ones(n)/m      #计算合约期间的现金流（最后一个元素后面要调整）
   ...:             spread_end=(T2-int(T2))*S*L    #合约最后一期（信用事件发生日）支付的信用保护费用
   ...:             cashflow[-1]=spread_end-default_pay  #合约最后一期的现金流
   ...:             if trader=='buyer':
   ...:                 CF=-cashflow
   ...:             else:
   ...:                 CF=cashflow
   ...:     #第3步：合约存续期内发生信用事件并且信用保护费用每年支付2次时计算现金流
   ...:         else:                              #信用违约互换价差每年支付的频次等于2
   ...:             if T2-int(T2)<0.5:             #信用事件发生在前半年
   ...:                 n=int(T2)*m+1              #计算期间现金流支付的次数
   ...:                 cashflow=S*L*np.ones(n)/m  #计算合约期间的现金流（最后一个元素后面要调整）
   ...:                 spread_end=(T2-int(T2))*S*L   #最后一期支付的信用保护费用
   ...:                 cashflow[-1]=spread_end-default_pay
   ...:                 if trader=='buyer':
   ...:                     CF=-cashflow
   ...:                 else:
   ...:                     CF=cashflow
   ...:             else:                          #信用事件发生在后半年
   ...:                 n=(int(T2)+1)*m            #计算期间现金流支付的次数
   ...:                 cashflow=S*L*np.ones(n)/m  #计算合约期间的现金流（最后一个元素后面要调整）
   ...:                 spread_end=(T2-int(T2)-0.5)*S*L   #最后一期支付的信用保护费用
   ...:                 cashflow[-1]=spread_end-default_pay
   ...:                 if trader=='buyer':
   ...:                     CF=-cashflow
   ...:                 else:
   ...:                     CF=cashflow
   ...:     return CF                              #以数组格式输出最终结果
```

在以上自定义的函数 CDS_cashflow 中，只需要输入信用违约互换价差、信用保护费用每年支付的频次、合约期限、合约初始日距离信用事件发生日的期限（如有）、合约本金、回收率、交易方等参数，就可以计算得到合约期间的现金流。

3. 结合例 9-7 的 Python 编程

运用自定义函数 CDS_cashflow 计算例 9-7 信用违约互换相关交易方的期间现金流，具体分为两种情形。

情形 1：合约存续期内未发生信用事件。具体的代码如下：

```
In [70]: spread=0.012       #信用违约互换价差（用于计算信用保护费用）
   ...: M=1                 #信用保护费用每年支付的频次
   ...: tenor=3             #信用违约互换期限（年）
   ...: par=1e8             #信用违约互换本金

In [71]: cashflow_buyer1=CDS_cashflow(S=spread,m=M,T1=tenor,T2='Na',L=par,recovery='Na',
```

```
trader='buyer',event='N')         #计算合约期间买方的现金流
   ...: cashflow_seller1=CDS_cashflow(S=spread,m=M,T1=tenor,T2='Na',L=par,recovery='Na',
trader='seller',event='N')        #计算合约期间卖方的现金流
   ...: print('未发生信用事件情形下合约期间买方的现金流',cashflow_buyer1)
   ...: print('未发生信用事件情形下合约期间卖方的现金流',cashflow_seller1)
未发生信用事件情形下合约期间买方的现金流 [-1200000. -1200000. -1200000.]
未发生信用事件情形下合约期间卖方的现金流 [ 1200000.  1200000.  1200000.]
```

情形2：合约存续期内发生信用事件，并且信用事件发生日是2020年12月1日。具体的代码如下：

```
In [72]: T_default=28/12          #合约初始日距离信用事件发生日的期限长度（年）
   ...: rate=0.35                 #违约时的回收率

In [73]: cashflow_buyer2=CDS_cashflow(S=spread,m=M,T1=tenor,T2=T_default,L=par, recovery=
rate,trader='buyer',event='Y')    #计算合约期间买方的现金流
   ...: cashflow_seller2=CDS_cashflow(S=spread,m=M,T1=tenor,T2=T_default,L=par, recovery=
rate,trader='seller',event='Y')   #计算合约期间卖方的现金流
   ...: print('发生信用事件情形下合约期间买方的现金流',cashflow_buyer2)
   ...: print('发生信用事件情形下合约期间卖方的现金流',cashflow_seller2)
发生信用事件情形下合约期间买方的现金流 [-1200000. -1200000.  64600000.]
发生信用事件情形下合约期间卖方的现金流 [ 1200000.  1200000. -64600000.]
```

以上输出的结果，无论针对情形1还是情形2，均与表9-21的数据完全一致。

4. 结合新案例的 Python 编程

下面针对例 9-7 的信息适当做些调整，从而更全面地分析并演示信用违约互换的期间现金流。

【例 9-8】沿用例 9-7 的相关信息，但是针对合约信息在以下两个方面做出调整：一是信用保护费用的支付频次调整为每年 2 次，也就是每半年 1 次；二是信用事件发生日变更为 2021 年 4 月 1 日。下面，直接运用自定义函数 CDS_cashflow 计算合约双方的期间现金流，具体的代码如下：

```
In [74]: M_new=2                  #信用保护费用的支付频次调整为每年2次
   ...: T_default_new=32/12       #合约初始日距离新的信用事件发生日的期限长度

In [75]: cashflow_buyer3=CDS_cashflow(S=spread,m=M_new,T1=tenor,T2=T_default_new,L=par,
recovery=rate,trader='buyer',event='Y')    #计算合约期间买方的现金流（新的信用事件发生日）
   ...: cashflow_seller3=CDS_cashflow(S=spread,m=M_new,T1=tenor,T2=T_default_new,L=par,
recovery=rate,trader='seller',event='Y')   #计算合约期间卖方的现金流（新的信用事件发生日）
   ...: print('发生信用事件情况下合约期间买方的现金流（新）\n',cashflow_buyer3)
   ...: print('发生信用事件情况下合约期间卖方的现金流（新）\n',cashflow_seller3)
发生信用事件情况下合约期间买方的现金流（新）
 [ -600000.  -600000.  -600000.  -600000.  -600000.  64800000.]
发生信用事件情况下合约期间卖方的现金流（新）
 [ 600000.  600000.  600000.  600000.  600000. -64800000.]
```

从以上的输出结果可以看到，由于信用保护费用的支付频次调整为每年 2 次并且信用事件发生日延后，因此每次支付的信用保护费用就下降至 60 万元，同时现金流发生的期数也调整为 6 期，最后一期是信用事件发生日的现金流净额。

9.4.3 累积违约概率、边际违约概率与存活率

在例 9-7 中，是假定已知了信用违约互换价差（1.2%/年）。然而，在现实金融市场中，针对信用违约互换最重要并且最复杂的一步就是确定信用违约互换价差。在计算该价差之前，需要掌握累

积违约概率、边际违约概率以及存活率等概念和表达式。

1. 概念和数学表达式

根据 7.5.3 节所述,针对某个参考实体,λ 表示连续复利的违约概率(年化),λ 也称为**风险率**(hazard rate)或**违约密度**(default density);在 $[0, t_i]$ 时间区间内,该参考实体的**累积违约概率**(Cumulative Default Probability,CDP)用 C_i 表示,具体的数学公式如下:

$$C_i = 1 - e^{-\lambda t_i} \qquad (9\text{-}26)$$

其中,$i = 1, 2, \cdots, N$。

在 $[0, t_i]$ 时间区间内,该参考实体未发生违约的概率,也就是**存活率**(Survival Rate,SR)用 S_i 表示,根据概率论的知识,存在如下的等式:

$$S_i = 1 - C_i = e^{-\lambda t_i} \qquad (9\text{-}27)$$

根据式(9-27),可以计算出参考实体在 t_{i-1} 时刻之前未发生违约但是在 $[t_{i-1}, t_i]$ 时间区间内发生违约的概率 D_i,具体的表达式如下:

$$D_i = S_{i-1} - S_i = e^{-\lambda t_{i-1}} - e^{-\lambda t_i} \qquad (9\text{-}28)$$

D_i 就称为**边际违约概率**(Marginal Default Probability,MDP)或者**无条件违约概率**(unconditional default probability)。这里需要注意的是,设定 $t_0 = 0$,在 $[0, t_1]$ 时间区间的边际违约概率就等于累积违约概率,即 $D_1 = C_1$。

下面就通过一个现实案例说明累积违约概率、存活率以及边际违约概率的具体计算与运用。

2. 一个案例

【例 9-9】假设有一份期限为 5 年、参考实体为 P 公司的信用违约互换合约,在合约存续期内 P 公司的年化违约概率是 3% 并且是连续复利。表 9-23 列出了结合式(9-26)至式(9-28)依次计算得出的 P 公司的累积违约概率、存活率与边际违约概率。

表 9-23 P 公司的累积违约概率、存活率与边际违约概率

时间(年)	累积违约概率	存活率	边际违约概率
1	$1 - e^{-3\% \times 1} = 0.0296$	$e^{-3\% \times 1} = 0.9704$	0.0296
2	$1 - e^{-3\% \times 2} = 0.0582$	$e^{-3\% \times 2} = 0.9418$	$e^{-3\% \times 1} - e^{-3\% \times 2} = 0.0287$
3	$1 - e^{-3\% \times 3} = 0.0861$	$e^{-3\% \times 3} = 0.9139$	$e^{-3\% \times 2} - e^{-3\% \times 3} = 0.0278$
4	$1 - e^{-3\% \times 4} = 0.1131$	$e^{-3\% \times 4} = 0.8869$	$e^{-3\% \times 3} - e^{-3\% \times 4} = 0.0270$
5	$1 - e^{-3\% \times 5} = 0.1393$	$e^{-3\% \times 5} = 0.8607$	$e^{-3\% \times 4} - e^{-3\% \times 5} = 0.0262$

注:表中的数据保留至小数点后 4 位。

下面就运用 Python 计算累积违约概率、存活率、边际违约概率,具体分为以下两个步骤完成。

第 1 步:输入相应的变量并且计算累积违约概率。具体的代码如下:

```
In [76]: h=0.03                         #连续复利的违约概率
    ...: T=5                            #期限
    ...: CDP=np.ones(T)                 #创建存放累积违约概率的初始数组

In [77]: for t in range(1,T+1):
    ...:     CDP[t-1]=1-np.exp(-h*t)    #计算累积违约概率
```

```
In [78]: CDP.round(4)                    #输出累积违约概率并保留至小数点后4位
Out[78]: array([0.0296, 0.0582, 0.0861, 0.1131, 0.1393])
```

第2步：计算存活率和边际违约概率。具体的代码如下：

```
In [79]: SR=1-CDP                        #计算存活率
    ...: SR.round(4)                     #输出存活率并保留至小数点后4位
Out[79]: array([0.9704, 0.9418, 0.9139, 0.8869, 0.8607])

In [80]: MDP=np.ones_like(CDP)           #创建存放边际违约概率的初始数组
    ...: MDP[0]=CDP[0]                   #第1年的边际违约概率等于同期的累积违约概率

In [81]: for t in range(1,T):
    ...:     MDP[t]=SR[t-1]-SR[t]        #计算第2年至第5年的边际违约概率

In [82]: MDP.round(4)                    #输出边际违约概率并保留至小数点后4位
Out[82]: array([0.0296, 0.0287, 0.0278, 0.027 , 0.0262])
```

以上输出的数值结果与表9-23的数据是完全相同的。

9.4.4 信用违约互换价差

有了关于累积违约概率、边际违约概率以及存活率等知识铺垫，下面就讨论如何计算信用违约互换价差。

1. 数学表达式

假定针对一份信用违约互换合约，L代表合约的本金；T代表合约期限（年）；s代表年化的信用违约互换价差（用百分比表示）；m代表合约买方每年支付信用保护费用的频次并且$m \geq 1$；t_i代表信用保护费用支付日并且$i=1,2,\cdots,N$，其中$N=mT$；y_i代表对应于期限t_i、连续复利的零息利率；合约初始日用t_0表示并且$t_0=0$；针对某个参考实体，λ代表连续复利的年化违约概率；违约回收率用R表示。

在$[0,t_i]$时间区间内，该参考实体的存活率用S_i表示；在$[t_{i-1},t_i]$时间区间内，边际违约概率用D_i表示。

结合式（9-27），得到在合约初始日合约买方预期支付的现金流现值PV的表达式如下：

$$PV = \frac{s}{m}L\sum_{i=1}^{N}S_i\mathrm{e}^{-y_it_i} = \frac{s}{m}L\sum_{i=1}^{N}\mathrm{e}^{-(\lambda+y_i)t_i} \qquad (9\text{-}29)$$

结合式（9-28），得到在合约初始日合约卖方预期支付的现金流现值PV的表达式如下：

$$PV = (1-R)L\sum_{i=1}^{N}D_i\mathrm{e}^{-y_it_i} = (1-R)L\sum_{i=1}^{N}(\mathrm{e}^{-\lambda t_{i-1}} - \mathrm{e}^{-\lambda t_i})\mathrm{e}^{-y_it_i} \qquad (9\text{-}30)$$

同时，根据无套利原理，在合约初始日，合约买方预期支付的现金流现值应该等于合约卖方预期支付的现金流现值，因此根据式（9-29）和式（9-30）并且经过整理，就得到信用违约互换价差s的表达式如下：

$$s = m(1-R)\left[\frac{\sum_{i=1}^{N}\mathrm{e}^{-\lambda t_{i-1}-y_it_i}}{\sum_{i=1}^{N}\mathrm{e}^{-(\lambda+y_i)t_i}} - 1\right] \qquad (9\text{-}31)$$

根据式（9-31），可以得出影响信用违约互换价差的变量有4个，分别是信用保护费用每年支付的频次、违约回收率、违约概率以及零息利率。

2. Python 自定义函数

下面，通过 Python 自定义一个计算信用违约互换价差的函数，具体的代码如下：

```python
In [83]: def CDS_spread(m,Lamda,T,R,y):
   ...:     '''定义一个计算信用违约互换价差（年化）的函数
   ...:     m：代表信用违约互换价差（信用保护费用）每年支付的频次。
   ...:     Lamda：代表连续复利的年化违约概率。
   ...:     T：代表合约期限（年）。
   ...:     R：代表信用事件发生时的回收率。
   ...:     y：代表对应合约初始日距离每期信用保护费用支付日的期限且连续复利的零息利率，用数组格式输入'''
   ...:     from numpy import arange,exp       #从 NumPy 模块导入 arange 函数和 exp 函数
   ...:     t_list=arange(m*T+1)/m             #创建一个期限数组
   ...:     A=sum(exp(-Lamda*t_list[:-1]-y*t_list[1:]))   #式（9-31）方括号内的分子
   ...:     B=sum(exp(-(Lamda+y)*t_list[1:]))             #式（9-31）方括号内的分母
   ...:     spread=m*(1-R)*(A/B-1)                         #计算信用违约互换价差
   ...:     return spread
```

在以上自定义函数 CDS_spread 中，只需要输入信用保护费用每年支付的频次、违约概率、合约期限、违约回收率、零息利率等参数，就可以迅速计算得到信用违约互换价差。

3. 一个案例

【例 9-10】在 2020 年 7 月 1 日，Q 银行与 R 银行开展了一笔信用违约互换业务，其中，Q 银行是合约买方（信用保护买方），R 银行是合约卖方（信用保护卖方），该合约的期限是 5 年，合约的参考实体是 P 公司，P 公司的存活率和边际违约概率的数据沿用例题 9-9（表 9-23），同时 P 公司的违约回收率是 40%，零息利率则运用当天国债到期收益率[1]，信用保护费用每年支付一次并且是在每期期末支付，同时假设信用事件仅在信用保护费用支付日才发生。无论对于 Q 银行还是 R 银行，都需要计算该信用违约互换价差。

表 9-24 展示了 Q 银行预期支付的现金流贴现值，表 9-25 展示了 R 银行预期支付的现金流贴现值，并且为了计算的便利假设合约本金是 1 元。

表 9-24　Q 银行预期支付的现金流贴现值

（年化的信用违约互换价差 s，假设合约本金是 1 元）

时间/年	存活率	预期支付	零息利率	贴现因子	预期支付的现金流贴现值（预期支付×贴现因子）
1	0.9704	0.9704s	2.1276%	$e^{-2.1276\%\times 1}=0.9789$	0.9499s
2	0.9418	0.9418s	2.2853%	$e^{-2.2853\%\times 2}=0.9553$	0.8997s
3	0.9139	0.9139s	2.4036%	$e^{-2.4036\%\times 3}=0.9304$	0.8503s
4	0.8869	0.8869s	2.5010%	$e^{-2.5010\%\times 4}=0.9048$	0.8025s
5	0.8607	0.8607s	2.5976%	$e^{-2.5976\%\times 5}=0.8782$	0.7559s
合计					4.2583s

数据来源（仅限于零息利率）：中国债券信息网。

---

[1] 这里为了便于分析，运用国债收益率作为零息利率（贴现率）。在金融实战中，通常采用对应于参考实体信用评级的债券收益率曲线作为零息利率，比如参考实体的信用评级是 AA，则采用 AA 评级的企业债券收益率曲线作为零息利率。

表9-25 R银行预期支付的现金流贴现值
（假设合约本金是1元）

时间/年	边际违约概率	违约回收率	预期支付	贴现因子	预期支付的现金流贴现值（预期支付×贴现因子）
1	0.0296	0.4	0.0296×(1−0.4) = 0.0177	0.9789	0.0174
2	0.0287	0.4	0.0287×(1−0.4) =0.0172	0.9553	0.0165
3	0.0278	0.4	0.0278×(1−0.4) =0.0167	0.9304	0.0155
4	0.0270	0.4	0.0270×(1−0.4) =0.0162	0.9048	0.0147
5	0.0262	0.4	0.0262×(1−0.4) =0.0157	0.8782	0.0138
合计					0.0779

注：表9-25的第5列（贴现因子）与表9-24的第5列是相同的。

从表9-24和表9-25可以得到，在合约初始日Q银行预期支付的现金流贴现值之和是$4.2583s$，R银行预期支付的现金流贴现值之和是0.0779。合约买方预期支付的现金流贴现值之和等于合约卖方预期支付的现金流贴现值之和，也就是：

$$4.2583s = 0.0779$$

最终计算得到信用违约互换价差$s = 0.0183 = 1.83\%$，也就是每年183个基点。因此，在合约存续期内，在信用事件未发生的情形下，合约买方每年支付给卖方的信用保护费用是1.83%乘合约本金，比如合约本金是1亿元，每年信用保护费用就是183万元。

下面，就通过自定义函数CDS_spread计算本例的信用违约互换价差，具体的代码如下：

```
In [84]: zero_rate=np.array([0.021276,0.022853,0.024036,0.025010,0.025976])    #零息利率

In [85]: recovery=0.4                                    #违约回收率
   ...: M=1                                              #信用保护费用每年支付的频次
   ...: tenor=5                                          #合约期限（年）
   ...: h=0.03                                           #连续复利的年化违约概率

In [86]: spread=CDS_spread(m=M,Lamda=h,T=tenor,R=recovery,y=zero_rate)   #计算信用违约互换价差
   ...: print('计算得到信用违约互换价差',spread.round(4))   #保留至小数点后4位
计算得到信用违约互换价差 0.0183
```

通过以上的输出结果不难发现，运用Python自定义函数计算得到的信用违约互换价差数值与通过表9-24和表9-25计算得到的数值是完全一致的。

4. 敏感性分析

下面，考察违约概率和违约回收率这两个重要变量发生变化时，如何影响信用违约互换价差，依然通过一个案例进行讲解。

【例9-11】沿用例9-10的信息并开展敏感性分析，具体分为两个方面。

一是信用违约互换价差对违约概率的敏感性分析。当参考实体P公司的连续复利违约概率取$[1\%,6\%]$区间的等差数列，而其余变量取值保持不变时，考察不同的违约概率对信用违约互换价差的影响。

二是信用违约互换价差对违约回收率的敏感性分析。当参考实体P公司的违约回收率取$[10\%,60\%]$区间的等差数列，而其余变量取值保持不变时，考察不同的违约回收率对信用违约互换

价差的影响。

下面,直接通过 Python 开展敏感性分析,并且分为 3 个步骤。

第 1 步:当参考实体 P 公司的连续复利违约概率取不同数值时,计算对应的信用违约互换价差。具体的代码如下:

```
In [87]: h_list=np.linspace(0.01,0.06,200)    #违约概率数组

In [88]: spread_list1=np.zeros_like(h_list)   #创建存放信用违约互换价差(对应不同违约概率)的初始数组

In [89]: for i in range(len(h_list)):
    ...:     spread_list1[i]=CDS_spread(m=M,Lamda=h_list[i],T=tenor,R=recovery,y=zero_rate)
#不同违约概率对应的信用违约互换价差
```

第 2 步:当参考实体 P 公司的违约回收率取不同数值时,计算对应的信用违约互换价差。具体的代码如下:

```
In [90]: r_list=np.linspace(0.1,0.6,200)      #违约回收率数组

In [91]: spread_list2=np.zeros_like(r_list)   #创建存放信用违约互换价差(对应不同违约回收率)的初始数组

In [92]: for i in range(len(r_list)):
    ...:     spread_list2[i]=CDS_spread(m=M,Lamda=h,T=tenor,R=r_list[i],y=zero_rate)
#不同违约回收率对应的信用违约互换价差
```

第 3 步:将以上的计算结果进行可视化并且运用 1×2 子图模式,从而形象展示出违约概率、违约回收率与信用违约互换价差之间的关系(见图 9-7)。具体的代码如下:

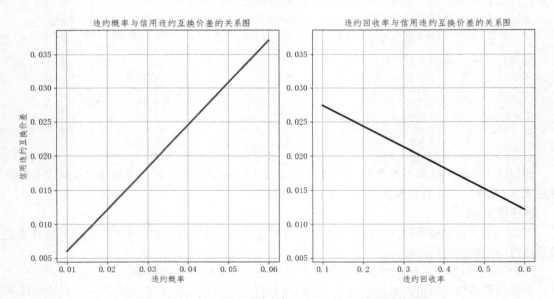

图 9-7 违约概率、违约回收率与信用违约互换价差之间的关系图

```
In [93]: plt.figure(figsize=(11,6))
    ...: plt.subplot(1,2,1)                    #第1行第1列子图
    ...: plt.plot(h_list,spread_list1,'r-',lw=2.5)
    ...: plt.xticks(fontsize=13)
```

```
   ...: plt.xlabel(u'违约概率',fontsize=13)
   ...: plt.yticks(fontsize=13)
   ...: plt.ylabel(u'信用违约互换价差',fontsize=13,rotation=90)
   ...: plt.title(u'违约概率与信用违约互换价差的关系图', fontsize=14)
   ...: plt.grid()
   ...: plt.subplot(1,2,2,sharey=plt.subplot(1,2,1))  #第1行第2列子图并且与第1个子图的y轴相同
   ...: plt.plot(r_list,spread_list2,'b-',lw=2.5)
   ...: plt.xticks(fontsize=13)
   ...: plt.xlabel(u'违约回收率',fontsize=13)
   ...: plt.yticks(fontsize=13)
   ...: plt.title(u'违约回收率与信用违约互换价差的关系图', fontsize=14)
   ...: plt.grid()
   ...: plt.show()
```

从图 9-7 可以明显地看到，违约概率与信用违约互换价差之间呈现正向的线性关系，违约回收率与信用违约互换价差之间呈现反向的线性关系。此外，也可以看到相比违约回收率，信用违约互换价差对违约概率的敏感程度更高。

到这里，第 9 章的内容就全部讲解完毕了，第 10 章将通过 Python 分析重要的场内衍生产品——期货合约。

9.5 本章小结

互换合约经过 40 年的快速发展，业已成为全球场外衍生产品市场的中流砥柱。本章在介绍相关互换市场的基础上，结合现实案例并运用 Python，依次探讨利率互换、货币互换以及信用违约互换这 3 类最常见也是最重要的互换合约。需要强调的是，利率互换与货币互换之间有相似之处也有不同之处，相似之处就是这两类合约都涉及利息的交换，不同之处在于货币互换还涉及本金交换以及汇率变量，因此会变得更加复杂。与前面两类互换合约相比，信用违约互换拥有其独特性，类似于针对参考实体违约的保险。在学习过程中，需要理解各类互换合约的运作机理、掌握期间现金流计算以及合约定价等核心技术细节。

9.6 拓展阅读

本章的内容参考了以下资料。

[1]《利率互换及其他衍生品》，作者霍华德·科伯在衍生产品领域有丰富的实战经验，这本书是利率衍生品领域具有代表性的著作，该书第 1 章至第 3 章详细讨论了利率互换的运作、风险以及定价问题，并且对货币互换有一定的涉及。

[2]《场外衍生品（第二版）》由中国期货业协会组织编写，这是一本介绍包括互换合约在内的各类场外衍生产品市场发展状况及产品应用的普及性读物，该书第 3 章、第 5 章分别对利率互换、货币互换以及信用违约互换做了相对通俗易懂的讲解。

第 10 章 运用 Python 分析期货

本章导读

早在古希腊和古罗马时期，就出现了带有期货特征的交易活动。到了近代，在 1848 年美国芝加哥的商人们共同发起并组建了芝加哥商品交易所，该交易所于 1865 年推出标准化合约并实行保证金制度，标志着真正意义上的期货合约诞生。**期货合约**（futures contract）是指在将来某一指定时刻以约定价格买入或卖出某一基础资产的标准化金融合约，该合约的交易必须在交易所进行，并且交易双方不知道对手是谁，也就是匿名交易。同时，为保证交易双方能够履行合约承诺，交易所设定了保证金、逐日盯市等机制。针对期货合约的基础资产（underlying asset），也称**标的资产**，如果是各种流通的商品就称为**商品期货**，如果是金融资产就称为**金融期货**。本章借助 Python 和期货市场的案例，主要讨论期货定价以及套期保值。

本章的内容涵盖以下几个主题。

- 介绍期货交易所、期货合约品种以及期货合约要素，并选择若干个具有代表性的期货合约的日交易数据进行可视化。
- 结合黄金期货探讨影响期货价格与现货价格关系的 4 个因素、期货价格公式以及期货价格收敛性。
- 结合股指期货讨论套期保值的类型、追加保证金的风险以及基差风险。
- 结合股指期货分析交叉套期保值、最优套期保值比率、最优合约数量、滚动套期保值和移仓风险。
- 描述与国债期货密切相关的国债计息天数规则、国债报价等铺垫性知识。
- 剖析国债期货最终价格所涉及的可交割债券转换因子和应付利息。
- 论述国债期货独有的最廉价交割以及基于久期的国债期货套期保值策略。

10.1 期货市场概览

20 世纪 80 年代，随着改革开放的深入，越来越多的商品脱离了计划定价，进入市场化的运行轨道。1988年3月,"加快商业体制改革,积极发展各类贸易市场,探索期货交易"写入国务院的《政府工作报告》。此后,期货市场从无到有,不断发展壮大。根据中国期货业协会官方网站对外披露的统计数据,2020年全年期货合约累计成交60.27亿手,累计成交金额437.28万亿元。本节就概括性介绍各期货交易所和挂牌的期货合约品种,并且依次展示以黄金期货为例的商品期货合约要素和以股指期货、国债期货为代表的金融期货合约要素。

10.1.1 期货交易所及期货合约品种

国务院颁布的《期货交易管理条例》明确规定,期货交易应当在依法设立的期货交易所进行,设立期货交易所必须由国务院期货监督管理机构(中国证监会)审批。截至2020年年末,经中国证监会审批设立的期货交易所包括郑州商品交易所、大连商品交易所、上海期货交易所(含上海国际能源交易中心)以及中国金融期货交易所共4家[1]。

1. 郑州商品交易所

郑州商品交易所成立于1990年10月,是国务院批准成立的首家期货市场试点单位,由我国证监会管理。

截至2020年末,郑州商品交易所挂牌交易的期货合约品种共计22个,分为农产品和非农产品两大类,具体的期货合约品种如下:

(1)农产品期货合约包括强麦、普麦、一号棉、白糖、菜籽油、早籼稻、油菜籽、菜籽粕、粳稻、晚籼稻、棉纱、苹果、红枣等,共计13个品种;

(2)非农产品期货合约包括PTA、甲醇、玻璃、动力煤、硅铁、锰硅、尿素、纯碱、短纤等,共计9个品种。

表10-1统计了2020年郑州商品交易所全部期货合约品种的交易量与持仓量。

表10-1 2020年郑州商品交易所全部期货合约品种的交易量与持仓量

品种名称	全年累计成交总量/手	全年累计成交总额/亿元	年末持仓量/手
一号棉	108039763	69536.42	635692
棉纱	2400296	2439.92	8302
早籼稻	1952	1.03	0
甲醇	344862754	68348.52	1043366
菜籽油	105443364	89966.59	161387
油菜籽	2378	1.21	0
菜籽粕	159893771	38616.02	478995
白糖	124542751	65175.31	559029
PTA	321990001	59125.44	3105291
普麦	757	0.88	23
强麦	32096	16.72	561

---

[1] 根据中国证监会官方网站2021年1月22日对外发布的消息,经国务院同意,中国证监会正式批准设立广州期货交易所。根据2019年2月党中央、国务院印发的《粤港澳大湾区发展规划纲要》,广州期货交易所将是以碳排放作为首个品种的一家创新型期货交易所。

续表

品种名称	全年累计成交总量/手	全年累计成交总额/亿元	年末持仓量/手
玻璃	185258846	63570.48	479325
动力煤	61160172	37108.20	229471
粳稻	11806	6.77	4
晚籼稻	4464	2.60	0
硅铁	31334799	9330.46	100657
锰硅	45284595	14908.01	150401
苹果	63009277	46761.66	329205
红枣	6526224	3279.91	26883
尿素	16646071	5612.29	55721
纯碱	68404874	21701.50	203710
短纤	16413948	5133.18	114127
合计	1661264959	600643.07	7682150

数据来源：中国期货业协会官方网站。

2. 大连商品交易所

东北地区是我国最大的商品粮基地，而大连是国内最大的粮食中转枢纽和粮食流通集散中心之一。基于这样的背景，经国务院批准，大连商品交易所于 1993 年 2 月 28 日成立，是东北地区唯一一家期货交易所。

截至 2020 年年末，大连商品交易所挂牌交易的期货合约品种共计 20 个，以农产品期货合约为主，同时有部分工业品期货合约，具体的期货合约品种如下：

（1）农产品期货合约包括玉米、玉米淀粉、黄大豆 1 号、黄大豆 2 号、豆粕、豆油、棕榈油、纤维板、胶合板、鸡蛋、粳米等，共计 11 个品种；

（2）工业品期货合约包括聚乙烯、聚氯乙烯、聚丙烯、焦炭、焦煤、铁矿石、乙二醇、苯乙烯、液化石油气等，共计 9 个品种。

表 10-2 统计了 2020 年大连商品交易所全部期货合约品种的交易量与持仓量。

表 10-2　2020 年大连商品交易所全部期货合约品种的交易量与持仓量

品种名称	全年累计成交总量/手	全年累计成交总额/亿元	年末持仓量/手
黄大豆 1 号	59445167	27968.30	107489
黄大豆 2 号	18359635	6297.94	50875
胶合板	1910	1.86	0
玉米	177715573	41155.98	1556234
玉米淀粉	28299982	7536.08	174441
苯乙烯	52440684	16786.86	101602
乙二醇	83320391	32124.98	272023
纤维板	1033613	140.24	848
铁矿石	284630172	215940.24	606889

续表

品种名称	全年累计成交总量/手	全年累计成交总额/亿元	年末持仓量/手
焦炭	57464017	122588.39	211138
鸡蛋	132053500	46951.14	333364
焦煤	26431404	21128.95	128868
聚乙烯	95802284	33311.02	264848
豆粕	359464679	106208.77	2304861
棕榈油	315167096	179442.66	416392
液化石油气	48251668	33802.06	65228
聚丙烯	173374543	64746.17	300284
粳米	5160978	1818.62	46820
聚氯乙烯	58472901	19369.02	410043
豆油	173116523	114196.29	587469
合计	2150006720	1091515.58	7939716

数据来源：中国期货业协会官方网站。

3. 上海期货交易所

根据国务院 1998 年 8 月关于进一步整顿规范期货市场的要求，上海金属交易所、上海粮油商品交易所以及上海商品交易所等 3 家交易所合并组建成立上海期货交易所，并且于 1999 年 12 月正式营运。

目前，金属期货合约主要集中在上海期货交易所，主要分为有色金属、黑色金属以及贵金属。此外，上海期货交易所还挂牌上市了能源化工期货合约。截至 2020 年年末，上海期货交易所挂牌交易的期货合约品种共计 20 个，具体的期货合约品种如下：

（1）有色金属期货合约包括铜、国际铜（BC）、铝、锌、铅、镍和锡等，共计 7 个品种；

（2）黑色金属期货合约包括螺纹钢、线材、热轧卷板和不锈钢等，共计 4 个品种；

（3）贵金属期货合约包括黄金和白银，共计 2 个品种；

（4）能源化工期货合约包括原油、低硫燃料油、燃料油、石油沥青、天然橡胶、20 号胶和纸浆等，共计 7 个品种。

在以上合约中，原油、国际铜（BC）、低硫燃料油以及 20 号胶这 4 个合约是在上海期货交易所下属的上海国际能源交易中心挂牌交易的。上海国际能源交易中心于 2013 年 11 月 6 日在中国(上海)自由贸易试验区注册设立，主要负责组织安排能源类衍生品上市交易。

表 10-3 统计了 2020 年上海期货交易所和上海国际能源交易中心全部期货合约品种的交易量与持仓量。

表 10-3 2020 年上海期货交易所和上海国际能源交易中心全部期货合约品种的交易量与持仓量

交易所名称	品种名称	全年累计成交总量/手	全年累计成交总额/亿元	年末持仓量/手
上海期货交易所	铜	57164215	141334.75	314841
	铝	52864722	37207.44	321761
	锌	60330404	55526.59	184762
	铅	11211637	8268.46	65445

续表

交易所名称	品种名称	全年累计成交总量/手	全年累计成交总额/亿元	年末持仓量/手
上海期货交易所	锡	13314333	18491.77	52508
	镍	179764100	199828.43	311876
	黄金	52405455	207184.99	187949
	银	357232087	277895.30	722744
	天然橡胶	100942773	130967.09	280142
	纸浆	34362850	16388.00	288927
	燃料油	477193406	84807.04	441258
	石油沥青	204756838	49796.60	661666
	螺纹钢	366043408	133532.24	1575426
	线材	4031	1.61	39
	热轧卷板	82346338	31160.17	665561
	不锈钢	10831251	7383.03	171626
	合计	**2060767848**	**1399774.51**	**6246531**
上海国际能源交易中心	原油	41585786	119612.04	84680
	国际铜（BC）	556004	1425.69	20809
	低硫燃料油	9762329	2377.31	140563
	20号胶	4427861	4438.02	44025
	合计	**56331980**	**127853.06**	**290077**

数据来源：中国期货业协会官方网站。

4. 中国金融期货交易所

中国金融期货交易所（简称"中金所"）是经国务院同意、中国证监会批准设立的专门从事金融期货、期权等金融衍生品交易与结算的公司制交易所。中金所由上海期货交易所、郑州商品交易所、大连商品交易所、上海证券交易所和深圳证券交易所共同发起，于 2006 年 9 月 8 日在上海正式挂牌成立。

截至 2020 年末，中金所挂牌交易的期货合约分为股指期货合约和国债期货合约两大类，具体的期货合约品种如下：

（1）股指期货合约包括上证 50 股指期货、沪深 300 股指期货和中证 500 股指期货等，共计 3 个品种；

（2）国债期货合约包括 2 年期国债期货、5 年期国债期货和 10 年期国债期货等，共计 3 个品种。

表 10-4 统计了 2020 年中金所全部期货合约品种的交易量与持仓量。

表 10-4 2020 年中金所全部期货合约品种的交易量与持仓量

品种名称	全年累计成交总量/手	全年累计成交总额/亿元	年末持仓量/手
上证 50 股指期货	11749399	110093.54	78189
沪深 300 股指期货	29998722	393924.28	203224
中证 500 股指期货	32755439	385278.36	228652
2 年期国债期货	2312956	46664.49	22984

续表

品种名称	全年累计成交总量/手	全年累计成交总额/亿元	年末持仓量/手
5年期国债期货	5809792	58698.73	60354
10年期国债期货	15912311	158326.03	118210
合计	98538619	1152985.43	711613

数据来源：中国期货业协会官方网站。

10.1.2 商品期货合约的介绍

考虑到 10.2 节讲解期货的定价是以黄金期货合约为例，因此这里介绍的商品期货合约以在上海期货交易所挂牌交易的黄金期货合约为例。

黄金，又称金，化学符号为 Au，是人类最早发现和利用的金属之一。由于它的稀缺、特殊和珍贵，自古以来被视为五金之首，有"金属之王"的称号。目前黄金不仅是各国重要的外汇储备资产之一[1]，也作为原材料广泛应用于工业和现代高新技术产业。2008 年 1 月 9 日，经国务院同意和中国证监会批准，黄金期货合约在上海期货交易所正式挂牌上市。表 10-5 梳理了黄金期货合约的要素信息。

表 10-5 在上海期货交易所挂牌交易的黄金期货合约的要素信息

合约要素	要素内容
合约标的（基础资产）	黄金
交易单位	1000 克/手
报价单位	元/克
最小变动价位	0.02 元/克
涨跌停板幅度	上一个交易日结算价的±3%
合约月份	最近 3 个连续月份的合约以及最近 13 个月以内的双月合约（举例说明：假设今天是 2020 年 8 月 3 日，合约月份就是 2020 年 8 月、9 月、10 月和 12 月以及 2021 年 2 月、4 月、6 月和 8 月）
交易时间	上午 9:00—11:30、下午 1:30—3:00 和交易所规定的其他交易时间
最后交易日	合约月份的 15 日（遇国家法定节假日顺延，春节月份等最后交易日交易所可另行调整并通知）
交割日期	最后交易日后第一个工作日
交割品级	含金量不小于 99.95%（Au99.95）的国产金锭及经交易所认可的伦敦金银市场协会认定的合格供货商或精炼厂生产的标准金锭
交割地点	交易所指定交割金库
最低交易保证金	合约价值的 4%，也就是期货结算价×交易单位× 4%
交割方式	实物交割
交割单位	3000 克
交易代码	AU

注：根据 2020 年 9 月 1 日起实施的《上海期货交易所黄金期货交割实施细则（试行）》，将交割日期由原来的"最后交易日后连续五个工作日"调整为现行的"最后交易日后第一个工作日"。

资料来源：上海期货交易所官方网站。

---

[1] 根据中国人民银行对外披露的数据，截至 2020 年年末，我国外汇储备资产中，黄金共计 6264 万盎司（1 盎司 ≈ 28.3495 克），约 1776 吨。

上海期货交易所官方网站提供了黄金期货合约历史的日交易数据供下载。这里下载了 2020 年 8 月到期的黄金期货 AU2008 合约收盘价、结算价格（简称"结算价"）、持仓量和成交额的交易日数据，该数据时段是从合约上市首日（2019 年 7 月 16 日）至合约到期日（2020 年 8 月 17 日），运用 Python 绘制相关走势图（见图 10-1），具体的代码如下：

```
In [1]: import numpy as np
   ...: import pandas as pd
   ...: import matplotlib.pyplot as plt
   ...: from pylab import mpl
   ...: mpl.rcParams['font.sans-serif']=['FangSong']
   ...: mpl.rcParams['axes.unicode_minus'] = False
   ...: from pandas.plotting import register_matplotlib_converters
   ...: register_matplotlib_converters()

In [2]: data_AU2008=pd.read_excel('C:/Desktop/黄金期货AU2008合约.xlsx', sheet_name="Sheet1", header=0,index_col=0)     #导入黄金期货AU2008合约数据

In [3]: data_AU2008.plot(figsize=(10,9),subplots=True,layout=(2,2),grid=True,fontsize=13)   #可视化
   ...: plt.subplot(2,2,1)    #第1张子图
   ...: plt.ylabel (u'金额或数量', fontsize=11, position=(0,0))   #增加第1张子图纵坐标标签
Out[3]:
```

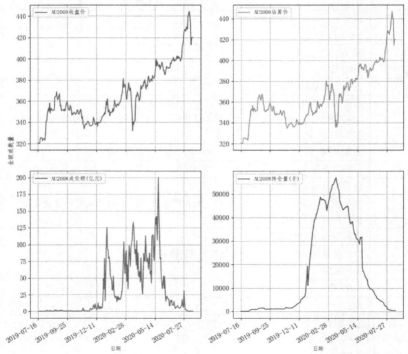

图 10-1　运用 Python 绘制的黄金期货 AU2008 合约收盘价、结算价、成交额以及持仓量走势图
（2019 年 7 月 16 日至 2020 年 8 月 17 日）

从图 10-1 中不难看到，黄金期货 AU2008 合约价格处于上升中，并且在 2020 年 8 月初突破了

440 元/克这一历史性价格高位。同时,无论是成交额还是持仓量的走势均呈现"倒 U"形,即合约在上市初期以及临近到期日成交额和持仓量均比较低,表明合约处于不活跃期;合约在其他期间成交额和持仓量则较高,表明合约处于活跃期。

此外,需要注意的是,与股票交易价格相比,在每个交易日期货合约除了拥有开盘价、最高价、最低价、收盘价以外,还有一个结算价。该价格是计算期货合约日终保证金以及涨跌停价格等数据的基准,关于期货保证金的详细讨论参见 10.3.2 节。

10.1.3 股指期货合约的介绍

早在 1993 年 3 月,海南证券交易中心就曾推出深圳综合指数期货合约,但是由于当时的股指期货交易并未得到国家有关部门的批准,因此很快就被要求停止。

2006 年 9 月,经国务院同意,中国证监会批准设立中金所。随后,中金所完成了沪深 300 股指期货合约设计、交易、清算以及监管等技术性工作。2010 年 4 月 16 日,首个 A 股市场股指期货——沪深 300 股指期货正式挂牌交易。

在沪深 300 股指期货上市恰好满 5 周年之际(2015 年 4 月 16 日),中金所又同时推出了分别基于上证 50 指数和中证 500 指数的股指期货合约,这两大合约不仅拓展了指数覆盖范围,也为市场提供了多样化、差异性的对冲手段。股指期货合约也因此成为广大市场参与者配置资产和防范风险的重要工具。表 10-6 汇总了中金所挂牌的三大股指期货合约的主要要素。

表 10-6 中金所挂牌的三大股指期货合约的主要要素

合约品种	上证 50 股指期货	沪深 300 股指期货	中证 500 股指期货
合约标的(基础资产)	上证 50 指数	沪深 300 指数	中证 500 指数
合约乘数	每点 300 元	每点 300 元	每点 200 元
交易代码	IH	IF	IC
首次上市日	2015 年 4 月 16 日	2010 年 4 月 16 日	2015 年 4 月 16 日
报价单位	指数点		
最小变动价位	0.2 点		
合约月份	当月、下月及随后两个季月(季月是指 3 月、6 月、9 月、12 月) 举例说明:假设今天是 2020 年 8 月 3 日,合约月份就是 2020 年 8 月、9 月、12 月和 2021 年 3 月		
交易时间	上午 9:15—11:30,下午 13:00—15:15		
涨跌停板幅度	上一个交易日结算价的 ± 10%		
最低交易保证金	合约价值的 8%,也就是期货结算价×合约乘数×8%		
最后交易日	合约到期月份的第 3 个星期五(遇国家法定节假日顺延)		
交割日期	同最后交易日		
交割方式	现金交割		

资料来源:中国金融期货交易所官方网站。

中金所官方网站提供了每个股指期货合约历史的日交易数据供下载。这里下载了 2020 年 9 月到期的沪深 300 股指期货 IF2009 合约收盘价、结算价、成交额和持仓量的交易日数据,该数据期间是从合约上市首日(2020 年 1 月 20 日)至合约到期日(2019 年 9 月 18 日),运用 Python 绘制相关走势图（见图 10-2），具体的代码如下：

```
In [4]: data_IF2009=pd.read_excel('C:/Desktop/沪深300指数期货IF2009合约.xlsx', sheet_name=
"Sheet1",header=0,index_col=0)    #导入沪深300指数期货IF2009合约数据

In [5]: data_IF2009.plot(figsize=(10,9),subplots=True,layout=(2,2),grid=True,fontsize=13)
   ...: plt.subplot(2,2,1)
   ...: plt.ylabel(u'金额或数量', fontsize=11, position=(0, 0))
Out[5]:
```

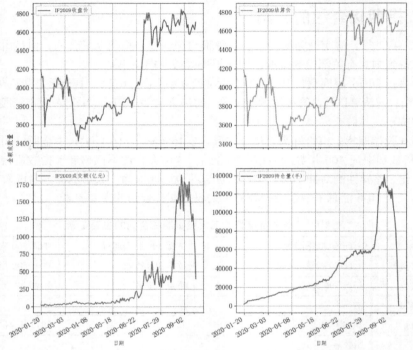

图 10-2　运用 Python 绘制的 IF2009 合约收盘价、结算价、成交额以及持仓量走势图
（2020 年 1 月 20 日至 2020 年 9 月 18 日）

通过对图 10-2 目测可以得出，对于沪深 300 股指期货 IF2009 合约而言，无论是收盘价还是结算价均处于上升通道中，合约成交额和持仓量的走势与 10.1.2 节的黄金期货 AU2008 合约类似，依然呈现"倒 U"形，特别是持仓量在合约到期日降至 0，这是因为股指期货合约采用现金交割模式。

10.1.4　国债期货合约的介绍

早在 20 世纪 90 年代初，为了推动国债市场的发展，在借鉴海外经验的基础上，1992 年 12 月 28 日上海证券交易所就开始试点国债期货合约。从 1993 年开始，全国其他交易场所也纷纷开展国债期货业务，1994 年推出国债期货交易的交易场所已经达到 14 家。此后，随着大量资金涌向国债期货市场，1994 年至 1995 年间，国债期货交易出现"爆发式"增长。然而，就在市场高歌猛进的背景下，1994 年第 4 季度至 1995 年上半年期间接连发生"314 国债期货事件""327 国债期货事件"以及"319 国债期货事件"。1995 年 5 月 17 日，中国证监会鉴于当时市场不具备开展国债期货交

易的基本条件,发布了《关于暂停全国范围内国债期货交易试点的紧急通知》,给试点仅两年半的国债期货按下了"暂停键"。

过了 10 余年,在 2012 年 2 月 13 日,中金所启动了国债期货仿真交易。2013 年 9 月 6 日,5 年期国债期货正式在中金所上市交易,标志着国债期货时隔 18 年后重启。随后,在 2015 年 3 月 20 日,10 年期国债期货在中金所上市交易;在 2018 年 8 月 17 日,2 年期国债期货在中金所也成功挂牌。

表 10-7 整理了在中金所上市交易的 2 年期、5 年期和 10 年期国债期货合约的主要要素。

表 10-7　在中金所上市交易的 2 年期、5 年期和 10 年期国债期货合约的主要要素

合约品种	2 年期国债期货	5 年期国债期货	10 年期国债期货
合约标的 (基础资产)	面值为 200 万元、票面利率为 3% 的名义中短期国债	面值为 100 万元、票面利率为 3% 的名义中期国债	面值为 100 万元、票面利率为 3% 的名义长期国债
可交割国债	发行期限不超于 5 年、合约到期月份首日剩余期限为 1.5~2.25 年的记账式附息国债	发行期限不超于 7 年、合约到期月份首日剩余期限为 4~5.25 年的记账式附息国债	发行期限不超于 10 年、合约到期月份首日剩余期限不低于 6.5 年的记账式附息国债
交易代码	TS	TF	T
涨跌停板幅度	上一个交易日结算价的 ±0.5%	上一个交易日结算价的 ±1.2%	上一个交易日结算价的 ±2%
最低交易保证金	合约价值的 0.5%	合约价值的 1%	合约价值的 2%
首次上市日	2018 年 8 月 17 日	2013 年 9 月 6 日	2015 年 3 月 20 日
报价方式	百元净价报价		
最小变动价位	0.005 元		
合约月份	最近的 3 个季月(3 月、6 月、9 月、12 月中的最近 3 个月循环) 举例说明:假设今天是 2020 年 8 月 3 日,合约月份就是 2020 年 9 月、12 月以及 2021 年 3 月		
交易时间	上午 9:15—11:30,下午 13:00—15:15		
最后交易日 交易时间	上午 9:15—11:30		
最后交易日	合约到期月份的第 2 个星期五		
最后交割日	最后交易日后的第 3 个交易日		
交割方式	实物交割		

资料来源:中国金融期货交易所官方网站。

中金所官方网站也提供了每个国债期货合约历史的日交易数据供下载。这里下载了 2020 年 9 月到期的 10 年期国债期货 T2009 合约收盘价、结算价、成交额和持仓量的交易日数据,该数据期间是从合约上市首日(2019 年 12 月 16 日)至合约到期日(2020 年 9 月 11 日),运用 Python 绘制相关走势图(见图 10-3),具体的代码如下:

```
In [6]: data_T2009=pd.read_excel('C:/Desktop/10 年期国债期货 T2009 合约.xlsx', sheet_name=
"Sheet1",header=0,index_col=0)    #导入 10 年期国债期货 T2009 合约数据

In [7]: data_T2009.plot(figsize=(10,9),subplots=True,layout=(2,2),grid=True,fontsize=13)
   ...: plt.subplot(2,2,1)
   ...: plt.ylabel(u'金额或数量', fontsize=11, position=(0,0))
Out[7]:
```

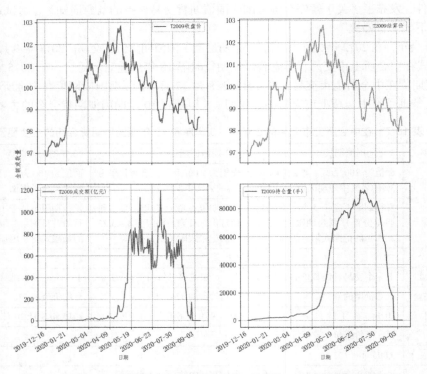

图 10-3 运用 Python 绘制的 T2009 合约收盘价、结算价、成交额和持仓量走势图
（2019 年 12 月 16 日至 2020 年 9 月 11 日）

从图 10-3 可以看到，对于 10 年期国债期货 T2009 合约而言，收盘价、结算价、成交额和持仓量的走势均呈现"倒 U"形。

10.1.5　期货交易的头寸方向与动机

在期货交易中，投资者买入期货合约而持有的仓位称为**多头持仓**或**多头头寸**（long position）；投资者卖出期货合约而持有的仓位称为**空头持仓**或**空头头寸**（short position）。持有多头头寸的投资者认为期货合约价格预期会上涨；相反，持有空头头寸的投资者认为期货合约价格预期会下跌。

期货市场快速发展的主要原因就是市场吸引了带着不同交易动机的交易主体参与其中，进而使市场具有良好的流动性，也就是当一个交易主体希望就某个期货合约进行交易时通常很容易以一个合理的价格找到交易对手。

按照交易动机进行分类，期货市场的交易主体可以分为 3 类：套期保值者、投机者和套利者。

套期保值者（hedger），也称**对冲者**，利用期货合约是为了减小自身所面临的由于市场变化而产生的风险。简而言之，套期保值者就是利用期货合约规避基础资产价格上涨或下跌的风险。

投机者（speculator）与套期保值者恰好相反，利用期货合约是为了建立头寸以获得风险敞口，从而对基础资产价格上涨或者下跌进行下注。例如，预期基础资产价格上涨，投机者就可以持有期货多头头寸；相反，预期基础资产价格下跌，投机者就可以通过持有期货空头头寸进行投机。

套利者(arbitrageur)介于套期保值者和投机者之间,同时采用两个或更多相互抵消的交易来锁定盈利。

10.2 期货价格与现货价格的关系

期货作为流动性最高的衍生产品之一,期货价格与期货基础资产价格(简称"现货价格")是息息相关的。本节就以黄金期货合约为例,探讨期货价格与现货价格之间的关系,并由此引出期货定价公式以及期货价格的收敛性。

10.2.1 导致期货价格与现货价格存在差异的因素

在期货合约存续期内,期货价格与现货价格之间存在着一定差异,导致这种差异的因素主要有4个:无风险收益、便利收益、期间收益与仓储费用。下面,就以在上海期货交易所挂牌交易的黄金期货合约作为分析对象,并按照由简单到复杂的分析路径展开对这些因素的讨论。

1. 第 1 个因素——无风险收益

首先,假设影响期货价格的因素仅为无风险收益。举一个例子,黄金 Au99.95(代表含金量 99.95% 的黄金)在 2020 年 7 月 21 日的现货价格是 400 元/克[1],当天,无风险利率是 2%并且复利频次是每年 1 次,对于期限是 1 年的黄金期货合约而言,当前的期货价格用 F 表示,并且 $F=400\times(1+2\%)=408$ 元/克。如果 $F\neq 408$ 元/克,则投资者就拥有了无风险的套利机会,并且分以下两种情形进行讨论。

情形 1:黄金期货价格高于 408 元/克,即 $F>408$ 元/克。此时,投资者就可以按照无风险利率借入资金并按照现货价格 400 元/克购买黄金现货,同时持有期限为 1 年的黄金期货合约空头头寸;在期货合约到期并交割时(借款偿还日),用黄金现货进行交割同时偿还借款本金和利息,实现的无风险套利收益就等于 $(F-408)Q$,这里的 Q 代表黄金的重量。

情形 2:黄金期货价格低于 408 元/克,即 $F<408$ 元/克。对于持有黄金现货的投资者而言,可以按照当前现货价格卖出黄金并将所获得的资金投资于期限为 1 年的无风险资产,同时持有期限为 1 年的黄金期货合约多头头寸;在期货合约到期并交割时(无风险资产到期日),投资者除了获得原有数量的黄金现货以外,还可以额外获得无风险套利收益金额 $(408-F)Q$,这里的 Q 的含义与情形 1 相同。

下面,给出抽象的数学表达式。假设依然用 F 代表期货价格,S 代表现货价格,I 代表与期货合约期限相同的无风险收益。因此,如果仅存在无风险收益这一个影响期货价格的因素,就有如下的等式:

$$F=S+I \qquad (10\text{-}1)$$

2. 第 2 个因素——便利收益

接着,将影响期货价格的因素增加至两个——无风险收益和便利收益。**便利收益**(convenience yield)是指现货持有者通过持有商品所获得的便利,举一个简单的例子加以说明。对于一家以黄金作为原材料的生产商,不可能将持有黄金期货合约与持有黄金现货同等看待,因为生产商持有黄金

---

[1] 上海黄金交易所在 2020 年 7 月 21 日对于黄金 Au99.95 的开盘价为 400.4 元/克,收盘价为 400.83 元/克,在该例中为了便于分析,设定现货价格为 400 元/克。

现货可以满足正常的生产，进而通过规避黄金的临时性短缺而从中受益，但如果生产商仅持有黄金期货合约则无法满足这些需要。

影响便利收益的因素包括现货市场的短缺可能性以及生产商的现货库存规模。例如，在黄金期货合约存续期内，现货黄金市场供给短缺的可能性越大，便越会推高便利收益，反之则反；此外，生产商如果拥有充足的黄金现货作为原材料库存，则未来因黄金短缺而影响正常生产的可能性就越小，便利收益就会下降，反之则反。

下面，给出抽象的数学表达式。假设 Y 表示现货持有者在期货合约期限内获得的便利收益。因此，当存在无风险收益 I、便利收益 Y 这两个影响期货价格的因素时，根据无风险套利原理就有如下的等式：

$$F + Y = S + I \tag{10-2}$$

式（10-2）经过调整就可以得到期货价格如下的表达式：

$$F = S + I - Y \tag{10-3}$$

3. 第 3 个因素——期间收益

如果是金融机构作为黄金现货的持有者，则金融机构可以通过出借黄金并按照黄金租借利率（gold lease rate）收取一定的收益[1]，这种收益就称为现货的**期间收益**。比如，上海黄金交易所对外公布的 2020 年 7 月 27 日至 31 日期间统计的场内黄金同业租借参考利率如下：6 个月期平均利率是 0.46%，1 年期平均利率是 0.5%。相比之下，当投资者持有黄金期货合约时，就无法通过出借黄金而获得期间收益。

但不是所有的资产都存在期间收益，在这里按照资产用途将期货的基础资产划分为投资资产与消费资产。**投资资产**（investment asset）是指主要为了满足投资而持有的资产，股票、债券等金融产品就是典型的投资资产，黄金、白银等贵金属也可以划归投资资产。当然投资资产也可以不只用于投资，例如黄金、白银就有工业上的用途。**消费资产**（consumption asset）是用于消费的资产，持有消费资产主要是为了消费而不是为了投资，例如铜、原油以及农产品等都属于消费资产。通常而言，投资资产存在期间收益，例如股票的股息、债券的票息就是投资资产的期间收益，消费资产则不存在期间收益。

下面，给出抽象的数学表达式。假设 U 表示现货的期间收益。因此，当存在无风险收益 I、便利收益 Y 和期间收益 U 这 3 个影响期货价格的因素时，根据无风险套利原理就有如下的等式：

$$F + Y + U = S + I \tag{10-4}$$

式（10-4）经过调整就可以得到期货价格如下的表达式：

$$F = S + I - Y - U \tag{10-5}$$

4. 第 4 个因素——仓储费用

与其他商品一样，持有黄金现货也需要承担**仓储费用**（storage cost），比如上海黄金交易所针对现货黄金的仓储费用收费标准是每天 1.2 元/千克。这里需要注意的是，消费资产可能需要很高的仓储费用。

下面，给出抽象的数学表达式。假设 C 表示现货的仓储费用。因此，当存在无风险收益 I、便利收益 Y、期间收益 U 和仓储费用 C 这 4 个影响期货价格的因素时，根据无风险套利原理就有如下

---

[1] 上海黄金交易所可以办理黄金的租借业务，具体是指在约定的期限内，借出方在期初将自有实物借给借入方使用，到期时借入方向借出方归还足额的实物，并支付相应利息的业务。关于该项业务的详情可以访问上海黄金交易所的官方网站。

的恒等关系式：
$$F + Y + U = S + I + C \quad (10\text{-}6)$$
式（10-6）经过调整就可以得到期货价格如下的表达式：
$$F = S + I + C - Y - U \quad (10\text{-}7)$$

期货价格与现货价格之间的关系式可以通过**持有成本**（cost of carrying）这一术语来描述。式（10-7）中的 $I+C-Y-U$ 就是持有成本，持有成本为无风险收益加上仓储费用，减去便利收益，再减去期间收益。

此外，持有成本决定了期货价格是高于还是低于现货价格。如果持有成本为正，即 $I+C-Y-U>0$，则期货价格就高于现货价格（$F>S$），这样的期货市场就被称为**正向市场**（contango）；相反，如果持有成本为负，即 $I+C-Y-U<0$，则期货价格就低于现货价格（$F<S$），这样的期货市场就被称为**反向市场**或者**逆向市场**（inverted market）。

10.2.2 期货价格与现货价格的关系式

为了更高效地对期货价格进行定量分析，给出期货价格与现货价格之间的一般表达式。假定 F 代表当前的期货价格，S 代表当前的现货价格，r 代表连续复利的无风险利率，y 代表连续复利的便利收益率，u 代表连续复利的期间收益率，c 代表以现金形式支付的年化仓储费用并且在期货到期日（交割日）支付，此外 T 代表期货的剩余期限并且单位是年。式（10-6）就可以写成如下的表达式：

$$Fe^{(y+u)T} = Se^{rT} + cT \quad (10\text{-}8)$$

将式（10-8）进行调整并且用 $\tilde{c}$ 表示年化仓储费用的贴现值，即 $\tilde{c} = ce^{-rT}$，期货价格的表达式（10-7）就可以写成：

$$F = (S + \tilde{c}T)e^{(r-y-u)T} \quad (10\text{-}9)$$

需要注意的是，式（10-9）是适用于商品期货的期货定价公式。

对于股指期货、国债期货、外汇期货等金融期货而言，由于金融资产不存在仓储费用（$c=0$），也不存在便利收益（$y=0$），因此金融期货价格的表达式可以简化为：

$$F = Se^{(r-u)T} \quad (10\text{-}10)$$

比如，对于股指期货，式（10-10）中的 u 表示股息率；对于外汇期货，当即期汇率的标价方式是若干单位的 A 货币表示 1 单位的 B 货币时，式（10-10）中的 r 就表示 A 货币的无风险利率，u 则表示 B 货币的无风险利率。

1. Python 自定义函数

下面，就通过 Python 自定义一个计算期货价格的函数，具体的代码如下：

```
In [8]: def price_futures(S,r,y,u,c,T):
   ...:     '''定义一个计算期货价格的函数
   ...:     S: 代表当前的现货价格。
   ...:     r: 代表无风险利率，并且是连续复利。
   ...:     y: 代表现货的便利收益率，并且是连续复利。
   ...:     u: 代表现货的期间收益率，并且是连续复利。
   ...:     c: 代表在期货到期日（交割日）以现金形式支付的年化仓储费用。
   ...:     T: 代表期货的剩余期限（年）'''
   ...:     from numpy import exp           #导入 NumPy 模块的 exp 函数
   ...:     c_pv=c*exp(-r*T)                #计算年化仓储费用的贴现值
```

```
      ...:    F=(S+c_pv*T)*exp((r-y-u)*T)      #计算期货价格
      ...:    return F
```

在以上自定义的函数 price_futures 中，只需要输入现货价格、无风险利率、便利收益率、期间收益率、仓储费用以及期货剩余期限等参数，就可以快速计算得到理论上的期货价格。

2. 一个案例

【例 10-1】A 企业是一家以黄金作为原材料的生产厂商，针对在上海期货交易所挂牌交易并于 2021 年 4 月 15 日到期的黄金期货合约（代码为 AU2104），A 企业希望在 2020 年 7 月 15 日计算该期货合约的价格，合约的剩余期限是 9 个月。期货合约的基础资产是含金量不低于 99.95%的金锭，与此相对应的现货合约（代码为 Au99.95）是在上海黄金交易所挂牌交易的，并且现货合约的当日收盘价为 400.53 元/克。其他的参数设置如下：

（1）运用 9 个月期 Shibor 作为无风险收益率，并且当日的报价是 2.438%（连续复利）；

（2）对 A 企业而言，黄金库存给企业带来的便利收益率设定为 0.2%（连续复利）；

（3）黄金租借利率（黄金现货期间收益率）参考上海黄金交易所发布的 2020 年 7 月 13 日至 17 日期间场内黄金同业租借利率，并且设定为 0.5%（连续复利）；

（4）黄金的仓储费用收费标准是每天 1.2 元/千克，转换为按照每克计算的年化仓储费用就是每年 $1.2 \times 365/1000 = 0.438$ 元/克。

根据以上的参数信息，并根据期货价格的计算公式（10-9），可以得到：

$$F = (400.53 + 0.438e^{-0.75 \times 2.438\%} \times 0.75)e^{(2.438\% - 0.2\% - 0.5\%) \times 0.75} = 406.11 \text{（元/克）}$$

这一结果与上海期货交易所当天的期货合约收盘价 406.28 元/克是非常接近的，这也表明期货定价公式是合理的。

下面，运用 Python 自定义函数 price_futures 验证以上的计算结果，具体的代码如下：

```
In [9]: spot=400.53              #2020年7月15日的黄金现货价格
   ...: R_riskfree=0.02438       #无风险利率（连续复利）
   ...: Y_conv=0.002             #便利收益率（连续复利）
   ...: R_lease=0.005            #黄金租借利率（连续复利）
   ...: C_storage=0.438          #1克黄金的年化仓储费用
   ...: tenor=9/12               #期货合约的剩余期限（年）

In [10]: price_AU2104=price_futures(S=spot,r=R_riskfree,y=Y_conv,u=R_lease,c=C_storage,T=tenor)   #计算期货价格
   ...: print('2020年7月15日黄金期货AU2104合约的理论价格',round(price_AU2104,2))
2020年7月15日黄金期货AU2104合约的理论价格 406.11
```

以上输出的数值结果与前面手动计算的结果是完全相同的。

3. 敏感性分析

运用敏感性分析依次考察无风险利率、便利收益率、期间收益率、仓储费用这 4 个变量如何影响期货价格。下面依然借助一个现实案例展开分析。

【例 10-2】沿用例 10-1 的信息，在敏感性分析过程中，设置如下 4 种分析情形。

情形 1：无风险利率的取值是处于[2%,3%]区间的等差数列，并且其他变量取值保持不变，计算对应于不同无风险利率的期货价格。

情形 2：便利收益率的取值是处于[0.1%,0.4%]区间的等差数列，并且其他变量取值保持不变，计算对应于不同便利收益率的期货价格。

情形 3：黄金租借利率（期间收益率）的取值是处于[0.2%,0.8%]区间的等差数列，并其他变

量取值保持不变,计算对应于不同黄金租借利率的期货价格。

情形4:年化仓储费用的取值是处于[0.3,1.2]区间的等差数列,并且其他变量取值保持不变,计算对应于不同仓储费用的期货价格。

整个敏感性分析过程分为如下两个步骤。

第1步:计算对应于每个变量不同取值的期货价格。具体的代码如下:

```
In [11]: R_riskfree_list=np.linspace(0.02,0.03)   #创建无风险利率的等差数列
   ...: futures_list1=price_futures(S=spot,r=R_riskfree_list,y=Y_conv,u=R_lease,c=C_storage,T=tenor)   #计算对应不同无风险利率的期货价格

In [12]: Y_conv_list=np.linspace(0.001,0.004)     #创建便利收益率的等差数列
   ...: futures_list2=price_futures(S=spot,r=R_riskfree,y=Y_conv_list,u=R_lease,c=C_storage,T=tenor)   #计算对应不同便利收益率的期货价格

In [13]: R_lease_list=np.linspace(0.002,0.008)    #创建黄金租借利率(期间收益率)的等差数列
   ...: futures_list3=price_futures(S=spot,r=R_riskfree,y=Y_conv,u=R_lease_list,c=C_storage,T=tenor)   #计算对应不同黄金租借利率的期货价格

In [14]: C_storage_list=np.linspace(0.3,1.2)      #创建仓储费用的等差数列
   ...: futures_list4=price_futures(S=spot,r=R_riskfree,y=Y_conv,u=R_lease,c=C_storage_list,T=tenor)   #计算对应不同仓储费用的期货价格
```

第2步:将以上的结果进行可视化并且用2×2的子图形式进行展示(见图10-4)。具体的代码如下:

```
In [15]: plt.figure(figsize=(10,11))
   ...: plt.subplot(2,2,1)                        #第1行第1列子图
   ...: plt.plot(R_riskfree_list,futures_list1,'r-',lw=2.5)
   ...: plt.xticks(fontsize=13)
   ...: plt.xlabel(u'无风险利率',fontsize=13)
   ...: plt.yticks(fontsize=13)
   ...: plt.ylabel(u'期货价格',fontsize=13,rotation=90)
   ...: plt.grid()
   ...: plt.subplot(2,2,2,sharey=plt.subplot(2,2,1))   #第1行第2列子图(与第1张子图共用y轴)
   ...: plt.plot(Y_conv_list,futures_list2,'b-',lw=2.5)
   ...: plt.xticks(fontsize=13)
   ...: plt.xlabel(u'便利收益率',fontsize=13)
   ...: plt.yticks(fontsize=13)
   ...: plt.grid()
   ...: plt.subplot(2,2,3,sharey=plt.subplot(2,2,1))   #第2行第1列子图(与第1张子图共用y轴)
   ...: plt.plot(R_lease_list,futures_list3,'c-',lw=2.5)
   ...: plt.xticks(fontsize=13)
   ...: plt.xlabel(u'黄金租借利率(期间收益率)',fontsize=13)
   ...: plt.yticks(fontsize=13)
   ...: plt.ylabel(u'期货价格',fontsize=13,rotation=90)
   ...: plt.grid()
   ...: plt.subplot(2,2,4,sharey=plt.subplot(2,2,1))   #第2行第2列子图(与第1张子图共用y轴)
   ...: plt.plot(C_storage_list,futures_list4,'m-',lw=2.5)
   ...: plt.xticks(fontsize=13)
   ...: plt.xlabel(u'仓储费用',fontsize=13)
   ...: plt.yticks(fontsize=13)
   ...: plt.grid()
   ...: plt.show()
```

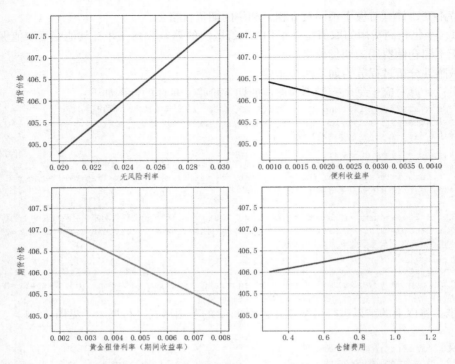

图 10-4 无风险利率、便利收益率、期间收益率、仓储费用与期货价格之间的关系图

通过图 10-4 不难发现，无风险利率、仓储费用这两个变量与期货价格之间呈现正向的线性关系，便利收益率、期间收益率这两个变量与期货价格之间则呈现反向的线性关系，这些规律也可以通过式（10-9）推导得出。此外，从图 10-4 还可以观察到，期货价格对无风险利率最敏感，对仓储费用则最不敏感。

10.2.3 期货价格的收敛性

随着期货合约临近到期日，期货价格会逐渐向基础资产的现货价格收敛。在期货合约到期时，期货价格将非常接近于现货价格，这就是期货价格的收敛性[1]。为了更好地说明这个收敛性特征，假定存在以下两种情形。

情形 1：在期货合约到期日，期货价格高于现货价格与交易费用之和，即 $F > (S + f)$，这里的 f 表示交易费用。在这种情形下，投资者可以通过以下 3 个步骤的交易实现无风险套利收益：

第 1 步，在期货市场上卖出期货合约，即持有期货合约空头头寸；

第 2 步，在现货市场上买入与期货合约相对应的基础资产现货；

第 3 步，在期货交割日进行实物交割。

投资者获得的无风险收益金额等于期货价格与现货价格的差价再扣除交易费用，即

---

[1] 当然，由于交易费用等市场摩擦因素的存在，在期货合约到期日，通常不会出现期货价格与现货价格完全相等的情形。

$F-(S+f)$。当市场上大量的投资者发现这种无风险套利机会并广泛参与时，根据供求关系，期货价格会下降，同时现货价格会上升，最终无风险套利机会消失。

情形 2：在期货合约到期日，现货价格高于期货价格与交易费用之和，即 $S>(F+f)$。在这种情形下，对希望拥有现货资产的投资者而言，可以通过以下两个步骤的交易实现现货购买成本的降低：

第 1 步，在期货市场上买入期货合约，即持有期货合约多头头寸；

第 2 步，在期货交割日获得期货合约空头交割的基础资产现货。

最终，投资者获得现货所支付的总金额 $F+f$ 将低于直接从现货市场买入现货所支付的成本 S，投资者为此节省的成本就等于 $S-(F+f)$。当市场上大量的拥有相同交易需求的投资者都参与这样的交易时，就会导致期货价格上涨，最终导致市场出清。

综上，在期货合约到期日，期货价格与现货价格会十分接近。关于期货价格的收敛性，也可以从式（10-9）直观地得出，即当变量 $T\to 0$ 时，就有 $F\to S$。下面，就通过一个现实的案例展示期货价格的收敛性。

【例 10-3】B 期货公司尝试分析黄金期货价格的收敛性特征，并且选取在上海期货交易所挂牌交易的两个黄金期货合约的结算价，合约相关信息见表 10-8。

表 10-8　上海期货交易所挂牌交易的两个黄金期货合约信息

合约代码	合约上市首日	合约到期日	合约最后交割日
AU2004	2019-03-18	2020-04-15	2020-04-22
AU2010	2019-09-17	2020-10-15	2020-10-16

数据来源：上海期货交易所。

针对期货合约的基础资产价格，选择在上海黄金交易所挂牌交易的黄金现货 AU9995 收盘价。下面，通过 Python 的可视化考察黄金期货价格的收敛性（见图 10-5、图 10-6），具体的代码如下：

```
In [16]: price_AU2004_AU9995=pd.read_excel('C:/Desktop/黄金期货 AU2004、AU2010 合约以及现货价格.xlsx',sheet_name="Sheet1",header=0,index_col=0)  #导入AU2004合约和现货数据并且是Sheet1工作表

In [17]: price_AU2004_AU9995.plot(figsize=(9,6),grid=True,fontsize=13,title=u'期货价格收敛性（以黄金期货 AU2004 合约为例）')   #可视化
    ...: plt.ylabel(u'金额',fontsize=11)    #增加纵坐标标签
Out[17]:
In [18]: price_AU2010_AU9995=pd.read_excel('C:/Desktop/黄金期货 AU2004、AU2010 合约以及现货价格.xlsx',sheet_name="Sheet2",header=0,index_col=0)  #导入AU2010合约和现货数据并且是Sheet2工作表

In [19]: price_AU2010_AU9995.plot(figsize=(9,6),grid=True,fontsize=13,title=u'期货价格收敛性（以黄金期货 AU2010 合约为例）')   #可视化
    ...: plt.ylabel(u'金额',fontsize=11)
Out[19]:
```

通过图 10-5 和图 10-6 可以十分明显地看到，在黄金期货合约存续期的多数交易日，期货价格高于现货价格；伴随着黄金期货合约接近到期日，期货价格开始向现货价格不断收敛。期货价格的收敛性也为运用期货合约对冲风险（也称套期保值）提供了现实基础。而本章后面的内容就将紧紧围绕期货的套期保值展开。

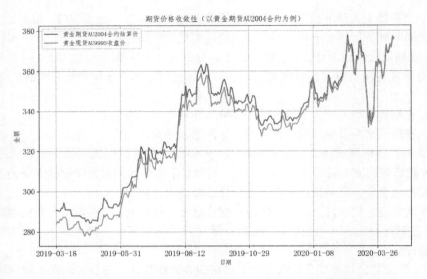

图 10-5　黄金期货 AU2004 合约结算价与对应现货收盘价的走势图

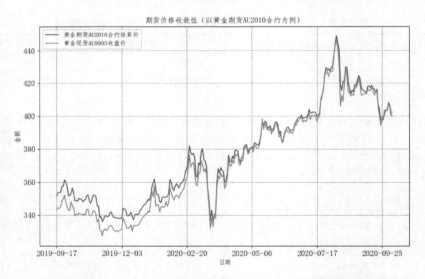

图 10-6　黄金期货 AU2010 合约结算价与对应现货收盘价的走势图

10.3　股指期货的套期保值

当个人或企业运用期货合约对冲风险时，目标是选择尽量能够抵消风险的期货合约。这里的风险可能与商品价格、利率、汇率、股票价格或其他变量的波动有关。在理论上存在**完美套期保值**（perfect hedge），也就是指完全抵消风险的策略，当然在实际中完美套期保值极其罕见。本节就通过股指期货讨论套期保值。

10.3.1 套期保值的类型

按照期货头寸的方向，运用期货开展套期保值可以分为空头套期保值和多头套期保值两大类。

1. 空头套期保值

空头套期保值（short hedge）是指套期保值者选择期货的空头头寸进行风险对冲。下面，通过一个股指期货的案例加以详细说明。

【例 10-4】国内一家从事股票投资的 C 公司，在 2020 年 6 月 11 日购买了市值为 1.2 亿元的沪深 300 指数 ETF 基金[1]，购买时沪深 300 指数恰好为 4000 点[2]，这意味着指数点位上涨或下跌 1 个点，该基金的投资盈利或亏损 3 万元[3]。为了能够对冲指数在短期内（比如一周）下跌的风险，基金经理在当天运用沪深 300 股指期货 IF2006 合约的空头进行套期保值，期货价格也恰好是 4000 点[4]，该期货合约到期日是当年的 6 月 19 日。由于合约乘数是每点 300 元（见表 10-6），因此需要持有 100 手空头头寸。

为了分析的便利，暂不考虑交易费用和保证金。当指数下跌 1 个点时，期货将获得 3 万元的盈利；相反，当指数上涨 1 个点时，期货将面临 3 万元的亏损。表 10-9 梳理了空头套期保值的盈亏情况。

表 10-9 空头套期保值的盈亏情况（完美套期保值）

沪深 300 指数变化	基金的价值变化	期货的价值变化	整个投资组合的价值变化
下跌 1 个点	亏损 3 万元	盈利 3 万元	0
上涨 1 个点	盈利 3 万元	亏损 3 万元	0

下面，通过 Python 将例 10-4 的盈亏情况进行可视化，分为两个步骤。

第 1 步：创建沪深 300 指数数组，该数组是取值在 [3500,4500] 区间的等差数列，并且计算沪深 300 指数 ETF 基金（现货）收益、期货合约收益以及整个投资组合（包括现货和期货）的收益。具体的代码如下：

```
In [20]: fund=1.2e8                              #购买基金时的基金市值
    ...: index=4000                              #购买基金时沪深 300 指数的点位
    ...: N=100                                   #持有沪深 300 股指期货合约空头数量
    ...: M=300                                   #沪深 300 股指期货合约乘数

In [21]: index_list=np.linspace(3500,4500,200)   #创建沪深 300 指数不同点位的数组
```

---

[1] ETF 基金，全称是交易型开放式证券投资基金（Exchange Traded Fund, ETF），是一种在交易所上市交易的、基金份额可变的开放式基金。它结合了封闭式基金和开放式基金的运作特点，投资者既可以向基金管理公司申购或赎回基金份额，又可以类似于封闭式基金一样在二级市场上按市场价格买卖基金份额，但是基金的申购或赎回必须以一篮子股票换取基金份额或者以基金份额换回一篮子股票。ETF 基金的这种运作机制保证了指数 ETF 基金的净值能够与指数的走势保持同步。

[2] 2020 年 6 月 11 日，沪深 300 指数开盘价为 4031.7396 点，最高价为 4043.0123 点，最低价为 3979.7522 点，收盘价为 3995.8846 点。

[3] 在该例中，为了简化分析，假定该基金与沪深 300 指数之间的跟踪偏离度为 0，关于跟踪偏离度的内容详见 8.6.5 节。

[4] 2020 年 6 月 11 日，沪深 300 股指期货 IF2006 合约开盘价为 4005 点，最高价为 4024 点，最低价为 3946.8 点，收盘价为 3965 点。

```
In [22]: profit_spot=(index_list-index)*fund/index    #现货投资的收益

In [23]: profit_future=-(index_list-index)*N*M        #期货合约的收益

In [24]: profit_portfolio=profit_spot+profit_future   #整个投资组合的收益
```

第2步：将现货投资收益、期货合约收益以及套期保值后的整个投资组合收益进行可视化，具体的代码如下：

```
In [25]: plt.figure(figsize=(9,6))
    ...: plt.plot(index_list,profit_spot,label=u'沪深300指数ETF基金',lw=2.5)
    ...: plt.plot(index_list,profit_future,label=u'沪深300指数期货合约',lw=2.5)
    ...: plt.plot(index_list,profit_portfolio,label=u'套期保值的投资组合',lw=2.5)
    ...: plt.xlabel(u'沪深300指数点位',fontsize=13)
    ...: plt.xticks(fontsize=13)
    ...: plt.ylabel(u'盈亏',fontsize=13)
    ...: plt.yticks(fontsize=13)
    ...: plt.title(u'空头套期保值的盈亏情况')
    ...: plt.legend(fontsize=13)
    ...: plt.grid()
    ...: plt.show()
```

需要注意的是，图10-7的纵坐标顶部的1e7代表10^7。从图10-7不难发现，针对完美的空头套期保值，期货合约空头头寸的收益恰好抵补了现货投资的亏损，反之则反，最终通过套期保值后的投资组合盈亏为0。

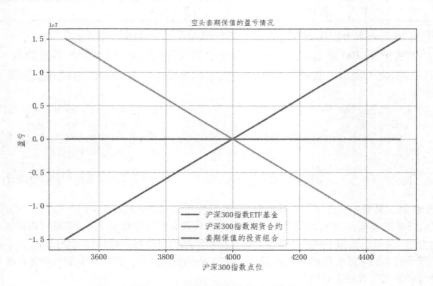

图10-7 空头套期保值的盈亏情况

2. 多头套期保值

持有期货多头头寸的套期保值策略就称为**多头套期保值**（long hedge）。运用多头套期保值的原则是如果基础资产价格下跌会使套期保值者盈利，而基础资产价格上涨会使套期保值者亏损，应当采用期货多头头寸对冲风险。运用多头套期保值的情景通常是当套期保值者已知在将来需要购买一定数量的基础资产时，可以采用期货多头头寸锁定在购买前基础资产价格上涨的风险，而基础资产价格下跌导致的期货亏损则由未来以低价购入基础资产进行抵补。下面依然通过一个现实的股指期货案例进行说明。

【例10-5】假定一家从事股票投资的D公司，在2020年3月19日确定在6个月后（2020年9月18日）将会有一笔金额为1.05亿元的资金并且届时需要全部购买沪深300指数ETF基金。在当天（2020年3月19日）沪深300指数触及最低价3503.19点时，D公司认为股指已经处于阶段性底部，预计未来股指将大概率出现上扬，如果等6个月后再进行投资，股指可能已经上涨了一定的幅度而错失了最佳的建仓时机。为了规避未来6个月股指可能出现的上涨风险，可以运用上市日是2020年1月20日、到期日是2020年9月18日的沪深300股指期货IF2009合约进行套期保值，具体就是D公司在2020年3月19日以期货价格3500点开立100手合约的多头头寸[1]，这样就实质上锁定了6个月后购买沪深300指数ETF基金的价格。

10.3.2 追加保证金的风险

在前面讨论的例10-3和例10-4中，都是在暂不考虑期货保证金的前提下展开分析。然而，期货合约是采用保证金方式进行交易的，这与前面介绍的债券、股票以及互换合约在交易方式上存在极大的差异，因此即便是针对套期保值的期货交易在某种程度上也会比债券、股票以及互换合约具有更高的风险。下面通过一个股指期货案例演示追加保证金的风险。

【例10-6】2020年6月19日，E基金公司认为沪深300指数已经达到了阶段性顶部，未来股指会大概率回调，因此运用沪深300股指期货IF2007合约100手空头头寸进行套期保值，并且成交时的期货价格恰好为4000点[2]，该期货合约的到期日是2020年7月17日。此外，F期货公司提供的沪深300股指期货的保证金比率是15%，因此对E基金公司而言，只需投入4000×100×300×15% = 1800万元就可以开展1.2亿元期货合约的交易。注意，E基金公司采用的是期货空头头寸，因此如果期货价格上涨1%，则E基金公司将亏损120万元；如果期货价格下跌1%，则E基金公司将盈利120万元。因此期货价格变动∓1%，E基金公司的收益率是±6.67%（120/1800），这就是期货交易的"高杠杆风险"。

此外，E基金公司的期货空头头寸需要按照达成交易的当天及随后交易日的每日结算价进行结算。因此，在每个交易日结束时，期货保证金账户的金额通常会发生变化，进而反映E基金公司的期货盈亏变化。这种结算方式称为**每日无负债结算**（daily settlement）或者**逐日盯市**（marking to market）。

表10-10展示了E基金公司从2020年6月19日至7月17日每个交易日期货合约收益、累积收益以及保证金余额，并且暂不考虑保证金的追加。

下面，就运用Python快速计算E基金公司从2020年6月19日至7月17日每个交易日期货合约盈亏、累积盈亏以及保证金余额（暂不考虑保证金的追加），具体分为3个步骤。

---

[1] 沪深300股指期货IF2009合约在2020年3月19日的开盘价为3515.2点，最高价为3563点，最低价为3381点，收盘价为3476.6点。

[2] 当天沪深300股指期货IF2007合约的开盘价为3996.2点，最高价为4070.6点，最低价为3996点，收盘价为4046.8点，结算价为4057.8点。

表 10-10　2020 年 6 月 19 日至 7 月 17 日每个交易日期货合约盈亏、累积盈亏与保证金余额
（不考虑保证金的追加）

日期	初始交易价格/点	期货结算价/点	合约日收益/万元	合约累积收益/万元	保证金余额/万元
2020-06-19	4000.00	—	—	—	1800.00
2020-06-22	—	4057.80	−173.40	−173.40	1626.60
2020-06-22	—	4049.80	24.00	−149.40	1650.60
2020-06-23	—	4069.40	−58.80	−208.20	1591.80
2020-06-24	—	4100.40	−93.00	−301.20	1498.80
2020-06-29	—	4064.60	107.40	−193.80	1606.20
2020-06-30	—	4118.00	−160.20	−354.00	1446.00
2020-07-01	—	4200.80	−248.40	−602.40	1197.60
2020-07-02	—	4313.20	−337.20	−939.60	860.40
2020-07-03	—	4385.00	−215.40	−1155.00	645.00
2020-07-06	—	4712.40	−982.20	−2137.20	−337.20
2020-07-07	—	4741.00	−85.80	−2223.00	−423.00
2020-07-08	—	4767.40	−78.60	−2301.60	−501.60
2020-07-09	—	4812.60	−136.20	−2437.80	−637.80
2020-07-10	—	4760.80	155.40	−2282.40	−482.40
2020-07-13	—	4840.20	−238.20	−2520.60	−720.60
2020-07-14	—	4778.80	184.20	−2336.40	−536.40
2020-07-15	—	4773.80	15.00	−2321.40	−521.40
2020-07-16	—	4548.60	675.60	−1645.80	154.20
2020-07-17	—	4523.53	75.21	−1570.59	229.41

注：（1）表中的合约日收益=−合约张数×合约乘数×(当天结算价−上一日结算价)，其中，针对 2020 年 6 月 19 日的合约日收益则是将公式中的上一日结算价改为初始交易价格；（2）表中的合约累积收益就是将当天及之前的合约日收益进行累加；（3）表中的保证金余额=初始保证金（1800 万元）+当天的合约累积收益。

第 1 步：从外部导入沪深 300 股指期货 IF2007 合约在 2020 年 6 月 19 日至 7 月 17 日期间的结算价数据，并且输入相关的期货合约参数。具体的代码如下：

```
In [26]: price_IF2007=pd.read_excel('C:/Desktop/沪深300股指期货2007合约结算价（2020年6月19日至7月17日）.xlsx',sheet_name="Sheet1",header=0,index_col=0)    #导入外部数据

In [27]: margin0=1.8e7                  #初始保证金
   ...: N_short=100                     #合约空头数量
   ...: P0=4000                         #成交价格
   ...: M=300                           #合约乘数
```

第 2 步：分别计算并构造出 2020 年 6 月 19 日至 7 月 17 日每个交易日期货合约累积盈亏、当日盈亏以及保证金余额这 3 个时间序列（数据框格式）。具体的代码如下：

```
In [28]: profit_sum_IF2007=-N_short*M*(price_IF2007-P0)    #计算期货合约累积盈亏

In [29]: profit_sum_IF2007=profit_sum_IF2007.rename(columns={'IF2007合约结算价':'合约累积盈亏'})    #变更列名

In [30]: profit_daily_IF2007=profit_sum_IF2007-profit_sum_IF2007.shift(1)    #计算期货合约每日的盈亏
```

```
In [31]: profit_daily_IF2007.iloc[0]=profit_sum_IF2007.iloc[0]    #首个交易日的当日盈亏等于当天的累积盈亏

In [32]: profit_daily_IF2007=profit_daily_IF2007.rename(columns={'合约累积盈亏':'合约当日盈亏'})   #变更列名

In [33]: margin_daily_IF2007=profit_sum_IF2007+margin0   #计算每日期货合约保证金余额（不考虑追加保证金）

In [34]: margin_daily_IF2007=margin_daily_IF2007.rename(columns={'合约累积盈亏':'保证金余额'})   #变更列名
```

第 3 步：将以上 3 个数据框进行拼接，并且输出最终的计算结果。具体的代码如下：

```
In [35]: data_IF2007=pd.concat([profit_daily_IF2007,profit_sum_IF2007,margin_daily_IF2007], axis=1)   #将 3 个数据框按列拼接

In [36]: data_IF2007        #查看结果
Out[36]:
              合约当日盈亏      合约累积盈亏      保证金余额
日期
2020-06-19   -1734000.0   -1734000.0   16266000.0
2020-06-22     240000.0   -1494000.0   16506000.0
2020-06-23    -588000.0   -2082000.0   15918000.0
2020-06-24    -930000.0   -3012000.0   14988000.0
2020-06-29    1074000.0   -1938000.0   16062000.0
2020-06-30   -1602000.0   -3540000.0   14460000.0
2020-07-01   -2484000.0   -6024000.0   11976000.0
2020-07-02   -3372000.0   -9396000.0    8604000.0
2020-07-03   -2154000.0  -11550000.0    6450000.0
2020-07-06   -9822000.0  -21372000.0   -3372000.0
2020-07-07    -858000.0  -22230000.0   -4230000.0
2020-07-08    -786000.0  -23016000.0   -5016000.0
2020-07-09   -1362000.0  -24378000.0   -6378000.0
2020-07-10    1554000.0  -22824000.0   -4824000.0
2020-07-13   -2382000.0  -25206000.0   -7206000.0
2020-07-14    1842000.0  -23364000.0   -5364000.0
2020-07-15     150000.0  -23214000.0   -5214000.0
2020-07-16    6756000.0  -16458000.0    1542000.0
2020-07-17     752100.0  -15705900.0    2294100.0
```

以上输出的结果与表 10-10 中的数据是完全一致的。同时，从表 10-10 中不难发现，如果不追加保证金，则 E 基金公司的保证金账户的余额在 2020 年 7 月 6 日至 7 月 15 日期间为负值，保证金的风险控制功能也就形同虚设了。因此，为了确保保证金账户的余额不为负值，期货公司会设置维持保证金（maintenance margin），通常维持保证金低于初始保证金。在本案例中，假定期货公司给 E 基金公司设置的维持保证金是 1200 万元。

当 2020 年 7 月 1 日收盘后，E 基金公司的保证金账户的余额为 1197.6 万元，低于维持保证金 1200 万元的水平。在当天期货合约结算以后（通常是晚上 18:00 至 19:00 期间），E 基金公司就会以短信、电子邮件等方式收到期货公司发送的**追加保证金通知**（margin call），要求在下一个交易日（2020 年 7 月 2 日）期货合约开盘之前将保证金账户内的资金增加至初始保证金水平（期货合约价值×15%），而不是仅达到维持保证金水平就够了，这一部分增加的资金被称为**追加保证金**（variation margin）。

如果 E 基金公司不追加保证金或者追加的保证金未满足要求，期货公司在 2020 年 7 月 2 日开盘时就会将期货合约平仓。

10.3.3 基差风险

在讨论例 10-4 时，有一个隐含的假设就是套期保值十分完美，也就是说套期保值者可以利用期货合约消除基础资产价格变动带来的全部风险。然而，理论是丰满的，但是现实很骨感。在金融实战中，运用期货合约进行套期保值并非想象的这么容易，其中一个很重要的原因就是期货合约存在**基差风险**（basis risk）。

1. 基差的数学表达式

在套期保值的情形下，针对商品期货和金融期货这两种不同的期货合约类型，基差（basis）的表达式会有差异。

对于商品期货而言，基差的表达式如下：

$$基差 = 被套期保值资产的现货价格 - 期货价格$$

对于金融期货而言，基差的表达式如下：

$$基差 = 期货价格 - 被套期保值资产的现货价格$$

对此，A 股的股指期货基差的表达式如下：

$$股指期货基差 = 股指期货价格 - 股指期货标的指数价格[1]$$

比如，在 2020 年 8 月 7 日，沪深 300 指数收盘价为 4707.93 点，沪深 300 股指期货 IF2012 合约（到期日为 2020 年 12 月 18 日）结算价为 4607 点，则基差为 4607−4707.93=−100.93 点[2]。

如果被套期保值的资产与期货合约的基础资产完全相同，在期货合约到期时基差应当接近于 0，也就是在 10.2.3 节提到期货价格的收敛性。

2. 一个案例

【例 10-7】以上证 50 股指期货 IH2009 合约作为分析对象，演示股指期货基差的变化情况。该期货合约的上市首日是 2020 年 1 月 20 日，最后交易日是 2020 年 9 月 18 日，计算该期货合约在存续期内的基差，每个交易日的基差用该期货合约的每个交易日结算价减去上证 50 指数收盘价的差额表示。下面，直接运用 Python 进行计算并演示，分为两个步骤完成。

第 1 步：从外部导入 2020 年 1 月 20 日至 9 月 18 日期间上证 50 股指期货 IH2009 合约结算价和上证 50 指数收盘价数据并计算基差。具体的代码如下：

```
In [37]: data_price=pd.read_excel('C:/Desktop/上证 50 股指期货 IH2009 合约结算价和上证 50 指数收盘
价.xlsx',sheet_name="Sheet1",header=0,index_col=0)    #导入外部数据

In [38]: data_price.index=pd.DatetimeIndex(data_price.index)   #将数据框的行索引转换为datetime格式
    ...: data_price.index                                       #显示数据框的行索引
Out[38]:
DatetimeIndex(['2020-01-20', '2020-01-21', '2020-01-22', '2020-01-23',
               '2020-02-03', '2020-02-04', '2020-02-05', '2020-02-06',
```

---

[1] 在一些教材和学术论文中，A 股的股指期货基差是按照商品期货的基差表达式进行计算的，也就是股指期货基差 = 股指期货标的指数价格 − 股指期货价格，本书不采用这种计算方法。

[2] 在计算基差时，若基础资产使用收盘价，则期货合约可以使用收盘价也可以使用结算价，本书统一使用期货合约的结算价。

```
                    '2020-02-07', '2020-02-10',
                     ...
                    '2020-09-07', '2020-09-08', '2020-09-09', '2020-09-10',
                    '2020-09-11', '2020-09-14', '2020-09-15', '2020-09-16',
                    '2020-09-17', '2020-09-18'],
                   dtype='datetime64[ns]', name='日期', length=163, freq=None)

In [39]: data_price.columns                                    #显示数据框的列名
Out[39]: Index(['上证50期货IH2009合约结算价', '上证50指数收盘价'], dtype='object')

In [40]: basis=data_price['上证50期货IH2009合约结算价']-data_price['上证50指数收盘价']   #计算基差

In [41]: basis.describe()                                      #基差的统计指标
Out[41]:
count    163.000000
mean     -60.323766
std       48.588113
min     -160.437300
25%     -110.099850
50%      -42.464200
75%      -14.170300
max       26.463800
dtype: float64
```

从以上的统计分析可以发现,在期货合约存续期内,最大基差为 26.4638,最小基差则为 −160.4373,并且超过 75% 的交易日的基差为负值。

第 2 步:绘制上证 50 股指期货 IH2009 合约的基差走势图(见图 10-8),为了加强对比的效果,创建基差等于 0 的时间序列作为比较基准。具体的代码如下:

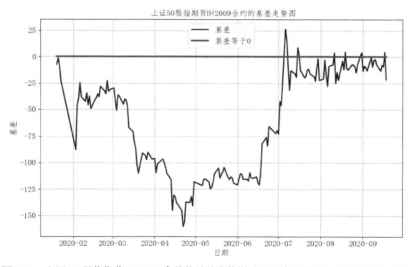

图 10-8 上证 50 股指期货 IH2009 合约的基差走势图(2020 年 1 月 20 日至 9 月 18 日)

```
In [42]: zero_basis=np.zeros_like(basis)                       #创建基差等于0的数组
   ...: zero_basis=pd.DataFrame(zero_basis,index=basis.index)  #创建基差等于0的时间序列
```

```
In [43]: plt.figure(figsize=(9,6))
    ...: plt.plot(basis,'b-',label=u'基差',lw=2.0)
    ...: plt.plot(zero_basis,'r-',label=u'基差等于0',lw=3.0)
    ...: plt.xlabel(u'日期',fontsize=13)
    ...: plt.ylabel(u'基差',fontsize=13)
    ...: plt.xticks(fontsize=13)
    ...: plt.yticks(fontsize=13)
    ...: plt.title('上证50股指期货IH2009合约的基差趋势图', fontsize=13)
    ...: plt.legend(fontsize=13,loc=9)                      #图例放置在中上位置
    ...: plt.grid()
    ...: plt.show()
```

从图 10-8 可以看到，在期货合约到期日之前，基差时而为正、时而为负，并且时而大、时而小。在期货合约存续期内，基差变大称为**基差增强**（strengthening of the basis），比如图 10-8 中，4 月中旬至 7 月期间，基差明显变，并且从负基差逐步变为正基差；相反，基差变小则称为**基差减弱**（weakening of the basis），图 10-8 中最典型的就是 3 月至 4 月上旬基差大幅走弱。

3. 基差对套期保值的影响

需要注意的是，基差变动会影响套期保值的效果。当基差朝着有利方向变化时，套期保值者不仅可以取得较好的套期保值效果，而且可以获得额外的盈利；反之则不仅会影响套期保值效果，还会使套期保值者承受一定损失。

在股指期货的多头套期保值中，由于在套期保值结束时，套期保值者需要买入现货并同时卖出期货合约来对原有的期货多头头寸进行平仓。因此，当基差增强，也就是现货价格相对更低而期货价格相对更高时，套期保值者通过买低（现货）卖高（期货）就可以获利；反之，当基差减弱时，套期保值者通过买高（现货）卖低（期货）则会面临亏损。以上证 50 股指期货 IH2009 合约的基差走势（见图 10-8）作为例子，假定投资者在基差为 –150 点时开展了多头套期保值，在基差为 25 点时结束了多大套期保值，则该投资者因为套期保值获得 175 点的额外收益，也就是 1 手期货合约可以获得 $175×300 = 5.25$ 万元的额外收益，这里的 300 代表合约乘数（详见 10.1.3 节的表 10-6）。

在股指期货的空头套期保值中，由于在套期保值结束时，套期保值者需要卖出现货并同时买入期货合约来对原有的期货空头头寸进行平仓。因此，当基差增强时，套期保值者通过卖低（现货）买高（期货）会面临亏损；相反，当基差减弱时，套期保值者通过卖高（现货）买低（期货）则会获利。依然以图 10-8 的基差走势作为例子，假定投资者在基差为 –25 点时开展了空头套期保值，在基差为 –150 点时结束了空头套期保值，则该投资者因为套期保值得到 125 点的额外收益，也就是 1 手期货合约可以获得 $125×300 = 3.75$ 万元的意外盈利。

为尽可能降低套期保值中的基差风险，一是尽量选择期货合约到期日在现货交易日之后并且离现货交易日最近的合约作为套期保值合约，二是通过观察基差的变化对套期保值进行动态调整。

10.3.4 交叉套期保值

本节到目前为止，讨论的案例都是基于被套期保值的资产（比如沪深 300 指数 ETF 基金）与期货合约的基础资产（比如沪深 300 指数）均是相同的资产，可以说这些情形在现实金融市场中往往不是很常见。

实践中，经常出现的情形是期货合约的基础资产与被套期保值的资产是两种并不一致的资产，这时就引出了**交叉套期保值**（cross hedging）。举一个简单的例子，假定投资者配置了上证 180 指

数 ETF 基金，为了对冲该基金面临的风险，投资者希望通过股指期货进行套期保值。但棘手的问题随之而来，期货市场上并没有标的指数恰好是上证 180 指数的期货合约。对此，投资者只能无奈选择上证 50 指数期货、沪深 300 指数期货或者中证 500 指数期货作为备选的套期保值工具。

但是，如何衡量交叉套期保值的效果呢？这里就需要提出套期保值比率的概念。**套期保值比率**（hedging ratio），简称"**套保比率**"，是指持有期货合约的头寸数量与被对冲资产风险敞口数量的比率。当期货合约的基础资产与被套期保值的资产完全相同时，套保比率就等于 1.0，这正是例 10-4 中采用的套保比率。

但是，当采用交叉套期保值时，将套保比率设为 1.0 并非最优的选择。套保比率的选择应当使得套期保值以后，包含期货合约在内的整个投资组合价值变化的方差达到最小，这就引出了最优套保比率的概念。

1. 最优套保比率

最优套保比率（也称**最小方差套保比率**）取决于被套期保值资产价格变化与期货价格变化之间的关系。为了计算该比率，运用以下符号：

ΔS 表示在套期保值期间内，被套期保值资产价格 S 的变化；

ΔF 表示在套期保值期间内，用于套期保值的期货价格 F 的变化。

构建如下线性回归方程：

$$\Delta S = \alpha + h^* \Delta F + \varepsilon \tag{10-11}$$

式（10-11）表达的含义就是将期货价格的变化作为自变量（解释变量），而将被套期保值资产价格的变化作为因变量（被解释变量），从而用期货价格的变化线性表达被套期保值资产价格的变化。

其中，式（10-11）中的 α 是截距项，ε 是残差项，h^* 是 ΔS 对 ΔF 进行线性回归时所产生的最优拟合直线（best-fit line）的斜率，h^* 就是最优套保比率。线性回归模型用最小二乘法进行拟合，因为利用最小二乘法可以简便地求出线性回归模型的参数，并使得拟合数据与实际数据之间误差的平方和最小。此外，线性回归方程的判定系数（也称可决系数）R^2 就是**套期保值效率**（hedge effectiveness），R^2 的取值处于 [0,1] 区间中，R^2 取值越高说明套期保值效率越高，反之则反。

根据线性回归模型中的斜率计算公式，可以得到最优套保比率 h^* 的表达式如下：

$$h^* = \rho \frac{\sigma_S}{\sigma_F} = \frac{\Delta S}{\Delta F} \tag{10-12}$$

其中，σ_S 是被套期保值资产价格变化 ΔS 的标准差，σ_F 是期货价格变化 ΔF 的标准差，ρ 是 ΔS 与 ΔF 之间的相关系数。式（10-12）就表明最优套保比率等于被套期保值资产价格变化与期货价格变化的相关系数乘两个价格变化标准差之间的比率。

在股指期货合约中，根据 8.5 节讲解的资本资产定价模型，最优套保比率 h^* 就等于被套期保值投资组合的贝塔值。下面就通过一个上证 180 指数 ETF 基金的现实案例并结合 Python 进行讨论。

2. 一个案例

【例 10-8】G 公司持有上证 180 指数 ETF 基金（代码为 510180），该公司希望通过股指期货合约对该基金进行套期保值，假定可选的套期保值期货合约分别是上证 50 股指期货 IH2009 合约、沪深 300 股指期货 IF2009 合约以及中证 500 股指期货 IC2009 合约，这 3 个期货合约的上市首日均是 2020 年 1 月 20 日，最后交易日均是 2020 年 9 月 18 日。G 公司需要从这 3 个期货合约中选择最合适的套期保值期货合约,并且计算相应的最优套保比率。

对于这个案例,将通过 Python 演示具体的分析和计算过程,并且分为 5 个步骤。

第 1 步:从外部导入 2020 年 1 月 20 日至 9 月 18 日期间每个交易日的上证 180 指数 ETF 基金净值以及 3 只股指期货合约的收盘价数据,并计算相应的日收益率。具体的代码如下:

```
In [44]: fund_future=pd.read_excel('C:/Desktop/上证180指数ETF基金净值和3只A股股指期货合约收盘价数据.xlsx',sheet_name="Sheet1",header=0,index_col=0)    #导入外部数据

In [45]: fund_future.columns                            #查看数据框的列名
Out[45]: Index(['上证180指数ETF基金', 'IH2009合约', 'IF2009合约', 'IC2009合约'], dtype='object')

In [46]: R_fund=np.log(fund_future['上证180指数ETF基金']/fund_future['上证180指数ETF基金'].shift(1))    #计算基金的日收益率
    ...: R_fund=R_fund.dropna()                         #删除缺失值

In [47]: R_IH2009=np.log(fund_future['IH2009合约']/fund_future['IH2009合约'].shift(1))
#计算上证50股指期货IH2009合约的日收益率
    ...: R_IH2009=R_IH2009.dropna()

In [48]: R_IF2009=np.log(fund_future['IF2009合约']/fund_future['IF2009合约'].shift(1))
#计算沪深300股指期货IF2009合约的日收益率
    ...: R_IF2009=R_IF2009.dropna()

In [49]: R_IC2009=np.log(fund_future['IC2009合约']/fund_future['IC2009合约'].shift(1))
#计算中证500股指期货IC2009合约的日收益率
    ...: R_IC2009=R_IC2009.dropna()
```

第 2 步:建立以基金的日收益率作为被解释变量、以上证 50 股指期货 IH2009 合约的日收益率作为被解释变量的线性回归模型。具体的代码如下:

```
In [50]: import statsmodels.api as sm                   #导入statsmodels的子模块api

In [51]: R_IH2009_addcons=sm.add_constant(R_IH2009)     #生成增加常数项的时间序列

In [52]: model_fund_IH2009=sm.OLS(R_fund, R_IH2009_addcons).fit()    #构建基金日收益率与上证50股指期货IH2009合约日收益率的线性回归模型
    ...: model_fund_IH2009.summary()                    #输出线性回归模型的结果
Out[52]:
"""
                           OLS Regression Results
==============================================================================
Dep. Variable:       上证180指数ETF基金   R-squared:                       0.922
Model:                            OLS   Adj. R-squared:                  0.922
Method:                 Least Squares   F-statistic:                     1900.
Date:                Wed, 18 Nov 2020   Prob (F-statistic):           1.10e-90
Time:                        15:15:25   Log-Likelihood:                 652.28
No. Observations:                 162   AIC:                            -1301.
Df Residuals:                     160   BIC:                            -1294.
Df Model:                           1
Covariance Type:            nonrobust
==============================================================================
                 coef    std err          t      P>|t|      [0.025      0.975]
------------------------------------------------------------------------------
const          0.0003      0.000      0.830      0.408      -0.000       0.001
```

```
IH2009合约    0.8378    0.019    43.585    0.000    0.800    0.876
==============================================================================
Omnibus:                        5.166   Durbin-Watson:                   2.336
Prob(Omnibus):                  0.076   Jarque-Bera (JB):                6.338
Skew:                          -0.181   Prob(JB):                       0.0420
Kurtosis:                       3.899   Cond. No.                         56.3
==============================================================================
"""
```

第3步：建立以基金的日收益率作为被解释变量、以沪深300股指期货IF2009合约的日收益率作为解释变量的线性回归模型。具体的代码如下：

```
In [53]: R_IF2009_addcons=sm.add_constant(R_IF2009)    #生成增加常数项的时间序列

In [54]: model_fund_IF2009=sm.OLS(R_fund, R_IF2009_addcons).fit()    #构建基金日收益率与沪深
300股指期货IF2009合约日收益率的线性回归模型
   ...: model_fund_IF2009.summary()                    #输出线性回归模型的结果
Out[54]:
"""
                            OLS Regression Results
==============================================================================
Dep. Variable:       上证180指数ETF基金   R-squared:                       0.928
Model:                            OLS   Adj. R-squared:                  0.928
Method:                 Least Squares   F-statistic:                     2065.
Date:                Wed, 18 Nov 2020   Prob (F-statistic):           2.31e-93
Time:                        15:15:35   Log-Likelihood:                 658.52
No. Observations:                 162   AIC:                            -1313.
Df Residuals:                     160   BIC:                            -1307.
Df Model:                           1
Covariance Type:            nonrobust
==============================================================================
                 coef    std err          t      P>|t|      [0.025      0.975]
------------------------------------------------------------------------------
const          0.0001      0.000      0.351      0.726     -0.001       0.001
IF2009合约      0.8286      0.018     45.439      0.000      0.793       0.865
==============================================================================
Omnibus:                       14.746   Durbin-Watson:                   2.366
Prob(Omnibus):                  0.001   Jarque-Bera (JB):               37.258
Skew:                           0.274   Prob(JB):                     8.12e-09
Kurtosis:                       5.285   Cond. No.                         55.5
==============================================================================
"""
```

第4步：建立以基金的日收益率作为被解释变量、以中证500股指期货IC2009合约的日收益率作为解释变量的线性回归模型。具体的代码如下：

```
In [55]: R_IC2009_addcons=sm.add_constant(R_IC2009)    #生成增加常数项的时间序列

In [56]: model_fund_IC2009=sm.OLS(R_fund, R_IC2009_addcons).fit()    #构建基金日收益率与中证
500股指期货IC2009合约日收益率的线性回归模型
   ...: model_fund_IC2009.summary()                    #输出线性回归模型的结果
Out[56]:
"""
                            OLS Regression Results
==============================================================================
Dep. Variable:       上证180指数ETF基金   R-squared:                       0.795
```

```
Model:                            OLS    Adj. R-squared:                  0.793
Method:                  Least Squares    F-statistic:                     618.7
Date:                 Wed, 18 Nov 2020    Prob (F-statistic):           7.38e-57
Time:                         15:15:49    Log-Likelihood:                 573.49
No. Observations:                  162    AIC:                            -1143.
Df Residuals:                      160    BIC:                            -1137.
Df Model:                            1
Covariance Type:             nonrobust
==============================================================================
                 coef    std err          t      P>|t|      [0.025      0.975]
------------------------------------------------------------------------------
const        -1.746e-05    0.001     -0.031      0.975      -0.001       0.001
IC2009合约       0.7097      0.029     24.874      0.000       0.653       0.766
==============================================================================
Omnibus:                        5.721   Durbin-Watson:                   1.879
Prob(Omnibus):                  0.057   Jarque-Bera (JB):                7.739
Skew:                           0.162   Prob(JB):                       0.0209
Kurtosis:                       4.021   Cond. No.                         51.4
==============================================================================
"""
```

综合以上 3 个线性回归模型的结果,以沪深 300 股指期货 IF2009 合约的日收益率作为解释变量的线性回归模型的判定系数 R^2 最高,达到了 0.928,因此将选择沪深 300 股指期货 IF2009 合约作为套期保值的期货合约。

第 5 步:将最终拟合得到的最优套保比率通过可视化的方式进行展示(见图 10-9)。具体的代码如下:

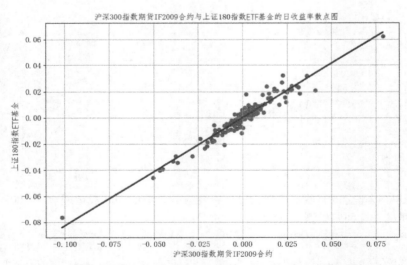

图 10-9 沪深 300 股指期货 IF2009 合约与上证 180 指数 ETF 基金的日收益率散点图

```
In [57]: model_fund_IF2009.params              #输出线性回归的常数项和贝塔值
Out[57]:
const           0.000115
IF2009合约        0.828601
dtype: float64
```

```
In [58]: cons=model_fund_IF2009.params[0]              #线性回归的常数项
    ...: beta=model_fund_IF2009.params[1]              #线性回归的贝塔值

In [59]: plt.figure(figsize=(9,6))
    ...: plt.scatter(R_IF2009,R_fund,marker='o')       #绘制散点图
    ...: plt.plot(R_IF2009,cons+beta*R_IF2009,'r-',lw=2.5)  #绘制拟合的直线
    ...: plt.xlabel(u'沪深300指数期货IF2009合约',fontsize=13)
    ...: plt.xticks(fontsize=13)
    ...: plt.ylabel(u'上证180指数ETF基金',fontsize=13)
    ...: plt.yticks(fontsize=13)
    ...: plt.title(u'沪深300指数期货IF2009合约与上证180指数ETF基金的日收益率散点图',fontsize=13)
    ...: plt.grid('True')
    ...: plt.show()
```

从以上的分析可以得到,运用沪深 300 股指期货 IF2009 合约作为套期保值工具,最优套保比率就是线性回归中的贝塔值 0.828601。此外,图 10-9 中的直线是按照最优套保比率拟合得到的沪深 300 股指期货 IF2009 合约日收益率与上证 180 指数 ETF 基金日收益率之间的线性关系。

3. 套期保值的最优合约数量

当选择了合适的期货合约并且计算得出最优套保比率以后并不意味着已经大功告成,还剩下最后一步,就是套期保值者最关心的需要运用多少数量的期货合约进行套期保值,也就是套期保值的最优合约数量。定义如下符号:

Q_A 表示被套期保值资产的数量(或金额);

Q_F 表示 1 份期货合约的规模(或金额);

N^* 表示用于套期保值的最优合约数量。

在完美套期保值的情形下,存在如下的恒等式:

$$N^* Q_F \Delta F = Q_A \Delta S \quad (10\text{-}13)$$

式(10-13)意味着用于套期保值的期货合约盈利(亏损)正好与被套期保值资产亏损(盈利)完全抵消。同时,将前面讨论的最优套保比率公式(10-12)代入式(10-13)并经过调整,得到套期保值的最优合约数量的表达式如下:

$$N^* = \frac{h^* Q_A}{Q_F} \quad (10\text{-}14)$$

通过 Python 自定义一个计算套期保值的最优合约数量的函数,具体的代码如下:

```
In [60]: def N_future(h,Q_A,Q_F):
    ...:     '''定义一个计算套期保值的最优合约数量的函数
    ...:     h: 代表最优套保比率。
    ...:     Q_A: 代表被套期保值资产的数量(或金额)。
    ...:     Q_F: 代表1份期货合约的规模(或金额)'''
    ...:     N=h*Q_A/Q_F            #计算套期保值的最优合约数量
    ...:     return N
```

在以上自定义函数 N_future 中,只需要输入最优套保比率、被套期保值资产的数量或金额以及 1 份期货合约的规模或金额,就可以迅速计算得到套期保值的最优合约数量。

【例 10-9】 H 基金公司在 2020 年 10 月 12 日按照净值 4.058 元买入上证 180 指数 ETF 基金共计 5000 万份。与此同时,基金公司希望运用沪深 300 股指期货 IF2011 合约空头头寸进行套期保值,该合约上市日为 2020 年 9 月 21 日,到期日为 2020 年 11 月 20 日,当天(2020 年 10 月 12 日)期

货合约结算价 4775.6 点用于计算套期保值的合约数量。为了简化计算，假设期货最优套保比率等于例 10-8 中计算得到的 0.828601。根据式（10-14）可以得到最优合约数量如下：

$$N^* = \frac{h^* Q_A}{Q_F} = \frac{0.828601 \times 4.058 \times 50000000}{4775.6 \times 300} = 117.35$$

注意，式分母中的 300 代表期货合约乘数是每点 300 元（见 10.1.3 节的表 10-6）。

由于期货合约数量必须是整数，因此通过四舍五入得到 H 基金公司应该运用的最优合约数量是 117 手空头头寸。

下面运用 Python 自定义函数 N_future，直接计算例 10-9 的套期保值最优合约数量，具体的代码如下：

```
In [61]: share_fund=5e7                              #购买上证 180 指数 ETF 基金的份数
    ...: price_fund=4.058                            #2020 年 10 月 12 日基金收盘净值
    ...: value_fund=share_fund*price_fund            #基金的市值

In [62]: price_IF2011=4775.6                         #2020 年 11 月 12 日期货合约结算价
    ...: M=300                                       #期货合约乘数
    ...: value_IF2011=price_IF2011*M                 #期货合约价值

In [63]: h_IF2011=model_fund_IF2009.params[1]        #IF2011 合约的最优套保比率

In [64]: N_IF2011=N_future(h=h_IF2011,Q_A=value_fund, Q_F=value_IF2011)   #计算期货合约数量
    ...: print('用于套期保值的沪深 300 股指期货 IF2011 合约数量（张）',round(N_IF2011,0))
用于套期保值的沪深 300 股指期货 IF2011 合约数量（张） 117.0
```

以上输出的结果与前面手动计算的结果完全吻合，同时运算效率得到了大幅提升。

4. 套期保值整体投资组合的动态盈亏

接着，讨论当运用期货最优合约数量开展套期保值以后，现货价格和期货价格的变化如何影响套期保值的效果。具体通过一个案例进行分析。

【例 10-10】沿用例 10-9 的信息，当 H 基金公司在 2020 年 10 月 12 日完成了套期保值以后，随着上证 180 指数 ETF 基金净值与沪深 300 股指期货 IF2011 合约价格的变化，套期保值的效果也会随之发生变化。假定 H 基金公司希望计算 2020 年 10 月 20 日、10 月 30 日和 11 月 10 日共 3 个交易日的套期保值情况（不考虑追加保证金）。表 10-11 列出了套期保值首日和上述 3 个交易日基金净值和期货合约结算价的信息。

表 10-11 上证 180 指数 ETF 基金净值和沪深 300 股指期货 IF2011 合约结算价

日期	2020 年 10 月 12 日	2020 年 10 月 20 日	2020 年 10 月 30 日	2020 年 11 月 10 日
上证 180 指数 ETF 基金净值/元	4.0580	4.0143	3.9089	4.0951
沪深 300 股指期货 IF2011 合约收盘价/点	4775.6	4758.0	4683.4	4942.4

资料来源：上海证券交易所、中国金融期货交易所。

2020 年 10 月 20 日整体投资组合的累积盈亏情况：

$$50000000 \times (4.0143 - 4.058) - 117 \times 300 \times (4758 - 4775.6) = -1567240(元)$$

2020 年 10 月 30 日整体投资组合的累积盈亏情况：

$$50000000 \times (3.9089 - 4.058) - 117 \times 300 \times (4683.4 - 4775.6) = -4218780(元)$$

2020年11月10日整体投资组合的累积盈亏情况：

$$50000000\times(4.0951-4.058)-117\times300\times(4942.4-4775.6)=-3999680(元)$$

通过以上的分析可以看到，随着期货价格和被套期保值资产价格的变化，H基金公司在3个交易日整体投资组合均出现了浮亏，并且浮亏存在着一定的波动。

下面，通过Python演示计算套期保值整体投资组合在3个交易日的累积盈亏情况，具体的代码如下：

```
In [65]: N=117                                              #套期保值的期货合约数量

In [66]: fund_list=np.array([4.0580,4.0143,3.9089,4.0951])  #套期保值首日和其他3个交易日的基金净值
   ...: IF2011_list=np.array([4775.6,4758.0,4683.4,4942.4]) #套期保值首日和其他 3 个交易日的期货合约结算价

In [67]: profit_list=share_fund*(fund_list[1:]-fund_list[0])-N*M*(IF2011_list[1:]-IF2011_list[0])   #计算3个交易日的套期保值整体投资组合的累积盈亏

In [68]: print('2020年10月20日套期保值组合的累积盈亏',round(profit_list[0],2))
   ...: print('2020年10月30日套期保值组合的累积盈亏',round(profit_list[1],2))
   ...: print('2020年11月10日套期保值组合的累积盈亏',round(profit_list[-1],2))
2020年10月20日套期保值组合的累积盈亏 -1567240.0
2020年10月30日套期保值组合的累积盈亏 -4218780.0
2020年11月10日套期保值组合的累积盈亏 -3999680.0
```

以上输出的结果与前面手动计算的结果保持一致。

10.3.5　滚动套期保值与移仓风险

在前面讨论的套期保值案例中，都是假定了期货合约的剩余期限能够覆盖套期保值的期限。然而，在现实中也会不可避免地出现期货合约的剩余期限无法覆盖套期保值期限的情形。比如，期货合约的剩余期限仅为6个月，但投资者需要的套期保值期限却长达1年，对于这个难题的解决方案就是滚动套期保值。为了更好地理解滚动套期保值，首先来看一个案例。

1. 一个案例

【例10-11】假定I公司在2017年1月23日拥有市值为9900万元的沪深300指数ETF基金，为了对冲由于沪深300指数变化而导致基金净值的波动，I公司希望运用沪深300股指期货合约进行套期保值，并且套期保值的时间区间是从2017年1月23日至2020年7月31日。然而，在2017年1月23日挂牌交易的沪深300股指期货合约的最长到期日也仅仅是2017年9月15日，显然无法满足3年零6个月的套期保值需求。为此，I公司将采用如下共计8个步骤的套期保值方案。

第1步：在2017年1月23日（套期保值初始日），按照期货价格3300点开立沪深300股指期货IF1709合约100手空头头寸[1]。由于合约乘数是每点300元，因此能够对持有的指数基金进行有效的套期保值。合约上市首日是2017年1月23日，合约到期日是2017年9月15日，并且该合约是在2017年1月23日这个交易日交易的全部合约中期限最长的合约。

第2步：在2017年9月15日，对持有的沪深300股指期货IF1709合约全部平仓，并于当日开立沪深300股指期货IF1803合约，头寸数量依然是100手空头头寸，合约上市首日是2017年7

---

[1] 2017年1月23日，沪深300股指期货IF1709合约开盘价为3292点，最高价为3327.2点，最低价为3270点，收盘价为3273点。

月24日,合约到期日是2018年3月16日。同样,该合约也是在2017年9月15日这个交易日交易的全部合约中期限最长的合约(下同)。

第3步:在2018年3月16日,对沪深300股指期货IF1803合约全部平仓,并于当日开立沪深300股指期货IF1809合约,头寸数量依然保持不变(下同),合约上市首日是2018年1月22日,合约到期日是2018年9月21日。

第4步:在2018年9月21日,对沪深300股指期货IF1809合约全部平仓,并于当日开立沪深300股指期货IF1903合约,合约上市首日是2018年7月23日,合约到期日是2019年3月15日。

第5步:在2019年3月15日,对沪深300股指期货IF1903合约全部平仓,并于当日开立沪深300股指期货IF1909合约,合约上市首日是2019年1月21日,合约到期日是2019年9月20日。

第6步:在2019年9月20日,对沪深300股指期货IF1909合约全部平仓,并于当日开立沪深300股指期货IF2003合约,合约上市首日是2019年7月22日,合约到期日是2020年3月20日。

第7步:在2020年3月20日,对沪深300股指期货IF2003合约全部平仓,并于当日开立沪深300股指期货IF2009合约,合约上市首日是2020年1月20日,合约到期日是2020年9月18日。

第8步:在2020年7月31日(套期保值结束日),对沪深300股指期货IF2009合约全部平仓,从而最终结束长达3年零6个月的套期保值。

表10-12梳理了以上套期保值方案中所涉及的7个期货合约以及合约开立、上市、到期和平仓等关键日期。

表10-12 2017年1月23日至2020年7月31日套期保值期间的期货合约与关键日期

合约开立日	期货合约名称	合约代码	合约上市首日	合约到期日	合约平仓日
2017-01-23	沪深300股指期货IF1709合约	IF1709	2017-01-23	2017-09-15	2017-09-15
2017-09-15	沪深300股指期货IF1803合约	IF1803	2017-07-24	2018-03-16	2018-03-16
2018-03-16	沪深300股指期货IF1809合约	IF1809	2018-01-22	2018-09-21	2018-09-21
2018-09-21	沪深300股指期货IF1903合约	IF1903	2018-07-23	2019-03-15	2019-03-15
2019-03-15	沪深300股指期货IF1909合约	IF1909	2019-01-21	2019-09-20	2019-09-20
2019-09-20	沪深300股指期货IF2003合约	IF2003	2019-07-22	2020-03-20	2020-03-20
2020-03-20	沪深300股指期货IF2009合约	IF2009	2020-01-20	2020-09-18	2020-07-31

资料来源(不含合约开立日和平仓日):中国金融期货交易所。

通过以上的8步套期保值方案,最大程度上满足了I公司长达3年零6个月的套期保值需求。以上的这种分步骤实施的套期保值方案就被称为滚动套期保值,下面就给出具体的定义与数学表达式。

2. 定义与数学表达式

滚动套期保值(rolling hedge),也称为**延展式套期保值**,具体是指当需要套期保值的期限比套期保值初始时刻所有可交易的期货合约期限更长时,在这种情形下,套期保值者只能在套期保值初始时刻开立可交易的期货合约头寸,然后在合约到期时对期货合约进行平仓,同时开立合约到期日更晚的可交易期货合约,从而将用于套期保值的期货合约在到期后不断向前延展续做,进而能够满足一个较长期限套期保值的需要。

假定套期保值的期间处于$[0,T]$,在期货市场上将依次挂牌交易期货合约1、期货合约2、期货合约3……期货合约N,后面挂牌的期货合约的到期日要晚于前面挂牌的期货合约。比如,期货合约2的到期日要晚于期货合约1,期货合约3的到期日又晚于期货合约2,以此类推。滚动套期保值就是可以采用以下策略。

在 0 时刻（套期保值初始日）：开立期货合约 1 的头寸，如果是多头套期保值，则开立多头头寸；相反，如果是空头套期保值，则开立空头头寸。同时，用 F_1 表示开立期货合约 1 的期货价格。

在 t_1 时刻：对期货合约 1 的头寸进行平仓，同时开立期货合约 2 的头寸，该操作称为**期货移仓**（futures transfer）；用 $\tilde{F}_1$ 表示期货合约 1 平仓时的期货价格，用 F_2 表示开立期货合约 2 的期货价格。

在 t_2 时刻：对期货合约 2 的头寸进行平仓，同时开立期货合约 3 的头寸；用 $\tilde{F}_2$ 表示期货合约 2 平仓时的期货价格，用 F_3 表示开立期货合约 3 的期货价格。

……

在 T 时刻（套期保值结束日）：对期货合约 N 的头寸进行平仓，用 $\tilde{F}_N$ 表示期货合约 N 平仓时的期货价格，整个套期保值就此结束。

根据以上的信息，可以得到在整个套期保值期间期货合约带来的盈亏金额，并且需要区分多头套期保值与空头套期保值这两种不同的情形。

情形 1，针对多头套期保值，套期保值期间期货合约盈亏金额记作 R_{long}，表达式如下：

$$R_{\text{long}} = (\tilde{F}_1 - F_1) + (\tilde{F}_2 - F_2) + (\tilde{F}_3 - F_3) + \cdots + (\tilde{F}_N - F_N) \quad (10\text{-}15)$$

情形 2，针对空头套期保值，套期保值期间期货合约盈亏金额记作 R_{short}，表达式如下：

$$R_{\text{short}} = (F_1 - \tilde{F}_1) + (F_2 - \tilde{F}_2) + (F_3 - \tilde{F}_3) + \cdots + (F_N - \tilde{F}_N) \quad (10\text{-}16)$$

需要注意的是，在式（10-15）和式（10-16）中，括号中的因子式就表示每次期货移仓的盈亏。比如，在式（10-15）中，因子式 $\tilde{F}_2 - F_2$ 就表示在多头套期保值期间针对期货合约 2 移仓的盈亏。因此，在整个滚动套期保值中，期货合约的最终盈亏就是每次期货移仓的盈亏之和。

3. Python 自定义函数

下面，为了计算的便利，通过 Python 自定义一个计算滚动套期保值期间期货合约盈亏的函数，具体的代码如下：

```
In [69]: def stack_roll(F_open,F_close,M,N,position):
    ...:     '''定义一个计算滚动套期保值期间期货合约盈亏的函数
    ...:     F_open: 代表期货合约开立时的期货价格，以数组格式输入。
    ...:     F_close: 代表期货合约平仓时的期货价格，以数组格式输入。
    ...:     M: 代表期货合约乘数。
    ...:     N: 代表持有期货合约的数量。
    ...:     position:代表期货合约的头寸方向,输入position='long'表示多头头寸,输入其他则表示空头头寸'''
    ...:     if position=='long':                        #多头套期保值
    ...:         profit_list=(F_close-F_open)*M*N        #计算每次期货合约移仓的盈亏
    ...:     else:                                       #空头套期保值
    ...:         profit_list=(F_open-F_close)*M*N        #计算每次期货合约移仓的盈亏
    ...:     profit_sum=np.sum(profit_list)              #计算套期保值期间期货合约的盈亏合计
    ...:     return profit_sum
```

在以上自定义的函数 stack_roll 中，只需要输入相应的期货价格、期货合约乘数、期货合约数量以及头寸方向等参数，就可以迅速计算得到滚动套期保值期间期货合约的盈亏金额。

4. 一个扩展后的案例

【例 10-12】沿用例 10-11 的信息，I 公司作为套期保值的空头，需要计算在整个套期保值期间，每次移仓的盈亏以及全部移仓的损益情况。这里假定除了在 2017 年 1 月 23 日（套期保值初始日）

开立合约以外，其他交易日的合约开立或者合约平仓均采用当天的合约结算价。表 10-13 展示了计算得到的整个滚动套期保值期间期货移仓盈亏情况。

表 10-13　整个滚动套期保值期间期货移仓盈亏情况
（空头套期保值并且持有 100 手空头头寸）

日期	合约开立		合约平仓		移仓盈亏（万元）
	合约名称	期货价格	合约名称	期货价格	
2017-01-23	沪深 300 股指期货 IF1709 合约	3300.00	—	—	
2017-09-15	沪深 300 股指期货 IF1803 合约	3790.60	沪深 300 股指期货 IF1709 合约	3833.40	$(3300-3833.4)\times 300\times 100=-1600.2$
2018-03-16	沪深 300 股指期货 IF1809 合约	3994.00	沪深 300 股指期货 IF1803 合约	4081.29	$(3790.6-4081.29)\times 300\times 100=-872.07$
2018-09-21	沪深 300 股指期货 IF1903 合约	3389.00	沪深 300 股指期货 IF1809 合约	3386.46	$(3994-3386.46)\times 300\times 100=1822.62$
2019-03-15	沪深 300 股指期货 IF1909 合约	3728.00	沪深 300 股指期货 IF1903 合约	3740.14	$(3389-3740.14)\times 300\times 100=-1053.42$
2019-09-20	沪深 300 股指期货 IF2003 合约	3918.20	沪深 300 股指期货 IF1909 合约	3932.45	$(3728-3932.45)\times 300\times 100=-613.35$
2020-03-20	沪深 300 股指期货 IF2009 合约	3526.80	沪深 300 股指期货 IF2003 合约	3624.55	$(3918.2-3624.55)\times 300\times 100=880.95$
2020-07-31	—	—	沪深 300 股指期货 IF2009 合约	4638.20	$(3526.8-4638.2)\times 300\times 100=-3334.2$
合计					−4769.67

从表 10-13 可以发现，在整个滚动套期保值期间，由于期货价格处于上升通道，因此期间一共发生的 7 次期货移仓中，仅 2 次实现了盈利，其余 5 次均为亏损，期货移仓合计亏损 4769.67 万元。此外，在 2017 年 1 月 23 日和 2020 年 7 月 31 日，沪深 300 指数 ETF 基金的净值分别是 3.023 元和 3.905 元，因此可以计算得到整个滚动套期保值期间，该基金的盈利是 $9900\text{万元}\times\left(\dfrac{3.905}{3.023}-1\right)=2888.46$（万元）。

综合以上的基金（基础资产）盈利与期货移仓亏损，通过滚动套期保值使得整体投资组合最终净亏损 1881.21 万元，因此滚动套期保值过程中的风险也绝对不容小觑。

下面，运用 Python 对例 10-12 的期货移仓进行分析，具体分为以下两个步骤。

第 1 步：运用自定义函数 stack_roll 计算滚动套期保值期间期货移仓盈亏合计数。具体的代码如下：

```
In [70]: price_open=np.array([3300.00,3790.60,3994.00,3389.00,3728.00,3918.20,3526.8])
#期货合约开立时的期货价格
    ...: price_close=np.array([3833.40,4081.29,3386.46,3740.14,3932.45,3624.55,4638.20])
#期货合约平仓时的期货价格

In [71]: M_future=300                    #沪深 300 股指期货合约乘数
    ...: N_future=100                    #持有沪深 300 股指期货合约的数量（空头）
```

```
In [72]: profit_sum=stack_roll(F_open=price_open,F_close=price_close,M=M_future,N=N_future,
position='short')    #计算滚动套期保值的盈亏
    ...: print('滚动套期保值期间期货移仓盈亏合计数',round(profit_sum,2))
滚动套期保值期间期货移仓盈亏合计数 -47696700.0
```

通过 Python 输出的数值与表 10-13 中计算得到的最终数值是完全吻合的。

第 2 步：将滚动套期保值期间期货移仓盈亏合计数分解至每次期货移仓，并且采用水平条形图进行可视化（见图 10-10），需要运用 4.4.2 节讲解的 barh 函数。具体的代码如下：

```
In [73]: profit_list=(price_open-price_close)*M_future*N_future   #计算每次期货移仓的盈亏
    ...: profit_list=list(profit_list)                             #将数组格式转换为列表格式
    ...: profit_list.append(profit_sum)                            #在列表末尾新增期货合约移仓盈亏合计数

In [74]: name=['IF1709合约','IF1803合约','IF1809合约','IF1903合约','IF1909合约','IF2003合约',
'IF2009合约','合计']    #创建期货合约名称的列表

In [75]: plt.figure(figsize=(9,6))
    ...: plt.barh(y=name,width=profit_list,height=0.6,label=u'期货移仓的盈亏额')
    ...: plt.xticks(fontsize=13)
    ...: plt.xlabel(u'盈亏额',fontsize=13)
    ...: plt.yticks(fontsize=13)
    ...: plt.title(u'滚动套期保值期间期货移仓的盈亏',fontsize=13)
    ...: plt.legend(loc=3,fontsize=13)         #图例放置在左下位置
    ...: plt.grid(True)
    ...: plt.show()
```

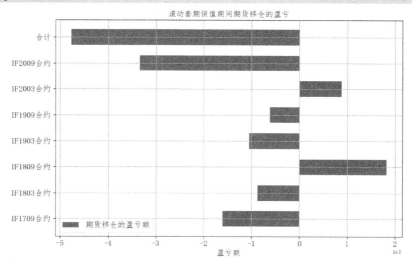

图 10-10 2017 年 1 月 23 日至 2020 年 7 月 31 日滚动套期保值期间期货移仓的盈亏情况

针对图 10-10 需要注意的是，横坐标的单位 1e7 代表 10^7。从图 10-10 中可以很清楚地看到仅沪深 300 股指期货 IF1809 合约和 IF2003 合约这两个合约的移仓实现了正收益，其他合约的移仓均实现了负收益。

此外，在这个滚动套期保值案例中，套期保值者运用每个期货合约进行套期保值的期限大致为 6 个月（除第一个和最后一个期货合约以外）。当然，套期保值者也可以每次选择期限更短（如 3

个月）的期货合约进行套期保值，因为期限越短的期货合约流动性就越强，但与此同时期货合约的移仓次数就会更多，套期保值者因而可能会承担更高的移仓风险。所以，在实施滚动套期保值策略过程中，需要在期货合约流动性与移仓风险之间做好平衡。

10.4 国债期货的套期保值

讨论完股指期货的套期保值，本节就聚焦于如何运用国债期货开展套期保值。由于国债期货的基础资产是国债，因此本节的内容将涵盖国债计息天数规则、国债报价等涉及国债期货的铺垫性知识，以及关于国债期货最终价格的构成、最廉价交割债券、基于久期的套期保值等核心技术细节。

10.4.1 计息天数规则

由于国债期货的基础资产是国债，国债一个很重要的变量是利息，而计算利息首先就要面临如何计算利息天数（简称"计息天数"）的问题。

计息天数定义了在一段时间内利息累计的方式。介于相邻两次票息支付日的期间被称为**参考期间**，通常而言在参考期间的利息是事前已知的。但是，对债券投资者而言，遇到的最常见问题是如何计算在某个**非参考期间**的利息，具体公式如下：

$$\text{非参考期间的利息} = \frac{\text{非参考期间头尾两个日期之间的天数}}{\text{参考期间的总天数}} \times \text{参考期间全部利息}$$

通常的惯例是将天数计算表示成 X/Y 的形式。当计算某个非参考期间的利息时，X 定义了该非参考期间头尾两个日期之间天数的计算方式，Y 定义了参考期间总天数的计算方式。目前，债券市场存在 3 种计息天数规则：

一是**实际天数/实际天数**，第 1 个实际天数表示非参考期间头尾两个日期之间的天数（算头不算尾，下同），第 2 个实际天数表示参考期间的总天数；

二是**实际天数/360**，这里的实际天数表示非参考期间头尾两个日期之间的天数，360 表示全年 360 天；

三是**实际天数/365**，这里的实际天数依然表示非参考期间头尾两个日期之间的天数，365 表示全年 365 天。

1. **一个案例**

【例 10-13】假定 J 投资者持有债券市场发行的国债——"20 附息国债 06"，表 10-14 列出了该国债的主要要素信息，持有国债的本金为 100 万元，票息支付日是债券存续期间的每年 5 月 21 日和 11 月 21 日，票面利率为每年 2.68%。该投资者希望通过 3 种不同的计息天数规则分别计算 2020 年 5 月 28 日至 10 月 16 日期间的利息。

表 10-14 20 附息国债 06 的主要要素信息

债券要素	要素说明
全称	2020 年记账式附息（六期）国债
发行人	中华人民共和国财政部
票面利率	2.68%

续表

债券要素	要素说明
起息日	2020 年 5 月 21 日
发行规模	1730.90 亿元
简称	20 附息国债 06
债券类型	记账式国债
付息频率	每年付息 2 次
到期日	2030 年 5 月 21 日
债券代码与交易市场	200006.IB（银行间债券市场） 019632.SH（上海证券交易所） 102006.SZ（深圳证券交易所） 200006.BC（商业银行柜台市场）

首先，按照"实际天数/实际天数"的计息天数规则计算利息。注意，参考期间是 2020 年 5 月 21 日至 11 月 21 日，实际天数共有 184 天（注意是算头不算尾），从 2020 年 5 月 28 日至 10 月 16 日期间的实际天数共有 141 天（依然是算头不算尾）。因此 2020 年 5 月 28 日至 10 月 16 日期间的利息金额如下：

$$\frac{141}{184} \times 2.68\% \times 0.5 \times 1000000 = 10268.48 \text{（元）}$$

其次，采用"实际天数/360"的计息天数规则，得到的期间利息金额如下：

$$\frac{141}{360} \times 2.68\% \times 1000000 = 10496.67 \text{（元）}$$

最后，采用"实际天数/365"的计息天数规则，得到的期间利息金额如下：

$$\frac{141}{365} \times 2.68\% \times 1000000 = 10352.88 \text{（元）}$$

通过以上的分析不难发现，按照"实际天数/360"的计息天数规则计算得到的利息金额最高，按照"实际天数/实际天数"的计息天数规则计算得到的利息金额最低。目前，我国国债采用"实际天数/实际天数"的计息天数规则计算利息，因此本章后面涉及的国债利息计算均采用该计息天数规则。

2. Python 自定义函数与编程

下面，针对例 10-13 按照 3 种不同的计息天数规则，通过 Python 计算期间的利息金额，分为两个步骤。

第 1 步：通过 Python 自定义一个计算债券利息的函数，在函数中需要区分不同计息天数规则。注意，由于会涉及时间对象，因此在定义函数之前，需要先导入在 5.4 节介绍的 datetime 模块。具体的代码如下：

```
In [76]: import datetime as dt                #导入datetime模块

In [77]: def accrued_interest(par,c,m,t1,t2,t3,t4,rule):
   ...:     '''定义一个按照不同计息天数规则计算债券期间的应计利息的函数
   ...:     par: 代表债券的本金。
   ...:     c: 代表债券的票面利率。
   ...:     m: 代表每年票息的支付频次。
   ...:     t1: 代表非参考期间的起始日，以datetime模块的时间对象方式输入。
   ...:     t2: 代表非参考期间的到期日，输入方式同t1。
```

```
   ...:         t3: 代表参考期间的起始日,输入方式同t1。
   ...:         t4: 代表参考期间的到期日,输入方式同t1。
   ...:         rule: 选择计息天数规则,输入rule='actual/actual'表示"实际天数/实际天数",
   ...:         rule='actual/360'表示"实际天数/360",输入其他则表示"实际天数/365" '''
   ...:         d1=(t2-t1).days              #计算非参考期间的天数
   ...:         if rule=="actual/actual":    #计息天数规则是"实际天数/实际天数"
   ...:             d2=(t4-t3).days          #计算参考期间的天数
   ...:             interest=(d1/d2)*par*c/m #计算期间利息
   ...:         elif rule=="actual/360":     #计息天数规则是"实际天数/360"
   ...:             interest=(d1/360)*par*c
   ...:         else:                        #计息天数规则是"实际天数/365"
   ...:             interest=(d1/365)*par*c
   ...:         return interest
```

在自定义函数 accrued_interest 中,输入债券本金、票面利率、票息支付频次、相关日期以及计息天数规则,就可以快速计算得到相应的期间利息金额。

第 2 步:运用第 1 步中的自定义函数 accrued_interest,计算在不同计息天数规则下 2020 年 5 月 28 日至 10 月 16 日期间的利息。具体的代码如下:

```
In [78]: par_TB06=1e6                        #20附息国债06本金
   ...:  C_TB06=0.0268                       #20附息国债06票面利率
   ...:  m_TB06=2                            #20附息国债06票面利率每年支付频次

In [79]: t1_TB06=dt.datetime(2020,5,28)      #20附息国债06的非参考期间起始日
   ...:  t2_TB06=dt.datetime(2020,10,16)     #20附息国债06的非参考期间到期日
   ...:  t3_TB06=dt.datetime(2020,5,21)      #20附息国债06的参考期间起始日
   ...:  t4_TB06=dt.datetime(2020,11,21)     #20附息国债06的参考期间到期日

In [80]: R1_TB06=accrued_interest(par=par_TB06,c=C_TB06,m=m_TB06,t1=t1_TB06,t2=t2_TB06,
t3=t3_TB06,t4=t4_TB06,rule='actual/actual')  #计算期间利息
   ...:  R2_TB06=accrued_interest(par=par_TB06,c=C_TB06,m=m_TB06,t1=t1_TB06,t2=t2_TB06,
t3=t3_TB06,t4=t4_TB06,rule='actual/360')
   ...:  R3_TB06=accrued_interest(par=par_TB06,c=C_TB06,m=m_TB06,t1=t1_TB06,t2=t2_TB06,
t3=t3_TB06,t4=t4_TB06,rule='actual/365')
   ...:  print("按照"实际天数/实际天数"的规则计算期间利息",round(R1_TB06,2))
   ...:  print("按照"实际天数/360"的规则计算期间利息",round(R2_TB06,2))
   ...:  print("按照"实际天数/365"的规则计算期间利息",round(R3_TB06,2))
按照"实际天数/实际天数"的规则计算期间利息 10268.48
按照"实际天数/360"的规则计算期间利息            10496.67
按照"实际天数/365"的规则计算期间利息            10352.88
```

以上输出的数值结果与前面手动计算的数值结果完全吻合。

10.4.2 国债的报价

在 7.2.1 节曾经提到过债券的价格分为净价和全价,这一价格规则当然也适用于国债,同时有效区分国债的净价和全价是准确理解国债期货价格的基础。国债的全价与净价之间满足如下的关系式:

国债的全价 = 国债的净价 + 上一个起息日至定价日期间的应计利息

下面,通过一个具体的国债案例演示如何通过 Python 计算国债的价格。

【例 10-14】沿用例 10-13 针对"20 附息国债 06"的相关信息,假定债券定价日是 2020 年 8 月 6 日,当天该债券连续复利的到期收益率是 3.01%,J 投资者希望计算该国债的全价、应计利息以及净价。相关的计算分为以下 3 个步骤。

10.4 国债期货的套期保值

第 1 步：运用 7.2.2 节的自定义函数 Bondprice_onediscount 计算该债券的全价。具体的代码如下：

```
In [81]: t_begin=dt.datetime(2020,5,21)          #20附息国债06起息日
    ...: t_mature=dt.datetime(2030,5,21)         #20附息国债06到期日
    ...: t_pricing=dt.datetime(2020,8,6)         #20附息国债06定价日
    ...: t_next1=dt.datetime(2020,11,21)         #20附息国债06下一次付息日

In [82]: N=((t_mature-t_pricing).days//365+1)*m_TB06   #剩余的票息支付次数

In [83]: tenor=(t_next1-t_pricing).days/365            #定价日距离下一次付息日的期限（年）

In [84]: t_list=np.arange(N)/2+tenor                   #剩余每期票息支付日距离定价日的期限（年）
    ...: t_list                                         #显示输出结果
Out[84]:
array([0.29315068, 0.79315068, 1.29315068, 1.79315068, 2.29315068,
       2.79315068, 3.29315068, 3.79315068, 4.29315068, 4.79315068,
       5.29315068, 5.79315068, 6.29315068, 6.79315068, 7.29315068,
       7.79315068, 8.29315068, 8.79315068, 9.29315068, 9.79315068])

In [85]: bond_par=100                              #债券本金
    ...: y_TB06=0.0301                             #20附息国债06连续复利的到期收益率

In [86]: def Bondprice_onediscount(C,M,m,y,t):     #7.2.2节的自定义函数
    ...:     '''定义一个基于单一贴现利率计算债券价格的函数
    ...:     C: 代表债券的票面利率，如果输入0则表示零息债券。
    ...:     M: 代表债券的本金（面值）。
    ...:     m: 代表债券票息每年支付的频次。
    ...:     y: 代表单一贴现利率。
    ...:     t: 代表定价日至后续每一期票息支付日的期限长度，用数组格式输入；零息债券可直接输入数字'''
    ...:     if C==0:                              #针对零息债券
    ...:         price=np.exp(-y*t)*M              #计算零息债券的价格
    ...:     else:                                 #针对带息债券
    ...:         coupon=np.ones_like(t)*M*C/m      #创建每一期票息金额的数组
    ...:         NPV_coupon=np.sum(coupon*np.exp(-y*t))   #计算每一期票息在定价日的现值之和
    ...:         NPV_par=M*np.exp(-y*t[-1])        #计算本金在定价日的现值
    ...:         price=NPV_coupon+NPV_par          #计算定价日的债券价格
    ...:     return price

In [87]: dirty_price=Bondprice_onediscount(C=C_TB06,M=bond_par,m=m_TB06,y=y_TB06, t=t_list)
#计算全价
    ...: print('2020年8月6日20附息国债06的全价',round(dirty_price,4))
2020年8月6日20附息国债06的全价 97.5823
```

从以上输出的结果可以得出，该国债在 2020 年 8 月 6 日的全价是 97.5823 元。

第 2 步：运用 10.4.1 节的自定义函数 accrued_interest，计算起息日（2020 年 5 月 21 日）至定价日（2020 年 8 月 6 日）期间的应计利息金额。具体的代码如下：

```
In [88]: bond_interest=accrued_interest(par=bond_par,c=C_TB06,m=m_TB06,t1=t_begin, t2=t_
pricing,t3=t_begin,t4=t_next1,rule='actual/actual')     #计算应计利息金额
    ...: print('2020年8月6日20附息国债06的应计利息金额',round(bond_interest,4))
2020年8月6日20附息国债06的应计利息金额 0.5608
```

通过第 2 步的计算得到，该国债在 2020 年 8 月 6 日的应计利息金额是 0.5608 元。

第 3 步：基于第 1 步和第 2 步的运算结果，计算 2020 年 8 月 6 日该国债的净价。具体的代码如下：

```
In [89]: clean_price=dirty_price-bond_interest                    #计算净价
    ...: print('2020年8月6日20附息国债06的净价',round(clean_price,4))
2020年8月6日20附息国债06的净价 97.0216
```

最终，计算得出在 2020 年 8 月 6 日该国债的净价是 97.0216 元。

10.4.3 国债期货最终价格

有了关于计息天数规则和国债报价知识的铺垫，接下来就讨论国债期货的价格。国债期货除了市场的报价以外，还有一个很重要的价格就是**国债期货最终价格**（invoice price），具体的表达式如下：

$$国债期货最终价格 = 国债期货价格 \times 转换因子 + 应计利息$$

在该表达式中，国债期货价格就是期货市场上的价格，而转换因子和应计利息则需要计算得到。下面就重点介绍国债期货的转换因子和应计利息。

1. 转换因子

根据 10.1.4 节关于国债期货的主要要素（见表 10-7），不难发现针对国债期货有一个比较宽泛的可交割债券标准。比如，针对 5 年期国债期货，可交割国债是发行期限不超过 7 年、合约到期月份首日剩余期限为 4 年至 5.25 年的记账式附息国债；但是该期货合约的基础资产（合约标的）是标准交割债券，也就是剩余期限为 5 年、票面利率为 3%的国债，其他的可交割国债需要按一定的比例折算成这种标准交割债券，这个折算比例就称为**转换因子**（conversion factor）。

转换因子的确定方式如下：假定所有期限的收益率为每年 3%，同时确定拟交割债券在国债期货到期日的剩余期限，将面值为 1 元的该债券在其剩余期限内的所有现金流（包括票息和本金）折算为现值，这个现值就是该债券的转换因子。直观上讲，转换因子实际上是一种债券价格，只不过这种债券价格是通过假定市场收益率是国债期货基础资产的票面利率，且收益率曲线为水平时计算得出的对应可交割债券的债券价格。

根据中金所官方网站公布的信息，针对国债期货，可交割债券转换因子的数学表达式如下：

$$CF = \frac{1}{\left(1+\frac{r}{m}\right)^{\frac{xm}{12}}}\left[\frac{c}{m}+\frac{c}{r}+\frac{\left(1-\frac{c}{r}\right)}{\left(1+\frac{r}{m}\right)^{n-1}}\right]-\frac{c}{m}\left(1-\frac{xm}{12}\right) \quad (10\text{-}17)$$

式（10-17）中的变量具体说明如下：

CF 表示可交割债券的转换因子；

r 表示国债期货基础资产的票面利率，即等于 3%；

x 表示国债期货交割月至可交割债券下一付息月的月份数，例如，国债期货交割月是 3 月，可交割债券下一付息月是 8 月，则相关月份数就是 5 个月；

n 表示国债期货交割日以后可交割债券的剩余付息次数；

c 表示可交割债券的票面利率；

m 表示可交割债券每年的付息次数。

下面，通过 Python 自定义一个计算可交割债券转换因子的函数，具体的代码如下：

```
In [90]: def CF(x,n,c,m):
    ...:     '''定义一个计算可交割债券转换因子的函数
    ...:     在定义过程中，国债期货基础资产（合约标的）的票面利率直接取 0.03
```

```
    ...:     x: 表示国债期货交割月至可交割债券下一付息月的月份数。
    ...:     n: 表示国债期货到期后可交割债券的剩余付息次数。
    ...:     c: 表示可交割债券的票面利率。
    ...:     m: 表示可交割债券每年的付息次数'''
    ...:     A=1/pow(1+0.03/m,x*m/12)              #式（10-17）方括号前面的因子式
    ...:     B=c/m+c/0.03+(1-c/0.03)/pow(1+0.03/m,n-1)  #式（10-17）方括号里面的表达式
    ...:     D=c*(1-x*m/12)/m                      #式（10-17）方括号后面的因子式
    ...:     value=A*B-D                           #计算转换因子
    ...:     return value
```

在以上自定义函数 CF 中，输入可交割债券的相关月份数、剩余付息次数、票面利率以及每年付息次数，就可以非常便捷地计算得到可交割债券转换因子。下面就通过一个国债期货的案例进行演示。

【例 10-15】假定分析的国债期货是在 2020 年 12 月 11 日到期并以 2020 年 12 月 16 日作为最后交割日的 10 年期国债期货 T2012 合约，将例 10-13 中提及的"20 附息国债 06"作为可交割债券，计算该债券的转换因子。

针对这个案例，关键是求出两个变量，一个是国债期货交割月至可交割债券下一付息月的月份数 x，另一个是国债期货到期后可交割债券的剩余付息次数 n。

由于国债期货的交割月是 12 月，20 附息国债 06 的下一付息月到期是 5 月，因此 $x=(12+5)-12=5$。

此外，由于 20 附息国债 06 的最后到期日是 2030 年 5 月 21 日，并且是每年支付两次票息，因此在国债期货最后交割日以后，该债券的剩余付息次数是 19。

将相关参数代入式（10-17），可以得到 20 附息国债 06 的转换因子如下：

$$CF = \frac{1}{\left(1+\frac{3\%}{2}\right)^{\frac{5\times 2}{12}}} \left[\frac{2.68\%}{2} + \frac{2.68\%}{3\%} + \frac{\left(1-\frac{2.68\%}{3\%}\right)}{\left(1+\frac{3\%}{2}\right)^{19-1}}\right] - \frac{2.68\%}{2}\left(1-\frac{5\times 2}{12}\right) = 0.9739$$

下面，运用自定义函数 CF 计算 20 附息国债 06 的转换因子，具体的代码如下：

```
In [91]: t_settle1=dt.datetime(2020,12,16)          #10年期国债期货T2012合约最后交割日
   ...: t_next2=dt.datetime(2021,5,21)              #20附息国债06在期货交割日之后的下一个付息日

In [92]: months=12+(t_next2.month-t_settle1.month)  #交割月至下一付息月的月份
   ...: months                                      #输出月份的结果
Out[92]: 5

In [93]: N2=((t_mature-t_settle1).days//365)*m_TB06+1  #20附息国债06在期货交割后的剩余付息次数
   ...: N2                                             #输出剩余付息次数的结果
Out[93]: 19

In [94]: CF_TB06=CF(x=months,n=N2,c=C_TB06,m=m_TB06)   #计算20附息国债06的转换因子
   ...: print('10年期国债期货T2012合约可交割债券20附息国债06的转换因子', round(CF_TB06,4))
10年期国债期货T2012合约可交割债券20附息国债06的转换因子 0.9739
```

以上输出的数值结果与前面手动计算的数值结果完全吻合。

2. 应计利息

下面讨论构成国债期货最终价格中的应计利息部分。10.4.1 节提到国债利息的计息天数规则是"实际天数/实际天数"，同时根据中金所官方网站披露的信息，针对每 100 元可交割国债的应计利

息计算公式如下：

$$应计利息 = \frac{可交割债券票面利率}{可交割债券每年付息次数} \times \frac{期货第2个交割日 - 可交割债券上一付息日}{当前付息周期的实际天数} \times 100$$

【例 10-16】沿用例 10-15 的信息，也就是将"20 附息国债 06"作为 10 年期国债期货 T2012 合约的可交割债券，同时该期货合约的第 2 个交割日是 2020 年 12 月 15 日，可交割债券在第 2 个交割日前的上一付息日是 2020 年 11 月 21 日，计算该可交割债券的应计利息。

这里首先需要计算的是当前付息周期的实际天数，该周期是国债期货第 2 个交割日所在的 20 附息国债 06 的付息周期，也就是从 2020 年 11 月 21 日至 2021 年 5 月 21 日，实际天数是 181 天；此外，2020 年 11 月 21 日（上一付息日）至 2020 年 12 月 15 日（国债期货第 2 个交割日）的天数是 24 天。因此，20 附息国债 06 的应计利息如下：

$$\frac{2.68\% \times 100}{2} \times \frac{24}{181} = 0.1777 \text{（元）}$$

下面，依然运用自定义函数 accrued_interest 计算 20 附息国债 06 作为可交割债券的应计利息，具体的代码如下：

```
In [95]: t_settle2=dt.datetime(2020,12,15)           #国债期货第2个交割日

In [96]: bond_interest2=accrued_interest(par=bond_par,c=C_TB06,m=m_TB06,t1=t_next1, t2=t_settle2,t3=t_next1,t4=t_next2,rule="actual/actual")   #计算应计利息
    ...: print("20 附息国债 06 作为可交割债券的应计利息",round(bond_interest2,4))
20 附息国债 06 作为可交割债券的应计利息 0.1777
```

以上输出的数值结果与前面手动计算的数值结果完全一致。

10.4.4 国债期货的最廉价交割

例 10-15 中提到的"20 附息国债 06"仅仅是 10 年期国债期货 T2012 合约诸多可交割债券中的一只，在国债期货交割日存在着多只符合交割要求的债券可用于交割。然而，可交割债券具有不同的票面利率与剩余期限，对理性的国债期货空头方而言，必然会从这些可交割债券中选出交割成本最低的债券用于交割。

1. 数学表达式与 Python 自定义函数

为了更清晰地说明问题，假定在国债期货交割日，由于国债期货采用实物交割，但是期货空头方手中并没有国债，空头方就需要从债券市场中买入用于交割的国债，然后向期货多头方交付国债，多头方则按照国债期货最终价格向空头方支付现金。

此时，空头方的现金流出、现金流入以及现金流出净额计算如下：

买入交割国债金额（现金流出）= 国债报价（净价）+ 应计利息

期货交割收到现金（现金流入）= 国债期货最终价格 = 期货价格×转换因子 + 应计利息

空头方现金流出净额（交割成本）= 买入交割国债金额 − 期货交割收到现金

= 国债报价 − 期货价格×转换因子

最廉价交割债券（Cheapest-To-Deliver bond，CTD bond）就是使得国债期货空头方现金流出净额（交割成本）实现最小化的国债。空头方可以通过考察每个潜在可交割债券的方式来确定最廉价交割债券。

为了计算的便利，通过 Python 自定义一个用于计算国债期货可交割债券的交割成本并找出最廉价交割债券的函数，具体的代码如下：

```
In [97]: def CTD_cost(price1,price2,CF,name):
    ...:     '''定义一个用于计算国债期货可交割债券的交割成本并找出最廉价交割债券的函数
    ...:     price1: 表示可交割债券的净价,用数组格式输入。
    ...:     price2: 表示国债期货的价格。
    ...:     CF: 表示可交割债券的转换因子,用数组格式输入。
    ...:     name: 表示可交割债券的名称,用数组格式输入'''
    ...:     cost=price1-price2*CF              #计算可交割债券的交割成本
    ...:     cost=pd.DataFrame(data=cost,index=name,columns=['交割成本'])   #转换为数据框
    ...:     CTD_bond=cost.idxmin()             #找出最廉价交割债券
    ...:     CTD_bond=CTD_bond.rename(index={'交割成本':'最廉价交割债券'})  #更改索引名称
    ...:     return cost,CTD_bond               #输出可交割债券的交割成本以及最廉价交割债券
```

在以上自定义函数 CTD_cost 中,输入可交割债券的净价、国债期货的价格、可交割债券的转换因子以及可交割债券的名称,就可以非常便捷地计算出相关可交割债券的交割成本并找出最廉价交割债券。同时,在函数的自定义过程中,用到了 pandas 模块的 idxmin 函数,该函数用于查找数据框中最小值的行索引值,具体用法详见 3.5.1 节的表 3-7。

2. 一个案例

【例 10-17】10 年期国债期货 T2012 合约在 2020 年 12 月 11 日(合约到期日)的结算价为 97.225 元,当时银行间债券市场共有 14 只国债可以用于交割(见表 10-15)。

表 10-15 10 年期国债期货 T2012 合约的可交割债券信息(银行间债券市场)

序号	债券简称	债券全称	票面利率	到期日	转换因子
1	18 附息国债 04	2018 年记账式附息(四期)国债	3.85%	2028-02-01	1.0544
2	17 附息国债 25	2017 年记账式附息(二十五期)国债	3.82%	2027-11-02	1.0509
3	18 附息国债 11	2018 年记账式附息(十一期)国债	3.69%	2028-05-17	1.0456
4	18 附息国债 19	2018 年记账式附息(十九期)国债	3.54%	2028-08-16	1.0367
5	17 附息国债 18	2017 年记账式附息(十八期)国债	3.59%	2027-08-03	1.0354
6	20 附息国债 16	2020 年记账式附息(十六期)国债	3.27%	2030-11-19	1.0230
7	19 附息国债 06	2019 年记账式附息(六期)国债	3.29%	2029-05-23	1.0214
8	18 附息国债 27	2018 年记账式附息(二十七期)国债	3.25%	2028-11-22	1.0175
9	20 附息国债 17	2020 年记账式附息(十七期)国债	3.28%	2027-12-03	1.0174
10	19 附息国债 15	2019 年记账式附息(十五期)国债	3.13%	2029-11-21	1.0101
11	20 附息国债 08	2020 年记账式附息(八期)国债	2.85%	2027-06-04	0.9912
12	20 抗疫国债 04	2020 年抗疫特别国债(四期)	2.86%	2030-07-16	0.9884
13	20 抗疫国债 02	2020 年抗疫特别国债(二期)	2.71%	2027-06-19	0.9830
14	20 附息国债 06	2020 年记账式附息(六期)国债	2.68%	2030-05-21	0.9739

资料来源:中国金融期货交易所官方网站。

为了简化计算,假定 K 金融机构作为国债期货的空头方,希望从"20 附息国债 06""19 附息国债 15"以及"20 抗疫国债 04"这 3 只可交割债券中挑选出最廉价交割债券进行交割,这 3 只可交割债券的主要要素及相关信息如表 10-16 所示。

刚才已经提到过,10 年期国债期货 T2012 合约在 2020 年 12 月 11 日的结算价是 97.225 元。因此,这 3 只可交割债券的交割成本如表 10-17 所示。

显然,从表 10-17 中不难发现,在 3 只可交割债券中,20 抗疫国债 04 的交割成本是最低的,因此 K 金融机构可以将 20 抗疫国债 04 作为最廉价交割债券从债券市场中买入并且用于国债期货到期的交割。

表 10-16　3 只可交割债券的主要要素及相关信息

债券 要素	债券 1	债券 2	债券 3
债券全称	2020 年记账式附息（六期）国债	2019 年记账式附息（十五期）国债	2020 年抗疫特别国债（四期）
债券简称	20 附息国债 06	19 附息国债 15	20 抗疫国债 04
票面利率	2.68%	3.13%	2.86%
起息日	2020-05-21	2019-11-21	2020-07-16
到期日	2030-05-21	2029-11-21	2030-07-16
转换因子	0.9739	1.0101	0.9884
债券净价	94.9870	98.6951	96.1669
付息次数	每年付息 2 次		

资料来源：Wind。

表 10-17　3 只可交割债券的交割成本

债券简称	交割成本（元）
20 附息国债 06	$94.9870 - 97.225 \times 0.9739 = 0.2996$
19 附息国债 15	$98.6951 - 97.225 \times 1.0101 = 0.4881$
20 抗疫国债 04	$96.1669 - 97.225 \times 0.9884 = 0.0697$

下面，利用自定义函数 CTD_cost，求出这 3 只可交割债券的交割成本以及找出最廉价交割债券，具体的代码如下：

```
In [98]: price_3bond=np.array([94.9870,98.6951,96.1669])    #3只可交割债券的净价
   ...: price_T2012=97.225                                   #国债期货的结算价格
   ...: CF_3bond=np.array([0.9739,1.0101,0.9884])            #3只可交割债券的转换因子

In [99]: name_3bond=np.array(['20 附息国债06','19 附息国债15','20 抗疫国债04'])   #3只可交割债券的名称

In [100]: result=CTD_cost(price1=price_3bond,price2=price_T2012,CF=CF_3bond, name=name_3bond)    #计算结果

In [101]: result[0]                                          #输出3只可交割债券的交割成本
Out[101]:
              交割成本
20 附息国债 06   0.299572
19 附息国债 15   0.488128
20 抗疫国债 04   0.069710

In [102]: result[-1]                                         #输出最廉价交割债券
Out[102]:
最廉价交割债券     20 抗疫国债 04
dtype: object
```

到这里，读者可能会有疑问，为什么会产生最廉价交割债券呢？这是因为在计算转换因子时，对于不同期限的现金流运用了相同的贴现率，显然这并不符合真实的利率曲线结构，在这种情况下，转换因子就无法准确地调整交割价格，由此造成的偏差会使得某些可交割债券在交割时的价格相对优于其他债券，最终就会产生最廉价交割债券。

最廉价交割债券由债券现货市场价格、市场利率水平、收益率曲线的形状以及债券的剩余期限

等许多因素决定。在确定最廉价交割债券时，通常而言，当收益率曲线向上倾斜时，转换因子倾向于将剩余期限较长的债券作为最廉价交割债券；当收益率曲线向下倾斜时，转换因子倾向于将剩余期限较短的债券作为最廉价交割债券。当然，这仅仅是经验之谈，并非绝对如此。

10.4.5 基于久期的套期保值策略

1. 数学表达式

假定持有一个与利率相关的投资组合（例如债券投资组合），现在考虑如何运用国债期货对冲该投资组合的利率风险。需要定义如下变量。

V_F 表示 1 手国债期货合约的价格，该价格不同于国债期货价格，具体的表达式如下：

$$1手国债期货合约的价格 = \frac{1手国债期货合约基础资产对应的国债面值 \times 国债期货价格}{100}$$

根据 10.1.4 节的表 10-7 可知，2 年期国债期货的基础资产是面值为 200 万元的国债，5 年期国债期货和 10 年期国债期货的基础资产均是面值为 100 万元的国债。

P 表示被套期保值的投资组合在套期保值到期日的远期价值，为了计算的便利，通常用投资组合的当前市值代替。

D_F 表示国债期货合约基础资产在套期保值到期日的久期（麦考利久期）。

D_P 表示被套期保值的投资组合在套期保值到期日的久期（麦考利久期）。

假定对应于所有期限，到期收益率曲线的变动是向上或向下平行移动的并且变动金额为 Δy，运用 7.3.1 节所讨论的债券麦考利久期重要关系式（7-8），有如下近似的等式：

$$\Delta P \approx -PD_P\Delta y \quad （10\text{-}18）$$

$$\Delta V_F \approx -V_F D_F \Delta y \quad （10\text{-}19）$$

其中，ΔP 表示被套期保值的投资组合价格变化，ΔV_F 表示国债期货合约价格变化。

因此，结合式（10-18）和式（10-19），用于对冲到期收益率变动 Δy 的风险所需要的国债期货合约数量的表达式如下：

$$N^* = \frac{\Delta P}{\Delta V_F} = \frac{PD_P}{V_F D_F} \quad （10\text{-}20）$$

式（10-20）中的 N^* 就是**基于久期的套保比率**（duration based hedge ratio），也称为**价格敏感套保比率**（price sensitivity hedge ratio）。利用式（10-20）可以在理论上使得包含国债期货合约的整体投资组合麦考利久期降至 0。

下面，用 Python 自定义一个计算基于久期套期保值的国债期货合约数量的函数，具体的代码如下：

```
In [103]: def N_TBF(Pf,par,value,Df,Dp):
     ...:     '''定义一个计算基于久期套期保值的国债期货合约数量的函数
     ...:     Pf: 表示国债期货价格。
     ...:     par: 表示1手国债期货合约基础资产对应的国债面值。
     ...:     value: 表示被套期保值的投资组合当前市值。
     ...:     Df: 表示国债期货合约基础资产在套期保值到期日的麦考利久期。
     ...:     Dp: 表示被套期保值的投资组合在套期保值到期日的麦考利久期'''
     ...:     value_TBF=Pf*par/100          #计算1手国债期货合约的价格
     ...:     N=value*Dp/(value_TBF*Df)     #计算国债期货合约数量
     ...:     return N
```

在以上自定义函数 N_TBF 中,输入国债期货报价、1 手国债期货合约基础资产对应的国债面值、被套期保值的投资组合当前市值以及相关久期,就可以快速计算得到用于套期保值的国债期货合约数量。

当然,运用国债期货进行套期保值时,比较复杂的是需要在假设某一特定国债将被用于交割的前提下确定国债期货合约基础资产在套期保值到期日的久期值 D_F。这意味着套期保值者在实施套期保值时,首先需要估计哪只国债可能是最廉价交割债券,D_F 就等于该国债的久期。如果利率环境发生了变化,导致其他国债变为最廉价交割债券,套期保值原则上需要动态调整,因此实际的套期保值往往达不到预期的完美效果。

此外,由于市场利率与国债期货价格呈现相反变动,也就是当利率上升时国债期货价格下降,当利率下降时国债期货价格上升。因此,针对因利率下降而导致损失的金融机构,可以用国债期货的多头头寸进行套期保值;相反,针对因利率上升而导致损失的金融机构,可以用国债期货的空头头寸进行套期保值。同时,套期保值者应当选择基础资产的久期尽量接近于被套期保值资产的久期的国债期货合约。

2. 一个案例

【例 10-18】假定在 2020 年 8 月 17 日,一家管理市值为 10 亿元的债券投资组合(债券基金)的 L 基金公司预测在未来 1 个月内市场利率会出现比较大的不利变动,进而影响到债券投资组合的价格。因此,L 基金公司决定利用 9 月到期的国债期货对债券投资组合进行套期保值。假定套期保值到期日是 2020 年 9 月 11 日,债券投资组合的麦考利久期为 8.68。对于较长久期的投资组合,需用运用 10 年期国债期货 T2009 合约进行套期保值,该合约到期日为 2020 年 9 月 11 日,在 2020 年 8 月 17 日的结算价是 99.51 元,1 手 10 年期国债期货合约基础资产是面值为 100 万元的国债。

假定最廉价交割债券依然是例 10-17 中计算得到的"20 抗疫国债 04",在债券到期收益率为 2.95%(连续复利)并且在套期保值到期日,计算出债券久期为 8.608,这也就意味着国债期货合约基础资产在套期保值到期日的久期值 D_F=8.608。

L 基金公司需要运用国债期货的空头头寸对债券投资组合进行套期保值,需要持有国债期货空头头寸的数量可以通过式(10-20)计算得出,具体合约数量如下:

$$N^* = \frac{1000000000 \times 8.68}{\frac{99.51 \times 1000000}{100} \times 8.608} = 1013.33$$

对计算的结果进行四舍五入,最终 L 基金公司需要持有 1013 手 10 年期国债期货 T2009 合约空头头寸才能有效规避债券投资组合在未来 1 个月内的利率波动风险。

下面,运用 Python 演示相关的计算过程,分为两个步骤完成。

第 1 步:运用 7.3.1 节的自定义函数 Mac_Duration,计算 20 抗疫国债 04 在套期保值到期日 (2020 年 9 月 11 日)的债券久期。具体的代码如下:

```
In [104]: C_TB04=0.0286                              #20 抗疫国债 04 票面利率
     ...: y_TB04=0.0295                              #20 抗疫国债 04 到期收益率
     ...: m_TB04=2                                   #20 抗疫国债 04 票面利率每年支付次数
     ...: par_TB04=100                               #20 抗疫国债 04 面值

In [105]: t_T2009=dt.datetime(2020,9,11)             #10 年期国债期货 T2009 合约到期日(套期保值到期日)
     ...: t1_TB04=dt.datetime(2021,1,16)             #20 抗疫国债 04 下一次付息日
     ...: t2_TB04=dt.datetime(2030,7,16)             #20 抗疫国债 04 到期日

In [106]: N_TB04=((t2_TB04-t_T2009).days//365+1)*m_TB04  #套期保值到期日之后 20 抗疫国债 04 剩余的
```

票息支付次数

```
In [107]: tenor=(t1_TB04-t_T2009).days/365        #套期保值到期日距离20抗疫国债04下一次付息日的期限

In [108]: t_list=np.arange(N_TB04)/m_TB04+tenor   #套期保值到期日距离20抗疫国债04剩余现
金流支付日的期限数组

In [109]: def Mac_Duration(C,M,m,y,t):            #7.3.1节的自定义函数
     ...:     '''定义一个计算债券麦考利久期的函数
     ...:     C：代表债券的票面利率。
     ...:     M：代表债券的面值。
     ...:     m：代表债券票息每年支付的频次。
     ...:     y：代表债券的到期收益率（连续复利）。
     ...:     t：代表定价日至后续每一期现金流支付日的期限长度，用数组格式输入；零息债券可直接输入数字'''
     ...:     if C==0:                            #针对零息债券
     ...:         duration=t                     #计算零息债券的麦考利久期
     ...:     else:                              #针对带票息债券
     ...:         coupon=np.ones_like(t)*M*C/m    #创建每一期票息金额的数组
     ...:         NPV_coupon=np.sum(coupon*np.exp(-y*t))  #计算每一期票息在定价日的现值之和
     ...:         NPV_par=M*np.exp(-y*t[-1])      #计算本金在定价日的现值
     ...:         Bond_value=NPV_coupon+NPV_par   #计算定价日的债券价格
     ...:         cashflow=coupon                 #现金流数组并初始设定等于票息
     ...:         cashflow[-1]=M*(1+C/m)          #现金流数组最后的元素调整为票息与本金之和
     ...:         weight=cashflow*np.exp(-y*t)/Bond_value  #计算时间的权重
     ...:         duration=np.sum(t*weight)       #计算带票息债券的麦考利久期
     ...:     return duration

In [110]: D_TB04=Mac_Duration(C=C_TB04,M=par_TB04,m=m_TB04,y=y_TB04,t=t_list)    #计算套期
保值到期日20抗疫国债04的麦考利久期
     ...: print('2020年9月11日（套期保值到期日）20抗疫国债04的麦考利久期',round(D_TB04,4))
2020年9月11日（套期保值到期日）20抗疫国债04的麦考利久期 8.608
```

从以上的输出结果可以看到，在2020年9月11日（套期保值到期日），20抗疫国债04的麦考利久期等于8.608，这就意味着用于套期保值的10年期国债期货T2009合约的久期等于8.608。

第2步：运用自定义函数N_TBF，计算基于久期套期保值的国债期货合约数量。具体的代码如下：

```
In [111]: par_T2009=1e6        #1手10年期国债期货T2009合约基础资产对应的国债面值
     ...: price_T2009=99.51    #10年期国债期货T2009合约在2020年8月17日的结算价
     ...: value_fund=1e9       #债券投资组合（债券基金）的市值
     ...: D_fund=8.68          #债券投资组合的麦考利久期

In [112]: N_T2009=N_TBF(Pf=price_T2009,par=par_T2009,value=value_fund,Df=D_TB04, Dp=D_fund)
#计算国债期货合约数量
     ...: print('用于对冲债券投资组合的10年国债期货T2009合约数量',round(N_T2009,2))
用于对冲债券投资组合的10年国债期货T2009合约数量 1013.33
```

以上输出的数值结果与前面手动计算的数值结果是完全一致的。

到这里，第10章的内容就讨论完毕了，这也意味着中阶篇的终结。从第11章开始，将进入本书最具有挑战性但魅力依然十足的高阶篇。

10.5　本章小结

无论是成熟市场还是新兴市场，期货作为套期保值的工具正越来越受到关注。本章在介绍期货

交易所、期货合约品种以及典型期货合约要素的基础上，结合 Python 以及众多的期货市场案例展开对期货定价和套期保值的分析。首先，剖析了影响期货价格与现货价格之间关系的因素、期货价格表达式以及期货价格的收敛性特征；随后，结合股指期货，讨论了多头套期保值、空头套期保值、追加保证金的风险、基差风险、交叉套期保值、最优套期保值比率、套期保值的最优合约数量、滚动套期保值和移仓风险等内容；接着，探讨了国债计息天数规则、国债报价等针对国债期货的铺垫性知识；最后，论述了国债期货最终价格所涉及的转换因子和应计利息，以及最廉价交割债券和基于久期的国债期货套期保值。

10.6 拓展阅读

本章的内容参考了以下的资料。

[1]《期权与期货市场基本原理（原书第 8 版）》是衍生产品大师约翰·赫尔的三部曲之一，这本书是关于期货等衍生产品的入门级著作，不仅内容比较全面，而且有一些业界案例。

[2]《股指期货（第二版）》由中国期货业协会编写，这本书是一本关于股指期货的普及性读物，尤其是针对运用股指期货开展套期保值和资产组合管理等方面，提供了一些值得借鉴的案例。

[3]《国债期货与利率衍生品在风险管控中的应用》（作者是郑适和陈晓轩），这本书针对我国的国债期货以及如何将其运用于利率风险管理做了较为详细的分析，兼顾理论性和实战性。

Part 03

第 3 篇 高阶篇

第 11 章　运用 Python 分析期权定价

第 12 章　运用 Python 测度期权希腊字母与隐含波动率

第 13 章　运用 Python 构建期权交易策略

第 14 章　运用 Python 分析期权延伸性应用

第 15 章　运用 Python 测量风险价值

第 11 章 运用 Python 分析期权定价

本章导读

期权（option）是一种金融合约，该合约赋予持有人（多头）在合约到期日或该日期之前的合约存续期内以特定价格买入或卖出某种基础资产的权利。据了解，期权交易最早可追溯至公元前 1200 年古希腊人和古腓尼基人的海上贸易，在公元前 4 世纪古希腊哲学家亚里士多德所著的《政治学》一书中也有类似于期权交易的相关记载。1973 年全球首个期权交易所——芝加哥期权交易所成立，正式开启有组织、标准化的期权交易。2019 年 2 月 25 日，国内 A 股期权市场交易的"50ETF 购 2 月 2800 合约"的价格在一天内飙涨近 192 倍，引起金融市场广泛关注。如何计算期权的盈亏？影响期权价格的因素有哪些？如何对期权进行定价？本章将结合 A 股期权市场的案例并借助 Python 来回答这些问题。

本章的内容涵盖以下几个主题。

- 简要介绍 A 股期权市场的发展历程，描述上证 50ETF 期权、沪深 300ETF 期权以及沪深 300 股指期权等合约的要素，并可视化典型期权合约的价格走势。
- 探讨期权类型、看涨期权和看跌期权在到期日的盈亏情况，以及连通看跌期权与看涨期权的重要恒等式——看跌-看涨平价关系式。
- 讨论欧式期权定价的布莱克-斯科尔斯-默顿模型，刻画期权价格与基础资产价格、行权价格、波动率、无风险收益率和期权期限等变量之间的关系。
- 探究欧式期权定价的二叉树模型，并且由浅入深地依次分析一步二叉树模型、两步二叉树模型以及 N 步二叉树模型。
- 剖析美式期权定价的二叉树模型，并比较美式期权与欧式期权在价值上的异同。

11.1 A 股期权市场简介

以 A 股股票或指数作为基础资产的期权（简称"A 股期权"）最早可以追溯至 1992 年

6月推出的首只权证,并且期权在较长时间内以权证的形式存在。在经历了市场的诸多坎坷与曲折后,随着上证50ETF期权、沪深300ETF期权和沪深300股指期权的推出,A股期权市场才步入正规。本节就对A股期权市场做概览性介绍。

11.1.1 权证市场

A股期权最早以权证的形式亮相,并且权证市场的发展可分为两个阶段:第一阶段是权证的试点,时间为1992年6月至1996年6月;第二阶段是权证的重启并终结,时间为2005年8月至2011年8月。

1. 权证的试点

A股市场的第一只权证于1992年6月推出,当时的权证名称是"大飞乐配股权证"。第一次掀起权证热潮的是1992年10月30日发行的中长期认股权证——宝安权证。宝安权证是由上市公司——深圳市宝安企业(集团)股份有限公司(现更名为"中国宝安集团股份有限公司")于1992年10月30日向老股东发行的,期限为1年,发行数量为2640万张。此后,上海证券交易所、深圳证券交易所在1994年、1995年开始推出转配股权证。

由于当时的A股市场才刚刚起步,市场主体自我约束能力和市场创新能力严重不足,法律法规不健全,监管能力和效率不高,导致权证市场过度投机,损害了普通投资者的权益,因此监管层在1996年6月底暂停了权证交易。

2. 权证的重启并终结

阔别近10年后,权证在A股市场又再度回归。这次权证的出现有其特殊的历史意义,主要目的是解决A股市场独有的股权分置问题。

2005年7月18日,沪深证券交易所同时颁布了《权证管理暂行办法》,为权证产品复出奠定了制度基础。

随后,宝钢权证——宝钢JTB1于2005年8月22日在上海证券交易所正式挂牌交易,标志着权证重新回归。

2005年11月21日上海证券交易所发布《关于证券公司创设武钢权证有关事项的通知》,通知明确规定取得中国证券业协会创新活动试点资格的证券公司可作为"创设人"创设权证(卖空权证)。

2005年11月28日,10家创新类券商创设的11.27亿份武钢认沽权证上市。

2007年6月21日,第一只以现金行权的股改权证南航JTP1上市。

2011年8月18日,伴随着最后一只权证长虹CWB1的到期日,权证完成了它的历史使命,从此彻底退出了历史舞台。

针对这次权证的重启并终结,有许多复杂的原因。一方面是监管层为了顺利地推进股权分置改革,重新推出了权证,将权证作为非流通股股东支付给流通股股东的对价,以减轻对股票二级市场的冲击。另一方面是权证以其高杠杆性和"T+0"的交易特性吸引了众多个人投资者参加,中小投资者成为权证投资的主力军;但是,在缺乏对权证正确认识的前提下,大量中小投资者盲目开展权证交易,不少中小投资者将权证等同于股票,最终损失惨重。

11.1.2 股票期权合约

2015年2月9日,上海证券交易所正式挂牌交易上证50ETF期权,这意味着A股市场在权证谢幕3年多以后迎来了全新的股票期权产品,2015年也被称为"股票期权元年"。在成功推出上证50ETF

期权约 5 年后，沪深证券交易所于 2019 年 12 月 23 日同时上市了沪深 300ETF 期权。沪深证券交易所推出的股票期权合约是由交易所统一制定交易规则，并且规定多头（买方）有权在将来特定时间以特定价格买入或者卖出约定股票或者跟踪股票指数的交易型开放式指数基金（简称"ETF 基金"）等基础资产的标准化期权合约。表 11-1 整理了在沪深证券交易所挂牌交易的股票期权合约的主要要素。

表 11-1 在沪深证券交易所挂牌交易的股票期权合约的主要要素

合约品种	上证 50ETF 期权	沪深 300ETF 期权	
交易所	上海证券交易所	上海证券交易所	深圳证券交易所
合约标的（基础资产）	上证 50 交易型开放式指数证券投资基金（简称"50ETF 基金"，代码为 510050）	华泰柏瑞沪深 300 交易型开放式指数证券投资基金（简称"300ETF 基金"，代码为 510300）	嘉实沪深 300 交易型开放式指数证券投资基金（简称"300ETF 基金"，代码为 159919）
合约类型	认购期权（看涨期权）和认沽期权（看跌期权）		
合约单位	10000 份		
合约到期月份	当月、下月及随后两个季月 （举例说明：假定今天是 2020 年 8 月 18 日，则合约到期月份分别是 2020 年 8 月、9 月、12 月以及 2021 年 3 月）		
行权价格	9 种（1 种平值合约、4 种虚值合约、4 种实值合约）		
行权价格间距	3 元或以下为 0.05 元； 3 元至 5 元（含）为 0.1 元； 5 元至 10 元（含）为 0.25 元； 10 元至 20 元（含）为 0.5 元； 20 元至 50 元（含）为 1 元； 50 元至 100 元（含）为 2.5 元； 100 元以上为 5 元		
行权方式	到期日行权（欧式期权）		
交割方式	实物交割（业务规则另有规定的除外）		
到期日	合约到期月份的第 4 个星期三（遇国家法定节假日顺延）		
行权日	同到期日，行权指令提交时间为上午 9:15—9:25、9:30—11:30，下午 13:00—15:30		
交收日	行权日次一交易日		
交易时间	上午 9:15—9:25、9:30—11:30（9:15—9:25 为开盘集合竞价时间）； 下午 13:00—15:00（14:57—15:00 为收盘集合竞价时间）		
买卖类型	买入开仓、买入平仓、卖出开仓、卖出平仓、备兑开仓、备兑平仓以及业务规则规定的其他买卖类型		
最小报价单位	0.0001 元		
申报单位	1 张或其整数倍		
涨跌幅限制	（1）认购期权最大涨幅 = max｛合约标的前收盘价 × 0.5%，min [(2 × 合约标的前收盘价–行权价格), 合约标的前收盘价] × 10%｝； （2）认购期权最大跌幅 = 合约标的前收盘价 × 10%； （3）认沽期权最大涨幅 = max｛行权价格 × 0.5%，min [(2 × 行权价格–合约标的前收盘价), 合约标的前收盘价] × 10%｝； （4）认沽期权最大跌幅 = 合约标的前收盘价 × 10%		

续表

熔断机制	连续竞价期间，期权合约盘中交易价格较最近参考价格涨跌幅度达到或者超过50%且价格涨跌绝对值达到或者超过5个最小报价单位时，期权合约进入3分钟的集合竞价交易阶段
开仓保证金最低标准	（1）认购期权义务仓开仓保证金 = [合约前结算价+max(12%×合约标的前收盘价−认购期权虚值, 7%×合约标的前收盘价)]×合约单位； （2）认沽期权义务仓开仓保证金 = min[合约前结算价+max(12%×合约标的前收盘价−认沽期权虚值, 7%×行权价格), 行权价格]×合约单位
维持保证金最低标准	（1）认购期权义务仓维持保证金 = [合约结算价+max(12%×合约标的收盘价−认购期权虚值, 7%×合约标的的收盘价)]×合约单位； （2）认沽期权义务仓维持保证金 = min[合约结算价+max(12%×合约标的收盘价−认沽期权虚值, 7%×行权价格), 行权价格]×合约单位

注：表中涉及的一些期权专业术语将在11.2.1节给出具体的解释。
资料来源：上海证券交易所、深圳证券交易所官方网站。

沪深证券交易所官方网站提供了相关期权每日交易数据的下载服务。这里就以在上海证券交易所挂牌的2020年12月到期、行权价格为3.5元的"300ETF购12月3500合约"（代码为10002496）为例，该合约的上市首日是2020年4月23日，到期日是2020年12月23日，运用Python对该合约存续期间的每日最低价、最高价和结算价走势进行可视化（见图11-1），具体的代码如下：

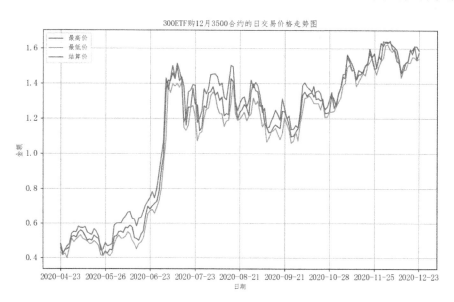

图11-1 上海证券交易所挂牌的300ETF购12月3500合约的日交易价格走势图

```
In [1]: import numpy as np
   ...: import pandas as pd
   ...: import matplotlib.pyplot as plt
   ...: from pylab import mpl
   ...: mpl.rcParams['font.sans-serif']=['FangSong']
   ...: mpl.rcParams['axes.unicode_minus'] = False
   ...: from pandas.plotting import register_matplotlib_converters
```

```
   ...: register_matplotlib_converters()
In [2]: option_300ETF=pd.read_excel('C:/Desktop/300ETF购12月3500合约每日价格数据.xlsx',
sheet_name="Sheet1",header=0,index_col=0)    #导入外部数据
In [3]: option_300ETF.plot(figsize=(9,6),title=u'300ETF购12月3500合约的日交易价格走势图',
grid=True, fontsize=13)    #可视化
   ...: plt.ylabel(u'金额', fontsize=11)    #增加纵坐标标签
Out[3]:
```

从图 11-1 可以看到，300ETF 购 12 月 3500 合约在 2020 年 6 月初至 7 月中旬（7 月 13 日）出现了一波快速拉升行情，结算价从 0.6 元大幅上涨至 1.5 元，涨幅达到 150%。相比之下，同期沪深 300 指数仅上涨 25.5%，这体现出期权极强的杠杆效应。

此外，除了沪深证券交易所推出的股票期权，依据 2018 年 5 月中国证监会发布的《关于进一步加强证券公司场外期权业务监管的通知》以及中国证券业协会发布的《关于进一步加强证券公司场外期权业务自律管理的通知》等规定，目前国内部分证券公司有资格开展场外个股期权业务，针对个股期权基础资产的股票设定如下的准入标准：（1）在沪深证券交易所上市交易超过 6 个月；（2）非 ST、*ST 股票；（3）上证 180 指数、上证 380 指数、深证成分股指数、深证中小创新指数的成分股票，A+H 股上市公司在沪深证券交易所上市的 A 股；（4）流通市值不低于 50 亿元。

11.1.3 股指期权合约

1983 年 3 月全球首只股指期权产品在芝加哥期权交易所上市。至今股指期权已有近 40 年的历史，并成为当前全球最活跃的衍生产品之一，广泛地应用于风险管理、资产配置和产品创新等领域。

经中国证监会批准，沪深 300 股指期权于 2019 年 12 月 23 日在中国金融期货交易所正式挂牌交易，2019 年也被称为"股指期权元年"。发展股指期权产品是推进多层次资本市场建设的重要举措，对 A 股市场健康发展具有深远意义。表 11-2 整理了在中国金融期货交易所挂牌交易的沪深 300 股指期权合约要素信息。

表 11-2　在中国金融期货交易所挂牌交易的沪深 300 股指期权合约要素信息

合约要素	具体说明
合约标的（基础资产）	沪深 300 指数
合约乘数	每点 100 元
合约类型	看涨期权、看跌期权
报价单位	指数点
最小变动价位	0.2 点
每日价格最大波动限制	上一交易日沪深 300 指数收盘价的 ±10%
合约到期月份	当月、下两个月及随后 3 个季月 （举例说明：假定今天是 2020 年 8 月 18 日，则合约到期月份分别是 2020 年 8 月、9 月、10 月、12 月以及 2021 年 3 月和 6 月）
行权价格间距	1. 对当月与下两个月合约 （1）行权价格≤2500 点时，行权价格间距为 25 点； （2）2500 点＜行权价格≤5000 点时，行权价格间距为 50 点； （3）5000 点＜行权价格≤10000 点时，行权价格间距为 100 点；

续表

合约要素	具体说明
行权价格间距	（4）行权价格＞10000点时，行权价格间距为200点。 2. 对随后3个季月合约 （1）行权价格≤2500点时，行权价格间距为50点； （2）2500点＜行权价格≤5000点时，行权价格间距为100点； （3）5000点＜行权价格≤10000点时，行权价格间距为200点； （4）行权价格＞10000点时，行权价格间距为400点
行权方式	欧式期权
交易时间	上午 9:30—11:30，下午 13:00—15:00
最后交易日	合约到期月份的第3个星期五（遇国家法定节假日顺延）
到期日	同最后交易日
交割方式	现金交割
交易代码	看涨期权：IO 合约月份-C-行权价格； 看跌期权：IO 合约月份-P-行权价格

注：表中的沪深300股指期权合约乘数是每点100元。相比之下，沪深300股指期货合约乘数是每点300元（见10.1.3节的表10-6）。
资料来源：中国金融期货交易所官方网站。

中国金融期货交易所官方网站提供了相关期权每日交易数据的下载服务。这里就以2020年12月到期、行权价格为4000点的"沪深300股指沽12月4000合约"（代码为IO2012-P-4000）为例，该合约上市首日是2019年12月23日，到期日是2020年12月18日，运用Python绘制合约每日交易的最高价、最低价和结算价走势图（见图11-2），具体的代码如下：

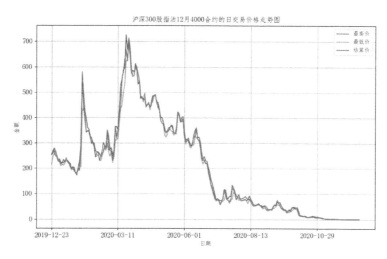

图11-2 沪深300股指沽12月4000合约的日交易价格走势图

```
In [4]: option_HS300=pd.read_excel('C:/Desktop/沪深300股指沽12月4000合约每日价格数据.xlsx',
sheet_name="Sheet1",header=0,index_col=0)    #导入外部数据
```

```
In [5]: option_HS300.plot(figsize=(9,6),title=u'沪深300股指沽12月4000合约的日交易价格走势图',
grid=True, fontsize=12)     #可视化
   ...: plt.ylabel(u'金额', fontsize=11)    #增加纵坐标标签
Out[5]:
```

从图11-2可以看到，沪深300股指沽12月4000合约的日交易价格的走势是"先扬后抑"的，从首个挂牌日的200余点上攻至2020年3月中旬最高突破700点，随后开始逐步下行并且最终向0收敛。

11.2 期权类型与到期盈亏

本节将介绍期权的类型和相关要素，并且详细讨论看涨期权、看跌期权在到期时的盈亏情况以及看跌-看涨平价关系式这个在期权领域极为重要的等式。

11.2.1 期权的类型和要素

在期权市场上，期权可以分成看涨期权和看跌期权这两种基本类型。**看涨期权**（call option），也称**认购期权**，是指给期权持有人在未来某一时刻有权利以约定价格买入基础资产的金融合约；相反，**看跌期权**（put option），也称**认沽期权**，则是指给期权持有人在未来某一时刻有权利以约定价格卖出基础资产的金融合约。

期权还可以分为欧式期权和美式期权。**欧式期权**（European option）只有在合约到期日才能行使期权（行权），沪深证券交易所推出的股票期权以及中国金融期货交易所推出的股指期权都属于欧式期权。**美式期权**（American option）则可以在合约到期日之前的任何时刻行使期权，国内证券公司推出的场外个股期权合约中就有美式期权。在理论上，欧式期权比美式期权更容易分析，当然美式期权的一些性质也常常可以从相应欧式期权的性质中推导出来。

期权的买入方被称为期权的**多头**、**持有人**或**权利方**，期权的卖出方被称为期权的**空头**、**沽出方**或**义务方**。因此，期权市场中有4类参与者：一是看涨期权的买入方，二是看涨期权的卖出方，三是看跌期权的买入方，四是看跌期权的卖出方。

为了便于阅读，本书统一使用"多头"这一术语表示期权的买入方，使用"空头"这一术语表示期权的卖出方。

需要强调的是，期权的多头只有权利而无义务，具体而言就是看涨期权赋予多头买入某个基础资产的权利，但是多头可以放弃买入该基础资产的权利；同样，看跌期权赋予多头卖出某个基础资产的权利，但是多头可以放弃卖出该基础资产的权利。

在期权中会明确合约**到期日**（expiration date），合约中约定的买入价格或者卖出价格则称为**行权价格**（exercise price），也称为执行价格。

当然，期权多头拥有这项权利是需要付出代价的，也就是必须以一定金额的**期权费**（premium），也称**权利金**或**期权价格**，作为对价支付给空头以后才能获得该项权利，并且期权费是在合约达成或者购买时就需要支付的。

11.2.2 看涨期权的到期盈亏

看涨期权多头希望基础资产价格上涨。为了便于理解，首先通过一个案例讲解看涨期权到期时

的盈亏情况，然后推导出更加一般的盈亏表达式。

1. 一个案例

【例 11-1】假定 A 投资者在 2020 年 8 月 20 日买入基础资产为 10000 股工商银行 A 股、行权价格为 5.3 元/股的欧式看涨期权，购买时工商银行 A 股（代码为 601398）股价恰好是 5 元/股，期权到期日为 6 个月以后（2021 年 2 月 20 日），期权费是 0.1 元/股，A 投资者最初投资 $10000 \times 0.1 = 1000$ 元，也就是一份看涨期权的期权费是 1000 元。

由于期权是欧式期权，因此 A 投资者只有在合约到期日才能行使期权。下面，考虑 3 种情形。

情形 1：在期权到期日，股价低于行权价格 5.3 元/股，期权不会被行使。假定股价下跌至 4.8 元/股，A 投资者不会行使期权，因为没有必要以行权价格 5.3 元/股买入股票，而可以在股票市场以 4.8 元/股的价格购买股票。因此，A 投资者将损失全部 1000 元的初始投资，这也是 A 投资者亏损的最大值。

情形 2：在期权到期日，股价高于行权价格 5.3 元/股，期权会被行使。例如，在期权到期日，股价上涨至 5.8 元/股，通过行使期权，A 投资者可以按照 5.3 元/股的行权价格买入 10000 股股票，同时立刻将股票在市场上出售，每股可以获利 0.5 元，共计获利 5000 元。将最初的期权费考虑在内，A 投资者的净盈利为 5000 - 1000 = 4000 元，这里假定不考虑股票买卖本身的交易费用。

情形 3：在期权到期日，股价等于行权价格 5.3 元/股，期权被行使与不被行使是无差异的，此时 A 投资者也是损失全部 1000 元的初始投资。

此外，空头与多头之间是零和关系，多头的盈利就是空头的损失，同样多头的损失就是空头的盈利。

2. 抽象的表达式与 Python 代码

结合例 11-1 并且不失一般性，假设 K 代表期权的行权价格，S_T 代表基础资产在期权到期时的价格。在期权到期时，欧式看涨期权多头的盈亏是 $\max(S_T - K, 0)$，空头的盈亏则是 $-\max(S_T - K, 0)$。

如果用 C 表示看涨期权的期权费，在考虑了期权费以后，在期权到期时，欧式看涨期权多头的盈亏是 $\max(S_T - K - C, -C)$，空头的盈亏则是 $-\max(S_T - K - C, -C)$。

下面，运用 Python 将例 11-1 讨论的股票期权在到期时的盈亏情况进行可视化（见图 11-3），同时，在期权到期日工商银行 A 股股价是在 [4.0,7.0] 区间取等差数列，具体的代码如下：

```
In [6]: S=np.linspace(4,7,200)                    #期权到期时工商银行A股股价的等差数列
   ...: K_call=5.3                                #看涨期权的行权价格
   ...: C=0.1                                     #看涨期权的期权费
   ...: N=10000                                   #一份看涨期权对应基础资产工商银行A股的数量

In [7]: profit1_call=N*np.maximum(S-K_call,0)     #期权到期时不考虑期权费的收益
   ...: profit2_call=N*np.maximum(S-K_call-C,-C)  #期权到期时考虑期权费以后的收益

In [8]: plt.figure(figsize=(9,6))
   ...: plt.subplot(1,2,1)                        #第1个子图
   ...: plt.plot(S,profit1_call,'b-',label=u'不考虑期权费的期权多头收益',lw=2.5)
   ...: plt.plot(S,profit2_call,'b--',label=u'考虑期权费的期权多头收益',lw=2.5)
   ...: plt.xlabel(u'工商银行A股价格',fontsize=13)
   ...: plt.xticks(fontsize=13)
   ...: plt.ylabel(u'期权盈亏',fontsize=13)
   ...: plt.yticks(fontsize=13)
```

```
   ...: plt.title(u'看涨期权到期日多头的盈亏', fontsize=13)
   ...: plt.legend(fontsize=12)
   ...: plt.grid()
   ...: plt.subplot(1,2,2)                               #第2个子图
   ...: plt.plot(S,-profit1_call,'r-',label=u'不考虑期权费的期权空头收益',lw=2.5)
   ...: plt.plot(S,-profit2_call,'r--',label=u'考虑期权费的期权空头收益',lw=2.5)
   ...: plt.xlabel(u'工商银行A股价格',fontsize=13)
   ...: plt.xticks(fontsize=13)
   ...: plt.yticks(fontsize=13)
   ...: plt.title(u'看涨期权到期日空头的盈亏', fontsize=13)
   ...: plt.legend(fontsize=12)
   ...: plt.grid()
   ...: plt.show()
```

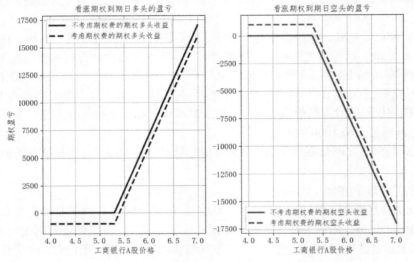

图 11-3　看涨期权到期日的盈亏（多头和空头）

图 11-3 显示了在例 11-1 中，A 投资者作为看涨期权多头、交易对手作为看涨期权空头的盈亏与工商银行 A 股（基础资产）价格之间的关系。显然，股价与期权的盈亏之间并不是线性关系。此外，从图 11-3 中也可以发现，看涨期权多头的潜在收益在理论上是无限的，但亏损是有限的；相反，看涨期权空头的潜在损失是无限的，而盈利则是有限的。这就是期权多头与空头之间风险的不对称性。

11.2.3　看跌期权的到期盈亏

与看涨期权多头相反的是，看跌期权多头则希望基础资产价格下跌。为了便于理解，参照 11.2.2 节的思路，依然用一个案例讨论在合约到期时看跌期权的盈亏情况，然后推导出更为一般的盈亏表达式。

1. 一个案例

【例 11-2】假定 B 投资者于 2020 年 8 月 11 日买入基础资产为 10000 股工商银行 A 股、行权价格为 5.1 元/股的欧式看跌期权，购买时工商银行 A 股股价也是 5 元/股，期权到期日为 12 个月以后

（2021 年 8 月 11 日），期权费是 0.2 元/股，B 投资者最初投资 $10000 \times 0.2 = 2000$ 元，也就是一份看跌期权的期权费是 2000 元。同样分 3 种情形进行讨论。

情形 1：在期权到期日，股价低于行权价格 5.1 元/股，期权会被行使。依然假定股价下跌至 4.8 元/股，B 投资者就能以 5.1 元/股的价格卖出 10000 股股票。因此在不考虑期权费的情况下，B 投资者每股盈利为 0.3 元，即总收益为 3000 元；将最初的期权费 2000 元考虑在内，B 投资者的净收益为 1000 元。

情形 2：在期权到期日，股价高于行权价格 5.1 元/股，期权不会被行使。例如，在期权到期日，股价依然上涨至 5.8 元/股。此时看跌期权在理论上会变得一文不值，B 投资者当然也就不会行使期权，损失就是最初的期权费 2000 元，这也是 B 投资者最大的亏损额。

情形 3：在期权到期日，股价等于行权价格 5.1 元/股，期权被行使与不被行使依然是无差异的，此时 B 投资者将损失全部 2000 元的初始期权费。

2. 抽象的表达式与 Python 代码

结合例 11-2 并且不失一般性，可以得到在不考虑初始期权费的情况下，欧式看跌期权多头的盈亏为 $\max(K-S_T, 0)$，欧式看跌期权空头的盈亏则是 $-\max(K-S_T, 0)$，相关数学符号的含义与 11.2.2 节的看涨期权保持一致。

如果用 P 表示看跌期权的期权费，在考虑了期权费以后，在期权到期时，欧式看跌期权多头的盈亏是 $\max(K-S_T-P, -P)$，空头的盈亏则是 $-\max(K-S_T-P, -P)$。

下面，依然用 Python 将例 11-2 讨论的看跌期权到期时的盈亏情况进行可视化（见图 11-4），在期权到期日工商银行 A 股股价依然是在 [4.0, 7.0] 区间取等差数列，具体的代码如下：

```
In [9]: K_put=5.1                                       #看跌期权的行权价格
   ...: P=0.2                                           #看跌期权的期权费

In [10]: profit1_put=N*np.maximum(K_put-S,0)            #期权到期时不考虑期权费的收益
   ...: profit2_put=N*np.maximum(K_put-S-P,-P)          #期权到期时考虑期权费以后的收益

In [11]: plt.figure(figsize=(9,6))
   ...: plt.subplot(1,2,1)                              #第1个子图
   ...: plt.plot(S,profit1_put,'b-',label=u'不考虑期权费的期权多头收益',lw=2.5)
   ...: plt.plot(S,profit2_put,'b--',label=u'考虑期权费的期权多头收益',lw=2.5)
   ...: plt.xlabel(u'工商银行A股价格',fontsize=13)
   ...: plt.xticks(fontsize=13)
   ...: plt.ylabel(u'期权盈亏',fontsize=13)
   ...: plt.yticks(fontsize=13)
   ...: plt.title(u'看跌期权到期日多头的盈亏', fontsize=13)
   ...: plt.legend(fontsize=12)
   ...: plt.grid()
   ...: plt.subplot(1,2,2)                              #第2个子图
   ...: plt.plot(S,-profit1_put,'r-',label=u'不考虑期权费的期权空头收益',lw=2.5)
   ...: plt.plot(S,-profit2_put,'r--',label=u'考虑期权费的期权空头收益',lw=2.5)
   ...: plt.xlabel(u'工商银行A股价格',fontsize=13)
   ...: plt.xticks(fontsize=13)
   ...: plt.yticks(fontsize=13)
   ...: plt.title(u'看跌期权到期日空头的盈亏', fontsize=13)
   ...: plt.legend(fontsize=12)
   ...: plt.grid()
   ...: plt.show()
```

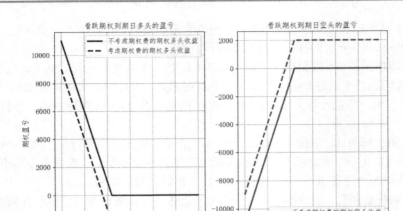

图 11-4　看跌期权到期日的盈亏（多头和空头）

图 11-4 显示了在例 11-2 中，B 投资者作为看跌期权多头、交易对手作为看跌期权空头的盈亏与期权到期日股票价格之间的关系。对比图 11-3，不难发现看跌期权就是看涨期权的一个镜像反映。同时要注意的是，看跌期权多头的损失虽然是有限的，但是潜在的收益也是有限的，因为基础资产的价格（比如股票价格）不可能为负数。

此外，按照基础资产价格与期权行权价格的大小关系，期权可以划分为**实值期权**（in-the-money option）、**平价期权**（at-the-money option）和**虚值期权**（out-of-the-money option）。表 11-3 梳理了这 3 类期权的数学特征，并且表中的 S 代表基础资产价格，K 代表期权行权价格。

表 11-3　实值期权、平价期权和虚值期权的数学特征

	实值期权	平价期权	虚值期权
看涨期权	$S>K$	$S=K$	$S<K$
看跌期权	$S<K$	$S=K$	$S>K$

此外，针对看涨期权当基础资产价格 S 远高于期权行权价格 K 时，或者针对看跌期权当基础资产价格 S 远低于期权行权价格 K 时，期权就称为**深度实值期权**（deep-in-the-money option）；同理，针对看涨期权当基础资产价格 S 远低于期权行权价格 K 时，或者针对看跌期权当基础资产价格 S 远高于期权行权价格 K 时，期权就称为**深度虚值期权**（deep-out-of-the-money option）。

11.2.4　看跌-看涨平价关系式

在前面讨论图 11-4 的过程中，已经提到看跌期权的到期盈亏是看涨期权的一个镜像反映。那么，这两类期权在价格上是否存在一定的关系呢？下面，讨论具有相同行权价格、相同期限的欧式看跌期权、欧式看涨期权在价格上的一个重要恒等关系式，针对该关系式就先从两个特殊的投资组合讲起。

1. 两个投资组合

首先，考虑以下两个投资组合在期权到期时的盈亏情况。

A 投资组合：一份欧式看涨期权和一份在 T 时刻到期的本金为 K 的无风险零息债券。

B 投资组合：一份欧式看跌期权和一份基础资产。

这里需要假设看涨期权与看跌期权具有相同的行权价格 K 与相同的合约期限 T。

对于 A 投资组合而言，无风险零息债券在期权到期日也就是债券到期日（T 时刻）的价值显然等于 K，而对于看涨期权则分 3 种情形讨论。

情形 1：在 T 时刻，基础资产价格 $S_T > K$，A 投资组合中的欧式看涨期权会被行权。此时，A 投资组合的价值是 $(S_T - K) + K = S_T$。

情形 2：在 T 时刻，基础资产价格 $S_T < K$，A 投资组合中的欧式看涨期权没有价值。此时，A 投资组合的价值为 K。

情形 3：在 T 时刻，基础资产价格 $S_T = K$，A 投资组合中的欧式看涨期权依然没有价值（与情形 2 相似）。此时，A 投资组合的价值为 K 或者 S_T，并且 $K = S_T$。

对于 B 投资组合而言，依然分 3 种情形讨论。

情形 1：在 T 时刻，基础资产价格 $S_T > K$，B 投资组合中的欧式看跌期权没有价值。此时，B 投资组合的价值就是仅剩下基础资产的价值，投资组合的价值等于 S_T。

情形 2：在 T 时刻，基础资产价格 $S_T < K$，B 投资组合中的欧式看跌期权会被行使。此时，B 投资组合的价值为 $(K - S_T) + S_T = K$。

情形 3：在 T 时刻，基础资产价格 $S_T = K$，B 投资组合中的欧式看跌期权依然没有价值（与情形 1 相似）。此时，B 投资组合的价值等于 S_T 或者 K，并且 $S_T = K$。

综合以上的分析，当 $S_T > K$ 时，在 T 时刻两个投资组合的价值均为 S_T；当 $S_T < K$ 时，在 T 时刻两个投资组合的价值均为 K；当 $S_T = K$ 时，在 T 时刻两个投资组合的价值也是相等的。换言之，在 T 时刻（期权到期日），两个投资组合的价值均为：

$$\max(S_T, K)$$

由于 A 投资组合与 B 投资组合中的期权均为欧式期权，因此在期权到期之前均不能行使期权。既然两个投资组合在 T 时刻均有相同的收益，那么在期权存续期内也应该有相同的价值。否则，会出现无风险套利机会。套利者可以买入价格低的投资组合，与此同时卖空价格高的投资组合进行无风险套利。无风险套利收益就是两个投资组合价值的差额。

2. 数学表达式和 Python 自定义函数

在期权初始日，A 投资组合中的欧式看涨期权和无风险零息债券的价值分别表示为 c 和 Ke^{-rT}，B 投资组合中的欧式看跌期权和基础资产的价值分别表示为 p 和 S_0，因此就有如下等式：

$$c + Ke^{-rT} = p + S_0 \tag{11-1}$$

注意，式（11-1）中的 r 是连续复利的无风险收益率（无风险利率）。式（11-1）就是**看跌-看涨平价关系式**（put-call parity）。

将式（11-1）略做变换，就可以得到：

$$c = p + S_0 - Ke^{-rT} \tag{11-2}$$

$$p = c + Ke^{-rT} - S_0 \tag{11-3}$$

根据式（11-2）可以看到，如果已知欧式看跌期权价格，就可以得出相同行权价格、相同期限的欧式看涨期权价格。同理，根据式（11-3）可以看到，如果已知欧式看涨期权价格，就可以得出相同行权价格、相同期限的欧式看跌期权价格。

下面，运用 Python 自定义一个通过看跌-看涨平价关系式计算欧式看涨、看跌期权价格的函数，具体的代码如下：

```
In [12]: def option_parity(opt,c,p,S,K,r,T):
    ...:     '''定义一个通过看跌-看涨平价关系式计算欧式看涨、看跌期权价格的函数
    ...:     opt: 代表需要计算的欧式期权类型，输入opt='call'表示计算看涨期权价格，输入其他则表示计算看跌期权价格。
    ...:     c: 代表看涨期权价格，如果计算看涨期权价格，则输入c='Na'。
    ...:     p: 代表看跌期权价格，如果计算看跌期权价格，则输入p='Na'。
    ...:     S: 代表期权基础资产的价格。
    ...:     K: 代表期权的行权价格。
    ...:     r: 代表连续复利的无风险收益率。
    ...:     T: 代表期权的期限（年）'''
    ...:     from numpy import exp              #导入NumPy模块的exp函数
    ...:     if opt=='call':                    #针对欧式看涨期权
    ...:         value=p+S-K*exp(-r*T)          #计算欧式看涨期权价格
    ...:     else:                              #针对欧式看跌期权
    ...:         value=c+K*exp(-r*T)-S          #计算欧式看跌期权价格
    ...:     return value
```

在以上自定义函数 option_parity 中，输入期权类型、期权价格、基础资产价格、行权价格、无风险收益率以及期权期限等参数，就可以非常方便地通过看跌-看涨平价关系式计算得到相关的期权价格。

3. 一个案例

【例 11-3】在 2020 年 8 月 20 日，以工商银行 A 股为基础资产、行权价格为 5.2 元/股、期限为 3 个月的欧式看涨期权的市场报价是 0.15 元，欧式看跌期权的市场报价是 0.3 元。当天工商银行 A 股收盘价为 5 元/股，以 3 个月期 Shibor 作为无风险收益率，当天报价是 2.601%并且是连续复利。通过看跌-看涨平价关系式判断期权报价是否合理，如果报价不满足看跌-看涨平价关系式则如何实施套利。

将以上参数代入式（11-2）和（11-3），就可以计算得出满足看跌-看涨平价关系式的欧式看涨、看跌期权的价格，具体如下：

$$c = p + S_0 - Ke^{-rT} = 0.3 + 5 - 5.2 \times e^{-2.601\% \times 0.25} = 0.1337 \text{（元）}$$

$$p = c + Ke^{-rT} - S_0 = 0.15 + 5.2 \times e^{-2.601\% \times 0.25} - 5 = 0.3163 \text{（元）}$$

显然，通过以上的计算，不难发现看涨期权报价被高估，看跌期权报价则被低估。因此可以通过持有看涨期权的空头头寸并卖空零息债券（相当于卖空 A 投资组合），同时持有看跌期权的多头头寸并买入基础资产（相当于买入 B 投资组合），从而实现无风险套利。

下面运用 Python 自定义函数 option_parity，分别计算满足看跌-看涨平价关系式的看涨期权、看跌期权价格，具体的代码如下：

```
In [13]: price_call=0.15                #看涨期权报价
    ...: price_put=0.3                  #看跌期权报价
    ...: S_ICBC=5.0                     #工商银行A股价格
    ...: K_ICBC=5.2                     #期权行权价格
    ...: shibor=0.02601                 #3个月期Shibor
    ...: tenor=3/12                     #期权期限（年）

In [14]: value_call=option_parity(opt='call',c='Na',p=price_put,S=S_ICBC,K=K_ICBC,r=shibor,T=tenor)    #计算看涨期权价格
    ...: value_put=option_parity(opt='put',c=price_call,p='Na',S=S_ICBC,K=K_ICBC,r=shibor,T=tenor)    #计算看跌期权价格
```

```
...: print('运用看跌-看涨平价关系式得出欧式看涨期权价格', round(value_call,4))
...: print('运用看跌-看涨平价关系式得出欧式看跌期权价格', round(value_put,4))
运用看跌-看涨平价关系式得出欧式看涨期权价格 0.1337
运用看跌-看涨平价关系式得出欧式看跌期权价格 0.3163
```

以上输出的数值结果与前面手动计算的数值结果是吻合的。

11.3 欧式期权定价——布莱克-斯科尔斯-默顿模型

在 20 世纪 70 年代初，费希尔·布莱克（Fisher Black）、迈伦·斯科尔斯（Myron Scholes）和罗伯特·默顿（Robert Merton）在欧式期权定价研究领域取得了重大的理论突破，提出了欧式期权的定价模型，该模型被称为**布莱克-斯科尔斯-默顿模型**，也简称为 **BSM 模型**。

11.3.1 模型介绍

1. 模型假设条件

需要注意的是，布莱克-斯科尔斯-默顿模型存在以下 7 个假设条件。

假设条件 1：短期无风险收益率是已知的，并且在期权存续期内保持不变。

假设条件 2：期权基础资产是股票，并且股票价格服从几何布朗过程，关于这一点在 8.3.3 节做过比较充分的阐述。

假设条件 3：在期权存续期内，股票不支付股息，也就是基础资产不存在期间收益。

假设条件 4：不存在交易费用和税收。

假设条件 5：可以借入资金购买股票，并且股票可以无限分割。

假设条件 6：可以卖空股票，并且可以充分使用卖空所获得的资金。

假设条件 7：市场不存在无风险套利机会。

此外，模型在推导过程中用到了一个非常重要的微分方程，具体如下：

$$\frac{\partial f}{\partial t} + rS\frac{\partial f}{\partial S} + \frac{1}{2}\frac{\partial^2 f}{\partial S^2}\sigma^2 S^2 = rf \tag{11-4}$$

其中，式（11-4）中的 f 表示看涨期权价格，S 表示期权基础资产的价格，r 表示连续复利的无风险收益率，σ 表示基础资产价格百分比变化（收益率）的波动率。式（11-4）就是著名的**布莱克-斯科尔斯-默顿微分方程**，该微分方程的解就是欧式看涨期权的定价表达式。下面就直接给出欧式看涨期权定价的数学表达式。

2. 模型的数学表达式与 Python 自定义函数

欧式看涨期权的定价公式如下：

$$c = S_0 N(d_1) - Ke^{-rT} N(d_2) \tag{11-5}$$

通过 11.2.4 节讨论的看跌-看涨平价关系式（11-3），可以得到欧式看跌期权的定价公式如下：

$$p = Ke^{-rT} N(-d_2) - S_0 N(-d_1) \tag{11-6}$$

其中，

$$d_1 = \frac{\ln(S_0/K) + (r + \sigma^2/2)T}{\sigma\sqrt{T}}$$

$$d_2 = \frac{\ln(S_0/K)+(r-\sigma^2/2)T}{\sigma\sqrt{T}} = d_1 - \sigma\sqrt{T}$$

式（11-5）和式（11-6）中的变量说明如下：c 与 p 分别代表欧式看涨、看跌期权的价格，S_0 代表基础资产在期权定价日的价格，K 代表期权的行权价格，r 代表连续复利的无风险收益率，σ 代表基础资产价格百分比变化（收益率）的年化波动率，T 代表期权定价日距离合约到期日的期限并且单位是年，$N(·)$ 代表标准正态分布的累积分布函数。

下面，通过 Python 自定义一个运用布莱克-斯科尔斯-默顿模型计算欧式看涨、看跌期权价格的函数，同时，在编写代码过程中需要运用 5.1.5 节提及的 SciPy 子模块 stats 的 norm 函数（见表 5-9）及 cdf 函数（见表 5-10），具体的代码如下：

```
In [15]: def option_BSM(S,K,sigma,r,T,opt):
    ...:     '''定义一个运用布莱克-斯科尔斯-默顿模型计算欧式期权价格的函数
    ...:     S: 代表期权基础资产的价格。
    ...:     K: 代表期权的行权价格。
    ...:     sigma: 代表基础资产收益率的波动率（年化）。
    ...:     r: 代表连续复利的无风险收益率。
    ...:     T: 代表期权的期限（年）。
    ...:     opt: 代表期权类型，输入opt='call'表示看涨期权，输入其他则表示看跌期权'''
    ...:     from numpy import log,exp,sqrt     #从NumPy模块导入log、exp、sqrt这3个函数
    ...:     from scipy.stats import norm        #从SciPy的子模块stats导入norm函数
    ...:     d1=(log(S/K)+(r+pow(sigma,2)/2)*T)/(sigma*sqrt(T))  #计算参数d1
    ...:     d2=d1-sigma*sqrt(T)                                  #计算参数d2
    ...:     if opt=='call':                                      #针对欧式看涨期权
    ...:         value=S*norm.cdf(d1)-K*exp(-r*T)*norm.cdf(d2)    #计算期权价格
    ...:     else:                                                #针对欧式看跌期权
    ...:         value=K*exp(-r*T)*norm.cdf(-d2)-S*norm.cdf(-d1)  #计算期权价格
    ...:     return value
```

在以上自定义函数 option_BSM 中，输入基础资产价格、期权行权价格、波动率、无风险收益率、期权期限以及期权类型，就可以快速计算得到期权价格。下面通过一个具体的案例进行演示。

3. 一个案例

【例 11-4】沿用例 11-3 的信息，也就是考虑基础资产是工商银行 A 股股票、期限为 3 个月、期权的行权价格为 5.2 元/股的欧式看涨、看跌期权，2020 年 8 月 20 日股票收盘价是 5.0 元/股，无风险收益率运用 3 个月期 Shibor 并且等于 2.601%，股票收益率的年化波动率是 20.5%，运用布莱克-斯科尔斯-默顿模型计算当天期权的价格。

首先，将这些参数代入 d_1 和 d_2 的表达式中，就可以得到：

$$d_1 = \frac{\ln(S_0/K)+(r+\sigma^2/2)T}{\sigma\sqrt{T}} = \frac{\ln(5/5.2)+(2.601\%+20.5\%^2/2)\times 0.25}{20.5\%\times\sqrt{0.25}} = -0.2680$$

$$d_2 = d_1 - \sigma\sqrt{T} = -0.2680 - 20.5\%\times\sqrt{0.25} = -0.3705$$

接着，运用式（11-5）可以得到欧式看涨期权价格如下：

$$c = S_0 N(d_1) - Ke^{-rT}N(d_2) = 5\times N(-0.2680) - 5.2\times e^{-0.02601\times 0.25}\times N(-0.3705) = 0.1351$$

最后，运用式（11-6）可以得到欧式看跌期权价格如下：

$$p = Ke^{-rT}N(-d_2) - S_0 N(-d_1) = 5.2\times e^{-0.02601\times 0.25}\times N(0.3705) - 5\times N(0.2680) = 0.3014$$

下面，运用自定义函数 option_BSM 计算欧式看涨、看跌期权价格，具体的代码如下：

```
In [16]: sigma_ICBC=0.205                              #工商银行A股收益率的年化波动率

In [17]: call_BSM=option_BSM(S=S_ICBC,K=K_ICBC,sigma=sigma_ICBC,r=shibor,T=tenor,opt='call')
#计算看涨期权价格
    ...: put_BSM=option_BSM(S=S_ICBC,K=K_ICBC,sigma=sigma_ICBC,r=shibor,T=tenor,opt='put')
#计算看跌期权价格
    ...: print('运用布莱克-斯科尔斯-默顿模型得到欧式看涨期权价格', round(call_BSM,4))
    ...: print('运用布莱克-斯科尔斯-默顿模型得到欧式看跌期权价格', round(put_BSM,4))
运用布莱克-斯科尔斯-默顿模型得到欧式看涨期权价格 0.1351
运用布莱克-斯科尔斯-默顿模型得到欧式看跌期权价格 0.3014
```

以上输出的数值结果与前面手动计算的数值结果完全一致，也就是在 2020 年 8 月 20 日欧式看涨期权价格等于 0.1351 元，欧式看跌期权价格等于 0.3014 元。

通过布莱克-斯科尔斯-默顿模型不难发现，存在 5 个影响期权价格的变量，具体如下：一是当前基础资产价格 S_0，二是期权的行权价格 K，三是期权期限 T，四是基础资产的波动率 σ，五是无风险收益率 r。因此，在本节剩余部分，将依次考察其中一个变量发生变化并且假定其他变量保持不变时，如何影响期权价格。下面，以例 11-4 的工商银行股票期权作为分析对象并运用 Python，演示期权价格与基础资产（股票）价格、行权价格、波动率、无风险收益率以及期权期限等变量之间的关系。

11.3.2 期权价格与基础资产价格的关系

【例 11-5】沿用例 11-4 的工商银行股票期权信息，对股票价格设定一个取值是在 [4.0, 6.0] 区间的等差数列，其他变量的取值保持不变，运用布莱克-斯科尔斯-默顿模型对期权进行定价，从而模拟基础资产价格与期权价格的关系（见图 11-5），具体的代码如下：

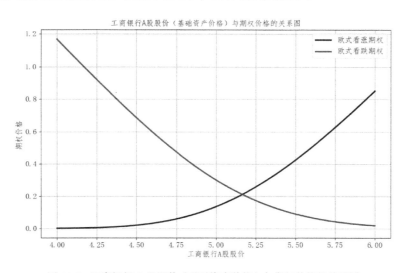

图 11-5 工商银行 A 股股价（基础资产价格）与期权价格的关系图

```
In [18]: S_list=np.linspace(4.0,6.0,100)               #工商银行A股股价的等差数列
```

```
In [19]: call_list1=option_BSM(S=S_list,K=K_ICBC,sigma=sigma_ICBC,r=shibor,T=tenor,opt=
'call')   #计算看涨期权价格
    ...: put_list1=option_BSM(S=S_list,K=K_ICBC,sigma=sigma_ICBC,r=shibor,T=tenor,opt=
'put')   #计算看跌期权价格

In [20]: plt.figure(figsize=(9,6))
    ...: plt.plot(S_list,call_list1,'b-',label=u'欧式看涨期权',lw=2.5)
    ...: plt.plot(S_list,put_list1,'r-',label=u'欧式看跌期权',lw=2.5)
    ...: plt.xlabel(u'工商银行A股股价',fontsize=13)
    ...: plt.xticks(fontsize=13)
    ...: plt.ylabel(u'期权价格',fontsize=13)
    ...: plt.yticks(fontsize=13)
    ...: plt.title(u'工商银行A股股价(基础资产价格)与期权价格的关系图', fontsize=13)
    ...: plt.legend(fontsize=13)
    ...: plt.grid()
    ...: plt.show()
```

从图 11-5 中不难发现，随着基础资产价格上升，看涨期权价格会上升；看跌期权价格走势恰好相反，即随着基础资产价格上升，看跌期权价格会下跌。此外，基础资产价格与期权价格之间存在非线性关系。

11.3.3 期权价格与行权价格的关系

【例 11-6】沿用例 11-4 的工商银行股票期权信息，对期权行权价格设定一个取值是在[4.2,6.2]区间的等差数列，其他变量的取值保持不变，模拟行权价格与期权价格的关系（见图 11-6），具体的代码如下：

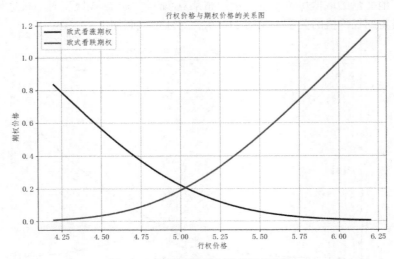

图 11-6　行权价格与期权价格的关系图

```
In [21]: K_list=np.linspace(4.2,6.2,100)              #期权行权价格的等差数列

In [22]: call_list2=option_BSM(S=S_ICBC,K=K_list,sigma=sigma_ICBC,r=shibor,T=tenor,opt=
'call')   #计算看涨期权价格
    ...: put_list2=option_BSM(S=S_ICBC,K=K_list,sigma=sigma_ICBC,r=shibor,T=tenor,opt=
```

```
'put')    #计算看跌期权价格

In [23]: plt.figure(figsize=(9,6))
   ...: plt.plot(K_list,call_list2,'b-',label=u'欧式看涨期权',lw=2.5)
   ...: plt.plot(K_list,put_list2,'r-',label=u'欧式看跌期权',lw=2.5)
   ...: plt.xlabel(u'行权价格',fontsize=13)
   ...: plt.xticks(fontsize=13)
   ...: plt.ylabel(u'期权价格',fontsize=13)
   ...: plt.yticks(fontsize=13)
   ...: plt.title(u'行权价格与期权价格的关系图',fontsize=13)
   ...: plt.legend(fontsize=13)
   ...: plt.grid()
   ...: plt.show()
```

从图 11-6 中不难发现，随着期权行权价格上升，看涨期权价格会下跌；相反，看跌期权价格会上升。同时，行权价格与期权价格之间也存在非线性关系。此外，如果将图 11-6 与图 11-5 进行对比，就可以发现图 11-6 的曲线几乎是图 11-5 的曲线的镜像反映。

11.3.4 期权价格与波动率的关系

【例 11-7】沿用例 11-4 的工商银行股票期权信息，对股票收益率的波动率设定一个取值是在 [1%,30%] 区间的等差数列，其他变量的取值保持不变，模拟波动率期权价格的关系（见图 11-7），具体的代码如下：

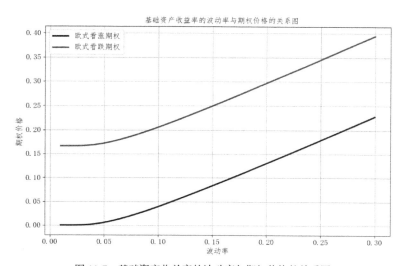

图 11-7 基础资产收益率的波动率与期权价格的关系图

```
In [24]: sigma_list=np.linspace(0.01,0.3,100)                    #波动率的等差数列

In [25]: call_list3=option_BSM(S=S_ICBC,K=K_ICBC,sigma=sigma_list,r=shibor,T=tenor,opt='call')    #计算看涨期权价格
   ...: put_list3=option_BSM(S=S_ICBC,K=K_ICBC,sigma=sigma_list,r=shibor,T=tenor,opt='put')    #计算看跌期权价格

In [26]: plt.figure(figsize=(9,6))
```

```
...: plt.plot(sigma_list,call_list3,'b-',label=u'欧式看涨期权',lw=2.5)
...: plt.plot(sigma_list,put_list3,'r-',label=u'欧式看跌期权',lw=2.5)
...: plt.xlabel(u'波动率',fontsize=13)
...: plt.xticks(fontsize=13)
...: plt.ylabel(u'期权价格',fontsize=13)
...: plt.yticks(fontsize=13)
...: plt.title(u'基础资产收益率的波动率与期权价格的关系图', fontsize=13)
...: plt.legend(fontsize=13)
...: plt.grid()
...: plt.show()
```

从图 11-7 中不难发现，随着基础资产收益率的波动率增加，无论是看涨期权价格还是看跌期权价格都会上升，但是波动率与期权价格之间依然是一种非线性关系。并且，当波动率很小（本例中是小于 5%）时，期权价格对波动率就变得很不敏感。

11.3.5　期权价格与无风险收益率的关系

【例 11-8】沿用例 11-4 的工商银行股票期权信息，对无风险收益率设定一个取值是在 [0.01,0.1] 区间的等差数列，其他变量的取值保持不变，模拟无风险收益率与期权价格的关系（见图 11-8），具体的代码如下：

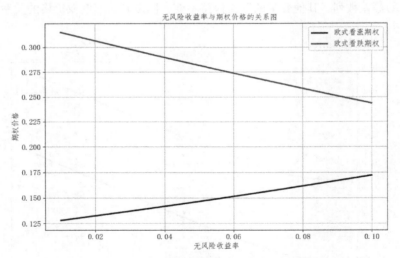

图 11-8　无风险收益率与期权价格的关系图

```
In [27]: shibor_list=np.linspace(0.01,0.10,100)           #无风险收益率的等差数列

In [28]: call_list4=option_BSM(S=S_ICBC,K=K_ICBC,sigma=sigma_ICBC,r=shibor_list,T=tenor,opt='call')   #计算看涨期权价格
    ...: put_list4=option_BSM(S=S_ICBC,K=K_ICBC,sigma=sigma_ICBC,r=shibor_list,T=tenor,opt='put')    #计算看跌期权价格

In [29]: plt.figure(figsize=(9,6))
    ...: plt.plot(shibor_list,call_list4,'b-',label=u'欧式看涨期权',lw=2.5)
    ...: plt.plot(shibor_list,put_list4,'r-',label=u'欧式看跌期权',lw=2.5)
    ...: plt.xlabel(u'无风险收益率',fontsize=13)
```

```
...: plt.xticks(fontsize=13)
...: plt.ylabel(u'期权价格',fontsize=13)
...: plt.yticks(fontsize=13)
...: plt.title(u'无风险收益率与期权价格的关系图',fontsize=13)
...: plt.legend(fontsize=13)
...: plt.grid()
...: plt.show()
```

从图 11-8 可以看到，当无风险收益率增加时，看涨期权价格会上升，看跌期权价格则会下跌，主要的原因有以下两个方面。

一方面，无风险收益率增加意味着用于贴现的利率就会上升，导致期权行权价格的现值下降，从而增加看涨期权价格、减少看跌期权价格。

另一方面，投资基础资产需要占用投资者一定的资金，相比之下，对应相同规模基础资产的期权只需要投入较少的资金，这就是期权的杠杆性。在较高利率的情况下，因购买基础资产而占用的资金成本越高，期权的吸引力就越大。

以上两个方面叠加的结果就是，当无风险收益率增加时，看涨期权价格会上升，看跌期权价格会下跌。

11.3.6 期权价格与期权期限的关系

【例 11-9】沿用例 11-4 的工商银行股票期权信息，对期权期限设定一个取值是在 [0.1,3.0] 区间的等差数列，其他变量的取值保持不变，模拟期权期限与期权价格的关系（见图 11-9），具体的代码如下：

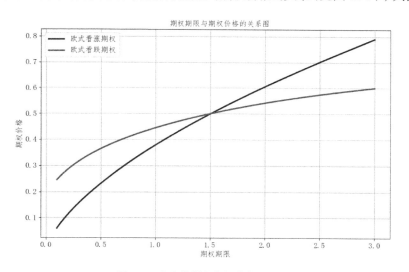

图 11-9　期权期限与期权价格的关系

```
In [30]: tenor_list=np.linspace(0.1,3.0,100)                    #期权期限的等差数列

In [31]: call_list5=option_BSM(S=S_ICBC,K=K_ICBC,sigma=sigma_ICBC,r=shibor,T=tenor_list,
    opt='call')    #计算看涨期权价格
    ...: put_list5=option_BSM(S=S_ICBC,K=K_ICBC,sigma=sigma_ICBC,r=shibor,T=tenor_list,
    opt='put')     #计算看跌期权价格
```

```
In [32]: plt.figure(figsize=(9,6))
    ...: plt.plot(tenor_list,call_list5,'b-',label=u'欧式看涨期权',lw=2.5)
    ...: plt.plot(tenor_list,put_list5,'r-',label=u'欧式看跌期权',lw=2.5)
    ...: plt.xlabel(u'期权期限',fontsize=13)
    ...: plt.xticks(fontsize=13)
    ...: plt.ylabel(u'期权价格',fontsize=13)
    ...: plt.yticks(fontsize=13)
    ...: plt.title(u'期权期限与期权价格的关系图',fontsize=13)
    ...: plt.legend(fontsize=13)
    ...: plt.grid()
    ...: plt.show()
```

从图 11-9 中，可以得出以下 3 个有意思的结论：一是无论是看涨期权还是看跌期权，期权价格都是期权期限的增函数，即期限越长，期权价格就越高；二是当期限拉长时，看涨期权价格的增幅要高于看跌期权；三是当期权期限短于 1.5 年时，看涨期权价格低于看跌期权价格，而当期限超过 1.5 年时，看涨期权价格高于看跌期权价格。因此，1.5 年就是本例中看涨期权价格与看跌期权价格大小关系实质性变化的临界值。

11.3.7 内在价值与时间价值

读者也许会有一个萦绕在脑海许久的问题：在合约存续期内，欧式期权价格与假定期权被立刻行权所产生的收益这两者之间存在怎样的关系？依然通过一个案例来回答这个问题。

【例 11-10】沿用例 11-4 的工商银行股票期权信息，同时，假定在 2020 年 8 月 20 日（期权初始日），工商银行 A 股收盘价的取值是处于[4.7,6.0]区间的等差数列。下面就通过 Python 进行分析，具体分为以下两个步骤。

第 1 步：运用 BSM 模型计算 2020 年 8 月 20 日对应不同基础资产价格的期权价格，同时计算当天期权假定被立刻行权所产生的收益并且不考虑期权费[1]。具体的代码如下：

```
In [33]: S_list=np.linspace(4.7,6,200)                    #设定工商银行A股股价的等差数列

In [34]: price_call=option_BSM(S=S_list,K=K_ICBC,sigma=sigma_ICBC,r=shibor,T=tenor,opt='call')  #计算看涨期权价格
    ...: price_put=option_BSM(S=S_list,K=K_ICBC,sigma=sigma_ICBC,r=shibor,T=tenor,opt='put')   #计算看跌期权价格

In [35]: profit_call=np.maximum(S_list-K_ICBC,0)          #计算看涨期权被行权所产生的收益（不考虑期权费）
    ...: profit_put=np.maximum(K_ICBC-S_list,0)           #计算看跌期权被行权所产生的收益（不考虑期权费）
```

第 2 步：针对第 1 步计算得到的期权价格与盈亏数据进行可视化（见图 11-10），进而便于比较分析。具体的代码如下：

```
In [36]: plt.figure(figsize=(9,7))
    ...: plt.subplot(2,1,1)                               #第1个子图
    ...: plt.plot(S_list,price_call,'b-',label=u'欧式看涨期权价格',lw=2.5)
    ...: plt.plot(S_list,profit_call,'r-',label=u'欧式看涨期权被行权的收益',lw=2.5)
    ...: plt.xticks(fontsize=13)
    ...: plt.ylabel(u'看涨期权价格或盈亏',fontsize=13)
```

---

[1] 需要强调的是，欧式期权必须在合约到期日才能行权，这里仅仅是为了分析的需要而做出在合约初始日期权可以行权的假设。

```
...: plt.yticks(fontsize=13)
...: plt.legend(fontsize=13)
...: plt.grid()
...: plt.subplot(2,1,2)                                    #第2个子图
...: plt.plot(S_list,price_put,'b-',label=u'欧式看跌期权价格',lw=2.5)
...: plt.plot(S_list,profit_put,'r-',label=u'欧式看跌期权被行权的收益',lw=2.5)
...: plt.xlabel(u'股票价格',fontsize=13)
...: plt.xticks(fontsize=13)
...: plt.ylabel(u'看跌期权价格或盈亏',fontsize=13)
...: plt.yticks(fontsize=13)
...: plt.legend(fontsize=13)
...: plt.grid()
...: plt.show()
```

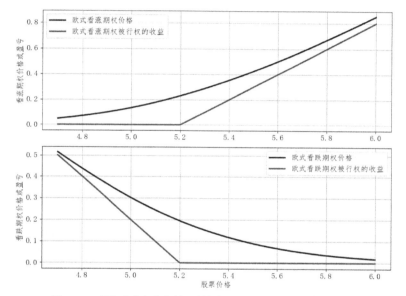

图 11-10　期权价格与期权被立刻行权所产生的盈亏之间的关系图

从图 11-10 中可以很清楚地看到，无论是看涨期权还是看跌期权，2020 年 8 月 20 日期权价格高于当天期权被立刻行权所产生的收益。

在合约存续期内，期权被立刻行权所产生的收益金额称为期权的**内在价值**（intrinsic value）；同时，期权价格超出期权内在价值的那部分金额称为期权的**时间价值**（time value），也称**外在价值**。据此，就可以得到如下的关系式：

$$期权价格=期权的内在价值+期权的时间价值$$

11.4　欧式期权定价——二叉树模型

10.3 节讨论的布莱克-斯科尔斯-默顿模型在数学上被称为**解析法**（analytic method）。欧式期权定价还存在另一种实用并且比较流行的方法——**二叉树模型**（Binomial tree Model，BTM）。这里

的二叉树特指在期权存续期内基础资产价格变动路径的图形。二叉树模型在数学方法上归属于**数值法**（numerical method）。本节就以最简单和最直观的一步二叉树模型作为分析的起点，由简至繁，从具象到抽象。

11.4.1 一步二叉树模型

在介绍一步二叉树模型时，最好的方法就是结合具体的案例。因此，首先探讨计算欧式看涨期权和欧式看跌期权这两个案例。

1. 欧式看涨期权的案例

【例 11-11】工商银行 A 股股票在 2020 年 1 月 3 日的价格是 6 元/股[1]，并且假定在 1 年后该股价会上涨 10%变为 6.6 元/股或者下跌 10%变为 5.4 元/股。对期限为 1 年、行权价格为 5.7 元/股的工商银行股票欧式看涨期权定价，同时假定连续复利的无风险收益率参考了 1 年期国债到期收益率并且等于 2.4%。在 1 年后的期权到期日，期权价值就存在两种情形[2]，具体见图 11-11。

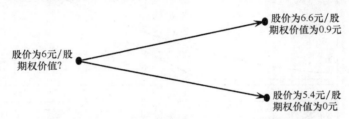

图 11-11　工商银行 A 股股价的变化与欧式看涨期权价值

下面，通过股票和期权构造一个期限为 1 年的无风险投资组合，具体构成如下：

$$\text{无风险投资组合} = h \text{ 股的股票多头头寸} + 1 \text{ 份看涨期权空头头寸}$$

根据以上的等式，构造一个无风险投资组合的关键就是求出 h 的具体数值。接着，分以下两种情形讨论投资组合在 1 年后的价值情况。

情形 1：工商银行股价上涨，即 1 年后股价上涨至 6.6 元/股。此时，投资组合中，股票的价值为 $6.6h$，看涨期权的价值为 $\max(6.6-5.7,0)=0.9$，因此投资组合的价值为 $6.6h-0.9$。

情形 2：工商银行股价下跌，即 1 年后股价下跌至 5.4 元/股。此时，投资组合中，股票的价值为 $5.4h$，看涨期权的价值为 $\max(5.4-5.7,0)=0$，因此投资组合的价值为 $5.4h-0=5.4h$。

根据无风险套利原理，以上两种情形的价值应当相等，这也就意味着存在如下的等式：

$$6.6h-0.9=5.4h-0$$

调整后得到：

$$h=\frac{0.9-0}{6.6-5.4}=0.75$$

通过以上计算可以看到，h 就是在期权到期时两种不同情形下的期权价值变化与股价变化的比

---

[1] 2020 年 1 月 3 日工商银行 A 股开盘价是 5.97 元/股，最高价是 6.02 元/股，收盘价是 5.99 元/股。为了便于分析，在本例中将股价取整为 6 元/股。

[2] 在探讨二叉树模型时，国内外的教材普遍采用**期权价值**（value of option）的提法。因此，本书在涉及二叉树模型的章节中，统一运用"期权价值"这一术语。

率。据此，期限为 1 年的无风险投资组合的具体构成如下：

无风险投资组合 = 0.75 股的股票多头头寸 + 1 份看涨期权空头头寸

因此，在 1 年后投资组合的价值就等于 $6.6 \times 0.75 - 0.9 = 5.4 \times 0.75 = 4.05$ 元。通过无风险收益率进行贴现就得到在 2020 年 1 月 3 日投资组合的价值等于 $4.05 \times e^{-1 \times 2.4\%} = 3.954$ 元（保留至小数点后 3 位，下同）。

现在，用 C 代表欧式看涨期权在 2020 年 1 月 3 日的价值，同时前面已知工商银行 A 股在 2020 年 1 月 3 日的价格是 6 元/股，结合 $h = 0.75$ 的信息，期权的价值就有如下的表达式：

$$6 \times 0.75 - C = 3.954$$

最终可以得到 2020 年 1 月 3 日欧式看涨期权的价值 $C = 0.546$ 元。

2. 欧式看跌期权的案例

下面，讨论如何用一步二叉树模型计算欧式看跌期权，并且验证看跌-看涨平价关系式是否成立。

【例 11-12】沿用例 11-11 的信息，并且是对期限为 1 年、行权价格为 5.7 元/股的工商银行股票欧式看跌期权进行定价。该期权在 1 年后到期时的价值也存在两种情形，具体见图 11-12。

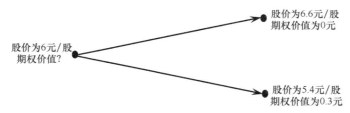

图 11-12 工商银行 A 股股价的变化与欧式看跌期权价值

通过 h 股的股票多头头寸和 1 份看跌期权多头头寸构造出 1 年期的无风险投资组合，并且分以下两种情形讨论 1 年后投资组合的价值情况。

情形 1：工商银行股价由 6 元/股上涨至 6.6 元/股。此时，股票的价值为 $6.6h$，看跌期权的价值为 $\max(5.7 - 6.6, 0) = 0$，投资组合的价值为 $6.6h + 0 = 6.6h$。

情形 2：工商银行股价由 6 元/股下跌至 5.4 元/股。此时，股票的价值为 $5.4h$，看跌期权的价值为 $\max(5.7 - 5.4, 0) = 0.3$，投资组合的价值为 $5.4h + 0.3$。

根据无风险套利原理，以上两种情形的价值也应当相等，这意味着存在如下的等式：

$$6.6h + 0 = 5.4h + 0.3$$

经调整后得到：

$$h = \frac{0.3 - 0}{6.6 - 5.4} = 0.25$$

无风险投资组合就是由 0.25 股的股票多头头寸和 1 份看跌期权多头头寸构成的。因此，在 1 年后投资组合的价值就等于 $6.6 \times 0.25 = 5.4 \times 0.25 + 0.3 = 1.65$ 元。通过无风险收益率进行贴现就得到在 2020 年 1 月 3 日投资组合的价值等于 $1.65 \times e^{-1 \times 2.4\%} = 1.611$ 元。

现在，用 P 代表欧式看跌期权在 2020 年 1 月 3 日的价值，结合工商银行 A 股在 2020 年 1 月 3 日的股价以及 $h = 0.25$ 的信息，期权的价值就有如下的表达式：

$$6 \times 0.25 + P = 1.611$$

最终可以得到 2020 年 1 月 3 日欧式看跌期权的价值 $P = 0.111$ 元。

由于例 11-10 和例 11-11 中的两个期权都拥有相同的基础资产、期限和行权价格，因此可以用于验证 11.2.4 节给出的看跌-看涨平价关系式的正确性。

$$C + Ke^{-rT} = 0.546 + 5.7 \times e^{-1 \times 2.4\%} = 6.111$$
$$P + S_0 = 0.111 + 6 = 6.111$$

显然，以上两个式计算的结果完全相同，这也证明了看跌-看涨平价关系式的正确性。

3. 一般的数学表达式

从例 11-11 和例 11-12 这两个具体案例中抽象出一步二叉树模型的相关数学表达式。

首先，引入关于期权定价的一个重要原理——风险中性定价。结合 7.5.3 节提到的风险中性原理，风险中性定价（risk-neutral valuation）就是指在金融产品定价时，假设投资者的风险偏好全部是风险中性的，这意味着存在以下两个特征：一是任何投资（如股票）的期望收益率等于无风险收益率；二是市场的贴现利率等于无风险收益率。据此，风险中性定价就可以简化对衍生产品的定价。

其次，设定相关的变量并且讨论欧式看涨期权。假定在期权初始日（0时刻），基础资产价格为 S_0、期限为 T、行权价格为 K 的期权价值设定为 C，无风险收益率为 r。当期权到期时（T 时刻），分为两种情形。

情形 1：基础资产价格上涨。基础资产价格由 S_0 上涨到 S_0u，其中 $u > 1$，价格增幅就是 $u-1$，对应的看涨期权价值记作 C_u，并且 $C_u = \max(S_0u - K, 0)$。

情形 2：基础资产价格下跌。基础资产价格由 S_0 下跌至 S_0d，其中 $d < 1$，价格跌幅就是 $d-1$，对应的看涨期权价值记作 C_d，并且 $C_d = \max(S_0d - K, 0)$。

在一步二叉树模型中，基础资产价格以及期权价值具体的变化路径见图 11-13。

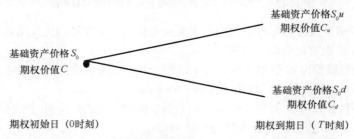

图 11-13 一步二叉树模型中基础资产价格与期权价值的变化路径

接着，由 h 单位基础资产多头头寸与 1 份看涨期权空头头寸构造出无风险投资组合。在期权到期时，基础资产价格上涨对应的投资组合价值为 $hS_0u - C_u$；基础资产价格下跌对应的投资组合价值则为 $hS_0d - C_d$。在无套利的假设前提下，两种情形的投资组合价值应当相等，如下：

$$hS_0u - C_u = hS_0d - C_d \tag{11-7}$$

经过调整后得到：

$$h = \frac{C_u - C_d}{S_0u - S_0d} \tag{11-8}$$

通过式（11-8）可以更清楚地看到，h 就是在期权到期时（T 时刻）在不同情形下期权价值变化与基础资产价格变化之间的比率，该比率就是在 12.1 节详细讨论的期权希腊字母 Delta。

此外，由于投资组合是无风险的并且根据式（11-7），在期权初始日投资组合的现值为

$(hS_0u - C_u)\mathrm{e}^{-rT}$ 或者 $(hS_0d - C_d)\mathrm{e}^{-rT}$；同时，构造投资组合的初始成本是 $hS_0 - C$。根据无风险套利原理，就有如下的等式：

$$(hS_0u - C_u)\mathrm{e}^{-rT} = hS_0 - C \tag{11-9}$$

将式（11-8）代入式（11-9）并经过整理以后，得到运用一步二叉树模型推导出的欧式看涨期权定价公式如下：

$$C = [pC_u + (1-p)C_d]\mathrm{e}^{-rT} \tag{11-10}$$

其中，

$$p = \frac{\mathrm{e}^{rT} - d}{u - d}$$
$$C_u = \max(S_0u - K, 0)$$
$$C_d = \max(S_0d - K, 0)$$

式（11-10）中的 p 代表基础资产价格上涨的概率，$1-p$ 代表基础资产价格下跌的概率，并且概率可以通过变量 r、T、u 和 d 计算得出。

最后，针对欧式看跌期权的定价，可以通过看跌-看涨平价关系式计算得到。

4. Python 自定义函数

为了计算的便利，通过 Python 自定义一个运用一步二叉树模型计算欧式期权价值的函数，具体的代码如下：

```python
In [37]: def BTM_1step(S,K,u,d,r,T,types):
    ...:     '''定义一个运用一步二叉树模型计算欧式期权价值的函数
    ...:     S: 代表基础资产当前的价格。
    ...:     K: 代表期权的行权价格。
    ...:     u: 代表基础资产价格上涨时价格变化比例。
    ...:     d: 代表基础资产价格下跌时价格变化比例。
    ...:     r: 代表连续复利的无风险收益率。
    ...:     T: 代表期权的期限（年）。
    ...:     types: 代表期权类型，输入types='call'表示欧式看涨期权，输入其他则表示欧式看跌期权'''
    ...:     from numpy import exp,maximum       #从NumPy模块中导入exp、maximum函数
    ...:     p=(exp(r*T)-d)/(u-d)                #基础资产价格上涨的概率
    ...:     Cu=maximum(S*u-K,0)                 #期权到期时基础资产价格上涨对应的期权价值
    ...:     Cd=maximum(S*d-K,0)                 #期权到期时基础资产价格下跌对应的期权价值
    ...:     call=(p*Cu+(1-p)*Cd)*exp(-r*T)      #初始日的看涨期权价值
    ...:     put=call+K*exp(-r*T)-S              #初始日的看跌期权价值（运用看跌-看涨平价关系式）
    ...:     if types=='call':                   #针对看涨期权
    ...:         value=call                      #期权价值等于看涨期权价值
    ...:     else:                               #针对看跌期权
    ...:         value=put                       #期权价值等于看跌期权价值
    ...:     return value
```

在以上自定义函数 BTM_1step 中，输入基础资产价格、行权价格、基础资产价格变化比例、无风险收益率、期权期限以及期权类型，就可以方便地通过一步二叉树模型对欧式期权进行定价。

下面，直接通过自定义函数 BTM_1step 计算例 11-11 和例 11-12 的期权价值，具体的代码如下：

```python
In [38]: S_ICBC=6           #工商银行A股股价
    ...: K_ICBC=5.7         #期权的行权价格
    ...: up=1.1             #在1年后股价上涨情形中的股价变化比例
    ...: down=0.9           #在1年后股价下跌情形中的股价变化比例
    ...: R=0.024            #无风险收益率
```

```
        ...: tenor=1.0                        #期权期限(年)
   In [39]: value_call=BTM_1step(S=S_ICBC,K=K_ICBC,u=up,d=down,r=R,T=tenor,types='call')
        ...: print('2020年1月3日工商银行股票看涨期权价值',round(value_call,3))
2020年1月3日工商银行股票看涨期权价值 0.546

   In [40]: value_put=BTM_1step(S=S_ICBC,K=K_ICBC,u=up,d=down,r=R,T=tenor,types='put')
        ...: print('2020年1月3日工商银行股票看跌期权价值',round(value_put,3))
2020年1月3日工商银行股票看跌期权价值 0.111
```

以上通过 Python 输出的数值结果与前面例 11-11、例 11-12 中手动计算的期权价值金额完全相同。

11.4.2 两步二叉树模型

接着,将一步二叉树模型适当增加难度,进而延伸出两步二叉树模型。依然结合一个现实案例探讨两步二叉树模型的建模思路。

1. 一个案例

【例 11-13】沿用例 11-11 的信息,但是运用两步二叉树模型,并且是对期限为 2 年、行权价格为 5.7 元/股的工商银行股票欧式看涨期权定价。假定股价服从每一步步长等于 1 年并且在每一步股价上涨 10%或者下跌 10%,无风险收益率(连续复利)依然等于 2.4%。具体的两步二叉树模型见图 11-14。需要注意的是,图中的英文字母(比如 A)代表二叉树的节点(node),节点上方的数值(比如 A 点上方的 6.0)代表股价,下方的数值(比如 A 点下方的 0.6819)代表期权价值。

在二叉树模型中,运用**逆向归纳法**(backward induction)求出初始期权的价值,该方法的基本逻辑是以期权合约到期日的节点作为分析和计算的起点,逐次往前递推运算,最终计算得出期权的初始价值。下面,就具体演示和讲解。

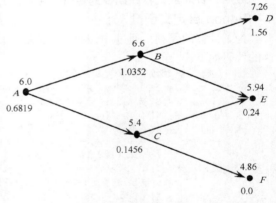

图 11-14 两步二叉树模型中工商银行股价变化与欧式看涨期权价值

首先,考察期权到期日(第 2 年年末)。图 11-14 中,节点 D、E 和 F 就表示期权到期日的 3 种情形,具体如下。

(1)节点 D 表示股价连续 2 年上涨($A \to B \to D$),期权到期日的股价是 $6.0 \times (1+10\%)^2 = 7.26$ 元/股,相应的期权价值等于 $\max(7.26-5.7,0)=1.56$ 元。

(2)节点 E 表示股价在 2 年期间有 1 年是上涨的而有 1 年是下跌的(可以是第 1 年上涨、第 2 年下跌($A \to B \to E$),也可以是第 1 年下跌、第 2 年上涨($A \to C \to E$)),期权到期日的股价等于 $6.0 \times (1+10\%) \times (1-10\%) = 5.94$ 元/股,相应的期权价值等于 $\max(5.94-5.7,0)=0.24$ 元。

(3)节点 F 表示股价连续 2 年下跌($A \to C \to F$),期权到期日的股价是 $6.0 \times (1-10\%)^2 = 4.86$ 元/股,相应的期权价值等于 $\max(4.86-5.7,0)=0$ 元,此时的期权就是一个虚值期权。

其次,考察期权的中期(第 1 年年末)。图 11-14 中,节点 B 和 C 就表示在期权中期的两种情形,具体如下。

(1)节点 B 表示股价在第 1 年上涨,股价是 $6.0\times(1+10\%)=6.6$ 元/股。但是在该节点上的期权价值计算则会复杂些,计算需注意两点:一是需要结合节点 D 和节点 E 的期权价值;二是需要计算股价上涨概率和下跌概率。具体的概率计算公式就是式(11-10)中变量 p 的表达式,具体如下:

$$p=\frac{\mathrm{e}^{r\Delta t}-d}{u-d} \qquad (11\text{-}11)$$

根据例 11-13 中给出的信息,可以得到如下参数的赋值:$u=1.1$、$d=0.9$、$r=2.4\%$ 和 $\Delta t=1.0$,这里的 Δt 是每一步的步长期限。将参数代入式(11-11)就得到股价上涨概率 $p=\left(\mathrm{e}^{2.4\%\times 1.0}-0.9\right)/(1.1-0.9)=0.6215$,股价下跌概率 $1-p=0.3785$。

利用式(11-10),可以得到节点 B 的期权价值如下(保留至小数点后 4 位,下同):

$$(0.6215\times 1.56+0.3785\times 0.24)\mathrm{e}^{-2.4\%\times 1.0}=1.0352 \text{ (元)}$$

(2)节点 C 表示股价在第 1 年下跌,股价等于 $6.0\times(1-10\%)=5.4$ 元/股。在该节点上的期权价值计算需要基于节点 E 和节点 F 的期权价值,并且同样结合股价上涨、下跌概率。节点 C 的期权价值计算如下:

$$(0.6215\times 0.24+0.3785\times 0.0)\mathrm{e}^{-2.4\%\times 1.0}=0.1456 \text{ (元)}$$

最后,考察期权初始日,也就是节点 A。在该节点上的期权价值计算需要基于节点 B 和节点 C 的期权价值,同样结合股价上涨、下跌概率。节点 A 的期权价值计算如下:

$$(0.6215\times 1.0352+0.3785\times 0.1456)\mathrm{e}^{-2.4\%\times 1.0}=0.6819 \text{ (元)}$$

也就是说,期权的初始价值等于 0.6819 元。

2. 一般的数学表达式

从例 11-13 这个具体案例抽象出两步二叉树模型的相关数学表达式,并且依然以欧式看涨期权作为分析对象。

首先,结合图 11-15 讨论两步二叉树模型中的相关变量。假定 S_0 表示基础资产的初始价格,C 表示看涨期权的初始价值,K 表示期权行权价格,T 表示期权期限,无风险收益率为 r,每一步步长为 Δt 并且 $2\Delta t=T$,在每一步基础资产价格上涨到前一次价格的 u 倍,或者下跌至前一次价格的 d 倍。

在期权到期日(两步二叉树模型中第二步结束的节点),如果基础资产价格连续上涨两次,则价格变为 S_0u^2,对应的期权价值用 C_{uu} 表示;如果基础资产价格一涨一跌(先涨后跌或者先跌后涨),则价格均等于 S_0ud,对应的期权价值用 C_{ud} 表示;如果基础资产价格连续下跌两次,则价格变为 S_0d^2,对应的期权价值用 C_{dd} 表示。

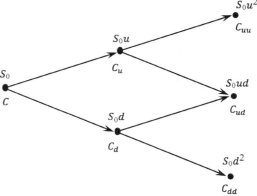

图 11-15 抽象的两步二叉树模型中基础资产价格
及欧式看涨期权价值的变化路径
(节点上方的数值表示基础资产价格,
下方的数值表示期权价值)

在两步二叉树模型中第一步结束的节点上,根据逆向归纳法,当基础资产价格上涨一次后变为

S_0u,该节点的期权价值用 C_u 表示,并且可以通过 C_{uu} 和 C_{ud} 计算得出;当基础资产价格下跌一次后变为 S_0d,该节点的期权价值用 C_d 表示,并且可以通过 C_{ud} 和 C_{dd} 计算得出。

期权初始日的期权价值 C 就可以通过 C_u 和 C_d 计算得出。

其次,获取相关节点的期权价值表达式。 依然结合式(11-10)并且考虑每一步步长是 Δt,可以得到如下节点的期权价值表达式。

(1)当基础资产价格上涨一次后,该节点的期权价值表达式如下:

$$C_u = \left[pC_{uu} + (1-p)C_{ud}\right]e^{-r\Delta t} \quad (11\text{-}12)$$

(2)当基础资产价格下跌一次后,该节点的期权价值表达式如下:

$$C_d = \left[pC_{ud} + (1-p)C_{dd}\right]e^{-r\Delta t} \quad (11\text{-}13)$$

(3)在期权初始日,期权价值表达式如下:

$$C = \left[pC_u + (1-p)C_d\right]e^{-r\Delta t} \quad (11\text{-}14)$$

将式(11-12)和式(11-13)代入式(11-14),并且经过整理以后,最终可以得到:

$$C = \left[p^2 C_{uu} + 2p(1-p)C_{ud} + (1-p)^2 C_{dd}\right]e^{-rT} \quad (11\text{-}15)$$

其中,

$$T = 2\Delta t$$

$$p = \frac{e^{r\Delta t} - d}{u - d}$$

$$C_{uu} = \max\left(S_0 u^2 - K, 0\right)$$

$$C_{ud} = \max\left(S_0 ud - K, 0\right)$$

$$C_{dd} = \max\left(S_0 d^2 - K, 0\right)$$

式(11-15)就是基于风险中性定价,运用两步二叉树模型得到的看涨期权价值表达式。需要注意的是,该式中,p^2 代表基础资产价格连续两次上涨的概率,$p(1-p)$ 代表基础资产价格一涨一跌的概率,$(1-p)^2$ 则代表基础资产价格连续两次下跌的概率。此外,针对看跌期权价值,依然可以通过看跌-看涨平价关系式计算得出。

3. Python 自定义函数

下面,为了更方便地计算,通过 Python 自定义一个运用两步二叉树模型计算欧式期权价值的函数,具体的代码如下:

```
In [41]: def BTM_2step(S,K,u,d,r,T,types):
    ...:     '''定义一个运用两步二叉树模型计算欧式期权价值的函数
    ...:     S: 代表基础资产当前的价格。
    ...:     K: 代表期权的行权价格。
    ...:     u: 代表基础资产价格上涨时价格变化比例。
    ...:     d: 代表基础资产价格下跌时价格变化比例。
    ...:     r: 代表连续复利的无风险收益率。
    ...:     T: 代表期权的期限(年)。
    ...:     types: 代表期权类型,输入types='call'表示欧式看涨期权,输入其他则表示欧式看跌期权'''
    ...:     from numpy import exp,maximum          #从NumPy模块中导入exp、maximum函数
    ...:     t=T/2                                  #每一步步长期限(年)
    ...:     p=(exp(r*t)-d)/(u-d)                   #基础资产价格上涨的概率
```

```
    ...:     Cuu=maximum(pow(u,2)*S-K,0)           #期权到期时基础资产价格两次上涨对应的期权价值
    ...:     Cud=maximum(S*u*d-K,0)                #期权到期时基础资产价格一涨一跌对应的期权价值
    ...:     Cdd=maximum(pow(d,2)*S-K,0)           #期权到期时基础资产价格两次下跌对应的期权价值
    ...:     call=(pow(p,2)*Cuu+2*p*(1-p)*Cud+pow(1-p,2)*Cdd)*np.exp(-r*T)   #看涨期权价值
    ...:     put=call+K*exp(-r*T)-S                #看跌期权价值(运用看跌-看涨平价关系式)
    ...:     if types=='call':                     #针对看涨期权
    ...:         value=call                        #期权价值等于看涨期权价值
    ...:     else:                                 #针对看跌期权
    ...:         value=put                         #期权价值等于看跌期权价值
    ...:     return value
```

在以上自定义函数 BTM_2step 中，输入基础资产价格、期权行权价格、基础资产价格变化比例、无风险收益率、期权期限以及期权类型，就可以很方便地运用两步二叉树模型计算得到欧式期权价值。

下面，通过自定义函数 BTM_2step 计算例 11-13 的看涨期权价值，具体的代码如下：

```
In [42]: tenor_new=2                              #期权期限

In [43]: value_call_2Y=BTM_2step(S=S_ICBC,K=K_ICBC,u=up,d=down,r=R,T=tenor_new, types='call')
    ...: print('2020年1月3日工商银行股票看涨期权价值',round(value_call_2Y,4))
2020年1月3日工商银行股票看涨期权价值 0.6819
```

通过 Python 自定义函数计算得到的看涨期权价值依然是 0.6819，该结果与前面手动计算的数值结果是完全一致的。

下面，将例 11-13 的看涨期权调整为看跌期权，其他信息均保持不变，运用自定义函数 BTM_2step 计算看跌期权价值，具体的代码如下：

```
In [44]: value_put_2Y=BTM_2step(S=S_ICBC,K=K_ICBC,u=up,d=down,r=R,T=tenor_new, types='put')
    ...: print('2020年1月3日工商银行股票看跌期权价值',round(value_put_2Y,4))
2020年1月3日工商银行股票看跌期权价值 0.1147
```

通过 Python 可以计算得出看跌期权价值等于 0.1147 元。

11.4.3　N 步二叉树模型

前面讨论的一步或两步二叉树模型得到的期权价值是一个很粗略的近似值，因而无法真正运用于金融实践中。在现实金融市场上，当应用二叉树模型对期权定价时，期权的期限通常会被分割为 30 步甚至更多步数。在每一步，基础资产价格的变动均由一个一步二叉树表示。在步数为 N 的二叉树模型中，期权到期时就会有 $N+1$ 种可能的基础资产价格，同时有 2^N 条可能的基础资产价格路径。例如，在步数为 30 的二叉树模型中，期权到期时就会有 31 种可能的基础资产价格，同时有 $2^{30} \approx 10.74$ 亿条可能的基础资产价格路径。

1. 如何确定参数 u 和 d

在前面讨论的一步、两步二叉树模型中，均假定已知参数 u 和 d，这样的处理仅仅是为了便于分析。在运用二叉树模型的实践中，首先需要计算的就是这两个参数。

假定 σ 是基础资产收益率的波动率，根据 8.3.3 节所讨论的随机过程特征，$\sigma\sqrt{\Delta t}$ 是在长度为 Δt 的时间区间内基础资产收益率的标准差，进而得到 $\sigma^2 \Delta t$ 是在该时间区间内基础资产收益率的方差。

同时，假定在二叉树模型的每一步步长 Δt 的区间内，变量 X 表示基础资产收益率，根据期望值计算公式，基础资产收益率的期望值表达式如下：

$$E(X) = p(u-1) + (1-p)(d-1) \quad (11\text{-}16)$$

得到式（11-16）是因为在二叉树模型的每一步上，基础资产收益率等于 $u-1$ 的概率是 p，等

于 $d-1$ 的概率是 $1-p$。

此外，可以得到基础资产收益率平方的期望值表达式如下：

$$E(X^2) = p(u-1)^2 + (1-p)(d-1)^2 \qquad (11\text{-}17)$$

根据方差的计算公式，并且结合式（11-16）和式（11-17），可以得到在每一步步长内，基础资产收益率的方差表达式如下：

$$E(X^2) - [E(X)]^2 = p(u-1)^2 + (1-p)(d-1)^2 - [p(u-1) + (1-p)(d-1)]^2 = \sigma^2 \Delta t \qquad (11\text{-}18)$$

将式（11-15）中的概率 p 的表达式（$p = \dfrac{e^{r\Delta t} - d}{u - d}$）代入式（11-18）并进行简化，可以得到关于参数 u 和 d 的方程式如下：

$$e^{r\Delta t}(u+d) - ud - e^{2r\Delta t} = \sigma^2 \Delta t \qquad (11\text{-}19)$$

利用幂级数展开公式[1]，并且忽略 $(\Delta t)^2$ 和 Δt 的更高次幂[2]，可以得到：

$$e^{r\Delta t} = 1 + r\Delta t \qquad (11\text{-}20)$$

$$e^{2r\Delta t} = 1 + 2r\Delta t \qquad (11\text{-}21)$$

$$e^{\sigma\sqrt{\Delta t}} = 1 + \sigma\sqrt{\Delta t} + \frac{\sigma^2 \Delta t}{2} + \frac{\sigma^3 (\Delta t)^{\frac{3}{2}}}{6} \qquad (11\text{-}22)$$

$$e^{-\sigma\sqrt{\Delta t}} = 1 - \sigma\sqrt{\Delta t} + \frac{\sigma^2 \Delta t}{2} - \frac{\sigma^3 (\Delta t)^{\frac{3}{2}}}{6} \qquad (11\text{-}23)$$

将式（11-22）与式（11-23）相加并做整理，可以得到：

$$\sigma^2 \Delta t = e^{\sigma\sqrt{\Delta t}} + e^{-\sigma\sqrt{\Delta t}} - 2 \qquad (11\text{-}24)$$

接着，将式（11-20）、式（11-21）和式（11-24）代入式（11-19），并且忽略 $r\Delta t$ 这一项[3]，就可以将方程式简化为：

$$u + d - ud = e^{\sigma\sqrt{\Delta t}} + e^{-\sigma\sqrt{\Delta t}} - 1 \qquad (11\text{-}25)$$

最终可以得到参数 u 和 d 的表达式，具体如下：

$$u = e^{\sigma\sqrt{\Delta t}} \qquad (11\text{-}26)$$

$$d = e^{-\sigma\sqrt{\Delta t}} = \frac{1}{u} \qquad (11\text{-}27)$$

2. 数学表达式

下面，探讨 N 步二叉树模型的一般数学表达式，并且依然以欧式看涨期权作为分析对象。

---

[1] $e^x = 1 + x + \dfrac{x^2}{2!} + \dfrac{x^3}{3!}\cdots$，式子中的 2!=2×1 代表 2 的阶乘，3!=3×2×1 代表 3 的阶乘，以此类推。

[2] 关于忽略 $(\Delta t)^2$ 和 Δt 的更高次幂的理由，可以通过一个简单的例子进行说明。如果二叉树模型的每一步步长为 1 个月，则 $\Delta t = 1/12$，$(\Delta t)^2 = 1/144$，结果不足 0.01，Δt 的更高次幂就更小了；如果二叉树模型的每一步步长减少至 1 周（$\Delta t = 1/52$）或 1 天（$\Delta t = 1/365$），则 $(\Delta t)^2$ 和 Δt 的更高次幂就非常小了。因此在金融量化建模中，即使忽略这些微小值也不会对运算结果产生实质性影响。

[3] 理由与前面忽略 $(\Delta t)^2$ 和 Δt 的更高次幂相似。例如，每一步步长设定为 1 个月，无风险利率等于 5%，$r\Delta t = 1/240$，结果也不足 0.01。当每一步步长更短、无风险利率更低时，结果就更加微不足道了。

11.4 欧式期权定价——二叉树模型

假定在期权初始日,基础资产价格为 S_0,基础资产收益率的波动率为 σ,看涨期权价值为 C,并且期权期限为 T。将期权期限切分为一个 N 步并且每步步长为 $\Delta t = T/N$ 的二叉树,同时在 $i\Delta t$ 时刻的第 j 个节点标记为二叉树 (i,j) **节点**,其中 $i=0,1,\cdots,N$,$j=0,1,\cdots,i$。例如,当 $i=2$ 时,$j=0,1,2$,就意味着有 3 个节点;当 $i=3$ 时,$j=0,1,2,3$,就意味着有 4 个节点。

此外,在 $i\Delta t$ 时刻,二叉树最下方的节点为 $(i,0)$,次下方的节点为 $(i,1)$,以此类推,最上方的节点为 (i,i)。以例 11-13 为例,在图 11-14 中,针对第 1 年末的节点 C 就是 $(1,0)$ 节点,节点 B 就是 $(1,1)$ 节点。

在 (i,j) 节点上,基础资产价格等于 $S_0 u^j d^{i-j}$,并且令 $C_{i,j}$ 表示在该节点上的看涨期权价值。同时,基础资产价格从 (i,j) 节点上涨至 $(i+1)\Delta t$ 时刻 $(i+1,j+1)$ 节点的概率为 p,下跌至 $(i+1)\Delta t$ 时刻 $(i+1,j)$ 节点的概率为 $1-p$。

在期权到期日的 T 时刻($N\Delta t$ 时刻),看涨期权价值等于 $\max(S_T - K, 0)$,因此在期权到期时的每个节点上,期权价值可以表示如下:

$$C_{N,j} = \max\left(S_0 u^j d^{N-j} - K, 0\right) \qquad (11\text{-}28)$$

在式(11-28)中,$j=0,1,\cdots,N$。

在期权到期日的前一个时刻($(N-1)\Delta t$ 时刻),在该时刻的每个节点上,期权价值可以表示如下:

$$C_{N-1,j} = \left[pC_{N,j+1} + (1-p)C_{N,j}\right]e^{-r\Delta t} \qquad (11\text{-}29)$$

在式(11-29)中,$j=0,1,\cdots,N-1$。

同理,在期权存续期内的 (i,j) 节点上,期权价值可以表示如下:

$$C_{i,j} = \left[pC_{i+1,j+1} + (1-p)C_{i+1,j}\right]e^{-r\Delta t} \qquad (11\text{-}30)$$

在式(11-30)中,$i=0,1,\ldots,N-1$,$j=0,1,\ldots,i$。

在期权初始日(0 时刻),期权价值可以表示如下:

$$C = C_{0,0} = \left[pC_{1,1} + (1-p)C_{1,0}\right]e^{-r\Delta t} \qquad (11\text{-}31)$$

综上,将期权到期日的期权价值表达式(11-28)代入前一个时刻的期权价值表达式(11-29),得出 $(N-1)\Delta t$ 时刻的期权价值表达式,然后将该表达式代入前一个时刻($(N-2)\Delta t$ 时刻)的期权价值表达式并得出该时刻的期权价值表达式,运用这样的递推算法逐次求出前一个时刻的期权价值表达式。

最终,在期权初始日,运用 N 步二叉树模型计算得出的欧式看涨期权价值如下:

$$C = e^{-rT} \sum_{j=0}^{N} \frac{N!}{j!(N-j)!} p^j (1-p)^{N-j} C_{N,j} \qquad (11\text{-}32)$$

其中,

$$C_{N,j} = \max\left(S_0 u^j d^{N-j} - K, 0\right)$$

$$p = \frac{e^{r\Delta t} - d}{u - d}$$

$$u = e^{\sigma\sqrt{\Delta t}}$$

$$d = \frac{1}{u}$$

式（11-32）中的 $N! = N \times (N-1) \times (N-2) \times \cdots \times 3 \times 2 \times 1$ 表示 N 的阶乘，同时 0 的阶乘 $0! = 1$。

需要注意的是，在式（11-32）中，$\frac{N!}{j!(N-j)!}$ 表示当期权到期时基础资产价格等于某个数值在二叉树模型中可以实现路径的总数量，这也是 N 步二叉树模型的核心作用机制。下面，通过一个简单的例子加以说明。

假定运用 3 步二叉树模型（$N=3$），在期权到期时，基础资产价格分别有 $S_0 u^3$、$S_0 u^2 d$、$S_0 u d^2$ 和 $S_0 d^3$ 共 4 个数值。

（1）当期权到期日基础资产价格等于 $S_0 u^3$ 时，只有 1 条路径可以实现，也就是每一步都是基础资产价格上涨。由于 $j=3$，因此得到实现的路径数量 $\frac{N!}{j!(N-j)!} = \frac{3!}{3! \times 0!} = 1$。

（2）当期权到期日基础资产价格等于 $S_0 u^2 d$ 时，可以通过以下 3 条路径实现：第 1 步上涨、第 2 步上涨、第 3 步下跌；第 1 步上涨、第 2 步下跌、第 3 步上涨；第 1 步下跌、第 2 步上涨、第 3 步上涨。由于 $j=2$，因此得到实现的路径数量 $\frac{N!}{j!(N-j)!} = \frac{3!}{2! \times 1!} = 3$。

（3）当期权到期日基础资产价格等于 $S_0 u d^2$ 时，可以通过以下 3 条路径实现：第 1 步上涨、第 2 步下跌、第 3 步下跌；第 1 步下跌、第 2 步上涨、第 3 步下跌；第 1 步下跌、第 2 步下跌、第 3 步上涨。由于 $j=1$，因此得到实现的路径数量 $\frac{N!}{j!(N-j)!} = \frac{3!}{1! \times 2!} = 3$。

（4）当期权到期日基础资产价格等于 $S_0 d^3$ 时，也只有 1 条路径可以实现，即每一步都是基础资产价格下跌。由于 $j=0$，因此得到实现的路径数量 $\frac{N!}{j!(N-j)!} = \frac{3!}{0! \times 3!} = 1$。

此外，针对欧式看跌期权价值，依然可以通过看跌-看涨平价关系式计算得到。

3. Python 自定义函数

为了便于计算，通过 Python 自定义一个运用 N 步二叉树模型计算欧式期权价值的函数，具体的代码如下：

```
In [45]: def BTM_Nstep(S,K,sigma,r,T,N,types):
   ...:     '''定义一个运用N步二叉树模型计算欧式期权价值的函数
   ...:     S: 代表基础资产当前的价格。
   ...:     K: 代表期权的行权价格。
   ...:     sigma: 代表基础资产收益率的波动率（年化）。
   ...:     r: 代表连续复利的无风险收益率。
   ...:     T: 代表期权的期限（年）。
   ...:     N: 代表二叉树模型的步数。
   ...:     types: 代表期权类型，输入types='call'表示欧式看涨期权，输入其他则表示欧式看跌期权'''
   ...:     from math import factorial          #导入math模块的阶乘函数
   ...:     from numpy import exp,maximum,sqrt  #导入NumPy模块的exp、maximum和sqrt函数
   ...:     t=T/N                               #计算每一步步长期限（年）
   ...:     u=exp(sigma*sqrt(t))                #计算基础资产价格上涨时的比例
   ...:     d=1/u                               #计算基础资产价格下跌时的比例
```

```
   ...:         p=(exp(r*t)-d)/(u-d)                    #计算基础资产价格上涨的概率
   ...:         N_list=range(0,N+1)                     #创建从0到N的自然数数列
   ...:         A=[]                                    #设置一个空的列表
   ...:         for j in N_list:
   ...:             C_Nj=maximum(S*pow(u,j)*pow(d,N-j)-K,0)  #计算期权到期日某节点的期权价值
   ...:             Num=factorial(N)/(factorial(j)*factorial(N-j))  #到达到期日该节点的实现路径数量
   ...:             A.append(Num*pow(p,j)*pow(1-p,N-j)*C_Nj)  #在列表尾部每次增加一个新元素
   ...:         call=exp(-r*T)*sum(A)                   #计算看涨期权的期初价值,运用式(11-32)
   ...:         put=call+K*np.exp(-r*T)-S               #计算看跌期权的期初价值
   ...:         if types=='call':                       #针对看涨期权
   ...:             value=call                          #期权价值等于看涨期权的价值
   ...:         else:                                   #针对看跌期权
   ...:             value=put                           #期权价值等于看跌期权的价值
   ...:         return value
```

在以上自定义函数 BTM_Nstep 中,输入基础资产价格、期权行权价格、基础资产收益率的波动率、无风险收益率、期权期限、步数以及期权类型,就可以非常方便地通过 N 步二叉树模型对欧式期权定价。

4. 一个案例

【例 11-14】沿用例 11-11 的信息,需要运用 N 步二叉树模型计算 2020 年 1 月 3 日基础资产是工商银行 A 股股票、期限为 1 年、行权价格为 5.7 元/股的欧式看涨期权价值。工商银行 A 股在 2020 年 1 月 3 日的股价是 6 元/股,无风险收益率(连续复利)是 2.4%。对此,直接运用 Python 进行计算,并且需要分以下两步完成。

第 1 步:导入存放 2017 年至 2019 年工商银行 A 股日收盘价数据的 Excel 文件,并计算波动率。具体的代码如下:

```
In [46]: P_ICBC=pd.read_excel('C:/Desktop/工商银行A股日收盘价(2017-2019年).xls', sheet_name=
   ...: "Sheet1", header=0, index_col=0)    #从外部导入工商银行A股日收盘价的数据

In [47]: R_ICBC=np.log(P_ICBC/P_ICBC.shift(1))      #计算工商银行股票每日收益率

In [48]: Sigma_ICBC=np.sqrt(252)*np.std(R_ICBC)     #计算工商银行股票年化波动率
   ...: Sigma_ICBC=float(Sigma_ICBC)                #转换为浮点型数据
   ...: print('工商银行A股年化波动率',round(Sigma_ICBC,4))
工商银行A股年化波动率 0.2026
```

从以上输出的结果可以得到,工商银行 A 股股票的年化波动率等于 20.26%。

第 2 步:分别运用步长等于每月(12 步二叉树)、每周(52 步二叉树)以及每个交易日(252 步二叉树)的二叉树模型计算 2020 年 1 月 3 日的期权价值。具体的代码如下:

```
In [49]: N_month=12                        #步长等于每月
   ...: N_week=52                          #步长等于每周
   ...: N_day=252                          #步长等于每个交易日

In [50]: Call_value1=BTM_Nstep(S=S_ICBC,K=K_ICBC,sigma=Sigma_ICBC,r=R,T=tenor,N=N_month,
types='call')     #运用12步二叉树模型计算期权价值
   ...: Call_value2=BTM_Nstep(S=S_ICBC,K=K_ICBC,sigma=Sigma_ICBC,r=R,T=tenor,N=N_week,
types='call')     #运用52步二叉树模型计算期权价值
   ...: Call_value3=BTM_Nstep(S=S_ICBC,K=K_ICBC,sigma=Sigma_ICBC,r=R,T=tenor,N=N_day,
types='call')     #运用252步二叉树模型计算期权价值
   ...: print('运用12步二叉树模型(步长等于每月)计算2020年1月3日期权价值', round(Call_value1,4))
   ...: print('运用52步二叉树模型(步长等于每周)计算2020年1月3日期权价值', round(Call_value2,4))
```

```
    ...: print('运用252步二叉树模型(步长等于每个交易日)计算2020年1月3日期权价值',round(Call_value3,4))
运用12步二叉树模型（步长等于每月）计算2020年1月3日期权价值     0.7245
运用52步二叉树模型（步长等于每周）计算2020年1月3日期权价值     0.7152
运用252步二叉树模型（步长等于每个交易日）计算2020年1月3日期权价值 0.7156
```

从以上的输出结果可以看到，当步数比较少时，二叉树模型给出的期权价值结果是比较粗糙的；但是随着步数的增加，二叉树模型给出的期权价值结果会越来越精确。

5. BSM 模型与二叉树模型的关系

学到这里，读者或许会有疑问：针对欧式期权的定价，BSM 模型的计算结果与二叉树模型的计算结果相似吗？如果相似，相似程度有多高？影响这种相似程度的因素是什么？下面，通过建设银行 A 股的股票期权案例为此揭开谜底。

【例 11-15】假定在 2020 年 8 月 18 日，市场推出以建设银行 A 股股票（代码为 601939）作为基础资产、期限为 1 年、行权价格为 6.6 元/股的欧式看涨期权，当天股票收盘价为 6.32 元/股，用 1 年期国债到期收益率作为无风险收益率（连续复利）并且当天该利率等于 2.28%。下面，就通过 Python 并分别运用 BSM 模型、二叉树模型计算该期权的价值，具体包括 3 个步骤。

第 1 步：导入存放 2018 年至 2020 年 8 月 18 日期间建设银行 A 股日收盘价数据的 Excel 文件，并且运用 11.3.1 节的自定义函数 option_BSM，计算运用 BSM 模型得到的期权价值。具体的代码如下：

```
In [51]: Price_CCB=pd.read_excel('C:/Desktop/建设银行A股收盘价(2018年至2020年8月18日).xlsx',
sheet_name="Sheet1", header=0, index_col=0)    #导入建设银行A股日收盘价的数据

In [52]: R_CCB=np.log(Price_CCB/Price_CCB.shift(1))    #计算建设银行股票每日收益率

In [53]: Sigma_CCB=np.sqrt(252)*np.std(R_CCB)          #计算建设银行股票年化波动率
    ...: Sigma_CCB=float(Sigma_CCB)                    #转换为浮点型数据
    ...: print('建设银行A股年化波动率',round(Sigma_CCB,4))
建设银行A股年化波动率 0.2538

In [54]: S_CCB=6.32                                    #2020年8月18日建设银行股票收盘价
    ...: T_CCB=1                                       #期权期限
    ...: R_Aug18=0.0228                                #无风险收益率
    ...: K_CCB=6.6                                     #期权行权价格

In [55]: value_BSM=option_BSM(S=S_CCB,K=K_CCB,sigma=Sigma_CCB,r=R_Aug18,T=T_CCB,opt=
'call')    #运用BSM模型对期权定价
    ...: print('运用BSM模型计算得到建设银行股票看涨期权价值',round(value_BSM,4))
运用BSM模型计算得到建设银行股票看涨期权价值 0.5813
```

根据以上的输出结果，运用 BSM 模型计算得到 2020 年 8 月 18 日该看涨期权的价值是 0.5813 元。

第 2 步：分别运用 10 步、50 步和 250 步二叉树模型计算期权的价值。具体的代码如下：

```
In [56]: N1=10                                         #步数等于10
    ...: N2=50                                         #步数等于50
    ...: N3=250                                        #步数等于250

In [57]: value_BTM_N1=BTM_Nstep(S=S_CCB,K=K_CCB,sigma=Sigma_CCB,r=R_Aug18,T=T_CCB,N=N1,
types='call')    #运用10步二叉树模型对期权定价
```

```
   ...: value_BTM_N2=BTM_Nstep(S=S_CCB,K=K_CCB,sigma=Sigma_CCB,r=R_Aug18,T=T_CCB, N=N2,
types='call')  #运用 50 步二叉树模型对期权定价
   ...: value_BTM_N3=BTM_Nstep(S=S_CCB,K=K_CCB,sigma=Sigma_CCB,r=R_Aug18,T=T_CCB, N=N3,
types='call')  #运用 250 步二叉树模型对期权定价
   ...: print('运用 10 步二叉树模型计算得出建设银行股票看涨期权价值',round(value_BTM_N1,4))
   ...: print('运用 50 步二叉树模型计算得出建设银行股票看涨期权价值',round(value_BTM_N2,4))
   ...: print('运用 250 步二叉树模型计算得出建设银行股票看涨期权价值', round(value_BTM_N3,4))
运用 10 步二叉树模型计算得出建设银行股票看涨期权价值    0.5899
运用 50 步二叉树模型计算得出建设银行股票看涨期权价值    0.5841
运用 250 步二叉树模型计算得出建设银行股票看涨期权价值   0.5818
```

通过以上不同步数的二叉树模型，可以看到随着步数的增加，计算得到的结果越来越收敛于 BSM 模型的结果。

第 3 步：运用可视化的方法考察二叉树模型的结果如何收敛于 BSM 模型的结果（见图 11-16）。具体的代码如下：

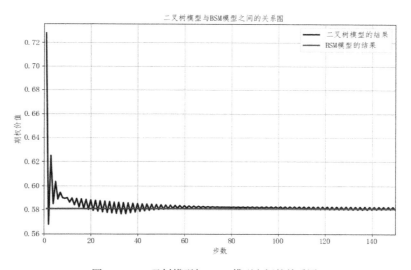

图 11-16　二叉树模型与 BSM 模型之间的关系图

```
In [58]: N_list=range(1,151)                              #创建 1 到 150 的整数列表作为步数

In [59]: value_BTM_list=np.zeros(len(N_list))             #创建存放期权价值的初始数组

In [60]: for i in N_list:        #通过 for 语句计算不同步数的二叉树模型所得到的期权价值
   ...:     value_BTM_list[i-1]=BTM_Nstep(S=S_CCB,K=K_CCB,sigma=Sigma_CCB,r=R_Aug18,
T=T_CCB,N=i,types='call')

In [61]: value_BSM_list=value_BSM*np.ones(len(N_list))    #创建运用 BSM 模型计算得到期权价值的数组

In [62]: plt.figure(figsize=(9,6))
   ...: plt.plot(N_list,value_BTM_list,'b-',label=u'二叉树模型的结果',lw=2.5)
   ...: plt.plot(N_list,value_BSM_list,'r-',label=u'BSM 模型的结果',lw=2.5)
   ...: plt.xlabel(u'步数',fontsize=13)
   ...: plt.xticks(fontsize=13)
   ...: plt.xlim(0,150)                                   #设置 x 轴的刻度为 0～150
```

```
...: plt.ylabel(u'期权价值',fontsize=13)
...: plt.yticks(fontsize=13)
...: plt.title(u'二叉树模型与BSM模型之间的关系图', fontsize=13)
...: plt.legend(fontsize=13)
...: plt.grid()
...: plt.show()
```

从图 11-16 中可以清楚地看到，当二叉树模型步数不断增加时，期权价值走势呈现锯齿形并且二叉树模型的结果收敛于 BSM 模型的结果，同时二叉树模型的结果围绕着 BSM 模型的结果上下波动。通过目测可以发现，当步数达到 80 时，二叉树模型的结果与 BSM 模型的结果几乎无差异。此外，可以通过数学证明，当步数趋于无穷大时，通过二叉树模型可以推导出 BSM 模型[1]。

11.5 美式期权定价

在 11.2.1 节介绍期权类型时，就提到美式期权的多头可以选择在期权存续期内提前行使期权。这一特征使美式期权的定价更加复杂，传统的 BSM 模型无法适用于美式期权，可行的方法就只剩二叉树模型。本节将详细讨论如何运用二叉树模型对美式期权定价。

11.5.1 定价的基本思路

1. 基本思路介绍

既然是运用二叉树模型，那么定价的逻辑依然是逆向归纳法，也就是从二叉树模型的末尾节点（期权到期日）出发以倒推的形式推算至初始节点（期权初始日或定价日），这与 11.4 节讨论的欧式期权定价是一致的。但是，由于美式期权可以提前行权，因此在二叉树模型的每一个节点上都需要检验提前行权是否为最优选择。

虽然，在二叉树模型的末尾节点上，美式期权的价值与欧式期权的价值是完全一致的；但是在期权到期前的任何一个节点上，美式期权的价值是取以下两个数值中的最大值。

数值 1：在该节点上期权没有被行权，则通过如下公式计算得到在该节点的期权价值。具体如下：

$$V = \left[pV_u + (1-p)V_d \right] e^{-r\Delta t} \qquad （11-33）$$

其中，V 表示该节点的期权价值，p 和 V_u 分别表示基础资产价格上涨至下一个节点的概率以及对应下一个节点的期权价值，$1-p$ 和 V_d 分别表示基础资产价格下跌至下一个节点的概率以及对应下一个节点的期权价值。

数值 2：在该节点上期权被行权，对应期权所获得的收益。如果是看涨期权，则收益等于节点上的基础资产价格减去期权行权价格；如果是看跌期权，则收益等于期权行权价格减去节点上的基础资产价格。

为了便于读者更好地理解以上的定价思路，下面就通过一个运用两步二叉树模型计算美式期权价值的案例加以形象地展示。

---

[1] 相关的证明详见约翰·赫尔（John Hull）所著的《期权、期货及其他衍生产品（原书第 10 版）》第 13 章附录 "由二叉树模型推导布莱克-斯科尔斯-默顿期权定价公式"。

2. 案例

【例 11-16】 假定在 2020 年 2 月 10 日（星期一），期权市场上市了以中国银行 A 股（代码为 601881）作为基础资产、期限为 1 年、行权价格为 3.8 元/股的美式看跌期权，当天中国银行 A 股收盘价是 3.5 元/股，同时通过 2017 年 1 月至 2020 年 2 月 7 日（星期五）的日收盘价计算得到股票收益率的年化波动率是 16.76%。以 1 年期国债到期收益率作为无风险收益率（连续复利）并且当天的利率为 2%。图 11-17 展示了通过两步二叉树模型计算得到的该美式看跌期权价值的路径，并且每一步步长 $\Delta t = 0.5$。

下面，就具体演示如何得出图 11-17 的相关数据，一共分为 5 个步骤。

第 1 步，计算每个节点的股价。通过 11.4.3 节给出的式（11-26）和式（11-27）可以计算得到每一步股价上涨的比例 $u = e^{\sigma\sqrt{\Delta t}} = e^{16.76\% \times \sqrt{0.5}} = 1.1258$，股价下跌的比例 $d = e^{-\sigma\sqrt{\Delta t}} = e^{-16.76\% \times \sqrt{0.5}} = 0.8882$。因此，节点 B 的股价是 $3.5u = 3.9404$ 元/股，节点 C 的股价是 $3.5d = 3.1088$ 元/股，节点 D 的股价是 $3.5u^2 = 4.4361$ 元/股，节点 E 的股价是 $3.5ud = 3.5$ 元/股，节点 F 的股价是 $3.5d^2 = 2.7614$ 元/股。

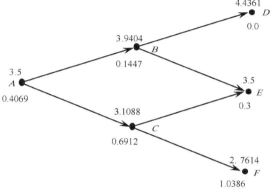

图 11-17　两步二叉树模型中中国银行 A 股股价变化与美式看跌期权价值
（节点上方的数值表示股价，下方的数值表示期权价值）

第 2 步，计算股价上涨与下跌的概率。通过 11.4.2 节讨论的式（11-15）中关于 p 的表达式，可以计算出每一步股价上涨的概率 $p = (e^{r\Delta t} - d)/(u - d) = (e^{2\% \times 0.5} - e^{-16.76\% \times \sqrt{0.5}})/(e^{16.76\% \times \sqrt{0.5}} - e^{-16.76\% \times \sqrt{0.5}}) = 0.5127$，下跌的概率 $1 - p = 0.4873$。

第 3 步，计算二叉树最后一列节点（合约到期日）的期权价值。计算方法与欧式期权是一样的。其中，节点 D 的期权价值是 $\max(3.8 - 4.4361, 0) = 0$ 元，节点 E 的期权价值是 $\max(3.8 - 3.5, 0) = 0.3$ 元，节点 F 的期权价值是 $\max(3.8 - 2.7614, 0) = 1.0386$ 元。

第 4 步，计算第一步末（0.5 年年末）节点的期权价值。需要注意的是，在这一步中，计算方法与欧式期权存在显著差异。

（1）对于节点 B 的期权价值，需要在以下两种情形的数值中取最大值。

情形 1：假定期权没有被行权。在该情形下，计算期权价值需要运用式（11-33），最终得到期权价值是 $V = [pV_u + (1-p)V_d]e^{-r\Delta t} = (0.5127 \times 0 + 0.4873 \times 0.3)e^{-2\% \times 0.5} = 0.1447$ 元。

情形 2：假定期权被行权。在该情形下，期权价值（收益）就等于 $3.8 - 3.9404 = -0.1404$ 元。

显然，比较这两种情形可以发现，对于期权多头而言，在节点 B 不提前行权是最优的选择。因此，该节点的期权价值等于 0.1447 元。

（2）对于节点 C 的期权价值，计算的思路与节点 B 相同。在假定期权不被行权的情形下，计算得到期权价值是 $(0.5127 \times 0.3 + 0.4873 \times 1.0386)e^{-2\% \times 0.5} = 0.6534$ 元；在假定期权被行权的情形下，期权价值等于 $3.8 - 3.1088 = 0.6912$ 元。因此，对于期权多头而言，在节点 C 提前行权是最优的选择。

所以，该节点的期权价值等于 0.6912 元。

第 5 步，计算期初 A 节点的期权价值。在假定期权不被行权的情形下，计算得到期权价值是 $(0.5127 \times 0.1447 + 0.4873 \times 0.6912)e^{-2\% \times 0.5} = 0.4069$ 元；相比之下，当期权被行权时，期权价值则等于 $3.8 - 3.5 = 0.3$ 元。因此，对于期权多头而言，在节点 A 不提前行权是最优的选择。所以，在期权初始日，期权价值等于 0.4069 元。

11.5.2 推广的数学表达式

以上两步二叉树模型的案例可以推广至 N 步二叉树模型求解美式期权价值，并得到一般化的数学表达式。

这里也参照 11.4.3 节中讨论 N 步二叉树模型对欧式期权定价的做法及部分参数。假定一个期限为 T、行权价格为 K 的美式期权，并将期权期限划分成 N 个长度均为 $\Delta t = T/N$ 的时间区间，在 $i\Delta t$ 时刻的第 j 个节点标记为 (i, j) 节点，其中 $i = 0, 1, \cdots, N$，$j = 0, 1, \cdots, i$。假定在期权初始日，基础资产价格为 S_0，基础资产收益率的波动率为 σ。

同样，在 $i\Delta t$ 时刻，二叉树最下方的节点为 $(i, 0)$，次下方的节点为 $(i, 1)$，以此类推，最上方的节点为 (i, i)。在 (i, j) 节点上的基础资产价格等于 $S_0 u^j d^{i-j}$。

下面，令 $V_{i,j}$ 代表在 (i, j) 节点上的期权价值。如果期权是看涨期权，在 T 时刻（期权到期日）的各节点上，期权价值可以表示如下：

$$V_{N,j} = \max\left(S_0 u^j d^{N-j} - K, 0\right) \quad (11\text{-}34)$$

如果期权是看跌期权，在期权到期日的各节点上，期权价值可以表示如下：

$$V_{N,j} = \max\left(K - S_0 u^j d^{N-j}, 0\right) \quad (11\text{-}35)$$

其中，式（11-34）和式（11-35）中的 $j = 0, 1, \cdots, N$。

针对除期权到期日以外的节点 (i, j)，这里 $i = 0, 1, \cdots, N-1$，$j = 0, 1, \cdots, i$，节点的期权价值应当是在以下两种情形下计算得到的数值中的最大值。

情形 1：美式期权没有被提前行权。在该情况下，期权价值等于 $\left[pV_{i+1,j+1} + (1-p)V_{i+1,j}\right]e^{-r\Delta t}$。这里的 p 依然表示基础资产价格从 (i, j) 节点上涨到 $(i+1, j+1)$ 节点的概率；$1-p$ 则表示基础资产价格从 (i, j) 节点下跌至 $(i+1, j)$ 节点的概率。

情形 2：美式期权被提前行权。根据不同的期权类型得到期权实现的收益：针对看涨期权，收益等于 $S_0 u^j d^{i-j} - K$；针对看跌期权，收益则等于 $K - S_0 u^j d^{i-j}$。

因此，对于美式看涨期权而言，在该节点上的价值如下：

$$V_{i,j} = \max\left\{S_0 u^j d^{i-j} - K, \left[pV_{i+1,j+1} + (1-p)V_{i+1,j}\right]e^{-r\Delta t}\right\} \quad (11\text{-}36)$$

对于美式看跌期权而言，在该节点上的价值如下：

$$V_{i,j} = \max\left\{K - S_0 u^j d^{i-j}, \left[pV_{i+1,j+1} + (1-p)V_{i+1,j}\right]e^{-r\Delta t}\right\} \quad (11\text{-}37)$$

注意，在 $i\Delta t$ 时刻的期权价值不仅反映了在 $i\Delta t$ 时刻提前行权对期权价值的影响，而且反映了在此后提前行权对期权价值的影响。

按照递推算法，最终得到在节点 $(0, 0)$ 的期权价值 $V_{0,0}$ 就是通过二叉树模型计算得出的期权初始价值。

当 $N \to \infty$，即 $\Delta t \to 0$ 时，可以得到美式期权的精确价值。在实践中，步数 $N=30$ 的二叉树模型通常会给出一个相对合理的价值。

此外，需要注意的是，看跌-看涨平价关系式仅仅对欧式期权成立，对于美式期权则不成立。

11.5.3 运用矩阵运算

1. 矩阵运算的基本思路

为了便于编写 Python 代码，同时提升代码运行的效率，运用矩阵便捷和清晰地展示美式期权定价的二叉树模型定价。同样，以美式看涨期权作为例子。

首先，可以将 N 步二叉树模型中每个节点上的基础资产价格放置在 $N+1$ 行、$N+1$ 列的矩阵中并且将矩阵设为 S，需要注意该矩阵是一个上三角矩阵。具体如下：

$$S = \begin{bmatrix} S_0 & S_0u & \cdots & S_0u^{N-1} & S_0u^N \\ 0 & S_0d & & S_0u^{N-2}d & S_0u^{N-1}d \\ \vdots & \vdots & & \vdots & \vdots \\ 0 & 0 & \cdots & S_0d^{N-1} & S_0ud^{N-1} \\ 0 & 0 & \cdots & 0 & S_0d^N \end{bmatrix} \quad (11\text{-}38)$$

在以上的矩阵 S 中，第 1 列的非零元素 S_0 代表期权初始日（对应于二叉树 0 时刻的节点）的基础资产价格，第 2 列的非零元素 S_0u 和 S_0d 代表在 Δt 时刻的基础资产价格，以此类推，最后 1 列的非零元素 S_0u^N, $S_0u^{N-1}d$, $\cdots$, S_0d^N 代表在 $N\Delta t$ 时刻（T 时刻）的基础资产价格。

其次，根据基础资产价格的矩阵并结合式（11-34），可以计算得到在期权到期日的期权价值并且将其放置在 $N+1$ 行、$N+1$ 列矩阵的第 $N+1$ 列，第 1 列至第 N 列的元素先设置为 0。将该矩阵设为 C，具体如下。

$$C = \begin{bmatrix} 0 & 0 & \cdots & 0 & \max(S_0u^N - K, 0) \\ 0 & 0 & \cdots & 0 & \max(S_0u^{N-1}d - K, 0) \\ \vdots & \vdots & \vdots & & \vdots \\ 0 & 0 & \cdots & 0 & \max(S_0ud^{N-1} - K, 0) \\ 0 & 0 & \cdots & 0 & \max(S_0d^N - K, 0) \end{bmatrix} \quad (11\text{-}39)$$

接着，反复运用式（11-39）并结合式（11-36），就可以依次得出矩阵 C 中第 N 列非零元素、第 $N-1$ 列非零元素……第 1 列非零元素，最终该矩阵第 1 行、第 1 列的元素就是期权初始日的期权价值。

基于以上的矩阵运算思路，需要通过 Python 自定义一个计算美式期权价值的函数。为了更好地理解代码，按照看涨、看跌期权类型分别自定义计算美式期权价值的函数。

2. 计算美式看涨期权价值的 Python 自定义函数

针对计算美式看涨期权价值的 Python 自定义函数，具体的代码如下：

```
In [63]: def American_call(S,K,sigma,r,T,N):
    ...:     '''定义一个运用N步二叉树模型计算美式看涨期权价值的函数
    ...:     S: 代表基础资产当前的价格。
```

```
   ...:         K:代表期权的行权价格。
   ...:         sigma:代表基础资产收益率的波动率(年化)。
   ...:         r:代表连续复利的无风险收益率。
   ...:         T:代表期权的期限(年)。
   ...:         N:代表二叉树模型的步数'''
   ...:     #为了便于理解代码编写逻辑,分为以下3个步骤
   ...:     #第1步是计算相关参数
   ...:     t=T/N                                        #计算每一步步长期限(年)
   ...:     u=np.exp(sigma*np.sqrt(t))                   #计算基础资产价格上涨时的比例
   ...:     d=1/u                                        #计算基础资产价格下跌时的比例
   ...:     p=(np.exp(r*t)-d)/(u-d)                      #计算基础资产价格上涨的概率
   ...:     call_matrix=np.zeros((N+1,N+1)) #创建N+1行、N+1列的零矩阵,用于后续存放每个节点的期权价值
   ...:     #第2步是计算期权到期日节点的基础资产价格与期权价值
   ...:     N_list=np.arange(0,N+1)                      #创建从0到N的自然数数列(数组格式)
   ...:     S_end=S*pow(u,N-N_list)*pow(d,N_list)   #计算期权到期时节点的基础资产价格。按照节点
从上往下排序,参见式(11-38)
   ...:     call_matrix[:,-1]=np.maximum(S_end-K,0)  #计算期权到期时节点的看涨期权价值(按照节
点从上往下排序)
   ...:     #第3步是计算期权非到期日节点的基础资产价格与期权价值
   ...:     i_list=list(range(0,N))                      #创建从0到N-1的自然数数列(列表格式)
   ...:     i_list.reverse()                             #将列表的元素由大到小重新排序(从N-1到0)
   ...:     for i in i_list:
   ...:         j_list=np.arange(i+1)                    #创建从0到i的自然数数列(数组格式)
   ...:         Si=S*pow(u,i-j_list)*pow(d,j_list)  #计算在iΔt时刻各节点上的基础资产价格(按
照节点从上往下排序)
   ...:         call_strike=np.maximum(Si-K,0) #计算提前行权时的期权收益
   ...:         call_nostrike=(p*call_matrix[:i+1,i+1]+(1-p)*call_matrix[1:i+2,i+1])*
np.exp(-r*t) #计算不提前行权时的期权价值
   ...:         call_matrix[:i+1,i]=np.maximum(call_strike,call_nostrike)  #取提前行权
时的期权收益与不提前行权时的期权价值中的最大值
   ...:     call_begin=call_matrix[0,0]                  #期权初始价值
   ...:     return call_begin
```

在以上自定义的函数 American_call 中,输入基础资产当前价格、期权行权价格、无风险收益率、基础资产收益率的波动率、期权期限以及步数,就可以迅速计算得出美式看涨期权价值。

3. 计算美式看跌期权价值的 Python 自定义函数

针对计算美式看跌期权价值的 Python 自定义函数,具体的代码如下:

```
In [64]: def American_put(S,K,sigma,r,T,N):
   ...:     '''定义一个运用N步二叉树模型计算美式看跌期权价值的函数
   ...:     S:代表基础资产当前的价格。
   ...:     K:代表期权的行权价格。
   ...:     sigma:代表基础资产收益率的波动率(年化)。
   ...:     r:代表连续复利的无风险收益率。
   ...:     T:代表期权的期限(年)。
   ...:     N:代表二叉树模型的步数'''
   ...:     t=T/N                                        #计算每一步步长期限(年)
   ...:     u=np.exp(sigma*np.sqrt(t))                   #计算基础资产价格上涨时的比例
   ...:     d=1/u                                        #计算基础资产价格下跌时的比例
   ...:     p=(np.exp(r*t)-d)/(u-d)                      #计算基础资产价格上涨的概率
   ...:     put_matrix=np.zeros((N+1,N+1))  #创建N+1行、N+1列的零矩阵,用于后续存放每个节点的期权价值
   ...:     N_list=np.arange(0,N+1)                      #创建从0到N的自然数数列(数组格式)
   ...:     S_end=S*pow(u,N-N_list)*pow(d,N_list) #计算期权到期时节点的基础资产价格(按照节点从
上往下排序)
```

```
   ...:         put_matrix[:,-1]=np.maximum(K-S_end,0)   #计算期权到期时节点的看跌期权价值（按照节
点从上往下排序）
   ...:         i_list=list(range(0,N))                  #创建从0到N-1的自然数数列（列表格式）
   ...:         i_list.reverse()                         #将列表的元素由大到小重新排序（从N-1到0）
   ...:         for i in i_list:
   ...:             j_list=np.arange(i+1)                #创建从0到i的自然数数列（数组格式）
   ...:             Si=S*pow(u,i-j_list)*pow(d,j_list)   #计算在iΔt时刻各节点上的基础资产价格
（按照节点从上往下排序）
   ...:             put_strike=np.maximum(K-Si,0)        #计算提前行权时的期权收益
   ...:             put_nostrike=np.exp(-r*t)*(p*put_matrix[:i+1,i+1]+(1-p)*put_matrix
[1:i+2,i+1]) #计算不提前行权时的期权价值
   ...:             put_matrix[:i+1,i]=np.maximum(put_strike,put_nostrike)  #取提前行权时的
期权收益与不提前行权时的期权价值中的最大值
   ...:         put_begin=put_matrix[0,0]                #期权初始价值
   ...:         return put_begin
```

在以上自定义的函数 American_put 中，输入基础资产当前价格、期权行权价格、无风险收益率、基础资产收益率的波动率、期权期限以及步数，就可以计算得出美式看跌期权价值。

直接运用该自定义的函数，计算例 11-16 中国银行 A 股美式看跌期权的价值；并且将步数依次增加至 12 步（步长为月）、52 步（步长为周）和 252 步（步长为交易日），分别计算该期权的价值。具体的计算分为以下 3 个步骤。

第 1 步：从外部导入 2017 年至 2020 年 2 月 7 日中国银行 A 股日收盘价数据，计算股票年化波动率。具体的代码如下：

```
In [65]: Price_BOC=pd.read_excel('C:/Desktop/中国银行A股日收盘价数据(2017年至2020年2月7日).
xls',sheet_name= "Sheet1", header=0, index_col=0)     #导入中国银行A股日收盘价的数据

In [66]: R_BOC=np.log(Price_BOC/Price_BOC.shift(1))    #计算中国银行股票每日收益率

In [67]: Sigma_BOC=np.sqrt(252)*np.std(R_BOC)          #计算中国银行股票年化波动率
   ...: Sigma_BOC=float(Sigma_BOC)                     #转换为浮点型数据
   ...: print('中国银行A股年化波动率',round(Sigma_BOC,4))
中国银行A股年化波动率 0.1676
```

第 2 步：运用两步二叉树模型计算美式看跌期权的价值。具体的代码如下：

```
In [68]: S_BOC=3.5           #中国银行A股2020年2月10日收盘价
   ...: K_BOC=3.8            #美式看跌期权的行权价格
   ...: T_BOC=1              #期权期限
   ...: r_Feb10=0.02         #2020年2月10日无风险收益率
   ...: N_2=2                #步数是2

In [69]: Put_2step=American_put(S=S_BOC,K=K_BOC,sigma=Sigma_BOC,r=r_Feb10,T=T_BOC,N=N_2)
#运用两步二叉树模型
   ...: print('运用两步二叉树模型计算中国银行A股美式看跌期权价值',round(Put_2step,4))
运用两步二叉树模型计算中国银行A股美式看跌期权价值 0.4069
```

根据以上的计算结果可以得出，运用两步二叉树模型计算得到中国银行美式看跌期权价值是 0.4069，这与前面手动计算的数值结果保持一致。

第 3 步：将二叉树模型的步数依次增加至 12 步、52 步和 252 步，分别计算该期权的价值。具体的代码如下：

```
In [70]: N_12=12             #步数是12
   ...: N_52=52              #步数是52
   ...: N_252=252            #步数是252
```

```
In [71]: Put_12step=American_put(S=S_BOC,K=K_BOC,sigma=Sigma_BOC,r=r_Feb10,T=T_BOC,N=N_
12)  #运用12步二叉树模型
    ...: Put_52step=American_put(S=S_BOC,K=K_BOC,sigma=Sigma_BOC,r=r_Feb10,T=T_BOC,N=N_
52)  #运用52步二叉树模型
    ...: Put_252step=American_put(S=S_BOC,K=K_BOC,sigma=Sigma_BOC,r=r_Feb10,T=T_BOC,N=
N_252)  #运用252步二叉树模型
    ...: print('运用12步二叉树模型计算中国银行A股美式看跌期权价值',round(Put_12step,4))
    ...: print('运用52步二叉树模型计算中国银行A股美式看跌期权价值',round(Put_52step,4))
    ...: print('运用252步二叉树模型计算中国银行A股美式看跌期权价值',round(Put_252step,4))
运用12步二叉树模型计算中国银行A股美式看跌期权价值 0.3847
运用52步二叉树模型计算中国银行A股美式看跌期权价值 0.3853
运用252步二叉树模型计算中国银行A股美式看跌期权价值 0.3849
```

从以上的结果可以看到，随着步数的增加，美式看跌期权的价值在0.385元附近上下摆动并且不断收敛。

11.5.4 美式期权与欧式期权的关系

在讨论了欧式期权与美式期权的定价以后，细心的读者可能会问：美式期权与欧式期权在价值方面存在怎样的关系？两种期权的价值在什么情况下会相同？在什么情况下又会存在差异？回答这些问题的最好方法就是通过一个案例进行演示和说明。

【例11-17】沿用例11-16的信息，并且在2020年2月10日，期权市场上市了以中国银行A股股票作为基础资产并且期限为1年的欧式期权、美式期权共计12只，具体期权类型及要素信息详见表11-4。当天中国银行A股收盘价是3.5元/股，股票收益率的年化波动率是16.76%，无风险收益率是2%。

表11-4 中国银行A股股票的期权类型及要素信息

期权类型之一	期权类型之二	期权类型之三	行权价格/元	基础资产	期限
欧式期权	看涨期权	实值期权	4.0	中国银行A股股票	1年
		平价期权	3.5		
		虚值期权	3.0		
	看跌期权	虚值期权	4.0		
		平价期权	3.5		
		实值期权	3.0		
美式期权	看涨期权	实值期权	4.0		
		平价期权	3.5		
		虚值期权	3.0		
	看跌期权	虚值期权	4.0		
		平价期权	3.5		
		实值期权	3.0		

通过二叉树模型并且借助Python计算以上12只期权的价值，同时设定的步数为252（以交易日作为步长）。具体将通过以下4个步骤完成。

第1步：通过11.4.3节的自定义函数BTM_Nstep以及自定义函数American_call，依次计算欧式看涨期权、美式看涨期权的价值。具体的代码如下：

```
In [72]: K1=3.0                                    #行权价格为 3 元
    ...: K2=3.5                                    #行权价格为 3.5 元
    ...: K3=4.0                                    #行权价格为 4 元

In [73]: Euro_call_K1=BTM_Nstep(S=S_BOC,K=K1,sigma=Sigma_BOC,r=r_Feb10,T=T_BOC, N=N_252,
types='call')    #计算行权价格为 3 元的欧式看涨期权价值
    ...: Amer_call_K1=American_call(S=S_BOC,K=K1,sigma=Sigma_BOC,r=r_Feb10,T=T_BOC, N=N_
252)        #计算行权价格为 3 元的美式看涨期权价值
    ...: Euro_call_K2=BTM_Nstep(S=S_BOC,K=K2,sigma=Sigma_BOC,r=r_Feb10,T=T_BOC, N=N_252,
types='call')    #计算行权价格为 3.5 元的欧式看涨期权价值
    ...: Amer_call_K2=American_call(S=S_BOC,K=K2,sigma=Sigma_BOC,r=r_Feb10,T=T_BOC, N=N_
252)            #计算行权价格为 3.5 元的美式看涨期权价值
    ...: Euro_call_K3=BTM_Nstep(S=S_BOC,K=K3,sigma=Sigma_BOC,r=r_Feb10,T=T_BOC, N=N_252,
types='call')    #计算行权价格为 4 元的欧式看涨期权价值
    ...: Amer_call_K3=American_call(S=S_BOC,K=K3,sigma=Sigma_BOC,r=r_Feb10,T=T_BOC, N=N_
252)            #计算行权价格为 4 元的美式看涨期权价值
    ...: print('行权价格为 3 元的欧式看涨期权价值',Euro_call_K1)
    ...: print('行权价格为 3 元的美式看涨期权价值',Amer_call_K1)
    ...: print('行权价格为 3.5 元的欧式看涨期权价值',Euro_call_K2)
    ...: print('行权价格为 3.5 元的美式看涨期权价值',Amer_call_K2)
    ...: print('行权价格为 4 元的欧式看涨期权价值',Euro_call_K3)
    ...: print('行权价格为 4 元的美式看涨期权价值',Amer_call_K3)
行权价格为 3 元的欧式看涨期权价值    0.6009336736887524
行权价格为 3 元的美式看涨期权价值    0.6009336736887604
行权价格为 3.5 元的欧式看涨期权价值  0.26751274557721655
行权价格为 3.5 元的美式看涨期权价值  0.26751274557722005
行权价格为 4 元的欧式看涨期权价值    0.09207459670132756
行权价格为 4 元的美式看涨期权价值    0.09207459670132873
```

从以上的输出结果可以看到,相同基础资产、相同行权价格和相同期限的欧式看涨期权与美式看涨期权,在期权价值上几乎是完全相同的,差异仅仅出现在小数点后的第 14 位至第 17 位,这样的差异可以忽略不计。

其实,在理论上也可以证明,当期权的基础资产不产生期间收益(比如无股息股票)时,提前行使该美式看涨期权不是最优的选择,此时美式看涨期权就退化为欧式看涨期权。

第 2 步:通过自定义函数 BTM_Nstep 以及自定义函数 American_put,依次计算欧式看跌期权、美式看跌期权的价值。具体的代码如下:

```
In [74]: Euro_put_K1=BTM_Nstep(S=S_BOC,K=K1,sigma=Sigma_BOC,r=r_Feb10,T=T_BOC, N=N_252,
types='put')    #计算行权价格为 3 元的欧式看跌期权价值
    ...: Amer_put_K1=American_put(S=S_BOC,K=K1,sigma=Sigma_BOC,r=r_Feb10,T=T_BOC, N=N_
252)    #计算行权价格为 3 元的美式看跌期权价值
    ...: Euro_put_K2=BTM_Nstep(S=S_BOC,K=K2,sigma=Sigma_BOC,r=r_Feb10,T=T_BOC, N=N_252,
types='put')    #计算行权价格为 3.5 元的欧式看跌期权价值
    ...: Amer_put_K2=American_put(S=S_BOC,K=K2,sigma=Sigma_BOC,r=r_Feb10,T=T_BOC, N=N_
252)    #计算行权价格为 3.5 元的美式看跌期权价值
    ...: Euro_put_K3=BTM_Nstep(S=S_BOC,K=K3,sigma=Sigma_BOC,r=r_Feb10,T=T_BOC, N=N_252,
types='put')    #计算行权价格为 4 元的欧式看跌期权价值
    ...: Amer_put_K3=American_put(S=S_BOC,K=K3,sigma=Sigma_BOC,r=r_Feb10,T=T_BOC, N=N_
252)    #计算行权价格为 4 元的美式看跌期权价值
    ...: print('行权价格为 3 元的欧式看跌期权价值',Euro_put_K1)
    ...: print('行权价格为 3 元的美式看跌期权价值',Amer_put_K1)
    ...: print('行权价格为 3.5 元的欧式看跌期权价值',Euro_put_K2)
    ...: print('行权价格为 3.5 元的美式看跌期权价值',Amer_put_K2)
```

```
   ...: print('行权价格为4元的欧式看跌期权价值',Euro_put_K3)
   ...: print('行权价格为4元的美式看跌期权价值',Amer_put_K3)
行权价格为3元的欧式看跌期权价值   0.041529693609017926
行权价格为3元的美式看跌期权价值   0.042376999395400884
行权价格为3.5元的欧式看跌期权价值 0.19820810215085993
行权价格为3.5元的美式看跌期权价值 0.2045321168794166
行权价格为4元的欧式看跌期权价值   0.5128692899283482
行权价格为4元的美式看跌期权价值   0.5371245309809153
```

从以上输出结果可以十分清楚地看到，美式看跌期权价值要明显高于相同行权价格的欧式看跌期权价值。这意味着美式看跌期权在存续期内都存在被提前行权的可能性。

第3步：以行权价格为3元的欧式看跌期权、美式看跌期权作为分析对象，同时对于中国银行A股当前股价取值是处于[1.0,5.0]区间的等差数列，计算对应于不同股价的期权价值并且进行可视化（见图11-18）。具体的代码如下：

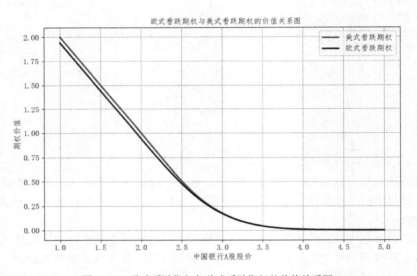

图11-18　欧式看跌期权与美式看跌期权的价值关系图

```
In [75]: S_BOC_list=np.linspace(1.0,5.0,200)      #设定中国银行A股股价的等差数列（数组格式）

In [76]: Euro_put_list=np.zeros_like(S_BOC_list)  #创建与股价等差数列形状相同的数组，用于存放欧式看跌期权价值
   ...: Amer_put_list=np.zeros_like(S_BOC_list)   #创建与股价等差数列形状相同的数组，用于存放美式看跌期权价值

In [77]: for i in range(len(S_BOC_list)):          #通过for语句计算对应股价的期权价值
   ...:     Euro_put_list[i]=BTM_Nstep(S=S_BOC_list[i],K=K1,sigma=Sigma_BOC,r=r_Feb10,T=T_BOC,N=N_252,types='put')   #计算对应于不同股价的欧式看跌期权价值
   ...:     Amer_put_list[i]=American_put(S=S_BOC_list[i],K=K1,sigma=Sigma_BOC,r=r_Feb10,T=T_BOC,N=N_252)   #计算对应于不同股价的美式看跌期权价值

In [78]: plt.figure(figsize=(9,6))
   ...: plt.plot(S_BOC_list,Amer_put_list,'r-',label=u'美式看跌期权',lw=2.5)
   ...: plt.plot(S_BOC_list,Euro_put_list,'b-',label=u'欧式看跌期权',lw=2.5)
```

```
   ...: plt.xlabel(u'中国银行A股股价',fontsize=13)
   ...: plt.xticks(fontsize=13)
   ...: plt.ylabel(u'期权价值',fontsize=13)
   ...: plt.yticks(fontsize=13)
   ...: plt.title(u'欧式看跌期权与美式看跌期权的价值关系图', fontsize=13)
   ...: plt.legend(fontsize=13)
   ...: plt.grid()
   ...: plt.show()
```

从图 11-18 可以得到以下结论：看跌期权的实值程度越深（股价比行权价格 3 元越低），美式看跌期权与欧式看跌期权的价值差异就越大，说明美式看跌期权越可能会被提前行权；相反，看跌期权的虚值程度越深（股价比行权价格 3 元越高），美式看跌期权的价值就越趋于欧式看跌期权的价值，期权被提前行权的可能性就越小。

第 4 步：考察期权价值与内在价值的关系。在 11.3.7 节提到过，期权的内在价值是期权立刻被行权以后获得的收益。下面就通过可视化的方法依次考察美式看跌期权价值与内在价值的关系、欧式看跌期权价值与内在价值的关系，并且以行权价格为 3 元的期权作为分析对象（见图 11-19、图 11-20）。具体的代码如下：

```
In [79]: Intrinsic_value=np.maximum(K1-S_BOC_list,0)    #看跌期权的内在价值

In [80]: plt.figure(figsize=(9,6))
   ...: plt.plot(S_BOC_list,Amer_put_list,'r-',label=u'美式看跌期权价值',lw=2.5)
   ...: plt.plot(S_BOC_list,Intrinsic_value,'g--',label=u'期权内在价值',lw=2.0)
   ...: plt.xlabel(u'中国银行A股股价',fontsize=13)
   ...: plt.xticks(fontsize=13)
   ...: plt.ylabel(u'期权价值',fontsize=13)
   ...: plt.yticks(fontsize=13)
   ...: plt.title(u'美式看跌期权价值与期权内在价值的关系图', fontsize=13)
   ...: plt.legend(fontsize=13,loc=9)
   ...: plt.grid()
   ...: plt.show()
```

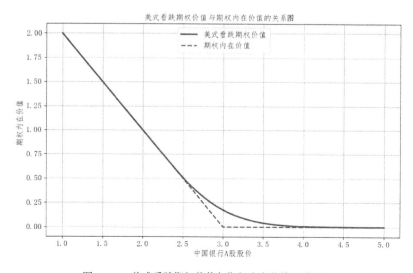

图 11-19　美式看跌期权价值与期权内在价值的关系图

从图 11-19 可以看到，对于美式看跌期权而言，随着期权实值程度加深，期权价值逐渐收敛于期权内在价值，并且当股价小于 2.5 元/股时，期权价值与期权内在价值几乎无差异；同样，随着期权虚值程度加深，期权价值也不断收敛于期权内在价值，并且当股价高于 4 元/股时，两者之间也几乎无差异。

```
In [81]: plt.figure(figsize=(9,6))
   ...: plt.plot(S_BOC_list,Euro_put_list,'b-',label=u'欧式看跌期权价值',lw=2.5)
   ...: plt.plot(S_BOC_list,Intrinsic_value,'g--',label=u'期权内在价值',lw=2.5)
   ...: plt.xlabel(u'中国银行A股股价',fontsize=13)
   ...: plt.ylabel(u'期权价值',fontsize=13)
   ...: plt.yticks(fontsize=13)
   ...: plt.title(u'欧式看跌期权与期权内在价值的关系图', fontsize=13)
   ...: plt.legend(fontsize=13,loc=9)
   ...: plt.grid()
   ...: plt.show()
```

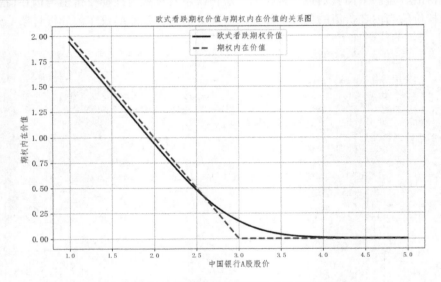

图 11-20　欧式看跌期权价值与期权内在价值的关系图

从图 11-20 可以看到与图 11-19 类似的规律，但需要注意的是，随着期权实值程度加深，尤其是当股价小于 2.5 元/股时，将出现欧式看跌期权价值低于期权内在价值的情形。这就意味着，对于欧式看跌期权，随着期权实值程度加深，期权的时间价值将由正转变为负。

到这里，第 11 章的内容就讲解完了，第 12 章将讨论衡量期权风险的希腊字母以及期权的隐含波动率等。

11.6　本章小结

期权是金融市场中最具有复杂性、挑战性同时是最富有魅力的金融产品之一。本章首先概览性介绍了 A 股期权市场演进历程，以及上证 50ETF 期权、沪深 300ETF 期权等股票期权和沪深 300

股指期权等合约要素；然后，讨论了期权在到期日的盈亏情况以及看跌-看涨平价关系式这一极其重要的期权价格等式；接着，重点剖析了期权定价，主要探讨了用于欧式期权定价的布莱克-斯科尔斯-默顿模型，以及即可用于欧式期权定价也可用于美式期权定价的二叉树模型，并且运用可视化方式考察了期权价格与基础资产价格、行权价格、波动率、无风险收益率和期权期限等变量之间的关系，以及期权内在价值和时间价值。

11.7 拓展阅读

本章的内容参考了以下资料。

[1] The Pricing of Options and Corporate Liabilities

[2] Theory of Rational Option Pricing

以上两篇论文宛如两道闪电划破苍穹，宣告20世纪伟大的金融理论——布莱克-斯科尔斯-默顿模型的诞生。该模型之于金融学，犹如量子纠缠之于量子力学、DNA结构之于生命科学，开创了金融学的新纪元。也正因此，模型的两位提出者——迈伦·斯科尔斯和罗伯特·默顿共同获得了1997年诺贝尔经济学奖。然而，令人扼腕叹息的是，模型核心的提出者——费希尔·布莱克却在1995年8月30日与世长辞，与诺贝尔奖失之交臂。

[3] Option Pricing: A Simplified Approach，在运用二叉树模型探讨期权定价方面，这篇论文具有里程碑的意义。为了凸显该论文的重要贡献，金融领域将期权定价的二叉树模型以这3位作者（考克斯、罗斯和鲁宾斯坦）姓氏的首字母命名为"CRR模型"。

第 12 章

运用 Python 测度期权希腊字母与隐含波动率

本章导读

第 11 章提到影响期权价格（价值）的变量，包括基础资产价格、波动率、无风险收益率以及期权期限等。从风险敞口的视角看，这些变量就是期权的风险因子。在期权市场中，用于测度期权风险敞口的符号被称为期权的**希腊字母**（Greek letter），包括 Delta、Gamma、Theta、Vega 和 Rho，每个希腊字母都用于测度期权头寸的某种特定风险。金融机构就是通过管理期权的这些希腊字母数值，将期权的风险控制在可承受的范围之内。这些希腊字母的含义和数学表达式是什么？如何运用希腊字母开展期权的动态对冲？如何计算期权的隐含波动率？本章将结合国内 A 股期权市场的案例并借助 Python 给出这些问题的答案。

本章的内容涵盖以下几个主题。

- 讨论欧式期权、美式期权 Delta 的算法，基于 Delta 开展期权的风险对冲，以及基础资产价格、期权期限与期权 Delta 的关系。
- 探讨欧式期权、美式期权 Gamma 的算法，以及基础资产价格、期权期限与期权 Gamma 的关系。
- 分析欧式期权、美式期权 Theta 的算法，以及基础资产价格、期权期限与期权 Theta 的关系。
- 剖析欧式期权、美式期权 Vega 的算法，以及基础资产价格、期权期限与期权 Vega 的关系。
- 描述欧式期权、美式期权 Rho 的算法，以及基础资产价格、期权期限与期权 Rho 的关系。
- 论述计算期权隐含波动率的牛顿迭代法和二分查找法，并探究波动率微笑与斜偏的问题。

12.1 期权的 Delta

期权的 Delta（Δ）被定义为期权价格变化与基础资产价格变化的比率，也就是期权价格与基础资产价格之间关系曲线的切线斜率（参见本节的图 12-1），用数学表示如下：

$$\Delta = \frac{\partial \Pi}{\partial S} \tag{12-1}$$

其中，Π 表示期权价格，S 表示基础资产价格。

比如，期权 Delta 等于 0.6 就意味着当基础资产价格发生很小的变化时，相应期权价格变化近似等于基础资产价格变化的 60%。

12.1.1 欧式期权的 Delta

根据 11.3 节介绍的布莱克-斯科尔斯-默顿模型，对于欧式期权的 Delta，具体的数学表达式如表 12-1 所示。

表 12-1 欧式期权的 Delta 的数学表达式

期权类型	头寸方向	Delta 的数学表达式
欧式看涨期权	多头	$\Delta = N(d_1)$
	空头	$\Delta = -N(d_1)$
欧式看跌期权	多头	$\Delta = N(d_1) - 1$
	空头	$\Delta = 1 - N(d_1)$

1. Python 自定义函数

为了计算的便利，通过 Python 自定义一个计算欧式期权 Delta 的函数，具体的代码如下：

```
In [1]: import numpy as np
   ...: import pandas as pd
   ...: import matplotlib.pyplot as plt
   ...: from pylab import mpl
   ...: mpl.rcParams['font.sans-serif']=['FangSong']
   ...: mpl.rcParams['axes.unicode_minus'] = False
   ...: from pandas.plotting import register_matplotlib_converters
   ...: register_matplotlib_converters()

In [2]: def delta_EurOpt(S,K,sigma,r,T,optype,positype):
   ...:     '''定义一个计算欧式期权 Delta 的函数
   ...:     S: 代表期权基础资产的价格。
   ...:     K: 代表期权的行权价格。
   ...:     sigma: 代表基础资产收益率的波动率（年化）。
   ...:     r: 代表连续复利的无风险收益率。
   ...:     T: 代表期权的期限（年）。
   ...:     optype: 代表期权的类型，输入 optype='call'表示看涨期权，输入其他则表示看跌期权。
   ...:     positype: 代表期权头寸的方向，输入 positype='long'表示期权多头，输入其他则表示期权空头'''
   ...:     from scipy.stats import norm         #从 SciPy 的子模块 stats 中导入 norm 函数
   ...:     from numpy import log,sqrt           #从 NumPy 模块中导入 log、sqrt 函数
   ...:     d1=(log(S/K)+(r+pow(sigma,2)/2)*T)/(sigma*sqrt(T))    #d1 的表达式
```

```
    ...:        if optype=='call':                    #当期权是看涨期权
    ...:            if positype=='long':              #当期权头寸是多头
    ...:                delta=norm.cdf(d1)            #计算期权的Delta
    ...:            else:                             #当期权头寸是空头
    ...:                delta=-norm.cdf(d1)
    ...:        else:                                 #当期权是看跌期权
    ...:            if positype=='long':
    ...:                delta=norm.cdf(d1)-1
    ...:            else:
    ...:                delta=1-norm.cdf(d1)
    ...:        return delta
```

在以上自定义函数 delta_EurOpt 中，输入基础资产价格、行权价格、波动率、无风险收益率、期限、期权类型以及头寸方向等参数，就可以快速计算得到欧式期权的 Delta。

2. 一个案例

【例 12-1】假定在 2020 年 7 月 16 日，期权市场上市了以农业银行 A 股（代码为 601288）作为基础资产、行权价格为 3.6 元/股、期限为 6 个月的欧式看涨期权和欧式看跌期权，当天农业银行 A 股收盘价为 3.27 元/股，以 6 个月期 Shibor 作为无风险收益率，并且当天报价是 2.377%，股票收益率的年化波动率是 19%，分别计算欧式看涨、看跌期权的多头与空头的 Delta。

下面，直接运用自定义函数 delta_EurOpt 进行计算，具体的代码如下：

```
In [3]: S_ABC=3.27                                 #农业银行股价
   ...: K_ABC=3.6                                  #期权的行权价格
   ...: sigma_ABC=0.19                             #农业银行股票年化波动率
   ...: shibor_6M=0.02377                          #6个月期Shibor（无风险收益率）
   ...: T_ABC=0.5                                  #期权期限

In [4]: delta_EurOpt1=delta_EurOpt(S=S_ABC,K=K_ABC,sigma=sigma_ABC,r=shibor_6M,T=T_
ABC,optype='call',positype='long')    #计算欧式看涨期权多头的Delta
   ...: delta_EurOpt2=delta_EurOpt(S=S_ABC,K=K_ABC,sigma=sigma_ABC,r=shibor_6M,T=T_ABC,
optype='call',positype='short')  #计算欧式看涨期权空头的Delta
   ...: delta_EurOpt3=delta_EurOpt(S=S_ABC,K=K_ABC,sigma=sigma_ABC,r=shibor_6M,T=T_ABC,
optype='put',positype='long')     #计算欧式看跌期权多头的Delta
   ...: delta_EurOpt4=delta_EurOpt(S=S_ABC,K=K_ABC,sigma=sigma_ABC,r=shibor_6M,T=T_ABC,
optype='put',positype='short')    #计算欧式看跌期权空头的Delta
   ...: print('农业银行A股欧式看涨期权多头的Delta',round(delta_EurOpt1,4))
   ...: print('农业银行A股欧式看涨期权空头的Delta',round(delta_EurOpt2,4))
   ...: print('农业银行A股欧式看跌期权多头的Delta',round(delta_EurOpt3,4))
   ...: print('农业银行A股欧式看跌期权空头的Delta',round(delta_EurOpt4,4))
农业银行A股欧式看涨期权多头的Delta  0.2877
农业银行A股欧式看涨期权空头的Delta -0.2877
农业银行A股欧式看跌期权多头的Delta -0.7123
农业银行A股欧式看跌期权空头的Delta  0.7123
```

从以上输出的结果可以看到，农业银行 A 股欧式看涨期权多头的 Delta 等于 0.2877，欧式看跌期权多头的 Delta 等于–0.7123，空头的 Delta 则是多头的相反数。

3. 利用 Delta 的近似计算

在已知期权 Delta 的情况下，当基础资产价格发生很小的变化时，就可以利用 Delta 快速计算得出近似的期权新价格。这一点与 7.3 节讨论的债券久期有异曲同工之处。

假定 S 表示基础资产的当前价格，Π 表示对应的期权价格，$\tilde{S}$ 表示变化后的基础资产新价格，$\tilde{\Pi}$

表示对应于基础资产新价格的期权新价格。当 $\tilde{S}-S$ 很小时，根据式（12-1）同时利用差分和泰勒展开式[1]，可以得到期权新价格的近似线性表达式如下：

$$\tilde{\Pi} \approx \Pi + \Delta \times (\tilde{S}-S) \quad (12\text{-}2)$$

【例 12-2】沿用例 12-1 关于农业银行股票期权的信息，以欧式看涨期权作为分析对象，对农业银行 A 股股价（基础资产价格）的取值是 [2.5, 4.5] 区间的等差数列。针对不同的股价，依次运用 BSM 模型计算期权价格以及运用 Delta 计算近似期权价格，并且进行可视化比较。具体分为两个步骤。

第 1 步：运用 11.3.1 节的自定义函数 option_BSM，计算布莱克-斯科尔斯-默顿模型的期权价格，以及根据式（12-2）计算得到近似期权价格。具体的代码如下：

```
In [5]: def option_BSM(S,K,sigma,r,T,opt):       # 11.3.1节的自定义函数
   ...:     '''定义一个运用布莱克-斯科尔斯-默顿模型计算欧式期权价格的函数
   ...:     S: 代表期权基础资产的价格。
   ...:     K: 代表期权的行权价格。
   ...:     sigma: 代表基础资产收益率的波动率（年化）。
   ...:     r: 代表连续复利的无风险收益率。
   ...:     T: 代表期权的期限（年）。
   ...:     opt: 代表期权类型，输入 opt='call'表示看涨期权，输入其他则表示看跌期权'''
   ...:     from numpy import log,exp,sqrt       #从NumPy模块导入log、exp、sqrt这3个函数
   ...:     from scipy.stats import norm          #从SciPy的子模块stats导入norm函数
   ...:     d1=(log(S/K)+(r+pow(sigma,2)/2)*T)/(sigma*sqrt(T))    #计算参数d1
   ...:     d2=d1-sigma*sqrt(T)                                   #计算参数d2
   ...:     if opt=='call':                                       #针对欧式看涨期权
   ...:         value=S*norm.cdf(d1)-K*exp(-r*T)*norm.cdf(d2)     #计算期权价格
   ...:     else:                                                 #针对欧式看跌期权
   ...:         value=K*exp(-r*T)*norm.cdf(-d2)-S*norm.cdf(-d1)   #计算期权价格
   ...:     return value

In [6]: S_list1=np.linspace(2.5,4.5,200)          #创建农业银行股价的等差数列

In [7]: value_list=option_BSM(S=S_list1,K=K_ABC,sigma=sigma_ABC,r=shibor_6M,T=T_ABC, opt=
'call')   #不同基础资产价格对应的期权价格（运用BSM模型）

In [8]: value_one=option_BSM(S=S_ABC,K=K_ABC,sigma=sigma_ABC,r=shibor_6M,T=T_ABC, opt=
'call')   #农业银行股价等于3.27元/股（2020年7月16日收盘价）对应的期权价格

In [9]: value_approx1=value_one+delta_EurOpt1*(S_list1-S_ABC)   #用Delta计算不同农业银行股价对
应的近似期权价格
```

第 2 步：将运用 BSM 模型计算得到的期权价格与运用 Delta 计算得到的近似期权价格进行可视化（见图 12-1），具体的代码如下：

```
In [10]: plt.figure(figsize=(9,6))
    ...: plt.plot(S_list1,value_list,'b-',label=u'运用BSM模型计算得到的看涨期权价格',lw=2.5)
    ...: plt.plot(S_list1,value_approx1,'r-',label=u'运用Delta计算得到的看涨期权近似价格',lw=2.5)
    ...: plt.plot(S_ABC,value_one,'o',label=u'股价等于3.27元/股对应的期权价格',lw=2.5)
    ...: plt.xlabel(u'股票价格',fontsize=13)
    ...: plt.ylabel(u'期权价格',fontsize=13)
    ...: plt.xticks(fontsize=13)
    ...: plt.yticks(fontsize=13)
```

---

[1] 关于泰勒展开式，详见 7.3.1 节的注释。

```
...: plt.title(u'运用BSM模型计算得到的期权价格与运用Delta计算得到的近似期权价格的关系图', fontsize=13)
...: plt.legend(fontsize=13)
...: plt.grid()
...: plt.show()
```

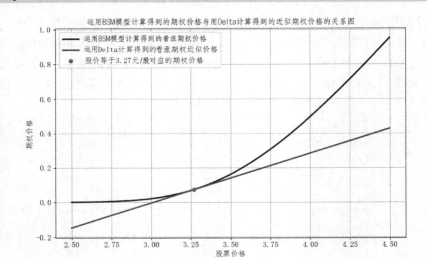

图12-1 运用BSM模型计算得到的期权价格与运用Delta计算得到的近似期权价格的关系图

从图12-1可以看到，运用Delta计算得到的近似期权价格曲线是运用BSM模型计算得到的期权价格曲线的一条切线，切点就对应2020年7月16日农业银行股票收盘价3.27元/股，该切线的斜率就是期权的Delta，并且当基础资产价格围绕着切点变动较小时（例如从3.27元/股变为3.4元/股），两种方法计算得到的期权价格是比较接近的；然而，当基础资产价格变动较大时（例如从3.27元/股变为4.0元/股），两种方法计算得到的期权价格就存在天壤之别。

12.1.2 基础资产价格、期权期限与期权Delta的关系

下面，运用两个案例并通过Python的可视化依次考察基础资产价格与期权Delta、期权期限与期权Delta的关系。

1. 基础资产价格与期权Delta的关系

【例12-3】沿用例12-1农业银行股票期权的相关信息，同时对农业银行A股股价的取值是[1.0,6.0]区间的等差数列，其他的参数保持不变，运用Python将基础资产价格（股票价格）与欧式期权多头Delta之间的对应关系可视化（见图12-2），具体的代码如下：

```
In [11]: S_list2=np.linspace(1.0,6.0,200)    #创建农业银行股价的等差数列

In [12]: Delta_EurCall=delta_EurOpt(S=S_list2,K=K_ABC,sigma=sigma_ABC,r=shibor_6M,T=T_ABC,optype='call',positype='long')    #计算欧式看涨期权的Delta
   ...: Delta_EurPut=delta_EurOpt(S=S_list2,K=K_ABC,sigma=sigma_ABC,r=shibor_6M,T=T_ABC,optype='put',positype='long')    #计算欧式看跌期权的Delta

In [13]: plt.figure(figsize=(9,6))
   ...: plt.plot(S_list2,Delta_EurCall,'b-',label=u'欧式看涨期权多头',lw=2.5)
```

```
...: plt.plot(S_list2,Delta_EurPut,'r-',label=u'欧式看跌期权多头',lw=2.5)
...: plt.xlabel(u'股票价格',fontsize=13)
...: plt.ylabel('Delta',fontsize=13)
...: plt.xticks(fontsize=13)
...: plt.yticks(fontsize=13)
...: plt.title(u'股票价格与欧式期权多头Delta', fontsize=13)
...: plt.legend(fontsize=13)
...: plt.grid()
...: plt.show()
```

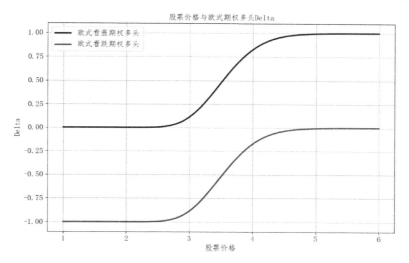

图 12-2　基础资产价格（股票价格）与欧式期权多头 Delta 的关系图

图 12-2 分别显示了基础资产价格与欧式看涨、看跌期权多头 Delta 之间的变化关系。从图 12-2 中可以归纳出 4 个特征。

（1）当基础资产价格增大时，期权 Delta 会增加。

（2）曲线的斜率始终是正的，用 12.2.1 节讨论的期权 Gamma 描述就是 Gamma 始终大于 0。

（3）当基础资产价格小于行权价格（3.6 元/股）时，随着基础资产价格的增大，曲线的斜率递增；相反，当基础资产价格大于行权价格时，曲线的斜率递减。因此，曲线斜率的拐点往往出现在行权价格的附近。

（4）当基础资产价格很小（比如低于 2.5 元/股）或者基础资产价格很大（比如高于 5 元/股）时，期权 Delta 会出现**饱和现象**，也就是图 12-2 中的曲线变得十分平坦。这意味着 Delta 对基础资产价格的变化很不敏感[1]。饱和现象也会在后面讨论期权其他希腊字母时多次出现。

2. 期权期限与期权 Delta 的关系

【例 12-4】沿用例 12-1 农业银行 A 股股票看涨期权的相关信息，对期权期限设定一个取值是在 [0.1,5.0] 区间的等差数列，同时将期权分为实值看涨期权、平价看涨期权和虚值看涨期权 3 类。其

---

[1]"饱和现象"在深度学习（deep learning）领域会比较频繁地出现，例如深度学习领域常用的 Logistic Sigmoid 函数就会出现类似于图 12-2 的饱和现象，具体详见《深度学习》中文版。

中，实值看涨期权对应的股价为 4.0 元/股，虚值看涨期权对应的股价为 3.0 元/股，其他参数保持不变。运用 Python 将期权期限与欧式看涨期权多头 Delta 之间的对应关系可视化（见图 12-3），具体的代码如下：

```
In [14]: S1=4.0                                        #实值看涨期权对应的股价
    ...: S2=3.6                                        #平价看涨期权对应的股价
    ...: S3=3.0                                        #虚值看涨期权对应的股价

In [15]: T_list=np.linspace(0.1,5.0,200)    #创建期权期限的等差数列

In [16]: Delta_list1=delta_EurOpt(S=S1,K=K_ABC,sigma=sigma_ABC,r=shibor_6M,T=T_list,optype='call',positype='long')    #实值看涨期权的 Delta
    ...: Delta_list2=delta_EurOpt(S=S2,K=K_ABC,sigma=sigma_ABC,r=shibor_6M,T=T_list,optype='call',positype='long')    #平价看涨期权的 Delta
    ...: Delta_list3=delta_EurOpt(S=S3,K=K_ABC,sigma=sigma_ABC,r=shibor_6M,T=T_list,optype='call',positype='long')    #虚值看涨期权的 Delta

In [17]: plt.figure(figsize=(9,6))
    ...: plt.plot(T_list,Delta_list1,'b-',label=u'实值看涨期权多头',lw=2.5)
    ...: plt.plot(T_list,Delta_list2,'r-',label=u'平价看涨期权多头',lw=2.5)
    ...: plt.plot(T_list,Delta_list3,'g-',label=u'虚值看涨期权多头',lw=2.5)
    ...: plt.xlabel(u'期权期限',fontsize=13)
    ...: plt.ylabel('Delta',fontsize=13)
    ...: plt.xticks(fontsize=13)
    ...: plt.yticks(fontsize=13)
    ...: plt.title(u'期权期限与欧式看涨期权多头 Delta 的关系图', fontsize=13)
    ...: plt.legend(fontsize=13)
    ...: plt.grid()
    ...: plt.show()
```

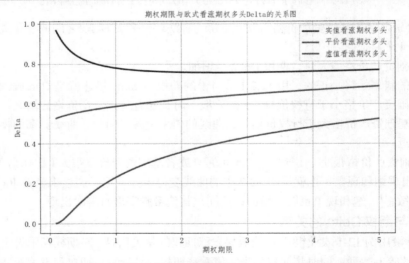

图 12-3　期权期限与欧式看涨期权多头 Delta 的关系图

图 12-3 中有 3 条曲线，由上往下的第 1 条曲线表示实值看涨期权多头的 Delta 与期权期限之间的关系，这条曲线的特点是随着期权期限的增加，实值看涨期权多头的 Delta 先递减再缓慢递增；

第 2 条曲线、第 3 条曲线分别表示平价、虚值看涨期权多头的 Delta 与期权期限之间的关系，显然平价、虚值看涨期权多头的 Delta 均是期权期限的递增函数，但是虚值看涨期权多头 Delta 的增幅要高于平价期权多头 Delta。

12.1.3　基于 Delta 的对冲

基础资产价格是影响期权价格的重要变量，那么对于期权的多头和空头而言，可否运用一定数量的基础资产对期权进行套期保值？这就引出了基于 Delta 的对冲。为了便于讨论与理解，首先假定 1 份期权只对应 1 份基础资产，根据式（12-2），针对 1 份期权，可以运用 Δ 份基础资产进行对冲，从而使得基础资产价格变化 $\tilde{S}-S$ 或 ΔS 较小时，整个投资组合的价值保持不变，这就称为 **Delta 对冲**（Delta hedge）或 **Delta 中性**（Delta neutral）。推广至更一般的情形，假定 1 份期权对应 M 份基础资产，则运用 $M \times \Delta$ 份基础资产对冲 1 份期权。

当然，在开展 Delta 对冲时，需要根据不同的期权类型和头寸方向进行设计，具体如表 12-2 所示。

表 12-2　基于 Delta 对冲 N 份期权需要运用的基础资产数量和头寸方向

期权数量	期权类型	头寸方向	用于对冲的基础资产数量和头寸方向（1 份期权对应 M 份基础资产）
N 份	欧式看涨期权	多头	$N \times M \times \Delta$ 份基础资产的空头头寸
		空头	$N \times M \times \Delta$ 份基础资产的多头头寸
	欧式看跌期权	多头	$N \times M \times \Delta$ 份基础资产的多头头寸
		空头	$N \times M \times \Delta$ 份基础资产的空头头寸

1．不同的对冲策略

根据 12.1.2 节所讨论的，由于期权 Delta 会随着影响变量（如基础资产价格、期权期限等）的变化而变化，Delta 对冲状态（或 Delta 中性状态）只能维持很短的时间，Delta 对冲策略所运用的基础资产数量需要不断地进行调整，这种调整过程称为**再平衡**（rebalancing）。

在 Delta 对冲过程中，按照基础资产数量是否发生变化分为静态对冲和动态对冲两类。**静态对冲**（statistical-hedging）是指在对冲初始日设定用于对冲的基础资产数量在整个对冲期间不再进行调整，因此静态对冲也被很形象地称为**保完即忘**（hedge-and-forget）。相比之下，当用于对冲的基础资产数量随着期权 Delta 的变化而不断调整时，这种对冲策略就称为**动态对冲**（dynamical-hedging）。

下面就通过一个现实案例帮助读者更好地理解基于期权 Delta 的静态对冲与动态对冲。

2．一个案例

【例 12-5】沿用例 12-1 农业银行股票期权的信息，假定 A 金融机构在该期权上市首日即 2020 年 7 月 16 日持有该欧式看跌期权多头头寸 1000000 份，为了便于分析这里假定 1 份期权的基础资产是 1 股股票。同时为了保持期权组合的 Delta 中性，A 金融机构需要在该交易日买入一定数量的农业银行 A 股股票。

经过若干交易日，在 2020 年 8 月 31 日，农业银行 A 股收盘价是 3.21 元/股，当天 6 个月期 Shibor（连续复利）为 2.636%，股票收益率的年化波动率仍为 19%。此外，由于期权期限是 6 个月，因此期权到期日就是 2021 年 1 月 16 日。

下面，就通过 Python 依次演示基于期权 Delta 的静态对冲与动态对冲的效果，具体分为以下两个步骤。

第 1 步：假定 A 金融机构明确将采用静态对冲策略，从而在整个对冲期间用于对冲的农业银行股票数量保持不变，计算 2020 年 7 月 16 日需要买入的农业银行 A 股股票数量以及在 2020 年 8 月 31 日该策略的对冲效果。具体的代码如下：

```
In [18]: N_put=1e6                                    #持有看跌期权多头头寸

In [19]: N_ABC=np.abs(delta_EurOpt3*N_put)            #用于对冲的农业银行A股股票数量(变量delta_EurOpt3
在例12-1中已设定)
    ...: N_ABC=int(N_ABC)                             #转换为整型
    ...: print('2020年7月16日买入基于期权Delta对冲的农业银行A股数量',N_ABC)
2020年7月16日买入基于期权Delta对冲的农业银行A股数量 712254

In [20]: import datetime as dt                        #导入datetime模块

In [21]: T0=dt.datetime(2020,7,16)                    #设置期权初始日（也是对冲初始日）
    ...: T1=dt.datetime(2020,8,31)                    #设置交易日2020年8月31日
    ...: T2=dt.datetime(2021,1,16)                    #设置期权到期日
    ...: T_new=(T2-T1).days/365                       #2020年8月31日至期权到期日的剩余期限（年）

In [22]: S_Aug31=3.21                                 #2020年8月31日农业银行A股股价
    ...: shibor_Aug31=0.02636                         #2020年8月31日6个月期Shibor

In [23]: put_Jul16=option_BSM(S=S_ABC,K=K_ABC,sigma=sigma_ABC,r=shibor_6M,T=T_ABC, opt=
'put')    #期权初始日看跌期权价格
    ...: put_Aug31=option_BSM(S=S_Aug31,K=K_ABC,sigma=sigma_ABC,r=shibor_Aug31, T=T_new,
opt='put')  #2020年8月31日看跌期权价格
    ...: print('2020年7月16日农业银行A股欧式看跌期权价格',round(put_Jul16,4))
    ...: print('2020年8月31日农业银行A股欧式看跌期权价格',round(put_Aug31,4))
2020年7月16日农业银行A股欧式看跌期权价格 0.3613
2020年8月31日农业银行A股欧式看跌期权价格 0.3942

In [24]: port_chagvalue=N_ABC*(S_Aug31-S_ABC)+N_put*(put_Aug31-put_Jul16)   #静态对冲策略下
2020年8月31日投资组合的累积盈亏
    ...: print('静态对冲策略下2020年8月31日投资组合的累积盈亏',round(port_chagvalue,2))
静态对冲策略下2020年8月31日投资组合的累积盈亏 -9819.76
```

从以上的输出结果可以看到，在静态对冲策略下，只需要在 2020 年 7 月 16 日一次性买入用于对冲看跌期权 Delta 的农业银行 A 股股票 712254 股[1]。并且，比较不幸的是，到 2020 年 8 月 31 日，包含期权和股票的投资组合浮亏约 0.98 万元。

第 2 步：计算在 2020 年 8 月 31 日看跌期权的 Delta 以及保持该交易日期权 Delta 中性而需要针对基础资产（农业银行 A 股）新增交易情况。具体的代码如下：

```
In [25]: delta_Aug31=delta_EurOpt(S=S_Aug31,K=K_ABC,sigma=sigma_ABC,r=shibor_Aug31, T=
T_new,optype='put',positype='long')   #计算2020年8月31日的期权Delta
    ...: print('2020年8月31日农业银行A股欧式看跌期权Delta',round(delta_Aug31,4))
2020年8月31日农业银行A股欧式看跌期权Delta -0.7989

In [26]: N_ABC_new=np.abs(delta_Aug31*N_put)          #2020年8月31日保持Delta中性而用于对冲的农业银行
A股股票数量
```

---

[1] 这里暂不考虑 A 股市场针对每次交易必须是 100 股（1 手）整数倍的交易规则。

```
    ...: N_ABC_new=int(N_ABC_new)                          #转换为整型
    ...: print('2020年8月31日保持Delta中性而用于对冲的农业银行A股股票数量',N_ABC_new)
2020年8月31日保持Delta中性而用于对冲的农业银行A股股票数量 798913

In [27]: N_ABC_change=N_ABC_new-N_ABC                      #保持Delta中性而发生的股票数量变化
    ...: print('2020年8月31日保持Delta中性而发生的股票数量变化',N_ABC_change)
2020年8月31日保持Delta中性而发生的股票数量变化 86659
```

根据以上的输出结果可以看到，期权Delta从2020年7月16日的−0.7123（见例12-1）变为2020年8月31日的−0.7989，从绝对值角度而言是变大了。因此，在2020年8月31日需要额外买入股票86659股，才能满足Delta中性的要求，这也是实施动态对冲策略需要付出的代价。

12.1.4 美式期权的Delta

在11.5节已经提到，由于美式期权在合约存续期可以提前行权，美式期权的定价只能运用二叉树模型，因此计算美式期权的Delta等希腊字母时也将沿用这一模型。

1. 计算思路

下面，仅仅考察N步二叉树模型中的第一步节点，即初始节点和第一步结束的两个节点，具体详见图12-4。

在0时刻（初始时刻），基础资产价格为S_0，期权价值为Π。在Δt时刻，当基础资产价格为$S_0 u$时，期权价值为$\Pi_{1,1}$；当基础资产价格为$S_0 d$时，期权价值为$\Pi_{1,0}$。这说明当$\Delta S = S_0 u - S_0 d$时，有$\Delta \Pi = \Pi_{1,1} - \Pi_{1,0}$。

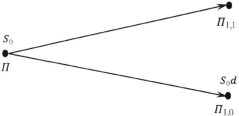

图12-4 在N步二叉树模型中的第一步节点
（节点上方的数值表示基础资产价格，下方的数值表示期权价值）

因此，利用式（12-1）并运用差分，得到在Δt时刻美式期权Delta的表达式如下：

$$\Delta = \frac{\Delta \Pi}{\Delta S} = \frac{\Pi_{1,1} - \Pi_{1,0}}{S_0 u - S_0 d} \quad (12\text{-}3)$$

运用Python编写计算美式期权Delta的代码时，参照11.5.3节所介绍的矩阵运算思路，运用如下的$N+1$行、$N+1$列的期权价值矩阵并且取该矩阵第2列的非零元素。

$$\begin{bmatrix} \Pi & \Pi_{1,1} & \cdots & \Pi_{N-1,N-1} & \Pi_{N,N} \\ 0 & \Pi_{1,0} & & \Pi_{N-1,N-2} & \Pi_{N,N-1} \\ \vdots & \vdots & & \vdots & \vdots \\ 0 & 0 & \cdots & \Pi_{N-1,0} & \Pi_{N,1} \\ 0 & 0 & & 0 & \Pi_{N,0} \end{bmatrix}$$

2. Python自定义函数

下面，运用Python自定义一个计算美式期权Delta的函数，并且按照看涨期权、看跌期权分别进行定义，同时参考11.5.3节计算美式看涨期权、看跌期权价值的自定义函数American_call和American_put的相关代码。具体的代码如下：

```
In [28]: def delta_AmerCall(S,K,sigma,r,T,N,positype):
    ...:     '''定义一个运用N步二叉树模型计算美式看涨期权Delta的函数
    ...:     S：代表基础资产当前的价格。
```

```
   ...:         K: 代表期权的行权价格。
   ...:         sigma: 代表基础资产收益率的波动率 (年化)。
   ...:         r: 代表连续复利的无风险收益率。
   ...:         T: 代表期权的期限 (年)。
   ...:         N: 代表二叉树模型的步数。
   ...:         positype: 代表期权头寸方向,输入positype='long'表示期权多头,输入其他则表示期权空头'''
   ...:         t=T/N                              #计算每一步步长期限 (年)
   ...:         u=np.exp(sigma*np.sqrt(t))         #计算基础资产价格上涨时的比例
   ...:         d=1/u                              #计算基础资产价格下跌时的比例
   ...:         p=(np.exp(r*t)-d)/(u-d)            #计算基础资产价格上涨的概率
   ...:         call_matrix=np.zeros((N+1,N+1))    #创建N+1行、N+1列的零矩阵,用于后续存放每个节点的期权价值
   ...:         N_list=np.arange(0,N+1)            #创建从0到N的自然数数列 (数组格式)
   ...:         S_end=S*pow(u,N-N_list)*pow(d,N_list)    #计算期权到期时节点的基础资产价格 (按照节点
从上往下排序)
   ...:         call_matrix[:,-1]=np.maximum(S_end-K,0)  #计算期权到期时节点的看涨期权价值 (按照节点
从上往下排序)
   ...:         i_list=list(range(0,N))            #创建从0到N-1的自然数数列 (列表格式)
   ...:         i_list.reverse()                   #将列表的元素由大到小重新排序 (从N-1到0)
   ...:         for i in i_list:
   ...:             j_list=np.arange(i+1)          #创建从0到i的自然数数列 (数组格式)
   ...:             Si=S*pow(u,i-j_list)*pow(d,j_list)   #计算在iΔt时刻各节点上的基础资产价格(按照
节点从上往下排序)
   ...:             call_strike=np.maximum(Si-K,0)  #计算提前行权时的期权收益
   ...:             call_nostrike=np.exp(-r*t)*(p*call_matrix[:i+1,i+1]+(1-p)*call_matrix
[1:i+2,i+1]))  #计算不提前行权时的期权价值
   ...:             call_matrix[:i+1,i]=np.maximum(call_strike,call_nostrike)  #取提前行权时
的期权收益与不提前行权时的期权价值中的最大值
   ...:         Delta=(call_matrix[0,1]-call_matrix[1,1])/(S*u-S*d)  #计算期权Delta
   ...:         if positype=='long':               #当期权头寸是多头时
   ...:             result=Delta
   ...:         else:                              #当期权头寸是空头时
   ...:             result=-Delta
   ...:         return result

In [29]: def delta_AmerPut(S,K,sigma,r,T,N,positype):
   ...:     '''定义一个运用N步二叉树模型计算美式看跌期权Delta的函数
   ...:     S: 代表基础资产当前的价格。
   ...:     K: 代表期权的行权价格。
   ...:     sigma: 代表基础资产收益率的波动率 (年化)。
   ...:     r: 代表连续复利的无风险收益率。
   ...:     T: 代表期权的期限 (年)。
   ...:     N: 代表二叉树模型的步数。
   ...:     positype: 代表期权头寸方向,输入positype='long'表示期权多头,输入其他则表示期权空头'''
   ...:     t=T/N                              #计算每一步步长期限 (年)
   ...:     u=np.exp(sigma*np.sqrt(t))         #计算基础资产价格上涨时的比例
   ...:     d=1/u                              #计算基础资产价格下跌时的比例
   ...:     p=(np.exp(r*t)-d)/(u-d)            #计算基础资产价格上涨的概率
   ...:     put_matrix=np.zeros((N+1,N+1))     #创建N+1行、N+1列的矩阵并且元素均为0,用于后续存
放每个节点的期权价值
   ...:     N_list=np.arange(0,N+1)            #创建从0到N的自然数数列 (数组格式)
   ...:     S_end=S*pow(u,N-N_list)*pow(d,N_list)  #计算期权到期时节点的基础资产价格 (按照节点从上
往下排序)
   ...:     put_matrix[:,-1]=np.maximum(K-S_end,0) #计算期权到期时节点的看跌期权价值 (按照节点从
上往下排序)
```

```
   ...:         i_list=list(range(0,N))              #创建从0到N-1的自然数数列（列表格式）
   ...:         i_list.reverse()                     #将列表的元素由大到小重新排序（从N-1到0）
   ...:         for i in i_list:
   ...:             j_list=np.arange(i+1)            #创建从0到i的自然数数列（数组格式）
   ...:             Si=S*pow(u,i-j_list)*pow(d,j_list)  #计算在iΔt时刻各节点上的基础资产价格（按
照节点从上往下排序）
   ...:             put_strike=np.maximum(K-Si,0)    #计算提前行权时的期权收益
   ...:             put_nostrike=np.exp(-r*t)*(p*put_matrix[:i+1,i+1]+(1-p)*put_matrix[1:
i+2,i+1])  #计算不提前行权时的期权价值
   ...:             put_matrix[:i+1,i]=np.maximum(put_strike,put_nostrike)  #取提前行权时的
期权收益与不提前行权时的期权价值中的最大值
   ...:         Delta=(put_matrix[0,1]-put_matrix[1,1])/(S*u-S*d)  #计算期权Delta
   ...:         if positype=='long':                 #当期权头寸是多头时
   ...:             result=Delta
   ...:         else:                                #当期权头寸是空头时
   ...:             result=-Delta
   ...:         return result
```

在以上自定义的两个函数 delta_AmerCall 和 delta_AmerPut 中，通过输入基础资产当前价格、行权价格、波动率、无风险收益率、期权期限、步数以及头寸方向等参数，就可以快速计算得出美式看涨期权或美式看跌期权的 Delta。

3. 一个案例

【例12-6】沿用例12-1的相关信息，但是将期权类型调整为美式看涨期权、美式看跌期权，按照不同的期权头寸方向，依次计算期权的 Delta；同时，设定二叉树模型的步数是 100 步，运用自定义函数 delta_AmerCall 和 delta_AmerPut。具体的代码如下：

```
In [30]: step=100                                    #二叉树模型的步数

In [31]: delta_AmerOpt1=delta_AmerCall(S=S_ABC,K=K_ABC,sigma=sigma_ABC,r=shibor_6M, T=T_
ABC,N=step,positype='long')   #计算美式看涨期权多头的Delta
   ...: delta_AmerOpt2=delta_AmerCall(S=S_ABC,K=K_ABC,sigma=sigma_ABC,r=shibor_6M, T=T_
ABC,N=step,positype='short')  #计算美式看涨期权空头的Delta
   ...: delta_AmerOpt3=delta_AmerPut(S=S_ABC,K=K_ABC,sigma=sigma_ABC,r=shibor_6M, T=T_
ABC,N=step,positype='long')    #计算美式看跌期权多头的Delta
   ...: delta_AmerOpt4=delta_AmerPut(S=S_ABC,K=K_ABC,sigma=sigma_ABC,r=shibor_6M, T=T_
ABC,N=step,positype='short')   #计算美式看跌期权空头的Delta
   ...: print('农业银行A股美式看涨期权多头的Delta',round(delta_AmerOpt1,4))
   ...: print('农业银行A股美式看涨期权空头的Delta',round(delta_AmerOpt2,4))
   ...: print('农业银行A股美式看跌期权多头的Delta',round(delta_AmerOpt3,4))
   ...: print('农业银行A股美式看跌期权空头的Delta',round(delta_AmerOpt4,4))
农业银行A股美式看涨期权多头的Delta 0.2876
农业银行A股美式看涨期权空头的Delta -0.2876
农业银行A股美式看跌期权多头的Delta -0.7449
农业银行A股美式看跌期权空头的Delta 0.7449
```

将以上输出的结果与例12-1的欧式期权 Delta 进行对比可以发现，美式看涨期权的 Delta 绝对值（0.2876）与欧式看涨期权的 Delta 绝对值（0.2877）是很接近的；相比之下，美式看跌期权的 Delta 绝对值（0.7449）则大于欧式看跌期权的 Delta 绝对值（0.7123）。因此，相比欧式看跌期权，美式看跌期权的价值对基础资产价格更加敏感。

此外，考虑到期权空头的希腊字母可以通过期权多头的希腊字母取相反数直接得到，因此限于篇幅，后面讨论的期权希腊字母将仅围绕期权多头展开。

12.2 期权的 Gamma

期权的 Gamma（Γ）是指期权 Delta 的变化与基础资产价格变化的比率，也就是期权价格关于基础资产价格的二阶偏导数，表达式如下：

$$\Gamma = \frac{\partial \Delta}{\partial S} = \frac{\partial^2 \Pi}{\partial S^2} \tag{12-4}$$

其中，Π依然表示期权价格，S依然表示基础资产价格。

比如，期权 Gamma 等于 0.3，这就意味着当基础资产价格变化时，相应期权 Delta 的变化约等于基础资产价格变化的 30%。

下面就依次讨论欧式期权的 Gamma，基础资产价格、期权期限与期权 Gamma 的关系，以及美式期权的 Gamma。

12.2.1 欧式期权的 Gamma

1. 数学表达式

依然根据 11.3 节讨论的 BSM 模型，可以得到对于欧式看涨期权和欧式看跌期权的 Gamma 表达式是相同的，具体的数学表达式如下：

$$\Gamma = \frac{N'(d_1)}{S_0 \sigma \sqrt{T}} \tag{12-5}$$

其中，

$$d_1 = \frac{\ln(S_0/K) + (r + \sigma^2/2)T}{\sigma \sqrt{T}}$$

$$N'(x) = \frac{1}{\sqrt{2\pi}} e^{-x^2/2}$$

为了编写 Python 代码的便利，式（12-5）经整理以后得到 Gamma 新的表达式如下：

$$\Gamma = \frac{N'(d_1)}{S_0 \sigma \sqrt{T}} = \frac{1}{S_0 \sigma \sqrt{2\pi T}} e^{-d_1^2/2} \tag{12-6}$$

从式（12-6）还可以得出，欧式期权 Gamma 始终是大于 0 的。

2. Python 自定义函数与案例

通过 Python 自定义一个计算欧式期权 Gamma 的函数，具体的代码如下：

```
In [32]: def gamma_EurOpt(S,K,sigma,r,T):
    ...:     '''定义一个计算欧式期权 Gamma 的函数
    ...:     S: 代表期权基础资产的价格。
    ...:     K: 代表期权的行权价格。
    ...:     sigma: 代表基础资产收益率的波动率（年化）。
    ...:     r: 代表连续复利的无风险收益率。
    ...:     T: 代表期权的剩余期限（年）'''
    ...:     from numpy import exp,log,pi,sqrt  #从 NumPy 模块导入 exp、log、pi 和 sqrt 函数
    ...:     d1=(log(S/K)+(r+pow(sigma,2)/2)*T)/(sigma*sqrt(T))        #计算 d1
```

```
    ...:    gamma=exp(-pow(d1,2)/2)/(S*sigma*sqrt(2*pi*T))    #计算Gamma
    ...:    return gamma
```

在以上自定义函数 gamma_EurOpt 中，输入基础资产价格、行权价格、波动率、无风险收益率以及期权期限等参数，就可以快速计算得到欧式期权的 Gamma。下面，通过一个案例进行演示。

【例 12-7】沿用例 12-1 的农业银行股票期权信息，并且运用自定义函数 gamma_EurOpt 计算该期权的 Gamma，具体的代码如下：

```
In [33]: gamma_Eur=gamma_EurOpt(S=S_ABC,K=K_ABC,sigma=sigma_ABC,r=shibor_6M,T=T_ABC)
#计算期权的 Gamma
    ...: print('农业银行A股欧式期权的Gamma', round(gamma_Eur,4))
农业银行A股欧式期权的Gamma 0.7763
```

通过以上的输出结果可以得到，在 2020 年 7 月 16 日农业银行 A 股欧式期权的 Gamma 等于 0.7763。

3. 利用 Delta 和 Gamma 的近似计算

在 12.1.1 节的例 12-2 已经提到，当基础资产价格发生较大变化时，仅仅利用 Delta 近似计算得到的期权价格与利用 BSM 模型计算得到的期权价格之间会存在较大差异。在这种情况下，通过引入 Gamma 可以有效修正这种差异，这一点与 7.4 节的债券凸性又是殊途同归的。

假定 S 表示基础资产的当前价格，Π 表示对应的期权价格，$\tilde{S}$ 表示变化后的基础资产新价格，$\tilde{\Pi}$ 表示基础资产新价格对应的期权新价格，$\Delta S = \tilde{S} - S$ 表示基础资产价格的变化，$\Delta \Pi = \tilde{\Pi} - \Pi$ 表示期权价格的变化。利用泰勒展开式并忽略阶数高于 ΔS^2 的项，可以得到如下近似表达式：

$$\Delta \Pi \approx \Delta \times \Delta S + \frac{1}{2} \times \Gamma \times \Delta S^2 \quad (12\text{-}7)$$

也可以写成：

$$\tilde{\Pi} \approx \Pi + \Delta \times (\tilde{S} - S) + \frac{1}{2} \times \Gamma \times (\tilde{S} - S)^2 \quad (12\text{-}8)$$

下面，通过一个案例演示如何利用 Delta 和 Gamma 对期权价格进行近似计算。

【例 12-8】沿用例 12-2 的相关信息，依然以看涨期权作为分析对象，对农业银行 A 股股价的取值依然是 [2.5, 4.5] 区间的等差数列。针对不同的股价，通过式（12-8）并且运用 Python 计算期权的近似价格。在例 12-2 中已计算出了通过 BSM 模型得到的期权价格以及仅运用 Delta 计算得到的期权近似价格，因此通过可视化对比这 3 种方法计算出的期权价格（见图 12-5）。具体的代码如下：

```
In [34]: value_approx2=value_one+delta_EurOpt1*(S_list1-S_ABC)+ 0.5*gamma_Eur*pow(S_list1
-S_ABC,2)  #用 Delta 和 Gamma 计算近似的期权价格

In [35]: plt.figure(figsize=(9,6))
    ...: plt.plot(S_list1,value_list,'b-',label=u'运用BSM模型计算的看涨期权价格',lw=2.5)
    ...: plt.plot(S_list1,value_approx1,'r-',label=u'仅用Delta计算的看涨期权近似价格',lw=2.5)
    ...: plt.plot(S_list1,value_approx2,'m-',label=u'用Delta和Gamma计算的看涨期权近似价格',lw=2.5)
    ...: plt.plot(S_ABC,value_one,'o',label=u'股价等于3.27元/股对应的期权价格',lw=2.5)
    ...: plt.xlabel(u'股票价格',fontsize=13)
    ...: plt.ylabel(u'期权价格',fontsize=13)
    ...: plt.xticks(fontsize=13)
    ...: plt.yticks(fontsize=13)
    ...: plt.title(u'运用BSM模型、仅用Delta以及用Delta和Gamma计算的期权价格', fontsize=13)
    ...: plt.legend(fontsize=13)
    ...: plt.grid()
    ...: plt.show() )
```

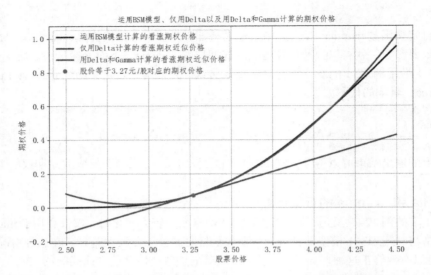

图 12-5 运用 BSM 模型、仅用 Delta 以及用 Delta 和 Gamma 计算的期权价格关系图

从图 12-5 中可以非常明显地看到，用 Delta 和 Gamma 计算得到的期权价格与用 BSM 模型计算得到的期权价格是比较接近的，当基础资产价格出现较大的增量变化时，例如从 3.27 元/股上涨至 4.25 元/股，这两种方法计算得到的期权价格也依然比较接近。同时，需要引起注意的是，如果基础资产价格出现较大的减量变化，比如从 3.27 元/股下跌至 2.5 元/股，用 Delta 和 Gamma 计算期权价格的精确度则会大打折扣。这表明 Gamma 对于期权价格向上修正的效应会优于向下修正的效应。

12.2.2　基础资产价格、期权期限与期权 Gamma 的关系

下面，依然运用两个案例并通过 Python 的可视化依次考察基础资产价格与期权 Gamma、期权期限与期权 Gamma 的关系。

1. 基础资产价格与期权 Gamma 的关系

【例 12-9】沿用例 12-3 的信息，对农业银行 A 股股票价格（基础资产价格）依然设定一个取值是在 [1.0,6.0] 区间的等差数列，其他的参数保持不变，并运用 Python 将股票价格与期权 Gamma 之间的对应关系可视化（见图 12-6），具体的代码如下：

```
In [36]: gamma_list=gamma_EurOpt(S=S_list2,K=K_ABC,sigma=sigma_ABC,r=shibor_6M,T=T_ABC)
#计算对应不同股票价格的期权 Gamma（变量 S_list2 在例 12-5 中已设定）

In [37]: plt.figure(figsize=(9,6))
    ...: plt.plot(S_list2,gamma_list,'b-',lw=2.5)
    ...: plt.xlabel(u'股票价格',fontsize=13)
    ...: plt.ylabel('Gamma',fontsize=13)
    ...: plt.xticks(fontsize=13)
    ...: plt.yticks(fontsize=13)
    ...: plt.title(u'股票价格与期权 Gamma 的关系图',fontsize=13)
    ...: plt.grid()
    ...: plt.show()
```

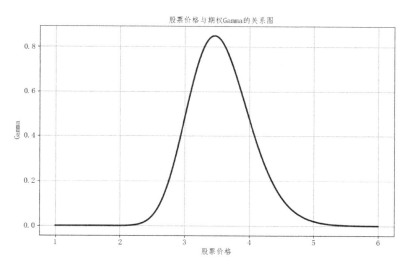

图 12-6 基础资产（股票）价格与期权 Gamma 的关系图

图 12-6 中的曲线展示了基础资产价格与期权 Gamma 之间的变化关系，通过目测可以发现这条曲线的形态比较接近于正态分布。当基础资产价格小于行权价格，也就是看涨期权是虚值、看跌期权是实值时，期权 Gamma 是基础资产价格的递增函数；当基础资产价格大于行权价格，也就是看涨期权是实值、看跌期权是虚值时，期权 Gamma 是基础资产价格的递减函数；当基础资产价格接近于行权价格，也就是看涨期权接近于平价时，期权 Gamma 最大。此外，当曲线处于尾部时，在本例中就是股价低于 2 元/股以及高于 5 元/股，期权 Gamma 就会出现饱和现象，也就是对基础资产价格很不敏感。

2. 期权期限与期权 Gamma 的关系

【例 12-10】沿用例 12-4 的信息，对看涨期权的期限取值依然是在[0.1,5.0] 区间的等差数列，并且将看涨期权分为实值看涨期权、平价看涨期权和虚值看涨期权 3 类。其中，实值看涨期权对应的股价依然为 4.0 元/股，虚值看涨期权对应的股价依然为 3.0 元/股，其他参数也保持不变。运用 Python 将期权期限与期权 Gamma 之间的对应关系可视化（见图 12-7），具体的代码如下：

```
In [38]: gamma_list1=gamma_EurOpt(S=S1,K=K_ABC,sigma=sigma_ABC,r=shibor_6M,T=T_list)
#实值看涨期权的 Gamma（变量 S1 和 T_list 在例 12-4 中已设定）
    ...: gamma_list2=gamma_EurOpt(S=S2,K=K_ABC,sigma=sigma_ABC,r=shibor_6M,T=T_list)
#平价看涨期权的 Gamma（变量 S2 在例 12-4 中已设定）
    ...: gamma_list3=gamma_EurOpt(S=S3,K=K_ABC,sigma=sigma_ABC,r=shibor_6M,T=T_list)
#虚值看涨期权的 Gamma（变量 S3 在例 12-4 中已设定）

In [39]: plt.figure(figsize=(9,6))
    ...: plt.plot(T_list,gamma_list1,'b-',label=u'实值看涨期权',lw=2.5)
    ...: plt.plot(T_list,gamma_list2,'r-',label=u'平价看涨期权',lw=2.5)
    ...: plt.plot(T_list,gamma_list3,'g-',label=u'虚值看涨期权',lw=2.5)
    ...: plt.xlabel(u'期权期限',fontsize=13)
    ...: plt.ylabel('Gamma',fontsize=13)
    ...: plt.xticks(fontsize=13)
    ...: plt.yticks(fontsize=13)
    ...: plt.title(u'期权期限与期权 Gamma 的关系图', fontsize=13)
    ...: plt.legend(fontsize=13)
```

```
...: plt.grid()
...: plt.show()
```

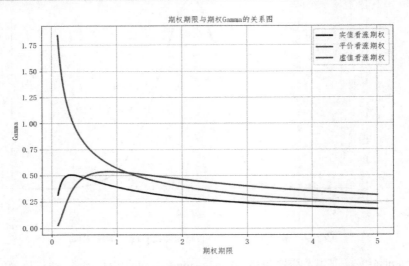

图 12-7　期权期限与期权 Gamma 之间的关系图

图 12-7 展示了期权期限分别与平价看涨期权、实值看涨期权和虚值看涨期权 Gamma 之间的关系。图 12-7 中的 3 条曲线，从上往下的第 1 条是平价看涨期权、第 2 条是实值看涨期权、第 3 条是虚值看涨期权。对于平价看涨期权而言，Gamma 是期权期限的递减函数；同时，期限越短的平价看涨期权 Gamma 越高，这意味着越接近合约到期日，平价看涨期权的 Delta 对于基础资产价格变动越敏感。此外，无论是对于实值看涨期权还是虚值看涨期权，当期权期限比较短时，Gamma 是期权期限的递增函数；当期权期限拉长时，Gamma 则变成了期权期限的递减函数。

12.2.3　美式期权的 Gamma

针对美式期权，计算期权的 Gamma 依然运用二叉树模型，这一点与 12.1.4 节讨论计算美式期权 Delta 的逻辑是一致的。

1. 计算思路

根据本节开头部分介绍的 Gamma 表达式（12-4），并且运用差分就可以得到：

$$\Gamma = \frac{\Delta \Delta}{\Delta S} \quad （12-9）$$

下面，讨论 N 步二叉树模型并且仅仅考察该模型的前两步节点，即初始节点、第 1 步达到的节点和第 2 步达到的节点，具体见图 12-8。

根据图 12-8，为了确定 Gamma，注意在 $2\Delta t$ 时刻有两个 Delta 需要进行估计，具体如下。

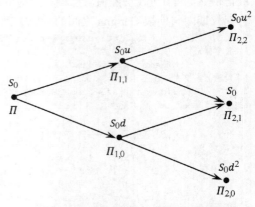

图 12-8　N 步二叉树模型中的前两步节点
（节点上方的数值表示基础资产价格，下方的数值表示期权价值）

一是当股票价格等于 $(S_0u^2+S_0)/2$ 时，即在 $2\Delta t$ 时刻从上往下的第 1 个与第 2 个节点的股票价格平均值，对应的 Delta 表示为：

$$\varDelta_1 = \frac{\varPi_{2,2}-\varPi_{2,1}}{S_0u^2-S_0} \tag{12-10}$$

二是当股票价格等于 $(S_0+S_0d^2)/2$ 时，即在 $2\Delta t$ 时刻从上往下的第 2 个与第 3 个节点的股票价格平均值，对应的 Delta 表示为：

$$\varDelta_2 = \frac{\varPi_{2,1}-\varPi_{2,0}}{S_0-S_0d^2} \tag{12-11}$$

因此，股价变化差额就是 $(S_0u^2+S_0)/2-(S_0+S_0d^2)/2=(S_0u^2-S_0d^2)/2$，Delta 的变化就等于 $\varDelta_1-\varDelta_2$，从而得到 Gamma 的表达式如下：

$$\varGamma = \frac{\varDelta_1-\varDelta_2}{\dfrac{S_0u^2-S_0d^2}{2}} = \frac{2(\varDelta_1-\varDelta_2)}{S_0u^2-S_0d^2} \tag{12-12}$$

运用 Python 编写计算美式期权 Gamma 的代码时，依然参照 11.5.3 节所引入的矩阵运算思路，运用如下的 $N+1$ 行、$N+1$ 列的期权价值矩阵并且取该矩阵第 3 列的非零元素。

$$\begin{bmatrix} \varPi & \varPi_{1,1} & \varPi_{2,2} & & \varPi_{N-1,N-1} & \varPi_{N,N} \\ 0 & \varPi_{1,0} & \varPi_{2,1} & \cdots & \varPi_{N-1,N-2} & \varPi_{N,N-1} \\ 0 & 0 & \varPi_{2,0} & & \varPi_{N-1,N-3} & \varPi_{N,N-2} \\ \vdots & \vdots & \vdots & & \vdots & \vdots \\ 0 & 0 & 0 & & \varPi_{N-1,0} & \varPi_{N,1} \\ 0 & 0 & 0 & & 0 & \varPi_{N,0} \end{bmatrix}$$

2. Python 自定义函数

下面，运用 Python 自定义一个计算美式期权 Gamma 的函数，并且按照看涨期权、看跌期权分别设定，同时参考 11.5.3 节计算美式看涨期权、看跌期权价值的自定义函数 American_call 和 American_put 的相关代码。具体的代码如下：

```
In [40]: def gamma_AmerCall(S,K,sigma,r,T,N):
    ...:     '''定义一个运用N步二叉树模型计算美式看涨期权 Gamma 的函数
    ...:     S: 代表基础资产当前的价格。
    ...:     K: 代表期权的行权价格。
    ...:     sigma: 代表基础资产收益率的波动率（年化）。
    ...:     r: 代表连续复利的无风险收益率。
    ...:     T: 代表期权的期限（年）。
    ...:     N: 代表二叉树模型的步数'''
    ...:     t=T/N                               #计算每一步步长期限（年）
    ...:     u=np.exp(sigma*np.sqrt(t))          #计算基础资产价格上涨时的比例
    ...:     d=1/u                               #计算基础资产价格下跌时的比例
    ...:     p=(np.exp(r*t)-d)/(u-d)             #计算基础资产价格上涨的概率
    ...:     call_matrix=np.zeros((N+1,N+1))     #创建 N+1 行、N+1 列的矩阵并且元素均为 0，用于后续存放每个节点的期权价值
    ...:     N_list=np.arange(0,N+1)             #创建从 0 到 N 的自然数数列（数组格式）
    ...:     S_end=S*pow(u,N-N_list)*pow(d,N_list)   #计算期权到期时节点的基础资产价格（按照节点从上往下排序）
```

```python
   ...:         call_matrix[:,-1]=np.maximum(S_end-K,0)      #计算期权到期时节点的看涨期权价值(按照节点从上往下排序)
   ...:         i_list=list(range(0,N))                       #创建从0到N-1的自然数数列(列表格式)
   ...:         i_list.reverse()                              #将列表的元素由大到小重新排序(从N-1到0)
   ...:         for i in i_list:
   ...:             j_list=np.arange(i+1)                     #创建从0到i的自然数数列(数组格式)
   ...:             Si=S*pow(u,i-j_list)*pow(d,j_list)        #计算在iΔt时刻各节点上的基础资产价格(按照节点从上往下排序)
   ...:             call_strike=np.maximum(Si-K,0)            #计算提前行权时的期权收益
   ...:             call_nostrike=np.exp(-r*t)*(p*call_matrix[:i+1,i+1]+(1-p)*call_matrix[1:i+2,i+1])    #计算不提前行权时的期权价值
   ...:             call_matrix[:i+1,i]=np.maximum(call_strike,call_nostrike)    #取提前行权时的期权收益与不提前行权时的期权价值中的最大值
   ...:         Delta1=(call_matrix[0,2]-call_matrix[1,2])/(S*pow(u,2)-S)        #计算一个Delta
   ...:         Delta2=(call_matrix[1,2]-call_matrix[2,2])/(S-S*pow(d,2))        #计算另一个Delta
   ...:         Gamma=2*(Delta1-Delta2)/(S*pow(u,2)-S*pow(d,2))                  #计算美式看涨期权Gamma
   ...:         return Gamma

In [41]: def gamma_AmerPut(S,K,sigma,r,T,N):
   ...:     '''定义一个运用N步二叉树模型计算美式看跌期权Gamma的函数
   ...:     S: 代表基础资产当前的价格。
   ...:     K: 代表期权的行权价格。
   ...:     sigma: 代表基础资产收益率的波动率(年化)。
   ...:     r: 代表连续复利的无风险收益率。
   ...:     T: 代表期权的期限(年)。
   ...:     N: 代表二叉树模型的步数'''
   ...:     t=T/N                                              #计算每一步步长期限(年)
   ...:     u=np.exp(sigma*np.sqrt(t))                         #计算基础资产价格上涨时的比例
   ...:     d=1/u                                              #计算基础资产价格下跌时的比例
   ...:     p=(np.exp(r*t)-d)/(u-d)                            #计算基础资产价格上涨的概率
   ...:     put_matrix=np.zeros((N+1,N+1))                     #创建N+1行、N+1列的矩阵并且元素均为0,用于后续存放每个节点的期权价值
   ...:     N_list=np.arange(0,N+1)                            #创建从0到N的自然数数列(数组格式)
   ...:     S_end=S*pow(u,N-N_list)*pow(d,N_list)              #计算期权到期时节点的基础资产价格(按照节点从上往下排序)
   ...:     put_matrix[:,-1]=np.maximum(K-S_end,0)             #计算期权到期时节点的看跌期权价值(按照节点从上往下排序)
   ...:     i_list=list(range(0,N))                            #创建从0到N-1的自然数数列(列表格式)
   ...:     i_list.reverse()                                   #将列表的元素由大到小重新排序(从N-1到0)
   ...:     for i in i_list:
   ...:         j_list=np.arange(i+1)                          #创建从0到i的自然数数列(数组格式)
   ...:         Si=S*pow(u,i-j_list)*pow(d,j_list)             #计算在iΔt时刻各节点上的基础资产价格(按照节点从上往下排序)
   ...:         put_strike=np.maximum(K-Si,0)                  #计算提前行权时的期权收益
   ...:         put_nostrike=np.exp(-r*t)*(p*put_matrix[:i+1,i+1]+(1-p)*put_matrix[1:i+2,i+1])    #计算不提前行权时的期权价值
   ...:         put_matrix[:i+1,i]=np.maximum(put_strike,put_nostrike)    #取提前行权时的期权收益与不提前行权时的期权价值中的最大值
   ...:     Delta1=(put_matrix[0,2]-put_matrix[1,2])/(S*pow(u,2)-S)        #计算一个Delta
   ...:     Delta2=(put_matrix[1,2]-put_matrix[2,2])/(S-S*pow(d,2))        #计算另一个Delta
   ...:     Gamma=2*(Delta1-Delta2)/(S*pow(u,2)-S*pow(d,2))                #计算美式看跌期权Gamma
   ...:     return Gamma
```

在以上自定义的两个函数 gamma_AmerCall 和 gamma_AmerPut 中,通过输入基础资产当前价

格、行权价格、波动率、无风险收益率、期权期限以及步数等参数,就可以计算得出美式看涨期权或美式看跌期权的 Gamma。

3. 一个案例

【例 12-11】沿用例 12-1 的相关信息,同时将期权类型调整为美式看涨期权、美式看跌期权,运用自定义函数 gamma_AmerCall 和 gamma_AmerPut 直接计算期权的 Gamma,并且设定二叉树模型的步数依然是 100 步。具体的代码如下:

```
In [42]: gamma_AmerOpt1=gamma_AmerCall(S=S_ABC,K=K_ABC,sigma=sigma_ABC,r=shibor_6M, T=T_ABC,N=step)    #计算美式看涨期权的 Gamma (变量 step 在例 12-6 中已设定)
    ...: gamma_AmerOpt2=gamma_AmerPut(S=S_ABC,K=K_ABC,sigma=sigma_ABC,r=shibor_6M, T=T_ABC,N=step)    #计算美式看跌期权的 Gamma
    ...: print('农业银行 A 股美式看涨期权的 Gamma',round(gamma_AmerOpt1,4))
    ...: print('农业银行 A 股美式看跌期权的 Gamma',round(gamma_AmerOpt2,4))
农业银行 A 股美式看涨期权的 Gamma 0.7777
农业银行 A 股美式看跌期权的 Gamma 0.8664
```

根据以上输出的结果,并结合前面的例 12-7,可以得到如下结论:美式看涨期权的 Gamma (0.7777) 与欧式期权的 Gamma (0.7763) 是比较接近的,但是美式看跌期权的 Gamma (0.86641) 则要显著高于欧式期权的 Gamma。

12.3 期权的 Theta

期权的 **Theta** (Θ) 定义为在其他条件不变时,期权价格变化与时间(期权期限)变化的比率,如下:

$$\Theta = \frac{\partial \Pi}{\partial T} \tag{12-13}$$

其中,Π 依然表示期权价格,T 表示期权期限。

Theta 有时也被称为期权的**时间损耗**(time decay)。在其他条件不变的情况下,不论是看涨期权还是看跌期权,通常距离期权到期日越远,期权价格越高;距离期权到期日越近,期权价格则越低。所以在期权领域流传着这样一句话:对于期权的多头而言,"时间流逝"是敌人;对于期权的空头而言,"时间流逝"是密友。

下面,就依次讨论欧式期权的 Theta,基础资产价格、期权期限与期权 Theta 的关系,以及美式期权的 Theta。

12.3.1 欧式期权的 Theta

1. 数学表达式

对于一个欧式期权,计算 Theta 的公式依然通过 11.3 节的 BSM 模型得出,并且看涨期权与看跌期权是存在差异的。对于欧式看涨期权的 Theta,计算公式如下:

$$\Theta_{call} = -\frac{S_0 N'(d_1)\sigma}{2\sqrt{T}} - rKe^{-rT}N(d_2) \tag{12-14}$$

其中,

$$d_1 = \frac{\ln(S_0/K) + (r + \sigma^2/2)T}{\sigma\sqrt{T}}$$

$$d_2 = \frac{\ln(S_0/K) + (r - \sigma^2/2)T}{\sigma\sqrt{T}} = d_1 - \sigma\sqrt{T}$$

$$N'(x) = \frac{1}{\sqrt{2\pi}} e^{-x^2/2}$$

因此，为了编写 Python 代码的便利，式（12-14）经过整理可以得到：

$$\Theta_{call} = -\frac{S_0 \sigma e^{-d_1^2/2}}{2\sqrt{2\pi T}} - rKe^{-rT} N(d_2) \quad （12-15）$$

对于欧式看跌期权的 Theta，计算公式如下：

$$\Theta_{put} = -\frac{S_0 N'(d_1)\sigma}{2\sqrt{T}} + rKe^{-rT} N(-d_2) = \Theta_{call} + rKe^{-rT} \quad （12-16）$$

通过式（12-16）可以看到，欧式看跌期权的 Theta 要大于欧式看涨期权的 Theta，并且差额是 rKe^{-rT}。

2. Python 自定义函数

下面，通过 Python 自定义一个计算欧式期权 Theta 的函数，具体的代码如下：

```
In [43]: def theta_EurOpt(S,K,sigma,r,T,optype):
    ...:     '''定义一个计算欧式期权 Theta 的函数。
    ...:     S: 代表基础资产的价格。
    ...:     K: 代表期权的行权价格。
    ...:     sigma: 代表基础资产收益率的波动率（年化）。
    ...:     r: 代表连续复利的无风险收益率。
    ...:     T: 代表期权的剩余期限（年）。
    ...:     optype: 代表期权的类型，输入 optype='call'表示看涨期权，输入其他则表示看跌期权'''
    ...:     from numpy import exp,log,pi,sqrt   #从 NumPy 模块导入 exp、log、pi 和 sqrt 函数
    ...:     from scipy.stats import norm        #从 SciPy 的子模块 stats 中导入 norm 函数
    ...:     d1=(log(S/K)+(r+pow(sigma,2)/2)*T)/(sigma*sqrt(T))   #计算参数 d1
    ...:     d2=d1-sigma*sqrt(T)                                  #计算参数 d2
    ...:     theta_call=-(S*sigma*exp(-pow(d1,2)/2))/(2*sqrt(2*pi*T))- r*K*exp(-r*T)*norm.cdf(d2)   #计算看涨期权的 Theta
    ...:     theta_put=theta_call+r*K*np.exp(-r*T)                #计算看跌期权的 Theta
    ...:     if optype=='call':                                   #当期权是看涨期权时
    ...:         theta=theta_call
    ...:     else:                                                #当期权是看跌期权时
    ...:         theta=theta_put
    ...:     return theta
```

在以上自定义函数 theta_EurOpt 中，输入基础资产价格、行权价格、波动率、无风险收益率、期权期限以及期权类型等参数，就可以快速计算得到欧式期权的 Theta。

需要注意的是，在 BSM 模型中，时间是以年为单位的。但是，在计算 Theta 时，时间则以天为单位。因此 Theta 表示在其他变量不变的情况下，过了 1 天以后期权价格的变化。

在金融实践中，可以计算"每日历天"的 Theta 或"每交易日"的 Theta。其中，计算"每日历天"的 Theta 就是计算以日历天数衡量的 Theta，也就是通过式（12-15）或式（12-16）计算得出的 Theta 再除 365；计算"每交易日"的 Theta 则是计算以交易日天数衡量的 Theta，1 年的交易日天

数按交易惯例设定为 252 天，因此需要通过式（12-15）或式（12-16）计算得出的 Theta 再除 252。下面通过一个案例进行演示。

3. 一个案例

【例 12-12】沿用例 12-1 的信息，直接运用自定义函数 theta_EurOpt，分别计算农业银行 A 股欧式看涨、看跌期权的 Theta，具体的代码如下：

```
In [44]: day1=365                                          #1年的日历天数
    ...: day2=252                                          #1年的交易天数

In [45]: theta_EurCall=theta_EurOpt(S=S_ABC,K=K_ABC,sigma=sigma_ABC,r=shibor_6M, T=T_ABC,
optype='call')     #计算欧式看涨期权的 Theta
    ...: theta_EurPut=theta_EurOpt(S=S_ABC,K=K_ABC,sigma=sigma_ABC,r=shibor_6M, T=T_ABC,
optype='put')      #计算欧式看跌期权的 Theta

In [46]: print('农业银行A股欧式看涨期权Theta', round(theta_EurCall,6))
    ...: print('农业银行A股欧式看涨期权每日历天Theta', round(theta_EurCall/day1,6))
    ...: print('农业银行A股欧式看涨期权每交易日Theta', round(theta_EurCall/day2,6))
    ...: print('农业银行A股欧式看跌期权Theta', round(theta_EurPut,6))
    ...: print('农业银行A股欧式看跌期权每日历天Theta', round(theta_EurPut/day1,6))
    ...: print('农业银行A股欧式看跌期权每交易日Theta', round(theta_EurPut/day2,6))
农业银行A股欧式看涨期权Theta              -0.170442
农业银行A股欧式看涨期权每日历天Theta         -0.000467
农业银行A股欧式看涨期权每交易日Theta         -0.000676
农业银行A股欧式看跌期权Theta              -0.085881
农业银行A股欧式看跌期权每日历天Theta         -0.000235
农业银行A股欧式看跌期权每交易日Theta         -0.000341
```

从以上的输出结果可以清楚地看到，无论是看涨期权还是看跌期权，Theta 均为负数。同时，就 Theta 的绝对值而言，看涨期权大于看跌期权，因此时间的流逝对看涨期权的影响要大于看跌期权。

12.3.2 基础资产价格、期权期限与期权 Theta 的关系

下面，依然运用两个案例并通过 Python 的可视化依次考察基础资产价格与期权 Theta、期权期限与期权 Theta 的关系。

1. 基础资产价格与期权 Theta 的关系

【例 12-13】沿用例 12-3 的信息，对农业银行 A 股股价取值依然是 [1.0,6.0] 区间的等差数列，其他的参数也保持不变，运用 Python 将基础资产价格（股票价格）与期权 Theta 之间的对应关系可视化（见图 12-9），具体的代码如下：

```
In [47]: theta_EurCall_list=theta_EurOpt(S=S_list2,K=K_ABC,sigma=sigma_ABC,r=shibor_6M,
T=T_ABC,optype='call')    #计算针对不同股价的欧式看涨期权 Theta
    ...: theta_EurPut_list=theta_EurOpt(S=S_list2,K=K_ABC,sigma=sigma_ABC,r=shibor_6M,
T=T_ABC,optype='put')     #计算针对不同股价的欧式看跌期权 Theta

In [48]: plt.figure(figsize=(9,6))
    ...: plt.plot(S_list2,theta_EurCall_list,'b-',label=u'欧式看涨期权',lw=2.5)
    ...: plt.plot(S_list2,theta_EurPut_list,'r-',label=u'欧式看跌期权',lw=2.5)
    ...: plt.xlabel(u'股票价格',fontsize=13)
    ...: plt.ylabel('Theta',fontsize=13)
    ...: plt.xticks(fontsize=13)
    ...: plt.yticks(fontsize=13)
```

```
...: plt.title(u'股票价格与期权Theta的关系图', fontsize=13)
...: plt.legend(fontsize=13)
...: plt.grid()
...: plt.show()
```

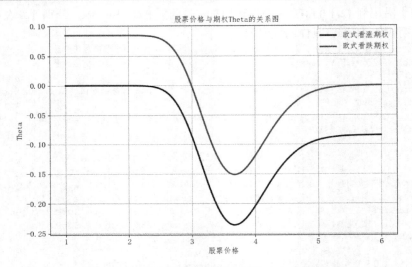

图 12-9 基础资产（股票）价格与期权 Theta 的关系图

图 12-9 展示了基础资产价格与欧式看涨、看跌期权 Theta 之间的关系。从图 12-9 中可以得到如下 5 点结论。

（1）无论是看涨期权还是看跌期权，期权 Theta 与基础资产价格之间关系的曲线形状是很相似的。

（2）当基础资产价格等于行权价格（3.6 元/股），也就是平价期权的时候，无论是看涨期权还是看跌期权，期权 Theta 是负值并且绝对值最大，这就意味着期权价格对时间的变化非常敏感。

（3）当基础资产价格大于行权价格时，期权 Theta 的绝对值处于递减阶段。其中，看涨期权的 Theta 趋于某一个负值，看跌期权的 Theta 则趋于 0。

（4）当基础资产价格小于行权价格时，对于看跌期权而言，随着基础资产价格不断下降并且小于 3 元/股时，期权 Theta 将由负转正并趋于某一个正值，而看涨期权的 Theta 则趋于 0。

（5）当基础资产价格很低（如小于 2.5 元/股）或者很高（如大于 5.5 元/股）时，期权 Theta 就会出现饱和现象。

2. 期权期限与期权 Theta 的关系

【例 12-14】沿用例 12-4 的相关信息，也就是对看涨期权的期限取值仍是在[0.1,5.0]区间的等差数列，同时依然将看涨期权分为实值看涨期权（对应股价为 4.0 元/股）、平价看涨期权和虚值看涨期权（对应股价为 3.0 元/股），其他参数也保持不变。运用 Python 将期权期限与看涨期权 Theta 之间的对应关系可视化（见图 12-10），具体的代码如下：

```
In [49]: theta_list1=theta_EurOpt(S=S1,K=K_ABC,sigma=sigma_ABC,r=shibor_6M,T=T_list,
optype='call')   #实值看涨期权的 Theta
    ...: theta_list2=theta_EurOpt(S=S2,K=K_ABC,sigma=sigma_ABC,r=shibor_6M,T=T_list,
optype='call')   #平价看涨期权的 Theta
    ...: theta_list3=theta_EurOpt(S=S3,K=K_ABC,sigma=sigma_ABC,r=shibor_6M,T=T_list,
```

```
optype='call')   #虚值看涨期权的 Theta
In [50]: plt.figure(figsize=(9,6))
   ...: plt.plot(T_list,theta_list1,'b-',label=u'实值看涨期权',lw=2.5)
   ...: plt.plot(T_list,theta_list2,'r-',label=u'平价看涨期权',lw=2.5)
   ...: plt.plot(T_list,theta_list3,'g-',label=u'虚值看涨期权',lw=2.5)
   ...: plt.xlabel(u'期权期限',fontsize=13)
   ...: plt.ylabel('Theta',fontsize=13)
   ...: plt.xticks(fontsize=13)
   ...: plt.yticks(fontsize=13)
   ...: plt.title(u'期权期限与期权 Theta 的关系图',fontsize=13)
   ...: plt.legend(fontsize=13)
   ...: plt.grid('True')
   ...: plt.show()
```

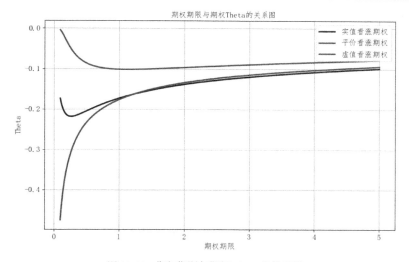

图 12-10　期权期限与期权 Theta 的关系图

图 12-10 刻画了虚值、实值和平价看涨期权的 Theta 随期权期限变化的规律。图 12-10 中有 3 条曲线，从上往下依次是虚值、实值以及平价看涨期权。从图 12-10 中可以得到以下 3 点结论。

（1）当期权期限越短（越临近期权到期日）时，平价看涨期权的 Theta 绝对值越大，并且与实值看涨期权、虚值看涨期权在 Theta 上的差异也是最大的。对此，可以利用直觉来理解这一点。因为当看涨期权是平价时，期权到期时行权的不确定性最大，所以平价看涨期权的价格对时间非常敏感。

（2）平价看涨期权的 Theta 是期权期限的递增函数；相反，虚值看涨期权和实值看涨期权的 Theta 在期权期限较短时是期权期限的递减函数，在期权期限较长时则是期权期限的递增函数。

（3）当期权期限不断拉长时，实值看涨期权、平价看涨期权、虚值看涨期权的 Theta 将会不断趋近。

12.3.3　美式期权的 Theta

针对美式期权 Theta 的计算，依然采用二叉树模型，这一点与计算美式期权的 Delta、Gamma 是一样的。

1. 计算思路

根据本节开头部分介绍的 Theta 表达式（12-13）并且运用差分，可以得到：

$$\Theta = \frac{\Delta \Pi}{\Delta T} \quad (12\text{-}17)$$

下面，针对 N 步二叉树模型并且依然观察该模型的前两步节点，具体见图 12-11（与图 12-8 相同）。

由于在计算 Theta 时，假定除了时间变化以外，包括基础资产价格在内的其他变量都保持不变。因此，根据图 12-11，在 0 时刻基础资产价格 S_0 对应的期权价值是 Π，在 $2\Delta t$ 时刻基础资产价格也是 S_0，所对应的期权价值是 $\Pi_{2,1}$。美式期权 Theta 的计算公式如下：

$$\Theta = \frac{\Pi_{2,1} - \Pi}{2\Delta t} \quad (12\text{-}18)$$

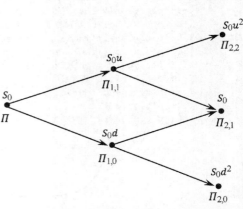

图 12-11　N 步二叉树模型中的前两步节点
（节点上方的数值表示基础资产价格，下方的数值表示期权价值）

运用 Python 编写计算美式期权 Theta 的代码时，依然运用 11.5.3 节所讨论的矩阵运算思路，即运用如下的 $N+1$ 行、$N+1$ 列的期权价值矩阵并且取该矩阵第 1 行、第 1 列和第 2 行、第 3 列的元素。

$$\begin{bmatrix} \Pi & \Pi_{1,1} & \Pi_{2,2} & \cdots & \Pi_{N-1,N-1} & \Pi_{N,N} \\ 0 & \Pi_{1,0} & \Pi_{2,1} & \cdots & \Pi_{N-1,N-2} & \Pi_{N,N-1} \\ 0 & 0 & \Pi_{2,0} & \cdots & \Pi_{N-1,N-3} & \Pi_{N,N-2} \\ \vdots & \vdots & \vdots & & \vdots & \vdots \\ 0 & 0 & 0 & \cdots & \Pi_{N-1,0} & \Pi_{N,1} \\ 0 & 0 & 0 & \cdots & 0 & \Pi_{N,0} \end{bmatrix}$$

2. Python 自定义函数

下面，运用 Python 自定义一个计算美式期权 Theta 的函数，并且按照看涨期权、看跌期权分别设定，同时参考 11.5.3 节计算美式看涨期权、看跌期权价值的自定义函数 American_call 和 American_put 的相关代码。具体的代码如下：

```
In [51]: def theta_AmerCall(S,K,sigma,r,T,N):
    ...:     '''定义一个运用N步二叉树模型计算美式看涨期权 Theta 的函数
    ...:     S: 代表基础资产当前的价格。
    ...:     K: 代表期权的行权价格。
    ...:     sigma: 代表基础资产收益率的波动率（年化）。
    ...:     r: 代表连续复利的无风险收益率。
    ...:     T: 代表期权的期限（年）。
    ...:     N: 代表二叉树模型的步数'''
    ...:     t=T/N                              #计算每一步步长期限（年）
    ...:     u=np.exp(sigma*np.sqrt(t))         #计算基础资产价格上涨时的比例
    ...:     d=1/u                              #计算基础资产价格下跌时的比例
    ...:     p=(np.exp(r*t)-d)/(u-d)            #计算基础资产价格上涨的概率
    ...:     call_matrix=np.zeros((N+1,N+1))    #创建N+1行、N+1列的零矩阵，用于后续存放每个节点的期权价值
    ...:     N_list=np.arange(0,N+1)            #创建从0到N的自然数数列（数组格式）
    ...:     S_end=S*pow(u,N-N_list)*pow(d,N_list)  #计算期权到期时节点的基础资产价格（按照节点从上
```

```
   ...:         call_matrix[:,-1]=np.maximum(S_end-K,0)   #计算期权到期时节点的看涨期权价值(按照节点从上往下排序)
   ...:         i_list=list(range(0,N))                   #创建从0到N-1的自然数数列(列表格式)
   ...:         i_list.reverse()                          #将列表的元素由大到小重新排序(从N-1到0)
   ...:         for i in i_list:
   ...:             j_list=np.arange(i+1)                 #创建从0到i的自然数数列(数组格式)
   ...:             Si=S*pow(u,i-j_list)*pow(d,j_list)    #计算在iΔt时刻各节点上的基础资产价格(按照节点从上往下排序)
   ...:             call_strike=np.maximum(Si-K,0)        #计算提前行权时的期权收益
   ...:             call_nostrike=np.exp(-r*t)*(p*call_matrix[:i+1,i+1]+(1-p)*call_matrix[1:i+2,i+1])  #计算不提前行权时的期权价值
   ...:             call_matrix[:i+1,i]=np.maximum(call_strike,call_nostrike)   #取提前行权时的期权收益与不提前行权时的期权价值中的最大值
   ...:         Theta=(call_matrix[1,2]-call_matrix[0,0])/(2*t)   #计算看涨期权Theta
   ...:         return Theta

In [52]: def theta_AmerPut(S,K,sigma,r,T,N):
   ...:     '''定义一个运用N步二叉树模型计算美式看跌期权Theta的函数
   ...:     S: 代表基础资产当前的价格。
   ...:     K: 代表期权的行权价格。
   ...:     sigma: 代表基础资产收益率的波动率(年化)。
   ...:     r: 代表连续复利的无风险收益率。
   ...:     T: 代表期权的期限(年)。
   ...:     N: 代表二叉树模型的步数'''
   ...:     t=T/N                                     #计算每一步步长期限(年)
   ...:     u=np.exp(sigma*np.sqrt(t))                #计算基础资产价格上涨时的比例
   ...:     d=1/u                                     #计算基础资产价格下跌时的比例
   ...:     p=(np.exp(r*t)-d)/(u-d)                   #计算基础资产价格上涨的概率
   ...:     put_matrix=np.zeros((N+1,N+1))            #创建N+1行、N+1列的零矩阵,用于后续存放每个节点的期权价值
   ...:     N_list=np.arange(0,N+1)                   #创建从0到N的自然数数列(数组格式)
   ...:     S_end=S*pow(u,N-N_list)*pow(d,N_list)     #计算期权到期时节点的基础资产价格(按照节点从上往下排序)
   ...:     put_matrix[:,-1]=np.maximum(K-S_end,0)    #计算期权到期时节点的看跌期权价值(按照节点从上往下排序)
   ...:     i_list=list(range(0,N))                   #创建从0到N-1的自然数数列(列表格式)
   ...:     i_list.reverse()                          #将列表的元素由大到小重新排序(从N-1到0)
   ...:     for i in i_list:
   ...:         j_list=np.arange(i+1)                 #创建从0到i的自然数数列(数组格式)
   ...:         Si=S*pow(u,i-j_list)*pow(d,j_list)    #计算在iΔt时刻各节点上的基础资产价格(按照节点从上往下排序)
   ...:         put_strike=np.maximum(K-Si,0)         #计算提前行权时的期权收益
   ...:         put_nostrike=np.exp(-r*t)*(p*put_matrix[:i+1,i+1]+(1-p)*put_matrix[1:i+2,i+1])  #计算不提前行权时的期权价值
   ...:         put_matrix[:i+1,i]=np.maximum(put_strike,put_nostrike)   #取提前行权时的期权收益与不提前行权时的期权价值中的最大值
   ...:     Theta=(put_matrix[1,2]-put_matrix[0,0])/(2*t)   #计算看跌期权Theta
   ...:     return Theta
```

在以上自定义的两个函数 theta_AmerCall 和 theta_AmerPut 中,通过输入基础资产当前价格、行权价格、波动率、无风险收益率、期权期限以及步数等参数,就可以计算得出美式看涨期权或美式看跌期权的 Theta。

3. 一个案例

【例 12-15】沿用例 12-1 的信息,同时将该期权调整为美式看涨期权、美式看跌期权,运用自

定义函数 theta_AmerCall 和 theta_AmerPut 计算美式期权的 Theta，并且二叉树模型的步数依然是 100 步，具体的代码如下：

```
In [53]: theta_AmerOpt1=theta_AmerCall(S=S_ABC,K=K_ABC,sigma=sigma_ABC,r=shibor_6M,T=T_ABC,N=step)   #计算美式看涨期权的Theta
    ...: theta_AmerOpt2=theta_AmerPut(S=S_ABC,K=K_ABC,sigma=sigma_ABC,r=shibor_6M,T=T_ABC,N=step)   #计算美式看跌期权的Theta
    ...: print('农业银行A股美式看涨期权的Theta',round(theta_AmerOpt1,4))
    ...: print('农业银行A股美式看跌期权的Theta',round(theta_AmerOpt2,4))
农业银行A股美式看涨期权的Theta -0.1707
农业银行A股美式看跌期权的Theta -0.1005
```

根据以上输出的结果并结合例 12-12 可以发现，美式看涨期权的 Theta（-0.1707）与欧式看涨期权的 Theta（-0.1704）很接近，但是欧式看跌期权的 Theta（-0.0859）从绝对值来看明显低于美式看跌期权的 Theta（-0.1005），这说明美式看跌期权价值相比欧式看跌期权价值对时间的流逝更加敏感。

12.4 期权的 Vega

本章到目前为止，都隐含着这样一个假设：期权基础资产收益率的波动率（简称"基础资产波动率"或者"波动率"）是常数。但是在实践中，波动率会随时间的变化而变化，这一点在 5.3 节讨论 ARCH 模型和 GARCH 模型时已经体现出来。期权的 **Vega**（ν）是指期权价格变化与波动率变化的比率，如下：

$$\nu = \frac{\partial \Pi}{\partial \sigma} \tag{12-19}$$

其中，Π 依然表示期权价格，σ 表示波动率。例如，当波动率增加 1%（如从 10%增加至 11%）时，期权价格会相应上涨大约 0.01ν。如果一个期权的 Vega 绝对值很大，该期权价格会对波动率的变化非常敏感。相反，当一个期权的 Vega 接近 0 时，波动率的变化对期权价格的影响则会很小。

下面，就依次讨论欧式期权的 Vega，基础资产价格、期权期限与期权 Vega 的关系，以及美式期权的 Vega。

12.4.1 欧式期权的 Vega

1. 数学表达式

依然根据 11.3 节讨论的 BSM 模型，可以得到欧式看涨期权和看跌期权的 Vega 都具有相同的数学表达式，具体如下：

$$\nu = S_0 \sqrt{T} N'(d_1) \tag{12-20}$$

其中，

$$d_1 = \frac{\ln(S_0/K) + (r + \sigma^2/2)T}{\sigma\sqrt{T}}$$

$$N'(x) = \frac{1}{\sqrt{2\pi}} e^{-x^2/2}$$

12.4 期权的 Vega | 469

为了编写 Python 代码的便利，将式（12-20）进行整理以后得到：

$$\nu = \frac{S_0\sqrt{T}e^{-d_1^2/2}}{\sqrt{2\pi}} \qquad (12\text{-}21)$$

通过式（12-21）可以很清楚地看到，期权 Vega 始终大于 0。因此，期权价格是波动率的增函数。

2. Python 自定义函数

通过 Python 自定义一个计算欧式期权 Vega 的函数，具体的代码如下：

```
In [54]: def vega_EurOpt(S,K,sigma,r,T):
   ...:     '''定义一个计算欧式期权 Vega 的函数
   ...:     S: 代表基础资产的价格。
   ...:     K: 代表期权的行权价格。
   ...:     sigma: 代表基础资产收益率的波动率（年化）。
   ...:     r: 代表连续复利的无风险收益率。
   ...:     T: 代表期权的剩余期限（年）'''
   ...:     from numpy import exp,log,pi,sqrt      #从 NumPy 模块导入 exp、log、pi 以及 sqrt 函数
   ...:     d1=(log(S/K)+(r+pow(sigma,2)/2)*T)/(sigma*sqrt(T))    #计算参数 d1
   ...:     vega=S*sqrt(T)*exp(-pow(d1,2)/2)/sqrt(2*pi)          #计算期权的 Vega
   ...:     return vega
```

在以上自定义函数 vega_EurOpt 中，输入基础资产价格、行权价格、波动率、无风险收益率以及期权期限等参数，就可以快速计算得到欧式期权的 Vega。下面，通过一个案例进行演示。

3. 一个案例

【例 12-16】沿用例 12-1 的信息，并运用自定义函数 vega_EurOpt，计算农业银行 A 股欧式期权的 Vega 以及当波动率增加 1%时期权价格的变动额，具体的代码如下：

```
In [55]: vega_Eur=vega_EurOpt(S=S_ABC,K=K_ABC,sigma=sigma_ABC,r=shibor_6M,T=T_ABC)
#计算欧式期权的 Vega
   ...: print('农业银行 A 股欧式期权的 Vega',round(vega_Eur,4))
农业银行 A 股欧式期权的 Vega 0.7886

In [56]: sigma_chg=0.01                    #农业银行 A 股波动率变化

In [57]: value_chg=vega_Eur*sigma_chg      #波动率增加 1%导致期权价格变动额
   ...: print('波动率增加 1%导致期权价格变动额',round(value_chg,4))
波动率增加 1%导致期权价格变动额 0.0079
```

从以上的输出结果可以得到，在 2020 年 7 月 16 日，农业银行 A 股欧式期权的 Vega 等于 0.7886，这也就意味着当波动率增加 1%（由 19%增加至 20%）时，期权价格会相应上涨 0.0079 元。

12.4.2 基础资产价格、期权期限与期权 Vega 的关系

下面，依然运用两个案例并通过 Python 的可视化依次考察基础资产价格与期权 Vega、期权期限与期权 Vega 的关系。

1. 基础资产价格与期权 Vega 的关系

【例 12-17】沿用例 12-3 的信息，也就是对农业银行 A 股股价取值仍是[1.0,6.0]区间的等差数列，其他的参数也保持不变，运用 Python 将期权的基础资产价格（股票价格）与期权 Vega 之间的对应关系可视化（见图 12-12），具体的代码如下：

```
In [58]: vega_list=vega_EurOpt(S=S_list2,K=K_ABC,sigma=sigma_ABC,r=shibor_6M,T=T_ABC)
#计算对应不同股价的欧式期权 Vega

In [59]: plt.figure(figsize=(9,6))
   ...: plt.plot(S_list2,vega_list,'b-',lw=2.5)
   ...: plt.xlabel(u'股票价格',fontsize=13)
   ...: plt.ylabel(u'Vega',fontsize=13)
   ...: plt.xticks(fontsize=13)
   ...: plt.yticks(fontsize=13)
   ...: plt.title(u'股票价格与期权 Vega 的关系图', fontsize=13)
   ...: plt.grid()
   ...: plt.show()
```

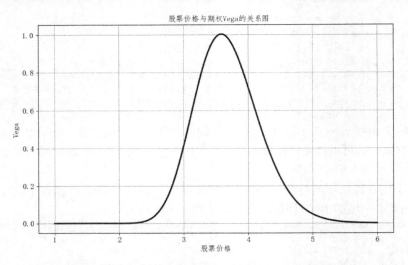

图 12-12 基础资产（股票）价格与期权 Vega 的关系图

图 12-12 描述了基础资产价格与期权 Vega 之间的关系，曲线形态类似于正态分布，并且比较类似于 12.2.2 节的图 12-6（基础资产价格与期权 Gamma 的关系图）。当基础资产价格等于行权价格时，期权 Vega 达到最大；当基础资产价格小于行权价格（图 12-12 中的左半图）时，期权 Vega 是基础资产价格的增函数；当基础资产价格大于行权价格（图 12-12 中的右半图）时，期权 Vega 则是基础资产价格的减函数。此外，当基础资产价格很小（比如小于 2.0 元/股）或者很大（比如大于 5.5/股）时，期权 Vega 会出现饱和现象，对基础资产价格变化就很不敏感。

2. 期权期限与期权 Vega 的关系

【例 12-18】沿用例 12-4 的相关信息，也就是对看涨期权的期限取值仍是在 [0.1,5.0] 区间的等差数列，同时还是将看涨期权分为实值看涨期权（对应股价为 4.0 元/股）、平价看涨期权和虚值看涨期权（对应股价为 3.0 元/股），其他参数也保持不变。运用 Python 将期权期限与期权 Theta 之间的对应关系可视化（见图 12-13），具体的代码如下：

```
In [60]: vega_list1=vega_EurOpt(S=S1,K=K_ABC,sigma=sigma_ABC,r=shibor_6M,T=T_list)
#实值看涨期权的 Vega
   ...: vega_list2=vega_EurOpt(S=S2,K=K_ABC,sigma=sigma_ABC,r=shibor_6M,T=T_list)
#平价看涨期权的 Vega
```

```
    ...: vega_list3=vega_EurOpt(S=S3,K=K_ABC,sigma=sigma_ABC,r=shibor_6M,T=T_list)
#虚值看涨期权的Vega

In [61]: plt.figure(figsize=(9,6))
    ...: plt.plot(T_list,vega_list1,'b-',label=u'实值看涨期权',lw=2.5)
    ...: plt.plot(T_list,vega_list2,'r-',label=u'平价看涨期权',lw=2.5)
    ...: plt.plot(T_list,vega_list3,'g-',label=u'虚值看涨期权',lw=2.5)
    ...: plt.xlabel(u'期权期限',fontsize=13)
    ...: plt.ylabel('Vega',fontsize=13)
    ...: plt.xticks(fontsize=13)
    ...: plt.yticks(fontsize=13)
    ...: plt.title(u'期权期限与期权Vega的关系图', fontsize=13)
    ...: plt.legend(fontsize=13)
    ...: plt.grid()
    ...: plt.show()
```

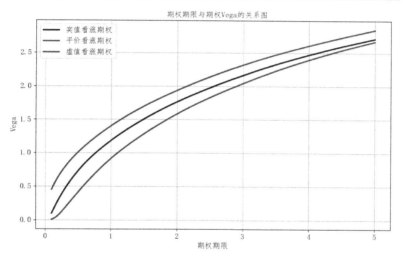

图 12-13　期权期限与期权 Vega 的关系图

图 12-13 中的 3 条曲线从上往下依次是平价、实值以及虚值看涨期权。从图 12-13 中不难发现，无论是平价、实值还是虚值看涨期权，Vega 都是期权期限的递增函数。因此，当波动率发生变化时，期限长的期权要比期限较短的期权在价格上变化更大。需要注意的是，在本例中，在相同期限的条件下，平价看涨期权的 Vega 高于实值看涨期权，实值看涨期权的 Vega 又高于虚值看涨期权。然而这种排序关系并非恒定不变，其会随着期权实值和虚值程度的变化而发生改变，感兴趣的读者可以试一下。

12.4.3　美式期权的 Vega

需要注意的是，在计算美式期权 Vega 时，与计算 Delta、Gamma 和 Theta 等的思路存在一定的差异。

1．计算思路

基于式（12-19），Vega 可以通过对波动率做出微小变化而得出。因此，计算美式期权 Vega 需要重新构造一个新的二叉树模型。

具体而言，当基础资产的波动率σ变动$\Delta\sigma$时，即新的波动率$\tilde{\sigma}=\sigma+\Delta\sigma$，在保持其他变量和步长$\Delta t$不变的情况下，重新构造一个新的二叉树模型并对期权重新定价。假定Π表示由原二叉树模型（基于原来的波动率σ）计算得出的期权价值，$\tilde{\Pi}$表示由新二叉树模型（基于新的波动率$\tilde{\sigma}$）计算得出的期权价值，美式期权Vega估计值的表达式如下：

$$\nu = \frac{\tilde{\Pi} - \Pi}{\Delta\sigma} \qquad (12\text{-}22)$$

此外，针对$\Delta\sigma$通常设置为$\Delta\sigma = 0.0001$，即一个基点单位的波动率变化。

2. Python自定义函数

下面，运用Python自定义一个计算美式期权Vega的函数，并且按照看涨期权、看跌期权分别设定，同时需要运用11.5.3节计算美式看涨期权、看跌期权价值的自定义函数American_call和American_put的相关代码。具体的代码如下：

```python
In [62]: def vega_AmerCall(S,K,sigma,r,T,N):
    ...:     '''定义一个运用N步二叉树模型计算美式看涨期权Vega的函数，
    ...:         并且假定基础资产收益率的波动率是增加0.0001。
    ...:     S：代表基础资产当前的价格。
    ...:     K：代表期权的行权价格。
    ...:     sigma：代表基础资产收益率的波动率（年化）。
    ...:     r：代表连续复利的无风险收益率。
    ...:     T：代表期权的期限（年）。
    ...:     N：代表二叉树模型的步数'''
    ...:     def American_call(S,K,sigma,r,T,N):           #定义一个计算美式看涨期权价值的函数
    ...:         t=T/N                                      #计算每一步步长期限（年）
    ...:         u=np.exp(sigma*np.sqrt(t))                 #计算基础资产价格上涨时的比例
    ...:         d=1/u                                      #计算基础资产价格下跌时的比例
    ...:         p=(np.exp(r*t)-d)/(u-d)                    #计算基础资产价格上涨的概率
    ...:         call_matrix=np.zeros((N+1,N+1))            #创建N+1行、N+1列的零矩阵，用于后续存放每个节点的期权价值
    ...:         N_list=np.arange(0,N+1)                    #创建从0到N的自然数数列（数组格式）
    ...:         S_end=S*pow(u,N-N_list)*pow(d,N_list)      #计算期权到期时节点的基础资产价格（按照节点从上往下排序）
    ...:         call_matrix[:,-1]=np.maximum(S_end-K,0)    #计算期权到期时节点的看涨期权价值（按照节点从上往下排序）
    ...:         i_list=list(range(0,N))                    #创建从0到N-1的自然数数列（列表格式）
    ...:         i_list.reverse()                           #将列表的元素由大到小重新排序（从N-1到0）
    ...:         for i in i_list:
    ...:             j_list=np.arange(i+1)                  #创建从0到i的自然数数列（数组格式）
    ...:             Si=S*pow(u,i-j_list)*pow(d,j_list)     #计算在i∆t时刻各节点上的基础资产价格（按照节点从上往下排序）
    ...:             call_strike=np.maximum(Si-K,0)         #计算提前行权时的期权收益
    ...:             call_nostrike=np.exp(-r*t)*(p*call_matrix[:i+1,i+1]+ (1-p)*call_matrix[1:i+2,i+1])   #计算不提前行权时的期权价值
    ...:             call_matrix[:i+1,i]=np.maximum(call_strike,call_nostrike)   #取提前行权时的期权收益与不提前行权时的期权价值中的最大值
    ...:         value=call_matrix[0,0]                     #计算期权价值
    ...:         return value
    ...:     Value1=American_call(S,K,sigma,r,T,N)          #原二叉树模型计算的期权价值
    ...:     Value2=American_call(S,K,sigma+0.0001,r,T,N)   #新二叉树模型计算的期权价值
    ...:     vega=(Value2-Value1)/0.0001                    #计算美式看涨期权的Vega
    ...:     return vega
```

12.4 期权的 Vega

```
In [63]: def vega_AmerPut(S,K,sigma,r,T,N):
    ...:    '''定义一个运用N步二叉树模型计算美式看跌期权Vega的函数，
    ...:       依然假定基础资产收益率的波动率是增加0.0001
    ...:    S: 代表基础资产当前的价格。
    ...:    K: 代表期权的行权价格。
    ...:    sigma: 代表基础资产收益率的波动率（年化）。
    ...:    r: 代表连续复利的无风险收益率。
    ...:    T: 代表期权的期限（年）。
    ...:    N: 代表二叉树模型的步数'''
    ...:    def American_put(S,K,sigma,r,T,N):               #定义一个计算美式看跌期权价值的函数
    ...:       t=T/N                                          #计算每一步步长期限（年）
    ...:       u=np.exp(sigma*np.sqrt(t))                     #计算基础资产价格上涨时的比例
    ...:       d=1/u                                          #计算基础资产价格下跌时的比例
    ...:       p=(np.exp(r*t)-d)/(u-d)                        #计算基础资产价格上涨的概率
    ...:       put_matrix=np.zeros((N+1,N+1))                 #创建N+1行、N+1列的零矩阵，用于后续存放每个节点的期权价值
    ...:       N_list=np.arange(0,N+1)                        #创建从0到N的自然数数列（数组格式）
    ...:       S_end=S*pow(u,N-N_list)*pow(d,N_list)          #计算期权到期时节点的基础资产价格（按照节点从上往下排序）
    ...:       put_matrix[:,-1]=np.maximum(K-S_end,0)         #计算期权到期时节点的看跌期权价值（按照节点从上往下排序）
    ...:       i_list=list(range(0,N))                        #创建从0到N-1的自然数数列（列表格式）
    ...:       i_list.reverse()                               #将列表的元素由大到小重新排序（从N-1到0）
    ...:       for i in i_list:
    ...:          j_list=np.arange(i+1)                       #创建从0到i的自然数数列（数组格式）
    ...:          Si=S*pow(u,i-j_list)*pow(d,j_list)          #计算在iΔt时刻各节点上的基础资产价格（按照节点从上往下排序）
    ...:          put_strike=np.maximum(K-Si,0)               #计算提前行权时的期权收益
    ...:          put_nostrike=np.exp(-r*t)*(p*put_matrix[:i+1,i+1]+ (1-p)*put_matrix[1:i+2,i+1])  #计算不提前行权时的期权价值
    ...:          put_matrix[:i+1,i]=np.maximum(put_strike,put_nostrike)  #取提前行权时的期权收益与不提前行权时的期权价值中的最大值
    ...:       value=put_matrix[0,0]                          #计算期权价值
    ...:       return value
    ...:    Value1=American_put(S,K,sigma,r,T,N)              #原二叉树模型计算的期权价值
    ...:    Value2=American_put(S,K,sigma+0.0001,r,T,N)       #新二叉树模型计算的期权价值
    ...:    vega=(Value2-Value1)/0.0001                       #计算美式看跌期权的Vega
    ...:    return vega
```

在以上自定义的两个函数 vega_AmerCall 和 vega_AmerPut 中，通过输入基础资产当前价格、行权价格、波动率、无风险收益率、期权期限以及步数等参数，就可以计算得出美式看涨期权或美式看跌期权的 Vega。

3. 一个案例

【例 12-19】 沿用例 12-1 的信息，同时将该期权调整为美式看涨期权、看跌期权，运用自定义函数 vega_AmerCall 和 vega_AmerPut 计算美式期权的 Theta，并且二叉树模型的步数依然是 100 步，具体的代码如下：

```
In [64]: vega_AmerOpt1=vega_AmerCall(S=S_ABC,K=K_ABC,sigma=sigma_ABC,r=shibor_6M, T=T_ABC, N=step)   #计算美式看涨期权的Vega
    ...: vega_AmerOpt2=vega_AmerPut(S=S_ABC,K=K_ABC,sigma=sigma_ABC,r=shibor_6M, T=T_ABC, N=step)    #计算美式看跌期权的Vega
    ...: print('农业银行A股美式看涨期权的Vega',round(vega_AmerOpt1,4))
```

```
         ...: print('农业银行A股美式看跌期权的Vega',round(vega_AmerOpt2,4))
农业银行A股美式看涨期权的Vega 0.7992
农业银行A股美式看跌期权的Vega 0.7327
```

基于以上的输出结果，同时结合例12-16可以得到，美式看涨期权的Vega与欧式期权的Vega（0.7886）比较接近；相比之下，美式看跌期权的Vega则显著低于欧式期权的Vega，这意味着美式看跌期权对波动率的敏感性更低。

12.5 期权的Rho

期权的**Rho**表示期权价格变化与无风险收益率变化的比率，如下：

$$Rho = \frac{\partial \Pi}{\partial r} \tag{12-23}$$

其中，Π依然表示期权价格，r表示无风险收益率。

Rho用于衡量当其他变量保持不变时，期权价格对于无风险收益率变化的敏感性，具体是当无风险收益率变化1个基点（比如从2.38%上升至2.39%）时，期权价格变化$0.0001Rho$。

下面，就依次讨论欧式期权的Rho，基础资产价格、期权期限与期权Rho的关系，以及美式期权的Rho。

12.5.1 欧式期权的Rho

1. 数学表达式

依然根据11.3节讨论的BSM模型，对于欧式看涨期权，Rho的表达式如下：

$$Rho = KTe^{-rT}N(d_2) \geq 0 \tag{12-24}$$

其中，

$$d_2 = \frac{\ln(S_0/K) + (r - \sigma^2/2)T}{\sigma\sqrt{T}}$$

对于欧式看跌期权，Rho的表达式如下：

$$Rho = -KTe^{-rT}N(-d_2) \leq 0 \tag{12-25}$$

从以上的式（12-24）和式（12-25）可以看到，欧式看涨期权的Rho是一个非负数，这说明当无风险收益率上升时，欧式看涨期权价格上涨或保持不变；相比之下，欧式看跌期权的Rho则是一个非正数，这说明当无风险收益率上升时，欧式看跌期权价格下跌或不变。

2. Python自定义函数

下面，通过Python自定义一个计算欧式期权Rho的函数，具体的代码如下：

```
In [65]: def rho_EurOpt(S,K,sigma,r,T,optype):
    ...:     '''定义一个计算欧式期权Rho的函数
    ...:     S：代表基础资产的价格。
    ...:     K：代表期权的行权价格。
    ...:     sigma：代表基础资产收益率的波动率（年化）。
    ...:     r：代表连续复利的无风险收益率。
    ...:     T：代表期权的剩余期限（年）。
    ...:     optype：代表期权的类型，输入optype='call'表示看涨期权，输入其他则表示看跌期权'''
```

```
   ...: from numpy import exp,log,sqrt      #从NumPy模块导入exp、log和sqrt函数
   ...: from scipy.stats import norm        #从SciPy的子模块stats中导入norm函数
   ...: d2=(log(S/K)+(r-pow(sigma,2)/2)*T)/(sigma*sqrt(T))   #计算参数d2
   ...: if optype=='call':                  #当期权是看涨期权时
   ...:     rho=K*T*exp(-r*T)*norm.cdf(d2)  #计算期权的Rho
   ...: else:                               #当期权是看跌期权时
   ...:     rho=-K*T*exp(-r*T)*norm.cdf(-d2)
   ...: return rho
```

在以上自定义函数 rho_EurOpt 中，输入基础资产价格、行权价格、波动率、无风险收益率、期权期限以及期权类型等参数，就可以快速计算得到欧式期权的 Rho。下面，通过一个案例进行演示。

3. 一个案例

【例 12-20】沿用例 12-1 的信息，运用自定义函数 rho_EurOpt，依次计算农业银行 A 股欧式看涨期权、看跌期权的 Rho，以及当无风险收益率上涨 10 个基点（0.1%）时期权价格的变动额，具体的代码如下：

```
In [66]: rho_EurCall=rho_EurOpt(S=S_ABC,K=K_ABC,sigma=sigma_ABC,r=shibor_6M,T=T_ABC, optype=
'call')    #计算看涨期权的Rho
   ...: rho_EurPut=rho_EurOpt(S=S_ABC,K=K_ABC,sigma=sigma_ABC,r=shibor_6M,T=T_ABC, optype=
'put')     #计算看跌期权的Rho
   ...: print('农业银行A股欧式看涨期权的Rho',round(rho_EurCall,4))
   ...: print('农业银行A股欧式看跌期权的Rho',round(rho_EurPut,4))
农业银行A股欧式看涨期权的Rho 0.4335
农业银行A股欧式看跌期权的Rho -1.3452

In [67]: r_chg=0.001                       #无风险收益率的变化

In [68]: call_chg=rho_EurCall*r_chg        #无风险收益率变化导致欧式看涨期权价格的变动额
   ...: put_chg=rho_EurPut*r_chg           #无风险收益率变化导致欧式看跌期权价格的变动额
   ...: print('无风险收益率上涨10个基点导致欧式看涨期权价格变化',round(call_chg,4))
   ...: print('无风险收益率上涨10个基点导致欧式看跌期权价格变化',round(put_chg,4))
无风险收益率上涨10个基点导致欧式看涨期权价格变化 0.0004
无风险收益率上涨10个基点导致欧式看跌期权价格变化 -0.0013
```

从以上的输出可以看到，农业银行 A 股欧式看涨期权的 Rho 为正数，欧式看跌期权的 Rho 为负数；就 Rho 的绝对值而言，欧式看跌期权要明显大于欧式看涨期权。因此，无风险收益率变化对欧式看跌期权的影响会更大。

12.5.2 基础资产价格、期权期限与期权 Rho 的关系

下面，依然运用两个案例并通过 Python 的可视化依次考察基础资产价格与期权 Rho、期权期限与期权 Rho 的关系。

1. 基础资产价格与期权 Rho 的关系

【例 12-21】沿用例 12-3 的信息，也就是对农业银行 A 股股价取值依然是在[1.0,6.0]区间的等差数列，其他的参数也保持不变，运用 Python 将期权的基础资产价格（股票价格）与期权 Rho 之间的对应关系可视化（见图 12-14），具体的代码如下：

```
In [69]: rho_EurCall_list=rho_EurOpt(S=S_list2,K=K_ABC,sigma=sigma_ABC,r=shibor_6M, T=T_
ABC,optype='call')    #对应不同股价的看涨期权价格
   ...: rho_EurPut_list=rho_EurOpt(S=S_list2,K=K_ABC,sigma=sigma_ABC,r=shibor_6M, T=T_
ABC,optype='put')     #对应不同股价的看跌期权价格
```

```
In [70]: plt.figure(figsize=(9,6))
    ...: plt.plot(S_list2,rho_EurCall_list,'b-',label=u'欧式看涨期权',lw=2.5)
    ...: plt.plot(S_list2,rho_EurPut_list,'r-',label=u'欧式看跌期权',lw=2.5)
    ...: plt.xlabel(u'股票价格',fontsize=13)
    ...: plt.ylabel('Rho',fontsize=13)
    ...: plt.xticks(fontsize=13)
    ...: plt.yticks(fontsize=13)
    ...: plt.title(u'股票价格与期权Rho的关系图', fontsize=13)
    ...: plt.legend(fontsize=13)
    ...: plt.grid()
    ...: plt.show()
```

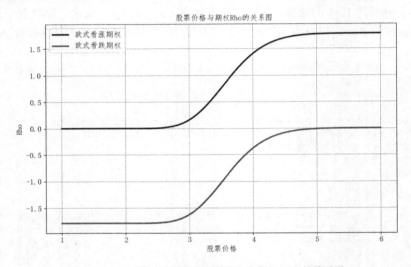

图12-14　基础资产价格（股票价格）与期权Rho的关系图

图12-14刻画了期权基础资产价格与期权Rho之间的关系，该图与12.1.2节的图12-2（描绘基础资产价格与期权Delta的关系）比较相似。通过目测可以发现，无论是看涨期权还是看跌期权，Rho都是基础资产价格的递增函数；同时，无论是看涨期权还是看跌期权，实值期权Rho的绝对值大于虚值期权Rho的绝对值；此外，当基础资产价格低于2.5元/股或者高于5元/股时，期权Rho就会出现饱和现象，对基础资产价格不再敏感。

2. 期权期限与期权Rho的关系

【例12-22】沿用例12-4的相关信息，也就是对看涨期权的期限仍然设定是在[0.1,5.0]区间的等差数列，同时依然将看涨期权分为实值看涨期权（对应股价为4.0元/股）、平价看涨期权和虚值看涨期权（对应股价为3.0元/股），其他参数也保持不变。运用Python将期权期限与期权Rho之间的对应关系可视化（见图12-15），具体的代码如下：

```
In [71]: rho_list1=rho_EurOpt(S=S1,K=K_ABC,sigma=sigma_ABC,r=shibor_6M,T=T_list, optype=
'call')   #实值看涨期权的Rho
    ...: rho_list2=rho_EurOpt(S=S2,K=K_ABC,sigma=sigma_ABC,r=shibor_6M,T=T_list, optype=
'call')   #平价看涨期权的Rho
    ...: rho_list3=rho_EurOpt(S=S3,K=K_ABC,sigma=sigma_ABC,r=shibor_6M,T=T_list, optype=
```

```
'call')    #虚值看涨期权的Rho

    In [72]: plt.figure(figsize=(9,6))
       ...: plt.plot(T_list,rho_list1,'b-',label=u'实值看涨期权',lw=2.5)
       ...: plt.plot(T_list,rho_list2,'r-',label=u'平价看涨期权',lw=2.5)
       ...: plt.plot(T_list,rho_list3,'g-',label=u'虚值看涨期权',lw=2.5)
       ...: plt.xlabel(u'期权期限',fontsize=13)
       ...: plt.ylabel('Rho',fontsize=13)
       ...: plt.xticks(fontsize=13)
       ...: plt.yticks(fontsize=13)
       ...: plt.title(u'期权期限与期权Rho的关系图', fontsize=13)
       ...: plt.legend(fontsize=13)
       ...: plt.grid()
       ...: plt.show()
```

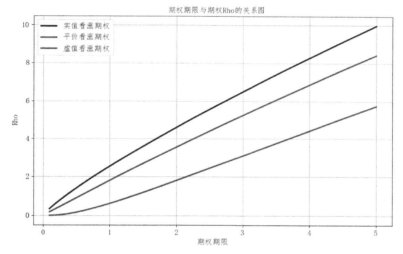

图 12-15　期权期限与期权 Rho 的关系图

图 12-15 显示了实值、平价以及虚值看涨期权的 Rho 随期权期限变化的规律。图 12-15 中有 3 条曲线，从上往下依次是实值、平价和虚值看涨期权。通过细心观察可以得出 3 个结论：

（1）看涨期权 Rho 都是期权期限的递增函数，越接近到期日，Rho 越小，相反则越大；

（2）在相同期限的条件下，实值看涨期权的 Rho 大于平价看涨期权，平价看涨期权的 Rho 又大于虚值看涨期权；

（3）随着期权期限的拉长，实值、平价和虚值看涨期权在 Rho 上的差异将会变大。

12.5.3　美式期权的 Rho

计算美式期权的 Rho 与 12.4.3 节所讨论的计算美式期权的 Vega 在思路上有相似之处，下面就进行具体讲解。

1. 计算思路

根据式（12-23），Rho 可以通过对无风险收益率做出微小变化而得出。因此，计算美式期权 Rho 需要重新构造一个新的二叉树模型。

具体而言，当无风险收益率 r 变动 Δr 时，即新的无风险收益率 $\tilde{r} = r + \Delta r$，在保持其他变量和步长 Δt 不变的情况下，重新构造一个新的二叉树模型并对期权重新定价。假定 Π 及 $\tilde{\Pi}$ 分别是通过原二叉树模型（基于原来的无风险收益率 r）、新二叉树模型（基于新的无风险收益率 $\tilde{r}$）计算得出的期权价值，则美式期权 Rho 估计值的表达式如下：

$$Rho = \frac{\tilde{\Pi} - \Pi}{\Delta r} \tag{12-26}$$

此外，针对 Δr 通常设置为 $\Delta r = 0.0001$，也就是无风险收益率变化 1 个基点单位。

2. Python 自定义函数

下面，运用 Python 自定义一个计算美式期权 Vega 的函数，并且按照看涨期权、看跌期权分别设定，同时参考 11.5.3 节计算美式看涨期权、看跌期权价值的自定义函数 American_call 和 American_put 的相关代码。具体的代码如下：

```python
In [73]: def rho_AmerCall(S,K,sigma,r,T,N):
    ...:     '''定义一个运用N步二叉树模型计算美式看涨期权 Rho 的函数，
    ...:        并且假定无风险收益率增加0.0001（1个基点）
    ...:     S: 代表基础资产当前的价格。
    ...:     K: 代表期权的行权价格。
    ...:     sigma: 代表基础资产收益率的波动率（年化）。
    ...:     r: 代表连续复利的无风险收益率。
    ...:     T: 代表期权的期限（年）。
    ...:     N: 代表二叉树模型的步数'''
    ...:     def American_call(S,K,sigma,r,T,N):      #定义一个计算美式看涨期权价值的函数
    ...:         t=T/N                                #计算每一步步长期限（年）
    ...:         u=np.exp(sigma*np.sqrt(t))           #计算基础资产价格上涨时的比例
    ...:         d=1/u                                #计算基础资产价格下跌时的比例
    ...:         p=(np.exp(r*t)-d)/(u-d)              #计算基础资产价格上涨的概率
    ...:         call_matrix=np.zeros((N+1,N+1))      #创建 N+1 行、N+1 列的零矩阵，用于后续存放每个节点的期权价值
    ...:         N_list=np.arange(0,N+1)              #创建从0到N的自然数数列（数组格式）
    ...:         S_end=S*pow(u,N-N_list)*pow(d,N_list)    #计算期权到期时节点的基础资产价格（按照节点从上往下排序）
    ...:         call_matrix[:,-1]=np.maximum(S_end-K,0)  #计算期权到期时节点的看涨期权价值（按照节点从上往下排序）
    ...:         i_list=list(range(0,N))              #创建从0到N-1的自然数数列（列表格式）
    ...:         i_list.reverse()                     #将列表的元素由大到小重新排序（从N-1到0）
    ...:         for i in i_list:
    ...:             j_list=np.arange(i+1)            #创建从0到i的自然数数列（数组格式）
    ...:             Si=S*pow(u,i-j_list)*pow(d,j_list)   #计算在 iΔt 时刻各节点上的基础资产价格（按照节点从上往下排序）
    ...:             call_strike=np.maximum(Si-K,0)   #计算提前行权时的期权收益
    ...:             call_nostrike=np.exp(-r*t)*(p*call_matrix[:i+1,i+1]+ (1-p)*call_matrix[1:i+2,i+1])  #计算不提前行权时的期权价值
    ...:             call_matrix[:i+1,i]=np.maximum(call_strike,call_nostrike)  #取提前行权时的期权收益与不提前行权时的期权价值中的最大值
    ...:         value=call_matrix[0,0]               #计算期权价值
    ...:         return value
    ...:     Value1=American_call(S,K,sigma,r,T,N)            #原二叉树模型计算的期权价值
    ...:     Value2=American_call(S,K,sigma,r+0.0001,T,N)     #新二叉树模型计算的期权价值
    ...:     rho=(Value2-Value1)/0.0001                       #计算美式看涨期权的 Rho
    ...:     return rho
```

12.5 期权的 Rho

```python
In [74]: def rho_AmerPut(S,K,sigma,r,T,N):
    ...:     '''定义一个运用N步二叉树模型计算美式看跌期权Rho的函数，
    ...:        并且假定无风险收益率增加0.0001（1个基点）
    ...:     S: 代表基础资产当前的价格。
    ...:     K: 代表期权的行权价格。
    ...:     sigma: 代表基础资产收益率的波动率（年化）。
    ...:     r: 代表连续复利的无风险收益率。
    ...:     T: 代表期权的期限（年）。
    ...:     N: 代表二叉树模型的步数'''
    ...:     def American_put(S,K,sigma,r,T,N):         #定义一个计算美式看跌期权价值的函数
    ...:         t=T/N                                  #计算每一步步长期限（年）
    ...:         u=np.exp(sigma*np.sqrt(t))             #计算基础资产价格上涨时的比例
    ...:         d=1/u                                  #计算基础资产价格下跌时的比例
    ...:         p=(np.exp(r*t)-d)/(u-d)                #计算基础资产价格上涨的概率
    ...:         put_matrix=np.zeros((N+1,N+1))         #创建N+1行、N+1列的零矩阵，用于后续存放每个节点的期权价值
    ...:         N_list=np.arange(0,N+1)                #创建从0到N的自然数数列（数组格式）
    ...:         S_end=S*pow(u,N-N_list)*pow(d,N_list)  #计算期权到期时节点的基础资产价格（按照节点从上往下排序）
    ...:         put_matrix[:,-1]=np.maximum(K-S_end,0) #计算期权到期时节点的看跌期权价值（按照节点从上往下排序）
    ...:         i_list=list(range(0,N))                #创建从0到N-1的自然数数列（列表格式）
    ...:         i_list.reverse()                       #将列表的元素由大到小重新排序（从N-1到0）
    ...:         for i in i_list:
    ...:             j_list=np.arange(i+1)              #创建从0到i的自然数数列（数组格式）
    ...:             Si=S*pow(u,i-j_list)*pow(d,j_list) #计算在iΔt时刻各节点上的基础资产价格（按照节点从上往下排序）
    ...:             put_strike=np.maximum(K-Si,0)      #计算提前行权时的期权收益
    ...:             put_nostrike=np.exp(-r*t)*(p*put_matrix[:i+1,i+1]+ (1-p)*put_matrix[1:i+2,i+1])  #计算不提前行权时的期权价值
    ...:             put_matrix[:i+1,i]=np.maximum(put_strike,put_nostrike)  #取提前行权时的期权收益与不提前行权时的期权价值中的最大值
    ...:         value=put_matrix[0,0]                  #计算期权价值
    ...:         return value
    ...:     Value1=American_put(S,K,sigma,r,T,N)         #原二叉树模型计算的期权价值
    ...:     Value2=American_put(S,K,sigma,r+0.0001,T,N)  #新二叉树模型计算的期权价值
    ...:     rho=(Value2-Value1)/0.0001                   #计算美式看跌期权的Rho
    ...:     return rho
```

在以上自定义的两个函数 rho_AmerCall 和 rho_AmerPut 中，通过输入基础资产当前价格、行权价格、波动率、无风险收益率、期权期限以及步数等参数，就可以计算得出美式看涨期权或美式看跌期权的 Rho。

3. 一个案例

【例 12-23】沿用例 12-1 的信息，同时将期权调整为美式看涨期权、看跌期权，运用自定义函数 rho_AmerCall 和 rho_AmerPut 计算美式期权的 Rho，并且二叉树模型的步数依然是 100 步，具体的代码如下：

```python
In [75]: rho_AmerOpt1=rho_AmerCall(S=S_ABC,K=K_ABC,sigma=sigma_ABC,r=shibor_6M, T=T_ABC, N=step)  #计算美式看涨期权的Rho
    ...: rho_AmerOpt2=rho_AmerPut(S=S_ABC,K=K_ABC,sigma=sigma_ABC,r=shibor_6M, T=T_ABC, N=step)   #计算美式看跌期权的Rho
```

```
    ...: print('农业银行A股美式看涨期权的Rho',round(rho_AmerOpt1,4))
    ...: print('农业银行A股美式看跌期权的Rho',round(rho_AmerOpt2,4))
农业银行A股美式看涨期权的Rho 0.4333
农业银行A股美式看跌期权的Rho -0.7809
```

根据以上的输出结果并结合例 12-20 可以得到，美式看涨期权的 Rho 与欧式看涨期权的 Rho （0.4335）非常接近；相比之下，欧式看跌期权 Rho 的绝对值（1.3452）则显著高于美式看跌期权，这说明相比欧式看跌期权，美式看跌期权对无风险收益率变化的敏感性会更低。

最后，结合本章的案例计算结果，通过一张表格整理出欧式与美式看涨、看跌期权的希腊字母的计算结果，具体见表 12-3。

表 12-3　欧式与美式看涨、看跌期权的希腊字母的计算结果（仅考虑期权多头）

期权类型	Delta	Gamma	Theta	Vega	Rho
欧式看涨期权	0.2877	0.7763	-0.1704	0.7886	0.4335
欧式看跌期权	-0.7123	0.7763	-0.0859	0.7886	-1.3452
美式看涨期权	0.2876	0.7777	-0.1707	0.7992	0.4333
美式看跌期权	-0.7449	0.8664	-0.1005	0.7327	-0.7809

12.6　期权的隐含波动率

通过前 5 节讨论完期权的希腊字母之后，本节就聚焦于期权的隐含波动率。在 11.3 节的 BSM 模型中，可以直接观察到的变量是基础资产的当前价格 S_0、期权的行权价格 K、期权期限 T 以及无风险收益率 r，唯一不能直接观察到的变量就是波动率 σ。当然，可以通过基础资产的历史价格并采用 5.3 节的 ARCH 模型、GARCH 模型等方法估计出波动率。

但在实践中，通常会使用**隐含波动率（implied volatility）**，该波动率是指通过观察到的欧式期权市场价格并且运用 BSM 模型计算得出的波动率。但随之而来的一个棘手的问题是，针对用 BSM 模型计算欧式看涨期权的定价公式（11-5）、欧式看跌期权的定价公式（11-6），无法直接通过反解这些定价公式将 σ 表示为变量 c（或 p）、S_0、K、r、T 的函数，可行的替代算法是运用迭代方法求解出隐含的 σ 值，常用的迭代方法包括牛顿迭代法和二分查找法。此外，波动率也会伴随着行权价格的变化而变化，这就引出了波动率微笑与波动率斜偏。下面，就依次进行详细介绍。

12.6.1　计算隐含波动率的牛顿迭代法

牛顿迭代法（Newton's method），也称为**牛顿-拉弗森方法**（Newton-Raphson method），在利用该方法计算期权的隐含波动率时，需要做好以下 3 个方面的工作：一是需要输入一个根据经验判断的初始隐含波动率；二是建立一种迭代关系式，如果由初始隐含波动率得到的期权价格高于期权市场价格，则需要将初始波动率数值减去一个标量（比如 0.0001），相反则加上这个标量；三是需要对迭代过程进行控制，也就是针对由隐含波动率得到的期权价格与期权市场价格之间的差异值设置一个可接受的临界值（比如 0.0001）。

1. Python 自定义函数

下面，就利用牛顿迭代法并运用 Python 自定义分别计算欧式看涨、看跌期权隐含波动率的函数，在编写代码过程中需要运用 1.6.2 节介绍的 while 循环语句。具体的代码如下：

```
In [76]: def impvol_call_Newton(C,S,K,r,T):
    ...:     '''定义一个运用BSM模型计算欧式看涨期权的隐含波动率的函数，
    ...:     并且使用的迭代方法是牛顿迭代法
    ...:     C: 代表观察到的看涨期权市场价格。
    ...:     S: 代表基础资产的价格。
    ...:     K: 代表期权的行权价格。
    ...:     r: 代表连续复利的无风险收益率。
    ...:     T: 代表期权的剩余期限（年）'''
    ...:     from numpy import log,exp,sqrt         #从NumPy模块导入log、exp、sqrt这3个函数
    ...:     from scipy.stats import norm           #从SciPy的子模块stats中导入norm函数
    ...:     def call_BSM(S,K,sigma,r,T):           #定义一个运用BSM模型计算欧式看涨期权价格的函数
    ...:         d1=(log(S/K)+(r+pow(sigma,2)/2)*T)/(sigma*sqrt(T))  #计算参数d1
    ...:         d2=d1-sigma*sqrt(T)                                 #计算参数d2
    ...:         call=S*norm.cdf(d1)-K*exp(-r*T)*norm.cdf(d2)        #计算看涨期权价格
    ...:         return call
    ...:     sigma0=0.2                             #设置一个初始波动率
    ...:     diff=C-call_BSM(S,K,sigma0,r,T)        #计算期权市场价格与BSM模型得到的期权价格的差异值
    ...:     i=0.0001                               #设置一个标量
    ...:     while abs(diff)>0.0001:                #运用while循环语句
    ...:         diff=C-call_BSM(S,K,sigma0,r,T)
    ...:         if diff>0:                         #当差异值大于0时
    ...:             sigma0 +=i                     #波动率加上一个标量
    ...:         else:                              #当差异值小于零0时
    ...:             sigma0 -=i                     #波动率减去一个标量
    ...:     return sigma0

In [77]: def impvol_put_Newton(P,S,K,r,T):
    ...:     '''定义一个运用BSM模型计算欧式看跌期权的隐含波动率的函数，
    ...:     使用的迭代方法是牛顿迭代法，代码与自定义函数impvol_call_Newton有相似之处
    ...:     P: 代表观察到的看跌期权市场价格。
    ...:     S: 代表基础资产的价格。
    ...:     K: 代表期权的行权价格。
    ...:     r: 代表连续复利的无风险收益率。
    ...:     T: 代表期权的剩余期限（年）'''
    ...:     from numpy import log,exp,sqrt
    ...:     from scipy.stats import norm
    ...:     def put_BSM(S,K,sigma,r,T):            #定义一个运用BSM模型计算欧式看跌期权价格的函数
    ...:         d1=(log(S/K)+(r+pow(sigma,2)/2)*T)/(sigma*sqrt(T))
    ...:         d2=d1-sigma*sqrt(T)
    ...:         put=K*exp(-r*T)*norm.cdf(-d2)-S*norm.cdf(-d1)   #计算看跌期权价格
    ...:         return put
    ...:     sigma0=0.2
    ...:     diff=P-put_BSM(S,K,sigma0,r,T)
    ...:     i=0.0001
    ...:     while abs(diff)>0.0001:
    ...:         diff=P-put_BSM(S,K,sigma0,r,T)
    ...:         if diff>0:
    ...:             sigma0 +=i
    ...:         else:
    ...:             sigma0 -=i
    ...:     return sigma0
```

在以上自定义函数 impvol_call_Newton 或 impvol_put_Newton 中，输入看涨（看跌）期权市场

价格、基础资产价格、行权价格、无风险收益率以及期权期限等参数,就可以快速计算得到期权的隐含波动率。下面就以上证 50ETF 期权为例进行演示。

2. 一个案例

【例 12-24】2020 年 9 月 1 日,在上海证券交易所交易的 "50ETF 购 3 月 3300" 期权合约、"50ETF 沽 3 月 3300" 期权合约的要素以及市场价格(结算价)如表 12-4 所示,合约以上证 50ETF 基金(代码为 510050)作为基础资产,当天上证 50ETF 基金净值为 3.406 元,无风险收益率设定为 6 个月期 Shibor 并且当天报价为 2.847%(连续复利)。

表 12-4 2020 年 9 月 1 日两只上证 50ETF 期权合约的要素信息

合约代码	合约名称	上市日期	到期日	行权价格	结算价	期权类型
10002729	50ETF 购 3 月 3300	2020-07-23	2021-03-24	3.3000	0.2826	欧式看涨期权
10002738	50ETF 沽 3 月 3300	2020-07-23	2021-03-24	3.3000	0.1975	欧式看跌期权

数据来源:上海证券交易所。

通过前面自定义的函数 impvol_call_Newton 和 impvol_put_Newton,运用牛顿迭代法依次计算 "50ETF 购 3 月 3300" 期权合约、"50ETF 沽 3 月 3300" 期权合约的隐含波动率,具体的代码如下:

```
In [78]: import datetime as dt                    #导入 datetime 模块

In [79]: T0=dt.datetime(2020,9,1)                 #隐含波动率的计算日
   ...: T1=dt.datetime(2021,3,24)                 #期权到期日
   ...: tenor=(T1-T0).days/365                    #计算期权的剩余期限(年)

In [80]: price_call=0.2826                        #50ETF 购 3 月 3300 期权合约的价格
   ...: price_put=0.1975                          #50ETF 沽 3 月 3300 期权合约的价格
   ...: price_50ETF=3.406                         #上证 50ETF 基金净值
   ...: shibor_6M=0.02847                         #6 个月期 Shibor
   ...: K_50ETF=3.3                               #期权的行权价格

In [81]: sigma_call=impvol_call_Newton(C=price_call,S=price_50ETF,K=K_50ETF,r=shibor_6M,T=tenor) #计算看涨期权的隐含波动率
   ...: print('50ETF 购 3 月 3300 期权合约的隐含波动率(牛顿迭代法)',round(sigma_call,4))
50ETF 购 3 月 3300 期权合约的隐含波动率(牛顿迭代法)  0.195

In [82]: sigma_put=impvol_put_Newton(P=price_put,S=price_50ETF,K=K_50ETF,r=shibor_6M, T=tenor) #计算看跌期权的隐含波动率
   ...: print('50ETF 沽 3 月 3300 期权合约的隐含波动率(牛顿迭代法)',round(sigma_put,4))
50ETF 沽 3 月 3300 期权合约的隐含波动率(牛顿迭代法)  0.2719
```

从以上输出的结果不难得到,在 2020 年 9 月 1 日,"50ETF 购 3 月 3300" 期权合约的隐含波动率为 19.5%,低于 "50ETF 沽 3 月 3300" 期权合约的隐含波动率 27.19%。从中可以判断出期权多头以购买看跌期权为主,期权空头则以卖出看涨期权为主。

需要注意的是,由于计算的步骤比较多,因此牛顿迭代法的效率往往是比较低的,如果希望进一步提高结果的精确度,则需要在计算上耗费更多的时间。

12.6.2 计算隐含波动率的二分查找法

为了提高运算效率,可以采用二分查找法(也称折半查找法)作为迭代方法。下面通过举一个

简单的例子理解这种方法。沿用例 12-24 的信息,针对"50ETF购3月3300"期权合约的隐含波动率,初始猜测的隐含波动率是 18%,对应该波动率数值并通过 BSM 模型得到的欧式看涨期权价格是 0.2685 元,显然低于市场价格 0.2826 元。根据 12.4.1 节讨论的希腊字母 Vega,期权价格是波动率的增函数,因此合理地估计隐含波动率应该比 18%更大。然后假定第 2 次猜测的隐含波动率是 22%,对应的欧式看涨期权价格是 0.3061 元,这个值又比 0.2826 元高,则可以断定隐含波动率介于 18%至 22%之间。接下来,取前两次隐含波动率数值的均值,也就是隐含波动率新的取值是 20%,对应的欧式看涨期权价格为 0.2872 元,这个值又略高于 0.2826 元,隐含波动率所处的区间范围收窄至 18%与 20%之间,然后取均值 19%继续计算。每次迭代都使隐含波动率所处的区间减半,最终就可以计算出满足较高精确度的隐含波动率近似值。

1. Python 自定义函数

下面,就利用二分查找法并运用 Python 自定义分别计算欧式看涨、看跌期权隐含波动率的函数,具体的代码如下:

```
In [83]: def impvol_call_Binary(C,S,K,r,T):
    ...:     '''定义一个运用BSM模型计算欧式看涨期权隐含波动率的函数,
    ...:      并且使用的迭代方法是二分查找法
    ...:     C:代表观察到的看涨期权市场价格。
    ...:     S:代表基础资产的价格。
    ...:     K:代表期权的行权价格。
    ...:     r:代表连续复利的无风险收益率。
    ...:     T:代表期权的剩余期限(年)'''
    ...:     from numpy import log,exp,sqrt
    ...:     from scipy.stats import norm
    ...:     def call_BSM(S,K,sigma,r,T):              #定义一个运用BSM模型计算看涨期权价格的函数
    ...:         d1=(log(S/K)+(r+pow(sigma,2)/2)*T)/(sigma*sqrt(T))
    ...:         d2=d1-sigma*sqrt(T)
    ...:         call=S*norm.cdf(d1)-K*exp(-r*T)*norm.cdf(d2)
    ...:         return call
    ...:     sigma_min=0.001                           #设置初始的最小隐含波动率
    ...:     sigma_max=1.000                           #设置初始的最大隐含波动率
    ...:     sigma_mid=(sigma_min+sigma_max)/2         #计算初始的平均隐含波动率
    ...:     call_min=call_BSM(S,K,sigma_min,r,T)      #初始最小隐含波动率对应的期权价格(期权价格初始下限)
    ...:     call_max=call_BSM(S,K,sigma_max,r,T)      #初始最大隐含波动率对应的期权价格(期权价格初始上限)
    ...:     call_mid=call_BSM(S,K,sigma_mid,r,T)      #初始平均隐含波动率对应的期权价格(期权价格初始均值)
    ...:     diff=C-call_mid                           #期权市场价格与BSM模型得到的期权价格初始均值的差异值
    ...:     if C<call_min or C>call_max:  #期权市场价格小于期权价格初始下限或大于期权价格初始上限
    ...:         print('Error')                        #报错
    ...:     while abs(diff)>1e-6:                     #当差异值的绝对值大于0.000001
    ...:         diff=C-call_BSM(S,K,sigma_mid,r,T)    #期权市场价格与平均隐含波动率对应的期权价格的差异值
    ...:         sigma_mid=(sigma_min+sigma_max)/2     #计算新的平均隐含波动率
    ...:         call_mid=call_BSM(S,K,sigma_mid,r,T)  #新的平均隐含波动率对应的期权新价格
    ...:         if C>call_mid:                        #当期权市场价格大于期权新价格时
    ...:             sigma_min=sigma_mid               #最小隐含波动率赋值为新的平均隐含波动率
    ...:         else:                                 #当期权市场价格小于期权新价格的
    ...:             sigma_max=sigma_mid               #最大隐含波动率赋值为新的平均隐含波动率
    ...:     return sigma_mid

In [84]: def impvol_put_Binary(P,S,K,r,T):
    ...:     '''定义一个运用BSM模型计算欧式看跌期权隐含波动率的函数,
```

```
    ...:         使用的迭代方法是二分查找法,代码与自定义函数impvol_call_Binary有相似之处
    ...:     P:代表观察到的看跌期权市场价格。
    ...:     S:代表基础资产的价格。
    ...:     K:代表期权的行权价格。
    ...:     r:代表连续复利的无风险收益率。
    ...:     T:代表期权的剩余期限(年)'''
    ...: from numpy import log,exp,sqrt
    ...: from scipy.stats import norm
    ...: def put_BSM(S,K,sigma,r,T):          #定义一个运用BSM模型计算欧式看跌期权价格的函数
    ...:     d1=(log(S/K)+(r+pow(sigma,2)/2)*T)/(sigma*sqrt(T))
    ...:     d2=d1-sigma*sqrt(T)
    ...:     put=K*exp(-r*T)*norm.cdf(-d2)-S*norm.cdf(-d1)
    ...:     return put
    ...: sigma_min=0.001
    ...: sigma_max=1.000
    ...: sigma_mid=(sigma_min+sigma_max)/2
    ...: put_min=put_BSM(S,K,sigma_min,r,T)
    ...: put_max=put_BSM(S,K,sigma_max,r,T)
    ...: put_mid=put_BSM(S,K,sigma_mid,r,T)
    ...: diff=P-put_mid
    ...: if P<put_min or P>put_max:
    ...:     print('Error')
    ...: while abs(diff)>1e-6:
    ...:     diff=P-put_BSM(S,K,sigma_mid,r,T)
    ...:     sigma_mid=(sigma_min+sigma_max)/2
    ...:     put_mid=put_BSM(S,K,sigma_mid,r,T)
    ...:     if P>put_mid:
    ...:         sigma_min=sigma_mid
    ...:     else:
    ...:         sigma_max=sigma_mid
    ...: return sigma_mid
```

在以上自定义函数 impvol_call_Binary 或 impvol_put_Binary 中,输入看涨(看跌)期权市场价格、基础资产价格、行权价格、无风险收益率以及期权期限等参数,就可以快速计算得到期权的隐含波动率。

2. 一个案例

【例 12-25】沿用例 12-24 的信息,通过自定义函数 impvol_call_Binary 和 impvol_put_Binary,运用二分查找法依次计算"50ETF 购 3 月 3300"期权合约、"50ETF 沽 3 月 3300"期权合约的隐含波动率,具体的代码如下:

```
In [85]: sigma_call=impvol_call_Binary(C=price_call,S=price_50ETF,K=K_50ETF,r=shibor_6M,
T=tenor)   #计算看涨期权的隐含波动率
    ...: print('50ETF购3月3300期权合约的隐含波动率(二分查找法)',round(sigma_call,4))
50ETF购3月3300期权合约的隐含波动率(二分查找法) 0.1951

In [86]: sigma_put=impvol_put_Binary(P=price_put,S=price_50ETF,K=K_50ETF,r=shibor_6M, T=
tenor)   #计算看跌期权的隐含波动率
    ...: print('50ETF沽3月3300期权合约的隐含波动率(二分查找法)',round(sigma_put,4))
50ETF沽3月3300期权合约的隐含波动率(二分查找法) 0.2718
```

根据以上的输出结果并且结合例 12-24 可以得出,用二分查找法计算得到的期权隐含波动率与用牛顿迭代法计算得到的期权隐含波动率基本一致,同时会发现二分查找法的运算效率更高。

3. 波动率指数

此外，隐含波动率也正在被制作成指数。例如，芝加哥期权交易所于 1993 年对外发布了隐含波动率的指数 **VIX**（Volatility Index），VIX 也被称为**恐惧指数**（fear factor）。此后，德国、法国、英国、瑞士、韩国等国家及我国香港、台湾地区也相继推出了波动率指数。国际经验表明，波动率指数能够前瞻性地反映市场情绪与风险。例如，在 2008 年国际金融危机中，波动率指数及时、准确地为全球各家金融监管机构提供了掌握市场压力、监控市场情绪的指标，有效提升了金融监管机构监管能力与决策水平。

2015 年 6 月 26 日，上海证券交易所发布了 A 股市场首只基于真实期权交易数据编制的波动率指数——**中国波指**。中国波指用于衡量上证 50ETF 期权未来 30 日的预期波动。它的推出一方面为市场提供了高效、灵敏的风险监测指标，便于市场实时衡量市场风险，增强技术分析手段，提升策略交易能力；另一方面对进一步丰富上海证券交易所的衍生产品种类、实现衍生品发展战略产生了积极意义。

12.6.3 波动率微笑

有人或许会问：在现实的期权交易中，交易员和分析师会简单采用 BSM 模型对期权进行定价吗？答案是他们会将该模型的定价结果作为参考，但真实运用的定价模型往往将考虑到波动率随着行权价格的变化而变化这一特殊情况。

波动率微笑（volatility smile）是一种描述期权隐含波动率与行权价格函数关系的图形，具体是指针对相同的到期日和基础资产、不同行权价格的期权，当行权价格偏离基础资产价格越远时，期权的隐含波动率就越大，形状类似于微笑曲线。下面，就以上证 50ETF 认沽期权为例刻画波动率微笑曲线。

【例 12-26】以 2021 年 6 月 23 日到期的、不同行权价格的上证 50ETF 认沽期权合约在 2020 年 12 月 31 日的结算价数据作为分析对象，并且选择 11 只认沽（看跌）期权，具体信息详见表 12-5。当天的上证 50ETF 基金净值为 3.635 元，无风险收益率依然运用 6 个月期 Shibor 并且报价是 2.838%。

表 12-5　2021 年 6 月 23 日到期的上证 50ETF 认沽期权合约信息
（结算价是 2020 年 12 月 31 日的价格信息）

合约代码	合约名称	行权价格	结算价	到期日	期权类型
10003044	50ETF 沽 6 月 3000	3.0000	0.0202	2021-06-23	欧式看跌期权
10003012	50ETF 沽 6 月 3100	3.1000	0.0306		
10003013	50ETF 沽 6 月 3200	3.2000	0.0458		
10003014	50ETF 沽 6 月 3300	3.3000	0.0671		
10003015	50ETF 沽 6 月 3400	3.4000	0.0951		
10003016	50ETF 沽 6 月 3500	3.5000	0.1300		
10003017	50ETF 沽 6 月 3600	3.6000	0.1738		
10003018	50ETF 沽 6 月 3700	3.7000	0.2253		
10003019	50ETF 沽 6 月 3800	3.8000	0.2845		
10003020	50ETF 沽 6 月 3900	3.9000	0.3540		
10003028	50ETF 沽 6 月 4000	4.0000	0.4236		

数据来源：上海证券交易所。

下面,采用Python自定义的运用牛顿迭代法计算欧式看跌期权隐含波动率的函数impvol_put_Newton,求出每只期权的隐含波动率并且进行可视化,具体分为两个步骤。

第1步:在Python中输入相关的变量,并计算上证50ETF认沽期权(看跌期权)的隐含波动率,需要运用for语句。具体的代码如下:

```
In [87]: S_Dec31=3.635                              #2020年12月31日上证50ETF基金净值
    ...: R_Dec31=0.02838                            #2020年12月31日6个月期Shibor

In [88]: T2=dt.datetime(2020,12,31)                 #隐含波动率的计算日
    ...: T3=dt.datetime(2021,6,23)                  #期权到期日
    ...: tenor1=(T3-T2).days/365                    #计算期权的剩余期限(年)

In [89]: Put_list=np.array([0.0202,0.0306,0.0458,0.0671,0.0951,0.1300,0.1738,0.2253,0.2845,
    0.3540,0.4236])     #上证50ETF认沽期权结算价

In [90]: K_list1=np.array([3.0000,3.1000,3.2000,3.3000,3.4000,3.5000,3.6000,3.7000,3.8000,
    3.9000,4.0000])     #期权的行权价格

In [91]: n1=len(K_list1)                            #不同行权价格的看跌期权合约数量

In [92]: sigma_list1=np.zeros_like(Put_list)        #构建存放看跌期权隐含波动率的初始数组

In [93]: for i in np.arange(n1):
    ...:     sigma_list1[i]=impvol_put_Newton(P=Put_list[i],S=S_Dec31,K=K_list1[i],r=R_
Dec31, T=tenor1)        #运用牛顿迭代法计算看跌期权的隐含波动率
```

第2步:将行权价格与隐含波动率的关系可视化,也就是绘制出波动率微笑曲线(见图12-16)。具体的代码如下:

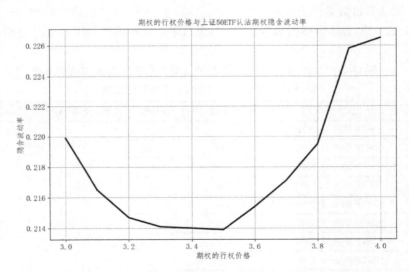

图12-16 上证50ETF认沽期权隐含波动率微笑曲线(2020年12月31日)

```
In [94]: plt.figure(figsize=(9,6))
    ...: plt.plot(K_list1,sigma_list1,'b-',lw=2.5)
    ...: plt.xlabel(u'期权的行权价格',fontsize=13)
```

```
...: plt.ylabel('隐含波动率',fontsize=13)
...: plt.xticks(fontsize=13)
...: plt.yticks(fontsize=13)
...: plt.title(u'期权的行权价格与上证50ETF认沽期权隐含波动率', fontsize=13)
...: plt.grid()
...: plt.show()
```

图 12-16 刻画了上证 50ETF 认沽期权的隐含波动率与行权价格之间的关系。从图 12-16 中不难发现，当行权价格越接近于基础资产价格（3.635 元）时，期权的隐含波动率基本上越低；当行权价格越远离基础资产价格时，期权的隐含波动率越高。因此存在着比较明显的波动率微笑特征。

对于为什么会产生波动率微笑，存在较多的理论研究，并且基于不同的研究视角给出了各种不同的解释，大体可以分为两类：第一类是从布莱克-斯科尔斯-默顿模型固有的缺陷进行解释；第二类是从市场交易机制层面进行解释。表 12-6 梳理了解释波动率微笑存在的相关理论。

表 12-6　解释波动率微笑存在的相关理论

解释的研究视角	相关理论
布莱克-斯科尔斯-默顿模型固有的缺陷	资产价格非正态分布理论； 资产价格跳跃过程理论； Gamma 风险与 Vega 风险理论； 基础资产价格预期理论
现实期权市场交易机制	期权市场溢价理论； 基础资产和期权交易成本理论； 交易成本不对称理论； 报价机制和价格误差理论

12.6.4　波动率斜偏

然而，在大多数交易日，期权的隐含波动率曲线不是微笑的，而是表现为**波动率斜偏**（volatility skew）。波动率斜偏可以进一步分为向上斜偏和向下斜偏两种。**向上斜偏**是指当期权的行权价格由小变大时，期权的隐含波动率也由小变大，即隐含波动率是行权价格的增函数；相反，**向下斜偏**则是指当期权的行权价格由小变大时，期权的隐含波动率由大变小，即隐含波动率是行权价格的减函数。下面，以在深圳证券交易所挂牌的沪深 300ETF 认购期权为例描述隐含波动率的向上斜偏。

【例 12-27】针对在深圳证券交易所挂牌并且在 2021 年 3 月 24 日到期的沪深 300ETF 认购期权合约，以 2020 年 9 月 30 日的结算价数据作为分析依据，并且选择 10 只不同行权价格的认购（看涨）期权，具体信息详见表 12-7。当天的沪深 300ETF 基金（代码为 159919）净值为 4.5848 元，无风险收益率运用 6 个月期 Shibor 并且报价是 2.691%。

表 12-7　2021 年 3 月 24 日到期的沪深 300ETF 认购期权合约信息
（结算价是 2020 年 9 月 30 日的价格信息）

合约代码	合约名称	行权价格	结算价	到期日	期权类型
90000439	300ETF 购 3 月 4200	4.2000	0.4660	2021-03-24	欧式看涨期权
90000440	300ETF 购 3 月 4300	4.3000	0.4068		
90000441	300ETF 购 3 月 4400	4.4000	0.3529		

续表

合约代码	合约名称	行权价格	结算价	到期日	期权类型
90000442	300ETF 购 3 月 4500	4.5000	0.3056		
90000443	300ETF 购 3 月 4600	4.6000	0.2657		
90000444	300ETF 购 3 月 4700	4.7000	0.2267		
90000445	300ETF 购 3 月 4800	4.8000	0.1977	2021-03-24	欧式看涨期权
90000446	300ETF 购 3 月 4900	4.9000	0.1707		
90000447	300ETF 购 3 月 5000	5.0000	0.1477		
90000463	300ETF 购 3 月 5250	5.2500	0.1019		

数据来源：深圳证券交易所。

下面，采用 Python 自定义的运用二分查找法计算欧式看涨期权隐含波动率的函数 impvol_call_Binary，求出期权的隐含波动率并且可视化，具体分为两个步骤。

第 1 步：在 Python 中输入相关的变量，计算沪深 300ETF 认购期权的隐含波动率，需要运用 for 语句。具体的代码如下：

```
In [95]: S_Sep30=4.5848                    #2020 年 9 月 30 日沪深 300ETF 基金净值
    ...: R_Sep30=0.02691                   #2020 年 9 月 30 日 6 个月期 Shibor

In [96]: T4=dt.datetime(2020,9,30)         #隐含波动率的计算日
    ...: T5=dt.datetime(2021,3,24)         #期权到期日
    ...: tenor2=(T5-T4).days/365           #计算期权的剩余期限（年）

In [97]: Call_list=np.array([0.4660,0.4068,0.3529,0.3056,0.2657,0.2267,0.1977,0.1707,0.1477,
0.1019])    #沪深 300ETF 认购期权结算价

In [98]: K_list2=np.array([4.2000,4.3000,4.4000,4.5000,4.6000,4.7000,4.8000,4.9000,5.0000,
5.2500])    #期权的行权价格

In [99]: n2=len(K_list2)                   #不同行权价格的看涨期权合约数量

In [100]: sigma_list2=np.zeros_like(Call_list)   #构建存放看涨期权隐含波动率的初始数组

In [101]: for i in np.arange(n2):
     ...:     sigma_list2[i]=impvol_call_Binary(C=Call_list[i],S=S_Sep30,K=K_list2[i],r=
R_Sep30, T=tenor2)    #运用二分查找法计算看涨期权的隐含波动率
```

第 2 步：将行权价格与隐含波动率的关系可视化，也就是绘制出波动率向上斜偏曲线（见图 12-17）。具体的代码如下：

```
In [102]: plt.figure(figsize=(9,6))
     ...: plt.plot(K_list2,sigma_list2,'r-',lw=2.5)
     ...: plt.xlabel(u'期权的行权价格',fontsize=13)
     ...: plt.ylabel('隐含波动率',fontsize=13)
     ...: plt.xticks(fontsize=13)
     ...: plt.yticks(fontsize=13)
     ...: plt.title(u'期权的行权价格与沪深 300ETF 认购期权隐含波动率', fontsize=13)
     ...: plt.grid()
     ...: plt.show()
```

图 12-17 刻画了沪深 300ETF 认购期权的隐含波动率与行权价格之间的关系，不难发现存在着比较明显的波动率向上斜偏特征。对于图 12-17，还有另一个现实意义：对于行权价格较低的期权，

也就是深度实值看涨期权，这类期权的隐含波动率较低；相比之下，对于行权价格较高的期权，也就是深度虚值看涨期权，这类期权的隐含波动率则较高。

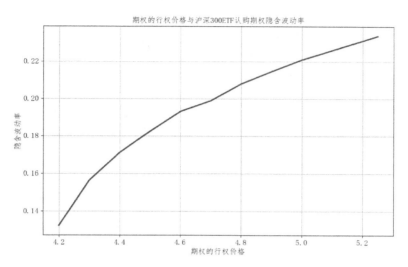

图 12-17　沪深 300ETF 认购期权隐含波动率向上斜偏曲线（2020 年 9 月 30 日）

在本章的最后，还需要特别强调的是，可能会出现期权隐含波动率不存在的情形，具体就是当基础资产的波动率取极小值（比如 0.0001%甚至更小）时，通过 BSM 模型计算得到的欧式期权价格依然高于期权市场价格，这时就无法计算出欧式期权的隐含波动率。举一个例子，针对在 2021 年 3 月 24 日到期、行权价格为 3.1 元的 "50ETF 购 3 月 3100" 期权合约（欧式看涨期权），2020 年 12 月 31 日的期权结算价为 0.548 元，当天上证 50ETF 基金净值为 3.635 元，无风险收益率运用 3 个月期 Shibor 并且当天报价是 2.756%。此时，无论是采用牛顿迭代法还是二分查找法均无法得到该期权在 2020 年 12 月 31 日的隐含波动率，这是因为当波动率取 0.0001%甚至是更小的数值时，通过 BSM 模型计算得到的该期权价格是 0.5544 元，明显高于期权的结算价 0.548 元。对此，读者可以自行验证一下。

到这里，本章的内容就讨论完毕了，第 13 章将结合 Python 探讨如何运用期权构建出丰富多彩的交易策略。

12.7　本章小结

在开展期权交易时必须高度重视期权的风险，否则可能会带来无法预计的灾难性后果。本章就结合 A 股市场的期权案例与 Python 的演示，以较大的篇幅讨论了测度期权风险的 Delta、Gamma、Theta、Vega 和 Rho 共计 5 个希腊字母，并且按照欧式期权和美式期权分开进行论述；同时，运用可视化方法分析了基础资产价格、期权期限对期权希腊字母的影响。本章另一个重要内容就是期权的隐含波动率，其中探讨了计算期权隐含波动率的两种迭代方法——牛顿迭代法和二分查找法，也针对隐含波动率与行权价格的图形关系——波动率微笑和波动率斜偏进行了剖析。

12.8 拓展阅读

本章的内容参考了以下资料。

[1]《期权、期货及其他衍生产品（原书第 10 版）》，这本书堪称约翰·赫尔的扛鼎之作，有"华尔街圣经"之美誉。该书的第 19 章和第 20 章就对期权希腊字母、隐含波动率等内容展开了详尽的描述。

[2]《期权工程：高级期权策略自修讲义》由拥有实战经验并且在上海证券交易所产品创新中心担任期权讲师的多位业界人士编写，这本书是一本适合自学的期权工程读物，其中的第 3 章讲解了期权希腊字母及其应用，第 5 章侧重于讨论波动率。

第 13 章 运用 Python 构建期权交易策略

本章导读

在期权市场中，投资者通常会基于对资产价格走势的判断，运用期权与其他资产构造出不同的投资组合，比如期权与零息债券的组合、期权与基础资产的组合以及相同基础资产的两个或更多个期权组合等，从而实施多样的交易策略，满足不同的风险暴露，实现多元的盈利结构。恰恰是这一点，使得期权宛如"哈利·波特（Harry Potter）的魔法术"，吸引着无数的投资者投身于期权市场去追逐"淘金梦"。本章就借助期权市场的案例和 Python 的演示，讨论常见的 14 种期权交易策略。同时，为了便于分析，本章涉及的期权均为欧式期权，策略到期日通常与期权到期日保持一致。

本章的内容涵盖以下几个主题。

- 介绍最基础的保本票据这一合成策略，通过其在抽象金融市场和现实金融市场的运用从而帮助读者深刻洞察该策略的运作机理及收益状况。
- 探讨由单一期权与单一基础资产构造的交易策略，具体涵盖买入备兑看涨期权、卖出备兑看涨期权、买入保护看跌期权和卖出保护看跌期权等。
- 讨论期权的价差交易策略，包括牛市价差、熊市价差、盒式价差、蝶式价差以及日历价差等。
- 剖析期权的组合策略，涉及跨式组合、序列组合、带式组合以及宽跨式组合等。

13.1 合成保本票据的策略

在金融市场中，期权常常被用于合成**保本票据**（Principal-Protected Notes，PPN），这种产品或者**合成策略**（synthetic strategy）对于风险厌恶的投资者具有很强的吸引力，因为投资者的收益可以依赖于股价、股指或其他风险资产价格的表现，但是本金却没有损失的风险。可能发生的最糟糕情况就是，在票据存续期内投资者无法获取基于初始投资的收益。

保本票据既能够满足投资者保本的需要，又能够实现投资者财富增值的目标。本节首先通过一个抽象金融市场的案例演示如何合成一份保本票据，然后通过一个现实金融市场的案例指出该合成策略的实际困难。

13.1.1 抽象金融市场的策略运用

【例 13-1】A 金融机构希望推出期限为 1 年、每份本金为 100 元的保本票据。假定金融市场上存在两个金融资产：一是市场价格为 96 元、面值为 100 元并且在 1 年后到期的无风险零息债券；二是基础资产是 1 股 Z 股票、行权价格为 5 元/股、期限为 1 年的欧式看涨期权，Z 股票的当前价格是 4.8 元/股，股票波动率为 20%，该期权的市场报价是 0.4 元。对此，A 金融机构可以通过如下的投资组合合成 1 份保本票据：

$$1 \text{ 份保本票据} = 1 \text{ 份无风险零息债券} + 10 \text{ 份欧式看涨期权}$$

该保本票据到期日，恰好也是无风险零息债券到期日和欧式看涨期权到期日。无风险零息债券的本金恰好可以用于支付保本票据的全部本金。同时如果 Z 股票价格高于欧式看涨期权的行权价格，则欧式看涨期权收益就大于 0，在不考虑交易费用的情况下，该保本票据可以给投资者带来额外的正收益；相反，如果 Z 股票价格低于或等于行权价格，则欧式看涨期权收益为 0，该保本票据也依然可以为投资者提供全部的本金。

运用 Python 为该保本票据构建量化分析模型，并且将到期日 Z 股票价格的变化与保本票据收益率之间的关系进行可视化，分为以下两个步骤。

第 1 步：输入相关参数，并且依次计算构建 1 份保本票据需要购买的无风险零息债券数量和欧式看涨期权数量。具体的代码如下：

```
In [1]: import numpy as np
   ...: import pandas as pd
   ...: import matplotlib.pyplot as plt
   ...: from pylab import mpl
   ...: mpl.rcParams['font.sans-serif']=['FangSong']
   ...: mpl.rcParams['axes.unicode_minus'] = False
   ...: from pandas.plotting import register_matplotlib_converters
   ...: register_matplotlib_converters()

In [2]: par_ppn=100                                    #保本票据的本金
   ...: par_bond=100                                   #无风险零息债券面值
   ...: price_bond=96                                  #无风险零息债券价格
   ...: price_call=0.4                                 #欧式看涨期权报价
   ...: K=5.0                                          #期权行权价格

In [3]: N_bond=par_ppn/par_bond                        #购买的无风险零息债券数量
   ...: N_call=(par_ppn-N_bond*price_bond)/price_call  #购买的欧式看涨期权数量
   ...: print('构建1份保本票据需要购买的无风险零息债券数量',N_bond)
   ...: print('构建1份保本票据需要购买的欧式看涨期权数量',N_call)
构建1份保本票据需要购买的无风险零息债券数量 1.0
构建1份保本票据需要购买的欧式看涨期权数量 10.0
```

第 2 步：针对保本票据到期日（期权到期日）Z 股票价格取值是 [3.0,7.0] 区间的等差数列，计算对应的保本票据收益率，并且将 Z 股票价格与保本票据收益率的关系可视化（见图 13-1）。具体的代码如下：

```
In [4]: price_z_list=np.linspace(3,7,120)                          #创建期权到期时Z股票价格等差数列

In [5]: profit_call=np.maximum(price_z_list-K,0)                   #欧式看涨期权到期时的收益

In [6]: profit_ppn=N_bond*par_bond+N_call*profit_call-par_ppn      #保本票据到期的收益金额
   ...: return_ppn=profit_ppn/par_ppn                              #保本票据到期的收益率

In [7]: plt.figure(figsize=(9,6))
   ...: plt.plot(price_z_list,return_ppn,'r-',lw=2.5)
   ...: plt.xlabel(u'Z股票价格',fontsize=13)
   ...: plt.ylabel(u'保本票据收益率',fontsize=13)
   ...: plt.xticks(fontsize=13)
   ...: plt.yticks(fontsize=13)
   ...: plt.title(u'Z股票价格与保本票据收益率的关系图', fontsize=13)
   ...: plt.grid()
   ...: plt.show()
```

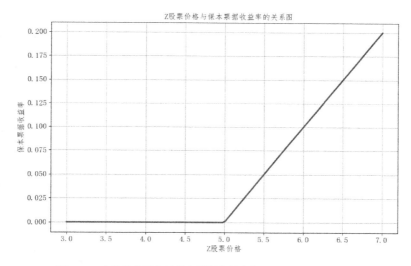

图 13-1　在抽象金融市场保本票据收益率与Z股票价格的关系图

从图 13-1 可以看到，保本票据收益率走势与 11.2.2 节的图 11-3（欧式看涨期权到期盈亏）比较类似。在保本票据到期时，如果 Z 股票价格低于行权价格 5 元/股，保本票据可以兑付全部本金，但投资者收益率是 0；如果 Z 股票价格高于行权价格 5 元/股，保本票据不仅可以兑付全部本金，而且可以给投资者带来收益，并且该收益率与股票价格呈线性关系。比如，Z 股票价格达到 6 元/股时，保本票据收益率达到 10%；Z 股票价格达到 7 元/股时，保本票据收益率更是高达 20%。

通过例 13-1 可以看到，在保本票据中，无风险零息债券发挥了安全垫作用，即用于支付保本票据的到期本金，期权则体现出收益增强作用。

13.1.2　现实金融市场的策略运用

在例 13-1 中，合成保本票据的市场条件完美得让人难以置信。在现实金融市场中，由于存在着各种摩擦因素，寻找合适的无风险零息债券和期权合约绝非一件易事，因此现实中合成的保本票

据往往无法提供期望的高收益率。下面就介绍一个在现实金融市场合成保本票据的案例并模拟到期收益率。

【例 13-2】假定在 2020 年 8 月 24 日 B 金融机构推出金额为 1 亿元、期限为 7 个月（到期日是 2021 年 3 月 24 日）的保本票据，要合成该保本票据依然需要两类金融产品。

一是高信用评级的债券。该金融机构选择债券到期日最接近保本票据到期日的"18 四川 01"地方政府债券，2020 年 8 月 24 日该债券的价格（全价）是 102.2682 元，票面利率是 3.73%并且每年付息 1 次。

二是期权。该金融机构选择在上海证券交易所交易的沪深 300ETF 认购期权——"300ETF 购 3 月 5000"合约，该期权的到期日是 2021 年 3 月 24 日，期权行权价格为 5.0 元，期权当天结算价为 0.223 元，期权基础资产沪深 300ETF 基金（华泰柏瑞沪深 300ETF 基金）净值为 4.8207 元，当日沪深 300 指数的收盘价为 4755.85 点，一张期权对应的基金份数是 10000 份[1]。

表 13-1 整理了在本例中债券和期权的相关要素信息。

表 13-1 债券和期权的相关要素信息

债券要素信息		期权要素信息	
债券代码	147850	期权代码	10001749
债券简称	18 四川 01	期权名称	300ETF 购 3 月 5000
债券发行人	四川省财政厅	期权行权价格	5.0 元
债券到期日	2020 年 3 月 23 日	期权结算价（2020 年 8 月 24 日）	0.2230 元
债券价格（2020 年 8 月 24 日）	102.2682 元	沪深 300ETF 基金净值（2020 年 8 月 24 日）	4.8207 元
债券票面利率	3.73%	沪深 300 指数收盘价（2020 年 8 月 24 日）	4755.85
票息支付频次	每年 1 次	期权到期日	2021 年 3 月 24 日
每张债券本金	100 元	每张合约单位	10000 份沪深 300ETF 基金
交易单位	10 张的整数倍	交易单位	1 张的整数倍

数据来源：中国债券信息网、上海证券交易所。

下面，运用 Python 对该保本票据构建模型，同时模拟期权到期日的沪深 300 指数变化与保本票据收益率之间的关系。具体的过程分为 4 个步骤。

第 1 步：输入债券和期权的相关要素信息。具体的代码如下：

```
In [8]: par_PPN=1e8                    #保本票据的面值
   ...: par_SC=100                     #18 四川 01 债券的面值
   ...: coupon=0.0373                  #18 四川 01 债券的票面利率

In [9]: price_SC=102.2682              #2020 年 8 月 24 日 18 四川 01 债券的价格
   ...: price_opt=0.2230               #2020 年 8 月 24 日沪深 300ETF 认购期权的价格
   ...: price_300ETF=4.8207            #2020 年 8 月 24 日沪深 300ETF 基金的净值
   ...: K_300ETF=5.0                   #期权行权价格
```

---

[1] 关于沪深 300ETF 期权的详细介绍参见 11.1.2 节的表 11-1。

```
   ...: price_HS300=4755.85                    #2020年8月24日沪深300指数的收盘价

In [10]: N1=10                                 #债券的交易单位(10张)
   ...: N2=10000                               #每张期权合约单位(10000份沪深300ETF基金)
```

第2步：计算需要购买的"18四川01"债券和"300ETF购3月5000"期权合约的数量。注意，购买的"18四川01"债券在到期日的本息能够彻底覆盖保本票据的本金。此外，也要测算在保本票据到期日恰好等于期权行权价格的沪深300指数点位。为了简化分析，假定沪深300EFT基金的净值与沪深300指数之间的跟踪偏离度是0^1，关于跟踪偏离度的内容参见8.6.5节。具体的代码如下：

```
In [11]: cashflow_SC=par_SC*(1+coupon)         #18四川01债券到期日的本息

In [12]: from math import ceil                 #从math模块导入ceil函数(见1.7.2节的表1-16)

In [13]: N_SC=N1*ceil(par_PPN/(N1*cashflow_SC)) #计算债券数量(10张的整数倍)
   ...: print('购买18四川01债券数量(张)',N_SC)
购买18四川01债券数量(张) 964050

In [14]: N_opt=(par_PPN-price_SC*N_SC)/(price_opt*N2)  #计算期权合约数量
   ...: N_opt=int(N_opt)                       #确保期权合约数量是整数
   ...: print('购买300ETF购3月5000期权合约数量(张)',N_opt)
购买300ETF购3月5000期权合约数量(张) 631

In [15]: cash=par_PPN-price_SC*N_SC-N_opt*price_opt*N2  #未购买债券和期权的剩余现金
   ...: print('保本票据本金未用于购买债券和期权的剩余现金',round(cash,2))
保本票据本金未用于购买债券和期权的剩余现金 1211.79

In [16]: K_HS300=K_300ETF*price_HS300/price_300ETF     #等于期权行权价格的沪深300指数点位
   ...: print('恰好等于期权行权价格的沪深300指数点位',round(K_HS300,2))
恰好等于期权行权价格的沪深300指数点位 4932.74
```

根据以上的输出结果，合成保本票据需要运用96.405万张"18四川01"债券以及631张"300ETF购3月5000"期权合约，此外保本票据的1亿元本金中还剩余1211.79元现金。

第3步：在保本票据到期日（期权到期日），假定沪深300指数分别上涨5%、10%、20%和30%的情况下，计算对应的保本票据收益率。具体的代码如下：

```
In [17]: HS300_chg=np.array([0.05,0.1,0.2,0.3])        #创建沪深300指数涨幅的数组

In [18]: profit_opt=N_opt*N2*np.maximum(price_300ETF*(1+HS300_chg)-K_300ETF,0) #计算期权收益

In [19]: profit_PPN=cashflow_SC*N_SC+cash+profit_opt-par_PPN  #计算保本票据的收益金额

In [20]: R_PPN=profit_PPN/par_PPN                      #计算保本票据收益率
   ...: print('到期日沪深300指数上涨5%时保本票据收益率',round(R_PPN[0],6))
   ...: print('到期日沪深300指数上涨10%时保本票据收益率',round(R_PPN[1],6))
   ...: print('到期日沪深300指数上涨20%时保本票据收益率',round(R_PPN[2],6))
   ...: print('到期日沪深300指数上涨30%时保本票据收益率',round(R_PPN[-1],6))
到期日沪深300指数上涨5%时保本票据收益率 0.003917
到期日沪深300指数上涨10%时保本票据收益率 0.019126
到期日沪深300指数上涨20%时保本票据收益率 0.049545
到期日沪深300指数上涨30%时保本票据收益率 0.079963
```

从以上输出的结果可以看到，当沪深300指数上涨20%时，保本票据收益率不到5%；当指数

---

[1] 本章后面的案例也均运用到该简化分析条件，特此说明。

上涨30%时,保本票据收益率不到8%。

第4步:模拟保本票据到期日沪深300指数与保本票据收益率之间的关系并且进行可视化(见图13-2)。其中,针对沪深300指数取值是[4000,7000]区间的等差数列。具体的代码如下:

```
In [21]: HS300_list=np.linspace(4000,7000,500)          #保本票据到期时沪深300指数的等差数列

In [22]: price_300ETF_list=HS300_list*(price_300ETF/price_HS300)   #沪深300ETF基金净值数组

In [23]: profit_opt_list=N_opt*N2*np.maximum(price_300ETF_list-K_300ETF,0)   #期权收益金额数组

In [24]: profit_PPN_list=cashflow_SC*N_SC+cash+profit_opt_list-par_PPN   #保本票据的收益金额数组
   ...: R_PPN_list=profit_opt_list/par_PPN                              #保本票据收益率数组

In [25]: plt.figure(figsize=(9,6))
   ...: plt.plot(HS300_list,R_PPN_list,'r-',lw=2.5)
   ...: plt.xlabel(u'沪深300指数',fontsize=13)
   ...: plt.ylabel(u'保本票据收益率',fontsize=13)
   ...: plt.xticks(fontsize=13)
   ...: plt.yticks(fontsize=13)
   ...: plt.title(u'沪深300指数与保本票据收益率的关系图', fontsize=13)
   ...: plt.grid()
   ...: plt.show()
```

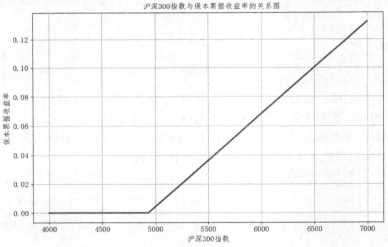

图13-2 沪深300指数与保本票据收益率的关系图

从图13-2不难发现,由于现实金融市场中无风险零息债券价格、期权价格以及交易规则等约束条件的限制,在合成保本票据时,可用于配置期权的金额并非像抽象市场条件下那样完美,期权的收益增强效应受到制约,进而导致保本票据的潜在收益率相对较低。

13.2 单一期权与单一基础资产的策略

本节讨论由单一期权与单一基础资产构建的交易策略。这类策略有多种不同的形式,主要包括

买入备兑看涨期权、卖出备兑看涨期权、买入保护看跌期权以及卖出保护看跌期权这 4 类，下面就逐一展开讲解。

13.2.1 买入备兑看涨期权

1. 定义与收益表达式

当投资组合由基础资产的空头头寸与欧式看涨期权的多头头寸组成时，这种期权交易策略就被称为**买入备兑看涨期权（long covered call）**。在策略中，欧式看涨期权的多头头寸用于对基础资产的空头头寸进行"保护"，从而使投资者免遭由于基础资产价格急剧上涨所带来的损失。在期权到期日，买入备兑看涨期权的收益表达式见表 13-2。

表 13-2 买入备兑看涨期权的收益表达式

资产类型或策略	期权到期日的收益表达式	S_T 与 K 不同关系下的收益	
		$S_T > K$	$S_T \leq K$
基础资产空头	$-(S_T - S_0)$ S_T 表示期权到期日的基础资产价格； S_0 表示策略构建日的基础资产价格	$-(S_T - S_0)$	$-(S_T - S_0)$
欧式看涨期权多头	$\max(S_T - K, 0) - C$ K 表示期权的行权价格； C 表示策略构建日的欧式看涨期权价格	$S_T - K - C$	$-C$
买入备兑看涨期权	$\max(S_T - K, 0) - C - (S_T - S_0)$ $= S_0 - C - \min(K, S_T)$	$S_0 - K - C$	$S_0 - S_T - C$

从表 13-2 可以看出，当 $S_T > K$ 时，买入备兑看涨期权的收益就等于 $S_0 - K - C$；当 $S_T \leq K$ 时，买入备兑看涨期权的收益就等于 $S_0 - S_T - C$。下面，通过在深圳证券交易所交易的沪深 300ETF 期权案例具体演示买入备兑看涨期权策略。

2. 一个案例

【例 13-3】C 金融机构需要构建买入备兑看涨期权策略，策略构建的时间是 2020 年 6 月 1 日，策略运用的欧式看涨期权是在深圳证券交易所上市的"300ETF 购 12 月 4000"期权合约（代码为 90000210），该期权合约于 2020 年 4 月 23 日上市、2020 年 12 月 23 日到期、行权价格为 4.0 元，1 张期权合约的基础资产是 10000 份沪深 300ETF 基金（嘉实沪深 300ETF 基金）。在策略构建日，期权结算价是 0.2065 元，沪深 300ETF 基金净值是 4.0364 元，沪深 300 指数收盘价是 3971.34 点。因此，C 金融机构将运用 10000 份沪深 300ETF 基金空头头寸和 1 张沪深 300ETF 认购期权多头头寸构建买入备兑看涨期权策略。

下面，运用 Python 对策略建模并分析在期权到期时沪深 300 指数变化与该策略收益的关系，具体分为两个步骤。

第 1 步：在 Python 中输入相关参数并且构建策略模型，同时假定在期权到期日沪深 300 指数的取值是 [3000,5000] 区间的等差数列。具体的代码如下：

```
In [26]: C=0.2065          #策略构建日（2020年6月1日）看涨期权价格
    ...: K=4.0             #看涨期权行权价格
```

```
       ...: S0_ETF=4.0364                #策略构建日沪深300ETF基金净值
       ...: S0_index=3971.34             #策略构建日沪深300指数收盘价

In [27]: St_index=np.linspace(3000,5000,500)   #期权到期日沪深300指数的等差数列
    ...: St_ETF=S0_ETF*St_index/S0_index       #对应不同沪深300指数的沪深300ETF基金净值

In [28]: N_ETF=10000            #沪深300ETF基金空头头寸数量（在后面案例中会被调用）
    ...: N_call=1               #沪深300ETF认购期权多头头寸数量（在后面案例中会被调用）
    ...: N_underlying=10000     #1张期权基础资产是10000份基金（在后面案例中会被调用）

In [29]: profit_ETF_short=-N_ETF*(St_ETF-S0_ETF)   #期权到期日沪深300ETF基金空头头寸的收益

In [30]: profit_call_long=N_call*N_underlying*(np.maximum(St_ETF-K,0)-C)  #期权到期日沪深300
认购期权多头头寸的收益

In [31]: profit_covcall_long=profit_ETF_short+profit_call_long  #期权到期日买入备兑看涨期权的收益
```

第2步：针对期权到期日，将沪深300指数与买入备兑看涨期权收益的关系进行可视化（见图13-3）。具体的代码如下：

```
In [32]: plt.figure(figsize=(9,6))
    ...: plt.plot(St_index,profit_ETF_short,'b--',label=u'沪深300ETF基金空头',lw=2.5)
    ...: plt.plot(St_index,profit_call_long,'g--',label=u'沪深300ETF认购期权多头',lw=2.5)
    ...: plt.plot(St_index,profit_covcall_long,'r-',label=u'买入备兑看涨期权策略',lw=2.5)
    ...: plt.xlabel(u'沪深300指数',fontsize=13)
    ...: plt.ylabel(u'收益金额',fontsize=13)
    ...: plt.xticks(fontsize=13)
    ...: plt.yticks(fontsize=13)
    ...: plt.title(u'沪深300指数与买入备兑看涨期权收益的关系图',fontsize=13)
    ...: plt.legend(fontsize=13)
    ...: plt.grid()
    ...: plt.show()
```

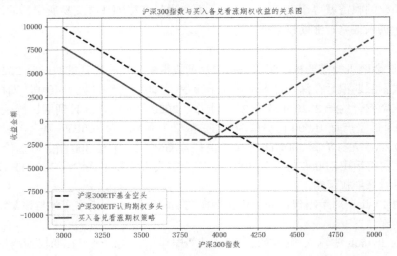

图13-3　在期权到期日沪深300指数与买入备兑看涨期权收益的关系图

从图13-3可以看到，买入备兑看涨期权策略的收益形态与看跌期权多头颇为相似。对此的解

释可以运用在 11.2.4 节介绍的期权看跌-看涨平价关系式,也就是以下等式:

$$p + S_0 = c + Ke^{-rT} \quad (13\text{-}1)$$

式(13-1)可以改写为:

$$c - S_0 = p - Ke^{-rT} \quad (13\text{-}2)$$

式(13-2)说明如下:由欧式看涨期权多头头寸和基础资产空头头寸构成的投资组合,等价于由欧式看跌期权多头头寸和金额为 Ke^{-rT} 的零息债券空头头寸构成的投资组合。这就解释了买入备兑看涨期权的收益形态类似于看跌期权多头的原因。

13.2.2 卖出备兑看涨期权

1. 定义与收益表达式

当投资组合由基础资产的多头头寸与欧式看涨期权的空头头寸组成时,这种期权交易策略就称为**卖出备兑看涨期权**(short covered call),也称为**承约备兑看涨期权**(writing covered call)。在这个策略中,基础资产的多头用于保护欧式看涨期权的空头,从而使策略的投资者免遭由于基础资产价格急剧上涨所导致的损失,并且欧式看涨期权空头可以获取一定金额的期权费收入从而增加整个策略的收益。在欧式看涨期权到期日,卖出备兑看涨期权的收益正好与买入备兑看涨期权相反,相关的收益表达式见表 13-3。

表 13-3 卖出备兑看涨期权的收益表达式

资产类型或策略	期权到期日的收益表达式	S_T 与 K 不同关系下的收益	
		$S_T > K$	$S_T \leq K$
基础资产多头	$S_T - S_0$	$S_T - S_0$	$S_T - S_0$
欧式看涨期权空头	$C - \max(S_T - K, 0)$	$C - S_T + K$	C
卖出备兑看涨期权	$C - \max(S_T - K, 0) + (S_T - S_0)$ $= C - S_0 + \min(K, S_T)$	$K - S_0 + C$	$S_T - S_0 + C$

从表 13-3 可以看到,当 $S_T > K$ 时,卖出备兑看涨期权的收益就等于 $K - S_0 + C$;而当 $S_T \leq K$ 时,卖出备兑看涨期权的收益就等于 $S_T - S_0 + C$。下面,通过一个案例演示卖出备兑看涨期权策略。

2. 一个案例

【例 13-4】D 金融机构需要构建卖出备兑看涨期权策略,构建策略的时间是 2020 年 7 月 1 日,策略运用的欧式看涨期权是深圳证券交易所上市的"300ETF 购 12 月 4300"期权合约(代码为 90000213),该期权合约于 2020 年 4 月 23 日上市、2020 年 12 月 23 日到期、行权价格为 4.3 元。在策略构建日,期权结算价是 0.201 元,沪深 300ETF 基金净值是 4.3429 元,沪深 300 指数收盘价是 4247.78 点。因此,D 金融机构将运用 10000 份沪深 300ETF 基金多头头寸和 1 张沪深 300ETF 认购期权空头头寸构建卖出备兑看涨期权策略。

下面,运用 Python 对策略建模,同时模拟在期权到期时沪深 300 指数变化与该策略收益的关系并可视化(见图 13-4),假定在期权到期日沪深 300 指数的取值是 [3500,5500] 区间的等差数列,具体的代码如下:

```
In [33]: C=0.201                              #策略构建日（2020年7月1日）看涨期权价格
   ...: K=4.3                                 #看涨期权行权价格
   ...: S0_ETF=4.3429                         #策略构建日沪深300ETF基金净值
   ...: S0_index=4247.78                      #策略构建日沪深300指数收盘价

In [34]: St_index=np.linspace(3500,5500,500)  #期权到期日沪深300指数的等差数列
   ...: St_ETF=S0_ETF*St_index/S0_index       #对应不同沪深300指数的沪深300ETF基金净值

In [35]: profit_ETF_long=N_ETF*(St_ETF-S0_ETF) #期权到期日沪深300ETF基金多头头寸的收益

In [36]: profit_call_short=-N_call*N_underlying*(np.maximum(St_ETF-K,0)-C)   #期权到期日沪深
300ETF认购期权空头头寸的收益

In [37]: profit_covcall_short=profit_ETF_long+profit_call_short   #期权到期日卖出备兑看涨期权的收益

In [38]: plt.figure(figsize=(9,6))
   ...: plt.plot(St_index,profit_ETF_long,'b--',label=u'沪深300ETF基金多头',lw=2.5)
   ...: plt.plot(St_index,profit_call_short,'g--',label=u'沪深300ETF认购期权空头',lw=2.5)
   ...: plt.plot(St_index,profit_covcall_short,'r-',label=u'卖出备兑看涨期权策略',lw=2.5)
   ...: plt.xlabel(u'沪深300指数',fontsize=13)
   ...: plt.ylabel(u'收益金额',fontsize=13)
   ...: plt.xticks(fontsize=13)
   ...: plt.yticks(fontsize=13)
   ...: plt.title(u'沪深300指数与卖出备兑看涨期权收益的关系图', fontsize=13)
   ...: plt.legend(fontsize=13)
   ...: plt.grid()
   ...: plt.show()
```

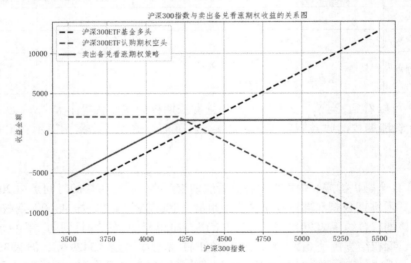

图13-4　在期权到期日沪深300指数与卖出备兑看涨期权收益的关系图

通过图13-4不难发现，卖出备兑看涨期权策略的收益形态与看跌期权空头比较类似。在13.2.1节已提到，买入备兑看涨期权的收益形态类似于看跌期权多头，由于卖出备兑看涨期权的收益恰好与买入备兑看涨期权相反，因此卖出备兑看涨期权的收益形态就类似于看跌期权空头。

13.2.3 买入保护看跌期权

1. 定义与收益表达式

当投资组合由基础资产的多头头寸与欧式看跌期权的多头头寸组成时，该交易策略被称为**买入保护看跌期权**（long protective put）。比如，当资本市场情绪高涨、股价虚高，投资者无法找到拥有足够安全边际的投资，但又不想清空自己的股票仓位而错失股价可能继续上行带来的收益时，就可以考虑运用该交易策略。

在期权到期日，该策略的相关收益表达式见表 13-4。

表 13-4 买入保护看跌期权的收益表达式

资产类型或策略	期权到期日的收益表达式	S_T 与 K 不同关系下的收益	
		$S_T > K$	$S_T \leq K$
基础资产多头	$S_T - S_0$	$S_T - S_0$	$S_T - S_0$
欧式看跌期权多头	$\max(K - S_T, 0) - P$ P 表示策略构建日欧式看跌期权价格	$-P$	$K - S_T - P$
买入保护看跌期权	$S_T - S_0 + \max(K - S_T, 0) - P$ $= \max(K, S_T) - S_0 - P$	$S_T - S_0 - P$	$K - S_0 - P$

从表 13-4 中可以看出，当 $S_T > K$ 时，买入保护看跌期权的收益就等于 $S_T - S_0 - P$；而当 $S_T \leq K$ 时，买入保护看跌期权的收益就等于 $K - S_0 - P$。下面，通过一个案例演示买入保护看跌期权策略。

2. 一个案例

【例 13-5】E 金融机构需要构建买入保护看跌期权策略，策略构建的时间是 2020 年 8 月 3 日（8 月首个交易日），策略运用的欧式看跌期权是深圳证券交易所上市的"300ETF 沽 3 月 4900"期权合约（代码为 90000349），该期权合约于 2020 年 7 月 23 日上市、2021 年 3 月 24 日到期、行权价格为 4.9 元。在策略构建日，期权结算价是 0.4416 元，沪深 300ETF 基金净值是 4.9168 元，沪深 300 指数收盘价是 4771.31 点。E 金融机构将运用 10000 份沪深 300ETF 基金多头头寸和 1 张沪深 300ETF 认沽期权多头头寸构建买入保护看跌期权策略。

下面，运用 Python 对策略建模，同时在期权到期时模拟沪深 300 指数变化与该策略收益的关系并可视化（见图 13-5），假定在期权到期日沪深 300 指数的取值是 [4000,6000] 区间的等差数列，具体的代码如下：

```
In [39]: P=0.4416                                    #策略构建日（2020年8月3日）看跌期权价格
    ...: K=4.9                                       #看跌期权行权价格
    ...: S0_ETF=4.9168                               #策略构建日沪深300ETF基金净值
    ...: S0_index=4771.31                            #策略构建日沪深300指数收盘价

In [40]: St_index=np.linspace(4000,6000,500)         #期权到期日沪深300指数的等差数列
    ...: St_ETF=S0_ETF*St_index/S0_index             #对应不同沪深300指数的沪深300ETF基金净值

In [41]: N_put=1                                     #沪深300ETF认沽期权多头头寸的数量(在后面案例中会被调用)

In [42]: profit_ETF_long=N_ETF*(St_ETF-S0_ETF)       #期权到期日沪深300ETF基金多头头寸的收益
```

```
In [43]: profit_put_long=N_put*N_underlying*(np.maximum(K-St_ETF,0)-P)   #期权到期日沪深300ETF
认沽期权多头头寸的收益

In [44]: profit_protput_long=profit_ETF_long+profit_put_long   #期权到期日买入保护看跌期权的收益

In [45]: plt.figure(figsize=(9,6))
    ...: plt.plot(St_index,profit_ETF_long,'b--',label=u'沪深300ETF基金多头',lw=2.5)
    ...: plt.plot(St_index,profit_put_long,'g--',label=u'沪深300ETF认沽期权多头',lw=2.5)
    ...: plt.plot(St_index,profit_protput_long,'r-',label=u'买入保护看跌期权策略',lw=2.5)
    ...: plt.xlabel(u'沪深300指数',fontsize=13)
    ...: plt.ylabel(u'收益金额',fontsize=13)
    ...: plt.xticks(fontsize=13)
    ...: plt.yticks(fontsize=13)
    ...: plt.title(u'沪深300指数与买入保护看跌期权收益的关系图', fontsize=13)
    ...: plt.legend(fontsize=13)
    ...: plt.grid()
    ...: plt.show()
```

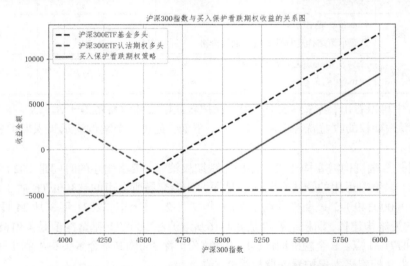

图 13-5 在期权到期日沪深 300 指数与买入保护看跌期权收益的关系图

从图 13-5 可以看到，买入保护看跌期权策略的收益形态与看涨期权多头比较相似。对此的解释依然可以使用 11.2.4 节的期权看跌-看涨平价关系式，也就是以下等式：

$$p + S_0 = c + Ke^{-rT} \tag{13-3}$$

式（13-3）就表明，由欧式看跌期权的多头头寸和基础资产的多头头寸构成的投资组合，等价于由欧式看涨期权的多头头寸和金额是 Ke^{-rT} 的零息债券多头头寸构成的投资组合。这就说明了为什么买入保护看跌期权的收益形态与看涨期权多头相似。

13.2.4 卖出保护看跌期权

1. 定义与收益表达式

当投资组合由基础资产空头头寸与欧式看跌期权空头头寸所组成时，则该交易策略被称为**卖出**

保护看跌期权，该交易策略的盈利形式与买入保护看跌期权策略的盈利形式正好相反。

在看跌期权到期日，策略的相关收益表达式见表 13-5。

表 13-5 卖出保护看跌期权的收益表达式

资产类型或策略	期权到期日的收益表达式	S_T 与 K 不同关系下的收益	
		$S_T>K$	$S_T \leqslant K$
基础资产空头	$-(S_T-S_0)$	$-(S_T-S_0)$	$-(S_T-S_0)$
欧式看跌期权空头	$P-\max(K-S_T,0)$	P	$P+S_T-K$
卖出保护看跌期权	$-(S_T-S_0)+P-\max(K-S_T,0)$ $=P+S_0-\max(K,S_T)$	$P+S_0-S_T$	$P+S_0-K$

从表 13-5 可以看到，当 $S_T>K$ 时，卖出保护看跌期权的收益就等于 $P+S_0-S_T$；而当 $S_T \leqslant K$ 时，卖出保护看跌期权的收益就等于 $P+S_0-K$。下面，通过一个案例演示卖出保护看跌期权策略。

2. 一个案例

【例 13-6】F 金融机构需要构建卖出保护看跌期权策略，策略构建的时间是 2020 年 9 月 1 日，策略运用的欧式看跌期权是深圳证券交易所上市的"300ETF 沽 3 月 5000"期权合约（代码为 90000350），该期权合约于 2020 年 7 月 23 日上市、2021 年 3 月 24 日到期、行权价格为 5.0 元。在策略构建日，期权结算价是 0.4211 元，沪深 300ETF 基金净值是 4.9966 元，沪深 300 指数收盘价是 4842.12 点。F 金融机构将运用 10000 份沪深 300ETF 基金空头头寸和 1 张沪深 300ETF 认沽期权空头头寸构建卖出保护看跌期权策略。

下面，运用 Python 对策略建模，同时模拟在期权到期时沪深 300 指数变化与该策略收益的关系并且可视化（见图 13-6），假定在期权到期日沪深 300 指数的取值是 [3800,5800] 区间的等差数列，具体的代码如下：

```
In [46]: P=0.4211                                #策略构建日（2020年9月1日）看跌期权价格
    ...: K=5.0                                   #看跌期权行权价格
    ...: S0_ETF=4.9966                           #策略构建日沪深300ETF基金净值
    ...: S0_index=4842.12                        #策略构建日沪深300指数收盘价

In [47]: St_index=np.linspace(3800,5800,500)     #期权到期日沪深300指数的等差数列
    ...: St_ETF=S0_ETF*St_index/S0_index         #对应不同沪深300指数的沪深300ETF基金净值

In [48]: profit_ETF_short=-N_ETF*(St_ETF-S0_ETF)    #期权到期日沪深300ETF基金空头头寸的收益

In [49]: profit_put_short=-N_put*N_underlying*(np.maximum(K-St_ETF,0)-P)  #期权到期日沪深300ETF
认沽期权空头头寸的收益

In [50]: profit_protput_short=profit_ETF_short+profit_put_short  #期权到期日卖出保护看跌期权的收益

In [51]: plt.figure(figsize=(9,6))
    ...: plt.plot(St_index,profit_ETF_short,'b--',label=u'沪深300ETF基金空头',lw=2.5)
    ...: plt.plot(St_index,profit_put_short,'g--',label=u'沪深300ETF认沽期权空头',lw=2.5)
    ...: plt.plot(St_index,profit_protput_short,'r-',label=u'卖出保护看跌期权策略',lw=2.5)
    ...: plt.xlabel(u'沪深300指数',fontsize=13)
    ...: plt.ylabel(u'收益金额',fontsize=13)
    ...: plt.xticks(fontsize=13)
```

```
...: plt.yticks(fontsize=13)
...: plt.title(u'沪深300指数与卖出保护看跌期权收益的关系图',fontsize=13)
...: plt.legend(fontsize=13)
...: plt.grid()
...: plt.show()
```

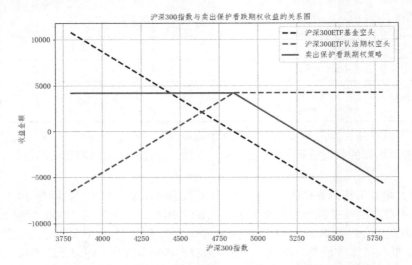

图 13-6　在期权到期日沪深 300 指数与卖出保护看跌期权收益的关系图

从图 13-6 不难发现，卖出保护看跌期权策略的收益形态与看涨期权空头比较相似。在 13.2.3 节已经提到，买入保护看跌期权的收益形态类似于看涨期权多头，同时卖出保护看跌期权的收益形态与买入保护看跌期权完全相反，因此卖出保护看跌期权的收益形态就类似于看涨期权空头。

13.2.5　策略的期间收益

前面讨论的是当策略处于期权到期日时，基础资产价格变化与策略收益之间的关系。现在讨论策略构建日至期权到期日的期间内，基础资产价格和期权价格的变化将如何导致策略收益的变化。下面就通过一个案例展开讨论。

【例 13-7】G 金融机构构建策略的日期是 2019 年 12 月 23 日，策略运用的看涨期权、看跌期权分别是深圳证券交易所上市的"300ETF 购 6 月 4000"期权合约（代码为 90000058）和"300ETF 沽 6 月 4000"期权合约（代码为 90000067），这两个期权合约均是 2019 年 12 月 23 日上市、2020 年 6 月 24 日到期、行权价格为 4.0 元。G 金融机构构建的策略以及每个策略包含的资产信息如表 13-6 所示。

表 13-6　G 金融机构的期权策略及相关资产信息

策略名称	投资组合涉及的金融资产
买入备兑看涨期权	10000 份沪深 300ETF 基金空头头寸，1 张"300ETF 购 6 月 4000"期权多头头寸
卖出备兑看涨期权	10000 份沪深 300ETF 基金多头头寸，1 张"300ETF 购 6 月 4000"期权空头头寸
买入保护看跌期权	10000 份沪深 300ETF 基金多头头寸，1 张"300ETF 沽 6 月 4000"期权多头头寸
卖出保护看跌期权	10000 份沪深 300ETF 基金空头头寸，1 张"300ETF 沽 6 月 4000"期权空头头寸

下面就运用 Python 分析策略的期间收益情况并且进行可视化，一共分两个步骤。

第 1 步：导入 2019 年 12 月 23 日至 2020 年 6 月 24 日期间的认购（看涨）、认沽（看跌）期权收盘价以及沪深 300ETF 基金净值数据，并且计算 4 个不同策略的期间收益。具体的代码如下：

```
In [52]: price=pd.read_excel('C:/Desktop/沪深300ETF期权价格与沪深300ETF基金净值（2019年12月
至2020年6月）.xlsx',sheet_name="Sheet1",header=0,index_col=0)   #导入外部数据

In [53]: price.index=pd.DatetimeIndex(price.index)   #将数据框的行索引转换为datetime格式

In [54]: price.head()                                #查看开头5行
Out[54]:
            看涨期权    看跌期权    沪深300ETF
日期
2019-12-23   0.2512   0.1251    4.029
2019-12-24   0.2415   0.1119    4.052
2019-12-25   0.2461   0.1145    4.053
2019-12-26   0.2731   0.1077    4.083
2019-12-27   0.2787   0.1031    4.082

In [55]: price.tail()                                #查看末尾5行
Out[55]:
            看涨期权    看跌期权    沪深300ETF
日期
2020-06-18   0.1164   0.0061    4.115
2020-06-19   0.1602   0.0020    4.152
2020-06-22   0.1680   0.0013    4.174
2020-06-23   0.1981   0.0005    4.196
2020-06-24   0.2278   0.0001    4.231

In [56]: P0_call=price['看涨期权'].iloc[0]            #策略构建日看涨期权收盘价
    ...: P0_put=price['看跌期权'].iloc[0]             #策略构建日看跌期权收盘价
    ...: P0_ETF=price['沪深300ETF'].iloc[0]           #策略构建日沪深300ETF基金净值

In [57]: profit_call=N_call*N_underlying*(price['看涨期权']-P0_call)   #看涨期权的期间收益
    ...: profit_put=N_put*N_underlying*(price['看跌期权']-P0_put)      #看跌期权的期间收益
    ...: profit_ETF=N_underlying*(price['沪深300ETF']-P0_ETF)          #沪深300ETF基金的期间收益

In [58]: profit_covcall_long=-profit_ETF+profit_call     #买入备兑看涨期权策略的期间收益
    ...: profit_covcall_short=-profit_covcall_long       #卖出备兑看涨期权策略的期间收益
    ...: profit_protput_long=profit_put+profit_ETF       #买入保护看跌期权策略的期间收益
    ...: profit_protput_short=-profit_protput_long       #卖出保护看跌期权策略的期间收益
```

第 2 步：依次将 4 个策略的期间收益通过 2×1 子图模式进行可视化（见图 13-7）。具体的代码如下：

```
In [59]: plt.figure(figsize=(9,9))
    ...: plt.subplot(2,1,1)
    ...: plt.plot(profit_covcall_long,'g-',label=u'买入备兑看涨期权策略',lw=2.0)
    ...: plt.plot(profit_covcall_short,'c-',label=u'卖出备兑看涨期权策略',lw=2.0)
    ...: plt.xticks(fontsize=13)
    ...: plt.yticks(fontsize=13)
    ...: plt.ylabel(u'收益金额',fontsize=13)
    ...: plt.legend(fontsize=13)
    ...: plt.grid()
```

```
    ...: plt.subplot(2,1,2)
    ...: plt.plot(profit_protput_long,'m-',label=u'买入保护看跌期权策略',lw=2.0)
    ...: plt.plot(profit_protput_short,'y-',label=u'卖出保护看跌期权策略',lw=2.0)
    ...: plt.xticks(fontsize=13)
    ...: plt.xlabel(u'日期',fontsize=13)
    ...: plt.yticks(fontsize=13)
    ...: plt.ylabel(u'收益金额',fontsize=13)
    ...: plt.legend(fontsize=13)
    ...: plt.grid()
    ...: plt.show()
```

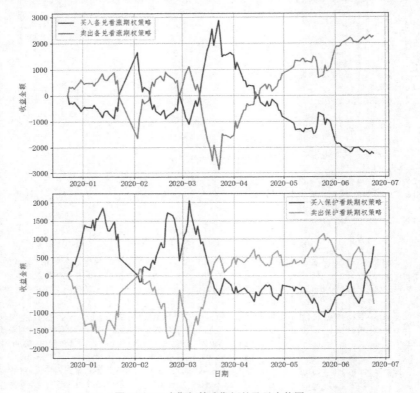

图 13-7　4 个期权策略期间的盈亏走势图

通过对图 13-7 的目测可以发现，在策略的存续期间，买入备兑看涨期权策略期间盈利的天数明显少于亏损的天数；相反，卖出备兑看涨期权策略期间盈利的天数要多于亏损的天数；买入保护看跌期权策略和卖出保护看跌期权策略期间盈利和亏损的天数则大致相当。因此，对于希望通过这些策略实现盈利的投资者而言，策略的择时就显得尤为重要。

13.3　价差交易策略

期权的**价差交易策略**（spread trading strategy）是指运用相同基础资产的两个或多个期权构建投

资组合的交易策略。本节主要分析的价差交易策略包括牛市价差策略、熊市价差策略、盒式价差策略、蝶式价差策略以及日历价差策略等。

13.3.1 牛市价差策略

1. 定义与收益表达式

在期权价差交易策略中，最流行的一种策略是**牛市价差（bull spread）策略**，该策略是指持有一个较低行权价格的欧式看涨期权多头头寸，同时持有一个较高行权价格的欧式看涨期权空头头寸，这两个期权的基础资产和合约期限均相同。一般而言，如果投资者认为未来基础资产价格将保持震荡上行或温和上涨的趋势，就可采用牛市价差策略。

在期权到期日，牛市价差策略的收益表达式如表 13-7 所示。

表 13-7 牛市价差策略的收益表达式

资产或策略	期权到期日的收益表达式	S_T与K不同关系下的收益		
		$S_T > K_2$	$K_1 < S_T \leq K_2$	$S_T \leq K_1$
较低行权价格的欧式看涨期权多头	$\max(S_T - K_1, 0) - C_1$ K_1 表示较低的行权价格； C_1 表示较低行权价格的欧式看涨期权购买价格	$S_T - K_1 - C_1$	$S_T - K_1 - C_1$	$-C_1$
较高行权价格的欧式看涨期权空头	$C_2 - \max(S_T - K_2, 0)$ K_2 表示较高的行权价格； C_2 表示较高行权价格的欧式看涨期权购买价格	$C_2 - S_T + K_2$	C_2	C_2
牛市价差策略	$C_2 - C_1 + \max(S_T - K_1, 0) - \max(S_T - K_2, 0)$	$C_2 - C_1 + K_2 - K_1$	$C_2 - C_1 + S_T - K_1$	$C_2 - C_1$

从表 13-7 可以看到，当 $S_T > K_2$ 时，牛市价差策略收益就等于两个期权的价差与两个期权行权价格差额的合计数；当 $K_1 < S_T \leq K_2$ 时，牛市价差策略收益就等于两个期权的价差与较低行权价格期权到期日收益的合计数；而当 $S_T \leq K_1$ 时，牛市价差策略收益就等于两个期权的价差。

根据上面的分析可以看到，牛市价差策略限制了投资者的收益但同时控制了损失的幅度，该策略可表达为：投资者拥有一个行权价格为 K_1 的看涨期权，同时通过卖出行权价格为 $K_2(K_2 > K_1)$ 的期权而放弃了基础资产价格上升时的潜在收益，作为对放弃潜在收益的补偿，投资者获得了一定的期权费收入。

在期权市场上，根据策略构建时所运用期权是否为实值期权，有 3 种不同类型的牛市价差策略，具体如表 13-8 所示。

表 13-8 不同类型的牛市价差策略

策略构建时的期权类型	策略成本	风险水平
两个看涨期权均为虚值期权	低	高
行权价格低的看涨期权为实值期权，行权价格高的看涨期权为虚值期权	中	中
两个看涨期权均为实值期权	高	低

2. 运用看涨期权构建牛市价差策略的案例

【例 13-8】H 金融机构要构建牛市价差策略，策略构建的时间是 2020 年 8 月 6 日，当天沪深 300

指数收盘价是 4762.76 点，策略运用的两个看涨期权是在中国金融期货交易所交易的"沪深 300 股指购 6 月 4500"期权合约和"沪深 300 股指购 6 月 5000"期权合约，这两个期权合约的相关信息如表 13-9 所示。

表 13-9　在中国金融期货交易所交易的沪深 300 股指期权合约信息

合约代码	合约名称	行权价格/点	期权价格/点 （2020 年 8 月 6 日）	期权类型	到期日	合约乘数
IO2106-C-4500	沪深 300 股指购 6 月 4500	4500	474.40	欧式看涨期权	2021-06-18	每点 100 元
IO2106-C-5000	沪深 300 股指购 6 月 5000	5000	293.00			

注：表中的行权价格和期权价格的单位均是指数点位，关于沪深 300 股指期权合约的详细内容参见 11.1.3 节的表 11-2。
数据来源：中国金融期货交易所。

因此，H 金融机构运用 1 张行权价格为 4500 点的沪深 300 股指认购期权多头头寸和 1 张行权价格为 5000 点的沪深 300 股指认购期权空头头寸构建牛市价差策略。

下面，运用 Python 对策略建模，并分析当期权到期时沪深 300 指数点位的变化与该策略收益的关系，具体分两个步骤。

第 1 步：在 Python 中输入相关参数并构建策略模型，同时假定在期权到期日沪深 300 指数的取值是 [3500,6500] 区间的等差数列。具体的代码如下：

```
In [60]: K1=4500           #较低的期权行权价格
    ...: K2=5000           #较高的期权行权价格
    ...: C1=474.4          #策略构建日（2020 年 8 月 6 日）较低行权价格的看涨期权价格
    ...: C2=293.0          #策略构建日较高行权价格的看涨期权价格

In [61]: S0=4762.76                        #策略构建日沪深 300 指数收盘价
    ...: St=np.linspace(3500,6500,500)     #创建期权到期日沪深 300 指数的等差数列

In [62]: N1=1              #较低行权价格的期权多头头寸数量（在后面案例中会被调用）
    ...: N2=1              #较高行权价格的期权空头头寸数量（在后面案例中会被调用）
    ...: M=100             #合约乘数是每点 100 元（在后面案例中会被反复调用）

In [63]: profit_C1_long=N1*M*(np.maximum(St-K1,0)-C1)    #期权到期日较低行权价格看涨期权多头头寸的收益
    ...: profit_C2_short=N2*M*(C2-np.maximum(St-K2,0))   #期权到期日较高行权价格看涨期权空头头寸的收益

In [64]: profit_bullspread=profit_C1_long+profit_C2_short    #期权到期日牛市价差策略的收益
```

第 2 步：针对期权到期日的沪深 300 指数点位变化与策略收益的关系进行可视化（见图 13-8）。具体的代码如下：

```
In [65]: plt.figure(figsize=(9,6))
    ...: plt.plot(St,profit_C1_long,'b--',label=u'较低行权价格沪深 300 股指认购期权多头', lw=2.5)
    ...: plt.plot(St,profit_C2_short,'g--',label=u'较高行权价格沪深 300 股指认购期权空头', lw=2.5)
    ...: plt.plot(St,profit_bullspread,'r-',label=u'牛市价差策略',lw=2.5)
    ...: plt.xlabel(u'沪深 300 指数',fontsize=13)
    ...: plt.ylabel(u'收益金额',fontsize=13)
    ...: plt.xticks(fontsize=13)
    ...: plt.yticks(fontsize=13)
    ...: plt.title(u'沪深 300 指数与牛市价差策略收益的关系图', fontsize=13)
```

```
...: plt.legend(fontsize=13)
...: plt.grid()
...: plt.show()
```

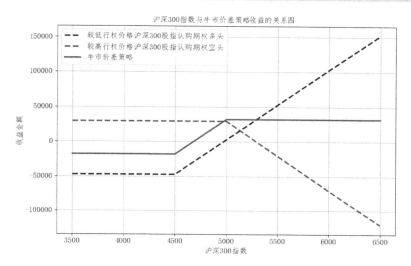

图13-8 在期权到期日沪深300指数与牛市价差策略收益的关系图（运用看涨期权）

从图13-8可以看到，无论期权基础资产价格（沪深300指数）如何变化，牛市价差策略的最大收益和最大亏损都是有限和固定的，并且策略收益的变动对应于沪深300指数处于4500点至5000点区间。

3. 运用看跌期权构建牛市价差策略的案例

此外，牛市价差策略也可以由较低行权价格的欧式看跌期权多头头寸和较高行权价格的欧式看跌期权空头头寸构建而成。下面，依然通过沪深300股指期权的案例演示运用看跌期权构建牛市价差策略。

【例13-9】I金融机构希望运用看跌期权构建牛市价差策略，构建策略的时间是2020年8月18日，当天沪深300指数收盘价是4812.76点，策略运用的两个看跌期权是在中国金融期货交易所交易的"沪深300股指沽6月4400"期权合约和"沪深300股指沽6月5200"期权合约，这两个期权合约的相关信息如表13-10所示。

表13-10 在中国金融期货交易所交易的沪深300股指期权合约信息

合约代码	合约名称	行权价格/点	期权价格/点（2020年8月18日）	期权类型	到期日	合约乘数
IO2106-P-4400	沪深300股指沽6月4400	4400	290.00	欧式看跌期权	2021-06-18	每点100元
IO2106-P-5200	沪深300股指沽6月5200	5200	873.80			

数据来源：中国金融期货交易所。

因此，I金融机构运用1张行权价格为4400点的沪深300股指认沽期权多头头寸和1张行权价格为5200点的沪深300股指认沽期权空头头寸来构建牛市价差策略。

下面，运用Python对策略建模，并分析当期权到期时沪深300指数变化与该策略收益的关系（见图13-9），同时假定在期权到期日沪深300指数的取值是[3000,6000]区间的等差数列，具体的

代码如下:

```
In [66]: K1=4400                  #较低的期权行权价格
   ...: K2=5200                   #较高的期权行权价格
   ...: P1=290.0                  #策略构建日（2020年8月18日）较低行权价格的看跌期权价格
   ...: P2=873.8                  #策略构建日较高行权价格的看跌期权价格

In [67]: S0=4812.76               #策略构建日沪深300指数收盘价
   ...: St=np.linspace(3000,6000,500)    #创建期权到期日沪深300指数的等差数列

In [68]: profit_P1_long=N1*M*(np.maximum(K1-St,0)-P1)    #期权到期日较低行权价格看跌期权多头头寸的收益
   ...: profit_P2_short=N2*M*(P2-np.maximum(K2-St,0))    #期权到期日较高行权价格看跌期权空头头寸的收益

In [69]: profit_bullspread=profit_P1_long+profit_P2_short    #期权到期日牛市价差策略的收益

In [70]: plt.figure(figsize=(9,6))
   ...: plt.plot(St,profit_P1_long,'b--',label=u'较低行权价格沪深300股指认沽期权多头',lw=2.5)
   ...: plt.plot(St,profit_P2_short,'g--',label=u'较高行权价格沪深300股指认沽期权空头',lw=2.5)
   ...: plt.plot(St,profit_bullspread,'r-',label=u'牛市价差策略',lw=2.5)
   ...: plt.xlabel(u'沪深300指数',fontsize=13)
   ...: plt.ylabel(u'收益金额',fontsize=13)
   ...: plt.xticks(fontsize=13)
   ...: plt.yticks(fontsize=13)
   ...: plt.title(u'沪深300指数与牛市价差策略收益的关系图',fontsize=13)
   ...: plt.legend(fontsize=13)
   ...: plt.grid()
   ...: plt.show()
```

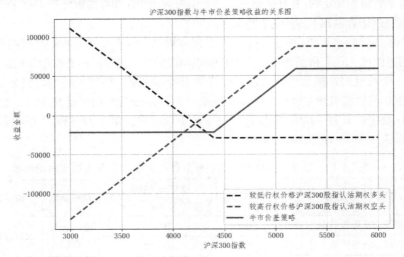

图13-9 在期权到期日沪深300指数与牛市价差策略收益的关系图（运用看跌期权）

从图13-9可以看到，用看跌期权构建的牛市价差策略在期权到期日的收益形态与用看涨期权构建的牛市价差策略（见图13-8）是十分相似的。区别就在于，用看跌期权构建的牛市价差策略会给投资者在策略构建日带来正的现金流（忽略期权合约保证金的要求），这是因为较高行权价格的看跌期权价格会高于较低行权价格的看跌期权价格。比如在本例中，较高行权价格的看跌期权价格

为873.80点,是较低行权价格的看跌期权价格290.00点的3.01倍。

13.3.2 熊市价差策略

1. 定义与收益表达式

前面介绍的运用牛市价差策略的投资者预期基础资产价格上升。与此相反,如果投资者预期基础资产价格未来将下跌,则可以运用熊市价差策略。**熊市价差(bear spread)策略**是由一个较高行权价格的欧式看跌期权多头头寸和一个较低行权价格的欧式看跌期权空头头寸进行构建的。注意,由于在熊市价差策略中,看跌期权多头的行权价格大于看跌期权空头的行权价格,因此这恰好与牛市价差策略相反。

在期权到期日,该策略的收益表达式如表13-11所示。

表13-11 熊市价差策略的收益表达式

资产或策略	期权到期日的收益表达式	S_T与K同关系下的收益		
		$S_T > K_2$	$K_1 < S_T \leq K_2$	$S_T \leq K_1$
较低行权价格的欧式看跌期权空头	$P_1 - \max(K_1 - S_T, 0)$ P_1表示较低行权价格的欧式看跌期权购买价格	P_1	P_1	$P_1 - K_1 + S_T$
较高行权价格的欧式看跌期权多头	$\max(K_2 - S_T, 0) - P_2$ P_2表示较高行权价格的欧式看跌期权购买价格	$-P_2$	$K_2 - S_T - P_2$	$K_2 - S_T - P_2$
熊市价差策略	$P_1 - P_2 + \max(K_2 - S_T, 0) - \max(K_1 - S_T, 0)$	$P_1 - P_2$	$P_1 - P_2 + K_2 - S_T$	$P_1 - P_2 + K_2 - K_1$

从表13-11可以看出,当$S_T > K_2$时,熊市价差策略收益就等于两个期权的价差;当$K_1 < S_T \leq K_2$时,熊市价差策略收益就等于两个期权的价差与较高行权价格期权到期日收益的合计数;而当$S_T \leq K_1$时,熊市价差策略收益就等于两个期权的价差与两个期权行权价格差额的合计数。下面,依然通过具体案例演示熊市价差策略。

2. 用看跌期权构建熊市价差策略的案例

【例13-10】J金融机构希望构建熊市价差策略,构建策略的时间是2020年8月28日,当天沪深300指数收盘价是4844.27点,策略运用的两个看跌期权是在中国金融期货交易所交易的"沪深300股指沽3月4500"期权合约和"沪深300股指沽3月5400"期权合约,这两个期权合约的相关信息如表13-12所示。

表13-12 在中国金融期货交易所交易的沪深300股指期权合约信息

合约代码	合约名称	行权价格/点	期权价格/点 (2020年8月28日)	期权类型	到期日	合约乘数
IO2103-P-4500	沪深300股指沽3月4500	4500	237.00	欧式看跌期权	2021-03-19	每点100元
IO2103-P-5400	沪深300股指沽3月5400	5400	818.20			

数据来源:中国金融期货交易所。

因此,J金融机构运用1张行权价格为4500点的沪深300股指认沽期权空头头寸和1张行权价格为5400点的沪深300股指认沽期权多头头寸来构建熊市价差策略。

下面,运用Python对策略建模,并且分析当期权到期时沪深300指数变化与该策略收益的关系（见图 13-10），同时假定在期权到期日沪深 300 指数的取值是 [3400,6400] 区间的等差数列，具体的代码如下：

```
In [71]: K1=4500                   #较低的期权行权价格
   ...: K2=5400                    #较高的期权行权价格
   ...: P1=237.0                   #策略构建日（2020年8月28日）较低行权价格的看跌期权价格
   ...: P2=818.2                   #策略构建日较高行权价格的看跌期权价格

In [72]: S0=4844.27                                 #策略构建日沪深300指数收盘价
   ...: St=np.linspace(3400,6400,500)               #创建期权到期日沪深300指数的等差数列

In [73]: profit_P1_short=N1*M*(P1-np.maximum(K1-St,0))  #期权到期日较低行权价格看跌期权空头头寸的收益

In [74]: profit_P2_long=N2*M*(np.maximum(K2-St,0)-P2)   #期权到期日较高行权价格看跌期权多头头寸的收益

In [75]: profit_bearspread=profit_P1_short+profit_P2_long  #期权到期日牛市价差策略的收益

In [76]: plt.figure(figsize=(9,6))
   ...: plt.plot(St,profit_P1_short,'b--',label=u'较低行权价格沪深300股指认沽期权空头',lw=2.5)
   ...: plt.plot(St,profit_P2_long,'g--',label=u'较高行权价格沪深300股指认沽期权多头',lw=2.5)
   ...: plt.plot(St,profit_bearspread,'r-',label=u'熊市价差策略',lw=2.5)
   ...: plt.xlabel(u'沪深300指数',fontsize=13)
   ...: plt.ylabel(u'收益金额',fontsize=13)
   ...: plt.xticks(fontsize=13)
   ...: plt.yticks(fontsize=13)
   ...: plt.title(u'沪深300指数与熊市价差策略收益的关系图',fontsize=13)
   ...: plt.legend(fontsize=13)
   ...: plt.grid()
   ...: plt.show()
```

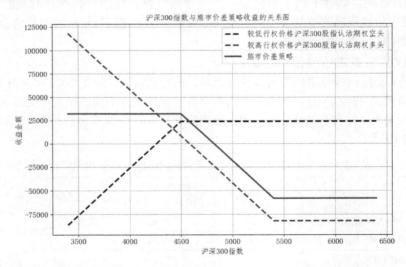

图 13-10 在期权到期日沪深 300 指数与熊市价差策略收益的关系图（运用看跌期权）

从图 13-10 不难发现，在期权到期日，熊市价差策略的收益与牛市价差策略（见图 13-9）正好相反，也就是当基础资产价格下跌的时候，该策略可以实现盈利，但是盈利有限；而当基础资产价

格上涨的时候,该策略会出现有限的亏损。由看跌期权构建的熊市价差策略在策略构建日会有现金流出,这是因为期权空头头寸的期权价格小于期权多头头寸的期权价格。

3. 用看涨期权构建熊市价差策略的案例

熊市价差策略可以不用看跌期权而用看涨期权构建,也就是投资者持有一个较高行权价格的欧式看涨期权多头头寸,同时持有一个较低行权价格的欧式看涨期权空头头寸。下面,就通过具体案例演示运用看涨期权构建熊市价差策略。

【例 13-11】K 金融机构希望运用看涨期权构建熊市价差策略,构建策略的时间是 2020 年 9 月 8 日,当天沪深 300 指数收盘价是 4694.39 点,策略运用的两个看涨期权是在中国金融期货交易所交易的"沪深 300 股指购 3 月 4300"期权合约和"沪深 300 股指购 3 月 5200"期权合约,这两个期权合约的相关信息如表 13-13 所示。

表 13-13 在中国金融期货交易所交易的沪深 300 股指期权合约信息

合约代码	合约名称	行权价格/点	期权价格/点 (2020年9月8日)	期权类型	到期日	合约乘数
IO2103-C-4300	沪深 300 股指购 3 月 4300	4300	486.00	欧式看涨期权	2021-03-19	每点 100 元
IO2103-C-5200	沪深 300 股指购 3 月 5200	5200	152.40			

数据来源:中国金融期货交易所。

因此,K 金融机构运用 1 张行权价格为 4300 点的沪深 300 股指认购期权空头头寸和 1 张行权价格为 5200 点的沪深 300 股指认购期权多头头寸构建熊市价差策略。

下面,运用 Python 对策略建模,并且分析当期权到期时沪深 300 指数变化与该策略收益的关系(见图 13-11),同时假定在期权到期日沪深 300 指数的取值是 [3300,6200] 区间的等差数列,具体的代码如下:

```
In [77]: K1=4300                #较低的期权行权价格
    ...: K2=5200                #较高的期权行权价格
    ...: C1=486.0               #策略构建日(2020年9月8日)较低行权价格的看涨期权价格
    ...: C2=152.4               #策略构建日较高行权价格的看涨期权价格

In [78]: S0=4694.39                         #策略构建日沪深 300 指数收盘价
    ...: St=np.linspace(3300,6200,500)      #创建期权到期日沪深 300 指数的等差数列

In [79]: profit_C1_short=N1*M*(C1-np.maximum(St-K1,0))   #期权到期日较低行权价格看涨期权空头头寸的收益

In [80]: profit_C2_long=N2*M*(np.maximum(St-K2,0)-C2)   #期权到期日较高行权价格看涨期权多头头寸的收益

In [81]: profit_bearspread=profit_C1_short+profit_C2_long  #期权到期日牛市价差策略的收益

In [82]: plt.figure(figsize=(9,6))
    ...: plt.plot(St,profit_C1_short,'b--',label=u'较低行权价格沪深 300 股指认购期权空头', lw=2.5)
    ...: plt.plot(St,profit_C2_long,'g-.',label=u'较高行权价格沪深 300 股指认购期权多头', lw=2.5)
    ...: plt.plot(St,profit_bearspread,'r-',label=u'熊市价差策略',lw=2.5)
    ...: plt.xlabel(u'沪深 300 指数',fontsize=13)
    ...: plt.ylabel(u'收益金额',fontsize=13)
    ...: plt.xticks(fontsize=13)
    ...: plt.yticks(fontsize=13)
    ...: plt.title(u'沪深 300 指数与熊市价差策略价值的关系图', fontsize=13)
```

```
...: plt.legend(fontsize=13)
...: plt.grid()
...: plt.show()
```

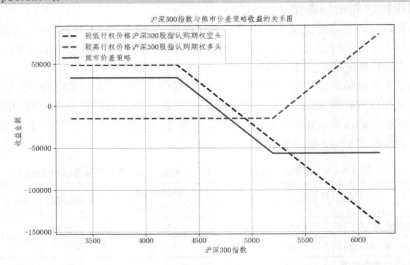

图 13-11　在期权到期日沪深 300 指数与熊市价差策略收益的关系图（运用看涨期权）

从图 13-11 不难发现，在期权到期日，由看涨期权构建的熊市价差策略收益与由看跌期权构建的熊市价差策略（见图 13-10）是很相似的。但是区别在于，运用看涨期权在策略构建日会有现金流入，这是因为较低行权价格的看涨期权价格远高于较高行权价格的看涨期权价格。比如在本例中，较低行权价格的看涨期权价格为 486.0 点，是较高行权价格的看涨期权价格 152.4 点的 3.19 倍，这与例 13-9 运用看跌期权构建牛市价差策略是如出一辙的。

13.3.3　盒式价差策略

1. 定义与收益表达式

盒式价差（box spread）**策略**，也称**箱式价差策略**，是由一个牛市价差策略与一个熊市价差策略叠加而成的策略。其中，牛市价差策略通过行权价格分别为 K_1 与 K_2 的欧式看涨期权构建，熊市价差策略通过相应行权价格为 K_1 和 K_2 的欧式看跌期权构建，并且 $K_1 < K_2$。

在期权到期日，该策略的收益表达式如表 13-14 所示。

表 13-14　盒式价差策略的收益表达式

资产或策略	期权到期日的收益表达式	S_T 与 K 不同关系下的收益		
		$S_T > K_2$	$K_1 < S_T \leq K_2$	$S_T \leq K_1$
较低行权价格的欧式看涨期权多头	$\max(S_T - K_1, 0) - C_1$	$S_T - K_1 - C_1$	$S_T - K_1 - C_1$	$-C_1$
较高行权价格的欧式看涨期权空头	$C_2 - \max(S_T - K_2, 0)$	$C_2 - S_T + K_2$	C_2	C_2
较低行权价格的欧式看跌期权空头	$P_1 - \max(K_1 - S_T, 0)$	P_1	P_1	$P_1 - K_1 + S_T$
较高行权价格的欧式看跌期权多头	$\max(K_2 - S_T, 0) - P_2$	$-P_2$	$K_2 - S_T - P_2$	$K_2 - S_T - P_2$
盒式价差策略	$C_2 - C_1 + P_1 - P_2 + K_2 - K_1$			

根据表 13-14，盒式价差策略在期权到期日的收益恒等于 $C_2-C_1+P_1-P_2+K_2-K_1$，因此该策略的贴现值就是 $(C_2-C_1+P_1-P_2+K_2-K_1)e^{-rT}$，其中 r 代表连续复利的无风险收益率，T 代表期权的期限。当盒式价差策略的市场价值与贴现值不一致时，市场将会产生套利机会，具体分两种情形。

情形 1：如果盒式价差策略的市场价值低于贴现值，套利者可以通过买入盒式价差策略来获取无风险收益。具体的套利交易如下：同时持有行权价格为 K_1 的看涨期权多头头寸、行权价格为 K_2 的看跌期权多头头寸、行权价格为 K_2 的看涨期权空头头寸以及行权价格为 K_1 的看跌期权空头头寸。

情形 2：如果盒式价差策略的市场价值高于贴现值，套利者可以通过卖出盒式价差策略来获取无风险收益。具体的套利交易如下：同时持有行权价格为 K_2 的看涨期权多头头寸、行权价格为 K_1 的看跌期权多头头寸、行权价格为 K_1 的看涨期权空头头寸以及行权价格为 K_2 的看跌期权空头头寸。

需要注意的是，盒式价差策略仅仅适用于欧式期权，由于美式期权可以提前行使期权，因此该策略对于美式期权不适用。下面通过具体案例演示运用牛市价差策略与熊市价差策略构建盒式价差策略。

2. 一个案例

【例 13-12】 L 金融机构希望构建盒式价差策略，构建策略的时间是 2020 年 6 月 18 日，当天沪深 300 指数收盘价是 4044.38 点，策略运用的 4 个期权是在中国金融期货交易所交易的"沪深 300 股指购 12 月 4000""沪深 300 股指购 12 月 4600""沪深 300 股指沽 12 月 4000""沪深 300 股指沽 12 月 4600"期权合约，这 4 个期权合约的相关信息如表 13-15 所示。

表 13-15 在中国金融期货交易所交易的沪深 300 股指期权合约信息

合约代码	合约名称	行权价格/点	期权价格/点 （2020 年 6 月 18 日）	期权类型	到期日	合约乘数
IO2012-C-4000	沪深 300 股指购 12 月 4000	4000	161.60	欧式看涨期权	2020-12-18	每点 100 元
IO2012-C-4600	沪深 300 股指购 12 月 4600	4600	33.20			
IO2012-P-4000	沪深 300 股指沽 12 月 4000	4000	285.40	欧式看跌期权		
IO2012-P-4600	沪深 300 股指沽 12 月 4600	4600	776.00			

数据来源：中国金融期货交易所。

因此，L 金融机构运用 1 张行权价格为 4000 点的沪深 300 股指认购期权多头头寸、1 张行权价格为 4600 点的沪深 300 股指认购期权空头头寸、1 张行权价格为 4000 点的沪深 300 股指认沽期权空头头寸以及 1 张行权价格为 4600 点的沪深 300 股指认沽期权多头头寸构建盒式价差策略。

下面，运用 Python 对策略建模，并分析当期权到期时沪深 300 指数变化与该策略收益的关系（见图 13-12），同时假定在期权到期日沪深 300 指数的取值是 [3000,5000] 区间的等差数列，具体的代码如下：

```
In [83]: K1=4000            #较低的期权行权价格
   ...: K2=4600            #较高的期权行权价格
   ...: C1=161.6           #策略构建日（2020 年 6 月 18 日）较低行权价格的看涨期权价格
   ...: C2=33.2            #策略构建日较高行权价格的看涨期权价格
   ...: P1=285.4           #策略构建日较低行权价格的看跌期权价格
   ...: P2=776.0           #策略构建日较高行权价格的看跌期权价格

In [84]: S0=4044.38         #策略构建日沪深 300 指数收盘价
```

```
        ...: St=np.linspace(3000,5000,500)       #创建期权到期日沪深 300 指数的等差数列

In [85]: profit_C1_long=N1*M*(np.maximum(St-K1,0)-C1)    #期权到期日较低行权价格看涨期权多头头寸的收益
    ...: profit_P1_short=N1*M*(P1-np.maximum(K1-St,0))   #期权到期日较低行权价格看跌期权空头头寸的收益

In [86]: profit_C2_short=N2*M*(C2-np.maximum(St-K2,0))   #期权到期日较高行权价格看涨期权空头头寸的收益
    ...: profit_P2_long=N2*M*(np.maximum(K2-St,0)-P2)    #期权到期日较高行权价格看跌期权多头头寸的收益

In [87]: profit_boxspread=profit_C1_long+profit_C2_short+profit_P1_short+profit_P2_long
#期权到期日盒式价差策略收益

In [88]: plt.figure(figsize=(9,6))
    ...: plt.plot(St,profit_C1_long,'b--',label=u'较低行权价格沪深 300 股指认购期权多头',lw=2.5)
    ...: plt.plot(St,profit_C2_short,'g--',label=u'较高行权价格沪深 300 股指认购期权空头',lw=2.5)
    ...: plt.plot(St,profit_P1_short,'c--',label=u'较低行权价格沪深 300 股指认沽期权空头',lw=2.5)
    ...: plt.plot(St,profit_P2_long,'m--',label=u'较高行权价格沪深 300 股指认沽期权多头',lw=2.5)
    ...: plt.plot(St,profit_boxspread,'r-',label=u'盒式价差策略',lw=2.5)
    ...: plt.xlabel(u'沪深 300 指数',fontsize=13)
    ...: plt.ylabel(u'收益金额',fontsize=13)
    ...: plt.xticks(fontsize=13)
    ...: plt.yticks(fontsize=13)
    ...: plt.title(u'沪深 300 指数与盒式价差策略收益的关系图', fontsize=13)
    ...: plt.legend(fontsize=12)
    ...: plt.grid()
    ...: plt.show()
```

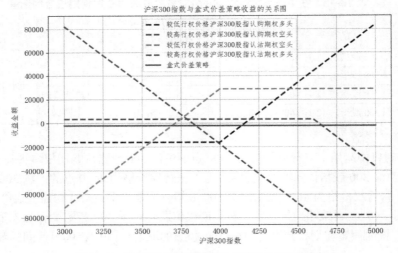

图 13-12 沪深 300 指数与盒式价差策略收益的关系图

从图 13-12 不难发现，在期权到期日无论基础资产价格如何变化，盒式价差策略的收益总是保持不变的。

同时，假定运用 6 个月期 Shibor 作为无风险收益率，并且在策略构建日的报价（连续复利）等于 2.115%，则继续运用 Python 计算该策略在策略构建日的收益现值，具体的代码如下：

```
In [89]: shibor=0.02115      #策略构建日 6 个月期 Shibor
    ...: tenor=0.5           #期权剩余期限
```

```
In [90]: PV_boxspread=profit_boxspread[0]*np.exp(-shibor*tenor)   #策略构建日该策略的收益现值
   ...: print('策略构建日（2020年6月18日）盒式价差策略收益',round(PV_boxspread,2))
策略构建日（2020年6月18日）盒式价差策略收益 -1880.01
```

根据以上的输出结果，可以看到在策略构建日该盒式价差策略收益现值为负数，这意味着可以通过做空该策略实现一定的正收益。

13.3.4 蝶式价差策略

1. 定义与收益表达式

蝶式价差（butterfly spread）策略由3种具有不同行权价格但期限相同的期权组成。构建方式如下：1个较低行权价格为 K_1 的欧式看涨期权多头头寸，1个较高行权价格为 K_3 的欧式看涨期权多头头寸，以及 2 个行权价格为 K_2 的欧式看涨期权空头头寸，其中 K_2 是 K_1 与 K_3 的中间值，即 $K_2 = (K_1+K_3)/2$。一般而言，K_2 接近于基础资产的当前价格。蝶式价差策略比较适合预期基础资产价格不会有太大波动的投资者，同时该策略仅需较少的期初投资成本。

在期权到期日，该策略的收益表达式如表 13-16 所示。

表 13-16 蝶式价差策略的收益表达式

资产或策略	期权到期日的收益表达式	S_T 与 K 不同关系下的收益			
		$S_T > K_3$	$K_2 < S_T \leq K_3$	$K_1 < S_T \leq K_2$	$S_T \leq K_1$
较低行权价格的欧式看涨期权多头	$\max(S_T - K_1, 0) - C_1$；K_1 表示较低的行权价格；C_1 表示较低行权价格的欧式看涨期权购买价格		$S_T - K_1 - C_1$		$-C_1$
两个中间行权价格的欧式看涨期权空头	$2[C_2 - \max(S_T - K_2, 0)]$；$K_2$ 表示中间的行权价格；C_2 表示中间行权价格的欧式看涨期权购买价格		$2C_2 - 2(S_T - K_2)$		$2C_2$
较高行权价格的欧式看涨期权多头	$\max(S_T - K_3, 0) - C_3$；K_3 表示较高的行权价格；C_3 表示较高行权价格的欧式看涨期权购买价格	$S_T - K_3 - C_3$		$-C_3$	
蝶式价差策略	$2C_2 - C_1 - C_3 + \max(S_T - K_1, 0) + \max(S_T - K_3, 0) - 2\max(S_T - K_2, 0)$	$2C_2 - C_1 - C_3$	$2C_2 - C_1 - C_3 + 2K_2 - K_1 - S_T$	$2C_2 - C_1 - C_3 + S_T - K_1$	$2C_2 - C_1 - C_3$

根据表 13-16 可以得到，只有当 $K_1 < S_T \leq K_3$ 时，该策略的收益才是浮动的，并且会受到基础资产价格 S_T 变化的影响；除此以外，蝶式价差策略的收益是一个常数。下面，依然通过具体案例演示蝶式价差策略。

2. 用看涨期权构建蝶式价差策略的案例

【例 13-13】M 金融机构希望构建蝶式价差策略，构建策略的时间是 2020 年 9 月 1 日，当天沪深300指数收盘价是4842.12点，策略运用的3个期权是在中国金融期货交易所交易的"沪深300股指购6月4400""沪深300股指购6月4800""沪深300股指购6月5200"期权合约，这3个期权合约的相关信息如表13-17所示。

表13-17 在中国金融期货交易所交易的沪深300股指期权合约信息

合约代码	合约名称	行权价格/点	期权价格/点（2020年9月1日）	期权类型	到期日	合约乘数
IO2106-C-4400	沪深300股指购6月4400	4400	571.60	欧式看涨期权	2021-06-18	每点100元
IO2106-C-4800	沪深300股指购6月4800	4800	388.60			
IO2106-C-5200	沪深300股指购6月5200	5200	255.00			

数据来源：中国金融期货交易所。

因此，M金融机构运用1张行权价格为4400点的沪深300股指认购期权多头头寸、1张行权价格为5200点的沪深300股指认购期权多头头寸以及2张行权价格为4800点的沪深300股指认购期权空头头寸来构建蝶式价差策略。

下面，运用Python对策略建模，并分析当期权到期时沪深300指数变化与该策略收益的关系（见图13-13），同时假定在期权到期日沪深300指数的取值是[3400,6200]区间的等差数列，具体的代码如下：

```python
In [91]: K1=4400                    #较低的期权行权价格
   ...: K2=4800                    #中间的期权行权价格
   ...: K3=5200                    #较高的期权行权价格
   ...: C1=571.6                   #策略构建日（2020年9月1日）较低行权价格的看涨期权价格
   ...: C2=388.6                   #策略构建日中间行权价格的看涨期权价格
   ...: C3=255.0                   #策略构建日较高行权价格的看涨期权价格

In [92]: S0=4842.12                              #策略构建日沪深300指数收盘价
   ...: St=np.linspace(3400,6200,500)            #创建期权到期日沪深300指数的等差数列

In [93]: N1=1                       #较低行权价格的期权多头头寸数量
   ...: N2=2                       #中间行权价格的期权空头头寸数量
   ...: N3=1                       #较高行权价格的期权多头头寸数量

In [94]: profit_C1_long=N1*M*(np.maximum(St-K1,0)-C1)    #期权到期日较低行权价格看涨期权多头头寸的收益
   ...: profit_C2_short=N2*M*(C2-np.maximum(St-K2,0))   #期权到期日中间行权价格看涨期权空头头寸的收益
   ...: profit_C3_long=N3*M*(np.maximum(St-K3,0)-C3)    #期权到期日较高行权价格看涨期权多头头寸的收益

In [95]: profit_buttpread=profit_C1_long+profit_C2_short+profit_C3_long  #期权到期日蝶式价差策略收益

In [96]: plt.figure(figsize=(9,6))
   ...: plt.plot(St,profit_C1_long,'b--',label=u'较低行权价格沪深300股指认购期权多头',lw=2.5)
   ...: plt.plot(St,profit_C2_short,'g--',label=u'中间行权价格沪深300股指认购期权空头',lw=2.5)
   ...: plt.plot(St,profit_C3_long,'c--',label=u'较高行权价格沪深300股指认购期权多头',lw=2.5)
   ...: plt.plot(St,profit_buttpread,'r-',label=u'蝶式价差策略',lw=2.5)
   ...: plt.xlabel(u'沪深300指数',fontsize=13)
   ...: plt.ylabel(u'收益金额',fontsize=13)
   ...: plt.xticks(fontsize=13)
   ...: plt.yticks(fontsize=13)
   ...: plt.title(u'沪深300指数与蝶式价差策略收益的关系图', fontsize=13)
```

```
    ...: plt.legend(fontsize=12)
    ...: plt.grid()
    ...: plt.show()
```

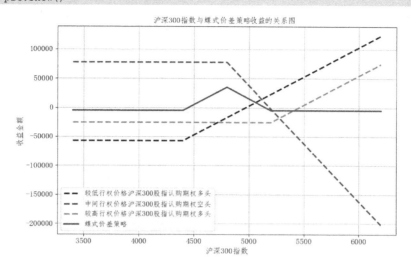

图 13-13　在期权到期日沪深 300 指数与蝶式价差策略收益的关系图（运用看涨期权）

从图 13-13 可以看到，蝶式价差策略的收益形态类似于一个三角形，并且实现盈利所对应的基础资产价格区间也比较狭窄。在本例中，通过目测可以判断出，在期权到期日只有沪深 300 指数处于 4500 点至 5200 点区间才能实现策略盈利。

3. 用看跌期权构建蝶式价差策略的案例

此外，蝶式价差策略也可以由欧式看跌期权构建，策略的具体构建如下：1 个较低行权价格为 K_1 与 1 个较高行权价格为 K_3 的欧式看跌期权多头头寸，2 个中间行权价格为 K_2 的欧式看跌期权空头头寸。下面，通过具体案例演示运用看跌期权构建蝶式价差策略。

【例 13-14】N 金融机构运用看跌期权构建蝶式价差策略，构建策略的时间是 2020 年 9 月 10 日，当天沪深 300 指数收盘价是 4581.98 点，策略运用的 3 个期权是在中国金融期货交易所交易的"沪深 300 股指沽 6 月 4200""沪深 300 股指沽 6 月 4600""沪深 300 股指沽 6 月 5000"期权合约，这 3 个期权合约的相关信息如表 13-18 所示。

表 13-18　在中国金融期货交易所交易的沪深 300 股指期权合约信息

合约代码	合约名称	行权价格/点	期权价格/点 （2020 年 9 月 10 日）	期权类型	到期日	合约乘数
IO2106-P-4200	沪深 300 股指沽 6 月 4200	4200	264.20	欧式看跌期权	2021-06-18	每点 100 元
IO2106-P-4600	沪深 300 股指沽 6 月 4600	4600	476.20			
IO2106-P-5000	沪深 300 股指沽 6 月 5000	5000	748.20			

数据来源：中国金融期货交易所。

因此，N 金融机构运用 1 张行权价格为 4200 点的沪深 300 股指认沽期权多头头寸、1 张行权价格为 5000 点的沪深 300 股指认沽期权多头头寸以及 2 张行权价格为 4600 点的沪深 300 股指认沽期权空头头寸构建蝶式价差策略。

下面,运用 Python 对策略建模,并分析当期权到期时沪深 300 指数变化与该策略收益的关系(见图 13-14),同时假定在期权到期日沪深 300 指数的取值是[3200, 6000]区间的等差数列,具体的代码如下:

```
In [97]: K1=4200              #较低的期权行权价格
   ...: K2=4600              #中间的期权行权价格
   ...: K3=5000              #较高的期权行权价格
   ...: P1=264.2             #策略构建日(2020年9月10日)较低行权价格的看跌期权价格
   ...: P2=476.2             #策略构建日中间行权价格的看跌期权价格
   ...: P3=748.2             #策略构建日较高行权价格的看跌期权价格

In [98]: S0=4581.98                        #策略构建日沪深300指数收盘价
   ...: St=np.linspace(3200,6000,500)      #生成期权到期日沪深300指数的等差数列

In [99]: profit_P1_long=N1*M*(np.maximum(K1-St,0)-P1)   #期权到期日较低行权价格看跌期权多头寸的收益
   ...: profit_P2_short=N2*M*(P2-np.maximum(K2-St,0))  #期权到期日中间行权价格看跌期权空头寸的收益
   ...: profit_P3_long=N3*M*(np.maximum(K3-St,0)-P3)   #期权到期日较高行权价格看跌期权多头寸的收益

In [100]: profit_buttpread=profit_P1_long+profit_P2_short+profit_P3_long  #期权到期日蝶式价差策略收益

In [101]: plt.figure(figsize=(9,6))
   ...: plt.plot(St,profit_P1_long,'b--',label=u'较低行权价格沪深300股指认沽期权多头',lw=2.5)
   ...: plt.plot(St,profit_P2_short,'g--',label=u'中间行权价格沪深300股指认沽期权空头',lw=2.5)
   ...: plt.plot(St,profit_P3_long,'c--',label=u'较高行权价格沪深300股指认沽期权多头',lw=2.5)
   ...: plt.plot(St,profit_buttpread,'r-',label=u'蝶式价差策略',lw=2.5)
   ...: plt.xlabel(u'沪深300指数',fontsize=13)
   ...: plt.ylabel(u'收益金额',fontsize=13)
   ...: plt.xticks(fontsize=13)
   ...: plt.yticks(fontsize=13)
   ...: plt.title(u'沪深300指数与蝶式价差策略收益的关系图',fontsize=13)
   ...: plt.legend(fontsize=12)
   ...: plt.grid()
   ...: plt.show()
```

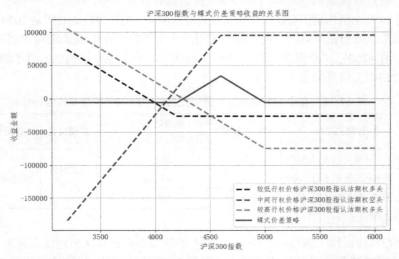

图 13-14 在期权到期日沪深 300 指数与蝶式价差策略收益的关系图(运用看跌期权)

从图 13-14 可以看到，运用看跌期权构建的蝶式价差策略的收益形态与运用看涨期权构建的蝶式价差策略（见图 13-13）是非常相似的。

13.3.5 日历价差策略

1. 定义与收益表达式

前面讨论的价差策略都有一个共同的特点，就是构建策略的所有期权都具有相同的合约到期日。采用具有相同的行权价格但是不同到期日的期权所构建的价差策略，就称为**日历价差（calendar spread）策略**。

日历价差策略可以通过 1 个到期日较近的欧式看涨期权空头头寸与 1 个相同行权价格、到期日较远的欧式看涨期权多头头寸构造。策略到期日通常与较近的期权到期日保持一致，由于到期日较远的期权依然处于存续状态，因此会假定此时投资者对到期日较远的期权进行平仓。该策略的相关收益表达式见表 13-19。

表 13-19 日历价差策略的收益表达式

资产或策略	策略到期日的收益表达式	S_T 与 K 不同关系下的收益	
		$S_T > K$	$S_T \leq K$
到期日较近的欧式看涨期权空头头寸	$C_1 - \max(S_T - K, 0)$ C_1 表示策略构建日针对到期日较近的看涨期权价格； S_T 表示策略到期日的基础资产价格	$C_1 - S_T + K$	C_1
到期日较远的欧式看涨期权多头头寸	$C_T - C_2$ C_2 表示策略构建日针对到期日较远的看涨期权价格； C_T 表示策略到期日针对到期日较远的看涨期权价格	$C_T - C_2$	$C_T - C_2$
日历价差策略	$C_1 + C_T - C_2 - \max(S_T - K, 0)$	$C_1 + C_T - C_2 - S_T + K$	$C_1 + C_T - C_2$

从表 13-19 可以看到，当 $S_T > K$ 时，日历价差策略的收益就等于 $C_1 + C_T - C_2 - S_T + K$；而当 $S_T \leq K$ 时，日历价差策略的收益就等于 $C_1 + C_T - C_2$。

此外，根据策略构建日选取的行权价格与基础资产价格的不同关系，可以将日历价差策略进一步细分为 3 个子策略，具体见表 13-20。

表 13-20 日历价差策略的子策略说明

子策略名称	行权价格与基础资产价格的关系
中性日历价差（neutral calendar spread）	在策略构建日，选取的行权价格比较接近于基础资产的当前价格
牛市日历价差（bullish calendar spread）	在策略构建日，选取的行权价格高于基础资产的当前价格
熊市日历价差（bearish calendar spread）	在策略构建日，选取的行权价格低于基础资产的当前价格

下面，依然通过沪深 300 股指期权演示运用看涨期权构建日历价差策略。

2. 运用看涨期权构建日历价差策略的案例

【例 13-15】P 金融机构运用看涨期权构建日历价差策略，构建策略的时间是 2020 年 9 月 9 日，当天沪深 300 指数收盘价是 4584.59 点，策略运用的两个期权是在中国金融期货交易所交易的"沪深 300 股指购 12 月 4600"和"沪深 300 股指购 6 月 4600"期权合约，这两个期权合约的相关信息如表 13-21 所示。

表 13-21 在中国金融期货交易所交易的沪深 300 股指期权合约信息

合约代码	合约名称	行权价格/点	期权价格/点（2020 年 9 月 9 日）	到期日	期权类型	合约乘数
IO2012-C-4600	沪深 300 股指购 12 月 4600	4600	224.00	2020-12-18	欧式看涨期权	每点 100 元
IO2106-C-4600	沪深 300 股指购 6 月 4600	4600	348.00	2021-06-18		

数据来源：中国金融期货交易所。

因此，P 金融机构运用 1 张"沪深 300 股指购 12 月 4600"（2020 年 12 月 18 日到期）期权合约空头头寸、1 张"沪深 300 股指购 6 月 4600"（相同行权价格并且于 2021 年 6 月 18 日到期）期权合约多头头寸构建日历价差策略，该策略实质上是中性日历价差策略。

下面，运用 Python 对策略建模，并分析在策略到期日 2020 年 12 月 18 日（较近的期权到期日），沪深 300 指数变化与该策略收益的关系，具体分为 3 个步骤。

第 1 步：输入以上的相关参数，同时设定在 2020 年 12 月 18 日沪深 300 指数的取值是 [3000,6000] 区间的等差数列，计算"沪深 300 股指购 12 月 4600"期权合约空头头寸的收益。具体的代码如下：

```
In [102]: K_same=4600              #期权行权价格
     ...: C1=224.0                 #策略构建日（2020 年 9 月 9 日）较近到期日的看涨期权价格
     ...: C2=348.0                 #策略构建日较远到期日的看涨期权价格

In [103]: S0=4584.59               #策略构建日沪深 300 指数收盘价
     ...: St=np.linspace(3000,6000,500)   #创建策略到期日沪深 300 指数的等差数列

In [104]: N1=1                     #较近到期日的期权空头头寸数量
     ...: N2=1                     #较远到期日的期权多头头寸数量

In [105]: profit_C1_short=N1*M*(C1-np.maximum(St-K_same,0))   #较近到期日看涨期权空头头寸的收益
```

第 2 步：运用 11.4.3 节的 Python 自定义函数 BTM_Nstep，通过二叉树模型计算 2020 年 12 月 18 日"沪深 300 股指购 6 月 4600"的期权价值，并计算日历价差策略的收益。其中，沪深 300 指数的年化波动率为 22%，以 6 个月期 Shibor 作为无风险收益率并且在 2020 年 12 月 18 日的报价是 2.922%，二叉树模型的步数等于 120 步。具体的代码如下：

```
In [106]: def BTM_Nstep(S,K,sigma,r,T,N,types):   # 11.4.3 节的自定义函数
     ...:     '''定义一个运用 N 步二叉树模型计算欧式期权价值的函数
     ...:     S：代表基础资产当前的价格。
     ...:     K：代表期权的行权价格。
     ...:     sigma：代表基础资产收益率的波动率（年化）。
     ...:     r：代表连续复利的无风险收益率。
     ...:     T：代表期权的期限（年）。
     ...:     N：代表二叉树模型的步数。
     ...:     types：代表期权类型，输入 types='call'表示欧式看涨期权，输入其他则表示欧式看跌期权'''
     ...:     from math import factorial             #导入 math 模块的阶乘函数
     ...:     from numpy import exp,maximum,sqrt     #导入 NumPy 模块的 exp、maximum 和 sqrt 函数
     ...:     t=T/N                                  #计算每一步步长期限（年）
     ...:     u=exp(sigma*sqrt(t))                   #计算基础资产价格上涨时的比例
     ...:     d=1/u                                  #计算基础资产价格下跌时的比例
```

```
   ...:         p=(exp(r*t)-d)/(u-d)                    #计算基础资产价格上涨的概率
   ...:         N_list=range(0,N+1)                     #创建从0到N的自然数数列
   ...:         A=[]                                    #设置一个空的列表
   ...:         for j in N_list:
   ...:             C_Nj=maximum(S*pow(u,j)*pow(d,N-j)-K,0)   #计算期权到期日某节点的期权价值
   ...:             Num=factorial(N)/(factorial(j)*factorial(N-j)) #到达到期日该节点的实现路径数量
   ...:             A.append(Num*pow(p,j)*pow(1-p,N-j)*C_Nj)  #在列表尾部每次增加一个新元素
   ...:         call=exp(-r*T)*sum(A)                   #计算看涨期权的期初价值,运用式(11-32)
   ...:         put=call+K*np.exp(-r*T)-S               #计算看跌期权的期初价值
   ...:         if types=='call':                       #针对看涨期权
   ...:             value=call                          #期权价值等于看涨期权的价值
   ...:         else:                                   #针对看跌期权
   ...:             value=put                           #期权价值等于看跌期权的价值
   ...:         return value

In [107]: tenor=0.5                                     #在策略到期日较远到期期权的剩余期限
   ...: sigma_index=0.22                                #沪深300指数的年化波动率
   ...: shibor=0.02922                                  #6个月期Shibor(无风险收益率)
   ...: step=120                                        #二叉树模型的步数

In [108]: Ct=np.ones_like(St)                           #创建存放较远到期日看涨期权价值的数组

In [109]: for i in range(len(Ct)):
   ...:     Ct[i]=BTM_Nstep(S=St[i],K=K_same,sigma=sigma_index,r=shibor,T=tenor,N=step,
types='call')    #计算较远到期日看涨期权的价值

In [110]: profit_C2_long=N2*M*(Ct-C2)    #在策略到期日较远到期日的看涨期权多头头寸收益

In [111]: profit_calendarpread=profit_C1_short+profit_C2_long  #策略到期日日历价差策略收益
```

第3步:将2020年12月18日沪深300指数点位的变化与该策略收益的关系可视化(见图13-15)。具体的代码如下:

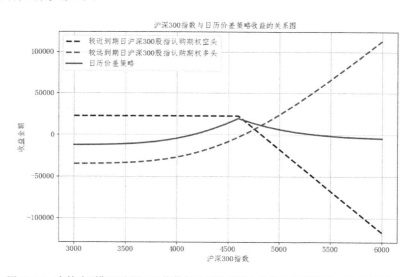

图13-15 在策略到期日沪深300指数与日历价差策略收益的关系图(运用看涨期权)

```
In [112]: plt.figure(figsize=(9,6))
     ...: plt.plot(St,profit_C1_short,'b--',label=u'较近到期日沪深300股指认购期权空头',lw=2.5)
     ...: plt.plot(St,profit_C2_long,'g--',label=u'较远到期日沪深300股指认购期权多头',lw=2.5)
     ...: plt.plot(St,profit_calendarpread,'r-',label=u'日历价差策略',lw=2.5)
     ...: plt.xlabel(u'沪深300指数',fontsize=13)
     ...: plt.ylabel(u'收益金额',fontsize=13)
     ...: plt.xticks(fontsize=13)
     ...: plt.yticks(fontsize=13)
     ...: plt.title(u'沪深300指数与日历价差策略收益的关系图',fontsize=13)
     ...: plt.legend(fontsize=13)
     ...: plt.grid()
     ...: plt.show()
```

从图13-15可以得出结论：在策略到期日，如果基础资产价格接近于行权价格，则该策略可以产生一定的盈利；相反，如果基础资产价格远高于或远低于行权价格，则该策略会使投资者蒙受一定的损失。

3. 用看跌期权构建日历价差策略的案例

此外，日历价差策略也可以由欧式看跌期权构建，具体如下：1个到期日较近的欧式看跌期权空头头寸与1个行权价格相同、到期日较远的欧式看跌期权多头头寸。下面，通过具体案例演示如何通过看跌期权构建日历价差策略。

【例13-16】Q金融机构运用看跌期权构建日历价差策略，构建策略的时间依然是2020年9月9日，当天沪深300指数收盘价是4584.59点，策略运用的两个期权是在中国金融期货交易所交易的"沪深300股指沽12月5000"和"沪深300股指沽6月5000"期权合约，这两个期权合约的相关信息如表13-22所示。

表13-22 在中国金融期货交易所交易的沪深300股指期权合约信息

合约代码	合约名称	行权价格/点	期权价格/点（2020年9月9日）	到期日	期权类型	合约乘数
IO2012-P-5000	沪深300股指沽12月5000	5000	597.60	2020-12-18	欧式看跌期权	每点100元
IO2106-P-5000	沪深300股指沽6月5000	5000	746.40	2021-06-18		

数据来源：中国金融期货交易所。

因此，Q金融机构运用1张"沪深300股指沽12月5000"（2020年12月18日到期）期权合约空头头寸、1张"沪深300股指沽6月5000"（相同行权价格并且2021年6月18日到期）期权合约多头头寸构建日历价差策略。

下面，运用Python对策略建模，并分析在策略到期日2020年12月18日（较近的期权到期日），沪深300指数的变化与该策略收益的关系（见图13-16），同时设定在2020年12月18日沪深300指数的取值是[3500,6500]区间的等差数列，针对较远到期的"沪深300股指沽6月5000"期权价值的计算方法和参数与例13-15均保持一致。具体的代码如下：

```
In [113]: K_same=5000                #期权行权价格
     ...: P1=597.6                   #策略构建日（2020年9月9日）较近到期日的看跌期权价格
     ...: P2=746.4                   #策略构建日较远到期日的看跌期权价格
     ...: St=np.linspace(3500,6500,500)   #创建策略到期日沪深300指数的等差数列

In [114]: profit_P1_short=N1*M*(P1-np.maximum(K_same-St,0))   #较近到期日看跌期权空头头寸的收益
```

```
In [115]: Pt=np.ones_like(St)    #创建存放较远到期日看跌期权价值的数组

In [116]: for i in range(len(Pt)):
    ...:     Pt[i]=BTM_Nstep(S=St[i],K=K_same,sigma=sigma_index,r=shibor,T=tenor,N=step,
types='put')   #计算较远到期日看跌期权的价值

In [117]: profit_P2_long=N2*M*(Pt-P2)    #在策略到期日较远到期日的看跌期权多头头寸收益

In [118]: profit_calendarpread=profit_P1_short+profit_P2_long  #策略到期日日历价差策略收益

In [119]: plt.figure(figsize=(9,6))
    ...: plt.plot(St,profit_P1_short,'b--',label=u'较近到期日沪深300股指认沽期权空头', lw=2.5)
    ...: plt.plot(St,profit_P2_long,'g--',label=u'较远到期日沪深300股指认沽期权多头', lw=2.5)
    ...: plt.plot(St,profit_calendarpread,'r-',label=u'日历价差策略', lw=2.5)
    ...: plt.xlabel(u'沪深300指数',fontsize=13)
    ...: plt.ylabel(u'收益金额',fontsize=13)
    ...: plt.xticks(fontsize=13)
    ...: plt.yticks(fontsize=13)
    ...: plt.title(u'沪深300指数与日历价差策略收益的关系图', fontsize=13)
    ...: plt.legend(fontsize=13)
    ...: plt.grid()
    ...: plt.show()
```

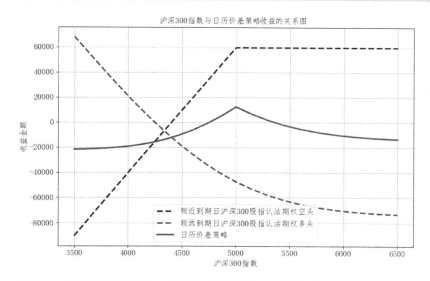

图 13-16　在策略到期日沪深300指数与日历价差策略收益的关系图（运用看跌期权）

从图 13-16 可以看到，运用看跌期权构建的日历价差策略收益形态与运用看涨期权构建的日历价差策略收益形态（见图 13-15）是非常相似的。同时通过对比图 13-15 和图 13-16 不难发现，当提高行权价格以后，实现策略盈利对应的沪深 300 指数点位区间大幅收窄，图 13-15 显示策略盈利对应于区间宽度为 1000 点的指数区间 $[4200,5200]$；相比之下，图 13-16 则显示策略盈利对应于指数区间 $[4750,5300]$，该区间宽度仅 550 点。

13.4 组合策略

组合（combination）策略是指投资组合包括相同基础资产的看涨期权与看跌期权的交易策略。本节将具体讨论跨式组合、序列组合、带式组合以及宽跨式组合等比较常见的组合策略。

13.4.1 跨式组合策略

1. 定义与收益表达式

在期权市场上，一种很流行的期权组合策略是**跨式组合（straddle）策略**，也称为**鞍式组合策略**或者**马鞍式组合策略**，该策略可以进一步细分为底部跨式组合策略和顶部跨式组合策略。

底部跨式组合（bottom straddle）策略，也称为**买入跨式组合（straddle purchase）策略**，是由相同行权价格、相同合约期限的 1 个欧式看涨期权多头头寸和 1 个欧式看跌期权多头头寸所构建的。当投资者认为基础资产价格将有大幅度变化但是又无法正确预测变化的方向时，就可以采用这种策略。

在期权到期日，该策略的相关收益表达式见表 13-23。

表 13-23 底部跨式组合策略的收益表达式

资产或策略	期权到期日的收益表达式	S_T 与 K 不同关系下的收益	
		$S_T > K$	$S_T \leq K$
欧式看涨期权多头	$\max(S_T - K, 0) - C$	$S_T - K - C$	$-C$
欧式看跌期权多头	$\max(K - S_T, 0) - P$	$-P$	$K - S_T - P$
底部跨式组合策略	$\max(S_T - K, 0) - C + \max(K - S_T, 0) - P$	$S_T - K - C - P$	$K - S_T - C - P$

从表 13-23 不难看出，当 $S_T > K$ 时，底部跨式组合策略的收益等于 $S_T - K - C - P$；而当 $S_T \leq K$ 时，底部跨式组合策略的收益则等于 $K - S_T - C - P$。此外，通过表 13-23 也可以推导出，当基础资产价格 $S_T = K + C + P$ 或 $S_T = K - C - P$ 时，策略恰好处于盈亏平衡状态。

相反，**顶部跨式组合（top straddle）策略**，也称为**卖出跨式组合（writing straddle）策略**，该策略与底部跨式组合策略刚好相反，是由相同行权价格、相同合约期限的欧式看涨期权和看跌期权的空头头寸所构建的，因此顶部跨式组合策略的收益情况与底部跨式组合策略完全相反。因此，可以从表 13-23 推导出，当 $S_T > K$ 时，顶部跨式组合策略的收益等于 $K + C + P - S_T$；当 $S_T \leq K$ 时，顶部跨式组合策略的收益则等于 $S_T + C + P - K$。

下面，通过沪深 300 股指期权案例分别演示底部跨式组合策略和顶部跨式组合策略。

2. 底部跨式组合策略的案例

【例 13-17】R 金融机构希望构建底部跨式组合策略，构建策略的时间是 2020 年 7 月 7 日，当天沪深 300 指数收盘价是 4698.13 点，策略运用的两个期权是在中国金融期货交易所交易的"沪深 300 股指购 12 月 4700"和"沪深 300 股指沽 12 月 4700"期权合约，这两个期权合约的相关信息如表 13-24 所示。

因此，R 金融机构运用 1 张"沪深 300 股指购 12 月 4700"期权合约多头头寸、1 张相同行权价格的"沪深 300 股指沽 12 月 4700"期权合约多头头寸构建底部跨式组合策略。

表13-24　在中国金融期货交易所交易的沪深300股指期权合约信息

合约代码	合约名称	行权价格/点	期权价格/点（2020年7月7日）	期权类型	到期日	合约乘数
IO2012-C-4700	沪深300股指购12月4700	4700	336.40	欧式看涨期权	2020-12-18	每点100元
IO2012-P-4700	沪深300股指沽12月4700	4700	326.40	欧式看跌期权		

数据来源：中国金融期货交易所。

下面，运用Python对策略建模，并分析当期权到期时沪深300指数变化与该策略收益的关系，整个过程分为两个步骤。

第1步：在Python中输入相关参数并且构建策略模型，假定在期权到期日沪深300指数的取值是[3000,6400]区间的等差数列。具体的代码如下：

```
In [120]: K=4700                                    #期权行权价格
     ...: C=336.4                                   #策略构建日（2020年7月7日）看涨期权价格
     ...: P=326.4                                   #策略构建日看跌期权价格

In [121]: S0=4698.13                                #策略构建日沪深300指数收盘价
     ...: St=np.linspace(3000,6400,500)             #创建期权到期日沪深300指数的等差数列

In [122]: N_C=1                                     #看涨期权头寸数量
     ...: N_P=1                                     #看跌期权头寸数量

In [123]: profit_C_long=N_C*M*(np.maximum(St-K,0)-C)   #期权到期日看涨期权多头头寸的收益
     ...: profit_P_long=N_P*M*(np.maximum(K-St,0)-P)   #期权到期日看跌期权多头头寸的收益

In [124]: profit_straddle=profit_C_long+profit_P_long  #期权到期日底部跨式组合策略的收益
```

第2步：针对期权到期日的沪深300指数点位变化与策略收益的关系进行可视化（见图13-17）。具体的代码如下：

```
In [125]: plt.figure(figsize=(9,6))
     ...: plt.plot(St,profit_C_long,'b--',label=u'沪深300股指认购期权多头',lw=2.5)
     ...: plt.plot(St,profit_P_long,'g--',label=u'沪深300股指认沽期权多头',lw=2.5)
     ...: plt.plot(St,profit_straddle,'r-',label=u'底部跨式组合策略',lw=2.5)
     ...: plt.xlabel(u'沪深300指数',fontsize=13)
     ...: plt.ylabel(u'收益金额',fontsize=13)
     ...: plt.xticks(fontsize=13)
     ...: plt.yticks(fontsize=13)
     ...: plt.title(u'沪深300指数与底部跨式组合策略收益的关系图',fontsize=13)
     ...: plt.legend(loc=9,fontsize=13)    #图例放置在中上方
     ...: plt.grid()
     ...: plt.show()
```

从图13-17不难看出，底部跨式组合策略的亏损是有限的，但是潜在的收益则是无限的。然而投资者实施这个策略并实现盈利绝非想象的这般容易，在实施之前应当仔细考量所预测的基础资产价格变动是否已经体现在期权价格中。如果该投资者的预期与市场上其他投资者的预期一致，则这种预期其实已经反映在期权价格中，底部跨式组合策略的初始投资成本就会大幅增加，从而导致策略的潜在盈利降低。为了能够使底部跨式组合策略成为一种有效的交易策略，投资者应该准确预期

到基础资产价格变动会很大,并且这种预期尚未被市场大多数投资者预期到。

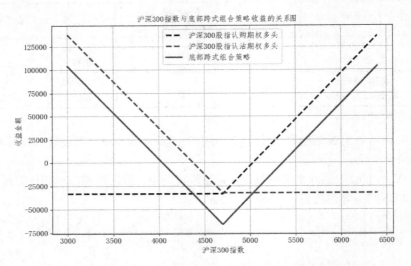

图 13-17 在期权到期日沪深 300 指数与底部跨式组合策略收益的关系图

3. 顶部跨式组合策略的案例

【例 13-18】沿用例 13-17 的信息,同时假定 R 金融机构构建的是顶部跨式组合策略,也就是运用 1 张"沪深 300 股指购 12 月 4700"期权合约空头头寸、1 张相同行权价格的"沪深 300 股指沽 12 月 4700"期权合约空头头寸构建顶部跨式组合策略。运用 Python 可视化在期权到期日沪深 300 指数点位变化与顶部跨式组合策略收益的关系(见图 13-18,该关系图其实是图 13-17 的倒置),具体的代码如下:

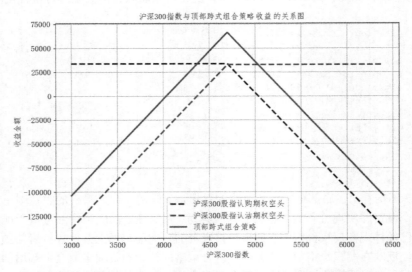

图 13-18 在期权到期日沪深 300 指数与顶部跨式组合策略收益的关系图

```
In [126]: plt.figure(figsize=(9,6))
     ...: plt.plot(St,-profit_C_long,'b--',label=u'沪深300股指认购期权空头',lw=2.5)
     ...: plt.plot(St,-profit_P_long,'g--',label=u'沪深300股指认沽期权空头',lw=2.5)
     ...: plt.plot(St,-profit_straddle,'r-',label=u'顶部跨式组合策略',lw=2.5)
     ...: plt.xlabel(u'沪深300指数',fontsize=13)
     ...: plt.ylabel(u'收益金额',fontsize=13)
     ...: plt.xticks(fontsize=13)
     ...: plt.yticks(fontsize=13)
     ...: plt.title(u'沪深300指数与顶部跨式组合策略收益的关系图', fontsize=13)
     ...: plt.legend(loc=8,fontsize=13)    #图例放置在中下方
     ...: plt.grid()
     ...: plt.show()
```

从图13-18中可以看到,如果在期权到期日,基础资产价格接近于行权价格,则投资者会有一定的收益,这是因为投资者在策略构建时获得了期权费收入。但是,需要警惕的是,一旦基础资产价格大幅变动将会导致该策略的巨额损失。1995年2月,英国历史悠久的巴林银行(Barings Bank)破产倒闭就与错误运用顶部跨式组合策略密切相关。

13.4.2 序列组合策略与带式组合策略

1. 定义与收益表达式

序列组合(strip)策略由相同行权价格、相同合约期限的1个欧式看涨期权多头头寸与2个欧式看跌期权多头头寸所构建。如果投资者认为基础资产价格会有大的变动,同时投资者预期基础资产价格下跌的可能性要高于上涨的可能性,就可以选择序列组合策略。

带式组合(strap)策略则由相同行权价格、相同合约期限的2个欧式看涨期权多头头寸和1个欧式看跌期权多头头寸所构建。如果投资者也预期基础资产价格会有大的变动,但是认为基础资产价格上涨的可能性要高于下跌的可能性,带式组合策略就是一种理想的选择。

表13-25列出了序列组合策略与带式组合策略的异同。

表13-25 序列组合策略与带式组合策略的异同

策略名称	行权价格	期权期限	欧式看涨期权数量	欧式看跌期权数量
序列组合策略	相同	相同	1个(多头头寸)	2个(多头头寸)
带式组合策略	相同	相同	2个(多头头寸)	1个(多头头寸)

在期权到期日,序列组合策略和带式组合策略的相关收益表达式见表13-26。

表13-26 序列组合策略和带式组合策略的收益表达式

资产或策略	期权到期日的收益表达式	S_T与K同关系下的收益	
		$S_T > K$	$S_T \leq K$
欧式看涨期权多头	$\max(S_T - K, 0) - C$	$S_T - K - C$	$-C$
欧式看跌期权多头	$\max(K - S_T, 0) - P$	$-P$	$K - S_T - P$
序列组合策略	$\max(S_T - K, 0) - C + 2\left[\max(K - S_T, 0) - P\right]$	$S_T - K - C - 2P$	$2(K - S_T - P) - C$
带式组合策略	$2\left[\max(S_T - K, 0) - C\right] + \max(K - S_T, 0) - P$	$2(S_T - K - C) - P$	$K - S_T - P - 2C$

下面,就通过具体的案例演示序列组合策略和带式组合策略。

2. 一个案例

【例13-19】S金融机构希望构建序列组合策略和带式组合策略,构建策略的时间是2020年8月13日,当天沪深300指数收盘价是4635.71点,策略运用的两个期权是在中国金融期货交易所交易的"沪深300股指购3月4600"和"沪深300股指沽3月4600"期权合约,这两个期权合约的相关信息如表13-27所示。

表13-27 在中国金融期货交易所交易的沪深300股指期权合约信息

合约代码	合约名称	行权价格/点	期权价格/点 (2020年8月13日)	期权类型	到期日	合约乘数
IO2103-C-4600	沪深300股指购3月4600	4600	290.00	欧式看涨期权	2021-3-19	每点100元
IO2103-P-4600	沪深300股指沽3月4600	4600	387.00	欧式看跌期权		

数据来源:中国金融期货交易所。

因此,S金融机构运用1张"沪深300股指购3月4600"期权合约多头头寸、2张相同行权价格的"沪深300股指沽3月4600"期权合约多头头寸构建序列组合策略;同时,运用2张"沪深300股指购3月4600"期权合约多头头寸、1张"沪深300股指沽3月4600"期权合约多头头寸构建带式组合策略。

下面,运用Python对两个策略建模,并分析当期权到期时沪深300指数变化对策略收益的影响,同时假定在期权到期日沪深300指数的取值是[3000,6200]区间的等差数列,具体分为两个步骤。

第1步:分别计算在期权到期日序列组合策略、带式组合策略的收益。具体的代码如下:

```
In [127]: K=4600                                    #期权行权价格
     ...: C=290.0                                   #策略构建日(2020年8月13日)看涨期权价格
     ...: P=387.0                                   #策略构建日看跌期权价格

In [128]: S0=4635.71                                #策略构建日沪深300指数收盘价
     ...: St=np.linspace(3000,6200,500)             #创建期权到期日沪深300指数的等差数列

In [129]: N1=1                                      #1张期权的多头头寸
     ...: N2=2                                      #2张期权的多头头寸

In [130]: profit_C_strip=N1*M*(np.maximum(St-K,0)-C)   #期权到期日序列组合策略中看涨期权的收益
     ...: profit_P_strip=N2*M*(np.maximum(K-St,0)-P)   #期权到期日序列组合策略中看跌期权的收益

In [131]: profit_strip=profit_C_strip+profit_P_strip   #期权到期日序列组合策略收益

In [132]: profit_C_strap=N2*M*(np.maximum(St-K,0)-C)   #期权到期日带式组合策略中看涨期权的收益
     ...: profit_P_strap=N1*M*(np.maximum(K-St,0)-P)   #期权到期日带式组合策略中看跌期权的收益

In [133]: profit_strap=profit_C_strap+profit_P_strap   #期权到期日带式组合策略收益
```

第2步:运用2×1的子图模式可视化沪深300指数分别与序列组合策略和带式组合策略收益的关系(见图13-19)。具体的代码如下:

```
In [134]: plt.figure(figsize=(10,6))
     ...: plt.subplot(1,2,1)                        #第1张子图绘制序列组合策略
```

```
    ...: plt.plot(St,profit_C_strip,'b--',label=u'沪深300股指认购期权（1张）',lw=2.0)
    ...: plt.plot(St,profit_P_strip,'c--',label=u'沪深300股指认沽期权（2张）',lw=2.0)
    ...: plt.plot(St,profit_strip,'r-',label=u'序列组合策略',lw=2.0)
    ...: plt.xticks(fontsize=13)
    ...: plt.xlabel(u'沪深300指数',fontsize=13)
    ...: plt.yticks(fontsize=13)
    ...: plt.ylabel(u'收益金额',fontsize=13)
    ...: plt.title(u'沪深300指数与序列组合策略收益的关系图', fontsize=13)
    ...: plt.legend(loc=0, fontsize=12)
    ...: plt.grid()
    ...: plt.subplot(1,2,2)                           #第2张子图绘制带式组合策略
    ...: plt.plot(St,profit_C_strap,'b--',label=u'沪深300股指认购期权（2张）',lw=2.0)
    ...: plt.plot(St,profit_P_strap,'c--',label=u'沪深300股指认沽期权（1张）',lw=2.0)
    ...: plt.plot(St,profit_strap,'r-',label=u'带式组合策略',lw=2.0)
    ...: plt.xticks(fontsize=13)
    ...: plt.xlabel(u'沪深300指数',fontsize=13)
    ...: plt.yticks(fontsize=13)
    ...: plt.title(u'沪深300指数与带式组合策略收益的关系图', fontsize=13)
    ...: plt.legend(loc=0, fontsize=12)
    ...: plt.grid()
    ...: plt.show()
```

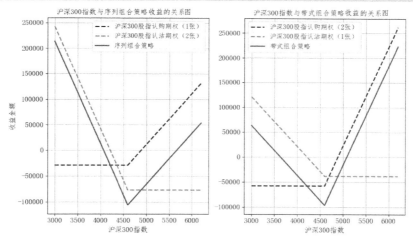

图13-19 沪深300指数分别与序列组合策略和带式组合策略收益的关系图

从图13-19可以看出，序列组合策略的收益对于基础资产价格下跌更加敏感；相反，带式组合策略的收益对于基础资产价格上涨更加敏感。

13.4.3 宽跨式组合策略

1. 定义与收益表达式

在期权市场上，还有一种比较流行的组合策略——**宽跨式组合（strangle）策略**，也称为**勒式组合策略**，该策略是跨式组合策略的延伸，同时细分为买入宽跨式组合策略和卖出宽跨式组合策略两大类。

买入宽跨式组合策略，也称为**底部垂直组合（bottom vertical combination）策略**，在该交易策略中，投资者持有相同合约期限、不同行权价格的欧式看跌期权与看涨期权多头头寸，具体是一个

较低行权价格（K_1）的欧式看跌期权多头头寸和一个较高行权价格（K_2）的欧式看涨期权多头头寸。该策略适用于投资者对基础资产价格未来存在很大变动的可能性进行下注，却无法确定是上涨还是下跌。

在期权到期日，该策略的收益表达式如表 13-28 所示。

表 13-28 买入宽跨式组合策略的收益表达式

资产或策略	期权到期日的收益表达式	S_T 与 K 不同关系下的收益		
		$S_T > K_2$	$K_1 < S_T \leq K_2$	$S_T \leq K_1$
较低行权价格的欧式看跌期权多头	$\max(K_1 - S_T, 0) - P$ K_1 表示较低行权价格； P 表示较低行权价格的欧式看跌期权购买价格	$-P$	$-P$	$K_1 - S_T - P$
较高行权价格的欧式看涨期权多头	$\max(S_T - K_2, 0) - C$ K_2 表示较高行权价格； C 表示较高行权价格的欧式看涨期权购买价格	$S_T - K_2 - C$	$-C$	$-C$
买入宽跨式组合策略	$-P - C + \max(K_1 - S_T, 0) + \max(S_T - K_2, 0)$	$S_T - K_2 - P - C$	$-P - C$	$K_1 - S_T - P - C$

从表 13-28 不难发现，买入宽跨式组合策略的最大亏损就是损失期权费 $-P-C$，而潜在的收益在理论上是无限的。此外，买入宽跨式组合策略的盈亏平衡临界值就是基础资产价格 $S_T = K_2 + P + C$ 和 $S_T = K_1 - P - C$。

卖出宽跨式组合策略，也称为**顶部垂直组合（top vertical combination）策略**，交易恰好与买入宽跨式组合策略相反，也就是投资者持有相同合约期限、不同行权价格的欧式看跌期权与看涨期权空头头寸，具体是一个较低行权价格（K_1）的欧式看跌期权空头头寸和一个较高行权价格（K_2）的欧式看涨期权空头头寸，因此该策略的收益与买入宽跨式组合策略完全相反。如果投资者认为未来基础资产价格比较平稳，不会出现大的波动，则可以采用该交易策略。类似于卖出跨式组合策略，该交易策略的风险很大，投资者最大的收益是有限的，但是潜在的损失却是无限的。根据表 13-28 可以推导出，卖出宽跨式组合策略的最高收益就是期权费收入 $P+C$，并且当基础资产价格高于 $K_2 + P + C$ 或者低于 $K_1 - P - C$ 时，该策略就会面临亏损，这两个临界值的计算公式将在后面介绍卖出宽跨式组合策略的真实案例时用到。

下面，通过 3 个案例分别演示买入宽跨式组合策略和卖出宽跨式组合策略。

2. 买入宽跨式组合策略的案例

【例 13-20】T 金融机构希望构建买入宽跨式组合策略，构建策略的时间是 2020 年 9 月 10 日，当天沪深 300 指数收盘价是 4581.98 点，策略运用的两个期权是在中国金融期货交易所交易的"沪深 300 股指沽 6 月 4200"和"沪深 300 股指购 6 月 4900"期权合约，合约的相关信息如表 13-29 所示。

因此，T 金融机构运用 1 张行权价格为 4200 点的"沪深 300 股指沽 6 月 4200"期权合约多头头寸、1 张行权价格为 4900 点的"沪深 300 股指购 6 月 4900"期权合约多头头寸构建买入宽跨式组合策略。

表 13-29 在中国金融期货交易所交易的沪深 300 股指期权合约信息

合约代码	合约名称	行权价格/点	期权价格/点 （2020年9月10日）	期权类型	到期日	合约乘数
IO2106-P-4200	沪深 300 股指沽 6 月 4200	4200	264.20	欧式看跌期权	2021-6-18	每点 100 元
IO2106-C-4900	沪深 300 股指购 6 月 4900	4900	245.00	欧式看涨期权		

数据来源：中国金融期货交易所。

下面，运用 Python 对策略建模，并分析当期权到期时沪深 300 指数点位的变化与该策略收益的关系（见图 13-20），同时假定在期权到期日沪深 300 指数的取值是 [3000,6100] 区间的等差数列，具体的代码如下：

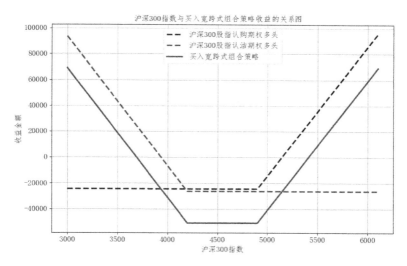

图 13-20 沪深 300 指数与买入宽跨式组合策略收益的关系图

```
In [135]: K1=4200                                  #看跌期权行权价格（较低行权价格）
     ...: K2=4900                                  #看涨期权行权价格（较高行权价格）
     ...: P=264.2                                  #策略构建日（2020年9月10日）看跌期权价格
     ...: C=245.0                                  #策略构建日看涨期权价格

In [136]: S0=4581.98                               #策略构建日沪深300指数收盘价
     ...: St=np.linspace(3000,6100,500)            #创建期权到期日沪深300指数的等差数列

In [137]: N_P=1                                    #看跌期权头寸数量
     ...: N_C=1                                    #看涨期权头寸数量

In [138]: profit_P_long=N_P*M*(np.maximum(K1-St,0)-P)   #期权到期日看跌期权多头头寸的收益
     ...: profit_C_long=N_C*M*(np.maximum(St-K2,0)-C)   #期权到期日看涨期权多头头寸的收益

In [139]: profit_strangle=profit_P_long+profit_C_long   #期权到期日买入宽跨式组合策略的收益
```

```
In [140]: plt.figure(figsize=(9,6))
    ...: plt.plot(St,profit_C_long,'b--',label=u'沪深300股指认购期权多头',lw=2.5)
    ...: plt.plot(St,profit_P_long,'g--',label=u'沪深300股指认沽期权多头',lw=2.5)
    ...: plt.plot(St,profit_strangle,'r-',label=u'买入宽跨式组合策略',lw=2.5)
    ...: plt.xlabel(u'沪深300指数',fontsize=13)
    ...: plt.ylabel(u'收益金额',fontsize=13)
    ...: plt.xticks(fontsize=13)
    ...: plt.yticks(fontsize=13)
    ...: plt.title(u'沪深300指数与买入宽跨式组合策略收益的关系图', fontsize=13)
    ...: plt.legend(loc=9,fontsize=13)      #图例放置在中上方
    ...: plt.grid()
    ...: plt.show()
```

从图 13-20 不难发现，在买入宽跨式组合策略中，只有在基础资产价格变动比较大的情况下才能取得盈利；当然，由于策略构建的成本相对比较低，因此即使在基础资产价格不利变动的情况下，策略的损失也比较有限。

此外，买入宽跨式组合策略的潜在最大亏损还可能与两个期权行权价格之间的差距有关。行权价格之间的差距越大，潜在的最大亏损往往会越小；相反，行权价格之间的差距越小，潜在的最大亏损就越大。下面，就通过一个新的案例进行演示。

3. 买入宽跨式组合策略的新案例

【例 13-21】T 金融机构希望构建一个新的买入宽跨式组合策略，构建策略的时间依然是 2020 年 9 月 10 日，当天沪深 300 指数收盘价是 4581.98 点，策略运用的两个期权调整为在中国金融期货交易所交易的"沪深 300 股指沽 6 月 4500"和"沪深 300 股指购 6 月 4700"期权合约，合约的相关信息如表 13-30 所示。

表 13-30 在中国金融期货交易所交易的沪深 300 股指期权合约信息

合约代码	合约名称	行权价格/点	期权价格/点 （2020 年 9 月 10 日）	期权类型	到期日	合约乘数
IO2106-P-4500	沪深 300 股指沽 6 月 4500	4500	417.40	欧式看跌期权	2021-6-18	每点 100 元
IO2106-C-4700	沪深 300 股指购 6 月 4700	4700	305.00	欧式看涨期权		

数据来源：中国金融期货交易所。

因此，T 金融机构运用 1 张行权价格为 4500 点的"沪深 300 股指沽 6 月 4500"期权合约多头头寸、1 张行权价格为 4700 点的"沪深 300 股指购 6 月 4700"期权合约多头头寸构建新的买入宽跨式组合策略。需要注意的是，这两只期权的行权价格仅仅相差 200 点，但是在例 13-20 中两只期权行权价格的差距是 700 点。

下面，运用 Python 对新的策略建模，并且分析当期权到期时沪深 300 指数变化与该新策略收益的关系（见图 13-21），同时假定在期权到期日沪深 300 指数的取值依然是[3000,6100]区间的等差数列，具体的代码如下：

```
In [141]: K1=4500            #新的看跌期权行权价格（较低行权价格）
    ...: K2=4700            #新的看涨期权行权价格（较高行权价格）
    ...: P=417.4            #策略构建日（2020年9月10日）新的看跌期权价格
    ...: C=305.0            #策略构建日新的看涨期权价格
```

```
In [142]: profit_P_long=N_P*M*(np.maximum(K1-St,0)-P)    #期权到期日新的看跌期权多头头寸的收益
     ...: profit_C_long=N_C*M*(np.maximum(St-K2,0)-C)    #期权到期日新的看涨期权多头头寸的收益

In [143]: profit_strangle=profit_P_long+profit_C_long   #期权到期日新的买入宽跨式组合策略的收益

In [144]: plt.figure(figsize=(9,6))
     ...: plt.plot(St,profit_C_long,'b--',label=u'沪深300股指认购期权多头',lw=2.5)
     ...: plt.plot(St,profit_P_long,'g--',label=u'沪深300股指认沽期权多头',lw=2.5)
     ...: plt.plot(St,profit_strangle,'r-',label=u'新的买入宽跨式组合策略',lw=2.5)
     ...: plt.xlabel(u'沪深300指数',fontsize=13)
     ...: plt.ylabel(u'收益金额',fontsize=13)
     ...: plt.xticks(fontsize=13)
     ...: plt.yticks(fontsize=13)
     ...: plt.title(u'沪深300指数与新的买入宽跨式组合策略收益的关系图',fontsize=13)
     ...: plt.legend(loc=9,fontsize=13)    #图例放置在中上方
     ...: plt.grid()
     ...: plt.show()
```

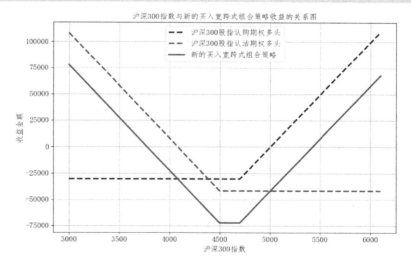

图13-21 沪深300指数与新的买入宽跨式组合策略收益的关系图

将图13-21与图13-20进行对比不难发现,在新策略中两个期权行权价格之间的差距缩小了,即从原先的差距为700点(例13-20)缩小至差距仅为200点(本例),却显著增加了潜在的最大亏损。因此,在开展买入宽跨式组合策略时,也要充分考虑期权行权价格之间的差距这个重要的风险因素。

4. 卖出宽跨式组合策略的案例——英国联合里昂食品公司的巨亏事件

在全球金融市场中,开展卖出宽跨式组合策略而导致巨亏的经典案例就是英国联合里昂食品公司的外汇期权巨亏事件。下面就揭开这段尘封已久的历史,并借助Python演绎案例中那一个个扣人心弦又惊心动魄的真实细节。

【例13-22】在1991年3月17日,英国联合里昂食品公司(Allied Lyons)突然对外宣布因参与外汇期权交易尤其是卖出宽跨式组合策略,导致了高达1.5亿英镑(约合2.69亿美元)的损失,从而使这家以生产袋泡茶及下午茶点心著称的公司,让世人终于了解其曾经在外汇市场中有着一段

近乎疯狂的投机经历。对于这个案例的剖析分为3个部分。

（1）联合里昂食品公司的背景。

联合里昂食品公司最早的历史可以追溯至1894年，当时一位专业的艺术家约瑟夫·里昂（Joseph Lyons）和他的兄弟通过在伦敦合作开设一家茶馆而踏上了创业之路。此后，他们逐步涉足高端餐饮以及生产茶叶、饼干和蛋糕等产品，并且将公司命名为里昂公司（J. Lyons & Co.）。此外，该公司也是将计算机引入商业领域的先驱者。在1951年至1963年间，该公司生产并销售了一系列LEO（Lyons Electronic Office）计算机，这是全球第一代办公计算机。

但是，从20世纪60年代开始公司经营不善，亏损不断加大，最终导致在1978年被联合啤酒（Allied Breweries）公司收购并成立了联合里昂食品公司。在1986年联合啤酒公司又收购了生产威士忌的海勒姆·沃克（Hiram Walker）公司，海勒姆·沃克公司的首席执行官哈奇（Hatch）成为联合里昂食品公司的财务总监。哈奇自认为擅长金融，主张公司不仅需要从事传统的食品生产，还需要从事更加激动人心的交易，例如参与外汇期权市场，通过汇率赚钱，并且计划将公司财务部门打造成一个利润中心。正是这位"自命不凡"的哈奇，亲手将公司置于危险境地。

（2）公司开展外汇衍生产品交易的原因与策略选择。

联合里昂食品公司从事外汇衍生产品交易最直接的原因就是公司的业务需要。联合里昂食品公司虽然总部在英国伦敦，但当时大量的业务发生在美国。公司的财务报表按照英镑作为本币进行结算和报告，因此就会面临英镑兑美元的汇率风险。

举一个简单的例子，公司从英国向美国出口500万瓶威士忌，假定每瓶20美元，总金额为1亿美元，并且采用应收账款的方式结算，账期是90天；公司将货物发出之日（也就是在财务报表中以英镑记入应收账款和销售收入之日）到90天以后收到美元货款的期间，公司最担心的是美元兑英镑贬值，贬值金额在财务报表中体现为汇兑损失。

对此，公司可以采用外汇远期或者外汇期货的方式对冲美元贬值的风险，但也无法享受到美元升值带来的好处。所以，公司财务总监哈奇认为应当运用外汇期权进行汇率风险的管理。通过外汇期权对冲美元贬值的风险，有以下两种方式：

第1种是买入美元看跌期权（买入英镑看涨期权），即持有英镑看涨期权的多头头寸；

第2种是卖出美元看涨期权（卖出英镑看跌期权），即持有英镑看跌期权的空头头寸。

公司财务总监哈奇最终选择卖出英镑看跌期权，理由是看重期权费的收入，因为公司的财务部门被视作一个利润中心，在盈利要求的压力下，通过卖出期权获得期权费收入是一种立竿见影的盈利模式。表13-31列出了公司1988年至1990年通过外汇期权交易获得的外汇收益。

表13-31 联合里昂食品公司外汇收益（1988年至1990年）

时间	1988年	1989年	1990年
公司外汇收益（英镑）	300万	500万	900万

1991年1月17日海湾战争爆发。在战争的初期，由于市场对战争的持续时间并不确定，因此大量机构开始买入外汇期权进而对冲汇率风险，从而使得期权价格大幅攀升，卖出期权就能够在短期内获得较高的期权费收入。与此同时，公司财务总监哈奇认为，既然战争已经打响了，原先对是否开战的不确定性就消除了，英镑兑美元汇率的波动率应该会变得平稳甚至下跌。基于这样的判断，公司开展卖出宽跨式组合策略。

（3）公司卖出宽跨式组合策略的交易与 Python 演示。

当时，联合里昂食品公司开展的卖出宽跨式组合策略采用如下的典型交易：

一是卖出期限为 3 个月、行权价格为 2 美元/英镑、期权价格为 0.0104 美元/英镑的看涨期权；

二是卖出期限为 3 个月、行权价格为 1.9 美元/英镑、期权价格为 0.0116 美元/英镑的看跌期权。

运用 Python 对策略建模，并分析期权到期日汇率变化与策略收益的关系，具体分为 3 个步骤。

第 1 步：在 Python 中输入相关参数并且计算策略盈亏平衡的汇率临界值。具体的代码如下：

```
In [145]: K1=1.9                #较低期权行权价格
     ...: K2=2.0                #较高期权行权价格
     ...: C=0.0104              #看涨期权的价格
     ...: P=0.0116              #看跌期权的价格

In [146]: V1=K1-P-C             #计算卖出宽跨式组合策略盈亏平衡的汇率临界值1
     ...: V2=K2+P+C             #计算卖出宽跨式组合策略盈亏平衡的汇率临界值2
     ...: print('卖出宽跨式组合策略盈亏平衡的汇率临界值1: ',round(V1,4))
     ...: print('卖出宽跨式组合策略盈亏平衡的汇率临界值2: ',round(V2,4))
卖出宽跨式组合策略盈亏平衡的汇率临界值1:  1.878
卖出宽跨式组合策略盈亏平衡的汇率临界值2:  2.022
```

从以上输出结果可以看到，只有当汇率处于大于 1.878 美元/英镑同时小于 2.022 美元/英镑的狭小区间内，卖出宽跨式组合策略才会盈利，否则会面临亏损。

第 2 步：针对期权到期日汇率变化与策略收益的关系进行可视化（见图 13-22），在期权到期日汇率的取值是 [1.6,2.3] 区间的等差数列。具体的代码如下：

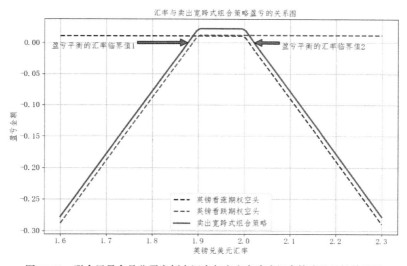

图 13-22　联合里昂食品公司案例中汇率与卖出宽跨式组合策略盈亏的关系图

```
In [147]: St=np.linspace(1.6,2.3,100)                          #期权到期日英镑兑美元汇率的等差数列

In [148]: profit_C_short=N_C*(C-np.maximum(St-K2,0))           #期权到期日看涨期权空头收益的数组
     ...: profit_P_short=N_P*(P-np.maximum(K1-St,0))           #期权到期日看跌期权空头收益的数组

In [149]: profit_strangle_short=profit_C_short+profit_P_short  #期权到期日卖出宽跨式组合策略的收益
```

```
In [150]: plt.figure(figsize=(9,6))
     ...: plt.plot(St,profit_C_short,'b--',label=u'英镑看涨期权空头',lw=2.0)
     ...: plt.plot(St,profit_P_short,'g--',label=u'英镑看跌期权空头',lw=2.0)
     ...: plt.plot(St,profit_strangle_short,'r-',label=u'卖出宽跨式组合策略',lw=2.5)
     ...: plt.xlabel(u'英镑兑美元汇率',fontsize=13)
     ...: plt.ylabel(u'盈亏金额',fontsize=13)
     ...: plt.xticks(fontsize=13)
     ...: plt.yticks(fontsize=13)
     ...: plt.title(u'汇率与卖出宽跨式组合策略盈亏的关系图', fontsize=13)
     ...: plt.annotate(u'盈亏平衡的汇率临界值1', xy=(V1,0.0),xytext=(1.58,-0.01),arrowprops=dict(shrink=0.01), fontsize=13)
     ...: plt.annotate(u'盈亏平衡的汇率临界值2', xy=(V2,0.0),xytext=(2.08,-0.01),arrowprops=dict(shrink=0.01), fontsize=13)
     ...: plt.legend(fontsize=13)
     ...: plt.grid()
     ...: plt.show()
```

从图 13-22 可以明显看到，联合里昂食品公司卖出宽跨式组合策略面临的汇率风险暴露非常大，一旦英镑兑美元汇率发生较大的波动，该策略就会面临亏损，甚至是巨额亏损。综上分析，联合里昂食品公司通过该策略实现赚钱恐怕是一件小概率事件，赔钱才是大概率事件。

第 3 步：导入 1991 年英镑兑美元汇率的每日数据并且进行可视化分析（见图 13-23）具体的代码如下：

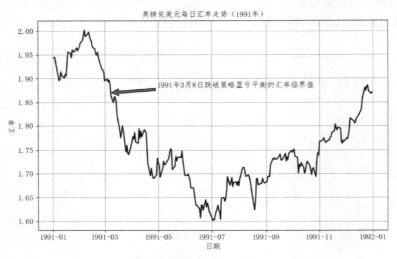

图 13-23 英镑兑美元每日汇率走势图（1991 年）

```
In [151]: USD_GBP=pd.read_excel('C:/Desktop/英镑兑美元的汇率（1991年）.xlsx', sheet_name="Sheet1",header=0,index_col=0)  #导入汇率数据

In [152]: USD_GBP.index=pd.DatetimeIndex(USD_GBP.index)  #将数据框的行索引转换为datetime格式

In [153]: plt.figure(figsize=(9,6))
     ...: plt.plot(USD_GBP,'b-',lw=2.0)
     ...: plt.xlabel(u'日期',fontsize=13)
     ...: plt.ylabel(u'汇率',fontsize=13)
     ...: plt.xticks(fontsize=13)
```

```
    ...: plt.yticks(fontsize=13)
    ...: plt.title(u'英镑兑美元每日汇率走势图（1991 年）', fontsize=13)
    ...: plt.annotate(u'1991 年 3 月 8 日跌破策略盈亏平衡的汇率临界值', xy=('1991-03-08',1.87),
xytext=('1991-04-30',1.88),arrowprops=dict(shrink=0.01),fontsize=13)
    ...: plt.grid()
    ...: plt.show()
```

观察图 13-23 可以发现，英镑兑美元汇率在 1991 年 2 月触及高点 2 美元/英镑以后，就出现了一波断崖式的下跌，加之海湾战争在 2 月 28 日就提前结束，美元强势反弹，英镑"节节败退"，在 3 月 8 日英镑兑美元汇率就跌破了公司卖出宽跨式组合策略盈亏平衡的汇率临界值，此后继续一路狂跌，最终导致公司亏损 1.5 亿英镑。而这一巨额亏损让公司陷入"瘫痪"，随后引发公司管理层的震荡，最终导致公司在 1994 年被佩德罗·多梅克（Pedro Domecq）公司收购。

到这里，关于期权交易策略的内容就全部讨论完了，第 14 章将结合 Python 探讨期权的延伸运用。

13.5 本章小结

期权能够吸引无数投资者的一个重要原因，就在于运用期权与其他资产或者不同期权可以构建出种类繁多的投资交易策略，从而实现不同的盈利结构和风险暴露。本章就借助期权市场的案例和 Python，讨论并演示了常见的期权交易策略，这些策略包括通过高等级信用债券与期权合成的保本票据，买入备兑看涨期权、卖出备兑看涨期权、买入保护看跌期权和卖出保护看跌期权等由单一期权与单一基础资产构建的策略，牛市价差、熊市价差、盒式价差、蝶式价差以及日历价差等价差交易策略，跨式组合、序列组合、带式组合以及宽跨式组合等组合策略。在学习和运用这些策略时，除了关注策略的收益形态以外，更重要的是关注策略的风险特征。

13.6 拓展阅读

本章的内容参考了以下资料。

[1]《金融衍生工具与风险管理（第十版）》由唐·M·钱斯和罗伯特·布鲁克斯合著，这本书是入门级的衍生产品教材，该书第 6 章、第 7 章对期权交易策略有比较系统的描述。

[2]《期权交易策略十讲》由上海证券交易所编写，这本书结合上证 50ETF 期权，循序渐进地讲解了期权交易的理论与实战，内容基本涵盖期权交易员需要掌握的各种知识点，在技术难度上属于中级水平。第 3 章就讨论了期权的相关策略。

第 14 章 运用 Python 分析期权延伸性应用

本章导读

期权的魅力绝非仅局限于第 13 章探讨的各种交易策略，还在于期权为整个金融市场播撒了无数创新的种子。比如，期权理论为风险管理提供了崭新的解决方案，期权与其他金融产品结合创造出全新的产品，等等。具体而言，当期权定价理论与资本结构理论连通在一起时，就创造出更加敏捷地测度信用风险的模型——默顿模型；当期权与股票、债券融合在一起时，就诞生了可转换债券；当期权与期货结合时，就产生了期货期权；当期权运用于利率市场时，就演变出利率期权。

借助 Python 并结合国内的金融市场案例，本章主要讨论以下内容。

- 探讨通过可观察到的股票价格测度企业违约风险的默顿模型。
- 讨论可转换债券的要素、特征和市场发展历程，以及运用二叉树模型对可转换债券进行定价。
- 介绍期货期权的概念、类型和市场现状，并剖析欧式期货期权定价的布莱克模型和美式期货期权定价的二叉树模型。
- 分析不同类型的利率期权、运作机制与定价，包括利率上限期权、利率下限期权、利率双限期权以及利率互换期权。

14.1 测度企业的违约风险——默顿模型

在 7.5.1 节介绍了评估企业信用风险的信用评级工具，然而信用评级的更新通常比较缓慢，在瞬息万变的金融市场中，信用评级会存在一定的滞后性。此外，如果一家企业没有对外发行债券，显然就无法通过债券价格推算出风险中性条件下的违约概率，关于如何运用债券价格测度违约概率详见 7.5.3 节。有读者可能会提出这样的一个问题：在估计违约概率时，是否可以利用股票价格？这确实是一个好问题，并且问题的答案就在本节。

14.1.1 模型的引出

首先通过一个抽象并且简化的案例引出默顿模型。假设 A 股东投资了一家公司,初始投资额为 $E_0 = 100$ 元,同时公司向 B 债权人发行了面值为 $D = 100$ 元、期限为 1 年的零息债券,由于零息债券是到期日一次性偿还本金,因此债券发行时采用低于面值的折价发行(比如发行价格为 95 元)。公司的初始企业价值(这里等同于公司总资产)是 $V_0 = E_0 + D_0$,其中 D_0 代表债券发行价格。

现在考察 1 年后当债券到期时 4 种不同情形下,企业价值、债券价值以及股东权益价值的情况,具体见表 14-1。在债券到期日,企业价值用 V_1 表示,债券价值用 D_1 表示,股东权益价值用 E_1 表示。

表 14-1 债券到期日企业价值、债券价值以及股东权益价值的情况

	企业价值(V_1)	债券价值(D_1)	股东权益价值(E_1)
情形 1	$V_1 = 300$ 元 $> D$	$D_1 = D = 100$ 元	$E_1 = V_1 - D = 200$ 元
情形 2	$V_1 = 200$ 元 $> D$	$D_1 = D = 100$ 元	$E_1 = V_1 - D = 100$ 元
情形 3	$V_1 = 100$ 元 $= D$	$D_1 = D = 100$ 元	$E_1 = V_1 - D = 0$
情形 4	$V_1 = 60$ 元 $< D$	$D_1 = V_1 = 60$ 元	$E_1 = 0$
表达式	$V_1 = E_1 + D_1$	$D_1 = D - \max(D - V_1, 0)$	$E_1 = \max(V_1 - D, 0)$

下面,针对表 14-1 梳理的 4 种不同情形展开详细分析。

情形 1:公司经营业绩良好。在 1 年后,企业价值 V_1 变为 300 元,因此债券到期时就能顺利兑付,到期时的债券价值 D_1 等于面值 100 元,股东权益价值 E_1 就是 $V_1 - D = 200$ 元,股东投资也获得了增值。

情形 2:公司勉强支撑度日。在 1 年后,企业价值 V_1 变为 200 元,因此债券到期时依然能顺利兑付,到期时的债券价值 D_1 也等于面值 100 元,股东权益价值 E_1 则是 $V_1 - D = 100$ 元,股东权益未发生变化。

情形 3:公司发展不太理想。在 1 年后,企业价值 V_1 变为 100 元,债券到期时依然能全额兑付,到期时的债券价值 D_1 还是等于面值 100 元,但是股东权益价值 E_1 变为 0,说明股东投资"打了水漂"。

情形 4:公司资不抵债。在 1 年后,企业价值 V_1 变为 60 元,由于股东按照其出资金额承担有限责任而不是无限连带责任,因此股东权益价值 E_1 依然等于 0,债券到期时的债券价值 D_1 就等于企业价值 V_1,也就是债权人只能拿回 60 元。

因此,根据以上的 4 种情形,可以归纳出债券到期时的企业价值 $V_1 = E_1 + D_1$,债券价值 $D_1 = D - \max(D - V_1, 0)$,股东权益价值 $E_1 = \max(V_1 - D, 0)$。

通过以上的简单且抽象的案例,可以得到如下两个非常重要的结论。

结论 1:企业的股东权益(股票)等价于以企业价值作为基础资产、以债券价值作为行权价格的欧式看涨期权。

结论 2:企业债券等价于投资无风险债券,同时持有以企业价值作为基础资产、以企业债券价值作为行权价格的欧式看跌期权空头头寸。

以上的结论就是金融领域著名的**默顿模型**(Merton model)的逻辑基础。

14.1.2 模型的相关细节

下面,具体讨论默顿模型的数学表达式。为了便于分析和讨论,假设企业仅发行了零息债券作为债务,债券发行日(初始日)是在 0 时刻,债券到期日是在 T 时刻。同时定义如下的变量符号。

V_0:表示在 0 时刻(债券初始日)的企业价值。

V_T：表示在 T 时刻（债券到期日）的企业价值。
E_0：表示企业股票在 0 时刻的价值。
E_T：表示企业股票在 T 时刻的价值。
D：表示零息债券的本金。
σ_V：表示企业价值的波动率，并假设为常数。
σ_E：表示企业股票收益率的瞬时波动率。

根据以上设定的变量符号，同时分为两种情形进行讨论。

情形 1：在 T 时刻，当 $V_T < D$ 时。企业会对自身发行的债券违约，此时企业股票价值为 0。

情形 2：在 T 时刻，当 $V_T \geq D$ 时。企业会偿还债券的全部本金，此时企业股票价值为 $V_T - D$。

因此，在默顿模型中，T 时刻企业的股票价值表达式如下：

$$E_T = \max(V_T - D, 0) \tag{14-1}$$

根据 11.3 节讨论的布莱克-斯科尔斯-默顿模型，就能够得到企业股票作为欧式看涨期权在 0 时刻的价值，具体如下：

$$E_0 = V_0 N(d_1) - D e^{-rT} N(d_2) \tag{14-2}$$

其中，

$$d_1 = \frac{\ln(V_0/D) + (r + \sigma_V^2/2)T}{\sigma_V \sqrt{T}}$$

$$d_2 = d_1 - \sigma_V \sqrt{T} = \frac{\ln(V_0/D) + (r - \sigma_V^2/2)T}{\sigma_V \sqrt{T}}$$

由于 $N(d_2)$ 代表在风险中性状态下期权到期时行权的概率，因此这意味着在 T 时刻风险中性的企业不违约概率也是 $N(d_2)$，风险中性的企业违约概率则等于 $1 - N(d_2) = N(-d_2)$，这就是默顿模型的核心。

根据 d_2 的表达式，为了计算违约概率 $N(-d_2)$，需要用到变量 V_0 与 σ_V，然而这两个变量都无法从金融市场直接观察到。针对上市公司，可以观察到 E_0，这意味着式（14-2）给出了关于 V_0 与 σ_V 必须满足的一个等式。但是求解两个变量，需要两个方程式，式（14-2）仅给出其中一个，另一个方程式则通过**伊藤引理**（Ito's lemma）[1]得到，如下所示[2]：

---

[1] 伊藤引理是由日本数学家伊藤清（Kiyoshi Ito）在 1951 年发现并提出的，在分析金融变量服从随机过程中有着重要的应用，对该引理的简单说明如下。

假设变量 x 服从以下随机过程（伊藤过程）：

$$dx = a(x,t)dt + b(x,t)dz$$

其中，a、b 均是 x 和 t 的函数，变量 x 的漂移率为 a，方差率为 b^2，dz 是维纳过程。如果变量 G 也是 x 和 t 的一个函数 $G(x,t)$，通过伊藤引理可以得到 G 服从以下的随机过程：

$$dG = \left(\frac{\partial G}{\partial x} a + \frac{\partial G}{\partial t} + \frac{1}{2} \frac{\partial^2 G}{\partial x^2} b^2 \right) dt + \frac{\partial G}{\partial x} b \, dz$$

关于伊藤引理的详细介绍，可以阅读伊藤清的论文 ITO K. On Stochastic Differential Equations[D]. Memoirs of the American Mathematical Society,1951 (4): 1-51。

[2] 关于该表达式的具体推导过程，详见论文 MERTON R. On the Pricing of Corporate Debt: The Risk Structure of Interest Rates[D]. Journal of Finance, 29 (1974): 449-470。

$$\sigma_E E_0 = N(d_1)\sigma_V V_0 \qquad (14\text{-}3)$$

注意，可以通过股价历史数据或股票期权价格估计式（14-3）中的 σ_E。

通过式（14-2）与式（14-3）可以求出 V_0 与 σ_V，借助 Python 编程就需要运用 5.1.3 节讨论的 SciPy 子模块 optimize 中的 fsolve 函数。最终，就能求出风险中性违约概率 $N(-d_2)$。

下面，以首只违约债券——超日债作为分析对象并且结合 Python 演示如何通过股价测度企业的违约概率。

14.1.3　测度首只违约债券——超日债的违约概率

【例 14-1】 2014 年 3 月 5 日，深圳证券交易所上市公司上海超日太阳能科技股份有限公司（简称"超日太阳"，证券代码为 002506，现已更名为"协鑫集成"）发布公告，由于出现了财务危机，公司发行的"11 超日债"的第 2 期利息无法按时全额支付，因此公司成为债券市场首次出现实质违约事件的债券主体，从而打破了债券市场刚性兑付的神话。

考虑到超日太阳的股票于 2014 年 2 月 19 日收盘后就被停牌直至同年 4 月 8 日才复牌，因此我们希望通过默顿模型计算出 2014 年 2 月 19 日超日太阳的违约概率。当天的股票收盘价是 2.59 元/股，股票总市值是 21.85 亿元。

同时，公司 2013 年年度财务报告于 2014 年 4 月 29 日才对外发布，前一期的财务报告是 2013 年 10 月 28 日对外披露的 2013 年第三季度财务报告，该财务报告显示，截至 2013 年 9 月末公司负债合计数是 63.90 亿元，并且为了测算的便利，假定公司负债的期限均为 1 年。此外，2014 年 2 月 19 日的无风险收益率运用 1 年期 Shibor 并且对外报价是 5.0001%。

通过默顿模型计算超日太阳的违约概率，具体分以下 4 个步骤。

第 1 步：从外部导入超日太阳股票停牌前 18 个月的日收盘价数据（2012 年 8 月 20 日至 2014 年 2 月 19 日），并计算出该股票收益率的年化波动率。具体的代码如下：

```
In [1]: import numpy as np
   ...: import pandas as pd
   ...: import matplotlib.pyplot as plt
   ...: from pylab import mpl
   ...: mpl.rcParams['font.sans-serif']=['FangSong']
   ...: mpl.rcParams['axes.unicode_minus'] = False
   ...: from pandas.plotting import register_matplotlib_converters
   ...: register_matplotlib_converters()

In [2]: price_Sun=pd.read_excel('C:/Desktop/超日太阳股票收盘价(2012年8月至2014年2月).xlsx',
sheet_name="Sheet1", header=0, index_col=0)   #导入股价数据

In [3]: return_Sun=np.log(price_Sun/price_Sun.shift(1))       #计算股票每日收益率

In [4]: sigma_Sun=np.sqrt(252)*np.std(return_Sun)             #计算股票年化波动率
   ...: sigma_Sun=float(sigma_Sun)                            #转换为浮点型数据
   ...: print('超日太阳股票收益率的年化波动率',round(sigma_Sun,4))
超日太阳股票收益率的年化波动率 0.4238
```

第 2 步：计算超日太阳在 2014 年 2 月 19 日的企业价值以及企业价值的年化波动率（变量 V_0 与 σ_V）。具体的代码如下：

```
In [5]: equity=21.85            #2014年2月19日股票总市值（亿元）
   ...: debt=63.90              #2013年9月末公司负债金额（亿元）
```

```
   ...: tenor=1                              #债务期限为1年
   ...: rate=0.050001                        #2014年2月19日1年期Shibor(无风险收益率)

In [6]: def f(x):                            #通过自定义一个函数计算企业价值和企业价值的年化波动率
   ...:     from numpy import exp,log,sqrt   #从NumPy模块导入exp、log和sqrt函数
   ...:     from scipy.stats import norm     #从SciPy的子模块stats中导入norm函数
   ...:     V,sigma_V=x                      #设定两个变量分别是当前企业价值和企业价值的年化波动率
   ...:     d1=(log(V/debt)+(rate+pow(sigma_V,2)/2)*tenor)/(sigma_V*sqrt(tenor))  #计算参数d1
   ...:     d2=d1-sigma_V*sqrt(tenor)                                              #计算参数d2
   ...:     eq1=V*norm.cdf(d1)-debt*exp(-rate*tenor)*norm.cdf(d2)-equity #运用式(14-2)并等于0
   ...:     eq2=sigma_Sun*equity-norm.cdf(d1)*sigma_V*V                  #运用式(14-3)并等于0
   ...:     return [eq1,eq2]

In [7]: import scipy.optimize as sco         #导入SciPy的子模块optimize

In [8]: result=sco.fsolve(func=f,x0=[80,0.5])  #设定初始值分别是企业价值80亿元和企业价值的年化波动率50%
   ...: print('计算得到2014年2月19日超日太阳的企业价值(亿元)',round(result[0],4))
   ...: print('计算得到超日太阳企业价值的年化波动率',round(result[-1],4))
计算得到2014年2月19日超日太阳的企业价值(亿元)  82.6259
计算得到超日太阳企业价值的年化波动率          0.1124
```

第3步：自定义一个运用默顿模型计算企业违约概率的函数，并且通过该自定义函数计算出在2014年2月19日超日太阳的违约概率。具体的代码如下：

```
In [9]: def PD_Merton(E,D,V,sigma,r,T):
   ...:     '''定义一个运用默顿模型计算企业违约概率的函数
   ...:     E: 代表当前的股票市值(亿元)。
   ...:     D: 代表债务本金(亿元)。
   ...:     V: 代表当前的企业价值(亿元)。
   ...:     sigma: 代表企业价值的年化波动率。
   ...:     r: 代表无风险收益率。
   ...:     T: 代表债务的期限'''
   ...:     from numpy import log,sqrt              #从NumPy模块导入log和sqrt函数
   ...:     from scipy.stats import norm            #从SciPy的子模块stats中导入norm函数
   ...:     d1=(log(V/D)+(r+pow(sigma,2)/2)*T)/(sigma*sqrt(T))   #计算参数d1
   ...:     d2=d1-sigma*sqrt(T)                                  #计算参数d2
   ...:     PD=norm.cdf(-d2)                                     #计算违约概率
   ...:     return PD

In [10]: PD_Sun=PD_Merton(E=equity,D=debt,V=result[0],sigma=result[-1],r=rate,T=tenor) #计算违约概率
   ...: print('2014年2月19日超日太阳的违约概率',round(PD_Sun,6))
2014年2月19日超日太阳的违约概率 0.003725
```

通过默顿模型计算出在2014年2月19日超日太阳的违约概率为0.3725%。看到这个结果，读者也许会有疑问，这个违约概率并不高，似乎与想象中的结果大相径庭。因此，有必要对比一下2011年末超日太阳的违约概率。

第4步：通过默顿模型计算在2011年末超日太阳的违约概率。2011年12月30日(当年最后一个交易日)的股票收盘价是13.42元/股，股票总市值是70.75亿元，股票的年化波动率是46.54%。公司2011年年度财务报告于2012年4月26日才对外发布，截至2011年12月30日对外披露的最新财务报告是2011年第三季度财务报告，该财务报告显示，截至2011年9月末公司负债合计数是28.02亿元，同样假定公司负债的期限均为1年。此外，2011年12月30日的无风险收益率运用1年期Shibor并且报价是5.2378%。具体的代码如下：

```
In [11]: equity_new=70.75              #2011年12月30日股票总市值（亿元）
    ...: debt_new=28.02                #2011年9月末负债金额（亿元）
    ...: rate_new=0.052378             #2011年12月30日1年期Shibor
    ...: sigma_new=0.4654              #股票的年化波动率

In [12]: def g(x):                     #重新定义一个函数用于计算企业价值和企业价值的年化波动率
    ...:     from numpy import exp,log,sqrt        #从NumPy模块导入exp、log和sqrt函数
    ...:     from scipy.stats import norm          #从SciPy的子模块stats中导入norm函数
    ...:     V,sigma_V=x                           #设定两个变量分别是当前企业价值和企业价值的年化波动率
    ...:     d1=(log(V/debt_new)+(rate_new+pow(sigma_V,2)/2)*tenor)/(sigma_V*sqrt(tenor))
#计算参数d1
    ...:     d2=d1-sigma_V*sqrt(tenor)             #计算参数d2
    ...:     eq1=V*norm.cdf(d1)-debt_new*exp(-rate_new*tenor)*norm.cdf(d2)-equity_new
#运用式（14-2）并等于0
    ...:     eq2=sigma_new*equity_new-norm.cdf(d1)*sigma_V*V   #运用式（14-3）并等于0
    ...:     return [eq1,eq2]

In [13]: result_new=sco.fsolve(func=g,x0=[80,0.5])   #设定初始值分别是企业价值80亿元和企业价值的
年化波动率50%
    ...: print('2011年12月30日超日太阳的企业价值（亿元）',round(result_new[0],4))
    ...: print('超日太阳企业价值的年化波动率',round(result_new[-1],4))
2011年12月30日超日太阳的企业价值（亿元） 97.3399
超日太阳企业价值的年化波动率             0.3383

In [14]: PD_Sun_new=PD_Merton(E=equity_new,D=debt_new,V=result_new[0],sigma=result_new
[-1],r=rate_new,T=tenor)
    ...: print('2011年12月30日超日太阳的违约概率',round(PD_Sun_new,6))
2011年12月30日超日太阳的违约概率 0.000123

In [15]: M=PD_Sun/PD_Sun_new   #计算2014年2月19日超日太阳的违约概率是2011年末的多少倍
    ...: print('2014年2月19日违约概率与2011年末违约概率的倍数',round(M,2))
2014年2月19日违约概率与2011年末违约概率的倍数 30.35
```

通过以上的输出结果可以发现，在2011年年末，超日太阳的企业价值约为97.34亿元，企业价值的年化波动率为33.83%，因此对应的违约概率是0.0123%，可以说数值非常小；从动态的角度而言，2014年2月19日违约概率是2011年末的近30.35倍，这说明在短短的两年时间违约风险增大的速度让人匪夷所思。

根据以上的案例，读者可能会问：通过默顿模型计算得出的违约概率与企业实际的违约概率存在多大差距？针对这一问题的回答是，无论在风险中性世界还是现实世界，默顿模型都能够对违约概率提供一种较好的排序功能。

比如，通过默顿模型计算得出A公司的违约概率高于B公司，B公司的违约概率又高于C公司，以此类推。然后，通过某种数学的单调变换，可以将默顿模型估计得到的违约概率转换为现实违约概率的估计值。在实践中，穆迪公司旗下的全资子公司——穆迪KMV公司就是采用这一逻辑将默顿模型的违约概率转换为现实违约概率。因此，只要默顿模型针对不同企业的风险中性违约概率与现实违约概率在排序上保持一致，通过对默顿模型的校准就可以得出理想的违约概率结果。

14.2 可转换债券

可转换债券（Convertible Bond，CB），也称为**可转换公司债券**，通常简称**可转债**，具体是指

债券持有人有权在一定时期内按一定比例或价格将债券转换成一定数量的另一种证券（通常是股票）的债券。本节具体讨论可转换债券的要素、性质、发展历程以及定价等核心内容。此外，为了便于读者更好地理解，本节以常见的可以转换为股票的可转换债券作为分析对象。

14.2.1 可转换债券的概况

1. 可转换债券的要素

可转换债券拥有若干项核心要素，这些要素决定了可转换债券的收益与风险特征，具体的要素如下。

一是有效期限和转股期限。就可转换债券而言，**有效期限**的定义与普通债券期限类似，指债券从发行之日起至偿清本息之日止的存续期间；**转股期限**则是可转换债券所特有的，具体指可转换债券允许转换为普通股票的起始日至结束日期间。大多数情况下，债券发行人都规定一个特定的转股期限。中国证监会发布的《上市公司证券发行管理办法（2020年修订）》就明确规定，可转换债券的期限最短为1年，最长为6年，自债券发行结束之日起6个月后方可转换为公司股票，转股期限由发行人根据可转换债券的存续期限及公司财务状况确定。

二是票面利率。可转换债券的票面利率是指可转换债券作为一种债券时的票面利率，债券发行人会结合当前市场利率水平、债券信用评级和发行条款等因素综合确定，通常情况下会低于普通公司债券的票面利率。

三是转股比例和转股价格。**转股比例**（conversion ratio）是指一定面值的可转换债券可以转换成普通股票的股数。比如，A股市场交易的"浦发转债"（代码为110059）在2020年9月15日的转股比例为6.9204，这表示债券持有人有权将面值为100元的"浦发转债"转换为6.9204股浦发银行A股股票（代码为600000）。当然转股比例也有可能随着时间变化而发生调整，因此它是时间的函数。

转股价格是指可转换债券转换为每股股票所支付的对价。"浦发转债"在2020年9月15日的转股价格就是14.45元/股。同时，转股比例与转股价格之间存在如下的等式：

$$转股比例 = 可转换债券面值/转股价格$$

需要注意的是，在可转换债券的转股期限内，可能会涉及针对转股价格修正，也就是由于配股、增发、送股、派息、分立及其他原因导致发行人股份发生变动，需要对转股价格做出必要调整。

四是赎回机制。可转换债券是可以赎回的，**赎回**是指债券发行人在完成发行的一段时间后，有权提前回购未到期的可转换债券。当债券被赎回时，债券持有人有权将债券立刻转换为股票，因此赎回也成为债券发行人要求债券持有人提前将债券转换为股票的一种外在约束机制。触发赎回的条件通常设定为当公司股票价格在一段时间内连续高于转股价格达到一定幅度时，债券发行人可按照事先约定的赎回价格回购发行在外尚未转股的可转换债券。依然以"浦发转债"为例，该可转换债券触发赎回的条件如下：在转股期限内，如果浦发银行A股股票连续30个交易日中至少有15个交易日的收盘价不低于当期转股价格的130%（含130%），则债券发行人有权按照债券面值加当期应计利息的价格赎回全部或部分未转股的可转换债券。

五是回售机制。可转换债券是可以回售的，**回售**是指债券持有人按事先约定的价格将所持可转换债券卖给债券发行人的行为。触发回售的条件通常设定为公司股票价格在一段时间内连续低于转股价格达到某一幅度时或者可转换债券募集资金运用发生变化等。还是以"浦发转债"为例，该可转换债券触发回售的条件如下：可转换债券募集资金运用的实施情况与募集说明书中的承诺相比出现变化，并且该变化被中国证监会认定为改变募集资金用途的，债券持有人享有一次以面值加上当期应计利息的价格向债券发行人回售的权利。

比较赎回和回售不难发现，赎回是由债券发行人主动发起的，回售则是由债券持有人（投资者）主动发起的。

2. 可转换债券的性质

可转换债券的性质可归纳为"三性"——债性、股性、可转换性，下面就依次介绍。

一是债性。 可转换债券首先是一种债券，属于固定收益类证券的范畴，具有事前确定的债券期限和票面利率，在转换成股票之前，为债券持有人提供稳定的利息收入以及还本保证。同时，在债券发行人的资产负债表上，尚未转股的可转换债券属于企业负债，计入"应付债券"会计科目。因此，在对可转换债券定价时，信用风险是一个重要的风险因素，违约概率和违约回收率是重要的风险因子，忽略或低估信用风险则会高估可转换债券的价格。

二是股性。 可转换债券为债券持有人提供了转换为股票从而成为公司股东的权利，这种权利具有期权的特征，也就是债券持有人可以行使权利，将可转换债券转换成股票，也可以放弃权利，持有债券至到期。因此，可转换债券包含股票看涨期权的特点，通过持有可转换债券可以获取股价上涨带来的收益，可转换债券也被视为股票期权的一种延伸。

三是可转换性。 可转换性是可转换债券的重要标志，也是连通"债性"与"股性"的桥梁与纽带，债券持有人可以按约定的条件将债券转换成股票，并且转换的条款在债券发行时就已经明确约定。此外，债券转股票的权利（简称"转股权"）是可转换债券持有人独有的、普通债券根本不具备的一种特殊选择权。

3. 可转换债券市场

自从 1843 年美国纽约伊利铁路公司（Erie Railroad Company）发行世界上首只可转换债券，经过 170 多年的不断发展，目前在美国、欧盟、日本等成熟金融市场中，可转换债券已经成为不可或缺的重要组成部分，为提升企业竞争力、繁荣金融市场起到了积极的推动作用。

在 A 股市场，可转换债券经历了近 40 年的发展历程，并且可以划分为 3 个发展阶段——探索期、试点期和成熟期。

第 1 个阶段：可转换债券的探索期（1992 年至 1996 年）

在 20 世纪 90 年代初，少数 A 股上市公司就开始尝试运用可转换债券解决自身的融资问题。

1992 年 11 月，上市公司深圳市宝安企业（集团）股份有限公司（现已更名为"中国宝安集团股份有限公司"）发行"宝安转债"，这是 A 股市场首只可转换债券，但之后因为"宝安转债"转股失败，导致 A 股市场的可转换债券试点工作在短时期内陷于停滞。

1993 年 11 月，上市公司中国纺织机械股份有限公司（现已更名为"上海中毅达股份有限公司"）尝试发行了 3500 万瑞士法郎的 B 股可转换债券，但由于公司业绩不佳以及 B 股整体走弱而导致股票价格和转股价格相去甚远，直到债券到期日都没有一张债券成功转股，发行人只得偿还全部本息并承担汇兑损失。

1995 年 6 月，上市公司中国南方玻璃股份有限公司（现已更名为"中国南玻集团股份有限公司"）另辟蹊径，尝试在海外市场——瑞士债券市场以私募方式发行 4500 万美元可转换债券，最终转股比例达到 71.69%，剩余的债券由于股价下跌无法转股而只能回售。

发行可转换债券的早期试点从不同的角度、以不同的方式为可转换债券的运作积累了丰富的经验和教训，为后续的大规模推广打下了基础。

第 2 个阶段：可转换债券的试点期（1997 年至 2005 年）

在 1997 年 3 月，国务院颁布了《可转换公司债券管理暂行办法》，这是可转换债券市场首个规范性文件；同年，国务院决定在 500 家重点国有未上市公司中进行可转换债券的试点工作，发行总规模暂定为 40 亿元。

1998 年两家试点国有未上市公司的可转换债券——"南化转债"和"丝绸转债"分别在上海证券交易所和深圳证券交易所上市，标志着 A 股市场的可转换债券发行正式拉开了序幕。

2001 年中国证监会接连颁布《上市公司发行可转换公司债券实施办法》《关于做好上市公司可转换公司债券发行工作的通知》以及《上市公司发行可转换公司债券申请文件》《可转换公司债券募集说明书》《可转换公司债券上市公告书》等 3 个配套文件，连同 1997 年国务院颁布的《可转换公司债券管理暂行办法》，共同构成了可转换债券市场相对完备的监管制度体系，从政策上保证和强调了可转换债券合法的市场地位，成为上市公司后续可转换债券发行热潮的助推器。

自 2001 年开始，市场出现了很大的改观，发行可转换债券的公司数量迅速攀升，发行规模不断扩大，2002 年仅有 5 家公司发行，发行规模为 41.5 亿元；2004 年就增加至 12 家，发行规模扩大至 209.03 亿元。

第 3 个阶段：可转换债券的成熟期（2006 年至今）

2006 年 4 月《上市公司证券发行管理办法》颁布，同时《可转换公司债券管理暂行办法》《上市公司发行可转换公司债券实施办法》《关于做好上市公司可转换公司债券发行工作的通知》全部废止，可转换债券的发行规则与股票的发行规则合并为同一个文件；在随后的 2008 年 10 月和 2020 年 2 月，《上市公司证券发行管理办法》经过两次修订，作为可转换债券市场概括性的规章一直沿用至今。

目前 A 股市场的可转换债券均在上海证券交易所和深圳证券交易所挂牌发行，因此，关于可转换债券发行、业务流程等实施细则由这两家交易所负责制订和完善。

此外，交易所提供了关于可转换债券的相关发行和交易数据，这里整理出 2010 年至 2020 年期间每年年末可转换债券的数量和存续金额，并且运用 Python 进行可视化（见图 14-1），具体的代码如下：

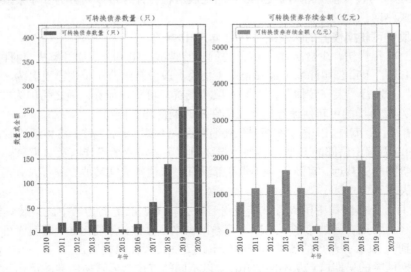

图 14-1　2010 年至 2020 年期间 A 股市场的可转换债券数量和存续规模

```
In [16]: data_CB=pd.read_excel('C:/Desktop/可转换债券数量和存续金额(2010年至2020年).xlsx',
sheet_name="Sheet1", header=0, index_col=0)    #导入可转换债券数据

In [17]: data_CB.plot(kind='bar',subplots=True,layout=(1,2),figsize=(9,6),grid=True,fontsize=
13)  #可视化
    ...: plt.subplot(1,2,1)     #针对第1张子图
    ...: plt.ylabel(u'数量或金额', fontsize=11)         #增加纵坐标标签
Out[17]:
```

从图14-1可以看到，A股市场的可转换债券数量和存续规模虽然在2015年出现了断崖式下跌，但在2016年就出现了反弹，并且从2018年至今屡创历史新高。

14.2.2 可转换债券的定价

1. 关于定价的技术细节

针对可转换债券的定价有多种方法，下面就介绍在实践中被广泛运用的一种定价方法。假定本金为 L、期限为 T 的一份可转换债券，设定可转换债券的转股比例为 X，即一份可转换债券可以转换为 X 股股票，股票初始价格是 S_0，σ 表示股票收益率的年化波动率，为了便于分析暂不考虑股票的期间收益（股息）以及债券的回售。具体定价过程分为两个步骤。

第1步：对可转换债券发行人的股票价格进行建模。股票价格服从的随机过程可以通过修正后的二叉树模型来表达，同时将可转换债券的期限设定为二叉树模型的期限并且是 N 步。在每个步长为 Δt 的时间区间内，可转换债券存在一定的违约概率。同时，根据14.1节介绍的默顿模型，当发行人出现违约时股票价格就变为0，可转换债券在违约时也会存在一个违约回收率 R，因此违约发生时的债券价值就等于 LR。

同时，针对二叉树的每个节点，约定如下的参数：
（1）在时间区间 Δt 内，股票价格按比率 u 上涨，上涨概率为 P_u；
（2）在时间区间 Δt 内，股票价格按比率 d 下跌，下跌概率为 P_d；
（3）在时间区间 Δt 内，债券发生违约的概率为 PD。
在修正后的二叉树模型中，相关的参数表达式如下：

$$u = e^{\sqrt{(\sigma^2 - \lambda)\Delta t}} \tag{14-4}$$

$$d = \frac{1}{u} \tag{14-5}$$

$$P_u = \frac{e^{r\Delta t} - d e^{-\lambda \Delta t}}{u - d} \tag{14-6}$$

$$P_d = \frac{u e^{-\lambda \Delta t} - e^{r\Delta t}}{u - d} \tag{14-7}$$

$$PD = 1 - P_u - P_d = 1 - e^{-\lambda \Delta t} \tag{14-8}$$

其中，参数 λ 是7.5.3节所讨论的连续复利的年化违约概率，r 是连续复利的无风险收益率。同时为了保证式（14-4）有解，需要满足 $\sigma^2 - \lambda > 0$，此外 $P_u + P_d + PD = 1$。

第2步：运用二叉树模型的原理对可转换债券进行定价。依然采用逆向归纳法，从二叉树的最后一列节点从后往前计算。

需要注意两点：一是在债券可允许被转换为股票的每个节点上，应当检验债券转换为股票是否为

最优的决策；二是在债券可允许被赎回的节点上，应当检验债券发行人将债券赎回是否为最优的决策。

因此，假定在某个节点上债券既可以允许转换为股票、又可以允许赎回，最优决策实质上就等价于在节点上对债券价值 V 取值如下：

$$V = \max\left[\min(Q_1, Q_2), Q_3\right] \tag{14-9}$$

其中 Q_1 代表通过逆向归纳法得到的在节点上未被转换为股票且未被赎回的债券价值。如果是到期日的节点，则 Q_1 为债券到期日的本金和最后一期票面利息，Q_2 为债券赎回价格，Q_3 为转换成股票的价值。显然，这样就大大提高了可转换债券定价的复杂性。

下面，通过一个相对简单的案例阐述如何利用修正后的二叉树模型对可转换债券进行定价。

2. 一个案例

【例 14-2】假定由 A 公司发行每份面值 L 是 100 元、期限 T 是 9 个月（0.75 年）的零息可转换债券。在债券的存续期内，债券持有人允许将 1 份可转换债券转换为 2 股 A 公司的股票（$X = 2$），同时 A 公司可以在债券存续期的任意时刻以 110 元的价格从债券持有人手中将债券赎回（$Q_2 = 110$）。A 公司股票的最初价格 S_0 是 50 元/股，股票收益率的年化波动率 σ 是 20%，同时股票不分配股息，公司连续复利的年化违约概率 λ 是 1%，连续复利的无风险收益率 r 是 5%。假定在违约发生时，债券违约回收率 R 等于 40%，也就是每份债券的违约回收价值为 40 元。图 14-2 显示了用于对可转换债券定价的二叉树树形结构，并且共有 3 步（$\Delta t = 0.25$）。

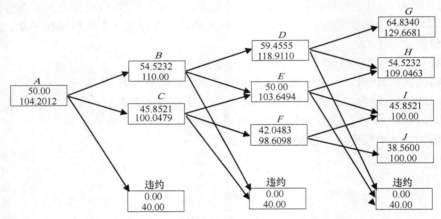

图 14-2 用于对可转换债券定价的 3 步二叉树树形结构
（每个节点方框内上方数值代表股票价格，下方数值代表可转换债券价值）

根据设定的相关变量，计算得到如下相关参数：

$$u = e^{\sqrt{(\sigma^2 - \lambda)\Delta t}} = e^{\sqrt{(20\%^2 - 1\%) \times 0.25}} = 1.0905$$

$$d = 1/u = 1/1.0905 = 0.917$$

$$P_u = \frac{e^{r\Delta t} - de^{-\lambda\Delta t}}{u - d} = \frac{e^{5\% \times 0.25} - 0.917 e^{-1\% \times 0.25}}{1.0905 - 0.917} = 0.5641$$

$$P_d = \frac{ue^{-\lambda\Delta t} - e^{r\Delta t}}{u - d} = \frac{1.0905 e^{-1\% \times 0.25} - e^{5\% \times 0.25}}{1.0905 - 0.917} = 0.4334$$

同时，当 A 公司发生违约时，也就是图 14-2 中最下方的节点，此时的概率（违约概率）为 $PD = 1 - e^{-1\% \times 0.25} = 0.0025$。在违约节点上，股票价格是 0 元，可转换债券价值是 40 元。

结合上面的这些参数，采用逆向归纳法依次计算每个节点上的股票价格和可转换债券价值，计算结果保留至小数点后 4 位，一共分为 4 个步骤。

第 1 步，考虑二叉树的最后一列节点，也就是可转换债券的到期日，共有 4 个节点（不含债券违约的节点），具体如下。

在节点 G 上，股价等于 $S_0 u^3 = 64.8340$ 元，在该节点上债券将被转换为股票。因为转换后的价值是 2 股股票价值即 $Q_3 = 129.6681$ 元，如果不转换为股票，债券会被发行人以 110 元的赎回价格赎回（$Q_2 = 110$），显然转换为股票是最优选择。同时，零息债券到期时的本金是 100 元（$Q_1 = 100$），根据表达式（14-9），债券价值就是转换为股票以后的价值 129.6681 元。

在节点 H 上，股价等于 $S_0 u^2 d = 54.5232$ 元，在该节点上债券也将被转换为股票。如果不转换为股票，由于没有触及赎回价格 110 元，债券持有人只能取得债券本金 100 元（零息债券），因此转换为股票也是最优选择，债券价值就是 109.0463 元。

在节点 I 上，股价等于 $S_0 u d^2 = 45.8521$ 元，在该节点上债券将不会被转换为股票，同时不可能被赎回，因此债券价值就是本金 100 元。

在节点 J 上，股价等于 $S_0 d^3 = 38.5600$ 元，显然债券既不会被转换为股票又不会被赎回，债券价值依然是本金 100 元。

第 2 步，考虑二叉树倒数第 2 列的 3 个节点（依然不含债券违约的节点），具体如下。

在节点 D 上，股价等于 $S_0 u^2 = 59.4555$ 元。同时，针对可转换债券的价值，需要依次计算以下 3 个价值。

价值 1：未被转换为股票、未被赎回的债券价值 Q_1。该价值就是最后一列节点 G、H 和违约节点上债券价值以概率为权重的期望值并且进行贴现，具体计算如下：

$$Q_1 = (0.5641 \times 129.6681 + 0.4334 \times 109.0463 + 0.0025 \times 40) e^{-0.25 \times 5\%} = 119.0096 \text{（元）}$$

价值 2：债券赎回价格 Q_2，也就是 110 元。

价值 3：转换为股票的价值 Q_3，也就是 2 股股票价值 $2 \times 59.4555 = 118.9110$ 元。

因此，根据表达式（14-9），该节点债券的价值就等于 118.9110 元。

根据相同的计算逻辑，在节点 E 上，股价等于 $S_0 u d = 50$ 元，转换为股票的价值 $Q_3 = 100$ 元；同时，未被转换为股票、未被赎回的债券价值 Q_1 是最后一列节点 H、I 和违约节点上债券价值以概率为权重的期望值并贴现，可以计算得到 $Q_1 = 103.6494$ 元；而债券赎回价格 $Q_2 = 110$ 元。因此，该节点债券的价值等于 103.6494 元。

在节点 F 上，股价等于 $S_0 d^2 = 42.0483$ 元，转换为股票的价值 $Q_3 = 84.0965$ 元；未被转换为股票、未被赎回的债券价值 Q_1 是最后一列节点 I、J 和违约节点上债券价值以概率为权重的期望值并贴现，计算得到 $Q_1 = 98.6098$ 元；债券赎回价格 $Q_2 = 110$ 元。因此，该节点债券的价值等于 98.6098 元。

第 3 步，考虑二叉树第 2 列的 2 个节点（依然不含债券违约的节点），具体如下。

在节点 B 上，股价等于 $S_0 u = 54.5232$ 元，转换为股票的价值 $Q_3 = 109.0463$ 元；未被转换为股票、未被赎回的债券价值 Q_1 是倒数第 2 列节点 D、E 和违约节点上债券价值以概率为权重的期望值并贴现，计算得到 $Q_1 = 110.7070$ 元；债券赎回价格 $Q_2 = 110$ 元。因此，该节点债券的价值等于 110 元，也就意味着债券会被发行人赎回。

在节点 C 上，股价等于 $S_0d = 45.8521$ 元，转换为股票的价值 $Q_3 = 91.7042$ 元；未被转换为股票、未被赎回的债券价值 Q_1 是倒数第 2 列节点 E、F 和违约节点上债券价值以概率为权重的期望值并贴现，计算得到 $Q_1 = 100.0479$ 元；债券赎回价格 $Q_2 = 110$ 元。因此，该节点债券的价值等于 100.0479 元。

第 4 步，考虑二叉树第 1 列的节点 A。 在该节点上，股价就是初始股价 $S_0 = 50$ 元，转换为股票的价值 $Q_3 = 100$ 元；未被转换为股票、未被赎回的债券价值 Q_1 是第 2 列节点 B、C 和违约节点上债券价值以概率为权重的期望值并贴现，可以计算得到 $Q_1 = 104.2012$ 元；债券赎回价格 $Q_2 = 110$ 元。因此，可转换债券的初始价值就是 104.2012 元。

通过这个案例，不难发现针对可转换债券的定价会比 11.5 节讨论的美式期权定价更加复杂，考虑的因素也会更多。

3. 矩阵运算思路及 Python 代码

为了便于 Python 代码的编写以及提升代码运行的效率，参考 11.5.3 节的内容，也采用矩阵运算处理可转换债券定价。

首先，将 N 步二叉树模型中每个节点的股票价格放置在 $N+1$ 行、$N+1$ 列的矩阵中并且将矩阵设为 S，需要注意该矩阵是一个上三角矩阵。具体如下：

$$S = \begin{bmatrix} S_0 & S_0u & \cdots & S_0u^{N-1} & S_0u^N \\ 0 & S_0d & & S_0u^{N-2}d & S_0u^{N-1}d \\ \vdots & \vdots & & \vdots & \vdots \\ 0 & 0 & \cdots & S_0d^{N-1} & S_0ud^{N-1} \\ 0 & 0 & & 0 & S_0d^N \end{bmatrix} \tag{14-10}$$

在以上的股票价格矩阵 S 中，第 1 列的非零元素代表可转换债券初始日（0 时刻）节点的股票价格，第 2 列的非零元素代表在 Δt 时刻节点的股票价格，以此类推，最后一列的非零元素代表在 $N\Delta t$ 时刻（T 时刻）节点的股票价格。

其次，根据股票价格矩阵 S，可以计算得到在可转换债券到期日的债券价值并且将其放置在 $N+1$ 行、$N+1$ 列矩阵的第 $N+1$ 列中，第 1 列至第 N 列的元素暂时设为 0，该矩阵用 C 表示，具体如下：

$$C = \begin{bmatrix} 0 & 0 & & 0 & \max[\min(Q_1,Q_2), XS_0u^N] \\ 0 & 0 & \cdots & 0 & \max[\min(Q_1,Q_2), XS_0u^{N-1}d] \\ \vdots & \vdots & & \vdots & \vdots \\ 0 & 0 & & 0 & \max[\min(Q_1,Q_2), XS_0ud^{N-1}] \\ 0 & 0 & & 0 & \max[\min(Q_1,Q_2), XS_0d^N] \end{bmatrix} \tag{14-11}$$

式（14-11）中的 X 代表 1 份可转换债券转换为股票的股数（转股比例）。然后，根据矩阵 C 第 $N+1$ 列元素以及债券违约后的价值，可以依次得出矩阵 C 第 N 列非零元素、第 $N-1$ 列非零元素……第 1 列非零元素，而该矩阵第 1 行、第 1 列的元素就是可转换债券初始日的价值。

基于以上的矩阵运算思路，需要通过 Python 自定义一个计算可转换债券价值的函数，具体的代码如下：

```
In [18]: def value_CB(S,sigma,par,X,Lambda,r,R,Q2,T,N):
    ...:     '''定义一个运用N步二叉树模型计算可转换债券（可转债）价值的函数，
    ...:     同时假定可转债是一份零息债券
```

```
   ...:     S: 代表股票的初始价格（当前价格）。
   ...:     sigma: 代表股票收益率的年化波动率。
   ...:     par: 代表可转债本金。
   ...:     X: 代表1份可转债转换为股票的股数（转股比例）。
   ...:     Lambda: 代表连续复利的年化违约概率。
   ...:     r: 代表连续复利的无风险收益率。
   ...:     R: 代表可转债违约时的回收率。
   ...:     Q2: 代表可转债的赎回价格。
   ...:     T: 代表可转债的期限（年）。
   ...:     N: 代表二叉树模型的步数'''
   ...:     #为了更好地理解代码编写的逻辑，具体分为以下3个步骤
   ...:     #第1步是计算相关参数
   ...:     t=T/N                                          #计算每一步步长期限（年）
   ...:     u=np.exp(np.sqrt((pow(sigma,2)-Lambda)*t))     #计算股价上涨时的比例
   ...:     d=1/u                                          #计算股价下跌时的比例
   ...:     Pu=(np.exp(r*t)-d*np.exp(-Lambda*t))/(u-d)     #计算股价上涨的概率
   ...:     Pd=(u*np.exp(-Lambda*t)-np.exp(r*t))/(u-d)     #计算股价下跌的概率
   ...:     P_default=1-np.exp(-Lambda*t)                  #计算违约的概率
   ...:     D_value=par*R                                  #可转债违约时的回收价值
   ...:     CB_matrix=np.zeros((N+1,N+1))                  #构建N+1行、N+1列的零矩阵，用于后
续存放每个节点的可转债价值
   ...:     #第2步是计算可转债到期时节点的股价与债券价值
   ...:     N_list=np.arange(0,N+1)                        #创建从0到N的自然数数列（数组格式）
   ...:     S_end=S*pow(u,N-N_list)*pow(d,N_list)          #计算可转债到期时节点的股价（按照节点从上往下排序）
   ...:     Q1=par                                         #可转债到期时的本金（不转股、不赎回）
   ...:     Q3=X*S_end                                     #可转债到期时转换为股票的价值
   ...:     CB_matrix[:,-1]=np.maximum(np.minimum(Q1,Q2),Q3)    #计算可转债到期时节点的债券价值
（按照节点从上往下排序）
   ...:     #第3步是计算可转债非到期时节点的股价与债券价值
   ...:     i_list=list(range(0,N))                        #创建从0到N-1的自然数数列（列表格式）
   ...:     i_list.reverse()                               #将列表的元素由大到小排序（从N-1到0）
   ...:     for i in i_list:
   ...:         j_list=np.arange(i+1)                      #创建从0到i的自然数数列（数组格式）
   ...:         Si=S*pow(u,i-j_list)*pow(d,j_list)         #计算在iΔt时刻节点的股价（按照节点从上往下排序）
   ...:         Q1=np.exp(-r*t)*(Pu*CB_matrix[:i+1,i+1]+Pd*CB_matrix[1:i+2,i+1]+ P_
default*D_value)    #计算在iΔt时刻节点不转股、不赎回时的债券价值
   ...:         Q3=X*Si                                    #计算在iΔt时刻节点转换为股票的价值
   ...:         CB_matrix[:i+1,i]=np.maximum(np.minimum(Q1,Q2),Q3)    #计算在iΔt时刻节点的
可转债价值
   ...:     V0=CB_matrix[0,0]                              #可转债的初始价值
   ...:     return V0
```

通过以上自定义函数 value_CB，只需要输入股票当前价格、股票收益率的年化波动率、可转换债券本金、转股比例、连续复利的年化违约概率、无风险收益率、债券违约回收率、债券的赎回价格、债券期限以及二叉树模型步数等参数，就可以快速计算出可转换债券的初始价值。

将以上自定义函数运用于例14-2直接计算可转换债券的初始价值，具体的代码如下：

```
In [19]: tenor=9/12              #可转换债券的期限
   ...:  step1=3                 #二叉树模型的步数为3步

In [20]: S0=50                   #股票的初始价格
   ...:  sigma_A=0.2             #股票收益率的年化波动率
   ...:  par_CB=100              #可转换债券的本金
   ...:  share=2                 #每份可转换债券转换为股票的数量（转股比例）
```

```
In [21]: Lambda_A=0.01            #连续复利的年化违约概率
    ...: rate=0.05                #连续复利的无风险收益率
    ...: R_A=0.4                  #违约回收率
    ...: Q2_A=110                 #可转换债券的赎回价格

In [22]: V1_CB=value_CB(S=S0,sigma=sigma_A,par=par_CB,X=share,Lambda=Lambda_A,r=rate,R=R_A,Q2=Q2_A,T=tenor,N=step1)   #计算可转换债券的初始价值（3步二叉树模型）
    ...: print('运用三步二叉树模型计算可转换债券初始价值',round(V1_CB,4))
运用三步二叉树模型计算可转换债券初始价值 104.2012
```

通过自定义函数计算得到的可转换债券初始价值的金额与前面通过4个步骤计算得到的结果完全吻合。下面，将二叉树模型的步数依次调整为100步和300步，从而更精确地计算可转换债券的初始价值，具体的代码如下：

```
In [23]: step2=100                             #将二叉树模型的步数调整为100步

In [24]: V2_CB=value_CB(S=S0,sigma=sigma_A,par=par_CB,X=share,Lambda=Lambda_A,r=rate,R=R_A,Q2=Q2_A,T=tenor,N=step2)   #计算可转换债券的初始价值（100步二叉树模型）
    ...: print('运用100步二叉树模型计算可转换债券初始价值',round(V2_CB,4))
运用100步二叉树模型计算可转换债券初始价值 103.69

In [25]: step3=300                             #将二叉树模型的步数调整为300步

In [26]: V3_CB=value_CB(S=S0,sigma=sigma_A,par=par_CB,X=share,Lambda=Lambda_A,r=rate,R=R_A,Q2=Q2_A,T=tenor,N=step3)   #计算可转换债券的初始价值（300步二叉树模型）
    ...: print('运用300步二叉树模型计算可转换债券初始价值',round(V3_CB,4))
运用300步二叉树模型计算可转换债券初始价值 103.5598
```

根据以上输出的结果可以判断出，通过二叉树模型计算得到的可转换债券初始价值约等于103.56元。

14.3 期货期权

到目前为止，本书所讨论的期权，期权的基础资产均是现货资产，因此这类期权也称为**现货期权**（spot options）。而本节将讨论基础资产是期货的期权，此类期权就是期货期权。

14.3.1 期货期权的概况

1. 定义和类型

期货期权（futures options）提供给期权多头在将来某一时刻以事先约定的期货价格持有期货头寸的权利。期货期权也分为看涨期货期权和看跌期货期权。

看涨期货期权提供给期权多头在将来某时刻以事先约定的期货价格持有标的期货多头头寸的权利；当看涨期货期权被行权时，期权多头就获得标的期货多头头寸以及金额等于最新期货结算价减去行权价格的现金。

看跌期货期权提供给期权多头在将来某时刻以事先约定的期货价格持有标的期货空头头寸的权利；当看跌期货期权被行权时，期权多头就获得标的期货空头头寸以及金额等于行权价格减去最新期货结算价的现金。

期货期权按照行权方式也可以划分为欧式期权与美式期权，并且大多数期货期权属于美式期权，也就是期权多头在合约存续期内可以提前行权。

2. 选择期货期权的原因

基于以下的 5 个原因，投资者会偏好于选择交易期货期权而不是现货期权。

原因 1：更高的流动性。也就是在大多数情形下，期货合约比现货基础资产的流动性更高，更容易交易。

原因 2：价格的可获得性。由于期货合约交易很活跃，因此投资者比较容易获取期货的价格，而获取现货基础资产的公允价格有时则比较困难。

原因 3：交易的便利性。一是商品期货的交易往往比直接交易商品本身更容易。例如，在市场上，对生猪期货进行交易比对生猪本身进行交易更便捷[1]。二是对期货期权的行权通常不会触发对期货基础资产（现货）的交割，因为在多数情形下期货合约将在合约到期日之前被平仓。

原因 4：交易场所的一致性。通常而言，期货期权与标的期货合约往往会在同一个交易所挂牌交易，这就给以套期保值、套利或投机为交易动机的市场投资者带来了便利，也提升了市场的有效性。

原因 5：交易费用的低廉性。在许多情形下，期货期权的交易费用比现货期权更低。

3. 期货期权市场

美国商品期货交易委员会（Commodity Futures Trading Commission，CFTC）在 1982 年批准了期货期权的试点交易，并在 5 年后的 1987 年，永久性批准了这类期权交易。从那时起，期货期权合约就日益受到投资者的青睐。

2017 年 3 月 31 日大连商品交易所成功推出了首个商品期权也是首个期货期权合约——豆粕期权，此后各期货交易所陆续推出了白糖期权、玉米期权、棉花期权、沪铜期权、橡胶期权等期货期权合约。截至 2020 年年末，挂牌交易的期货期权合约品种共计 18 个，并且以美式期权为主。表 14-2 整理了截至 2020 年年末已经挂牌交易的期货期权合约信息。

表 14-2　截至 2020 年年末已经挂牌交易的期货期权合约信息

上市交易所	合约名称	标的期货合约（基础资产）	期权类型	首批合约上市日
大连商品交易所	豆粕期权	豆粕期货	美式期权	2017 年 3 月 31 日
	玉米期权	玉米期货	美式期权	2019 年 1 月 28 日
	铁矿石期权	铁矿石期货	美式期权	2019 年 12 月 9 日
	液化石油气期权	液化石油气期货	美式期权	2020 年 3 月 30 日
	聚乙烯期权	聚乙烯期货	美式期权	2020 年 7 月 6 日
	聚氯乙烯期权	聚氯乙烯期货	美式期权	2020 年 7 月 6 日
	聚丙烯期权	聚丙烯期货	美式期权	2020 年 7 月 6 日
郑州商品交易所	白糖期权	白糖期货	美式期权	2017 年 4 月 19 日
	棉花期权	棉花期货	美式期权	2019 年 1 月 28 日
	甲醇期权	甲醇期货	美式期权	2019 年 12 月 16 日
	PTA 期权	PTA 期货	美式期权	2019 年 12 月 16 日
	菜粕期权	菜粕期货	美式期权	2020 年 1 月 16 日
	动力煤期权	动力煤期货	美式期权	2020 年 6 月 30 日

---

[1] 2021 年 1 月 8 日，首个畜牧期货品种和活体交割品种——生猪期货在大连商品交易所成功挂牌上市。

续表

上市交易所	合约名称	标的期货合约（基础资产）	期权类型	首批合约上市日
上海期货交易所	铜期权	铜期货	欧式期权 美式期权	2018年9月21日
	天然橡胶期权	天然橡胶期货	美式期权	2019年1月28日
	黄金期权	黄金期货	欧式期权 美式期权	2019年12月19日
	铝期权	铝期货	美式期权	2020年8月10日
	锌期权	锌期货	美式期权	2020年8月10日

注：1. 表中的期权上市的交易所与期权基础资产（标的期货合约）上市的交易所是相同的。
2. 2020年8月3日，上海期货交易所对铜期权合约、黄金期权合约进行了修订，针对2021年11月16日之前挂牌的期货合约作为标的期货合约的期权，行权方式采用欧式，因此属于欧式期权；2021年11月16日之后新挂牌的期货合约作为标的期货合约的期权，行权方式则采用美式，属于美式期权。
数据来源：大连商品交易所、郑州商品交易所、上海期货交易所。

下面就以大连商品交易所挂牌交易的豆粕期权合约作为例子，展示期货期权合约的要素信息，具体详见表14-3。

表14-3 大连商品交易所挂牌交易的豆粕期权合约要素信息

合约要素	要素的具体说明
合约标的（基础资产）	在大连商品交易所挂牌交易的豆粕期货合约
合约单位	10吨
合约类型	美式看涨期权，美式看跌期权
交易单位	1手豆粕期货合约
报价单位	元/吨
最小变动价位	0.5元/吨
涨跌停板幅度	与豆粕期货合约涨跌停板幅度相同
合约月份	与上市标的期货合约相同，即1、3、5、7、8、9、11、12月
交易时间	每周一至周五上午9:00—11:30、下午13:30—15:00及交易所规定的其他时间
最后交易日	标的期货合约交割月前一个月的第5个交易日
到期日	同最后交易日
行权价格间距	行权价格≤2000元/吨，行权价格间距为25元/吨； 2000元/吨＜行权价格≤5000元/吨，行权价格间距为50元/吨； 行权价格＞5000元/吨，行权价格间距为100元/吨
行权方式	买方（多头）可在期权到期日前任一交易日的交易时间以及到期日15:30之前提交行权申请
交易代码	看涨期权：M-合约月份-C-行权价格； 看跌期权：M-合约月份-P-行权价格

数据来源：大连商品交易所。

14.3.2 欧式期货期权的定价——布莱克模型

费希尔·布莱克在1976年开创性地提出了计算欧式期货期权的定价模型，即**布莱克模型**（Black

model），这个模型与 11.3 节讨论的 BSM 模型有相似之处，下面就详细讨论布莱克模型。

1. 模型的技术细节

假定 F_0 表示当前的期货价格，K 表示期权的行权价格，r 表示连续复利的无风险收益率，σ 表示期货价格百分比变化（收益率）的年化波动率，T 表示期权的期限并且单位是年，$N(\cdot)$ 表示标准正态分布的累积分布函数。

同时，假设在风险中性世界，标的期货合约价格 F 服从如下的随机过程：

$$\mathrm{d}F = \sigma F \mathrm{d}x \qquad (14\text{-}12)$$

其中，$\mathrm{d}x$ 代表维纳过程，并且式（14-12）也表明期货价格的漂移率等于 0，关于维纳过程和漂移率的内容详见 8.3.2 节。

如果 c 代表欧式看涨期货期权价格，p 代表欧式看跌期货期权价格，则布莱克模型的表达式如下：

$$c = \mathrm{e}^{-rT}[F_0 N(d_1) - K N(d_2)] \qquad (14\text{-}13)$$

$$p = \mathrm{e}^{-rT}[K N(-d_2) - F_0 N(-d_1)] \qquad (14\text{-}14)$$

其中，

$$d_1 = \frac{\ln(F_0/K) + \sigma^2 T/2}{\sigma\sqrt{T}}$$

$$d_2 = \frac{\ln(F_0/K) - \sigma^2 T/2}{\sigma\sqrt{T}} = d_1 - \sigma\sqrt{T}$$

需要注意的是，在现实的金融市场，即使在对欧式现货期权定价时，与 BSM 模型相比，一些交易员也可能会更偏好于采用布莱克模型。理由是当现货期权的基础资产（比如黄金）存在期间收益或者便利收益时，利用布莱克模型就无须考虑期间收益或者便利收益，因为连续交易的期货价格已经包含这些变量，关于期间收益和便利收益的内容请参见 10.2.1 节。此外，布莱克模型也会在本章后面讨论的利率期权定价方面发挥重要的作用。

2. Python 自定义函数

下面就通过 Python 自定义一个运用布莱克模型计算欧式期货期权价格的函数，具体的代码如下：

```
In [27]: def Black_model(F,K,sigma,r,T,typ):
    ...:     '''定义一个运用布莱克模型计算欧式期货期权价格的函数
    ...:     F: 代表标的期货合约的当前价格。
    ...:     K: 代表期货期权的行权价格。
    ...:     sigma: 代表期货收益率的年化波动率。
    ...:     r: 代表连续复利的无风险收益率。
    ...:     T: 代表期货期权的剩余期限（年）。
    ...:     typ: 代表期货期权类型，输入 typ='call'表示看涨期货期权，输入其他则表示看跌期货期权'''
    ...:     from numpy import exp,log,sqrt           #从NumPy模块中导入exp、log和sqrt函数
    ...:     from scipy.stats import norm             #从SciPy的子模块stats中导入norm函数
    ...:     d1=(log(F/K)+pow(sigma,2)*T/2)/(sigma*sqrt(T))  #计算参数d1
    ...:     d2=d1-sigma*sqrt(T)                       #计算参数d2
    ...:     if typ=='call':                           #针对看涨期货期权
    ...:         price=exp(-r*T)*(F*norm.cdf(d1)-K*norm.cdf(d2))  #计算期货期权价格
    ...:     else:                                     #针对看跌期货期权
    ...:         price=exp(-r*T)*(K*norm.cdf(-d2)-F*norm.cdf(-d1))
    ...:     return price
```

通过以上自定义函数 Black_model，只需要输入期货价格、行权价格、期货波动率、无风险收益率、期权期限以及期权类型等参数，就可以迅速计算得出欧式期货期权的价格。

3. 一个案例

【例 14-3】2020 年 9 月 11 日 B 期货公司希望通过布莱克模型，计算在上海期货交易所交易的"黄金 2012 购 380""黄金 2012 沽 380"这两个期货期权合约的价格，关于合约的要素信息详见表 14-4。这两个期货期权合约的标的期货合约均是"黄金期货 AU2012 合约"，该期货合约上市日是 2019 年 11 月 18 日、到期日是 2020 年 12 月 15 日，关于黄金期货合约的介绍参见 10.1.2 节。

表 14-4　上海期货交易所交易的两个黄金期货期权合约要素

合约名称	合约代码	行权价格	期权类型	上市首日	到期日	标的期货合约
黄金 2012 购 380	AU2012C380	380 元/克	欧式看涨期货期权	2020 年 1 月 2 日	2020 年 11 月 24 日	黄金期货 AU2012 合约
黄金 2012 沽 380	AU2012P380	380 元/克	欧式看跌期货期权	2020 年 1 月 2 日	2020 年 11 月 24 日	黄金期货 AU2012 合约

数据来源：上海期货交易所。

2020 年 9 月 11 日期货合约的结算价是 420.36 元，期货合约的波动率通过 2019 年 11 月 18 日（期货合约上市日）至 2020 年 9 月 11 日期货合约日结算价计算，无风险收益率则运用当天的 3 个月期 Shibor 且报价是 2.697%。下面就通过 Python 计算黄金期货期权价格，具体分为两个步骤。

第 1 步：从外部导入存放 2019 年 11 月 18 日至 2020 年 9 月 11 日黄金期货 AU2012 合约日结算价数据的 Excel 文件，计算期货合约收益率的年化波动率。具体的代码如下：

```
In [28]: price_AU2012=pd.read_excel('C:/Desktop/黄金期货AU2012合约结算价（2019年11月18日至
2020年9月11日）.xlsx',sheet_name="Sheet1", header=0, index_col=0)    #导入黄金期货结算价的数据

In [29]: return_AU2012=np.log(price_AU2012/price_AU2012.shift(1))#计算期货合约每日收益率

In [30]: Sigma_AU2012=np.sqrt(252)*np.std(return_AU2012)    #计算期货合约收益率的年化波动率
   ...: Sigma_AU2012=float(Sigma_AU2012)                   #转换为浮点型数据
   ...: print('黄金期货AU2012合约收益率的年化波动率',round(Sigma_AU2012,4))
黄金期货AU2012合约收益率的年化波动率 0.1757
```

通过以上的计算，可以得到黄金期货 AU2012 合约收益率的年化波动率是 17.57%。

第 2 步：运用自定义函数 Black_model，分别计算"黄金 2012 购 380"和"黄金 2012 沽 380"期权合约的价格。具体的代码如下：

```
In [31]: import datetime as dt                #导入datetime模块

In [32]: t0=dt.datetime(2020,9,11)            #期货期权定价日
   ...: t1=dt.datetime(2020,11,24)            #期货期权到期日
   ...: tenor=(t1-t0).days/365                #期货期权的剩余期限

In [33]: strike=380                           #期货期权的行权价格
   ...: shibor_Sep11=0.02697                  #2020年9月11日的无风险收益率
   ...: price_Sep11=420.36                    #2020年9月11日期货结算价

In [34]: price_call=Black_model(F=price_Sep11,K=strike,sigma=Sigma_AU2012,r=shibor_Sep11,
T=tenor,typ='call')     #看涨期货期权价格
   ...: price_put=Black_model(F=price_Sep11,K=strike,sigma=Sigma_AU2012,r=shibor_Sep11,
T=tenor,typ='put')      #看跌期货期权价格
   ...: print('2020年9月11日黄金2012购380期权合约(看涨期货期权)的价格', round(price_call,4))
   ...: print('2020年9月11日黄金2012沽380期权合约(看跌期货期权)的价格', round(price_put,4))
2020年9月11日黄金2012购380期权合约（看涨期货期权）的价格 41.645
2020年9月11日黄金2012沽380期权合约（看跌期货期权）的价格 1.5051
```

通过布莱克模型计算得出 2020 年 9 月 11 日两个期货期权的价格分别是 41.645 元和 1.5051 元。这两个期货期权当日在上海期货交易所交易的收盘价分别是 40.5 元和 2.02 元，比较接近于模型计算的结果。

14.3.3 美式期货期权的定价——二叉树模型

对于美式期货期权而言，布莱克模型将不再适用，此时依然需要运用 11.5 节讨论的二叉树模型进行定价，并且依然以最基础的一步二叉树模型作为分析起点，最终过渡到 N 步二叉树模型。

1. 一步二叉树模型

假定在初始 0 时刻，F_0 是期货的初始价格，f 是期限为 T 的期货期权初始价值。从 0 时刻至期权到期日 T 时刻，期货价格上涨至 $F_0 u$ 的概率为 p，下跌至 $F_0 d$ 的概率为 $1-p$。其中，u 表示期货价格上涨时的比例并且 $u>1$，d 表示期货价格下跌时的比例并且 $d<1$。在 T 时刻，期货价格上涨对应的期货期权价值（收益）为 f_u，期货价格下跌对应的期货期权价值为 f_d。图 14-3 展示了一步二叉树的树形结构。

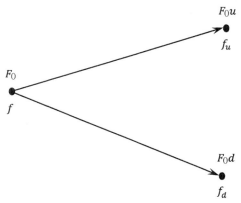

图 14-3　期货期权的一步二叉树树形结构
（节点上方的数值表示期货价格，
下方的数值表示期货期权价值）

构建的无风险投资组合依然包括 1 份期货期权空头头寸和 h 份标的期货多头头寸，并且假定期货合约的初始保证金比例为 k，则在初始 0 时刻，该无风险投资组合的价值 V_0 的表达式如下：

$$V_0 = hkF_0 - f \quad (14\text{-}15)$$

式（14-15）中的 hkF_0 表示持有 h 份标的期货多头头寸需要存放的初始保证金金额。同时假定期货合约初始保证金可以获得连续复利的无风险收益率为 r 的收益。

接下来就考察期货期权到期日，参考 11.4.1 节的做法，分以下两种情形。

情形 1：当期货价格上涨至 $F_0 u$。此时，投资组合价值 V_T 的表达式如下：

$$V_T = hkF_0 e^{rT} + h(F_0 u - F_0) - f_u \quad (14\text{-}16)$$

情形 2：当期货价格下跌至 $F_0 d$。此时，投资组合价值 V_T 的表达式如下：

$$V_T = hkF_0 e^{rT} + h(F_0 d - F_0) - f_d \quad (14\text{-}17)$$

根据无套利原理，式（14-16）和式（14-17）是等价的，经过整理就可以得到：

$$h = \frac{f_u - f_d}{F_0 u - F_0 d} \quad (14\text{-}18)$$

由于投资组合是无风险的，因此运用式（14-16）可以得出在初始 0 时刻该投资组合价值 V_0 新的表达式如下：

$$V_0 = V_T e^{-rT} = hkF_0 + e^{-rT}\left[h(F_0 u - F_0) - f_u\right] \quad (14\text{-}19)$$

结合式（14-15）和式（14-19），得到如下等式：

$$-f = e^{-rT}\left[h(F_0 u - F_0) - f_u\right] \quad (14\text{-}20)$$

将式（14-18）代入式（14-20）并且经过整理，就可以得到

$$f = \mathrm{e}^{-rT}\left[pf_u + (1-p)f_d\right] \tag{14-21}$$

其中，

$$p = \frac{1-d}{u-d} \tag{14-22}$$

$$1-p = \frac{u-1}{u-d} \tag{14-23}$$

式（14-22）、式（14-23）就分别给出了在风险中性世界，标的期货价格上涨的概率和下跌的概率。

2. N 步二叉树模型

运用 N 步二叉树模型对美式期货期权定价的技术细节与普通美式期权定价是比较类似的。

假定一个期限为 T、行权价格为 K 的美式期货期权，并将期货期权期限划分成 N 个长度均为 $\Delta t = T/N$ 的时间区间。在每一步的步长 Δt 时间区间内，标的期货价格上涨的比例 $u = \mathrm{e}^{\sigma\sqrt{\Delta t}}$，下跌的比例 $d = 1/u$，其中 σ 是期货收益率的波动率；期货价格上涨、下跌的概率由式（14-22）、式（14-23）给出。

在 $i\Delta t$ 时刻的第 j 个节点依然标记为 (i,j) 节点，其中 $i = 0,1,\cdots,N$，$j = 0,1,\cdots,i$。在期货期权合约初始日 $(0,0)$ 节点，标的期货价格为 F_0。

同样，在 $i\Delta t$ 时刻，二叉树最下方的节点为 $(i,0)$，次下方的节点为 $(i,1)$，以此类推，最上方的节点为 (i,i)。基础资产在 (i,j) 节点的价格等于 $F_0 u^j d^{i-j}$。

下面，令 $V_{i,j}$ 代表在 (i,j) 节点的期货期权价值。如果是看涨期货期权，则在期权到期日 T 时刻，各节点期权价值可以表示如下：

$$V_{N,j} = \max\left(F_0 u^j d^{N-j} - K, 0\right) \tag{14-24}$$

如果是看跌期货期权，则在期权到期日，各节点期权价值可以表示如下：

$$V_{N,j} = \max\left(K - F_0 u^j d^{N-j}, 0\right) \tag{14-25}$$

其中，式（14-24）和式（14-25）中的 $j = 0,1,\cdots,N$。

针对除期权到期日以外的节点 (i,j)，其中 $i = 0,1,\cdots,N-1$，$j = 0,1,\cdots,i$，节点的期权价值应当是在以下两种情形下计算得到的数值中的最大值。

情形 1：期权没有被提前行权。此时，期权价值等于 $\mathrm{e}^{-r\Delta t}\left[pV_{i+1,j+1} + (1-p)V_{i+1,j}\right]$。

情形 2：期权被提前行权。根据不同的期权类型得到期权行权后的收益：针对看涨期权，收益等于 $F_0 u^j d^{i-j} - K$；针对看跌期权，收益则等于 $K - F_0 u^j d^{i-j}$。

综合以上两种情形，对于美式看涨期权而言，在该节点上的价值如下：

$$V_{i,j} = \max\left\{\mathrm{e}^{-r\Delta t}\left[pV_{i+1,j+1} + (1-p)V_{i+1,j}\right], F_0 u^j d^{i-j} - K\right\} \tag{14-26}$$

对于美式看跌期权而言，在该节点上的价值如下：

$$V_{i,j} = \max\left\{\mathrm{e}^{-r\Delta t}\left[pV_{i+1,j+1} + (1-p)V_{i+1,j}\right], K - F_0 u^j d^{i-j}\right\} \tag{14-27}$$

运用递归算法，最终得到在 $(0,0)$ 节点的期权价值 $V_{0,0}$ 就是期货期权的初始价值。

3. Python 自定义函数

在运用 Python 自定义计算美式期货期权价值的函数时，依然参考 11.5 节关于普通美式期权定价的矩阵运算思路以及 Python 代码的编写规则，此外将美式期货期权按照看涨、看跌的期权类型分别进行自定义。

针对计算美式看涨期货期权价值的自定义函数，具体的代码如下：

```python
In [35]: def FutOption_call_Amer(F,K,sigma,r,T,N):
    ...:     '''定义运用N步二叉树模型计算美式看涨期货期权价值的函数
    ...:     F: 代表标的期货合约的当前价格。
    ...:     K: 代表期货期权的行权价格。
    ...:     sigma: 代表标的期货收益率的波动率（年化）。
    ...:     r: 代表连续复利的无风险收益率。
    ...:     T: 代表期货期权的期限（年）。
    ...:     N: 代表二叉树模型的步数'''
    ...:     t=T/N                              #计算每一步步长期限（年）
    ...:     u=np.exp(sigma*np.sqrt(t))         #计算标的期货价格上涨时的比例
    ...:     d=1/u                              #计算标的期货价格下跌时的比例
    ...:     p=(1-d)/(u-d)                      #计算标的期货价格上涨的概率
    ...:     call_matrix=np.zeros((N+1,N+1))    #创建N+1行、N+1列的零矩阵，用于后续存放每个节点的期货期权价值
    ...:     N_list=np.arange(0,N+1)            #创建从0到N的自然数数列（数组格式）
    ...:     F_end=F*pow(u,N-N_list)*pow(d,N_list)   #计算期权到期时节点标的期货价格（按照节点从上往下排序）
    ...:     call_matrix[:,-1]=np.maximum(F_end-K,0) #计算期权到期时节点的看涨期货期权价值（按照节点从上往下排序）
    ...:     i_list=list(range(0,N))            #创建从0到N-1的自然数数列（列表格式）
    ...:     i_list.reverse()                   #将列表的元素由大到小重新排序（从N-1到0）
    ...:     for i in i_list:
    ...:         j_list=np.arange(i+1)          #创建从0到i的自然数数列（数组格式）
    ...:         Fi=F*pow(u,i-j_list)*pow(d,j_list) #计算在iΔt时刻各节点上的标的期货价格（按照节点从上往下排序）
    ...:         call_strike=np.maximum(Fi-K,0) #计算提前行权时的期货期权收益
    ...:         call_nostrike=np.exp(-r*t)*(p*call_matrix[:i+1,i+1]+(1-p)*call_matrix[1:i+2,i+1]) #计算不提前行权时的期货期权价值
    ...:         call_matrix[:i+1,i]=np.maximum(call_strike,call_nostrike) #取提前行权时的期权收益与不提前行权时的期权价值中的最大值
    ...:     call_begin=call_matrix[0,0]        #美式看涨期货期权初始价值
    ...:     return call_begin
```

针对计算美式看跌期货期权价值的自定义函数，具体的代码如下：

```python
In [36]: FutOption_put_Amer(F,K,sigma,r,T,N):
    ...:     '''定义运用N步二叉树模型计算美式看跌期货期权价值的函数
    ...:     F: 代表标的期货合约的当前价格。
    ...:     K: 代表期货期权的行权价格。
    ...:     sigma: 代表标的期货收益率的波动率（年化）。
    ...:     r: 代表连续复利的无风险收益率。
    ...:     T: 代表期货期权的期限（年）。
    ...:     N: 代表二叉树模型的步数'''
    ...:     t=T/N                              #计算每一步步长期限（年）
    ...:     u=np.exp(sigma*np.sqrt(t))         #计算标的期货价格上涨时的比例
    ...:     d=1/u                              #计算标的期货价格下跌时的比例
    ...:     p=(1-d)/(u-d)                      #计算标的期货价格上涨的概率
    ...:     put_matrix=np.zeros((N+1,N+1))     #创建N+1行、N+1列的零矩阵，用于后续存放每个节点的
```

```
期货期权价值
   ...:     N_list=np.arange(0,N+1)           #创建从0到N的自然数数列(数组格式)
   ...:     F_end=F*pow(u,N-N_list)*pow(d,N_list)    #计算期权到期时节点的标的期货价格(按照节点
从上往下排序)
   ...:     put_matrix[:,-1]=np.maximum(K-F_end,0)   #计算期权到期时节点的看跌期货期权价值(按照
节点从上往下排序)
   ...:     i_list=list(range(0,N))           #创建从0到N-1的自然数数列(列表格式)
   ...:     i_list.reverse()                  #将列表的元素由大到小重新排序(从N-1到0)
   ...:     for i in i_list:
   ...:         j_list=np.arange(i+1)         #创建从0到i的自然数数列(数组格式)
   ...:         Fi=F*pow(u,i-j_list)*pow(d,j_list)   #计算在iΔt时刻各节点标的期货价格(按照节
点从上往下排序)
   ...:         put_strike=np.maximum(K-Fi,0)  #计算提前行权时的期货期权收益
   ...:         put_nostrike=np.exp(-r*t)*(p*put_matrix[:i+1,i+1]+(1-p)*put_matrix[1:
i+2,i+1])   #计算不提前行权时的期货期权价值
   ...:         put_matrix[:i+1,i]=np.maximum(put_strike,put_nostrike)   #取提前行权时的
期权收益与不提前行权时的期权价值中的最大值
   ...:     put_begin=put_matrix[0,0]         #美式看跌期货期权初始价值
   ...:     return put_begin
```

在以上自定义的函数 FutOption_call_Amer 和 FutOption_put_Amer 中，通过输入标的期货当前价格、期权的行权价格、无风险收益率、标的期货收益率的年化波动率、期权期限以及步数，就可以分别求出美式看涨、看跌期货期权的价值。

4. 一个案例

【例14-4】2020年11月5日C公司希望计算在大连商品交易所交易的"豆粕2103购3000""豆粕2103沽3000"期货期权合约的价值，关于合约的要素信息详见表14-5。该期货期权合约的标的期货合约均是"豆粕期货M2103合约"，该期货合约上市日是2020年3月16日、到期日是2021年3月12日。

表14-5　大连商品交易所交易的两个豆粕期货期权合约要素

合约名称	合约代码	行权价格/(元/吨)	期权类型	上市首日	到期日	标的期货合约
豆粕2103购3000	M2103-C-3000	3000	美式看涨期货期权	2020-03-17	2021-02-05	豆粕期货M2103合约
豆粕2103沽3000	M2103-P-3000	3000	美式看跌期货期权			

数据来源：大连商品交易所。

2020年11月5日期货合约的结算价是3221元，无风险收益率运用3个月期Shibor并且当天的报价是2.996%。下面，运用Python计算这两个期货期权的价值，具体分为以下两个步骤。

第1步：导入豆粕期货M2103合约日结算价的数据，并且计算期货合约收益率的年化波动率。具体的代码如下：

```
In [37]: price_M2103=pd.read_excel('C:/Desktop/豆粕期货M2103合约结算价(2020年3月16日至11月
5日).xlsx',sheet_name="Sheet1", header=0, index_col=0)      #导入豆粕期货结算价的数据

In [38]: return_M2103=np.log(price_M2103/price_M2103.shift(1))    #计算期货合约每日收益率

In [39]: Sigma_M2103=np.sqrt(252)*np.std(return_M2103)   #计算期货合约收益率的年化波动率
   ...: Sigma_M2103=float(Sigma_M2103)                   #转换为浮点型数据
   ...: print('豆粕期货M2103合约收益率的年化波动率',round(Sigma_M2103,4))
豆粕期货M2103合约收益率的年化波动率 0.1285
```

从以上的输出结果可以看到，豆粕期货 M2103 合约收益率的年化波动率等于 12.85%。

第 2 步：运用 Python 自定义函数 FutOption_call_Amer 和 FutOption_put_Amer，并且二叉树模型的步数设为 100 步，分别计算"豆粕 2103 购 3000""豆粕 2103 沽 3000"的价值。具体的代码如下：

```
In [40]: T_3M=3/12                          #豆粕期货期权的期限
    ...: strike=3000                        #豆粕期货期权的行权价格
    ...: shibor_Nov5=0.02996                #2020 年 11 月 5 日的无风险收益率
    ...: price_Nov5=3221                    #2020 年 11 月 5 日豆粕期货结算价
    ...: step=100                           #二叉树模型的步数

In [41]: value_Amercall=FutOption_call_Amer(F=price_Nov5,K=strike,sigma=Sigma_M2103, r=shibor_Nov5,T=T_3M,N=step)    #计算看涨期货期权的价值
    ...: value_Amerput=FutOption_put_Amer(F=price_Nov5,K=strike,sigma=Sigma_M2103, r=shibor_Nov5,T=T_3M,N=step)    #计算看跌期货期权的价值
    ...: print('2020 年 11 月 5 日豆粕 2103 购 3000 期权合约（美式看涨）的价值', round(value_Amercall,4))
    ...: print('2020 年 11 月 5 日豆粕 2103 沽 3000 期权合约（美式看跌）的价值', round(value_Amerput,4))
2020 年 11 月 5 日豆粕 2103 购 3000 期权合约（美式看涨）的价值 233.4664
2020 年 11 月 5 日豆粕 2103 沽 3000 期权合约（美式看跌）的价值 13.5038
```

通过以上的计算可以得出在 2020 年 11 月 5 日这两个期货期权的价值分别为 233.4664 元和 13.5038 元。相比之下，这两个期货期权当天在大连商品交易所交易的收盘价分别是 257.5 元和 23.5 元，市场的交易价格高于二叉树模型得到的期权价值。

14.4 利率期权

在 6.4 节、9.2 节以及 10.4 节，依次讨论了包括远期利率协议、利率互换、国债期货在内的**利率衍生产品**（interest rate derivatives）。本节将讨论另一种非常重要并且运用广泛的利率衍生产品——利率期权。

14.4.1 利率期权简介

利率期权，简而言之就是收益与利率变化挂钩的期权合约，包括利率上限期权、利率下限期权、利率双限期权以及利率互换期权等。

利率上限期权（interest rate cap，简称 cap），类似于看涨期权，是指多头向空头支付期权费后获得如下的权利：在未来一个或多个计息期，当市场利率高于约定的固定利率时，多头可以行使期权，空头需要支付市场利率高于约定固定利率的息差。利率上限期权适用于希望规避利率上升风险同时能受益于当前较低利率市场环境的投资者。

利率下限期权（interest rate floor，简称 floor），类似于看跌期权，是指多头向空头支付期权费后获得如下的权利：在未来一个或多个计息期，当市场利率低于约定的固定利率时，多头可以行使期权，空头需要支付约定固定利率高于市场利率的息差。利率下限期权适用于希望规避利率下降风险同时能享受当前较高利率条件的投资者。

利率双限期权（collar），也称**领式期权**或者**下限-上限协议**（floor-ceiling agreement），是利率上限期权与利率下限期权的组合，类似于 13.4 节介绍的期权组合策略。当投资者希望将利率控制在某一个区间内时，利率双限期权就是较好的选择。

利率互换期权（swap option）是以利率互换作为基础资产的期权合约。具体而言，利率互换期权赋予多头在未来某个时刻按照约定的互换利率获得一份利率互换合约的权利。

为了更好发挥利率衍生产品对实体经济的支持作用，进一步满足市场主体针对利率风险管理的需求，同时完善利率风险定价机制，经中国人民银行批复同意，全国银行间同业拆借中心于 2020 年 3 月 23 日起试运行利率期权，交易品种为挂钩 LPR 1Y/LPR 5Y 的利率互换期权、利率上限期权、利率下限期权，期权类型为欧式期权；在期权到期日，如果多头行使期权，针对利率互换期权采用实物交割方式，利率上限期权、利率下限期权则采用现金交割方式（由期权空头向多头支付期权收益）。

14.4.2 利率上限期权

为了能够更好地理解利率上限期权，首先引入一种名为**浮动利率票据**（floating rate note）的金融工具。

1. 浮动利率票据

在浮动利率票据中，假定支付的利率需要定期被重置为浮动利率 Shibor，两次利率重置时点之间的间隔期限被称为**票期**（tenor）。比如 2020 年 6 月 1 日是利率重置日，同年的 9 月 1 日是下一个利率重置日，则票期是 3 个月。现在，就以 3 个月票期为例，在浮动利率票据中，从初始 0 时刻开始计算的最初 3 个月（第 1 个票期）的利率就被设定为在 0 时刻的 Shibor；随后，从第 4 个月初开始计算的第 2 个票期所对应的利率等于第 4 个月初的 Shibor，以此类推，这一利率确定方式与 9.2 节讨论的利率互换比较类似。

利率上限期权就可以用于保证浮动利率票据中的浮动利率不会超过某个利率水平，这一利率水平被称为**上限利率**（cap rate），也就是利率上限期权的行权价格。下面讨论一个简单的案例。

【例 14-5】假定一份本金为 1 亿元、票期为 3 个月、期限为 5 年的浮动利率票据，该票据的浮动利率设定为 3 个月期 Shibor；同时，有一份利率上限期权，期权期限也是 5 年，上限利率（期权的行权价格）设定为 2%。注意，由于票期为 3 个月，该上限利率将是每 3 个月复利 1 次。因此，运用利率上限期权可以保证浮动利率票据中的浮动利率不会高于 2%。

假设 2020 年 8 月 6 日是该浮动利率票据的某一个利率重置日，当天 3 个月期 Shibor 报价为 2.6%，浮动利率票据在 3 个月后（2020 年 11 月 6 日）需支付的利息如下：

$$0.25 \times 2.6\% \times 100000000 = 650000 \text{（元）}$$

如果按照 2% 的上限利率计算本金为 1 亿元、票期为 3 个月的利息，则等于：

$$0.25 \times 2\% \times 100000000 = 500000 \text{（元）}$$

因此，利率上限期权的收益就是 650000 − 500000 = 150000 元。

在这里需要强调的是，利率上限期权的收益不是发生在观察到 Shibor 的重置日（2020 年 8 月 6 日），而是发生在 3 个月后的 2020 年 11 月 6 日，这一点反映了利率的观察时点与利率清算交割时点之间存在一个时间差，这也与利率互换类似。

继续讨论这个案例，在利率上限期权期限内的每一个利率重置日，确定期权收益需要分为两种情形。

情形 1：观察到的 Shibor ≤ 2%，在 3 个月以后利率上限期权的收益等于 0。

情形 2：观察到的 Shibor > 2%，在 3 个月以后利率上限期权的收益就等于：

$$0.25 \times (\text{Shibor} - 2\%) \times 1亿元$$

需要注意的是，在达成利率上限期权时，通常不考虑初始 0 时刻所观察到的浮动利率，也就是说即使初始 0 时刻观察到的浮动利率高于上限利率，在第 1 个利率重置日（比如在 0.25 年）也是不支付期权收益的，这是因为该浮动利率已经不存在不确定性。

沿用例 14-5，由于利率上限期权的期限是 5 年，因此总共有 19 个利率重置日，也就是在 0.25 年、0.5 年、0.75 年……4.75 年；同时有 19 个期权收益支付日，分别在 0.5 年、0.75 年、1 年……5 年。

2. 利率上限期权的解构

考虑一个期限为 T 的利率上限期权，合约本金为 L，上限利率（行权价格）为 R_K；利率上限期权的利率重置日分别为 $t_1, t_2, \cdots, t_N$，利率上限期权的收益支付日分别为 $t_2, t_3, \cdots, t_{N+1}$ 并且 $t_{N+1} = T$；R_i 表示在 t_i 时刻观察到的从 t_i 到 t_{i+1} 期间的浮动利率（比如 Shibor），其中 $i = 1, 2, \cdots, N$；同时定义 $\tau_i = t_{i+1} - t_i$，相当于浮动利率票据的票期。利率上限期权在 t_{i+1} 时刻的收益就等于：

$$L\tau_i \max(R_i - R_K, 0) \tag{14-28}$$

此外，上限利率 R_K 与浮动利率 R_i 的复利频次均等于利率重置的频次，比如每 3 个月重置 1 次利率，则复利频次就是每 3 个月复利 1 次。

仔细观察式（14-28）不难发现，利率上限期权的每期收益等价于以 t_i 时刻观察到的浮动利率作为基础资产、期权收益发生在 t_{i+1} 时刻的欧式看涨期权的收益。因此，一份利率上限期权实质上就等价于 N 个相似的欧式看涨期权所构造的投资组合。在该投资组合中，浮动利率的重置日分别为 $t_1, t_2, \cdots, t_N$，对应的期权合约收益日分别为 $t_2, t_3, \cdots, t_{N+1}$。构成利率上限期权的 N 个欧式看涨期权被称为**利率上限单元**（caplet）。

3. 利率上限期权的定价公式

参考 14.3.2 节的布莱克模型，即式（14-13），利率上限单元在初始 0 时刻的价值 *caplet* 就等于：

$$caplet = L\tau_i e^{-Rt_{i+1}} \left[F_i N(d_1) - R_K N(d_2) \right] \tag{14-29}$$

其中，

$$d_1 = \frac{\ln(F_i / R_K) + \sigma_i^2 t_i / 2}{\sigma_i \sqrt{t_i}}$$

$$d_2 = \frac{\ln(F_i / R_K) - \sigma_i^2 t_i / 2}{\sigma_i \sqrt{t_i}} = d_1 - \sigma_i \sqrt{t_i}$$

其中，$e^{-Rt_{i+1}}$ 代表连续复利的无风险收益率为 R 的贴现因子，它反映利率上限单元的收益发生在 t_{i+1} 时刻，而不是发生在 t_i 时刻；F_i 代表在初始 0 时刻观察到的从 t_i 时刻至 t_{i+1} 时刻期间的远期利率；σ_i 是 F_i 的波动率，该波动率实质是远期利率每日百分比变化的年化波动率。结合前文所讨论的，所有利率上限单元价值之和就等于利率上限期权的价值。

4. Python 自定义函数

由于计算利率上限期权价值的关键是计算利率上限单元的价值，因此下面就结合式（14-29）并通过 Python 自定义一个计算利率上限单元价值的函数，具体的代码如下：

```
In [42]: def caplet(L,R,F,Rk,sigma,t1,t2):
    ...:     '''定义一个计算利率上限单元价值的函数
    ...:     L: 代表利率上限单元的本金，也就是利率上限期权的本金。
```

```
   ...:     R：代表连续复利的无风险收益率。
   ...:     F：代表初始0时刻观察到的从ti时刻至ti+1时刻期间的远期利率。
   ...:     Rk：代表上限利率（行权价格）。
   ...:     sigma：代表远期利率的年化波动率。
   ...:     t1：代表ti时刻，以年为单位。
   ...:     t2：代表ti+1时刻，以年为单位'''
   ...: from numpy import exp,log,sqrt             #从NumPy模块导入exp、log和sqrt函数
   ...: from scipy.stats import norm               #从SciPy的子模块stats中导入norm函数
   ...: d1=(log(F/Rk)+0.5*pow(sigma,2)*t1)/(sigma*sqrt(t1))    #计算参数d1
   ...: d2=d1-sigma*sqrt(t1)                      #计算参数d2
   ...: tau=t2-t1                                  #计算ti时刻至ti+1时刻期间的期限长度
   ...: value=L*tau*exp(-R*t2)*(F*norm.cdf(d1)-Rk*norm.cdf(d2))  #利率上限单元价值
   ...: return value
```

在以上自定义的函数 caplet 中，依次输入利率上限单元本金、无风险收益率、远期利率、上限利率、远期利率的年化波动率以及相关时刻的参数，就可以计算出利率上限单元的价值。

5．一个案例

【例14-6】假定 D 企业在 2020 年 3 月 20 日从 E 银行借入了一笔本金为 1 亿元、期限为 1 年的浮动利率贷款，浮动利率设定为 3 个月期 Shibor，按季度支付利息，付息日分别是 2020 年 6 月 20 日、9 月 20 日、12 月 20 日和 2021 年 3 月 20 日，贷款发生日的 3 个月期 Shibor 报价等于 2.087%。

D 企业的财务部门担心未来 Shibor 出现上涨从而增加企业的贷款利息支出，因此在贷款发生日（2020 年 3 月 20 日）购买了一份期限为 1 年、上限利率为 2.2%、本金为 1 亿元的利率上限期权，利率上限期权的 Shibor 重置日与收益支付日见表 14-6。

表 14-6　利率上限期权的 Shibor 重置日与收益支付日

利率重置日	2020年6月20日	2020年9月20日	2020年12月20日
收益支付日	2020年9月20日	2020年12月20日	2021年3月20日

以国债到期收益率作为无风险收益率用于贴现，表 14-7 整理了 2020 年 3 月 20 日相关期限利率的数据和复利频次。

表 14-7　2020 年 3 月 20 日相关期限利率的数据和复利频次

期限	6个月期	9个月期	12个月期	复利频次
国债到期收益率	1.7049%	1.8499%	1.8682%	连续复利

数据来源：中国债券信息网。

下面运用 Python 计算 2020 年 3 月 20 日该利率上限期权的价值，这里暂不考虑实际天数的计息惯例，具体分为以下 3 个步骤。

第 1 步：导入 2019 年 1 月至 2020 年 3 月 20 日期间的 3 个月期、6 个月期、9 个月期和 12 个月期 Shibor 每日数据，计算相关远期利率的波动率。需要注意的是，在计算远期利率时需要运用 6.4.1 节的自定义函数 Rf。具体的代码如下：

```
In [43]: shibor_list=pd.read_excel('C:/Desktop/Shibor(2019年1月至2020年3月20日).xlsx',
   sheet_name="Sheet1", header=0, index_col=0)    #导入 Shibor 的数据
   ...: shibor_list.columns        #查看列名
Out[43]: Index(['SHIBOR(3M)', 'SHIBOR(6M)', 'SHIBOR(9M)', 'SHIBOR(12M)'], dtype='object')

In [44]: def Rf(R1,R2,T1,T2):                    #6.4.1节的自定义函数
```

```
   ...:     '''定义一个计算远期利率的函数
   ...:     R1: 表示对应期限为T1的零息利率。
   ...:     R2: 表示对应期限为T2的零息利率。
   ...:     T1: 表示对应于零息利率R1的期限长度（年）。
   ...:     T2: 表示对应于零息利率R2的期限长度（年）'''
   ...:     forward_rate=R2+(R2-R1)*T1/(T2-T1)          #计算远期利率
   ...:     return forward_rate

In [45]: FR1_list=Rf(R1=shibor_list['SHIBOR(3M)'],R2=shibor_list['SHIBOR(6M)'],T1=3/12,
T2=6/12)    #3个月后的远期3个月期Shibor
   ...: FR2_list=Rf(R1=shibor_list['SHIBOR(6M)'],R2=shibor_list['SHIBOR(9M)'],T1=6/12,
T2=9/12)    #6个月后的远期3个月期Shibor
   ...: FR3_list=Rf(R1=shibor_list['SHIBOR(9M)'],R2=shibor_list['SHIBOR(12M)'],T1=9/12,
T2=12/12)   #9个月后的远期3个月期Shibor

In [46]: return_FR1=np.log(FR1_list/FR1_list.shift(1))    #3个月后的远期3个月期Shibor的涨跌幅
（日收益率）
   ...: return_FR2=np.log(FR2_list/FR2_list.shift(1))    #6个月后的远期3个月期Shibor的涨跌幅
（日收益率）
   ...: return_FR3=np.log(FR3_list/FR3_list.shift(1))    #9个月后的远期3个月期Shibor的涨跌幅
（日收益率）

In [47]: sigma_FR1=np.sqrt(252)*return_FR1.std()   #3个月后的远期3个月期Shibor的年化波动率
   ...: sigma_FR2=np.sqrt(252)*return_FR2.std()   #6个月后的远期3个月期Shibor的年化波动率
   ...: sigma_FR3=np.sqrt(252)*return_FR3.std()   #9个月后的远期3个月期Shibor的年化波动率
   ...: print('3个月后的远期3个月Shibor的年化波动率',round(sigma_FR1,6))
   ...: print('6个月后的远期3个月Shibor的年化波动率',round(sigma_FR2,6))
   ...: print('9个月后的远期3个月Shibor的年化波动率',round(sigma_FR3,6))
3个月后的远期3个月Shibor的年化波动率 0.064905
6个月后的远期3个月Shibor的年化波动率 0.073253
9个月后的远期3个月Shibor的年化波动率 0.081398
```

从以上的输出结果可以看到，3个月后、6个月后以及9个月后的3个月期Shibor的年化波动率分别是6.4905%、7.3253%和8.1398%。

第2步：计算出每一个利率上限单元的价值。具体的代码如下：

```
In [48]: FR1_Mar20=FR1_list[-1]        #2020年3月20日的3个月后远期3个月期Shibor
   ...: FR2_Mar20=FR2_list[-1]        #2020年3月20日的6个月后远期3个月期Shibor
   ...: FR3_Mar20=FR3_list[-1]        #2020年3月20日的9个月后远期3个月期Shibor

In [49]: R_6M=0.017049         #2020年3月20日6个月期无风险收益率（连续复利）
   ...: R_9M=0.018499         #2020年3月20日9个月期无风险收益率（连续复利）
   ...: R_12M=0.018682        #2020年3月20日12个月期无风险收益率（连续复利）

In [50]: par=1e8              #利率上限期权的本金
   ...: cap_rate=0.022        #上限利率

In [51]: caplet1=caplet(L=par,R=R_6M,F=FR1_Mar20,Rk=cap_rate,sigma=sigma_FR1,t1=3/12, t2=
6/12)  #计算利率重置日2020年6月20日、收益支付日2020年9月20日的利率上限单元价值
   ...: caplet2=caplet(L=par,R=R_9M,F=FR2_Mar20,Rk=cap_rate,sigma=sigma_FR2,t1=6/12, t2=
9/12)  #计算利率重置日2020年9月20日、收益支付日2020年12月20日的利率上限单元价值
   ...: caplet3=caplet(L=par,R=R_12M,F=FR3_Mar20,Rk=cap_rate,sigma=sigma_FR3,t1=9/12, t2
=1)    #计算利率重置日2020年12月20日、收益支付日2021年3月20日的利率上限单元价值
   ...: print('利率重置日2020年6月20日、收益支付日2020年9月20日的利率上限单元价值',round(caplet1,2))
```

```
   ...: print('利率重置日2020年9月20日、收益支付日2020年12月20日的利率上限单元价值',round(caplet2,2))
   ...: print('利率重置日2020年12月20日、收益支付日2021年3月20日的利率上限单元价值',round(caplet3,2))
利率重置日2020年6月20日、收益支付日2020年9月20日的利率上限单元价值 37081.21
利率重置日2020年9月20日、收益支付日2020年12月20日的利率上限单元价值 96163.37
利率重置日2020年12月20日、收益支付日2021年3月20日的利率上限单元价值 129080.1
```

从以上输出的结果可以看到，在本例中，利率重置日越远，利率上限单元的价值就越高。

第3步：将3个利率上限单元的价值相加就可以求出利率上限期权的价值。具体的代码如下：

```
In [52]: cap=caplet1+caplet2+caplet3            #计算利率上限期权的价值
   ...: print('2020年3月20日利率上限期权的价值',round(cap,2))
2020年3月20日利率上限期权的价值 262324.68
```

最终计算得到在2020年3月20日，该利率上限期权的价值约等于26.23万元。

14.4.3 利率下限期权与利率双限期权

1. 利率下限期权的定价

利率下限期权可以用于保证 14.4.2 节提到的浮动利率票据中的浮动利率不会低于某个利率水平，这一利率水平被称为**下限利率**（floor rate），也就是利率下限期权的行权价格。这是因为当浮动利率低于下限利率时，利率下限期权可以提供收益。

沿用前面介绍利率上限期权的数学符号。考虑一个期限为 T 的利率下限期权，合约本金为 L，下限利率（行权价格）为 R_K；利率下限期权的利率重置日分别为 $t_1, t_2, \cdots, t_N$，利率下限期权的收益支付日分别为 $t_2, t_3, \cdots, t_{N+1}$ 并且 $t_{N+1} = T$；R_i 表示在 t_i 时刻观察到的从 t_i 到 t_{i+1} 期间的浮动利率，期间长度 $\tau_i = t_{i+1} - t_i$，其中 $i = 1, 2, \cdots, N$。利率下限期权在 t_{i+1} 时刻的收益就等于：

$$L\tau_i \max(R_K - R_i, 0) \qquad (14\text{-}30)$$

与利率上限期权类似，利率下限期权等价于以 t_i 时刻观察到的浮动利率作为基础资产、期权收益发生在 t_{i+1} 时刻的 N 个欧式看跌期权构造的投资组合。利率下限期权中的每个欧式看跌期权被称为**利率下限单元**（floorlet）。

同样，参考布莱克模型，即式（14-14），可以得到利率下限单元在初始 0 时刻的价值 $Floorlet$ 等于：

$$Floorlet = L\tau_i e^{-Rt_{i+1}} \left[R_K N(-d_2) - F_i N(-d_1) \right] \qquad (14\text{-}31)$$

其中，

$$d_1 = \frac{\ln(F_i/R_K) + \sigma_i^2 t_i/2}{\sigma_i \sqrt{t_i}}$$

$$d_2 = \frac{\ln(F_i/R_K) - \sigma_i^2 t_i/2}{\sigma_i \sqrt{t_i}} = d_1 - \sigma_i \sqrt{t_i}$$

式（14-31）中的相关变量符号及含义与式（14-29）保持一致。

2. Python 自定义函数

结合式（14-31），通过 Python 自定义一个计算利率下限单元价值的函数，具体的代码如下：

```
In [53]: def floorlet(L,R,F,Rk,sigma,t1,t2):
   ...:     '''定义一个计算利率下限单元价值的函数
   ...:     L：代表利率下限单元的本金，也就是利率下限期权的本金。
   ...:     R：代表连续复利的无风险收益率。
```

```
   ...:     F：代表 0 时刻观察到的从 ti 时刻至 ti+1 时刻期间的远期利率。
   ...:     Rk：代表下限利率（行权价格）。
   ...:     sigma：代表远期利率的年化波动率。
   ...:     t1：代表 ti 时刻，以年为单位。
   ...:     t2：代表 ti+1 时刻，以年为单位'''
   ...:     from numpy import exp,log,sqrt         #从 NumPy 模块导入 exp、log 和 sqrt 函数
   ...:     from scipy.stats import norm           #从 SciPy 的子模块 stats 中导入 norm 函数
   ...:     d1=(log(F/Rk)+pow(sigma,2)*t1/2)/(sigma*sqrt(t1))    #计算参数 d1
   ...:     d2=d1-sigma*sqrt(t1)                   #计算参数 d2
   ...:     tau=t2-t1                              #计算 ti 时刻至 ti+1 时刻期间的期限长度
   ...:     value=L*tau*exp(-R*t2)*(Rk*norm.cdf(-d2)-F*norm.cdf(-d1))  #利率下限单元价值
   ...:     return value
```

在以上自定义的函数 floorlet 中，依次输入利率下限单元本金、无风险收益率、远期利率、下限利率、远期利率的年化波动率以及相关时刻的参数，就可以求出利率下限单元的价值。

3. 利率下限期权的一个案例

【例 14-7】假定 F 投资者在 2020 年 3 月 20 日从 G 银行购买了本金为 1 亿元、期限为 1 年的浮动利率理财产品，浮动利率是 3 个月期 Shibor，按季度支付利息，付息日分别是 2020 年 6 月 20 日、9 月 20 日、12 月 20 日和 2021 年 3 月 20 日。

该投资者担心未来 Shibor 出现下行从而降低投资收益，因此在购买理财产品的当天买入了一份期限为 1 年、下限利率为 2.5%、本金为 1 亿元的利率下限期权，该利率下限期权的 Shibor 重置日与收益支付日详见表 14-8。

表 14-8 利率下限期权的 Shibor 重置日与收益支付日

利率重置日	2020 年 6 月 20 日	2020 年 9 月 20 日	2020 年 12 月 20 日
收益支付日	2020 年 9 月 20 日	2020 年 12 月 20 日	2021 年 3 月 20 日

注：表中的内容与表 14-6 完全相同。

本例中的剩余信息与数据均沿用例 14-6。运用 Python 计算该利率下限期权的价值，具体的代码如下：

```
In [54]: floor_rate=0.025       #下限利率

In [55]: floorlet1=floorlet(L=par,R=R_6M,F=FR1_Mar20,Rk=floor_rate,sigma=sigma_FR1,t1=3/12, t2=6/12)  #计算利率重置日 2020 年 6 月 20 日、收益支付日 2020 年 9 月 20 日的利率下限单元的价值
   ...: floorlet2=floorlet(L=par,R=R_9M,F=FR2_Mar20,Rk=floor_rate,sigma=sigma_FR2,t1=6/12, t2=9/12)  #计算利率重置日 2020 年 9 月 20 日、收益支付日 2020 年 12 月 20 日的利率下限单元的价值
   ...: floorlet3=floorlet(L=par,R=R_12M,F=FR3_Mar20,Rk=floor_rate,sigma=sigma_FR3,t1=9/12, t2=1)   #计算利率重置日 2020 年 12 月 20 日、收益支付日 2021 年 3 月 20 日的利率下限单元的价值
   ...: print('利率重置日2020年6月20日、收益支付日2020年9月20日的利率下限单元的价值',round(floorlet1,2))
   ...: print('利率重置日2020年9月20日、收益支付日2020年12月20日的利率下限单元的价值',round(floorlet2,2))
   ...: print('利率重置日2020年12月20日、收益支付日2021年3月20日的利率下限单元的价值',round(floorlet3,2))
利率重置日2020年6月20日、收益支付日2020年9月20日的利率下限单元的价值 37634.23
利率重置日2020年9月20日、收益支付日2020年12月20日的利率下限单元的价值 4779.06
利率重置日2020年12月20日、收益支付日2021年3月20日的利率下限单元的价值 2391.65

In [56]: floor=floorlet1+floorlet2+floorlet3       #计算利率下限期权的价值
   ...: print('2020年3月20日利率下限期权的价值',round(floor,2))
2020年3月20日利率下限期权的价值 44804.94
```

通过以上的计算可以看到，在本例中，利率重置日越远，利率下限单元的价值就越低，最终计算得到在 2020 年 3 月 20 日利率下限期权的价值约等于 4.48 万元。

4. 利率双限期权及案例

在 14.4.1 节的开头已经提到，利率双限期权是利率上限期权与利率下限期权的组合。具体而言，利率双限期权的多头和空头的构造如下：

利率双限期权多头 = 利率上限期权多头 + 利率下限期权空头

利率双限期权空头 = 利率上限期权空头 + 利率下限期权多头

利率双限期权的创设就是为了确保与浮动利率挂钩的金融资产在支付浮动利率时能够处于上限利率和下限利率的区间内。

在构造利率双限期权时，通常会使利率上限期权的价值接近利率下限期权的价值，从而尽可能降低利率双限期权的初始交易成本（期权费），以实现既能防范利率风险又能控制交易成本的目标。下面，通过一个案例进行具体的演示。

【例 14-8】假定 H 银行在 2020 年 3 月 20 日担心未来 3 个月期 Shibor 会出现比较大的波动并且无法判断出具体的变化方向，从而可能影响经营业绩，为此该银行在当天持有了一份利率双限期权的多头头寸，期权本金为 10 亿元，上限利率为 2.9%，下限利率为 2.3%，并且利率双限期权的 Shibor 重置日与收益支付日详见表 14-9。

表 14-9 利率双限期权的 Shibor 重置日与收益支付日

利率重置日	2020 年 6 月 20 日	2020 年 9 月 20 日	2020 年 12 月 20 日
收益支付日	2020 年 9 月 20 日	2020 年 12 月 20 日	2021 年 3 月 20 日

注：表中的内容与表 14-6 完全相同。

本例中的剩余信息与数据依然沿用例 14-6。运用 Python 计算该利率双限期权的价值，具体分为以下两个步骤。

第 1 步：利用 Python 自定义函数 caplet、floorlet 依次计算利率上限单元、利率下限单元的价值。具体的代码如下：

```
In [57]: par_new=1e9                        #利率双限期权的本金
   ...: cap_rate_new=0.029                  #上限利率
   ...: floor_rate_new=0.023                #下限利率

In [58]: caplet1_new=caplet(L=par_new,R=R_6M,F=FR1_Mar20,Rk=cap_rate_new, sigma=sigma_FR1,
t1=3/12,t2=6/12)    #利率重置日 2020 年 6 月 20 日、收益支付日 2020 年 9 月 20 日的利率上限单元价值
   ...: caplet2_new=caplet(L=par_new,R=R_9M,F=FR2_Mar20,Rk=cap_rate_new, sigma=sigma_FR2,
t1=6/12,t2=9/12)    #利率重置日 2020 年 9 月 20 日、收益支付日 2020 年 12 月 20 日的利率上限单元价值
   ...: caplet3_new=caplet(L=par_new,R=R_12M,F=FR3_Mar20,Rk=cap_rate_new, sigma=sigma_FR3,
t1=9/12,t2=1)       #利率重置日 2020 年 12 月 20 日、收益支付日 2021 年 3 月 20 日的利率上限单元价值

In [59]: floorlet1_new=floorlet(L=par_new,R=R_6M,F=FR1_Mar20,Rk=floor_rate_new, sigma=
sigma_FR1,t1=3/12,t2=6/12)    #利率重置日 2020 年 6 月 20 日、收益支付日 2020 年 9 月 20 日的利率下限单元价值
   ...: floorlet2_new=floorlet(L=par_new,R=R_9M,F=FR2_Mar20,Rk=floor_rate_new, sigma=
sigma_FR2,t1=6/12,t2=9/12)    #利率重置日 2020 年 9 月 20 日、收益支付日 2020 年 12 月 20 日的利率下限单元价值
   ...: floorlet3_new=floorlet(L=par_new,R=R_12M,F=FR3_Mar20,Rk=floor_rate_new, sigma=
sigma_FR3,t1=9/12,t2=1)       #利率重置日 2020 年 12 月 20 日、收益支付日 2021 年 3 月 20 日的利率下限单元价值
```

第 2 步：依次计算利率上限期权和利率下限期权的价值，并最终计算利率双限期权的价值。具

体的代码如下：

```
In [60]: cap_new=caplet1_new+caplet2_new+caplet3_new    #利率上限期权价值
    ...: print('2020年3月20日利率双限期权中的利率上限期权价值',round(cap_new,2))
2020年3月20日利率双限期权中的利率上限期权价值 52643.34

In [61]: floor_new=floorlet1_new+floorlet2_new+floorlet3_new    #利率下限期权价值
    ...: print('2020年3月20日利率双限期权中的利率下限期权价值',round(floor_new,2))
2020年3月20日利率双限期权中的利率下限期权价值 31376.4

In [62]: collar_long=cap_new-floor_new                  #利率双限期权多头头寸的价值
    ...: print('2020年3月20日利率双限期权多头头寸的价值',round(collar_long,2))
2020年3月20日利率双限期权多头头寸的价值 21267.44
```

通过以上的计算可以得到，在该利率双限期权中，利率上限期权的价值高于利率下限期权，因此利率双限期权多头头寸的价值约等于2.13万元，这意味着H银行需要支付2.13万元期权费才能获得该利率双限期权；然而，相比本金10亿元而言，期权费是比较低的。

14.4.4 利率互换期权

1. 一个简单案例

先通过一个简单的案例具体说明利率互换期权的运用。假定J公司在2020年1月2日预测在3个月以后（2020年4月2日）将从银行获得一笔期限为3年的浮动利率贷款，浮动利率设定为3个月期Shibor并且每季度支付贷款利息，2020年1月2日当天的3个月期Shibor是2.994%。J公司担心Shibor的波动会给企业的财务费用核算带来不便，因此希望通过利率互换合约将浮动利率转换为固定利率，从而将浮动利率贷款转换为固定利率贷款。

对J公司而言，最便捷的方式就是在2020年1月2日买入一份期限为3个月的利率互换期权，该期权赋予J公司在3个月后购买一份收取3个月期Shibor并同时支付3%固定利率、期限为3年的利率互换合约的权利，关于利率互换合约的内容详见9.2节。如果在期权到期日（2020年4月2日）该期权被行权，则利率互换合约的初始日是2020年4月2日并持续3年，利率互换合约到期日是2023年4月2日。

如果在2020年4月2日，3年期的互换利率报价低于3%，比如仅为2.5%，J公司将选择不行使利率互换期权，而直接在市场上购入利率互换合约。

相反，如果在2020年4月2日，3年期的互换利率报价高于3%，比如高达3.5%，J公司将通过行使该利率互换期权来获得一份利率互换合约，因为在该互换合约中J公司支付的固定利率3%要低于当时市场上的互换利率报价3.5%。

根据以上的这个案例，利率互换期权给企业未来的融资利率成本提供了相应的对冲工具，使企业避免了由于借入资金的利率上涨而额外增加的财务费用。

2. 定价的技术细节

利率互换期权通常属于欧式期权，因此下面讨论的定价将仅限于欧式的利率互换期权。考虑这样的一份利率互换期权，期权多头有权在t年后持有一份期限为n年的利率互换合约，在利率互换合约中（如果期权行权），按照固定利率为s_k支付固定利息，同时按照浮动利率（比如Shibor）获得浮动利息；并且利率互换合约的名义本金为L，每年利息支付频次（复利频次）为m。为了简化分析，不考虑计息天数惯例的因素，因此每一笔固定利息的付款金额均为$s_k L/m$。

假设以利率互换期权的初始0时刻为起点,在期权被行权的情形下,利率互换合约的每期利息支付日依次为$T_1, T_2, \cdots, T_{mn}$,其中$T_i = t + i/m$并且以年为单位,$i = 1, 2, \cdots, mn$。

同时,假定在t时刻(利率互换期权到期日)针对期限是n年的互换利率报价是s_t。将固定利率为s_k的利率互换合约与互换利率为s_t的利率互换合约就现金流进行比较,得到利率互换期权的收益由mn笔相同金额的现金流组成,每笔现金流的金额$cashflow$如下:

$$cashflow = \frac{L}{m}\max(s_t - s_k, 0) \tag{14-32}$$

以上的每笔现金流实质上就是一份行权价格为s_k、标的变量为s_t、本金为$\frac{L}{m}$的欧式看涨期权的到期收益。

参考布莱克模型,即式(14-13),可以得到支付固定利率s_k的利率互换期权的价值$swaption$如下:

$$swaption = \sum_{i=1}^{mn} e^{-R_i T_i} \frac{L}{m}\left[s_f N(d_1) - s_k N(d_2)\right] \tag{14-33}$$

其中,

$$d_1 = \frac{\ln(s_f/s_k) + \sigma^2 t/2}{\sigma\sqrt{t}}$$

$$d_2 = \frac{\ln(s_f/s_k) - \sigma^2 t/2}{\sigma\sqrt{t}} = d_1 - \sigma\sqrt{t}$$

在式(14-33)中,R_i是期限为T_i的连续复利的无风险收益率,s_f是在利率互换期权初始日(0时刻)计算的远期互换利率,σ是远期互换利率的波动率,注意该波动率实质是远期互换利率每日百分比变化的年化波动率。需要注意的是,远期互换利率s_f的表达式如下[1]:

$$s_f = \frac{(1 + s_0/m)^{-mt} - (1 + s_{mn}/m)^{-m(t+n)}}{\sum_{i=1}^{mn}(T_i - T_{i-1})(1 + s_i/m)^{-(mt+i)}} \tag{14-34}$$

s_0表示在0时刻观察到的期限为t的互换利率,s_i表示在0时刻观察到的期限为T_i的互换利率,s_{mn}表示期限为$T_{mn} = t + n$的互换利率,而$T_0 = t$。此外,互换利率的复利频次是每年m次。

同时,根据前面提到的$T_i = t + i/m$,可以得出$T_i - T_{i-1} = 1/m$。因此,式(14-34)就简化为:

$$s_f = \frac{(1 + s_0/m)^{-mt} - (1 + s_{mn}/m)^{-m(t+n)}}{(1/m) \times \sum_{i=1}^{mn}(1 + s_i/m)^{-(mt+i)}} \tag{14-35}$$

相反,如果利率互换期权的多头在期权行权后的利率互换合约中,是收取s_k而不是付出s_k,并且是支付浮动利率,在这样的合约条款下,利率互换期权的收益依然由mn笔相同金额的现金流组成,但是每笔现金流的金额调整为:

---

[1] 该表达式的推导过程会涉及随机过程的**鞅**(martingale)以及**等价鞅测度**(equivalent martingale measure),相关内容已经超出了本书的范围,感兴趣的读者可以阅读约翰·赫尔所著的《期权、期货及其他衍生产品(第10版)》第28章。

$$cashflow = \frac{L}{m}\max(s_k - s_t, 0) \tag{14-36}$$

显然，式（14-36）表明，每笔现金流实质上就是行权价格为 s_k、标的变量为 s_t、本金为 $\frac{L}{m}$ 的欧式看跌期权的到期收益。

参考布莱克模型，即式（14-14），可以得到有权收取固定利率 s_k 的利率互换期权的价值 swaption 如下：

$$swaption = \sum_{i=1}^{mn} e^{-R_i T_i} \frac{L}{m} \left[s_k N(-d_2) - s_f N(-d_1) \right] \tag{14-37}$$

式（14-37）中的参数 d_1 和 d_2 的表达式与式（14-33）保持一致。

3. Python 自定义函数

下面，就运用 Python 自定义一个计算利率互换期权价值的函数，具体的代码如下：

```
In [63]: def swaption(L,Sf,Sk,m,sigma,t,n,R_list,direction):
    ...:     '''定义一个计算利率互换期权价值的函数
    ...:     L：代表利率互换期权的本金。
    ...:     Sf：代表远期互换利率。
    ...:     Sk：代表利率互换合约的固定利率。
    ...:     m：代表每年利率支付频次（复利频次）。
    ...:     sigma：代表远期互换利率的年化波动率。
    ...:     t：代表期权的期限（年）。
    ...:     n：代表对应利率互换合约的期限（年）。
    ...:     R_list：代表期权定价日距离利率互换每期利息支付日的期限 Ti 对应的无风险收益率（连续复利），以数组格式输入。
    ...:     direction：代表期权多头是否在利率互换中支付固定利息，输入 direction='pay'代表支付固定利息，输入其他则代表收取固定利息'''
    ...:     from numpy import arange,exp,log,sqrt  #从NumPy模块导入arange、exp、log和sqrt函数
    ...:     from scipy.stats import norm          #从SciPy的子模块stats中导入norm函数
    ...:     d1=(log(Sf/Sk)+pow(sigma,2)*t/2)/(sigma*sqrt(t))  #计算参数d1
    ...:     d2=d1-sigma*sqrt(t)                              #计算参数d2
    ...:     T_list=t+arange(1,m*n+1)/m  #创建期权定价日距离利率互换每笔利息支付日的期限Ti的数组
    ...:     if direction=='pay':                 #期权多头在利率互换中是支付固定利息
    ...:         value=np.sum(exp(-R_list*T_list)*L*(Sf*norm.cdf(d1)-Sk*norm.cdf(d2))/m)  #计算期权价值
    ...:     else:                                #期权多头在利率互换中是收取固定利息
    ...:         value=np.sum(exp(-R_list*T_list)*L*(Sk*norm.cdf(-d2)-Sf*norm.cdf(-d1))/m)  #计算期权价值
    ...:     return value
```

在以上自定义的函数 swaption 中，输入利率互换期权本金、远期互换利率、利率互换合约的固定利率、利率支付频次、远期互换利率的年化波动率、期权期限、利率互换合约的期限、无风险收益率以及是否支付固定利率等参数，就可以快速计算得出利率互换期权的价值。

同时，由于远期互换利率通常无法直接从市场上观察得到，而是需要根据式（14-35）计算得出，因此为了提高运算效率，通过 Python 自定义一个计算远期互换利率的函数，具体的代码如下：

```
In [64]: def forward_swaprate(S_list,t,n,m):
    ...:     '''定义一个计算远期互换利率的函数
    ...:     S_list：代表在利率互换期权初始日观察到不同期限的互换利率，以数组格式输入。
    ...:     t：代表期权的期限（年）。
    ...:     n：代表利率互换合约的期限（年）。
    ...:     m：代表每年利率支付频次（复利频次）'''
```

```
     ...:     t_list=m*t+np.arange(1,m*n+1)              #考虑复利频次的期限数组
     ...:     A=pow(1+S_list[0]/m,-m*t)-pow(1+S_list[-1]/m,-m*(t+n))   #式（14-35）的分子
     ...:     B=(1/m)*np.sum(pow(1+S_list[1:]/m,-t_list))              #式（14-35）的分母
     ...:     value=A/B                                  #计算远期互换利率
     ...:     return value
```

在以上自定义的函数 forward_swaprate 中，输入不同期限的互换利率、期权期限、利率互换合约的期限以及每年利率支付的频次等参数，就可以迅速计算得到远期互换利率。

4. 一个案例

【例 14-9】假定 K 公司在 2020 年 9 月 1 日预测在 6 个月以后（2021 年 3 月 1 日）将从银行获得一笔期限为 6 个月、本金为 1 亿元的固定利率贷款，并且每季度支付贷款利息。通过广泛调研与分析，K 公司认为在未来 6 个月内，3 个月期 Shibor 有较大的概率处于下降通道中，当然也不排除反转上行的可能性。

因此，K 公司在 2020 年 9 月 1 日买入了一份本金为 1 亿元、期限为 6 个月的利率互换期权，期权赋予公司在 6 个月后可以购买一份收取 2.9%固定利率并支付 3 个月期 Shibor 的利率互换合约的权利；同时，如果期权在到期日（2021 年 3 月 1 日）被行权，则利率互换合约的期限也是 6 个月并且初始日为 2021 年 3 月 1 日、到期日为 2021 年 9 月 1 日，利率互换合约的利率支付频次是按季支付。表 14-10 梳理了该利率互换期权的关键时间点。

表 14-10 利率互换期权的关键时间点

日期名称	期权初始日	期权到期日/ 利率互换合约初始日 （期权被行权）	利率互换合约第 1 期 利息支付日	利率互换合约第 2 期 利息支付日/利率互换 合约到期日
具体日期	2020 年 9 月 1 日	2021 年 3 月 1 日	2021 年 6 月 1 日	2021 年 9 月 1 日

同时，以 3 个月期 Shibor/互换零息利率计算远期互换利率并且作为无风险收益率用于贴现，复利频次是按季复利。表 14-11 整理了 2020 年 9 月 1 日相关利率的数据。

表 14-11 2020 年 9 月 1 日 3 个月期 Shibor/互换零息利率的数据

期限	6 个月	9 个月	1 年	复利频次
3 个月期 Shibor/互换零息利率	2.9125%	2.9463%	2.9738%	按季复利

数据来源：中国货币网。

此外，在计算远期互换利率的波动率时，需要运用 2019 年 1 月至 2020 年 9 月 1 日期间的 6 个月、9 个月以及 1 年的 3 个月期 Shibor/互换零息利率的每日数据。

下面，就运用 Python 计算 2020 年 9 月 1 日该利率互换期权的价值，具体分为以下两个步骤。

第 1 步：计算 2020 年 9 月 1 日的远期互换利率以及远期互换利率的波动率。具体的代码如下：

```
In [65]: swaprate_list=pd.read_excel('C:/Desktop/Shibor互换利率数据（2019年1月至2020年9月1日）.xlsx',sheet_name= "Sheet1", header=0, index_col=0)    #导入Shibor互换利率的数据

In [66]: swaprate_list.columns          #查看列名
Out[66]: Index(['Shibor互换利率（6个月）', 'Shibor互换利率（9个月）', 'Shibor互换利率（1年）'], dtype='object')

In [67]: swaprate_list.index            #查看索引名
```

```
Out[67]:
DatetimeIndex(['2019-01-02', '2019-01-03', '2019-01-04', '2019-01-07',
               '2019-01-08', '2019-01-09', '2019-01-10', '2019-01-11',
               '2019-01-14', '2019-01-15',
               ...
               '2020-08-19', '2020-08-20', '2020-08-21', '2020-08-24',
               '2020-08-25', '2020-08-26', '2020-08-27', '2020-08-28',
               '2020-08-31', '2020-09-01'],
              dtype='datetime64[ns]', name='日期', length=416, freq=None)

In [68]: T_swaption=0.5           #利率互换期权期限
   ...: T_swap=0.5               #利率互换合约期限
   ...: M=4                      #每年复利频次（按季复利）

In [69]: forward_list=np.zeros(len(swaprate_list.index))     #创建存放远期互换利率的初始数组

In [70]: for i in range(len(swaprate_list.index)):           #用for语句计算2019年1月至2020
年9月1日期间的每日远期互换利率
   ...:     forward_list[i]=forward_swaprate(S_list=swaprate_list.iloc[i],t=T_swaption,
n=T_swap,m=M)

In [71]: forward_list=pd.DataFrame(data=forward_list,index=swaprate_list.index,columns=
['远期互换利率'])    #转换为数据框

In [72]: forward_list.plot(figsize=(9,6),grid=True)          #将远期互换利率可视化
   ...: plt.ylabel (u'利率', fontsize=11)                    #增加纵坐标标签
Out[72]:
```

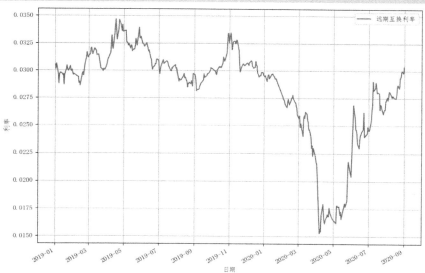

图 14-4 2019 年 1 月至 2020 年 9 月 1 日期间远期互换利率的走势图

从图 14-4 可以看到，在 2019 年 1 月至 2020 年 9 月 1 日期间远期互换利率走势呈现 V 形，从最高的接近 3.5% 下跌至 1.5% 附近，随后又反弹至 3% 附近。

```
In [73]: return_forward=np.log(forward_list/forward_list.shift(1))    #计算2019年1月至2020
年9月1日期间远期互换利率的每日百分比变化
```

```
In [74]: sigma_forward=np.sqrt(252)*return_forward.std()     #计算远期互换利率的年化波动率
    ...: sigma_forward=float(sigma_forward)                  #转换为浮点型数据
    ...: print('计算得到远期互换利率的年化波动率',round(sigma_forward,6))
计算得到远期互换利率的年化波动率 0.40548

In [75]: forward_Sep1=float(forward_list.iloc[-1])           #2020年9月1日的远期互换利率
    ...: print('2020年9月1日的远期互换利率',round(forward_Sep1,6))
2020年9月1日的远期互换利率 0.03035
```

通过以上的输出可以得到，2020年9月1日的远期互换利率等于3.035%，年化波动率高达40.55%。

第2步：将按季复利的无风险收益率转换为连续复利的无风险收益率，需要运用在6.3.2节自定义的将非连续复利利率转换为连续复利率的函数Rc，并且最终计算出利率互换期权的价值。具体的代码如下：

```
In [76]: par=1e8                                             #利率互换期权的名义本金
    ...: rate_fixed=0.029                                    #利率互换合约中支付的固定利率

In [77]: R_norisk=np.array(swaprate_list.iloc[-1])  #以数组格式存放2020年9月1日无风险收益率

In [78]: def Rc(Rm,m):                                       #6.3.2节的自定义函数
    ...:     '''定义一个已知复利频次和对应的复利利率，计算连续复利利率的函数
    ...:     Rm: 代表复利频次为m的复利利率。
    ...:     m: 代表复利频次'''
    ...:     r=m*np.log(1+Rm/m)                              #计算等价的连续复利利率
    ...:     return r

In [79]: Rc_norisk=Rc(Rm=R_norisk,m=M)          #将按季复利的无风险收益率转换为连续复利的无风险收益率
    ...: Rc_9M_12M=Rc_norisk[1:]                 #取9个月期和1年期的无风险收益率

In [80]: value=swaption(L=par,Sf=forward_Sep1,Sk=rate_fixed,m=M,sigma=sigma_forward, t=T_swaption,n=T_swap,R_list=Rc_9M_12M,direction='receive')  #计算2020年9月1日利率互换期权的价值
    ...: print('2020年9月1日利率互换期权的价值',round(value,2))
2020年9月1日利率互换期权的价值 133988.26
```

最终，计算得到在2020年9月1日该利率互换期权的价值约等于13.4万元。

到这里，第14章的内容就全部讨论完毕了，第15章也就是最后一章将结合Python探讨风险价值。

14.5 本章小结

期权具有极强的创新性、包容性与延伸性，本章的内容就完美地诠释了期权的这些特性。首先，探讨了用于测度企业违约风险的默顿模型，该模型的核心就是将企业债券等价于以企业价值为基础资产、以债券面值为行权价格的看跌期权空头头寸与无风险债券多头头寸的一个组合；然后，探讨了兼具股性与债性的可转换债券，尤其是强调了运用二叉树模型对可转换债券定价，并且定价的过程比美式期权更加复杂；接着，针对期货期权展开论述，重点关注欧式期货期权定价的布莱克模型和美式期货期权定价的二叉树模型；最后，剖析了利率上限期权、利率下限期权、利率双限期权以及利率互换期权等不同类型利率期权的运作机制与定价。

14.6 拓展阅读

本章的内容参考了以下资料。

[1] 在"On the Pricing of Corporate Debt: The Risk Structure of Interest Rates"这篇论文中,作者罗伯特·默顿创新性地运用期权理论解释了公司股票和债券,这一全新的思想和相关模型被后人称为"默顿模型"。

[2] 在"The Pricing of Commodity Contracts"这篇论文中,作者费希尔·布莱克首次提出了基于期货合约价格而测算商品期权合约价值的公式,后人将该模型称为"布莱克模型"。为了纪念这位金融领域的一代伟人,美国金融学会(American Financial Association)于2002年设立了费希尔·布莱克奖(Fischer Black Prize),每两年颁发一次。

[3]《期权、期货及其他衍生产品(原书第10版)》,这本书在第12章的拓展阅读部分已经提到,并且书中的第27章和第29章分别对可转换债券以及利率期权的定价问题进行了详细论述。

第 15 章 运用 Python 测量风险价值

本章导读

金融的核心和本质就是风险管理。风险管理是包括风险识别、风险评估、风险计量、风险监测、风险报告等在内的一个有机整体。在本书前面的章节已经讨论了测度单一金融产品风险的工具,例如,运用久期与凸性测度债券的利率风险,运用违约概率、违约回收率衡量企业信用风险,运用波动率与贝塔值表示股票的市场风险,运用希腊字母测算期权的不同风险暴露,等等。假定在一个投资组合中,不仅配置股票,也投资债券,甚至持有衍生产品的头寸,如何对这样复杂的投资组合进行风险管理呢?关于这个问题的答案就是本章将要探讨的风险价值。

结合国内金融市场的案例并借助 Python,本章聚焦于以下几个主题。
- 讨论风险价值的含义、数学表达式、在日常实践中的优势以及相应的局限。
- 分析测量市场风险价值最常用的 3 类方法,即方差-协方差法、历史模拟法以及蒙特卡罗模拟法,并且介绍不同模型的优势和劣势。
- 剖析针对风险价值模型的回溯检验,以及作为风险价值模型有益补充的压力测试以及压力风险价值。
- 探讨测量投资组合信用风险的常用工具——信用风险价值,同时涉及违约相关性、高斯 copula 模型以及相关性结构等内容。

15.1 风险价值概述

风险价值的提出要归功于美国摩根大通银行。20 世纪 80 年代,该银行的董事会主席丹尼斯·韦瑟斯通(Dennis Weatherstone)对每天收到长篇累牍的风险报告表示强烈的不满,因为在报告中充斥着大量针对不同风险暴露的希腊字母,这些细节信息对于银行的管理层实在是晦涩难懂而且毫无价值。因此,韦瑟斯通要求银行的风险管理部门运用简洁的方法，有针对性地汇报银行整体资产组合在未来 24 小时内的风险状况。经过不懈努力，在 8.4 节讨论的马科维茨投资组合理论基础上，风险管理部门最终提出衡量整体资产组合风险的全新理念与方法——风险价值，相关工作于 1990 年完成。风险价值的主要好处是让管理层能一目了然地知晓银行承担的风险，并且利用风险价值能比较合理地在银行内部各业务条线分配资本。此后，风险价值被广大金融机构与监管机构所采用，成为现代风险管理的重要工具和手段。

15.1.1 风险价值的定义

假如一家金融机构的首席风险官向董事会汇报公司面临的风险时，采用如下的表述方式描述风险："我有 X 的把握认为在未来的 N 天内公司投资组合的损失不会超过 V 。"

在以上的这段描述中，金额 V 就是投资组合的风险价值，"X 的把握"可以理解为统计学中的置信水平，注意 X 的单位是百分号（%），N 天就是资产持有期。

因此，**风险价值**（Value at Risk，VaR）是指在一定的持有期和给定的置信水平下，利率、汇率、股价等风险因子发生变化时可能对某个投资组合造成的潜在最大损失。举一个简单的例子，假定持有期为 1 天、置信水平为 95%的情况下，计算得出的风险价值为 1000 万元，则表明该投资组合在 1 天内的损失有 95%的概率不会超过 1000 万元。在这个例子中，$N=1$、$X=95\%$、$VaR=1000$ 万元。

通过上面的介绍不难发现，VaR 的大小取决于两个重要的参数：一个是持有期 N，另一个就是置信水平 X。VaR 的金额就表明在未来的 N 天内，理论上应该只有 $100\%-X$ 的概率，投资组合的损失才会超出 VaR 的金额。根据统计学的定义，当持有期为 N 天、置信水平为 X 时，VaR 的金额就对应于在未来 N 天内投资组合盈亏分布中 $100\%-X$ 的分位数。需要注意的是，由于亏损对应于负的收益，因此在投资组合盈亏分布中，VaR 对应于分布左端的尾部。

风险价值的数学表达式如下：

$$Prob(\Delta P < -VaR) = 1 - X \tag{15-1}$$

其中，$Prob$ 是一个概率函数，ΔP 代表投资组合在持有期内的盈亏金额（如果是盈利，则 ΔP 就是正数；如果是亏损，则 ΔP 就是负数），VaR 是在置信水平为 X 条件下的风险价值并且是一个正数。

此外，针对金融机构运用风险价值计量风险和计算资本金时，各国监管机构都会明确规定持有期和置信水平，并且这些规定主要受到巴塞尔银行监管委员会（Basel Committee on Banking Supervision，简称"巴塞尔委员会"）的影响。巴塞尔委员会在 1996 年 Basel Ⅰ 的修正案中明确规定银行交易账户的资本金需要通过风险价值计算得出，其中在计算风险价值的时候，明确规定持有期 $N=10$ 天、置信水平 $X=99\%$，这意味着在理论上只有 1%的概率在未来 10 天内银行交易账户的损失会超出风险价值的金额。

在实践中，风险管理者往往是先将持有期 N 设定为 $N=1$，这是由于当 $N>1$ 时，可能没有足够多的数据估计风险因子的变化。因此，在计算持有期为 N 天的 VaR 时，在相同置信水平下，一个较为常用的等式是：

$$N\text{天}VaR = 1\text{天}VaR \times \sqrt{N} \tag{15-2}$$

需要注意的是，在严格意义上，只有当投资组合盈亏在不同交易日之间的变化是独立同分布并且服从期望值为 0 的正态分布时，式（15-2）才是成立的。对于其他的情形，该等式仅仅是一个近似的表示。

15.1.2 风险价值的可视化

为了能够比较形象地展示风险价值，假定某个投资组合的盈亏服从正态分布，并且置信水平设定为95%。下面通过Python绘制风险价值的图形（见图15-1），需要运用5.1.5节介绍的SciPy子模块stats中计算正态分布分位点函数norm.ppf以及正态分布概率密度函数norm.pdf，具体的代码如下：

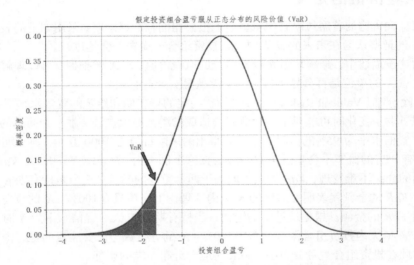

图15-1 投资组合盈亏服从正态分布条件下的风险价值走势图

```
In [1]: import numpy as np
   ...: import pandas as pd
   ...: import matplotlib.pyplot as plt
   ...: from pylab import mpl
   ...: mpl.rcParams['font.sans-serif']=['FangSong']
   ...: mpl.rcParams['axes.unicode_minus'] = False
   ...: from pandas.plotting import register_matplotlib_converters
   ...: register_matplotlib_converters()

In [2]: import scipy.stats as st       #导入SciPy的子模块stats

In [3]: x=0.95                          #设定95%的置信水平
   ...: z=st.norm.ppf(q=1-x)            #计算正态分布的分位数
   ...: x=np.linspace(-4,4,200)         #创建从-4到4的等差数列（投资组合盈亏）
   ...: y=st.norm.pdf(x)                #计算正态分布的概率密度函数值
   ...: x1=np.linspace(-4,z,100)        #创建从-4到z的等差数列
   ...: y1=st.norm.pdf(x1)

In [4]: plt.figure(figsize=(9,6))
   ...: plt.plot(x,y,'r-',lw=2.0)
   ...: plt.fill_between(x1,y1)         #颜色填充
   ...: plt.xlabel(u'投资组合盈亏',fontsize=13)
   ...: plt.ylabel(u'概率密度',fontsize=13)
```

```
...: plt.xticks(fontsize=13)
...: plt.yticks(fontsize=13)
...: plt.ylim(0,0.42)
...: plt.annotate('VaR', xy=(z-0.02,st.norm.pdf(z)+0.005),xytext=(-2.3,0.17), arrowprops=
dict(shrink=0.01), fontsize=13)        #绘制箭头
...: plt.title(u'假定投资组合盈亏服从正态分布的风险价值（VaR）', fontsize=13)
...: plt.grid()
...: plt.show()
```

图 15-1 展示了在投资组合盈亏服从正态分布、置信水平是 95%的条件下，投资组合风险价值的情况。图 15-1 中的横坐标代表在 N 天以内投资组合盈亏金额，曲线下方阴影部分的面积就等于 $100\% - X$，本例是 5%；此外，阴影部分与非阴影部分之间的边界对应至 x 轴的数值就是分位数，取绝对值以后就得到了风险价值的金额。

15.1.3 风险价值的优势与局限

1. 优势

根据前面的讨论可以得到，风险价值有以下 3 个显著的优势。

（1）**结果的通俗化**。风险价值可以十分简洁地表示风险的大小，即使是缺乏专业知识背景的使用者也可以依据风险价值对风险大小进行评判。

（2）**评判的事前化**。风险价值可以用于事前衡量风险大小，而不像以往风险管理的方法偏重于事后衡量风险大小。

（3）**评价的组合化**。利用风险价值不仅可以计算单个金融资产的风险，还能计算由多个金融资产构成的投资组合风险，这是传统金融风险管理工具很难实现的。

2. 局限

尽管风险价值有其自身的优势，但在具体应用时需注意以下 4 个方面的局限。

（1）**数据问题**。风险价值运用数理统计方法进行计量分析，利用模型进行分析和预测时要有足够的历史数据，如果数据量在整体上无法满足风险计量的要求，则很难得出正确的结论。另外，数据的有效性也是一个重要问题，当金融市场的发展尚不成熟，特别是由于市场炒作、消息面的引导等人为因素导致数据出现较大的非正常变化时，会使数据不具有代表性，缺乏可信度。

（2）**内在缺陷**。风险价值的原理和统计估计方法存在一定的缺陷。因为计算金融资产或投资组合的风险价值，需要针对金融资产或投资组合过去的收益特征进行统计分析来预测收益的波动率和相关性，从而估计可能的最大损失。所以，单纯依据风险价值评估潜在损失，往往会只关注风险的统计特征，而忽略全部的系统风险。同时，概率无法反映出经济主体对于风险的意愿或偏好，不能决定经济主体在面临一定量的风险时愿意承担或应该规避的风险份额。

（3）**前提假设**。在应用风险价值时隐含这样的一个前提假设，也就是金融资产组合的未来走势与过去相似。但金融市场的一些突发事件或者黑天鹅事件表明，有时未来的变化与过去并没有密切的联系，风险价值并不能全面地度量金融资产的风险，必须结合敏感性分析、压力测试等方法进行综合分析。

（4）**用途局限**。风险价值主要应用于正常市场条件或者稳态市场条件下对风险的测度。一旦市场出现极端情况，历史数据变得稀少，资产价格的正常关联性被打破，风险价值就无法测量出金融风险，这时就需要运用压力风险价值等工具进行补救。

在测量风险价值时，首先需要厘清投资组合面临风险的具体类型。如果面临的主要风险是由股价、利率、汇率、商品价格等市场变量波动而引发的市场风险，则需要测量**市场风险价值**；如果面临的主要风险是违约等信用风险，则需要测量**信用风险价值**。

其中，市场风险价值的计算方法主要有三大类——方差-协方差法、历史模拟法以及蒙特卡罗模拟法，下面就分节逐一探讨这些方法。针对信用风险价值的内容将在本章最后一节详细讨论。

15.2 方差-协方差法

方差-协方差法（Variance-Covariance Method，VCM），也称为**德尔塔正态法**，是计算市场风险价值最基础、最简便的一种参数化方法。

15.2.1 方差-协方差法的细节

1. 数学表达式

该方法有两个核心的假设条件：一是**正态分布假设**，也就是假定投资组合的各风险因子服从联合正态分布；二是**线性假设**，即在持有期内，投资组合的风险暴露与风险因子之间存在线性关系。基于以上两个假设，便可以推导出投资组合的盈亏服从正态分布。

运用方差-协方差法计算风险价值的数学表达式如下：

$$VaR = V_P \left[z_c \sigma_P - E(R_P) \right] \tag{15-3}$$

其中，VaR 表示投资组合的风险价值；V_P 表示投资组合的最新价值或是市值；参数 $c = 1 - X$，z_c 表示标准正态分布条件下 c 的分位数并且取绝对值，比如置信水平 99%（$c = 1\%$）对应的 $z_c = 2.33$，置信水平 95%（$c = 5\%$）对应的 $z_c = 1.64$。

此外，$E(R_P)$ 表示投资组合的期望收益率，通常用过往平均收益率替代，如果是计算持有期为 1 天的 VaR，则收益率就是日收益率；可以通过 8.4.1 节的式（8-44）计算，如下：

$$E(R_P) = \sum_{i=1}^{N} w_i E(R_i) \tag{15-4}$$

σ_P 表示投资组合收益率的波动率，同样，如果是计算持有期为 1 天的 VaR，则波动率就是日波动率；可以通过 8.4.1 节的式（8-49）计算，也就是：

$$\sigma_P^2 = \sum_{i=1}^{N}\sum_{j=1}^{N} w_i w_j Cov(R_i, R_j) = \sum_{i=1}^{N}\sum_{j=1}^{N} w_i w_j \rho_{ij} \sigma_i \sigma_j \tag{15-5}$$

下面，就通过 Python 自定义一个运用方差-协方差法计算风险价值的函数，具体的代码如下：

```
In [5]: def VaR_VCM(Value,Rp,Vp,X,N):
   ...:     '''定义一个运用方差-协方差法计算风险价值的函数
   ...:     Value：代表投资组合的价值或市值。
   ...:     Rp：代表投资组合日平均收益率。
   ...:     Vp：投资组合收益率的日波动率。
   ...:     X：代表置信水平。
   ...:     N：代表持有期，用天数表示'''
   ...:     import scipy.stats as st              #导入SciPy的子模块stats
   ...:     from numpy import sqrt                #从NumPy模块中导入函数sqrt
   ...:     z=abs(st.norm.ppf(q=1-X))             #计算标准正态分布下1-X的分位数并取绝对值
   ...:     VaR_1day=Value*(z*Vp-Rp)              #计算持有期为1天的风险价值
```

```
    ...:     VaR_Nday=sqrt(N)*VaR_1day        #计算持有期为N天的风险价值
    ...:     return VaR_Nday
```

在以上自定义函数 VaR_VCM 中，输入投资组合价值、日平均收益率、日波动率、置信水平以及持有期等参数，就可以方便地运用方差-协方差法计算得到不同持有期以及不同置信水平的投资组合风险价值。

需要提醒的是，一些教材会将风险价值的表达式简化为：

$$VaR = V_P z_c \sigma_P \qquad (15\text{-}6)$$

当投资组合期望收益率为正时，式（15-6）会高估风险价值；相反，当投资组合期望收益率为负时，式（15-6）又会低估风险价值。基于谨慎考虑，本书不采用简化的表达式计算风险价值。

2. 优势与局限

方差-协方差法的优势在于原理简单，计算便捷，毕竟只需估计投资组合中每个资产的收益率、波动率和协方差数据，就可得到任意投资组合的风险价值。

当然，方差-协方差法的局限性也比较明显，主要表现在以下3个方面。

（1）**风险可能被低估**。方差-协方差法的正态分布假设条件受到广泛质疑，由于"肥尾"（fat tail）现象在金融市场广泛存在，许多金融资产的收益特征并不完全符合正态分布，因此运用这种方法计算得到的投资组合风险价值可能低于真实的金融风险。

（2）**忽视非线性风险**。由于方差-协方差法只反映出风险因子对整个投资组合的一阶线性影响，因此测度简单资产组合的风险价值还比较可行。然而面对复杂的资产组合问题时，由于无法测度非线性风险，因此会导致结果失真。

（3）**运算量比较大**。当投资组合由大量的单一资产组成时，需要计算的协方差就很大，比如一个投资组合包含100个不同的资产，则需要计算的协方差数量是$100^2 = 10000$，会导致繁重的运算量。

下面，通过一个资本市场的案例具体讨论并演示如何运用方差-协方差法计算投资组合的风险价值。

15.2.2 方差-协方差法的应用

【例15-1】假定A金融机构有一个投资组合，该组合在2020年12月31日的市值为100亿元，投资组合配置的资产信息如表15-1所示。管理层要求计算持有期分别是1天和10天、置信水平依次为95%和99%条件下的风险价值，同时假定整个投资组合收益率服从正态分布。

表15-1 投资组合配置的资产信息

证券名称	证券代码	配置权重	资产类型
贵州茅台	600519	15%	股票
交通银行	601328	20%	股票
嘉实增强信用基金	000005	50%	债券型基金
华夏恒生ETF基金	159920	5%	股票型基金
博时标普500ETF基金	513500	10%	股票型基金

结合表 15-1 的资产在 2018 年至 2020 年期间日收盘价或单位净值数据,借助 Python 并运用方差-协方差法计算投资组合的风险价值,具体的过程分为 3 个步骤。

第 1 步:导入外部数据并且计算每个资产的日平均收益率、日波动率等。具体的代码如下,可生成图 15-2。

```
In [6]: price=pd.read_excel('C:/Desktop/投资组合配置资产的每日价格(2018 年至 2020 年).xlsx',sheet_name="Sheet1",header=0,index_col=0)    #导入外部数据
   ...: price=price.dropna()                                      #删除缺失值
   ...: price.index=pd.DatetimeIndex(price.index)                 #将数据框行索引转为 datetime 格式

In [7]: (price/price.iloc[0]).plot(figsize=(9,6),grid=True)  #将首个交易日价格归一并且可视化
Out[7]:
```

图 15-2　投资组合配置的资产初始价格归一化处理后的走势图

从图 15-2 可以清楚地看到,在 2018 年至 2020 年期间,投资组合中只有贵州茅台、博时标普 500ETF 基金这 2 个资产的价格保持上涨,其余 3 个资产的价格或下跌或"原地踏步"。

```
In [8]: R=np.log(price/price.shift(1))                    #计算对数收益率
   ...: R=R.dropna()                                      #删除缺失值
   ...: R.describe()                                      #显示描述性统计指标
Out[8]:
              贵州茅台        交通银行    嘉实增强信用基金    华夏恒生 ETF 基金  博时标普 500ETF 基金
count    704.000000  704.000000    704.000000    704.000000      704.000000
mean       0.001482   -0.000480      0.000013     -0.000165        0.000497
std        0.020443    0.011458      0.002251      0.013269        0.015264
min       -0.105361   -0.078359     -0.027399     -0.059311       -0.127101
25%       -0.010090   -0.005227      0.000000     -0.006840       -0.004421
50%        0.000559    0.000000      0.000000      0.000320        0.001040
75%        0.013493    0.005000      0.000966      0.006937        0.007035
max        0.063483    0.073159      0.008675      0.057534        0.094474

In [9]: R_mean=R.mean()                                   #计算每个资产的日平均收益率
   ...: print('2018 年至 2020 年期间日平均收益率\n',R_mean)
```

```
2018 年至 2020 年期间日平均收益率
贵州茅台             0.001482
交通银行            -0.000480
嘉实增强信用基金       0.000013
华夏恒生 ETF 基金    -0.000165
博时标普 500ETF 基金  0.000497
dtype: float64

In [10]: R_vol=R.std()                                    #计算每个资产收益率的日波动率
   ...: print('2018 年至 2020 年期间日波动率\n',R_vol)
2018 年至 2020 年期间日波动率
贵州茅台             0.020443
交通银行             0.011458
嘉实增强信用基金       0.002251
华夏恒生 ETF 基金     0.013269
博时标普 500ETF 基金  0.015264
dtype: float64
```

从以上的输出结果可以看到，贵州茅台的日波动率最高，表明其股价波动的风险最高；而嘉实增强信用基金由于是债券型基金，因此日波动率最低，风险也最低。

```
In [11]: R_cov=R.cov()                                    #计算每个资产收益率之间的协方差矩阵


In [12]: R_corr=R.corr()                                  #计算每个资产收益率之间的相关系数矩阵
   ...: R_corr                                            #输出相关系数矩阵
Out[12]:
                        贵州茅台    交通银行   嘉实增强信用基金   华夏恒生 ETF 基金  博时标普 500ETF 基金
贵州茅台              1.000000  0.309601   0.073192      0.507300      0.182159
交通银行              0.309601  1.000000   0.137777      0.480258      0.143039
嘉实增强信用基金        0.073192  0.137777   1.000000      0.053353     -0.023175
华夏恒生 ETF 基金      0.507300  0.480258   0.053353      1.000000      0.326857
博时标普 500ETF 基金   0.182159  0.143039  -0.023175      0.326857      1.000000
```

以上输出的不同资产收益率之间相关系数也比较低，说明投资组合资产配置的风险分散化效果较好。

第 2 步：按照投资组合当前每个资产的权重计算投资组合的日平均收益率和日波动率，其中，针对日波动率的计算需要运用 2.4.3 节 NumPy 模块求矩阵之间内积的函数 dot。具体的代码如下：

```
In [13]: W=np.array([0.15,0.20,0.50,0.05,0.10])           #投资组合中各资产配置的权重

In [14]: Rp_daily=np.sum(W*R_mean)                        #计算投资组合日平均收益率
   ...: print('2018 年至 2020 年期间投资组合的日平均收益率',round(Rp_daily,6))
2018 年至 2020 年期间投资组合的日平均收益率 0.000174

In [15]: Vp_daily=np.sqrt(np.dot(W,np.dot(R_cov,W.T)))    #计算投资组合日波动率
   ...: print('2018 年至 2020 年期间投资组合的日波动率',round(Vp_daily,6))
2018 年至 2020 年期间投资组合的日波动率 0.005581
```

从第 2 步的计算中可以发现，2018 年至 2020 年期间投资组合的日平均收益率为正，但是投资组合的日波动率远高于日平均收益率。

第 3 步：运用自定义函数 VaR_VCM，计算方差-协方差法测算的风险价值。具体的代码如下：

```
In [16]: value_port=1e10                                  #投资组合的最新市值为 100 亿元
   ...: D1=1                                              #持有期为 1 天
   ...: D2=10                                             #持有期为 10 天
   ...: X1=0.95                                           #置信水平为 95%
```

```
          ...: X2=0.99                                                      #置信水平为99%

In [17]: VaR95_1day_VCM=VaR_VCM(Value=value_port,Rp=Rp_daily,Vp=Vp_daily,X=X1,N=D1)
#持有期为1天、置信水平为95%的风险价值
          ...: VaR99_1day_VCM=VaR_VCM(Value=value_port,Rp=Rp_daily,Vp=Vp_daily,X=X2,N=D1)
#持有期为1天、置信水平为99%的风险价值
          ...: print('方差-协方差法计算持有期为1天、置信水平为95%的风险价值', round(VaR95_1day_VCM,2))
          ...: print('方差-协方差法计算持有期为1天、置信水平为99%的风险价值', round(VaR99_1day_VCM,2))
方差-协方差法计算持有期为1天、置信水平为95%的风险价值 90061974.21
方差-协方差法计算持有期为1天、置信水平为99%的风险价值 128097870.58

In [18]: VaR95_10day_VCM=VaR_VCM(Value=value_port,Rp=Rp_daily,Vp=Vp_daily,X=X1,N=D2)
#持有期为10天、置信水平为95%的风险价值
          ...: VaR99_10day_VCM=VaR_VCM(Value=value_port,Rp=Rp_daily,Vp=Vp_daily,X=X2,N=D2)
#持有期为10天、置信水平为99%的风险价值
          ...: print('方差-协方差法计算持有期为10天、置信水平为95%的风险价值', round(VaR95_10day_VCM,2))
          ...: print('方差-协方差法计算持有期为10天、置信水平为99%的风险价值', round(VaR99_10day_VCM,2))
方差-协方差法计算持有期为10天、置信水平为95%的风险价值 284800969.09
方差-协方差法计算持有期为10天、置信水平为99%的风险价值 405081034.45
```

从第3步的计算可以得到，在置信水平为95%、持有期为10天的情况下，风险价值达到2.85亿元，占整个投资组合市值的2.85%。这就意味着从理论上而言，未来10个交易日内，有95%的把握保证100亿元市值的投资组合累计最大亏损不会超过2.85亿元（保留至小数点后两位）。同样，在置信水平为99%、持有期为10天的情况下，风险价值提高至4.05亿元，占整个投资组合市值的4.05%。这表明在未来10个交易日内，有99%的把握保证投资组合累计最大亏损不会超过4.05亿元。

通过这个案例可以看到，方差-协方差法虽然运用到每个资产的历史数据，但是这些历史数据仅仅是为了计算平均收益率、波动率以及协方差等统计指标。对此，有读者可能已经有了一个更加大胆、更加科学的想法：为了最大化地发挥历史数据的价值，将过去每一天的收益率直接映射到每个资产并形成投资组合的历史收益分布，然后求出风险价值。这个思路就引出15.3节的历史模拟法。

15.3 历史模拟法

历史模拟法（historical method）是计算市场风险价值的一种流行方法，这种方法的核心假设就是历史可以代表未来，也就是假定基于过去交易数据的投资组合收益分布是对未来分布的最优估计。

15.3.1 历史模拟法的细节

1. 一个简单的例子

对于历史模拟法，可以用一个简单的例子加以描述。假设有一个投资组合，该组合由M个资产组成，并采用这M个资产过去1000个交易日的收益率数据，同时依据投资组合的当前市值以及M个资产的最新权重比例，模拟出该投资组合在过去1000个交易日的每日收益金额，该金额如果大于0就表示盈利，小于0就表示亏损。

下面用数学形式抽象地表达模拟的过程。假定R_{it}表示投资组合中第i个资产在过去第t个交易日的收益率，并且假设今天是第T个交易日（$T=1000$），今天的投资组合最新市值用S_{PT}表示，第i个资产在今天的权重用w_i表示。在历史模拟法中，模拟过去第t个交易日（$1 \leq t \leq T$）投资组

合的收益 ΔS_{Pt} 就用如下的表达式：

$$\Delta S_{Pt} = \sum_{i=1}^{M} w_i R_{it} S_{PT} \qquad (15\text{-}7)$$

然后，将这 1000 个交易日的投资组合收益金额，由大到小进行排序从而形成一个基于过去 1000 个交易日的投资组合收益分布，具体如下：

第 1 位	收益金额最大值（正数）
第 2 位	收益金额排第 2 的值（正数）
第 3 位	收益金额排第 3 的值（正数）
…	
第 950 位	收益金额排第 950 的值（负数）
…	
第 990 位	收益金额排第 990 的值（负数）
…	
第 1000 位	收益金额排第 1000 的值（负数）

如果是计算持有期为 1 天、置信水平为 95% 的风险价值，就选取第 950 位的收益金额（对应于收益分布中的 5% 分位数），考虑到是负数，因此取绝对值以后就是计算得到的风险价值；如果是计算持有期为 1 天、置信水平为 99% 的风险价值，就选取第 990 位的收益金额（对应于收益分布中的 1% 分位数），同样，由于是负数，因此取绝对值以后就能得出风险价值。

此外，由于影响投资组合的变量可能有多个，因此在历史模拟法中，首先需要选定影响投资组合的各种变量或风险因子，这些变量通常是利率、汇率、债券价格、股票价格、期货价格、期权价格等，并且所有的资产价格应当以本币计价或者折算成本币计价。同时，确定过去交易日的期间长度也是很关键的，通常可以选择过去 3 年、5 年、10 年甚至更长的周期，然后收集这些变量在选定期间内每个交易日的数据，这些数据就提供了测算风险价值可能发生的变化情形。

2. **优势与局限**

根据以上的例子可以归纳出历史模拟法的 3 个主要优势，具体如下。

（1）**计算相对简单**。历史模拟法只需要模拟出投资组合历史收益的分布就可以直接求出投资组合的风险价值，显著减少了运算量。

（2）**非参数化建模**。历史模拟法不依赖于对变量、风险因子分布的任何假定，也不需要假设不同资产收益率之间相互独立，能够有效避免正态分布及独立性假设的局限，消除了参数估计误差对计算风险价值的负面影响。

（3）**风险捕捉能力较强**。历史模拟法完全运用过去的真实交易数据，能够比较好地处理非线性风险、市场大幅波动等情况，在一定程度上提升了捕捉各种风险的能力。

当然，历史模拟法也有其局限性，概括起来包括以下 3 个方面。

（1）**对数据完整性要求很高**。一般而言，适当地拉长过去的数据区间，历史模拟法计算得到的风险价值就可能更接近于真实的风险价值。但是，不同资产的过去交易数据会存在期间跨度方面的差异，比如投资组合配置了新上市的公司股票（新股），由于这些新股缺乏足够多的过往交易信息，因此就会影响到历史模拟法的有效运用。

（2）**未来不是过去的简单重复**。前面提到了历史模拟法的核心假设是历史可以代表未来，未来是历史的一个镜像。然而类似 1997 年亚洲金融危机、2008 年美国次贷危机、2010 年欧债危机等重大事件发生时，基于过去的概率分布预测未来就显得不合时宜了。

（3）**早期数据的可靠性问题**。使用者为了期望能够得到更加精确的风险价值数据，往往会拉长过去的数据区间从而得到更多的样本数据。但是当样本量越大时，其中的一些数据就越旧，这些更早期历史数据所处的市场条件可能与当前的情况有很大的差异，从而使得计算的结果有可能更加不可靠。类似的问题在 5.3.2 节讲解 ARCH 模型的过程中也提到过。

下面，通过一个案例具体演示如何运用历史模拟法计算投资组合的风险价值。

15.3.2 历史模拟法的运用

【例 15-2】沿用例 15-1 的投资组合信息，并且运用历史模拟法计算持有期分别为 1 天和 10 天、置信水平分别为 95%和 99%条件下的风险价值。在计算过程中，选取贵州茅台、交通银行、嘉实增强信用基金、华夏恒生 ETF 基金、博时标普 500ETF 基金这 5 个金融资产 2018 年至 2020 年共计 704 个交易日的历史收益率数据，运用 Python 计算投资组合的风险价值，具体过程分为 3 个步骤。

第 1 步：依据 2018 年至 2020 年相关资产的日收益率数据，同时结合 2020 年 12 月 31 日投资组合的最新市值和每个资产在投资组合中的最新权重，模拟出 2018 年至 2020 年每个交易日投资组合的日收益金额数据并可视化（见图 15-3）。具体的代码如下：

```
In [19]: value_past=value_port*W        #用投资组合最新市值和资产权重计算每个资产最新市值

In [20]: profit_past=np.dot(R,value_past)      #2018 年至 2020 年每个交易日投资组合模拟盈亏金额
   ...: profit_past=pd.DataFrame(data=profit_past,index=R.index,columns=['投资组合的模拟日收益'])       #转换为数据框

In [21]: profit_past.plot(figsize=(9,6),grid=True)       #将投资组合的模拟日收益可视化
Out[21]:
```

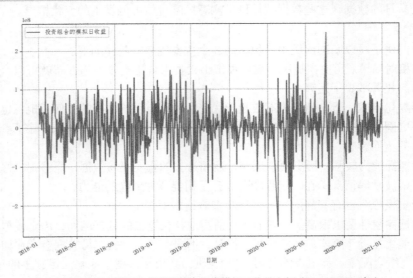

图 15-3　通过历史模拟法得到的投资组合模拟日收益金额（2018—2020 年）

第 2 步：对投资组合的模拟日收益金额进行正态性检验，包括运用直方图（见图 15-4）以及 5.1.5 节介绍的 SciPy 子模块 stats 中的 kstest、anderson、shapiro、normaltest 函数。具体的代码如下：

```
In [22]: plt.figure(figsize=(9,6))
    ...: plt.hist(np.array(profit_past),bins=30,facecolor='y',edgecolor='k')   #绘制投资组合的模拟日收益金额直方图并在输入时将数据框转换为数组
    ...: plt.xticks(fontsize=13)
    ...: plt.xlabel(u'投资组合的模拟日收益金额',fontsize=13)
    ...: plt.yticks(fontsize=13)
    ...: plt.ylabel(u'频数',fontsize=13)
    ...: plt.title(u'投资组合模拟日收益金额的直方图', fontsize=13)
    ...: plt.grid()
    ...: plt.show()
```

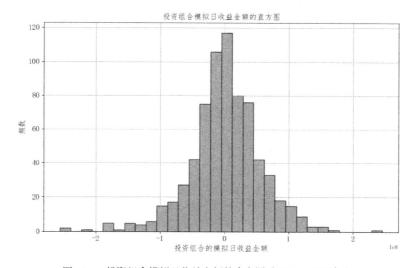

图 15-4　投资组合模拟日收益金额的直方图（2018—2020 年）

```
In [23]: st.kstest(rvs=profit_past['投资组合的模拟日收益'],cdf='norm')   #Kolmogorov-Smirnov检验
Out[23]: KstestResult(statistic=0.5213068181818181, pvalue=1.4935959618986873e-178)

In [24]: st.anderson(x=profit_past['投资组合的模拟日收益'],dist='norm')   #Anderson-Darling检验
Out[24]: AndersonResult(statistic=5.128400718185958, critical_values=array([0.573, 0.652, 0.783, 0.913, 1.086]), significance_level=array([15. , 10. , 5. , 2.5, 1. ]))

In [25]: st.shapiro(profit_past['投资组合的模拟日收益'])                 #Shapiro-Wilk检验
Out[25]: ShapiroResult(statistic=0.968652069568634, pvalue=3.921805241668963e-11)

In [26]: st.normaltest(profit_past['投资组合的模拟日收益'])              #一般的正态性检验
Out[26]: NormaltestResult(statistic=62.7633214481287, pvalue=2.3502708523936522e-14)
```

无论是对图 15-4 的目测还是分析 4 个检验正态性的指标统计量，都可以得出投资组合模拟日收益金额不服从正态分布的结论。因此，15.4.1 节运用方差-协方差法计算得到的投资组合风险价值可能会存在偏差。

第 3 步：计算投资组合的风险价值，需要运用 3.5.1 节 pandas 模块计算分位数的函数 quantile（见表 3-7）。具体的代码如下：

```
In [27]: VaR95_1day_history=np.abs(profit_past.quantile(q=1-X1))    #持有期为 1 天、置信水平
   ...:                                                              为 95%的风险价值
   ...: VaR99_1day_history=np.abs(profit_past.quantile(q=1-X2))    #持有期为 1 天、置信水平
   ...:                                                              为 99%的风险价值
   ...: VaR95_1day_history=float(VaR95_1day_history)               #转换为浮点型数据
   ...: VaR99_1day_history=float(VaR99_1day_history)
   ...: print('历史模拟法计算持有期为1天、置信水平为95%的风险价值', round(VaR95_1day_history,2))
   ...: print('历史模拟法计算持有期为1天、置信水平为99%的风险价值', round(VaR99_1day_history,2))
历史模拟法计算持有期为 1 天、置信水平为 95%的风险价值 90962321.09
历史模拟法计算持有期为 1 天、置信水平为 99%的风险价值 173899934.39

In [28]: VaR95_10day_history=np.sqrt(D2)*VaR95_1day_history    #持有期为 10 天、置信水平为 95%的风险价值
   ...: VaR99_10day_history=np.sqrt(D2)*VaR99_1day_history    #持有期为 10 天、置信水平为 99%的风险价值
   ...: print('历史模拟法计算持有期为 10 天、置信水平为95%的风险价值', round(VaR95_10day_history,2))
   ...: print('历史模拟法计算持有期为 10 天、置信水平为99%的风险价值', round(VaR99_10day_history,2))
历史模拟法计算持有期为 10 天、置信水平为 95%的风险价值 287648115.91
历史模拟法计算持有期为 10 天、置信水平为 99%的风险价值 549919877.63
```

从以上的计算可以看到，运用历史模拟法得到的持有期为 10 天、置信水平为 95%的风险价值约为 2.88 亿元，这与方差-协方差法得出的风险价值 2.85 亿元比较接近；然而，历史模拟法得到的持有期为 10 天、置信水平为 99%的风险价值则高达约 5.50 亿元，显著高于方差-协方差法得出的风险价值 4.05 亿元，这充分说明历史模拟法有更强的对尾部极端风险的捕捉能力。

然而，当历史数据不足或者历史无法很好地代表未来时，历史模拟法只能"黯然离场"，后续登场的将是 15.4 节讨论的蒙特卡罗模拟法。

15.4 蒙特卡罗模拟法

在计算市场风险价值时，除了前面提到的方差-协方差法以及历史模拟法以外，还可以通过蒙特卡罗模拟法得到投资组合收益的概率分布，并最终计算出风险价值。

15.4.1 蒙特卡罗模拟法的细节

1. 理论表述

蒙特卡罗模拟法（Monte Carlo simulation method，也译为蒙特卡罗模拟法），又称**统计试验方法**，属于计算数学的一个分支。在 20 世纪三四十年代，原子能事业得到长足发展，然而传统的经验方法由于不能逼近真实的物理过程，因此很难得到满意的结果，蒙特卡罗模拟法却能够很贴切地模拟物理过程，从而受到关注与青睐，此后也开始运用于金融领域。顺便提一句，蒙特卡罗是位于欧洲地中海之滨、摩纳哥公国的一座城市。

现在假设有一个投资组合，该组合由 M 个资产组成。其中，S_i 表示第 i 个资产的当前价值，S_P 表示投资组合的当前价值，第 i 个资产的价值在一个交易日内的百分比变化用 x_i 表示，x_i 可以理解为日收益率。在运用蒙特卡罗模拟法计算投资组合的风险价值时，需要有如下几步的过程。

第 1 步：将 M 个资产的当前价值相加计算出投资组合的当前价值 S_P。也就是：

$$S_P = \sum_{i=1}^{M} S_i \tag{15-8}$$

第 2 步：在第 i 个资产价值的日百分比变化 x_i 所服从的分布（比如正态分布）中进行一次抽样

并得到 x_i^j，上标 j 表示第 j 次抽样。

第 3 步：通过 x_i^j 模拟计算得到本次抽样中第 i 个资产在下一个交易日的收益金额 $x_i^j S_i$。

第 4 步：模拟计算得到在本次抽样中，投资组合在下一个交易日的价值变动（收益金额）。具体表达式如下：

$$\Delta S_P^j = \sum_{i=1}^{M} x_i^j S_i \tag{15-9}$$

其中，ΔS_P^j 表示在第 j 次抽样中模拟得到的投资组合在下一个交易日的收益金额。

第 5 步：重复上面的第 2 步至第 4 步，然后将 ΔS_P^j 的金额由大到小进行排序，从而建立投资组合在下一个交易日的模拟收益金额 ΔS_P 的概率分布。

第 6 步：持有期为 1 天、置信水平为 X 的投资组合风险价值就对应于在 ΔS_P 概率分布中的 X 分位数（取正数）。

比如，蒙特卡罗模拟法的抽样次数是 1000 次，通过以上的步骤可以得到 ΔS_P 的 1000 个不同的样本值并且由大至小进行排列，持有期为 1 天、置信水平为 95% 的投资组合风险价值对应于排在第 950 位的数值并取绝对值；持有期为 1 天、置信水平为 99% 的投资组合风险价值就对应于排在第 990 位的数值并取绝对值。相同置信水平但持有期为 N 天的风险价值依然通过 15.1.1 节的式（15-2）计算得到。

2. 优势与局限

通过以上的抽象分析，可以归纳出蒙特卡罗模拟法的 3 个优势，具体如下。

（1）**选择更多分布**。在蒙特卡罗模拟法中，针对市场变量和风险因子所服从的分布，可以由风险管理者根据实际情况灵活设定。比如，针对厚尾的情形可以通过选择学生 t 分布等方式优化模拟结果。

（2）**捕捉更多风险**。蒙特卡罗模拟法是一种数值估计的方法，针对非线性问题、波动幅度较大以及前面提及的厚尾现象等情况，都能够较好地处理，从而提升风险捕捉能力。

（3）**适应更多情景**。蒙特卡罗模拟法能够针对未来不同市场情景，随机生成各类变量和风险因子的数值，对未来风险进行模拟，便于风险管理者预测未来市场所面临的可能风险。

当然，蒙特卡罗模拟法的局限也比较明显，主要包括以下 3 点。

（1）**计算量大**。如果投资组合中涉及的变量和风险因子较多，运用蒙特卡罗模拟法计算风险价值的运算量会很大，需要大量的时间投入运算。此外，结果精确度的提升需要以模拟次数的指数型增长为代价。例如，如果将估计值的精确度提高 1 倍，模拟次数就需要提高 4 倍；如果将精确度提高 10 倍，模拟次数就需要提高 100 倍；如果将精确度提高 100 倍，模拟次数就需要提高 10000 倍，以此类推。

（2）**随机陷阱**。蒙特卡罗模拟法中生成的随机序列是伪随机数，所谓**伪随机数**（pseudo-random number）是用确定性的算法计算出来的随机数序列，只是具有类似于随机数的统计特征，如均匀性、独立性等，但并非真正意义上的随机数。因此伪随机数可能会导致风险价值的计算结果出现偏差。

（3）**可靠性弱**。蒙特卡罗模拟法往往会对资产定价模型、随机模型的基础风险因子过度依赖，从而导致风险价值在风险预测方面的可靠性受到影响。

下面，通过案例具体演示如何运用蒙特卡罗模拟法计算投资组合的风险价值。

15.4.2 蒙特卡罗模拟法的运用

【例 15-3】依然沿用例 15-1 的投资组合信息，并且运用蒙特卡罗模拟法计算投资组合的风险价值,具体是通过对贵州茅台、交通银行、嘉实增强信用基金、华夏恒生 ETF 基金、博时标普 500ETF 基金这 5 个资产在下一个交易日的价格或净值进行 10 万次模拟,进而求出持有期分别为 1 天和 10 天、置信水平依次为 95%和 99%的投资组合风险价值。

考虑到金融资产收益率的厚尾特征,为了进行对比分析,分别运用学生 t 分布和正态分布作为资产收益率服从的分布。需要指出的是,国内外的研究发现股票等金融资产的收益率服从学生 t 分布时,自由度估计值通常处于 [4,8] 区间,因此本例将学生 t 分布的自由度设定为 8。同时,在模拟过程中,需要运用 8.3.3 节介绍的资产价格服从几何布朗运动差分公式(8-43),也就是:

$$P_t = P_{t-\Delta t} e^{\left(\mu - \frac{1}{2}\sigma^2\right)\Delta t + \sigma \varepsilon_t \sqrt{\Delta t}} \tag{15-10}$$

其中,式(15-10)中的 ε_t 在模拟过程中分别假定服从学生 t 分布和正态分布。

下面,借助 Python 计算投资组合的风险价值,具体的过程分为 4 个步骤。

第 1 步:输入相关参数,并且运用式(15-10)模拟得到投资组合中每个资产在下一个交易日的价格。具体的代码如下:

```
In [29]: import numpy.random as npr          #导入 NumPy 的子模块 random

In [30]: I=100000                            #模拟的次数
    ...: n=8                                 #学生 t 分布的自由度
    ...: epsilon=npr.standard_t(df=n,size=I) #从学生 t 分布进行抽样

In [31]: P1=price.iloc[-1,0]    #投资组合中第 1 个资产(贵州茅台)最新收盘价
    ...: P2=price.iloc[-1,1]    #投资组合中第 2 个资产(交通银行)最新收盘价
    ...: P3=price.iloc[-1,2]    #投资组合中第 3 个资产(嘉实增强信用基金)最新基金净值
    ...: P4=price.iloc[-1,3]    #投资组合中第 4 个资产(华夏恒生 ETF 基金)最新基金净值
    ...: P5=price.iloc[-1,-1]   #投资组合中最后一个资产(博时标普 500ETF 基金)最新基金净值

In [32]: R_mean=R.mean()*252           #每个资产的年化平均收益率
    ...: R_vol=R.std()*np.sqrt(252)    #每个资产收益率的年化波动率
    ...: dt=1/252                      #设定步长为一个交易日

In [33]: P1_new=P1*np.exp((R_mean[0]-0.5*R_vol[0]**2)*dt+R_vol[0]*epsilon*np.sqrt(dt))
#模拟投资组合中第 1 个资产下一个交易日的收盘价
    ...: P2_new=P2*np.exp((R_mean[1]-0.5*R_vol[1]**2)*dt+R_vol[1]*epsilon*np.sqrt(dt))
#模拟投资组合中第 2 个资产下一个交易日的收盘价
    ...: P3_new=P3*np.exp((R_mean[2]-0.5*R_vol[2]**2)*dt+R_vol[2]*epsilon*np.sqrt(dt))
#模拟投资组合中第 3 个资产下一个交易日的收盘价
    ...: P4_new=P4*np.exp((R_mean[3]-0.5*R_vol[3]**2)*dt+R_vol[3]*epsilon*np.sqrt(dt))
#模拟投资组合中第 4 个资产下一个交易日的收盘价
    ...: P5_new=P5*np.exp((R_mean[-1]-0.5*R_vol[-1]**2)*dt+R_vol[-1]*epsilon*np.sqrt(dt))
#模拟投资组合中最后一个资产下一个交易日的收盘价
```

第 2 步:模拟单个资产和整个投资组合在下一个交易日的收益并且可视化(见图 15-5)。具体的代码如下:

```
In [34]: profit1=(P1_new/P1-1)*value_port*W[0]    #模拟第 1 个资产下一个交易日的收益
    ...: profit2=(P2_new/P2-1)*value_port*W[1]    #模拟第 2 个资产下一个交易日的收益
    ...: profit3=(P3_new/P3-1)*value_port*W[2]    #模拟第 3 个资产下一个交易日的收益
    ...: profit4=(P4_new/P4-1)*value_port*W[3]    #模拟第 4 个资产下一个交易日的收益
    ...: profit5=(P5_new/P5-1)*value_port*W[-1]   #模拟最后一个资产下一个交易日的收益

In [35]: profit_port=profit1+profit2+profit3+profit4+profit5  #整个投资组合下一个交易日的收益
```

```
In [36]: plt.figure(figsize=(9,6))
   ...: plt.hist(profit_port,bins=50,facecolor='y',edgecolor='k')   #投资组合模拟日收益金额的直方图
   ...: plt.xticks(fontsize=13)
   ...: plt.xlabel(u'投资组合模拟的日收益金额',fontsize=13)
   ...: plt.yticks(fontsize=13)
   ...: plt.ylabel(u'频数',fontsize=13)
   ...: plt.title(u'通过蒙特卡罗模拟（服从学生t分布）得到投资组合日收益金额的直方图', fontsize=13)
   ...: plt.grid()
   ...: plt.show()
```

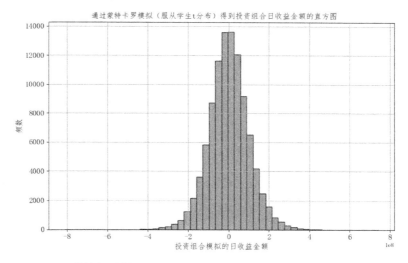

图15-5 通过蒙特卡罗模拟法（服从学生t分布）得到投资组合日收益金额的直方图

第3步：运用蒙特卡罗模拟法并且假定资产收益率服从学生t分布的情况下，计算投资组合的风险价值。由于生成的模拟投资组合日收益金额是数组格式，因此需要运用NumPy模块计算分位数的函数percentile。此外，需要注意的是，由于随机数是随机生成的，因此重复运用蒙特卡罗模拟法得到的每一次风险价值数据会存在一定的差异，当然这个差异是可接受的。具体的代码如下：

```
In [37]: VaR95_1day_MCst=np.abs(np.percentile(a=profit_port,q=(1-X1)*100))   #持有期为1天、置信水平为95%的风险价值
   ...: VaR99_1day_MCst=np.abs(np.percentile(a=profit_port,q=(1-X2)*100))   #持有期为1天、置信水平为99%的风险价值
   ...: print('蒙特卡罗模拟法(服从学生t分布)计算持有期为1天、置信水平为95%的风险价值',round(VaR95_1day_MCst,2))
   ...: print('蒙特卡罗模拟法(服从学生t分布)计算持有期为1天、置信水平为99%的风险价值',round(VaR99_1day_MCst,2))
蒙特卡罗模拟法（服从学生t分布）计算持有期为1天、置信水平为95%的风险价值 158911489.55
蒙特卡罗模拟法（服从学生t分布）计算持有期为1天、置信水平为99%的风险价值 244133657.61

In [38]: VaR95_10day_MCst=np.sqrt(D2)*VaR95_1day_MCst    #持有期为10天、置信水平为95%的风险价值
   ...: VaR99_10day_MCst=np.sqrt(D2)*VaR99_1day_MCst    #持有期为10天、置信水平为99%的风险价值
   ...: print('蒙特卡罗模拟法（服从学生t分布）计算持有期为10天、置信水平为95%的风险价值',round(VaR95_10day_MCst,2))
   ...: print('蒙特卡罗模拟法（服从学生t分布）计算持有期为10天、置信水平为99%的风险价值',round
```

```
(VaR99_10day_MCst,2))
    蒙特卡罗模拟法（服从学生t分布）计算持有期为10天、置信水平为95%的风险价值 502522253.34
    蒙特卡罗模拟法（服从学生t分布）计算持有期为10天、置信水平为99%的风险价值 772018411.54
```

从以上分析可以得到，运用蒙特卡罗模拟法并且假定资产收益率服从自由度为8的学生t分布时，持有期为10天、置信水平为95%的风险价值约为5.03亿元，相同持有期、置信水平为99%的风险价值约为7.72亿元，金额均高于历史模拟法和方差-协方差法的计算结果。

第4步：为了进行比较，假定资产收益率服从正态分布，运用蒙特卡罗模拟法计算投资组合的风险价值（见图15-6），为了减少输入而运用for语句。具体的代码如下：

```
In [39]: P=np.array(price.iloc[-1])                    #单个资产的最新收盘价或净值（数组格式）

In [40]: epsilon_norm=npr.standard_normal(I)           #从正态分布中抽取样本

In [41]: P_new=np.zeros(shape=(I,len(R_mean)))         #创建存放模拟下一个交易日单一资产价格的初始数组

In [42]: for i in range(len(R_mean)):
   ...:     P_new[:,i]=P[i]*np.exp((R_mean[i]-0.5*R_vol[i]**2)*dt+ R_vol[i]*epsilon_norm*np.sqrt(dt))   #依次模拟投资组合每个资产下一个交易日的收盘价

In [43]: profit_port_norm=(np.dot(P_new/P-1,W))*value_port   #投资组合下一个交易日的收益

In [44]: plt.figure(figsize=(9,6))
   ...: plt.hist(profit_port_norm,bins=30,facecolor='y',edgecolor='k')
   ...: plt.xticks(fontsize=13)
   ...: plt.xlabel(u'投资组合模拟的日收益金额',fontsize=13)
   ...: plt.yticks(fontsize=13)
   ...: plt.ylabel(u'频数',fontsize=13)
   ...: plt.title(u'通过蒙特卡罗模拟（服从正态分布）得到投资组合日收益金额的直方图', fontsize=13)
   ...: plt.grid()
   ...: plt.show()
```

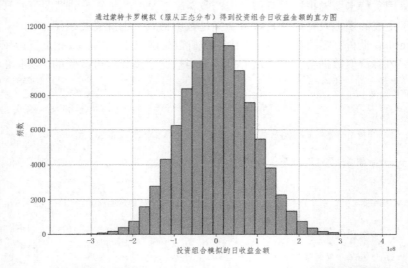

图15-6 通过蒙特卡罗模拟法（服从正态分布）得到投资组合日收益率金额的直方图

```
In [45]: VaR95_1day_MCnorm=np.abs(np.percentile(a=profit_port_norm,q=(1-X1)*100))    #持有期
    为1天、置信水平为95%的风险价值
    ...: VaR99_1day_MCnorm=np.abs(np.percentile(a=profit_port_norm,q=(1-X2)*100))    #持有期
    为1天、置信水平为99%的风险价值
    ...: print('蒙特卡罗模拟法(服从正态分布)计算持有期为1天、置信水平为95%的风险价值',round(VaR95_
    1day_MCnorm,2))
    ...: print('蒙特卡罗模拟法(服从正态分布)计算持有期为1天、置信水平为99%的风险价值',round(VaR99_
    1day_MCnorm,2))
    蒙特卡罗模拟法(服从正态分布)计算持有期为1天、置信水平为95%的风险价值 139184800.85
    蒙特卡罗模拟法(服从正态分布)计算持有期为1天、置信水平为99%的风险价值 198224796.76

In [46]: VaR95_10day_MCnorm=np.sqrt(D2)*VaR95_1day_MCnorm    #持有期为10天、置信水平为95%的风险价值
    ...: VaR99_10day_MCnorm=np.sqrt(D2)*VaR99_1day_MCnorm    #持有期为10天、置信水平为99%的风险价值
    ...: print('蒙特卡罗模拟法(服从正态分布)计算持有期为10天、置信水平为95%的风险价值',round(VaR95_
    10day_MCnorm,2))
    ...: print('蒙特卡罗模拟法(服从正态分布)计算持有期为10天、置信水平为99%的风险价值',round(VaR99_
    10day_MCnorm,2))
    蒙特卡罗模拟法(服从正态分布)计算持有期为10天、置信水平为95%的风险价值 440140986.37
    蒙特卡罗模拟法(服从正态分布)计算持有期为10天、置信水平为99%的风险价值 626841846.49
```

根据最后一步的分析结果，当资产收益率服从正态分布时，运用蒙特卡罗模拟法计算得到的风险价值均低于服从学生t分布的风险价值。

15.5 回溯检验、压力测试与压力风险价值

"实践是检验真理的唯一标准。"当这句话运用于风险价值模型时，就引出了本节将探究的3个重要话题：回溯检验、压力测试以及压力风险价值。

15.5.1 回溯检验

1. 基本概念

回溯检验（back testing），也称为**事后检验**或**返回检验**，是指将通过模型得到风险价值的估算结果与实际发生的损益进行比较，以检验风险价值模型的准确性和可靠性，并据此对模型进行校正的一种方法。若估算结果与实际结果近似，则表明该模型的准确性和可靠性较高；若估算结果与实际结果的差距很大，则有理由质疑模型的准确性和可靠性。

举一个简单例子进行说明。假定计算得到持有期为1天、置信水平为95%的风险价值是1亿元，在对风险价值进行回溯检验时，就要找出投资组合在每个交易日中损失超出1亿元的天数，并且计算这些天数占整个检验样本天数的比例。假定观测的完整交易日天数是1000天，如果交易日的损失金额超出1亿元的天数控制在50天以内，也就是占总天数的5%以内，则可以认为计算风险价值的模型是合理的；相反，如果损失超出1亿元的天数大于50天，即占总天数的比例超过5%，此时就应当对风险价值的模型产生合理怀疑。

2. 一个案例

【例15-4】依然沿用例15-1的投资组合信息，针对运用方差-协方差法计算得到的持有期为1天、置信水平为95%的风险价值，结合2018年至2020年每年的日交易数据，运用回溯检验判断风险价值的合理性，具体分为两个步骤。

第 1 步：根据例 15-2 运用历史模拟法计算得出的 2018 年至 2020 年期间投资组合日收益金额数据，依次生成每一年投资组合日收益金额的时间序列，并且将每年的投资组合日收益与风险价值所对应的亏损进行可视化（见图 15-7）。具体的代码如下：

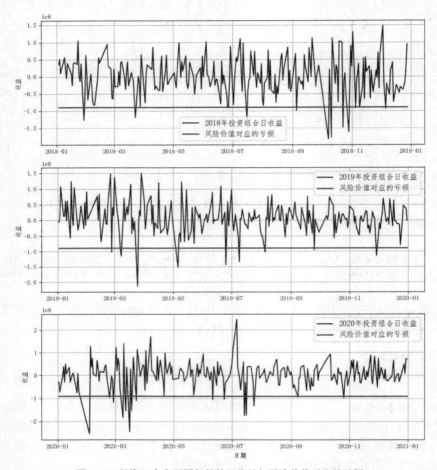

图 15-7 投资组合在不同年份的日收益与风险价值对应的亏损

```
In [47]: profit_2018=profit_past.loc['2018-01-01':'2018-12-31']    #生成2018年投资组合的日收益
    ...: profit_2019=profit_past.loc['2019-01-01':'2019-12-31']    #生成2019年投资组合的日收益
    ...: profit_2020=profit_past.loc['2020-01-01':'2020-12-31']    #生成2020年投资组合的日收益

In [48]: VaR_2018_neg=-VaR95_1day_VCM*np.ones_like(profit_2018)    #创建2018年风险价值对应亏损的数组
    ...: VaR_2019_neg=-VaR95_1day_VCM*np.ones_like(profit_2019)    #创建2019年风险价值对应亏损的数组
    ...: VaR_2020_neg=-VaR95_1day_VCM*np.ones_like(profit_2020)    #创建2020年风险价值对应亏损的数组

In [49]: VaR_2018_neg=pd.DataFrame(data=VaR_2018_neg,index=profit_2018.index)    #2018年风险价值对应亏损的时间序列
    ...: VaR_2019_neg=pd.DataFrame(data=VaR_2019_neg,index=profit_2019.index)    #2019年风险价值对应亏损的时间序列
    ...: VaR_2020_neg=pd.DataFrame(data=VaR_2020_neg,index=profit_2020.index)    #2020年风险
```

价值对应亏损的时间序列

```
In [50]: plt.figure(figsize=(9,12))
   ...: plt.subplot(3,1,1)
   ...: plt.plot(profit_2018,'b-',label=u'2018年投资组合日收益')
   ...: plt.plot(VaR_2018_neg,'r-',label=u'风险价值对应的亏损',lw=2.0)
   ...: plt.ylabel(u'收益')
   ...: plt.legend(fontsize=12)
   ...: plt.grid()
   ...: plt.subplot(3,1,2)
   ...: plt.plot(profit_2019,'b-',label=u'2019年投资组合日收益')
   ...: plt.plot(VaR_2019_neg,'r-',label=u'风险价值对应的亏损',lw=2.0)
   ...: plt.ylabel(u'收益')
   ...: plt.legend(fontsize=12)
   ...: plt.grid()
   ...: plt.subplot(3,1,3)
   ...: plt.plot(profit_2020,'b-',label=u'2020年投资组合日收益')
   ...: plt.plot(VaR_2020_neg,'r-',label=u'风险价值对应的亏损',lw=2.0)
   ...: plt.xlabel(u'日期')
   ...: plt.ylabel(u'收益')
   ...: plt.legend(fontsize=12)
   ...: plt.grid()
   ...: plt.show()
```

在图 15-7 中，当投资组合日亏损触及风险价值对应的亏损这条直线时，就表明亏损大于风险价值。通过目测不难发现，2020 年超出风险价值的亏损天数应该是最多的，2019 年的天数最少，但是具体的天数则需要通过第 2 步得到。

第 2 步：计算在 2018 年至 2020 年期间，每年的交易天数、每年内投资组合日亏损超出风险价值对应亏损的具体天数以及占当年交易天数的比重。具体的代码如下：

```
In [51]: days_2018=len(profit_2018)      #2018年的全部交易天数
   ...: days_2019=len(profit_2019)      #2019年的全部交易天数
   ...: days_2020=len(profit_2020)      #2020年的全部交易天数
   ...: print('2018年的全部交易天数',days_2018)
   ...: print('2019年的全部交易天数',days_2019)
   ...: print('2020年的全部交易天数',days_2020)
2018年的全部交易天数 234
2019年的全部交易天数 236
2020年的全部交易天数 234

In [52]: dayexcept_2018=len(profit_2018[profit_2018['投资组合的模拟日收益']<-VaR95_1day_VCM])
#用2018年数据进行回溯检验并且计算超过风险价值对应亏损的天数
   ...: dayexcept_2019=len(profit_2019[profit_2019['投资组合的模拟日收益']<-VaR95_1day_VCM])
#用2019年数据进行回溯检验并且计算超过风险价值对应亏损的天数
   ...: dayexcept_2020=len(profit_2020[profit_2020['投资组合的模拟日收益']<-VaR95_1day_VCM])
#用2020年数据进行回溯检验并且计算超过风险价值对应亏损的天数
   ...: print('2018年超过风险价值对应亏损的天数',dayexcept_2018)
   ...: print('2019年超过风险价值对应亏损的天数',dayexcept_2019)
   ...: print('2020年超过风险价值对应亏损的天数',dayexcept_2020)
2018年超过风险价值对应亏损的天数 12
2019年超过风险价值对应亏损的天数 10
2020年超过风险价值对应亏损的天数 15
```

```
In [53]: ratio_2018=dayexcept_2018/days_2018     #2018年超过风险价值对应亏损的天数占全年交易天数的比例
    ...: ratio_2019=dayexcept_2019/days_2019     #2019年超过风险价值对应亏损的天数占全年交易天数的比例
    ...: ratio_2020=dayexcept_2020/days_2020     #2020年超过风险价值对应亏损的天数占全年交易天数的比例
    ...: print('2018年超过风险价值对应亏损的天数占全年交易天数的比例',round(ratio_2018,4))
    ...: print('2019年超过风险价值对应亏损的天数占全年交易天数的比例',round(ratio_2019,4))
    ...: print('2020年超过风险价值对应亏损的天数占全年交易天数的比例',round(ratio_2020,4))
2018年超过风险价值对应亏损的天数占全年交易天数的比例 0.0513
2019年超过风险价值对应亏损的天数占全年交易天数的比例 0.0424
2020年超过风险价值对应亏损的天数占全年交易天数的比例 0.0641
```

通过以上的分析不难发现，2018年和2020年超过风险价值对应亏损的天数占全年交易天数的比例均超过5%，因此可以认为方差-协方差法计算风险价值的模型在2018年和2020年均不适用。但是，在2019年超过风险价值对应亏损的天数占全年交易天数的比例则小于5%，则可以认为该模型在这一年是可行的。

15.5.2 压力测试

除了计算风险价值以外，众多金融机构也会针对投资组合进行压力测试，目的就是检验如果出现了在过去10至20年甚至更长期间的某些极端市场条件，投资组合的业绩将会如何表现，进而采取可能的风险管控手段和措施。

1. 压力测试的简介

压力测试（stress testing）是一种以定量分析为主的风险分析方法，通过测算金融机构在遇到假定的小概率事件等极端不利情况下可能面临的损失，分析这些损失给金融机构的盈利能力、资本金、业务指标以及风控指标等带来的负面影响，进而对单家金融机构、金融控股集团甚至整个金融体系的稳健性做出评估和判断，并采取必要的应对措施。

压力测试包括敏感性分析和情景分析等具体方法。**敏感性分析**（sensitivity analysis）旨在测量单个重要风险因子或少数几项关系密切的风险因子根据假设的变动，而对金融机构风险暴露和风险承受能力的影响。**情景分析**（scenario analysis）是假设当多个风险因子同时发生变化以及某些极端不利事件出现时，对金融机构风险暴露和风险承受能力的影响。

在压力测试中一般会设置多个压力情景，包括轻度情景、中度情景和重度情景等。这些情景在金融机构中通常由管理层设置，通常分为以下两种方法：一种是**头脑风暴法**，具体是要求金融机构管理层定期会面，在给定经济背景和全球不确定状况下，通过集体研讨得出市场可能会出现的极端情景，该方法主观性较强，并且与管理层的专业水平和判断密切相关；另一种是**历史重现法**，就是直接选取在现实金融市场中已经出现过的极端情景，比如2008年美国次贷危机等，考虑到在市场变量假设的概率分布中，这些极端情景发生的概率几乎为零，因此压力测试就可以看作将这些极端情景考虑在内的方法。市场变量在一天内的变化超过5个标准差就是一种极端情景，在正态分布的假设下，这种极端情景每7000年才可能发生一次；但是在现实金融市场中，这种极端情景每隔10年就会发生1～2次。

2. 针对压力测试的监管要求

目前，中国银保监会等金融监管机构对于压力测试工作一直非常重视，并且针对压力测试做出了相关的监管制度安排。表15-2梳理了监管层面针对压力测试的部分监管要求以及相关的压力测试情景。

表 15-2　针对压力测试的部分监管要求以及相关的压力测试情景

指引名称	发布机构	发布时间	压力测试情景
《商业银行压力测试指引》	中国银监会（现更名为"中国银保监会"）	2014年12月	（1）信用风险的压力情景：国内及国际主要经济体宏观经济增长下滑，房地产价格出现较大幅度向下波动，贷款质量和抵押品质量恶化，授信较为集中的企业和主要交易对手信用等级下降乃至违约，部分行业出现集中违约，部分国际业务敞口面临国别风险或转移风险，其他给银行信用风险带来重大影响的情况等。 （2）市场风险的压力情景：利率重新定价，基准利率不同步以及收益率曲线出现大幅变动，期权行使带来的损失，主要货币汇率出现大的变化，信用价差出现不利走势，商品价格出现大幅波动，股票市场大幅下跌以及货币市场大幅波动等。 （3）流动性风险的压力情景：流动性资产变现能力大幅下降，批发和零售存款大量流失，批发和零售融资的可获得性下降，交易对手要求追加抵（质）押品或减少融资金额，主要交易对手违约或破产，信用评级下调或声誉风险上升，市场流动性状况出现重大不利变化，表外业务、复杂产品和交易对流动性造成损耗，银行支付清算系统突然中断运行等。 （4）操作风险的压力情景：内部欺诈事件，外部欺诈事件，就业制度和工作场所安全事件，客户、产品和业务活动事件，实物资产的损坏，信息科技系统事件，执行、交割和流程管理事件等
《保险公司偿付能力监管规则第9号：压力测试》《关于正式实施中国风险导向的偿付能力体系有关事项的通知》	中国保监会（现更名为"中国银保监会"）	2016年1月	针对宏观经济风险情景，具体情景设置为：宏观经济环境在报告年度后未来一个会计年度末尾发生较大幅度短期波动，利率上升、股市下跌、信用利差上涨、房地产市场波动、投资资产违约率上升，影响保险公司的认可资产和最低资本。该情景假设在基本情景中同时发生以下情况： （1）无风险利率曲线上升50个基点； （2）权益类资产下跌15%； （3）利差扩大100个基点； （4）投资性房地产价格下跌20%； （5）交易对手违约情景
《证券公司压力测试指引》	中国证券业协会	2016年12月	（1）可能导致净资本和流动性等风险控制指标发生明显不利变化或接近预警线的情形。比如，重大对外投资或收购、重大对外担保、重大固定资产投资、利润分配或其他资本性支出、证券公司分类评价结果负向调整、负债集中到期或赎回等。 （2）确定重大业务规模和开展重大创新业务。比如，确定经营计划和业务规模、确定自营投资规模限额、开展重大创新业务、承担重大包销责任等。 （3）预期或已经出现重大内部风险状况。比如，自营投资大幅亏损、政府部门行政处罚、诉讼、声誉受损等。 （4）预期或已经出现重大外部风险和政策变化事件。比如，证券市场大幅波动、监管政策发生重大变化等。 （5）其他可能或已经出现的压力情景
《公募基金管理公司压力测试指引（试行）》	中国证券投资基金业协会	2016年11月	（1）市场出现重大变化，如股票市场急剧下跌、成交量急剧萎缩、债券市场发生重大违约、监管政策发生重大变化等。 （2）基金公司进行重大创新、内部出现重大风险情况。 （3）其他可能或已经出现的风险事件，需要进行压力测试

15.5.3 压力风险价值

由于前面讨论的风险价值存在局限性,尤其是对极端风险的识别和测度能力不足,因此在经历 2008 年的金融危机以后,发达国家的金融监管部门开始意识到这个问题在一定程度上导致了金融体系的脆弱性,此后逐步要求金融机构测算压力风险价值作为传统风险价值的补充。

1. 基本概念

压力风险价值(stressed VaR)具体是指当市场变量在一定压力市场(极端市场)条件下通过历史模拟法计算得到的风险价值。

依然通过一个简单的例子描述压力风险价值的技术细节。假设一个投资组合由 M 个资产组成,选择过去曾出现极端市场条件的 250 个交易日作为压力期间,同时采用 M 个资产在压力期间的收益率数据,并且依据投资组合的当前市场价值以及 M 个资产的最新权重,模拟出该投资组合在压力期间的日收益(盈亏)金额。

假定 $\tilde{R}_{it}$ 表示第 i 个资产在压力期间的第 t 个交易日的收益率,并且假设当前的投资组合最新市值用 S_P 表示,第 i 个资产最新权重用 w_i 表示,参照 15.3 节历史模拟法的做法,模拟在压力期间第 t 个交易日($1 \leq t \leq 250$)投资组合的盈亏 $\Delta \tilde{S}_{pt}$,具体有如下表达式:

$$\Delta \tilde{S}_{pt} = \sum_{i=1}^{M} w_i \tilde{R}_{it} S_P \tag{15-11}$$

然后,将模拟出的 250 个交易日投资组合收益金额,由大到小进行排序从而形成一个基于压力期间的投资组合收益分布,具体如下:

第 1 位	收益金额最大值(正数)
第 2 位	收益金额排第 2 的值(正数)
第 3 位	收益金额排第 3 的值(正数)
…	
第 237 位	收益金额排第 237 的值(负数)
第 238 位	收益金额排第 238 的值(负数)
…	
第 247 位	收益金额排第 247 的值(负数)
第 248 位	收益金额排第 248 的值(负数)
…	
第 250 位	收益金额排最末尾的值(负数)

如果是计算持有期为 1 天、置信水平为 95% 的压力风险价值,则选取第 238 位的收益金额(对应于收益分布中的 5% 分位数)或者第 237 位、238 位收益金额的平均值,取绝对值后就是压力风险价值;如果是计算持有期为 1 天、置信水平为 99% 的压力风险价值,则选取第 248 位的收益金额(对应于收益分布中的 1% 分位数)或者第 247 位、248 位收益金额的平均值,取绝对值后就是压力风险价值。

2. 一个案例

【例 15-5】依然沿用例 15-1 的投资组合信息,计算该投资组合的压力风险价值。首先需要选择压力期间。过去 6 年发生在 A 股市场的极端事件应当算是 2015 年 6 月发生并持续数月的股灾以及

2016年1月初的股市熔断机制。因此,将2015年6月15日股灾发生的第一个交易日作为压力期间的起始日,将2016年1月7日股市熔断机制叫停作为压力期间的结束日,一共是140个交易日。在压力期间,无论是上证综指、深证综指还是中小板综指、创业板综指,累计跌幅均接近40%,指数具体下跌情况见表15-3。

表15-3 2015年6月15日至2016年1月7日压力期间A股主要指数的跌幅

指数名称	上证综指	深证综指	中小板综指	创业板综指
指数代码	000001	399106	399101	399102
期间累计跌幅	−39.5124%	−37.6536%	−37.7665%	−38.3291%

数据来源:上海证券交易所、深圳证券交易所。

下面,运用Python计算持有期为10天、置信水平分别为95%和99%的投资组合压力风险价值,整个过程分为两个步骤。

第1步:计算压力期间投资组合的日收益时间序列并且进行可视化(见图15-8)。具体的代码如下:

```
In [54]: price_stress=pd.read_excel('C:/Desktop/投资组合配置资产压力期间的每日价格.xlsx', sheet_name="Sheet1",header=0,index_col=0)     #导入外部资产
    ...: price_stress=price_stress.dropna()                              #删除缺失值
    ...: price_stress.index=pd.DatetimeIndex(price_stress.index)  #将数据框行索引转换为datetime格式

In [55]: R_stress=np.log(price_stress/price_stress.shift(1))       #计算对数收益率
    ...: R_stress=R_stress.dropna()                                 #删除缺失值

In [56]: profit_stress=np.dot(R_stress,value_past)   #压力期间投资组合的日收益金额(变量value_past在例15-2中已设定)
    ...: profit_stress=pd.DataFrame(data=profit_stress,index=R_stress.index,columns=['投资组合的模拟日收益'])    #转换为数据框
    ...: profit_stress.describe()                             #查看描述性统计指标
Out[56]:
        投资组合的模拟日收益
count     1.390000e+02
mean     -9.082558e+06
std       1.077995e+08
min      -3.974723e+08
25%      -4.279709e+07
50%      -5.925511e+06
75%       3.900596e+07
max       2.966833e+08

In [57]: profit_zero=np.zeros_like(profit_stress)        #创建压力期间收益为0的数组
    ...: profit_zero=pd.DataFrame(data=profit_zero,index=profit_stress.index)   #转换为数据框

In [58]: plt.figure(figsize=(9,6))
    ...: plt.plot(profit_stress,'b-',label=u'压力期间投资组合的日收益')
    ...: plt.plot(profit_zero,'r-',label=u'收益等于0',lw=2.5)
    ...: plt.xlabel(u'日期',fontsize=13)
    ...: plt.xticks(fontsize=13)
    ...: plt.ylabel(u'收益',fontsize=13)
    ...: plt.yticks(fontsize=13)
    ...: plt.title(u'压力期间投资组合的收益表现情况', fontsize=13)
```

```
...: plt.legend(fontsize=12)
...: plt.grid()
...: plt.show()
```

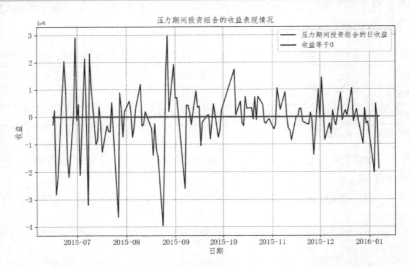

图15-8　2015年6月15日至2016年1月7日压力期间投资组合的日收益

从以上的分析中可以看到，在压力期间投资组合的平均日亏损金额高达908.26万元，日最大亏损金额达到3.97亿元。并且通过对图15-8的目测可以发现，压力期间投资组合的亏损天数要明显多于盈利天数。

第2步：根据压力期间投资组合的日收益时间序列，计算压力风险价值。具体的代码如下：

```
In [59]: SVaR95_1day=np.abs(np.percentile(a=profit_stress,q=(1-X1)*100))   #持有期为1天、置信水平为95%的压力风险价值
    ...: SVaR99_1day=np.abs(np.percentile(a=profit_stress,q=(1-X2)*100))   #持有期为1天、置信水平为99%的压力风险价值
    ...: print('持有期为1天、置信水平为95%的压力风险价值',round(SVaR95_1day,2))
    ...: print('持有期为1天、置信水平为99%的压力风险价值',round(SVaR99_1day,2))
持有期为1天、置信水平为95%的压力风险价值 212292866.22
持有期为1天、置信水平为99%的压力风险价值 348978592.42

In [60]: SVaR95_10day=np.sqrt(D2)*SVaR95_1day   #持有期为10天、置信水平为95%的压力风险价值
    ...: SVaR99_10day=np.sqrt(D2)*SVaR99_1day   #持有期为10天、置信水平为99%的压力风险价值
    ...: print('持有期为10天、置信水平为95%的压力风险价值',round(SVaR95_10day,2))
    ...: print('持有期为10天、置信水平为99%的压力风险价值',round(SVaR99_10day,2))
持有期为10天、置信水平为95%的压力风险价值 671328988.27
持有期为10天、置信水平为99%的压力风险价值 1103567206.69
```

通过第2步的分析，可以得出这样的结论：在2015年6月15日至2016年1月7日的压力期间，持有期为10天、置信水平为95%的压力风险价值高达6.71亿元，相同持有期、置信水平为99%的压力风险价值更是高达11.04亿元，均远高于正常条件下计算的风险价值。

15.5.4　比较不同方法测量的风险价值

最后，通过表15-4比较15.2节至15.4节运用方差-协方差法、历史模拟法、蒙特卡罗模拟法计

算得到的风险价值和本节计算的压力风险价值（保留至小数点后 3 位）。

表 15-4　比较不同方法计算得到的风险价值　　　　　　　　　　　（单位：亿元）

持有期与置信水平	方差-协方差法	历史模拟法	蒙特卡罗模拟法		压力风险价值
			学生 t 分布	正态分布	
持有期为 1 天 置信水平为 95%	0.901	0.910	1.589	1.392	2.123
持有期为 1 天 置信水平为 99%	1.281	1.739	2.441	1.982	3.490
持有期为 10 天 置信水平为 95%	2.848	2.876	5.025	4.401	6.713
持有期为 10 天 置信水平为 99%	4.051	5.499	7.720	6.268	11.036

15.6　信用风险价值

本章到目前为止所讨论的风险价值模型主要运用于股价、利率、汇率、商品价格等市场变量波动而引发的市场风险。除了市场风险以外，金融机构面临的另一个重要风险就是信用风险。因此，本节将讨论如何将风险价值运用于信用风险管理，在论述的过程中将涉及违约相关性、高斯 copula 模型以及相关性结构等内容。

15.6.1　违约相关性

1. 概念

违约相关性（default correlation）用于描述两家企业同时违约的倾向。影响违约相关性的一些常见因素如下。

一是**宏观经济因素**。经济状况一般会造成在某些年份内的平均违约率高于其他年份，比如在全球金融危机爆发的 2008 年，全球企业的违约率就显著高于其他年份，其背后的原因是经济下行提高了违约相关性。

二是**行业因素和区域因素**。处于同一行业或位于同一地域的企业往往会受同样的外界因素影响，因此这些企业可能会同时遭遇财务困难，从而造成违约相关性提高。

三是**违约风险的传染性**。比如，在一个覆盖采购、生产、销售等环节的供应链中，一家大型核心生产商出现违约，就很可能会波及该供应链上下游企业，这就是**信用传染效应**（credit contagion effect）。

违约相关性的存在意味着信用风险不能够通过投资组合的方式被完全分散，因此当投资组合与多个交易对手有关时，违约相关性将是决定投资组合违约损失概率分布的重要因素。

2. 模型

在实践中，描述违约相关性通常有两类模型，一类是**简约模型**（reduced form model），另一类是**结构化模型**（structural model）。

在简约模型中，往往假定不同公司的违约概率服从与国内生产总值（Gross Domestic Product，

GDP）、消费价格指数（Consumer Price Index，CPI）等一些宏观经济变量相关的随机过程。例如，A 公司和 B 公司处于同一行业并且在同一个国家（或地区）经营，或者由于某种原因（比如供应链的上下游）A 公司的财务状态与 B 公司的财务状态息息相关时，这两家公司就会面临较高的违约相关性，通过简约模型就能够方便地计算出违约相关性。简约模型的逻辑和数学形式很吸引人，并且能够反映经济周期与违约相关性的因果关系，主要缺点就是部分宏观经济变量的观测频次较低，比如 GPD 数据是每季度对外公布，CPI 数据是每月对外公布，从而导致模型的敏捷性受到限制。

结构化模型则类似于 14.1 节讨论的默顿模型，也就是当公司的企业价值低于一定水平时，公司就会违约。在结构化模型中，A 公司和 B 公司之间的违约相关性是通过 A 公司企业价值所服从的随机过程与 B 公司企业价值所服从的随机过程之间的相关关系进行描述的。结构化模型的主要优点是可以测算出任意大小的违约相关系数，并且灵敏度较高；主要缺点是模型的适用范围受限，比如针对未上市的公司运用结构化模型可能就不是最优的选择。

目前，一种非常流行的工具是**高斯联结相依模型**（简称"**高斯 copula 模型**"），该模型主要用于测度违约时间，下面就具体进行讨论。

15.6.2　违约时间的高斯 copula 模型

在高斯 copula 模型中，假设所有的公司最终都会违约，并试图通过两家公司违约时间的概率分布定量地描述违约相关性，该模型既可以用于现实世界，也可以用于风险中性世界。

定义 t_1 为第 1 家公司的违约时间，t_2 为第 2 家公司的违约时间。如果 t_1 和 t_2 服从正态分布，就可以假设 t_1 和 t_2 的联合分布服从二元正态分布。然而公司的违约时间却并不服从正态分布，这正是引入高斯 Copula 模型的原因。

将 t_1 和 t_2 通过以下变换而转换为两个新的变量 x_1 和 x_2，具体如下：

$$x_1 = N^{-1}\left(C_1(t_1)\right) \tag{15-12}$$

$$x_2 = N^{-1}\left(C_2(t_2)\right) \tag{15-13}$$

其中，C_1 和 C_2 分别为 t_1 和 t_2 的累积违约概率函数，N^{-1} 代表标准正态分布累积分布函数的反函数，即分位点函数；并且根据 9.4.3 节关于累积违约概率的表达式（9-26）可以得到：

$$C_1(t_1) = 1 - e^{-\lambda_1 t_1} \tag{15-14}$$

$$C_2(t_1) = 1 - e^{-\lambda_2 t_2} \tag{15-15}$$

其中，λ_1 代表第 1 家公司的连续复利年化违约概率（违约密度）、λ_2 代表第 2 家公司的连续复利年化违约概率。以上变换的实质就是分位数与分位数之间的映射，变量 t_1 概率分布上 1% 的分位数被转换为 $x_1 = -2.326$，而这就是标准正态分布上 1% 的分位数；t_1 概率分布上 5% 的分位数被转换为 $x_1 = -1.645$，而这就是标准正态分布上 5% 的分位数，以此类推。变量 t_2 与 x_2 之间的转换关系与此类似。

新的变量 x_1 和 x_2 将满足以下两个假设条件：一是 x_1 和 x_2 都服从均值为 0、方差为 1 的标准正态分布；二是 x_1 和 x_2 之间服从二元正态分布。使用以上两个假设就会很方便，因为 t_1 和 t_2 的联合概率分布完全由 t_1 和 t_2 的累积违约概率函数 C_1 和 C_2 以及一个相关系数参数进行定义。

高斯 copula 模型的优势在于其可以被推广到多个公司的情形。假定考虑 n 家公司，第 i 家公司的违约时间为 t_i，将 t_i 转换为一个服从标准正态分布的新变量 x_i，这里采用的映射就是分位数与分位数之间的映射，具体表达式如下：

$$x_i = N^{-1}\left(C_i(t_i)\right) \tag{15-16}$$

其中 C_i 为 t_i 的累积违约概率函数，表达式与式（15-14）和式（15-15）类似，同时假设新变量 x_i 服从多元正态分布。由此得出，t_i 与 t_j 之间的相关性可以由 x_i 与 x_j 之间的相关性定义，这就被称为**联结相依相关性（copula 相关性）**。

当然，在日常的金融实践中，t_i 与 t_j 之间的 copula 相关系数可以通过第 i 家公司的股票收益率和第 j 家公司的股票收益率之间的相关系数近似表示。

总结而言，高斯 copula 模型常常用于描述不服从正态分布的随机变量（原变量）之间的相关性结构。虽然原变量本身不满足多元正态分布，但是对每个原变量进行变换后的新变量满足多元正态分布。

15.6.3 基于因子的相关性结构

1. 一般形式

在高斯 copula 模型中，为了避免对每两个变量 x_i 与 x_j 之间定义不同的相关系数，可以采用单因子模型，抽象的表达式如下：

$$x_i = a_i F + \sqrt{1-a_i^2}\, Z_i \tag{15-17}$$

在式（15-17）中，F 是影响所有公司违约状态的共同因子（比如 GDP 增速），Z_i 是仅仅影响第 i 家公司违约状态的特殊因子（比如公司的资产负债率），F 与 Z_i 是相互独立的并且均服从标准正态分布。同时，Z_i 与 Z_j 也是相互独立的（$i \neq j$）。a_i 是处于 $[-1,1]$ 区间的一个常数。在金融实践中，a_i 可通过第 i 家公司的股票收益率与一个分散程度较高的股票指数收益率之间的相关系数来近似描述。

根据相关系数的计算公式，可以得到变量 x_i 与 x_j 之间的相关系数等于 $a_i a_j$。

此外，假定第 i 家公司在 T 时刻之前违约的概率为 $C_i(T)$。在高斯 copula 模型下，当满足如下条件时，第 i 家公司在 T 时刻之前将发生违约。

$$N(x_i) < C_i(T) \tag{15-18}$$

不等式（15-18）也可以写成：

$$x_i < N^{-1}\left[C_i(T)\right] \tag{15-19}$$

为了更好地理解式（15-19），举一个简单的例子加以说明。假定第 i 家公司在未来 1 年内的累积违约概率等于 1%，如果 $x_i < N^{-1}(1\%) = -2.33$，表明公司将在未来 1 年内发生违约；相反，如果 $x_i > -2.33$，就意味着公司不会在未来 1 年内违约。

将式（15-17）代入不等式（15-19）并经过调整就可以得到：

$$Z_i < \frac{N^{-1}\left[C_i(T)\right] - a_i F}{\sqrt{1-a_i^2}} \tag{15-20}$$

前面提到 Z_i 服从标准正态分布，因此根据式（15-20），第 i 家公司在 T 时刻之前发生违约的条件就可以转化成如下的不等式：

$$N(Z_i) < N\left(\frac{N^{-1}\left[C_i(T)\right] - a_i F}{\sqrt{1-a_i^2}}\right) \tag{15-21}$$

不等式（15-21）的右边项就是一个概率，并且可以理解为在给定 F 值的条件下第 i 家公司在 T 时刻之前违约的概率（条件概率），因此就有如下的等式：

$$C_i(T|F) = N\left(\frac{N^{-1}[C_i(T)] - a_i F}{\sqrt{1-a_i^2}}\right) \quad (15\text{-}22)$$

其中，$C_i(T|F)$ 就是一个条件概率。

2. 特殊形式

单因子高斯 copula 模型的一种特殊形式是所有公司的违约概率分布均相同，并且 x_i 与 x_j 之间相关系数也都相同（$i \neq j$）。

这种特殊形式用数学方式表达就是假定对所有的公司，$C_i(T) = C(T)$，并且具有相同且唯一的相关系数 ρ。刚才已经提到，变量 x_i 与 x_j 之间的相关系数等于 $a_i a_j$。因此，针对所有的公司，就有 $a_i = \sqrt{\rho}$。

综上，式（15-22）就可以简化为：

$$C(T|F) = N\left(\frac{N^{-1}[C(T)] - \sqrt{\rho} F}{\sqrt{1-\rho}}\right) \quad (15\text{-}23)$$

15.6.4 测度信用风险价值

信用风险价值（Credit VaR）的定义与前面讨论的市场风险价值是十分类似的，这里通过一个简单的例子加以说明。假定一家商业银行持有 1 万亿元的信贷资产组合，通过计算得到在未来一年内有 99.9% 的把握该信贷资产组合的信用损失将不会超出 100 亿元，这就意味着在持有期为 1 年、置信水平为 99.9% 的条件下，该信贷资产组合的信用风险价值等于 100 亿元。需要注意的是，信用风险价值的持有期单位是年（比如 1 年），相比之下，市场风险价值的持有期单位是天（比如 1 天或者 10 天）。

针对一个金额巨大并且笔数众多的信贷资产组合，组合中每笔贷款的信用风险均很相似，比如个人住房按揭贷款的信贷资产组合。为了便于分析，做出两个相等性的假设：一是每笔贷款的违约概率都是相等的，二是每两笔贷款之间的相关系数都是相等的。

1. 数学表达式

当采用违约时间的高斯 copula 模型时，就可以利用式（15-23）。由于式（15-23）中的 F 服从标准正态分布，因此对于一个给定的 F 值，可以得到如下不等式：

$$N(F) > N(1-X) \quad (15\text{-}24)$$

其中，变量 X 就是置信水平（比如 99.9%、99% 等）。

不等式（15-24）进行调整后，得到以下的不等式：

$$F > N^{-1}(1-X) = -N^{-1}(X) \quad (15\text{-}25)$$

不等式（15-25）的两边取负号，就可以得到：

$$-F < N^{-1}(X) \quad (15\text{-}26)$$

将不等式（15-26）代入式（15-23）中，就可以得到置信水平是 X 并且在未来 T 年内，违约概

率不会超出阈值 $V(T,X)$，具体如下：

$$C(T|F) < V(X,T) = N\left(\frac{N^{-1}[C(T)] + \sqrt{\rho}N^{-1}(X)}{\sqrt{1-\rho}}\right) \quad (15\text{-}27)$$

其中，ρ 表示任意两笔贷款之间的违约 copula 相关系数，$C(T)$ 表示在 T 时刻之前单笔贷款的累积违约概率。依然参考 9.4.3 节的式（9-26），可以得到 $C(T)$ 的表达式如下：

$$C(T) = 1 - e^{-\lambda T} \quad (15\text{-}28)$$

其中，λ 代表任意一家贷款主体的连续复利年化违约概率。

以上结果最早由瓦西塞克（Vasicek）在 1987 年提出，因此也被称为 **Vasicek 模型**。

因此，假定 L 代表信贷资产组合的总金额，R 代表信贷主体的违约回收率，针对持有期为 T 年、置信水平为 X 的信贷资产组合信用风险价值 $CVaR$，可以近似估计为：

$$CVaR = L(1-R)V(X,T) \quad (15\text{-}29)$$

此外，每笔金额 L_i 的贷款对于整个信贷资产组合信用风险价值的贡献 $CVaR_i$ 就是：

$$CVaR_i = L_i(1-R)V(X,T) \quad (15\text{-}30)$$

以上的信用风险价值模型不仅适用于信贷资产，也适用于债券等存在违约风险的固定收益类资产。

2. Python 自定义函数

下面，通过 Python 自定义一个计算投资组合信用风险价值的函数，同时，需要用到 5.1.5 节介绍的 SciPy 子模块 stats 计算正态分布的分位点函数 norm.ppf 和累积分布函数 norm.cdf，具体的代码如下：

```
In [61]: def CVaR(T,X,L,R,Lambda,rou):
    ...:     '''定义一个计算投资组合信用风险价值的函数
    ...:     T: 代表信用风险价值的持有期，单位是年。
    ...:     X: 代表信用风险价值的置信水平。
    ...:     L: 代表投资组合的总金额。
    ...:     R: 代表投资组合中每个主体的违约回收率并且每个主体均相同。
    ...:     Lambda: 代表投资组合中每个主体连续复利的年化违约概率并且每个主体均相同。
    ...:     rou: 代表投资组合中任意两个主体之间的违约相关系数并且均相同'''
    ...:     from scipy.stats import norm      #导入 SciPy 的子模块 stats 的函数 norm
    ...:     from numpy import exp             #导入 NumPy 模块的函数 exp
    ...:     C=1-exp(-Lambda*T)                #计算每个主体的累积违约概率
    ...:     V=norm.cdf((norm.ppf(C)+pow(rou,0.5)*norm.ppf(X))/pow(1-rou,0.5))  #计算阈值V(T,X)
    ...:     VaR=L*(1-R)*V                     #计算信用风险价值
    ...:     return VaR
```

在以上自定义函数 CVaR 中，输入持有期、置信水平、投资组合总金额、违约回收率、年化违约概率、违约相关系数等参数，就可以高效地计算出投资组合的信用风险价值。

3. 一个案例

【例 15-6】假定一家商业银行持有金额为 2000 亿元的信贷资产组合，该组合共涉及 1000 笔信贷资产并对应 1000 家借款主体，经过计算以后发现每家借款主体的连续复利年化违约概率均为 1.5%，违约回收率均为 50%，违约相关系数等于 0.2。要求计算在持有期为 1 年、置信水平为 99.9% 的条件下，该组合的信用风险价值。

此外，为了考察置信水平、违约概率和违约相关系数这 3 个重要变量对信用风险价值的影响，需要依次完成如下的 3 项敏感性分析工作。

一是当置信水平取$[80\%,99.9\%]$区间的等差数列并且在其他变量保持不变的情况下，计算相应的信用风险价值。

二是当违约概率取$[0.5\%,5\%]$区间的等差数列并且在其他变量保持不变的情况下，计算相应的信用风险价值。

三是当违约相关系数取$[0.1,0.6]$区间的等差数列并且在其他变量保持不变的情况下，计算相应的信用风险价值。

下面，就运用Python完成以上的相关分析工作，具体分为如下的4个步骤。

第1步：输入相关参数并运用自定义函数CVaR，计算持有期为1年、置信水平为99.9%的信贷资产组合信用风险价值。具体的代码如下：

```
In [62]: tenor=1                            #信用风险价值的持有期
    ...: prob=0.999                         #信用风险价值的置信水平
    ...: par=2e11                           #投资组合的总金额
    ...: recovery=0.5                       #每个借款主体的违约回收率
    ...: PD=0.015                           #每个借款主体的违约概率
    ...: corr=0.2                           #任意两个借款主体之间的违约相关系数

In [63]: credit_VaR=CVaR(T=tenor,X=prob,L=par,R=recovery,Lambda=PD,rou=corr)    #计算信用风险价值
    ...: print('持有期为1年、置信水平为99.9%的信贷资产组合信用风险价值（亿元）', round(credit_VaR/1e8,4))
    ...: print('信用风险价值占整个信贷资产组合总金额的比重',round(credit_VaR/par,6))
持有期为1年、置信水平为99.9%的信贷资产组合信用风险价值（亿元）  188.231
信用风险价值占整个信贷资产组合总金额的比重   0.094115
```

通过以上的计算，可以得到信贷资产组合信用风险价值是188.23亿元，并且占整个信贷资产组合总金额的比重达到9.41%。

第2步：置信水平取$[80\%,99.9\%]$区间的等差数列时，计算相应的信用风险价值，并且将置信水平与信用风险价值的关系进行可视化（见图15-9）。具体的代码如下：

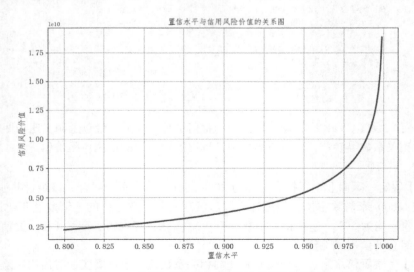

图15-9　不同置信水平与信用风险价值的关系图

```
In [64]: prob_list=np.linspace(0.8,0.999,200)    #创建置信水平的等差数列

In [65]: CVaR_list1=CVaR(T=tenor,X=prob_list,L=par,R=recovery,Lambda=PD,rou=corr)    #计算不
同置信水平的信用风险价值

In [66]: plt.figure(figsize=(9,6))
   ...: plt.plot(prob_list,CVaR_list1,'r-',lw=2.5)
   ...: plt.xlabel(u'置信水平',fontsize=13)
   ...: plt.ylabel(u'信用风险价值',fontsize=13)
   ...: plt.xticks(fontsize=13)
   ...: plt.yticks(fontsize=13)
   ...: plt.title(u'置信水平与信用风险价值的关系图', fontsize=13)
   ...: plt.grid()
   ...: plt.show()
```

从图 15-9 中可以看到,随着置信水平提高,信用风险价值的金额也越大,同时存在着加速效应,也就是当置信水平超过 97.5%时,信用风险价值会快速增大,表现为图 15-9 中的曲线十分陡峭。

第 3 步:违约概率取[0.5%,5%] 区间的等差数列时,计算相应的信用风险价值,并且将违约概率与信用风险价值的关系进行可视化(见图 15-10)。具体的代码如下:

```
In [67]: PD_list=np.linspace(0.005,0.05,200)    #创建违约概率的等差数列

In [68]: CVaR_list2=CVaR(T=tenor,X=prob,L=par,R=recovery,Lambda=PD_list,rou=corr) #计算不
同违约概率的信用风险价值

In [69]: plt.figure(figsize=(9,6))
   ...: plt.plot(PD_list,CVaR_list2,'m-',lw=2.5)
   ...: plt.xlabel(u'违约概率',fontsize=13)
   ...: plt.ylabel(u'信用风险价值',fontsize=13)
   ...: plt.xticks(fontsize=13)
   ...: plt.yticks(fontsize=13)
   ...: plt.title(u'违约概率与信用风险价值的关系图', fontsize=13)
   ...: plt.grid()
   ...: plt.show()
```

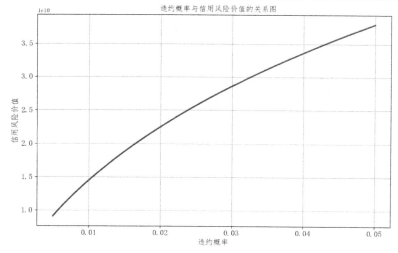

图 15-10　不同违约概率与信用风险价值的关系图

从图15-10可以看到，在投资组合中，每个借款主体的违约概率与整个组合信用风险价值之间存在着一种近似于线性的递增关系。

第4步：当违约相关系数取[0.1, 0.6]区间的等差数列时，计算相应的信用风险价值，并且进行可视化（见图15-11）。具体的代码如下：

```
In [70]: corr_list=np.linspace(0.1,0.6,200)            #创建违约相关系数的等差数列

In [71]: CVaR_list3=CVaR(T=tenor,X=prob,L=par,R=recovery,Lambda=PD,rou=corr_list)   #计算不同违约相关系数的信用风险价值

In [72]: plt.figure(figsize=(9,6))
    ...: plt.plot(corr_list,CVaR_list3,'b-',lw=2.5)
    ...: plt.xlabel(u'违约相关系数',fontsize=13)
    ...: plt.ylabel(u'信用风险价值',fontsize=13)
    ...: plt.xticks(fontsize=13)
    ...: plt.yticks(fontsize=13)
    ...: plt.title(u'违约相关系数与信用风险价值的关系图', fontsize=13)
    ...: plt.grid()
    ...: plt.show()
```

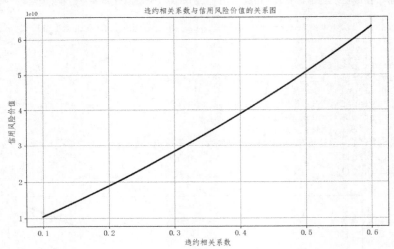

图15-11　不同违约相关系数与信用风险价值的关系图

从图15-11可以看到，在投资组合中，任意两个借款主体之间的违约相关系数与整个组合信用风险价值之间也存在着一种近似于线性的递增关系。

15.7　本章小结

本章结合国内金融市场的案例并借助Python，讨论并演示了金融风险管理中一个非常重要的工具——风险价值。在运用风险价值的过程中，需要重点关注其本身的局限性。针对主要面临股价、利率、汇率等市场风险的投资组合，测度投资组合市场风险价值的建模方法通常包括方差-协方差

法、历史模拟法以及蒙特卡罗模拟法，这3类模型各有优势和局限性，不同模型测算得到的风险价值也不尽相同，在实践中需要运用回溯检验对不同模型的合理性进行验证；伴随着金融市场极端事件的不断出现，基于极端情景的压力测试以及在此基础上的压力风险价值正受到监管机构和金融机构的关注。最后，讨论了信用风险价值，其主要用于测度信贷、债券等固定收益类资产组合的信用风险。

15.8　拓展阅读

本章的内容参考了以下资料。

[1]《风险价值 VAR：金融风险管理新标准》（作者是菲利普·乔瑞），这本书是讨论风险价值的经典之作，深入浅出并全面介绍了风险价值的背景、定义、衡量方法以及具体案例。

[2]《风险管理与金融机构（原书第 4 版）》（作者是约翰·赫尔），这本书是风险管理领域的权威之作，书中第 12 章至第 14 章对风险价值的建模方法做了比较详细的描述。

[3] 在"Probability of loss on a loan portfolio"这篇论文中，作者瓦西塞克提出了对信用风险价值影响深远的 Vasicek 模型。该论文最早以工作论文形式在 1987 年对外公布，此后论文被 *Risk* 学术期刊接受并在该期刊 2002 年第 12 月期正式发表，论文标题调整为"Loan Portfolio Value"（信贷组合价值）。